manquent les pages 361 à 366 in...
4 novembre 1960
— [illegible]

MÉMOIRES ET NOTES

DE

M. AUGUSTE LE PREVOST

POUR SERVIR A L'HISTOIRE

DU DÉPARTEMENT DE L'EURE

MÉMOIRES ET NOTES

DE

M. AUGUSTE LE PREVOST

POUR SERVIR A L'HISTOIRE

DU DÉPARTEMENT DE L'EURE

RECUEILLIS ET PUBLIÉS

SOUS LES AUSPICES DU CONSEIL GÉNÉRAL ET DE LA SOCIÉTÉ LIBRE D'AGRICULTURE,
SCIENCES, ARTS ET BELLES-LETTRES DE L'EURE

PAR

MM. LÉOPOLD DELISLE ET LOUIS PASSY

TOME DEUXIÈME

ÉVREUX

DE L'IMPRIMERIE D'AUGUSTE HÉRISSEY

OCTOBRE 1864

MÉMOIRES ET NOTES

DE

M. AUGUSTE LE PREVOST

POUR SERVIR A L'HISTOIRE

DU DÉPARTEMENT DE L'EURE

MÉMOIRES ET NOTES

DE

M. AUGUSTE LE PREVOST

POUR SERVIR A L'HISTOIRE

DU DÉPARTEMENT DE L'EURE

RECUEILLIS ET PUBLIÉS

SOUS LES AUSPICES DU CONSEIL GÉNÉRAL ET DE LA SOCIÉTÉ LIBRE D'AGRICULTURE
SCIENCES, ARTS ET BELLES-LETTRES DE L'EURE

PAR

MM. LÉOPOLD DELISLE ET LOUIS PASSY

TOME II. — Ire PARTIE

ÉVREUX

DE L'IMPRIMERIE D'AUGUSTE HÉRISSEY

OCTOBRE 1864

NOTES

POUR SERVIR

A LA TOPOGRAPHIE ET A L'HISTOIRE

DES

COMMUNES DU DÉPARTEMENT DE L'EURE

AU MOYEN AGE

D

DAM

DAME-MARIE.

Arrond. d'Evreux. — Cant. de Breteuil.

Patr. Notre-Dame. — Prés. l'évêque d'Evreux.

Vestiges de voie romaine.

L'étymologie de Dame-Marie s'explique tout naturellement. Comme la paroisse est placée sous l'invocation de Notre-Dame, il est probable que ce patronage a été à l'origine du nom donné à ce lieu : le lieu de Dame-Marie : « de Domina Maria. »

Un lieu de ce nom, près Chartres, est appelé « Domna Maria » dans une charte du cartulaire de Saint-Père, p. 199, sous le règne de Philippe Ier.

Dans une charte sans date, Guillaume, abbé du Bec (1403-1211), donna à Luc, évêque d'Evreux (1203-1219), le patronage de l'église de Dame-Marie. (*Cart. du chap. d'Evreux*, n° 17, ch. n° 17.)

On trouve également dans un des cartulaires du chapitre une charte par laquelle G. de Berou, S. de Berou et N. de Berou donnent et quittent à l'église de Dame-Marie, sur le fief Houpequin et sur le fief de Giton de Montéan, les dixeries de la dime. Cette charte, donnée en présence de Luc, évêque d'Evreux, et de plusieurs chapelains, chevaliers et per-

DAM

sonnages de marque, a été copiée dans *l'Histoire de la maison de Chambray*.

Nous trouvons dans le grand cartulaire de Saint-Taurin, f° 117, le passage suivant :

« A tous ceux qui verront ces présentes
« lettres, le vicomte de Vernuel, salut.
« Come contens fust meu par devant nous
« és plès à Breteuil, entre monseigneur
« Pierres de Marcouville, chevalier, d'une
« part, et Pierres de Acon, escuier, et
« Ameline, sa femme, de l'autre, sus ce
« que le devant dit escuier et Emmeline,
« sa fame, demandoient au dit chevalier,
« par eschange, cent et onze sous tour-
« nois de rente en la paroisse de Dame-
« Marie, en la ville de Mont Oen, les
« quiex cent et onze sous de rente Jehanin
« de Berou avoit eschangié au dit cheva-
« lier pour une bouvée de terre assise en
« la paroisse Saint Souplise de Vitray...
« etc... l'an de grace m.cc. quatre vins et
« onze... »

Ce Pierre de Marcouville était de la paroisse de Hevescourt, en la baillie de Vernueil.

Les pouillés du diocèse d'Evreux font mention d'une chapelle de Notre-Dame dans la paroisse de Dame-Marie. Peut-être est-ce la chapelle de Montéan.

Sur le territoire de Dame-Marie, on distinguait les fiefs de Berou et de Montéan. Le fief de Bérou était un plein fief Voy. un aveu de 1399 aux *Arch. imp.*, P 303, fol. 83.

Dépendances : — le Boulai ; — la Brosse ;
— Chainquin ; — le Coudrai ; — l'Épinai ;
— les Favrieux ; — les Haies ; — la Mésangère ; — Quatre-Vouges ; — la Roussière ; — Montéan.

DAMNEVILLE.

Arrond. de Louviers. — Cant. de Louviers.

Patr. S. Amand. — Prés. le baron de Quatremares.

Ici encore l'étymologie n'est pas douteuse : la villa du seigneur : « Domini villa. »

Dans le diocèse de Chartres, il y avait au moyen âge un lieu nommé *Domnavilla*.

« ... Item, ex dono Renoldi presbyteri
« de Damnevilla, quartam partem deci-
« mæ de Crassvilla, quam jure hereditario
« tenebat, et hoc concessit Willelmus de
« Quatremares, dominus fundi illius... »
(*Charte des Deux-Amants*, 1207.)

Dans une charte de 1235, touchant l'abbaye de Bon-Port, paraît comme témoin Guillaume de Damneville : « Willelmus de Damnevilla. » (*Cart. de Bon-Port*, p. 101, n° cv.)

Dans une charte de 1244, Durand de la Ruelle vend à Raoul Regnart sept vergées de terre au Mesnil-Jourdain : « In una
« pecia, quæ pecia sita est inter terram de
« Damnevilla, ex una parte, et campum
« qui vocatur le Champ-Henrri. » (*Cart. de Bon-Port*, p. 122, n° cxxiii.)

Au mois de juillet 1280, charte de Philippe le Hardi mentionnant le fief de « Petrus de Damnevilla, miles. » (*Cart. norm.*, p. 239.)

Le pouillé d'Évreux, au XIVe siècle, nomme cette commune « *Domina villa.* »

L'église, dédiée à saint Amand, est située à Quatremares.

DAMPSMESNIL (LES).

Arrond. des Andelys. — Cant. d'Écos. Sur l'Epte.

Patr. S. Pierre et S. Paul. — Prés. l'archevêque de Rouen.

L'étymologie du nom de Dampsmesnil peut être : « Domini Mansile. »

Dans le pouillé d'Eudes Rigaud, nous lisons : « Ecclesia Sancti Petri de Au-
« mesnil. Archiepiscopus patronus. Habet

« XII. parrochianos ; valet XII. libras tu-
« ronensium. »

Le cartulaire de la Trinité-du-Mont contient une note relative à Autesverne, avec la mention suivante : « Signum Viberti de Dom Maisnil. »

A l'échiquier de 1336, reg. III, f° 51 r°, il fut question de l'église de Dammesnil, au diocèse de Rouen.

Dampsmesnil a été réuni à Aveni par décision du 28 août 1808.

(C. Toussaint Duplessis, t. II, p. 516.)

DAMPS (LES)

Arrond. de Louviers. — Cant. de Pont-de-l'Arche. Sur le confluent de la Seine et de l'Eure.

Patr. S. Pierre. — Prés. l'abbé de Jumièges.

Ce lieu a fait très-probablement partie, avec le Pont-de-l'Arche, d'un établissement romain qui s'étendait jusqu'au confluent de la Seine et de l'Eure. A diverses époques et récemment encore, en 1855, on a trouvé aux Damps une assez grande quantité d'objets antiques, médailles, patènes, bracelets, etc. Ces objets appartiennent à la Société d'agriculture de l'Eure et se trouvent dans son musée. Aucune notice sur cette découverte n'a encore été publiée.

La première forme du mot *les Damps* est « Haslans ». C'est ainsi que nous trouvons ce mot dans les historiens du IXe siècle, et plus tard dans les chartes des ducs normands :

« ... Item, in fluvio qui dicitur An-
« thura, in loco dicto Haslans, tractus
« piscatorios cum aliquibus hospitiis... »
(*Charte de Richard II pour Fécamp.*)

« ... Item, ecclesiam villæ quæ dicitur
de Dans cum tribus hospitiis... » (*Charte de Richard II pour Jumièges.*)

« ... In portu Dancs et in portu Guil-
« leboz... ad fossam Herluini... » (*Charte de Richard II pour Saint-Père de Chartres.*)

En 1235, Simon Bonart reconnut la vente qu'il avait faite aux religieux de Bon-Port d'une masure, terre et jardin, situés à Léri : « Quamdam masuram cum
« terra et gardino dictæ masuræ pertinen-
« tibus, sitam in capite villæ de Leirio,
« inter chiminum quod ducit ad Dans, et
« aquam quæ dicitur Ardura. »

En 1253, Aceline Hellouin vend aux religieux de Bon-Port deux parts d'une vergée de terre dans l'île, en face de l'église des Damps : « Coram monasterio Sancti Petri des Dans.

On trouvera dans le *Cartulaire de Bon-Port*, publié par M. Andrieux, diverses chartes où figurent des personnes portant le nom et appartenant au village des Damps.

Le patronage de l'église des Damps, comme annexe de l'église de Saint-Vigor du Pont-de-l'Arche, appartenait à l'abbé de Jumièges.

La paroisse des Damps avait différents droits importants dans les forêts de Bord ou de Pont-de-l'Arche. On en trouve l'énumération dans le *Coutumier des forêts de Normandie*, puis dans des actes de 1425, 1445 et dans un arrêt du conseil de 1673, déposés aux Archives de l'Eure et de la Seine-inférieure.

L'ordonnance de Louis XIV du 22 juillet 1681, réglementant le commerce du tabac, excepte de ses défenses Léri, les Damps et le Vaudreuil, auxquels le roi permit la culture de cette plante en la manière accoutumée. (Art. 15.)

Dépendances : — le Fort-Buisson ; — le Val.

DAMVILLE.

Arrond. d'Evreux. — Cant. de Damville. Sur l'Iton.

Patr. S. Evroult. — Prés. l'abbé du Bec.

L'étymologie de Damville nous paraît être : « Domini villa. »

Nous allons en quelques mots résumer l'histoire de Damville :

En 1070, Gilbert Crespin donne à l'abbaye du Bec l'église de Damville, la dîme de tous les revenus du bourg, celle de ses moulins, ses fours ; plus, une demi-charrue de terre.

En 1173, Henri II, roi d'Angleterre, prend et pille le château de Damville, qui appartenait à Gilbert de Tillières, allié des Français. En 1188, le même roi fait brûler ce château qui appartenait alors à Simon d'Anet. En 1198, Richard Cœur de lion le rebâtit. En 1200, dans le traité signé au Goulet, près Gaillon, avec Philippe-Auguste, Jean sans Terre dit : « Tillières avec ses dépendances et Damville nous restent. » En 1204, Philippe-Auguste réunissait la Normandie à ses domaines. Il donne le domaine de Damville, avec ceux de Conches et de Nonancourt, à son cousin Robert de Courtenai.

La terre de Damville fut vendue en 1274 par Robert, évêque d'Orléans, à Pierre de la Brosse, alors chambellan de Philippe le Hardi. Confisquée par Philippe après l'exécution de son favori, Philippe le Bel la donna en 1285 à Matthieu de Montmorenci.

En 1414, le roi d'Angleterre, s'étant emparé de la Normandie, donna la seigneurie de Damville à l'un de ses capitaines, Pierre Crest ou Croft, puis à Jean de Luxembourg, bâtard de Saint-Pol.

Lorsque les Anglais furent chassés de Normandie, Jean de Montmorenci reprit possession de sa seigneurie de Damville en 1449.

En 1610, la seigneurie de Damville fut érigée par Louis XIII en duché-pairie, avec haute justice. A la mort de Henri, dernier duc de Montmorenci, le duché de Damville retomba en baronnie et en héritage à la duchesse de Ventadour, sa sœur, qui la laissa au comte de Brion. En 1648, Louis XIV érigea de nouveau la baronnie de Damville en duché-pairie en faveur de François de Lévis, comte de Brion. Ce dernier mourut sans enfants, et le duché, retombé en baronnie pour la seconde fois, fut vendu en 1694 au comte de Toulouse, fils légitimé de Louis XIV.

En 1719, le comte de Toulouse vendit la seigneurie de Damville à la comtesse de Paralère. Cette seigneurie appartint successivement à la famille du Terrail et de Cossé-Brissac.

Nous n'en dirons pas davantage. M. Ange Petit, dont la mémoire restera chère au département de l'Eure, avait recueilli des notes sur l'origine, les seigneurs, le fief et le bourg de Damville. Ces notes ont été complétées et publiées en 1859 dans le *Recueil de la Société d'agriculture de l'Eure*, par M. Th. Bonnin, son confrère et son ami ; une notice biographique par M. Léon Petit, son fils, les accompagne. Un tirage à part en a été fait pour être vendu au profit de la fabrique de l'église de Damville.

Dans l'appendice on trouvera :

1° Une charte souscrite par Guillaume le Conquérant en faveur de l'abbaye du Bec (1070) ;

2° Une charte de Simon de Grandvilliers en faveur de l'abbaye de Lire (1170) ;

3° Une charte par laquelle Robert de Courtenai, évêque d'Orléans, vend la seigneurie de Damville à Pierre de la Brosse ;

4° Une charte par laquelle Philippe le Bel donne la terre de Damville à Matthieu IV de Montmorenci (1285) ;

5° Une charte de Philippe le Bel, contenant la désignation des différents biens cédés à Matthieu de Montmorenci à Damville (1292) ;

6° Une sentence de l'évêque d'Evreux

pour le partage des dîmes entre l'abbé du Bec et le curé de Damville ;

7° Un aveu rendu au roi de la terre et seigneurie de Damville par Jean de Montmorenci (1434) ;

8° Les lettres patentes de Charles VIII pour la confirmation et le rétablissement des foires de Saint-Barnabé et de Sainte-Catherine (1484) ;

9° Les statuts concernant la confrérie de la charité de Damville ;

10° Un aveu fait au ro. de la terre et baronnie de Damville par Charles de Montmorenci (1602) ;

11° Le titre d'érection de la baronnie de Damville en duché-pairie (1610) ;

12° La cession par le duc de Damville à Matthieu Legendre d'un petit canal de la rivière d'Iton à Damville (1678) ;

13° Les lettres d'érection de la terre et seigneurie de Damville en duché-pairie en faveur de M. le comte de Toulouse (1694) ;

14° L'acte de foi et hommage rendus au duc de Damville par le seigneur des Essarts (1718).

Dépendances : — les Chérottes ; — le Grand-Mousseaux ; — le Petit-Mousseaux ; — la Cocharderie.

C. Notes historiques sur l'origine, les seigneurs, le fief et le bourg de Damville, par M. Ange Petit. Évreux, 1859.

Le P. Anselme, Du duché-pairie de Damville, t. IV, p. 233, et V, p. 43 et 860.

DANGU.

Arrond. des Andelys. — Cant. de Gisors.
Sur l'Epte.

*Patr. S. Aubin, S. Jean-Baptiste. —
Prés. le seigneur.*

On trouve dans les *Acta SS. Ord. S. Benedict.*, sec. IV, pars II, p. 127, mention de Dangu : « Pago Vilcasino, villa quæ Dangut nominatur. »

I.

Nous pensons que de très-bonne heure un château fort dut s'élever pour commander le gué de l'Epte, qui séparait alors la France de la Normandie. Nous voyons en effet, dans les guerres des Français et des Normands, les armées rivales passer et repasser le gué de Dangu, et se disputer vivement la possession de ce château fort.

Dans une histoire des seigneurs et châteaux de Dangu, rédigée en 1711 par un sieur Bercé de Courpont, et déposée aux Archives de l'Eure, on lit : « Le château de Dangu n'était pas bâti où est celui d'à présent, mais dans les bois et sur le haut de la coste vers Gisors, où l'on voit encore trois grosses mottes de terre sans maçonnerie. »

Le premier château de Dangu fut probablement élevé par les Normands au XIe siècle.

L'histoire en fait mention pour la première fois à la fin du XIe siècle, en 1092. Robert, fils aîné de Guillaume le Conquérant, était duc de Normandie. Guillaume, comte d'Évreux, profitant des troubles qui régnaient dans la province, s'empara de Dangu. Quelque temps après, Guillaume le Roux, profitant de l'absence de son frère Robert, parti pour la croisade, s'emparait de la Normandie et faisait fortifier les châteaux de Neaufle, Dangu et Gisors. Les historiens du temps appellent les châteaux de Neaufle et de Dangu : « Gisortii appenditia castella. »

Dangu fut le théâtre d'une lutte très-vive en 1119. Lorsque Louis le Gros envahit la Normandie pour y établir Guillaume Cliton, fils du duc Robert, il vint en personne assiéger le château de Dangu. Le châtelain Robert se défendit vigoureusement, mit le feu au château et se retira sur Gisors.

Plusieurs épisodes considérables des guerres de Philippe-Auguste et de Richard Cœur de lion se passèrent sous les murs de Dangu. La prise de Dangu, en 1196, par Philippe-Auguste ; la tradition de Dangu à Richard par Guillaume Crespin, en 1197 ; la seconde prise de Dangu par Philippe-Auguste ; la capitulation de la garnison française après la bataille de Courcelles et la rentrée de Richard dans Dangu ; la troisième prise de Dangu par Philippe-Auguste, tels sont les principaux événements dont Dangu fut le théâtre de 1196 à la paix de 1199.

Les Anglais s'emparèrent du château de Dangu pendant la guerre de cent ans. En 1449, le château de Dangu était sans garnison ; Guillaume Chenu, gouverneur de Pontoise pour le roi Charles VII, reprit sans coup férir le château de Dangu ; la garnison anglaise obtint de se retirer librement.

En 1590, le duc du Maine envoya de Gisors des troupes qui battirent le château avec deux pièces d'artillerie ; il fut pillé et incendié. Tels sont les faits militaires de l'histoire de Dangu.

II.

Nous empruntons presque textuellement à l'article Dangu (*France illustrée*, p. 26,

Encyc, article rédigé par M. Malte-Brun) des détails intéressants sur l'ancien château :

« Le château se composait au XIIe siècle d'un donjon et d'une double enceinte ; la seconde, circulaire, entourant le donjon, formée de hautes et épaisses murailles flanquées de tours et protégée par un fossé ; la première, moins forte, ayant la forme d'un arc de cercle, dont les extrémités venaient s'appuyer au sud-ouest sur la seconde. Deux portes donnaient accès de l'extérieur dans la première ; l'une, du côté du village, regardait l'église Saint-Jean ; l'autre lui était opposée, regardait l'occident et donnait sur la campagne. Cette enceinte renfermait les bâtiments d'habitation et les magasins. De cette enceinte on parvenait dans la seconde, qui la dominait, en traversant un fossé sur un pont-levis, et en pénétrant par une porte pratiquée dans une grosse tour carrée ; on se trouvait alors dans la cour ou place d'armes du château. Les bâtiments d'habitation s'appuyaient sur la muraille circulaire qui la protégeait au milieu, et sur une éminence artificielle ou motte s'élevait le donjon, dont la masse imposante dominait les deux enceintes, les autres bâtiments, le village et toute la campagne voisine. De sa plate-forme on apercevait les murs fortifiés de Gisors et son château, les tours de Neaufles, de Bouri, de Courcelles et de Gamaches.

« Au milieu du XIVe siècle, craignant les attaques des Anglais, Jacques de Bourbon remit son château en état. Il fit construire la tour de Bourbon, qui terminait au sud-ouest les corps de logis du château et renfermait le beffroi des heures et le cabinet des archives. A la fin du XVIe siècle, Guillaume de Montmorenci, seigneur de Thoré, fit abattre une partie des fortifications et perça les murs de larges fenêtres. La première enceinte fut convertie en ferme et dépendances du château ; les fossés devinrent des jardins potagers. Le donjon fut détruit, la cour intérieure nivelée et pavée, et le château ne se composa plus que d'un grand corps de logis en forme de fer à cheval, terminé au nord-est par la tour aux Anglais, et ayant au centre le nouveau donjon ou tour de Montmorenci, tour carrée sous laquelle était pratiquée la porte d'entrée.

« Sublet, seigneur de Noyers, acquit Dangu en 1651, embellit et orna le château ; mais les travaux les plus considérables furent exécutés par le baron de Breteuil à la fin du XVIIIe siècle. Il mit de niveau les différents bâtiments qui formaient le fer à cheval ; il fit abattre la partie de la muraille fortifiée qui, vers le nord-ouest, fermait le château, et la convertit en un mur à hauteur d'appui. Depuis, M. de Lagrange a embelli le château et les jardins ; il ne reste presque plus de vestiges de l'ancien manoir féodal. »

III.

La seigneurie du lieu, nommée Grande Vavassorie, a toujours été considérée comme baronnie ; mais l'on ne connaît pas les lettres d'érection, et, si l'on en croit un nobiliaire manuscrit de la Bibliothèque impériale, les barons de Dangu n'étaient point appelés à l'échiquier. Les anciens aveux lui donnent le titre de franche vavassorie, laquelle est réputée la première des quatre baronnies et franches vavassories de Normandie. Il paraîtrait d'après cela que les seigneurs relevaient du duché de Normandie, et c'est ce que confirmerait l'extrait suivant d'un registre de la chambre des comptes, intitulé : *Feoda Normanniæ* (fiefs de Normandie) : « Guillelmus Crispini tenet baroniam « suam unde debet duos milites de ser- « vitio, et vavasoriam suam de Danguto « unde debet unum militem. » Guillaume Crespin tient sa baronnie (probablement celle du Bec-Crespin) pour laquelle il doit deux hommes de service, et la vavassorie de Dangu, pour laquelle il doit un homme. »

Dans un très-grand nombre d'actes, les seigneurs de Dangu sont seulement qualifiés « sires de Dangu ». Ils rendaient hommage pour leurs fiefs de Dangu et lieux voisins à l'archevêque de Rouen, qui à son tour faisait aveu au roi ou au duc de Normandie. En 1774 fut rédigé le terrier de la baronnie de Dangu. Cette baronnie était alors composée des paroisses de Saint-Jean et de Saint-Aubin de Dangu, de Gisancourt, de la majeure partie de celles de Vesli, de Bernouville, etc. La commune de Dangu était morcelée en 822 parcelles, fieffées à divers particuliers moyennant rentes ou redevances. Les droits attachés à ladite baronnie de Dangu étaient : 1° droit de moyenne et de basse justice ; 2° de rivière de Vaux à Guerni ; 3° de moulin banal ; 4° four banal ; 5° petits fours ; 6° pressoir banal ; 7° verte moûte ; 8° de traversée ; 9° de marché et droit de mesure ; 10° de champart, d'agneaux et d'oisons.

IV.

Dangu comprenait autrefois deux paroisses et deux chapelles. Dans le pouillé d'Eudes Rigaud, on ne fait figurer qu'une cure, partagée entre deux titulaires : « Ecclesia Sancti Albini de Dangu. Guillelmus Crispini, patronus; habet c. et x. parrochianos. Sunt ibi duo presbyteri. Quælibet pars valet xxv. libras turonensium. » Le pouillé de 1648 classe les bénéfices de la manière suivante :

Saint-Jean de Dangu.......... 600 liv.
Saint-Aubin de Dangu .... 100 »
Chapelle du château de Dangu.. 30 »
Chapelle N. D.-de-Recouvrance. 20 »

Tous ces établissements étaient à la présentation du seigneur de Dangu. D'après un aveu du 27 avril 1672, le baron de Dangu avait le droit de présenter non-seulement à ces bénéfices, mais aux cures de Guerni et de Gisancourt, à la chapelle de Saint-Thomas-de-Vesli et à une chapelle de l'abbaye de Fontaine-Guérard.

L'église de Saint-Jean-Baptiste fut dédiée en 1325 par l'évêque de Bethléem. Là étaient inhumés sous de très-beaux mausolées Pierre de Ferrières, seigneur de Dangu, et sa femme Anne Basset; le connétable Anne de Montmorenci et Guillaume de Thoré, son fils.

La chapelle Notre-Dame-de-Recouvrance ou Notre-Dame-de-la-Motte est située dans l'intérieur du parc du château de Dangu. Elle fut fondée en 1196 par Guillaume de Ferrières. Désarçonné et traîné par son cheval à la chasse, il fit vœu d'élever une chapelle à la Vierge s'il était sauvé. On y voyait autrefois le tombeau de Guillaume de Ferrières, avec l'épitaphe suivante : « Ci-gist noble et puissant seigneur Mᵉ « Guillaume de Ferrières, chevalier, en « son vivant seigneur et baron de Thury, « Dangu, Gisors et Bezu, chambellan du « roy nostre sire, fondateur et patron de « céans, lequel trespassa l'an de grâce mil « cinq cens, le troisième jour d'aoust. « Dieu lui fasse pardon. »

V.

Les premiers seigneurs de Dangu ne paraissent pas avoir été des personnages considérables, car on ne les voit pas figurer parmi ceux qui accompagnèrent Guillaume le Bâtard à la conquête de l'Angleterre.

Le premier seigneur qui porte le nom de Dangu s'appelait Robert. Ordéric Vital nous rapporte que Louis le Gros étant venu assiéger Dangu, Robert, châtelain de Dangu, préféra le livrer aux flammes plutôt que de le rendre aux Français. Dans le cartulaire de Mortemer, on trouve Robert de Dangu, sa femme Eufémie, sa fille Isabelle et son gendre Goscelin Crespin, qui donnent à Mortemer 60 acres « de dominico suo apud Pomeliam ». Cette donation doit remonter au moins à 1141, car elle est mentionnée dans une charte de cette année.

Une charte relative au même objet mentionne Guillaume et Robert, fils de Goscelin Crespin, Eustachie, Agnès, Eve et Emeline, ses filles.

Guillaume Crespin, IIIᵉ du nom, baron du Bec-Crespin, seigneur de Dangu et d'Estrepagni, fils de Goscelin Crespin et d'Isabelle du Plessis de Dangu, fit au mois d'avril 1216 une donation au prieur de Vesli en Vexin. L'acte est scellé d'un sceau de cire blanche, où il est représenté armé et à cheval, avec la légende : « + Sigillum Guillelmi Crispini. » Le contre-sceau est un écu losangé.

« Sciant..... quod ego Guillelmus Cris-
« pinus do monachis Majoris Monasterii
« apud Verliacum quicquid juris habere me
« dicebam in muris granchie abbatis. In fo-
« ris vero ejusdem ville et in mensuris vini,
« in viis et semitis, per me et eos com-
« muniter detentandari Presentem car-
« tam sigilli mei munimine confirmavi.
« His testibus : Ricardo de Faiel; Guil-
« lelmo de Aute Avesne; Petro de Fay;
« Odone Venatore; Dore de Stripegneio;
« Johanne de Bestrano; Giselberto de
« Pormor, tunc temporis priore de Vesli.
« Actum anno gratie 1216, apud Dangu-
« tum, mense aprili. »

Il avait épousé Eve d'Harcourt, dame de Lisors, fille de Guillaume, sire d'Harcourt, seigneur de Beauficel, etc. En 1180, cette dame légua aux religieux de l'abbaye de Mortemer en Lions 100 livres pour fournir du pain, du vin et de la cire à la célébration des messes, et 100 marcs d'argent pour des obits. Elle fut enterrée dans le cloître de cette abbaye. Elle laissa un fils, Guillaume, et une fille, Isabeau, mariée à Robert du Neubourg.

Guillaume Crespin IV, baron du Bec-Crespin, etc., était seigneur de Dangu en 1225, et en cette année il aumôna un muid de sel et un millier de harengs par an à l'abbaye de Joyenval. Il est qualifié dans l'acte seigneur de Dangu, et le sceau ne diffère de celui de son père qu'en ce que dans la légende il y a : Willelmi. En 1236, il fut mandé pour aller à Saint-Germain en Laie après la Pentecôte et aller servir à Chinon. En 1239, il donna 60 sous de rente pour faire son obit. Il épousa d'abord Amicie de Roie, fille de Barthélemi de Roie, chambrier de France sous Philippe-Auguste, et de Pérounelle de Montfort. Elle lui donna deux fils : Guillaume, qui fut seigneur de Dangu, et Jean, seigneur de Saint-Clair-sur-Epte et de Lisors. En secondes noces, il prit pour femme Alix de Sancerre, fille d'Étienne de Sancerre, de la maison de Champagne, et d'Éléonore de Soissons. On voit, par un arrêt du parlement rendu en 1263, qu'elle vivait encore à cette date.

Nous allons publier une charte émanée d'un Guillaume Crespin et datée de 1256. Nous ignorons s'il s'agit de Guillaume Crespin IV ou V.

« Je, Guillaume dit Crespin, seignor de
« Dangu, faz savoir à touz ceus qui cez
« letres verront, que, comme matire de
« contention fust née entre moi, d'une
« part, et religieus homes, freres de la
« chevalerie dou Temple, d'autre, de ce
« que les dix freres disoient que il lor
« lisoit és bois qui furent mon seignor
« Robert Crespin, oncle de mon pere,
« envoier lor bestes maintenant après la
« quinte fuille, et que il devoient avoir
« pasturage et herbage en ces bois et en
« toute la terre du devant dit Robert, à
« l'usage de lor bestes et pasturage à l'usage
« de lor por, quite et delivre soulonc la
« teneur de l'otroiance de la chartre
« monseignor Robert Crespin, oncle mon
« tres cher pere monseignor Guillaume
« Crespin, chevalier, et le confermemnt
« d'icell, à la parfin, cest contens est
« apaisié entre moi et les dix freres par
« le conseil de bones genz en ceste manière : c'est à savoir que les bestes des
« dix freres demoranz en la meson du
« Temple à Burgout, et tant comme il
« avendra que les diz freres en auront
« illueques, auront des ore en avant pas-
« turage et herbage en toz les devant diz
« bois, tantost après la setiesme fuille,
« c'est à savoir après le setiesme an, et
« toutes les terres l'erbage et le pastu-
« rage, exceptés les bois et les terres de
« Lysorz et de Gisencort, et est à savoir
« que les diz freres ne porront des ore en
« avant rien reclamer és bois et en la terre
« de Lysorz et de Gisencort, qui furent
« monseignor Robert Crespin devant dit,
« en tele manière que, se il avenoit vente
« estre fete es diz bois, exceptez les bois de
« Lysors et de Gisencort, le terme establi
« à la delivrance de trois ans, et une partie
« du bois vendu soit délivrée, dedenz l'es-
« pace de la moitié des trois ans, le terme
« du setiesme an commencera des lors en
« cele partie que essera delivrée, et en
« l'autre partie de la vente quant le terme
« des trois anz sera acompli, commencera
« le terme du setiesme an devant dit. .

« Por ceste presente ordenance et por le
« sau de m'ame et de mes ancesors, je
« quit aus diz freres et reles à touz jorz le
« paage d'eus et de lor choses propres à
« lor propre usage de mon travers de
« Saint-Cler; et weil et otroi que eus et
« lor biens à lor propre usage aient franc
« trespas des ore en avant eu dit travers
« sanz exaction de paage ou d'autre cous-
« tume quele que ele soit; et weil en sor-
« que tout et otroi que les devanz diz
« freres aient des ore en avant franche-
« ment et quitement pasnage es diz bois
« qui furent le devant dit Robert, excep-
« tez solement les bois de Lysorz et de
« Gisencort, à l'usage de lor pors de la
« meson du Temple de Burgout...

« En tesmoig de la queul chose, je, le
« dit Guillaume Crespin, ai mis au pre-
« sent escript le garnissement de mon
« sel. Et ce fu fet en l'an de grace
« m. cc. et lvi., en jor de samedi après
« l'Invention Sainte-Croiz, eu mois de
« mai. »

(Ecrit losangé.)

« Sigillum Guillermi Crespi... Angu. »

Guillaume Crespin, V^e du nom, baron du Bec-Crespin, seigneur de Varanguebec, Neaufle et Estrepagni, suivit le roi saint Louis en son voyage d'Afrique, en 1270. Il fut nommé commissaire pour la réformation du bailliage d'Amiens. Un arrêt du parlement, de la Toussaint 1283, le qualifie maréchal de France; il prenait le titre de connétable héréditaire de Normandie. Ayant plaidé en 1271 pour la jouissance de cette connétablie, il fut débouté de sa demande. Cependant, en 1293, dans un acte important que nous publierons à l'article de Neaufle et qu'on trouve aux Archives de l'Empire, J. 217, n° 20, Guillaume Crespin se dit « chevalier, sire de Dangu et connétable de Normandie ». Sa femme, Jeanne de Mortemer, était fille unique de Guillaume de Mortemer, baron de Varanguebec, connétable de Normandie. De ce mariage vinrent, entre autres enfants, Guillaume Crespin, VIe du nom, baron du Bec-Crespin, Estrepagni, Varanguebec, etc., qui fut chevalier banneret et épousa Mahaud de Baume, et Jean, seigneur de Dangu.

Dans le Registre des visites d'Eudes Rigaud, à l'année 1266, nous voyons que le seigneur de Dangu possédait un manoir à Estrepagni.

En 1268, Eudes Rigaud note encore que la dame de Dangu et Guillaume Crespin devaient 600 livres au monastère de Sainte-Catherine-du-Mont, près Rouen.

Jean Crespin, Ier du nom, seigneur de Dangu, de Mauni et de Lisors, fit plusieurs dons à l'abbaye de Gomerfontaine, près Trie, par acte de l'année 1315. On le trouve en 1318 au nombre de ceux qui furent mandés pour se trouver à Lisieux le jour des Brandons de cette année (le premier dimanche de carême), devant les députés du roi. Il épousa Jeanne Tesson, dame de Thuri, dont il eut deux fils : Guillaume de Bec-Crespin, qui fut seigneur de Mauni, et épousa Jeanne de Moui; Jean, IIe du nom, et une fille nommée Jeanne, mariée à Gui, seigneur de Tournebu.

Jean Crespin, IIe du nom, seigneur de Dangu, épousa Jeanne d'Avaugour. Ses enfants furent Guillaume et Blanche.

Guillaume Crespin fut seigneur de Dangu après la mort de son père. Il avait épousé Agnès de Trie, fille de Renaud de Trie, seigneur de Vaumain (Oise), et de Jeanne de Hodenc. Elle était veuve en 1353, et, comme il n'était point survenu d'enfants de son mariage, la seigneurie de Dangu passa à Blanche du Bec-Crespin, sœur de Guillaume.

Blanche Crespin, dame de Dangu après la mort de son frère, et dame aussi de Thuri, épousa en premières noces Louis, seigneur de Ferrières, mort en 1327 sans enfants, et ensuite Pierre, sire de Préaux, auquel elle porta les seigneuries de Thuri et de Dangu.

Suivant les chartes de l'église de Rouen, ce ne serait pas Pierre, mais bien Jean, sire de Préaux, qui aurait épousé Blanche Crespin. Ces chartes donnent pour femme à Pierre de Préaux Isabeau d'Estouteville, dont il aurait eu Jean, mari de Blanche. Quoi qu'il en soit, il est certain que Blanche Crespin porta la seigneurie de Dangu à un sire de Préaux, et que de leur mariage ne vint que deux filles : Marguerite et Jeanne, que la Roque appelle Yolande. (*Hist. de la maison d'Harcourt*, t. II, liv. XII, p. 1694.)

Marguerite de Préaux épousa jeune encore Jean, sire de la Rivière, chambellan du roi Charles V et fils de Jean, seigneur de la Rivière, et d'Isabeau d'Angerant. Son mari étant mort sans enfants en 1365, elle fut mise sous la curatelle de sa mère par ordre du roi Charles V en l'an 1367, et plus tard elle se remaria à Jacques de Bourbon, qui par elle devint seigneur de Préaux et de Dangu.

Jacques de Bourbon était le troisième fils de Jacques de Bourbon, comte de la Marche et connétable de France en 1354, et de Jeanne de Châtillon Saint-Paul. La Roque le qualifie seigneur de Villaines; cependant, il ne parait pas qu'avant son mariage avec Marguerite de Préaux il portât d'autre titre que celui de seigneur d'Argies. Dans un arrêt du parlement de 1375, on le trouve qualifié *noble homme messire Jacques de Bourbon sire de Préaux et de Dangu*. En 1384, il est fait mention dans un registre de la chambre des comptes de Paris du droit de tiers et danger auquel le bois de Dangu, appartenant à messire Jacques de Bourbon, seigneur de Préaux et de Dangu, était sujet. Ce seigneur servit avec distinction sous les rois Charles V et Charles VI, et fut pourvu par le dernier, au mois de juillet 1397, de la charge de grand bouteillier de France. On ignore la date de sa mort et de celle de sa femme; mais on connait un acte du mois de septembre 1417 par lequel leurs enfants partagent leur succession. Ces enfants furent au nombre de six : Louis, mort sans alliance à la bataille d'Azincourt, en 1415; Pierre, dont nous parlerons à l'article suivant; Jacques, dont nous parlerons après son frère; Charles, qui fut archidiacre de Sens; Jean, qui mourut sans postérité, et Marie, qui fut aussi dame de Dangu.

Pierre de Bourbon, sire de Préaux et seigneur de Dangu par droit, ne le fut probablement pas de fait, à cause de l'invasion du territoire par les Anglais. Il servit non moins fidèlement que son père le roi Charles VI et le dauphin, depuis Charles VII. Il commandait le château de Rouen en 1416, et, par lettres du 13 octobre de la même année, il fut établi capitaine du château de Neaufle, près Gisors. Il fut fait prisonnier par les Anglais à Melun, en 1420, et enfermé à la Bastille. Il parvint à s'en évader, rejoignit le dauphin et mourut à ses côtés, écrasé à la Rochelle, sous le poids du plancher de la chambre où il se trouvait; cet événement arriva le 11 octobre 1422. Pierre n'eut pas d'enfants de sa femme, Elisabeth ou Isabelle de Montagu. Elle était fille de ce Jean de Montagu, grand maître de France et seigneur de Marcoussis, que la faction de Bourgogne fit décapiter aux halles de Paris le 17 octobre 1409, et de Jacqueline de la Grange. Elle avait épousé en premières noces Jean, comte de Roucy, et mourut à Lyon au mois d'octobre 1429.

Jacques de Bourbon, chevalier, seigneur et baron de Thuri, troisième fils du sire de Préaux, survécut à son frère Pierre et en hérita; mais sa vie fut tellement agitée qu'il est difficile de décider s'il fut jamais seigneur de Dangu, dont le domaine, d'ailleurs, devait toujours être sous la main des Anglais. En 1417, il fit avec son frère Pierre un partage par lequel il reçut entre autres biens la baronnie de Thuri. Il suivit le parti du dauphin, qui lui donna 100 livres par mois pour l'indemniser de la perte de ses biens que les Anglais occupaient en Normandie.

Jean de Wideville, seigneur anglais, était en 1427 seigneur de Dangu, de Préaux et de Boutot.

Marie de Bourbon, dernière fille de Jacques de Bourbon, sire de Préaux, paraît avoir hérité de ses frères, car elle est qualifiée *dame de Dangu, de Thuri et de Préaux*. Comme elle ne forma pas d'alliance, après sa mort toutes ces seigneuries passèrent à sa tante maternelle Jeanne de Préaux.

Jeanne de Préaux était la deuxième fille de Pierre, sire de Préaux, et de Blanche Crespin, dame de Dangu. Il est certain qu'elle hérita des seigneuries de Dangu, de Préaux et de Thuri après la mort de sa sœur Marguerite. La Roque (t. II, liv. XII, p. 1691) la nomme Yolande, lui donne pour mari Jean de Ferrières, chambellan du roi et père d'un autre Jean de Ferrières, époux de Marguerite d'Harcourt. La Chesnaie des Bois (t. VI, p. 351) ne la compte pas au nombre des alliances de la maison de Ferrières, quoiqu'il donne à plusieurs seigneurs de cette maison le titre de barons de Dangu, et il fait épouser Jean de Ferrières, IIIe du nom, à Marguerite d'Harcourt vers 1400. Le père Anselme se fonde sur un arrêt du parlement de Rouen, de l'an 1512, pour appeler son mari Gauvain de Ferrières. Il est d'accord en cela avec Blanchard dans ses *Généalogies des maîtres des requêtes ordinaires de l'hôtel du roi*, p. 199.

Gauvain de Ferrières était fils de Jean de Ferrières, IIIe du nom, et de Marguerite d'Harcourt. Ayant épousé Jeanne de Préaux, il devint, à cause d'elle, seigneur de Dangu, de Thuri et de Préaux. De son mariage il eut, entre autres enfants, Jean, qui lui succéda.

Jean de Ferrières, IVe du nom, prenait la qualité de seigneur de Dangu, Montfort-le-Rotrou, Vibraye, Préaux et Thuri. Il plaidait en 1453 avec Gui de la Roche-Guyon pour la préséance à l'échiquier de Normandie. En 1454, il fit avec Jean Crespin, baron du Bec-Crespin, un accord par lequel il eut entièrement les seigneuries de Thuri et de Dangu. Sa femme, Jeanne de Tilli, dame de Thibouville, fille unique de Jean de Tilli, seigneur châtelain de Boisset-le-Châtel, et de Jeanne de Thibouville, lui apporta plusieurs seigneuries et le rendit père de deux fils. Jean, l'aîné, fut protonotaire du saint siège apostolique, maître des requêtes de l'hôtel, et, quoique engagé dans les ordres, il épousa en Dauphiné Anne Jouffroi, appelée par d'autres Emare Geoffroi, à laquelle il laissa ignorer sa qualité de clerc. Les quatre filles qui provinrent de ce mariage furent légitimées plus tard par le pape, à cause de la bonne foi de la mère. Le second fils du seigneur de Dangu fut Guillaume, qui lui succéda. Il eut aussi une fille nommée Jeanne, qui fut mariée à Guillaume de Rieux, seigneur de Chateaufort. Ce Jean de Ferrières serait celui que d'anciennes descriptions de la Normandie font chambellan du roi, et qui aurait été enterré dans la chapelle de Notre-Dame-de-la-Motte.

Guillaume de Ferrières, second fils de Jean IV, attaqua le mariage que son frère avait contracté, et en poursuivit longtemps la nullité. Il prenait la qualité de seigneur de Thuri et de Dangu, et plaidait le 12 novembre 1481 contre le baron de Cléré pour la préséance à l'échiquier. La Chesnaie des Bois, qui le fait frère et non fils du précédent, lui donne pour première femme une fille du comte de Dammartin, qui ne figure pas dans la généalogie de cette maison. Il s'accorde avec d'autres auteurs pour lui faire épouser en deuxièmes noces, Jacqueline de Fayel, vicomtesse de Breteuil, de la famille du sire de Fayel, dont parle la légende de Raoul de Couci, sur laquelle de Belloy a composé sa tragédie de *Gabrielle de Vergy*; mais c'est en vain que nous avons cherché à découvrir les noms de son père et de sa mère. Guillaume de Ferrières eut deux enfants : Pierre, qui lui succéda, et Françoise. Il était mort avant l'année 1511. Son fils, Pierre de Ferrières, pour exécuter son testament, ordonna, par contrat du 1er mars 1561, qu'il fût fondé « en l'honneur de Dieu « et de Nostre-Dame-de-Recouvrance un « chappelain perpétuel qui serait par luy « mis et par ses successeurs seigneurs de « Dangu, de laquelle chappelle luy et ses « successeurs en retiendroient la présent-« ation et le droit de patronage, à la « charge de trois messes par chacune se-« maine, aux jours du dimanche, lundi « et jeudi.... »

Pierre de Ferrières, seigneur de Thuri et de Dangu, vicomte de Breteuil, fonda aussi sept messes par semaine dans l'église de Saint-Jean de Dangu, par contrat passé à Gisors le 19 octobre 1516, et, pour satisfaire auxdites charges, « il donna « à prendre plusieurs muids de blé sur « les moulins bannaux de Gisors, qui « lui appartenaient. » Il continua d'abord le procès entrepris par son père pour l'annulation du mariage de Jean de Ferrières. En 1529, il transigea avec ses cousines sur ce procès, et par cet accord les seigneuries de Préaux, de Crèvecœur et de Bézu lui restèrent. Il épousa « madame Anne Basset », et eut une fille, Jeanne, qui mourut en 1507. Il mourut lui-même le dimanche 7 septembre 1550; il fut enterré avec sa femme, Anne Basset, dans l'église de Saint-Jean de Dangu, devant le crucifix. Sa fille, Louise de Ferrières, épousa en premières noces le sieur d'Aumont. Tandis qu'elle était encore dame d'Aumont, elle vendit la seigneurie de Dangu, du consentement de son mari, à Anne de Montmorenci, connétable de France, devant les notaires du Châtelet de Paris, le 27 novembre et le 11 octobre 1551. Le premier contrat contenait un échange d'une terre en Poitou, contre la moitié de la terre de Dangu, et moyennant un supplément de 1,200 écus payés par le connétable. Par le second contrat, ladite dame d'Aumont vendit l'autre moitié et les bois de haute futaie, moyennant la somme de 60,000 livres pour la seconde moitié, et 31,150 livres pour le bois, à la charge de payer les droits seigneuriaux ordinaires à Mme la duchesse de Ferrare, comtesse de Gisors.

Anne de Montmorenci mourut le 12 novembre 1567 des suites des blessures qu'il reçut à la bataille de Saint-Denis. Il avait épousé Madeleine de Villars, dame d'honneur de la reine Elisabeth d'Autriche. Elle mourut en 1586, ayant eu de son mariage avec le connétable douze enfants, dont nous ne mentionnerons qu'un seul.

Guillaume de Montmorenci, seigneur de Thoré et de Dangu, plus connu sous le nom de M. de Thoré, était le cinquième fils du connétable. La seigneurie de Dangu entra dans son partage, et il en prit le titre. Il mourut en 1593, ayant été marié deux fois. Sa première femme, dont il n'eut point d'enfants, fut Léonore de Humières, fille de Jean de Humières et de Sidoine de Mervilliers. Elle avait été mariée en 1561, et mourut en 1563 de l'effroi que lui fit éprouver la vue du supplice de Poltrot de Méré, assassin du duc de Guise. La seconde femme de Guillaume fut Anne de Lalaing, fille d'Antoine de Lalaing, d'une grande famille de Flandre. Il n'en eut qu'une fille, nommée Madeleine, qui fut son héritière.

Madeleine de Montmorenci est qualifiée dame de Montbiron-Thoré, Dangu, Gaudelus, etc. Elle épousa, par contrat du 19 juin 1597, Henri de Luxembourg, duc de Pinai, pair de France, prince de Tingri, etc., fils de François de Luxembourg, duc de Pinai, ambassadeur extraordinaire à Rome, et de Diane de Lorraine-Aumale. Henri de Luxembourg mourut à Gergeau le 23 mai 1616, terminant la lignée mâle de l'illustre maison de Luxembourg. Sa femme était décédée dans le mois de décembre 1615, et de leur mariage n'était issu que deux filles : Marguerite, qui fut dame de Dangu, et Marie Liesse, princesse de Tingri, mariée à Henri de Lévis, premier duc de Ventadour, dont elle n'eut pas d'enfants. Ils se séparèrent d'un commun accord vers 1610, elle pour se faire carmélite et lui pour se faire chanoine.

A ce moment, en 1641, la seigneurie de Dangu fut échangée contre la principauté de Mortagne, en Saintonge, et devint la propriété et la résidence de François Sublet, sieur de Noyers, secrétaire d'État et surintendant des bâtiments sous la minorité de Louis XIII. Son fils fut inquiété dans la possession de Dangu et fut, par arrêt du parlement, en 1663, obligé de restituer cette terre à François-Henri de Montmorenci-Luxembourg, le contrat d'échange de 1640 ayant été reconnu nul et frauduleux. François-Henri de Montmorenci-Luxembourg mourut le 4 janvier 1695, laissant cinq enfants.

Charles-François-Frédéric, son fils, vendit Dangu le 8 juin 1711 à Louis-Guillaume Jubert, marquis de Bouville, qui laissa cette terre à son petit-fils le marquis de Bouville. Ce dernier vendit la baronnie de Dangu au baron de Breteuil, qui fit faire au château des travaux considérables. Après 1789, le château de Dangu fut déclaré bien national. M. de Talhouet en fit l'acquisition et le laissa à sa fille aînée, qui épousa le général de Lagrange. Le propriétaire actuel est M. le comte de Lagrange.

Jacques Deschamps, auteur d'une traduction d'Isaïe, mort en 1759, a été curé.

Les dépendances sont : — l'Ancienne-Tuilerie ; — la Porte-des-Champs ; — la Motte, chapelle.

Cf. Toussaint Duplessis, t. II, p. 354 et 349.
France illustrée, p. 26 (Eure).
Hersan, *le Vexin*, notice sur Dangu, 15 novembre 1851.
Borée de Corpeot, *Histoire des seigneurs et châteaux de Dangu*, Ms. Archives de l'Eure.

DARDEZ.

Arrond. d'Evreux. — Cant. d'Evreux (sud).

Patr. S. Martin. — *Prés. l'abbé de la Croix-Saint-Leufroi.*

Nous avons peu de renseignements sur Dardez.

Les diverses formes de ce nom ont été au moyen âge : « Dardeez, Dardeii, Dardeis. »

Parmi les témoins d'une charte de Roger de Bois-Gencelin, on trouve : « Dominus Stephanus de *Dardez*. »

Le nécrologe de la Croix-Saint-Leufroi nous a conservé le nom de plusieurs seigneurs de Dardez : «... III. idus junii... dominus Almauricus de *Dardeis* miles... »

«... Nonas julii... Guillelmus de *Dardeis* armiger. viii. kalendas septembris. Frater Nicholaus Gibout heremita, et dimisit nobis tres potellos vini et tres panes qui sibi debebantur apud *Dardez*... »

Robert de Dardez donne dans la charte suivante, à l'abbaye de Saint-Taurin, un revenu de 7 livres qu'il touchait sur les moulins d'Arnières, en vertu du don d'Amauri, comte d'Evreux (1209) :

« Notum sit omnibus tam presentibus
« quam futuris quod ego Robertus de
« *Dardez* dedi et concessi in puram et
« perpetuam elemosinam Deo et ecclesie
« Beati Taurini Ebroicensis et monachis
« ibidem Deo servientibus, pro salute ani-
« me mee et antecessorum et succes-
« sorum meorum, vii. libratas redditus quas
« annuatim percipiebam de dono Amauri-
« ci, comitis Ebroicensis, in molendinis
« suis de Asneriis, ita tamen quod uxor
« mea dotem suam, si reclamare voluerit,
« secundum consuetudines patrie ibi per-
« cipiet quamdiu vixerit, et post ejus obi-
« tum in usus predicte ecclesie in inte-
« grum revertetur. Et hoc donum feci as-
« sensu et voluntate Stephani, fratris mei,
« et filii ejus primogeniti, qui in heredita-
« tem meam succedent et donationem
« meam garantizare tenentur supradicto
« monasterio. Quam si garantizare non
« poterint, LX. solidos monete curren-
« tis in terra mea de Calmeia vel alibi
« ad beneplacitum et utilitatem mona-
« chorum predicti monasterii assigna-
« bunt. Ad hoc predicti frater meus
« Stephanus et filii sui fide prestita pro-
« miserunt se tenendos. Actum autem fuit
« hoc in presentia domini Luce, Ebroi-
« censis episcopi, anno Verbi incarnati
« M° CC° IX°. Et ut hec mea donatio rata
« sit, sigilli mei munimine corroboravi.
« Testibus his : Willelmo de Misere, pres-
« bytero; Willelmo de Sesigne presbytero;
« Johanne de Berou, presbytero; Willel-
« mo de Cravilla, Georgio Neel, Simone
« de Pere, militibus; Ricardo de Cruce,
« Johanne Bain, Philippo de Infirmario,
« servientibus, et pluribus aliis. »

Le même jour, Etienne de Dardez et son fils aîné confirmèrent cette charte.

DAUBEUF-LA-CAMPAGNE.

Arrond. de Louviers. — Cant. de Neubourg.

Patr. Notre-Dame. — *Prés. l'abbé de Saint-Ouen.*

Les premières formes de Daubeuf sont : « Dalbuoth » et « Dolbued ». (Charte de Raoul, comte d'Ivri, en faveur de Saint-Ouen.)

« ... Et Ahenaldus id quod tenebat in *Dalbodo*... » (Charte de Richard II, en faveur de Jumiéges.) « ... In *Dalbodo*... » (Charte de Guillaume le Conquérant.)

Les droits de l'abbaye de Saint-Ouen sur Daubeuf furent établis et confirmés par les ducs normands : « ... Addimus « et villam que dicitur *Dalbuth* cum om-« nibus appenditiis suis... » (Charte de Richard II pour Saint-Ouen.)

En effet, par une charte sans date, Guérin, évêque d'Evreux, reconnaît que l'abbaye de Saint-Ouen de Rouen possédait deux parts de l'église de Daubeuf, en vertu de droits très anciens : « Amore « Dei et caritatis intuitu, vexationi et af-« flictioni Sancti Audoeni Rothomagensis, « quam fide didicimus oculata compatien-« tes, ad preces et cessionem venerabilis « filii Ricardi, Ebroicensis cantoris, eccle-« sie de *Dalbodio* tunc persone, dilectis « filiis monachis predicti monasterii, duas « partes dicte ecclesie de *Dalbodio* de anti-« quo jure possidentibus, tertiam ejusdem « decime partem in perpetuam elemosi-« nam ad usus monachorum infirmorum « contulisse, ita quidem quod vicarius « perpetuus omnes oblationes ejusdem « ecclesie, tam in pane quam in ceteris « aliis, medietatem etiam relevagiorum « et tertiam partem lini, canabi, lane, cum « ceteris omnibus minutis decimis et sex « sextarios bladi, tres scilicet de frumento « et tres de grosso blado in grancia no-« stra singulis annis in perpetuum erit « perepturus, et eisdem erit contentus. »

Parmi les témoins on remarque : « Walterus de Boratte, presbyter. »

Autre charte confirmant la précédente, avec quelques modifications, et donnée en 1204 par Luc, évêque d'Evreux :

« ... Tertiam garbam decimationis « parrochie de *Dalbœ* in usus infirmarie « ejusdem domus convertendam .... Ita « tamen quod vicarius ejusdem ecclesie « de *Dalbœ* percipiet singulis annis unum « modium bladi, scilicet sex sextarios fru- « menti et sex sextarios mestellis, in gran- « chia de *Dalbœ*, per manum baillivi mo- « nachorum, et universas decimas lini, « canabi, tertiam partem wesdi, lane, « agnorum omniumque minutarum deci- « marum, obventiones universas, totum « altalagium et cetera ad altalagium per- « tinentia, et duas acras terre in elemo- « sina, medietatem etiam relevagiorum « rusticorum, salva tamen pensione quin- « que solidorum quos idem vicarius eis- « dem monachis annuatim reddere con- « suevit... »

En 1206, Guillaume Damboud ou Da- nebot, chevalier, vend à Raoul de Cailli tout ce qu'il possédait à Daubeuf. « Uni- « versis, etc... Gaufridus abbas Sancti « Audoeni... Cum Willelmus Damboudi, « miles et homo noster, concessione Jo- « hanne, sue uxoris, et Engerranni, pri- « mogeniti filii sui, et Amalrici fratris sui, « totum hereditagium suum quod de no- « bis tenebat apud *Daubœ*, Radulfo de « Calli, civi Rothomagensi, pro LXXX. li- « bris et c. solidis vendidisset, ad peti- « tionem nostram nobis dimisit... »

« Sciant omnes, tam presentes quam « futuri, quod ego Willelmus Danebot, « assensu Johanne, uxoris mee, et Enger- « ranni, primogeniti filii mei, et Almarici, « fratris mei, et aliorum heredum meo- « rum, vendidi pro LXXX. libris et c. solidis « Gaufrido abbati et conventui Sancti Au- « doeni Rothomagensis totam terram « meam, totum redditum et totam pre- « posituram meam quam habebam [et] de « eis tenebam in manerio de *Daubœ*, et « quicquid juris et hereditatis in eodem « manerio et ejus pertinentiis habebam... « De hac garantizatione posui eisdem ab- « bati et conventui in contraplegium to- « tum feodum meum de Bodei... Testi- « bus Roberto de Freschines, Harduino « de Warannis, Rabello de Mues, Willel- « mo de Humfrevilla, Ranulfo Malherbe « et aliis. »

Dans le livre des jurés de l'abbaye de Saint-Ouen de Rouen, je trouve l'état des rentes, terres et tenures de ladite abbaye à Daubeuf en 1293. M. Delisle, dans les pièces justificatives de ses *Études sur la classe agricole en Normandie au moyen âge*, en a publié un fragment important. Ce fragment commence ainsi : « L'église de « Daubeuf est en la donoison à l'abbé « et au convent de Saint-Ouen ; et toute « la disme de tout blé est as dis abbé et « convent, et si ont la moitié des guides « és francs fieus et le ters és vilains, et « la persone l'autre partie, et si a sus le « disme demi-muy de forment et demi- « muy de mesté et une postée d'estrain. »

En 1345, Blanche d'Avaugor, dame de la Saussaie, donna aux chanoines de son église de « Saint-Loys de la Sauchoie tout l'éritage qu'elle possédoit és paroisses de Venon et de Daubeuf ». Témoins, M. Jehan d'Avaugor et M. Jehan de Brile, cheva- liers.

En 1375, le doyen et le chapitre de l'église de la Saussaie cédèrent la donation précédente pour 100 francs d'or aux reli- gieux de Saint-Ouen, parce que ces biens et rentes étaient situés dans la baronnie de Daubeuf.

« És plés de la baronnie de Daubeuf « pour messeigneurs les religieux, abbé « et convent de Saint-Ouen de Rouen, « par moi Estienne Osmont, sénéchal du « lieu, le 27 juin 1437... sous le scel « dont je use au dit office... sous le « grand scel aux causes du bailliage de « Fontaine Heudibourt... »

Les *Chroniques de l'abbaye de Saint-Ouen* rapportent que l'abbé Jean Marc d'Argent, autrement dit Roussel, acheta à Daubeuf « saum livres m sols ix deniers de rente ».

Des travaux considérables furent faits sous l'abbé Marc d'Argent pour le manoir de Daubeuf : « Ch'est à savoir, disent les « *Chroniques*, pour la meson, des gre- « niers et des grans estables d'entre la « chambre haute d'emprés la sale, en la- « quelle chambre lez chapelains giesant, « et la petite granche doudit manoir; pour « la dite petite granche, pour la chambre « doudit abbé, les gardes robes, les alées « és despenses, boves et cuisines et lez « murs de pierre fais à franc mortier, es- « tans par devers Curatville (*Crasville?*) « et pour la chapele doudit manoir; pour « toutes ches besoignes faites de noef, « xiij° livres et plus. »

A une date incertaine pour l'année, mais antérieure à 1316, l'abbaye avait acheté à Daubeuf, en la campagne des Herzutolin « de Quatremares, un manoir « avecques les gardins assis jouste le ma- « noir du prestitaire au prestre de Dau- « beuf, qui li cousterent LXXV liv. tournois « fors ».

Les Archives de l'Eure renferment d'as- sez nombreux documents sur la paroisse de Daubeuf-la-Campagne.

Dépendance : — le Manoir.

DAUBEUF-PRÈS-VATTEVILLE.

Arrond. des Andelys. — Cant. des Andelys.

Patr. S. Martin. — *Prés. l'archevêque de Rouen.*

Daubeuf a été certainement habité par les Romains. Sur les confins du territoire de Daubeuf et de Vatteville, on a découvert un cimetière mérovingien.

En 1215, contestations et transactions entre le couvent de Saint-Ouen de Rouen, Emmeline des Haies et Raoul, son fils, au sujet des dîmes de Daubeuf, dans le Vexin : « Universis, etc... R., abbas, et « conventus Sancti Audoeni Rothomagen-« sis... Cum controversia verteretur inter « nos et Emmelinam de Haiis et Radul-« fum, filium ejus, ex altera, super forra-« gine quod ipsi in decimis nostris de « *Dalledio* in Vulcasino ad habendum « clamabant... ; sopita est... Ego R. et « conventus Sancti Audoeni concessimus « pro bono pacis eis tres solidos redditus « ad festum Sancti Remigii... »

En 1218, Philippe-Auguste donna à Gautier le Chambrier, le jeune, les terres de Fontaine-Guérard, Fretteville et Heuqueville, avec tout ce que Roger de Tosni possédait dans le Vexin normand. Fretteville est un hameau de Daubeuf. (Martène, *Ampl. Collect.*, t. I, p. 1138.)

Dans le pouillé d'Eudes Rigaud, on voit qu'au milieu du XIIIe siècle le patronage de Daubeuf appartenait au seigneur de Daubeuf :

« Ecclesia Sancti Martini de Daubuef. « Dominus de Daubeuf patronus. Habet « un*m* parrochianos. Valet octoginta li-« bras turonensium. »

En 1257, un titulaire fut nommé sur la présentation d'Aubert de Hangest, chevalier, seigneur d'Heuqueville ; mais, en 1288, le patronage fut donné à l'archevêque de Rouen par Guillaume de Daubeuf :

« Universis presentes litteras inspectu-« ris, ego Guillermus de Dauboto, con-« dominus dicte ville, salutem in Domino. « Noverint universi quod ego, caritatis « intuitu et pro salute anime mee et ante-« cessorum meorum, dedi et concessi ac « do et concedo Deo et ecclesie Beate « Marie Rothomagensi et reverendo fratri « Guillermo, Dei gratia Rothomagensi ar-« chiepiscopo, et successoribus suis archi-« episcopis, jus patronatus ecclesie Sancti « Martini de Dauboto, volens et conce-« dens quod idem reverendus pater sui-« que successores dictam ecclesiam pos-« sint conferre quandocumque vacaverit « sine contradictione mei vel meorum he-« redum de cetero facienda. Juravi etiam « ac juro quod contra dationem et conces-« sionem predictas per me vel per alium « non veniam in futurum. In cujus rei « testimonium, presentes litteras sigilli « mei munimine roboravi, et ad suppli-« cationem meam, ob majorem certitudi-« nem, venerabilis et discretus vir magis-« ter Guillermus de Pourpinchie (*Perpin-« ché*), decanus Ebroicensis, et Johannes « de Piris, rector ecclesie de Auge-« part... presentibus apposuerunt. Datum « apud Fraxinos, anno Domini millesimo « cc. LXXXVIII. Testibus hiis : Domino « Roberto, tunc decano de Gamachiis ; « Roberto de Fraxinis, milite ; Rogero de « Dunboc et Petro de Noyers, armigeris ; « Guillermo de Magno Vico, serviente « domini regis, et multis aliis. » (*Cartul. de Philippe d'Alençon*, f° 118.)

Cette donation donna lieu à de longs débats entre les seigneurs de Daubeuf, ceux d'Heuqueville, d'une part, et l'archevêque de Rouen (1) d'autre part.

Un pouillé du XVIe siècle indique le patronage de Daubeuf comme étant alternatif entre l'archevêque et le seigneur temporel :

« Daubolium, alternativum inter do-« minum archiepiscopum Rothomagen-« sem et dominum temporalem. »

On trouve la même indication dans le pouillé de 1738. Les seigneurs barons d'Heuqueville présentaient deux fois de suite à la cure ; l'archevêque présentait la troisième fois.

La donation de Guillaume de Daubeuf donna lieu à contestation, parce que le fief de Daubeuf relevait de celui d'Heuqueville, et que le consentement du seigneur du fief dominant n'avait pas été obtenu.

Jean de Harcourt occupa la cure de Daubeuf dans les premières années du XVe siècle. Il dut y renoncer vers 1419, parce qu'il obtint un bénéfice de prélature de l'évêché d'Amiens incompatible à tenir avec ladite cure.

Il existait au dernier siècle une chapelle sous l'invocation de Notre-Dame-des-Jardins au hameau de Fretteville.

(1) Procès entre Jean de Bornay, chevalier, seigneur de Daubeuf, Isabel de Hangest, dame de Heuqueville, et l'archevêque de Rouen, 1113 ; — entre Alain le Lay, chevalier, seigneur de Bernay, de Mesières et de Daubeuf, Henri Soca, seigneur de Heuqueville et de Port-Saint-Pierre, et l'archevêque de Rouen, 1419 ; — Pierre de Roucherolles, baron de Heuqueville, Roger de Longchamp, seigneur de Daubeuf, et l'archevêque de Rouen, 1468.

Le nombre des feux de cette paroisse était de 88 d'après le pouillé de 1738.

Le seigneur de Daubeuf était franc usager dans la forêt de Vernon. Il faut remarquer que la forêt d'Andeli faisait à cette époque corps avec la forêt de Vernon.

« Guillaume de Daubeuf, escuier, a
« usage de prendre et parcevoir en la fo-
« rest de Vernon branchez et mort bois
« pour ardoir pour son hostel de Tilly, et
« pasturages franc. et quicte pour ses vachez
« et pourceaux tant seulement, et avec ce
« bois pour faire la quaine d'une maison
« quant il la voudra fere, excepté les che-
« vrons, les quelz il n'a point d'usage. A
« aussy cinquante-deux charretées de
« bois à ni chevaulx ou à ii ou à i, ainsy
« comme bon lui semblera, et se il deffail-
« loit de prendre et lever aucunes des
« dictes charretées, il ne lez peut recou-
« vrer. » (*Coutumier des forêts de Normandie*, fol. 26 v°.)

La famille de Roncherolles possédait Daubeuf en 1759.

On voit dans l'église de Daubeuf un autel en boiserie venant de la chartreuse de Gaillon. Les colonnes sont ouvragées à jour et d'un travail excellent. Inscription de 1660.

L'église de Daubeuf contenait un tombeau recouvert d'une statue, qui, par suite de travaux faits à l'église, se trouve aujourd'hui placé près de la muraille du nord de l'église et à l'extérieur. On n'a pas fait subir de translation à cette sépulture ; c'est la muraille seule qui a été l'objet de quelques modifications.

La pierre tumulaire, sculptée en relief, représente un seigneur couché sur le dos, la tête nue, posée sur un coussin ; son corps est entièrement revêtu d'une cotte de mailles ; l'armure de la tête retombe sur le col. Une tunique sans manches, serrée autour de la taille, recouvre la cotte de mailles ; les deux bras sont croisés sur la poitrine. Plus bas, l'épée, dans le fourreau, est en partie recouverte par l'écu ; sur lequel on voit : *d'or à trois croissants montants de gueules, 2 et 1*. Les pieds, chaussés d'éperons, reposent sur un lévrier. Aux quatre coins du tombeau quatre anges étaient agenouillés. Ces petites figurines n'existent plus aujourd'hui.

On voit dans la chapelle souterraine de l'église de Ham une pierre tumulaire avec une statue identiquement semblable à celle de Daubeuf. (Voy. le congrès tenu en 1858, par la Société d'archéologie, à Cambrai, xxv° session, p. 512.) La seule différence est que le seigneur de Ham de la main droite saisit son épée, qu'il paraît vouloir tirer du fourreau, et de la gauche soutient son bouclier. On lit sur la pierre du tombeau de Ham une inscription qui annonce que le seigneur enseveli était Odon IV ou Eudes, mort en 1231.

L'identité des armoiries et la ressemblance des deux statues prouvent que le chevalier enterré à Daubeuf et le chevalier enterré à Ham étaient parents et contemporains. Il est possible que ce tombeau soit celui du fondateur de l'église de Saint-Martin de Daubeuf. Le style de l'église annonce la fin du XII° et le commencement du XIII° siècle. La tradition veut qu'un seigneur de Daubeuf ait fondé ou reconstruit l'église au moment des croisades.

Cet article a été fort augmenté par les notes de MM. de Beaurepaire et Goujon.

Dépendances : — Aumare ; — Fretteville ; — le Mont-Joyeux ; — les Buspins, château.

DOUAINS.

Arrond. d'Evreux. — Cant. de Vernon.

Patr. Notre-Dame. — *Prés.* l'abbé du Bec.

Une charte du duc Richard II en faveur de l'abbaye de Fécamp mentionne Douains sous la forme de « Duni ».

« ... In villa quæ vocatur Dunos ecclesiam cum appenditiis suis et hospitia ii... »

Sous l'abbé Raoul de Fécamp, il y avait à Fécamp un moine nommé « Hugo de Duens ». Parmi les témoins d'une autre charte de Fécamp, relative à des biens à Saint-Just : « Rogerus, presbyter de Duens.

Dans le *Registre de Philippe-Auguste*, Douains est signalé comme faisant partie de la châtellenie de Paci : « Et apud Dons dimidium feodum per xl. dies de custodia. »

« ... Et prædictus Stephanus tenet quartum de Duens, unde debet xl. dies de custodia. »

Divers personnages de Douains sont notés dans le nécrologe de la Croix-Saint-Leufroi : « ... Septimo kalendas decembris, Petrus de Douens... Albinus de Douens... »

En 1227, Roger de Duens était doyen de la chrétienté de Vernon ; il figura en cette qualité dans une charte d'Iseubard d'Esmaleville en faveur de Jumièges.

Dans une charte de Guillaume Havart en faveur de Fécamp, on trouve parmi les témoins : « Rogero presbytero de Duens, en même temps que Jean, abbé de Saint-Taurin. Cart. f° xxix.

On remarquait sur le territoire de Douains : la seigneurie de Douains, la seigneurie de Brécourt et le fief de la Sablonnière.

« Jehan de Menilles, escuyer, seigneur « de Menilles », rendit aveu, le 23 juin 1411, pour un fief de haubert entier assis « és paroisses de Menilles et de Boisset-« Hennequin ». (Arch. imp., P. 308, f° xiii r°, Vicomté d'Evreux.)

« Je Symon Brunel, escuier d'escurie de « Monseigneur le duc d'Orléans, avoue te-« nir un fief appelé le fief du Brécourt ; « lequel était assis dans les paroisses dudit « Brécourt et de Douains, en la chatellenie « de Passy. Item, l'ostel dudit Brecourt a « coustume et usage dans la forêt de Méré, « dont il doist chascun an, au roy nostre « dit seigneur, trois sols parisis... Et d'i-« celui fief, noble homme Messire Lan-« celot de Haranvilliers, chevalier, sei-« gneur de Bières et de Méré, en tient ung « tiers, et noble damoiselle Guillemette « de Flacourt, et Jeannette Duurel, sa « niepce, en tiennent l'autre tiers, et le « tiennent des dessusdits chevalier et da-« moiselle par paraige, selon la constume « de Normandie... et l'autre tiers est « tenu à mon domaine. » [3 février 1405.] (Arch. imp., P. 308, f° lxxii v°, Vicomté de Conches.)

Voyez l'aveu d'un fief assis és paroisses de la Huanière et de Brucourt rendu par Gui, seigneur de la Roche, le dernier jour de juillet 1408. (Arch. imp., P. 308, f° vi, Vicomté d'Evreux.)

Voyez encore l'aveu d'un fief assis « és « paroisse de la Huanière et s'étendant « és paroisses de Douens et de Hardan-« court ». Aveu rendu par Jehan de Saint-Pol, escuyer, le 11 juillet 1403. (Arch. imp., P. 308, f° lxiii, Vicomté de Conches.)

Voyez enfin l'aveu d'un fief de la « Huan-« nière, assis és paroisses de la Huan-« nière, de Douens, de Brucourt et « d'Hardancourt ». Aveu rendu par Guillaume le Cesne, au droit de Jehanne de Menilles, sa femme, le 10 avril 1450. (Arch. imp., P 308, f° xxxii, Vicomté d'Evreux.)

Le 14 juillet 1793, les fédérés du Calvados et d'Ille-et-Vilaine, commandés par Puisaye, sous les ordres de Wimpffen, se trouvèrent, sur le territoire de Douains, en présence de l'armée envoyée contre eux par la Convention. A peine le canon eut-il été tiré qu'ils prirent la fuite précipitamment. Cette affaire a gardé le nom de déroute de Brécourt.

Dépendances : — Boisset-Hennequin ; — Brécourt ; — Gournel ; — les Has ; — les Métreaux ; — la Sablonnière.

DOUDEAUVILLE.

Arrond. des Andelis. — Cant. d'Étrépagny. Sur la Bonde.

Patr. S. Aubin. — *Prés.* l'abbesse de Fontaine-Guérard.

L'étymologie de Doudeauville nous parait être : *Dodonis* ou *Dudonis villa*.

L'église de Doudeauville avait été donnée à l'abbaye de Fontaine-Guérard par Guerri de Vitrencourt et Hugues le Valet de Chaumont.

« ... Item ex dono Weirici de Witren-« curt, ecclesiam Beati Albini de Dodeal-« villa, salvo jure pontificali et maisuras « et hospites quos habebat circa eamdem « ecclesiam, et quicquid illic habuit, as-« sensu et voluntate Hugonis Le Vasket « de Calvomonte, et assensu Symonis filii « ejusdem Hugonis... »

Le pouillé d'Eudes Rigaud constate que le patronage appartenait à l'abbesse de Fontaine-Guérard au milieu du xiiie siècle.

« Ecclesia Sancti Albini de Doudeau-« villa valet xii. libras, parrochianos unus « et x. Hugo presbyter presentatus fuit a « priorissa Fontis Guerardi. »

Les pouillés de 1704 et de 1738 déclarent que le droit de patronage appartient aux seigneurs du lieu.

Une chapelle dédiée à sainte Véronique fut fondée en 1628 par le seigneur du lieu, nommé Antoine de Fors. Mais, à partir de 1726, par l'ordre de l'archevêque de Rouen, le service en fut quitté dans l'église paroissiale de Doudeauville.

L'aveu suivant nous montre que Doudeauville était le siège d'un fief de haubert :

Noble homme Enguerran de Feure, escuier, avoue « à tenir à une seule foy et « hommaige du Roi..., à cause de sa chas-« tellenie de Gisors, ung fief de haubert « dont le chief et manoir sont situez et « assiz en la ville et paroisse de Doudeau-« ville en Veulquessin le Normant, au-« quel fief a court, usaige et justice, ventes, « reliefs et toute noblesse appartenant à « fief de haubert, coulombier à pié, mou-« lin à tan, estang, etc.

Après l'énumération des rentes en argent, il continue ainsi :

« Item quatre - vingts et quatre acres

« de terre labourable, en plusieurs pièces,
« deux arpens de prey en une pièce, der-
« rière ledit manoir. Et se relieve icelui
« fief par quinze livres tourn. quant le
« cas y eschiet, etc...
« Scellé du seel de la prévôté de Paris,
« le jeudi vint-six jours de novembre,
« l'an mil ccc et cinq. » (*Archives de
l'Empire*, P. 307, n° ???).

Dépendances : — le Bout-du-Haut ; —
le Bout-du-Bas.

Cf. Toussaint Duplessis, t. II, p. 331.

DOUVILLE.

Arrond. des Andelys. — Cant. de Fleury-sur-Andelle.
Sur l'Andelle.

Patr. Notre-Dame. — *Prés.* le chapitre de
la cathédrale de Rouen.

Dans une charte de Robert Ier, en faveur de la cathédrale de Rouen, on lit :
« Adhuc autem in ipso eodemque pago
« super fluvium qui vocatur Andella,
« quatuor partes villæ quæ vocatur Dot-
« villa. »

Suivant les pouillés, le chapitre de l'é-
glise de Rouen conférait la cure de plein
droit. Cette église faisait partie de son
exemption.

On conserve aux archives de la Seine-
Inférieure un accord entre les chanoines
de Rouen et Baudri de Longchamp au
sujet des biens et possessions des premiers à Douville, 1221 ; — l'acte par
lequel les chanoines confèrent à Jean dit
le Berruyer la cure de Douville : « Ecclesiam B. Mariæ de Douvilla, » 1290 ; — des
lettres de Jeanne de Ponthieu, comtesse
de Vendôme et de Castres, par lesquelles
elle reconnait que les doyen et chapitre
de Rouen lui ont octroyé de leur grâce
et humble volonté « que une chascune
« nuit un de leurs hommes de Douville
« lui aide à faire gait en son chastel dudit
« lieu de Douville tant qu'il lui plaira ; »
16 juillet 1362 ; — plusieurs terriers, notamment un qui fut rédigé par ordre de
Guillaume de Chalençon, trésorier et chanoine de Rouen, ayant une des prébendes de Douville, 1378 ; — un autre,
rédigé par Nicolas François, maître ès
arts, 1681 ; — un troisième est de la seconde moitié du XVIIIe siècle. Ces trois
terriers donnent la liste des chanoines
qui ont occupé les deux prébendes de
Douville.

On y signale quatre communes, dites
les communes de Douville, et particulièrement désignées sous les noms des Au-
nois, les Broches, les Bois-Communs et
la Fayelle. Les droits des usagers sont
plus nettement indiqués dans une pièce
de 1577 conservée dans les papiers de
Curtiot de Coqueromont, baron de Pont-
Saint-Pierre, à cause de son fief de Calleville.

Le château de Logempré était jadis le
manoir seigneurial de la baronnie de
Pont-Saint-Pierre. Il est ainsi indiqué
dans l'aveu de 1600 : « Le manoir sei-
« gneurial de laquelle baronnie est assis
« en la paroisse du dit Saint-Pierre, le-
« quel est un chasteau de pierre à pont-
« levis, couvert d'ardoise, vulgairement
« de Logempré, clos et environné de
« fossés pleins d'eau. » Pendant la domination anglaise, il appartint à Talbot,
qui, pendant quelque temps, y entretint
garnison. Sa position au milieu des prairies explique assez son nom. Une tour en
ruine en indique la place.

Le fief de Calleville, situé à Douville,
fut réuni à la baronnie de Pont-Saint-
Pierre en 1681.

Il existait en l'église de Douville une
confrérie sous l'invocation de saint Gilles.

Les procès-verbaux de visite de l'église
de Douville par le chapitre portent la population de cette paroisse une fois à 75,
une autre fois à 150 communiants vers le
milieu du XVIIIe siècle.

Un des lieux dits est Fontaine-Guérard ;
mais le monastère de Fontaine-Guérard
était situé de l'autre côté de l'Andelle, sur
le territoire de Radepont. Nous parlerons
de ce monastère à l'article Radepont. Les
autres lieux dits sont : la Vallée-Groult ;
— l'Essart ; — la Verte-Maison ; — la Cha-
pelle-Notre-Dame.

DROISY.

Arrond. d'Évreux. — Cant. de Nonancourt.

Patr. S. Martin. — *Prés.* l'abbé de Saint-
Lomer.

Nous avons fort peu de choses à dire
sur Droisy.

Entre Droisy et Panlatte, voie romaine
tendant de Condé à Dreux, passant par
l'Estrée.

Il y a un Droisy près Soissons, nommé
Trucciacum. Le *Trucciacum* de Soissons
est le lieu où se livra la bataille gagnée
vers 593 par Frédégonde sur les lieutenants de Childebert II.

Dans une charte sans date, du commencement du xiiie siècle, en faveur de l'Estrée, on trouve parmi les témoins : « Ricardus de Droise. »

Il y avait trois fiefs sur cette commune : les fiefs de Mergent, de la Brosse et de Droisi.

Dépendances : — les Ardillières ; — la Brosse ; — Mergeant ; — les Puits.

DRUCOURT.

Arrond. de Bernay. — Cant. de Thiberville.

Patr. S. Ouen. — *Prés.* l'abbé du Bec.

Drucourt doit venir de *Drociquria* plutôt que de *Drogonis curia*. Il y a dans la Manche un « Mesnillum Drogonis ».

Suivant Huet, le sens de Drociquria pourrait être « la cour du chêne ».

Il y a deux Drocourt (Arras et Mantes).

Drocourt (arrondissement de Mantes), est désigné dans les chartes sous le nom de *Droconis curtis*.

Un Dromesnil (Amiens), un Drouville (Lunéville), un Druval et un Drubec (Pont-l'Évêque).

On trouve un Drocus, fils de Milon, dans une charte de Hugues, comte du Mans, en faveur du Mont-Saint-Michel (1013).

Une charte de Henri II nous apprend que l'église de Drucourt avait été donnée à l'abbaye du Bec par Guillaume Crespin :

« ... Ex dono Willermi Crispini, ecclesiam de *Drocourt* cum terra et decima
« et omnibus ejusdem ecclesiæ pertinen-
« tiis. »

« Notum sit omnibus tam presentibus
« quam futuris quod ego Engerrannus,
« filius Ernoudi de *Drotencort*, concessi
« et quietam clamavi totam terram quam
« pater meus et ego habuimus in *Drotencort* sine aliquo retinemento, quam terram pater meus et ego invadiaveramus
« Judeis pro tanta pecunia quod eam dis-
« vadiare nequivimus, scilicet pro mille li-
« bris Andegavensium, tam de catallo
« quam de usura, domino Rogerio de
« Mortuo Mari et heredibus suis, ad dis-
« vadiandam a predictis Judeis et tenen-
« dam sibi et heredibus suis in dominio
« de domino de Ferrariis, omnino libe-
« ram et quietam de me et heredibus
« meis. Et ipse Rogerius de Mortuo Mari
« dedit mihi pro homagio et servitio meo
« terciam partem predicte terre, scilicet

« xiii. acras et dimidiam, et de nemore
« quantum continetur a mara magni gar-
« dini versus meridiem per divisam quæ
« facta est ex transverso, et hos homines
« cum suis tenementis et redditibus, Gil-
« lebertum Lasne, le Bochier, Rogerium
« de Mara, Robertum Goscellini, Biatri-
« cem la Fuiselle, Herbertum Malinel,
« Rogerium Reinaldi, Willelmum Croc,
« Radulfum Formage, cum tenemento
« suo, excepto servitio serjanterie quod
« ad opus suum retinet, et Rogerium Bo-
« dart, excepto capitali servicio et ma-
« snagio suo, et excepta tota mouta quam
« predicti homines et eorum feoda de-
« bent, quod totum sibimet reservavit.
« Pro hoc itaque feodo faciam predicto
« Rogerio de Mortuo Mari et heredibus
« suis et heredes mei terciam partem ser-
« vitii unius militis. » (*Rotuli Normanniæ*, ann. 1200, Ed. Hardy, p. 19.)

Ernault de Drucourt donna à l'abbaye du Bec plusieurs terres situées à Courtonnel, et ces dons furent confirmés par Roger de Mortemer.

En 1226, Eudes du Busc donna à cette même abbaye une motte et une terre situées à Drucourt.

En 1275, la terre d'André de Drucourt (Andreas de Drucourt) était en la main du roi, probablement par suite de la mort de ce seigneur, qui avait dû laisser une veuve et des enfants. (Bouquet, XXII, 752.)

Louis le Hutin, en 1314, concéda au prieuré de Beaumont-le-Roger la ferme de Drucourt : « Ludovicus, Dei gratia
« Francorum et Navarræ rex, notum faci-
« mus universis presentibus et futuris
« quod nos cum priore et conventu prio-
« ratus Bellimontis Rogerii, ordinis Sancti
« Benedicti, Ebroycensis diœcesis, ipso-
« rum interveniente assensu unanimi,
« permutationem fecimus subsequentem...
« Præfatis priori et conventui, pro se et
« suis successoribus ac suo prioratu præ-
« dicto, permutationis causa et excambii
« legitimi concedimus, tradimus, cedi-
« mus et quitamus firmam de Drociquria,
« cum universis suis juribus et pertinen-
« tiis, ubicumque et in quibuscumque si-
« tuentur, quam firmam in emphiteosim
« tenebat Guillelmus Chanterelli, burgen-
« sis Pontis Audomari, pro ducentis et
« viginti libris turonensium annui red-
« ditus... » (Cart. de Beaumont-le-Roger, f° L v°.)

En 1320, Guillaume du Bois, escuyer, et Colin de Drucourt tenaient du roi des membres de fiefs sis « à Droccort ». (*Assiette du comte de Beaumont*, f° 38 v°.)

Le 16 mai 1370, le vicomte de Pont-Authou déclara « que devant lui il y « avoit eu descort entre les religieux de « Beaumont-le-Roger et messire Robert de « Barville, pour raison d'une baronnie et « fieffe ferme nommée la fieffe ferme de Drucourt, acquise par ce dernier de feu « messire Guillaume Canterel, sur laquelle « les dits religieux avoient et poursui- « voient par chascun an xi₁₁ livres de « rente ». Il y eut arrangement entre les parties. Le chevalier engagea tous ses biens, sauf son corps, son armure et le harnois de deux chevaux, « lesquiels il ne obliga pas. » (Cart. de Beaumont, f° LXIII v°.)

En 1386, « Jehan Gloriant, bourgeois « de Bernai, garde du scel aux obliga- « tions de la vicomté d'Orbec, » attesta qu'il y avait eu plet et procès entre Chrétien de Trouart, prieur de la Trinité de Beaumont-le-Roger, et noble homme M. Robert de Barville, au sujet de la somme de xi₁₁ livres de rente que ledit chevalier leur devait, avec les arrérages « à cause d'un fieu ou baronnerie nom- « mée la baronnerie de Drucourt; sur « laquelle ils avoient accoustumé de pren- « dre chascun an xi₁₁ livres de rente ; « lequel chevalier, devant Jehan Mutel, « clerc tabellion juré en ladite vicomté ou « siége de Bernai, abandonna aux dits « religieux ledit fieu ou baronnerie avec « ses appartenances, tant en manoirs, jar- « dins, prés, terres labourables et non la- « bourables, moulins, moultes secques et « moillées, patronnage d'église, se illui « est, rentes en deniers, en grains, en oi- « seaulx, en oefs ou aultres rentes quelle- « conques, services, prières, corvées, avec « tout aultre revenu, de quelecnque con- « dicion que ils soient ou puissent estre… » (Cart. de Beaumont, f° LXXII, r°.)

En 1179, dom Robert d'Evreux, prieur de Beaumont-le-Roger, se disant seigneur en partie de Drucourt, obtint clameur de gage pleige pour empêcher que l'abbaye ne fît bâtir une grange sur une pièce de terre voisine de l'église.

Les fiefs du Bosc-Henri, du Bosc-Drouet et de Drucourt formaient ce qu'on appelait la baronnerie de Drucourt.

Dépendances : — la Houssaie ; — la Louverie ; — le Manai ; — le Rosei ; — les Cordeliers ; — la Doguerie ; — la Tomainerie ; — l'Aunerie ; — le Bosc-Drouet ; — le Bois-Guillaume ; — le Bosc-Henri ; — la Buissonnière ; — la Haitraie ; — le Hameau-Jouas ; — la Mânerie ; — le Maurei ; — les Merceries ; — le Mesnil ; — la Vallée ; — la Baronnerie ; — la Cour-d'Epaignes ; — l'Evêché ; — la Fabrique.

DURANVILLE.

Arrond. de Bernai. — Cant. de Thiberville.

Patr. S. Ouen. — Prés. l'abbé du Bec.

Au hameau de la Chaussée, passage de la voie romaine de Brionne à Lisieux.

Une charte de Robert Ier, en faveur de la cathédrale de Rouen, cite un *Durandivilla* dans le Talou.

Dans une charte de Henri II pour Fécamp (*Hist. de la maison d'Harcourt*, III, p 148), on trouve parmi les souscripteurs : « Robertus de Duranvilla. »

Goscelin Crespin, en 1153, confirme à l'abbaye du Bec un grand nombre de donations qui avaient été faites en sa faveur. Parmi ces donations, nous reconnaissons celle de Gislebert Justin, qui avait donné l'église de Duranville, la dîme, le patronage et la terre pour construire une maison où devait être déposée la dîme dudit domaine.

« Notum sit omnibus presentibus et « futuris quod ego Gosselinus Crispinus, « pro salute mea et omnium antecessorum « et heredum meorum, concessi et hac « presenti carta confirmavi Deo et Sanctæ « Mariæ Becci et monachis ejusdem loci « omnes donationes quas antecessores mei « et homines eorum eis fecerunt, videlicet « in terris, in hominibus, in redditibus, in « ecclesiis et decimis et molendinis et pra- « tis, et in quibuslibet aliis rebus, scilicet, « ex dono Guillelmi Crispini, ecclesias de « Livarot et de Blangeyo, cum omnibus « pertinentibus ad eas, et decimam domi- « nii sui et decimam carrucæ suæ de Falio, « ecclesiam de Livarot cum patronatu et « omnibus pertinentibus ad eam, in Stre- « pigneyo decimam denariorum burgi, « et xx. solidos ad luminare ecclesiæ, et « decimam ibidem totius annonæ suæ, et « unum hospitem cum omnibus consuetu- « dinibus, in Longa Villa clausum Blanc- « hardi, in teloneo de Bragio xi. solidos, « in teloneo de Livarot decimam et unam « domum cum omnibus consuetudinibus « suis, et sextam partem molendinorum « de Pasceio, c. solidos in teloneo ejus- « dem villæ ; ex dono Evæ, uxoris ipsius, « unam acram prati in Blangeyo et unum « hospitem cum omnibus consuetudini- « bus ; ex dono Guillelmi Crispini, filii « dicti Guillelmi et Evæ, decimam molen- « dini et dominii sui de Mesnillo Hilbi. In « Dioscort, ecclesiam cum decima et pa- « tronatu et omnibus aliis pertinentiis et « quod habebat de eo Robertus Mulcon-

« manus; in Burneville, medietatem eccle-
« siæ et decimæ et patronatus ; ex dono
« Richardi, filii Reinfredi, aliam medieta-
« tem ejusdem ecclesiæ, decimæ et patro-
« natus; in molendino de Blangy, unum
« modium annonæ et dimidium modium
« frumenti, et dimidium modium grossæ
« avenæ; ex dono Gisleberti Rustin,
« ecclesiam de Duranvilla, et decimam
« cum patronatu et omnibus ad eam per-
« tinentibus, et terram ad domum ædifi-
« candam ubi decima ejusdem villæ repo-
« natur; ex dono Ercheubaldi de Fave-
« roles, quod habebat de Richardo, filio
« Reinfredi ; ex dono Agnetis, uxoris ejus-
« dem Guillelmi, ad anniversarium ipsius
« faciendum, dimidium molendini de
« Bernayo et L. solidos in molendino de
« Strepigneio ; ex dono Guillelmi Crispini,
« filii dicti Guillelmi et Agnetis, triginta
« acras terræ in Falco, et in furno de
« Blangy decem solidos, et alteram me-
« dietatem molendini de Bernayo, eccle-
« siam de Sefqevilla, cum decima et pa-
« tronatu; in Livarrot, decimam feni sui
« et decimam gardini sui ejusdem villæ.
« Hæc omnia quæ scripta sunt, ego,
« Gosselinus Crispinus, Beccum veniens,
« cum Guillelmo, filio meo, adhuc parvo,
« dictis monachis in liberam et perpe-
« tuam elemosinam concessi, assensu et
« voluntate dicti Guillelmi, filii mei, et
« hac presenti carta mea sigilli mei muni-
« mento roborata confirmavi. Et per unum
« candelabrum, ego Gosselinus et dictus
« Guillelmus, filius meus, presente toto
« conventu, super majus altare Becci
« posuimus, anno ab Incarnatione Do-
« mini x° c° L° v°, coram his et ecclesia. »

Un autre acte, sans date, de Gilbert des Essarts, porte que la dime fut donnée à l'abbaye du Bec en même temps que celle de Bournainville.

Roger de Mortemer confirma la donation faite à l'abbaye du Bec, par Renault le Cler, de toute la terre qu'il possédait à Duranville.

Les biens que l'abbaye du Bec possédait à Duranville avaient déjà été confirmés par Guillaume le Conquérant avant la conquête; en 1087, par Guillaume Crespin; par Jean, évêque de Lisieux, en 1131; ils le furent depuis par le pape Alexandre III, en 1178, et par Guillaume, évêque de Lisieux, en 1221.

Gabrielle du Merle, fille de Jean du Merle de Blanc-Buisson, et de Louise, héritière de la baronnie d'Orbec, mariés en 1600, épousa Laurent de Bellemare, seigneur de Duranville.

La famille de Bellemare possédait encore le fief de Duranville au milieu du XVII° siècle.

L'abbaye du Bec tenait à Duranville un fief dit le fief des Champs. Outre le fief de Duranville, dont le siège devait être au château de Bellemare, et le fief des Champs, on comptait encore dans cette commune le fief de Bouquetot.

Le portail de l'église, en plein cintre, est orné dans le style du XI° siècle.

Dépendances : — la Chaussée ; — Origni ; — le Petit-Mesnil ; — les Rochers ; — Bouquetot ; — la Porte-Rouge ; — Bellemare (château).

Cf. *Annuaire normand*, 1849, p. 39.

E

ECAQUELON.

Arrond. de Pont-Audemer. — Cant. de Montfort.

Patr. Notre-Dame. — Prés. le seigneur.

Au hameau de la Prée, fondations profondes, tuiles à rebords, débris de constructions romaines. Objets semblables à la ferme de la Houssaie. Dans les bois, petits tertres indiquant des événements militaires.

Dans les *Grands Rôles de l'Échiquier de Normandie*, on lit : « ... de feodo de Es- « caquernon centum solidos (de hoc ul- « timo exercitu Normanniæ). » Il résulte de cette taxe que le fief d'Ecaquelon était un plein fief de haubert. (*M. R. Sc. N.*, ad ann. 1203, p. 559.)

« Rogerius de Scakeron XIX. libras pro « vadio negato. » (*Ibid.*, p. 563.)

« Adeliza de Escakerlon debet II. mar- « cas argenti pro habenda recognitione de « dote sua versus Lucam de Abetot. » (*Ibid.*, p. 66.)

En septembre 1248, Eudes Rigaud dédia l'église d'Ecaquelon à la Vierge : « ...Oc- « tavo idus septembris apud Esquaquelon

« cum expensis parochie; ipsa die dedica-
« vimus ecclesiam Beate Marie ejusdem
« loci... »
L'église d'Ecaquelon a eu encore pour
patron saint Jacques. Toussaint Duplessis
parle de saint Denis.
Le pouillé d'Eudes Rigaud nomme le
présentateur de l'église d'Ecaquelon au
milieu du XIII° siècle.
« Escaquelon. Rogerius de Escaquelon
« patronus, valet XL. libras, parrochianos
« III^xx. »
Vers la fin du XIII° siècle, il y eut un
curé présenté par le roi au nom de Guillaume de Bourneville, seigneur d'Ecaquelon, en bas âge.
En 1308, le roi de France céda à l'abbaye du Bec, en échange d'autres domaines, quelques biens situés à Ecaquelon.
Nous publions cette pièce à l'art. Ecous.
Le *Coutumier des forêts de Normandie*
constate les droits des habitants de la paroisse « d'Esquaquellont » dans la forêt
de Montfort. (Fol. 87 v° et 87 r°.)
Les fiefs d'Ecaquelon étaient :
1° Le Bois-Héroult, ou Boscherou,
comme l'écrit Cassini; peut-être le « Boscus Hairaldi », dont parle Guillaume le
Conquérant dans une charte relative à
Catelon;
2° Les Epinales;
3° La Hennaie;
4° Et les Crottes, quart de fief de haubert, qui s'appelait encore les Haquenais
ou le Buc. Ce dernier fief relevait au
XVIII° siècle de Condé.
1256. Marc de Huboumare. Fiefs d'Ytot
et des Epines.
1305. Le fief de Mailloc s'étendait sur
« Escaquelon ».
1507. Pièce en pâturage, nommée « les
Grands-Futeux ».
1522. Pièces nommées : « la Vente-des-
Vieux, les Fermes, la Côte-de-la-Justice. »
1542. Nicolas de la Vieille, écuyer, tenait les fiefs d'Ecaquelon et du Bois-
Héroult.
1776. Morin de la Rivière, seigneur
d'Ecaquelon, d'Illeville, du Bois-Héroult.
Dépendances : — le Bois-Héroult (château); — le Veneur; — Porte-Lombart;
— la Baucherie; — la Berthouderie; —
Claire-Mare; — les Crottes; — les Epi-
nais; — les Gardinets; — le Hanoué; —
le Haut-d'Ecaquelon; — les Hauts-Vents;
— la Houssaie; — les Loges; — la Prée;
— le Souillet; — la Vallée; — Ytot; —
le Buc; — la Ferté.

Cf. Canel, *Essai sur l'arrond. de Pont-Audemer*,
t. II, p. 308.
Toussaint Duplessis, t. II, p. 525.

ECARDANVILLE-LA-CAMPAGNE.

Arrond. de Bernai. — Cant. de Beaumont-le-Roger.

Patr. S. *Martin.* — *Prés. le prieur
du Parc.*

L'origine d'Ecardanville nous paraît
être : « Eschardani villa. » Les renseignements que nous avons recueillis sur Ecar-
danville-la-Campagne se concentrent sur
les hameaux de Fumechon et du Mesnil-
Pipart.
En 1220, Renout de Bigars donna à
l'abbaye du Bec deux vassaux demeurant
à Fumechon avec leurs rentes, consistant
en 27 sols, 4 chapons et 60 œufs.
Au mois de mai 1263, « Michael de
« Fumechon, tunc serviens domini regis
« in Occa, » vendit aux moines de Beaumont, moyennant 37 sols 2 deniers, une
rente de 4 sols, qu'il avait achetée de Guillaume Gosche dit Bocart, sur l'héritage de
Robert et Geoffroi, ses frères, situé « apud
« le Hamel, in parrochia Beate Marie de
« Guteriis ». Parmi les témoins on remarque Thibaud de Salerne, prêtre.
En 1281, Faucon Payel, chevalier, seigneur de Fumichon, donna à l'abbaye du
Bec 31 sols de rente à prendre sur 3 acres
de terre situées en la paroisse de la Huen-
nière, en remplacement de 3 septiers de
froment donnés par Robert de Bigards,
chevalier et seigneur de Fumichon.
« Willelmus Pipart, » témoin dans une
charte de Robert de Meulan. (*Cart. de
Beaumont*, VIII, v°.)
Dans une charte du même recueil, même
page : « Robertus Pipardus et Willelmus,
frater suus. »
Un peu plus loin (XXIX, r°), parmi les
témoins : « Willelmus Pipart, dominus
« Guillelmus Pipart, tunc temporis sene-
« scallus de Haricuria. »
*Les Grands Rôles de l'Echiquier de Nor-
mandie* (t. II, p. 183) mentionnent Richard du Mesnil-Pipart : « De Ricardo de
Mesnil-Pipart, decem libras. »
Nous trouvons dans les chartes de la
Commanderie de Saint-Etienne-de-Renneville plusieurs pièces concernant Epréville et Ecardanville.
1237. Simon Marivent « de Espreville »
vend à Richard Marivent, son oncle, une
pièce de terre située à Epréville, sur
la limite d'Ecardenville (Esquardenville)
moyennant 4 livres et demie de tournois.
1213. Sylvestre Marivent vend à Re-
nould des Ormes deux pièces de terre sur
le territoire d'Epréville : « Justa les bo-

« teres terrarum de Esquerdenvilla et
« apud limitem de Nazanles. »
1247. Richard Marivent « de Esprevilla » livre à Simon Marivent : « quando
« Aalitiam filiam Willelme de Sancta Co-
« lumba accepit in uxorem, IV. acras terre
« in territorio de Esprevilla, apud bayam
« Houfredi, apud Trescheiam, apud li-
« mitem de Escardenvilla, versus ulmum
« de Escardenvilla, apud maram Boe. »
1250. Guillaume d'Ecardanville (*d'Escardanville*), chevalier, figure dans une
enquête de 1250 et dans une charte de
1270.

Dépendances : — Fumechon ; — le
Mesnil-Pipart ; — le Manoir ; — le Bout-
des-Hautes-Friches.

ECARDANVILLE-SUR-EURE.

Arrond. de Louviers. — Cant. de Gaillon.
Sur l'Eure.

*Patr. S. Germain. — Prés. l'abbé de la
Croix-Saint-Leufroi.*

Dans le nécrologe de la Croix-Saint-
Leufroi est citée Marguerite, femme de
Guillaume d'Ecardanville, écuyer, et Renaud d'Ecardanville, écuyer : « ... Quinto
« kalendas augusti... domina Margareta,
« uxor Guillelmi de Escardanavilla, armi-
« geri... » — « ... Decimo octavo ka-
« lendas decembris, Reginaldus de Es-
« chardanivilla, armiger... »
1310. Jean d'Escardanville, écuyer,
abandonna à l'abbé de la Croix-Saint-
Leufroi son droit de présentation à l'é-
glise d'Escardanville.
1383. Guillaume d'Escardanville fait
aveu à Georges, seigneur de Clères, chevalier, d'un demi-fief de haubert, entre
les fiefs d'Auteuil et de la Croix-Saint-
Leufroi.

Dépendances : — l'Angle ; — Bizai ;
le Bâtiment ; — la Maison-Hermier.

ECAUVILLE.

Arrond. de Louviers. — Cant. du Neubourg.

*Patr. S. Amand. — Prés. le chapitre
d'Evreux.*

Dans le cartulaire du chapitre d'Evreux,
on trouve plusieurs chartes concernant
« Escauville ».
Richard de Willeville donna et céda
au chapitre de la cathédrale d'Evreux le
droit de présenter à l'église d'Ecauville,
et tous les autres droits qu'il avait dans
cette église : « ... Ecclesiam de Escau-
« villa, cum omnibus decimis bladi et gues-
« di, in propriis usus, et cum una acra
« terre, ex dono Roberti Majoris, retentis
« ad opus vicarie artalagio, cum minutis
« decimis et sex sextariis bladi... » Cette
donation est probablement du commencement du XIIIe siècle.
Cette charte fut confirmée par Henri du
Neubourg.
Dans le nécrologe de l'église d'Evreux,
Garin, évêque d'Evreux, est cité comme
donateur au chapitre d'Evreux de l'église
d'Ecauville et de 100 sous sur les dîmes
d'Ecauville : « ... Decimo septimo ka-
« lendas septembris, obiit venerabilis ac
« bone memorie pater noster Garinus,
« episcopus, qui dedit capitulo ecclesiam
« de Escauvilla et centum solidos in de-
« cimis de Escauvilla... »
Il s'agit probablement d'Ecauville dans
ce passage du *Registre de Philippe-Auguste* : « ... Apud Acauvillam, unum feodum de honore Ebroicensi... »
L'abbaye de Saint-Ouen de Rouen avait
des propriétés assez considérables à Ecauville.
1215. « Omnibus Christi fidelibus ad
« quos presentes littere pervenerint, R.,
« abbas Sancti Audoeni Rothomagensis,
« salutem in Domino. Universitati vestre
« notum facimus quod Robertus Major,
« in extrema voluntate sua, legavit Deo
« et ecclesie Sancti Audoeni de Escauville,
« pro remedio anime sue, unam acram
« terre de feodo Pictavisse. Quod coram
« nobis actum esse testificamur. Actum
« Rothomagi, anno gratie M° CC° XV°,
« mense septembri. »
1216. « In nomine sancte et individue
« Trinitatis, amen. Philippus, Dei gratia,
« Francorum rex. Noverint universi, pre-
« sentes pariter et futuri, quod nos, pie-
« tatis intuitu, dilectis nostris abbati et
« conventui Sancti Audoeni Rothomagi
« damus et concedimus in perpetuum vil-
« lam que dicitur Escauvilla cum perti-
« nentiis, sicut Robertus Major dictam
« villam cum pertinentiis in elemosinam
« dederat predictis abbati et conventui,
« sicut in ipsius Roberti litteris inde con-
« fectis continetur. Quod ut perpetue sta-
« bilitatis robur obtineat, presentem car-
« tam sigilli nostri auctoritate et regii
« nominis karactere inferius annotato,
« salvo jure nostro, confirmamus. Actum
« anno dominice Incarnationis M° CC°
« sexto decimo, regni vero nostri trice-
« simo septimo. Astantibus in palatio nos-
« tro quorum nomina supposita sunt et

« signa : dapifero nullo ; signum Guidonis
« buticularii ; signum Bartholomei came-
« rarii ; signum Droconis constabularii.
« Nuta, vacante (place du monogramme),
« cancellaria. »
(Orig. sceau perdu, aux Arch. de la
Seine-Inf., fonds de Saint-Ouen. — *Cart.*
norm., n° 1111.)

Le livre des jurés de Saint-Ouen, rédigé en 1291, contient (f° CLXIV°), des détails intéressants sur les propriétés de
l'abbaye de Saint-Ouen à Erauville.

« Henricus de Bosco de Escauvilla »
prit du bien à ferme du chapitre d'Evreux
à Quittebœuf, en 1297.

Dépendance : — le Beuberin.

ECOS.

Arrond. des Andelis. — Cant. d'Ecos.

Patr. S. Denis. — Prés. l'abbesse du Trésor
et le seigneur de Bouville ou de Pavil-
leuse.

Il y a un Escos dans l'arrondissement
d'Orthez ; un Escosse dans celui de Pa-
miers ; un Escot dans celui d'Oleron ; un
Escots dans celui de Bagnères et un Ecos
ou Ecot dans celui de Lisieux.

Suivant M. Louis Dubois, Ecos serait le
lieu du martyre de saint Nicaise, désigné
par Orderic Vital sous le nom de *Scaunis*.

Les formes les plus certaines du nom
d'Ecoz sont *Eschoz, Escoz, Scoz*.

La charte du duc Robert Ier en faveur
de la cathédrale de Rouen mentionne
l'église d'Ecos : « Ecclesia d'Escoz. »

Raoul d'Ecos est cité dans les *Grands*
Rôles de l'Echiquier de Normandie : « ... Et
« de xx. solidis de Radulfo de Escoz pro
« falso clamore. » (1180, p. 71.)

Guillaume de Fourges donna à l'abbaye
du Bec sa part dans la dime d'Ecos.

L'obituaire de la Croix-Saint-Leufroi
cite : « Robertus, miles, des Escoz, Ma-
« hilia uxor ejus, pro quinque barillis
« vini. »

En 1206, Robert « de Escoz » donna au
couvent de Jumiéges la prévôté qu'il tenait
de ce couvent à Longueville. Les témoins
sont Roger Torel, « dominus Buscallie, »
Mathieu, son frère, et Nicolas de Blarru.
En 1214, son frère Gautier « de Escoz »
confirma ce don et y ajouta tout ce qui
pouvait lui appartenir « in præpositura et
« serjanteria Longeville, in boscagio et in
« valle ». Il fallait que cette prévôté fût
quelque chose d'important, car les moines
le récompensèrent en affranchissant de
tout service le fief qu'il tenait d'eux à
cause de cette prévôté, et de plus ils lui
donnèrent 6 livres parisis.

Dans une enquête sur les droits de l'archevêque, on cite le fief d'Ecos : « Et feo-
« dum d'Equoz et de Albigneio, quod Ro-
« bertus d'Equoz tenet. » (Aubigni était un
fief sur Civières.) [*Cart. norm.*, n° 222.]

1223. « Dyonisius de Escoz... Odo de
de Grimoyalle, » témoin.

1225. « Carta Roberti de Bauquencio,
« militis, de dono Dyonisii de Escoz. Odo
« de Grimoyalle, Dyonisius, filius ejus. »

1229. « Decanus de Escoz. »

Suit une donation de Robert de Peleis,
écuyer, à l'abbaye du Trésor, 1258.

« Notum sit universis, tam præsentibus
« quam futuris, quod ego Robertus du
« Peleiz, armiger, de assensu et voluntate
« Johanne, uxoris meæ, et heredum meo-
« rum, in puram et perpetuam elemosi-
« nam Deo et abbatiæ de Thesauro Beatæ
« Mariæ, juxta Bodemont, et monialibus
« ibidem Deo servientibus, quinque acras
« terre arabilis sitas apud la Bourdou-
« niere, juxta terram canonicorum de
« Salicausa, quæ abbutant terræ domini
« Amaurici de Forges, militis, et unam
« acram et dimidiam sitam apud le Mon-
« tet, juxta terram Guil'elmi de Peleiz, et
« abbutant terræ Amelinæ, sororis Fulo-
« nis de la Brosse, et duas acras et dimi-
« diam sitas apud le Buheroi, inter terram
« presbyteri d'Escos, et una parte, et ter-
« ram Ricardi Fabri de Escos, ex altera,
« et duas acras quæ abbutant a la Torteray,
« et una parte, et terræ canonicorum de
« Salicausa, ex altera, tenendas et in per-
« petuum in manu mortua possidendas
« prædictis abbatiæ et monialibus ibi Deo
« servientibus libere, quiete et pacifice....
« Et propter majorem hujus rei certitu-
« dinem et confirmationem, dominus
« Guillelmus de Gisortio, miles, qui est
« dominus capitalis totius terræ supra-
« dictæ, ad petitionem meam, sigillum
« suum una cum sigillo meo duxit appo-
« nendum præsenti cartæ. Actum anno
« Domini M° CC° L° VIII°, mense junii. »

1287. « Hugo de Villaribus, miles, » et
Milisende, sa femme, échangèrent cinq
acres de bois contigus au Bois-l'Evêque
et nommés « la costume de Coupeinni »
contre un autre bois nommé le Bois-Se-
coure. — En 1257, il y avait eu réclamation par le curé de Civières (*de Chireriis*)
d'un droit d'usage sur le bois nommé
Boscus episcopi. Les religieuses lui abandonnèrent six acres « per deversus con-
stumiani de Coupigniaco et le Tuit ». —
En 1248, saint Louis permet aux religieuses de vendre les 55 acres de bois

nommées *Bosci episcopi* qu'il leur avait données précédemment.

Les cartulaires de l'abbaye de Saint-Taurin nous fournissent sur Ecos un certain nombre de chartes, que nous allons reproduire textuellement. Dans la première, Hugues de Grimonval donne une grange à l'abbaye de Saint-Taurin.

« Sciant presentes et futuri quod ego
« Hugo de Grimonval, pro salute anime
« mee et patris et matris mee et antees-
« sorum et successorum meorum, con-
« cedo in perpetuam elemosinam Sancto
« Taurino Ebroicensi et monachis ibi Deo
« servientibus unam granchiam que fuit
« domus matris mee, ut eam habeant li-
« beram et quitam, et ibi decimam suam
« que apud nos est reponant, absque
« mea vel heredum meorum reclamatione,
« tam in blado quam in stramine, vel in
« aliqua alia re ad decimam pertinente,
« annuente hoc Johanne, filio meo, qui
« ab abbate Matheo et monachis ejusdem
« ecclesie in firmitatem et participatio-
« nem orationum ecclesie receptus est. Si
« autem contigerit predictam domum com-
« buri vel aliquo modo vastari, ego de
« bosco meo quantum opus fuerit ad pre-
« dicte domus reparationem dabo. Quod
« ut ratum sit et stabile, presenti scripto
« et sigilli mei munimine confirmavi.
« Testibus hiis : Olone de Flouri ; Nicho-
« lao Feron ; Waltero Anglico ; Johanne
« Anglico ; Magistro Willelmo Rani ; Hen-
« rico de Vernon ; Benedicto, coquo ;
« Philippo Roussel, et aliis multis. »

Dans la seconde, Jean de Grimonval confirme les donations de ses ancêtres. Parmi les témoins, nous remarquons Robert d'Ecos, chevalier, seigneur du fonds.

1211. « Omnibus sancte matris ecclesie
« filiis ad quos presens scriptum perveue-
« rit, ego Johannes de Grimonval, salutem
« in vero salutem. Noveritis quod ego, de
« salute corporis mei diffidens, remedium
« anime mee anelans recuperari ; recolens
« me offendisse in hiis que spectant ad
« monasterium Sancti Taurini Ebroicensis
« de donatione antecessorum meorum
« apud Grimonval et in pertinentiis que
« [sunt] in parrochia de Escoz, veniam petii
« de offensis meis coram fratribus ibidem
« Deo servientibus, promittens bona fide
« tactis sacrosanctis Evangeliis quod de
« cetero cessarem a vexatione fratrum
« predicti monasterii, nec aliquid recla-
« marem in predictis decimis, et cartam
« patris mei quam predicti habent mo-
« nachi, fideliter observarem et ab omni-
« bus pro posse meo tueri et conservare
« satagerem. Et ut hec concessio et con-
« firmatio mea in perpetuum perseveret,

« sigilli mei appositione confirmavi. Anno
« Verbi incarnati m° cc° quarto decimo,
« mense julio. Testibus hiis : Roberto de
« Escoz, milite, domino fundi ; Petro, filio
« Herberti ; Waltero Wallande ; Rogero
« Fabro de Grimonval ; Renerio Roussel,
« et Willelmo, patre ejus, et pluribus
« aliis. »

Dans la troisième, Herbert de Fourges et son frère donnent au monastère de Saint-Taurin tous les droits qu'ils ont dans les dîmes de Chantepie et de la Brotte.

1227. « Notum sit omnibus presentes
« litteras inspecturis quod ego Herbertus
« de Furchis, et Emmarricus, frater meus,
« pro salute animarum nostrarum et om-
« nium antecessorum nostrorum, dedimus
« et concessimus Deo et ecclesie Beati
« Taurini Ebroicensis, omne jus quod dice-
« bamus nos de jure habere in decimis de
« Chantepie et de la Brote.

« Et insuper dedimus eisdem licentiam
« portandi et reponendi dictas decimas
« ubicumque voluerint et ubi melius vi-
« derint expedire. Et ut hoc ratum et sta-
« bile perseveret in perpetuum, presentes
« litteras illis tradidimus in testimonium
« sigillorum nostrorum munimine robora-
« tas. Actum anno gracie m° cc° vicesimo
« septimo. »

1227. « Omnibus Christi fidelibus pre-
« sentes litteras inspecturis, Th., Dei gra-
« tia Rothomagensis archiepiscopus, salu-
« tem in Domino. Noveritis quod Radulfus,
« presbiter de Escoz et decanus noster,
« coram nobis confessus est quod in dua-
« bus garbis de Grimonval, quas ipse ha-
« bet ad perpetuam firmam, ab abbate et
« conventu Sancti Taurini Ebroicensis,
« nichil nisi tantum nomine firme potest
« reclamare, nec aliquis successorum suo-
« rum in eisdem decimis ratione predicte
« firme aliquid potest reclamare. In cujus
« rei testimonium, sigillum nostrum, ad
« ipsius decani petitionem, presentibus
« litteris duximus apponendum. Datum
« anno gracie m° cc° vicesimo septimo,
« mense octobris. »

1211. « Noverint universi, presentes et
« futuri, quod ego Ansereius Cain, pro
« salute anime mee et antecessorum meo-
« rum, dedi et concessi Deo et ecclesie
« Sancti Taurini Ebroicensis et monachis
« ibidem Deo servientibus duodecim de-
« narios sitos in quinque solidis, quos
« Viardus le Bochu reddit de cultura Cain,
« et si dictus Viardus vel heredes ejus no-
« minatis monachis prenominatos duo-
« decim denarios ad festum Omnium
« Sanctorum non redderent, jam dicti
« monachi pro foresfacto termini transacti
« suam possunt capere emendationem. Ut

« hoc autem ratum et inconcussum in
« posterum permaneat, sigillo meo con-
« firmavi. Testibus hiis : Mauritio de Ro-
« thomago, presbytero ; Nicolao, filio pre-
« posite ; Ricardo Basire ; Odone Tracart ;
« Thoma de Cantepie, et pluribus aliis.
« Actum anno incarnati Verbi m° cc°
« quarto decimo, mense septembris. »
Venons maintenant au patronage d'E-
cos :

« Ego Hugo de Cambraye, miles, et ego
« Simon Cabot, armiger, et ego Rogerus
« de Busco, notum facimus universis
« presentes litteras inspecturis quod mo-
« niales de Thesauro B. M. habent et ha-
« bebunt de cetero in ecclesia de Busco,
« et in ecclesia de Escos, sextam partem
« patronatus, ratione donationis Rogeri
« de Caqueillom et Adæ, uxoris suæ, qui
« dictam sextam partem patronatus dictis
« monialibus caritatis intuitu contulerunt.
« Et ne de cetero super hoc aliqua possit
« oriri molestia, nos prædicti Hugo, Si-
« mon et Rogerius, prædicta testificantes,
« in hujus rei testimonium, præsentes lit-
« teras sigillorum nostrorum munimine
« roboravimus. Actum anno Domini mil-
« lesimo ducentesimo quadragesimo quar-
« to, mense julio. » — (*Cart. du Trésor*,
p. 7.)

Dans le pouillé d'Eudes Rigaud nous
lisons que les héritiers Cabot avaient le
patronage de l'église d'Ecos : « Ecclesia
« Sancti Dyonisii de Escoz ; heredes Cabot
« patroni ; habet LXV. parrochianos ; valet
« XXX. libras turonensium. » Un grand vicaire d'Eudes Rigaud reçut un titulaire
sur la présentation de l'abbesse du Trésor
et des héritiers dudit Cabot.

L'église d'Ecos fut dédiée par Eudes Rigaud en 1258, sous l'invocation de saint
Denis.

Selon le pouillé de Rouen de l'an 1738,
le marquis de Bouville présente à la cure
pour cinq tours, et l'abbaye du Trésor
pour le sixième. Suivant une déclaration
du 27 juillet 1672, l'abbaye du Trésor a
droit de nommer aux cures de Bus et
d'Ecos, après que le seigneur de Panilleuse y aura présenté cinq curés consé-
cutifs.

Nous avons déjà vu, à l'article BAUDE-
MONT, qu'en 1317 Philippe le Long, pour
récompenser les services de Pierre de Garancières, créa la baronnie de Garancières, qui s'étendait dans le Vexin normand
et comprenait Brai-sous-Baudemont, Bosc-
Roger, Bus-Saint-Rémi, Ecos, Fourges, etc. Nous publierons la charte de
1317 et un aveu de 1411 à l'article GA-
RANCIÈRES. Cette baronnie de Garancières
se trouvait donc divisée en deux parties :
la terre de Garancières, Cissel, Grossœuvre (canton de Saint-André), et le domaine dit baronnie de Baudemont, Ecos,
Fourges (canton d'Ecos). Il y eut toujours
pour ces deux baronnies une justice distincte, et la haute justice de la baronnie
de Baudemont siégeait à Ecos.

Parmi les fiefs qui s'étendaient sur le
territoire d'Ecos, on remarque d'abord :

1° Le fief de Grimonval (terre et seigneurie de pleines armes), dépendant de
la châtellenie de Baudemont, situé et
assis audit lieu de Grimonval, paroisse
d'Ecos, Tourni, Civières, etc.

En ont été possesseurs :
Pierre le Cauchois, 1411.
Guillaume Filleul, sire de Grimonval,
1531.
François Filleul, 1578.
Georges de Gergelier, seigneur de la
Houblonnière.
Jehan de La Grandière, écuyer, seigneur
de Grimonval et de Boisgontier : aveu de
1630.

2° Le fief du Thuit, assis en la paroisse
d'Ecos.
Jehan de la Grandière, 1630.

3° Le fief d'Ecos, dont relevaient au XVIe
siècle vingt-quatre maisons.
Charles de Dampierre, seigneur d'Ecos,
vers 1530. Sa fille Louise épousa M. de
Sébouville : ils eurent quatre enfants.
L'une des filles épousa M. de Richebourg...
1579.
M. de Mouy, 1579.

4° Le fief du Bus, « fief de pleines ar-
« mes, auquel fief il y a manoir seigneu-
« rial et maison forte construite et édifiée
« de pierre de taille, lequel s'étend ès
« paroisses de Bosroger, d'Escots, de
« Fourges et aultres. »
Robert le Seneschal, seigneur de Fumichon et du Bus, 1582.
Anne d'Ankezy, dame de Buhy, Saint-
Clair, du Bus, Cantiers et Haricourt, veuve
de messire Pierre de Mornai, lieutenant
du roi en l'Isle-de-France, seigneur de
Buhy, etc. : aveu de 1615.

5° Le fief du Bois-Gautier (fief, terre et
seigneurie), « qui est un demi-fief de hau-
« bert, qui s'étend aux paroisses de Ci-
« vières, d'Escots, du Bus et environs. »
Dans un aveu rendu pour le fief de
Garancières et la châtellenie de Baudemont,
sont mentionnés le fief de pleines
armes, le fief du Bois-Gautier, assis en la
paroisse d'Ecos et appartenant à Pierre
de Vieulaines.
Guillaume Prevosteau, escuyer, licencié
ès-loix, 1460. Sa fille Marie Prevosteau
épousa Baudoin d'Assy, seigneur de Cantelou.

Jacques d'Assy, escuyer, seigneur de Cantelou, Tourni, etc., 1510.

François Lemoine, escuyer, conseiller du roi, lieutenant général au bailliage de Gisors, acheta cette terre, au milieu du xvɪᵉ siècle, de maistre Henri de Chaumont, chevalier, seigneur de Guitri, Chantelou et Bertichère, qui la tenait de son père, messire Jehan de Chaumont, lieutenant général de S. M. en son armée de Savoie, et mareschal de camp. 1608.

Jehan de la Grandière, au droit de sa femme, Catherine Lemoine, 1630.

Le marché d'Ecos fut transféré de Brai à Ecos en 1651, ainsi que le prouve la pièce suivante :

« Louis, par la grâce de Dieu, Roy de
« France et de Navarre, à tous présents
« et à venir, salut. Nostre chère et bien
« amée Jeanne Lemaçon, veufve de César
« de Montenay, baron de Baudemont et
« Garentières, tutrice et ayant la garde
« noble de ses enfans, Nous a faict re-
« monstrer qu'en ladite qualité elle a
« droict d'une foire le lendemain du jour
« et feste saint Jehan-Baptiste et droict de
« marché au jour de jeudy de chascune
« sepmaine au lieu de Bray, dépendant
« de ladite baronnie de Baudemont, ainsy
« qu'il est porté par les antiens adveus
« et lettres accordées par les Roys nos
« prédécesseurs, et d'autant qu'audit jour
« de jeudy se trouvent des marchez ès
« lieux circonvoisins dudit lieu de Bray,
« au moyen de quoy il est peu fréquenté
« de marchands et rendu presque inutile,
« ladite Lemaçon a pensé qu'il serait plus
« advantageux, et pour le bien public et
« de ses habitants, de transférer ladite foire
« et ledit marché dudit lieu de Bray-sous-
« Baudemont à elle appartenant et les
« faire tenir au bourg d'Escos dans la
« mesme baronnye, scitué en pays bon et
« fertil, s'il nous plaisoit luy accorder nos
« lettres sur ce nécessaires.

« A ces causes, désirant gratifier et fa-
« vorablement traiter ladite Lemaçon, de
« l'advis de la Royne régente.... avons
« commué et changé,.... ladite foire et
« ledit marché dudit lieu de Bray pour
« estre tenus doresnavant audit bourg
« d'Escos, sçavoir ladite foire le lende-
« main du jour et feste de saint Jehan-
« Baptiste, et ledit marché le jeudy de
« chascune sepmaine.

« Donné à Paris au moys de juillet l'an
« de grâce 1651. »

Bionval a été réuni à Valcorbon en 1782, et Valcorbon à Ecos en 1812.

Dépendances : — Grimonval ; — la Bourdonnière ; — le Chesnai-Haquet ; — le Plis-Aubin ; — le Thuit.

ECOUIS.

Arrond. des Andelis. — Cant. de Fleuri-sur-Andelle.

Patr. S. Aubin. — *Prés. le seigneur.*

Le mot d'Ecouis se rapproche sensiblement du mot d'Ecos : sa forme la plus usitée au moyen âge a été : « Escouyes. »

I.

Il ne paraît pas qu'Ecouis fût un lieu notable au commencement du xɪɪᵉ siècle. Dans le récit de la bataille de Brémulle (1) (et non pas Brenneval), qui eut lieu en 1118, Orderic Vital cite Verclive, Noyon-sur-Andelle, Estrépagni, les Andelis ; mais il ne parle point d'Ecouis. Il semblerait même, dans ses expressions, que le nom de Brémulle, restreint aujourd'hui à une ferme, désignait alors toute la plaine voisine de Verclive. Le témoignage de cet historien est ici d'autant plus puissant que, comme son abbaye de Saint-Evroul possédait le prieuré de Noyon-sur-Andelle, cette contrée ne pouvait manquer de lui être parfaitement connue.

Cependant vers le milieu de ce xɪɪᵉ siècle, vers 1160, le patronage de l'église d'Ecouis, placée alors sous l'invocation de Saint-Aubin, fut donné à l'abbaye du Bec par un certain Auvré de Gamaches.

Au milieu du xɪɪɪᵉ siècle l'invocation d'Ecouis appartenait encore à l'abbaye du Bec. Nous lisons dans le pouillé d'Eudes Rigaud : « Ecclesia Sancti Albini de Es-
« couies, abbas Beccensis, patronus : habet
« LXIII. parrochianos : valet XXX. libras tu-
« ronensium. »

Le patronage d'Ecouis entra ensuite par échange dans le domaine des rois de France, puis fut donné par Philippe le Bel à Enguerrand de Marigni. Tout le monde connaît l'immense crédit dont jouit Enguerrand à la cour de ce monarque, les richesses qu'il amassa, la fin tragique à laquelle il fut condamné, et la tardive réparation de ses ennemis envers sa mémoire. Le nom de sa famille était le Portier, à cause de la garde de l'une des quatre portes du château de Lions, héréditairement confiée à ses ancêtres. Celui de Marigni provenait d'un fief dont la motte existe encore sur la commune de Dampierre, dans les environs de Gournai.

(1) « Prope montem qui Guardilvo nuscupatur, li-
« ber campus est, et latissima planicies quæ ab in-
« colas Bremulla vocitatur. » (Ord. Vital, L. XII.)

Ainsi, le Vexin normand était le pays d'Enguerrand de Marigni, et c'est dans le Vexin normand qu'il se créa un immense domaine.

D'abord, nous voyons qu'en 1303 Peronnelle du Bois-Gautier, veuve de noble homme Philippe de Marigni, chevalier, seigneur d'Ecouis, et Pierre « Oyselet », fils aîné de ladite dame, transige avec Enguerrand de Marigni, chevalier, fils aîné de Philippe de Marigni, qui agissait tant en son nom qu'au nom de ses frères ; il donna 50 livres de rente en fonds de terre à ladite dame et paya toutes ses dettes, à charge pour elle de céder ce qui lui appartenait dans les acquêts faits avec elle par son mari Philippe à Gamaches, Tourni, Fourges, Ecouis, etc.

En 1303, le roi donna à Enguerrand de Marigni la haute justice qui lui appartenait sur les biens d'Enguerrand situés « apud Mediam villam, Escoyas, Pleseyum, Longam villam, Lambertivillam, « Marceigniacum, Sanctam Fidem, Quesneyum, Bernemesnillum, Longueil, « Blainvillam, Ouvillam, Dampnam Petram, Roscum in Leonibus, Merrevallem, Menervallem, Cantum Lupi, Donestanvillam, Offrainvillam, Longum « Campum, Wardes, Sanctum Dionisium « de Fermen, Amecuriam, Mesnillum subtus Vianam, Villaretum, Touffrevillam, « Gamaches, Bonam Maram, Mesnillum « Gisleberti, Bernouvillam, feodum de « Fissencourt, Roscum, Campaniam, Lisorcium, Trevillam, Manesquevillam, « Langutum et Quenciacum, Harquevillam, Mesnillum subtus Warclive, Tiergevillam, Bouchevillare, manerium Sancte « Genovefe, Lisiacum, Morigniacum et « Floriacum ; » le tout situé dans les bailliages de Gisors et de Caux, à charge d'hommage envers le roi et ses successeurs, la souveraineté et le ressort réservés.

En juillet 1308, le roi fit estimer dans le Vexin normand ce qu'y possédait l'abbaye du Bec, et, après avoir fait un échange avec l'abbaye, le roi donna à Enguerrand de Marigni les terres du Vexin normand qui avaient appartenu à l'abbaye du Bec, à charge par lui et ses successeurs de payer au roi 300 livres 10 sous de rente annuelle. Le pape confirma cet échange en 1310. Cette pièce est fort curieuse. Nous allons la reproduire en entier.

« A touz ceus qui ces presentes lettres
« verront et orront, Pierres de Hangest de
« Rouen et Geffroy le Danois de Gysorz
« (baillis), salut. Savoir faisons que nous
« avon receu les lettres nostre seigneur

« le roy de France, contenanz la fourme
« qui s'ensieut.

« Philippus, Dei gratia Francorum rex,
« Rothomagensi et Gysoreii ballivis, sa-
« lutem. Mandamus vobis et vestrum cui-
« libet quatenus quicquid religiosi viri
« abbas et conventus de Becco Helluini
« apud Escoyes, et apud Toufrevillam, et
« in pertinentiis ipsorum locorum, tam
« in terris, jure patronatus ecclesie, pos-
« sessionibus, juribus et rebus aliis qui-
« buscumque, habent et habere possent,
« causis et rationibus quibuscumque, ex
« causa permutationis, pro nobis recipia-
« tis et appropriatis perpetuo, recipientes
« a dictis religiosis litteras sigillis eorum
« sigillandas, sub forma qua confici po-
« terunt meliore, super permutatione hu-
« jusmodi faciendas, in quibus caveatur
« expresse quod ipsi religiosi permutatio-
« nem hujusmodi per suum ordinarium
« et etiam per summum pontificem, si
« opus fuerit, procurabunt et facient con-
« firmari, et de prefatis omnibus et sin-
« gulis, facta estimatione prius de ipsis, et
« scito eorum valore legitimo, dictis reli-
« giosis, in locis et rebus eisdem magis
« propinquis et utilibus, et nobis minus
« dampnosis, absque feodis et alta justi-
« cia, recompensationem competentem
« quam cicius facitis, et de hiis que ipsis
« religiosis ex causa permutationis tradi-
« deritis et assignaveritis, faciatis fieri
« litteras in forma competenti, et nostris
« sigillari sigillis, a nobis postmodum
« confirmandas. Actum apud Castrum No-
« vum super Ligerim, die vicesima aprilis,
« anno Domini millesimo trecentesimo
« octavo.

« Par la vertu du quel mandement nous
« avon tretié et fet escange à religious
« hommes l'abbé et le couvent du mous-
« tier Notre-Dame du Bec devant dit, pour
« les choses ci dessous nommées que eus
« avoient à Escoyes, à Toufreville et en
« autres lieus illec entour, et autres choses
« que nostre sire le roy avoit plus prés
« de lour moustier et qui estoient et sunt
« aussi profitables et plus et d'aussi grant
« value et de greignour. Les queles choses,
« en non du roy et pour lui, nous leur
« avon baillées et delessées par escange
« fet entre nous, pour le roy, d'une part,
« et les diz religious et lour gens, d'autre.
« C'est assavoir : la ferme qui est apelée
« de Rondemare, oveques touz drois, les
« appartenances et la basse justice de icele
« ferme, à la quele ferme appartiennent les
« choses qui s'ensivent : Premièrement,
« vint et sept acres trois verges et neuf
« perches de terre, as planer, douze soulz
« l'acre, valent seze livres quatre soulz

« noef deniers tourneis Derrechief à Ron-
« demare, sis acres trente et une perches
« de terre, l'acre vint et cinq soulz, va-
« lent sept livres quatorze soulz huit de-
« niers. Derrechief, à Esquaquelont, à Ga-
« telont et à Ylleville, vingt et sept acres
« trois verges et trente et huit perches de
« terre, l'acre quinze soulz, valent vint
« livres dis et noef soulz et trois deniers.
« Derrechief, les pasturages de Esquaque-
« lont et de environ, contenanz vint et
« sis acres et demie et sis perches de terre,
« dont les seze acres sunt chascune du
« pris de quatre soulz, valent soixante et
« quatre soulz; et dis acres et sis perches,
« trois soulz l'acre, valent trente et un
« soul et sis deniers. Derrechief, la basse
« justice de sept vinz hommes demouranz
« es paroisses de Watelot, de Corneville,
« de Bractot, de Esquaquelont, de Mont-
« fort, de Apeville, de Autou et de Autoel,
« par la cause des tenemenz que eus tien-
« nent, et le pasnage de lour pors, que les
« dis religious auront et recevront quant
« il escharra en la forest de Montfort, aveq-
« ques tout le droit, les eschaances et le
« profit des tenures d'iceus hommes qui
« a basse justice puet appartenir, c'est pre-
« sié valoir chascun an, l'un par l'autre,
« douze livres. Derrechief treize livres de
« rente, les quels doit Rogier de Chau-
« mont, escuier, par la cause d'une sicu-
« ferme que il et ses hommes tiennent, et
« la basse justice de icelle ferme et dudit
« Rogier, presié treze soulz. Derrechief
« cent et sept acres et demie de bois assis
« en deus pièces, dont l'une est apelée le
« Bois-Marcel, contenant quatre vinz deus
« acres et demie et cinq perches, et l'autre
« pièche, que l'en apèle le bois des Costes,
« contenant vint et cinq acres et cinq per-
« ches mains, de la quele somme il i a
« quatrevinz trois acres et demie, le tres-
« fons presié pour chascune acre, l'une
« parmi l'autre, sus paier tiers ne dan-
« gier, huit soulz, valent trente trois livres
« et huit soulz; et vint et quatre acres, ou
« il n'a que pasturages, l'acre du pris de
« quatre soulz, valent quatre livres seze
« soulz. Et sera tenu nostre sire le roy
« trouver as diz religious voie par la
« quele eus puissent delivrer les diz bois
« autressi comme il le povoit fere quant
« il les tenoit en sa main, en rendant et
« en restorant les damages qui par ceu
« seroient fez à autrui; et tendront et
« pourseront les diz religious les devant
« diz bois en la fourme et en la manière
« que nostre sire le roy les tenoit quant eus
« estoient en sa main, et auront la seute
« des diz bois par tout et en la manière
« que nostre sire le roy l'avoit, et esple-

« teront des amendes autressi comme il
« fesoit. Derrechief, deux moulins assis en
« la rivière de Itille, jouste Montfort, que
« l'en appele les moulins de Ronde-Mare,
« assis en une meson, avec les moutes et
« les moutiers, oveques touz les droiz et les
« appartenances d'iceus moulins, et la
« pescherie appartenante aus diz moulins,
« presiez, toutes choses rabatues, cin-
« quante livres par an. Derrechief, un
« autre moulin assis en la forest de Mont-
« fort, appelé le moulin de Bequerel, avec
« un vivier et la pescherie appartenant
« audit moulin, et aveques touz les droiz
« et les appartenances d'icelui, prisié, tou-
« tes choses rabatues, par an quarante
« livres: lequel vivier les diz religious
« pourront fere curer et geter sur la terre
« le roy. Derrechef, pour les édifices des
« moulins et des muebles dedens, et pour
« prendre franchement pierre à refere les
« diz moulins et les cauchiées d'iceux sou-
« lement, es quarrières le roy, prochines
« d'illec, dix livres. Derrechef, soizante et
« quatre boesseaus d'aveine à la mesure
« de Bourneville, chascun bossel douze
« deniers, valent soixante et quatre soulz.
« Derrechef, un boissel d'aveine reis, huit
« deniers. Derrechef pour la franchise de
« cent pors, les quels eus pourront avoir
« franchement en la forest de Montfort
« pour leur user, seze soulz. Derrechef,
« vint et huit soulz, les quiels Thomas
« des Fosses et Pierres des Fosses et lour
« nevous rendent et paient toutes rentes
« aquitées, pour une forfeture qui est en
« la dite ferme. Derrechef, dis soulz, les
« quels Robin Boches rend pour une autre
« forfeture qui est en la paroisse de Esqua-
« quelont, toutes rentes paiées et aquitées.
« Derrechef, quinze soulz de rente, les
« quels Pierres de Croville rent chascun
« an pour un tenement que il tient. Der-
« rechef, dis soulz, les quels la poterie
« de Montfort en la dite ferme doit par
« an. Derrechef, un boissel de sel en la
« dite ferme, douze deniers. Derrechef,
« en la dite ferme a quatorze cenz soixante
« et cinq os, huit os pour un denier,
« valent quinze soulz trois deniers. Derre-
« chef, six soulz les quels le sire de Ton-
« noie doit en la dite ferme par an de
« rente, d'un tenement que il tient. Der-
« rechef, dis soulz de rente les quels Guil-
« laume Ameline doit pour une vavassorie.
« Derrechef, vint soulz de rente les quels
« Jehan du Mont doit par an pour une va-
« vassorie. Derrechef, proières et corvées
« qui sunt deues par la reson de la dite
« ferme, qui valent chacun an quarante
« soulz. Derrechef, sis livres les quels doit
« Jehan du Mont, de rente, moitié à chas-

« cun eschequier. Derrechef, sis livres les
« quels li hoir Guillaume du Mont doit de
« rente par an à deus eschequiers. Derre-
« chef, huit livres les quels Gyeffroy du
« Fay doit par an de rente. Derrechef,
« sept livres dis et noef soulz cinq de-
« niers, lesquels li hoir Robert de la Londe
« doit par an de rente. Derrechef, huit
« livres douze soulz, les quels li hoir du
« Quesnoy doit par an de rente. Derre-
« chef, noef soulz, les quels Richart Mu-
« sart doit par an de rente. Derrechef, sis
« livres deus soulz, les quels Thomas
« Langevin rent pour la couture de Appe-
« tuit. Derrechef, sis livres deus soulz sis
« deniers, les quels la mesnie Thomas
« Leclerc et lour parconniers doivent par
« an de rente pour les champs Osler. De-
« rechef, quarante et deus soulz les quels
« Pierres de la Rue doit par an de rente.
« Derrechef, sept vinz et sept chapons qui
« sunt en la dite ferme, le chapon huit
« deniers, valent quatre livres dis et huit
« soulz. Derrechef, vint et sept gelines, la
« geline cinq deniers, valent onze soulz
« trois deniers. Derrechef, huit livres sept
« soulz unze deniers de rente, deuz par la
« reson de la dite ferme à Noel, oveques
« les chapons et gelines. Derrechef, à Pas-
« ques, huit livres dis et noef soulz
« quatre deniers à maaille. Derrechef,
« treze chesnes et trois fresnes, qui valent
« par an dis soulz de rente, qui sunt en
« la paroisse de Equaquelont en la dite
« ferme. Et pourront les diz religious,
« quant il lour plera, fere un manoir en la
« dite ferme, à l'usage duquel manoir eus
« auront en la dite forest et es pasturages
« autretel franchise comme lour hommes
« tenanz de la dite ferme ont. Summe de
« toutes les choses dessus dites, trois cenz
« livres dis soulz et sis deniers tournois.
« Les choses que les diz religious ont bail-
« lié au roy nostre sire et à nous pour
« lui en escange pour les choses dessus
« dites sunt cestes. C'est assavoir, à Es-
« coyes, soixante trois acres soixante et
« quatorze perches de terre gaaignable,
« chascune acre pour vint et cinq soulz,
« valent soixante dis et noef livres sis
« soulz deus deniers; le patronage de l'é-
« glise du dit lieu, soixante soulz; la jus-
« tice basse de huit hostes, huit soulz;
« le manoir et les édifices, si comme il se
« porportent, vint livres; le champart de
« quatre acres de terre chascun an, une
« mine de blé de dis soulz et demie, mine
« d'aveine trois soulz deus deniers; un
« jardinet auprès le dit manoir contenant
« trente perches, trois soulz noef deniers;
« rentes en deniers, quarante sis soulz
« tournois; huit chapons, chascun presié

« huit deniers, valent cinq soulz quatre
« deniers; quatrevinz oes, huit pour un
« denier, valent dis deniers. Derrechef,
« à Basqueville, deus muis de grain,
« c'est assavoir seze mines de fourment,
« pour mine dis soulz, valent huit livres;
« seze mines d'aveine, dont il i a cinq
« boesseaus en la mine à la mesure de
« Andeli, pour mine trois soulz trois
« maailles, valent cinquante soulz; orge
« huit mines, presié vint et cinq soulz;
« segle huit mines, presié quarante soulz.
« Derrechef, à Muchegros, dis sestiers de
« mesteil, à la mesure de Andeli, pri-
« siez dis livres; quinze mines d'aveine,
« presiés quarante noef soulz sis deniers.
« Derrechef, à la Mesengiére, deus ses-
« tiers de fourment, prisiez quarante
« soulz; un sestier de mestiel proisié vint
« soulz; les deus pars des dismes des
« terres qui viennent à la granche des
« Escoies, quatrevinz livres. Derrechef, à
« Toufreville, quatrevinz cinq acres trois
« verges et vint et huit perches de terre
« gaaignable, pour acre douze soulz, va-
« lent cinquante et une livre unze soulz
« trois deniers. Une vergie de pré, au pris
« de trois soulz, de quoi l'en rent à Pierres
« de Poyssi chascun an dis et huit deniers,
« et einsi demeure du pris de dis et huit
« deniers. Derrechef, un moulin, oveques
« les dismes de chanvre, du lin, du fruit et
« de toutes les autres dismes que les diz
« religious avoient en la dite ville, rabatuz
« les moudres frans et les coustoiemenz,
« en pris de dis livres; sur un courtil près
« du dit moulin qui fu Gracien, douze
« deniers de rente; pour la basse justice
« de vint hommes, vint soulz; pour une
« masure, une granche dessus, et la fran-
« chise de icele masure, trente et cinq
« soulz; rente en deniers sis livres unze
« soulz deus deniers; vint et quatre cha-
« pons en pris de seze soulz; douze vinz
« oes en pris de deus soulz sis deniers.
« Derrechef, vint et sis acres trois verges
« de bois pour le tronsons, sans la tonture,
« pour acre cinq soulz, valent sis livres
« treze soulz et noef deniers. Summe de
« la value de toutes les choses devant dites
« baillées à nous pour nostre sire le roy
« des diz religious: deus cenz quatrevinz
« treze livres dis et noef soulz unze de-
« niers tournois. Et einsi collation fete de
« la value de l'assiete de terre fete de nous
« pour le roy nostre sire aus diz religious,
« et de eus à nous pour le roy, demeure
« en quoy eus sunt tenuz au roy, sis li-
« vres dis soulz sept deniers. Les diz re-
« ligious nous baillié rent en escange pour
« le dit roy nostre sire sis livres dis soulz
« sept deniers, en rabattant et en ame-

« nuissant de soizante sept livres de rente
« que eus prennent chascun an sur la pre-
« vosté de Pontaudemer. Parmi le quel
« escange les diz religious et lour succes-
« sours, pour eus et pour lour dit mous-
« tier, auront des maintenant le droit de
« la sesine et la possession de la dite
« ferme et de toutes les autres choses de-
« vant dites que nous lour avon baillées
« et delaissées, baillon et delesson en nom
« du roy nostre sire et pour lui, oveques
« tout le droit et les appartenances d'i-
« celes, oveques toute basse justice et
« tout cen qui à basse justice et à bas
« justicier puet et doit appartenir, à tenir
« et à pourseer as diz religious et à lour
« successours en parjurable et à tousjours
« mes en pure et en perpetuel aumosne,
« franchement, quitement, pesiblement et
« honorablement, quer einsi l'avon nous
« veu es lettres des diz religious que eus
« tenoient einsi franchement les choses
« que nous avon receues d'iceus en escange
« en non du roy nostre sire. Et ne seront
« tenuz les diz religious ne lour succes-
« sours paier tiers ne dangier des diz bois
« à eus bailliez par le dit escange, ne ne
« pourront estre contrainz de nostre sire
« le roy ne de ses successours metre les
« choses dessus dites hors de lour main,
« retenue tant soulement au roy nostre
« sire et à ses successours la haute justice,
« le ressort et la souvraineté, oveques
« tout les cas qui à justice haute et à
« souvraineté puent appartenir en toutes
« les choses, ainsi par nous baillées as diz
« religious. Et sera le roy nostre sire et
« ses successours tenu à garantir et à dé-
« fendre contre touz as diz religious et à
« lour successours toutes les choses des-
« sus dites à eus bailliées en escange,
« comme il apert dessus, ou escangier ail-
« lors value et value et autressi profitable-
« ment; et les diz religious aussi les choses
« que eus ont bailliées en escange à nos-
« tre sire le roy. En tesmoign de la quele
« chose, nous devant diz baillis avon mis
« les seaus de nos baillies de Rouen et de
« Gisorz à ces presentes lettres, qui furent
« faites et donnée en l'an de grace mil
« trois cenz et huit, le jour de lundi après
« les ouctaves de Penthecouste. »

Maitre d'une fortune immense, Enguerrand voulut inspirer de sa puissance une
haute opinion et peut-être couvrir ses richesses si rapidement accumulées par un
acte éclatant de générosité et de piété.
En 1310, il fonda la collégiale d'Ecouis,
dont l'acte a déjà été publié dans le *Gallia christiana* (t. XI, col. 39, Preuves,
n°° XLI et XLII). Nous rappellerons seulement que le fondateur avait pris toutes
les précautions pour assurer la durée de
sa fondation. Douze chanoines séculiers
et douze clercs, nommés par lui, y furent
attachés pour le service divin. Un règlement sévère devait maintenir la discipline. Enguerrand réservait, tant à lui
qu'à ses héritiers, le droit de conférer les
bénéfices, dignités, offices et vicairies de
l'église d'Ecouis. Un chanoine de ladite
église devait lui servir d'aumônier. Donation était faite à la collégiale de 620
livres de rentes. Le costume était celui
des chanoines de Rouen. Nous rappellerons encore que l'église de Notre-Dame
d'Ecouis fut dédiée par le légat du pape,
Nicolas de Fréauville, assisté de deux archevêques et de onze évêques. Philippe le
Bel voulut prendre sa part de la fondation, et fit de nombreux dons de 1310
à 1312. En février 1310, il autorisa Enguerrand de Marigni ou les chanoines
d'Ecouis à acquérir 620 livres de rente
dans ses fiefs et arrière-fiefs sans être tenus de payer finances. Le même mois,
Enguerrand ayant donné cent quarante-
quatre charretées de bois à prendre dans
la forêt de Pacqueville, et n'ayant le droit
de prendre dans cette forêt que cent charretées, le roi accorda quarante-quatre charretées en sus. Le roi autorisa encore Enguerrand à acquérir sur les fiefs et arrière-
fiefs qui lui appartenaient les rentes qu'il
avait l'intention de donner à la collégiale
d'Ecouis.

En même temps, Philippe le Bel conti-
nuait par des donations répétées à étendre
le fief d'Ecouis et à augmenter l'importance de ce bourg. En 1312, il donna à
Enguerrand la haute justice sur Ecouis et
autres lieux, le tout estimé à 16 livres par
an. La même année, des lettres du roi éri-
gèrent des foires et marchés à Ecouis en
récompense des bons services d'Enguerrand de Marigni. (Cette pièce a été publiée
par M. Pierre Clément : *Trois drames historiques*, Paris, 1857.)

En 1313, des lettres du roi établirent à
Ecouis une foire dite de *la Nativité* qui
devait durer huit jours. On permettait d'y
vendre des draps, des pelleteries, toutes
sortes de denrées, sur lesquelles Enguerrand et ses successeurs devaient prélever
les émoluments accoutumés. Prenant sous
sa protection spéciale tous ceux qui vien-
draient à ladite foire, Philippe le Bel ordonna à tous ses officiers de justice de défendre lesdits marchands contre ceux qui
les troubleraient. Il permit à Enguerrand
de faire pour les officiers de sa haute justice tous les règlements et ordonnances de
police nécessaires au maintien de l'ordre.
Il ordonna aux officiers royaux d'avoir foi

pleine et entière aux ordonnances et sceaux d'Enguerrand comme à ceux du roi. Ce n'est pas tout. Pour favoriser le marché d'Ecouis et empêcher les marchands de Rouen de mettre obstacle au mouvement d'affaires qu'il espérait créer au centre du Vexin normand, Enguerrand se fit accorder « par le mayre, les pères et toute la communauté de la ville de Rouen » de laisser passer, moyennant les droits accoutumés, sous le pont de Rouen, tous les bateaux chargés de vivres et marchandises, etc., qui allaient à Ecouis ou qui en revenaient, en s'en rapportant aux déclarations des conducteurs. (Ces pièces se trouvent dans les cartulaires de la Bibliothèque impériale, n°ˢ 9785 et 9786 du fonds latin, et dans les registres du *Trésor des Chartes*.)

Nous mentionnerons encore ici quelques actes relatifs à la collégiale d'Ecouis et de la même époque.

En mai 1313, Louis X ratifie la cession de la terre d'Authie faite par Enguerrand de Marigni au chapitre pour demeurer quitte des 200 livres de rente qu'il lui faisait. En octobre, Louis X déclare qu'Enguerrand avait eu le projet d'assigner 200 livres de revenu au chapitre d'Ecouis sur les biens qui étaient venus en ses mains par forfaiture. Le roi, pour accomplir ce pieux dessein, donna au chapitre 85 acres 3 vergées 18 perches de terre à Touffreville, qui avaient appartenu aux moines du Bec-Hellouin; la grosse dîme de Vascœuil, la dîme qu'y possédait l'abbé de l'Ile-Dieu, celle qu'y possédait l'abbé de Mortemer à ferme perpétuelle, et enfin celle qu'y possédait le curé de R....; 30 sous de revenu sur la maison de Guillaume Barlesson, 16 acres de terre près d'Ecouis; diverses rentes qu'Enguerrand possédait à Cressenville...; d'autres rentes sur le fief dit le *Fief des Anglais*...; le tout se montant à un revenu de 235 livres 5 sous 4 denier. En novembre, Louis X donna encore 32 acres 23 perches, sises à Ecouis. Cette terre était située derrière les Courtils, dits les *Beaux-Fiefs*, au Champ-Cornu, à la Couture-du-Bois-du-Fai, au Champ-du-Hêtre, à Closmare et à Bauni.

Nous avons vu qu'au mois de janvier 1310 la collégiale d'Ecouis avait été fondée. Enguerrand en attacha le patronage à ses fiefs de Marigni et du Plessis, qui l'ont conservé jusqu'à la Révolution. Alips, sa fille, porta ce patronage et ces seigneuries dans la maison de Fécamp. Bientôt, patronage et seigneuries passèrent dans la maison de Gamaches, par le mariage de Marie de Fécamp, petite-fille d'Alips, avec Guillaume de Gamaches, premier du nom, puis dans celle de Châtillon-sur-Marne, par le mariage en 1439 de Blanche de Gamaches, petite-fille de Marie, avec Jean, seigneur de Châtillon. Marguerite de Châtillon, leur fille, épousa en 1452 Pierre de Roncherolles, troisième du nom. Depuis cette époque jusque dans la seconde moitié du XVIIIᵉ siècle, la maison de Roncherolles est restée en possession de la seigneurie d'Ecouis, qui depuis deux cents ans a figuré quelquefois dans les titres sous le nom de baronnie.

Cette seigneurie, ainsi que celles de Marigni et du Plessis, étaient réunies au milieu du XVIIIᵉ siècle à la seigneurie de Pont-Saint-Pierre, dont le propriétaire nommait seul à toutes les prébendes. Elles furent vendues vers 1770 à M. Gaillard de Beaumanoir, auquel madame la marquise Hauvet acheta la seigneurie d'Ecouis vers 1780. A la même époque, Marigni passa dans les mains de M. de Merval, puis en 1806 dans celles de M. de Belmont, et enfin dans celles de M. Vatrin.

II.

L'église d'Ecouis, sans être d'une beauté ou d'une étendue remarquables, présente quelques circonstances dignes d'attention pour l'histoire de l'art; c'est une des églises dont la date est certaine, puisque nous connaissons d'une manière authentique l'époque de sa fondation (1ᵉʳ janvier 1310) et celle de sa dédicace (1313).

L'acte de fondation fut passé du consentement d'Alips de Mons, troisième femme d'Enguerrand de Marigni, confirmé par le pape Clément V, et ratifié par lettres patentes du roi au mois de mai 1313.

La rapidité de sa construction, qui paraît peu croyable au premier coup d'œil, s'expliquera plus facilement quand on saura qu'elle est, si nous osons parler ainsi, tout d'une venue, sans une colonne, sans un pilier, sans une nervure à l'intérieur, sauf des chapelles latérales entre la croisée et le portail, qui peuvent avoir été ajoutées postérieurement, et dont il ne reste plus que les chapelles du côté du midi (1).

Toutes les fenêtres de cet édifice sont pointues, fort simples et bien éloignées de cette élégance et de cette richesse d'ornements qu'on admire dans les fenêtres

---

(1) Il paraît que c'est là qu'était établie la paroisse avant la Révolution.
La voûte actuelle est moderne; elle a été substituée à une voûte en charpente.

presque contemporaines du chœur de Saint-Ouen de Rouen. Celles d'Ecouis sont terminées par des rosaces à quatre lobes, excepté aux extrémités, où l'on retrouve les rosaces à six lobes si fréquentes dans les constructions des XIII° et XIV° siècles. La vitre du fond du transsept septentrional présente encore les armes du fondateur (d'azur à deux fasces d'argent). On les voit aussi sur un écusson porté par un ange au sommet du portail; ce portail, peu remarquable dans son état actuel, offre un pilier central orné d'une statue de la Vierge; sur les piliers latéraux étaient, avant la Révolution, les statues d'Enguerrand et d'Alips de Mons, sa troisième femme, portant chacun dans leurs mains une église dont ils faisaient hommage à la reine des cieux (1).

Ce portail est orné de deux clochers qui, sans être d'une grande élévation, s'aperçoivent de très-loin, ainsi que tout l'édifice, à cause de leur heureuse position au milieu de l'une des plaines les plus vastes et les plus unies que l'on puisse rencontrer. Cette circonstance ajoute tellement à l'effet extérieur du monument qu'elle trompe le voyageur sur les véritables dimensions.

Le tombeau d'Enguerrand a été complétement détruit pendant la Révolution(2). Voici ce qu'en dit le père Toussaint Duplessis dans sa description de la haute Normandie : « Ce que ce mausolée a de « remarquable, ce sont cinq figures qui « en forment le couronnement. Jésus-« Christ, assis comme pour prononcer la « sentence, tient le milieu. Deux anges, « l'un à droite et l'autre à gauche, sont à « ses côtés, la trompette à la main. « Charles de Valois et Enguerrand de « Marigny terminent la représentation, le « premier avec la couronne ducale sur la « tête, à la droite de Jésus-Christ, et En-« guerrand, tête nue, à genoux et à la « gauche, accusant le prince de l'avoir fait « mourir injustement. Tout cet ouvrage, « qui n'est que de pierre, est appuyé « contre le mur du sanctuaire du côté de « l'Évangile (3). » Il ajoute que ce tableau

(1) Ces figures ont été données par Millin, *Antiquités nationales*, III, n° 29, pl. II. Alips de Mons porte une guimpe. Le portail se trouve pl. I. On voit aussi dans ce recueil les portraits d'un nommé Cornu et de sa femme, qui étaient placés près de l'entrée; celui de la femme est remarquable par l'élégance de son costume et sa gentillesse.

(2) Un témoin oculaire de l'exhumation nous a rapporté qu'Enguerrand était de petite taille et qu'il avait la tête très-forte.

(3) On trouve l'épitaphe d'Enguerrand de Marigny dans Farin, *Histoire de Rouen*, II, p. 389.
Ce tombeau est figuré dans l'ouvrage de Millin cité ci-dessus.

ne fut élevé qu'après la permission qui en fut donnée par Louis XI en 1475, à condition que si l'on faisait graver une épitaphe, il n'y serait fait aucune mention du supplice. Les caractères de la décoration du portail et particulièrement sa division en deux entrées, par un pilier central, ne permettent guère de le rapporter à une autre époque. Il est probable, d'après cela, que le tombeau et le portail sont l'ouvrage de Pierre III de Roncherolles, qui, comme nous l'avons dit, devint propriétaire d'Ecouis par son mariage avec Marguerite de Châtillon, en 1452, et ne mourut qu'au commencement du siècle suivant.

Le tombeau de Jean de Marigni, frère consanguin d'Enguerrand, et successivement évêque de Beauvais, puis archevêque de Rouen, a heureusement échappé au vandalisme révolutionnaire. C'est même à une époque plus reculée qu'il a été dépouillé des plaques d'argent dont il était primitivement décoré. Ce monument consiste en une statue de marbre blanc couchée sur une tombe de marbre noir, coiffée d'une mitre et revêtue d'une chasuble de forme antique à collet rabattu, sur laquelle on voit le *pallium*; les mains jointes sur la poitrine sont gantées; l'étole est cachée sous un vêtement inférieur (probablement la dalmatique) qui n'en laisse apercevoir que les deux bouts, étroits et décorés d'une frange; la manipule qui porte le même ornement est pareillement remarquable par ses dimensions longues et étroites. Ce costume a beaucoup d'analogie avec ceux des prélats qui figurent sur la châsse de saint Taurin, sauf une circonstance fort importante : savoir, l'absence complète de galons. La statue au lieu de crosse tient une espèce de masse qui n'est autre chose, suivant Millin, que la croix archiépiscopale dont la partie supérieure a été enlevée.

Ce prélat avait reçu de Philippe de Valois le titre de lieutenant du roi et du duc de Normandie, en récompense des services importants qu'il lui avait rendus dans sa rivalité avec Édouard III, pour la régence. Il y plaida la cause de Philippe avec chaleur, en tirant ses principaux arguments de ce texte de l'Écriture : « Considerate « lilia agri, quoniam non laborant neque « nent. »

La longue épitaphe de Jean de Marigni se trouve assez incorrectement rapportée dans l'*Histoire des archevêques de Rouen*, par D. Pommeraye, p. 513.

L'église d'Ecouis renfermait les sépultures de plusieurs autres personnages de distinction, parmi lesquels nous citerons :

1° Blanche de Gamaches, morte en 1479, et enterrée au milieu du chœur (1);

2° Pierre de Roncherolles et Marguerite de Châtillon, sa femme (2);

3° Louis de Roncherolles et Françoise de Hallwin, sa première femme.

Nous ne pouvons quitter ce sujet sans parler de la fameuse épitaphe d'Écouis :

CI-GIT L'ENFANT, CI-GIT LE PÈRE
CI-GIT LE FRÈRE, CI-GIT LA SŒUR
CI-GIT LA FEMME ET LE MARI
ET NE SONT QUE DEUX CORPS ICI.

C'est dans l'une des anciennes chapelles au nord de la nef que se trouvait parmi plusieurs autres tombeaux, suivant les habitants du lieu, le cercueil des époux réunis par un double inceste. Quant à l'épitaphe même, elle était, dit-on, placée vers la chaire, sur une pierre qui a dû être emportée aux Andelis (3).

M. Louis Dubois a publié, d'après Millin, dans le premier volume des *Archives normandes* un assez grand nombre d'épitaphes semblables à celle d'Écouis. Nous-même en avons recueilli plusieurs autres qui sembleraient annoncer que ces étranges et criminelles combinaisons se seraient renouvelées en beaucoup d'autres endroits, et particulièrement à Tournai, à Valenciennes, à Pola, en Istrie, etc. Or, un seul fait de ce genre est déjà fort invraisemblable; plusieurs, vers la même époque, sont manifestement impossibles, et n'attestent qu'un jeu d'esprit trop avidement pris à la lettre par l'ignorance et la crédulité. C'était, à ce qu'il paraît, un besoin général aux XVe et XVIe siècles que des suppositions de ce genre. On en plaçait la scène à Écouis comme ailleurs; mais il paraît qu'ici on y a tenu davantage : nous avons vu avec regret des hommes distingués, entre autres Millin et M. Louis Dubois lui-même, paraître croire à la réalité des faits mentionnés dans l'épitaphe d'Écouis. C'est ce qui résulte du passage suivant, où ils se donnent la peine d'établir les noms propres des personnages, les dates et les lieux :

« Revenons à l'épitaphe d'Écouis pour
« dire qu'elle se rapporte à Berthe, fille
« d'un comte de Chatillon-sur-Marne, qui
« épousa le châtelain d'Écouis, et en eut
« un fils après un an de mariage. Il fut
« envoyé incognito en Artois pour son
« éducation militaire; il suivit Charles VIII
« en Italie et lui sauva la vie à Fornoue.
« Il vit à Bourges sa mère qui, devenue
« enceinte, se réfugia chez la comtesse de
« Bar et y accoucha de Cécile. Le jeune
« homme voit à Bar Cécile et l'épouse. Il
« y découvrit sa naissance, etc... Morts à
« peu près en même temps, les deux
« époux furent mis dans le même tombeau
« en 1512. »

Nous ignorons quel auteur a fourni ces faits à Millin, ainsi qu'à Louis Dubois; mais nous prendrons la liberté de représenter à ce dernier qu'ils sont entièrement controuvés et ne soutiennent pas le plus léger examen. Le seul personnage historique auquel puisse se rapporter son récit est ce même Pierre de Roncherolles, IIIe du nom, que nous avons déjà mentionné à deux reprises. Il accompagna en effet Charles VIII dans son expédition de Naples, et se trouva à la bataille de Fornoue; mais nous n'avons pas connaissance qu'il y ait sauvé la vie du roi. Ce n'est point le père de ce seigneur, mais lui-même, qui s'allia à la maison de Châtillon; il n'était point châtelain d'Écouis, puisque ce fut sa femme qui lui apporta cette terre en dot. Cette dame ne s'appelait ni Berthe ni Cécile, mais Marguerite, et sa naissance n'était enveloppée d'aucun mystère. Il n'y avait aucune identité entre sa mère Blanche de Gamaches et la mère de son mari, Isabeau de Rouville. Enfin, Pierre de Roncherolles ne mourut point vers 1512, mais en 1503, et il ne paraît pas que ses jours ni ceux de sa femme aient été abrégés par les chagrins ou les remords; car ce ne fut qu'après cinquante et un ans de mariage qu'ils se terminèrent pour l'un, et après soixante-six ans pour l'autre.

On pourra se faire une idée de la magnificence du trésor d'Écouis quand on saura qu'à la Révolution il en est sorti 370 marcs d'argent. Nous ne saurions assez recommander à l'estime et à la reconnaissance des amis de nos antiquités le sieur Allan, simple cordonnier à Écouis, qui, au moment où la tempête révolutionnaire engloutissait les objets précieux renfermés dans ce trésor, brava de grands dangers pour en sauver quelques-uns. Ce sont la crosse et la mitre de l'archevêque Jean de Marigni, dont nous venons de décrire le tombeau. Ces objets sont maintenant en la possession de M. l'abbé Jouen, ancien vicaire général d'Évreux.

La crosse, composée de six morceaux de

---

(1) Elle était représentée sur son tombeau avec des manches pendantes et un bonnet présentant quelque analogie avec un turban de janissaire. Voy. Millin, pl. II, fig. 8.

(2) *Ibid.*, pl. IV.

(3) C'était une plaque de marbre blanc; mais l'épitaphe gravée sur une lame de cuivre avait disparu bien plus anciennement. Voyez le dictionnaire de Expilly au mot Écouis.

bois sculpté, est haute de six pieds et représente les événements de la vie de Jésus-Christ. On reconnaît d'abord l'Annonciation et la Visitation. A l'entrée du crosseron se trouve l'image de la Vierge tenant dans ses mains l'église d'Ecouis. Les extrémités et les points d'attache étaient ornés d'anneaux d'argent et de vermeil qui n'existent plus (1).

La mitre, qui est de l'époque où Jean de Marigni était évêque de Beauvais, est faite d'une étoffe de soie verte et fort courte. D'un côté on y voit un saint assis sur l'un de ces trônes ou pliants que l'on rencontre ordinairement sur les sceaux du moyen âge. Il est en habits pontificaux (2), et sa tête portant une tiare est entourée d'une auréole; à ses deux côtés une main sort d'un nuage pour le bénir; lui-même, tenant une clef d'or dans sa main gauche, bénit aussi de la main droite deux personnages agenouillés, dont l'un est un homme et l'autre une femme. Sur la tête du premier on lit CORNELIUS, et sur celle de l'autre DORCAS. Ces deux inscriptions, la clef et la tiare ne permettent pas de méconnaître saint Pierre, patron du diocèse de Beauvais, placé entre le centurion Corneille et Tabitha, « quæ interpretata dicitur Dorcas. » (*Act. apostol.* IX.)

Dans le pli est un dessin courant.

L'autre face présente un évêque assis sur une espèce de canapé ou banc incliné de couleur violette à bordures jaunes. Il a la tête mitrée et entourée d'une auréole. Il est aussi en habits pontificaux et tient de la main gauche une crosse d'argent à crosseron très-grand (3). Cette main paraît en outre soutenir sur sa poitrine un objet de couleur verte que nous prenons pour un marteau. De chaque côté une main sort d'un nuage pour le bénir; lui-même bénit de la main droite un homme et une femme agenouillés et portant l'un et l'autre une aumônière. Le marteau semble caractériser saint Eloi; cependant nous ne connaissons aucune circonstance propre, soit à la personne de Jean de Marigni, soit à l'église de Beauvais, qui puisse motiver la présence du saint évêque de Noyon sur cette mitre. Peut-être saint Eloi était-il le second patron du diocèse? Peut-être aussi ce que nous prenons pour un marteau est-il un autre objet et devons-nous voir dans cette figure saint Lucien, premier évêque de Beauvais?

III.

Nous empruntons à Toussaint Duplessis quelques renseignements sur l'hôpital d'Ecouis :

« Enguerrand de Marigni avait encore
« fondé à Ecouis un hôpital sous le nom
« de Saint-Jean-Baptiste. On y recevait les
« passants dans deux corps de logis sépa-
« rés, près desquels l'administrateur avait
« le sien. Le fondateur avait réglé que
« les biens meubles des chanoines qui
« mourraient *ab intestat* seraient divisés
« par le doyen et le chapitre en trois
« parts, dont l'une serait délivrée à l'hô-
« pital, la seconde à la fabrique de la
« collégiale, la troisième aux douze cha-
« noines et aux douze clercs, sans compter
« le meilleur lit du défunt, qui devait
« tourner sans aucun partage au profit
« de l'hôpital seul. Dans la suite, une
« dame d'Ecouis, de la maison de Ram-
« bures, unit à l'hôpital la chapelle de
« Cambron, en Picardie, près d'Amiens,
« à condition d'y entretenir deux nou-
« veaux lits pour les malades. Au milieu
« du XVIIIe siècle, Claude de Boncheroles,
« marquis de Saint-Pierre, y établit deux
« sœurs de la Providence auxquelles on
« a substitué en 1723 deux autres sœurs
« de l'institut de Nevers, l'une pour avoir
« soin des malades, l'autre pour l'instruc-

« tion des jeunes filles du lieu. Des reve-
« nus de l'hôpital, il s'était formé par abus
« une espèce de petit bénéfice dont on ap-
« pelait le titulaire Prieur de Saint-Jean:
« mais tout a été éteint, supprimé et réuni
« au profit des pauvres et des sœurs.

« Le marquis de Pont-Saint-Pierre en
« est de droit le premier administrateur;
« le doyen l'est aussi. On en nommait en-
« core d'autres parmi les membres du
« chapitre et les habitants du bourg. »

L'ancien manoir habité par Enguerrand se trouvait à un demi-quart de lieue de l'église d'Écouis. L'emplacement est connu sous le nom du Paige.

Quoique les deux pièces suivantes ne concernent pas directement Écouis, nous croyons devoir les publier ici d'après une copie défectueuse:

« Du roy nostre sire je, André, seigneur
« de Rambures, chevalier seigneur du
« lieu de Pleysseys et d'Escouyes, tieng
« et advoue à tenir ung plain fief de hau-
« bert, dont le chief est assis au dit lieu
« du Plesseys, et s'estent en icelle ville du
« Plesseys, de Escouyes, de Rosay, Touffre-
« ville, à la campaigne de Rosay, Lisors,
« Yreville, Manesqueville, Gaillarbosts,
« Grainville, Cressanville, Bonne Mare,
« Villeres, Muchegros, Le Bosc Muche-
« gros, La Chaussée Varclive, Le Mesnil
« Couppeguculle, Flesmesnil, Erquenchy,
« Dangu, Gamaches, Fleury, Lilly, Mo-
« rigny, Le Pont de l'Arche et en plusieurs
« autres lieux. Auquel fief et à cause
« d'icelui j'ay haulte, basse et moyenne
« justice et jurisdictions et seigneurie,
« telle comme à icelle haulte justice ap-
« partient selon raison et l'usaige és
« dites villes, laquelle s'estent és dites
« villes dessus nommées et és parties
« d'environ, excepté que je n'ay pas juris-
« diction au dit lieu du Pont de l'Arche;
« et sy ay en icelui fief manoir, jardins,
« terres labourables et non labourables,
« boys, prez, moulins à ban, rivières,
« pescheries, rentes de deniers, de grains,
« d'oyseaulx, corvées, estoublages, ser-
« genteries, tabellionnaige; et avec ce ay
« et à moy appartient à cause du dit fief
« la moitié comme aisné des présentations
« des prebendes, doyenné, chanoineries,
« chapelles, bénéfices et offices de l'e-
« glise collegial du dit lieu d'Escouyes,
« le patronnage de l'église de Gamaches,
« le tiers et danger de tous les boys situez
« et assis en la dicte haulte justice, et si
« ay le fouage sur les hommes d'icelle
« haulte justice toutesfoiz et quantesfoiz
« qu'il eschiet; et aussi ay pour l'usaige
« de mon hostel du Plesseys en la forest
« de Lyons, ou lieu dit les Deffens de Touf-
« freville le fourc et usage à toutes les
« branches, c'est assavoir sechans ou sei-
« ches estans ou gesans et les vers versez
« ou bollaiges gesans ou caables; et avec
« ce ay plain usaige en toute la haulte
« forest de Lyons pour toutes mes bestes
« à pesson, pasturage et herbage et toutes
« les autres choses que les francs usagers
« ou coustumiers d'icelle forest y ont. Et de
« ce doy au roy nostre dit seigneur LX s.
« tournois de rente chacun an, au terme
« St-Remy, lesquelz se paient à la recepte
« de la prevosté de Lyons. Et à cause de
« mon dit fief du Plesseys madame Blan-
« che de Gamaches, veufve de feu mon-
« seigneur Jehan de Chastillon, en son
« vivant chevalier, tient de moy par pa-
« raige ung demy fief de haulert, dont le
« chief est assis à Maineville et s'estent
« és parroisses de Longchamp, Saint De-
« nis de Fermant, le Mesnil soubs Vienne,
« Vardes, le Neuf Marchié, Andely sur
« Saine, le Pont de l'Arche et illec envi-
« ron les villes dessus nommées; du quel
« demy fief icelle dame a toute haulte et
« basse et moyenne justice, et toute telle
« jurisdictions et seigneurie comme a los,
« moyen et hault justicier appartient selon
« raison et la coustume du pays; et si lui
« appartient le patronnage de l'esglise de
« Maineville, de la chappelle du dit hostel
« de Maineville, le patronnage de l'esglise
« de Vardes, toutes et quantesfois escheent
« et qu'ils sont vacquans, et si a, à cause du
« dit demy fief, parc qui est assis près de
« l'ostel de Maineville, ou quel parc elle
« a tout droit de garenne à toutes bestes
« et à toutes saisons, réservé toutesvoyes
« que au Pont de l'Arche et à Andely sur
« Saine dessus nommez elle n'a aucun
« droit de jurisdiction; et si a en icelui
« demi fief manoirs, terres labourables,
« rentes en deniers, en grains, en oyseaulx,
« en toutes les villes de la dite haulte
« justice, excepté en la ville et paroisse de
« Noyon Le Sec, où l'abbé et couvent de
« Cormeilles prent le dit fouaige quant il
« y eschiet. . . . .
« La haulte justice s'estent en autres villes
« que ceulx dessus nommées ainsi qui
« s'ensuit, c'est assavoir: Noyon le Sec,
« Saint Eloy de Besu, Pernouville, le
« Mesnil Guilbert, Tiergeville, Amécourt,
« Bouchevilliers, Arnemont, Launoy, la
« Villette et és parties d'environ, et oultre
« s'estent és sept villes de Bleu, où la dite
« dame a tous droit de haulte justice,
« reservé que en ce la garenne est au roy;
« à cause du quel demy fief, Blanchet
« Pisieux tient de la dite dame par hom-
« maige ung fief de haulert, duquel fief
« le chief est assis au Mesril soubz Vienne

« et s'estent illec environ. Messire Pierre
« de Saint Cler, chevalier, en tient ung
« fief de haubert, du quel le chief est assis
« en la paroisse de Saint Denis le Fermant
« et de Amécourt, et s'estant ès dites par-
« roisses et ès parties d'environ. Item ice-
« lui chevalier en tient par hommaige de
« la dite dame ung quart de fief de hau-
« bert, dont le chief est assis en la pa-
« roisse de Tiergeville, et s'estant en icelle
« paroisse et illec environ. Item Jehan de
« Bouchevilliers en tient par hommaige
« un fief de haubert assis à Bouchevilliers.
« Item messire Roger de Longchamp, dit
« Brunet, chevalier, ou lieu de Jehan Ber-
« tin, en tient ung quart de fief de haubert,
« dont le chief est assis à Longchamp, et
« s'estent illec environ. Item Regnault de
« Saint Martin, escuier, en tient un fief
« de plaines armes, dont le chief est assis
« en la paroisse de Heudincourt et s'es-
« tent en icelle paroisse et illec environ.
« Item Huet de Piscut, Jacquet de Saint
« Pierre et Gaultier de Bouchevilliers ou
« leurs hoirs en tiennent ung fief de hau-
« bert. Des quelx fiefz et porcions de
« fiefz dessus nommez les dessus dits te-
« nans ont court, qui fut jà pieça à Con-
« tesse de Launoy et à Jehan de Fronce-
« lost, des quiculx fiefz ils ont court et
« usaige et telle jurisdiction comme à bas
« justiciers appartient selon raison et la
« coustume du pays. Item la dite dame
« tient de moy par parage ung quart de
« fief de haubert, du quel elle a court
« et usaige, justice et jurisdiction, telle
« comme à bas justiciers peult et doit ap-
« partenir selon raison. Et si a la conquys
« ès vii villes de Bleu au droit de la dite
« seigneurie. . . . .
« Du quel quart de fief le chief est assis
« à Hebescourt et s'estent en icelle pa-
« roisse et à Saint Denis de Fermant et ès
« parties d'environ. A cause du quel
« quart de fief sont tenuz de la dite dame
« trois quarts de fiefs de haubert, dont les
« chiefs sont assis ès paroisses de Heber-
« court, Rouville et ès paroisses d'envi-
« ron. Desquelz trois quars Guillaume de
« Saint Pierre, dit Compaignon, en tient
« deux quars au droit de lui et de ses par-
« çonniers, et si en tient l'autre part à
« cause de sa femme, qui est fille de
« Guillaume de Bouchevilliers, escuier.
« . . . .
« A cause du quel quart de fief la moitié
« du patronnaige de l'esglise de Hebes-
« court appartient à la dite dame, et est
« icelui patronnaige alternatif en quart
« entre elle et le dit de Saint Pierre ès
« cunps (sic) dessus dits. Item icelle dame
« tient de moy en parage un fief de hau-

« bert nommé et appellé le fief de Marre-
« gny, dont le chief est assis au dit lieu
« de Marregny, et s'estent en icelle pa-
« roisse et ès paroisses hameaulx de
« Dampierre ou Bray le Mesnil Tortanes
« le Moregny, Ranfays et ès parties d'en-
« viron. Ou quel fief elle a court et usaige,
« justice et jurisdiction telle comme à bas
« justicier peult et doit appartenir, ou quel
« fief elle a manoir. . . . .
« usaige en la forest de Bray pour edifier,
« ardoir pour son manoir de Marrigny
« par la livrée du Verdier. . . . .
« Item, icelle dame a et à elle appartient,
« à cause de son dit fief de Marreguy, la
« moitié des patronnaiges, prébendes et
« autres beneffices et offices de l'esglise
« collégial de Nostre-Dame d'Escouyes,
« toutesfois et quantesfois que ils es-
« cheent et que ils sont vacquans. A cause
« et pour raison duquel fief de Marre-
« gny moy et la dite dame avons, par
« chacun en communité, une foire qui
« siet à Dampierre le jour Saint Pierre
« aux Lyens le premier jour d'aoust, en
« la quelle foire, tant comme elle dure,
« nous avons coustume en icelle et en la
« ville de la Vieuville et ès lieux d'environ,
« et toute haulte justice et ce qui en
« depend, et dure icelle foire depuis la
« vigille Saint Pierre, heure de midi, et
« tout lendemain jour de la dite feste jus-
« ques à l'autre jour ensuivant. A cause
« du quel fief de Marregny je tieng de
« ma dite dame par hommaige ung demy
« fief de haubert, dont le chief est assis
« audit lieu de Dampierre en Bray, et se
« tient en la dite parroisse de Dampierre,
« à Longperier et ès parties d'environ, ou
« quel demy fief j'ay court et usaige, jus-
« tice et jurisdiction, telle comme à bas
« justicier peult et doit appartenir, et le
« droit de haulte justice avec la dite dame
« de la foire dessus dite, et sy ay, à cause
« du dit demy fief, en la forest de Bray,
« touz et telz droiz, franchises et libertéz
« comme cy-dessus sont desclarées, et
« comme la dite dame prent en icelle fo-
« rest, à cause de son dit fief de Marre-
« gny, duquel fief de Marregny il est deu
« au roy nostre dit seigneur deux fau-
« cilles au premier jour d'aoust, et
« soixante-sept solz parisis de taille au
« terme de Saint Jehan, qui se paient en
« la recepte du viconte de Gournay par la
« main de la dite dame, et je aide à la
« dite dame à se fournir d'une faucille et
« xviii s. vi den. par. de taille. Item,
« Colart de Vismont tient de la dite dame
« par hommaige un quart de fief de hau-
« bert, dont le chief est assis audit lieu

« de Marregny, et s'estent illec environ et
« en dey à icelle dame xxv sols de taille
« par chacun an, au dit terme Saint
« Jehan. Item, Gobin le Vasseur tient par
« hommaige de la dite dame, à cause du
« dit fief de Marregny, ung quart de fief
« de haubert, dont le chief est assis à
« Saint Ouen et es parties d'environ, et
« en doit par chacun an à la dite dame
« xxv sols de taille audit terme Saint
« Jehan, desquelz fiefz les dessus dits ont
« court et usaige, justice et jurisdiction
« telle comme à bas justicier peult et doit
« appartenir selon raison et la coustume
« du pays. . . . . . .
« Item, les hoirs Guillaume Crespin, à
« cause de sa femme, fille de monseigneur
« Jehan d'Auriche, chevalier, tiennent
« par hommaige ung demy fief de hau-
« bert, dont le chief est assis à Villerez et
« s'estent en icelle parroisse et illec en-
« viron. . . . . Item, les hoirs du dit Cres-
« pin, à cause de sa dite femme, tiennent
« de moy ung huictieme de fief de hau-
« bert, dont le chief est assis à Escouyes
« et s'estent illec environ, esquelz fiefz
« iceulx hoirs ont court et usaige, justice
« et juridiction telle comme à bas justi-
« cier peut et doit appartenir. . . . .
« Item, les hoirs Robert la Vache tien-
« nent de moy par hommaige ung huic-
« tieme de fief de haubert, dont le chief
« est assis à Touffreville et s'estent illec
« environ, ouquel huitiesme de fief il
« a court, usaige, justice et juridiction
« comme à bas justicier peult et doit ap-
« partenir, et de ce me doit ix s. tourn.
« de rente au terme Saint Michel, avec
« les aides coustumieres quand le cas es-
« chet. Item, les hoirs Jehan Bourdon, à
« cause de sa femme, fille de feu Jehan
« du Bos, en tient de moy par hommaige
« un huitiesme de fief de haubert, nommé
« et appelé le fief de Villiers, dont le chief
« est assis à Escouyes, ou quel fief et de-
« dans icelui il a incorporée une vavasso-
« rie, laquelle est appelée la vavassorie
« Petit-Formont, laquelle appartient aux
« héritiers du dit Bourdon à cause de sa
« dite femme, ouquel huitisme de fief
« iceulx héritiers ont court et usaige et
« telle justice et jurisdiction comme à bas
« justiciers appartient, et de ce me doit
« les aydes coustumiers quand ils es-
« chent. Item, les héritiers messire Guil-
« laume de Gamaches, chevalier, tiennent
« de moy ung demy fief de haubert, dont
« le chief est assis en la parroisse de Ga-
« maches et s'estent illec environ, ouquel
« demy fief il a court et usaige, justice et
« jurisdiction tel comme à bas justicier
« peut et doit appartenir. . . . .

« Item, les hoirs Jehan Huve, à cause
« de damoiselle Robine Lalemande, sa
« femme, en tient de moy par hommaige
« ung quart de fief de haubert, dont le
« chief est assis en la parroisse de Ga-
« maches et s'estent illec environ, ou quel
« fief il a court et usaige, justice et juris-
« diction telle comme à bas justicier peult
« et doit appartenir. Item, les hoirs Galle-
« hault de Saenne, escuier, en tiennent de
« moy ung fief de haubert, dont le chief
« est assis à Gamaches. . . . .
« Item, les hoirs Jehan Boudart en tient
« de moy par hommaige ung quart de fief
« de haubert nommé le fief aux Anglois,
« dont le chief est assis es paroisses de
« Varclives et du Mesnil, ou quel il a
« court, usaige et justice, comme à bas
« justicier appartient. . . . .
« Item, les hoirs Robert du Mesnil, dit
« Hutin, escuier, en tient de moy ung
« fief de plaines armes, dont le chief est
« assis au Mesnil sous Varclive et s'estent
« illec environ, ouquel il a court et
« usaige, justice et jurisdiction telle
« comme à bas justicier peult appartenir,
« du quel Hutin, à cause du dit fief, mes-
« sire Pierre du Cardonnay, presbre, ou
« ses hoirs, tiennent ung quart de fief,
« et les hoirs Jehan Boudart ung autre
« quart de fief, es quels ils ont court et
« usaige, justice et jurisdiction, telle
« comme à bas justicier appartient. . . .

« En tesmoing de ce, j'ai scellé ces let-
« tres de mon propre seel de mes armes,
« le xᵉ jour de novembre, l'an de grâce
« mil quatre cens cinquante ung. » (Arch.
imp., P. 307, f° 13 v°, n° 251, Stellenie
de Gisors.)

Suit un fragment de l'enquête ouverte au
sujet de l'aveu fait par André de Rambures, seigneur du Plessis et d'Écouis :

« De la partie de noble homme monsei-
« gneur Andrieu de Rambures, chevalier,
« seigneur dudit lieu du Plessys et d'Es-
« couyes, nous ont esté présentés les
« lettres patentes de nos dits seigneurs des
« comptes et trésoriers. . . . et afin qu'il
« jouisse paisiblement de ses terres et sei-
« gneuries. . . . . . ayons es présences
« l'une fois de vous viconte, l'autre de
« Jehan de Bourbault, vostre lieutenant
« général, aussi de Guillaume d'Acueuil,
« advocat et conseiller, et Bertran Guillas,
« procureur du roy nostre dit seigneur
« en icelui bailliage de Gisors, fait venir
« et assembler par les sergens royaulx et
« ordinaires des lieux, par devant nous à
« plusieurs journées et longues intervalles
« de temps tant en la dite ville du dit lieu
« d'Escouyes, en la ville de Lyons, que celle

« d'Estrepagny, les personnes et des par-
« roisses dont les noms ensuivent, pour
« sur ce nous informer duement. Et pre-
« mièrement, Pierre Langlois, aagé de
« LXX ans ou environ, Guillaume Langloys,
« aagé de LXIII ans et Jehan Hardouye,
« aagé de LII ans ou environ, tous de la
« parroisse de Villeretz, près Escouyes,
« jurez par serment et particulièrement à
« dire vérité sur le contenu en icelui ad-
« veu ou dénombrement baillé par le dit
« seigneur de Rambures et par nous ex-
« trait par articles et à eulx leues et don-
« nées à entendre, en tant principallement
« qu'il y a ou peut avoir des dites terres
« et seigneuries assises en ce dit bail-
« liage de Gisors, car partie des fiefs et hé-
« ritages dénommés audit aveu sont situés
« hors de ce dit bailliage. . . . . . .
« comme s'en dit aussi Robin Clinart Bar-
« bier, aagé de LXX ans, Jehan Le comte de
« Lyons, Pasquier de Saint Pol, natif de
« Touffreville, aagé de LIII ans, Jehan
« Houlette, natif de Gaillarfost, aagé de
« XLV ans, Perrin Mulart, natif de Varque-
« live. . . . . . . tous demourans à pré-
« sent en icelle ville d'Escouyes. . . . .
« (d'autres témoins) de la parroisse de
« Touffreville assez près du dit lieu d'Es-
« couyes. . . . . (d'autres) de-
« mourans en la parroisse de Lisors, près
« celle de Touffreville. . . . .
« (d'autres) demourans en la parroisse de
« Grainville sur Fleury. . . . (d'autres) de
« de la parroisse de Fleury en la forest de
« Lyons. . . (d'autres) de la parroisse de
« Lilly, en icelle forest de Lyons. Colin Na-
« mon, natif de Lisors et à present demeu-
« rant à Couppenville. . . . .
« Colin Marc, natif de Beaufficel, demeu-
« rant au dit lieu de Gaillarfost. . . . .
« Jehan Boudeville, de Croissanville, et
« Jehan le Neu du dit lieu et natif de
« Rosay. . . . (d'autres) de la par-
« roisse de Gamaches, près la ville d'Es-
« trepagny. . . . .
« (d'autres) de la parroisse de Longchamp
« (d'autres) de la parroisse de Bezu en la
« forest du dit Lyons et Jehan Asseline de
« la parroisse de Martigny. . . . . .
« . . . .
« en quoy leur sembloit qu'il convenoit
« icelui adveu ou dénombrement corriger.
« Et premièrement ou commancement, qui
« est le premier article, ou icelui seigneur
« de Rambures met que pour raison de
« son dit fief plain fief de haubert assavoir
« au Plessys et s'estend jusques à Escouyes et
« en plusieurs autres villes et parroisses
« declarées en icelui adveu ou dénom-
« brement, ou il comprent entre les autres
« Croissanville, Arcancy, Dangu, le Pont-
« de-l'Arche et en plusieurs autres lieux
« ou il, à cause d'icelui fief de haubert, dit
« avoir haulte justice, basse et moyenne
« selon l'usage des dites villes, excepté qui
« mect qui n'y a point de jurisdiction au
« dit lieu de Pont-de-l'Arche, avons trouvé
« par inquisition et rapport de plusieurs
« d'iceulx depposans que aus dits lieux
« du Pont-de-l'Arche, à Andelys, Arcan-
« chy ne Dangu iceulx seigneurs de Ram-
« bures et dame Blanche de Gamaches
« n'ont quelque droit ne seigneurie en
« haulte, basse ne moyenne justice, mes
« en appartient la court, congnoissance et
« jurisdiction au roy et es chastellenies et
« lieux ou ilz sont assis, et se les dits
« seigneurs de Rambures et dame Blanche
« de Gamaches y ont aucunes rentes ou
« droitures bien demeurent entiers à les
« poursuir et demander ainsi qu'il appar-
« tiendra par raison. Et dient plusieurs
« d'iceulx depposans qu'il peult bien estre
« que les dits seigneur et dame, aus quelz
« icelui fief de haubert et demy fief pa-
« reillement de haubert assis à Manneville,
« à Longchamp et en plusieurs autres par-
« roisses que tient la dite dame par pa-
« raige d'icelui seigneur de Rambures sont
« escheux de piece par la mort de leurs
« ancesseurs, et par long temps ont esté
« occupés et parceuz par l'usurpation des
« Angloys anciens ennemis du roy. . .
« n'avoient pas certaine congnoissance
« comme ilz devoient bailler icelui adveu
« ou dénombrement. Item ou tiers article
« ou il est parlé de la moitié des presenta-
« tions et prebendes en l'esglise Nostre-
« Dame d'Escouyes et aussi du louage de
« tous les hommes d'icelle haulte justice, a
« esté trouvé et rapporté comme dessus que
« en la parroisse de Croissanville a deux
« fiefz nobles ou portions de fiefz, l'un
« appartenant aux chanoines d'Escouyes et
« la haulte justice d'icelui seigneur de
« Rambures, et à lui appartient le fouaige
« des hommes du dit fief, et l'autre est de
« Noyon sur Andelle en la chastellenie et
« haulte justice d'Andely pour le roy. . .
« qui en a et prend le fouaige des hom-
« mes d'icelui fief toutesfois que le cas
« s'offrent, et de ce nous est apparu par
« l'extrait du compte et recepte de feu
« Jehan le Roy, en son vivant viconte de
« Gisors, rendu en la chambre des comp-
« tes, à Paris, au terme saint Michel l'an
« mil CCCC et treze, et trespassa icelui
« viconte en l'an mil CCCC XVIII ensuivant.
« Depuis lequel temps de mil CCCC XVIII iceulx
« Angloys retindrent au roy toutes les
« haultes justices seculieres du duchié de
« Normandie en tant qu'ilz en estoient
« possesseurs. Par quoy toute la haulte

« justice d'Escouys, du Plesseys, de Man-
« neville et Longchamp, ensemble le tiers
« et dangers des boys et les fouaiges des
« dits lieux estoient gouvernez, receuz par
« les officiers d'icelui roy d'Angleterre.
« Item a esté trouvé par le rapport de
« plusieurs des personnes d'icelle infor-
« mation que es parroisses d' Fleury,
« Lilly et Morigny, appellées les trois vil-
« les Saint Denis, Jehan Crespin, escuier,
« sires de Maugny, est seigneur en basse
« justice, et icelui seigneur de Rambures
« y est seigneur en la haulte justice, et
« ainsi en ont usé et jouy leurs predeces-
« seurs d'ancienneté et sans contredit du
« roy ne de ses officiers, sauf que en
« icelles trois parroisses et à Beaufivel en
« Lyons est faicte reservation pour le
« roy... et selon le rapport que dessus
« des choses qui ensuivent. C'est assavoir
« que en icelle parroisse de Fleury, ou dis-
« mage de Beaufivel, a d'ancienneté pour
« le roy... ung tenement nommé
« le Quesnay, jouxte Fleury en Lyons,
« contenant dix-neuf acres trois vergées
« et demie de terre ou environ, qui, par
« les prédécesseurs du dit sire de Maugny,
« fut piega baillé en fief à plusieurs per-
« sonnes deffunts, par le nombre de
« xxx muids ung boissel et demy d'a-
« voine par chacun an, en soy deschar-
« geant de la rente par lui due au roy
« nostre dit sire, par raison de son do-
« maine d'icelle chastellenie de Lyons. Et
« au regard d'icelle parroisse de Fleury
« en Lyons, sont le Fayel et les Cours de
« cheval, en hameaux et landes en manière
« d'escroissement dedans la dite forest de
« Lyons, de la seigneurie d'icelui Mau-
« gny (sic) en basse justice, et ressortis-
« sant en haulte justice en toutes choses
« en la chastellenie du dit lieu de Lyons
« pour le roy... et non point à Escouys
« Et pareillement en icelle parroisse de
« Morigny, la Barre de Nogon l'Escuirie
« et iller environ sont plusieurs landes qui
« souloient estre en la toure d'ancienneté
« en fieffe par le roy... et ses officiers à
« rente en avoyne à plusieurs personnes
« deffunts par le nombre de mmes muids
« ung boissel et demy d'avoine de rente
« par chacun an, venant à sa recepte de
« la vicomté de Gisors, en la dite chastel-
« lenie de Lyons. Lesquelles choses ainsi
« trouvées appartenir au roy... et mises
« en trouble par iceulx seigneurs de Ram-
« bures pour lui et la dite dame Blanche
« de Gamaches, en icelui adveu ou de-
« nombrement, les dits procureur et ad-
« vocat du roy... ont remonstrées tant
« au vicomte et receveur d'Escouys, celui
« de Longchamp et de Mainneville, que

« mesmes au dit sire de Rambures, et
« demandé se ils les vouloient soustenir
« estre bien assises selon icelui adveu ou
« denombrement, et ce porter contre le
« roy nostre dit sire. » Ils demandèrent un
délai jusqu'à l'eschiquier de Normandie,
qui fut tenu à Rouen au terme de Pasques
1454. Alors ledit seigneur de Rambures et
les autres consentent aux modifications
indiquées par les témoins qui ont déposé
ci-dessus. (Fin du mois de juin l'an 1454.
— Arch. imp., P. 307, f° 15 v°, n° 253,
chatellenie de Gisors.)

La commune de Mussegros a été réunie
à Ecouis en 1834, et celle de Villerest
en 1843.

Dépendances : — Mussegros ; — la
Grande-Ferme; — la Maison-du-Garde.

Cf. Toussaint Duplessis, t. II, p. 337 et 525.
Mllin, Antiquités nationales, III, n° 28, pl. II.
Gerbeaux, Notice sur la ville d'Ecouis, le bourg
de Gisors et le bourg d'Ecouis. — Paris, 1833.
La Normandie illustrée, Eure, t. I, p. 74.
Gallia christiana, t. XI, Preuves, f° 39, n° 41.
Le Prévost, Mémoire sur quelques monuments du
département de l'Eure. — Caen, 1832. — L'article
sur Ecouis est tout entier reproduit dans l'article
ci-dessus.
Archives normandes, t. I°.
Farin, Histoire de Rouen, t. II, p. 388.
Pierre Clément, Trois drames historiques, Paris,
1857, in-8°.

ECQUETOT.

Arr. I. de Louviers. — Cant. du Neubourg.

*Patr. Notre-Dame. — Prés. l'abbé
du Bec.*

Le plus ancien acte concernant Ecquetot
est probablement la charte dans laquelle
Osbern d'Ecquetot donne à l'abbaye de
Saint-Ouen de Rouen les églises et la dime
d'Eschetoth ». On sait que l'abbaye de
Saint-Ouen de Rouen possédait des propriétés considérables à Iumieuf-la-Cam-
pagne et dans une grande partie du canton du Neubourg : « Notum esse volumus
« Sanctæ Ecclesiæ fidelibus, tam futuris
« quam presentibus, quod Osbernus de
« Schetoth, filius Hugonis, monachorum
« habitum sumpsit dediique Beato Au-
« doeno, pro abolitione delictorum suo-
« rum et vitæ æternæ merito, decem acras
« de pratis et tra tum quamdam ad ca-
« piendum pisces et piscatoras apud Oiz-
« sel, nec non etiam ecclesias ac decimam
« de eodem Eschetoth, et partem quam-
« dam de silva ejusdem villæ, ac septem
« quitas apud Grinvillam, atque vineas
« de Giverneii, cum auctoritate Roberti de

« Turci ac sororum prædicti Osterni. Et
« si quis ab hodierna die in posterum,
« quod absit, modo quolibet calumniando
« supra memoratas res Beato Audoeno
« surripere præsumpserit, indubitanter
« maledictioni perpetuæ cum Dathan et
« Abiron et Juda impiissimo traditore
« subjacebit. Testibus..... Bernardo de
« Esketot.....

« Signum Willelmi, Normannorum ducis †; signum Maurilii, archiepiscopi †; signum Mathildæ, comitissæ † ; signum Nicholai, abbatis †; signum Osterni, qui hæc dedit †. »

Dans un acte de 1186 en faveur de Jumièges, on trouve parmi les témoins : « Ingulfus de Eschetot. »

Dans une charte d'Amauri, comte d'Evreux, pour Troarn, on trouve parmi les témoins Gillebert « de Eschetot ».

En 1207, « Willelmus d'Esketot » donna à Jumièges : « Terram quam habebam
« apud Warangevillam, quæ sita est inter
« terram elemosinarii Gemmeticensis et
« publicum caminum per quod itur Rothomagum et ad Vadum (les Vieux). »

« Bernardus de Esketot », témoin avec plusieurs autres seigneurs de l'Evrecin, vers 1210, dans une charte de Hugues de Laci relative à Couronne.

En 1222, Philippe-Auguste donne à Thibaut de Chartres 50 livrées de terre à « Esquetot. »

1225. « Ludovicus, etc., Noverint, etc.,
« quod nos terram arabilem, nemus, mo« lendinum, redditus et justiciam ad usus
« et consuetudines Normanniæ, quæ ha« bebamus apud Esquetot et Criquetot
« et apud Veillettes, tradidimus Thibodo
« de Carnoto et heredibus suis de uxore
« sua desponsata ad perpetuam firmam,
« pro quinquazi ta libris turonensium
« reddendis nobis annuatim ad duo sca« caria, ita quod nos elemosinarii feodi,
« que molendinum et terra predicta, de« bent, solvemus annuatim. Hoc autem
« tenebunt dictus Thibaldus et heredes sui
« de uxore sua desponsata ad usus et con« suetudines Normanniæ, cum alia terra
« quam pie recordationis rex Philippus,
« genitor noster, dedit eidem Thibodo
« apud Esquetot et alia loca predicta. Et
« sciendum quod idem Thibaldus et he« redes sui de uxore sua desponsata pote« runt nemus de Esquetot vendere et
« excartare pro voluntate sua, quocies et
« quandocumque voluerint, sine reddere
« nobis exinde aliquid. Quod ut, etc.
« Actum Parisius, anno Dominicæ Incar« nationis m°. cc°. vicesimo quinto, mense
« aprilis, regni vero nostri anno secundo. »

En 1261, Richard Mahiel et Richard d'Acquigni : « de Aquignio, » laïques, donnèrent, pour fonder une chapellenie dans l'église d'Evreux, une dîme qu'ils avaient et possédaient « in parrochia de Esquetot ». Cette charte a été bâtonnée sur le cartulaire.

En 1276, « Jacobus de Mesnillo, miles, et Ysabellis, domina de Esquetot, » sa femme, vendirent au chapitre d'Evreux toutes les dîmes qu'ils possédaient dans la paroisse de « Esquetot », et que Robert dit le Clerc possédait au moment de sa mort. La femme renonça à l'exception du sénatus-consulte velléien. Parmi les témoins, on remarque maître Jean de Sertors, archidiacre du Neubourg (ou Scetors) et Nicolas « de Castencio », clerc.

En 1280, les moines de la Noë étaient propriétaires à Esquetot. (Cart. norm., n° 918.)

En 1281, Gringoire et Robert de Bois-Gencelin, chevaliers, frères, s'engagent à payer au roi une rente annuelle de 7 livres dix sous assise sur les tenements et les hommes d'Esquetot, sous la condition que le roi dispenserait Guillaume Canterel, bourgeois de Pont-Audemer, de payer une rente de 7 livres, due par lui « par raison de l'eaue de Pont-Audemer ». (Cart. norm., n°ˢ 957 et 960.)

« ... In parrochia d'Esquetot... » (Cart. de Beau-Port, 1326.)

En 1337, Henri de Meri, chevalier, donna à l'abbaye du Bec ses manoirs d'Esquetot et Criquetot, avec toutes leurs dépendances et appartenances, en échange du manoir d'Heronville, etc...

En 1347, Richard Mahiel, chevalier, vendit pareillement tout son domaine d'Esquetot.

En 1361, l'évêque d'Evreux accorda à l'abbé du Bec la permission de faire célébrer la messe dans son manoir d'Esquetot.

En 1391, aveu d'un demi-fief assis en la paroisse d'Esquetot par Girot Duquesne, écuyer. (Arch. imp., P 307, r.° 41, f° 63, vicomté de Conches.)

En 1408, Jean Chantebier, écuyer, avoue tenir du roi, à cause de son chastel de Beaumont-le-Rogier, en sa vicomté du Neubourg, un huitième de fief assis dans les paroisses « de Villettes et de Hequetot ». Ce fief était situé entre les terres de l'abbaye du Bec et celles de messire Pierre de Haranvilliers, chevalier. (Arch. imp., P 324, n° 323, f° 113 v°.)

En 1418, la seigneurie d'Esquetot, confisquée sur messire Jean le Veneur, chevalier, fut donnée par Henri V d'Angleterre à Guiot de Tilias, escuyer.

Esquetot était le siège d'un fief relevant de Beaumont-le-Roger.

En 150?, il y avait à Esquetot un triège de la Voie-de-la-Villette; en 1498, un fief de la Carette; en 1503, Tardin Lignot, Geoffroi d'Escambosc.

En 1780, un jeune gentilhomme, Prosper-Honoré le Chevalier, sieur des Ifs, de la paroisse d'Esquetot, qui servait dans le régiment des cuirassiers du roi, fut admis à faire la perte. A l'âge de seize ans, il avait tué d'un coup de couteau un dragon de la reine qui insultait et maltraitait son père. Âgé de soixante-dix ans. Il était vivement recommandé au chapitre de Rouen par le duc de Chartres. Déjà, en 1570, un membre de la même famille, portant le même nom de terre, avait obtenu le bénéfice du privilège de Saint-Romain. (Voyez Floquet, *Hist. du privilège de Saint-Romain*, t. II, p. 146.)

EMALLEVILLE.

Arrond. d'Evreux. — Cant. d'Evreux (sud).

Paroisse Notre-Dame. — Prés. l'abbé du Bec.

L'étymologie d'Emalleville se devine aisément : *Emalus, Esmala, et villa.*

Le frère de Guillaume d'Evreux, premier prieur de Sainte-Barbe en Auge, au commencement du XIIe siècle, s'appelait Emala. (*Neustria pia*, p. 718.)

Notons encore « Amalonis villa ».

Sous Charles le Chauve, un archevêque portait ce nom. On trouve également *Amalus*.

Dans une charte en faveur de Préaux, Emalleville en Caux est appelé « Esmalevilla ».

En 1170, Mathieu de la Poterie : « Matheus de Poteria, » donna à l'abbaye du Bec, le vingtième jour après l'enterrement de son frère Richard, un vavasseur « ... apud Esmalevillam, nomine Symonem le Francois, cum omni tenemento suo... »

Le même donna à la même abbaye deux acres de pré « ad Gurfam juxta pratum sacerdotis », et un hôte « apud Esmalevillam » nommé Baudri, ainsi qu'un hôte donné par Guillaume de Bailleul « apud Esmalevillam », pour le repos de l'âme de la mère de Mathieu, nommée Burgundie, et toute la terre donnée par Florus, frère de Mathieu, « vadens ad conversionem ».

En 1202, Mathieu de la Poterie, fils du précédent, confirma les donations faites par son père et son oncle.

En 1193, Sibille d'Emalleville : « de Esmalevilla, » veuve de Raoul de Botemunt, remariée à Jean de Fougerolles : « de Fougerolis, » donna, « in cultura sua de Vallibus, » trois acres de son patrimoine à l'abbaye de la Noë.

Parmi les témoins : « Rainoldus Faber de Esmalevilla » et Laurent de Marremart.

Dans les *Grands Rôles de l'Échiquier de Normandie*, on cite divers personnages portant le nom d'Emalleville : « ... de Nicolao de Esmalevilla quindecim solidos pro filio clam re... »

« ... de Gallo de Esmalevilla decem solidos pro dissaisina... »

Dans les chartes de l'abbaye de la Noë, à la date de 1204, on trouve une donation de Mabire d'Emalleville :

« ... Mabiria de Esmalevilla dedi..., « concedentibus filiis et filiabus meis, « Matheo, primogenito, Willelmo, Rogero, Hilario, Aubrée, 10. acres terre vel « amplius in cultura mea de Vallibus, que « versatur super terram de Princerdu... « Testibus : Roberto, tunc temporis sacerdote de Esmalevilla; Gaufredo Torpin; « Reinoldo Parvo de Verdun; Petro de « Plesseiz; W. Firmino; Gisleberto, fratre « ejus, et aliis pluribus. »

En 1205, l'abbaye donna au chantre d'Evreux la dîme d'Esmalleville en remplacement d'une rente de 100 livres et 10 muids de blé qu'elle lui devait.

1227. Isembard « de Esmalevilla. Testibus : Johanne, decano ecclesie Beate « Marie de Vernone; Nicholao Strabone, « canonico ejusdem ecclesie; Odone tunc « castellano Vernonis... »

Dans une enquête de 1248, dirigée par le bailli de Verneuil, figure comme juré Guillaume d'Emalleville. (*Cart. norm.*, n° 1216.)

En 1227, Isembard « de Esmalevilla », de concert avec Mathilde de la Boschière, sa femme, donna à l'abbaye de Jumièges des rentes à prendre sur diverses personnes et de divers biens situés à Saint-Pierre-d'Autils ou aux environs; entre autres, sur la vigne Esponnart, la petite isle et la masure « Campi Osberti » située sous Esponnart.

1327. « Ordens d'Emalleville, escuier, « et damoiselle Johanne, sa fame, de la « paroisse d'Esmalleville, donnent une « pièce de boys avec le treffons, comme « le tout se poursuite en long et en lé, « assis en la paroisse de la Vacherie sus « Houdouville. » (Acte passé devant le vicomte d'Evreux.)

Le patronage de l'église d'Emalleville appartenait à l'abbaye du Bec.

G., évêque d'Evreux, donna à l'abbaye du Bec « ecclesiam de Esmalevilla cum omnibus pertinentiis suis ».

Robert de Mailloc, écuyer, contesta en 1183 les droits de l'abbaye, qui se fit donner à cette époque un bref de patronage.

Dépendances : — le Chatelier ; — le Colombier.

EMANVILLE.

Arrond. d'Evreux. — Cant. de Conches.

Patr. S. Vast et S. Etienne. — Prés. le seigneur.

Ce nom viendrait-il d'Emenon, comte de Poitiers, qui s'empara d'Evreux en 878 et ravagea les environs ?

On trouve dans l'arrondissement de Chartres un lieu nommé Saint-Eman, et parmi les églises dépendant de Saint-Père de Chartres « Emonis villa », quelquefois nommée aussi « Hemonis villa » et « Hamonis villa », « Himonis villa ».

Ce nom peut encore venir ou « d'Emmonis villa » (il y a eu un Emmo évêque de Noyon sous Charles le Chauve), ou de « Emmenivilla »; un personnage de ce dernier nom est mentionné dans une lettre du pape Jean VIII à Charles le Chauve.

Dans le grand cartulaire de Saint-Taurin on trouve, f° LXIII, « Durandus de Haimonvilla. » (1264.)

D'un autre côté nous avons « Haimonis villa » employé pour Emainville près Gaillon.

Voici un nouvel exemple de la forme « Haimonis villa » :

« Contulit autem ei Richardus, Herluini « filius, permissu Wil'elmi comitis, duas « acras et dimidiam terræ, apud villam quæ « dicitur Haimonis villa, inter montem et « aquam et unam viam per suam culturam « per quam eant et redeant molentes ad « molendinum... »

« ... Heres curie de Haimonvilla, sex solidos ad festum sancti Remigii... » (*Cart. S. Taur.*, p. 132.)

« ... Ex dono Stephani et Hugonis « de Nucumento, de terra eorum duas « garbas apud Esnutrevillam et Hemon-« villam... » (Charte de Raoul de Cierrai, 1221.)

Ces exemples ne s'appliquent peut-être pas à notre Emanville, mais à un Haimonville placé dans le voisinage d'Evreux. Nous les citons pour faciliter l'étude du nom d'Emanville, en rapprochant des noms analogues. C'est ainsi que nous noterons dans une charte de l'empereur Lothaire en faveur du couvent de Morbac (840) un lieu de l'Argovie désigné de la manière suivante : « ... In loco nuncu-« pante villa Eman super fluvium Rusa in « pago Aregara... »

On trouve sur un ancien cartulaire de Saint-Amand la donation d'un Amanville à Saint-Amand de Rouen par Richard de Beaufou, dans la jeunesse de Guillaume le Conquérant.

En définitive, Emanville est peut-être simplement une corruption d'Amanville. On trouve cependant dès le XIIe siècle dans le cartulaire de la Trinité de Beaumont un Roger d'Emanville témoin.

Le patronage d'Esmanville avait été donné à l'église cathédrale d'Evreux.

« Henricus rex Anglie, episcopo Ebroi-« censi, et omnibus baronibus et fidelibus « suis de episcopatu Ebroicensi, salutem. « Concedo Deo, Sancte Marie et Ebroicensi « ecclesie in prebendam ecclesiam de Es-« manvilla, cum tota decima ville et hiis « que ad ecclesiam pertinent, sicut Ricar-« dus de Herefcort et Emma, uxor ejus, et « Gillebertus, privignus predicti Ricardi, « dederunt eam ecclesie... »

Suit une charte importante, contenant le détail d'une contestation survenue entre Jean Cinthius, chanoine d'Evreux, titulaire de la prébende d'Emanville, et à ce titre patron de l'église, et Jean de Cailli, chevalier et seigneur d'Emanville, au sujet d'un moulin. (Cette pièce est du 21 janvier 1275.)

« Dicit et proponit in jure coram vobis, « domino Guidone de Collemedio, thesau-« rario Morinensi, judice a domino legato « dato, Johannes Cinthii, domini pape « capellanus, canonicus Ebroicensis, « nomine ipsius ecclesie Ebroicensis et « ecclesie d'Emanvilla, Ebroicensis dyo-« cesis, cujus est patronus, contra do-« minum Johannem de Callayco, mi-« litem, dominum d'Emanvilla, quod « dictus miles tenet et possidet vel alius « ejus nomine quoddam molendinum ad « ventum situm in parrochia ecclesie d'E-« manvilla predicte, et infra fines dicte « parrochie, inter terram dicti militis, ex « duabus partibus, et terras Evrardi de « Lundes, layci, ex aliis duabus partibus, « ostensione, si opus fuerit, declarandum, « cujus parrochie jus patronatus et grosse « decime parrochie predicte ad dictum « canonicum, ratione dicte prebende, per-« tinere noscantur, et jus detinendi et per-« cipiendi easdem infra fines dicte parro-« chie de antiqua consuetudine et pacifice « hactenus observata. Unde, cum dictum

« molendinum sit positum infra fines dictæ
« ecclesiæ, et dictus miles percepit proven-
« tus dicti molendini a viginti annis citra,
« nec sibi vel alii canonico ante ipsum
« dictam prebendam habenti seu ecclesiæ
« predictæ decimas ex eisdem proventibus
« solverit, petit dictus Johannes, rationi-
« bus et causis antedictis et nomine quo
« supra, dictum militem condempnari et
« condempnatum compelli ad reddendum
« sibi decimas predictorum proventuum
« vel earum valorem ad extimationem
« centum librarum parisiensium, et ut in
« posterum solvat decimas de proventibus
« dicti molendini, in quibus petit dictus
« Johannes, nomine quo supra, ipsum
« condempnari vel in quibus apparuerit
« de jure condempnandus, salvo sibi jure
« beneficio addendi, diminuendi, etc., non
« astringens se ad eam a predicta proban-
« di, sed ad ea que sibi sufficiant de pre-
« missis. Protestatur etiam dictus Johannes
« de expensis factis et faciendis in lite et
« occasione litis, et eas deducit in judicium
« loco et tempore declarandis, implorans
« officium vestrum super quibus fuerit
« implorandum. Datum Parisius, die mar-
« tis ante conversionem beati Pauli, anno
« Domini millesimo ducentesimo septua-
« gesimo quinto. »
(Orig. sceau perdu au *Supplément du
Tr. des Ch.*, carton J. 1030.)

Le patronage d'Emanville finit par passer en mains laïques.

Il y a sur le patronage de l'église d'E-
manville un arrêt du parlement, en date
du 6 mars 1344 (n. s.), dans le ms. 480
de la bibliothèque Mazarine, au f° 10.

Voici plusieurs chartes touchant Emanville et tirées du fonds de la commanderie de Saint-Étienne-de-Renneville.

1281. « Ricardus dominus de Hauricu-
« ria, miles, pro anima patris sui Johannis
« de Hauricuria, dat fratribus militiæ
« Templi x. acras terræ apud Campum
« Foubert... et marain des Periers juxta
« terram des Feisoles, et viam que tenetur
« de Tellio apud Esmanvillam... apud
« campum de Spina... ad terras unius
« sacerdotis, quem fratres Templi commo-
« rantes in domo Sancti Stephani debent
« tenere in perpetuum, cum illo sacerdote
« quem ex jure antiquæ institutionis te-
« nentur habere. »

1287. Robert des Essarts, escuyer, de la
parroisse d'Epréville, vend aux frères de
la Chevalerie du Temple, pour 110 livres
10 sous tournois, un membre de haubert,
en la parroisse de la Gouberge et d'Esmanville.

1333. Frère Richard de la Salle baille
à Johanne de la Purèle, de la parroisse

d'Esmanville, une masure « as grans Lon-
« des ».

En 1391, Robert Rioult était seigneur de
Couillarville. Johan de Couillarville eut
trois filles : 1° Guillemette, femme de
Robert Rioult; 2° Robine, nonnain, déjà
morte en 1391; 3° Jehanne, nonnain de
Fontevrault, au prieuré de Chaisedieu.

Crespin du Bosc, escuyer, tenait en 1414
le fief de haubert de Couillarville dont le
chef était assis en la paroisse d'Emanville.

En 1451, « Je, Pierre de Bauchervillle,
« chevalier, seigneur dudit lieu, tiens et
« advoue tenir, à cause de Perronelle
« Rioult, ma femme, ung fief de haubert
« nommé d'Escouiarville, assis en la pa-
« roisse de la Gouberge...., dont le chef
« assis en la dite paroisse d'Esmanville,
« de Farville et de Barquet, etc.... » (*Arch.
imp.*, P. 303, f° 23, vicomté d'Evreux.)

Nous devons encore citer un huitième
de fief ou vavassorie, assis en la paroisse
d'Esmanville, et dont aveu fut fait en 1424
par noble homme Guillaume le Loutrel,
escuyer. (*Arch. imp.*, P. 303, f° 23,
n° 209.)

La commune de Saint-Léger-la-Campagne a été réunie en 1803 à Emanville.

Dépendances : — Couillarville; — les
Grandes-Landes; — Mauluisson; — les
Petites-Landes; — Saint-Léger; — Picard-
ville.

EPAIGNES.

Arr. de Pont-Audemer. — Cant. de Cormeilles.
Sur la Dedre-Cord.

*Patr. S. Antonin. — Prés. les religieux
de Préaux.*

Il y a deux Epagnes (Bar-sur-Aube et
Abbeville) et un Epagnette (Abbeville).

Il y a en France six Bretagne, trois Allemagne, six Romagne.

Nous pensons que le territoire de cette
commune avait appartenu primitivement
à Roger de Tosni, seigneur de Conches,
et qu'il lui donna le nom d'Espagne au
retour et en mémoire de ses expéditions
dans la Péninsule. Cette conjecture est
d'autant plus vraisemblable que Roger de
Tosni est plusieurs fois appelé par Orderic Vital : *Rogerius de Hispania*.

Dans la grande charte de Préaux et
dans plusieurs endroits du cartulaire,
Epaignes est appelée « Hispania ». Le nom
de cette commune a été tour à tour « His-
« pania, Epagne, Espagne, Espaingues,
« Espaignes ».

Parmi les témoins d'une charte de

Raoul de Conches en faveur de Saint-Évroult, on trouve : « Galterius de Hispania. » (Ord. Vit., II, 403; V, 131.)

Nous allons tirer du *Cartulaire de Préaux* un certain nombre d'actes qui établissent les principaux droits de l'abbaye de Préaux sur le territoire d'Épaignes.

L'alleu principal d'Épaignes appartenait primitivement aux sires de Pont-Audemer; Robert et Roger, fils d'Onfroi de Beaumont, donnèrent à l'abbaye de Préaux toute la dîme d'Épaignes, avec l'église et la terre d'un hôte; puis la forêt d'Épaignes, puis les chemins, moins ceux de la terre de Goulert. Ainsi, l'abbaye de Préaux succéda à une grande partie des droits des sires de Pont-Audemer.

Dans le passage suivant, nous voyons, sous le règne du duc Guillaume, Robert et Roger, fils d'Onfroi de Beaumont, consentir à leurs libéralités par la donation de la dîme d'Épaignes. Il faut noter que Goscelin, le plus puissant des habitants d'Épaignes, y consentit sur l'ordre et la prière de ces deux seigneurs, à la condition d'être reçu frère. Il faut noter encore que son fils Auvré confirma ces donations, à la condition que lui et sa postérité auraient leur part des prières du monastère :

« Regnante Willelmo, Roberti comi-
« tis filio, dederunt Sancto Petro Pra-
« telli Robertus et Rogerius, filii Hunfridi
« Bellemontis, totam decimam Hispanie
« cum ecclesia et terra unius hospitis.
« Goscelinus vero, qui potentior ceteris
« erat in ipsa villa, libenter concessit, et
« ipse suam decimam, jussu et precatu Ro-
« berti videlicet et Rogerii, ea ratione ut
« esset frater loci. Defuncto autem Gosce-
« lino, Alveradus, ejus filius, bonis patris
« effectus, que fecerat et dederat pater
« suus confirmavit, posito super altare
« dono perenniter concessit, ea tamen
« conventione ut esset, ipse et uxor sua
« quam accepturus erat, et enim tempore
« cum lot conjuge, filiique et fratres ejus
« participes essent orationum loci Pra-
« telli, et ea adhue ratione ut extra Nor-
« manniam moriente centum solidos ha-
« berent fratres Pratelli de suo. Si vero
« in Normanniam ubicumque morere-
« tur, adirent aliquanti de monachis ubi
« esset corpus et cum deferentibus de-
« ducerent in atrio Sancti Petri sepe-
« liretur, et tunc ex omni substantia sua
« suam partem haberent monachi no-
« menque suum et sui patris inter nomina
« monachorum scriberetur. (Cartul. de
Préaux, f° 102 r°, n° 238.)

Sous le règne du même Guillaume, Roger de Beaumont donna à Préaux le bois d'Épaignes et tout ce qui était de son domaine dans cette paroisse, excepté les chevaliers. Il accorda cependant plus tard Goscelin, Hugues d'Avesnes et Goscelin le Roux, dont la terre fut concédée à perpétuité au couvent par le seigneur Roger, sur la demande de Goscelin lui-même, qui en déposa le don sur l'autel.

« ... Sic enim prescriptus Goscelinus
« petivit et super altare donum dedit, ut
« se moriente Sanctus Petrus esset heres
« ejus. Auxit etiam preterea dominus Ro-
« gerius aliquibus annis interpositis su-
« pradicta. Nam vias Hispanie quas sibi
« retinuerat Sancto Petro, et cetera pre-
« scripta, dedit, exceptis viis terre Gul-
« berti. Post transactis plurimis annis,
« vendidit suprascriptus Hugo de Avesnis
« terram unius hospitis perpetualiter Wil-
« lelmo, abbati, ex eadem videlicet terra
« quam tenebat de co x. solidis. Et ex
« utraque parte affuerunt testes : Hugo
« Putefosse; Goscelinus, filius Firmati;
« Gozfridus, filius Ansfridi Rufi; Osulfus
« Marcolus; Vitalis; Wadardus; Willel-
« mus Galpinus; Petrus Pistor; Gisle-
« bertus Childeron. » (*Cartul. de Préaux*,
f° 102 r°, n° 237.)

« ... Regnante Willelmo, Roberti mar-
« chionis filio, Rogerius et Robertus,
« filii prefati Hunfridi, ... addiderunt
« huic dono quicquid in Hispania in suo
« dominio habebant, exceptis militibus,
« ex quibus tamen aliquos postea conces-
« serunt, videlicet Goscelinum et Hu-
« gonem de Avena et Goscelinum Rufum,
« et ecclesiam cum terra ad illam perti-
« nente, et decimam molendini ejusdem
« ville et unum hospitem et terram Magne
« Maris. » (Charte de Henri II.)

Un certain Herluin avait cité les moines de Préaux devant le comte Robert : il fit défaut. L'abbé Richard l'ayant indemnisé de quarante sous, il renonça à ses prétentions devant le comte et les barons.

« Herluinus, filius Gulberti de Hispa-
« nia, calumnians terram Sancti Petri que
« vocatur Boscus abbatis, accepta die ante
« comitem Robertum de Meilent disse-
« rendi eam, defecit in hoc. Abbas quidem
« Ricardus volens habere amicitiam Her-
« luini donavit ei xl. solidos. Et ipse
« tunc omnem calumniam ipsius terre cla-
« mavit quietam ante comitem et barones
« ejus. Testes abbatis : Robertus, filius
« Anscetilli, Simon filius ejus; Rogerius
« Telboltvit; Radulfus, presbiter Hispa-
« nie; Rodulfus, miles Hispanie; Goisfre-
« dus, filius Ernesi; Balduinus Montis
« Pincini; Goisfredus Molendinarius Sel-
« larum; Anscetillus Pincerna; Rodulfus

ÉPA

« de Corneville. Testes ejus : Robertus,
« filius Gerois; Rogerius, presbiter Espré-
« ville; Wilhelmus Pipart; Robertus Pipart;
« Robertus junior Pipart. » (1101-1118.)
[Cart. de Préaux, f° 103 v°, n° 290.]

Vente par Hugues le Cuisinier et son fils
Raoul de leur terre d'Epaignes à Saint-
Pierre de Préaux :

« ... In die festivitatis Innocentum,
« Hugo Cocus et filius ejus Rodulfus ve-
« nerunt in capitulum Pratelli et penitus
« libere vendiderunt totam terram suam
« de Hispania Sancto Petro et abbati Ri-
« cardo atque monachis sine reclamatione
« aliquorum suorum parentum. Pro qua
« terra Ricardus abbas donavit septem
« libras denariorum eidem Hugoni et Ro-
« dulfo, filio ejus, unum palefridum ap-
« preciatum duabus marcis argenti, atque
« Herluino, nepoti ejusdem Hugonis, quin-
« decim solidos. Qui Herluinus pactus est
« fidem suam et christianismum sua
« manu in manum Herluini, cubicularii,
« nunquam se calumniaturum hanc ter-
« ram. Sed et si quis hominum eam vellet
« calumniare, ipse hanc Sancto Petro dis-
« sereret contra omnes. Posueruntque jam
« dictam terram supra altare Beati Petri
« sepedictus Hugo et ejus filius Rodulfus
« per quamdam regulam; tenentes illam
« uterque, astante Ricardo abbate et
« omni conventu monachorum, exinde
« fraternitatem loci ipsi receperunt. Tes-
« tes Sancti Petri : Rogerius Pistor; Malet;
« Herluinus, frater ejus; Tustinus, filius
« Maledocti; Rodulfus Juskecane; Moyses;
« Ricardus, filius Giraldi Pungentis; Mi-
« les, filius Malpartit; Morel; Ricardus,
« filius Buccebrune; Robertus Rasorius;
« Herluinus, filius Roberti Coci. † Signum
« Rodulfi. † Signum Hugonis. »

Dans cet acte de vente, un palefroi est
estimé deux marcs d'argent. (Cartul. de
Préaux, f° 102 v°, n° 291.)

Une autre charte nous apprend comment Guillaume, fils d'Osulfe, donna une
acre de terre à Epaignes. (Cart. de Préaux,
f° 119 v°, n° 366.)

Une seconde, comment l'abbé Guillaume
donna des sommes d'argent considérables
à Hugues d'Avesnes. (Cartul. de Préaux,
f° 120 r°, n° 369.)

Une troisième, comment Guillaume,
Raoul et Robert Columbel d'Epaignes
donnèrent aux moines de Préaux sept
acres de terre près du chemin qui conduit
à Beaumont. Cette donation eut lieu en
1158, sous l'abbé Michel, pour faire recevoir Gislebert Columbel parmi les moines
de Préaux. La condition accomplie, la
terre fut déposée sur l'autel « per candé-
labrum ». Puis l'abbé prononça l'excom-

ÉPA

munication contre quiconque attaquerait
ce don, et toute la famille de Gislebert
s'écria en chœur : Que cela soit! Amen!
« Et responsum est ab omnibus astantibus : Fiat! fiat! Amen! » (Cart. de Préaux,
f° 120 r°, n° 371.)

Vente par Agnès, femme de Ruault de
Salerne, Thomas et Guillaume, ses fils,
de leur terre d'Epaigne : « .... Illo
« anno quo imperatrix Alemannorum re-
« diit ad suum patrem Henricum, regem
« Anglie, in Normanniam, Agnes, uxor
« Rualdi de Salernia, et Thomas atque
« Willelmus, filii eorum, totam terram
« suam de Hispania que est de Sancto
« Petro, penitus vendiderunt Ricardo ab-
« bati et monachis Pratelli. Et date sunt
« eis ab abbate pro ea terra viginti libre
« denariorum et sexaginta oves, duo equi,
« viginti porci, et fratrem suum Rogerium
« monachizaverunt. Ricardus vero et Ro-
« bertus de Coldreio, avunculi horum
« puerorum, posuerunt hanc vendicionem
« cum predictis pueris super altare Sancti
« Petri et pacti sunt suam fidem in ma-
« num Wilkelmi elemosinatoris quod hoc
« facerent esse stabile omnino, et nec
« dampnum nec malum ingenium inde
« nobis quererent. Testes Sancti Petri :
« Willelmus elemosinator; Moyses; Adam
« Malpartit; Ricardus, filius Hatvidis;
« Sturmius de Sellis; Odo Pistor; Malet;
« Herluinus, frater ejus; Rodulfus Care-
« tarius; Robertus, filius Techie; Ricar-
« dus Puer; Tustinus Maledoctus. Testes
« eorum : Signum † Roberti, avunculi ho-
« rum; † Roberti, filii Techie; † Odonis
« Pistoris; † Maleti. Signum † Thome.
« Signum † Willelmi, fratris ejus; † Ro-
« dulfi Caretarii; † Sturmii; † Ricardi
« Buccebrune; † Tustini Maledocti. »

En 1168, l'abbé Henri, siégeant dans son
chapitre, au milieu de tout son couvent,
Baudouin d'Epaignes, fils de Robert
d'Osmonville, fit don, en présence de sa
femme Cécile et de son fils Henri, de la
dime de ses moulins de Martainville, et la
déposa effectivement sur l'autel en dépo-
sant un chandelier doré. L'aumônier lui
délivra 4 liv. angevines. (Cart. de Préaux,
f° 135 r°, n° 427.)

On trouve le nom d'un Auvrai d'E-
paignes dans la liste des guerriers qui obtinrent des seigneuries en Angleterre
après la conquête.

Sous Philippe-Auguste, « Walterus de
Ispania » fut prévôt pour le roi à Evreux.

Au XIIIe siècle, il y avait à Epaignes un
hameau Coste.

Dans ce même siècle, les moines de
Préaux reçurent une donation de « Malgerius, pistor eorum, » à Epaignes.

Nous citerons encore diverses chartes du *Cartulaire de Préaux* et relatives à Epaignes.

Confirmation de donations par Robert Huedoin, fils de Nicolas; 1248. (*Cart. de Préaux*, f° 83 r°, n° 235.)

Vente par Richard de « Mosterued in feodo Estore », 1250. (*H.*, f° 85 r°, n° 225.)

Vente par le même « in feodo qui appellatur feodus Blancoil... et in feodo qui appellatur feodus de Rua », 1237. (*H.*, f° 86 r°, n° 227.)

Vente par le même de ce qu'il possédait « in feodo as Carpentiers », 1258. (*H.*, f° 86 r°, n° 230.) (Voyez enfin les chartes n°⁵ 234, 235, 236, 237, 238 et 239, f° 88 r°.)

L'abbaye de Préaux ne conserva pas jusqu'à la Révolution ses anciens droits sur Epaignes; elle n'y possédait plus alors qu'un trait de dîme nommée la Peigneraie.

M. Canel, qui a si consciencieusement étudié tout l'arrondissement de Pont-Audemer, nous dit que l'histoire féodale de cette vaste commune est un chaos indéchiffrable; on a perdu jusqu'au nom des fiefs. On peut néanmoins citer au XIIIᵉ siècle le fief du Coudrai qui appartenait à Thomas de Beaumont. Il relevait du fief de Raoul Eflane, qui lui-même était vassal des sires de Pont-Audemer. Il y avait au XIIIᵉ siècle un fief Blancoil ou Blancœil. Plus tard, on trouve les fiefs de la Heronnière, du Bois-l'Abbé, de Bosc-Hamel et du Theil. Thomas de Beaumont et son fils donnèrent à la léproserie de Saint-Gilles dans leur fief du Coudrai vingt acres de terre et le droit de pacage.

Nous citerons au XIIIᵉ siècle un « feodum Piscis ». Ce fief prenait son nom de « Robertus Piscis de Foulebecco ». [Robert Poisson de Foulbec.] (*Cartul. de Préaux*, n°⁵ 222 et 223.)

En 1253, Nicolas le Comte, de Pont-Audemer, céda aux moines ce qu'il possédait dans le fief Poisson. (*Cartul. de Préaux*, f° 83 r°, n° 240.)

Les possesseurs du fief du Theil devaient service de guet au château de Pont-Audemer.

L'église Saint-Antonin d'Epaignes est nommée dans la bulle du pape Alexandre en faveur de Préaux, en 1179. Robert Poisson de Foulbec prétendit avoir des droits sur l'église d'Epaignes. Un arrangement survint, et une charte de Robert du Neubourg le constate. Robert Poisson renonça à ses prétentions, et l'abbé Michel lui concéda le fief qu'avait tenu Raoul le Prêtre. (*Cart. de Préaux*, f° 39 v°, n° 78.)

En 1241, une discussion s'éleva entre l'abbé de Préaux et le chapitre de Lisieux. Il s'agissait de savoir à qui appartenaient les fruits de la cure après la mort d'un titulaire. (*Cart. de Préaux*, f° 81 r°, n°⁵ 222 et 223.)

Cette église était desservie jadis par un curé, un vicaire et un chapelain.

La tour de l'église appartient au XVᵉ siècle et le portail au XVIᵉ.

Il y avait autrefois dans le hameau de la Vallée une chapelle Saint-Sauveur, maintenant détruite.

En juillet 1383, « Guillaume Coste, dit « Hutin, povre homme laboureur et cour- « retier de chevaulx, en la ville d'Espain- « gne, » obtint une lettre de rémission pour un meurtre qu'il avait commis en état d'ivresse. (*Trésor des Chartes*, reg. 123, n° 17.)

En juin 1384, rémission pour « Robin « le Telier, de la paroisse d'Espaingne, « ou bailliage de Rouen. » (*Ibid.*, reg. 124, n° 319.)

Il est question d'une « parroisse nommée Espaigne » dans une troisième lettre de rémission accordée en 1451 à « Jean Hernier, de la paroisse du Bois-Helboin ». (*Ibid.*, reg. 181, n° 175.)

Le territoire d'Epaignes renferme des eaux minérales.

Dépendances : — les Mares-Fleuries; — le Plessis; — la Rochelle; — les Savins; — la Tessonnière; — la Trouverie; — la Vallée; — l'Armerie; — le Beau-Carré; — les Corberans; — la Denoiserie; — le Grand-Lieu; — le Lieu-des-Granges; — la Poignerie; — la Prairie; — le Theil (château); — les Adams; — les Arons; — les Bandais; — les Begins; — le Bois-l'Abbé; — le Bosc-Hamel; — la Bourdonnerie; — les Brevals; — la Brunerie; — la Cablerie; — le Carouge; — la Chapelle-Becquet; — la Colombérie; — les Comtes; — les Desmares; — la Forterie; — les Gibert; — la Hamellerie; — la Hebendière; — la Houssaie; — la Marqueterie; — la Maurie; — la Maugardière; — les Malheux; — la Marnière; — Passe-Cadet.

Cf. Canel, *Essai sur l'arrond. de Pont-Audemer*, t. II, p. 462.

ÉPÉGARD.

Arrond. d'Evreux. — Cant. du Neubourg.

Patr. S. Richard. — Prés. l'abbé de la Croix-Saint-Leufroi.

La terminaison *gard* est très-commune dans le Nord, où elle désigne toute propriété close, depuis le palais jusqu'à la cabane. (Voyez sur les *gnools* du Nord, et particulièrement de la Norwège, J.-J. Ampère, *Littérature et voyages*, p. 97, et Depping, II, p. 313.) Nous pensons que l'origine d'Épégard est « Applegaure », enclos de pommiers, verger. En effet, dans les *Grands Rôles de l'Echiquier de Normandie*, on trouve un « Lambertus de Apelgard ».

L'abbaye du Bec avait un manoir, des terres et des dîmes à Aillet, hameau d'Epégard. Une partie de ce hameau s'appelait le Marais-d'Aillet. En 1370, Philippe de l'Estor, seigneur d'Aillet, reconnut les droits de dîmes de l'abbaye. En 1400, l'abbaye fieffa à Jean du Rosé, à Richard Peret, écuyers, des biens situés à Aillet.

Dans l'inventaire des titres du Bec, il est parlé du hameau de Beaufour, d'une pièce nommée le *Cornet au hameau Beuf*, et de terres données en 1100 par messire Guillaume de Tournebu, chevalier. Vers 1101, messire Philippot de Laistre était détenteur d'une partie du fief d'Aillet, c'est-à-dire qu'on vendit, en 1601, une pièce de terre acquise de lui.

Dépendances : — Aillet ; — Beaufour.

ÉPIEDS.

Arrond. d'Evreux. — Cant. de Saint-André.

Patr. S. Martin. — Prés. l'abbé d'Ivri.

Il y a en France deux Epiais, Epieds et un Epiez.

Parmi les témoins d'une charte en faveur de Saint-Père de Chartres on trouve « Rigaldus de Espiers ».

Parmi les églises soumises au patronage de l'abbaye d'Ivri on trouve Saint-Martin-d'Espiers : « d'Eperiis ». Il s'agit de notre Epieds.

Dans le *Coustumier des forêts de Normandie*, f° 153 v°, nous trouvons le passage suivant : « Jehan Brodard, de la paroisse
« d'Espiez, a en la forest de Méré, à cause
« de son hostel, le vert boiz en gesant et
« le sec en estant et en gesant, tout mort
« boiz, la branche, et de trois fourques
« l'un pour son usage, le chêne pour dix-
« huit soulz d'amende, le fou pour xv soulz
« parisis, [l'estre] pour III sous parisis, et
« pasturage pour ses pors en prenant
« congié seullement, et pour chacier aux
« lièvres et aux regnars en la dicte forest
« comme peuvent faire les nobles et autres
« ramagiers en la dicte forest de Méré,
« pour lesquelles franchi[ses] dessus dé-
« clairées le dit Brodart est tenu paier
« chacun an au Roy nostre Sire ou au
« ramagier de la dicte forest III soulz
« parisis pour courroy à la Chandelleur. »

C'est sur le territoire d'Epieds que fut gagnée la bataille dite d'Ivri, le 11 mars 1590, par le roi Henri IV, sur l'armée du duc de Mayenne. Nous renvoyons sur les détails de cette bataille à la lettre publiée par Durand dans le *Journal de Verdun* (t. 1er, 1762), et réimprimée dans les *Opuscules sur la ville d'Evreux*, par M. Th. Bonnin. (1845, p. 206.)

Nous ajouterons que, le 29 octobre 1802, Bonaparte vint par Ivri visiter le champ de bataille. Il ordonna l'érection d'une nouvelle pyramide, qui fut inaugurée le 26 octobre 1804.

Dépendances : — la Folletière ; — les Graviers.

ÉPINAI.

Arrond. de Bernai. — Cant. de Beaumesnil.

Patr. la Ste Vierge. — Prés. le seigneur de Beaumesnil.

Des amas de tuiles antiques ont été trouvés dans le vallon d'Epinai.

Spinogilum : c'est ce dernier nom que porte Epinai, près Paris, dans les plus anciennes chartes et dans Grégoire de Tours.

On lit dans la chronique de Frédégaire : « .... Anno decimo sexto regni sui [637],
« Dagobertus pro fluvio ventris in Spino-
« gelo villa super Sigona fluvio, nec pro-
« cul a Parisius, ægrotare cœpit.... »

Ainsi *Spinogilum*, *Spinetum* paraissent les formes latines d'Epinai.

Dans une charte en faveur de Lire pour la Barre, on trouve parmi les témoins : « Berengarius de Spineta. » Cette charte doit être du commencement du XIIe siècle.

Dans une liste des curés de l'Evrecin, vers 1230, on trouve : « C., presbiter de Espineto... »

« Espinney. Contribuables, 65. Le dit
« sieur baron de Beaumesnil est seigneur
« et patron. La cure vaut 500 francs. La
« grosse dîme appartient à l'abbaye de
« Bernay qui en paye au curé 81 boisseaux
« de blé, 36 boisseaux d'avoine, 18 bois-
« seaux d'orge, et au château de Beau-
« mesnil 114 boisseaux d'avoine. Affermée
« aux charges susdites 60 francs. 400 acres
« de terre, dont le tiers est en brierre,
« et le labeur 2, 4 et 5 francs l'acre. »

Les communes de Brezel, Long-Essard et Mont-Pinchon ont été réunies à Epinai en 1792. — Aux renseignements que nous avons donnés dans le tome précédent sur Brezé, on peut ajouter la note suivante : En 1330, Henri de Chauvigny tenait à « Bruyse » un sixième du fief relevant de Pierre de Moyad. (*Assiette du comté de Beaumont*, f° 52.)

Dépendances : — l'Aubrière ; — le Boulai ; — la Caillotière ; — les Cours-Rullis ; — le Doigt ; — la Dupinière ; — la Forlotière ; — les Gastines ; — la Huettière ; — la Livrée ; — le Long-Essart ; — Mont-Pinchon ; — la Nezière ; — les Roses ; — la Sébirée ; — la Vallée ; — la Fouquerie.

ÉPREVILLE.

Arrond. de Louviers. — Cant. de Neubourg.

Patr. S. Pierre. — *Prés. le commandeur de Saint-Étienne.*

Les noms d'Épréville, Épritot, Éprémesnil dérivent tous de la même étymologie, de la combinaison du nom propre *Aper* ou *Evre*, avec les mots *villa*, *tofta*, *mesnil*.

Il y a cinq Épréville, tous dans l'Eure et la Seine-Inférieure.

Un Aper était abbé à Chartres au VI° siècle.

On rencontre aussi une religieuse nommée Apra dans Grégoire de Tours.

L'un des premiers évêques de Toul, appelé Aper, fonda dans un faubourg de la ville de Toul une abbaye qui fut célèbre pendant tout le moyen âge et jusqu'au XVIII° siècle sous le nom de Saint-Epvre.

Le plus ancien titre que nous connaissions sur Épréville remonte à 1199. Il s'agit d'une contestation élevée entre les Templiers et l'abbaye du Bec au sujet de certaines dîmes de Marbeuf et d'Épréville.

« Omnibus sancte matris ecclesie filiis
« ad quos presens scriptum pervenerit,
« frater Robertus Parvus, preceptor domo-
« rum Templi in Normannia, et omnes fra-
« tres militie templi ejusdem bajulationis,
« salutem in Domino. Noverit universitas
« vestra quod, cum causa que vertebatur
« inter nos, ex una parte, et abbatem et
« conventum Beccensem, ex alia, super
« quibusdam decimis infra parrochias de
« Marbodio et de Esprevilla contentis, viris
« venerabilibus H., precentori, et H., succen-
« tori Bajocensi fuisset a Summo Pontifice
« Innocentio III delegata, judicio illorum
« concordia terminanda, de assensu et
« voluntate tam nostra quam predicti
« ablatis Becci ejusdemque loci conven-
« tus, auctoritate etiam prefatorum judi-
« cum interveniente, in hunc modum est
« sopita, videlicet quod prenominati abbas
« et conventus Becci omnes decimas quas
« nos in parrochia de Marbodio possideba-
« mus de cetero in pace et absque ulla
« reclamatione possidebunt. Nos vero si-
« militer omnes decimas de feodo de
« Herlevillaribus quas prenominati ab-
« bas et conventus in parrochia de Es-
« previlla possidebant libere, in pace et
« absque omni reclamatione in perpetuum
« de cetero possidebimus, reddendo inde
« prenominatis ablati et conventui Bec-
« censibus singulis annis in festo Sancti
« Luce evangeliste duos modios et dimi-
« dium avene ad mensuram de Novoburgo
« in granchia nostra de Esprevilla.....
« Actum est hoc anno incarnati Verbi
« M° C° XC° IX°. »

Les chartes de la commanderie de Saint-Étienne contiennent un grand nombre de pièces concernant Épréville : nous ne citerons que les principales.

Vers 1220, Raoul d'Épréville engage des terres à Épréville, « apud fossam
« Wacce, apud viam de Naceandres, apud
« viam Ferrarie, apud le Feugerai Main-
« got, apud Perreium, ad Buissones
« versus Novum Burgum. »

Nicolas Trousselout concède une terre que Gilbert du Val a donnée aux frères de la chevalerie du Temple « in parrochia de Esprevilla ».

Dame Agnès de Hommeville : « de Ho-
« movilla, » donne Pierre, fils de Touroude,
« cum mesnagio suo, apud parrogiam
« Espreville. Testibus : Rad. de Herleviler,
« Rog. de Tiboville, Adam de Ulmellis,
« Touroudo de Ulmellis. »

Touroude des Ormeaux donne Adam des Ormeaux, « cum mesnagio suo apud
« parrochiam Espreville. Testibus : Lau-
« rentio de Sahus, Rogero de Tiboville. »

Lucas des Essarts : « de Essardis, » donne Guillaume des Essarts avec son tenement « juxta feodum Radulfi de Hebrac apud
« Esprevillam ». Les témoins sont : Raoul de Saint-Léger, Etienne de Saint-Léger, Guillaume du Val, Robert, prévôt de la Neuville, Onfroi, charpentier.

1226. Thibaud, archevêque de Rouen, atteste que Guillaume de Tourville, chevalier, a donné aux frères de la chevalerie du Temple quatre setiers d'avoine « apud Asprevillam ».

1227. Roger Waton d'Épréville donne à Guillaume des Essarts le revenu des cinq pièces de terre, dont il laisse la seigneurie : « dominium, » à l'église de Saint-Pierre d'Épréville. Lucas des Essarts confirme et scelle de son sceau.

1237. Silvestre Marivint vend à Richard Marivint, son oncle, quatre pièces de terre sur le territoire d'Épréville, « apud le Ge-« nestoie au seignor, apud Vallem de « Mara Boe, » pour cent sous tournois.

1239. Robert du Bosc donne aux frères de la chevalerie du Temple le droit qu'il avait dans un certain fief à Épréville, duquel fief « reddebantur annuatim ad Pascha quedam calcaria ferrea, de valore XVIII. den. tur. »

1246. Renoult des Ormes vend à Richard Marivint cinq pièces de terre sur le territoire d'Épréville, « apud maram « Saucineam, apud fossam Wace, apud « Haucemal, ... » pour dix livres tournois.

1250. Charte de Richard Marivint .. « ad Muterellum de Marboe ».

1259. Charte de Pierre Marivint « in « territorio de Aspervilla, apud Hau-« chemail ».

1282. « Rob. de Ponte, rector ecclesie « de Esprevilla, dat pro anniversario suo « faciendo, fratribus militie Templi, ad « pitantiam, v. solid. annui redditus. »

1296. Richard Marivint vend deux pièces de terre à Épréville, « apud cam-« pum Mente et apud Saucheuse ».

Voyez encore les chartes analysées à l'article Ecardanville.

En 1329, Guillaume Barres, au droit de sa femme, tenait un demi-fief sis à « Es-préville ». (Assiette du comté de Beaumont, f° 12 v°.)

Le même seigneur et Guillaume de Meautrix possédaient à Épréville 3 acres de bois appelé « le bois as Corneilles ». — A la même date, le seigneur de Hellenvilliers tenait du seigneur de Coquerel un tiers de fief situé à Épréville. (Ibid., f° 12.)

Dépendances : — le Boujot ; — la Grange - du - Temple ; — l'Ormelle ; — Porte-de-Pierre ; — Quincangrogne.

ÉPRÉVILLE-EN-LIEUVIN.

Arrond. de Pont-Audemer. — Cant. de St-Georges.

Patr. S. Pierre. — *Prés.* le seigneur.

Dans les *Grands Rôles de l'Échiquier de Normandie*, nous trouvons plusieurs fois cités un Roger d'Épréville, qui devait appartenir à Épréville-en-Lieuvin.

« De Rogero de Espervilla xxv. solidos « pro eodem... » (M. R., p. 87.)

« ... De Rogero de Espervilla xx. solidos « pro concordia duelli. » (Ibid., p. 119.)

« De Rogerio de Esprevilla, xl. solidos [pro plegio Roberti Pantofi]. » (Ibid., p. 389.)

« De Roberto de monasterio de Espre-« villa xx. solidos [pro plegio Roberti « Pantofi]. » (M. R., p. 389.)

Dans une enquête dressée vers 1260, sur la conduite du vicomte de Pont-Audemer, on trouve le passage suivant :

« Un homme d'Espréville joste le Roge « mostier, vendi de son bois jusques « au pris de quarante libres, sanz congie « du roy ; le visconte fist prendre les coi-« gniees et les charretes, qui estoient el « bois, et prist tout en la mein du roy. « Leu vendeor fist pes au visconte en tel « maniere, que il en auroit xx libres à sa « part, et le vendeor l'autre, et li roy « noient, et fist le dit visconte le bois de-« livrer en tel maniere. Et tot cen seroit « prové par l'enqueste de tout le païs. E « por Dieu face l'en enqueste sus ces quas « et sous molt d'autres. Quer tot le païs en « est grevé. » (Cart. norm., n° 661.)

En 1320, le sire de Harcourt était patron de l'église de « Espréville ». (Assiette du comté de Beaumont, f° 11.)

A la même date, l'évêque de Lisieux tenait à Épréville un fief relevant du sire de Harcourt. (Ibid., f° 11 v°.)

En janvier 1390, lettres de rémission pour « Robert le Roy, povre varlet, labou-« reur, demourant en la ville de Esper-« ville en Lieuvin, ou plat païs de Nor-« mandie, ou diocèse de Lisieux ». Il avait tué deux larrons ou pillards. (Trésor des Chartes, reg. 138, n° 31.)

En 1452, rémission pour « Robin des « Noes, charpentier, natif de la paroisse « d'Espréville en Lieuvin. » (Ibid., reg. 181, n° 296.)

Dépendances : — La Boivinière ; — le Bosc-Roger ; — les Bruyères-Gosse ; — le Buse ; — Carouge ; — Crosville ; — la Fortière ; — la Haguetterie ; — le Moustier-dit-des-Potiers ; — le Pasché ; — la Pillonière ; — le Tilli-des-Mathieux.

Cf. Toussaint Duplessis, t. II, p. 532.

ÉPRÉVILLE-EN-ROUMOIS.

Arrond. de Pont-Audemer. — Cant. de Bourg-theroulde.

Patr. S. Ouen. — *Prés.* le seigneur.

Nous publions la charte dans laquelle Baudri d'Épréville donna à l'abbaye de Jumièges deux portions de la dîme de Flancourt et la moitié de la dîme d'Épréville :

« Notum sit omnibus tam præsentibus

« quam futuris quia ego Baldricus d'Es-
« previlla, concedentibus dominis meis
« scilicet Hugone de Monfort et Roberto
« filio Eadwardi, dedi Deo et sancte Ma-
« rie sanctoque Petro apostolo ac mona-
« chis Gemmeticensibus duas partes de-
« cime de Frollancurt et dimidiam par-
« tem decime de Sprevilla, excepta terra
« duorum vavassorum qui eam concedere
« noluerunt, Gisleberti filii Walterii et
« Gisleberti filii Goscelini, et tempore
« Willelmi regis qui Angliam bello
« adquisivit atque Guntardi abbatis. Ideo
« que concesserunt michi memoratus ab-
« bas et monachi fraternitatem et benefi-
« cium suum, atque tribus festivitatibus
« videlicet in Nativitate et in Pascha atque
« sancti Petri karitatem sancti Petri michi
« et uxori mee. Testes fuerunt ex parte
« Baldrici : Gilbertus filius Walterii,
« et Gislebertus Insequens lupum, et de
« vicinis suis Gusterlant, Bernardus filius
« Warini, et Mainart †, Robertus de
« Eunvilla, Radulfus filius Salomonis,
« Wido, Goscelinus filius Mainart, Rainol-
« dus filius Johannis, ex parte abbatis… »

Les *Grands Rôles de l'Echiquier de Normandie* citent Hugues d'Epréville et Robert Langevin d'Epréville, qui tous deux
doivent appartenir à notre commune.

« Hugo de Aspervilla reddit compotum
« de xxv. solidis pro plegio Willelmi Fer-
« rant. » (1203.)

« Robertus Langevin de Espervilla xx.
« solidos pro concordia. »

En 1207, Gautier du Bosefollet renonça
à toutes les coutumes qu'il prétendait lui
être dues sur la maison de l'abbaye du
Bec au Bosefollet.

1222. Guillaume de Bardouville avait
épousé Alice d'Epréville. Il en eut deux
fils : Raoul et Pierre. Au mois de mai
1222, Raoul donna aux chanoines tout le
ténement qui avait été donné en « maritagium » à sa mère Alice. Garnier d'Epréville, chevalier et oncle de Raoul, confirma les donations par l'apposition de son
sceau, en qualité de seigneur dudit ténement. Enfin Raoul donna par la même
charte une rente annuelle de douze deniers que Gilbert Malvas lui payait. (*Cart.
de Bourg-Achard*, n° 83.)

1231. Alice du Chemin s'engage à donner chaque année un setier de froment à
la mesure de Bourg-Achard, « ad mensu-
« ram Burgi-Achardi, ad equipolentiam
« melioris frumenti pretii duodecim de-
« nariorum minus de sestario. » (*Cart. de
Bourg-Achard*, n° 96.)

En 1250, Aalise du Bosefollet donna
plusieurs terres et rentes à Espreville (tous
ses biens meubles et immeubles).

Dans le pouillé d'Eudes Rigaud, on
voit que Garnier d'Epréville, chevalier,
Gautier d'Epréville, dame Marcelle d'E-
préville étaient patrons de l'église au milieu du xiii° siècle.

« Esprevilla. Dominus Garnerius de
« Esprevilla, miles, Galterius de Espre-
« villa, domina Marcella de Espreville, pa-
« troni. Valet xiv. libras ; parrochiani
« cxii. »

Eudes Rigaud reçut un titulaire sur la
présentation de Jean d'Epréville, écuyer.

Baudoin d'Epréville donna à l'abbaye
du Bec la dîme de son fief d'Epréville.
Il y ajouta une masure pour bâtir une
grange près ladit lieu, en un
endroit nommé le Perrai, avec les deux
tiers des dîmes du fief de la Londe. —
Robert de Toustainville, chevalier, donna
les deux tiers de la dîme de tout le fief
de Raoul Halys, situé à Epréville. — Jean
de Boschenard donna la dîme de tout son
fief de Boschenard et la moitié de la dîme
de tout le fief qu'il possédait près Epréville.

Dans la pièce suivante, Robert du Bois-
Gencelin assiet une rente de 7 liv. 10 s.
sur des tènements situés à Epréville :

« 1231, 6 mai. Sachent tous ceus qui
« sunt et qui à venir sunt, que je Robert
« du Bois Gencelin, chevalier, ai baillié,
« et otré à nostre seignor le roy de
« France et à ses hoirs sept libres et dis
« souz de rente, à paier chascun an de
« rente la moitié à Pasques et l'autre
« moitié à la Saint-Michiel ensuiant, assis
« en la paroisse d'Espreville c'est à sa-
« voir : sus le tenement Guillaume Rous-
« sel, sis souz ; suz le tenement Johan
« Seure, vii deniers ; sus le tenement Ro-
« bert Machart, unze deniers ; sus le tene-
« ment Ernof Dantin, quatre souz ; sus
« le tenement Rogier Roussel, cinc de-
« niers, sus le tenement Rogier Fortin,
« douze souz ; sus le tenement Johan Le
« Guois, quatre souz ; sus le tenement
« Jehan Le Gois, le genble, deuz sous ;
« sus le tenement Hebert des Essarz, trois
« souz six deniers ; sus le tenement Ro-
« gier Fermen, deuz souz ; sus le tene-
« ment Andrieu Conbon de Neufort, deuz
« sous ; sus le tenement Henri du Quesne,
« cint sous ; sus le tenement Ameline la
« Bordone, vi deniers ; sus le tenement
« Rogier Bordon, deuz sous sis deniers ;
« sus Pierres de Quief de ville, quatre
« sous ; sus le tenement Jehan Le Gois
« du Val, trente et deuz soz ; sus Jehan
« de Calleville, quinze boissiaus de for-
« ment ; sus le tenement Rogier des Per-
« reis, dis et sept boissiaus et demi de
« forment (et est avalué le setier de for-
« ment à diz et uit sous), et ai atorné les

« devans dis homes à rendre la devant
« dite rente à nostre seignor le roi et à
« ses oirs, à tenir et à avoir la devan dite
« escange au devant dit nostre seignor le
« roy et à ses oirs, sans nule reclamanche,
« dès ore en avant, de moi et de mes
« oirs; et por icestui escange il a quitté
« et delessié à tous jours, par nostre
« octroi et par nostre requeste, à Guil-
« laume Canterel, borjois du Pont Aude-
« mer, sept livres et diz sous de rente
« que le devant dit Guillaume rendoit par
« an au devant [dit] nostre seignor le
« roy, par la reson de l'eaue du Pont Au-
« demer, la quele le devant dit Guillaume
« tient à ferme perpetuel por douze libres
« de tornois, et par la reson deu feu
« de Bonesbouz, de quoi le dit Guillaume
« tient la moitié par cent souz de rente
« rendant chascun an au devant dit nostre
« seignor le roy, c'est à savoir : sus l'eaue
« du Pont Audemer, quatre libres et diz
« sous, et sus le feu de Bonesbouz, ses-
« sante sez ; et je, le devant dit Robert,
« chevalier, et mes hoirs, somes tenus au
« devant dit nostre seignor le roy et à ses
« oirs la devant dite escange, que je li ai
« baillié, garantir et escangier, value à
« value, en nostre propre heritage, se
« mestier en estoit. En tesmoing de la
« quele chose je ai mis à cheste letre mon
« seel, laquele fu fete en l'an de grace
« m cc iiiixx et un, le diemanche après la
« Sainte Croix en mays de may. »
(Original scellé au T. des Ch., Evreux,
n° 10, carton J. 216.)

En 1343, Robert de la Ferté, écuyer, vendit une rente de dix francs que l'abbaye lui devait à cause de son fief du Bosc-follet.

En 1511, dans un accord entre l'abbaye et le curé pour le partage des dîmes, il fut stipulé que l'abbaye aurait les deux tiers de la dîme du fief Moulin, et quant à deux autres terres, que le curé aurait les deux tiers de la dîme de l'une et la totalité de celle de l'autre.

En 1312, aveu d'un huitième de fief, sur la « paroisse d'Espreville en Romays, par Heliot Buffet ». (Arch. de l'Emp., reg. P, 305, n° 203.)

La seigneurie d'Epréville était un plein fief de haubert. Elle relevait du roi par foi et hommage seulement, et devait le service de garde à la foire Saint-Barthélemi de Routot. Suivant les pouillés, et suivant un aveu du 2 mars 1451, le fief d'Epréville en Roumois avait droit de présenter à la cure.

En 1512, la seigneurie d'Epréville appartenait aux « hoirs de feu François Poisson, écuyer ».

En 1780, messire Cabot d'Epréville, écuyer, conseiller au parlement de Normandie, la vendit à Nicolas Michel le Normand, négociant à Rouen.

Dépendances : — le Jonquier ; — la Grouarderie ; — le Bus-Follet ; — Marnette ; — la Cantellerie ; — la Businière ; — les Perrois ; — le Boulai ; — Marville ; — la Boise, les Gris (châteaux).

Cf. Toussaint Duplessis, t. II, p. 331.
Canel, Essai sur l'arrond. de Pont-Audemer, t. II, p. 232.

EQUAINVILLE.

Arrond. de Pont-Audemer. — Cant. de Beuzeville.
Sur la Morel,
la fontaine Cabot et la fontaine Perrier.

Patr. S. Pierre. — Prés. le seigneur.

Dans les *Grands Rôles de l'Echiquier de Normandie* nous trouvons un Gilbert des Mares, qui doit porter le nom des Mares, hameau d'Equainville.

« Gilebertus de Maris reddit compotum de centum solidis pro eodem » (pro plegio Ricardi filii Landrici).

Voici un passage de l'obituaire de Lisieux où il est parlé d'Equainville :

« ... Quarta pars decimæ de Esquain-
« villa ex qua capellanus Beatæ Mariæ
« pro prima portione percipit ad instar
« i. canonici. » (Obituar. Lexov. ad diem
ii. februarii, it. ad diem xxv. martii, it.
diem viii. decembris.)

Le seigneur avait le patronage de l'église.

La paroisse d'Equainville contenait la seigneurie d'Equainville, les fiefs du Favrel, de la Loge, de la Chignaie et des Mares.

Les anciens seigneurs d'Equainville, dit M. Canel, avaient aumôné aux vassaux de leur seigneurie les bruyères de la Boulaie, anciennement appelées la Côte-Huglet, et celles des Monts-Hativet et des Côteries, pour en jouir à titre de communes. Procès, puis transaction en 1613 entre le seigneur et les vassaux. Il fut décidé que les vassaux de la seigneurie auraient droit de pâture moyennant la foi, l'hommage et le payement d'une rente perpétuelle de 12 deniers par chaque feu et chef de famille. Nouveau procès au sujet des dites pâtures entre les communes d'Equainville, de Fiquefleur, Manneville, Saint-Pierre-du-Chastel et Notre-Dame-du-Val. (Pour plus de détails, voyez M. Canel.)

Equainville a été réuni à Fiquefleur en 1844.

Dépendances : — la Terrerie ; — la Loge ; — les Monts-Huglet ; — les Monts-Huivet ; — les Citeries ; — les Mares ; — le Faveril ; — la Chignaie ; — l'Église ; — la Boulaie ; — la Chiais ; — la Côte ; — Jobles ; — la Mare-Duquesne ; — les Monts-Baudoin.

Cf. Canel, *Essai sur l'arrond. de Pont-Audemer*, t. II, p. 345.

ESSARTS-EN-OUCHE (LES).

Arrond. de Bernai. — Cant. de Broglie.

Patr. S. Pierre. — *Prés. l'abbé de Saint-Evroult.*

Parmi les églises données à l'abbaye de Saint-Evroult par Guillaume, fils de Giroie, vers 1050, Orderic Vital cite l'église de Saint-Pierre-des-Essarts : « in Exarz unum in honore sancti Petri. » (Ord. Vital, t. II, p. 36.) Guillaume, duc de Normandie, confirma cette donation vers 1050. (*Cart. Sancti Ebrulfi*, t. I, n° 11.)

Vers 1081, on trouve un « Theodericus abbas de Sartis ». (Ord. Vital, t. III, p. 31.) Vers le commencement du XIIe siècle : « Gislebertus de Sartis et Guarinus de Sartis. » Garin fut abbé de Saint-Evroult.

Une charte de Henri Ier (1128) confirme à l'abbaye de Saint-Evroult l'église des Essarts.

« ... Ecclesiam de Essart cum decimis « et terris et aliis pertinentiis suis et ibi « vavassoriam unam ... »

En 1235, « Symo dictus Rex » vendit aux religieux de Saint-Evroult 6 sols tournois de rente (pour 32 sols qu'ils lui payèrent) assis sur tout son héritage « in parrochia Sancti Petri de Essartis ».

En 1831, cette commune a été distraite du département de l'Orne pour être réunie au département de l'Eure. La commune de Verneusses a été réunie aux Essarts en 1813.

Dépendances : — la Croix-Blanche ; — les Érables ; — la Futelaie.

ESSARTS (LES).

Arrond. d'Évreux. — Cant. de Damville.

Patr. S. Jacques. — *Prés. l'abbesse de Saint-Sauveur.*

Exartare, dans la basse latinité, signifie défricher, déserter un lieu couvert d'arbres. De là les noms essarts, essartiers, essartières, qui signifient des lieux ainsi défrichés et qui ont été donnés à plusieurs lieux et plusieurs familles.

L'abbaye de Saint-Sauveur avait reçu l'église des Essarts de Richard, fils d'Herluin. Voyez la bulle d'Eugène III pour l'abbaye de Saint-Sauveur (1152). « ... Ex « dono Richardi filii Herluini.... in epi- « scopatu Ebroicensi... ecclesiam Sancti « Jacobi de Essartis cum decima de bosco « et plano... »

En 1201, Roger de Maubuisson donne à Roger des Essarts soixante et dix acres à Nuisement.

En 1203, Lucas, frère d'Henri des Essarts.

« Ego Gilebertus de Sartis notum facio « vobis omnibus quod, ... auctoris mee « Milisent et liberorum meorum, concessi « ecclesie Beate Marie de strata singulis « annis in nemore de Sartis quercum « unam et duas fhomas de parte mea in « elemosinam perpetuam libere et quiete « possidendas, que inter Purificationem et « Pasca colligentur. Hujus rei testes sunt : « Radulfus Capellanus, Rogerius de Can- « telu, Willelmus filius ejus, Garinus de « Mallussun... »

En 1229, Gilbert des Essarts, chevalier : « Gilbertus de Essartis, miles, » renonça au droit de patronage de l'église des Essarts en faveur des religieuses de Saint-Sauveur. Il leur confirma en outre les dîmes de tous les bois des Essarts : « om- « nium haiarum mearum et nemorum « meorum de Essartis, » sous la condition que les religieuses seraient tenues de construire, en dehors du château des Essarts, une chapelle en bois pour le service des paroissiens des Essarts, de telle sorte que l'église qui était située dans l'intérieur du château servirait de chapelle aux possesseurs du château : « Dicte ab- « batissa et conventus tenentur construere « extra ambitum castri de Essartis infra « triennium quamdam capellam ligneam, « competentem ad opus parrochianorum « de Essartis, in terra juxta cimiterium, « quam eis tenor de mea propria terra « assignare, per auxilium domini episcopi « Ebroicensis et meum et parrochianorum, « intra quam parrochiani possint in operto « divinum servitium audire, et ecclesia « que est infra castellum meum mihi re- « manebit in capellam, in hunc modum « quod decedente persona que nunc ha- « bet ecclesiam de Essartis, abbatissa et « conventus presentabunt ad eamdem ec- « clesiam duos presbiteros qui percipient « totum altalagium cum tertia garba de- « cime totius parrochie. » (Arch. de l'Eure. Fonds de Saint-Sauveur.)

En 1229, discussion avec le curé, et

dans laquelle il eut gain de cause : « Quod « baugrani et spice postquam ejiciuntur de « vannis, semel tantum modo tricturen- « tur et ventilentur, et separato inde bono « grano et posito in comime, illud quod « remanet cedat in partem rectoris... »

1233. Gilbert, chevalier, seigneur des Essarts, concède et confirme aux moines de la Noë tout ce que Roger des Essarts, chevalier, son père, et Gilbert, son aïeul, chevalier, leur avaient donné. Il donna en outre, pour le salut de son âme, d'Agnès, sa femme, et de ses amis, une rente de 20 sous : « Ad faciendam pitanciam sin- « gulis annis monachis prenominatis in « anniversario dicti Rogerii, patris mei, « et item quindecim solidos annui reddi- « tus ad luminare ecclesie Noacensis. Et « sciendum est quod Hailla, quondam « uxor Rogerii Hode, et heredes ejus red- « dere tenentur singulis annis prenotatis « monachis redditum predictum triginta « quinque solidorum hiis terminis : ad « festum Omnium Sanctorum decem et sep- « tem solidos et sex denarios, et in Puri- « ficatione Beate Marie Virginis decem et « septem solidos et sex denarios, de te- « nemento quod dicta Hailla tenet de « me; pro quibus habendis tantummodo « monachi sepedicti justitiam facere po- « terunt in jam dicto tenemento. Ut au- « tem hec omnia firma sint et stabilia in « perpetuum, presentem cartam sigilli mei « testimonio confirmavi. Actum anno ab « Incarnatione Domini m. cc. xxx. tertio. » (Arch. de l'Eure.)

1239. Gilbert, chevalier, seigneur des Essarts, donne aux moines de l'abbaye de la Noë une rente annuelle de 20 sous que Baudouin Martinet du Grimbert et ses héritiers lui devaient à la fête de tous les Saints : « Dicti vere monachi concesse- « runt mihi unum anniversarium Agnetis, « uxoris mee, et meum pariter post obi- « tum meum annuatim faciendum. Anno « Domini m. cc. xxx. nono, quando iter « arripui in terram Jherosolimitanam. » (Arch. de l'Eure.)

Par une charte sans date, Gilbert des Essarts donne aux moines de la Noë, du consentement de sa femme Milesent, trois arbres chaque année dans la forêt des Essarts : « Terminus autem capiendi ar- « bores istas sive quercus sive fagos vel « etiam simul utrosque, qualescumque « monachi voluerint inter Pascha et fe- « stum Sancte Marie Magdalene... Testi- « bus : Willelmo de Fraxino, fratre meo; « Rogerio, domino de Cantelu; Geoffrido « et Willelmo de Vilalet, fratribus; Si- « mone de Siccis Molendinis; Garino de « Malbuisson; Richardo Gastinel; Roberto « de Ma'rei; Willelmo, filio Gaufredi de « Vilalet. » (Arch. de l'Eure.)

En 1239, Gilbert des Essarts, chevalier, s'était engagé à contribuer à la construction d'une église de pierre et de chaux en dehors du château, pour le service des paroissiens; il devait donner la somme de quatre-vingt et dix livres tournois comme dîme de la vente de ses bois des Es- sarts, « extra ambitum castri mei de Es- « sartis, ad opus parrochianorum ejusdem « ville, unam ecclesiam de petra et de « chauz competentem sumptibus meis « pro iiii et x libris turonensium quas ei « debebam, ut dicebant, de decima vendi- « tionis omnium nemorum meorum in « parrochia de Essartis. » Il s'obligea à commencer l'église en deux ans, à partir de la Saint-Remi. (Arch. de l'Eure, orig. Fonds de Saint-Sauveur.)

En 1240, les religieuses lui remirent en outre quatre autres livres et lui en promirent vingt.

En 1258, Robert de Buisson, « dominus de Cintrai, miles », donna à l'abbaye de Lire « quoddam hertergamentum quod « vocatur gardinum de Houcemaigne », situé « in parrochia de Essartis ».

1267. « A toz ceus qui ces presentes le- « tres verront, gie Gilbert, sire des Essars, « salu en nostre Seigneur. Sachiez que « gie par ces presentes letres voil, otroi « et conferme à Deu, à Nostre Dame d'E- « vreus et aux chanoines de céens, Deu « servang, por le salu de m'ame et de ma « femme e de mes ancesors, la disme, la- « quele estoit tenue de moi et de mon fié, « et voil qu'eus la tiegnent e aient en per- « petuel aumosne à toz jorz, sans contre- « dit de moi ne de mes heirs. E por ce « que gie voil que ce soit ferme e estable, « gie ai ces presentes letres seelées de mon « seel. Ce fu fet en l'an de l'Incarnation « nostre Seignor, mil ii cenz et lxvii, « u mois de novembre. » (Arch. de l'Eure, Cart. du chap. d'Evreux, p. 126, n° 252.)

1273. « A tous ceux qui ces lettres ver- « ront, je Gilkebert, sire des Essarts, sa- « lut. Sacheis que, comme je eusse piéca « donné aux frères de nostre meson de la « Poutière, de l'ordre de la Sainte Trinité « et des cheitiz, aucunes rentes pour Dieu « et en aumosne, je leur aye donnée en escroi- « sement de leurs rentes soyxante soulz « de tournois de rente, desquels soyxante « je weil que il aient vingt soubz à la « Rouliandière sus feu Jehan Roillart ou sus « ses hoirs chascun an de rente à la fête « saint Jehan Baptistre, et vingt soubz sus « Jehan de la Gouberge ou sus ses heirs à « la saint Regini, et vingt soubz sus Es- « tienne le Marnoer ou sur ses heirs à la

« Toussains, et tout ce je veil et octroy
« que les diz frères tiengnent et en pais et
« quite et franche de toutes choses en
« pure et perpetuele aumosne. Et se les
« diz frères ne estoient paiés au termes
« dessus diz, je veil et octroy que les diz
« frères facent justice sus les lieus dessus
« diz, autelle comme je fesoie pour la
« rente et pour l'amende.... Je veil que
« la terre que je lor ay échangié à la
« Poulière pour le défaut de Bonée et
« demie que je lor avoie donnée u clos
« des haies de Tillières, et pour le deme
« journal de terre qui fut son donor....
« Et je le devant dit Gillebert et mez oirs
« toutes ces devans dictes choses sommes
« tenuz et obligez aus devans diz frères
« garantir et deffendre tous ou à eschan-
« ger lor value à value en nostre propre
« héritage. En tesmoing de ce, je ay mis
« mon seel en ces lettres, et je Jehan, fiz
« ainzné audit Gillebert, et je Rogier, son
« fiz ainzné après, et je Gilbert, son fiz,
« et je maistre Hue, lissensiez en droit,
« et je maistre Mabeu, maistre en ars,
« frères et chanoines de Notre-Dame
« d'Evreux, lauon, volon et octroion la
« dicte aumosne et le dit eschange, ainsi
« comme nostre père l'a fet. En tesmoing
« de ce, nous avons mis noz seaux en
« ces lettres ovec le seel nostre père. Ce
« fut fait en l'an de l'Incarnacion nostre
« Seigneur m. cc. lxxvii, u mois de no-
« vembre. »

D'après un vidimus de Jehan Ratel,
clerc tab. juré à Breteuil, du 12 avril 1390.
(Arch. de l'Eure.)

1279. Gilbert des Essarts, chevalier,
seigneur dudit lieu, confirme au couvent
de la Noë toutes les acquisitions que les
moines avaient faites dans son fief, à savoir, un setier d'avoine, avec une mine de
bon seigle, à la mesure de Breteuil, etc.
(Bibl. imp., chartes de la Noë, pièce 212.)

En 1277, « Gilebertus dominus de Essartis, » chevalier, et Marguerite, sa
femme, ratifièrent le don fait par leurs fils
Gilbert des Essarts, chevalier, et Hugues,
chanoine d'Evreux, au chapitre d'Evreux,
de cent sols tournois de rente sur la
prévôté de Breteuil, dont soixante « quos
« Johannes dictus Faber, burgensis de
« Britholio, debet nobis de terris quas
« tenet de nobis in terreis de Britholio ».

La charte des deux fils du seigneur des
Essarts est de 1276. Elle annonce que
l'origine de cette rente tient à un « corpus
librorum legalium » acheté par leur père
du chapitre d'Evreux pour le prix de mil
livres tournois. C'est pour remplacer cette
somme qu'avait été créée la rente de quarante sous, et aussi comme aumône perpétuelle pour le salut de Gilbert des Essarts, de Jean des Essarts, chevalier, et de
Luc dit Regina, jadis curé des Essarts.
La charte est fort longue et ne présente
pas d'autre intérêt.

« A touz ceus qui ces letres verront, je
« Gillebert, syre des Essars, saluz en nostre
« seignor. Sachoiz que je doing et otroi
« en pure et perpetuel aumosne au deen
« et au chapistre Nostre-Dame de Evreus
« trente souz de tornoiz de rente, por les
« ames de Gilebert, mon fiuz, chevalier, et
« de mestre Hue et de mestre Symon, mes
« fiuz mors. Et les dis deen et le cha-
« pistre sunt tenu por la dite rente à
« fere les anniverseires à mesdiz fuiz
« chascun au jor de son obit. Et veil et
« otroi que les diz deen et le chapistre
« prengnent chascun an la dite rente à la
« Saint-Remi, c'est à savoir x souz sus
« Telaut Ratil, et x souz sus Thomas le
« Charon, et x souz sus Hue le Charon. Et
« je le devant dit Gillebert et mes oirs
« sommes tenuz à garantir et à deffendre
« la dite rente aus dis deen et chapistre
« contre touz et eschangier ailliors value
« à value, se mestier estoit. Et que ce soit
« ferme et estable, je le devant dit Gille-
« bert, sire des Essars, ai seellé ceste letre
« de mon seel. Ce fu fet en l'an de l'in-
« carnation nostre Signor xcc et lxxvii,
« au mois de octobre, la veille de la Touz
« Seinz. »

1286. Maître Mathieu des Essarts, chanoine, confirme les acquisitions faites par
l'abbaye de la Noë « in feodo de Sancto
Germano juxta Ebroycas ». (Bibl. imp.,
chartes de la Noë, pièce 251.)

La même année, maître Mathieu des
Essarts et Pierre de Houcmaigne « de
Houcmaignia », chanoines d'Evreux, Roger des Essarts, chevalier, et Gilbert « de
Houcmaignia », écuyer, confirment la
donation qu'avait faite à la Noë Etienne
de Breux : « de Brollis, » et Isabelle, sa
femme. (Bibl. imp., chartes de la Noë,
pièce 253.)

En 1288, « Jehan des Essarz, escuier,
« fuitz et oir Jehan des Essarz, jadis
« chevalier, mort. »

En 1301, discussion pour les dîmes
entre les religieuses et « Johannem de
Essartis, armigerum ». Parmi les arbitres figure « Reginaldus de Bordigneio,
miles ».

En 1313, il y eut discussion entre Jehan,
sire de Montmorenci et de Danville, et le
chapitre d'Evreux, au sujet de certains
héritages que les chanoines « ont en nos-
« tre terre de Danville, à Repentigny, en
« la parroisse des Essars, » et pour lesquels le seigneur de Montmorenci deman-

dait hommage. Il fut convenu que le chapitre choisirait un homme tenant du fief de Repentigni, qui ferait hommage et payerait les redevances et reliefs, et que le seigneur aurait « relieuf et relicus et les « heydes de celui et de ces hommes de « tout l'eritage dessus dit quand ils mour-« ront ».

1372. Jean des Essarts, chevalier, présentait Jean Poy, prêtre, au bénéfice de la chapelle de Saint-Antoine, sise dans la paroisse des Essarts. (Arch. de l'Eure, orig.)

Passage d'une voie romaine.

Dépendances : — Arpentigni ; — la Bernanderie ; — le Cormier ; — le Fai ; — la Gérarderie ; — les Houles ; — la Poterie ; — le Rondel ; — Saint-Antoine ; — la Battière ; — la Blotière ; — la Fosse-à-Marion.

ESTRÉPAGNI.

Arrond. des Andelis. — Cant. d'Estrépagni.
Sur la Bonde.

Patr. S. Jean et S. Gervais. — Prés. l'évêque de Lisieux.

Le nom d'Estrépagni est assez singulier pour qu'il ait revêtu au moyen âge diverses formes : « Stirpiniacum, Esterpiniacum, Strepegneium, » sous les deux premières races : — « Estrepegniacum, Estrepagny, Estrepigniacum, Stripinneium, Estripegniacum, » dans les siècles suivants.

On écrit aujourd'hui Etrépagny. Comme l'on disait autrefois Estrepagni, l'accent circonflexe devrait être reporté sur le premier E. Nous écrirons *Estrépagni*, et non *Etrépagny*.

I.

L'origine d'Estrépagni est très-ancienne. M. Walkenaer y place le Petrum-Viacum de la table théodosienne. Nous nous bornons à constater qu'Estrépagni était le siège d'une villa royale au VIIe siècle. Cette villa doit probablement son origine aux riches terres du Vexin, qui fournissaient dès cette époque d'abondantes moissons. Placée sur les bords d'une vaste forêt qui se reliait à la grande forêt de Lions, elle devait servir aux rois de la première race de rendez-vous de chasse.

Clotaire II, vers l'an 620, confirma le testament de deux seigneurs du Vexin, dans lequel, pour la première fois, il est fait mention d'Estrépagni.

Le roi Dagobert donna cet important domaine à l'abbaye de Saint-Denis vers 630.

« ... Ut autem eosdem martyres [Dio-
« nysium et socios ejus] sibi plenius con-
« ciliaret, Stirpiniacum villam in pago
« Vulcassino præsentaliter per firmitatis
« suæ præceptum eorum basilicæ tradidit
« [Dagobertus].... » (*Gest. Dagob.*, ad ann. 623.)

« Dagobertus, rex Francorum, vir illu-
« ster, omnibus agentibus nostris præsen-
« tibus et futuris. Optabilem esse oportet
« de transitoriis promereri æterna, vel de
« caduca substantia eroganda lucrari gau-
« dia sempiterna. Igitur nos rem ipsam
« considerantes, prout in æternum vel in
« aliquantulum mereamur esse justorum
« consortes, villam cui nomen est Ester-
« piniacum, sitam in pago Vulcasino, cum
« omni integritate vel merito, ad basilicam
« domni Dionysii martiris, peculiaris pa-
« troni nostri, ubi ipse preciosus domnus
« in corpore requiescit, et venerabilis vir
« Aigulfus abbas custos esse videtur, ideo
« quod devotissimus per tempora bona,
« propitiante Domino, impartire præsenti-
« liter plena devotione visi fuimus, conces-
« sisse, jubentesque specialius ordinamus
« ut villa antedicta cum omni integritate
« et soliditate, hoc est domibus, ædificiis,
« præsidiis, mancipiis, colonis, inquilinis,
« accolabus, libertis, servis tam ibidem
« oriundis quam ex aliunde translatis,
« rusticis et urbanis, saltis atque sub-
« junctis terris, cultis et incultis, vineis,
« sylvis, pratis, pascuis, aquis aquarumve
« decursibus, pecoribus, peculiis, mobile
« et immobile, omneque genus pecudum
« et universa merita, appenditus, adja-
« centiis tam intra terminos quam et extra
« terminos, omnemque rem ad exquisitam
« vel quicquid dici aut nominari potest vel
« quod a fisco nostro præsente nunc tem-
« pore in Dei nomine possidetur, ex indul-
« gentia nostra ad ipsam sanctam basili-
« cam concessa permaneat, ut in posterum
« ad ipsum locum sanctum tam clerus
« quam pauperes inibi consistentes, pro
« regni nostri stabilitate, vel remedio ani-
« mæ nostræ, valeant Deum exorare et
« quod concessimus absque ullius in pos-
« modum refragatione perpetuis tempori-
« bus illis in augmentum debeat proficere,
« et sic fiat ut dum nos hæc ad memora-
« tum clerum vel pauperum ipsius sancti
« loci substantiam vel in aliquantulum
« pro reverentia antedicti domni Dionysii
« martyris deputamus, illius intercessione
« apud Dominum in futurum mercedem
« meliorem adipisci sempiternam. Et ut
« hæc concessio auctoritatis nostræ tam
« per præsentium quam succedentium
« tempora inviolabilem capiat firmitatem,

« manus nostræ subscriptionibus ac pro-
« pria annotatione eam duximus adum-
« brare. Vir illuster Dagobertus rex sub-
« scripsit. Data sub die kalendarum octo-
« bris, Sauriciagore. » (Doublet, *Hist. de
Saint-Denis*, p. 674.)

Dans la vie de saint Éloi, Estrépagni est
qualifié de « villa regalis ». C'était un
vaste établissement rural, un domaine
royal « ... Alio quoque tempore sub lai-
« cali adhuc habitu carpebat [Elegius] iter
« cum pueris suis de villa regali quæ vo-
« catus Sterpiniacus, cumque pervenisset
« Camapio vico [Gamaches], ingrediens
« illico basilicam, invenit quemdam pau-
« perem claudum pro foribus jacentem,
« qui viso Eligio cœpit clamare ̓eleimo-
« niam ab eo. » (D'Achery, *Spicilegium*,
t. V, p. 181.)

Clotaire III data d'Estrépagni une charte
dans laquelle il affranchit de tous droits
de tonlieu les moines de Corbie : « anno
quinto regni nostri, Sterpiniaco. »

« .... Volatilia autem..... dare more
« regio constituimus, id est de... Stirpi-
« niaco... Stirpiniaco. .. »

En 863, Charles le Chauve, dans l'énumération des propriétés de la métropole
de Rouen, dit : « Et in pago Wilcas-
« sino..... in Stripiniaco, curtilem unum
« cum appenditiis suis.... »

Nous ne serions pas étonné que, sous
les deux premières races, l'église ait été
située à Saint-Martin, et qu'Estrépagni
fût seulement le siège de la villa royale.
Plus tard, la villa royale devint un château
fort, autour duquel se groupèrent d'autres
habitations. La fondation de la paroisse
d'Estrépagni date probablement de l'époque féodale.

« .... Richardus filius Godefridi de
« Strepegneio, pro faciendo anniversario
« patris sui et matris suæ et suo, centum
« libras dedit et alia multa bona con-
« tulit.... » (*Neustria pia*, p. 778.)

En août 1119, quelques jours avant la
bataille de Brémule, Henri, roi d'Angleterre, ravagea, dit Ordéric Vital, les moissons autour d'Estrépagni : « circa Stripin-
« nium ». (Ord. Vit., t. IV, p. 355.)

En 1151, Henri II, duc de Normandie,
dans une de ses campagnes contre Louis
le Jeune, brûla Racqueville, Guitri et Estrépagni : « Destruxit etiam ibi et igni
« tradidit castellum Bascherville et duo
« alia castella Chitrium et Stripenneium
« combussit. » (Robert. de Monte, *Rec.
des hist. de Fr.*, t. XIII.)

Une charte de Henri II en faveur de
Préaux est datée d'Estrépagni : « ... apud
Strepenium ... » (*Cart. Præl.*, f° 30 v°.)

Il est probable qu'il s'agit de notre
Estrépagni, car en 1154, Henri, sur l'in-
vitation du roi Louis le Jeune, se transporta à Estrépagni pour y juger un différend survenu entre Goscelin Crespin,
seigneur de Dangu, et le roi de France.

Dans un traité conclu entre les mêmes
rois, on convint que le château d'Estrépagni serait rasé avant la Saint-Jean ;
mais il est probable que cet article ne fut
pas exécuté.

Le 7 août 1199, Jean sans Terre concéda à Hugue « de Estrepinagneio » un
terrain situé dans la ville de Falaise. (*Rotuli chartarum*, p. 10.)

Le château d'Estrépagni appartenait,
comme nous le verrons, au seigneur de
Dangu.

En 1316, un marchand italien établi
à Estrépagni, porte plainte contre Martin
de Paris, vicomte de Longchamps, qui le
détenait injustement en prison : « Cum
« Johannes Fichier, mercator Astensis,
« burgensis noster, ut dicitur, de Estrpi-
« gneyo in Normannia, curie nostre con-
« questus fuisset, quod Martinus de Pari-
« sius, tunc vicecomes Longi Campi, bal-
« livie Gysercii...... eumdem Johannem
« sine causa racionabili imprisonave-
« rat.... » (*Olim*, t. III, p 1057.)

En 1325, Nicolas Figot prit à ferme du
bailli de Gisors « manerium situm apud
« Estrpigny, quod fuit Guillelmi du
« Playssés. » (*Trésor des Chartes*, reg. 62,
n° 360.)

Estrépagni députa aux états généraux
en 1350. (*Ordonnances des rois de France*,
II, 404.)

Au XV° siècle, la plus grande partie des
habitations étaient assises entre le parc du
château, la rivière et Valetot, au lieu
nommé plus tard *les Grouts*.

Claude de Guise, duc d'Aumale, aïeul
maternel et tuteur de François d'Orléans,
fit transférer au carrefour des Armes l'auditoire et les halles.

Confirmation, en 1548 et 1573, des
droits d'usage.

Avril 1540. — François I°r, Éléonore
d'Autriche, le dauphin Henri, le duc
d'Orléans, le connétable de Montmorenci
font séjour à Estrépagni. Jacques d'Annebaut, évêque-comte de Lisieux, seigneur
spirituel du lieu, accompagnait le roi.

En 1589, une partie d'Estrépagni fut fortifiée d'un fossé d'environ 35 pieds de
largeur ; il y avait un pont-levis à la porte
du Thil, du côté de Rouen. Divers ouvrages de défense du château étaient du
même temps. En septembre 1589, le duc
de Mayenne datait des sauvegardes de son
camp d'Estrépagni.

Pendant la guerre de Cent ans, le château d'Estrépagni fut tour à tour occupé par les Français et les Anglais.

Il est question d'Estrépagni dans une lettre de rémission que Louis XI accorda à Thomas de Beaugrant. (Trés. des Chartes, reg. 193, n° 168.)

En 1589, le duc de Mayenne vint camper à Estrépagni, qui embrassa avec ardeur le parti de la Ligue.

Le château fut saccagé en 1656 par six cents hommes de recrues qu'on y avait enfermés par ordre du gouverneur de la province.

En 1704, la ville d'Estrépagni était encore fermée de murs. On y fabriquait à cette époque beaucoup de dentelles. Cette industrie avait été introduite à Estrépagni par Catherine d'Orléans.

En 1762, une école de filles fut fondée par Mme de Beyre, suivant les intentions de son mari.

II.

L'église d'Estrépagni appartenait anciennement à l'abbaye de Saint-Denis.

Vers l'an 1107, Jean, évêque de Lisieux, donna à la collégiale de Saint-Cande-le-Vieux de Rouen, dont il était le doyen, une partie des dîmes de tout le territoire. Cette donation fut confirmée par ses successeurs, Arnoul et Jourdain.

« .... Quoniam ad sustentationem
« quatuor canonicorum nostrorum Sancti
« Candidi Rothomagensis super Rivam
« propriæ non suppetunt facultates, nove-
« ritis nos (Jordanum, Lexoviensem an-
« tistitem) eisdem, divinæ caritatis intuitu,
« contulisse decimam decimarum de Es-
« trepigniaco in augmentum præbendarum
« suarum, sicut in chartis quorumdam
« nostrorum prædecessorum et nostra,
« quas inde habent, plenius continetur....
« Datum Parisius, mense junio, 1218. »

Quelques années avant, Richard Cœur de lion avait dit, dans des lettres patentes de 1190 : « Sciatis quod ecclesia Sancti Can-
« didi super Ripam, et ecclesiæ de Cuni-
« culo minore, de Sotevilla, de Esterpi-
« niaco, et de Sancto Stephano, in manu
« nostra sunt tanquam dominicæ nostræ
« capellaniæ Normanniæ, etc.

Une bulle du pape Grégoire, en 1234, confirme aux évêques de Lisieux l'église d'Estrépagni, la dîme et les tenanciers de ladite ville, un revenu de 30 sous par an sur le tonlieu de ladite ville, etc.

« .... Ecclesiam quoque de Estrepiniaco,
« cum omni decimatione ejusdem villæ et
« terris et hominibus et triginta solidis
« per annum in telonio ejusdem villæ

« et dimidio modio bladi in molendinis,
« domos quoque et terram de Besu et
« de Mesnilo.... » (Neustria christiana, Episcopi Lexov.)

Dans un mémoire rédigé au XVIIIe siècle, au nom des habitants d'Estrépagni, contre le curé, nous trouvons les faits suivants :

En 1537, quatre paroissiens donnèrent et aumônèrent à la fabrique des fonds et des rentes à la charge qu'il serait dit et célébré à perpétuité par les curés dudit lieu une haute messe tous les jours pour les paroissiens.

En 1683, le curé reçut ordre du grand vicaire de Lisieux d'avoir un vicaire.

En 1670, une confrérie fut établie sous la présidence du curé, intitulée : Confrérie des Dames de la Charité des pauvres malades d'Estrépagni.

Le titre de la cure d'Estrépagni était autrefois partagé en deux portions ; à la fin du XVIIe siècle, les deux portions furent réunies en une seule.

Au milieu du XVIIIe siècle, l'évêque de Lisieux conférait de plein droit la cure, qui faisait partie, comme nous l'avons dit, de l'exemption de la collégiale de Saint-Cande. La fabrique d'Estrépagni jouissait de 2,500 livres de rente.

L'église paroissiale était le siège d'un fief dit de Lisieux, et partant tout à fait indépendante de la baronnie d'Estrépagni.

Il y avait sur le territoire d'Estrépagni deux chapelles : l'une, dédiée à saint Martin, était en titre en 1695 ; l'autre, dédiée à saint Thomas, était en titre en 1729, à la présentation du seigneur.

Dans l'église d'Estrépagni on a transporté une statue tumulaire du XIVe siècle qui, dit-on, fut apportée du château de Saint-Martin d'Estrépagni.

III.

Dès le XIVe siècle, Estrépagni possédait un petit hôpital dont on ignore l'origine. Guillaume de Melun le supprima, et en unit les revenus à un autre hôpital qu'il fonda au même lieu, en 1408, sur le bord de la rivière. Il exposa au roi le dessein qu'il avait eu de fonder un monastère ou hôpital : « Cœnobium seu hospitale, in villa de Esterpiniaco, » dans lequel des religieux ou des religieuses soigneraient des malades. Le roi Charles VI confirma la fondation de l'hôpital d'Estrépagni, par lettres patentes du mois de mai 1414. Ces lettres furent données en conseil, en présence des ducs d'Orléans, de Bourbon et de Berri, des comtes de Vertus, d'Alençon et de la Marche.

D'autre part, après la mort de la reine Blanche, le roi Charles V sépara la seigneurie de Neaufles de la seigneurie de Gisors et l'annexa à la terre et baronnie d'Estrépagni en faveur de la maison de Tancarville. Ce fut précisément sur la seigneurie de Neaufles que Guillaume de Melun affecta une aumône perpétuelle pour le service du nouvel hospice. Aussi, Charles V déclara avoir amorti la donation faite audit hôpital d'Estrépagni par le comte de Tancarville, seigneur en partie de Neaufles, sauf le droit royal. L'église de ce nouvel hôpital avait deux patrons : sainte Madeleine et saint Antoine. L'hospitalité n'y était plus exercée au milieu du xviii° siècle. Le duc de Longueville y mit, en 1644, des religieuses bénédictines qui, pour racheter cette charge, abandonnèrent tous les ans une somme de 200 livres aux pauvres. Les religieuses qui formèrent cette communauté dans sa naissance furent tirées, dit Toussaint Duplessis, de l'abbaye de Saint-Amand de Rouen. La prieure de cette communauté était choisie par le seigneur et confirmée par l'évêque de Lisieux comme doyen de Saint-Cande.

1769. Suppression de l'ancien Hôtel-Dieu d'Estrépagni. Il devient prieuré perpétuel et communauté de Bénédictines pour être administré sous ce titre. En compensation de leur droit de nomination, les barons d'Estrépagni reçoivent, par décret de l'évêque de Lisieux, celui de faire élever dans l'abbaye de Préaux « deux demoiselles de la province de Normandie, « issues en ligne masculine et légitime « mariage de race noble et ancienne au « moins de deux cents ans, du côté du « père seulement ».

Cette fondation assurait à l'abbaye de Préaux la propriété de 40 acres de terre sur les territoires d'Estrépagni, Gamaches et Provemont, et diverses rentes s'élevant ensemble à 392 livres.

La fabrique d'Estrépagni recevait par cette suppression 64 acres de terre et diverses rentes. Entre autres charges, elle prenait celle de livrer chaque année vingt boisseaux de blé froment au maître d'école, trente aux sœurs d'Ernemont, établies pour l'instruction gratuite des jeunes filles; cent vingt aux pauvres, et 50 livres pour des médicaments gratuits.

1603. Lettres patentes du roi qui, par suite de partages, démembrent la baronnie d'Estrépagni du duché de Longueville.

En 1772, au portail de l'ancien Hôtel-Dieu on voyait encore les statues, presque de grandeur naturelle, de Guillaume d'Harcourt et d'Yolande de Laval, tous deux en habit de Saint-François.

IV.

Il y avait à Estrépagni une baronnie relevant du duché, un fief à Saint-Martin relevant de Gisors, une sergenterie relevant de Gisors.

Estrépagni était le siège d'une baronnie dès le xiii° siècle. Un château fort, dont on voit encore les restes dans la propriété de M⁰⁰ de Biencourt, défendait l'entrée du bourg du côté de Gisors. Les propriétaires d'Estrépagni furent presque toujours les propriétaires de Dangu. Voyez l'histoire de Dangu. Estrépagni était au xiii° siècle entre les mains de la famille du Bec-Crespin. Plusieurs passages des *Olim* mentionnent Guillaume Crespin, chevalier, seigneur d'Estrépagni : « miles, dominus de Estrepengniaco. » Voyez aussi une charte publiée dans le *Cart. norm.*, n° 835 (1273-1274).

Une contestation intervint entre Guillaume Crespin et les gens du roi au sujet des limites et des droits de la baronnie d'Estrépagni [1283] (*Olim*, t. II, p. 226), [1286] (t. II, p. 252). « Recordata fuit
« curia quod, de gracia et ex lene pla-
« cito inclite recordationis, Philippi,
« Francie regis, deliberata fuit domino
« Guillelmo Crespin saisina justicie san-
« guinis et plage sine morte et mehai-
« gno, cum clamore et sine clamore de
« haron, in baronia sua de Estrepignia-
« co, in feodis et retrofeodis suis, et
« expresse in terra de Danguto, ques-
« tione proprietatis reservata. » En 1292 :
« Cum dominus Guillelmus Crespin pe-
« teret amoveri impedimentum quod sibi
« fiebat per ballivum Gisorcii in saisina
« justicie sanguinis et plage sine morte et
« mehaigno, cum clamore et sine cla-
« more de haron, alias sibi adjudicata,
« ut dicebat, in terra sua de Estrepi-
« gnico et de Danguto; gentibus nostris,
« pro parte nostra se opponentibus : visis
« judiciis, graciis et recordis curie nos-
« tre, et intellectis diligenter pro utraque
« parte propositis, pronunciatum fuit, per
« curie nostre judicium, quod nos in
« manu nostra saisinam dicte justicie ca-
« piemus et retinebimus, et faciemus jus
« dicto Guillelmo super hiis que propo-
« nere voluerit coram nobis. » (T. II, p. 311.)

En 1246, Eudes Rigaud coucha à Estrépagni, dans le manoir, dit-il, du seigneur de Dangu, et à ses frais.

Dans un aveu pour le comte de Tancarville, rendu en 1381, on trouve : « Et « aussi sont appartenances et de la créa- « tion d'icelle comté le chastel, chastel- « lenie et terre d'Estrépagni, la fief ferme « de Neaufle, la terre d'Arquensi, le « chastel et chastellenie de Dangu, et les « fiefs et arrière-fiefs appartenant à ce que « tient messire Jacques de Bourbon et « madame sa femme. »

Dans un procès que les habitants d'Estrépagni soutinrent contre le duc de Longueville, baron d'Estrépagni, au sujet du droit de minage, qui était un des plus anciens droits de la baronnie, il est dit qu'en 1197 on évalua la terre d'Estrépagni. Nous n'avons pu retrouver cette évaluation.

Lorsque le duché de Longueville fut réuni à la couronne, la juridiction d'Estrépagni aurait dû retourner à son ancien ressort, qui était la vicomté d'Andeli. Cependant, la haute justice de ce lieu continua à relever immédiatement du parlement de Rouen.

Au XVIIIe siècle, dix-neuf paroisses relevaient de cette seigneurie.

A cette époque, les armes des d'Harcourt figuraient au fronton du donjon du château.

Nous allons donner la suite des seigneurs d'Estrépagni.

Guillaume du Bec-Crespin, IIe du nom, est le premier seigneur de ce lieu dont l'histoire fasse mention vers l'année 1100. Il était seigneur d'Estrépagni aux droits de sa femme, qui était la fille d'un nommé Godefroi d'Estrépagni. Guillaume Crespin rendit de grands services à Robert III, duc de Normandie, dit Courte-Heuse, dans ses expéditions contre Henri Ier, roi d'Angleterre.

Gosselin du Bec-Crespin hérita de la terre d'Estrépagni vers l'année 1130, après la mort de son père. Il épousa Isabelle de Dangu de laquelle il eut plusieurs enfants, entre autres Guillaume. Il mourut vers l'an 1196.

Guillaume du Bec-Crespin, IIIe du nom, épousa Eve d'Harcourt, de laquelle il eut un fils nommé Guillaume. Guillaume III était baron d'Estrépagni, seigneur de Dangu, de Lisors, etc.

Guillaume du Bec-Crespin, IVe du nom, chevalier, seigneur, baron d'Estrépagni, de Dangu, Lisors, etc., succéda à son père dans toutes ses terres vers 1220. Il épousa en premières noces Amicie de Roie et en secondes noces Alix de Sancerre issue de l'illustre maison des comtes de Champagne.

Guillaume du Bec-Crespin, V^e du nom, succéda à son père dans les seigneuries de Dangu, Estrépagni, Lisors, etc. Il fut connétable de Normandie, maréchal de France. Il portait pour armoiries : losangé d'argent et de gueules.

En août 1310, Philippe le Bel confirma les droits d'usage que Guillaume Crespin avait dans la forêt de Lions pour son four banal d'Estrépagni. (*Trésor des Chartes*, reg. 45, n° 165.)

Il mourut le 26 août 1313 et fut enterré en l'abbaye de Mortemer, laissant plusieurs enfants, entre autres Guillaume VI, qui fut seigneur d'Estrépagni, et Jean, qui hérita de la baronnie de Dangu et qui fut chef de la branche de ce nom.

Guillaume du Bec-Crespin, VIe du nom, baron d'Estrépagni, Neaufles, Varanguebec, etc., épousa Marguerite ou Mahaud de Beaumetz; il en eut une fille nommée Jeanne, mariée à Jean de Melun, lequel devint, par ce mariage, baron d'Estrépagni aux droits de sa femme. Guillaume VI, connétable héréditaire de Normandie, baron d'Estrépagni, etc., mourut vers 1360.

La maison de Melun conserva la baronnie d'Estrépagni plus d'un siècle.

Jean de Melun, IIe du nom, grand maître et grand chambellan de France, gouverneur de Champagne, Brie, Bourgogne et Languedoc, connétable héréditaire de Normandie, comte de Tancarville, baron d'Estrépagni, seigneur de Montreuil-Bellai, Neaufles, Varanguebec, etc., eut de Jeanne du Bec-Crespin, son épouse, deux enfants, Jean et Guillaume. Ce seigneur mourut en l'année 1382.

Jean de Melun, IIIe du nom, baron d'Estrépagni, seigneur de Neaufles, comte de Tancarville, grand chambellan de France, etc., épousa, en 1348, Ide de Marigni qui ne lui donna point d'enfants, et il mourut en 1384.

Guillaume de Melun, IVe du nom, hérita de toutes les propriétés, titres et dignités de son frère Jean. Il remplit les charges de grand chambellan et de grand bouteillier de France, de président de la chambre des comptes le 29 avril 1402, de grand maître, souverain et général réformateur des eaux et forêts de France. Il fut tué à la bataille d'Azincourt le 25 octobre 1415, laissant de Jeanne de Parthenai, qu'il avait épousée le 21 janvier 1390, une fille nommée Marguerite, vicomtesse de Melun, baronne d'Estrépagni, etc. Marguerite épousa Jacques d'Harcourt, IIe du nom, seigneur de Montgommeri, et porta la baronnie d'Estrépagni dans la maison d'Harcourt.

En 1407, Charles VI, pour parfaire un échange, transporta à Guillaume de Melun

40 livres que le roi avait à prendre annuellement sur la terre et la seigneurie de Saint-Martin-les-Estrépagni, lors possédées par Robert, seigneur de Saint-Martin, Vatimesnil et Heudicourt.

Jacques d'Harcourt, IIe du nom, baron de Montgommeri, d'Estrépagni, etc., capitaine de Rue et du Crotoi, assista à la bataille d'Azincourt, en 1415, et y fut fait prisonnier. Plus tard, remis en liberté, il fit la guerre dans le Ponthieu et le Vimeu, puis se retira au Crotoi où il fut assiégé en 1423, et forcé de capituler. Depuis, ayant voulu s'emparer du château de Parthenai, il fut tué en 1428. Ce seigneur eut de son mariage avec Marguerite de Melun, comtesse de Tancarville, Guillaume et Marie. Marie épousa, le 16 novembre 1439, Jean, comte de Dunois, bâtard d'Orléans, et mourut le 1er septembre 1464.

Guillaume d'Harcourt, comte de Tancarville, vicomte de Melun, sire et baron de Montgommeri, d'Estrépagni, etc.. etc., conseiller et chambellan du roi, connétable de Normandie, rendit de grands services au roi Charles VII; il assista aux sièges de Montereau-sur-Yonne, Pontoise, Rouen, Caen, Falaise, Cherbourg et Saint-Sauveur-le-Vicomte. Il fut, en l'année 1453, nommé à la charge de souverain maître et réformateur des eaux et forêts de France. Il mourut en 1487, s'étant marié deux fois ; la première à Perronnelle d'Amboise, qui ne lui donna point d'enfants, et la deuxième le 14 juillet 1454, à Yolande de Laval, dont il eut Marguerite, morte sans postérité, et Jeanne, mariée à René II, duc de Lorraine. Jeanne d'Harcourt, baronne d'Estrépagni, mourut en 1488, sans postérité, laissant tous ses biens, par testament, à François d'Orléans, comte de Dunois et de Longueville, son cousin.

Une sentence du bailli de Gisors constate qu'une partie des titres de la baronnie d'Estrépagni fut perdue à cette époque ou transportée à Beauvais, lors de l'occupation des Anglais.

Voici la baronnie d'Estrépagni acquise à l'illustre maison d'Orléans-Longueville.

François d'Orléans, Ier du nom, comte de Dunois, de Longueville, de Tancarville, baron d'Estrépagni, etc., gouverneur de Normandie et du Dauphiné, grand chambellan de France, mourut le 25 novembre 1491. Son corps fut inhumé à N.-D. de Cléri, dans la chapelle de Longueville. Il avait épousé, le 2 juillet 1466, Agnès de Savoie, de laquelle il eut François II et Louis Ier, et Jean, appelé ordinairement le cardinal de Longueville, décédé en 1533; il eut encore deux filles, dont l'une, Renée, mourut jeune et l'autre, Anne, fut mariée le 10 août 1491 à André de Chauvigni, seigneur de Châteauroux. Ce mariage donna lieu à la levée d'une aide en deniers sur les habitants d'Estrépagni.

François d'Orléans, IIe du nom, duc de Longueville, baron d'Estrépagni, etc., etc., gouverneur de Guyenne, grand chambellan de France, mourut en 1512, laissant de Françoise d'Alençon, qu'il avait épousée en 1505, pour fille unique Renée d'Orléans, comtesse de Dunois, morte à l'âge de sept ans.

Françoise d'Alençon, devenue veuve, épousa Charles de Bourbon, duc de Vendôme, et en eut Antoine de Bourbon, roi de Navarre, père d'Henri IV. A sa mort, la baronnie d'Estrépagni échut à son oncle, Louis d'Orléans.

Louis d'Orléans, Ier du nom, duc de Longueville, souverain de Neufchâtel, baron d'Estrépagni, grand chambellan de France, gouverneur de Provence, mourut en 1516. Du vivant de son frère François il portait le titre de marquis de Rothelin. Il avait hérité de Renée d'Orléans, sa nièce, dont nous avons déjà parlé. Il avait épousé Jeanne de Bade-Hochberg, fille du comte souverain de Neufchâtel en Suisse, décédée le 21 septembre 1543, de laquelle il eut : 1° Claude d'Orléans, tué au siège de Pavie en 1525; 2° Louis II; 3° François IV; et 4° Charlotte, mariée le 22 décembre 1523 à Philippe de Savoie, duc de Nemours.

Louis d'Orléans, IIe du nom, duc de Longueville, comte de Neufchâtel, baron d'Estrépagni, etc., pair et grand chambellan de France, mourut le 9 juin 1537. Il s'était marié le 4 août 1534 à Marie de Lorraine, fille aînée de Claude, duc de Guise, laquelle étant veuve épousa Jacques V, roi d'Écosse. Elle mourut le 10 juin 1561, ayant eu de son premier mariage François III, et Louis, mort jeune.

François d'Orléans, IIIe du nom, duc de Longueville, comte de Dunois, souverain de Neufchâtel, baron d'Estrépagni, pair et grand chambellan de France, né le 30 octobre 1535, mourut sans alliance le 22 septembre 1551.

François d'Orléans, IVe du nom, troisième fils de Louis d'Orléans, Ier du nom, duc de Longueville, marquis de Rothelin, baron d'Estrépagni, etc., hérita de son neveu François III, mourut le 25 octobre 1548. Il avait épousé, en juillet 1536, Jacqueline de Rohan, dont il eut Léonor et Françoise, née posthume, mariée à Louis de Bourbon, Ier du nom, prince de Condé. Il eut aussi un fils naturel, nommé François, marquis de Rothelin, lequel reçut en apanage la terre de Neaufles, et épousa Catherine du Val, fille de Tristan du Val.

Léonor d'Orléans, duc de Longueville et d'Estouteville, souverain de Neufchâtel, baron d'Estrépagni, etc., pair et grand chambellan de France, gouverneur de Picardie, mourut en août 1573, âgé de trente-trois ans. Il avait épousé, en 1563, Marie de Bourbon, duchesse d'Estouteville. De cette alliance vinrent neuf enfants, dont le troisième nommé Henri, l'aîné des fils, lui succéda.

Henri d'Orléans, Ier du nom, duc de Longueville, souverain de Neufchâtel, comte de Dunois, baron d'Estrépagni, chevalier des ordres du roi, pair et grand chambellan de France, et gouverneur de Picardie, fut tué d'un coup de mousquet, le 29 avril 1595, dans une salve tirée en son honneur, lors de son entrée à Doullens. Il avait épousé Marie de Gonzague, le 27 février 1588, et il en eut un fils nommé aussi Henri.

Henri d'Orléans, IIe du nom, duc de Longueville, d'Estouteville, prince souverain de Neufchâtel, pair de France, chevalier des ordres du roi, gouverneur de Picardie, puis de Normandie, né le 27 avril 1595, mourut le 11 mai 1663. Il épousa en premières noces, le 11 avril 1617, Louise de Bourbon, fille du comte de Soissons, et en secondes noces, le 2 juin 1642, Anne-Geneviève de Bourbon, fille de Henri II, prince de Condé. Il eut plusieurs enfants de ses deux mariages, entre autres Marie, mariée le 22 mai 1657 à Henri de Savoie, duc de Nemours.

Charles-Paris d'Orléans, second fils de Henri d'Orléans, succéda au titre de duc de Longueville et fut tué au passage du Rhin en juin 1672.

Jean-Louis-Charles d'Orléans, duc de Longueville et d'Estouteville, baron d'Estrépagni, qui avait reçu les ordres en 1666, reprit alors toutes les possessions et les titres de sa maison, comme aîné des enfants issus du second mariage de Henri d'Orléans, IIe du nom.

A sa mort, arrivée en 1694, Marie d'Orléans, duchesse de Nemours, recueillit tous les biens de ses frères et sœurs aînés, et notamment la baronnie d'Estrépagni. Elle mourut sans postérité, en 1707, âgée de quatre-vingt-trois ans.

La terre et baronnie d'Estrépagni fut vendue à Nicolas Billy, seigneur de Beyre, chevalier, conseiller du roi, maître des requêtes en sa chambre des comptes. Le baron de Beyre mourut au château d'Estrépagni le 3 juin 1726. Il avait épousé Marie-Françoise Galland, laquelle décéda aussi à Estrépagni le 26 avril 1736, sans laisser d'enfants. Tous deux furent inhumés dans l'église de ce lieu.

Pierre-Edme Galland, baron d'Estrépagni, succéda à sa sœur en 1736. Il épousa Elisabeth Boutel, de laquelle il eut une fille nommée Gabrielle-Elisabeth, à laquelle il donna sa baronnie d'Estrépagni, en 1752, en la mariant à Michel-Jacques Turgot.

Pierre-Edme Galland mourut le 26 avril 1753.

Michel-Jacques Turgot, baron d'Estrépagni, chevalier, conseiller, secrétaire du roi, posséda cette terre au XVIIIe siècle, et la laissa à ses héritiers directs qui la possédèrent jusqu'en l'année 1792.

La haute justice seigneuriale, exercée de temps immémorial par les barons d'Estrépagni, donnait lieu à de fréquents conflits avec la haute justice de Gisors.

Le château d'Estrépagni appartient aujourd'hui à Mme de Biencourt.

V.

L'aveu suivant nous montre ce qu'était en 1400 le fief de Saint-Martin-d'Estrépagni.

« *Ung fief assis à Saint-Martin-les-Estrépagny.*

« Pardevant Audry le Prieur et Jehan
« Chastenier, clercs, notaires du roi au
« châtelet de Paris, Etienne de Saint-
« Martin, escuier, avoue tenir en foy et
« hommaige lige du roy, à cause de son
« chastel et chastellerie de Gisors, un fief
« entier qui est fief de haubert, assis à
« Saint-Martin-les-Estrepagny, et conte-
« nant le dit fief ce qui s'ensuit : c'est
« assavoir toute la dite ville et parroisse
« d'icelle, en laquelle ville est le manoir
« du dit escuier et environ deux cens
« acres de jardins. Item, un clos, ou quel
« a environ ung arpent de vigne et une
« acre de terre labourable. Item, environ
« quatre arpens de pré. Item, soixante et
« douze acres de terre ou environ.....
« Item, ung vivier contenant environ
« quatre arpens d'eau et ung moulin qui
« meult dudit vivier avec l'aide d'une petite
« rivière qui passe parmy ledit fief, et
« contient environ cent perches d'eau, et
« puet valoir par an environ cinq muys
« de grain. Item, à cause du dit fief la sei-
« gneurie et franchise d'Estrée, le patro-
« nage de l'église de la dite ville de Saint-
« Martin. Item, soy edifier et chauffer en

« la forest de Lyons, et lui fut adjoint à
« son dit fief en acroissement d'icelui, et
« en peut faire son moulin quand il est
« neccessaire, et aussi faire vaisseaulx
« pour heberger les vins de la dite vigne,
« pourveu qu'il ne vende aucun d'iceulx
« fiefz......................
« Item, il a la coustume de ceulx qui
« marchandent au dit fief tele et pareille
« à celle coustume que a le seigneur d'Es-
« trepaigny quant on marchande au dit
« lieu d'Estrepaigny, excepté de ceulx de
« la dicte ville de Sainct-Martin. Item,
« toute telle basse seigneurie comme à
« bas justicier peut et doit appartenir à la
« coustume de Normandie. Item, qua-
« rante et huit livres tournois de rente
« par an sur cinquante masures et sur
« quatre vings ou cent acres de terre ou
« environ, tenues dudit escuier par plu-
« sieurs personnes......................
« Scellé du scel de la prévôté de Paris,
« le jeudi xxi° jour d'octobre l'an mil cccc »
(Arch. imp., P. 307, f° 2 r°, n° 321.)

Le seigneur de Sainct-Martin-d'Estrépagni était coutumier dans la forêt d'Estrépagni, qui faisait alors partie de la forêt
de Lions. (Voyez Coutumier des forêts de
Normandie, p. 20.)

Les documents suivants nous donne-
ront quelques détails sur la sergenterie
d'Estrépagni.

En septembre 1320, la sergenterie du
plait de l'épée d'Estrépagni : « de Strepi-
niaco, » avait été concédée par le roi à
Robin de Noyon. (Trésor des Chartes, reg.
59, n° 570.)

« Jehan de Banteleu, escuier, demou-
« rant à Chambois, près de Gisors et
« Vexin le François, avoue [à tenir à une
« seule foy et hommage du roy.....] à
« cause de son chastel et chastellerie de
« Gisors, la sergenterie fieffée d'Estre-
« pagny et les ressors d'icelle, qui peut
« bien valoir par an x liv. tourn. ou envi-
« ron.
« Scellé du scel de la prévôté de Paris,
« le vendredi xx° jour de novembre, l'an
« mil cccc. et seize. » (Arch. imp., P. 307,
f° 8, n° 239.)

« Du Roy nostre sire, je, Laurens
« d'Arras, escuier, tiens et advoue à tenir
« par une seule foy et hommage du Roy...
« à cause de son chastel et chastellenie de
« Gisors, la sergenterie fieffée d'Estrepai-
« gny et les ressors d'icelle, tenue nuc-
« ment du Roy.. à moy appartenant et
« venue par succession de Jehan de Bain-
« telu, escuier, et de Jehanne de Noujon,
« sa femme, à cause d'elle. Au moien de
« la quelle sergenterie je puis explecter es
« villes cy aprez desclerées, appendens à la

« dicte sergenterie, c'est assavoir : Estre-
« paigny, Neauffle, Saint Eloy, Besu le
« Long, Basaincour, Bernouville, le Mes-
« nil Guillebert, Tiergeville, Saint Denis
« de Ferment, Hébécourt et Rouville,
« Hacqueville, Saincte Marie des Champs,
« Doumesnil, Vatermesnil, Chancoy, Ga-
« maches, Chauvencourt, Provemont, Fi-
« cencourt, Beaumont, Neufville, Heudi-
« court, Sancourt et Amecourt, ausquelles
« villes dessus nommées appartiennent
« plusieurs autres villages et hameaulx
« estant des dits ressorts ; tous lesquelz
« je advoue comme dessus du Roy.... Et
« souloit bien valoir ycelle sergenterie par
« an ou temps passé quarante livres tour-
« nois ou environ, et de present ne vault
« que xl solz ou environ....
« Le vi° jour de mars, l'an mil cccc
« cinquante et quatre. »
(Arch. imp., P. 307, f° 21, n° 269.)

Voici deux documents concernant les
droits d'usage dans la forêt d'Estrépagni,
dépendance de la forêt de Lions. Le premier, tiré des Olim, constate que les
habitans d'Estrépagni n'avaient pas le
droit de se vendre les uns aux autres leurs
droits de cou'ume : « Inquesta facta, de
« mandato domini regis, per Ansellum,
« militem, ballivum Gisorcii, super hoc
« quod dominus Guillemus Crispini,
« miles, dominus de Estrepengniaco, et
« homines de Estrepengniaco, et commu-
« nitas ejusdem ville dicunt et proponunt
« quod possunt et usuaverunt vendere
« alter alteri coustumam quam habent in
« foresta de Leonibus, bene et pacifice :
« nichil prolatum est pro ipsis hominibus
« de Estrepengniaco, propter quod possent
« aut debeant alter alteri vendere coustu-
« mam suam predictam. » (Olim, t. I°,
p. 493.)

Le second est un passage tiré du Coutumier des forêts de Normandie : « Les
« habitans d'Estrepaigny ont acoustumé
« de prendre en la forest de Lions le bois
« sec en estant et en gesant, le vert en
« gesant, hors deffens, s'il n'y a cable en
« la forest, le demeurant des ouvrages du
« Roy et des chapelains, quant ilz en ont
« congé, le mort bois hors deffens et lan-
« des, pasturages à leurs bestes, reservés
« lez pors, hors tailles et deffens, et exepté
« le mois deffendu la blanche espine de
« poingnée et de mains à clore et plainter,
« le sablon et la male et toulz menus
« drois acoustumés, en paiant au Roy par
« chacun an ou à son prevost premier
« en Lions à deux termes, moitié à la saint
« Denis et moitié à la Chaindeleur, vi l.
« tournois e. r sous tournois que le pre-
« vost despent ovec les bourgois de la ville

« quant il va querir son argent; item
« chacun qui a charette doit iiii deniers
« et i pain à Noel ou deux deniers qui ne
« fournie, et celi a cool i pain d'un denier
« et deux deniers tournois; item chacun
« qui se reclot doit ii deniers parisis au
« bourgois et doivent pour chacun cheval
« qui aie en sa terre une guerbe, item
« chacune foige de la dicte ville doit ix fers
« à cheval et lez clous; item ilz doivent
« pour chacune masure plaine xiiii deniers
« et vit deniers pour la deime et lez menus
« drois; item par informacion ont le boul
« en la dicte forest en hautites futois pour
« heberger seulement hors landes et essars
« et auxi du bois et chefs pour leurs cha-
« rues et harnois comme les habitans de
« Transsiens et de ce ont lectre de deli-
« vrance donnée par Ector de Chartres
« l'an de grâce ccc iiii xx et xix le xxiiii e
« jour de septembre. » (*Coutumier des forêts de Normandie*, f° 15 v°.)

Saint-Martin-du-Bosc a été réuni en
1809 à Estrépagni.

Dépendances : — la Broche; — la
Geretrai ; — la Lande-Vinet ; — le
Malire; — Saint-Martin; — Valtot-le-
Mouchel.

Cf. Toussaint Duplessis, t. II, p. 336.
La Normandie illustrée, t 1er, p. 78. (Eure.)
Le Verin, notice par M. Hersan. Juillet et août
1854.
*Abrégé historique et général des seigneurs et
dimes d'Estrépagni, depuis l'an 1609 jusqu'en 1772*.
Ms. petit in-4°, biblioth. de Rouen.

ÉTREVILLE.

Arrond. de Pont-Audemer. — Cant. de Routot.

*Patr. S. Simson. — Prés. l'abbé
de Préaux.*

Le nom d'Etreville ne vient pas de
Stratavilla comme l'a écrit Valois.
On trouve dans le cartulaire de Préaux
les noms de *Sturmidivilla* et *Sturmitivilla*,
qui se rapprocheraient plutôt de la véritable étymologie d'Etreville.
On peut encore signaler la forme *Atrii-
villa* : métairie de l'aitre.
Parmi les souscripteurs de deux chartes
fort anciennes de l'abbaye de Marmoutier,
on trouve « Ricardus de Sturavilla » et
« Richardus de Sturgavilla ». On trouve
aussi dans le même cartulaire « Hugo de
Insula, filius Willelmi Sture ». La ferme
appelée *Aitardivilla* faisait partie des
biens que l'abbaye de Marmoutier possédait dans le Blaisois ou le Dunois.
L'église d'Etreville était sous la dépendance de Saint-Pierre-de-Préaux. Le cartulaire de l'abbaye renferme plusieurs
chartes relatives aux droits d'autel, aux
dimes de lin et de chanvre, aux autres
menues dimes et revenus appartenant aux
religieux de la paroisse. On y trouve aussi
la confirmation du patronage de l'église
par le pape Alexandre en 1179; mais on
n'y voit pas quel personnage l'avait donné
à l'abbaye.
En 1155, Galeran de Meulan reconnut
par une charte en forme que tout ce
que les religieux possédaient à Etreville
avait été acquis par son aide ou ses conseils.
Au milieu du XIIe siècle, Geoffroi de
Bourneville vint à Préaux et donna tout
ce qu'il possédait à Etreville. (*Cartul. de
Préaux*, f° 116 v°, n° 473.)
Roger de l'Esprevier y vint également
et pria l'abbé Richard de lui acheter sa
terre : ce qui lui fut accordé. Cette terre
se trouvait entre les routes de Brotonne
et de Bourg-Achard.

« ... Tempore Henrici, regis Anglie,
« secundi, filii Gaufridi, comitis Anjega-
« vensis, Rogerius de Lesprevier, multis
« necessitatibus coactus, vendidit Mi-
« chaeli, abbati Pratelli, et monachis tres
« acras terre in Esturvilla, que est sita
« inter terram que dicitur del Perrei et
« viam qua ducitur ad Brotoniam. Pro
« hac autem venditione, accepit ab abbate
« et monachis sex libras denariorum Car-
« notensium, et duo filii ejus pro conces-
« sione viginti solidos habuerunt. Huic
« venditioni interfuit Hugo de Esturvilla,
« filius Pagani, et coram eo facta est.
« Qui et ipse testis hujus rei et eodem
« tempore vicecomes regis erat... » (*Cart.
de Préaux*, f° 116 v°, n° 474.)

« ... Ex dono Rogerii de Lesprevier
« concessione mea et ex dono patris sui
« terram quam dederunt eis in Estur-
« villa... » (Cart. Henri II.) On trouve en
outre une charte confirmative du même
roi. (*Cart. de Préaux* , f° 28 v°, n° 53.)
Charte de Henri II relative à un don de
terre à Saint-Sanson de « Esturvilla »
par Roger de l'Esprevier et son père.
Du temps de l'abbé Rainauld, Roger de
l'Esprevier s'empara d'une partie de la
terre du Perrei qu'il avait vendue à Richard de Conteville, sous prétexte de n'en
avoir pas reçu le prix. Il réclamait en
outre le manoir des moines, situé à Etreville,
avec le bois placé à la porte du manoir
ainsi que les terres que son frère Richard
avait vendues et données en réparation
d'avoir brûlé ledit manoir. Pour faire cesser ses réclamations, l'abbé Rainauld lui
donna 20 sols chartrains et 6 sols à son

fils Geoffroi, pour acheter des éperons : « ad emendos esperunnos. » Cette somme lui fut comptée par Roger de Saint-Vandrille, moine, en présence de beaucoup de témoins. (*Cart. de Préaux*, f° 117 v°, n° 476.)

Il y eut de grands débats au XII° siècle entre le couvent de Préaux et deux chevaliers d'Etreville, savoir : Roger de l'Esprevier et Richard, fils d'Onfroi le Prêtre. Ces chevaliers prétendaient que les maisons des prêtres qui desservaient l'église dépendaient de leurs fiefs, ainsi que les autres terrains aumônés à l'abbaye. Les parties et les justices de l'archevêque de Rouen et du comte de Meulan prirent jour. Au jour marqué, les parties convinrent de procéder par serment. On commença par faire jurer « huit hommes légaux »; ensuite on comparut à Brionne devant Guillaume, fils de Robert, et devant Robert du Neubourg, « qui tenebant curiam ». Richard y fut si violent qu'on fut obligé de l'envoyer en prison dans la tour de Beaumont. Enfin, il y eut une nouvelle entrevue devant le comte de Meulan, à Montfort. Là, on convint que Richard ferait hommage à l'abbé et tiendrait de lui ces maisons et les autres aumônes; que si l'abbé voyageait en Normandie, Richard le suivrait sur un cheval qui lui appartiendrait. Ces conventions durèrent jusqu'à ce que, partant pour Jérusalem, il en fit l'abandon au susdit monastère.

« ... Goffredus de Burnevilla et Ri« cardus, filius ejus, Beato Petro dona« verunt et super altare posuerunt et « omnem decimam sive elemosinam quam « in Esturvilla habebant in terris, in ho« minibus, in dominio ... » (*Cart. Preal.*, f° 116 v°.) Geoffroi était contemporain de Roger de l'Esprevier.

Confirmation desdites donations par Thomas de Bourneville, petit-fils de Geoffroi de Bourneville :

« Sciant presentes et futuri quod ego « Thomas de Burnevilla concessi et pre« senti carta confirmavi, pro salute anime « mee et antecessorum meorum, in pu« ram et perpetuam elemosinam Deo et « ecclesie Sancti Petri de Pratellis et mo« nachis ibidem Deo servientibus ea om« nia que Gaufredus de Burnevilla, avus « meus, in monachatu suo et ante mona« chatum, et pater meus et antecessores « mei eidem ecclesie contulerunt, in terris « scilicet et redditibus et omnibus rebus « et duabus garbis decime totius terre « mee de Esturvilla. Preterea reclamatio« nem quam faciebam in predicta ecclesia « de quibusdam botis et de quadam pel-

« licia et de omnibus redditibus de feodo « meo de Esturvilla, ecclesie predicte per« tinentibus, omnino pretermisi. Et ut hec « concessio mea rata sit et duret in per« petuum, eam presenti scripto et sigillo « meo dignum duxi confirmandam. » (*Cartul. de Preaux.*)

« Ego quoque Robertus, comes Leyre« cestrie, concedo predicte ecclesie Sancti « Leodegarii, villam Sturie, liberam et « quietam, sicut Rogerius de Bellomonte, « avus meus, et pater meus Robertus, « comes de Mellento, concessit predicte « ecclesie, et hoc concessu et confirma« tione Willelmi, regis Anglorum, expu« gnatoris, et Willelmi II, regis, filii « ejus. »

La bulle du pape Alexandre III en faveur de Préaux (1179) confirme les droits de l'abbaye sur l'église de Saint-Samson d'Etreville : « Ecclesiam Sancti Samsonis de Sturvilla. »

Charte de Rotrou, archevêque de Rouen, au sujet des revenus de la même église. Il y est parlé d'un hameau ou triage appelé « Esteinmara. »

Dans le *Cartulaire de Préaux*, f° 93, on trouve une fausse charte de Roger de Beaumont pour le patronage d'Estreville.

Charte de maître Henri Téroude « de Esturvilla » confirmant la donation faite par ses ancêtres de 15 acres de terre attenantes au manoir des moines (1217).

Confirmation de Robert, archevêque de Rouen, « super medietatem altalagii, lini, canabi, » et autres menues dîmes de SaintSamson d'Estourville, et jugement de l'abbé de la Noë, des prieurs de la Noë et de Beaumont à ce sujet (1210).

Dans le pouillé d'Eudes Rigaud, on lit : « Esturvilla. Abbas de Pratellis, patronus. « Valet xL. libras. Parrochianos xII°. Jo« hannes, presbyter, presentatus a dicto « abbate et receptus a domino Petro. »

Charte d'Hilaire la Gablière de Rougemontier, d'une pièce de terre « in parro« chia Sancti Samsonis de Esturvilla, que « dicitur Campus de Rocmare, sitam in« ter terram Petri Goherel, ex una parte, « et terram Johannis Malcortie... » (1257, *Cart. Preal.*)

« ... Item, in parrochia de Estreville.. » (1290, *Cart. de Corneville.*)

André du Bose, seigneur de la Cour-deBourneville et mari d'Anne de Méline, habitait en la paroisse d'Etreville à l'époque de la recherche de la noblesse.

Les fiefs qui existaient à Etreville sont : la Cour-de-Bourneville, la Bataille, Fatouville et Beaulieu.

La Cour-de-Bourneville. — Le possesseur de ce fief était seigneur honoraire de la paroisse ; il avait seul droit aux honneurs de l'église. A la fin du xve siècle, ce fief appartenait à Jean des Planches, seigneur de Tannai et de Saint-Léger, sans doute aux droits de son épouse, Madeleine d'Orbec. Sa fille, Marie des Planches, dame de Fleuri-sur-Andelle, en 1503, le porta en mariage à Louis du Bosc, IIe du nom, de la branche des seigneurs de Radepont.

La Bataille. — Il y avait sur Etreville un manoir de la Bataille.

Fatouville. — La maison du Vieux-Pont a longtemps possédé dans l'arrondissement un fief du nom de Fatouville, mais il est probable que c'était la seigneurie de la commune de Fatouville. Le fief qui nous occupe appartenait en 1617 à Anne Mauduit, auquel on a aussi attribué la possession du fief de la Bataille. Pierre Mauduit, conseiller à la cour des aides en 1668, était seigneur de Fatouville. Plus tard, ce fief était dans la famille de Belloi.

Beaulieu. — Ce fief a longtemps appartenu à la famille de Chef-d'Hôtel, divisée en plusieurs branches sur cette commune.

Les détails qui précèdent sur les fiefs d'Etreville sont empruntés aux recherches de M. Canel.

Dépendances : — la Bonne-Rue ; — le Chêne-Maillet ; — la Clément ; — la Croix-des-Rues ; — l'Ecu-de-Prestot ; — les Fouillets ; — le Gérier ; — la Grande-Rue ; — la Gueroult ; — les Légers ; — les Maries ; — la Marette ; — les Monts-de-Caux ; — la Boulaie ; — Fatouville ; — la Mare-Mauduit ; — la Bataille ; — la Cour-de-Bourneville (château) ; — Beaulieu (chapelle).

Cf. Toussaint Duplessis, t. II, p. 317.
Canel, Essai sur l'arrondissement de Pont-Audemer, t. II, p. 166.

ETURQUERAIE.

Arrond. de Pont-Audemer. — Cant. de Routot.

Patr. S. Martin. — *Prés. l'abbesse de Saint-Léger-de-Préaux.*

Nous sommes portés à croire que l'étymologie d'Eturqueraie est *Storcreta*, *Storcreta*. Le nom se compose d'un nom d'homme : *Stur*, et de la terminaison anglo-saxonne *croft* (maison, enclos).

Dans les Grands Rôles de l'Échiquier de Normandie : « ... Willelmus filius « Stur... »

« ... Willelmus filius Estur... »

Une dame bienfaitrice de Montebourg se nommait « Mathildis Estur, domina de Catecumbe ». (*Mon. ang.*, III, 992.)

La charte de fondation de Saint-Léger-de-Préaux, publiée *Neustria pia*, p. 521, contient ces mots : « .... Damus (c'est « Onfroi de Vieilles qui parle) iterum « quidquid habemus in villa nomine Storcreta, scilicet et in plano et in haya « et in saltu... »

Guillaume, fils d'Anschetil, abandonna à Saint-Léger-de-Préaux, vers la fin du xie siècle, toutes ses possessions à Eturqueraie et à Colletot :

« ... Guillelmus, Anschitilli filius, « quidquid terræ in Storcreta et in Coletot « habebat Sancto Leodegario perpetualiter « concessit pro anima sua et pro sororibus « suis, etc. »

Le pouillé d'Eudes Rigaud constate que l'abbesse de Saint-Léger-de-Préaux avait le patronage d'Eturqueraie.

« Estorquerie. Abbatissa de Pratellis « patrona. Valet xt. libras. Parrochia-« nos c. Johannes presbiter, presentatus « a dicta abbatissa et receptus a domino « P. »

De 1400 à 1402, on écrivait « Saint-Martin-de-la-Turquerée ».

En 1139, l'abbaye du Bec acquit une grange ou maison située à Turqueraie ou Turquerais.

Il y avait sur cette commune un fief de Vienne, appelé baronnie, appartenant à Saint-Léger-de-Préaux ; puis les fiefs d'Amfreville, d'Espirent ou des Pirents.

L'église paroissiale, restaurée dans quelques unes de ses parties, appartenait en général au xiie siècle. Elle est sous l'invocation de saint Martin ; on vient y invoquer saint Hildevert pour les vers, et sainte Clotilde pour les douleurs.

Nous empruntons à M. Canel quelques détails sur la léproserie d'Eturqueraie : « Eturqueraie possédait autrefois une léproserie, appelée la Madeleine-de-Brétot à cause du voisinage de cette paroisse. Toussaint Duplessis nous apprend qu'il y avait un prieur et des frères en 1261. En 1347, l'archevêque de Rouen, Bernard de Fargis, et Alix du Bois-aux-Corneilles étaient en procès pour le patronage de cet hôpital. Le possessoire fut jugé, en l'échiquier de Saint-Michel de cette année, en faveur de l'archevêque. Dans la suite, le même procès fut déféré pour la pétitoire entre l'archevêque et Jean le Bigot aux assises de Pont-Audemer ; mais, comme le roi avait donné la vicomté au roi de

Navarre, l'archevêque, qui n'avait le droit de plaider que devant le roi de France, le porta aux assises de Pont-de-l'Arche, où il fut jugé définitivement, en 1396, en faveur du prélat.

« Lors de la suppression d'un grand nombre de léproseries, les revenus qui dépendaient de celle de la Madeleine furent réunis à l'hospice de Bourg-Achard, comme on le voit dans le pouillé de Rouen de 1738. »

Dépendances : — le Beaudoin ; — Bordeaux ; — la Chapelle-Brestot ; — les Chions ; — les Chollets ; — les Deschamps ; — l'Ecu-de-Brestot ; — les Fèvres ; — les Grix ; — Martonne ; — la Rue ; — les Roquets ; — le Pirent ; — le Val ; — Vienne ; — Amfreville, Candos (château).

Cf. Toussaint Duplessis, t. II, p. 537.
Canel, Essai sur l'arrondissement de Pont-Audemer, t. II, p. 171.

ÉVREUX.

Arrond. d'Évreux. — Cant. d'Évreux.
Sur l'Iton.

Patrons :	Présentateurs :
N.-D. de la Ronde.	les huit premiers chanoines du chapitre d'Evreux.
S. Uger.	le doyen du chapitre.
S. Nicolas.	l'abbesse de S.-Sauveur.
S. Pierre.	le doyen du chapitre.
S. Thomas.	le chanoine prébendé de Faville.
S. Aquilin.	l'évêque d'Evreux.
S. Denis.	l'évêque d'Evreux.
S. Gilles.	l'abbé de S.-Taurin.

On sait que l'histoire des villes importantes de notre département n'est pas l'objet des présentes recherches. M. Le Prevost s'était attaché aux communes rurales et avait négligé volontairement les villes, espérant que tôt ou tard elles trouveraient en leur sein un historien. M. Le Prevost n'a rien laissé sur Evreux. Placés dans cette alternative de composer eux-mêmes une notice, quoi qu'ils fassent, écourtée et incomplète, ou de passer sans mot dire l'article Evreux, les éditeurs ont pensé qu'il entrerait dans le plan d'un ouvrage, où l'utile l'emporte sur l'agréable, de réunir un certain nombre d'indications et de renseignements qui pussent servir de points de repère et de contrôle à des recherches ultérieures. Les éditeurs, en améliorant et en complétant les articles dont les cadres étaient à peu près fixés, n'ont pas cru qu'ils pouvaient se substituer entièrement à l'auteur lorsqu'il avait gardé un silence complet. On voudra bien, d'ailleurs, ne pas oublier le titre de cet ouvrage : *Notes pour servir à la topographie et à l'histoire des communes du département de l'Eure au moyen âge.*

I.

L'origine antique d'Evreux a été l'objet de longs débats. On a commencé par placer la capitale des Eburoviques au Vieil-Evreux. M. Le Prevost, suivant la tradition locale, avait soutenu cette opinion. Il pensait que les habitants de Mediolanum s'étaient transportés sur les bords de l'Iton à l'époque où les invasions des barbares ne leur permirent plus de résider avec sécurité dans les campagnes. M. Bonnin a démontré que l'établissement romain d'Evreux remontait à une époque bien antérieure à la construction de son enceinte, puisque là comme dans presque toute la Gaule les murailles n'étaient formées que de débris de monuments. M. Bonnin découvrit l'emplacement d'un magnifique théâtre, et constata que toutes les voies antiques partaient d'Evreux et non du Vieil-Evreux. Il fallut alors résolument reporter *Mediolanum Aulercorum* à Evreux, et assigner à Evreux une origine antique.

Cf. sur l'histoire d'Evreux pendant la période gallo-romaine la *Notice historique et archéologique sur le département de l'Eure*, p. 1 à 17, publiée dans le t. I*er* du présent ouvrage.
Mémoires sur le Vieil-Evreux, par M. Rever.
Antiquités des Aulerques Eburoviques, par M. Bonnin. 1845, in-4°.
Notice, de M. Durand, publiée dans le *Calendrier historique et astronomique pour l'année 1769, à l'usage du diocèse d'Evreux*, publiée à nouveau, avec des notes, dans les *Opuscules et Mélanges historiques sur la ville d'Evreux*, p. 23.
Bulletin de la Société libre d'agriculture, etc. Les Aulerques Eburoviques, par M. Pallard de Saint-Aignan. 1837.

II.

La chronologie des comtes et des évêques d'Evreux, des abbés de Saint-Taurin et des abbesses de Saint-Sauveur, mériterait d'être éclaircie par de nouvelles recherches. Nous donnons les listes dressées par les auteurs du *Gallia christiana* et de l'*Art de vérifier les dates*.

Les comtes d'Evreux appartinrent successivement à cinq maisons : 1° la maison ducale ; 2° la maison de Montfort ; 3° la maison de France ; 4° la maison d'Alençon ; 5° la maison de Bouillon.

Evreux et ses environs furent compris

dans la cession faite à Rollon par Charles le Simple.

En 989, Robert, fils de Richard I*r*, duc de Normandie, et de Gonnor, sa concubine, est nommé par son père premier comte d'Evreux. Quoiqu'il fût en même temps archevêque de Rouen, il prit pour femme Harlève, qui lui donna trois fils : Richard, Raoul et Guillaume. Il mourut vers 1037.

Richard (1037-1065). Il fonda l'abbaye de Saint-Sauveur et mourut en 1065. Il fut enterré à l'abbaye de Saint-Wandrille.

Guillaume (1065-1118). Il fut activement mêlé à toutes les affaires de son temps. Dépouillé pendant quelque temps de ses biens pour avoir détruit le donjon du roi à Evreux, il s'exila en Anjou. En 1113, Henri I*er* lui fit grâce.

Amauri IV de Montfort, fils de Simon de Montfort et d'Agnès, sœur du comte Guillaume, héritait du comté d'Evreux; Henri I*er*, roi d'Angleterre, le lui contesta. De là des guerres acharnées, dont Amauri finit par sortir vainqueur. Il mourut vers 1137.

Amauri II d'Evreux et V de Montfort, fils d'Amauri IV (1137-1160).

Simon dit le Chauve, fils d'Amauri I*er* (1160-1181).

Amauri III d'Evreux et fils de Simon. — Amauri, se voyant sans enfants, céda l'an 1200, par le traité du Goulet, le comté d'Evreux au roi Philippe-Auguste, qui en avait conquis la meilleure partie l'année précédente, après la mort du roi Richard.

De 1200 à 1307, le comté d'Evreux resta uni à la couronne de France.

Le roi Philippe le Hardi, par son testament, ayant apanagé d'une pension annuelle et perpétuelle de 15,000 liv., assignées sur des terres nobles, Louis, son fils, né de son second mariage avec Marie de Brabant, Philippe le Bel, son successeur, frère de Louis, donna l'an 1305 à ce prince, par ses lettres du mois d'avril, le comté d'Evreux, avec les seigneuries d'Etampes, de Meulan, de Gien, d'Aubigni et d'autres, pour lui tenir lieu de cette pension.

Louis de France (1307-1319).

Philippe le Bon ou le Sage (1319-1343).

Charles le Mauvais (1343-1387). On sait que Charles le Mauvais fut jugé et reconnu coupable d'avoir voulu faire empoisonner le roi Charles VI : tous ses biens de Normandie furent confisqués à la suite de cet arrêt.

Charles II dit le Noble, fils aîné de Charles le Mauvais (1387-1425), voyant que la cour de France maintenait la confiscation de ses domaines de Normandie, transigea de tous ses droits avec le roi Charles VI, par traité du 9 juin 1404. Par ce traité, il céda et transporta à Charles VI, roi de France, et à ses hoirs, les comtés de Champagne, Brie et Evreux, avec les seigneuries d'Avranches, Pont-Audemer, Pacy, Nonancourt, Beaumont-le-Roger, Breteuil, Orbec, Carentan, Valognes, Mortain, Nogent-le-Roi, Mantes, Meulan; et Charles VI lui céda et assura, pour lui et ses descendants, douze mille livrées de terre sur les seigneuries de Beaufort en Champagne, Soulaines, Nogent-sur-Seine, Pont, Bar-sur-Seine, Saint-Florentin, Coulommiers-en-Brie, Nemours, à tenir en duché-pairie sous le titre de Nemours.

En 1426, Evreux fut donné pendant quelques années en fief à Jean Stuart, sire d'Aubigni, connétable d'Ecosse.

De 1436 à 1569, le comté d'Evreux fit partie des domaines de la couronne.

En 1569, le roi Charles IX donna le comté d'Evreux, contre la seigneurie de Gisors, à François, son frère, duc d'Alençon. Il érigea le comté en duché-pairie. A la mort de François, ledit comté fut réuni à la couronne (10).

En 1612, le comté d'   ut donné par le roi Louis XIII à Frédéric-Maurice, duc de Bouillon, en échange de la principauté de Sédan. Louis XIII étant mort avant la consommation du traité, Louis XIV y mit la dernière main et le ratifia en avril 1651. Frédéric-Maurice mourut l'année suivante, le 9 août 1652.

Godefroi-Maurice, son fils, commença à élever le magnifique château de Navarre. Il mourut le 26 juillet 1721. Il avait épousé Marie-Anne de Mancini, nièce du cardinal Mazarin. Il en eut quatre enfants.

Emmanuel-Théodose III, comte d'Evreux, duc de Bouillon. (1721-1730.)

Godefroi IV, comte d'Evreux, duc de Bouillon. (1730-1771.)

Godefroi V, comte d'Evreux, duc de Bouillon. (1771-1790.)

L'Art de vérifier les dates. Paris, 1818, in-8°, t. XII, p. 666-681.
Opuscules et Mélanges historiques sur la ville d'Evreux, Evreux, 1845, p. 97.
Histoire générale et chronologique du P. Anselme, t. I*er*, p. 270 ; t. II, p. 877 ; t. III, p. 93

III.

Après avoir publié la liste des comtes, nous publierons la liste des évêques, d'après le *Gallia christiana.*

1. S. Taurin.
2. S. Gaud, IV*e* siècle.

3. Maurusion, en 511.
4. Licinius, en 518 et 549.
5. Ferrocinctus, en 557.
6. Viator.
7. S. Landulphe.
8. Déodat.
9. Ragnericus, 618.
10. Concessus, en 658 et 666.
11. S. Eterne.
12. S. Aquilin, en 639.
13. Didier.
14. Etienne.
15. Maurin, en 765.
16. Gervold.
17. Ouen.
18. Joseph.
19. Gunibert, 817-862.
20. Hilduin, 864-869.
21. Sélar, 870-892.
22. Cerdegaire.
23. Hugues Ier.
24. Guichard, 969.
25. Gérard, 990-1006.
26. Gilbert Ier, en 1012.
27. Hugues II, 1015-1038.
28. Guillaume Ier, 1050-1066.
29. Baudouin, 1066-1070.
30. Gilbert II, 1071-1112.
31. Audin, 1113-1139.
32. Rotrodus (Rotrou) de Warwick, 1139-1165.
33. Egidius ou Gilles Ier du Perche, 1170-1179.
34. Jean Ier, 1181-1192.
35. Garin de Cierrei, 1193-1201.
36. Robert Ier de Roie, 1202-1203.
37. Luc, 1203-1220.
38. Raoul Ier de Cierrei, 1220-1223.
39. Richard de Bellevue, 1223-1236.
40. Raoul II de Cierrei, 1236-1243.
41. Jean II de la Cour-d'Aubergenville, 1244-1256.
42. Raoul III Grosparmi, 1259-1262.
43. Raoul IV de Chevri, 1263-1269.
44. Philippe Ier de Cahors, 1269-1281.
45. Nicolas Ier d'Auteuil, 1281-1298.
46. Geoffroi Ier de Bar, 1298-1299.
47. Mathieu des Essarts, 1299-1310.
48. Geoffroi II du Plessis, 1311-1327.
49. Jean III du Prat, 1328-1333.
50. Guillaume II des Essarts, 1333-1334.
51. Vincent des Essarts, 1334-1335.
52. Geoffroi III de Faé, 1335-1340.
53. Robert II de Brucour, 1340-1373.
54. Guillaume III d'Estouteville, 1375-1376.
55. Bernard Cariti, 1376-1383.
56. Philippe II de Moulins, 1383-1388.
57. Guillaume IV de Vallan, 1388-1400.
58. Guillaume V de Cantiers, 1400-1418.
59. Paul Capranica, 1420-1427.

60. Martial Formier ou Fournier, 1427-1439.
61. Pasquier de Vaux, 1439-1443.
62. Pierre Ier de Comborn, 1443-1463.
63. Guillaume V de Floques, 1445-1464.
64. Jean IV la Balue, 1465-1467.
65. Pierre II Turpin, 1470-1473.
66. Jean V Héberge, 1473-1479.
67. Raoul V du Fou, 1479-1511.
68. Ambroise le Veneur, 1511-1531.
69. Gabriel le Veneur, 1531-1574.
70. Claude de Saintes, 1575-1591.
71. Jacques Ier Davi du Perron, 1593-1606.
72. Guillaume VI de Péricard, 1608-1613.
73. François de Péricard, 1613-1646.
74. Jacques II le Noel du Perron, 1646-1649.
75. Gilles II Boutault, 1649-1661.
76. Henri Cauchon de Maupas du Tour, 1661-1680.
77. Jacques III Potier de Novion, 1681-1709.
78. Jean VI le Normant, 1710-1733.
79. Pierre de Rochechouart, 1733-1753.
80. Arthur-Richard Dillon, 1753-1758.
81. Léopold-Charles de Choiseul, 1758-1760.
82. Louis-Albert de Lezai-Marnésia, 1760-1775.
83. François de Narbonne, 1775-1791.

Evêques constitutionnels.

Robert-Thomas Lindet, 1791-1793.
Charles Robert Lami ou Lamy, 1798-1802.

Depuis le concordat.

84. Jean VII Baptiste Bourlier, 1802-1821.
85. Louis II Charles de Salmon du Châtellier, 1821-1841.
86. Nicolas II. Théodore Olivier, 1841-1854.
87. Henry II Marie-Gaston de Bonnechose, 1855-1858.
88. Jean VIII Sébastien-Adolphe Devoucoux, 1858.

Revue historique des cinq départements de l'ancienne Normandie, 1836. Apostolat de Saint-Taurin. Bulletin de la Soc. Libre d'Agriculture, 1837. La Conversion des Evêques, par Paillard de Saint-Aignan.
Gallia christiana, t. XI.
Le Brasseur. Hist. civile et ecclésiastique du comté d'Evreux. 1722, in-4°.
Opuscules et mélanges historiques. Liste des évêques d'Evreux, dressée par l'abbé d'Emin, p. 6. Réception de Nos Seigneurs Evêques d'Evreux à leur joyeux avènement, par Durand. (Extrait du Calendrier de 1750.)

Sauvage et Chassant, *Histoire des Evêques d'Evreux*, avec des notes et des armoiries. Evreux, 1846, in-16.

Mercure de France, 1713. juin, p. 40. Observations sur quelques Évêques d'Evreux.

Jean Le Jau, *Series Episcoporum Ebroicensium*. Ebroicis, 1631.

Statuta synodi zaticalis diocesis Ebroicensis pro anno Domini 1576, per R. P. Claudium de Sainctes ejusdem episcopum. Parisiis, Lhuillier, 1576, in-4°.

Beneficia in civitate et diocesi Ebroicensi existentia, ac a quibus dependent. Parisiis, 1626, in-8°.

Statuts et ordonnances pour le diocèse d'Evreux, par Monseigneur Henri de Maupas du Tour, chez Rossignol, m. dc. lxv, in-8°. (Arch. imp., L. 1118.)

Arrest du conseil privé du roy qui maintient le sieur Evêque d'Evreux à délivrer des monitoires pendant la résidence actuelle dans l'étendue de son diocèse. m. dc. lxxii, in-4°. (Arch. imp., L. 1119.)

Statuts et ordonnances pour le diocèse d'Evreux, donnez dans les synodes et confirmés dans le synode dernier, tenu le 13 mai 1698, à Evreux, chez François de Lalonde, 1698. In-18. (Arch. imp.)

Journal de Verdun, 1739, t. II. — Observations sur Turstin, archevêque d'York, et Audin, évêque d'Evreux, par Beziers.

Mém. de la Soc. des Antiq. de Normandie, t. XIX, 1852. Méreaux du chapitre d'Evreux, par Raymond Bordeaux.

Recueil de chartes et de dessins sur les Evêques d'Evreux. Bibl. imp. M*. Collection Gaignères, n° 128. On y trouve dessinées plusieurs tombes aujourd'hui disparues des évêques d'Evreux. L'historien iconographique des évêques d'Evreux trouvera dans ce volume des documents précieux. Nous allons signaler les principaux.

Jean d'Aubergenville, p. 73. — « Tombeau de bronze, dans l'église Notre-Dame d'Evreux, dans la croisée de la nef à droite, devant la chapelle des martyrs saint Etienne, saint Laurent et saint Vincent, qu'il avait fondée. »

Raoul de Chevri, p. 87. — « Tombe de pierre, au pied du grand autel de l'église de l'abbaye d'Ivernaux. »

Philippe de Cahors, p. 97. — « Cette vitre est dans l'Église Notre-Dame d'Evreux, au milieu de la nef, à la première croisée du côté de l'épître. — Tombe plate de cuivre jaune, au milieu du chœur de l'église des Jacobins d'Evreux, dans le sanctuaire. »

Mathieu des Essarts, p. 117. — « Cette vitre est dans la chapelle de Saint-Claude, dans l'aile gauche du chœur de l'église Notre-Dame d'Evreux. »

P. 119 — « Tombe de pierre, au-dessous de la précédente vitre, dans le mur de la chapelle Sainte-Claude, dans l'aile gauche du chœur de l'église Notre-Dame d'Evreux. »

Adam de l'Isle, p. 129. — « Tombe de pierre plate, dans le chœur de l'église de l'abbaye du Val, du côté de l'évangile, au bas du sanctuaire. »

Jean du Pré, p. 137. — « Cette vitre est au milieu du fonds du chœur de l'église Notre-Dame d'Evreux. »

Geoffroi Faé, p. 153. — « Cette vitre est dans le chœur de l'église de Notre-Dame. »

Guillaume de Cantiers, p. 189. — « Vitre dans la nef de l'église Notre-Dame d'Evreux, du côté de l'évangile. »

Guillaume de Flocque, p. 221. — « Tombe de pierre plate, dans l'église cathédrale de Notre-Dame d'Evreux, au bas des marches du sanctuaire, à gauche, du côté de l'évangile. »

Raoul du Fou, p. 261. — « Ces armes sont à l'abbaye de Saint-Taurin d'Evreux, à tous les piliers des quatre côtés du cloître qu'il avait fait bâtir lorsqu'il en était abbé. » — P. 265. — « Tombeau de Raoul du Fou. »

P. 267. — « Tombe de cuivre jaune, dans l'église cathédrale de Notre-Dame d'Evreux, au pied du grand autel. »

P. 273. — « Vitre dans la nef, à gauche, de l'église des Jacobins d'Evreux, proche la chapelle du Rosaire. »

Claude de Saintes, p. 290-291. — « Ces armes sont en pierre, contre le mur, en plusieurs endroits du cloître de Notre-Dame d'Evreux. — Une épitaphe contre le mur, du côté de l'évangile, à la clôture du sanctuaire, proche le grand autel de l'église cathédrale de Notre-Dame d'Evreux. »

Martyrologium Ebroicense. Paris, 1732, gr. in-8°.

IV.

L'abbaye de Saint-Taurin était une des plus anciennes et des plus célèbres de Normandie. On ignore à quelle date elle fut fondée. Guillaume de Jumiéges dit : « Quædam vero cœnobia ejusdem provin-
« ciæ antiquiora, quæ a Normannis adhuc
« paganis fuerant destructa, studio bono-
« rum principum reædificata sunt. » Puis il ajoute . « Monasterium vero Sancti Tau-
« rini et Sancti Leufredi, et Villare Mo-
« nasterium, et cœnobium Sancti Amandi,
« juxta urbem Rothomagensem, inter an-
« tiquiora computanda sunt. » En tout cas, elle fut rebâtie, vers 1026, par Richard II, duc de Normandie. Le Brasseur a publié une charte de 1035, par laquelle Richard réunit le monastère de Saint-Taurin à l'abbaye de Fécamp. Le *Gallia christiana* a publié également, t. XI, Preuves, p. 138, un diplôme de 1195 donné par Richard Cœur de lion à Saint-Taurin.

Voici la liste des abbés de Saint-Taurin :

1. Henri.
2. Almond.
3. Arnoul.
4. Richard Ier.
5. Auscher.
6. Garicus.
7. Helgotus.
8. Fromond, souscrivit à la charte de fondation du monastère de Conches, en 1035.
9. Raoul Ier, moine de Fécamp.
10. Guillaume Ier, prieur de Fécamp, élu en 1106.
11. Paul.
12. Philippe Ier, assiste au concile de Rouen en 1128.
13. Ranulfe Ier, vers 1154.
14. Lambert, vers 1157, mort en 1159.
15. Ranulfe II, vivait encore en 1172.
16. Richard II, en 1173.
17. Matthieu.
18. Guillaume II, en 1205.
19. Jean de Martigni, 1206-1223.
20. Guillaume III de Courdieu, moine du Bec, devint abbé de Jumiéges en 1240.
21. Gilbert de Saint-Martin, mort 1255.
22. Thomas, 1257-1259.
23. Richard II, mort en 1283.

24. Simon Ier, mort en 1296.
25. Richard III de Cormeilles, mort en 1312.
26. Robert Ier de Cornoel.
27. Jacques Ier de Senlis, en 1338.
28. Guillaume III Guitard, en 1348.
29. Jean II.
30. Robert II.
31. Adam Pinchemont, 1353-1379.
32. Pierre Ier le Roi, 1381-1385.
33. Simon II Chauvin, 1385-1403.
34. Philippe II Pruncé, 1403-1417.
35. Robert III Beurière, en 1421.
36. Jean III de Surville, 1424-1489.
37. Louis de Châtillon, prête serment en 1431.
38. Jean IV Trunquet, prête serment en 1432. Il vivait encore en 1472.
39. Etienne Ier Berthier.
40. Benoît le Duc, 1491-1502.
41. Raoul II du Fou, évêque d'Evreux, obtint la commende de Saint-Taurin, mort en 1511.
42. Etienne II de Saint-Amand, 1511-1528.
43. Jean V le Grand, neveu d'Etienne de Saint-Amand, mort en 1540. Il avait été forcé de céder la commende de Saint-Taurin à Jacques II d'Annebaut, cardinal et évêque de Lisieux.
44. Jacques II d'Annebaut, mort en 1558.
45. Gabriel le Veneur, évêque d'Evreux, mort en 1574.
46. Jean VI le Doys, mort en 1580.
47. Guillaume IV de Péricard, doyen et chanoine de Rouen, changea la commende de Saint-Taurin pour l'évêché en 1603.
48. Jacques III du Perron, mort en 1618.
49. Jacques IV le Noël du Perron, évêque d'Angoulême. Il introduisit dans le monastère de Saint-Taurin les moines de la congrégation de Saint-Maur.
50. François Vaultier, mort en 1652.
51. Le cardinal Mazarin, mort en 1661.
52. Henri de Bourbon, fils d'Henri IV et d'Henriette d'Entragues, reçut la commende de Saint-Taurin. Il se maria en 1668.
53. Jean Casimir, roi de Pologne, abbé de Saint-Germain-des-Prés, reçut du pape Clément IX la commende de Saint-Taurin en 1669. Il mourut en 1672.
54. Nicolas de Fresnoi reçut la commende de Saint-Taurin à l'âge de quatorze ans. Il résigna en 1685.
55. Hercule-Mériadec de Rohan. Son frère aîné étant mort en 1689, il se maria et prit le titre de prince de Rohan.
56. Daniel de Cosnac, archevêque d'Aix, cessa d'être abbé en 1695.
57. Jules de Clérambault de Palluau, 1695-1714.
58. Jean VII le Normant, évêque d'Evreux, reçut la commende en 1714, et mourut en 1733.
59. Louis-Abraham de Harcourt de Beuvron, 1733-1750.
60. N. de Beaupoil de Saint-Aulaire, nommé abbé commendataire en 1753.

Cf. *Gallia christiana*, t. XI. et *Neustria pia*, p. 360. Le Brasseur, *Hist. ecclésiastique et civile du comté d'Evreux*, passim : Actes, p. 4 et 118. *Mém. de la Soc. des Antiquaires de Normandie*, t. IV. Notice sur la châsse de Saint-Taurin d'Evreux, par Aug. Le Prevost. Cf. *Mélanges d'archéologie*, par Cahier et Martin, t. III ; *Châsse de Saint-Taurin*.

Bonnin, *Analectes historiques*, passim.

V.

L'abbaye de Saint-Sauveur fut fondée vers 1060 par Richard, comte d'Evreux, sur l'emplacement qu'occupa depuis l'église Saint-Nicolas, dans l'intérieur de la ville ; mais le monastère ayant été ruiné en 1125, dans la guerre entre Henri Ier, duc de Normandie, et Amauri, comte d'Evreux, l'abbaye fut transférée, vers la fin du XIIe siècle, dans l'un de ses faubourgs, au pied de la côte Saint-Michel, par les soins de Garin, évêque d'Evreux, et de Simon de Montfort, comte d'Evreux.

Voici la liste des abbesses de Saint-Sauveur :

1. Hersende, nommée dans la charte de fondation.
2. Godehilde, fille de Richard, comte d'Evreux.
3. Jeanne, vers 1100.
4. Osberte, en 1123.
5. Albarède, du temps d'Amauri, comte d'Evreux, vers 1130.
6. Hilaire. La bulle du pape Eugène III (1152) lui est adressée.
7. Isabelle Ire figure dans une enquête faite par l'abbé de Saint-Ouen, vers 1193.
8. Cécile.
9. Agnès. Garin, évêque d'Evreux, lui assigna un emplacement pour reconstruire son monastère, vers 1193. Elle était encore abbesse en 1216.
10. Alice Ire. Transactions en 1221 et 1223.
11. Agnès II. Transactions en 1224, 1225, 1229.
12. Alice II, en 1230.
13. Agnès III. Maurice, archevêque de

Rouen, adjugea en 1233 les menues dîmes dans la paroisse de Saint-Arnoul à l'abbaye de Saint-Sauveur. Agnès, en 1231, donna à Roger de Minières l'autorisation de construire une chapelle près de son manoir.

14. Emmeline. Transaction avec les moines de Saint-Leufroi en 1238.
15. Jeanne Ire, 1240-1252.
16. Isabelle II figure dans des actes de 1258 et de 1260.
17. Nicole Ire. Elle transigea, en 1265, avec Richard, abbé de Saint-Taurin, sur la dîme que l'abbé et le couvent de Saint-Taurin réclamaient sur le tonlieu de la prévôté d'Evreux. Elle figure encore dans des chartes de 1274, 1275 et 1277.
18. Alice III de Brély, 1280-1289.
19. Marguerite transigea, au nom du couvent de Chaise-Dieu, avec les moines de Conches, sur les dîmes de Nogent-le-Sec, en 1290.
20. Alice IV de Murgiers, en 1291 et 1301.
21. Flandrine, en 1303 et 1312.
22. Floride de Mauléon, 1326.
23. Jeanne II de Limbeuf, 1344-1350.
24. Pétronille Ire, en 1358.
25. Blanche la Gannaude prête serment au roi de Navarre le 5 juin 1375. Elle figure encore dans des actes de 1379 à 1393.
26. Pétronille II du Coudrai, 1393-1405.
27. Pétronille III de Daubeuf, 1405-1416.
28. Jeanne III de Garancières, 1416-1418.
29. Nicole II la Prévoste, 1418-1451.
30. Marguerite II de Garencières, 1452-1469.
31. Jeanne IV de Giresme prête serment en 1469.
32. Jeanne V de Garencières, 1470-1493.
33. Prudence de Melun, 1495-1504.
34. Jeanne VI d'Erneville, 1504-1531.
35. Madeleine Ire d'Estouteville, 1531-1566.
36. Madeleine II de Montpnai, 1566-1597.
37. Madeleine III d'Aiguevive, 1597-1594.
38. Judith de Pons, 1594-1627. Sous son ministère, l'abbaye, qui tombait en ruines, fut restaurée, les biens et les revenus considérablement augmentés, la discipline remise en vigueur. Les religieuses se cloîtrèrent.
39. Louise du Plessis, de la maison de Liancourt, 1627-1652.
40. Marie-Elisabeth de la Rochefoucault, 1652-1698.
41. Françoise-Henriette de la Rochefoucault, 1698-1743.
42. Marie-Anne-Claudine de la Rochefoucault, 1743-1788.
43. N. de Narbonne, 1791-1792.

L'abbaye de Saint-Sauveur a été changée en caserne ; il n'en reste qu'une tourelle d'escalier, en grande partie du xvie siècle. L'emplacement de l'église est encore indiqué par quelques pans de mur du xiiie siècle.

Bonnin, *Analectes historiques*, p. 10.
Gallia christiana, t. XI, p. 134.
Neustria pia, p. 392.

VI.

On trouvera des renseignements sur les monuments d'Evreux dans les ouvrages et mémoires suivants.

Sur la cathédrale d'Evreux :

Durand, *Histoire de l'église cathédrale*. Extrait du *Calendrier historique de 1749*.
De la Noë, *Notice historique sur la Cathédrale d'Evreux*. 1841, in-18.
Batissier, *Description de la Cathédrale d'Evreux*. 1849, in-8°.

Sur les enceintes de la ville :

Durand, *Second calendrier historique de 1750*.
De Stabenrath, *État des fortifications et des enceintes de la ville d'Evreux à diverses époques de son histoire*. *Recueil de la Soc. libre de l'Eure*, 1834, 1835.

Sur la grosse horloge, les rues, etc. :

Durand, *Calendrier historique de 1750*.
Chassant, *Notice sur la grosse horloge*. *Recueil de la Soc. libre de l'Eure*, 1834, in-8°, et 1839, in-12.
Annuaire normand, 1842, p. 34-35.
Lettres d'un centenaire sur les anciennes maisons d'Evreux. *Courrier de l'Eure*, sept. et oct. 1839.
Bulletin monumental, t. II, p. 404 ; t. IV, p. 165, 167, 441 ; t. VI, p. 430, 471 ; t. VII, p. 526 ; t. XI, p. 617. Procès-verbal des séances tenues à Evreux en 1845, rédigé par M. Raymond Bordeaux.
Taylor, *Voyage dans l'ancienne France. Normandie*, in-folio, t. II.
La Normandie illustrée, Eure, t. Ier, p. 3.

Les dépendances d'Evreux sont : — Argenots ; — le Buisson-Hoepin. (Le nom de Buisson-Hoepin vient d'une famille Hoepin ou Houpequin, dont on trouve la trace dans le *Cartul. de Saint-Taurin*, fol. 112 : « Sciant omnes presentes et futuri, quod ego, Ogerus dictus Houpe« quin, filius quondam Renoudi Houpe« quin, militis, vendidi, concessi et « omnino dereliqui viris religiosis et ho« nestis abbati et conventui Sancti Tau« rini Ebroicensi... [1260]. » Le Buisson-Hoepin paraît être le lieu qui est désigné sous le nom d'*Isnelmesnillum* et de Buisson - Amauri : « Willelmus, filius « Amaurici, factus monachus de illo Sancto « Taurino x. et vii. acras terre, apud Isnel « Maisnil, concedente fratre suo Gille« berto et domino suo Walterio. » [Charte de Richard Cœur de Lion.] ; — Camboille ; — la Censurière ; — le Champ-d'Enfer ; — la Côte-de-Paris ; — les Fayans ; — Harrouard ; — la Madeleine ; — Nétreville ;

— la Poterie; — les Quatre-Chemins; — la Rochette; — la Ruelle-aux-Loups; — Saint-Michel; — le Clos-Hutin; — la Folie-Lebrun; — la Folie-Marcel; — la Maison-du-Bois-de-Saint-Michel; — le Moulin Vieux; — le Clos-Aubert; — le Long-Buisson; — la Ménagerie; — le Ralais; — le Plusquetout; — Saint-Germain-de-Navarre; — Navarre. (La reine Jeanne de Navarre fit élever près d'Evreux, vers 1330, une maison de plaisance ornée de tours. Le duc de Bouillon y fit bâtir vers 1686, sur le modèle de Marli, un gros pavillon massif surmonté d'un dôme. Lenôtre, qui fut chargé d'ordonner les eaux, les jardins et les plantations, profita admirablement de la beauté de la position. En 1810, l'impératrice Joséphine, ayant reçu ce domaine de Napoléon après son divorce, y résida pendant deux ans. Le château a été démoli en 1836, les plantations abattues et les bassins comblés).

U. d'Avances, *Esquisses sur Navarre*, 2 vol. in-8°.

VII.

A ces renseignements généraux, nous joindrons quelques indications bibliographiques :

Mercure de France, 1726, mai; 1731, septembre.
Le Brasseur, *Histoire civile et ecclésiastique du comté d'Evreux*. Paris, 1722, in-4°.
Masson Saint-Amand, *Essai sur le comté et la ville d'Evreux*, 2 vol. in-8°.
Guilmeth, *Notice historique sur la ville d'Evreux et ses environs*. 1837, in-8°.
Guilbert, *Hist. des villes de France*. Evreux, par M. Chéruel, p. 559.
La Normandie illustrée. Eure. T. Ier, p. 3 à 9.

Bonnin :
Puy de musique. 1837, in-8°.
La Confrérie du Pardon. Revue historique des cinq départements de Normandie, 1837, p. 217.
Notes sur les entrées solennelles des rois de France, 1839, in-8°.
Antiquités historiques. Evreux, 1839, in-8°.
Opuscules et mélanges historiques sur Evreux, 1845, in-12.
Notes, fragments et documents pour servir à l'Histoire d'Evreux. Evreux, 1847, in-8°.
Journal d'un Bourgeois d'Evreux. Evreux, 1850.
Montres générales de la Noblesse et du Bailliage d'Evreux, 1853, in-8°.

Recueil de la Soc. libre de l'Eure, passim et notamment :

1830. Extraits des procès-verbaux de l'Assemblée des trois ordres du bailliage d'Evreux en 1789, par M. Cocin.
1832. Note sur un tombeau récemment découvert à Evreux, par M. de Stabenrath.
1833. Confrérie de Madame Sainte Cécile, à Evreux, par M. de Stabenrath.
1842. Des pyxides coutumes anciennement observées aux entrées et réceptions des baillis gouverneurs dans la ville d'Evreux, par M. Chassant.

Variétés historiques, par Bocher d'Arcis, t. III, p. 300 : Ancienne et singulière dévotion de la ville d'Evreux. (Cérémonie de Saint-Vital.)

Almanach-Annuaire de l'Eure. 1854-1864.
Les Armoiries des corporations d'arts et métiers d'Evreux, et de la région d'alentour, par Raymond Bordeaux. Evreux, 1864, in-32, fig.

VIII.

Le nombre des actes concernant la ville d'Evreux et publiés dans différents recueils est très considérable; nous nous bornerons à indiquer les principaux. Voyons d'abord dans Le Brasseur ceux qui intéressent spécialement Evreux, ou le comté d'Evreux.

Le Brasseur, Actes, Preuves :

1° Charte de Robert, duc de Normandie, en faveur de Saint-Taurin. 1035, p. 1.
2° Lettres de Gilles et de Rotron, évêques d'Evreux, p. 2, 3, etc. (Extr. du Cartulaire de Saint-Père de Chartres.)
3° Définition des lettres de Gilles d'Evreux, p. 6. (Mém. pour l'Hist. des sciences et des beaux-arts, 1716, p. 501.)
4° Lettres de Simon, comte d'Evreux (1176, au sujet du meurtre de Simon de Maurepas, p. 6.
5° Règlement de Raoul de Cherri, évêque d'Evreux, sur la juridiction des archidiacres de l'Eglise d'Evreux. 1208, p. 13.
6° Lettres de l'Official d'Evreux, dans lesquelles Marguerite du Fresne, dame de Chambrai, fait une donation à l'église cathédrale d'Evreux. 1283, p. 16.
7° Lettres de Philippe le Hardi en faveur de Notre-Dame-de-la-Ronde d'Evreux. 1283, p. 17.
8° Parfournissement de l'apanage fait par le roi Philippe le Bel à son frère Louis, comte d'Evreux, des comtés et seigneuries d'Evreux, Beaumont et autres. 1298, p. 13.
9° Réparations dans l'église cathédrale d'Evreux. 1377, p. 26.
10° Apanage baillé par Philippe le Bel à Louis, comte d'Evreux, et consistant en le comté d'Evreux, Autheuil, Gien, la Ferté-Aleps, Estampes, Dourdan et Meulent. 1307, p. 27.
11° Traité de Louis le Hutin, par lequel il échange avec Louis, comte d'Evreux, les terres que possédait Enguerrand de Marigni, moyennant huit mille livres. 1313, p. 31.
12° Lettres de Philippe le Long, pour la pairie d'Evreux. 1316, p. 32.
13° Traité par lequel Philippe le Long accorde à Jeanne, fille de Louis le Hutin, et depuis femme de Philippe, comte d'Evreux, les comtés de Champagne et de Brie. 1317, p. 32.
14° Traité entre Philippe le Long et Jeanne, fille de Louis le Hutin, au sujet du mariage de Jeanne et du comte d'Evreux. 1317, p. 34.
15° Bulles de dispense pour le mariage de Jeanne de France avec Philippe, comte d'Evreux. 1319, p. 37.
16° Addition au testament de Louis, comte d'Evreux. 1319, p. 40.
17° Compensation faite par Philippe le Long, roi de France et de Navarre, à Louis, comte d'Evreux, pour la terre de Marigni que Louis le Hutin lui avait donnée et que Philippe le Long lui avait retirée. 1319, p. 42.
18° Assignation du comté d'Angoulême et de la châtellenie de Mortain, par le roi Charles le Bel, au comte et à la comtesse d'Evreux. 1325, p. 46.
19° Secondes lettres du roi Charles le Bel, pour la pairie d'Evreux. 1326, p. 46.
20° Assignation de terre faite par le roi Charles le Bel à Monseigneur Philippe, comte d'Evreux, en compensation du comté de Champagne et de Brie. 1327, p. 47.

21° Lettre du roi Charles le Bel qui donne à Charles d'Evreux, comte d'Étampes, une rente de quatre mille livres sur son trésor de Paris. 1327, p. 49.
22° Lettres de Philippe de Valois, par lesquelles il remet à Philippe, roi de Navarre, certaines sommes d'argent. 1339, p. 49.
23° Traité de Valognes, entre Charles V et Charles d'Evreux, roi de Navarre. 1355, p. 51.
24° Lettre de Charles V au parlement de Paris, par laquelle il déclare Robert Porte, évêque d'Avranches, criminel de lèse-majesté pour avoir suivi le parti du roi de Navarre. 1378, p. 60.
25° Interrogatoire et procès de Pierre du Tertre, secrétaire de Charles le Mauvais. 1378, p. 61.
26° Interrogatoire de Jacob de la Rue, chambellan de Charles le Mauvais. 1378, p. 90.
27° Lettres patentes de Charles d'Evreux, roi de Navarre, portant confiscation de biens pour défaut de services militaires. 1359, p. 98.
28° Traité entre Jean, roi de France, et Charles, roi de Navarre, comte d'Evreux. 1360, p. 99.
29° Don du comté de Longueville en échange du Captal de Buch, prisonnier. 1361, p. 102.
30° Traité et accord faits entre Charles V et le roi de Navarre. 1373, p. 104.
31° Quittance d'un prêt fait au roi de Navarre. 1390, p. 108.
32° Mandats et ordonnances du roi Charles VI en faveur de l'évêque d'Evreux. 1383, p. 110.
33° Échange entre Charles VII et Charles le Noble, roi de Navarre, du comté d'Evreux contre la seigneurie de Nemours, érigée en duché-pairie en faveur de Navarre. 1404, p. 111.
34° Charte d'Henri VI, roi d'Angleterre, en faveur du monastère de Saint-Taurin d'Evreux, p. 119.
35° Don du comté d'Evreux à Jean Stuart, connétable d'Écosse, p. 19.
36° Délégation, par le roi Charles VII, des revenus de l'évêché d'Evreux aux réparations à fortifications de la ville d'Evreux. 1457, p. 120 et 121.
37° Don royal pour réparer l'église cathédrale d'Evreux. 1463, p. 121.
38° Acte par lequel Louis XI démembre du comté d'Evreux la vicomté de Beaumont-le-Roger, et la donne en mariage à Jeanne, fille naturelle du duc d'Alençon. 1479, p. 121.
39° Lettres patentes du roi Louis XII, qui confirme à Jacques de Chambray, premier chambellan et son bailli d'Evreux, ses droits dans les forêts de Beaumont-le-Roger. 1498, p. 126.
40° Testament de Jacques de Chambray. 1504, p. 127.
41° Arrêt du conseil privé du roi François I, donné à Evreux. 1519, p. 129.
42° Nomination de baillis, p. 130 à 136.
43° Échange des souverainetés de Sedan et Raucourt, passé le 29 mars 1651, entre le roi et le duc de Bouillon. 1617, p. 151.
44° Pièces qui servent de preuves à ce qui regarde les miracles arrivés au tombeau de saint Taurin. 169, p. 196.

Analectes historiques, recueil de documents inédits sur l'histoire de la ville d'Evreux, publiés par M. Bonnin. Evreux. 1839.

I. Charte de Richard, comte d'Evreux, en faveur de l'abbaye de Jumièges (1025).
II. Charte de Yves, fils de Gomin, en faveur de l'abbaye de Saint-Sauveur d'Evreux (1060).
III. Guillaume, comte d'Evreux, confirme une donation faite par Robert Louvet à l'abbaye de Saint-Taurin.
IV. Donations faites par Simon, comte d'Evreux, au chapitre de la cathédrale d'Evreux.
V. Transaction entre Simon, comte d'Evreux, et le doyen de l'église d'Evreux.
VI. Traité de paix entre Louis VII, roi de France, et Henri II, roi d'Angleterre.
VII. Fondation de la foire Saint-Nicolas par Simon, comte d'Evreux.
VIII. Amauri, comte d'Evreux, confirme une donation de Simon, son père, en faveur du chapitre de la cathédrale d'Evreux.

IX. Amauri, comte de Glocester, cède à Philippe-Auguste la cité d'Evreux et l'Evrecin (1200).
X. Roger de Meulent cède à Philippe-Auguste la vicomté d'Evreux (1204).
XI. Établissement d'une commune à Evreux.
XII. Fondation de la foire Saint-Taurin à Evreux (1207).
XIII. L'abbé de Saint-Taurin reçoit les amendes des condamnations prononcées en raison de la foire de Saint-Taurin.
XIV. Suppression de la rue du Vaupillon (1316).
XV. Droits du chapitre dans la forêt d'Evreux (1317).
XVI. Fondation de la chapelle du Pardon (1335).
XVII. Lettre du roi Jean pour la restitution des biens de l'évêque et du chapitre d'Evreux.
XVIII. Lettres royaux sur le fait du Charroy (1369).
XIX. Confirmation des privilèges des francs bourgeois de la tour et du château d'Evreux (1375).
XX. Élection des conseillers et gouverneurs de la ville d'Evreux (1396).
XXI. Droits du chapitre sur les biens de l'évêché en régale (1427).
XXII. Construction du château d'Evreux (1463).
XXIII. Députés du bailliage, à Evreux, aux états généraux tenus à Tours (1467).
XXIV. Compagnie de l'Arbalète (1469).
XXV. Le Clocher d'argent (1491).
XXVI. Rédification de la cathédrale (1491).
XXVII. Prix du papegault (1533).
XXVIII. Exemption de garnison en faveur des villes, vicomté et élection d'Evreux (1575).
XXIX. Garde des portes de la ville d'Evreux.

Ordonnances des rois de France (in-folio) :

1406. Homologation des statuts des drapiers de la ville d'Evreux, t. IV, p. 670.
1421. Lettres de Henri VI, roi d'Angleterre, par lesquelles il confirme les statuts des chaussetiers et drapiers de la ville d'Evreux, t. XIII, p. 77.
1421. Lettres de Henri VI, roi d'Angleterre, par lesquelles il confirme les statuts des bouchers d'Evreux, t. XIII, p. 81.
1443. Lettres portant exemption de tout impôt sur les grains et les boissons, et affranchissement de toutes les obligations municipales en faveur du chapitre d'Evreux, t. XV, p. 358.
1463. Lettres confirmatives de celles du mois de janvier 1443, qui accordent l'exemption au chapitre d'Evreux de tout subside, de tout droit sur les grains et les boissons, et des obligations municipales pour la garde de la ville, l'entretien et la réparation des murs, et diverses autres concessions, p. 559.
1474. Lettres qui homologuent les statuts des tonneliers, bouchers et menuisiers d'Evreux, t. XVII, p. 168.
1492. Lettres qui confirment les privilèges de l'église cathédrale d'Evreux, t. XIX, p. 37.
1488. Lettres concernant les privilèges du doyen et du chapitre de l'église cathédrale d'Evreux, t. XIX, p. 192.
1490. Lettres portant confirmation des statuts de la confrérie des bouchers d'Evreux, t. XX, 215.

Bonnin, *Opuscules et mélanges historiques sur la ville d'Evreux et le département de l'Eure*. Evreux, 1845.

La juste position des principales villes et bourgs de Normandie, leurs degrés de longitude et latitude, par Cretien, curé d'Orgeville, p. 1.
Abrégé historique de la ville d'Evreux, par Durand, p. 2.
Suite de l'histoire d'Evreux, par le même, p. 29.
Saint-Nicolas, p. 30.
Du château, p. 31.
Histoire de la Grosse-Horloge, par le même, p. 36.
De la boulangerie, p. 41.
Hôtel de ville, p. 43.
Histoire de l'église cathédrale, par le même, p. 45.

Des paroisses d'Evreux, par le même, p. 48.
Des rues d'Evreux, par le même, p. 50.
Noms et surnoms de M. l'illustrissime et révérendissime évêque d'Evreux, etc., p. 57.
Fondations des dignités, chanoinies, prébendes, vicairies et chapelles de l'église cathédrale, par Durand, p. 64.
Clergé régulier de la ville d'Evreux, p. 66.
Couvents et communautés, p. 67.
Du clergé du diocèse, p. 73.
Abbayes du diocèse, p. 75.
Chambre du clergé, p. 77.
Bailliage, présidial et autres juridictions d'Evreux, p. 78.
Départ des carrosses d'Evreux pour Paris, Rouen et Dreux, p. 89.
État civil du comté d'Evreux, par Durand, p. 91.
Comtes d'Evreux de la maison de Bouillon, par le même, p. 93.
Chronologie historique des comtes d'Evreux, par les auteurs de l'Art de vérifier les dates, p. 97.
Lettre contenant quelques observations sur le livre intitulé : Abrégé chronologique des grands fiefs de la couronne, par Durand, p. 116.
État de la ville d'Evreux dans les XIVe, XVe et XVIe siècles, par le même, p. 121.
Recherches sur les entrées solennelles de nos rois dans la ville d'Evreux, par le même, p. 124.
Observations sur Turstin, archevêque d'York, et Audin, évêque d'Evreux, par Béziers, p. 127.
Réception de NN. SS. les évêques d'Evreux à leur joyeux avènement, par Durand, p. 130.
Explication du terme bizarre abbas Cornalorum (abbé des Cornards) et d'un usage singulier qui a subsisté dans la ville d'Evreux, p. 131.
Lettre sur l'ancienne et célèbre cérémonie de la Saint-Vital et la procession noire d'Evreux, par L. A. M. A., p. 149.
Lettre de Durand à Loisel, auteur de la Dissertation sur le bonnet vert, p. 155.
Lettre écrite d'Evreux, le 15 décembre 1738, par M. A. C. D. S. T., sur un droit honorifique singulier, p. 162.
Lettre de Durand sur le droit d'atrier, p. 164.
Mémoire sur le droit d'atrier établi à Evreux, par J-Rey, p. 167.
Extrait d'une lettre écrite d'Evreux, sur une médaille d'or d'Edouard, roi d'Angleterre, trouvée dans cette ville, p. 173.
Extrait d'une lettre de Boislandert, curé du Vieil-Evreux, contenant des remarques sur la position de ce lieu et les antiquités que l'on y trouve, p. 179.
Lettre sur une statue antique trouvée dans les environs d'Evreux, par Durand, p. 182.

On a publié dans les *Mémoires de la Soc. des antiquaires de Normandie*, t. XV, XVI, XVIII et XXIII, un grand nombre de pièces relatives à l'administration de la Normandie aux XIIe et XIIIe siècles, ainsi qu'à l'occupation de cette province par les Anglais. Beaucoup de ces pièces concernent Evreux.

IX.

Quant aux pièces manuscrites, on en trouvera un très-grand nombre dans les dépôts de Paris, de Rouen et d'Evreux. Nous rappellerons seulement les titres des sections dans lesquelles l'inventaire des archives du département de l'Eure classe les documents relatifs à l'histoire d'Evreux.

Bailliage d'Evreux. — Transcription d'édits, déclaration du roi, etc., enregistrés au parlement de Normandie. — Registres de la chambre du conseil et registre du procureur du roi, de 1583 à 1768. (7 reg.)

Comté d'Evreux. — État des fiefs en relevant, projets de ventes de bois, bail du comté d'Auvergne, registre du garde-marteau des eaux et forêts du comté d'Evreux, et pièces de la chambre des comptes du roi de Navarre, de 1361 à 1784. (7 reg., 5 liasses.)

Ville d'Evreux. — Dossiers concernant les murs et fossés de la ville, les travaux sur la rivière et diverses fieffes. — Plans terriers de 1518 à 1778. (1 reg., 3 liasses et 6 plans.)
Suivent les noms des fiefs unis au comté ou relevant du comté; puis les titres et plans concernant les fiefs de la vicomté d'Evreux.

Evêché d'Evreux. — Cinq pouillés du XVIIIe siècle, dont l'un en 11 volumes; 6 cartulaires du chapitre épiscopal d'Evreux des XIIIe, XIVe et XVe siècles.

Grand séminaire d'Evreux. — Titres de fondation et de propriété. — Registre des inhumations et des incorporations à la communauté. — Mémoires et inventaires concernant le chapitre de Gaillon et le prieuré de Notre-Dame-du-Désert, unis au séminaire, de 1663 à 1780. (5 reg., 2 liasses.)

Abbaye de Saint-Taurin. — Trois cartulaires des XIIIe, XIVe et XVIIIe siècles. — Prises d'habit, mémoires, délibérations capitulaires, inventaires, terriers, gages-pièges, plans, pièces de procédures, chartes et titres des propriétés situées sur les paroisses d'Aulnay, Avrilly, Bérengeville-la-Rivière, Bois-Gencelin, Evreux, la Forêt-du-Parc, Garencières, Glisolles, Gravigny, Guichainville, Louviers, Marcilly-la-Campagne, Minières, Miserey, Morsent, Parville, Perriers, Prey, Quessigny, Saint-Germain-les-Evreux, Saint-Just, Saint-Laurent-des-Bois, Saint-Marcel, la Signe, etc., de 1150 à 1789. (21 reg., 10 liasses, 3 plans.)

Abbaye de Saint-Sauveur d'Evreux. — Titres généraux, chartes, registres des droits de chauffage pour le manoir d'Arnières, et titres des propriétés situées dans les paroisses d'Arnières, Aviron, Brosville, Capelles, Claville, les Essarts, Ferrières-Haut-Clocher, Gravigny, Guichainville, Hordouville, Neuville, Sainte-Colombe, la Selle et en Angleterre, de 1215 à 1763. (1 reg., 4 liasses.)

Nous devons encore mentionner les archives de l'hôtel de ville, du tribunal civil et surtout de l'hospice, où se trouve un cartulaire de la léproserie de Saint-Nicolas d'Evreux. Ce cartulaire comprend quatre-vingt-dix-sept chartes, dont la plus récente est de 1252.

EZY.

Arrond. d'Évreux. — Cant. de Saint-André.
Sur l'Eure.

Patr. S. André. — *Prés. le seigneur.*

Il ne serait pas étonnant qu'Ezi eût la même étymologie qu'Aizier, qu'Aisi, qu'Aisac, etc. C'est peut-être le nom gallo-romain d'Asius ou d'Aisius, auquel nous trouvons accolé le nom de *curtis* ou d'*acus*.

Il y avait à Ezi un prieuré dit de Saint-Germain-de-la-Truite, dont on ignore absolument l'origine; il était construit sur une fontaine, au point le plus élevé de la côte, et dépendait de l'abbaye d'Ivri. La chapelle et les bâtiments ruraux existent encore.

Dans un traité conclu avec le roi de France Charles VI, le roi de Navarre, fils de Charles le Mauvais, renonça à toutes ses prétentions sur le comté de Champagne et ses dépendances, sur les comtés, cités, villes, châteaux, châtellenies, terres, cens, revenus, profits et justices d'Évreux, d'Avranches, de Pont-Audemer, de Paci, de Nonancourt, d'Ezi… (*Chronique du religieux de Saint-Denis*, liv. XIV, ch. 6, t. III, p. 157.)

1586, 6 octobre. Les commissaires du parlement, réunis à Évreux pour la reformation de la Coutume, font réserve expresse « du droit des états des châtellenies de Pacy et d'Ezy à se pourvoir « ainsi qu'ils verront bon estre, en cas « qu'ils ne se veulent submettre à la « Coustume locale d'Évreux et Nonan-« court ».

Cette réserve ne fut pas suivie d'effet. On lit dans le *Mercure de France* (février 1735,) :

« Ezy est une châtellenie dans le dio-« cèse d'Évreux, à un quart de lieue « d'Anet, où il y a bailliage, vicomté, « eaux et forêts, etc. Elle a pour un de « ses seigneurs un gentilhomme, sur le « fief duquel est bâtie l'église de la pa-« roisse, attenant à la maison seigneu-« riale. Ce gentilhomme succède à un « autre, qui en l'année 1613 donna l'aveu « qui suit à son seigneur suzerain :

« De haut et puissant seigneur messire « Louis de Carvoisin, chevalier, gentil-« homme ordinaire de la chambre du roi, « seigneur de Sassay, etc., je, Louis des « Brosses, écuyer, seigneur de Batigny et « autres terres, avoue tenir de mondit « sieur, à cause de sondit noble fief de « Sassay, etc.

« *Item*, peut ledit sieur de Sassay faire « dire la messe par le curé d'Ezy ou autre « en l'église Notre-Dame d'Évreux, devant « le grand autel, quand il lui plaira, et « peut ledit sieur ou curé chasser sur « tout le diocèse d'Évreux, avec autour « et tiercelet, six épagneuls et deux le-« vriers, et ledit sieur faire porter et « mettre son oiseau sur le coin du grand « autel, au lieu le plus près et le plus « commode à son vouloir. Peut ledit « sieur curé dire la messe botté et épe-« ronné en ladite église Notre-Dame d'É-« vreux, tambour battant en lieu et place « des orgues, etc.

« Signé : DE CARVOISIN-SASSAY.

« Présenté, avoué et affirmé véritable « par ledit sieur des Brosses, devant nous « Nicolas le Courtois, licencié ès-lois, « lieutenant de M. le sénéchal de ladite « sieurie de Sassay, le 10 septembre 1613; « lequel aveu lui avons ordonné bailler « à mondit sieur ou à son procureur et « receveur, etc.

« LE COURTOIS et DESHATES, « avec paraphe. »

M. des Brosses était seigneur d'Ezi en 1726.

Dépendances : — Coutumel; — Huberville; — Saint-Germain-de-la-Truite.

Cf. *Bulletin monumental*, t. XV, p. 373, Notice sur la chapelle et la fontaine de Saint-Germain-de-la-Truite, par M. Philippe-Lemaître.

F

FAINS.

Arrond. d'Évreux. — Cant. de Paci.
Sur l'Eure.

Patr. S. Pierre. — *Prés. le seigneur.*

On trouve en France deux Fain, trois Fains, deux Feings, deux Feins, un Fins et un les Fins.

Le nom de Fains semble venir de *fines* : cette commune occupait sans doute la limite d'une ancienne division topographique. Cependant, nous devons avouer que le lieu appelé Fains, voisin de Bar-le-Duc, semble avoir une autre origine. Il est désigné dans Frodoard (951) : « In loco qui dicitur Fanis. » Dans une charte de l'évêque Pibon, il est appelé : « Fanes juxta castrum Barrum. »

Dans le cartulaire de Saint-Père de Chartres, Feins au Perche s'écrit : « Feins, Feni, Feins. »

Fains figure comme fief relevant de Paci dans le registre des fiefs de Philippe-Auguste :

« Radulfus Coqus tenet apud Feins ter-
« ciam partem feodi per quatuordecim
« dies de custodia ad suum costum.
« Dominus Henricus de Feins tenet apud
« Feins tantumdem et eodem modo. »

Le droit de patronage appartenait au seigneur.

Pour les droits des habitants de Fains dans la forêt de Mercy, voyez le *Coutumier des forêts de Normandie*, f° 167 v°.

En 1726, M. de Saint-Marc était seigneur de Fains.

En 1789, l'abbaye de la Croix-Saint-Leufroi était propriétaire à Fains.

Dépendances : — la Noë-des-Bois ; — les Portes.

FARCEAUX.

Arrond. des Andelys. — Cant. d'Estrépagny.

Patr. S. Vast. — *Prés. le seigneur.*

On a trouvé dans une pièce de terre dépendant de Farceaux un grand nombre de monnaies romaines.

Sur une charte en faveur de Saint-Amand, souscrite par Roger Torel « de Buscalia » et relative à Guiseniers, on remarque parmi les témoins Enguerrand de Farceaux : « Engerranus de Farseaus... »

Dans le pouillé d'Eudes Rigaud, on voit que le patronage de l'église appartenait, au XIIIᵉ siècle, au seigneur, Guillaume Crespin : « Ecclesia Sancti Vedasti de Far-
« sellis : Willelmus Crispini patronus, ha-
« bet XLV. parrochianos, valet XXX. libras
« turonensium. »

Dans un aveu du XVᵉ siècle, l'Hôtel-Dieu de Vernon avoue posséder des biens à Farceaux : « Item, le quart de la disme
« de Farciaux, qui est baillée communé-
« ment pour XX livres tournois ou environ.
« Item, audit lieu de Farceaulx, une
« maison pour mectre ladicte disme. Item,
« ung jardin et demi-arpent de terre ou
« environ. » Cet aveu a été publié par M. Delisle, *Cart. norm.*, n° 613.

Thomas Sureau, seigneur de Farceaux et de Lisors, eut de Geneviève Chapelle Jeanne Sureau, femme de Louis Dubosc, seigneur du Bec. Ce Thomas Sureau vivait au commencement du XVIᵉ siècle ; il figura aux états provinciaux de 1501.

En 1726, M. de Romé était seigneur de Farceaux.

En 1789, le prieuré de Saint-Jean d'Andelis et les religieuses hospitalières de Saint-Louis de Louviers avaient des biens à Farceaux.

Deux anciennes communes ont été réunies à Farceaux : ce sont les communes de la Londe et de Neuville-sous-Farceaux.

Lecouteulx de Canteleu, membre de l'Assemblée constituante, est né à Farceaux.

Cf. Toussaint Duplessis, t. II, p. 540.

FATOUVILLE.

Arrond. de Pont-Audemer. — Cant. de Beuzeville.
Sur la Villaine et le Salles.

Patr. S. Martin. — *Prés. le seigneur.*

Fatouville : ce nom nous paraît venir

du nom scandinave *Foste*, *Faste*. On trouve encore la même racine dans Herefaste ou Arefaste, frère de la duchesse Gonnor : c'est un nom scandinave.

On trouve dans une charte du cartulaire de Préaux relative à Graimbouville : « ... Robertus Fasterilla... »

Dans une autre on trouve : « Hugo de Fastovilla... »

Dans le cartulaire de Saint-Gilles, on voit que Richard de Villequier donna à cette maison, vers 1135, la dîme de son moulin de Jobles, dépendant d'un fief qu'il appelle « Fesdum Barki », ou 20 sols de rente. Ce moulin était situé sur un ruisseau qui prend sa source dans la commune, au Val-Anglais, où la tradition a conservé les détails d'un combat livré sous Charles VI.

En 1451, l'abbaye du Bec céda à l'abbaye de Grestain toutes ses prétentions et droits sur les denrées, poisson frais et marchandises qui se vendent « sur le perroi de la mer, entre le hamel de Jobles et le pont de Cremafleu », et il fut convenu que les relais de la mer seraient partagés entre les deux abbayes.

Le hameau de Feugrai était le chef-lieu d'un fief.

On cite un Mathieu de Feugrai parmi les chevaliers qui accompagnèrent le duc Robert en Palestine. Mais ce Mathieu, selon toute apparence, vivait du temps de Charles VI.

Le patronage de l'église appartenait au seigneur.

La porte latérale de l'église est dans le style du XI° siècle.

Deux sapins gigantesques, désignés par les habitants sous le nom de *Bonshommes*, servent de guides aux navigateurs le long des côtes de la Seine.

Les communes de Carbec-Grestain et de Fatouville ont été réunies en 1844 sous le nom de Fatouville-Grestain.

Dépendances : — la Côte; — le Feugrai; — Jobles; — les Londes; — les Petites-Londes; — la Terrerie.

Cf. Canel, *Essai sur l'arrond. de Pont-Audemer*, t. II, p. 474.

FAUVILLE.

Arrond. d'Évreux. — Cant. d'Évreux (sud).

Patr. S. Michel. — *Prés.* en litige entre le seigneur et le chanoine d'Écrens, prébendé de Fauville.

Quelle est l'étymologie de Fauville ? Peut-être *Favonis villa*. Il y avait un Favo, évêque de Châlons-sur-Saône, contemporain de Louis le Débonnaire.

Au VII° siècle, un évêque islandais, nommé Falvius, est mentionné dans la vie de saint Cyran.

Le premier document sur Fauville paraît être une bulle d'Eugène III en faveur de Saint-Sauveur (1153) : « et vineam unam et duos hospites apud Fovillam... »

En 1303, on écrivait encore Foville : « ... Thomas Le Jeune, de la paroisse de Foville... » (Gr. Cart. de Saint-Taurin, f° 57 r°.)

« Joannes de Brueria, de parochia de Fovilla... » [1270.] (Gr. Cart. de Saint-Taurin, f° 63 v°.)

Sous le pontificat de Benoît XIII, il y eut, à l'instigation de G., évêque d'Évreux, et de « nobilis vir Robertus de Fauvilla, « armiger, dominus temporalis ejusdem « loci, » une délibération du chapitre d'Évreux pour augmenter le revenu du curé de cette paroisse.

En 1726, M. de la Touche était seigneur de Fauville.

FAVEROLLES-LA-CAMPAGNE.

Arrond. d'Évreux. — Cant. de Conches.

Patr. Notre-Dame. — *Prés.* le seigneur.

On trouve en France des Faverolles, Feugurolles, Feugerolles, Foucherolles, Fauquerolles, Foucherolles, Fouquerolles, Ferolles.

Il y a aussi Favières, Favreuil, Favieux, Favril.

Huet avance que du mot *faba*, fève, sont venus les noms de lieu : « Favas, « Favery, Faveroles, Fabatum, Fabaria« cum, Fabariola... »

Dans la loi salique, *fabaria* désigne un champ rempli de fèves : « ... campus fabis consitus... » (Du Cange, *Glossaire*.)

Un testament en faveur de l'abbaye de Saint-Denis, relaté par Félibien sous la date de 690 (*Hist. de l'abbaye de Saint-Denis*, pièces justificatives, p. 10), mentionne un lieu de Faverolles dans le *pagus* d'Évreux : « ... villa Favariolas quæ est « in pago Ebrocino, super fluvium Siega « cum omni jure et termino suo, sicut a « me præsenti tempore possiditur ad ipsas « basilicas post obitum meum habendum « et possedendum præcipio... »

Le monastère de Saint-Denis était propriétaire à un autre titre d'un lieu portant le même nom : « Falerolas et Noromtemvillas... » Ces deux domaines lui avaient été donnés par Carloman en 771, et par Charlemagne en 774.

Le fief important de Fourneaux remplissait la paroisse de Faverolles :

« Fief de Fourneaux, appartenant à Richard de Fourneaux, chevalier, affermé audit Richard pour 40 sous jusqu'à la date de son hommage, 3 mars 1419.

« Fief ou tenement de Faverolles, appartenant au même, tenu du roi par le moyen du seigneur d'Annoy et de Portes, affermé audit Richard pour 40 sous jusqu'à la date de sa patente, 24 février 1419. » (*État des fiefs de la vicomté de Conches et Breteuil affermés au nom de Henri V.*)

L'aveu suivant, dont nous allons donner des extraits, donne de précieux renseignements sur le fief des Fourneaux et la paroisse de Faverolles :

Le 24 janvier 1452, Robert de Fourneaulx, écuyer, seigneur du lieu, « avoua tenir le fief et terre de Fourneaulx par un quart de fief, noblement et franchement. Le siège du fief était assis audit lieu de Fourneaulx, dans la paroisse de Faverolles, et ledit fief s'étendait dans les paroisses de Boschulert, de la Croissille, du Fresne et de Sainte-Foy de Conches, de Portes, etc., etc. Il y avait une maison et des bâtiments, et chapelle assise au pourpris du lit manoir, fondée de monseigneur saint Thomas, qui est en la donnation et présentation dudit seigneur de Fourneaulx. Les dépendances dudit manoir contenaient environ six acres de terre qui pouvaient valoir, « communs ans en bonne tranquillité de paix, 6 livres tournois ou environ. A laquelle chapelle Saint-Thomas, qui est de l'ancienne fondation dudit lieu de Fourneaulx, appartiennent les revenus qui ensuivent, c'est à savoir : ung jardin, une maison dedens assise, qui ne sont pas du pourprins dudit manoir del Fourneaulx ; mais est chose de pieça amortie, que contient une acre de terre ou environ, qui est le lieu et demeure dudit chappellain d'icelle chappelle, et ix acres de terre ou environ qui sont labourables, et rentes en deniers, chacun an, ix s. tournois ou environ, et trois livres de cire, et prend le chappellain chacun an sur les coustures et terres appartenant audit manoir de Fourneaulx quand ils sont en labour, les deux pars de la disme d'icelles coustures, et le curé parrochial dudit lieu de Faverolles prend le tiers, et le chappellain d'icelle chappelle prend toutes les menues dismes des hameaulx des Fourneaulx et du Cormier... Tous les hommes et habitants du fief de Fourneaulx qui ont bestes chevalines devaient corvées, nommées corvées à regieste pour aider à labourer et cultiver chacun an... à la saison de blés, de mars et de garests ; en la saison de blés une journée de harnois, tout le jour et lendemain, jusqu'à heure de nonne, pour herser lesdites terres..... En la saison de mars, ils doivent chacun une journée de leurs harnois et bestes pour labourer lesdites terres ; et ne leur treuve ledit seigneur aucuns despens, mais au seoir quant ils s'en vont de besoingne, le seigneur paie à chacun harnois 6 deniers tournois, et lendemain ils doivent herser esdites terres de toutes leurs bestes la moitié du jour, et se ils n'y emploient la moitié de leurs bestes, ils herseront tout au long du jour, et quant ilz s'en vont, le seigneur leur doit bailler à chascune voicture ung denier tournois. En la saison de garests, ils doivent une journée pour labourer, et chacun harnois a sept oefs, et ung pain bis, et pour ses despens de tout le jour, et eu temps passé souloit avoir au dit fief de Fourneaulx seize corvées de giest ou environ, et de présent pour cause de la guerre et mortalité, il n'y a que trois corvées ou environ sur l'estimacion de 2 solz 6 deniers tournois chacune corvée. Ceux qui n'avaient ni bestes ni harnois devaient trois journées de bras par an, au choix du seigneur... Item, au droit et à cause de la seigneurie de Fourneaulx, le seigneur a coustume de prendre et avoir chacun an, par la livrée du verdier de la forest de Conches, au terme de Noël, ung arbre de fou en la haulte forêt de Conches, au choix du dit seigneur, pour son chauffaige audit lieu de Fourneaulx, lequel fou ses hommes qui ont harnois lui doivent amener et rendre en la place en son hostel, à Fourneaulx ou ailleurs, en son dit fief, où il lui plaist, et ses hommes qui n'ont ne bestes ne harnois le doivent copper à bucher, et aider à charger et mener ès charrettes. Item, ledit seigneur du fief a ses peres francs sans nombre en la dite forest de Conches, et semblablement son prevost dudit fief. »

Il avait aussi le droit de prendre du bois pour maisonner et edifier en son dit manoir de Fourneaulx, et pour son moullin de la Croissille, en toutes choses, excepté le tournant du dit moullin. »

Le seigneur de Fourneaulx possédait en la ville de Conches un hôtel placé entre les murs de ladite ville, vers la porte du Val, d'un côté, et Jehan le Cauchois, de l'autre,

Dudit fief de Fourneaux dépendaient les nobles fiefs du Fay dans la paroisse de Bosc-Hubert ; le fief Dourmes, en la vicomté de Beaumont-le-Roger. Le seigneur de Fourneaux devait, en temps de guerre, quarante jours de garde à la porte de Conches, nommée la porte du Val. (*Arch. imp.*, P. 308, f° 20, n° 207.)

Par contrat du 24 mai 1567, Jacques de Boulenc, IIe du nom, maître particulier des eaux et forêts du baillage d'Evreux, épousa N., fille de Claude Le Comte, écuyer, seigneur de Faverolles. Gabriel Boulenc, leur quatrième fils, fut seigneur de Faverolles.

Dépendance : — Fourneaux.

FAVEROLLES-LES-MARES.

Arrond. de Bernai. — Cant. de Thiberville.

Patr. Notre-Dame. — Prés. le seigneur.

Nous trouvons mentionnés dans les *Grands Rôles de l'Echiquier de Normandie* un Raoul et un Gautier de Faverolles. Il est probable que ces personnages ont pris leur nom de notre commune ; mais nous ne pouvons sur ce point rien garantir :

« ... de Walterio de Faverollis quatuor
« solidos quatuor denarios pro una marra
« argenti pro recordatione duelli... »
(Stapleton, *M. R.*, p. 120.)

« ... de Waltero de Faverollis viginti
« solidos pro blado seccato super deffen-
« sum... » (*M. R.*, p. 119.)

« ... de Radulfo de Faveroles viginti
solidos [proplegio Roberti Pantof].» (*M.R.*,
p. 329.)

« ... de Radulfo de Faverollis L. solidos pro recordatione... » (*M.R.*, p. 118.)

Raoul de Faverolles confirma la donation faite par ses prédécesseurs de toute
la moulte de son fief à l'abbaye du Bec.

Donation à Lire par Raoul de Faverolles :

« Sciant presentes et futuri quod ego
« Radulfus de Faveroles, miles, dedi et
« hac carta confirmavi Deo et Beate Marie
« de Lira et monachis ibidem Deo servien-
« tibus et servituris quinque solidos cur-
« rentis monete annuatim persolvendos
« ad festum Sancti Remigii, in Roberto
« Faucile, pro omnibus aliis, de quibus
« quietavi eum. Et predictis monachis li-
« berum dedi de omnibus que ad me per-
« tinent vel ad heredes meos. Et ut hoc
« mea donatio inconcussa permaneat in
« perpetuum, eam presenti scripto et si-
« gilli mei munimine roborari. »

En 1232, confirmation par Oger de Faverolles, chevalier, d'une donation faite
par Raoul de Faverolles au prieuré de
Saint-Nicolas de Capelles :

« Notum sit universis, tam presentibus
« quam futuris, quod Ogerus de Faverolis,
« miles, concessi et confirmavi Deo et ec-
« clesie Sancti Nicholai de Capellis et
« monachis ibidem Deo servientibus do-
« num illud quod donavit ibi Radulfus
« de Faverollis, miles, et donum illud
« quod donavit ibi Anfridus Challou, te-
« nendum, habendum et jure hereditario
« possidendum monachis et successoribus
« eorum de me vel de meis heredibus
« sine reclamatione vel molestacione,
« salvo jure et redditu domini capitalis.
« Ut hec autem donatio et confirmatio sit
« rata et stabilis, presens scriptum si-
« gilli mei munimine confirmavi. Actum
« fuit hoc anno ab Incarnatione Domini
« millesimo ducentesimo trigesimo se-
« cundo, testibus pluribus. »

Vente au couvent de Saint-Georges de
Bocherville de terrains situés à Saint-
Martin et à Faverolles (1265) : « ... totum
« tenementum meum quod habebam in
« parochia antedicta et in parochia de
« Faveroles, cum omnibus supra edifica-
« tis et plantatis..... abutans et terram
« Rogeri de Crasval et ad keminum de
« Maris... »

M. d'Apot, dernier propriétaire de Faverolles, possédait cette terre par héritage
de MM. de Mézières, dont l'un était con-
siller au parlement, et l'autre militaire.

En 1789, l'évêché de Lisieux avait des
biens à Faverolles.

Dépendances : — Cavras ; — les Mares-
Pulantes.

FAVRIL (LE).

Arrond. de Bernai. — Cant. de Thiberville.

Patr. Ste Geneviève. — Prés. le seigneur.

La commune de Favrieux, près Mantes,
est nommée « Faverilli » par Guillaume
le Breton. On trouve aussi « Rothertus
de Faverillis » (Favrieux) dans un titre
de la fin du XIIe siècle en faveur de Marmoutier.

Dans la charte de fondation de l'abbaye
de Longues, on trouve cité un champ de
terre appelé Favril : « Cultura de Faverillis »

Voyez les *Grands Rôles de l'Echiquier de
Normandie* : « ... et de XIII. solidis de
terra de Favril..... » (Stapleton, *M. R.*,
p. 85. *Id.*, p. 217 et 316.)

« Robertus de Faveril reddit compotum
« de centum solidis pro simili [de re-
« demtione regis]. » (Ibid., p. 218.)

En 1320, Colin de Heudreville tenait du roi un quart de fief situé à « Faveryl ». Jean de Heudreville présentait alors à l'église de cette paroisse. (Assiette du comté de Beaumont, f° 11.)

En 1390, il y avait dans la forêt de Touques une sergenterie dite du Faveril.

Dépendances : — la Boisinière ; — la Bonneterie ; — la Bucaille ; — le Cardonet ; — le Marais ; — la Pinchonnière ; — — la Vauquelinière ; — Marchère.

FAYEL (LE).

Arrond. des Andelys. — Cant. de Fleuri-sur-Andelle.

Patr. S. Ouen. — Prés. l'abbé de Saint-Ouen.

Fage, Faget, Fai, Failly, Fayac, Fayolles, Fay, Faye, Fayel, Fayet, Fays, Feys sont les diverses formes d'un même nom, qui signifie : lieu planté de hêtres.

Dans une charte en faveur de Saint-Père de Chartres, du xi⁰ siècle, relative à des propriétés du Vexin français, on trouve parmi les souscripteurs : « ... Hugo de Fragetulo, » sous le règne de Henri Iᵉʳ, roi de France.

Le Fayel est un démembrement de Periers. L'église n'était avant la Révolution qu'une chapelle à la présentation des religieux de Saint-Ouen ou du curé de Periers.

La pièce suivante est un arrêt du parlement de Rouen, rendu le 18 août 1679, et tiré des archives de la Seine-Inférieure, fonds Saint-Ouen (layette 2, liasse 3) :
« Ordonné que les habitans du Fayel fe-
« ront leur première communion paschalle
« en l'église de Periers, y seront baptisez,
« mariez, comme par cy devant, recevront
« dudit curé tous les sacrements, y seront
« à tour le pain benist et fonctions de tré-
« sorier, y seront enterrez... ; qu'en icelle
« seule sera faite la lecture des contractz
« et autres actes publics et non en ladicte
« chapelle, sans neantmoins que cela em-
« pesche lesd. habitans du Fayel de faire
« le pain benist en icelle chapelle, que le-
« dit sieur curé de Periers y proposera
« un presbtre, lequel dependra de luy,
« ainsy que les presbtres habituez dans
« les paroisses, et obéira à ses ordres, y
« cellebrera une grande messe les festes
« et dimanches, dira matines et vespres

« comme par le passé, y fera l'eau beniste,
« y fera le prosne et catéchismes, sans
« que cela porte préjudice aux droits de
« l'église de Periers, procession autour
« d'icelle, à la réserve des processions gé-
« nérales des Rogations, du Saint-Sacre-
« ment, du jubilé et autres qui seront
« faites par la paroisse, la prédication par
« la permission dudit curé ; assistera ledit
« chapelain en l'église de Periers aux
« bonnes festes, et ne sera fait aucun
« office solennel en ladite chapelle le jour
« de Pasques, ny le jour auquel on solen-
« nize la feste du patron de ladite paroisse.
« Sera le revenu et deniers de ladite cha-
« pelle administré ainsi qu'il a esté par le
« passé, à la charge de rendre compte
« présence dudit curé, sur lequel sera pris
« ce qu'il conviendra pour les réparations ;
« le chappelain residera sur le lieu, et tien-
« dra des escholes pour l'instruction des
« enfants ; et ne seront toutes les conces-
« sions susdittes aucune conséquence pour
« faire réputer ladite chapelle paroissiale ou
« succursale. Aura ledit chapelain pour sa
« subsistance 150 livres par chacun an,
« dont il y en aura les deux tiers fournis
« par les habitants, et l'autre tiers moitié
« par les sieurs religieux gros décimateurs,
« et l'autre moitié par ledit sieur curé ;
« pour ledit sieur du Fayel (Henriques)
« et sa famille prendra séances dans les
« bans qu'il a fait mettre dans le chœur
« de ladite chapelle par permission des
« religieux de Saint-Ouen. »

Le Fayel et Gournets ont été réunis en 1816 à Vandrimare.

Cf. Toussaint Duplessis, t. II, p. 560.

FERRIÈRES-HAUT-CLOCHER.

Arrond. d'Evreux. — Cant. de Conches.

Patr. Ste Christine. — Prés. l'abbesse de Saint-Sauveur.

Peu de noms en France sont aussi communs que celui de Ferrières. On ne compte pas moins de quarante-cinq Ferrières ou la Ferrière.

« Ferraria ». Ferrières est un nom de lieu fort ancien. On connait un monastère de ce nom dans le diocèse de Sens, dont Loup était abbé de 842 à 862.

Sainte Christine est la patronne de Ferrières-Haut-Clocher.

La bulle d'Eugène III en faveur de Saint-Sauveur (1152) constate que l'église et la dime de Ferrières appartenaient à cette abbaye : « ... Ecclesiam de Ferreriis « cum decima... »

« Sciant presentes et futuri quod ego « Ricardus de Ferrariis concedo et pre- « senti scripto confirmo omnes elemo- « sinas quas dominus Symon, pater meus, « et antecessores mei dederunt quondam « abbatie Sancti Salvatoris Ebroicensis. « Preterea ego Ricardus dono et concedo « in perpetuam elemosinam predicte abba- « tie totam plateam in qua jus clamabam, « que est sita inter elemosinam Sancte « Cristine de Ferrariis et caminum domini « regis. Et ut hoc ratum et stabile perma- « neat, presentem paginam sigilli mei mu- « nimine roboravi. Testibus hiis : Radulfo « de Conchis cantore, magistris Willelmo « de Guillarvilla, Radulfo de Aviron cano- « nico Ebroicensi, Ricardo Trossel, Willel- « mo, presbiteris, et pluribus aliis. Actum « anno Domini m° cc° xxiii°, mense octo- « bri. » (Orig. arch. de l'Eure. Fonds de « Saint-Sauveur.)

Simon de Ferrières abandonna tous les droits qu'il avait dans le patronage et les dîmes de l'église de Ferrières, en présence de l'évêque d'Évreux.

« Universis sancte matris ecclesie filiis, « ad quos presens scriptum pervenerit, G., « divina miseratione Ebroicensis ecclesie « minister humilis, salutem in Domino. « Ad omnium volumus noticiam pervenire « Symonem de Ferrariis, militem, quie- « tasse in presentia nostra et in perpetuum « abjurasse ecclesie Sancti Salvatoris Ebroi- « censis et ejusdem loci abbatisse et con- « ventui quicquid juris se dicebat habere « in patronatu et decimis ecclesie de « Ferrariis, de quibus inter eos contentio « vertebatur. Abbatissa vero et conventus « dederunt ei pro bono pacis de bonis « ecclesie sue x. libras andegavensium. Et « ut hoc ratum maneat, presenti scripto « et sigillo nostro confirmavimus. » (Orig. Arch. de l'Eure. Fonds de Saint-Sauveur.)

Richard de Ferrières confirme à l'abbaye de Saint-Sauveur les donations de Simon de Ferrières, son père.

Nous trouvons dans les chartes de l'abbaye de la Noë, déposées à la Bibliothèque impériale, des notions intéressantes sur cette localité. Il est entendu que toutes les donations suivantes ont été faites à l'abbaye de la Noë.

1205. Adam de Ferrières donne 3 acres de terre que Guillaume Basordi et Emmeline, sa femme, lui avaient données. N° 53.

1206. Adam de Ferrières donne cette terre que Gislebert Corbelin et « Terreia », sa femme, tenaient dudit Adam « juxta maram de Motosa ». N° 56.

1208. Lucas, frère de Henri des Essarts et d'Agnès d'Angerville, donne un homme à Ferrières : « unum hominem apud Fer- reres, scilicet Lambertum Juvente ». N° 72.

1209. Raoul de Ferrières, fils de Hugues d'Osmonville, donne la moulte des terres qu'il tenait de son fief, avec le consente- ment de Sibille « de Merula, eo quod « terræ illæ infra metas dotis suæ conti- « nebantur ». Témoins : Raoul Postel de Ferrières, Raoul, son frère, dit l'Anglais, Alain de Ferrières, Regnaud de Ferrières. N° 81.

En 1209, Raoul, « cognomine Angli- cus, » frère de Raoul Postel, chevalier, « de Ferrariis, » donna à la Noë une rente de 18 deniers, 2 chapons et 20 œufs ; et comme il n'avait pas de sceau, il emprunta celui de son frère aîné qui, en outre, con- firma la donation. Ce sceau représente, dans le champ de l'écu, un fer à cheval, grossièrement représenté, avec cette lé- gende : † SIGILLUM RADULFI POSTEL.

En 1220. « Radulfus cognomine Angli- cus, filius Supplicii de Ferrariis, » confir- ma aux moines de la Noë « quæcumque « habent de dono et feodo Radulfi Postel, « Richardi et Eremitæ, fratrum meorum, « etc..... »

1221. Richard, fils de Simon, chevalier, de Ferrières, donne aux moines de l'abbaye de la Noë la moulte qu'ils réclamaient de leurs terres. N° 107.

1222. Hugues de Ferrières cède à Guil- laume du Fresne le fief de Guillaume Gersi, que Raoul dit l'Anglais, frère de Hugues, lui avait donné. N° 111.

1230. Jean de Ferrières, chevalier, donne une rente annuelle de 2 sols que Nicolas le Féron d'Évreux avait donnée à Pérengeville : « apud Perengervillam. » N° 147.

1266. Jean, seigneur de Sacci, écuyer, donne 10 sous tournois de rente sur la pa- roisse de Grosseuvre : « de Grandi Sil- « va... in herbergamento quod dicitur « domini Johannis de Ferrariis. »

1276. Philippe de Ferrières approuve la donation de Jean de Sacci. N°s 229 et 230.

1270. Jean et Robert de Ferrières, che- valiers, fils et héritiers de Robert dit Gui- chard de Ferrières, chevalier défunt, con- firment à l'abbaye de la Noë une rente annuelle de 10 sols tournois qu'avait donnée Jean, seigneur de Sacci, écuyer. N° 233.

Parcourons maintenant les chartes de la Noë conservées aux archives de l'Eure.

1203. Amauri de Broguegni donne 3 acres de terre « in cultura mea de Ferrariis ». Témoins : « Radulfo de Sercheio, « avunculo meo, et Willelmo de Brogue- « gneio. »

1203. Richard de Ferrières, fils de Sulpice de Ferrières, chevalier, donne 2 acres de terre « in cultura de Brunnemare ». Parmi les témoins, Robert de Bois-Gencelin, Raoul Grisenc des Ormes.

1214. Guillaume de Broquigni donne la dime de son fief de Ferrières, en présence de l'évêque d'Evreux.

1236. Adam de Ferrières donne une pièce de terre qui est située « juxta maram de Motosa... »

1249. Godefroi dit Cabot, prêtre de Portes, alors doyen de Conches, donne une acre de terre : « quam ego tenebam « de domino Reginaldo de Macrel milite, « sitam in parrochia de Ferrariis... Ego « Raginaldus de Macrel, miles, dominus « ejusdem feodi, confirmo... »

En 1322, ce lieu s'appelait déjà : « Ferrières haut clochié. » (Gr. Cart. de Saint-Taurin, f° 102 r°.)

Le 27 novembre 1453, Gui de Roie, chevalier, fit aveu en même temps du fief de Ferrières-Haut-Clocher, d'Aulnai et de Saint-Germain près Evreux. (Arch. imp., P. 308, f° 11.)

En 1479, Guillaume de la Motte, seigneur d'une portion de fief, assis à « Ferrières-Hault-Clochier », se présenta armé de cornet, salade, javeline, à cheval. (*Montres gén. de la noblesse et du bailliage d'Evreux, en 1479*.)

M. de Lombelon était seigneur de Ferrières-Haut-Clocher en 1726.

La commune d'Oissel-le-Noble a été réunie, en 1808, à Ferrières-Haut Clocher.

Dépendances : — le Bas-de-Ferrières ; — le Bosc ; — le Consier ; — Frémont ; — le Moutier ; — Oissel-le-Noble ; — le Manoir.

FERRIÈRES-SAINT-HILAIRE.

Arrond. de Bernai. — Cant. de Broglie.
Sur la Charentonne.

Patr. S. Hilaire. — Prés. le chapitre de Lisieux et le seigneur.

Nous avons vu figurer dans la constitution de douaire de la duchesse Judith les deux communes de Chambrais et Ferrières-Saint-Hilaire dont l'histoire est inséparable. Elles ne sont point citées au contraire dans la charte de fondation de l'abbaye de Bernai, de sorte qu'on peut supposer qu'au moment où cet acte fut rédigé, elles étaient déjà concédées à l'illustre famille qui les a possédées pendant sept siècles. Au moins dès l'époque d'anarchie qui suivit immédiatement le départ du duc Robert pour la terre sainte en 1035, Vauquelin de Ferrières, le premier seigneur de ce nom dont l'histoire nous ait conservé le souvenir, livra-t-il à Hugues de Montfort, fils de Toustain de Bastembourg, un combat dans lequel l'un et l'autre périrent (1). C'est ce Vauquelin de Ferrières qui fonda, dit-on, le château de cette famille près du Buisson-Conilafre. Il est probable qu'on le trouve sous le nom de « Vuascelinus » parmi les souscripteurs de la charte de fondation de l'abbaye de Bernai, et que Guillaume, fils de Wascelin, qui souscrivit en 1050 une autre charte de Guillaume le Conquérant en faveur de Saint-Evroult, était son fils (2). Henri de Ferrières, vraisemblablement frère de ce Guillaume, suivit son souverain en Angleterre, et reçut de lui, en 1070, le château de Tutsbury dans le Staffordshire (3). Il fut la tige des Ferrars ou Ferrers d'Angleterre (4) ; son fils, Robert Ier, fut fait comte de Derby par le roi Etienne, en 1137. Ce titre et celui de comte de Nottingham restèrent dans la famille jusqu'en 1265, époque où le roi Henri III en dépouilla Robert, son septième descendant. Les barons Ferrers de Chartley, de Groby, d'Okeham et de Wemme, les comtes Ferrers, les vicomtes de Tamworth, encore existants, descendent aussi de Henri de Ferrières, dont on trouve le nom sur la liste de Brompton, dans le *Domesday-Book*, et parmi les signatures des chartes de fondation de la Sainte-Trinité-de-Beaumont et de Saint-Etienne.

En Normandie, Guillaume de Ferrières, probablement fils de ce Guillaume que nous avons indiqué ci-dessus et neveu de Henri, fut l'un des plus fidèles serviteurs du malheureux Robert Courteheuse. Lorsque ce prince assiégeait Courci, en 1091, Guillaume fut fait prisonnier par la garnison, et ne se racheta que moyennant une grosse rançon (5). Il suivit Robert à la terre sainte (6), combattit sous ses

(1) W.H Gemet., liv. IV, p. 268.
(2) Ord Vital, t. II, p. 40.
(3) Ord. Vital, t. II, p. 222
(4) Henri de Ferrières survécut à Guillaume le Conquérant, et établit sous le règne de Guillaume le Roux un monastère d'hommes dans sa terre de Tutsbury. Il paraît cependant qu'il existait dès 1002. Nous apprenons par la charte de fondation le nom de sa femme Berthe et de ses fils Engenulfe, Guillaume et Robert. (Monast. Angl., t. I, p. 354.)
(5) Ord. Vital. t. III, p. 363.
(6) Ibid., t. III, p. 507.

drapeaux à Tinchebrai, et partagea sa captivité. Le dévouement du vassal et la confiance du suzerain étaient si bien connus que les habitants de Falaise ne consentirent après la bataille à ouvrir leurs portes qu'à l'un ou à l'autre. Il fut donc chargé de la triste mission de livrer au vainqueur cette ville et le fils de son maître (1).

Il paraît qu'il entrait dans la destinée des seigneurs de Ferrières d'être toujours faits prisonniers. Nous voyons, en 1136, un autre Henri de Ferrières, partisan du roi Étienne, pris devant Exmes par Guillaume Talvas (2).

En 1112, Henri de Ferrières figure comme témoin, et immédiatement après Robert du Neubourg, à l'acte de prioritication de la Sainte-Trinité-de-Beaumont.

Il y avait un Vauquelin de Ferrières, contemporain de Henri II et de Richard Cœur de lion, probablement père de Henri de Ferrières, l'un des signataires de l'information de 1205, relative aux bénéfices ecclésiastiques de la province sous Philippe-Auguste.

Dans les *Grands Rôles de l'Échiquier de Normandie*, on trouve les comptes de Vauquelin de Ferrières. « Walchelinus de « Ferrariis r. ep. de c. l. xl. l. quas habuit « de thesauro Cadomi, ad portandum regi « in Alemannia, et de iv. xx. l. ix. l. « viii. s. quos habuit de focagio terræ « suæ, et de c. l. iv. l. de jura facta super « cum, et de x. l. de servientibus retentis. « Summa cc. l. xliv. l. viii. s. in thesauro « c. l. In perdono ipsi Walkelino c. l. xl. l. « per breve regis, et debet c. l. ix. viii. « s. » (Stapleton, *M. R.*, p. 219.)

« Wachelinus de Ferrariis debet c. libras « pro duello latrocinii male servato in cu- « ria sua... » (Stapleton, *M. R.*, p. 123.)

1207. Henri de Ferrières, fils de Vauquelin, confirma à l'abbaye de Saint-Wandrille les donations faites par son père : « Scilicet decimas molendinorum de Fer- « rières, de Cambrasio, de Auchenvilla, et « de Chorcum (*Courson*), et de Sancto Al- « bino in pago Caletensi... »

Dans le rôle des chevaliers de Normandie pour l'ost de Foix, en 1274, on lit : « Denise de Tilchuef, Jehan de la Rivière, « Richart de Capeval pour Henry de Fer- « rières, qui doit iii chevaliers pour xl « jours. »

Nous avons remarqué ci-dessus qu'en 1267 l'archevêque Eudes Rigaud, faisant sa visite pastorale dans cette partie de la province, dîna le 12 janvier dans le manoir du seigneur Henri de Ferrières, à Ferrières.

En 1319, un accord fut conclu entre Robert d'Artois, comte de Beaumont, et Jean, sire de Ferrières, chevalier. Il fut convenu que celui-ci ferait hommage de la baronnie de Ferrières à Robert d'Artois. Le roi confirma cette convention par lettres datées du mois de juillet 1319. (*Trésor des Chartes*, registre 5e, n° 207.)

« Mons. Jehan sire de Ferrières tient le « fié de Ferrières par baronie, laquele fu « prisie et avalué par son serement et par « sa relacion, pour ce que nul n'en puet « savoir le pris se n'estoit il seul, tant à « Ferrières, à Chambrays, à Auquainville « et partout ailleurs où la dicte baronnie « s'estent, en toutes revenues et en touz « emolumens et à compter sa forest, ses « bois et ses fosses charbonnieres, valoir « par an iii^c livres de rente. » (*Assiette du comté de Beaumont*, en 1320, fol. 49.)

Parmi les vassaux du baron de Ferrières, on remarquait alors Jehan du Bos Hubout, chevalier, et le seigneur du Fay, dont les terres étaient situées à Ferrières. (Ibid.)

Les biens de cette famille éprouvèrent un grand accroissement par le mariage de Jean de Ferrières, IIe du nom, avec Jeanne de Préaux, qui, après la mort de ses six frères et sœurs, lui apporta les baronnies de Préaux, Dangu et Thuri. Jean IV, leur arrière-petit-fils, y ajouta celle de la Rivière-Thibouville et autres, par son mariage avec Jeanne de Tilli, dont nous avons rapporté l'épitaphe ci-dessus dans notre article relatif à Boisnei. Après ce seigneur, les immenses propriétés de la famille se divisèrent. Tandis que Guillaume de Ferrières, son troisième fils, hérita, après la mort de l'aîné, des fiefs qui provenaient de la maison de Préaux, Ferrières et Chambrais échurent, avec la Rivière-Thibouville, aux filles de Jean de Ferrières, prêtre et protonotaire du saint-siège ; et quoique leur légitimation par la cour de Rome n'eût été admise à l'Échiquier de Normandie, en 1507, que pour les deux aînées, ce fut Françoise, la troisième, qui les porta à Antoine d'Arces, seigneur de la Bastie, vice-roi d'Écosse ; de là, ces fiefs passèrent dans la maison des Ursins, par le mariage de Charlotte d'Arces, veuve de Louis d'Humières, avec Giles des Ursins, puis dans celle de Conflant, par le mariage de Charlotte des Ursins avec Eustache de Conflant, vicomte d'Auchy. Eustache de Conflant, petit-fils de ce dernier, vendit, le 25 janvier 1653, la baronnie de Ferrières à Charles Leconte de Nonant, seigneur

(1) Orderic Vital, t. IV, p. 212.
(2) Ibid., t. V, p. 63.

de Bouffei et vicomte de Beaumont-le-Roger. Vendue de nouveau, le 28 avril 1682, par Jacques Duplessis, marquis de Châtillon, à messire Arnauld, chevalier, marquis de Pompone ; puis le 6 septembre 1716, par Nicolas Simon, fils aîné de ce dernier, à messire François, comte de Broglie, et à dame Thérèse-Gilette Locquet de Granville, sa femme, elle fut érigée en duché sous le nom de Broglie, au mois de juin 1742, et continue d'appartenir à cette illustre famille.

Les seigneurs de Ferrières devaient cinq chevaliers au duc de Normandie, et ils avaient le droit d'en prendre à leur service quarante-deux trois quarts et quatre complètement armés (1). Ils avaient le second rang à l'échiquier parmi les barons du bailliage d'Evreux. Leur mouvance était fort étendue; ils prenaient le titre de premiers barons fossiers de Normandie. Ce qui, d'après la signification bien constante de ce mot (2), annonce qu'ils possédaient ou les principales, ou les plus anciennes forges de la province, et peut-être l'une et l'autre. Outre celle qui existe encore à Ferrières, et qui lui avait fait donner son nom antérieurement au XIe siècle, il y avait à Chambrais un fourneau pour la fonte du minerai, et plus anciennement, dans tout le voisinage, de petits établissements sédentaires ou mobiles du même genre, dont quelques-uns paraissent remonter à une époque bien antérieure à la domination normande. C'est ainsi que nous en avons trouvé à Grandcamp, commune limitrophe de Ferrières, des vestiges bien authentiques accompagnés d'une quantité notable de tuiles antiques, qui nous paraissent prouver d'une manière irrécusable que ce serait dès l'époque de la domination romaine qu'on aurait exploité le minerai de fer dans cette contrée (3). M. de La Varende, membre de la chambre des députés, a remarqué dans les environs du Sap des traces de l'existence de fourneaux portatifs. Aujourd'hui c'est au delà du bassin de la Risle que s'opèrent la recherche et la fonte du minerai.

Nous avons vu que les barons de Ferrières habitaient encore leur manoir en 1267. Nous ignorons par quelles circonstances ce château, dont l'immense motte subsiste encore à l'occident de l'église, fut abandonné et détruit ; mais leur principal établissement était transporté à Chambrais dès le commencement du XVe siècle (1). Cette commune, placée au point d'intersection de la voie romaine, tendant de Lisieux à Evreux, avec le grand chemin d'Alençon à Rouen, qui date peut-être aussi de la période romaine, a toujours dû être un lieu de passage plus fréquenté et plus peuplé que Ferrières.

Au XIVe siècle, le seigneur présentait à la cure. Messire Johan Pouchin, chevalier, vendit les dîmes et les patronages des paroisses de Ferrières et des Jonquerets, et le patronage de la chapelle de Notre-Dame-de-la-Couture, sis en la paroisse de Ferrières, moyennant 2,156 livres 5 sols.

« ... Item volo et ordino firmiter quod
« decima de Ferrariis et Jonqueris, per
« me, meo nomine, ecclesiæ meæ acqui-
« sitæ pro fundatione duorum clericorum
« seu capellanorum consimilis conditionis
« in omnibus quibus sunt clerici vocati
« gallice les 12 livres, in ecclesia Lexo-
« viensi, cum tribus patronatibus, et lit-
« teræ super acquisitione earumdem con-
« fectæ, eisdem clericis des 12 livres qui
« antea fuerunt huit, nunc sunt dix, tra-
« dentur et liberentur. Volo etiam et or-
« dino quod ipsi sint patroni veri illarum
« ecclesiarum, et quod ipsi vel altera
« ipsarum vacante possint unum de se
« episcopis et nullum alium præsentare
« ad illud beneficium vel beneficia sic va-
« cans seu vacantia...... »

(Testament de Guillaume d'Estouteville, évêque de Lisieux, 1414.)

Le pouillé du XVIIIe siècle attribue le patronage de l'église alternativement au chapitre de Lisieux et au seigneur. Outre la chapelle de Notre-Dame-de-la-Couture, il y avait à Saint-Hilaire une chapelle de Saint-Symphorien attenante à la léproserie de Ferrières.

Nous croyons, malgré son étendue et sa forme défectueuse, devoir insérer l'aveu suivant, qui est une pièce de première importance pour l'histoire du canton de Broglie :

« Du roy nostre souverain seigneur,
« Je, Charlote des Ursins, dame et vi-

(1) Duch., p. 1040 et 1046.

(2) Dumoulin, Hist. de Normandie ; Gallia christiana, XI, c 613.

(3) On voit dans le pays de Bray des preuves non moins authentiques d'exploitation de mines de fer par les Romains. (Mém. de M. Passy sur la Géol. de la Seine-Infer.)

(1) Il paraît que le château de Chambrais remonte à une date beaucoup plus reculée. Dans la table des voyages de Jean sans Terre par M. Thomas Duffus Hardy (Archæologia, v. 22), nous voyons ce monarque séjourner plusieurs fois à Chambrais et jamais à Ferrières. Il passa à Chambrais les 3 août 1199, les 3 et 4 janvier, 20 et 21 mars, 18 et 13 août 1203. Les autres points de l'arrondissement de Bernai qui figurent sur cette liste sont Brionne (18 octobre 1199 et 17 juin 1202), Harcourt (29 octobre 1199, 22 septembre 1201, 6-8 juin 1202), et Beaumont (28 septembre 1201).

« contesse d'Auchy, baronne de Ferières, femme et espouze de messire Eustache de Conflans, chevalier des deux ordres du dit seigneur, capitaine de cinquante hommes d'armes de ses ordonnances, gouverneur pour Sa Majesté en la ville de Saint-Quentin, seigneur et vicomte d'Auchy, et d'avec luy séparée quant aux biens, fille et héritière de feu messire Gilles des Ursins, vyvant chevalier, sieur d'Armentières, et de dame Charlote d'Arces, vivante d'une de ladite baronnie, mes père et mère; icelle d'Arces fille et héritière de feu messire Nicolas d'Arces, vyvant chevalier, sieur et baron de la dite baronnie de Ferières, et icelly Nicolas par semblable, fils et héritier en partie de feus messire Antoine d'Arces, vyvant chevalier, sieur de la Bastie, et de dame Françoise de Ferières, ses père et mère; laquelle Françoise estoit par semblable fille et héritière en partie de bonne mémoire messire Jehan de Ferières, vyvant chevalier, par semblable baron de la dite baronnie de Ferières et seigneur incommutable d'icelle,

« Tiens et advoue à tenir la dite baronnie, terre et seigneurie de Ferières, membres dépendents d'icelle, avecques toutes leurs appartenances et circonstances d'icelles en son intégrité. De laquelle baronnie le chef est assis en la paroisse de Saint-Hilaire-de-Ferières, en la vicomté d'Orbec et bailliage d'Evreux, et s'estend sur le dit bailliage d'Evreux, bailliage de Rouen et bailliage de Caulx et aux environs; et pour les paroisses du dit bailliage d'Evreux elle s'estend aux paroisses du dit lieu de Ferières, Chambrois, Saint-Vincent-de-la-Rivière, la Chapelle-Gaultier, Saint-Jehan-de-Thenney, Saint-Aubin-de-Thenney, Capelles, Grand-Camp, Saint-Mars-de-Fresnes, Plainville, Saint-Victor-de-Crestienville, le Thilleul-Folentant, Mallouy, Saint-Quentin-des-Illes, Saint-Aubin-le-Vertueux, Livet-en-Ouche, les Jonquerez, Saint-Christophe-du-Bosc-Morel, Lande-Pereuse, Chamblac et le Thilleul-en-Ouche, et illec aux environs, le tout sur la dite vicomté d'Orbec et bailliage d'Evreux, à ce compris Nostre-Dame-de-Prieuré-du-Bosc-Morel;

« D'icelle ma baronnie y a un membre dépendant appelé terre et seigneurie d'Auquainville, scitué et assis en la dite vicomté d'Orbec, au dit bailliage d'Evreux, lequel fief est dépendant et du corps d'icelle baronnie, qui s'estend en la paroisse du dit lieu d'Auquainville, Saint-Aubin-sur-Auquainville, Nostre-Dame-de-Courson, Farvaques, la Croutte, Saint-Pierre-de-Courson, Thonnencourt, le Mesnil-Germain, Prestreville, Saint-Jehan-de-Livet, Bellouet, Nostre-Dame-des-Loges et autres paroisses illec aux environs.

« Item, y a pareillement un autre membre de fief et du corps d'icelle baronnie appelé le fief, terre et seigneurie de Saint-Aubin-sur-la-Mer, qui s'estend au dit bailliage de Caulx, vicomté d'Arques, aux paroisses du dit lieu de Saint-Aubin-sur-la-Mer, le Bourg de Dun, Espineville, Quiberville, Saint-Pierre-le-Vieil, Longueur, Fleinville, Ozouville-sur-Sane, et illec aux environs.

« Item, la dite baronnie s'estend, oultre ce que dessus, aux paroisses du Thuisignol, Boscherville et aultres paroisses de l'environ, où il y a plusieurs fiefz scituez et assis dépendants et relevants d'icelle baronnie, ainsy qu'il sera ci-après déclaré.

« Mesmes s'estend par semblable en la paroisse de Osmoy, vicomté de Illiez, bailliage d'Evreux, en laquelle paroisse y a comme dessus plusieurs fiefz dépendants et mouvans de la dite baronnie, comme il sera plus amplement cy après déclaré. Mesme en la paroisse de Campigny.

« Laquelle ma baronnie consistoit antiennement en quatre chasteaux et maisons fortes, sçavoir est le dit lieu de Ferières, Chambrays, Aucquainville et Saint-Aubin-sur-la-Mer, lesquels chasteaux et maisons fortes, en tant que pour les dits lieux de Ferières, Aucquainville et Saint-Aubin-sur-la-Mer, sont à présent ruinés, les quelles ruines sont provenues des anciennes guerres, ainsi qu'il apparoist encores de présent par les ruynes et vestiges encores apparents sur les dits lieux et tesmoignages des anciens, *ex auditus nuditu*. Et à cette occasion ne m'est resté que le dit chasteau et forteresse du dit lieu de Chambrais, encor de présent édifié, lequel est assis en la paroisse et bourgeoisie dudit lieu de Chambrais en son intégrité, me compete et appartient, auquel lieu et bourg de Chambrais j'ai droict de foires et marchez dont les coutumes me competent et appartiennent. Auquel chasteau de Chambrais j'ai droict de guet et de garde à icelluy sur mes hommes tenants et subjets, selon l'estat et estendue de leurs tenemens, comme aussi au dict lieu d'Aucquainville, membres dépendants du corps de madite baronnie, avec droict d'y mettre un capitaine qui a droit

« de prendre par chacun mois, sur mes
« dits hommes et sur chacun d'eux en
« deffault de faire le guet en personne
« cinq deniers en temps de guerre, et
« trois deniers en temps de paix, tout
« ainsi qu'il est accoustumé aux villes
« choses frontières de la mer en ce païs et
« duché de Normandie, et de prendre par
« le dit capitaine, sur chacun qui deffail-
« lira à faire le dit guet après l'avoir
« sommey deuement par l'un de mes ser-
« gentz, vingt solz d'amende, lequel droit
« de guet je ne prens à present, sinon
« qu'en temps de guerre. Auquel guet d'i-
« celluy chasteau de Chambrais les bour-
« geois de la dite baronnie ne sont sub-
« jets faire guet ne payer le tribut dessus
« mentionné, synon en temps de guerre,
« comme dit est.
« Mais sont subjets lesdits bourgeois de
« Chambrais faire le guet et garde chacun
« en son tour, et à la semonce l'un de
« l'autre, aux foires ordonnez et establis
« au dit bourg de Chambrais, et es veilles
« d'icelles, où iceux bourgeois sont tenus
« et subjetz, par chacun jour de foire et
« veilles d'icelles, comparoir et faire guet
« jusques au nombre de treize personnes,
« dont mon sergent de Chambrais a droit
« et en peut exempter ung; par ce moyen,
« le dit guet n'est que de douze per-
« sonnes qui doivent garder les denrez et
« marchandises qui seront apportés és
« dites foires et en respondre, desquelz
« douze y en aura ung portant une massue
« de bois et une espée qui sera chef du
« guet, lequel fera convenir les aultres en
« ma justice au dit bourg és foires et
« veilles d'icelles à l'issue des vespres
« pour, par devant icelle, prendre le ser-
« ment en tel cas requis et accoustumé,
« sur peine de soixante sols d'amende,
« lequel sera changé de jour en aultre et
« de foire en foire, afin que chacun des
« dits bourgeois facent le dit guet chacun
« en son tour.
« Subject oultre icelluy chef de guet
« comparoir et raporter par devant mon
« seneschal les faultes qui se pourront
« trouver avoir esté commises aux mar-
« chandz et marchandises estant aux dites
« foires, aux fins d'en faire justice sy be-
« soing est, sur peyne d'amende au cas
« appartenant.
« Item, me doibvent les dits bourgeois
« d'icelle baronnie, pour chacune maisure
« et pièce d'héritage qu'ilz tiennent en
« bourgeoisie, douze deniers de rente par
« chacun an, nommée rente censive, au
« terme Saint-Michel, oultre les autres
« rentes seigneurialles, charges et fai-
« sances qu'ils me sont tenus faire à

« cause de leurs héritages assis en bour-
« geoisie, tant au dit lieu de Chambrais,
« Feriers, que Livet-en-Ouche et autres,
« c'est l'usage tel en ma dite baronnie que,
« quant une maisure ou héritage assis en
« bourgeoisie sont divisés ou partagés
« entre cohéritiers ou par acquisition,
« chacun d'iceux cohéritiers ou acquisi-
« teurs me doibvent pour chacune divise
« douze deniers de rente censive; aussi,
« si le tout retourne par achept ou autre-
« ment à l'un d'iceux cohéritiers ou leurs
« hoirs, ne m'en est deu que un seul cens
« après la mort de l'acquisiteur.
« Item, à cause de ma dite baronnie,
« mes prédécesseurs usoient et jouissoient
« paisiblement du droit de haulte justice
« et de tout ce que à haulte justice ap-
« partient, et de présent n'en use que de
« basse et moyenne, par protestation que ce
« présent ne me pourra préjudicier au ré-
« tablissement de la dite haute justice
« jeuxte mes chartes, lettres, titres et es-
« critures, et doy y nommer et mettre
« un juge ou seneschal et aultres officiers
« à ce nécessités, lequel juge et seneschal
« tient et doibt exercer ma justice et tenir
« plés et gaiges-pleiges, et exercer toutes
« actes de justice, comme font les aultres
« seneschaulx des barons de Normandie.
« Item, j'ai droict de foires et marchez
« aus dits lieux de Chambrais, les dits
« marchez aux jours de lundy et vendredy
« de chacune sepmaine; et les foires aux
« jours ordonnez et establis, sçavoir est
« l'une et première au jour et feste mon-
« sieur Saint Mathieu vingt ung jour
« de septembre, l'aultre au jour et feste
« monsieur Saint Luc dix huictiesme jour
« d'octobre, et l'aultre et dernière au jour
« monsieur Saint Martin quatrième de
« juillet, le tout par chacun an. Et au dit
« lieu d'Aucquainville, membre et du corps
« d'icelle baronnie, le marché au jour de
« samedy de chacune sepmaine et la foire
« du dit lieu la veille Nostre Dame Chan-
« deleur chacun an. Et m'en appartient
« toutes les coustumes et aultres droicts
« prévilleges et libertez qui en dépendent.
« Auxquelz foires et marchez mes dits hom-
« mes et subjets sont tenus apporter leurs
« grains, denrez et marchandises pour y
« estre vendus sur peyne de forfecture, ou
« en deffault de ce et de réparer les dits
« marchez et foires de leurs dites mar-
« chandises sont tenus payer coustume ou
« yssue de fief des danrez et marchan-
« dises qu'ilz portent ou meynent vendre
« à aultres lieux et marchez que aus dits
« lieux de Chambrais et Aucquainville, sur
« peine de forfecture de leurs dites mar-
« chandises.

« Tous les quelz mes hommes de ma
« dite baronnie ne doibvent aucune cous-
« tumes à mon dit marché de Chambrais
« ny au dit lieu d'Auquainville, mais
« s'ilz sont marchands ordinaires doibvent
« payer coustume comme les autres hors
« de ma dite baronnie.

« Item, les marchandises passantes par
« dessus ma dite baronnie durant les
« foires, aux quelles y a travers, s'ils ne
« repairent les dites foires et marchez et
« qu'ils y ayent reposé ung jour entier
« sur la dite baronnie, me doibvent séz tra-
« vers, sauf qu'il y en a aucuns privillegez
« qui ne doibvent que de prez, qui se doibt
« faire à teste nude, sur peine de forfec-
« ture de leurs daurez et marchandises
« qu'ilz portent ou conduisent.

« Item, à cause d'icelle ma baronnie, ay
« droicture de faire mettre par ma justice
« ordre et pollice aux jours de foires et
« marchez, et aultres jours que mestier
« sera, à toutes marchandises et à tous
« mestiers, passer les apprentifz de touts
« mestiers maistres, bailler les ordonnan-
« ces et reglemenlz ad ce requis et néces-
« saires et y faire garder les ordonnances,
« tout ainsy que les officiers du roy nostre
« sire font en ses villes et marchez, et de
« mettre prix aux choses requises, et à
« tous metiers faire mettre par ma justice
« gardes maistres et jurez sur chacun
« mestier pour chacun en droict soy visiter
« les aloz que l'on y pourroit faire et
« commettre et pour y faire garder le bien
« de la chose publique et les ordonnances.
« Lesquelz jurez de chacun mestier sont
« tenus rapporter les faultes et abuz qu'ils
« trouveront chacun en son faict et regard
« vers ma justice pour en estre ordonné.
« Aussi j'ai en ma dite baronnie mesure
« de grains et brevages, aulnes, poix
« plombez et balances, dont le boesseau de
« bon blé froment doibt poyser pour la
« mesure des grains cinquante deux livres,
« le quel boesseau mys en seize parties
« doibt faire le pot de foires et brevages,
« et quant pour le fait de la mesure des
« aulnes, poix plombez et ballances doib-
« vent estre pareilles à celles du roy nos-
« tre sire. Et si j'ai droict de perche de
« geometrye pour mesurer et arpenter les
« heritages de ma dite baronnie tant de
« mon domaine non fieflé que du fieflé de
« mes dits hommes, la quelle perche de
« geometrie de ma dite baronnie doibt
« contenir vingt six piedz et douze poulz
« pour pied.

« Item, nul ne peult vendre ne achepter
« à mes dites foires et marchez que je ne
« soye fournie prealablement ou que ma
« justice n'y ayt mys prix et donné congé

« à heure octroyée et donnée aux mar-
« chands vendeurs et acheptours, sur peine
« des forfaictures des marchandises et pour
« eviter aux abus qui s'y pourroient com-
« mettre pour le bien public.

« Item, les dits bourgeois auront pour
« leur user et pour fournir le dit bourg
« toutes marchandises qu'il leur plaira
« après ma fourniture, et fussent ils hors
« vendues, ils les auront pour le prix que
« les marchands les auront achetés, s'ils
« ne sont achetés après neuf heures de
« matin, en tant que pour les bestiaux et
« pour les grains après onze heures de
« matin.

« Item, j'ai droict d'avoir et prendre de
« chacune somme de poisson de mer
« sans salyne vendu aus dites foires et
« marchez quinze deniers pour le coura-
« taige, lequel poisson ne peult estre mis
« en exposition de vente sans mon congé
« ou de ma justice, et que j'en soye pre-
« mièrement fourny et pourveu sur
« peyne de forfecture du dit poisson.

« Item, les hostelliers et taverniers ont
« privilege d'en prendre et achepter après
« moy fourniz et d'emporter le dit poisson
« en leur maison, en faisant le prix d'icel-
« luy poisson présence du couratier, qui
« en doibt faire papier pour faire payer le
« poissonnier deux heures après midy, le
« quel couratier en default de ce peult
« doibt vendre les biens des dits hostel-
« liers, selon qu'il juste son papier, à heure
« présente et sans nul racquit, et doibt
« avoir icelluy couratier onze deniers pour
« sa contraincte et vendue.

« Item, j'ai droicture de languyage de
« pourceaulx et droict de prendre de cha-
« cun pourceau qui sera languyé es dites
« foires et marchez cinq deniers.

« Item, j'ai droict de moullin foullour
« et foullerie à draps bellinges et aultres
« manufactures de layne en ma dite ba-
« ronnie, ausquels tous mes dits hommes
« sont subjectz faire fouller leurs draps et
« aultres manufactures de layne sur peine
« de la forfecture, ou bien me payer l'ac-
« quiet pour ce deu, qui est ung denier
« pour chacune aulne de drap, et une
« maille ou obolle pour chacune aulne de
« bellinge, premier et advant que les pou-
« voir aller faire fouller aillieurs sur peine
« de la forfecture. J'ay aussy en ma dite
« baronnie droict d'esgauge, dont le fer-
« mier d'icelle a pour esgauger et seller
« ung boesseau, demy boesseau, ung
« quarteron et ung saizain, cinq solz,
« pour le pot, pinte, chopine et demyard,
« cinq solz, pour chacune aulne et gougeon
« cinq solz, pour plombée cinq solz, pour
« chacune livre de ballances et menus

« pays cinq solz, pour la perche de geo-
« metrie cinq solz, et pour la visitation
« d'iceulx par chacun an treize deniers,
« après que les seaulx de mon dit esgau-
« geur y sont apposez.

« Item, les bourgeois du dict bourg de
« Chambrais estoient antiennement tenus
« tenir les murailles et portes du dict
« bourg en bonne et deue reparation
« dont ils sont à present dispensez à cause
« des grandes ruines, en quoy ilz sont
« à present et advenus par les anciennes
« guerres. Ils estoient aussy tenus à re-
« parer et entretenir mes fossez proce-
« dans de mon dit chasteau de Chambrais
« es portes du dict faulbourg, dont ils sont
« pareillement à present dispensez à cause
« des dites ruines advenus par les dites
« anciennes guerres.

« Item, j'ai droict de prendre chacun
« an sur touts les maistres du mestier de
« boulcher de mon dict bourg de Cham-
« brais pour leurs estaulx et estalliges
« douze solz par chacun an, les boullen-
« gers, drappiers, cordonniers, merciers,
« chandeliers et aultres mestiers d'estal-
« lers aussi audict bourg quatre solz
« deux deniers pour estallige.

« Subjets iceulx bourgeois et hommes de
« la dite baronnie sans les comparences
« de gages pleiges recognoistre une fois
« en leur vie à ma justice les rentes deubz
« et debvoirs seigneuriaulx qui me sont
« tenus faire et m'en bailler adveu ou
« declaration, lettre et reconnoissance vail-
« lable, tant des places bourgeoises que
« aultres héritages fiellez du domaine de
« ma dite baronnie et membres depen-
« dants d'icelle, avec foy et hommage sur
« peine du droict et de coustume.

« Item en icelle ma baronnie ay aussy
« buisson et forest nommée la forest ou
« buisson Gouillafie, qui est de bonne et
« grande estendue, scituée et assize sur la
« sergenterie de Chambrais, qui jouxte
« d'un bout la terre et siourie du Bose
« Morel et la paroisse de Feriers chacun
« pour partie, et d'autre bout les fiefs de
« la Rue et de Saint Quentin empartie,
« d'un costé le grand chemin Perrey et
« plusieurs personnes tenantz de mon
« domaine fieffé, et d'aultre costé moy
« mesme et aultres héritages de mon
« domaine fieffé. Laquelle forest est en
« disme, et hors de tiers et danger du roy
« nostre sire, laquelle disme appartient
« au prieur et curé du prieurey et pa-
« roisse de Nostre Dame du Bose Morel,
« de la fondation de mes predecesseurs
« sieurs et barons de la dite baronnie, sur
« lequel prieurey et paroisse du Bose

« Morel icelle forest est scituée et assize.
« En laquelle forest je puis avoir et
« mettre sergentz et gardes à mes gaiges
« et frais pour icelle garder, mesmes pour
« garder les bestes sauvaiges y estantz et
« pour eviter aux abbus que y pourroient
« commettre les rivagers et demeurants
« aux paroisses prochaines et habitantes
« sur la dite forest. Les quelz sergentz
« verdiers prendront le serment de ma
« justice afin de rapporter par devant mon
« seneschal proces verbaulx et exploictz
« aux ples d'icelle ma baronnie des lar-
« cins, abbus et entreprinses que iceulx
« rivagers ou aultres y pourroient com-
« mettre, tant en icelle forest qu'aultres
« bois deppendant de ma dite baronnie,
« par laquelle ma justice les amendes et
« restitutions de bois sont taxés et à moy
« adjugés, tout et ainsi et suivant qu'il
« est contenu aux ordonnances sur ce
« faittes par le roy nostre sire, et d'aut-
« tant et ainsi qu'il est permis aux prin-
« ces, prelats, eglises, seigneurs et ba-
« rons par les dites ordonnances du roy
« seulement.

« J'ai aussi en ma dite baronnie droict
« de grosses forges, affineries, le cambre,
« fonte et fourneau à faire fer pour user
« en icelluy mes dictz bois en charbon
« pour l'usage et entretenement de mes
« dites grosses forges, affineryes, fonte et
« fourneau de present edifiez et faisant
« fer, sans empeschement d'aulcune per-
« sonne, en quoy faisant je puis et doy
« jouir et avoir, comme premier baron
« fossier en Normandie, des droictz liber-
« tez, franchises, previliges, et preemi-
« nences, telz que ont accoustume jouir et
« user de tout temps et d'ancienneté les
« aultres fossiers du dit pays de Nor-
« mandie au nombre de quatre seule-
« ment.

« Et au default de mes dites grosses
« forges, je puis user vendre et distri-
« buer et faire mon prouffit des bois de
« ma dite forest et autres ventes de bois
« de ma dite baronnie à moy appartenant
« par ventes et marchez à aultres usages
« que à charbon, ainsi que j'adviserai bien
« estre.

« Sur ce prens bois pour mon four
« bannyer, assis au dit lieu de Chambrais,
« au quel les dits bourgeois de Chambrais
« sont subjets cuire leur pain sur peyne
« de forfecture, en payant par eux deux
« deniers pour chacun boisseau.

« Ne peuvent avoir les dits bourgeois
« aulcuns fours dedans l'enclos dudit
« bourg que le dit four à ban, sans me
« payer deux chappons par an, à Noel,
« ausquelz fours, en payant les dits chap-

« sons comme dict est, y pourront cuire
« leur pain sans forfaiture.
« Ne peuvent aussi, les dits bourgeois,
« avoir ne aulcuns d'iceux venue ny issue
« par dedans les murs du dict bourg, s'ilz
« ne payent pareillement deux chappons
« au dit terme de Noel, et jusques à ce
« que la dite venue ou yssue soit reparée.
« Item, la poisson de la dite forest
« m'appartient et à touts les hommes du
« chef de ma dite baronnie, au moyen
« que mes dits hommes me doibvent par
« chacun an pour chacun pourceau deux
« deniers de panaige; reservé les bour-
« geois de la dite baronnie, qui ne me
« doibvent que un denier par chacun
« pourceau, par ce que je suis tenu de
« faire tenir les pleds de mon dit panaige
« chacun an par ma justice, au dit lieu de
« Chambrais, prétoire et cohue d'icelui,
« le dimanche précédent de devant le jour
« Saint Michel, auquel jour les dits hom-
« mes doibvent empanaiger leurs dits
« pourceaux, et les dits bourgeois le lundy
« prochain ensuivant, sur peine de forfai-
« ture, sur lequel panaige le chappelain
« de la chappelle du dict lieu de Ferières
« prend le dixième denier, à la subjection
« de par lui de faire et quérir le parche-
« min et d'escripre les roolles des per-
« sonnes qui empanaigent leurs pour-
« ceaux, et dure icellui panaige depuis
« le dict jour de dimanche précédent le
« dict jour Saint-Michel jusques au jour
« Saint-Denis prochain en suivant.
« Item, les hommes hors et rivagiers de
« ma dite baronnie doibvent quatre deniers
« de panaige si leurs pourceaux prennent
« poisson sur la dite baronnie et y reposent
« un jour entier, sur peine de forfaiture,
« lesquels pourceaux sont appelez porcs
« villains. Me doibvent aussy panaige tous
« pourceaux vendus ou achetez en la
« dite baronnie par mes dits hommes ou
« aultres qui passent par dessus icelle ba-
« ronnie le dict panaige durant.
« Item, les vavasseurs du Val-Melichon,
« dict le Parc, des Quatre Fossez et la Hau-
« ticaire, qui fut du Bose, et de la Hauti-
« caire, qui fut Selles et à présent Vitrout,
« sont tenus et subjectz comparoir et as-
« sister aux plés du dict panaige, sur
« peyne de soixante solz d'amende, les
« quelz vavasseurs, mesmes les sergentz
« de ma dite baronnie, au nombre de six
« cy après déclarez, doibvent faire re-
« cherche des pourceaux non empanaigez,
« et en rapporter exploit à ma justice, aux
« fins de la confiscation d'iceulx durant
« le dict panaige, pour servir de tesmoing
« et eschantillonner l'oreille droicte des
« porcz par eulx trouvez en forfaiture et

« non empanaigez, parce que les dicts
« vavasseurs peuvent mettre pourceaulx
« sans nombre de leur nourriture en la
« dite forest sans payer panaige, fors ung
« denier pour le ver, et ont les dicts va-
« vasseurs et sergentz d'icelle baronnie la
« quatrième partie des dites forfaitures à
« leur proffict.
« Item, en la paroisse de Saint-Hilaire-
« de-Ferière j'ai plusieurs pièces de boys
« taillis et couppes ordinaires, dont l'une
« des dites pièces est appelée le Grand
« Parc de Ferières, qui contient six vingt
« deux acres ou environ; l'aultre est nom-
« mée la vente et taillis du Boshys, con-
« tenant sept à huit acres ou environ,
« assis près l'église du dit lieu de Ferières,
« et l'aultre est nommée le petit Parc, qui
« contient vingt-huit acres ou environ, et
« l'aultre pièce est appelée et nommée le
« bois de la Futelais, contenant dix acres
« ou environ, tous lesquels boys dessus
« déclarés sont en dixmes et hors du tiers
« et danger du roy nostre souverain sei-
« gneur, comme dict est.
« Item, en la paroisse de Grand-Camp,
« j'ai une aultre pièce de boys taillis nom-
« mée le Gros-Bose, contenant trente-
« huit acres et demi ou environ, qui
« jouxte d'un costé la vavasserie du Val-
« Melichon empartie, et plusieurs aultres
« terres labourables pour l'aultre partie,
« d'aultre costé le chemin de Bernay, d'un
« bout le chemin de Saint-Quentin et la
« paroisse de Saint-Nicollas-du-Bose-l'Ab-
« bey, lequel boys est du tiers et danger
« du roy nostre sire, en son dit conté
« d'Orbec.
« Item, en icelle ma baronnie, j'ai cinq
« manoirs et métarys, qui sont de mon
« domaine non fieffé, l'une et la pre-
« mière nommée Merbonne, assise en la
« paroisse de Grandcamp, en laquelle y a
« maisons, granges et edifices, colom-
« bier, plant et jardinaiges, avecques plu-
« sieurs terres, et jusques au nombre de
« soixante dix acres ou environ, compris
« et compté le dit manoir et jardinaiges,
« qui consiste en revenu de grains et
« jardinaiges.
« L'aultre est assis en la paroisse de
« Ferières, nommée la Simonnyère, au-
« quel comme dessus y a manoir, maison
« et edifices, plant et pasturaiges, her-
« baiges et terres labourables, jusqu'au
« nombre de cinquante acres ou environ.
« L'aultre, assise en la dite paroisse
« nommée la Couture-sur-Ferières, au-
« quel y a manoir, maisons et edifices, et
« consiste tant en plant et herbages que
« terres labourables qui peuvent con-
« tenir en tout le nombre de quarante

« acres ou environ, dont comme dessus
« le revenu consiste seulement en grains,
« herbaiges et en fruictaiges.

« L'aultre manoir est assis en la pa-
« roisse du Prieuréy du Bose-Morel, nommé
« le Coullombier, auquel y a manoir et
« edifices, plant, jardinaiges et her-
« baiges, avecques terres labourables jus-
« ques au nombre de quatre-vingt acres
« ou environ, tout compris, dont comme
« dessus le principal revenu est de grains,
« fruictaiges et herbaiges.

« L'aultre manoir, qui est assis en la
« paroisse de Chambrais, jouxte mon
« chasteau du dit lieu, appelé le Montal-
« lard, auquel comme dessus y a manoir
« et edifices, plain pasturage et terres
« labourables, jusques au nombre de cin-
« quante acres ou environ, dont comme
« dessus le revenu consiste en grains,
« fruictaiges et herbaiges, au compris
« de laquelle ferme y a une garenne à
« connins qui peut contenir six acres ou
« environ.

« A tous les quels manoirs j'ai droic-
« ture de place de colombier, à present
« non edifiez, prieries, corvées de bestes
« et droict de parc et de prison pour le
« soulagement de mes subjectz, où ils
« peuvent emprisonner et emparquer
« toutes bestes trouvées en dommaige.

« Item, en icelle paroisse de Ferières,
« j'ay plusieurs pièces de pray ; l'une et la
« première s'appelle les grands prays de
« Ferières, contenant vingt-huit à vingt-
« neuf acres ou environ, compris le lieu
« et place de mes grosses forges, lequel
« pray jouxte d'un costé mon dit boys du
« grand parc, d'aultre costé ma rivière de
« Ferières, d'un bout le fief de Saint-
« Quentin, et d'aultre bout la place où
« soulloit estre mon fort de Ferières, du-
« quel pray la plus grande partie des
« hommes de ma dite baronnie sont sub-
« jectz aux fennaiges et chariages d'icel-
« luy pray.

« L'autre pièce est appelée et nommée
« les Petits Preys qui furent François,
« contenant quatre acres et demie ou en-
« viron, jouxte d'un costé la rivière cou-
« rant.

« Une aultre pièce nommée les Nohays,
« d'un costé ma dicte rivière, d'un bout
« le dict fief de Saint-Quentin, qui con-
« tient une acre ou environ.

« Item, une aultre pièce contenan de-
« mie acre et demye vergée ou environ,
« nommée le Gohastre, assis près et joi-
« gnant de mes grands prays de Ferières,
« d'un côté le chemin, et d'aultre costé le
« fort de Ferières.

« Une aultre pièce, assise près le village
« des Noez, contenant une vergée, qui fut
« Quesnot.

« Item, en icelle paroisse de Ferières,
« j'ay deux moulins à bleyd faisant à pre-
« sent de bleyd farine, avec droict de
« pescheryes aussy, dont l'un est nommé
« le moulin de Fossard et l'autre le mou-
« lin de Ferières, ausquelz deux moulins
« et à chacun d'iceux j'ai baoniers et sub-
« jects, qui y sont tenus venir faire mouldre
« leurs grains sur le peril et danger de
« forfecture, et s'estend le baon du dit
« moulin de Fossard jusques en la par-
« roisse de Lan-le-Pierreuse, le Thilleul-
« en-Ouche et Saint-Martin-le-Livet, les
« Jonequières et jusques à Saint-Aubin-
« le Vertueux et plusieurs aultres lieux et
« paroisses des environs, et le baon du dit
« moulin de Ferières pareillement s'ex-
« tend en la dite paroisse de Ferière et de
« Saint-Victor-de-Crestienville, Grand-
« Camp et aultres paroisses des environs.

« A cause des quels moulins j'ai droic-
« ture de moultes sèches qui se prennent
« sur les aisnesses et neuments (?), res-
« seantises et tenures de ma dite baron-
« nie, tant mediatement que immediate-
« ment, les quels moultes vallent et se
« payent aux troys festes de l'an, savoir
« est Pasques, my-août et Noël, qui est à
« chacune des dites festes un reez de bled
« et un reez d'orge, ou pour iceulx un
« boesseau du bon bleyd de la halle et
« mesure de ma dite baronnie. Au moyen
« de quoi mes dicts hommes subjectz aus
« dictes moultes ont droicture de mouldre
« es dits moulins à chacune des dictes
« festes saize boesseaux de bleyd ou aultre
« grain, franchement et sans payer au-
« cune moulture chacun en son baon.

« Item, au dit moulin de Ferières y a
« plusieurs des hommes de Grandcamp
« qui sont subjectz à l'admenaige des
« meulles de ma dieu curer d'iceluy mou-
« lin, et d'aller querir les dictes meulles
« jusques entre les quatre portz de Nor-
« mendie, la quelle droicture seroit à pre-
« sent contredicte par les dicts hommes.

« Item, en icelle paroisse de Ferières,
« en la bourgeoisie du Coullombier, y a
« plusieurs d'iceulx hommes qui sont sub-
« jectz par le moyen de leurs tennements
« et héritages et à la semonce l'un de
« l'autre à venir aux fenner de mes dicts
« prays de Ferières, et aux mesriens lever
« et sy sont subjectes ayder à lever les
« dits boys à merrain dont il me esconvient
« avoir pour edifier et reparer en mon
« manoir et ferme du Coullombier.

« Item, en icelle paroisse de Ferières y
« a aussi pareillement ung moullin à draps
« et bellinges, que tient à present à tiltre

« de fieffe les héritiers ou représentantz
« Jehan Chanu par six livres de rente
« qu'il m'en est tenu faire par chacun an,
« et sy tiennent à présent les islotz du
« pray d'icellui moullin foulleur à rente
« qui leur a esté faicte par quinze sols de
« rente chacun an.

« Item, en la paroisse de Chambrais y a
« par semblable deux moullins à bleyd
« faisant à present de bleyd farine, dont
« l'un est assis au dict bourg et bour-
« geoysie de Chambrais, auquel, entre
« aultres personnes, sont subjectz et
« baonnyers les bourgeoys et demeurantz
« au dict lieu et bourgeoisie de Chambrais,
« et sont tenus y aller mouldre leurs grains
« et moultures sur le danger de la forfec-
« ture ; l'autre moullin est assis au village
« et bourgeoisie du moullin du Prey, au-
« quel y a baonniers et moultiers, jus-
« ques à grand nombre de personnes, et
« s'estend le dict baon tant en la paroisse
« du Val-du-Theil, Grand-Camp, la Cha-
« pelle-Gauthier, Chamblac, Saint-Aubin-
« de-Thenney, quatre paroisses des envi-
« rons cy devant nommez, lesquelz hom-
« mes et subjectz sont tenuz venir mouldre
« tous leurs grains et moultures au dict
« moullin, sur le danger de la forfecture
« comme dessus ; à cause desquelz moul-
« lins, j'ay pareillement droicture de
« prendre sur les ainesses et neumentz (?)
« resseantizez chacun an moultes seiches
« comme dict est pour les aultres moul-
« lins, par ce qu'ils ont pareil droict de
« reciproque de mouldre aus dictes festes
« à chacune saize boesseaux de grain sans
« payer aucune moulture, comme dessus
« est dit et déclaré.

« Item, en iceux moullins et sur le dis-
« trict de ma baronnie j'ai droict de pes-
« cheryis et rivières de grande estendue.

« Item, j'ai droict de prendre et avoir
« les dictes moultes tant au baon des dicts
« moullins dessus nommez que es dicts
« moullins de Fossard et Ferières, sur
« tous les baoniers et subjectz es dites
« moultes, tant sur ceulx qui tiennent de
« moy neument que par moyen, et est
« l'usaige de ma dicte baronnie tel, pour-
« veu que les seigneurs desquelz meu-
« vent les dicts subjectz es dites moultes
« n'ayent baon de moullin en leur sieu-
« rie, eu quel cas prennent les dictes
« moultes sur leurs dicts hommes en la
« paroisse seulement où leur dict moullin
« est assis, comme aussi j'ai le droict de
« verdes moultes pour les faire payer à
« la seizieme gerbe, selon l'usaige ordi-
« naire sur touts mes subjectz emportant
« et engrangeant leurs grains hors ma
« dicte baronnie.

« Item, à mon dict moullin du Prey y a
« hommes et subjectz demeurant en la pa-
« roisse de la Chapelle Gauthier, qui sont
« subjectz à cause de certains heritaiges
« dont ils sont tenus à faire et entretenir,
« c'est asçavoir chacun tenement une
« perche de long des escleuses du dict
« moullin et à leurs propres coustz et des-
« pence en leur quérant lieu pour trou-
« ver blestre à ce requise et necessaire,
« laquelle droicture est à present contre-
« dicte par les dicts tenantz.

« Item, ay plusieurs pieces de pray as-
« sises en la paroisse de Chambrais, dont
« l'une est appelée le prey des Grosses
« Forges, qui contient demie acre ou en-
« viron, et l'aultre le prey d'Urgot, lequel
« prey contient demie acre ou environ.

« Item, y a en ma dite baronnie ser-
« genteries ou prevostez fieffées ; l'une est
« nommée la sergenterie de Ferières,
« l'aultre la sergenterie de la bourgeoisie
« de Chambrais, l'aultre la sergenterie de
« Chamblac, l'aultre la sergenterie de
« Thiesse, l'aultre la sergenterie de Cap-
« pelles et l'aultre la sergenterie du Bose-
« mille, qui toutes tiennent en foy et
« hommage de moy, et se relève chacune
« d'icelles sergenteries par soixante solz
« de relief ; les jouissants desquelles ser-
« genteries sont tenus et subjectz faire les
« contraintes de mes rentes et les semon-
« ces et adjournementz qui requis leur
« seront, tant par moy que par mes hom-
« mes, ainsy qu'il est accoustumé. Sont
« subjectz aussi faire et aller à l'arriere
« panaige et me admener les pourceaulx
« qui seron' prins en forfecture présence
« des dictz vavasseurs, et rapporter le
« tout en ma justice aux fins de m'en
« estre adjugé la confiscation comme des-
« sus est dict, et doibvent comparoir en
« mes plès et gages pleiges et assister ma
« justice avec epée et verge blanche en la
« main, avec tout respect.

« Sont subjectz aussi les dicts sergentz
« et vavasseurs comparoir aux plès du
« dit panaige sur peine de soixante solz
« d'amende, par ce que les dits sergentz
« ont sur les deniers provenantz du dict
« panaige chacun quatre deniers, et les
« dicts vavasseurs chacun deux solz, qui
« leur sont delivrez et payez par mes
« mains ou de mon recepveur sur les dictz
« deniers.

« Item, j'ay droict en icelle ma baron-
« nie et membres deppendantz d'icelle de
« siege d'écolle et d'y presenter et nom-
« mer un regent ou maistre, sans que nul
« a ilec y en puisse mettre ne tenir sy
« ne sont par moy ou mes officiers ad ce
« commis, et sont mes dicts hommes

« subjectz y envoyer leurs enfans à l'es-
« cole.
« Item, j'ay et m'appartient la présen-
« tation et droict de présenter au béné-
« fice de Saint Aubin de Thenney, au
« bénéfice de Saint Martin de Livet, à la
« Chapelle de Saint Nicolas sur Cham-
« brays, à Saint Siphorian sur Ferieres,
« comme fondatrisse au droict de mes
« prédécesseurs et barons de la dicte ba-
« ronnie, de pourvoir aussi de curé et
« administrateur de la chappelle de l'Hôtel
« Dieu du dict lieu de Chambrais et al-
« ternativement au bénéfice et cure de
« Saint Pierre de Grand Camp, ensemble
« de nommer les administrateurs aux
« leproseries de Saint Siphorian, de Saint
« Nicolas sur Chambrais.
« Item, j'ay droict aussi de présenter
« au bénéfice de Nostre Dame des Jonc-
« qurez de Sainct Hilaire de Ferieres
« et à la chappelle de Nostre Dame de la
« Couture, assise aussi sur Ferieres,
« après toutefois que les chanoines de
« l'église cathédrale de Saint Pierre de
« Lisieux en nombre suffisant me auront
« nommé et envoyé trois de leurs vicai-
« res et chappelains des douze livres d'i-
« celle église, dont je puys prendre et
« eslire lequel des trois qui me plaira et le
« présenter à cil des bénéfices qui sera
« vacquant, pourveu qu'il soit nommé et
« esleu par iceulx chanoines, lesquelz
« chanoines par raison de ce et de cer-
« taines dixmes que mes prédecesseurs
« sieurs et barons de la dite baronnie de
« Ferieres avoient droict de prendre es
« dites paroisses des Joncquères et Ferie-
« res nommez les grosses dixmes me sont
« tenus faire un cheval de service ou cin-
« quante solz en lieu d'icelluy, toutes et
« quantes fois qu'il plaist au roy nostre
« sire mander son ost.
« Item, en domaine fieffé j'ay de rente
« en deniers par chacun an la somme de
« deux cents quinze livres dix deniers ou
« environ.
« En chappons, le nombre de trois cent
« treize chappons, six solz huit deniers
« allant avec les dicts chappons.
« En guelines, trois cent vingt et une
« guelines, et dix-neuf deniers allant avec.
« En avoine, dix sept cent quatre
« vingt boesseaux et demi.
« En œufs, douze centz mil*** vii, et dix
« sept solz allant parmy.
« En moutons qui me sont deubz au
« terme de rouvesons cinquante sept et
« tiers d'un.
« Item, en grains de forment et mesteil
« le nombre de quarante boesseaulx [tant]
« à recz que à comble; desquelles rentes y

« en a partie en dispute et qui ne se payent
« à présent, non compris les moultes.
« M'est deu aussi de rente deux chap-
« peaux de violette de mars, payables
« au jour de Pasques [et] aux Rameaux ;
« et ung aultre de roses vermeilles au jour
« de Pentecoste, sur peine de dix-huit
« solz d'amende.
« Item, jay droict de reliefs et traisieme
« gardes feaux et coustumiers sur touts
« mes hommes ainsi que la coutume de
« Normandie le permet.
« Item, en moultes trois cents quatre
« vingt sept moultes, non compris celles
« de Saint Victor, qui sont en nombre de
« cinquante sept moultes, desquelles moul-
« tes comme dessus la plus grande partie
« est en dispute et procès.
« Item, en ma dite baronnie j'ay quel-
« ques petites places et jardinages qui se
« baillent de trois ans en trois ans qui ne
« sont de grande valleur.
« Item, j'ay garenne jurée en ma dicte
« baronnie et droict de chasser et prendre
« sur icelle toutes bestes rousses et noires
« et tout aultre gibier.
« Item, j'ay aussi droicture d'auleyne
« et de choses gayves et espaves qui ad-
« viennent sur ma dite baronnie, droict
« de geolle et de prison et plusieurs aul-
« tres previllèges, droictures et libertez
« et telz que à baron appartient et doibt
« appartenir.
« Et en ma dite terre et seigneurie
« d'Auquainville, qui est un membre dep-
« pendant et du corps de ma dicte baron-
« nie, j'ay court et usage, justice et juri-
« diction haulte, basse et moyenne, qui
« est exercée par mes officiers en la dicte
« baronnie de Ferieres. Touttesfois à
« présent, je n'en use que de basse et
« moyenne, par protestation que ce pré-
« sent ne pourra préjudicier au retablis-
« sement de ma dicte haulte justice, jouxte
« mes chartes, lettres, titres et scriptures
« comme devant est dit ; j'ay aussy en
« icelle terre d'Auquainville, hommes,
« hommages, doumaines fieffé et non fieffé,
« rentes en deniers, grains, œufs, oy-
« seaulx, corvéez de bestes et de gens,
« moullin à bleyd faisant à présent de
« bleyd farine, rivière, pescherie, place
« de moullin à draps et acquitz d'iceulx
« sur toute icelle sieurie. Ausquelz moul-
« lins, qui s'estendent à plusieurs paroiss-
« ses, les habitants des quelles, en tant
« qu'il y en a de reseantz sur ma dite ba-
« ronnie, sont subjectz et banniers, et
« tenus de venir moudre leurs grains aux
« dits moullins à bleyd, payer verde
« moulte sur le champ pour les non re-
« seants, et habiller ou faire habiller leurs

« draps et aultres manufactures de laine
« le cas offrant au dict moullin à dras
« quand il est en estat deub, ou bien
« payer l'acquit pour ce deub, premier
« que de pouvoir faire fouller ny habiller
« ailleurs, sur le danger de la forfecture,
« comme il a esté prédéclaré, avec reliefz
« et xiiie.

« Item, au bourg et bourgeoisie du dict
« lieu d'Aucquainville j'ay droict de pren-
« dre sur chacune masure douze deniers
« de rente nommée sens, par chacun an,
« au jour Saint André, et est l'usaige tel,
« ainsy qu'il est au chef et bourgeoisie de
« Chambrais, que sy les dites masures
« estoient separez et que d'icelles feussent
« faictz plusieurs lothz, partaiges et sepa-
« rations, me seroit deu par chacun des
« tenantz d'iceulz lothz douze deniers de
« rente censive pour chacune masure ou
« place assis à la dite bourgeoisie; au
« contraire sy les dits lots ou divisions
« d'icelles masures divisez par partages
« ou autrement estoient reunys et remis
« à une, ne me seroit deu que douze de-
« niers de rente censive, tout ainsy qu'il
« est contenu en la dite bourgeoisie de
« Chambrais.

« M'est aussy deu par les dits bour-
« geois d'Aucquainville pour chacune
« masure une journée de fennaige à mon
« pray des Boys, à présent nommey les
« Hommes, à la semonce l'un de l'aultre,
« lorsqu'il est fauiché, pour reduire en
« foing, sur peyne de l'amende au cas ap-
« partenant. Item, sont tenus les dits
« bourgeois pour chacune masure à lever
« et charger le boys en ma charette pour
« tout ce que j'auray à besongnier pour
« reedifier mon manoir et chasteau du
« dit lieu d'Aucquainville.

« Item, en la terre de Farvacques, tenue
« neument de moy par ung plain fief de
« haubert, y a certain nombre d'hommes
« qui à raison de leurs masures assis au
« dict lieu de Farvacques et Courson, aussy
« tenus de moy en bourgeoisie, lesquelz
« sont tenus faire le guet la veille de la
« feste Nostre Dame Chandelleur et garder
« la foire du dit lieu d'Aucquainville,
« seeante au dict lieu le dit jour et veille
« Notre Dame par chacun an, depuys le
« midy veille d'icelle foire jusques à len-
« demain d'icelle feste heure de vespres,
« et doibvent iceulz hommes payer cha-
« cun un denier de coustume au dit jour
« de foire, et à raison de ce sont francs de
« coustume au dict bourg et marché
« d'Aucquainville de vendre et achepter
« pour leur usage, et d'estaulz, aussi
« comme sont les bourgeois d'icelluy
« Aucquainville.

« Item ay aussy hommes subjectz à
« amener les meulles de mon moullin
« d'Aucquainville et les aller querir entre
« les quatre ports de Normandie et au
« lieu où il me plaist les achepter et à
« leurs depens, et dont j'en suis en pos-
« session.

« Item, sont subjectz à aultres fuisances
« qui s'appelle baon de trois ans, qui est
« à entendre que chacun homme doibt
« prendre à mon ban quatre potz de sil-
« dre au prix qu'il sera vendu toutefois
« que vouldray tenir mon dict baon et
« qu'il sera publié. Et sy chacune masure
« dont ilz sont tenantz sont subjectz en-
« tretenir les excluses de l'eaue, de per de
« meulles d'icelluy moullin d'Aucquain-
« ville, les quelles subjections sont nom-
« mez et appelez per de meulles, et le
« tout amener et faire à leurs depens au
« moyen qu'ilz ont leur mouldre à mon
« dit moullin et demie moulture et à des-
« guerner.

« D'avantaige j'ai droicture de corvez
« de bestes trayantes à harnois et rege-
« santes sur icelles masures bourgeoises
« et sur plusieurs aultres tennements tenus
« de moy.

« Item, ay terres labourables en plu-
« sieurs pièces le nombre de vingt acres
« ou environ.

« Item, j'ay en la dite branche et mem-
« bre d'Aucquainville du hault boys et
« taillis, comprins les dégastz des dictz
« boys taillis, de présent estant en pastu-
« raiges, le nombre de deux centz dix
« acres ou environ, en plusieurs pièces, le
« tout assis en la paroisse du dict lieu
« d'Aucquainville, et sont iceulx boys
« hors du tiers et danger du roy nostre
« sire, parce qu'ilz sont subjectz à payer
« divine.

« Ausquelz boys ay droicture de pa-
« naige et arrière panaige, et ausquelz
« boys les hommes et subjectz du dict
« lieu et sieurie d'Aucquainville ont
« droicture d'empanaiger leurs pour-
« ceaulx en payant pour chacun pourceau
« chacun an deux deniers, excepté les
« bourgeois qui ne paient que ung denier,
« et ce sur le danger de forfecture, en cas
« que iceulx hommes et bourgeois se-
« roient deffaillantz d'empanaiger leurs
« pourceaulx, et qu'ilz feussent trouvez
« sur la dicte terre, le dict panaige du-
« rant, dont la confiscation m'est adju-
« gée par ma justice, ainsy qu'il est ci-
« devant contenu en l'article du dict
« panaige de ma dicte forest de Cham-
« brais dépendante du chef de ma dicte
« baronnie.

« J'ay aussy en icelle terre d'Aucquain-

« ville foire au dict jour de veille de
« Chandelleur et marché par chacune sep-
« maine au jour de samedy, ausquelz j'ay
« coustume, travers, droicture de gaulge,
« poix, marc et ballence, mesures, coura-
« terye à pesson, languaige de pour-
« ceaulx, appreciation de vins et brevaiges,
« et pain vendu en detail, droict de pollice
« et aultres droictures préeminences et li-
« bertez sur mes dictz hommes, comme
« j'ay en ma dicte baronnie et lieu de
« Chambrays; le manoir seigurial et place
« et chasteau d'icelle terre d'Aucquainville
« est de présent en ruine, advenuz par les
« anciennes guerres, comme dict est, la-
« quelle terre d'Aucquainville a esté de
« tout temps baillée à ferme et encores y
« est de présent.

« Item, en ma terre de Saint Aulbin sur
« la mer, membre dependant et indivisé
« de ma dicte baronnie, j'ay pareille court
« et usage, justice et jurisdiction exercée
« par les officiers de ma dicte baronnie,
« aux protestations dessus dictz en tant
« que pour le droict et retablissement de
« ma dicte haulte justice, droicture d'a-
« mendes, forfeiture, hommes, hommai-
« ges, gardes de fiefz, rentes en deniers,
« grains, œufz, oyseaulz, reliefz, xiiij,
« champartz, droict de varest, et le siège
« de navires quant ilz eschient sur le port
« de la mer, sçavoir est pour le dict varest
« à la rive de la mer, s'il eschiest quelque
« marchandises, soit vins ou aultres mar-
« chandises, le tiers m'en appartient, pour-
« veu qu'il n'y ayt point de poursuitte par
« ceulx à qui ilz appartiennent, et pour le
« dict siège me seroit deu pour chacun
« navire quant il y en vient quatre deniers
« pour fondz. J'ai aussi droicture de pren-
« dre et avoir pour chacun tout de roy
« jecté à la mer douze deniers.

« J'ai aussi droict de tente à prendre
« faulcons et aultres oyseaulz, et nul autre
« que moy ne peut tendre en ma dicte
« terre sans mon congé et licence le temps
« de la saison, qui est le moys de septem-
« bre durant; et sy aulcun estoit trouvé
« tendre à filletz ou harnois à prendre
« perdrix ou aultres oyseaulz es mectes de
« ma dicte terre, je puis prendre et apli-
« quer à moy les dicts filletz et harnois
« sans nul contredict.

« Item, mes hommes resseantz sur mon
« dict fief de Saint Aulbin, en cas que je
« demeure moy ou mes hoyrs sur le dict
« fief, sont subjects m'aller querir pain,
« vin, moutarde et plusieurs aultres
« choses à moy et mon hostel necessaires
« en la ville de Dieppe chacun en son
« tour.

« Doibvent aussy ayder à cœuillir mes
« chanvres et mes lins et les escoucher à
« mes depens, et plusieurs aultres droic-
« tures et libertez.

« Le chasteau ou place d'icelle seurie de
« Saint Aulbin sur la mer, nommey les
« salles de Ferières, est de présent en ruine
« et decadence par les anciennes guerres,
« comme il aparoist par les vestiges des
« murailles y restant, comme dict est.

« En laquelle seigneurie qui toujours
« et par cy devant a esté baillé à ferme
« et est encores de présent y a tant en
« doumaine non taillé que non taillé le nom-
« bre de vingt six à vingt sept acres de
« terre ou environ qui s'extendent en la
« dicte paroisse de Saint Aulbin et aux
« environs.

« Mesme m'appartient une pièce de terre
« en commune, contenant vingt acres ou
« environ, assise en la dicte paroisse de
« Saint Aulbin, bornée des deux costez
« plusieurs, d'un bout le sieur de Manne-
« ville à cause de son vivyer et d'aultre
« bout la chaussée du dict lieu de Saint
« Aulbin, en laquelle commune nul n'a
« aulcun droict sans me payer le glugcol-
« laige (?).

« Item, j'ay droict au dict lieu de Sainct
« Aulbin que, s'il y a aulcune personne
« qui face noise ou debat tenantz cous-
« teaux, espeez, ou aultres bastons, mon
« sergent en la dicte terre de Sainct Aul-
« bin et unze hommes de la dicte terre
« les peuvent mettre prisonniers aux pri-
« sons de ma dicte baronnie en la dicte
« terre, jusqu'à ce qu'il ayt amendé la
« faulte par lui commise avecques confis-
« cation des dictes armes; et s'il advenoit
« qu'il y eust haro interjetté, mon dict ser-
« gent est tenu en advertir le sergent du
« roy au Bourg de Dun, pour les mener
« aux prisons du roy dans vingt quatre
« heures pour en faire la justice.

« Item, s'il y a aulcun qui ayt vendu ou
« achepté à la foire Sainct Denis du Val,
« qui est foire de champaigne, quelque
« marchandise, il s'en peut aller à son
« hostel sans qu'il soit prins à nul préju-
« dice, et a temps de porter sa coustume
« aux salles de Ferières, qui est la place
« du chasteau du dict lieu de Sainct Aul-
« bin à présent ruyné, comme dict est,
« jusqu'à la veille de la petitte Sainct Mi-
« chel, qui est huict jours après la dicte
« foire, pourvu qu'il soit homme et vassal
« de ma dicte baronnie.

« Item, mon sergent au dict lieu de
« Sainct Aulbin peult faire arrest en
« l'extendue de ma dicte baronnie des
« marchands qui refuseroient de payer
« ce qu'ilz auroient achepté tant en frai-
« che pescaille que aultrement.

« Item, j'ay droict sur tous mes hommes
« et subjectz de la dicte terre de Sainct
« Aulbin de faire le guet en mon dict
« chasteau de Chambrays, ainsy que les
« aultres hommes de ma dicte baronnie,
« sauf que s'il advenoit que le roy nostre
« dict sieur oult la guerre contre les
« Anglois, en ce cas mes dicts subjectz se-
« ront deschargez du dict guet, et seront
« tenus icellui faire sur la mer, ainsi que
« les aultres du pays.

« Item, j'ay droict de faire prendre
« tous bestiaux paissantz sur ma dicte
« terre de Sainct Aulbin, et les mettre au
« parc ou prison d'icelle, et leur faire
« payer quatre deniers pour beste, avec-
« ques condampnation de tous les dom-
« mages qu'ils pourront avoir faictz.

« A cause de ma dicte baronnie de
« Ferières sont tenus de moy noblement
« en foy et hommaige plusieurs fiefz no-
« bles et franches vavassoreries, première-
« ment.

« Un plein fief de hault et nommey le
« fief de Fresney, assis en la paroisse de
« Chambrays, avec le patronnaige de l'église
« du dict lieu de Chambrays, que tient
« à présent noble homme messire Pierre
« de Caumont, conseiller du roy et procu-
« reur de Sa Majesté au bailliage et siège
« présidial de Cion, au droict de damoi-
« selle Johanne de Mainbneville, sa femme,
« heritière avec damoiselles Catherine,
« Jacqueline, Guillemette et Barbe dictes
« de Mainbneville, seurs de la dicte
« Johanne et heritières chacun en sa part
« de feu Guillaume de Mainbneville, vi-
« vant escuyer, frère des dictes damoi-
« selles, filz et heritier de feu Jacques de
« Mainbneville, vivant escuyer, sieur de
« Cornières et du dict fief terre et sieurie
« de Fresney.

« A cause du quel fief de Fresney les
« dictz heritiers, tant pour culx que pour
« leurs nobles soubzagés tenantz et vas-
« saulx, me sont tenus faire quarante jours
« de garde en mon chasteau de Chambrays,
« quant il plaist au roy nostre sire mander
« son ost, avec droicture de garde noble,
« reliefz, xiiis, aydes feaulx et coustumiers
« quant ils eschent et le cas s'offre.

« Doibvent aussy eulx et leurs dicts
« vassaulx empannaiger leurs pourceaulx
« au pannaige de ma dicte baronnie le
« dimanche precedant le jour Sainct Mi-
« chel chacun an, et payer deux deniers
« pour chacun pourceau sur peine de for-
« fecture.

« Subjectz oultre eulx et [leurs vas-
« saulx?] reparer les foires et marchez de
« Chambrais de leurs denrées et marchan-
« dises, premier que de pouvoir les trans-

« porter aillers, sans payer coustume et
« issue de fief, et pour le regard subjectz
« à dispray, ainsy que les aultres nobles de
« ma dicte baronnie et ainsy qu'il est
« accoustumé en icelle;

« Mesurer leurs grains, boires et heri-
« tages aux mesures et harpentaige de ma
« dicte baronnie;

« Faire fouller leurs draps et aultres
« manufactures de layne au moullin foul-
« leur ou foullerie de la dicte baronnie,
« ou payer le droict pour ce accoustumé,
« premier et advant que les pouvoir faire
« fouller ailleurs, le tout soubz le danger
« de la forfecture.

« Et ne s'extent le banon du moullin à
« bleyd du dict fief de Fresney, auquel
« est par semblable reuny le fief du Bose
« Morel, que en la paroisse de Chambrais
« et du Bose Morel, à ce non comprinse la
« bourgeoisie du dict lieu de Chambrais
« qui m'apartient directement.

« Et du quel fief de Fresney sont tenus
« en arrière fiefz ung quart de fief nommey
« le fief du Bois, apartenant aux heritiers
« de feu M. Jehan Le Roy, vivant escuyer,
« conseiller du roy en sa cour de Parle-
« ment à Rouen.

« Un aultre quart de fief nommey le
« Bose Morel, de présent apartenant aux
« dicts heritiers et à présent reuny au dict
« fief de Fresney, avec le patronnaige de
« l'église du dict lieu du Bose Morel.

« Item, en est aussy tenu un demy fief
« de hault et nommey le fief de la Rivere,
« qui fut Robert Le Roy, vivant escuyer, et
« de présent reuny en ma dicte baron-
« nie, auxquelz fiefz y a court et usaige,
« justice et juridiction, rente en deniers,
« grains, œufs et oyseaulx et toutes aul-
« tres droictures comme à telz fiefz apar-
« tiennent en Normandie.

« Item, est tenu aussy un aultre demy
« fief nommey le fief du Mont Allard, dont
« le domaine non fieffé d'icelluy est de
« présent en ma main......

« .... Les enfants soubz agés de
« feu François de Bonneville tiennent de
« moy un huictiesme de fief nommey le
« fief de Bonneville, assiz en la paroisse de
« Chambrais, avec le patronnaige de la
« dicte paroisse du dict lieu à court
« usage, justice et juridiction, dont ilz
« me doibvent foy et hommaige, cinq jours
« de garde en mon chasteau de Cham-
« brais en temps de guerre et que le roy
« mande ses ostz, et apres avoir esté deue-
« ment sommé ainsy que les aultres te-
« nantz de moy noblement, avec sept livres
« dix solz de rente siguriale par chacun
« an, reliefz xiiis, aydes feaulx et coustu-
« mieres quant ilz eschent et le cas s'offre

« et droict de garde noble le cas offrant,
« et aultres charges et faisances dessus
« dictes.

« Item, Jehan de Calf, escuyer, tient de
« moy par foy et hommaige ung sixiesme
« de fief nommey le fief Au Iroietz, dont
« le chef est assis en la paroisse du Cham-
« blac et s'estent en plusieurs aultres pa-
« roisses des environs, ayant justice, juri-
« diction, court et usage, avec rentes en
« deniers, grains, œufz et oyseaulz et
« aultres dignitez à noble fief apartenant,
« à cause de quoy il m'est tenu en foy et
« hommaige, à garde noble, reliefz, xiii[es],
« et aydes feaulx et coustumieres quant ilz
« escheent et le cas s'offre, et tenu et sub-
« jectz me convoyer à ses despens hors les
« portes de Normandie en temps d'ost
« toutte fois qu'il se rude ce faire deuement
« semony, avec les aultres charges dessus
« dictes.

« Item, est tenu de moy en foy et hom-
« maige, à cause d'icelle ma baronnie ung
« quart de fief de haubert assis en la par-
« roisse de Sainct Mars de Fresnes, nom-
« mey le fief de la Pommeray, du quel
« sont tenantz les heritiers de feu Pierre
« Rabault, vyvant recepveur des aydes et
« tailles en l'ellection de Bernay, à raison
« du quel fief qu'ilz tiennent de moy en
« foy et hommaige iceulx heritiers me sont
« tenus faire dix jours de garde en mon
« chasteau de Chambrais quant le cas
« s'offre, avecques droict de garde noble,
« reliefz, xiii[es] et aultres deubz et debvoirs
« sieuriaulz et aultres charges devant de-
« clarez, ainsi que les aultres hommes te-
« nantz noblement de ma dicte baronnie, et
« sy me sont tenus faire les dietz heritiers
« et aultres tenantz d'une ainesse assise
« en la dicte parroisse de Sainct Mars tenue
« de moy le nombre de six boesseaulx
« d'avoyne de rente sieuriale par chacun
« an, mesure de la dicte baronnie, au
« terme Sainct Michel.

« Item, François Lenourry tient de
« moy à cause de ma dicte baronnie un
« plain fief de haubert nommé le Tilleul
« en Ouche, à court et usage, justice et
« juridiction, assis en la parroisse de Thil-
« leul, qui s'extend en icelle parroisse et
« aultres des environs (qu'il déclare?)...
« au droict de la damoiselle sa femme
« estre tenu, à cause du quel il a droict de
« rentes en deniers, grains, œufz, oyseaulz
« et aultres dignitez à noble fief aparte-
« nant, à raison du quel fief du Thilleul il
« est tenu me faire en mon chasteau de
« Chambrais quarante jours de garde
« quant le cas s'offre et que sommey
« deubment en sera ; subject aussi le dict
« fief en garde noble, avecques reliefz,

« xiii[es], aydes feaulx et coustumieres quant
« ilz escheent et le cas s'offre, et aultres
« charges devant déclarez.

« Item, les heritiers de feu Pierre
« Alorge, vyvant escuyer, tiennent de moy
« par foy et hommaige ung quart de fief
« de haubert nommey le fief de Douville,
« assis en la paroisse du Tuissignol, vi-
« conté de Beaumont le Roger, à court et
« usage, justice et juridiction, ples et
« gages pleiges, rentes en deniers, grains,
« œufz, oyseaulz, doumaine fieffé et non
« fieffé, avecques reliefz, xiii[es], aydes
« feaulx et coustumieres et toutes aultres
« droictures ainsy que à quart de fief
« apartient, à raison du quel fief les dicts
« heritiers Alorge me sont tenus querir et
« bailler touttes fois et quantes que je
« passe ou rapasse par le dict lieu du
« Tuissignol pour aller à la court de Par-
« lement à Rouen, tant pour moy que
« pour mes gens, sçavoir est doubliers et
« esconilles blanches, hanaps, pots et
« escuelles blanches pour me servir et à
« mes gens à mon disner ou souper et
« blanc beurre pour mes chiens et che-
« vaulx, leur faisant sçavoir par temps
« competent le jour que je doy passer ou
« rapasser par le dict lieu, avec reliefz,
« xiii[es], aydes feaulx et coustumieres
« quant ilz eschéent et le cas s'offre, avec
« droict de garde noble le cas offrant, et
« avecque subjection de dix jours de
« garde en mon chasteau de Chambrais
« en temps de guerre et hostilité, ainsy
« que les aultres hommes tenantz noble-
« ment de ma dicte baronnie, avecques
« les aultres droictures dessus dictes.

« Item, les dictz hoirs Alorge tiennent
« de moy par foy et hommaige un aultre
« fieffe nommey le fief au Brument, assis
« au dict lieu de Thuissignol, par un huic-
« tiesme de fief, au quel y a court et
« usage, justice et juridiction, rentes en
« deniers, grains, œufz, oyseaulz et touttes
« aultres droictures comme à huictiesme
« de fief apartient et selon la coustume du
« pays, à cause du quel les dictz heritiers
« me sont tenus faire estantz deuement
« somarez cinq jours de garde d'ost en
« mon chasteau de Chambrais, droict de
« garde noble, reliefz, xiii[es] et aultres
« deulz et debvoirs sieuriaulz, ainsy que
« les aultres tenantz fiefz nobles en ma
« dicte baronnie.

« Item, les héritiers de feu Thomas
« Desmont, vyvant escuyer, sieur de Se-
« glas, tiennent de moy par foy et hom-
« maige un quart de fief nommey le fief de
« Beaumont, assis au dict lieu de Thuissi-
« gnol, à court et usage, justice et juri-
« diction, rentes en deniers, grains, œufz

« et oyseaulx et aultres droictures à quart
« de fief appartenant selon la coustume
« du pays, à cause duquel les dictz heri-
« tiers me sont tenus faire dix jours de
« garde en mon chasteau de Chambrais
« en temps d'ost, ainsi que les aultres
« tenantz noblement de ma dite baronnie,
« estantz deubment sommez, avecques
« droict de garde noble, reliefz, xiii^{mes} et
« aultres deubz et debvoirs sieuriaulx,
« ainsi que les aultres nobles de ma dite
« baronnie, et lequel fief est de present en
« debat de tenure avec le procureur du
« roy, mon dict seigneur en la dicte vi-
« conté de Beaumont.

« Item, George Dufey, escuyer, sieur
« de la Mesangère et vicomte du Pont-
« Authou et Pont Audemer, tient de moy,
« au droict de Me Jehan Godard, escuyer,
« sieur de Braqueville, maistre ordinaire
« en la chambre des comptes de Norman-
« die, un plain fief de haubert à plain
« champ et plaines armes, nommey le fief
« de Boscherville, avec toutes ses appar-
« tenances et appendences, assis en la pa-
« roisse du dit lieu de Boscherville, qui
« fut à Nicolas de Canouville, chevallier
« de l'ordre du roy, sieur de Gromesnil,
« duquel il m'est tenu faire, tant pour lui
« que pour ses soustenant noblement, c'est
« à sçavoir : quarante jours de garde en
« mon dit chasteau de Chambrais, quand
« il plaist au roy nostre sire mander son
« ost, avec ce m'est tenu en garde noble,
« le cas avenant, et a reliefz, traiziesmes,
« aydes coustumiers et aultres deubz et
« debvoirs sieuriaulx, ainsy que les aultres
« tenantz noblement fiefz de haubert en
« ma dite baronnie, duquel fief de Bos-
« cherville sont tenus plusieurs fiefz.

« Sçavoir est :

« Le fief de Neufville, assis au dit lieu
« de Neufville, qui fut à un nommé
« Me Germain Lucas.

« Les religieux et prieur du Parc de
« Harcourt en tiennent aussy ung huic-
« tiesme de fief à court et usage, nommey
« le Thuy Hagueron, et à present le fief
« de Freneuse, avec plusieurs aultres
« fiefz dependantz d'icelui.

« Item les enffans heritiers de feu
« messire Claude Le Georgellier, vyvant
« chevallier, sieur du Boys, tiennent de
« moy, à cause de ma dicte baronnie, en
« foy et hommaige un plain fief de hau-
« bert à playnes armes, nommey le fief
« de la Motte en Thenney, qui fut Guil-
« laume de Maillot, dont le chef mois est
« assis en la paroisse de Sainct Jehan de
« Thenney, et s'extend en icelle paroisse
« Saint Aulbin de Thenney, la Chapelle
« Gaultier, Cappelles et illec aux environs,

« à court et usaige, justice, jurisdiction,
« hommes, hommaiges, plès et gages plei-
« ges, domaine fieffé et non fieffé, rentes
« en deniers, grains, œufz et oyseaulx, et
« tous aultres droictz à tel fief de haubert
« apartenant, selon la coustume du pays,
« avesques ung moullin à bleyd nommey
« le moullin de la Motte en Thenney, à
« cause duquel moullin les dictz heritiers
« me font de rente pour chacun an cent
« solz payables au terme Sainct Michel, et
« duquel fief de la Motte en Thenney sont
« tenuz plusieurs arrière fiefz ; sçavoir
« est :

« Le fief du Plessys, assis à Grand-
« camp, qui fut Jehan de Monnay, escuyer,
« et à present Guillaume de Bonnechose,
« aussy escuyer, à cause de la damoiselle
« sa femme.

« Le fief de Thenney, tenu par ung
« quart de fief, qui fut de la Mare, du-
« quel est à present jouissant Ollivier le
« Loureur, escuyer, sieur du..........
« à cause de la damoiselle sa femme.

« Le fief Gaillard, appartenant au prieur
« de Maupas, assis en la paroisse de Cap-
« pelles.

« Le fief de Cappelles appartenant aux
« religieuses et abbesses de Sainct Sauveur.

« Le fief Sufflet ou des Cent Acres....
« .....appartenant de present au suppost
« des dits mineurs......

« A cause duquel fief de la Motte en
« Thenney les dits heritiers me sont sub-
« jectz en garde noble, le cas offrant, aves-
« ques quarante jours de garde en mon
« chasteau de Chambrais, quand il plaist
« au roy mander son ost, pour culx et
« leurs soubz tenantz noblement, aves-
« ques reliefs, xiii^{mes}, aydes feaulx et
« coustumières quant ils eschient et le
« cas s'offre, et aultres charges devant
« declarez.

« Item, messire Jacques du Tertre, es-
« cuyer, vicomte d'Orbec, tient de moy,
« à cause de ma dicte baronnie, ung
« demy fief de haubert nommey le fief
« de Mallouy, assis en la parroisse de
« Sainct Pierre de Mallouy aux environs,
« auquel y a court et t......, justice et
« jurisdiction, dommaine ....é et non
« fieffé, rentes en deniers, ...ns, œufz,
« oyseaulx et autres droictures à tel fief
« apartenant. A cause duquel il m'est
« subject en garde noble le cas advenant
« et en vingt jours de garde en mon
« chasteau de Chambrais, en temps d'ost,
« avecques reliefs, xiii^{mes}, aydes feaulx et
« coustumières quant ils eschient et le cas
« s'offre, et aultres redebvances dessus
« dictes, ainsy que les aultres tenant no-
« blement de ma dicte baronnie. Plus, il

« est tenant d'un aultre petit fief en trois
« aisnesses assis en la dicte paroisse de
« Mallouy, qui estoit precedant ce jour-
« d'huy du nombre du doumaine non
« fieffé de ma dicte baronnie.

« Item Marie Amyot, veufve de feu
« Jehan Mallard, esleu de Lisieux, tie
« aussy de moy ung demi fief de haubert
« nommé le fief du Hamel, assiz à Ferières
« et aultres paroisses, à court et usaige,
« justice et jurisdiction, hommes, hom-
« maiges, rentes en deniers, grains, œufz,
« oyseaulx, reliefs, xiii^{mes} et aultres deubz
« et debvoirs sieuriaulx à tel fief apar-
« tenant, à cause duquel elle m'est tenue
« en garde noble, le cas advenant, et en
« vingt jours de garde d'ost en mon chas-
« teau de Chambrais, pour luy et ses
« soustenenant noblement, avecques re-
« liefz, xiii^{mes}, aydes feaulx et coustu-
« mieres et aultres redebvances cy dessus
« declarées; et duquel fief du Hamel sont
« tenant les heritiers... Baudouyn, vivant
« escuyer, le fief..... et par les heritiers
« du dict, le.....................
« sieurie et plusieurs aultres rentes, char-
« ges et faisances cy devant declarez.

« Item les heritiers de feu Eustache
« du Boys, vivant escuyer, tiennent de
« moy, à cause de ma dicte baronnie, un
« huictiesme de fief nommey le fief du
« Thilleul Folenfant, assis aux parroisses
« de Sainct Germain du Thilleul, Nostre
« Dame de la Coulture de Bernay, Sainct
« Nicolas du Bosc Labbey et Sainct Mar-
« tin le Viel à cour et usaige, justice et
« jurisdiction, hommes, hommaiges, re-
« liefz, xiii^{mes}, et tous aultres droictz à tel
« fief appartenant, avecques droict de pré-
« senter à l'eglise du dict lieu du Thil-
« leul, le cas escheant; duquel fief Fran-
« çois Liberge tient une franche vavas-
« seurye, qui fut Jehan Hellot; et me sont
« tenus les dits heritiers faire pour cult
« et le dict Liberge foy et hommaige, et
« cinq jours de garde d'ost en mon chas-
« teau de Chambrais en temps d'ost,
« avecques reliefz, xiii^{mes}, aydes feaulx et
« coustumiers quant ilz eschient et le cas
« s'offre, avec les aultres charges dessus
« dictes.

« Item damoiselle Alyenor le Seneschal
« tient de moy noblement un quart de
« fief à court et usaige, qui fut Louis le
« Seneschal, nommé le fief de Chaumont,
« assis en la paroisse Nostre Dame de
« Chappelles et illec environ; duquel fief
« les religieux abbé et couvent de Lyre,
« a cause de leur priourey du Maupas,
« tiennent le fief de Cappelles, le fief du
« Fresne, avecques un moullin nommey
« le moullin de Cappelles, le tout par un
« huictiesme de fief, du quel sont tenus
« aussy deux valvassories, contenant huict
« vingt quatre acres de terre, l'une ap-
« pelée la valvassorie Paresse, et l'aultre
« la valvassorie Cantepye, qui se relèvent
« par nombre d'acres. A cause du quel
« fief de Chaumont la dicte damoiselle
« Seneschal m'est tenue faire cent six solz
« de rente annuel par chacun an au terme
« sainct Michel, dix jours de garde en
« mon chasteau de Chambrais en temps
« d'ost, et garde noble, le cas offrant,
« avec reliefz, xiii^{mes}, aydes coutumières
« et aultres deubz et debvoirs sieuriaulx,
« quant ilz eschient et le cas s'offre, avec
« les aultres charges devant declarez; et
« les heritiers du surnommé Hurel sont
« subjectz aquiter le dit fief de Chaumont
« de six sols de rente, partie des dits cent
« solz de rente.

« Item Loys de Bosquensay, escuyer,
« tient de moy, à cause de ma dite baron-
« nie, par foy et hommaige, ung quart de
« fief nommey le fief de Thennay, duquel
« le chamois est assis en la parroisse de
« Sainct Jehan de Thennay, auquel y a
« droict de justice et jurisdiction, rentes
« en deniers, grains, œufz, oyseaulx, re-
« liefz, xiii^{mes}, et toutes aultres droictures
« à tel fief noble appartenant, duquel fief
« relève le fief de la Francardière par un
« quart de fief, avec une vavassorie nom-
« mée la Foullonnière, à cause du quel
« fief de Thenney, le dit de Bosquensay
« m'est tenu faire par chacun an qua-
« rante solz tournois de rente sieurialle,
« payable en deux termes, sçavoir est
« Pasques et Sainct Michel, pour corvez
« assenez, et dix jours de garde en mon
« chasteau de Chambrais en temps d'ost,
« ainsi que les aultres tenantz noblement
« en ma dicte baronnie, avec droict de
« garde noble, le cas offrant, avecques re-
« liefz, xiii^{mes}, aydes feaulx et coustumiè-
« res quant ilz eschient et le cas s'offre, et
« aultres charges devant declarez.

« Item noble homme Nicolas d'Escor-
« ches tient de moy par foy et par hommaige
« ung quart de fief nommey le Bosc Gue-
« ret, dont le chef est assis en la parroisse
« de Sainct Aulbin de Thenney et aux
« environs à court et usaige, droict de
« justice et jurisdiction, rentes en deniers,
« grains, œufz, oyseaulx et touts aultres
« droicts et faisances à noble fief apar-
« tenant, à cause du quel il m'est tenu en
« garde noble le cas offrant et en dix
« jours de garde en mon chasteau de
« Chambrais en temps d'ost, et que som-
« mey ne sera, ainsi que les aultres tenantz
« noblement en ma dicte baronnie, avec-
« ques reliefz, xiii^{mes}, aydes feaux et cous-

« tumières quant ilz eschient et le cas
« s'offre, avec les aultres charges devant
« déclarez.

« Item, les heritiers de feu Georges de
« Chasteaul..... de Beaufort tiennent de
« moy, par foy et hommaige, ung quart
« de fief, dont le chef est assis en la par-
« roisse de Sainct Jehan de Thenney,
« avec lequel fief est reuny le fief de la
« Cresonnière, assis en la parroisse de
« Sainct Aulbin de Thenney, et s'extant
« en icelle parroisse et aux environs, au-
« quel fief y a justice et jurisdiction, hom-
« mes, hommaiges, rentes en deniers,
« grains, œufz, oyseaulx, reliefs, xiii^{mes}
« et aultres droictures à tel fief apparte-
« nant. A cause du quel fief ils me sont
« tenus en garde noble le cas offrant, et en
« dix jours de garde en temps de guerre
« en mon chasteau de Chambrais, avecques
« reliefz, xiii^{mes}, aydes feaulx et coustu-
« mières le cas offrant, avec les aultres
« charges devant déclarez.

« Item, les heritiers Loys d'Irlande, vi-
« vant escuyer, tiennent aussy de moy par
« foy et hommaige la dicte valvassourie,
« nommée le Val-Melichon, et à présent le
« Parc, contenant soixante acres de terre,
« dont l. chef est assis en la parroisse de
« Grand-Camp, et s'extend en icelle, Sainct-
« Victor-de-Cristienville, Ferières et les
« Jonquerez, et illec aux environs, en la-
« quelle y a hommes, hommaiges, rentes
« en deniers, grains, œufz, oyseaulx. re-
« liefz, xiii^{mes}, aydes feaulx et coustumiè-
« res, le cas offrant, à cause de quoy ilz
« me sont tenus faire de rente sicurialle
« par chacun an vingt solz, au terme
« Sainct-Michel, et soixante solz pour
« plain relief le cas offrant, avec les aultres
« aydes feaulx et coustumières, charges et
« subjections devant déclarez.

« Item, les héritiers de feu Jehan de
« Caillou tiennent de moy par foy et
« hommaige ladite valvassorerie, nommée
« la Valvassorerie de Quatre-Fossez, con-
« tenant six vingt dix acres de terre ou
« environ, le chamois de la quelle est
« assis en la parroisse de Ferières, et
« s'extent en icelle, Chambrais, en Grand
« Camp et aux environs, en la quelle y a
« plusieurs hommes, hommaiges, subjectz
« et tenant héritaiges en icelle, faisant
« plusieurs rentes tant en deniers, grains,
« œufz, oiseaulx, que aultrement, à cause
« de la quelle il m'est tenu payer par
« chacun an de rente sicurialle, scavoir
« est, quatre livres payables aux termes
« de Pasques et Sainct-Michel, mesme
« dix-huit boesseaux d'avoynne, mesure
« de la dicte baronnie, et trois solz, le
« tout payable au dict terme Sainct-Michel,

« avecque plain relief, estimé à soixante
« solz, avecque les aultres aydes feaulx
« et coustumières, charges et faisances
« devant déclarez.

« Item..... de Louvigny, escuyer, tient
« la dicte valvassorerie nommey la Haudi-
« caire, qui fut du Bosc, relevante de la
« sieurie du Fay, à cause de la quelle il
« est tenu comparoir aus plés de pa-
« naige, ainsi que les aultres vavasseurs
« qui relèvent directement de ma dicte
« baronnie, le dict jour de dimanche pré-
« cédant le dict jour Sainct-Michel, sur
« peine de l'amende au cas appartenant,
« et faire l'arrière painnage, ainsy que
« les dits vavasseurs, comme il est cy
« devant déclaré, parce qu'il luy est dé-
« livré sur les deniers d'icelluy panaige
« deux solz, subject aussy aux aultres
« charges et subjections devant déclarez.

« Item, François Vitrouil tient aussy
« la dicte aultre valvassorerie nommée
« Hauticaire, qui fut Selles, relevant de
« la sicurie du Buisson, à cause de la-
« quelle il est, comme dessus, tenu com-
« paroir aus dits plés de panaiges de ma
« dicte baronnie, ainsi que les dictz aul-
« tres valvasseurs qui rellèvent directe-
« ment de ma dicte baronnie, sur peyne
« de l'amende au cas appartenant, et tenu
« faire l'arrière panaige, ainsi que les
« aultres valvasseurs, comme il est ci-de-
« vant devant déclaré, parce qu'il lui est
« delivré sur les deniers d'icelluy panaige
« deux solz comme dessus ; subject aussy
« aux aultres charges et subjections cy
« devant déclarez.

« Item, noble homme Loys de Goiry,
« sieur de la Factière, tient par foy et
« hommaige de ma dicte baronnie un
« plain fief de haubert, nommey la Fac-
« tière, du quel le chef est assis en la
« parroisse des Jonquerez, à laquelle il
« s'extend en aultres parroisses des envi-
« rons, au quel fief y a justice, jurisdic-
« tion, hommes, hommaiges, rentes en
« deniers, grains, œufz, oiseaulx, rel-
« liefz, xiii^{mes} et aultres droictures à fief
« de haubert appartenant. A cause du
« quel il m'est tenu en garde noble le cas
« offrant, et en quarante jours de garde
« en mon chasteau de Chambrais en temps
« d'ost, ainsy que les aultres tenant no-
« blement de ma dicte baronnie, avec-
« ques rellief, xiii^{mes}, aydes feaulx et
« coustumières, quant ilz eschient et le
« cas s'offre, avec les aultres charges et
« subjections devant déclarez.

« Item, Jacques Hardouyn, escuyer,
« tient aussy de moy, à cause de la da-
« moiselle sa femme, fille et héritière de
« feu Guillemme Gastel, vyvant escuyer,

« sieur de Saint-Quentin, ung fief nommey
« le fief de Saint-Quentin des Illes, par un
« demy-fief, assis en la paroisse du dict
« lieu de Saint-Quentin et aultres des en-
« virons, à court, usaige, justice et ju-
« risdiction, hommes, hommaiges, rentes
« en deniers, grains, oeufz, oyseaulz et
« touttes aultres droictures à noble fief
« appartenant, à cause du quel il m'est
« tenu en foy et hommaige, droict de garde
« noble, le cas s'offrant, avecques vingt
« jours de garde en mon chasteau de
« Chambrais, en temps d'ost, ainsy que
« les aultres tenant noblement de ma dicte
« baronnie, avecques relliefz, xiii^{mes},
« aydes feaulx et coustumières quand ilz
« eschient et le cas s'offre, avecques les
« aultres droictz et faisances devant dé-
« clarez.
« Item sont tenus de moy les fiefz
« d'Osmoy, Champigny et Marcilly, scituez
« et assis sur la rivière d'Eure, chacun
« par ung demy fief, et possedez par les
« heritiers ou representant le droict des
« nommez Jehan Le Beuf, escuyer, Ger-
« main de Bourdonnay et aultres, assis
« en la viconté ou haulte justice d'Illiez,
« les quelz fiefz me sont tenus en foy et
« hommaige, relliefz, xiii^{mes} et aultres
« deubz et debvoirs sieuriaulx, selon
« l'usaige de ma dicte baronnie.

« *Tenures nobles en la branche
« d'Aucquainville.*

« Messire Guillemme de Haultemer, che-
« vallier des ordres du roi, mareschal de
« France,
« Tient de moy, par foy et hommaige
« de ma dicte baronnie de Ferieres, sous
« l'estendue de la dicte branche et mem-
« bre d'Aucquainville, le fief, terre et sei-
« gneurie de Farvacques, par un plain
« fief de haubert, qui s'extend en la dicte
« paroisse de Farvacques, Aucquainville,
« Sainct-Aulbin-la-Croulte et aux envi-
« rons, au quel fief y a court, usaige,
« justice, jurisdiction, hommes, hom-
« maiges, relliefz, xiii^{mes}, aydes coustu-
« mières, corvez de bestes, droict de fen-
« naiges, prévosté et toutes aultres droic-
« tures, libertez et previllèges à fief de
« haubert appartenant.
« Au quel fief y a manoir, maison, col-
« lombyer, moullin à bleyd faisant de
« bleyd farine, auquel y a moultes verdes
« et seiches, avecques un moullin à pap-
« pier, de présent en ruyne et à fondz,
« rentes en deniers, grains, oeufs, oy-
« seaulz, cire, poyvre, pallettes à jouer à
« la paulme, et aultres espèces de rentes

« et dignitez, comme à tel plain fief ap-
« partiennent.
« Il consiste aussy en doumaine fieffé
« et non fieffé, en grand nombre d'héri-
« tages, tant en terres labourables que non
« labourables, preys, boys, tant de fus-
« taye que taillis, que pasturaiges.
« Du quel fief de Farvacques dépendent
« plusieurs fiefz et arrière-fiefz, scavoir est :
« Le fief de Saint-Aulbin, tenu par les
« héritiers et représentant le droict (*de
« damoiselle Marguerite Coullomp, héri-
« tière?*) de feu Robert Collomp, en son
« vyvant escuyer, pour ung plain fief.
« Les fiefs de Querville et la Rivière,
« assis à Prestreville, tenus par ung demy
« fief de haubert, par Hector de Querville,
« escuyer.
« Le fief de Grandval, assis en la pa-
« roisse du Mesnil-Germain et aux envi-
« rons, tenu par les representants le sieur
« de Goupigny, tenu par ung quart de fief.
« Le fief de Thenney, assis en la dicte
« paroisse, tenu par les représentants Ri-
« chard Anfrey, tenu par un quart de fief.
« Le fief des Castelletz, assis en la pa-
« roisse de Farvacques, Notre-Dame-de-
« Courson, Cernay et illec environ, tenu
« par les héritiers Denis de Pomollain,
« par ung quart de fief.
« Le fief du Verger, assis en la pa-
« roisse de Farvacques, tenu par les re-
« présentantz François de Louvières, es-
« quyer, par un huictième de fief, dont
« les tenantz d'icellui fief me sont tenus
« faire par chacun an six livres de rentes,
« avecques les aultres rentes et faisances
« et charges dessus dictes.
« A cause et raison du quel fief de Far-
« vacques le dict de Haultemer m'est tenu
« par luy et ses soubz tenantz en foy et
« hommaige, garde noble le cas adve-
« nant, et en quarante jours de garde en
« mon chasteau de Chambrais quant le
« roy nostre syre demande son ost, avec-
« ques relliefz, xiii^{mes}, aydes feaus et
« coustumières quand ils eschient et le
« cas s'offre, et subjections, charges et
« subjections, ainsy que les aultres te-
« nantz noblement en sa dicte branche
« d'Aucquainville.
« Item les hoirs Jouachym Gosselyn,
« vyvant escuyer, tiennent de moy ung
« quart de fief nommey le Mesnil Germain,
« assis en la dicte paroisse, à cause du
« quel ilz me sont tenus en foy et hou-
« maige, relliefz, xiii^{mes}, avec dix jours de
« garde en mon chasteau de Chambrais en
« temps d'ost, ainsy que les aultres nobles
« de ma dicte baronnie, et aussy me font
« par chacun an unze livres de rentes
« sieurialle, à cause du dict fief, avec les

« aydes coustumières, charges et subjec-
« tions devant declarez.
« Item, Gabriel de Neufville tient de ma
« dicte baronnie un plain fief de haubert,
« nommey le fief de Courson, assis en la
« dicte parroisse et environs, en foy et hou-
« maige, auquel fief y a justice et juridic-
« tion, hommes, hommaiges, reliefz, xiii^{es},
« rentes en deniers, grains, oyseaulx, rel-
« liefz, xiii^{es}, service de prevosté et aultres
« dignitez et privilleges a plain fief apar-
« tenant, au quel fief, y a doumayne fieffé
« et non fieffé, manoir, maisons coullom-
« bier, terres labourables et non labou-
« rables, boys, brières et pasturage de grand
« estendue.
« Item, du dict fief de Courson sont
« tenus plusieurs fiefz :
« Premièrement, le fief de Poys, que
« tient à present le seigneur de Farvacques,
« mareschal de France, par ung quart de
« fief.
« Le fief de la Cauvinnière tenu par les
« hoirs de feu Gabriel des Hayes, vyvant
« escuyer, par ung quart de fief.
« Le fief de Lortyer tenu par Fran-
« cois Cuillyer, escuyer, par ung quart de
« fief.
« Item, le fief des Hayes tenu par Me Jean
« Baptiste des Hayes, tenu par ung sitiesme
« de fief, assis en la dicte parroisse Notre
« Dame de Courson.
« Item, les representantz le droict des
« religieulx abbé et couvent du Val Ri-
« cher y tiennent ung quart de fief, nom-
« mey le fief de Sedouet, assis en la dicte
« paroisse de Notre Dame de Courson.
« A cause et raison du quel plein fief de
« Courson le dict de Neufville m'est tenu,
« pour lui et ses soubz tenantz, en foy et
« hommaige, garde noble le cas advenant
« et en qu'arante jours de garde en mon
« chasteau de Chambrais, quant le roy
« nostre sire mande son ost, avecques rel-
« liefz, xiii^{es}, aydes feaulx et coustumières
« quant ils eschient et le cas s'offre, et
« aultres charges et subjections, ainsy que
« les aultres tenantz noblement en la
« dicte branche et membre d'Aucquain-
« ville.
« Item, damoiselle Magdelaine de Bonne-
« chose, veufve de feu David de Bernières,
« vyvant escuyer, sieur de Percy, tient de
« moy, en ma dicte baronnie membre du
« dict Aucquainville, ung quart de fief
« assis au dict lieu d'Aucquainville et aux
« environs, à cause du quel la dicte de
« Bonnechose m'est tenue, pour elle et
« ses soubz tenantz, en foy et hommaige,
« en garde noble le cas offrant, et en dix
« jours de garde en mon chasteau de
« Chambrais en temps d'ost, ainsy que les
« aultres tenantz noblement de ma dicte
« baronnie en la dicte terre d'Aucquain-
« ville, avecques reliefz, xiii^{es}, aydes
« feaulx et coustumières quant ilz eschient
« et le cas s'offre, et aultres charges et
« subjections, ainsy que les aultres te-
« nantz noblement en ma dicte branche
« d'Aucquainville.
« Item, les hoirs ou representantz le
« droict de François Desnoey (?), vyvant
« escuyer, tiennent de moy, comme dessus,
« ung quart de fief nommey le fief du
« Couldrey, assis en la paroisse de Prestre-
« ville, Notre Dame de Courson, Aucquain-
« ville et illec aux environs. A cause du
« quel ilz me sont tenus en foy et hom-
« maige, garde noble le cas advenant et
« en dix jours de garde en mon chasteau
« de Chambrais en temps d'ost, ainsy que
« les aultres tenantz noblement de ma
« dicte baronnie en la branche d'Auc-
« quainville, avecques relliefz, xiii^{es},
« aydes feaulx et coustumières quant ilz
« eschient et le cas s'offre, et aultres char-
« ges et subjections, ainsy que les aultres
« tenantz noblement en la dicte branche
« d'Aucquainville.
« Item, le dict sieur de Farvaques, ma-
« reschal de France, tient de moy comme
« dessus ung huictiesme de fief assis en
« la dicte parroisse de Prestreville, nom-
« mey le fief de la Suhardière, qui fut
« François Louys, escuyer, à cause du quel
« il m'est tenu en foy et hommaige, en
« garde noble le cas advenant, et en cinq
« jours de garde en mon chasteau de
« Chambrais en temps de guerre, ainsy
« que les aultres tenantz noblement en ma
« dicte baronnie en la dicte branche d'Auc-
« quainville, avecques relliefz, xiii^{es},
« aydes feaulx et coustumières quant ilz
« eschient et le cas s'offre, et aultres
« charges et subjections, ainsy que les
« aultres tenantz noblement en la dicte
« branche d'Aucquainville.
« Item, Charles de Belleau, escuyer, tient
« de moy par foy et hommaige un demy
« fief de haubert, nommey le fief de Bel-
« leau, qui fut Richard de Belleau, à court
« et usaige, assis en la parroisse de
« Courson et aux environs : à cause du
« quel fief il m'est tenu, pour luy et ses
« soubz tenantz, en garde noble le cas
« advenant, et en vingt jours de garde en
« mon chasteau de Chambrais quant le roy
« nostre sire prend son ost, ainsy que les
« aultres tenantz noblement de ma dicte
« baronnie en la dicte terre d'Aucquain-
« ville, avecques relliefz, xiii^{es}, aydes
« feaulx et coustumières quant ilz eschient
« et le cas s'offre, et aultres charges et
« subjections, ainsy que les aultres tenantz

« noblement en la dicte branche d'Auc-
« quainville.
« Item, Gabriel de Liéez, escuyer, tient
« de moy, comme dict est, en la dicte
« branche d'Aucquainville, ung demy fief
« de haubert nommey le fief de Belleau,
« assis en la dicte parroisse de Courson, et
« m'en est tenu faire, pour luy et ses
« soubz tenantz, foy et hommaige, et en
« garde noble le cas offrant, et en vingt
« jours de garde en mon chastean de
« Chambrais, ainsy que les aultres tenantz
« noblement de ma dicte baronnie en la
« dicte branche d'Aucquainville, avecques
« relliefz, xiii mes, aydes feaulx et coustu-
« mières quant ilz eschient et le cas s'offre,
« et aultres charges et subjections, ainsy
« que les aultres tenantz noblement en la
« dicte branche d'Aucquainville.
« Item, les heritiers de Adrien Le
« Boctey, vyvant escuyer, tiennent de moy
« un huictiesme de fief de haubert nom-
« mey le fief de la Houssaye, assis en la
« parroisse de Courson et aux environs ; à
« cause du quel ilz me sont tenus faire
« foy et hommaige, en garde noble le cas
« advenant, et en cinq jours de garde en
« mon chasteau de Chambrais en temps
« de guerre, ainsy que les aultres tenantz
« noblement de ma dicte baronnie en la
« dicte branche d'Aucquainville, avecques
« relliefz, xiii mes, aydes feaulx et coustu-
« mières quant ilz eschient et le cas s'offre,
« et aultres charges et subjections, ainsy
« que les aultres tenantz noblement en
« la dicte branche d'Aucquainville.
« Item, les heritiers de feu Charles de
« Lyée, vyvant escuyer, tiennent de ma
« dite baronnie en la branche d'Aucquain-
« ville, ung demy fief de haubert nom-
« mey le fief de Thonnencourt, assis en la
« dicte paroisse de Thonnencourt et du
« Mesnil Germain, à cause du quel ilz me
« sont subjectz en foy et hommaige, droict
« de garde noble le cas offrant, avecques
« vingt jours de garde en mon chasteau de
« Chambrais en temps d'ost, ainsy que les
« aultres tenantz noblement de ma dicte
« baronnie en la dicte branche d'Auc-
« quainville, avecques relliefz, xiii mes,
« aydes feaulx et cous-tumières quant ilz
« eschient et le cas s'offre, et aultres char-
« ges et subjections, ainsy que les aultres
« tenantz noblement en la dicte branche
« d'Aucquainville.
« Je tiens en ma main le fief du Car-
« donnel, assis en la parroisse du Mesnil
« Germain, le quel fief consiste seulement
« en doumaine fieffé, sans qu'il y ait aucun
« doumaine non fieffé, du quel fief je suis
« en procès avec les heritiers du sieur
« Thonnancourt, qui veullent dire le dict

« fief estre du comprins du dict fief de
« Thonnancourt, ce que j'ay toujours con-
« tredist, comme soustenant qu'il m'ap-
« partient.
« Item, le dict sieur mareschal de Far-
« vaques tient comme dessus ung fief
« nommey le fief de Sedouet, qui fut aux
« religieux du Val Richer, subject me faire
« de rente par chacun an au terme Sainct
« Michel seize recz de bleyd et seize recz
« d'avoynne, avecques touttes les aultres
« charges et subjections dessus dictes,
« ainsy que les aultres hommes tenantz
« noblement en la dicte branche d'Auc-
« quainville, comme dict est.
« Les heritiers ou representantz le droict
« de la femme du feu sieur d'Enneval
« tiennent une portion de fief assis en la
« parroisse du Mesnil Rury, à cause de la
« quelle ilz me sont tenus faire foy et
« hommaiges, relliefz, xiii mes, et aultres
« deubz et debvoirs sieuriaulx quant ilz
« eschient et le cas s'offre, lesquelles foy
« et hommaiges le sieur de Cleres m'est
« tenu apporter; et s'y est subject envers
« moy icelluy fief en sa portion de l'ayde
« d'ost quant il plaist au roy nostre sire
« prendre ses services.
« Item, noble homme Esmart de Manne-
« ville tient de moy, à cause de ma dicte
« baronnie, ung quart de fief assis en la
« dicte paroisse de Sainct Aulbin en l'aux,
« qui fut Martin de Tonneville, au uel y
« a justice et juridiction, hommes, hom-
« maiges, rentes en deniers, grains, œufz,
« oyseaulx et tous aultres droictz à tel fief
« appartenant, à cause du quel il m'est
« tenu en foy et hommaige, garde noble
« le cas advenant, avecques relliefz, xiii mes
« et dix jours de garde en temps d'ost en
« mon chasteau de Chambrais, avecques
« aydes feaulx et coustumières et droibz
« sieuriaulx quant ilz eschient et le cas
« s'offre, ainsy qu'il est acoustumé en ma
« dicte baronnie.
« Item, les representantz de Jacques
« Boutin tiennent de moy, en la dicte
« branche de Sainct Aulbin sur la mer,
« ung huictiesme de fief, qui fut Jehan
« du Mesnil, assis en la dicte parroisse de
« Sainct Aulbin en l'aulx, à cause du quel
« ilz me sont tenus faire, comme dessus
« dict, foy et hommaige, garde noble le
« cas advenant, avecques relliefz, xiii mes et
« cinq jours de garde en temps d'ost en
« mon chasteau de Chambrais, avec aydes
« feaulx et coustumières et droicts sieu-
« riaulx quant ilz eschient et le cas s'offre,
« ainsy qu'il est acoustumé en ma ba-
« ronnie.
« Item, le dict de Manneville tient de
« moy ung aultre quart de fief assis au

« dict lieu de Sainct Aulbin sur la mer,
« qui fut Guillaume de Blengues, au lieu
« de maistre Nicolas de Manneville, nom-
« mey le fief de Blengues, à cause du
« quel il m'est tenu en foy et hommaige,
« garde noble le cas advenant, relliefz,
« xiiimes, aydes feaulz et coustumières
« quant ilz eschient et le cas s'offre, et en
« dix jours de garde en mon dict chasteau
« de Chambrais, ainsy que les aultres no-
« bles tenantz fiefz en ma dicte baronnie,
« ainsy qu'il est accoustumé en icelle.

« Item, Loys Mustel, escuyer, sieur du
« Bosc Roger, tient de moy ung quart de
« fief qui fut messire Pierre de Sainct
« Mars, avec le patronnaige de l'église
« de Sainct Aulbin en Caulx, qui fut aussy
« à ung nommey maistre Jehan Mustel
« escuyer, à raison du quel il m'est tenu en
« foy et hommaige, relliefz, xiiimes, garde
« noble le cas advenant, et aultres aydes
« feaulz et coustumières quant ilz eschient
« et le cas s'offre, et en dix jours de garde
« en temps d'ost en mon dict chasteau de
« Chambrais, ainsy que les aultres tenantz
« noblement en ma dicte baronnie, ainsy
« qu'il est accoustumé.

« Item, le dict Mustel tient de moy no-
« blement ung aultre quart de fief.....
« Mesnil, qui fut Roger Mustel, dont le
« chamoys est assis en la paroisse de
« Sainct Aulbin, Guiberville, Flainville et
« aux environs, à cause du quel il m'est
« tenu comme dessus à foy et hommaige,
« garde noble, relliefz, xiiimes et aydes
« coustumières quant ils eschient et le
« cas s'offre, avecques dix jours de garde
« en mon dict chasteau de Chambrais en
« temps d'ost, ainsy que les aultres hom-
« mes tenantz fiefz nobles en ma dicte
« baronnie et qu'il est accoustumé en
« icelle.

« Item, le dict Esmart de Manneville,
« escuyer, tient de moy ung demy fief
« de haubert, assis au dict lieu de Saint-
« Aulbin, à cause du quel il m'est tenu
« en foy et hommaige, garde noble, le
« cas advenant, avec relliefz, xiiimes,
« aydes feaulz et coustumières, quant ilz
« eschient et le cas s'offre, et en vingt
« jours de garde en mon chasteau de
« Chambrais quand il plaist au roy man-
« der ses services, ainsy que les aultres
« tenantz noblement de ma dicte baron-
« nie, ainsy qu'il est accoustumé en icelle,
« et est nommey le fief de Bethencourt.

« Item, le dict de Manneville tient de
« moy noblement, à court et usaige, ung
« quart de fief, assis à Ozouville-sur-Sane,
« que souloit tenir le Bigot, à raison du-
« quel il m'est tenu en garde noble le cas
« offrant, et relliefz, xiiimes, aydes feaulz

« et coustumières, quant ilz eschient et le
« cas s'offre, avecques dix jours de garde
« en mon dict chasteau de Chambrais,
« en temps d'ost, ainsy que les aultres te-
« nantz noblement en ma dicte baronnie
« et qu'il est accoustumé en icelle.

« Item, le dict de Manneville tient aussy
« de moy, à court et usaige, un huic-
« tiesme de fief, qui fut Guillemme le
« Nepveu, assis en la paroisse d'Ozou-
« ville-sur-Sane, à cause du quel il m'est
« tenu en foy et hommaige, garde noble
« le cas advenant, et en relliefz, xiiimes,
« aydes feaulz et coustumières, quant il es-
« chient et le cas s'offre, avecques cinq
« jours de garde en mon dict chasteau de
« Chambrais, ainsi que les aultres te-
« nantz de moy noblement en ma dicte
« baronnie et qu'il est accoustumé.

« Item, à cause de ma dicte baronnie,
« j'ay droict sur tout l'estendue d'icelle de
« faire par ma justice visitation sur les
« chemins, sentes, rivières et cours
« d'eaux, et contraindre les riverains des
« chemins à les amender, et les riverains
« des rivières et cours d'eaux à les curer,
« et en cas qu'il soit trouvé aulcunes
« choses dedans les rivières portant dom-
« maiges à poisson ou empeschant le
« cours des eaues, ma justice peult con-
« dampner les malfaiteurs en amende, au
« cas appartenant, laquelle amende m'ap-
« partient.

« A cause de la quelle ma baronnie
« et de toutes ses appartenances et dep-
« pendances quelconques, sans en rien
« réserver, tant pour moy que pour mes
« nobles soubz tenantz et vassaulx, je suis
« tenu faire au roy nostre dict seigneur
« foy et hommaige, relliefz, xiiimes et tout
« ce qui à hommaige appartient, selon rai-
« son et la coustume du pays et duché de
« Normandie, et pour service d'ost, quant
« faict doibt estre au roy nostre dict sei-
« gneur, et que je suis deubment sommée,
« je doy ayde de trois chevalliers l'espace
« de quarante jours, en quoy mes dictz
« soubz tenantz me doibvent servir et
« ayder de la manière qu'en tel cas est
« accoustumé pour tous service. Est par ces
« moyens advoue à tenir ma dicte baronnie
« avecques toutes ses dictes circonstances
« et deppendances prédéclarées, protestant
« de plus amplement déclarer, augmenter
« ou diminuer, sy mestier est et s'il vient
« à ma congnoissance En tesmoing de ce,
« j'ay mis à ce présent dénombrement et
« adveu mon propre seing et seel d'armes,
« ce jourd'huy vingt-cinquiesme jour de
« juin mil six cent quatre. Signé : CHAR-
« LOTTE DES LASINS. » (Arch. de la Seine-
Inférieure.)

Dépendances : — le Chesnai ; — le Colombier ; — le Coq-Blanc ; — Fossard ; — le Fresne ; — les Goderies, — la Grosse-Forge ; — la Groudière ; — les Guincêtres ; — le Hamel ; — la Motte ; — les Noës ; — l'Oiselière ; — Saint-Symphorien ; — le Tannai ; — la Maladerie-de-Saint-Symphorien ; — Quatre-Fossés ; — la Bellonière ; — la Capelletière ; — la Chaussée ; — l'Etron-Bouilli ; — le Lieu-Beaumont ; — le Petit-Parc ; — la Simonnière ; — la Teinterrière ; — Sainte-Anne (chapelle).

Cf. *Mémoires de la Soc. des Antiquaires de Normandie*, t. IV; *Mémoires sur quelques monuments du département de l'Eure*, par M. Auguste Le Prevost. Le passage concernant FERRIÈRES-SAINT-HILAIRE a été inclus dans l'article ci-dessus.

Les Barons fossiers et les Férons de Normandie, par M. de Formeville, dans le t. XIX des Mém. de la Soc. des Antiq. de Normandie.

FERRIÈRE-SUR-RISLE.

Arrond. d'Évreux. — Cant. de Conches.

Patr. S Georges.— Prés. le comte d'Évreux.

La Ferrière appartenait aux seigneurs de Tosni. Raoul II de Tosni donne à l'abbaye de Conches : « ... Omnem decimam « omnium molendinorum meorum per « totam meam terram, et decimam omnium denariorum meorum de omnibus « redditibus meis in omnibus dominiis « meis vel etiam forefactis, in Conchis, in « Ferraria.. »

Ce lieu avait une certaine importance au XIIe siècle ; il était désigné sous le nom de *Novæ Ferrariæ* (Nouvelles-Ferrières), sans doute en raison de la création récente de ses forges.

En 1136, pendant une guerre avec le sire de Conches, Richer de l'Aigle et Auvré de Verneuil, passant devant les Nouvelles-Ferrières, furent attaqués et mis en déroute par Robert de Belesme et les autres chevaliers qui soutenaient les droits de Roger de Tosni. « Ipso die Richerius « Aquilensis et Alveredus Vernoliensis, « dum ante Novas Ferrarias cum suis « transirent, à Rodberto de Belismo et « Malis Vicinis, aliisque militibus Gallis « qui Rogerium [de Toenio] adjuvabant, « fortiter impetiti et fugati sunt, et mul- « tis ex eorum sodalibus captis vel inter- « fectis vix evaserunt. » (Ord. Vit. ad ann. 1136, XIII, t. V, p. 64.)

Entre 1180 et 1200, Roger de Tosni donna à l'église Saint-Etienne de Conches dix sous de rente sur les étaux de Ferrière ou sur la prévôté. Parmi les témoins on remarque Hugues de Bacquepuiz, Mathieu de Berville, Luc, abbé de la Noë, Simon, abbé de Conches.

C'est sans doute au XIIIe siècle que le bourg et les forges se fixèrent dans la vallée.

La tour de l'église appartient à cette époque.

On voit sur la hauteur qui domine le bourg actuel des masses considérables de laitier, à proximité d'un château destiné peut-être à protéger le nouvel établissement ; il reste deux enceintes contiguës de fossés très-profonds, que couronnaient vraisemblablement, d'après l'usage du temps, des palissades en bois.

Une tradition du pays porte qu'il a existé sur la côte une haute ville.

Près du château, une redoute occupe l'extrémité de l'éminence ; en face, des retranchements, encore dessinés, rappellent un ancien campement de troupes.

On trouve, en 1215, un Tierri Hardoin, bourgeois de Ferrière : « burgensis de Ferraria. »

Le 3 août 1268, Pierre de Courtenai, chevalier, seigneur de Conches, donne à Robin de Saint-Libin, son écuyer, trente acres de terre dans la forêt de Conches, avec le droit héréditaire de chauffage, de pâturage et de mouture à ses moulins de Ferrière, moyennant une paire de gants de rente de la valeur de 3 deniers. (*Premier cartulaire d'Artois*, 177.)

Un aveu de la sergenterie de la Ferrière est aux Archives impériales (P. 309, f° XVII, vicomté de Conches).

Il y avait, dans la forêt de Conches, un prieuré ou léproserie de Saint-Blaise dépendant de Ferrière-sur-Risle (janvier 1475). Cette chapelle est encore un but de pèlerinage.

Le 30 octobre 1483, le droit de patronage de l'église de Saint-Georges-de-la-Ferrière-sur-Risle, en litige entre le procureur du roi, d'une part, et l'abbé de Conches, d'autre part, est reconnu appartenir au roi par le lieutenant du bailli d'Évreux.

Le 3 septembre 1488, la confrérie de Saint-Georges fut établie dans l'église paroissiale de Saint-Georges-de-la-Ferrière-sur-Risle.

Le 2 juin 1528, François Ier présenta à la cure, à cause des domaines de Conches et de Ferrière-sur-Risle.

Le 4 septembre 1559, Henri II usa du même droit. La nomination fut faite par François Pic de la Mirandole, chevalier des ordres du roi, usufruitier des vicomtés de Conches et de Breteuil.

On cite encore des présentations faites :

le 5 avril 1572, par M. le prince François, fils et frère du roi, duc d'Alençon et d'Evreux, à cause de son duché d'Evreux;

Le 16 avril 1587, par Henri, roi de France;

Le 2 juin 1632, par Louis XIII;
Le 4 mai 1640, par Louis XIII;
Le 27 septembre 1647, par M. René de Longueil, chevalier, seigneur de Maisons, usufruitier par engagement des domaines et comtés d'Evreux, Conches et Breteuil.

Lieu de naissance de Bréant, chimiste et métallurgiste célèbre du xix° siècle.

FEUGUEROLLES.

Arrond. de Louviers. — Cant. du Neubourg.

Patr. S. Amand. — Prés. le seigneur.

On devrait dire *Feugerolles* et non pas *Feuguerolles*.

Feuguerolles a dû être habité du temps des Romains. On a trouvé en cet endroit divers objets antiques : statuettes, haches d'armes, médailles.

Robert de Feugerolles : « de Felgeroles, » est témoin dans une charte de Galeran de Meulan en faveur de Préaux.

Dans la liste des fiefs compris dans l'honneur d'Evreux du temps de Philippe-Auguste, on comptait le fief de Feugerolles : « ... Apud Feucherolles unum « feodum de honore Ebroicensi. »

Dans la charte de donation de Saint-Philibert-du-Torp, par Robert, comte de Meulan, en 1183, on trouve parmi les témoins : « Johannes de Feugeroles, miles. »

En 1204, Roger de Meulan cède au roi Philippe-Auguste la vicomté d'Evreux, en échange de Quittebeuf, et les fiefs « de Crauvilla et de Foucheroliis ». (*Tr. des Ch.*, J, 216, n° 7.)

1207. « Reinaldus de Feugerollis » figure comme témoin dans un acte de Hugues d'Orval « de Aurea Valle, » en faveur de Saint-Taurin.

Dans les chartes de la commanderie de Saint-Etienne-de-Renneville on trouve beaucoup de pièces relatives à notre commune; nous allons citer les principales :

1209. Jean « de Fulcherolüs » donne aux chevaliers du Temple une pièce de terre qui est dite, « de Nohiers, juxta cappellam S. Marie apud Fulcherol ».

Vers 1210, Geoffroi le Petit « de Feugeroliis » donne, toujours aux chevaliers du Temple, deux acres de terre et une vergée « in valle subter Quesneiam ». Jean de Feugerolles, seigneur de la terre, confirme.

1210. Jean « de Fucheroliis » donne trois acres de terre « apud Campum Martineth subter cappellam S. Marie », et huit acres de terre « apud maram de Bohe « et communem ville de Fucheroliis et « communem pasturam totius terre sue. « Testes : Matheus, sacerdos ville; Ric. de « Tornedos; Gubertus, diaconus de Putenea; Hameri de Novo Burgo; Rob. Car« pentarius de Altaribus. »

1211. Toustain, « Textor, de Feugeroliis, » donne 7 vergées et 20 perches de terre « ad maram Putei ». Jean de Feugerolles confirme.

1211. Geoffroi le Fillastre ;... « in campo de la Terceneuse ».

1211. Jean de Feugerolles donne.... quatre acres de terre... « apud campum « Martineth... apud maram de Bohe..., « campum de Nohers... »

1211. Le même... « juxta Maram Her« mem, inter vallem Bordel. »

1212. Le même donne.... « scilicet « culturam de Favariz, que est inter Bos« queel et Feugeroles; feodum Goie de « Runcevilla ; il cite dans sa charte : « maras de Crovilla...; terram de Monte « Goiet...; boscum de Boe...; terras de « Esquetot...; feodum de Villetes...; « culturam de Marleiz... »

1215. Joscelin Rosel donne aux chevaliers du Temple, « apud Feugerolias... « culturam de Favariz, quam michi dedit « Robertus major, qui eam tenebat de « Roberto de Feugeroliis, per quedam cal« caria deaurata. »

Confirmation de toutes les donations, concessions et confirmations faites par « Johannes de Feugeroles, miles, in ho« nore de Feugeroles... videlicet quatuor « acras terre apud campum Martinet sub« ter capellam Sancte Marie..., et cam« pum de Noiers justa capellam Sancte « Marie et Maram de Bohe..., et resi« duum apud Rount Buschet, et nemus et « bruerïam essarti Odinis..., et unam « acram justa maram Hermevilla... et « vallem Bordel...; et culturam de Fa« verniz, et feodum Goie de Muceville, et « duas acras terre apud maras de Cro« ville...; et totam terram de monte « Goiet... et culturam de Marleiz et « magnum campum sicut se dissepat de « feodo de Esquetot et costillum de La « Roche... et campum de haia Tesce« lin... et campum de Doucet.... et « duas acras justa La Gopilere et septem « virgatas et viginti perchas ad maram « Putei... » (1215.)

1219. Auberée, fille d'Omfrei Malaie,

de la volonté de son frère aîné Gautier, et de son fils Richard Guernet, donne la moitié de sa terre de Noiers, située devant la chapelle de la bienheureuse Marie de Feugerolles.

1220. « Notum sit omnibus presentibus
« pariterque futuris quod ego Avitia de
« Insula, vidua et filia Johannis de In-
« sula, dono et confirmo fratribus militie
« Templi Salomonis omne feodum quod
« fuit Johannis de Insula, patris mei pre-
« nominati, in parrochia de Feugeroles...,
« scilicet culturam de Bohet sub'us mon-
« tem Goeit, et Les Perreis ante capellam
« Sancte Marie de Feugeroles, et terram
« que est apud fossam Farmani ante
« Platemare, et Le Costil de Chesneto... »
1220. Sceau à fleur de lys fleurie.

1222. Charte de Sibille, fille d'Etienne du Buisson, et de Richer « de Houeteville », son mari. Confirmation de la donation précédente... « in parrochia de Feugero-
« les... »

1222. Raoul Polein concède aux chevaliers du Temple la terre que Gautier Polein, son père, avait vendue à Robert le Maire, dans la paroisse « de Feugeroles,
« juxta culturam de Mota..., terram Hen-
« ge..., mar'eriam Tebout. »

Les chartes qui précèdent sont tirées du fonds de Saint-Etienne-de-Renneville; elles paraissent s'appliquer à notre Feugerolles. Il faut noter cependant que la commanderie de Saint-Etienne avait en même temps des intérêts à un autre Feugerolles, sur l'Orne, près Caen.

Le 20 novembre 1172, Noël Guerand, prêtre, prit à ferme pour 99 ans de Davy de Sarcus, commandeur de Saint-Etienne, le manoir de Malassix, à Feugerolles, pour 12 livres par an.

On voit encore à Feugerolles un château à tourelles du xve siècle.

Feugerolles était le siége d'un fief relevant de Beaumont-le-Roger.

1398. Aveu de Roger de Hellenvilliers.
1413. Aveu de Roger de Hellenvilliers.
1532. Jean de Hellenvilliers.
1543. Adrien de Hellenvilliers.
1583. Catherine de Cambrai, veuve de Louis de Vieuxpont.

En 1610, don et remise furent faits au sieur Constance, « maistre d'hostel du roi et escuyer d'escurie, » des treizièmes de la terre et seigneurie de Feugerolles, relevant de Sa Majesté à cause de sa vicomté de Beaumont-le-Roger, par lui acquise du baron du Neubourg.

Cf. Le Prevost, *Mémoires et notes. Not. hist. et archéol.*, t. Ier, p. 42.

FIDELAIRE (LE).

Arrond. d'Evreux. — Cant. de Conches.

Patr. S. Éloi. — Prés. l'abbé de Conches.

En 1248, le 5 mars, Robert, comte d'Artois, donne à maître Nicolas Cormebien, curé de l'église Saint-Eloi « de Fago Arce », à Conches, pour sa vie seulement, le droit de chauffage et de pâturage dans la forêt de Conches, à la charge de bien le servir, lui et son bailli. (1er *Cart. d'Art.*, 221.)

1603. Lettres patentes d'Henri IV, obtenues par les habitants des paroisses du Fidelaire, Sébécourt, Sainte-Marguerite, Sainte-Marthe et Bauberai, vicomté de Conches, pour jouir à perpétuité des terres qu'ils tiennent dans l'enclos de la forest de Conches, en payant seulement cinq souls pour acre de rente et redevance, en la vicomté dudit Conches, au lieu d'une mine de blé et un chappon de rente qu'ils payaient anciennement par la fieffe qui leur en a été faite par les comtes et seigneurs dudit Conches.

Dépendances : — les Auiers ; — le Bois-Cornet ; — le Bourjojo ; — la Bucaille ; — le Buquet ; — Calais ; — le Châtellier ; — le Chemin-Brissac ; — la Chête ; — le Clos-de-Meule ; — la Couaillette ; — l'Epinette ; — la Ferme ; — le Fossé ; — Fremontel ; — la Grande-Rue ; — Guettelan ; — les Houis ; — la Maçonnerie ; — la Maison-Marais ; — la Maison-Flèche ; — les Mares ; — Marelaville ; — les Marettes ; — le Maupas ; — Nibel ; — la Noëtte ; — les Ratours ; — le Reculet ; — le Reposoir ; — la Rue-Bisette ; — Sainte-Anne ; — la Tranchée ; — le Val-Saint-Martin ; — Villeneuve ; — la Ballivière ; — Hautbréau.

FIQUEFLEUR.

Arrond. de Pont-Audemer. — Cant. de Beuzeville.

Patr. S. Georges. — Prés. l'abbé de Grestain, le prieur de Beaumont-en-Auge.

« Les noms géographiques en eu et en
« eur, si communs dans la Normandie
« maritime, me paraissent venir du mot
« islandais *eyar*, signifiant *isles*. Les peu-
« ples maritimes de l'antiquité appelaient
« souvent isle le lieu où ils abordaient et
« qui était baigné par l'eau de la mer ou
« des rivières, sans examiner si l'eau l'en-

« tourait de tous côtés. Ce mot se trouve
« ajouté dans le Nord à un grand nombre
« de noms de lieux. On pourra, à la vé-
« rité, trouver de la différence entre *eu*
« ou *eur* et *eyar*. Mais les Danois, qui ont
« formé de ce mot islandais ceux d'*or* et
« *ær*, par exemple : *Damsø, Flatø, Fa-
« rœeri, Suduræer*, prononcent *eu* et *eur*.
« Ainsi *Eu, Cantaleu, Harfleur, Barfleur,
« Fiquefleur, Villefleur* renfermaient tous
« l'ancien mot islandais employé pour dé-
« signer un lieu baigné par l'eau. Ce qui
« paraît le confirmer, c'est qu'ancienne-
« ment on écrivait ces mots d'une manière
« plus conforme à leur origine scandi-
« nave. Au lieu de *Harfleur* on disait *He-
« rifloium* et *Herosfluet*, *Witefluc* au lieu
« de *Willefleur*, *Harflue* au lieu de *Har-
« fleur*. Robert Wace écrit *Barbefue* et
« *Barbeflot*, et Benoît de Saint-Maur *Bar-
« reflo* au lieu de *Barfleur*. Toutefois, le
« mot scandinave *fiod*, ou le mot saxon
« *flod*, rivière, courant, a pu aussi entrer
« dans les noms de Normandie terminés
« en *fleur*. On peut remarquer que les
« Normands ont laissé une terminaison
« semblable partout où ils ont exercé leur
« piraterie, et qu'on pourrait presque mar-
« quer l'étendue de leurs pirateries habi-
« tuelles d'après cette terminaison des
« lieux sur la carte. Mais la prononciation
« et l'orthographe ont varié dans les di-
« vers pays. Ainsi l'*eu* et l'*eur* des places
« côtières de la Normandie et l'*œ* des îles
« danoises se transforment en *ey* dans les
« noms des îles de la côte occidentale
« de Normandie, telles que *Jersey, Guern-
« sey, Chosey* ; en *a* dans le nom des îles
« Hébrides, *Jura, Ila* ; en *ay* dans ceux des
« Orcades, *Roualdsay, Strattesay*, etc., et
« peut-être en *o* en Hollande : *Borculo,
« Hengelo, Almelo*, etc.... »

« Si cette terminaison (*fleur*) vient de
« *fluctus*, comme quelques-uns le croient,
« elle a passé par le saxon, car *fleot*, en
« cette langue, signifie *couleur*. De là est
« venu *flot, fluctus*. De *flot* on a fait *fleut*,
« comme de *flos, fleur*. De *fleut* on a fait
« *fleur*, notre langue se prêtant volontiers
« à cette terminaison. La preuve de cette
« origine est que les noms terminés en
« *fleur* se trouvent terminés en *flot* dans
« les vieux titres. Ainsi, *Barfleur* est ap-
« pelé *Barbeflot* ; *Harfleur* et *Honfleur* :
« *Hareflot* et *Huneflot*, et tous les lieux de
« cette terminaison sont situés dans les
« lieux battus de la mer : « in æstuariis. »
(Huet, *Origines de Caen*.)

« Le mot *tele* entre dans la composi-
« tion ou dans la terminaison de plusieurs
« lieux du rivage saxonique et même des
« lieux éloignés de la mer. Tel est *Piefleur*
« et *Quenlwic, Vic* et *Vicquet*, en Nor-
« mandie. Cette terminaison est très-fré-
« quente en Angleterre et en Hollande.
« Les auteurs ne conviennent pas de la
« signification. Les uns veulent que ce
« soit un château ; les autres une de-
« meure sûre et peuplée. Mais la plu-
« part veulent que ce soit un golfe fait
« par la mer ou la courbure d'une ri-
« vière. Pour moi, je suis persuadé que ce
« mot vient du latin *vicus*, dans la signi-
« fication de bourg, gros village. Il n'y a
« nulle courbure de mer ni de rivière
« dans les lieux de Hollande où sont si-
« tués les deux Catwyck et Nordwyck, ni
« dans la plupart des autres lieux que je
« viens de nommer. » (Huet, *Origines de
Caen*.)

« Hic observo *fleat* vel *fleot* sinum ma-
« ris et locum ad sinum positum desi-
« gnare. Certe Cluverius scribit æstuaria
« alternis maris æstibus nunc vacua, nunc
« aquis plena, quandoque paulatim in la-
« cus redacta, a Belgis maritimis *vlie*
« atque *vliet* vel *fliet*, a Germanis *fleet*
« nuncupari, et hoc nomen cum mœnis
« undis, tum maritimis oppidis et vicis
« passim impositum reperiri, nec usquam
« in Flandria, Selandia, Brabantia, Hol-
« landia, nomen ullum loci in *olliet* desi-
« nens inveniri, nisi quo æstus pelagi
« accedere potuerunt.... *Fleat* enim aut
« *fleot* apud Bedam idem esse quod apud
« Belgas *fletum* olim, nunc *oliet* vel *fliet*,
« et *Olie*, apud Germanos *fleet*, dubitare
« non debemus... » (Valesius, *voce* Ax-
« FLEAT.)

« A moins qu'on ne prouve que la ter-
« minaison *fleur*, ou une autre semblable,
« était en usage pour désigner les ports
« de la Normandie avant que les Nor-
« mands y entrassent, je crois qu'il faut
« leur en laisser l'honneur plutôt qu'aux
« Saxons ; car si ceux-ci avaient les mots
« de *flet, flot, floet*, les Normands, ou du
« moins les Islandais, avaient celui de
« *floi*. » (M. Depping, lettre du 13 décembre 1832.)

Le nom de Fiquefleur a pris, au moyen âge, les formes les plus diverses : Ficque-fleu, Ficquefluctus, Ficquefloi.

Par une charte de 1221, Robert Bertrand confirma au prieuré de Beaumont-en-Auge « ea que Robertus Tortus et uxor
« ejus Susanna dederunt et concesserunt
« prefate ecclesie..., scilicet... ecclesiam
« Sancti Georgii de Ficquefleu, cum om-
« nibus pertinentiis quas ibidem possi-
« dent..... »

Au xiv° siècle, l'abbé de Grestain avait le droit de présenter à la cure de Fique-fleur :

« ... Ecclesiam Sancti Georgii de Fli-
« queflui cum omnibus pertinentiis suis et
« presentationem ejusdem ecclesiæ... »

Mais le pouillé du diocèse de Lisieux donne, au XVIII° siècle, le droit de présentation au prieur de Beaumont.

En 1252, 1283, 1297, il y avait à Fiquefleur un hameau de « Carmanfleu ». En 1451, il est fait mention du pont de « Cremafleu ».

Le port de « Cramefleu » est cité dans la charte suivante :

« Universis presentes litteras inspectu-
« ris, Robertus Bertranni, miles, dominus
« de Honnefleu, salutem in Domino. No-
« veritis quod, cum contentio verteretur
« inter nos, ex una parte, et viros religio-
« sos abbatem et conventum Beate Marie
« de Gresteno, ex altera, super portus de
« Fiquefleu et Cramefleu, cum pertinen-
« tiis, in quibus dicebamus nos jus habere,
« et dicti religiosi similiter dicebant dictos
« portus elemosinam suam puram esse
« et liberam, sibi et ecclesie sue datam et
« concessam a Roberto, comite Moreto-
« nii, sicut in litteris dicti comitis paten-
« tibus super hoc confectis plenius conti-
« netur; tandem, proborum virorum con-
« silio, pacem composuimus in hunc mo-
« dum, ita videlicet quod nos dictos por-
« tus cum pertinentiis suis in statu in quo
« modo sunt et erunt, si per æquam et
« mare sine manus opere poterunt emen-
« dari, libere, pacifice et sine contradic-
« tione aliqua eisdem dimittimus, et omnes
« coustumas, tam in navibus quam in aliis
« dictis portubus adjacentibus et acciden-
« tibus, similiter dimittimus, hoc tamen
« adjecto, quod, si dicti religiosi in pre-
« dictis portubus aliquid reedificare lignis
« seu lapidibus voluerint, ipsi tenentur
« coram judice seculari in loco recorda-
« tionem deferente, nos seu heredes nos-
« tros, antequam incipiant, requirere, ut
« in dicta reedificatione de nostro proprio
« usque ad tercium apponamus, et tercium
« capiamus, et si requisiti in loco predicto
« dictum tercium mittere noluerimus, ni-
« chil de cetero in predictis portubus cum
« eorum pertinentiis poterimus reclamare,
« nec sine licito dictorum religiosorum in
« predictis locis nos vel heredes nostri
« aliquid innovare possumus seu edificare.
« Si vero acciderit quod aqua dictos por-
« tus obturaverit, licebit dictis religiosis
« beyum molendini cum beschis et fossa-
« riis, prout cursus aque requiret, emen-
« dare et pontes edificare, pasturas et
« areas sine contradictione nostri vel he-
« redum nostrorum habere. Cambellanus
« vero de Tanquarvilla, ad petitionem no-
« stram, sigillum suum una cum sigillo

« baillivi Rothomagensis presentibus litte-
« ris apposuit, quousque littere inter nos
« et predictos religiosos de confirmatione
« predictorum, prout melius potuerint,
« secundum verba predicta, sint confecte
« et sub sigillis nostris sigillate, quando
« dominus rex primo Rothomagi moram
« fecerit in primo adventu suo. et si in
« instanti quadragesima ibidem vel apud
« Pontem Audomari non venerit, nichilo-
« minus infra scacarium Pasche, predicte
« littere, prout expressum est, erunt con-
« fecte et sigillis nostris sigillate. Datum
« anno Domini M° CCC° L° quinto, apud
« Parisius, die sabbati post dominicam
« qua cantatur Circumdederunt me. » (Archives de l'Eure, fonds de Grestain.)

Au XIII° siècle, les pêcheries de Fiquefleur avaient une certaine importance. On lit dans le *Coustumier général de la vicomté de l'Eau* de Rouen, art. 71 :

« Les heirs monseigneur Jehan des
« Vignes doivent à ladite vicomté quatre
« livres chinq soubz de rente par an
« por II..., lesquieux doivent être rendus
« le jor de chandeleur pour la coustume
« des estaus au poisson de Honnefleu et
« de Fiquefleu, et pucent les sergans de
« ladite vicomtée justice faire sus les dis
« estaus se ladite rente n'est paiée au
« terme que ele est deue. »

Il y avait en cette commune un fief du Bosc, appartenant à l'abbaye de Grestain (1603).

En 1407. une maison relevait du franc fief de Noyer.

L'église, très-curieuse, semble dater du XI° siècle; elle est en forme de croix. Au pied de l'église de Fiquefleur coule la fontaine Saint-Georges, dont la vertu est de guérir la fièvre.

Les sables, au bord de la mer, cachent des constructions et des arbres submergés.

En 1811, ont été réunies les communes de Fiquefleur et d'Equainville.

Dépendances : — la Croix-de-Pierre ; — Jobles ; — Ricbec ; — le Val-Faroult ; — le Vert-Buisson.

Cf. Canel, *Essai sur l'arrondissement de Pont-Audemer*, t. II, p. 472.

FLANCOURT.

Arrond. de Pont-Audemer. — Cant. de Bourgtheroulde.

Patr. S. Ouen. — *Prés. l'abbé du Bec.*

On trouve dans les chartes du moyen âge Flancourt sous le nom de Frollancourt, Freslancourt, Frollancuria, Freulancourt, Freullaincort, etc., etc. L'origine de ce nom de lieu est facile à trouver : « Frolandi curtis. »

Dans une charte de Henri II en faveur de l'abbaye de Jumiéges, on constate que ladite abbaye avait reçu de Gautier de Beaumais la dîme de son fief à Flancourt : « apud Frollancurt. »

« ... Gauterus de Belmes dedit Sancto
« Petro Gemmetici decimam de vi. hospi-
« tibus de Frollencurt, scilicet de Res-
« toldo, sacerdote, et Garino, pretore, et
« de Radulfo, filio Toui, et de Hoster-
« lando, et de Radulfo de Dalbo, et Ra-
« dulfo Cauches. Hugo de Montfort con-
« cessit Sancto Petro Gemmetici decimam
« quam Gauterus de Belmes dedit ei, et
« dedit duas garbas de tota decima de
« Frollancurt, sed concessit ecclesiæ de
« Frollancurt totam decimam de terra
« quam lucratur in dominio. Et abbas
« Gemmetici concessit eis fraternitatem
« Sancti Petri et passagium Sequane quie-
« tum, et ad solemnitatem Sancti Petri ca-
« ritatem suam. Hanc decimam dedit Hugo
« de Munfort, vivente rege qui Angliam
« conquisivit. (Cart. de Jumiéges, f° 125.)

« ... Item, obtulerunt [Wilelmus et
« Osbernus de Hotot] vii. libras denario-
« rum pro quibus acceperunt ipsi mona-
« chi a Walterio de Belmeis decimam de
« Frollandi curte in vadimonium : qui
« moriens in Anglica terra, pro sue anime
« remedio, liberam illam Deo concessit
« et Sancto Petro, et monachis ipsis ser-
« vientibus in Gemmetico loricam suam
« misit in testimonio. Hujus donationis
« testes sunt Hugo de Candos, qui eam-
« dem loricam dato pretio ab abbate re-
« cepit Rodberto, et Baldricus.... »

Robert de Beaumais donna à Jumiéges une acre de terre « apud Candos » : « Ego
« Robertus de Belmes notum fieri volo
« presentibus et futuris quod ego dedi
« Gemmeticensi ecclesie in elemosinam,
« ad opus monachorum infirmorum, quam-
« dam acram terre apud Candos, juxta
« domum Warini, assensu Alde conjugis
« mee et filiorum meorum. Et ut hec
« nostra donatio in posterum rata et in-
« concussa permaneat, presenti scripto et
« sigillo meo feci confirmari. »

Raoul « de Frollancort » figure comme témoin dans une charte de Guillaume de Barneville, relative à Etréville, vers 1178.

Dans la charte de donation du Torp, en 1183, on trouve parmi les témoins Gautier « de Frollencuria », chevalier.

Dans les *Grands Rôles de l'Echiquier de Normandie*, on voit figurer les comptes de Gautier et de Robert de Flancourt :

« Walterius de Freulencort reddit com-
« potum de xii. marcis iv. solidis ii. de-
« nariis sterling [pro plegio Ricardi Lan-
« drici]. (Stapleton, M. R., p. 189.)

« Walterus de Freslaincort, lxii. solidos
« pro eodem (pro plegio Willelmi de Fer-
« rant]. » (Ibid., p. 563.)

« Walterus de Freullaincort reddit com-
« potum de vi. marcis iii. solidis v. dena-
« riis sterling. » (Ibid., p. 561.)

« Robertus de Freulencort reddit com-
« potum de ii. marcis viii. solidis iv. de-
« nariis sterling [pro plegio episcopi
« Lexoviensis]. » (Ibid., p. 325.)

« Robertus de Frellancourt debet xxviii.
libras iv. solidos de jurea. »

« Robertus de Frellancourt x. marcas pro plegio Ricardi de Arg. » (Ibid., p. 230.)

« Robertus de Frellancourt l. solidos de misericordia quadam quam habuit. »

« Radulfus de Frellancourt reddit com-
« potum de xix. libris de firma vicecomi-
« tatus inter Rislam et Sequanam. » (Ibid., p. 100 et 101.)

En 1205, « Nicolaus, clericus de Forllencort, » donna à Jumiéges, du consentement de son frère Mathieu et de sa mère Helvisse, sa maison située « in extrema parte mei virgulti, juxta quadrivium », et reçut de la charité des moines pour cette donation 7 livres et demie tournois.

1206. « Robertus de Frollancuria. »

1207. « Robertus de Frolancor, miles. »

En 1211, on voit figurer comme témoins dans un acte relatif à Guenouville : Gautier « de Forlancuria, miles », et son frère Robert.

Le 2 mai 1219, Richard des Bus, chevalier, renonça à douze pains, un sextier de vin, un sextier de cervoise et un bélier de rente, à Jumiéges, ainsi qu'à une redevance d'étrain et de paille « apud Frollancuriam in granchia illorum », qu'il réclamait comme un droit féodal en reconnaissance des dîmes que les moines de Jumiéges percevaient sur ses propriétés dans ladite paroisse.

Le pouillé d'Eudes Rigaud constate qu'au xiii° siècle l'abbé du Bec présentait à la cure de Flancourt : « Freslencort. « Abbas de Becco patronus; valet xvi. libras; parrochiani l. »

Vers le milieu du xiii° siècle, Raoul de Flancourt donna à l'église de Saint-Lô de Bourg-Achard six acres de terre qu'il possédait en divers lieux, près de la maison de Robert du Fay. Ledit Robert cultivait cette terre et partageait les fruits avec Raoul de Flancourt. Raoul donna, en outre, un certain Aufroi, son homme lige, avec tous les droits et avantages qu'il en retirait. Raoul et ses fils firent cette donation pour leur salut et celui de Baudri de Flancourt, leur fils et leur frère, qui avait été reçu chanoine. (*Cart. de Bourg-Achard*, n° 111.) Gautier et Robert de Flancourt, par un acte séparé, confirmèrent la donation de leur père et s'en portèrent garants. Deux acres appartenaient à Gautier, du fief de son haubert, et quatre acres à Robert, du fief du Bosc-Bénard. Le prieur et le bailli de Bourg-Achard devaient fournir aux chanoines un repas de cinq sous le jour de l'anniversaire de la mort de Raoul de Flancourt. (*Cart. de Bourg-Achard*, n° 119.)

En 1316, l'abbaye du Bec fut maintenue dans le patronage de Saint-Ouen de « Frelancourt » contre les prétentions de messire Philippe de Clere, chevalier, et Jehan Landri, écuyer. (*Fragm. du Cart. du Bec.*)

Dans le pouillé de Raoul Roussel (1431), on trouve encore Frelencourt.

En 1469, il y eut sentence entre l'abbaye du Bec et le baron de Beauvoye (*sic*), par laquelle la tenure de quatre pièces de terre fut adjugée à l'abbaye. (*Invent. des titres de l'abbaye du Bec.*)

Le *Coutumier des forêts de Normandie* constate en ces termes les droits des habitants de Flancourt dans la forêt de Montfort, f° 87 v° :

« Guillaume Raquene, Jean le Marsis,
« Robert Bovelle, Jehan de Candos, Guil-
« laume Bout, pour eus et leurs sem-
« blables alouis (?) de la parroisse de Flan-
« court, ont, en la forest de Monfort, la
« maille, le caillou, le sablon, l'argille,
« la mousse, le genest, le genièvre, le
« saux et marsaux et le revolin des arbres
« hors deffens. Item, ont tout mort boiz,
« tel comme contenu est en la charte aux
« Normans. Item, leurs pors frans au
« pasnage, pour en paier pour chacun
« porc XIII. deniers, et pasturage à toutes
« leurs bestes hors deffens, excepté chiè-
« vres. Et si pevent aller leurs brebis en
« la dicte forest à la veue des champs.
« Item, ont la chartée de quesne vert à
« trois chevaulx pour x sols, la charetée de
« chesne à trois chevaulx pour VI soulz.
« Item, la somme de fou pour III soulz et
« le fez à un......... pour XII deniers.
« Pour lesquelles franchises dessus des-
« clairées les dessus diz nommés alouys
« et leurs semblables de la dicte par-
« roisse sont tenus faire chacun an, cha-
« cun par soy, au roy nostre sire, XII de-
« niers tournois, moictié à Pasques et
« moictié à la Saint-Michel, par la main de
« l'herbagier de la dicte forest. »

Outre la seigneurie principale, on trouvait encore à Flancourt les fiefs de Trousseauville et de Meaubuquet. Celui-ci appartenait, en 1512, à Jacques de Vinnefay.

En 1612, dénombrement du fief de Flancourt par le sieur baron de Claire et de Beaumetz, dont le fief de Flancourt dépendait en raison de la baronnie de Beaumetz.

La commune de Catelon a été réunie à la commune de Flancourt en 1844.

Dépendances : — le Jardin-Moisson; — Trousseauville; — le Mazier; — Flancourt; — le Tac; — les Marettes; — Candos.

Une tradition place à Candos un combat sanglant. Le combat est peut-être celui dans lequel les capitaines du roi Henri Ier d'Angleterre battirent en 1123 les seigneurs normands révoltés contre lui. Les historiens disent, en effet, que cette rencontre eut lieu sur la route de Vatteville-sur-Seine, au bord d'un vallon également distant de Boissei-le-Chatel et du Bourg-Teroulde.

Cf. Toussaint Duplessis, t. II, p. 341.

Canel, *Essai sur l'arrondissement de Pont-Audemer*, t. II, p. 236.

FLEURI-LA-FORÊT.

Arrond. des Andelis. — Cant. de Lions

Patr. S. Brice. — Prés. l'abbé de Saint-Denis et le seigneur.

On a disserté sur l'origine de Fleuri : les uns veulent y voir *Floriacus*, le domaine de Florus, et les autres le domaine Fleuri. Lebeuf remarque que M. de Valois croit que ce nom de *Floriacum* vient du nom romain de *Florus*.

En 1157, Hugues d'Amiens, archevêque de Rouen, confirme la possession de l'église de Fleuri à l'abbaye de Saint-Denis, qui en avait encore le patronage vers le milieu du XIIIe siècle. En effet, nous lisons dans le pouillé d'Eudes Rigaud :
« ... Ecclesia de Floriaco; decem libras
« turonensium; parrochianos XLVIII. Sanc-
« tus Dionisius in Francia presentat.

En 1526, le patronage était contesté entre le seigneur du lieu et le prieuré de Saint-Laurent en Lions, à qui il appartenait selon le pouillé de Rouen de 1648; mais, suivant un aveu du 4 mai 1702 et suivant les pouillés de 1704 et de 1738, le plein fief de Fleuri-la-Forêt avait droit de présenter à la cure.

Fleuri-la-Forêt formait, avec Lilli et

Morgni, le *fief des trois villes Saint-Denis*. Au milieu du XVIe siècle, tout le fief Saint-Denis appartenait à Pierre de Brézé, comte de Maulévrier, et à Jeanne Crespin, sa femme. Il fut vendu par eux, en 1463, à Guillaume d'Harcourt, évêque de Bayeux, qui le laissa à Georges Havard, son petit-neveu. Le fief fut partagé le 21 mai 1496 entre les trois filles de Georges Havard. L'aînée, Jeanne, reçut en partage Fleuri-la-Forêt, les deux autres Morgni et Lilli. Morgni et Lilli rendaient hommage à Fleuri-la-Forêt. Jeanne Havard épousa Guillaume de Briqueville; leur fils, Georges de Briqueville, vendit Fleuri vers le milieu du XVIe siècle à Jean de Courcol, qui rendit hommage au roi en 1495 pour sa terre de Fleuri. L'héritière de Courcol épousa Charles de Caumont. Cette terre fut vendue en 1697 au sieur Blin, et revendue par lui à M. le comte d'Anger, qui la posséda jusqu'en 1791. Elle passa alors entre les mains de M. le comte d'Auteuil, dont le fils, M. le vicomte d'Auteuil, la vendit en 1859 à M. Sangnier, négociant à Paris.

Le château, brûlé entièrement en 1615, a été reconstruit au milieu du XVIIe siècle.

Il y avait dans le château une chapelle dédiée à la sainte Vierge. Cette chapelle avait été fondée par Charles de Caumont, seigneur du Bout-du-Bois et de Fleuri, à la présentation des seigneurs de ce château. L'archevêque de Rouen approuva la fondation par lettres du 22 mai 1658.

Dépendances : — la Boulaie ; — Écorcheval ; — le Fayel ; — la Cacheterie ; — le Clos ; — Fremont ; — le Gouffre ; — les Grandes-Fieffes-Saint-Luc ; — Mont-Rouge ; — les Petites-Fieffes-Saint-Luc.

Cf. Toussaint Duplessis, t. II, p. 344.

FLEURI-SUR-ANDELLE.

Arrond. des Andelys. — Cant. de Fleuri-sur-Andelle. Sur l'Andelle.

Patr. S. Ouen. — Prés. le seigneur.

On fixe vers Fleuri ou vers Radepont une station romaine désignée dans l'itinéraire d'Antonin sous le nom de « Ritumagus », et située sur la voie antique de Paris à Rouen.

Nous transcrivons un passage de la chronique de Fontenelle qui concerne Fleuri-sur-Andelle : « ... Sub hujus denique tempore, præfatus Pippinus, gloriosissimus dux, Floriacum cœnobium una cum nobili conjuge sua Plectrucde ædificat, quod situm est in pago Veliocassino, anno nono Hilperti, qui erat exarchatus sui annus 23, dominicæ autem Incarnationis 708, ipsumque Bainum rectorem ibi præfecit, plurimamque turbam monachorum adunavit, ipsum autem monasterium huic cœnobio contradidit... »

« ... Hic namque locus possessio fuerat antea cujusdam illustris viri, cui nomen erat Fraericus, qui ipsum Floriacum licet modico opere in suo proprio a fundamentis construxit in honorem Sanctæ Annæ, Sancti Petri et Sancti Aniani, et xenodochium decem pauperum ibi constituit : ubi largitus est duas partes de ipso Floriaco ; similiter de villa alia quæ dicitur Salcidus et Garnapium qui dicitur Fuscinocurte, et de Fontanido tertiam partem, necnon et alia predia... » (*Chron. Fontanell.*, c. II, *ap. Spicilegium*, II, p. 267.)

Il paraît très-probable que le monastère de Fleuri donné à Saint-Wandrille par Pépin était situé à Fleuri-sur-Andelle, puisque, peu de temps après, Noyon (*Charleval*) est cité comme propriété de Saint-Wandrille, qui possédait Noyon et Fleuri probablement en raison de leur voisinage.

Le pouillé d'Eudes Rigaud constate que Pierre de Moret, seigneur du lieu, présentait à la cure de Fleuri au milieu du XIIIe siècle : « Floriacum. Petrus de Moreto patronus; valet XXV. libras; LVII. parochiani. » Le curé avait été nommé sur la présentation de Jean, père du seigneur actuel. Eudes Rigaud reçut un autre curé sur la présentation de Jean de Rouvrai, au titre de sa femme, fille de Pierre de Moret, chevalier : « Domini Johannis de Roboreto, ratione uxoris sue, que fuit filia domini Petri de Moreto, militis. »

Marie des Planches, dame de Fleurisur-Andelle et de la Cour-Bourneville, épousa le 27 août 1503 Louis du Bosc, seigneur de Radepont ; elle était fille de Jean des Planches, seigneur de Tanai et de Saint-Léger, et de Madeleine d'Orbec.

Pierre du Bosc, seigneur de Fleuri, fut présent au mariage de sa sœur le 26 juillet 1569.

Nicolas du Bosc, l'aîné de ses petits-neveux, fut seigneur de Fleuri, et son puîné Léonor seigneur de Radepont.

Le *Coutumier des forêts de Normandie* relate les droits des habitants de Fleuri-sur-Andelle dans la forêt de Lions. Ces droits sont semblables à ceux que possédaient les habitants de Bezu-la-Forêt. Voyez l'article BEZU-LA-FORÊT.

Le chef du fief de Fleuri-sur-Andelle était assis dans la paroisse de Fleuri, de Radepont, Vandrimare, Grainville et Noyon.

Cette commune, qui en 1801 n'avait que 182 habitants, est devenue aujourd'hui un bourg important et le centre de l'industrie de la vallée d'Andelle.

Cf. *Neustria pia*, p. 369.
Toussaint Duplessis, t. II, p. 525.

FLIPOU.

Arrond. des Andelis. — Cant. de Fleuri-sur-Andelle.

Patr. S. Vast. — Prés. le seigneur et l'abbé de Lire.

Le nom de Flipou est fort extraordinaire; il n'a cours que depuis un siècle ou deux. On trouvait dans les anciens titres : Fautipou, Fontipou, Foutipou. *Fau* ou *fou* répond au *fajus* des Latins et signifie un hêtre.

Dans le pouillé d'Eudes Rigaud, on lit : « Ecclesia B. Vedasti de Fagotipi. » C'est évidemment une mauvaise leçon. Le vrai nom était Foutipou : « *Fageti podium.* » On trouve Foutipou dans le pouillé de Raoul Roussel. Sur la demande du seigneur, ce nom a été dénaturé et changé en un mot barbare : Flipou, au milieu du xviie siècle.

Le nom primitif signifierait la colline de la Hêtraie.

Nous rapprochons de ce nom : Faipou (hameau de Saint-Aubin-d'Ecrosville) et le Faupou (hameau de Saint-Germain-la-Campagne).

L'abbaye de Lire s'établit à Flipou dès l'époque de sa fondation. Le patronage et le tiers des dîmes de Flipou étaient compris dans la charte confirmée par Henri Ier, roi d'Angleterre, et par laquelle l'abbaye reçut, en la vallée de Pitres, les églises, les dîmes et les terres.

Hugues de Vaux, à la fin du xie siècle, remit entre les mains du chapitre de Rouen deux parties de la dîme de Fontipou, près le Pont-Saint-Pierre. Il relate qu'il avait déjà fait cette donation dans l'abbaye de Saint-Wandrille, en présence du grand sénéchal et justicier de Normandie, mais qu'il fit ladite charte pour être déposée sur le grand autel de l'abbaye de Lire, et qu'il reçut des religieux, pour ladite donation, 100 livres monnaie d'Angers. (1181.)

« Sciant tam presentes quam futuri
« quod ego Hugo de Vals, pro salute
« anime mee et uxoris mee Adeline et
« omnium liberorum et antecessorum
« meorum, assensu domini mei Mahei de
« Gamaches et heredum suorum, dedi et
« concessi in perpetuum et liberam ele-
« mosinam Deo et Beate Marie de Lira et
« monachis ibidem Deo servientibus duas
« partes decimarum de Futipou juxta Pon-
« tem Sancti Petri, quas in feodo et here-
« ditate de predicto Maheo de Gamaches
« tenebam, excepta redecima, cujus me-
« diam partem pater meus Radulfus de
« Vals dedit ad usum capelle ejusdem loci,
« reliquam mediam partem ad usum pres-
« biteri ibidem servientis. Hanc donatio-
« nem primo feci apud Sanctum Wandrege-
« silum in plenaria assisia coram Willelmo
« filio Radulfi, senescallo et justicia Nor-
« mannie, et multis aliis justiciis, scilicet
« Willelmo de Mara, Seherio de Quinceio,
« Goscelino Rusel. Postea vero in capitulo
« monachorum hanc donationem feci et
« super altare posui et carta mea confir-
« mavi. Ipsi vero monachi, pro hac dona-
« tione, mihi dederunt centum libras an-
« degavensis monete. Hec donatio facta
« est anno ab Incarnatione Domini m° c°
« lxxxi°. Testibus illis: Magistro Garino,
« Willelmo de Campania, Willelmo Brus-
« tesauz, Radulfo de Magnevilla, Nicholao
« de Gloz, Gilleberto de West, Roberto
« de Buelio, Roberto de Sancto Clerio. »

Mathieu de Gamaches, seigneur féodal d'Hugues de Vaux, avait également donné à l'abbaye de Lire, dans une assise générale tenue à Saint-Wandrille, une place pour y bâtir une grange, pour engranger lesdites dîmes, à la condition que l'abbaye lui payerait tous les ans une fourrure de peau, ou 10 sous de monnaie courante. (1181.)

Guillaume, Gilles et Henri de Gamaches confirmèrent la donation de Mathieu, leur frère.

Nicolas du Plessis confirme également à l'abbaye les dîmes de son fief que Hugues de Vaux tenait de lui. Bulle confirmative de Célestin III, en 1193.

En 1211, Othon d'Amiens, après avoir exigé annuellement des religieux de Lire « unam pelliciam pro quibusdam decimis « et pro sede grangie sue de Futipou », reconnut, par les chartes de Michel de Gamaches et de Guillaume, son frère, que les religieux avaient le droit de donner à leur choix ou cette pelisse ou 10 sols de rente. C'est pourquoi il s'en tint à la rente de 10 sous.

En 1221, Philippe-Auguste donna à Jean de Monceaux le domaine de Foutipou (Flipou) comme il était tenu d'Othon d'Amiens, et 10 livres tournois de rente sur la vicomté de Rouen.

« Notum sit... quod nos Johanni de
« Moncellis, propter ejus fidele servitium,
« et heredibus suis de uxore sua despon-

« satis, dedimus et concessimus in perpe-
« tuum villam que dicitur Foutipou, cum
« pertinentiis suis, sitam juxta Montem
« Duorum Amantium, sicut Otherus de
« Ambianis eam tenebat, et decem libras
« turonensium redditus capiendas annua-
« tim in vicecomitatu nostro Rothomagen-
« si, scilicet centum solidos ad scacarium
« Pasche, et centum solidos ad scacarium
« Sancti Michaelis, tenendam de no-
« bis et heredibus nostris in feodum et
« homagium ligium ad usus et consuetu-
« dines Normannie. Quod ut.........
« Actum apud Pontem Arche, anno Domini
« M° CC° XXI°, regni XLIII°. »

Venons au patronage et aux dîmes :

Dans le pouillé d'Eudes Rigaud on lit :
« Ecclesia Beati Vedasti de Fagotipi. Ar-
« chiepiscopus dedit ultimo ; habet XX. par-
« rochianos ; valet IX. libras Turonensium.
« Dubium est utrum sint parrochiani cu-
« rati vel non. »

En 1271, « Johannes, præpositus de
Fago Typi, » donna aux religieux de Lire
10 sols de rente assis sur une pièce de
terre « in parrochia Sancti Vedasti de
« Fago Typi, apud le Mesleret, inter cultu-
« ram domini de Fago Typi et....., abou-
« tizat ad viam que ducit de Plesseïaco
« ad grangiam de Bosco religiosorum ca-
« nonicorum de Monte Duorum Aman-
« tium, ex uno capite, et ad terram
« domini de Bordeny, ex alio capite. »
Cette donation est confirmée par Pierre
« de Sanavilla, armiger, » et Gilles, son
frère, seigneurs de ladite pièce de terre.
Parmi les témoins on remarque Hugues,
curé de Flipou : « de Fago Typi, » et maître Roger, clerc, alors « rector scolarum
de Ponte Sancti Petri ».

En 1283, « Johannes dictus de Cyrreio,
rector ecclesie de Romelliaco, » reçut en
pur don des religieux de Lire tout ce
qu'ils possédaient de dîmes « in parrochia
de Fago Typi ».

En 1283, accord entre Jean de Meulan,
chanoine de Rouen, et le seigneur de Foutipou, au sujet du patronage de Flipou. Il
est réglé que ledit seigneur et ses successeurs présenteront à ladite cure alternativement. Guillaume, archevêque de Rouen,
confirma cet accord la même année.

En 1345, nouvelle contestation entre
l'abbaye de Lire et Jean de Vendôme et
sa femme, Jeanne de Ponthieu, au sujet
du patronage de Flipou.

En 1472, nouveau débat.

Selon les pouillés de Rouen de 1648 et
de 1738, le patronage de cette cure était
alternatif entre le seigneur du lieu et l'abbaye de Lire.

Flipou était le siège d'un fief relevant
de Gisors. C'est en 1643 que le nom du
fief de Foutipou fut changé légalement en
celui de Flipou. Ce fief appartenait alors
à maître Jean Hallé, conseiller du roi en
sa cour des aides de Normandie.

On a trouvé un monceau de hachettes
en cuivre attachées ensemble par groupes
de différentes espèces.

La commune d'Orgeville-en-Vexin, réunie de 1809 à 1851 à Senneville, a été
réunie à Flipou en 1851.

Dépendances : — le Teurtre ; — Orgeville ; — le Hongard ; — le Val-Prieux.

Cf. Toussaint Duplessis, t. II, p. 545.

FLUMESNIL.

Arrond. des Andelis. — Cant. d'Estrépagni.

Patr. S. Pierre. — Prés. le prieur de
Sausseuse.

Nous n'avons qu'un mot à dire sur
Flumesnil.

On trouve dans les anciens titres : Flumesnil, Fremesnil, Flemesnil.

En 1206, Amauri de Vereclives et Eudes
Mallart donnèrent l'église de Flumesnil au
prieuré de Sausseuse.

Dans le pouillé d'Eudes Rigaud, on lit :
« Ecclesia Sancti Petri de Fleumesnil ;
« prior de Salicosa patronus ; habet XXII.
« parrochianos ; valet XX. libras. »

Le prieuré de Sausseuse présentait encore au XVIII° siècle à la cure de cette paroisse.

Le fief du Plessis, dont nous avons
donné l'aveu à l'article Ecouis, comprenait
une grande partie du territoire de Flumesnil.

La commune de Flumesnil a été réunie
à Richeville en 1813.

Dépendances : — l'Argillière ; — le
Petit-Flumesnil.

Cf. Toussaint Duplessis, t. II, p. 545.

FOLLEVILLE.

Arrond. de Bernai. — Cant. de Thiberville.

Patr. Notre-Dame. — Prés. l'abbé du Bec.

Le nom de cette commune vient du latin barbare follis ou follus. L'auteur de
la Chronique de Maillezais, en parlant de
Charles le Simple, a dit : « Iffe rex fuit
follus. » Guillaume, abbé de Metz, dans
son épître à Manassès, archevêque de

Reims, 1er vol. des *Analectes* : « ... Præ-
« tereo quod, in ipsa festivitate Beati Re-
« migii, *follem* me appellasti... » Le
diacre Jean dans la vie de saint Grégoire le Grand, I, 96 : « ... At ille more
« gallico sanctum senem increpitans, *fol-*
« *lem*, etc... »

Dans les biens rendus à l'abbaye de
Saint-Père de Chartres par Eudes, évêque
de Chartres, dans la deuxième moitié du
xe siècle, un lieu était nommé *Campus
Follis* dans une terre nommée *Manusvil-
laris*.

Dans une charte de la jeunesse de
Guillaume le Conquérant en faveur de
Saint-Amand, on trouve : « Lambertus de
Foleval. »

On pourrait à la rigueur rapprocher
Folebec et Fultot du nom de Folleville.
Dans les *Grands Rôles de l'Echiquier de
Normandie*, en 1180, figurent Robert Folle
et Roger Folle : « Robertus Folli, Roge-
rus Follis. »

Ces exemples nous montrent clairement l'étymologie de Folleville : « Follis
Villa. »

Nous avons à citer deux articles des
Grands Rôles de l'Echiquier de Normandie :
« Avogotus de Folevilla reddit compotum
« de x. solidis x. denariis sterling. pro
« eodem [pro plegio episcopi Lexovien-
« sis]. » (Stapleton, M. R., p. 324.)

« ... De Roberto de Teil de Folevilla
« x sol.dos... [pro plegio Roberti Pan-
« tol]. » (Stapleton, M. R., p. 329.)

Une charte d'arbitrage entre Saint-
Wandrille et les seigneurs de Quenteville-
en-Roumois mentionne comme témoin :
« Rue de Foleval. »

Dans une donation de 1238 à l'abbaye
du Bec, il est fait mention d'un lieu de
Folleville nommé le Pui-Galé.

Le patronage de Folleville appartenait
à l'abbaye du Bec.

En 1319, Guillaume Lourbon se désiste
de ses prétentions au patronage.

En 1483, désistement semblable de la
part de noble homme Gilles de la Haie,
seigneur de Cantelou.

En 1486, Richard de Mortainville, ou
Mertainville, seigneur du Bosc-Raoul, se
départ du droit de dîme sur certains héritages à Folleville, après avoir vu les titres
des religieux.

En 1497, les religieux demandent que
le patronage et 6 acres de terre soient
extraits de la cédule du décret du fief,
terre et seigneurie du Bosc-Raoul, assis
audit lieu de Folleville.

L'église de Notre-Dame de Folleville
était dans le doyenné de Bernai et dans
l'évêché de Lisieux.

Dépendances : — Bauros ; — la Barre ;
— la Bretagne ; — le Cordonnet ; — le
Val-Ricard.

FONTAINE-BELLENGER.

Arrond. de Louviers. — Cant. de Gaillon.

*Patr. S. Quentin. — Prés. l'abbé
de Fécamp.*

Une charte de Richard II, en faveur
de l'abbaye de Fécamp, fait mention
pour la première fois de Fontaine-Bellenger, c'est-à-dire la Fontaine-de-Béren-
ger : « ... Masnile quod dicitur Fontana
« Berengerii cum integritate... »

On trouve ce même lieu mentionné de
nouveau dans le *Cartulaire de Fécamp* :
« Odelina de Villari, quatuor solidos, qua-
« tuor capones, de tenemento quod de
« ipso tenebat apud Fontem Berengerii. »

Il y avait encore en cette commune,
avant la Révolution, un prieuré à la nomination de Fécamp.

En 1789, le chapitre de Beauvais,
l'abbaye de Grestain, l'abbaye de Fécamp avaient des biens à Fontaine-Bellenger.

Dépendances : — les Bruyères ; — le
Clos-de-Gournai ; — le Galardon ; —
Gretin ; — les Cabots ; — le Bonval ;
— le Bout-de-la-Ville ; — Gournai ; —
Ingremare ; — Marinette ; — le Pis-
Aller ; — le Val-d'Ailli ; — le Val-
Tesson.

FONTAINE-HEUDEBOURG.

Arrond. de Louviers. — Cant. de Gaillon.
Sur l'Eure.

*Patr. S. Pierre. — Prés. l'abbé de la Croix-
Saint-Leufroi.*

Fontaines. Il existait sous la deuxième
race, près de l'Iton, un lieu de ce nom qui
fut donné à la cathédrale de Rouen par
l'archevêque Grimon : « ... Fontanas
« enim super fluvium Itonam sitas cum
« omnibus suis appenditiis dedit... » (*Gall.
christ.*, XI, 19.)

Fontana Hildeburgis. On trouve une
personne du nom de « Hildeburgis »,
femme de Raoul Legrand de Graimbouville, dans le *Cartulaire de Préaux* ; elle
était contemporaine de l'abbé Michel et
fille de Girold Balnowart.

En 1305, « magister Egidius dictus

Heudeburgis » était curé de l'église de Saint-Étienne de Conches.

Le droit de présenter à la cure de Fontaine-Heudebourg appartenait à l'abbé de la Croix-Saint-Leufroi.

Il y avait à Fontaine-Heudebourg un ancien manoir ayant appartenu au commandeur de Chanu, seigneur haut justicier de la paroisse.

Dépendances : — Botremare ; — la Croix-Blanche ; — le Hameau-du-Bas ; — le Val-Morin.

FONTAINE-L'ABBÉ.

Arrond. de Bernai. — Cant. de Bernai.
Sur la Charentonne.

Patr. S. Jean. — *Prés.* l'abbé de Bernai.

En 1830, on a découvert au bord de la forêt de Beaumont des constructions gallo-romaines et 100 médailles du Bas-Empire.

La commune de Fontaine-l'Abbé est ainsi nommée parce qu'elle a appartenu à l'abbaye de Bernai.

Dans les registres de la cour des comptes de Rouen on lit :

« *Sergenterie d'Ouche.* — Fonteinne-« l'Abbé ; contribuables, 18.

« M. l'abbé de Bernai présente à la « cure. Il a les deux tiers de la grosse « dixme et un fief dans ladite paroisse « valant 1,000 fr.

« Durant, escuier, sieur de la Pihal-« lière, possède le fief de Fonteine, rele-« vant de Bernai : 2,000 fr.

« La cure vaut 600 fr. »

La commune de Camfleur-Courcelles a été réunie à Fontaine-l'Abbé en 1815

Dépendances : — la Barberie ; la Blinière ; — le Grand-Chesnai ; — le Petit-Chesnai ; — la Quaise ; — les Côtes-à-l'Oiseau ; — les Côtes-Conard ; — les Côtes-Renardières ; — la Verte-Vallée.

FONTAINE-LA-LOUVET.

Arrond. de Bernai. — Cant. de Thiberville.
Sur la Calonne.

Patr. S. Arnould. — *Prés.* le roi.

Louvet (*Lupellus*) est un nom d'homme. Orderic Vital cite un Guillaume « cognomento Lupellus », fils d'Ascelin Goel, seigneur d'Ivri. Il était contemporain de Henri Ier.

Dans les *Grands Rôles de l'Echiquier de Normandie*, il est plusieurs fois question de personnages portant ce nom :

« ... De Petro Lovet decem solidos pro eodem... »

« ... De Ricardo Lovet 1. solidos pro eodem... »

« ... Robertus Lovet reddit compotum « de triginta solidis pro simili (de redem-« tione]. » (Stapleton, M. R., p. 249.)

« Johannes Louvet, dominus de Fontibus... » Jean Louvet, seigneur de Fontaines, est nommé dans les registres de l'Echiquier de 1338-1341.

On trouve « Robertus Luvet » parmi les témoins d'une charte de Robert II de Meulan en faveur de Préaux. (*Cartul. de Préaux,* f° 46 v°.)

Dans le cartulaire de Préaux, Henri Louvet de Bonneville et son fils Geoffroi sont cités comme les bienfaiteurs de cette abbaye. Robert Louvet lui donna aussi sept acres et demie de terre « in Yeuvre « juxta liminum Briognie, quod vocatur « Campi Baalum... »

Dans le cartulaire de Préaux, un baron est nommé « Durandus Lupullus », du temps de Guillaume le Roux.

1249. Arnoul de Fontaine-Louvet : « Anno m° cc° xl° ix°, magister Arnul-« phus de Fontibus Lovet fecit fidelitatem « de terra quam tenet in bailivia Rotho-« magensi per dimidium feodum lori-« cæ... » (*Cart. norm.,* n° 480.)

En février 1258-9, Guillaume dit Louvet, écuyer, assit aux chanoines d'Evreux 100 sous tournois de rente sur son moulin de « Fontibus la Loveit », pour acquitter une dette dont feu Arnoul Louvet, son frère, chanoine d'Evreux, était resté chargé vis-à-vis du chapitre. Cette rente avait été attribuée au chapitre par Pierre de Hossei, archidiacre, et maître Luc de Condé, chanoine d'Evreux, exécuteurs testamentaires de Raoul de Cierrei, évêque d'Evreux, oncle dudit Guillaume :

« Universis presentes litteras inspectu-« ris, Guillelmus dictus Loveit, armiger, « salutem in Domino. Noverit universitas « vestra quod, cum bone memorie magi-« ster Arnulfus dictus Loveit, frater meus, « teneretur pie recordationis Radulfo de « Cyrreyo, quondam episcopo Ebroicensi, « avunculo nostro, in septies viginti libris « turonensium, ratione mutui, et idem « episcopus in ultima voluntate sua con-« stituisset executores suos, videlicet ma-« gistrum Petrum de Hossey archidiaco-« num et magistrum Lucam de Condeto « canonicum Ebroicenses, et dicti execu-« tores, predicto episcopo viam universe « carnis ingresso, instanter peterent dictas

« septies viginti libras a dicto magistro
« Arnulfo, fratre meo, sitit reddi nomine
« dicti episcopi, eo quod ipsi concesserant
« et assignaverant capitulo ecclesie Beate
« Marie dictam summam pecunie pro
« redditu emendo ad faciendum anniver-
« sarium dicti episcopi in perpetuum in
« ecclesia Ebroicensi, et predictus magi-
« ster Arnulfus, frater meus, morte pre-
« ventus, nundum ad plenum satisfecisse,
« super predicta pecunie summa pre-
« dicto capitulo concessa et affirmata,
« ego prenominatus Guillermus dictus Lo-
« veit, frater et heres dicti magistri Ar-
« nulfi, pro satisfacione et solutione su-
« pradicte pecunie a predicto fratre meo
« debite, centum solidos turonensium annu-
« nui redditus dedi, concessi et assignavi
« prenominato capitulo, percipiendos an-
« nuatim in festo Sancti Andree, apostoli,
« in molendino meo sito in parrochia de
« Fontibus la Loveit, pro anniversario
« dicti episcopi faciendo, volens et con-
« cedens quod prefatum capitulum dictos
« centum solidos possideat et percipiat
« libere, quiete et pacifice absque ulla
« reclamatione mei et heredum meorum
« per manus illorum qui dictum molendi-
« num pro tempore possidebunt, et quod
« idem capitulum possit facere justitiam
« suam in dicto molendino, si necesse fue-
« rit, tantummodo pro redditu et emenda
« ad usus et consuetudines patrie... In
« cujus rei testimonium et munimen, ego
« prenominatus Guillermus presenti scripto
« sigillum meum apponere dignum duxi.
« Actum anno Domini m° cc° quinqua-
« gesimo octavo, mense februarii. »

« L'an de grace mil et deux chens oc-
« tante et deus, Jehan dit Louvet, alone
« escuier, fix et heir Guillaume dit Lou-
« vet, » rreconnut devant le vicomte d'E-
« vreux la dette et rente ci-dessus « sus
« un moulin que ledit Jehan, escuier,
« adonc a et puet avoir en la parroisse de
« Fontaine-la-Louvet devant dite ».

En 1323, Guillaume Féron vendit à l'évêque de Lisieux 10 sols de rente :
« ... super unam masuram... in parro-
« chia de Hospitalaria et de Fontibus Lou-
« veti, juxta queminum calciatum de Ho-
« spitalaria, ex una parte... »

Les communes de Fontenelles et de Saint-Léger-de-Glatigni ont été réunies à Fontaine-la-Louvet en 1845.

Une loi du 5 février 1850 a distrait une partie de la section A et toute la section E de cette commune pour les réunir à la commune de l'Hôtellerie. (Calvados.)

Dépendances : — le Beaujois ; — Butte-en-Selle ; — la Cauvellière ; — la Fon-taine ; — les Forgettes ; — la Harêque ; — la Haudardière ; — la Mannerie ; — les Trois-Pierres ; — la Hale-du-Saule ; — l'Angrie ; — la Bancerie ou Marc-Bourguet ; — la Barbotière ; — la Buissonnière ; — le Hameau-Querei ; — la Harenguerie ou l'Oquinerie ; — le Louvre ; — la Martellerie ; — Villard ; — le Poirier-de-Rouvret.

FONTAINE-LA-SORET.

Arrond. de Bernai. — Cant. de Beaumont.
Sur la Risle.

Patr. S. *Martin.* — *Prés. le seigneur.*

Poteries et tuiles antiques en grande quantité.

Une découverte considérable d'antiquités a été faite dans cette commune en 1851. Elle a donné lieu à de nombreuses publications, parmi lesquelles nous citerons les deux suivantes : *Découverte d'un cimetière mérovingien à la Chapelle-Saint-Eloi*, par M. Charles Lenormant (Paris, 1851, in-8° de 84 p.) ; — *De la découverte d'un prétendu cimetière mérovingien à la Chapelle-Saint-Eloi.* (Evreux, 1853, in-8° de 73 p.) — Les inscriptions trouvées en 1851 sont aujourd'hui déposées à Bernai. M. Edmond Le Blant les a figurées et expliquées dans le t. 1er de son *Recueil des inscriptions chrétiennes de la Gaule.*

On peut croire que le surnom de Soret ou Sorel donné à cette commune venait du personnage mentionné dans le passage suivant : « Municipium namque Plessicii « ex insperato intravit (Hugo de Gornago) « hominemque probum Bertrannum co-« gnomento Rumicem, qui regi, sibique « fidus tutor erat, repente occidit..., » etc. (Orderic Vital, l. XII, t. IV, p. 318.)

Cette terre, appelée aussi la Rivière-Tibouville (et non pas Thibouville, comme on l'écrit communément), avait pris ce nom de la noble famille de Tibouville (1), dont elle était la principale propriété. Le premier personnage de cette maison dont le nom nous ait été conservé est Roger de Tibouville « de Tetboldi villa », qu'on voit figurer parmi les souscripteurs d'une charte de Henri 1er en faveur de Saint-

(1) Tibouville est une commune voisine, située entre Fontaine-la-Soret et le Neubourg. Son église présente, comme presque toutes celles des environs de Bernai, quelques traces de constructions romanes. Les fiefs dont se composait la mouvance de Fontaine-la-Soret étaient, dit-on, Tibouville, Periers, la Cambe, Boisnel et Rosies.

Evroult, sous la date de 1113. (Ord. Vit., t. IV, p. 303.) On trouve bien dans le *Doomsday-Book* un « Robertus vicecomes, filius Tetbaldi »; mais rien ne nous prouve qu'il appartint à la famille de Tibouville.

Ce Roger de Tibouville est probablement le même qui est mentionné dans une charte de Henri II, comme ayant donné à l'abbaye du Bec la moitié du manoir de Wedone, en Angleterre.

Robert de Tibouville était l'un des chevaliers bannerets de la province sous Philippe-Auguste.

La terre de Fontaine-la-Soret sortit de cette maison par le mariage de Marie de Tibouville avec Jean de Carrouges, fameux par son duel judiciaire avec Legris, en 1386, à l'instigation de cette dame. Marie de Tibouville faisait sa résidence habituelle à Fontaine-la-Soret.

Robert de Carrouges étant mort sans enfants, sa succession fut partagée entre Robert, sire de Tibouville, seigneur de Fontaine-la-Soret, et Guillaume de Tibouville. Judith, fille de ce dernier, épousa successivement Guillaume de Caudecotte et Henri de Gouvis (1), chevalier. Il y eut plusieurs seigneurs de Fontaine-la-Soret de ce nom, et entre autres Bertrand de Gouvis et Lore de Gouvis.

A la fin du xv° siècle, cette terre était rentrée dans la maison de Tibouville. Il paraît que ce fut à la suite d'un procès avec Lore de Gouvis. Jeanne de Tilli, fille de Jeanne de Tibouville et femme de Jean IV, seigneur de Ferrières, était dame de Fontaine-la-Soret, comme l'atteste son épitaphe. Françoise de Ferrières, petite-fille de Jeanne de Tilli, porta Fontaine dans la maison d'Arses ou Arces, en 1507, d'où elle passa successivement dans celle des Ursins et de Brienne-Conflans. Cette dernière la possédait encore à la fin du xvii° siècle.

Il n'existe pas de vestiges de la demeure des anciens barons de Tibouville; ils auront probablement disparu dans la construction du magnifique château actuel, bâti peu de temps avant la Révolution par M. d'Augny, fermier général.

Maintenant recueillons quelques notes sur la seigneurie et les fiefs de Fontaine-la-Soret :

1371. « Je, Raoul de Meullent, chevalier, seigneur de Coursculle, advoue tenir du roy notre sire un demi-fieu à court et usage, et les moulins de Castellons assiz en la vallée en la parroisse de Fontaine-la-Sore sur Rile, aveoques les appartenances, francises et libertez tels comme ils y peuvent estre, et lequel fieu est tout en ma main, en faisant hommage et aides coustumières, quand il convient, à la coustume de Normandie. En tesmoing de ce, je ay mis mon seel à ceste presente cedule, qui fu faicte à Caen le mercredi 11° jour d'octobre, l'an de grace m. ccc. LXXIII. » (Arch. imp., P. 307, n° 11.)

« Adveu rendu au roy par Louis de Meullent, chevalier, seigneur de Saint-Célerin-le-Geré, en la comté d'Alençon, pour un demi-fief assis au bailliage de Rouen, en la vicomté de Pontautou, en la paroisse de Fontaine-la-Sorel, appelé le *fief de la Vallée*, avec les moulins de Cateillon, le jeudy dix-septième mars 1389. »

Le passage suivant est extrait des registres de la cour des comptes de Rouen (xvii° siècle) :

« *Sergenterie de Montfort.* — Fonteinne-la-Soret. Contribuables, 133.

« Louis de Beton, escuier, sieur de Fonteine-la-Soret, est seigneur et patron des cures qui ont chacune moitié des dixmes et deux acres d'osmone, et vallent chacun 500 livres.

« Ledit fief de Fonteinne, qui vault 2,000 livres. — Le fief de la prieuré de Saint-Eloie, relevant du Bec et possédé par un moine, vault 500 livres.

« Deux autres fiefs, appartenant à M. d'Herbigny à cause de la Rivière-de-Tibouville, vallent 1,500 livres.

« Huit cents acres de terre, dont trois cents en commune pasture et prairies; l'autre tiers en bois et brierres, et le labeur de 8, 10 et 12 de fermage. »

La chronique du Bec mentionne à la date du 1er janvier 1691 la mort, dans cette abbaye, de Pierre de Béton, écuyer, seigneur de Fonteine-la-Soret, âgé de soixante seize ans. Ancien capitaine de la marine royale, il était depuis dix-sept ans commensal de l'abbaye.

La Rivière-Tibouville avait un château fort qui se rendit en 1417 au duc de Clarence.

Le château de la Rivière-Tibouville fut pris par les ligueurs en 1590. Il avait encore quelque importance en 1593.

Le baron de Tibouville, poëte et littérateur, y mourut en 1730.

Les murailles dans la vallée, portant des traces de boulets, sont sans doute les restes de cette forteresse.

La nef de l'église de Fontaine-la-Soret

---

(1) Gouvix, arrondissement de Falaise.

est romane, et présentait autrefois un grand nombre de petites fenêtres semi-circulaires, placées pour la plupart fort irrégulièrement les unes au dessus des autres. Le portail, ainsi qu'une petite chapelle servant de baptistère, sont modernes. Le chœur, échiqueté en pierre blanche et bizet, est percé à son extrémité orientale d'une grande fenêtre, décorée d'un très-beau vitrail de grande proportion, représentant saint Jean-Baptiste, saint Martin et une sainte. Au-dessous sont le donateur et la donatrice avec leurs écussons près d'eux. Leurs armoiries se trouvent, en outre, réunies dans un autre magnifique écusson au sommet de la fenêtre. Enfin, le mari porte sur ses habits les siennes, qui sont *d'argent à deux fasces d'azur*. Celles de la femme sont *de vair, qui est de Gouvis, à l'écu en abyme d'hermines, chargé d'une fasce de gueules, qui est Tibouville*. Il est donc clair qu'elle était née de Gouvis. Nous n'avons point encore pu découvrir qui était son mari(1). Il est probable que c'est après leur mort sans enfants que la Rivière-Tibouville aura passé dans les mains de Jeanne de Tilli.

Le clocher de cette église est carré, placé au midi, construit en pierres de taille, complètement roman et fort curieux. On y voit trois arcades décorées de colonnes et d'un cordon intérieur horizontal à la hauteur des chapiteaux. Au-dessus sont deux arcades ornées de billettes, et dont le tailloir forme une ceinture continue autour du clocher. Sur la face méridionale, entre ces deux arcades, on remarque une petite figure sculptée, appartenant à la construction primitive, et qui nous a paru représenter un guerrier armé de l'épée et du bouclier. Le tout est surmonté de corbeaux à personnages, soutenant une corniche à arcades surhaissées.

Il y avait sur le territoire de Fontaine-la-Soret, au XIIe siècle, une chapelle dédiée à saint Lambert. En 1126, Guillaume de Tibouville donna à l'abbaye du Bec la chapelle de saint Lambert et divers biens, entre autres son moulin de Malassis, à la condition que ladite abbaye y fonderait un prieuré. La charte suivante nous donne les détails de cette donation : « Sciant presentes et futuri quod ego « Wilhelmus de Tibouvilla, pro salute « anime mee et antecessorum et heredum « meorum, assensu matris mee Aldemede « et uxoris mee Berte, dedi Deo et Sancte « Marie Becci capellam et locum Sancti « Lamberti, cum terris et bosco ad eundem locum pertinentibus, in perpetuam « et puram eleemosynam libere et quiete « possidendam ; ita ut abbas Becci monachos ibi constituat Deo et Sancto Lamberto servituros. Et quia præfata capella sita erat in parochia de Fontanis, « ne clerici de Fontanis calumniam vel « querimoniam inde aliquando monachis « facerent, et ut omnino libera et quieta « esset in posterum ab omnimoda eorum « subjectione, dedi eis annuatim unum « modium annone de siliquis et ordeo. « Dedi etiam prefatis monachis molendinum meum de Malassis cum piscaria et « omnibus pertinentiis suis. Et quoties « necesse fuerit facere vel reficere molendinum, predicti monachi habeant per « manum famulorum meorum sufficientem lignorum materiam de nemoribus « meis, de quibus concessi quantum opus « erit eis ad ardendum, pasturagium et « pastinarium suum liberum et quietum. « Item dedi eis omnes decimas redituum « meorum de Ponte Audomari et molendinorum meorum juxta existentium, et « in Anglia dimidiam partem manerii « quod vocatur Andona et quidquid habebam de jure meo. Ut ergo libere Deo « serviant monachi prædicti, et ab omnibus servitiis et exactionibus et vexationibus sint quieti, et ut hec donatio « mea firma et stabilis permaneat, sigilli « mei munimine roboravi. Actum est autem hoc anno ab Incarnatione Domini « millesimo centesimo vigesimo sexto. » (*Chronicon Beccense auctum et illustratum*, sæc. I, pars iij, c. XVI, p. 334 et 335.)

Le prieuré de Saint-Lambert est mentionné dans le registre d'Eudes Rigaud, à l'occasion d'un moine atteint de la lèpre et qui devait être envoyé « ad locum Sancti « Lamberti, ubi non est frequentia hominum, ubique beneficium aeris et multa « infirmitatis suæ lenimenta habere posset ». (P. 613.)

Le cartulaire de ce prieuré appartient à M. Mancel, libraire à Caen.

Nous trouvons dans le pouillé de dio-

---

(1) La famille de Gouvis étant depuis longtemps éteinte, personne ne s'est donné la peine jusqu'à ce jour de rechercher sa généalogie et ses alliances. En attendant, nous indiquerons deux familles normandes à écu d'argent, chargé de deux fasces d'azur : les Sainte-Marie de Coutances et les Toutain de Fallot près Vire ; mais leurs armoiries sont chargées de merlettes qui ne paraissent pas être de simples brisures, et nous ignorons jusqu'à quelle époque remontent leurs généalogies.

Bertrand de Gouvis, seigneur de Fontaine-la-Soret, avait pour sœur Claude de Gouvis, mariée successivement : 1º à Pierre de Marguerie, écuyer, seigneur de Corsières; 2º à Jacques Beton, écuyer, seigneur de Feugueroltes. Marguerite de Gouvis, veuve de Briand d'Escageul, se remaria, en 1586, avec Richard de Pierrepont.

cèse de Lisieux, au xvi° siècle, mention de la léproserie de Fontaine-la-Soret : « Leprosaria de Fontibus Sorelle. » Probablement cette léproserie n'est pas autre chose que le prieuré de Saint-Lambert-de-Malassis, qui paraît, à partir du xvi° siècle, avoir perdu son nom pour prendre celui de Saint-Eloi-de-Nassandres ou la Chapelle-Saint-Eloi. Le chœur de la chapelle Saint-Lambert existe encore. Il est très-ancien. Il sert encore de but à un pèlerinage.

Dépendances : — le Bohain ; — Catillon ; — la Coullebauderie ; — la Fayelle ; — le Fond-de-la-Ville ou l'Eglise ; — Malassis ; — Montbotri ; — la Pile ou la Pie ; — la Quidellière ; — la Rivière-Tibouville ; — la Pinardière ; — la Carogère (château) ; — Saint-Eloi (chapelle).

Cf. Le Prevost, *Mémoire sur quelques monuments du département de l'Eure.* — L'article FONTAINE-LA-SORET a été fondu dans l'article ci-dessus.

Le Prevost, *Hist. de Saint-Martin-du-Tilleul*, p. 66 et 121. C'est là qu'on trouvera les renseignements les plus complets sur la généalogie de la famille Tibouville.

De Toulmon, *Excursion archéologique à Saint-Eloi-de-Nassandres*, dans le *Bulletin monumental*, t. XXX, p. 349 à 373.

FONTAINE-SOUS-JOUI.

Arrond. d'Evreux. — Cant. d'Evreux sud.
Sur l'Eure et le ruisseau des Fontaines.

Patr. Notre-Dame. — *Prés.* le chapitre d'Evreux.

Raoul de Conches donne, dans la charte suivante, l'emplacement d'un moulin aux moines de Jumiéges, vers 1080 :

« Ego Radulfus de Conchis monasterio
« Sancti Petri Gemmeticensis, in villa quæ
« vocatur Fontane, concedo terram quan-
« tum ad molendinum construendum
« opus fuerit, cum duabus ejusdem terræ
« perticatis superius et duabus inferius et
« unam acram terræ ; super hæc autem ad
« exclusam faciendam secus ejusdem villæ
« fluminis terram ubique fodiendam. Hoc
« vero insuper... ut nullus homo Sancti
« Petri Gemmeticensis in villa quæ Gau-
« giacum dicitur manens pro aliqua ad-
« versum me vel homines meos facta
« injuria in via ejusdem molendini ambu-
« lans aut rediens a me vel hominibus
« meis contumeliam patiatur. Hujus autem
« terræ donationem a me et ab hære-
« dibus meis totius calumpniæ concedo in
« perpetuum exortem, accipiens ab abbate
« ejusdem loci, nomine Rotberto, suam

« omniumque fratrum orationem, simul-
« que unum caballum cum viginti nummo-
« rum solidis. Testes vero hujus donatio-
« nis sunt : Galterus presbyter Achinnei,
« Hilbertus Hugonis filius, Rodbertus de
« Rommilleia, Giraldus Waltinellus, Wil-
« lelmus de Parvilleio, Radulfus de Mar-
« lireto, homines Sancti Petri, Richar-
« dus de Gaugiaco, Rogerius filius Hi-
« vonis, Dotherus de Gaugiaco, Odo
« filius Guimundi de Oiseio. Hoc ejus
« uxor laudavit et hoc signo firmavit.
« † Signum Willelmi Britulli. † Signum
« Richardi filii Herluini. † Signum Wil-
« lelmi Alis... »

Cette charte est antérieure à 1080.

« Willelmus de Maisnillo concedit Ge-
« metico pratum Anselmi juxta Fontanas,
« per concessionem Alexandri de Autoil.
« Testibus : Willelmo Maillart, Gisleberto
« de Humo, Radulfo de Saceio, Willelmo
« de Humeio, Waltero de Sancto Sansone.
« Actum eo tempore quo Robertus Hare-
« curt habebat custodiam Ebroicæ civi-
« tatis. »

Confirmation par Alexandre d'Auteuil et par ses deux fils, Gislebert et Amauri.

« Willelmus de Masnillo vendit Wal-
« tero, priori de Goi, pro triginta libris
« Andegavensium, pratum juxta Fonta-
« nas ; testibus Willelmo Mallart, Gisle-
« berto de Hume, Radulfo de Saceio, Wil-
« lelmo de Olmeio ; concessione Alexandri
« de Autoil. »

Bulle de Grégoire IX, constatant l'existence du fief d'Alexandre d'Auteuil à Fontaine-sous-Joui : « ... Decimas de
« duabus carrucis in villa quæ dicitur
« Fontanis, et de vino, de silva, de pratis,
« et duas garbas decimæ ibidem de feudo
« Alexandri de Auteil ; in eadem villa mo-
« lendinum unum et feudum quondam
« Lancelini presbyteri et Andelini Nu-
« tricii... et omnem decimam de Ron-
« cia... »

En 1201, Pierre de la Ronce confirma le don fait par Henri de la Ronce, en faveur de son frère Guillaume, devenu infirme ; le don se montait à une rente de 4 sous qu'il tenait de lui « in nemore Hel-tonis ».

En 1201, Pierre « de Runcia » reconnut que son père, Raoul « de Inferno », et plusieurs autres de ses ancêtres donnaient à Jumiéges un muid de vin, et que cette redevance n'avait été interrompue que par l'effet des guerres. En conséquence, il délégua, pour fournir ce muid de vin, un certain Martin, à condition que s'il ne pouvait satisfaire à cette dette il y suppléerait. « Testibus :... Ricardo presbytero

« de Goiaco (Jouy), Henrico de Runcia,
« cognato meo et multis aliis. »

En 1213, le curé de Fontaine-sous-Jouï, qui possédait par succession le droit de présenter à la cure de Fontaine, donna ce droit au chapitre d'Evreux.

« Omnibus Christi fidelibus presens scri-
« ptum inspecturis, Heuto, presbyter de
« Fontanis, salutem in Domino. Universi-
« tati vestre notum fieri desidero me pre-
« sentationem ecclesie de Fontanis, que
« ad me jure pertinebat hereditario, eccle-
« sie Beate Marie Ebroicensis et canonicis
« Deo et Beate Marie Virgini ibidem de-
« servientibus, caritatis intuitu, in perpe-
« tuam elemosinam contulisse. Quod ut
« ratum et firmum permaneat in futurum,
« sigilli mei testimonio confirmavi. Actum
« anno Domini M. CC. XIII. » (*Cart. du Chap.*,
n° 16, f° XLII, et n° 148.)

Luc, évêque d'Evreux, confirme à son chapitre le droit de patronage de l'église de Fontaine-sous-Jouï, au mois de janvier 1217 :

« ... Jus patronatus ecclesie de Fonta-
« nis cum pensione unius marche... »

Suit la donation par Lucie de Poissi, fille de Henri du Neubourg, à l'abbaye de Fontaine-Guérard, d'une rente assise à Fontaine-sous-Jouï :

« Sciant omnes tam futuri quam pre-
« sentes quod ego Lucia de Pessiaco,
« filia Henrici de Novoburgo, dedi et
« concessi Deo et Beate Marie de Fon-
« tibus Gerardi et monialibus ibidem
« Deo servientibus, pro salute anime mee
« et antecessorum meorum, in perpetuam
« et quietam et liberam elemosinam,
« assensu primogeniti filii mei Roberti,
« et aliorum filiorum meorum, apud Fon-
« taines juxta Goe, in matrimonio meo,
« viginti solidos turonensium annuatim
« eis percipiendos de redditu quem Guil-
« lelmus Piscator tenetur mihi reddere
« pro gurgite et pratis que de me tenet,
« per manum ejusdem Guillelmi, in duo-
« bus terminis, scilicet in unoquoque
« termino decem solidos, et si aliquo
« modo contigerit quod predicte monia-
« les non habuerint predictos viginti soli-
« dos de prefato redditu, de censibus
« meis integre ibidem eis reddentur. Ce-
« terum dedi eisdem monialibus, dono et
« assensu domini mei Petri de Moreto,
« gurgitem integre qui est prope domum
« earumdem, monialium in feodo de Ra-
« pido Ponte, ita quod inter molendinum
« de Rapido Ponte et predictum gurgi-
« tem alium vero nequaquam fiat, et
« boscum sufficienter in alneto de Ra-
« pido Ponte ad gurgitem predictum cum
« opus fuerit reficiendum, et tres acras
« terre de eodem alneto prope prefatum
« gurgitem, mensuratas unaquaque per-
« tica per viginti quatuor pedes, et libe-
« ram moltam in molendino de Rapido
« Ponte de proprio bladio suo... Et ut
« hoc firmum et ratum in perpetuum
« teneatur, ego Lucia [et] prescripti Ro-
« bertus et Petrus presentem paginam
« sigillorum nostrorum munimine con-
« firmavimus. Testibus hiis : Johanne de
« Vernone, tunc priore Mortui Maris;
« Alicio, tunc priore Nogei ; Ricardo,
« tunc priore Insule ; domino Roberto
« de Longo Campo ; Philippo Pointel,
« Petro de Dangu, et pluribus aliis. »

Dépendances : — le Croisi ; — Launai ; — Mondétour ; — les Oriots ; — la Ronce ; — le Plancher ; — le Homme.

FONTENAI.

Arrond. des Andelis. — Cant. d'Ecos.

Patr. Notre-Dame. — Prés. le seigneur.

Les formes du mot Fontenai, au moyen âge, ont été « Fontanedum, Fontanetum, Fontenai ».

Fontenai-le-Vicomte, près Paris, est mentionné dans une charte d'échange de 829 (de l'abbaye de Saint-Denis), sous le nom de « Fontanedum ».

Dans les *Grands Rôles de l'Echiquier de Normandie* figure un Guillaume de Fontenai ; mais il ne s'agit pas ici de notre Fontenai. « ... Et de XVIII. solidis de
« Willelmo [de] Fontenei, quia vendidit
« unam minam bladi Hugonis Porei usu-
« rarii. »

Dans le pouillé d'Eudes Rigaud, on voit que le seigneur présentait à la cure de Fontenai au XIII° siècle :

« Ecclesia Beate Marie de Foneneto.
« Matheus de Tria præsentavit, habet
« LXXII. parrochianos, valet XL. libras
« turonensium. »

En 1281, vente au chapitre de Rouen, par Mathieu de Trie, seigneur de Fontenai, et sa femme Marie de Moret. (Delisle, *Cart. norm.*, n° 967.)

1284. « Matheus de Tria, miles, domi-
« nus de Fontaneto. » (Arch. imp., *Cart. Blanc de Saint-Denis*, I, 909.)

1292. « Guido de Foneneto, miles, et
« domina Petronilla, ejus uxor; defunctus
« Radulfus de Foneneto, miles... In
« molendino de Cossi in parrochia de
« Giverny. »

On trouvera aux Arch. imp., P. 307, f° 9 v°, n° 143 un aveu du fief de Fontenai, dont voici un fragment :

« Du roi nostre souverain seigneur, je, « Jehan Bruyee, escuier, tieng et advoue « à tenir d'icellui seigneur, à cause de sa « duché de Normendie, ung noble fief de « haubert entier, par foy et hommage, qui « fut et appartient à Mahieu de Trye fils « de feu messire Regnault de Trye jadiz « chevalier, nommé le fief de Fonteney, à « court et usaige, et tout ce que à noble « fief entier appartient...... assis ou « Veulquessin de Normant ou bailliage de « Gisors....., dont le chief est assis en « la parroisse du dit lieu de Fonteney et « es parties de Guitry, Quehaingnes et « Tourny et illec environ; à cause du quel « fief, j'ay manoir, coulombier à pie et « jardinages, le tout contenant deux acres « de terre ou environ, aveecques ung « moulin à vent non banier... Item au « dit manoir appartient huit acres de « prey en deux pièces assises près les « jardins du dit hostel. Item neuf acres « de bois nommés les bois du Bus tenus à « france disme. Item le bois du Bocl tenu « à tiers et danger du roy...... contenant « sept acres ou environ. Item le grand « bois de Fonteney tenu à tiers et danger, « contenant seize acres ou environ. Item « trente acres de terre, nommée la Cous- « ture des Mons, le tout en une pièce. « Item vingt neuf acres de terre en deux « pièces, l'une nommée la Cousture du « Mari, et l'autre les Hayes de Quahain- « gues. Item cinquante acres de terre en « une pièce nommée la Cousture des Hayes « d'Arrantiers. Item deux acres et demi « de terre en une pièce nommée la Pierre « Damade................ « Et du quel fief devant dit je suis tenu « paier quinze livres tournois de relief « aveecques aides coustumiers, quant le « cas eschiet. » (Arch. de l'Emp., P. 307.)

1406. Hommage par Guillaume de Trie, chevalier, chambellan du roi.

1420. Jean Bruzée.

1452. Guillaume Lejar.

1478. Louis de Graville, sieur de Montaigu.

1516. Louis de Vendôme, héritier de Louis de Graville, amiral de France.

1526. Etienne d'O, chevalier.

1517. Jean d'O, chevalier.

1583. Jean Ollivier, chevalier.

Beauregard a eu pour seigneur François Olivier, chancelier de France avant L'Hopital.

En 1631, les héritages de Beauregard furent unis au fief de Fontenai, qui appartenait alors au sieur de Chaulieu Anfrie, conseiller maistre en la chambre des comptes de Normandie.

Fontenai fut la terre patrimoniale et le lieu natal de l'abbé de Chaulieu.

Il habitait souvent cette résidence : il a célébré les agréments du parc dans une pièce de vers fort connue, intitulée : *les Louanges de la vie champêtre*.

En 1789, l'abbaye de Saint-Ouen de Rouen était propriétaire à Fontenai.

Dépendance : — Beauregard.

Cf. Toussaint Duplessis, t. II, p. 349.

FONTENELLES.

Arrond. de Bernai. — Cant. de Thiberville.
Sur la Caloone.

Patr. Notre-Dame. — Prés. le seigneur.

En 1290, « Durandus dictus Savari, « presbyter, rector ecclesie Beate Marie « de Fontenellis, » vendit à Guillaume d'Asnières, évêque de Lisieux, plusieurs biens, parmi lesquels un jardin situé « in parrochia de Fontibus la Louvet ».

C'était à Fontenelles qu'était le siège du fief du Mesnil-Godement : on en trouvera un aveu du 20 novembre 1393 aux Arch. imp. (P. 308, f° VIII x, n° 365, *Vicomté de Conches*). L'aveu est rendu par Jehan du Bois-Gencelin, escuyer, pour un fief de haubert entier.

Le seigneur présentait à la cure de Fontenelles. Nous avons vu que cette commune a été réunie en 1845 à Fontaine-la-Louvet.

Dépendances : — le Bavolet ; — la Cour-Tragin ; — l'Eglise ; — le Mesnil-Godement ; — les Monts ; — les Landes ; — la Cour-Feret ; — le Moulin de Fontenelles.

FORÊT-DU-PARC (LA).

Arrond. d'Evreux. — Cant. de Saint-André.

Patr. Notre-Dame. — Prés. l'abbé de Saint-Taurin.

On a dérivé le mot *forêt* du latin et de l'allemand. Ménage penche pour cette dernière source, et croit qu'il vient de l'allemand *forst*, qui veut dire, ajoute-t-il, à peu près la même chose que le latin *foris* : « Quia sylva foris est, id est extra urbem et agros. » *Forêt* semble avoir signifié, comme garenne, un lieu d'où quelqu'un avait le droit d'exclure les autres. Dans un diplôme de Childebert, on lit : « Has omnes piscationes quæ sunt et fieri possunt in utraque parte fluminis, sicut nos tenemus et nostra forestis est, tradimus ad istum locum; » — et dans les capitulaires de Charles le Chauve : « De forestis, ut forestarii bene illas defendant, simul custodiant bestias et pisces... » — « Et, dit encore Du Tillet, avoir vu deux anciens tiltres de l'abbaye Saint-Denis en France, par lesquels nostre roy Charles le Chauve lui donna par l'un la seigneurie de Caorche en Thierache, avec la forest des pesches de la rivière de Seine ; par l'autre, la terre et seigneurie de Ruel et la forest d'eau depuis la rivière de Seine jusqu'au lieu amplement désigné.... »

« ... Et Hugo, filius Hubaldi de Paceio, terram quam in Picturivilla tenebat, excepto quod liberi sui homines in eadem villa tenebant, Domino Sanctoque Taurino dedit, et defunctus in claustro monasterii sepultus est. Quam donationem Osbernus de Longavilla firmavit, tribuens etiam terram quam Hugo Borse tenuit et Tebaldus, presbiter. Post hoc Robertus Malet et uxor ejus Emelina, et Gillebertus de Nuille, annuentibus fratribus suis, Haimado et Focaldo, voluntate Willelmi de Bretolio et Ricardi, filii Herluini, ecclesiam Beati Taurini dederunt ecclesiam Picturiville, cum omnibus ad eam pertinentibus, et terram ex utraque parte ecclesie triginta duas perticas continentem. Hiis adjunxerunt terram quantum possunt arare quatuor boves in anno, pro duobus monachis, Hugone videlicet Roberti filio, et Nicholao Gilleberti filio. Post mortem vero Roberti atque Gilleberti, heredes illorum dederunt predicto Sancto silvam illius ville. Et Rogerius Genivel quicquid habebat in ecclesia et in decima quiete concessit, et in jam dicta silva terram quam ibi habebat cum arboribus eidem sancto dedit. Odo, filius Giraldi, terram quam juxta ecclesiam habebat predicto sancto dedit. » (Charte de Richard Cœur de Lion, *Pet. Cart. de Saint-Taurin*, p. 30. Archives de l'Eure.)

« ... Agnoscat multitudo fidelium quod ego Osbernus Longeville, Hugonis filius, concedo monachis Sancti Taurini fiscum Picturiceville quem Hugo, filius Hibaldi, moriens eis largitus est, a me enim ipse tenebat, et unam terre masuram tribuo que fuit Tebaldi, presbyteri. Et concedo quicquid in supradicta villa predictis monachis Robertus Malet et Gillebertus filius Gulberti largiuntur. Ob hoc autem LX. solidos probate monete ab eisdem monachis accepi. Hujus rei testes sunt : Gillebertus [de] Noille, Gaufridus [de] Longeville, Fulchuinus aurifex, et Haimmo [de] Noille, ex parte Osberni ; ex parte vero monachorum, Guillermus presbiter, Robertus [de] Paterville, Gaufridus filius Roberti, Hugo filius Setiburgis, Willelmus Grimuini filius. † Signum Radulfi, filii Baldrici; † signum Sibille, uxoris sue. Testes : Rogerius de Monte Aureo ; Radulfus, filius Geroldi ; Henricus, filius Accardi ; Anfredus, filius Radulfi. » (*Ibid.*, p. 60.)

Voici le résumé des chartes précédentes :

Hugues, fils d'Hubald de Pacei, donna à l'abbaye de Saint-Taurin, au XIe siècle, la terre qu'il possédait à Paintourville, à l'exception, bien entendu, de ce que ses hommes libres tenaient dans ledit domaine. Il mourut moine, et fut enseveli dans le cloître de Saint-Taurin. Osbern de Longueville confirma cette donation. Il accorda, en outre, la terre que tenaient Hugues Borse et Thibaud, le prêtre. Plus tard, Robert Malet et sa femme Emmeline, et Gislebert de « Noille » du consentement de leurs frères Haimard et Foucard, et par la volonté de Guillaume de Breteuil et de Richard, fils d'Herluin, donnèrent l'église de Paintourville avec toutes ses dépendances, et la terre qui environnait l'église, contenant 32 perches. Ils ajoutèrent autant de terre que peuvent en labourer quatre bœufs dans une année. Enfin, les héritiers de Robert et de Gislebert donnèrent, en outre, la forêt de la même ville.

Roger Genivel et Eudes, fils de Géraud, concédèrent également à Saint-Taurin une grande quantité de terres. (*Petit Cartul. de Saint-Taurin*, p. 118 et 119.)

Dans une liste des cures dont la présentation appartenait dans le diocèse d'Evreux au monastère de Saint-Taurin, on trouve : « ... Notre-Dame de Paintourville, autrement dit de la Forêt. »

En 1208, « Robertus de Nuelle » donna « apud villam que dicitur Foresta » 13 arpents de terre à Saint-Taurin, « dans le lieu même où son oncle Alexandre en avait donné.

En 1231, on donne encore le nom de Paintourville à cette commune.

En 1238, R., évêque d'Evreux, constata dans une charte que le couvent de Saint-Taurin avait accordé à Gillebert de la Forest, chanoine d'Evreux, sa vie durant, cette portion de l'antelage qu'ils avaient coutume de percevoir « in ecclesia Beate Marie de la Forest », savoir : la moitié de toutes les menues dîmes, la moitié des oblations et des pains aux quatre grandes fêtes, la moitié des cierges à la Chandeleur et celle des oblations le jour de la Sainte-Croix.

Dépendances : — la Brosse ; — la Forêt ; — Longues-Touches.

FORÊT-LA-FOLIE.

Arrond. des Andelis. — Cant. d'Écos.

Patr. S. Sulpice. — Prés. l'abbé de Saint-Wandrille.

Forêt est cité dans les *Grands rôles de l'Echiquier de Normandie* : « Willelmus « de Calvomonte debet c. et L. marcas « argenti de vadio regis Henrici super « Kitreium et super Forez et relevium « de eisdem terris. » (Stapleton, *M. R.*, p. 73.)

En 1169, Forêt n'était encore qu'une succursale de Guitri.

Au milieu du XIIIe siècle elle était élevée à la dignité de paroisse ; l'abbé de Saint-Wandrille présentait à la cure.

Le pouillé d'Eudes Rigaud porte : « Ec- « clesia Sancti Suppliciі de Foresta ; abbas « Sancti Wandregesili patronus; habet VIII. « et VII. parrochianos ; valet XII. libras Tu- « ronensium. »

Suivant des actes consignés dans les cartulaires de Saint-Wandrille, les seigneurs de Forêt portaient le nom du hameau de Lébécourt, dépendance de Forêt.

1208. « Carta Amalrici, filii Radulfi de « Liebecort : ... Videntes meam maxi- « mam in oblatione illa devotionem, moti « visceribus misericordiæ, michi dederunt « de caritate cœnobii decem libras Pari- « siorum, quod Judeis statim reddidi, qui- « bus pro debito obligatus tenetar... »

1211. « Robertus de Calvo Monte, assen- « su Aelidis, uxoris meæ,... quietum cla- « mavi Deo et Sancto Wandregesilo quid- « quid clamabam in molta hominum suo- « rum de Lebecort. » (*Cart. de St-Wandr.*, f° CCXXXVIII.)

1225. « Guimondo et Radulfo, presby- « teris de Kytri et de Forest. » (*Cart. de St-Wandr.*, f° CCXXXIX.)

Charte de Guillaume de Chaumont : « In ecclesiis de Kytreio et de Fore- « sta; » sans date. (*Cart. de St-Wandr.*, f° CCXXXVIII.)

1227. Donation à Saint-Wandrille par Étienne de Forest et Marie, son épouse. (*Cart. de St-Wandr.*, f° CCXXXIX.)

Charte de Jean « de Fontibus... ; apud Forez ». (*Cart. de St-Wandr.*, f° CXL.)

Il est plusieurs fois fait mention d'un Amauri de Lébécourt au XIIIe siècle. Nous venons de le voir figurer dans un acte de l'année 1208.

1235. « Almaricus de Lebecort, miles, « voluntate Beatricis, uxoris meæ, et Petri, « filii mei »

1258 et 1260. « Almauricus de Lebe- « curia, miles, voluntate Mabiriæ, uxoris « meæ. »

1266, février. « Johannes, dominus de « Sancto Claro, miles, remittit Sancto « Wandregesilo quasdam consuetudines « in parrochia de Forez, apud Lyebecort, « in moltis, corveis, panibus, hominibus « coustumis. »

Dans le chapitre O. 1. du cartulaire de Saint-Wandrille on cite beaucoup de membres d'une famille du Fayel, à Forest.

1270. « Apud Forez et apud Lyebecort. » « Foriez, » dans une autre charte.

1277. Charte de Jean de Canteloup, de la paroisse « de Forciz ». (*Cart. de Saint-Wandr.*, f° CXLI v°.)

1307. Fondation par Mgr Guillaume de Forest, chevalier du roi, père de maître Jehan de Forest, d'une chapelle en son manoir de Forest... « Le chapelain de la- « dicte chapelle ne pourra acquerre au- « cune chose de droit orres ou en tens « avenir, outre chen qui li est assigné par « ledit chevalier. » .

1307. « Carta Bernardi, Rothomag...sis « archiepiscopi, de fundanda capella a « Guillelmo de Foresta, milite regis Fran- « corum, in manerio suo de Foresta. »

Nous pensons qu'il s'agit de la chapelle de Saint-Jean-Baptiste du manoir du Veneur à Forêt.

Le fondateur et ses héritiers devaient jouir du patronage de ladite chapelle, qui ne pouvait avoir ni cloche, ni cimetière, ni fonts baptismaux.

La seigneurie dépendait de l'abbaye de Saint-Wandrille.

Le fief relevait de Gisors.

En 1609, les fiefs appartenant à Gui de Fours, gentilhomme ordinaire de la chambre du roi, situées dans les paroisses de Forest et de Saint-Martin d'Estrépagni (vicomté de Gisors), furent érigées en un demi-fief de haubert.

On conserve aux archives de la Seine-Inférieure, fonds de l'archevêché, quelques actes de présentation à la chapelle de Saint-Jean par Louis XIII, comme ayant la garde noble des enfants mineurs du feu sieur de Boisdennemets, 1611 : — par

Claude Daniel de Boisdennemets, seigneur de Boisdennemets, Auteverne, Cantiers 1679, 1681. Dans l'acte de présentation, signé par Louis XIII, on lit : « la chapelle de saint Jean de Forest. »

En 1619, Nicolas de Chaumont et Suzanne Dubrocq fondèrent une messe basse pour tous les mardis de chaque semaine, laquelle devait se dire à l'autel de la sainte Vierge avec *Libera* et *De Profundis*; une haute messe chaque année et le sermon de la Passion. Pour cela, ils donnèrent à la fabrique 22 livres de rente.

En 1787, les habitants de Forêt exposent à l'archevêque de Rouen la nécessité qu'ils avaient d'un vicaire, qui serait payé par les gros décimateurs, suivant leur requête ; la paroisse était composée de deux hameaux dont l'un, nommé Lélécourt, est éloigné d'environ une demi-lieue de la paroisse...; « elle est composée « de plus de 1,500 personnes qui four-« nissent environ 5 à 600 communiants. »

Les actes de présentation à la cure fournissent les noms de curés qui suivent :

Jean-Baptiste Lucas, décédé vers 1718 ;

Anne Beudon, desservant à Montagni, nommé pour remplacer ledit Lucas ;

Jean Ozanne, décédé vers 1722 ;

Guillaume Burnouf, prêtre, bachelier en théologie de la Faculté de Paris, du diocèse de Coutances, prieur du prieuré de Lorray au diocèse de Sens, et gradué sur l'abbaye de Saint-Wandrille, présenté le 23 octobre 1722 par Balthazar-Henri de Fourcy, abbé de Saint-Wandrille.

On conserve aussi aux archives de la Seine-Inférieure, fonds de Saint-Wandrille, un procès verbal d'arpentage général des masures, terres et bois de la paroisse de Forest en Vexin. (1729.)

L'abbé de Saint-Wandrille prétendit s'opposer à l'érection du comté de Gisors en duché-pairie pour la conservation de son fief de Lélécourt.

M. de Fourcy, abbé de Saint-Wandrille, eut procès avec Louis-Joseph Anfrie de Chaulieu, capitaine au régiment des gardes françaises, pour le droit de possession et jouissance de la haute justice et de la seigneurie foncière et directe sur les fiefs de Guitri, Forest et Lébécourt ; « a requis sur sa défense au sieur de Chaulieu de se qualifier seigneur desdits fiefs. » (1730.)

En 1789, le territoire de Forêt-la-Folie était presque entièrement possédé par des établissements religieux : l'abbaye de Saint-Wandrille, celle de Beaubec, le prieuré de la Madeleine près Vernon, les Emmurées de Rouen, la communauté de Bourgout, les Carmélites de Gisors.

Dépendances : — la Folie ; — Lébécourt ; — la Haumière ; — le Moulin-de-Bois ; — le Moulin-de-Pierre ; — Saint-Jean (chapelle).

FORMOVILLE.

Arrond. de Pont-Audemer. — Cant. de Beuzeville.
Sur la Corbie et le ruisseau des Goletiers.

Patr. S. Jean-Baptiste. — Prés. l'évêque de Lisieux.

Les seigneurs de Formoville ont été longtemps sénéchaux (*dapiferi*) des seigneurs de Beaumont-le-Roger et des comtes de Meulan.

« .... Huic rei interfuerunt.... Gotse-« linus Rufus de Formovilla.... » (Grande charte de Préaux, 1035.)

Robert de Formoville est cité comme témoin dans une charte de Robert II de Meulan, et dans une autre charte de Galeran, père de Robert. Dans une charte de Galeran on trouve : « Robertus de For-« movilla, dapifer. » (La Roque, *Hist. de la maison d'Harcourt*, t. IV, p. 5, supplément.)

« Robertus de Formovilla, dapifer. » (Charte de 1142 pour l'établissement du prieuré de la Trinité-de-Beaumont.)

« Willelmus, dapifer de Formovilla. » (Charte de fondation de la même église.)

« Robertus de Formovilla, » dans une charte de Robert de Meulan. (*Cart. S. Trin*, f° VIII v°.)

Robert de Formoville figure en qualité de baron vassal de Galeran de Meulan et de témoin à la charte de Galeran relative au don de Raoul de Groli. (*Cart. S. Trin. de Beaumont*, f° X v°.)

Il est encore cité dans une charte de Robert de Meulan, fils du précédent, en faveur de Préaux. (*Cart. de Préaux*, f° XXXVII v°. Ibid., f° XLII v°.)

Dans les chartes de la Noë il est souvent question de Basilie de Glisolles ; elle est nommée : « Basilia de Formovilla et « domina de Glisoliis. »

Au commencement du XIIIᵉ siècle, Jourdain, évêque de Lisieux, donna au chapitre de Gaillon les deux tiers de la dîme de Formoville, et l'autre tiers au curé avec les menues dîmes ; ce qui fut ratifié en 1239 par Guillaume, autre évêque de Lisieux. Les seigneurs de Formoville réclamèrent plusieurs fois. En 1321 ils abandonnèrent leurs prétentions, mais en 1536 ils reprirent la question et obtinrent une transaction.

A Formoville était un fief qui relevait de Pont-Audemer.

En 1573, le fief de Launai fut uni au fief de Formoville, appartenant au sieur de Brivon.

Ce lieu, comme son nom l'indique, avait une forteresse assez importante, qui existait encore à la fin du dernier siècle. Eglise en partie romane.

Dépendances : — la Bloterie ; — la Côte ; — la Côte-de-Formoville ; — la Fontaine-au-Chien ; — la Fontaine-Vanier ; — les Goulards ; — la Haute-Bruyère ; — la Lorie ; — le Pot-d'Etain ; — le Moulin-du-Bois ; — la Rue-de-Formoville ; — Caligni ; — le Fort ; — les Godeliers.

Cf. Canel, *Essai sur l'arrond. de Pont-Audemer*, t. II, p. 493.

FOUCRAINVILLE.

Arrond. d'Evreux. — Cant. de Saint-André.

Patr. S. Valdeburge. — Prés. l'abbé d'Ivri.

L'étymologie de ce mot n'est pas difficile à trouver : « Fulcherini villa, Fulcheranni villa. » Il existait des personnages portant à la fin du XIIᵉ siècle le nom de Fulcheran.

Jean, curé de Foucrainville, donna à la cathédrale d'Evreux, vers le commencement du XIIIᵉ siècle, une partie de la dîme de Foucrainville : « Omnibus ad quos præ-
« sens scriptum pervenerit, Willelmus Gra-
« maticus de Foquerevilla, salutem. No-
« verit universitas vestra quod dominus
« Johannes, presbiter de Foquerevilla, me
« presente et consentiente, dedit Deo et
« Beate Marie Ebroicensi sextam garbam
« decime de Foquerevilla, quam ipse et
« sui predecessores jure hereditario posse-
« derant, in elemosinam perpetuam, plane
« et pacifice, sine omni servitio et exactione
« perpetuo possidendam... »

Dans la liste des paroisses dont l'abbé d'Ivri était patron on trouve Sainte-Waldeburge de Foucrainville.

La veille de la bataille d'Ivri, les troupes d'Henri IV, venant de Saint-André, s'avancèrent du côté de Foucrainville. Vers midi, quand on fut sur le point d'apercevoir l'ennemi, elles se mirent en ordre de bataille, la gauche appuyée sur Foucrainville et la droite sur Batigni. Le roi envoya un officier audacieux en avant, jusqu'au moulin de Foucrainville, pour faire une reconnaissance. A la nuit close, les troupes royales campèrent entre Batigni et Foucrainville.

Henri IV fixa dans ce dernier village son quartier général.

Dépendances : — le Buisson-Messire-Robert ; — le Buisson-Sainte-Marguerite ; — le Milbert.

FOULBEC.

Arrond. de Pont-Audemer. — Cant. de Beuzeville.
Sur la Risle et le Douit-de-Foulbec.

Patr. S. Martin. — Prés. l'abbesse de Caen.

Il est probable que Foulbec a été primitivement le nom du ruisseau qui prend sa source dans cette commune. On trouve dans le cartulaire de Saint-Wandrille un ruisseau sur la commune de Braimontier nommé, dans les chartes du XIIIᵉ siècle, *Filebec*, *Fulebec*.

Il paraît y avoir eu dans le Lincolnshire un lieu nommé *Fulebec*.

Ful représente certainement un nom d'homme. Si l'on hésite à présenter ici ce nom comme la racine de Foulbec, c'est que les Scandinaves n'avaient pas l'habitude d'imposer des noms d'hommes aux cours d'eau ; mais ici, comme à Cremanfleu, le trajet du ruisseau était si court qu'il pouvait, sans inconvénient, prendre le nom du propriétaire du terrain.

Cette hypothèse est d'autant plus acceptable que nous allons voir le territoire de Foulbec possédé par une famille dans laquelle le nom de Foulques était, pour ainsi dire, héréditaire.

Au XIᵉ siècle, les Foulques étaient seigneurs d'Aunou, près Argentan. L'un d'eux vivait sous Guillaume le Bâtard, et il prit part à la conquête de l'Angleterre. Il figure dans une foule d'actes de cette époque, et il est cité notamment parmi les bienfaiteurs de l'abbaye des Dames de Caen, auxquelles il céda ses domaines de Foulbec.

On lit dans une charte de l'année 1066 :

« ..... Fulco de Alnoy et Fulcolinus,
« ejus filius, dederunt Sancte Trinitati, pro
« redemptione animarum suarum, terram
« de Folebec, cum ecclesia et molendinis,
« ceterisque appenditiis, tam in planis
« quam in silvis, medietatem pro anima-
« bus suis, ut predictum est, alteram me-
« dietatem pro Hadvisa, uxore sua. Hujus
« rei testes sunt Burchardus de Insula ;
« Willelmus, filius Osberni. » (*Chartul. Sancte Trinitatis*, fol. 12 v°.)

Un second acte, dont la date est comprise entre 1030 et 1043, porte : « Fulco
« autem de Alno dedit eidem ecclesie vil-
« lam Folebech, cum molendinis cunctis

« que appendítiis suis tam in planis quam
« in silvis pro uxore sua Hadvissa in eo-
« dem cenobio monacha facta, annuente
« filio eorum Fulcholino. » (Ibid., fol. 4
v°.)

Robert de Foulbec (de Fulebec) renonça, en présence d'Arnoul, évêque de Lisieux, à toute prétention sur l'église Saint-
Antonin d'Epaignes. (Cart. de Préaux,
f° 19 v°.)

Il fit la même renonciation devant
Robert du Neubourg, sénéchal de Nor-
mandie. Son nom est « Robertus Piscis de
Fulebeco ».

« Ermenjarda de Folebec, vidua, quon-
« dam uxor Willelmi de Folebec, conces-
« sione Marie, filie mee, et Herberti Tor-
« quate, mariti sui, » donna à Saint-
Amand, dans le commencement du XIII°
siècle, des rentes sur des biens situés à
Rouen.

L'église de Foulbec, dédiée à saint
Martin et à saint Pierre, a été construite
avant que Foulques d'Aunou n'abandon-
nât ses droits à l'abbaye des Dames de
Caen. Ce fait semble attesté par l'architecture purement romane de cette église.
Son joli portail a été gravé dans l'ouvrage
de M. Cotman (t. II, pl. 81, p. 100).

Outre le fief de Blanchet, on cite encore
à Foulbec ceux de la Fontaine-du-Pré, de
Cabeaumont et de la Poterie. Un de ces
fiefs appartenait sans doute à Robert
Poisson de Foulbec, cité dans le cartulaire de Préaux comme ayant fait un arrangement avec les religieux, sous l'abbé
Michel, au sujet de l'église d'Epaignes.

Dépendances : — le Bac ; — Banque-
route ; — Cabeaumont ; — la Fontaine-
du-Pré ; — la Forge ; — la Garderie ; —
Guérande ; — le Moulin ; — Talville ;
la Tuilerie ; — le Petit-Hébert ; — le Quai ;
— la Vallée-Guillemard ; — la Poterie ;
le Coude ; — la Côte-Macaire (château).

Cf. Canel, Essai sur l'arrond. de Pont-Audemer,
t. II, p. 135.

FOUQUEVILLE.

Arrond. de Louviers. — Cant. d'Amfreville

Patr. Notre-Dame. — Prés. les religieux
de Chaise-Dieu.

« Fulconis villa, Beata Maria de Fulche-
rivilla. »
On a trouvé plusieurs fois, sur le territoire de cette commune, des médailles
romaines et, tout récemment encore, un
dépôt assez considérable aux effigies de
Gallien, de Gordien, de Valérien, et surtout de Posthume, en métal de très-
mauvais aloi.

Un puits, solidement maçonné, a été
découvert en 1859 par la charrue, à l'ancien triage de la Cure ou du Bosquet,
avec de nombreux vestiges de construction
et des poteries qui ont été malheureusement brisées.

1093. Dans l'inventaire des titres de
l'abbaye du Bec, on trouve indiquée la
pièce suivante :

« Copie de la donation faite à l'abbaye
« du Bec par Helluin du Bec des églises
« de Sainte-Marie de Fulcheville et de
« Saint-Pierre-du-Val-sur-Croisset, et du
« droit de patronage desdites églises avec
« les dimes appartenantes. »

Cette donation fut confirmée par Hugues, fils d'Helluin, et par le roi d'Angleterre.

En 1229, l'évêque d'Evreux prononça
que, si l'abbaye faisait battre sur lieu les
grains provenant de la dime de Fouqueville, le fourrage appartiendrait à Jean
de Tournebu, chevalier.

En 1280, il y eut accord entre l'abbaye
du Bec et les religieuses de Chaise-Dieu
touchant le partage des dimes de Fouqueville.

En 1359, par acte des 11 et 12 mai. Pierre
de Tournebu, baron du Bec-Thomas, bailla
au chapitre de Rouen, représenté par
maitres Guillaume Jacob et Jean de la
Roche, chanoines, 200 livres de rente à
prendre en la revenue de sa baronnie.
Lucas Selles, receveur et procureur du
baron, attribua dans cette donation 81 liv.
8 s. 1 denier obolle de revenu à prendre
sur Fouqueville, ainsi répartis : en deniers, 12 livres tournois 16 sols 7 deniers
obolle ; 53 chapons, à 15 deniers pièce,
66 sols 3 deniers ; 2 gélines, 10 deniers
pièce ; 13 oies, 18 deniers pièce, vallant
19 sols 6 deniers ; 16 septiers 7 boisseaux
de fourment, à 25 sols le septier, vallant
19 livres 10 sols ; 8 septiers et 10 boisseaux de seigle à 16 sols le septier, 7 livres
16 sols ; 77 septiers et demi 4 boisseaux d'avoine, mesure du grenier, vallant à la mesure d'Elbeuf 71 septiers
10 boisseaux et trois quarts, à 12 sols
pour le septier, 37 livres 2 sols 9 deniers
tournois ; enfin, pour six vingt œufs,
2 sols 6 deniers.

A cette époque (1359), plusieurs familles de Fouqueville portaient le nom
patronymique de Lourdien, qui, d'altération en altération, est devenu très-ma-
lencontreusement Lodien.

En 1459, Thomas Poignant, baron de
Bec-Thomas, se désista de la prétention

de la rente d'un dîner pour les dîmes de Fouqueville.

En 1483, il y eut procès entre l'abbaye et le baron du Bec-Thomas, qui prétendait que la terre de Fouqueville relevait de lui.

L'abbaye percevait moitié des grosses dîmes et deux tiers des menues.

En 1583, dans les assemblées tenues à Rouen pour la réformation de la coutume, maîtres Nicolas de Ver et Nicolas Yvon, chanoines, représentaient les doyens, chanoines et chapitre de Notre-Dame de Rouen, seigneurs de Fouqueville.

Les Célestins de Mantes possédaient avant 1612 le fief Vivant, huitième de fief (Voir t. 1er, p. 216).

Dans le dénombrement de 1720, Fouqueville est compté pour 165 feux, dont un seul privilégié.

Le *Dictionnaire universel de la France*, publié en 1726, donne à Fouqueville 513 habitants, et pour seigneur M de Bois-le-Vicomte.

Cette désignation s'applique à messire Marc-Antoine de Languedor de Bois-le-Vicomte, qui prenait les titres de seigneur et patron d'Anouville, seigneur de Crestot et Limare (en partie, sans doute), *ancien* baron du Bec-Thomas, conseiller au parlement. Aveu lui était rendu par plusieurs aynesses sises à Fouqueville, en 1720, notamment le 1er septembre, par les habitants réunis en assemblée générale à l'issue de la grande messe paroissiale, au son de la cloche, autorisant le trésorier en charge du trésor et fabrique à donner aveu et déclaration de biens, maisons, masures et terres labourables; mais nous n'avons vu aucun acte qui conteste au chapitre de Rouen la seigneurie de cette paroisse.

D'ailleurs, les archives de l'Eure possèdent le « terrier du noble fief, terre et « seigneurie de Fouqueville, appartenant « à MM. les hauts doyen, chanoines et « chapitre de l'église métropolitaine de « Rouen, primatiale de Normandie », rédigé en 1778.

L'église, qui menace ruine, mérite une attention et appartient à diverses époques. La nef date du commencement de XIIe siècle; la tour, de la fin du XIVe; le chœur, du XVIIIe. Il existe au nord une porte avec ornementation romane qui doit avoir été le grand portail. Un rétable en bois de chêne, riche de sculpture et d'une conservation parfaite, remonte à l'époque de Louis XIII.

Il existe plusieurs actes d'un tabellionage de Fouqueville; l'un d'eux mentionne le triage de la Fosse-au-Tué. On peut remarquer aussi les triages des Mauxchamps, des Onze-Mares, des Douze-Mares, de la Fosse-Arse et du Camp-Corballier. Le nom de la rue du Montier s'est perdu dans un chemin de grande communication qui traverse la commune, et il n'existe plus qu'en souvenir un manoir de la Charité contigu au cimetière.

Le long d'un chemin tendant vers Saint-Amand, il existait une léproserie, dont le site a conservé le nom de *Champ-aux-Malades*.

Fouqueville possédait deux hameaux : une partie du Bosc-Harel, aujourd'hui entièrement réuni à Amfreville-la-Campagne, et Landemare.

Au hameau du Bosc-Harel se trouvait l'aynesse du *Fief-Formé*, qui relevait de la baronnie, devenue marquisat du Bec-Thomas. Nous avons sous les yeux une série d'aveux depuis Étienne Vipart, en 1519 (voyez t. 1er, p. 211), jusqu'à Pierre-Marc-Antoine de Languedor, marquis de Bec-Thomas, comte d'Averton, président à mortier au parlement de Normandie en 1768. Nous y voyons (1525) que, du vivant de son père, Hector Vipart, celui qui fut fait chevalier par Bayard à Marignan, portait le nom de sieur de Troussebout (voyez t. 1er, p. 216), et plus loin de sieur Nicolas du Bosc-Asselin.

Après avoir mentionné toutes les redevances en œufs, en chapons, en deniers et en grains, en avoine surtout, mesure du boisseau du Bec-Thomas, comblé, foulé trois fois chacun boisseau, l'aveu de 1768, conforme aux précédents, énumère les conditions de vassalité réglées par la coutume, et poursuit ainsi :

« Plus, en cas que je fusse demeurant
« et possédant sur votre dit marquisat,
« ayant chevaux et harnois, serais tenu et
« obligé vous faire par chacun an, aux
« saisons ordinaires, trois corvées de
« charrue et deux de herse, aider à char-
« rier les grains de vos coutures et la
« première herbe de vos prés, sinon aider
« à les tasser, parce qu'il me sera payé
« deux deniers pour chacun jour de cor-
« vée et pour chacunes bêtes, comme
« aussi obligé envoyer mes enfans à vos
« écoles; vous payer le vin de Noel, qui
« est six deniers de trois ans en trois ans,
« et aller moudre aux moulins banaux
« de votre dit marquisat, parce qu'en cas
« de non resséantise ou d'enlèvement des
« grains ayant crû sur les dits fonds,
« hors de votre dit marquisat, il vous
« serait laissé et payé sur le champ la sei-
« zième gerbe d'iceux pour votre droit de
« verte mouture, et, en cas de contraven-
« tion, les chevaux ou harnois qui se-
« raient trouvés emportant les dits grains

« sans avoir acquité votre dit droit se-
« raient saisis et confisqués à votre profit,
« le tout conformément aux anciens titres
« et aveux de votre dit marquisat... »

Le hameau de Landemare est cité dans les *Grands Rôles de l'Echiquier de Normandie*.

« Pro paleia de Landamara facienda
« LV. solidos VIII. denarios per idem
« breve. » (Stapleton, M. R. Sc. N.,
p. 483.)

« De quinque hominibus de Landemara
L. solidos pro falso clamore. » (M. R.,
p. 79.)

Dans le cartulaire de Bon-Port, on trouve parmi des acquisitions à Landemare : « ..... A Petro de Manequevilla, milite, septem solidos... »

« ... Apud Landemare a Baldoino le
« Tort..... a Ricardo de Montpoignant,
« milite, super molendinum Clementis...
« Item, apud Landemare a Robino de
« Montpoignant unum gordum... Item,
« apud Landemare a Clemente unum
« molendinum. » (*Cart. Bonp.*, 1296 et 1281.)

Landemare avait été compté pour un revenu d'environ 30 livres dans la donation faite par Pierre de Tournebu en 1359. C'était une seigneurie distincte.

En 1612, le quart de fief de Landemare était aux mains de François Langlois. En 1658, il appartenait à Adrien Langlois, écuyer, seigneur de Landemare, fils de Jehan Langlois, vicomte d'Acquigny. En 1679, le seigneur de Landemare et du hameau d'Ectomare était Charles le Veneur, chevalier de Tillières, seigneur de Osseville et de Crestot.

En 1737, « Claude Alexandre, labou-
« reur, pour et aux noms et comme thré-
« sorier en charge des thrésors de la fa-
« brique et du Saint-Rosaire de la pa-
« roisse de Fouqueville, réunis ensemble,
« rendait pour cinq petites pièces de terre
« foi et hommage à messire Nicolas de
« Lux, écuyer, seigneur de Landemare,
« des Rousseaux, Crémonville et autres
« lieux. »

Cet acte mentionnait un terrier de 1586.

En 1789, M. de Lux de Landemare et deux gentilshommes du nom de Lux, tous les trois chevaliers de Saint-Louis, prenaient part à Rouen aux assemblées de la noblesse pour le bailliage de Pont-de-l'Arche.

La fête patronale de Fouqueville a lieu le premier dimanche d'octobre, consacré au saint Rosaire.

Dépendances : — le Bosc-Harel ; — Landemare.

FOURGES.

Arrond. des Andelis. — Cant. d'Écos.
Sur l'Epte.

Patr. S. Pierre. — Prés. le chapitre de Vernon, plus tard le seigneur de Brudemont.

Le nom de Fourges vient peut-être de Forges. On pourrait encore proposer une étymologie tirée du mot *furca*.

Une tradition qui place entre Fourges et Gasni une ancienne ville de Choisi se justifie par la grande quantité de briques, de tuiles et de tombeaux que fournit le sol.

En 1233, Robert d'Aubigni donna à l'abbaye du Trésor : « monialibus de Thesauro Beate Marie in valle de Chantepie, » une rente sur une pièce de vigne, voisine de celle de Gautier de Bionval. La même année, cette donation fut confirmée et augmentée par « Guillelmus Talleator », seigneur du fief.

Il y avait dans la même paroisse un trait de dîme appartenant au même couvent sur les fiefs de Saint-Pierre, de Claire et du Mesnil. Ce dernier était peut-être sur Gasni. Dans le bail, on cite les trièges suivants : les Crous, les Bocailles, le Toisi ou les Mareaux, les Festes-Hébert, le Classiet.

En 1238, « magister Galterus de Tournant, tunc castellanus Vallis Rodoli, » Gautier de Tournant, châtelain du Vaudreuil, reconnait qu'il tient viagèrement une terre appartenant aux religieux de Saint-Ouen « apud Fourges ».

En février 1252, Thomas, fils d'Eudes Plastrat, « quondam castellani de Vernone, » et Riguide ou Ariguide, sa femme, de la paroisse d'Haricourt : « de parochia de Hericort, » vendirent à l'abbaye du Trésor toute la dîme qu'ils prétendaient avoir dans la paroisse de Fourges : « totam decimam integram quam « dicebant se habere ex parte dicte Rigul-« dis in parochia de Fourgis. » La même année, au mois de mars, Nicolas de Bosc-Gautier donna son approbation à cette vente : « Cujusdam decime site apud Forges. » (*Cart. du Trésor*, f° 109.)

La même année, saint Louis confirma cette vente.

En 1249, Amauri de Forges, chevalier, et Odeline, sa femme.

En 1252, Crespin dit Leprevost et sa femme Matilde vendirent au couvent du Trésor une pièce de terre entre Fourges et Brai : « Unam peciam prati quod

« habebamus inter villam de Fourge et
« Brayo, ex una parte, et communem
« pasturam, ex altera... »

Cette pièce s'appelait encore au xviii° siècle les prés Crespin.

En 1251, Simon le Roux, de la paroisse de Fourges, donne ses biens à Saint-Ouen de Rouen : « Simon Rufus, de parro-
« chia de Forgiis, se et sua bona con-
« fert ecclesie Sancti Audoeni Rothoma-
« gensis. »

1262. Raoul de Bois-Gautier prend en fief et en emphytéose, de Richard, curé de Vatteville, toute la terre qu'il possédait à Fourges-sous-Baudemont : « Ra-
« dulfus de Bosco Galteri, armiger, cepi
« a Ricardo, presbytero de Wacteville,
« in emphitasim et in feodum et he-
« reditagium, totam terram cultibilem
« quam idem presbiter habebat et habere
« poterat in parrochia de Furges subtus
« Baudemont. »

En 1261, Jean dit de la Roche, cheva-
lier : « dictus de Rupe, miles, » donna à l'abbaye du Trésor « prata quæ dicuntur
« Corbon... et dedi etiam caudam quam
« servientes habebant, et angarias quas
« homines de Furgis mihi debebant ad
« prata fenanda... »

Dans le pouillé d'Eudes Rigaud, on lit :
« Ecclesia Sancti Petri de Forges et Sancti
« Nicholai de Bosco Rogeri. Est presbiter
« quandoque in una quandoque in alia.
« Capitulum Vernonis patronus. Habet
« iiiixx. et vii. parrochianos ; valet xxv.
« libras turonensium. »

On voit que, vers le milieu du xiii° siècle, Fourques et Bosc-Roger ne composaient qu'une seule et même cure à la présentation de l'église collégiale de Vernon. Le curé la desservait tantôt à l'une, tantôt à l'autre des deux églises. Bosc-Roger devint plus tard succursale de Fourges. En 1670, le seigneur de Baudemont disputait au chapitre de Vernon le patronage de cette cure. Suivant un aveu du 10 septembre 1674, le chapitre avait droit d'y présenter. Cependant, suivant le pouillé de 1648, de 1704 et de 1738, le patronage appartenait au seigneur de Baudemont.

Il y avait une chapelle de Saint-Germain dans le xiii° siècle.

En 1316, Ide d'Aumale donna à l'abbaye du Trésor les dîmes qu'elle possédait à Fourges et les prés Saint-Rémi :
« Universis Christi fidelibus presentes
« litteras inspecturis, Ida de Mellento,
« comitissa de Albamalla, salutem in Do-
« mino sempiternam. Noveritis nos, con-
« siderantes bonitatem incomparabilem
« totius humani generis redemptoris, de
« cujus munere venit, ut a cunctis fide-
« libus digne et laudabiliter serviatur, de
« bonis que sua benignitate nobis largitus
« est in terris, in augmentum cultus divini,
« servitium ejusdem ampliari cupientes
« in ecclesia sanctimonialium Cistercien-
« sis ordinis Beatæ Mariæ de Thesauro,
« Rothomagensis diocesis, inibi Deo ser-
« vientium, ob salutem animæ meæ et ani-
« marum progenitorum meorum, anima-
« rum Johannis de Pontivo, quondam
« comitis de Albamalla, Mariæ de Pontivo,
« filiæ meæ primogenitæ, domini Goberti,
« quondam domini de Dargies, necnon
« animarum antecessorum nostrorum ac
« etiam omnium fidelium deffunctorum,
« pro quadam capellania, quam nos de
« novo fondavimus in ecclesia predicta,
« valoris quindecim librarum turonen-
« sium annui redditus, in qua quidem
« ecclesia perpetuo una missa pro deffun-
« ctis cum toto servitio ad hoc pertinenti
« qualibet die celebrabitur, dedisse ac
« etiam concessisse in puram et perpe-
« tuam eleemosinam abbatissæ et conven-
« tui dicti loci totam nostram partem
« decimæ quam habebamus seu habere
« poteramus in parochia et in territorio
« de Fourgis, una cum pratis nostris quæ
« dicuntur prata Sancti Remigii, sitis in
« parochia Beatæ Mariæ de Busco, inter
« pascua communia patriæ, ex uno la-
« tere, et prata dictæ abbatissæ, ex alio,
« aboutantibus ad ripariam quæ dicitur
« Epte ex una parte, et ad hortos Sancti
« Remigii prædicti, ex alia, pro prædicta
« capellania sub valore prædicto, authori-
« tate et assensu illustrissimi principis
« Ludovici, quondam Francorum et Na-
« varræ regis, quæ requiruntur in hac
« parte, a nobis super hoc petitis et ob-
« tentis, prout in litteris prædicti prin-
« cipis super hoc confectis evidentius con-
« tinetur, tenendam, habendam et jure
« hereditario possidendam prædictis reli-
« giosis in puram et perpetuam eleemosi-
« nam, prout superius dictum est, dictam
« decimam una cum pratis prædictis, li-
« bere, pacifice et quiete, ita quod nos
« neque heredes nostri sui successores
« aut in futuro nostri causam habentes de
« cetero in prædictis pratis una cum præ-
« dicta decima nihil poterimus reclamare;
« quoad hoc fideliter tenendum et obser-
« vandum nos et heredes nostros, bona
« nostra mobilia et immobilia, præsentia
« et futura, specialiter obligando, promit-
« tentes pro nobis et heredibus nostris
« prædictum donum præfatis religiosis
« contra omnes garantisare in perpe-
« tuum et ab omnibus impedimentis

« penitus deliberare volentes, concedentes
« quod hujus modi donum firmum ratum
« et stabile permaneat in futurum, modo
« quo superius, nos quantum ad hoc obli-
« gantes, renunciantes omni tam juris
« quam consuetudinis auxilio, quod dictis
« religiosis in aliquo genere circa pre-
« missa omnia et singula posset obesse et
« nobis seu heredibus nostris prodesse.
« In cujus rei testimonium, presentibus
« litteris sigillum nostrum duximus appo-
« nendum. Actum anno Domini millesimo
« trecentesimo decimo sexto, nono die
« octobris. » (*Cart. du Trésor*, p. 108.)

1366. « Madame Jeanne de Ponthieu,
« comtesse de Vendosme, vendit à M. Guil-
« laume de la Haye, chevalier, sieur de
« Monbray, et à dame Philippe de Manne-
« ville, sa femme, c'est assavoir : le chastel
« et terre de Douville et les fiefs de Fonti-
« pou (*Flipou*), le Hamel-du-Bos, Bacque-
« ville, Tony, Pressagny, l'Isle, le Bus,
« Escots, Fourges et Panilleuse, par le
« prix de huict mil six cents florins d'or. »

1450. « De noble damoiselle Jacqueline
« de Calville, dame de Panilleuse, je,
« Maslot Mauvenant, tiens et advoue à
« tenir un quart de fief de plaines armes
« assis en la parroisse de Fourges et d'Am-
« bleville, lequel quart de fief doit faire
« cinq jours de service d'armes à la porte
« de Chanterayne, à Vernon ou à l'hostel
« dudit lieu de Vernon. »

1460. « De noble et puissant seigneur
« mons. Jehan, sire de Montenay, cheva-
« lier, baron de Guarancières et de Bau-
« demont, chambellan du roy nostre sire,
« je, Jehan de Tilly, escuyer, seigneur de
« la Fortune, tiens et advoue à tenir de
« mon dict sieur, à cause de sa dicte ba-
« ronnye et seigneurie de Baudemont,
« ung quart de fief de haubert, nommé
« le fief de Fourges, assis en la parroisse
« dudit lieu de Fourges et illec environ...
« auquel fief j'ay manoir, collombier à pied,
« pressoir, court et uzaige, justice et juris-
« diction, hommes, hommaiges, la cong-
« noissance de tous mes hommes et te-
« nants en basse justice, rentes en de-
« niers, oyseaulx, grains, corvées de bras
« et toutes autres droictures qui à noble
« fief de haubert appartient selon raison
« et la coustume du pays de Vulguessin
« normand, où ledict fief est assis. »

1496. « De noble et puissant seigneur
« Philippe de Montenay, seigneur et baron
« de Garencyère et de Baudemont, Jehan
« Trognon avoue tenir demie masure...
« assise au Bos-Roger, en la parroisse de
« Fourges. »

1530. « Donation par George de Clere,
« sr et baron dudit lieu de Clere, seigr de

« Panilleuse, à Jean de Piel, escuier,
« d'un quart de fief assis ès parroisses de
« Fourges et du Bus, duquel quart de
« fief un nommé de Gamaches et un
« nommé Maslot Mauvenant ont été te-
« nans. »

1567. « Du roi nostre souverain sei-
« gneur, je, Jacques de Clere, escuyer,
« fils et héritier de feu messire Jean de
« Clere, chevallier, en son vivant sei-
« gneur et baron dudit lieu, tiens et
« advoue à tenir nuement et par hom-
« mage, à cause de la duché de Norman-
« die, les baronnies, terres, seigneuries,
« fiefs et arrière-fiefs cy-après déclarés :

« Premièrement, au bailliage de Rouen,
« une baronnie nommée Clere, avec les
« fiefs et terres de Hugleville, Vesé et Pa-
« nilleuse, à icelle baronnie de tout temps
« et ancienneté réunis et incorporés, etc.

« Item, du roy, ... je tiens un demy-
« fief de plaines armes nommé Pannil-
« leuse, de présent réuni au corps de ma
« dite baronnie de Clere, dont le chef est
« assis en la parroisse de Panilleuse et
« s'étend ès paroisses de Mesière, Escots,
« du Buts, de Fourges et en la ville de
« Vernon, etc.

« Item, Nicolas de Piel, escuyer, sr de
« Fourges, au lieu de François de Piel,
« son frère aisné, tient un fief assis à la
« parroisse de Fourges, nommé le fief de
« Gamaches, dict de Clere, lequel s'estend
« en ladite parroisse et en celle d'Amble-
« ville, etc. »

1532. « Noble homme Nicolas de Piel, sr
« de Fourges, quitte et délaisse à fin de
« héritage, par forme de pur eschange, à
« M. Jaspart d'Arconart, chevalier, sei-
« gneur du Quesnoy, le Clos, le Roussay,
« et la Fresnoye :

« La terre et seigneurie de Fourges, si-
« tuée et assise au bailliage de Gis...
« tenue du roy ou du sieur de Monten...
« ensemble le fief de Gamache et le fief de
« la Rivière, circonstances, dépendances
« et droictures, honneurs, etc.;

« Et ledit seigneur lui a baillé en contres-
« change huit cent cinq escus sol un tiers
« traize sols quatre deniers, évalués à
« deux mil quatre cent saize livres traize
« sols quatre deniers de rente par chascun
« an sur le quatriesme de la ville et ban-
« lieue de la ville de Rouen. »

1572. « Nicolas de Piel, escuyer, sr de
« Fourges, et Henry de Piel, escuier, seul
« fils et présomptif héritier dudit Nicolas de
« Piel, et damoiselle Catherine de la Rade,
« espouse dudit sieur de Fourges,

« Vendent aux religieux de Notre-Dame-
« de-Bonne-Espérance-les-Gaillon les fiefs
« nobles, terres et seigneuries cy après

« déclarez, scavoir est le fief, terres no-
« bles et seigneuries de Fourges, les fiefs
« de Gamaches et de la Rivière, ledit fief
« de Fourges estant ung quart de fief de
« haubert, mouvant et relevant nuement
« de la baronnie de Baudemont, ledit fief
« de Gamaches, vulgairement appelé le
« fief de Clere, estant un quart de fief
« de haubert, mouvant et relevant par
« ung quart de relief de la seigneurie de
« Pannilleuse, ledit fief de la Rivière estant
« un demi-quart de fief de haubert rele-
« vant neument du roy, à cause de sa
« chastellenie de Gisors.

« Moyennant ledit fief de Fourges mil
« escus sol;
« Le fief de Gamaches deux mil escus
« sol, le fief de la Rivière (sic).... » (Extrait d'un inventaire incomplet.)

1592. « Les religieux de la Chartreuse
« de Notre-Dame-de-Bonne-Espérance-lez-
« Gaillon vendent à haut et puissant sei-
« gneur messire Jean de Montenay, baron
« des baronnies de Garentières, Gros-
« sœuvre et Baudemont, achepteur, pour
« et au droict de dame Marguerite de
« Mornay, son espouze, les terres nobles
« et seigneuries de Fourges, les fiefs de
« Gamaches et de la Rivière. »

« 1675. De haut et puissant seigneur
« M. René de Presteval, marquis de Clere
« et de Pannilleuse...

« Nous, messire Louis de Montenay,
« seigneur de Fourges, la Rivière et autres
« seigneuries, tenons par foy et hommage,
« à cause de sadite terre de Pannilleuse,
« despendante de son marquisat de Cleres,
« Ung quart de fief de haubert, vulgai-
« rement nommé le fief, terre et sei-
« gneurie de Clere, dict de Gamaches,
« dont le chef est assis en la paroisse de
« Fourges, et s'estend en la paroisse et
« hameau du Bos-Roger en dépendant,
« et ès paroisses de Baudemont, Bray-
« soubs-Baudemont et du Buz, parroisse
« et hameau de Gasny et territoire d'en-
« viron. »

Au XVIIe siècle, le curé et les habitants
de Fourges soutinrent un long procès au
sujet de ces dimes contre les religieux du
Trésor. Ce procès passa par tous les degrés de juridiction : bailliage de Gisors,
parlement de Normandie, grand conseil.
Enfin, un arrêt du grand conseil du roi,
rendu le 12 août 1661, décida que « les
« religieuses, abbesse et couvent devaient
« jouir de la moitié des grosses dîmes de
« graines et vins, même de la moitié de
« la dime des foires dans les lieux où elles
« avaient coutume de prendre la dîme de
« bleds sur le terroir de Fourges, et du
« tiers des grosses dîmes de graines et

« vins dans le hameau de Boisroger ».
(Cart. du Trésor, f° 103 et suiv.)

En 1752, bail fut passé des dimes de
Fourges, qui valaient 400 livres.

En 1789, l'abbesse du Trésor et le
prieuré de Saint-Clair-sur-Epte avaient des
propriétés à Fourges.

La commune du Bosc-Roger sous Ra-
quet a été réunie en 1842 à Fourges.

Cf. Toussaint Duplessis, t II, p. 550.

FOURMETOT.

Arrond. de Pont-Audemer. — Cant. de Pont-
Audemer.

*Patr. Notre-Dame. — Prés. le roi, l'abbé
de Josaphat.*

Voie romaine d'Aizier à Pont-Audemer.
On croit qu'il a existé à Fourmetot un
établissement religieux détruit au XIIIe siècle, et dont les moines forcés de fuir allèrent fonder l'abbaye de Josaphat.

Dans les *Grands Rôles de l'Echiquier de
Normandie*, il est fait très-fréquemment
mention de personnages portant le nom
de Fourmetot.

« Willelmus de Formetot reddit compo-
« tum de IX. marcis X. solidis X. denariis
« sterling., pro plegio Ricardi Landri. »
(Stapleton, M. R. Sc. N., p. 189.)

« Willelmus de Formetot CVIII. solidos
de debito Rogerii de Bellomonte. » (Ibid.,
p. 491.)

« Durandus, presbiter de Formetot,
« reddit compotum de II. marcis X. solidis
« X. denariis pro plegio ejusdem. » (Ibid.,
p. 490.)

« Durandus, presbiter de Formetot, III.
« marcas VIII. solidos IV. denarios st. pro
« plegio Ricardi Landri. » (Ibid., p. 565.)

« Radulfus Hascoil de Formetot XX. solidos pro clamore. » (Ibid., p. 556.)

« Rogerius filius Landrici reddit compo-
« tum de XIX. solidis de porprestuis fo-
« reste de Monteforti in Formetot. » (Ibid.,
p. 203.)

« Odo de Portis reddit compotum de
« I. marca pro eodem (pro plegio Ricardi
« filii Landrici). » (Ibid., p. 203.)

Du temps de Guillaume le Conquérant,
Auffroi Trouvé de Fourmetot, avec le consentement de son seigneur suzerain Hugues de Montfort, et de son vendeur Albe-
ric, donna au couvent de Préaux une terre
qu'il avait achetée.

« Eodem tempore (Willelmi regis),
« Auffridus Trovatus de Formetot terram
« suam quam emerat Alverico, concedente

« Hugone Montisfortis, de cujus dominio
« erat, et eodem Alverico eum fratribus
« suis, Sancto Pratello dedit... » (Cart.
de Préaux, f° 145, n° 467.)

« ... Hugo de Monteforti dedit Sancto
« Petro Pratelli terram et servitium unius
« vavassoris, nomine Anschetilli Trovati,
« precatu ejusdem viri, in Formetoti
« villa... »

Nous trouvons au XIII° siècle des personnages portant le nom d'Epinei; nous pensons qu'ils se rapportent à cette commune : « Et de XXXIII. solidis IV. denariis de Ammauri de Espineto de tertio « unius militis pro eodem, de ultimo exercitu Normannie. »

Autre exemple : 1211. « Petrus de Spineto, miles, filius Geroldi de Spineto, « dat Gemetico redditum quem habebat « in festo sancti Petri; teste Johanne, clerico Pontis Archæ. »

Au XIII° siècle le roi présentait à la cure de Fourmetot. Dans le pouillé d'Eudes Rigaud on lit :

« Formetot. Rex patronus. Valet IIII°°. « libras, parrochianos XL°°. Bartholomeus « Cadoc persona. » Mais plus tard le patronage passa à l'abbaye de Josaphat.

« Capella Sancti Jacobi de Quemino Petroso. Johannes Landri miles patronus. « Valet XII. libras. »

Guillaume de Flavacourt y nommait en 1279 sur la présentation de Jean Landri.

Nous trouvons encore citée une chapelle de Saint-Laurent à Fourmetot : « ... Et « capellam Sancti Laurentii vulgo de For« metuit... » (Charte de Corneville. *Gallia christiana*, XI, c. 298.)

Fourmetot était, suivant M. Canel, le siége des fiefs suivants :

1° Le Hamel était une portion du fief de Condé-sur-Risle. Il en fut démembré en 1334, après la mort du possesseur, Jean de Poisson. Il donnait le titre de seigneur honoraire de la paroisse, et relevait de Condé, comme arrière-fief, par foi et hommage, avec treizièmes et reliefs. Le château est moderne.

2° Iclon, dont relevaient 1,674 acres de terres dans différentes communes. On y voit encore une très-antique construction, qui parait un ancien manoir. Une grande ogive semble indiquer la place du pontlevis.

3° L'Epinei, situé près de la commune de Valletot. La maison du fermier offre des traces de l'architecture du XIII° siècle. C'était autrefois une chapelle où venait tous les ans en procession la paroisse de Valletot, à la Fête-Dieu. Un Thomas de l'Epinei, vivant au XII° siècle, est témoin de l'accord fait entre Galeran et Robert du Neubourg. Il tirait peut-être son nom du fief de l'Epinei, à Saint-Pierre-des-Ifs.

4° Le fief d'Elbeuf, ou de la Cour-d'Elbeuf. Ce nom indiquerait peut-être l'existence d'un village saxon.

5° Le Marebroc, au hameau de la Bérangerie, relevant du roi.

6° Le Mor, mouvant de la seigneurie des religieux de Cormeilles, en foi et hommages, par un chapeau de roses, reliefs et treizièmes.

7° La vavassorie noble de la Croisée, voisine du Mor, au centre de la paroisse.

8° Le fief des Portes, situé vers Manneville. Dans la deuxième moitié du XVII° siècle, il appartenait à Pierre Lambert, sieur des Portes, bailli d'Annebaut.

9° Enfin la vavassorie du Gros-Pommier, du côté de Corneville.

Fourmetot était le siége d'une seigneurie et d'une sergenterie relevant de Montfort.

L'église, qui remonte à la fin du XIII° siècle, offre un mélange de roman et de gothique : la tour est d'un bel effet.

La commune de Lilletot a été réunie à Fourmetot en 1813.

Dépendances : — Auzout ; — la Bérangerie ; — le Chemin-de-Rouen ; — le Chemin-Perré ; — le Chouquet ; — CourFerrand ; — la Croisée ; — les Delabarre ; — Houx-Gaillard ; — la Prévôté ; — les Quatre-Vents ; — Thomas-Iclon ; — Ecannetot ; — l'Epinei ; — le Gros-Pommier ; — les Portes ; — le Hamel (château).

Cf. Toussaint Duplessis, t. II, p. 337 et 550.
Canel, *Essai sur l'arrond. de Pont-Audemer*, t. I°, p. 370.

FOURS.

Arrond. des Andelis. — Cant. d'Ecos.

*Patr. S. Sauveur et la Ste Trinité.
Prés. le prieur de Sausseuse.*

On trouve un personnage portant le nom de Fours dans le passage suivant : « ... Navigium autem regis Angliæ [Richardi], « cui archiepiscopus Auxiensis, episco« pus Bajocensis, Robertus de Sabloil, « Richardus de Camvilla et Guillelmus de « Fors præfuerunt, iter arripuerat Hiero« solimitanum statim post Pascha... »

Dans les *Grands Rôles de l'Echiquier de Normandie*, on lit : « Martinus de Hosa « reddit compotum de ..., et de LV. so« lidis et VI. denariis de allodiis de Fors, « et de XLIII. solidis et VIII. denariis de

« blado medietarie de Fors. » (Stapleton, « *M. R.*, p. 71.)

« Et de xxx. solidis de catallo Willelmi « Britonis fugitivi pro morte Ricardi de « Furno. » (*M. R.*, p. 72.)

Voyez sur Geoffroi de Fours, qui épousa Havoise, comtesse d'Aumale, et en eut postérité, le P. Anselme, t. II, 877.

1233-4, février. « Ego A. comitissa « Augi, notum facio universis presentes « litteras inspecturis quod ego terram de « Forz, quam habebam in pignore pro « centum et quadraginta marchis argenti, « de quibus me teneo pro pagata, dimisi « in manu karissimi domini mei Ludovici « regis Francorum illustris, ad cujus « manum deveneral ex eschaela Guillelmi « quandam domini de Forz et comitis « Albemarle. In cujus rei testimonium, « presentes litteras sigilli mei munimine « confirmavi. Actum Parisius, anno Do- « mini m° cc° tricesimo tercio, mense fe- « bruarii. (*Cart. norm.*, n° 406.)

Guillaume « de Forez », comte d'Aumale, ratifia avec d'autres seigneurs, en 1259, le traité de paix conclu entre Henri III et saint Louis.

Le patronage avait été donné au prieuré de Sausseuse, en 1218, par Robert du Bois-Giraume et Marie, son épouse.

Aussi le prieur de Sausseuse parait-il dans le pouillé d'Eudes Rigaud comme ayant droit de présenter à la cure : « Ec- « clesia Sancti Salvatoris de Fors; prior de « Salicosa facit deservire per canonicos « suos; habet LX. et X. parrochianos; valet « xxv. libras Turonensium. »

En 1244, vente par Raoul de Boisfranc et Marie, son épouse, au monastère du Trésor d'une rente de deux sols parisis : « Quos Agnes Begue mihi singulis annis « in festo Sancti Michaelis reddebat de « terra sua sita in parrochia de Fors, in « territorio de Cabus... »

1244. Vente par Raoul de Boisfranc et Marie, son épouse, de rentes sur des pièces de terre : « Noverint universi pre- « sentes et futuri quod ego Radulphus de « Boisfranc, de assensu et voluntate Ma- « tildis uxoris mee et heredum meorum, « dedi et concessi in puram et perpetuam « elemosinam, pro salute anime mee et « antecessorum meorum monialibus de « Thesauro Beate Marie duodecim dena- « rios parisienses annui redditus, et ven- « didi eisdem monialibus tres solidos et « sex denarios parisienses annui reddi- « tus, pro triginta quatuor solidis pari- « siensium quos inde presentialiter re- « cepi : qui predictus redditus assignatus « est videlicet duodecim denarii super

« acras terre, sitas secus viam de Cabus, « inter terram Odonis Govium ex una parte « et viam que tendit versus Molincort ex « altera, et duo solidi super unam acram « terre que est secus viam de Forni inter « terram Sancti Salvatoris ex una parte de « Fors et terram Rogerii Morel ex altera, « et sexdecim denarii super unam acram « terre sitam super trencheias de Fors « inter duas pecias terre Fabri, et duo « denarii super unam peciam terre sitam « in via de Hales inter terram Radulphi « de Villalouret ex una parte et terram « familie Guillelmi Hurel ex altera, dictis « monialibus singulis annis in festo Sancti « Remigii a possessoribus dictarum pecia- « rum terre quiete et pacifice persol- « vendi. Hanc autem elemosinationem et « venditionem ego dictus Radulphus de « Boisfranc et heredes mei dictis monia- « libus contra omnes garantizare tene- « mur, et ad hoc fideliter tenendum et « garantizandum ego Radulphus et Ma- « tildis prenominati et heredes nostri « fidem nostram tradidimus corporalem. « Et ut hoc firmum et stabile perseveret, « ego predictus Radulphus presens scrip- « tum sigillo meo confirmavi. Actum anno « Domini millesimo ducentesimo quadra- « gesimo quarto, mense augusto. » Au bas de laquelle charte est un sceau pendant en lac de parchemin. (*Cart. du Trésor*, f° 279.)

1247. Autre vente par les mêmes, au couvent du Trésor, d'une partie de rente sur ledit héritage « in parrochia de Furnis ».

1260. Nouvelle vente par les mêmes au couvent du Trésor : « Notum sit uni- « versis tam presentibus quam futuris « quod ego Radulphus de Bos-Franc et « Matildis, uxor mea, de nostro communi « assensu et voluntate, vendidimus et con- « cessimus monialibus Beate Marie juxta « Beaudemont duos solidos Parisiensium « annui redditus quos Guillelmus dictus « Baron de Furnis nobis debebat ad fes- « tum Sancti Remigii persolvendos annua- « tim supra domum suam et appendicia « dicte domus, que domus sita est in « parochia de Furnis inter masuras Ri- « chardi Belli Amici ex utraque parte... « pro quindecim sol. parisiensium, quos « presencialiter inde recepimus et de qui- « bus nos tenemus pro pagatis. Actum « anno Domini m° cc° lx°, mense aprili. » (*Cart. du Trésor*, f° 277.)

1403. Aveu de Henri de Fours, fils aîné de feu Regnault de Fours, escuyer.

En 1419, Henri V fait don à Henri de Fours de ses terres; hommage en est fait le 24 février, et ordre donné au bailli de Gisors de laisser jouir.

Suivent des fragments de l'aveu rendu en 1431 par Henri de Fours : « Sachent « tous que je, Henry de Fours, chevalier, « seigneur du dit lieu de Fours, tieng et « adoue à tenir par une seule foy et hom- « mage liges du roy..... à cause de sa « chastellerie de Vernon, c'est assavoir : « ung fief entier qui est fief de haubert, « nommé le fief de Fours, dont le chief « est assis en la parroisse du dit lieu de « Fours, avecques autres membres d'icelui « fief deppendans, assiz en divers lieux, « comme le fief de Boisgiraulme qui est « fief de haubert et se relieve par quinze « livres du dit fief de Fours, quant le cas « eschiet. Et contient icelui fief de Fours « ce qui s'ensuit, c'est assavoir : que en « toute la dicte ville et parroisse nul n'a « seigneurie en fief que moy, et en la « quelle ville est mon manoir assis, con- « tenant tant en manoir, jardins, viviers « et moulin moulant à eaue et coulom- « bier à pie que ou terrouer de l'enclos « d'icelui manoir dix acres... Item, et « pour la cause de mon dit fief de Fours « je prens et puis prendre pour edifiier « et pour ardeoir à mon dit hostel de « Fours trois charretées de bois par cha- « cun jour de l'an en la forest de Vernon, « soit bois pour ardeoir, s'il me plaist, ou « bois pour edifier. Item, pasturages pour « toutes bestes et franc de pasnaige en la « dite forest, par paiant par an douze de- « niers au roy pour toutes choses, qui vont « aux exploiz du verdier au terme de « Noël........ Et aussi à ycelui fief « appartient toute et telle seigneurie, « court et usaige comme à bas justicier « doit et peut appartenir selon la coustume « de Normandie...... Item, aussi « mes predecesseurs et moy subsequem- « ment estoient seigneurs du dit fief et « aussi du patronnage de l'église de Fours « avecques dismes, les quelles dismes et « patronnage mes predecesseurs et « ancesseurs aumosnèrent à Saubsseuze « et en Saint de Fours, c'est assavoir : deux « muys de grain pour la repparacion de « la dicte église de Fours, et le surplus de « la dicte disme à Saubsseuze avecques « le patronnage d'icelle eglise. Item, et « pareillement donnèrent à la dicte eglise « de Saubsseuze les disme et patronnage « de la cure de Boisgiraulme avecques un « fief assis à Tilly. Pour lesquelles choses « ledit prieur et religieux sont tenus de « dire et chanter trois messes la sepmaine « en la chapelle dudit hostel de Fours. « Lequel fief se relieve du roy notre sire « par quinze livres tournois, quant le cas « eschiet. Item, ung fief nommé le fief « de Laleuf, assis en la dite parroisse de « Fours, au quel fief a vingt masures ou « environ, trois cents arpens de terre... «............ Le xxvi° jour d'aoust « mil cccc cinquante et quatre. » (Arch. imp., P. 307, fol. 20 v°, n° 263. Châtelle- nie de Gisors.)

Dans un aveu du xv° siècle l'Hôtel-Dieu de Vernon reconnait être propriétaire à Fours : « Item, nous avons en la parroisse « de Fours deux manoirs ausquels appar- « tient de LX à IIII^{xx} acres de terres ou en- « viron, qui se baillent, ou soullouent « estre baillées en temps paisible par « quatre muys et demi de grain de ferme « ou environ, et en sommes tenus faire « chacun an xxii sous de rente au sire de « Fours au terme de Saint Remy. » (Cart. norm., n° 643.)

L'Hôtel-Dieu de Vernon possède encore aujourd'hui la ferme de Fours.

Nous insérons ici les droits et usages des habitants de Fours dans la forêt des Andelis :

« Le commun et habitans de la ville « de Fours ont acoustumé prendre en « la dicte forest le bois sec en estant et « en gesant, le vert en gesant, se il n'y a « caable, le mort bois hors tailles et « deffens, bois par escarrie à leurs mai- « sons : c'est assavoir IIII posts, II som- « miers, deux trefs, deux pouchons, « IIII soubzchevrons, un feste, deux par- « nes, deux fillières et deux paires de « chevrons et tous les liens au dessoubz « des trefs, pasturage à tous leurs bestes, « hors chievres, frans de pasnage et pastu- « rage pour leurs pors en la dicte forest « coustumière, par payant I denier pour « pors non advis à la Saint Andrieu et « ob. à la Chandelleur, et franc pasnage « pour leurs pors de leur nourreture pors « apportant le nombre il est escript à la « Saint Andrieu. reservé le moys deffen- « du, livrée pour charetils, merrien à « charrue chascun an à esseulx charettes « et autres menus droicts acoustumés. Et « pour ce sont tenus faire au roy, nostre « sire, deux journées de charrue chascun « an, gerbes en aoust, pain à Noël et œufs « à Pasques, et aucuns qui n'ont charettes « doivent gelines seullement, et si doivent « faire le charroy des pons du chastel de « Vernon et autres menues rentes acous- « tumées. » Usages et coutumes des forêts d° Normandie, fol. 32 v°.)

La seigneurie de Fours relevait de Ver- non.

En 1650, une pièce de terre est bornée par le dimage de Requecourt, triége sur le Clapetun, ruelle Robillard. Le seigneur de La Mailleraye avait des propriétés à Fours. En 1753, triége des Groues Romains, chemin des Petrons, aujourd'hui chemin de Magni.

En 1789, l'abbaye de Saint-Germain-des-Prés avait des biens à Fours.

Il y avait au xviii siècle une chapelle dédiée à Notre-Dame-des-Halles ou à saint Blaise pour l'usage des religieux de Saint-Germain-des-Prés.

Cf. Toussaint Duplessis, t. II, p. 552.

FRANCHEVILLE.

Arrond. d'Evreux. — Cant. de Breteuil.
Sur l'Iton.

Patr. S. *Martin.* — *Prés. l'abbé de Saint-Lomer de Blois.*

Nous prendrons dans le glossaire de du Cange l'explication du mot Francheville : « Francheville, ville qui jouit de « certaines franchises et de certains pri-« vilèges. » (Francavilla, quæ certis franchisiis seu privilegiis gaudet...)

Passage d'une voie romaine tendant de Condé vers Chandai.

Les ingénieurs de Henri Ier, roi d'Angleterre, chargés d'amener à Verneuil une partie des eaux de l'Iton, avant de faire leur prise d'eau au point où elle existe encore, avaient tenté de l'établir à la Rouillardière. Il est resté de ce travail abandonné un canal d'un demi-quart de lieue rempli d'eau.

A la Gauberderie, enceinte retranchée.

Le fief de Malicorne appartenait à Georges Alorge, écuyer, à cause d'Elisabeth Lieural ou de Lieurai, sa femme. Pierre Alorge, probablement leur fils, était seigneur de Malicorne en 1686.

A Malicorne, chapelle à abside romane qu'on prétend avoir été un temple protestant.

Il y a eu à Francheville un prieuré de Saint-Martin.

En 1789, l'abbaye de la Chaise-Dieu, le prieuré de Saint-Martin, le prieuré de la Poultière, le chapitre d'Evreux avaient des propriétés à Francheville.

« Les habitans du Hamel, des Hayes, « de Lussay, en la parroisse de Franque-« ville, ont en la forest de Bretheuil le boiz « vert en gesant et le sec en estant sans « merren, et s'il y avoit merren ilz poie-« roient pour chacune chartée cinq sols « d'amende, en la manière comme les « autres coustumiers; et aussi ont le « pasturage à toutes leurs bestes, excepté « chièvres et brebiz, en la forest coustu-« mière, hors tailles et deffens, reservé le « moys de may et les pors qui n'y vont « point ou dit moys dessus dit; ilz en se-« roient quictez pour l'amende coustu-« mière; et pour ce doivent chacun d'eulx « à la recepte de Bretheuil par chacun an « une mine d'avoine; et au chastellain de « la dicte forest un piquet d'avoine et une « poulle, le tout à poier à la feste de Noel.»
(*Usages et coutumes des forêts de Normandie*, fol. 216 r°.)

Dépendances : — le Boschet; — les Boucheries; — le Boulai; — le Bourg; — la Conardière; — la Gauberderie; — la Gériaie; — Gournai; — la Grande-Mare; — les Grands-Bottereaux; — le — Gravier; — la Haie-de-Lucei; — le Hamel; — la Houaillière; — Malicorne; — la Mare-Blanche ; — le Perrin; — les Petits-Bottereaux ; — la Pilière; — le — Pont-Thibout; — la Porillière; — le Prieuré ; — la Rue-Bertrou ; — les Supplentures; — la Tabourerie; — la Ville-aux-Bonnets; — la Juliennerie; — les Pommerats; — le Pressoir; — la Rouillardière ; — les Salles; — le Tremblai, château; — Chetivet ; — le Garde ; — la Loge-du-Ruel ; — la Marerie ; — les Raies ; — la Rosière.

FRANQUEVILLE.

Arrond. de Bernai. — Cant. de Brionne.

Patr. Notre-Dame. — *Prés. le seigneur.*

Voie romaine.

Dans une charte, en faveur de Saint-Ouen, du temps de Richard II, Franqueville près Rouen est nommée : « Villafranca. »

Nous empruntons au cartulaire du prieuré de Beaumont-le-Roger un certain nombre de renseignements sur Franqueville.

1314. « ... Item firmam de Franque-« villa super Brioniam, cum suis juribus « ac pertinentiis universis, quam in em-« phiteosim a nobis tenebat Johannes de « Forca, filius Guillelmi de Forca, pro « octoginta et duabus libris et quatuor « solidis annui redditus... » (*Cart. S. Trin. Bellim.*, f° 30 v°.)

En 1319, bail de 4 acres et demie de terre pour neuf ans à Guillaume Du Monstier, moyennant 6 livres de rente par an. (*Id.*, fol. 117 r°.)

Jehan du Boys, escuyer, Robert de Corneil, escuyer, à Franqueville en 1331. (*Id.*, fol. 101.)

En 1336, Jehan de la Fosse, de la paroisse Saint-Liénart-du-Fresne, vendit au prieuré de la Sainte-Trinité de Beaumont 4 sols de rente qu'il possédait sur une pièce de terre « assise en la paroisse de Franqueville sus Briosne, ès fieux des dits religieux », pour 40 sols tournois. (*Id.*, fol. 45 v°.)

En 1336, vente de 3 sols de rente par Richard Supplice et sa femme, moyennant 30 sols tournois. (*Id.*, fol. 49 r°.)

Le 1er juin 1339 avait eu lieu la vente primitive par Jean de la Fosse aux deux personnages susdits. La rente était d'un quartier de froment assis sur une pièce de 20 perques; item, un boisseau assis sur une pièce de 35 perques, dans la paroisse de Heuquemanville, le tout pour 4 livres 3 sols tournois. (*Id.*, f° 53 v°.)

En 1339, le 1er juin, Jean de la Fosse, clerc, vendit à Pierre de Bastignie, escuyer, seigneur de Franqueville, « pour 50 sols tournois, deux boisseaux et demi de forment, assis sur une pieche de terre en la parroisse de Franqueville. » Cession par Pierre de Bastignie aux religieux. (*Id.*, f° 54 r°.)

Au mois de mai 1310, Guillaume Le Masnier, de la parroisse de Nostre Dame de Franqueville, « pour li et au nom de « Guillaume Roussel, trésoriers de la dite « église, quita et delessia à tous jours mes « à heritage au prieur et au couvent de la « Trinité de Beaumont le Roger le mar- « chié de la rente du fourment contenu « en la lettre ci-annexée pour le pris qui « contenu y est, comme seigneurs du « fieu. » (*Id.*, f° 54 r°.)

Dépendances : — Folleville; — le Hamelet; — la Maison-Hubert; — le Parc-de-Franqueville; — les Pérelles; — le Quesnel; — la rue Cardine; — la rue Truhiron.

FRENEUSE-SUR-RISLE.

Arrond. de Pont-Audemer. — Cant. de Montfort.
Sur la Risle et le ruisseau de la Salle.

Patr. S. Ouen. — *Prés. l'évêque d'Avranches.*

Dans les *Grands Rôles de l'Échiquier de Normandie* il est question deux fois de Freneuse : « Johannes de Fraisnose red- « dit compotum de II marcis pro eodem « [pro plegio episcopi Lexoviensis]. » (Stapleton, *M. R. S. N.*, p. 325.)

« De Galterio de Montegannel X. libras. » (Emprunt fait dans la baillie de Lisieux, *Id.*, p. 326.)

En 1214, Raoul « de Fresnose » était prieur et sacristain de l'abbaye de Préaux. On le trouve avec cette qualité en 1211.

En 1259, procès entre l'évêque d'Avranches et le seigneur d'Harcourt, sur le plaid de l'épée dans le fief de Freneuse. L'évêque d'Avranches eut gain de cause : « Inquesta facta per Guillelmum de Vic- « nis, baillivum Rothomagensem, super « eo videlicet quod episcopus Abrincensis « dicit quod usus fuit de placito ensis in « feodo de Fresnose per longum tempus. « Dominus Robertus de Haricuria, qui « cepit dictum feodum a domino rege ad « firmam perpetuam, dicit quod dominus « rex usus fuit de dicto placito ensis in « dicto loco. Inquisitum fuit per manda- « tum domini regis per eumdem ballivum « super hoc de usu parcium in dicto loco « et quo modo et in quibus casibus. Pro- « batus est usus episcopi, ut proponitur « in rubrica et habeat...... » (*Olim*, I, p. 101, ad annum 1259.)

En 1317, Gui d'Harcourt, évêque de Lisieux, fit un accord avec Jean de la Mouche, évêque d'Avranches, touchant le patronage de Saint-Victor-d'Epine et Saint-Ouen de Freneuse. (*Hist. de la maison d'Harcourt*, t. IV, p. 1230.)

Le hameau des Catelets, qui domine la vallée de Risle, vers Pont-Autou, a conservé des vestiges de retranchements militaires.

Freneuse possède environ 110 hectares de communaux, dont 47 en prairies. Ces biens lui furent donnés vers 1483, par une dame de la Mare, moyennant un service annuel, célébré le premier mercredi de carême.

Freneuse relevait par foi et hommage des évêques d'Avranches, à cause de leur baronnie de Saint-Philebert. La paroisse eut aussi des seigneurs particuliers qui prenaient son nom. Leur manoir de la Motte-Freneuse n'existe plus, et ils ont laissé peu de souvenirs.

Dépendances : — Saint-Honorine (château); — la Viéville; — la Salle; — la Motte; — Flambart; — le Bout-de-la-Ville; — le Buquet; — les Catelets; — Charlemont; — les Côtes; — les Coudrais; — la Fremondière; — le Lieu-du-Bosc; — le Mont-Gannel; — le Romaçon; — la Vallée; — le Village-du-Bosc; — le Cheval-Blanc; — la Curanderie.

Cf. Canel, *Essai sur l'arrond. de Pont-Audemer*, t. II, p. 327.

FRESNE (LE).

Arrond. d'Évreux. — Cant. de Conches.
Sur le Rouloir.

Patr. S. Léonard. — *Prés. l'abbé de Conches.*

Le nom de cette commune ne présente aucune difficulté d'interprétation ; nous ferons seulement remarquer qu'au moyen âge ce nom paraît avoir affecté la forme dative, de sorte qu'on aurait dit habituellement : *au Fresne*. Ce qui nous porte à émettre cette conjecture, c'est que beaucoup de familles dans le pays s'appellent d'Aufresne.

La grande charte de Conches constate un don de Robert de Romilli ; parmi les témoins figure Guillaume du Fresne : « Willelmo de Fraxino... »

« Ego Gerelinus (Gerclinus, Gerclmus?) « de Fratino, pro anima senioris mei Ro- « geri de Tosteneio et filii ejus Radul- « phi, et pro redemptione anime mee, do « Sancto Petro post mortem meam Fraxi- « num et hereditatem meam in perpe- « tuum tenendum, ad presens autem duos « francos homines in dominio. Hoc an- « nuit Godehildis comitissa et Radulphus « senior meus, salva custodia Tosteniensis « domini. Ibi affuit Hugo Bayocensis epi- « scopus, et Willelmus Ebroicensis episco- « pus, qui hoc donum confirmaverunt, « ex quorum maledictione et ex auctori- « tate Sancti Petri apostoli et omnium « Sanctorum Dei sint anathematizati qui « hoc beneficium ab ecclesia Dei sub- « traxerint..... »

Dans une charte de Roger de Tosni en faveur de la Noë, on trouve parmi les témoins Guillaume « de Fratxino ». (*Prem. cart. d'Artois*, p. 181.)

En février 1230, Guillaume de Conches, doyen de Mortain, donne à Hayse, femme de Raoul « de Fratino », en augmentation de son mariage sa maison de pierre avec le terrain où elle est bâtie dans la paroisse Sainte-Foi de Conches. Témoins : Eudes de Bailleul, châtelain de Conches ; Guillaume de Minières, Mathieu de Pommerelle, Simon de Furnelles, Roger de Berville, Mathieu de Portes, Robert Dagon, Henri de Coillarville, Raoul de Plainstres, Robert de Houcemaigne, chevaliers ; Albin Potin, Richard de Portes, Robert de Busdie.....

En février et mars de la même année, confirmations par Robert de Courtenai, chevalier, seigneur de Conches. (*Prem. cart. d'Artois*, 469-171.)

Jehan de la Fosse de la paroisse Saint-Liénart-du-Fresne, vendeur d'une rente à Franqueville. (1331.)

« Nous Jehan le Bœuf, chevalier, sei- « gneur du Fresne et de la Bonneville, « chambellan et maistre d'ostel du roy « nostre seigneur et cappitaine de partie « des nobles du bailliage d'Evreux, certi- « fions à tous qu'il appartient que, en « obtempérance au mandement naguères « fait par le roy nostre dit seigneur aux « gens nobles et tenant noblement dudit « bailliage, d'eulx mettre sus obeissances « pour servir le dict seigneur, révérent « père en Dieu, monsieur l'abbé de Saint- « Wandrille a envoié en l'acquit des fiefs « nobles appartenans à la dicte abbaye « assis au dict bailliage, c'est assavoir : « ung homme d'armes nommé Jehan le « Gros, ung archer nommé Guillemin le « Dannoys, un coustellier et ung paige, « tous montez, armez et habillez suffi- « samment chacun selon son estat, qui « ont été receus pour une lance fournye, « et les quels ont servy le roy nostre dit « seigneur en nostre compagnie et soubs « nostre charge l'espace de trois mois « entiers finis le quinzieme jour d'octo- « bre dernier passé, on voyage fait en « la basse Normandie pour remettre en « la main du dict seigneur plusieurs villes « et chasteaulx occupez par les Bretons. « En tesmoing de ce, nous avons scellé « ces présentes de nostre scel d'armes « et seigné de nostre main le IIIIᵉ jour « de novembre l'an M. CCCC. LXVIII. »

(Scellé.)   Signé : G. LE BŒUF.
(Bibl. imp., Ms. 5125, p. 143 et 144.)

1483. Hommage de Jean le Bœuf, écuyer.

1491. Gaston Lestendart.

1532. Françoise le Bœuf, veuve de Louis de Quesnel, chevalier.

1561. Pierre de Quesnel.

1569. Nicolas de Honnesteville.

Il y avait une famille Du Fresne tirant son nom de cette commune et portant de gueules à trois tourteaux ou besans d'hermines, 2 et 1. Raoul du Fresne vivait en 1283. Guillaume Iᵉʳ ; Jeanne des Aïs ; Guillaume du Fresne, IIᵉ du nom ; Jeanne Mauvoisin. Bremon du Fresne ; Marguerite du Fresne. (Voyez le *Dictionnaire de la Noblesse*.)

Dépendances : — le Bout-au-Maçon ; — la Brosse ; — le Heloup ; — Maubreuil ; — Quenet ; — Launai ; — Malassis ; — le Bois-Richard ; — le Chantier-de-Quenet.

FRESNES-L'ARCHEVÊQUE.

Arrond. des Andelis. — Cant. des Andelis.

Patr. S. Martin. — Prés. l'archevêque de Rouen.

Les Andelis et Fresnes étaient anciennement une seule terre réputée le premier patrimoine de l'archevêché de Rouen.
Au XIIe siècle, Fresnes est désigné sous le nom de « Fraxini ».
Le surnom de *l'Archevêque* date de la même époque; on trouve dans un acte de 1281 : «...Apud Fraxinos archiepiscopi...»
Les archevêques de Rouen acquirent le domaine de Fresnes en même temps que les Andelis. Cette acquisition est antérieure au XIe siècle. Lorsque Richard Cœur de Lion échangea Dieppe, Bouteille, Louviers, la forêt d'Aliermont et les moulins de Rouen contre les Andelis et son territoire, l'archevêque de Rouen se réserva le manoir de Fresnes et ses dépendances : «... Excepto manerio de Fraxinis cum « pertinentiis suis... Archiepiscopus au-« tem et homines sui de Frascinis mo-« lent ubi idem archiepiscopus volet, et si « voluerint molere apud Andeli, dabunt « molturas suas sicut alii ibidem molen-« tes. » (Voyez l'article ANDELIS.)
Dans le registre des visites d'Eudes Rigaud il est constamment question de Fresnes. Les archevêques de Rouen y avaient une résidence que saint Louis visita en 1263.
En 1256, Eudes Rigaud donna à ferme à Guillaume Blais et Jean, son frère, à Gilbert, fils d'Onfroi, et Mathieu de Fresnelles, son domaine de Fresnes « villam de Frascinis », avec tout le blé déposé dans les granges, et ses propriétés de Portmort, pour quatre ans, moyennant sept cents livres tournois.
En 1259, Eudes Rigaud vendit à Robert de Fresnes, fils d'Adam, seigneur de Fresnes, chevalier, six acres ou environ de bois qu'il possédait entre les Andelis et Fresnes. Cette vente fut faite moyennant trois cents livres tournois, à savoir chaque acre pour cinquante livres tournois.
Dans le pouillé d'Eudes Rigaud on voit que la paroisse de Fresnes contenait 110 paroissiens au XIIIe siècle : « Ecclesia de « Fraxinis. Archiepiscopus patronus : ha-« bet VII^{xx} parrochianos; valet LX. libras « Parisiensium. Archiepiscopus Odo Ri-« galdus contulit eam domino Manussero.»
Cette paroisse faisait partie du doyenné de Gamaches.

Un abbé du Bec fut béni à Fresnes, en 1281 : « ... Deinde dominica sequenti, se-« cunda adventus, videlicet septimo idus « decembris, apud Fraxinos archiepiscopi, « ab eodem Willelmo archiepiscopo Ro-« thomagensium benedictus..... [Yme-« rius de Sancto Ymerio...] » (*Chronicon Becci.*)
1414. « Aux enffans de l'escolle de « Fresnes, qui par trois jours aidèrent à « monter la dite thieulle sur la granche, « en pain mollet et brioche, pour chacune « fois XVI. deniers, vallent IIIJ. sous. » (*Comptes de Fresnes, 1414-1415.*)
En 1457, l'archevêque disait : « Item, « aus dis lieux (de Fresne et Forêt) je « puis et dois donner les escolles, et y « commectre personnes que mestier sera, « et bon me semblera.»
Vers 1485, le manoir de Fresnes avait été affermé pour neuf ans à Cardin Le Monnier, moyennant 27 muids de blé, 2 muids et 20 mines d'avoine, et 4 mines de pois blancs. (*Comptes de Fresnes, 1487-1488.*)
En 1486, l'archevêque de Rouen fit répandre sur 103 acres de ses terres, à Fresnes, 4,144 hottées de marne, extraites de sept trous, chacun d'environ 10 à 11 brasses de profondeur. L'extraction coûta 136 livres 10 sous. On empêcha les éboulements au moyen de pièces de hêtre vert, d'environ 30 pieds de long. On en employa sept charretées qui coûtèrent 15 sous, plus 21 sous de transport. On paya 70 sous pour remplir les trous de pierre et de terre. Cette opération terminée, on pouvait labourer l'emplacement de ces excavations comme par le passé. (*Comptes de Fresnes, 1486-1487.*)
L'année suivante, 1488, on dépensa, dans le même domaine de Fresnes, 71 livres 15 sous 6 deniers, somme qui permit d'employer 2,076 hottées de marne. (*Comptes de Fresnes, 1487-1488.*)
Compte que rend à monseigneur Louis de Harcourt, archevêque de Rouen, Guillaume Touchet, prêtre, son receveur d'Andely, de Fresnes, de Corny, de Portmor, du Tuit, de la Fontaine et d'Erquenchy... de la recette... depuis le jour de la fête de saint Michel, 1409... jusqu'à la fête de saint Michel, l'an 1410 : « Recepte d'argent de rentes et de-« maynnes non muables, et premièrement « de rentes et revenues de la terre de « Fresnes deues au terme de la saint « Rémy, l'an mil CCCC. IX., durant le temps « de ce présent compte... tant des te-« nants de VI^{xx} acres et III^{xx} perches de « terre appelées terre de fro de commun « dont chacun qui tient de celle terre de

« fro de susdicte doibt pour chacune acre
« xii deniers, et sy doivent à Nouel lxxvi
« chappons et demi.

« Item, audit terme de saint Rémi sont
« deubs de plusieurs hommes de monsei-
« gneur, en la ville de Fresnes, tenant
« certaines terres appelées franches ter-
« res, environ xl acres, et doivent les
« tenans pour chacune acre de terre
« ii deniers à la saint Rémi et l'onziesme
« guerbe de disme en moys d'aoust.

« Item, au dit terme de saint Rémi
« sont deubs chacun an à monseigneur
« de plusieurs tenant du fief de Lessart,
« que contient ii acres et xx perches, dont
« ils doivent pour chacune acre ii de-
« niers.

« Item, au dit terme de saint Rémi
« sont deubs à monseigneur, de plusieurs
« de ses hommes de Fresnes, tenant du
« fief de Pourson, contenant i acre, xii de-
« niers à la saint Rémi et ung chappon à
« Nouel.

« Item, sont deubs à monseigneur, en
« la dicte ville de Fresnes, de plusieurs
« courtiers, appelés frans courtiers, dont
« les tenants d'iceulx doivent à la saint
« Rémi vi livres x sous iii deniers tour-
« nois, et à Nouel lvi chappons.

« Item, au dit terme de saint Rémi le
« curé de Fresnes doibt chacun an à mon-
« seigneur, pour son presbytaire et pour
« certaines terres dont il est tenant, xl
« sous tournois.

« Item, audit terme de saint Rémi sont
« deubs à monseigneur, chacun an, de
« plusieurs tenant en sa ville et terre de
« Fresnes, pour xxi gardins ou courtiers
« appelés courtiers de costage, dont les
« tenans doivent chacun an, pour chacun
« courtil, xii. deniers à la saint Rémi, à
« Nouel une mine d'avoyne et une poulle,
« à Pasques v. œufs et i. denier. »

Les comptes du domaine de Fresnes, dont nous venons de tirer d'intéressants détails, sont déposés aux archives de la Seine-Inférieure.

Les fiefs relevant de la seigneurie de Fresnes étaient :

1° Le fief du Mesnil-Hébert ;
2° Portmort ;
3° Notre-Dame-de-l'Isle ;
4° Pressagni-l'Orgueilleux, quart de fief de haubert (Aveu de Pierre de Viliers dit Dauphin, écuyer, 1455) ;
5° Corni en Vexin, terre vendue par Buhart du Mesnil, écuyer, huissier d'armes du roi, à Mons. Jean de Marregny, archevêque de Rouen, en 1350 ;
6° Fief du Thuit, paroisse de Saint-Martin, la Fontaine-Fesentier. (Aveux de Guieffray du Jardin, en 1410.) Comme te-nant de ce fief, on trouve en 1423 Pierre de Gisencourt, au droit de Jeanne de Boucheviller, sa femme, et en 1452 Henri Darrerest, chevalier, conseiller du roi en ses conseils d'État, capitaine et gouverneur du château de Touques ;

7° Fief de Radeval, en la paroisse du Grand-Andeli ; la mouvance, en 1597, fut contestée par Pernette de la Rivière, dame de la Roche, à cause de sa seigneurie de Trie. De Radeval relevaient plusieurs fiefs.

Georges d'Amboise, archevêque de Rouen, rendit aveu en ces termes, en 1501, pour sa terre et seigneurie de Fresnes :

« Item, la ville, terre et seigneurie de
« Fresnes l'Archevesque, la quelle terre
« s'estend ès parroisses d'Andely, d'Ec-
« quenchy et de la Fontaine, et ailleurs ;
« ès bailliage de Gisors ; et à cause de la
« dite terre et seignurie, les archevesques
« de Rouen ont haulte justice et juridic-
« tion moïenne et basse, manoirs, terres,
« bois, ventes de bois, qui ne doivent tiers
« ne danger, rentes en deniers, grains,
« œufs, oyseaulx, moultes, pasturages,
« camps, estoublaiges, moullin à vent,
« hommes, relliefs, ventes, treiziesmes,
« forfaictures, corvées, amendes et
« exploits de juridiction, patronnages
« d'églises, gardes de soubzagés, fouages,
« prinses et gardes de francs fiefz et
« autres droitures avec toutes leurs apar-
« tenances. Item, une vavassorie qui fut
« Georges de Calleville, à présent apar-
« tenant ou qui souloit appartenir à da-
« moiselle Jacqueline Lousce, assise en
« la dite parroisse de Fresne, contenant
« une masure et trente-deux acres de
« terre. Item, en la dite parroisse d'An-
« dely, ung manoir jouxte l'eglise colle-
« gialle du dit lieu, de laquelle eglise
« collegialle le dit archevesque confère
« de plein droit le doyenné et prebendes,
« vicairies, et autres benefices d'icelle
« eglise. Item, en la dite parroisse d'An-
« dely, environ trente perques de terre.
« Item, en la parroisse de Fontaine, eu
« hamel du Tuit et de la Vacherye, dix
« livres, dix-huit mynes de bled de rente
« sur ung fief de pleines armes nommey
« le fief du Tuit, que tient à present ou
« que souloit tenir par foy et hommage
« du dit archevesque Pierre de Guysan-
« court. Item, le dit archevesque a le
« droit de la pescherie du fossé de Lor-
« moye, en la parroisse de Venables,
« et sont subjectz plusieurs hommes en
« la dite seigneurie de Fresnes à curer
« le dit fossé quant mestier en est. »

L'archevêque avait tous les droits de

justice à Fresnes : « Terre et seigneurie « de Fresnes l'Arcevesque, en laquelle a « tout droit de juridiction et justice haulte « moyenne et basse, seul et pour le tout, « et pour icelle exercer et gouverner a ses « baillis et autres officiers, par les quelz « peut... faire tenir ses plais ou assises et « exercer sa dicte justice au dit lieu de « Fresnes l'Arcevesque, du quel lieu on « ressortist sans moyen pardevant le se- « neschal ou bailli à ses assises d'An- « dely. » (1401.)

En 1789, les Ursulines des Andelis, l'église de Saint-Jean-d'Andeli et l'archevêque de Rouen avaient des propriétés à Fresnes-l'Archevêque.

Dépendance : — Sauvagemare.

FRESNEI.

Arrond. d'Evreux. — Cant. de Saint-André.

Patr. S. Pierre. — Prés. l'abbé de Coulon.

Suivant M. Louis Dubois, ce lieu s'appelait Fresney-la-Lande. On trouve la forme : « Fraxinetum, » ou plutôt : « Fraxinidus. » On trouve aussi : « Fraxiniacus » dans le Cartulaire de Saint-Père de Chartres. Il y a un Fresnay dont le nom vient de « Fraternaicum ».

« Fraxinidum » est mentionné dans une charte de Charles le Chauve, en faveur de Saint-Denis (862).

Vauquelin de Fresnei : « Waukelinus de Fresnei, » figure dans une charte de Robert de Meulan en faveur de Saint-Taurin. Dans une autre nous trouvons son nom écrit précisément comme on écrit aujourd'hui le nom de Fresney : « Wauchelino de Fresney... »

Vauquelin de Fresnei (de *Fraxineto*) donna à Raoul Harpin « in liberum ma- « trimonium, cum sorore mea Hays, x. « acras terre in cultura Longibusci (pro- « bablement Bouquelon), quas mihi dede- « rat Robertus, comes Mellenti. Et hanc « terram recepit dictus Radulphus pro cen- « tum solidis annui redditus... » (*Cart. Sanct. Trin. Bellim.*, f° 127 r°.) Cette donation fut confirmée par Robert, comte de Meulent, dans les mêmes termes. (*Ibid.*, f° 128.)

Guillaume Norman, du consentement de sa femme Mazeline, résigna à Luc, évêque d'Evreux, une certaine dime à Fresnei : « in parochia Sancti Petri de Fre- « snoio... »

On trouve parmi les témoins d'une charte en faveur de Saint-Père de Char-tres (*Cart.*, p. 576), en 1101 : « Willelmus de Fresniaco, » qui paraît appartenir à ce lieu.

Dépendances : — le Bois-Fiquet ; — la Lande ; — Saint-Pierre, chapelle.

FRETILS (LES).

Arrond. d'Evreux. — Cant. de Rugles.

Patr. S. Pierre. — Prés. le seigneur.

Nous n'osons pas nous prononcer sur l'étymologie des Frétils. Probablement ce nom vient de « fraustum, frostum, freta, frosta terra, frusca terra, » terre en friche, terre inculte ; « incultus et eremus ager, » terre en gast.

Ce nom se trouve dans d'autres parties de la France sous diverses formes : Fretoi, Frety, etc.

Dans une charte de l'abbaye de Marmoutier relative à des biens situés aux environs de Château-du-Loir (*Cart.*, II, p. 232), on trouve : « .. Terra vero dici- « tur Fraetitium inter Broilum Radulfi et « Prata Morteriorum... »

Geoffroi, fils de Guillaume de « Bac- « chencejo, » donna à Préaux, en y prenant l'habit religieux, entre autres biens : « .... xi. acras terre quas tenuerant les « Fretez... »

On trouve dans le cartulaire de l'abbaye de Préaux : « ... Quidam homo no- « mine Odo Longusdies dedit Sancto Petro « de Pratellis, annuente filio suo Hugone, « unum frustum terre juxta Ranuscot (ou « Ruinescot), et aliud frustum terre juxta « fluvium Dive, ad faciendam salinam, « posuitque super altare sancti Petri... »

L'abbaye de Lire possédait des bois dès le xie siècle aux Fretils : « ... et terram « de Fractis..., » dit la charte de fondation de Lire donnée par Guillaume Fitz Osbern.

Guillaume « de Anbernaio » et Julienne, sa femme, remirent aux moines de Lire, « ... redditum vii. solidorum Andega- « vensium et corveas et occasiones et pla- « cita et omnia alia servicia que habeba- « mus annuatim de tenemento ipsorum « monachorum de Freticio... » Parmi les témoins : Guillaume de Brostesaut, Gautier de Somere, Foulques de la Chaorcière et Richer, son fils, Gillebert de la Gastine.

Dans une charte sans date de Luc, évêque d'Evreux, en faveur de Lire : « les Fretiz. »

Donation par Nicolas de Glos à Robert de Bernay de 20 acres de terre située aux

Fretiis : « Sciant omnes homines tam futuri
« quam presentes quod ego Nicholaus de
« Gloz dedi Roberto de Bernaio, clerico
« Willelmi filii Radulfi, seneseaIli Nor-
« mannie, et heredibus suis, xx. acras terre
« de dominico meo, scilicet in brueria
« mea apud Fretiz, tenendas et habendas
« bene et in pace, libere et quiete de me
« et heredibus meis per unam libram pi-
« peris sibi et heredibus suis de reddita
« annuatim pro omni servicio reddendam
« die dominica, scilicet [in] capite jejunii.
« Et ut hec donatio rata et inconcussa per-
« maneat, eam presenti scripto et sigilli
« mei munimine confirmavi. Et de hac
« donatione mihi fecit homagium coram
« Willelmo, seneseallo Normannie, Willel-
« mo de Gundone, Alano de Frolancort.
« His testibus : Roberto de Harrecort, Gil-
« leberto de Wascoil, Hugone de Bache-
« poiz, Rogerio de Angovilla, Ricardo de
« Romeilli, Radulfo de Daubo, Eustacio
« de Herlevilla, Willelmo de Trecort,
« Simone de Framboiser, Willelmo de
« Portio, Gaufrido de Framboiser, Ricardo
« de Trecort, Wauchelino de Aprileio,
« Radulfo Brusteampo, Tassel serviente,
« Willelmo de Escrovilla, Rogerio del
« Tertre, et pluribus aliis. »

« Sciant presentes et futuri quod ego
« Nicholaus de Gloz dedi et concessi et
« hac carta mea et sigillo meo isto con-
« firmavi Deo et Sancte Marie de Lira et
« monachis ibidem Deo servientibus quan-
« dam terram apud Freitiz, que jacet juxta
« grangiam predictorum monachorum,
« que grangia est in terra de la Chaor-
« ciere. Predictam terram dedi eis de
« meo dominico liberam et quietam om-
« nino ab omni exactione et servitio ter-
« reno, pro salute.... Et ego et heredes
« mei acquietabimus et warantizabi-
« mus eis predictam terram contra om-
« nes homines vel excambiemus eis ad
« justam valentiam. Et ne veniat in du-
« bium illis qui post nos venient de divi-
« sis et de metis supradicte terre, sciant
« omnes quod ego feci eas perambulare
« per legales milites et homines de vis-
« neto. Que mete et divise incipiunt inter
« predictam grangiam jam dictorum mo-
« nachorum et ecclesiam de Freiticiis in
« quodam angulo ejusdem terre, scilicet
« a magna via que venit de Ambenaio ad
« Gloz, et extendit se versus solis occa-
« sum per viam que ascendit per vallem
« de La Mare del Creceon usque ad ipsam
« maram per medium scilicet ipsius mare.
« Et inde extenditur meta ad dexteram
« usque ad quoddam moncellum quod
« appellant Furnum Engle, quod est ultra
« viam, junctum ipsi vie que venit de

« Aquila, et inde de longo in longum ip-
« sius vie usque ad feosum de la Chaor-
« ciere, et inde vertit se ad dexteram, et
« descendit semper juxta divisas predicti
« feodi de la Chaorciere ante grangiam
« predictorum monachorum usque ad
« magnam viam de Ambenaio, et sic
« se vertit de longo in longum ipsius
« vie ad dexteram usque ad viam val-
« lis de la Mare del Creceon ubi incipit.
« Hiis testibus Drogone de Fontanellis,
« Gilleberto Gual, Radulfo de Bosco
« Maiardi, Jacobo clerico, Johanne clerico,
« Petro Le Marmur, Roberto de Chaleto,
« Ernaldo Inductore, Rogero Rece, Wal-
« tero de Hinkelai, Ricardo de Foreville,
« et multis aliis. »

En 1222, Jean de la Chaorciere confirma aux religieux de Lire toute la terre
qu'ils tenaient de son fief « ... apud
« Freytiz, salva tamen domino Britolii
« guarda de predicta terra quando eve-
« nerit... » Il leur donna en outre toute
la terre entre celle qui est appelée « Campus abbatis » et celle que les religieux
avaient achetée de Nicolas de Glos et qui
s'étendait en longueur depuis la route de
Glos jusqu'à la terre nommée « Campus
Theobaldi. »

En 1275, le manoir de la Maillardière
appartenait au couvent de Lire :

« Omnibus hec visuris Radulfus, rector
« ecclesie de Boterellis, salutem in Domino.
« Noveritis quod anno Domini M° CC° LXX°
« quinto ad Natale Domini recepi ad fir-
« mam duorum annorum proxime sequen-
« tium de... domino abbate et conventu
« de Lyra manerium eorum de Maillarde-
« ria cum suis pertinentiis et cum surragiis
« decime eorum de Boterellis, pro L. et
« II libris Turonensium quas solvam eis
« in abbatia sua de Lyra ad terminos sub-
« ternotatos, videlicet ad Natale Domini
« anno ejusdem M° CC° LXX° VI° XIII. libras,
« et ad festum Beate Marie Magdalene
« proxime sequentis XIII. libras, item ad
« Natale Domini anno ejusdem M° CC°
« LXX° VII° XIII. libras, et ad festum Beate
« Marie Magdalene subsequentis XIII. li-
« bras. Recepi etiam a dictis religiosis in-
« staurum subscriptum, quod tunc habe-
« bant in manerio antedicto, videlicet III.
« equos cum hernasio de precio IX. libra-
« rum Turonensium et XV. solidorum,
« item C. et XX. bidentes de precio XX. et
« III. librarum, item XI. animalia et VI. vitu-
« los de precio XX. librarum. Recepi etiam
« altilia et ustensilia subternotata, scilicet
« XX. gallinas, VI. capones, VI. anates, XIV.
« aucas, II. aratra, IV. vomeres, IV. cultros,
« I. patellam, I. craticulam, V. furcas ad
« fimum, II. pelas ferratas, I. securim ad

« biscum et aliam ad aratrum, iii. archas
« morantes in domo, i. bancam, i. sellam,
« i. mensam de abiete. Predictum vero
« instauramentum vel ejus precium, alti-
« lia et ustensilia teneor restituere dictis
« religiosis in fine predictorum duorum
« annorum ; manerium autem predictum,
« tam in domibus quam muris et aliis
« clausuris, teneor in bono statu custodire
« et in statu quo inveni restituere. Cul-
« turam autem de Mura restituam semi-
« natam de albo mixtello et de illa cultura
« restituam ii. acras finatas. Et si forte
« in ultimo anno dicte firme alibi extra
« dictam culturam aliquam partem terre
« excoluero, fructus illius levabo et aspor-
« tabo, ita tamen quod pro locatione dicte
« terre solvam ipsis religiosis quod jus-
« tum fuerit secundum arbitrium bono-
« rum virorum, et pro emendatione terre
« quam marnavi satisfaciam mihi juxta
« arbitrium boni viri ; nec potero de fur-
« ragiis, culmo vel stramine dicti manerii
« vendere vel dare, sed remanebunt ad
« meliorationem terrarum ipsius manerii,
« et instauri sustentationem. Quod si forte
« citra dictum terminum duorum an-
« norum decessero, dicti religiosi pre-
« dictum manerium suum cum suis
« pertinentiis libere sine alicujus contra-
« dictione ingredientur et possidebunt,
« salvo mihi et executoribus meis quod ad
« me spectabit secundum tempus anni quo
« decessero. Fimos siquidem manerii pre-
« dicti alibi quam super terras ipsorum
« religiosorum ducere non debebo. In
« quorum omnium fidem et testimonium,
« presentibus litteris apposui sigillum
« meum. Datum anno Domini m° cc° lxx°
« quinto. »

Il paraît que cette terre était composée de 150 acres de terre et de 3 journaux de pré, en 1460.

En 1274, Jean, Guillaume et Richard de la Gastine, frères, vendirent aux religieux de Lire 20 sols tournois de rente, à prendre sur leur tenement « in parochia Beati Petri de Fretiz, » contigu à la terre de Guillaume Gauthier, chevalier.

En 1277, pièce de terre « in parochia « Sancti Petri de Fracticiis, juxta viam « que ducit a Boterellis ad molendinum « de Boterellis... »

En 1277, Julienne d'Orbec donna à Notre-Dame-du-Lesme 15 sous de rente annuelle à prendre sur le nommé Guillaume Maillard « ... pro tribus acris terre « quas ipse Guillermus de me tenebat per « dictos quindecim solidos, quas quidem « acras terre habebam de maritagio meo, « sitas in parochia Sancti Petri des Fre- « tis... »

La même année, 7 autres acres de terre furent vendues « in parochia des Fretis » par Jean de la Gastine : « de Gastinia ; » l'une d'elles était bornée par la mare de la Gastine : « ... juxta maram de Gastinia... » On fait mention dans cette charte de feu Guillaume Gallois, chevalier.

En 1342, Pierre, sire de Mouaz, reconnut avoir à tort confisqué deux cotes sur Robert Piches, fermier des religieux de Lire à la Maillardière, « pour ce que on « en avoit fait fouler le drap ailleurs que « à mes moulins à draps de Rugles ; » il renonça à sa prétention d'y assujettir les autres hommes des dix religieux : « c'est assavoir du Brec-Helon, du Chesnay, des Ceaules et de Amtenay. »

1350. Bail à ferme de la Maillardière.

1372. « ... Un héritage appelé le fieu Gastin... »

1393. « ... Les manoir et terres o ses « appartenances de la Gastine assise en la « paroisse des Fretis... »

Dépendances : — les Bois ; — la Briqueterie ; — les Gastines ; — la Maillardière ; — le Mesnil-des-Fretils ; — les Haules ; — la Treflière.

FUTELAIE (LA).

Arrond. d'Évreux. — Cant. de Saint-André.

Patr. S. Gilles. — Prés. l'abbé d'Ivri.

L'étymologie du mot la Futelaie est évidemment : « Fagus, Fagitellus, Fatellus, Fatelleta, » lieu planté de hêtres.

Nous n'avons recueilli aucun texte ancien sur cette commune.

Duryse, auteur d'un écrit sur la géométrie, était curé de la Futelaie au xviii° siècle.

La Futelaie a été réunie à Champigni en 1845.

Dépendance : — les Rosières.

G

GAD

GADENCOURT.

Arrond. d'Évreux. — Cant. de Pacy.
Sur l'Eure.

Patr. S. Denis et S. Martin. — Prés. le chapitre d'Évreux.

Le cartulaire de Saint-Père de Chartres nous révèle l'étymologie de Gadencourt, qui est assurément : « Wadonis curtis. » Le nom franc « Wado » s'écrit et se prononce indifféremment par W ou par G, et dans Gadencourt comme dans d'autres noms cette dernière prononciation a prévalu. Voyez la charte de Richard II relative à cette église, que nous allons publier quelques lignes plus loin.

Nous avons dans le département de la Seine-Inférieure plusieurs familles Guesdon, dont le nom nous paraît avoir la même origine.

Gadencourt, dans l'arrondissement de Pontoise, est appelé « Wadencurt » dans une charte de l'archevêque Hugues III. (1144.)

Dans une charte en faveur de Saint-Père de Chartres, du temps de Henri Ier, roi de France, charte relative à des propriétés dans le Vexin français, on trouve parmi les souscripteurs : « ... Normanus de Guadonis curte. »

Ces deux documents ne laissent aucun doute sur l'étymologie du mot de Gadencourt.

« In nomine sanctæ et individuæ Trinitatis, ego Richardus, Normannorum
« dux, notum esse volo tam presentibus
« quam futuris... quia adiit presentiam
« meam fidelis meus nomine Raienarius,
« cum consensu suæ conjugis, Wandel-
« burgis vocabulo, humiliter petens ut
« pro remedio animæ meæ ecclesiam in
« comitatu Ebroico, cui nomen est Wado-
« nis Curtis, seu pro filii sui anima, cujus
« vocabulum fuit Rodbertus, vel pro abo-
« lendis suis peccatis, monachis Sancti
« Petri cœnobii Carnotensis concederem.
« Qui justam petitionem tanti viri consi-
« derans, assensum prebui. Insuper san-
« ctiens ut ab hodie in subsequenti gene-
« ratione nullus suorum, vel quorumlibet
« aliorum, jus dominationis seu violentiam
« cujuslibet inruptionis, hujus firmitudinis
« nostræ compactionem temeraria proca-
« citate inrogare conetur. Ut hæc autem
« cartula in Domini nomine firmiori inni-
« tatur vigore, manu propria subscripsi,
« fidelibus quoque meis ad corroborandum
« tradidi. Signum Richardi comitis. Si-
« gnum Rodberti archiepiscopi. Signum
« Herberti episcopi. Signum Teoderici ab-
« batis. Signum Rodberti clerici. Signum
« Raienarii qui hanc donationem fecit. Si-
« gnum Humfridi de Vetulabus.

« Utrum illius temporis monachi posse-
« derint vel habuerint præfatam ecclesiam
« penitus ignoro, nam neque eam ha-
« buisse ab antiquis monachis audivi,
« neque a modernis mentionem aliquam
« fieri unquam audivi. »

Sous Gilles, évêque d'Évreux, le chanoine Aubert mit le chapitre d'Évreux en possession de l'église de Gadencourt vers 1175 : « Egidius, Dei gratia Ebroicensis
« episcopus, dilecto filio et canonico suo
« Auberto, salutem et gratiam. Devotio-
« nem tuam et fidele obsequium circa nos
« attendentes, concedimus tibi communio-
« nem tuam liberam et quietam in vita tua
« tenendam in ea libertate qua teneres si
« esses assiduus in obsequio nostro. Hoc
« autem factum est assensu tocius capituli
« Ebroicensis ecclesiæ, et in memoriam
« hujus beneficii induisti canonicos no-
« stros in possession ecclesie de Gaden-
« cort, sub redditu decem solidorum in
« annum... »

Les fiefs de Gadencourt sont cités dans le registre des fiefs de Philippe-Auguste. Richard de Gadencourt tenait un demi-fief ; Etienne de Villiers, Philippe et Agnès de Chambine tenaient un autre demi-fief : « Ricardus de Guadencort
« tenet dimidium feodum apud Gadencort
« per xx. dies de custodia ad suum costum.
« Stephanus de Villaribus, Philippus de
« Chambeinne et domina Agnes de Cham-
« beinne tenent dimidium feodum apud
« Gadencort per xx. dies de custodia ad
« suum costum... » (Reg. Ph. Aug., Cast. Paciaci.)

Nous trouvons dans le cartulaire du chapitre d'Évreux plusieurs pièces importantes qui concernent Gadencourt. C'est d'abord une charte de Guillaume de Gadencourt qui donne au chapitre d'Évreux tout ce qu'il possédait dans les dîmes et dans la présentation de l'église de Gadencourt ; les chanoines lui payèrent 50 sous d'Angers.

« Willelmus de Gadencourt, universis ad
« quos presens scriptum pervenerit, salu-
« tem. Noverit universitas vestra quod
« ego dedi et concessi Deo et ecclesie
« Sancte Marie Ebroicensis in perpetuam
« elemosinam, pro salute anime mee et
« parentum meorum, ad usum communi-
« tatis, quicquid juris habebam vel habere
« poteram in decimis ecclesie de Gaden-
« cort et in presentatione ejusdem eccle-
« sie..... Canonici vero attendentes quod
« ego nec divitiis habundans nec potentia
« preminens liberalitatem tantam erga
« eos egissem, beneficio meo gratiam ali-
« quatenus exhibere volentes, preter ora-
« tiones quas in perpetuum promiserant,
« L. v. (sol.) andegavenses mihi donave-
« runt.... » (N° 165. P. 72.)

Une contestation s'était élevée entre le doyen et le chapitre d'Évreux d'une part, et le vicaire de Gadencourt de l'autre, sur une grange et la dîme de ladite ville, et sur plusieurs autres points ; procès devant l'official d'Évreux. Il est décidé que les deux tiers de ladite grange appartiendront au chapitre, et le dernier tiers au vicaire, mais que toutes les dîmes de la paroisse seront portées à la grange, et que le vicaire prélèvera d'abord un setier de blé, puis prendra le tiers ; mais il payera 20 sous au chapitre au synode d'été, et 20 sous au synode d'hiver. 1211. (N° 175. P. 74.)

L'église de Gadencourt appartenait au chapitre d'Évreux. G., doyen et le chapitre d'Évreux établissent dans leur église de Gadencourt, Robert, prêtre, vicaire perpétuel, se réservant de la vicairie une rente annuelle de 25 sous payables à la fête de saint Luc : « Ita quod totam deci-
« mam in nostra grancia, que in eadem
« est villa, per decimatorem nostrum con-
« gregaremus; post triturationem vero pre-
« dictus Robertus terciam partem annone
« et farraginis acciperet. » (N° 185. P. 77.)

Une autre charte atteste que Robert Bréart, « sacerdos et communicarius Ebroicensis ecclesie », a acheté, dans l'intérêt du chapitre, « illam partem decime ecclesie de
« Gadencort quam Stephanus de Bosco Ro-
« gerii jure hereditario possidebat » ; il en fut récompensé par des anniversaires pour son père, pour sa mère et pour lui-même.

En 1221, le chapitre d'Évreux percevait la dîme du vin à Villiers-en-Désœuvre, Gadencourt et Boncourt. (Second cart. du chapitre d'Évreux, p. 159.)

La même année, dans une charte de Raoul de Cierrai : « ... Ecclesiam de
« Gaudencort, cum duabus partibus deci-
« marum bladi et vini et gueldi in pro-
« prios usus, et cum viginti solidis, resi-
« duo retento ad usum vicarie..... »

1258. « Vinea de Code in Valle Davin, » vendue à Étienne de la Porte, chevalier, seigneur de « Quatuor Maris ».

Le 17 avril 1407, Robert Capperon donne aveu d'un fief entier assis en la paroisse de Gadencourt. (Arch. imp., P. 303, fol. v, n° 5.)

Le 8 octobre 1473, Lubin Poisson donne aveu à mademoiselle Marguerite de Beaufort, à cause de son fief de Gadencourt, d'une acre d'eau assise à la rivière d'Eure, d'un côté l'île de Chambines, d'autre côté l'île de Gadencourt, d'un bout ledit Poisson, et d'autre bout M. de Morainvilliers ; « c'est la rivière qui est en tout l'ouver-
« ture du bras d'eau du moulin de Fains
« relevant de Gadencourt. »

Le 12 octobre 1482, Pierre Allaire donne aveu à noble homme Claude du Fossé, écuyer, seigneur de Gadencourt, ayant épousé demoiselle Guillemette Doublet, sa femme, d'une acre de terre assise au Haultier-de-la-Tour-de-Chambines, et de trois journaux de terre assise à la Tour-de-Chambines.

Le 5 octobre 1499, aveu par Jean de Morainvilliers, écuyer, pour la terre de Gadencourt. Il appert qu'il y a au fief une acre de rivière....; à un quart d'autre fief audit Gadencourt, une autre acre de rivière....: sur le fief nommé Morainvilliers est un moulin nommé le Moulin-Normand, appartenant à Pierre de Saint-Pol, écuyer, assis en la rivière d'Eure, et auquel moulin appartient rivière, porte et pescherie, et neuf trochées de sel sur chacun bateau montant par ladite porte... (Chartrier de Breuilpont.)

1618. Confirmation du droit de chauffage, pâturage et pannage qu'avaient en la forêt de Merey les curés de Saint-Aquelin-de-Boissière, Merey, Gadencourt, Passy, etc.

GAILLARDBOIS.

Arrond. des Andelis. — Cant. de Fleury-sur-Andelle.

Patr. S. Pierre et S. Paul. — Prés. le prieur des Deux-Amants.

Le nom de Brémulle, qui ne désigne aujourd'hui qu'une ferme, s'appliquait, dans le xii° siècle, à toute la plaine qui s'étend au bas de la colline de Vercives.

C'est au milieu de cette plaine qu'en 1119 Louis le Gros et Henri Ier d'Angleterre livrèrent la bataille ordinairement désignée par les historiens sous le nom de Brenneville. Louis le Gros s'avançait avec 400 chevaux vers le château de Noyon-sur-Andelle, aujourd'hui Charleval, lorsque Henri, roi d'Angleterre, ayant appris son arrivée, vint avec 500 chevaux à sa rencontre. Après un combat auquel les deux rois se mêlèrent comme de simples soldats, nombre de chevaliers français furent faits prisonniers: Louis le Gros faillit être pris et eut beaucoup de peine à se réfugier aux Andelis. (Ord. Vital, t. IV, p. 356, 357.)

Dans le pouillé d'Eudes Rigaud, nous lisons : « Ecclesia de Gallardibosco in « proprios usus prioris Duorum Aman- « tium; parrochiani XL. »

« ... Capellam de Gaillarbose, ex pre- « sentatione Guillelmi patroni et Gaufredi « heredis et ex donatione nostra vobis « collatam, vobis confirmamus, cum jure « patronatus; ex dono ejusdem Willelmi « per manum nostram facto, decem so- « lidos usualis monete, et campum de « Horbevil [ou Norbevil], et duas acras « terre in eadem villa de Gaillarbose. »

« ..... Ex dono Eufemie de Flori « III. acras terre apud Gaillarbose, duas « desuper vallem, et tertiam in Campo « Ermenti [ou Ermentia], et tres sextarios « frumenti in molendino suo apud Flor., « et ecclesie de Gaillarbose decimam mo- « lendini sue de Wircvilla... »

« Item ex dono Radulfi Sutoris de Grein- « villa, qui se reddidit in fratrem Duorum « Amantium, duo sextaria frumenti, que « habent in granchia de Bremulla heredi- « tario redditu. » (Ch. des Deux-Amants)

Dans le cartulaire de Mortemer, il est souvent parlé de Brémulle : « ultra cal- chiatum de Bremulla. »

Le fief de Gaillardbois, autrement nommé le Petit-Radepont, s'étendait sur les paroisses de Ménesqueville, Lisors, Touffreville et environs. Voyez l'article Écouis.

Jehan d'Orglande, « maistre enquesteur et général refformateur des eaues et fo- restz, en Normandie et en Picardie, » était seigneur de Gaillardbois en 1511.

1619. Confirmation des droits d'usage, pasnage, pasturage, bois à bâtir et à brû- ler en la terre et seigneurie de Gaillar- boys, appartenant au sieur de Boudeville- Montmorency, et droits à prendre en la forêt de Lions et buisson de Bacqueville.

Vers 1770, la terre et seigneurie de Gaillardbois fut unie à la terre de Ro- sai, qui venait d'être érigée en mar- quisat.

Gaillardbois a été réuni à Cressenville en 1845 sous le nom de Gaillardbois-Cres- senville.

Dépendances : — Brémulle; — Irre- ville.

Cf. Toussaint Duplessis, t. II, p. 339.

GAILLON.

Arrond. de Louviers. — Cant. de Gaillon.

Patr. S. Ouen. — Prés. l'archevêque de Rouen.

I.

Le nom de Gaillon paraît être une con- traction de « Castelliolum ». On trouve dans la charte de Richard II en faveur de Saint-Ouen un grand nombre de noms de lieux de la vallée de Gaillon, et entre autres l'Isle-Saint-Pierre. Richard ajoute : « ... Usque ad medium Sequanæ flumi- « nis et usque ad medium vallis quæ est « sub Castelliolo... »

Gaillon, nommé tour à tour dans nos anciennes chartes et chroniques : « Gaullon, « Gaillo, Gallio, Gallyo, Gallon, Guaillon, « Gaillonium, Gaillum, Gaillun, Gaallo- « nium, Gauvalium, » ne paraît pour la première fois que vers le XII° siècle.

Profitant de la captivité de Richard Cœur de lion, Philippe-Auguste se jeta, en 1193, sur la Normandie et s'empara de Gaillon. Geoffroi Barket était alors châte- lain de Gaillon; le roi de France confia la garde du château de Gaillon à un chef de routiers, le célèbre Cadoc, qui était à sa solde.

Philippe-Auguste et Richard Cœur de lion se réunirent en 1195 entre le Vau- dreuil et le château de Gaillon : « inter « Vallem Ruolii et castrum Gaallonii, » pour traiter de la paix. Dans le traité, Philippe- Auguste conserva Gaillon.

L'année suivante, Richard Cœur de lion assiégea Gaillon, mais il ne put s'en emparer. C'est de Gaillon que Philippe- Auguste partit pour le siége du Château- Gaillard.

Philippe-Auguste, pour récompenser les services de Cadoc, donna Gaillon à ce fameux chef de routiers.

« Philippus, Dei gratia, Francorum

« rex. Notum sit universis presentibus
« et futuris, quod nos, propter fidele ser-
« vitium quod Caduleus, castellanus Gal-
« lionis, dilectus et fidelis, nobis exhibuit,
« damus et concedimus in proprium ei-
« dem et heredibus suis de uxore sua
« desponsata castellaniam Gallionis, cum
« omnibus pertinentiis, in feodis, doma-
« niis et homagiis, tam in feodo quam in
« dominio sicut inde tenens fuit usque
« modo, et terram Johannis de Insula, de
« baillivia Vallis Rodolii, et Sanctam Ana-
« stasiam, de baillivia Oximensi. Hec au-
« tem supradicta tenebit idem Caduleus
« et heredes sui de uxore sua desponsata
« de nobis et heredibus nostris in perpe-
« tuum in feodum et hereditagium per
« servitium quatuor militum ad usus et
« consuetudines Normannie... »

Suit une autre charte de Philippe-Auguste en faveur de Cadoc :

« Philippus, Dei gratia Francorum rex.
« Notum sit universis, presentibus pariter
« et futuris, quod dilectis et fidelibus no-
« stris Caduleo, castellano Gallionis, Guil-
« lelmo Escuacol et Joanni Luce de Rotho-
« mago, propter eorum fidele servitium,
« dedimus et concessimus in feodum et
« homagium ligium totam plateam no-
« stram in qua vetus castrum Rothoma-
« gense sedit, cum toto porpriso usque
« in canellum Sequane, sicut Henricus et
« Richardus, quondam reges Anglie, illam
« tenuerunt, tenendam ab eis et heredibus
« suis per triginta libras usualis monete
« in Normannia, pro omnibus servitiis,
« nobis et nostris successoribus annuatim
« reddendas, medietatem ad scacarium Pa-
« sche et medietatem ad scacarium Sancti
« Michaelis, salvo jure nostro et alieno, et
« salvo nostro conductu aque. Quod ut
« robur firmitatis obtineat, etc... Actum
« apud Pontem Arche, anno Domini 1216,
« mense julio. »

Vers cette époque, des contestations s'élevèrent sur l'étendue et sur les droits de la châtellenie. L'enquête qui intervint à ce sujet a été publiée par M. Deville, *Compte de dépenses du château de Gaillon*, pièces diverses, I. Elle offre sur Gaillon et ses environs tant de détails que nous croyons utile de la reproduire :

« Hec sunt nomina militum qui juraverunt ea jura que pertinebant ad castel-
« lariam Ebroicensem et ad castellariam
« de Gaillon. Dominus Gaufridus Baket;
« dominus Rogerus de Meullent; ablas de
« Cruce; Stephanus Pardies; Petrus de la
« Ronce; Laurencius de Garambouvilla;
« Stephanus de Meisnil; Radulfus de Saci;
« Odo Havart de Merri; Rogerus Seigne
« Suce, milites; Rogerus Camin, miles;
« Camin, draparius; Robertus le Jurusa-
« lemier (1).

« In primis dominus Gaufridus Barket,
« qui fuit castellanus de Gaillon, tempore
« comitis Ebroicensis, tandiu quod domi-
« nus rex obsedit castellum et cepit eum
« in castello, juratus, dicit quod dominus
« Johannes de Albavia, Gilb. de Autolio,
« Robertus Borel, milites, et feodum as
« Pointeleis et feodum Rog. Camin, non
« debebant apud Gaillonem aliquod ser-
« vitium, nec homagium, nec custodiam,
« nec relevagium, imo servitia qualia de-
« bent de feodis suis debent facere apud
« Ebroicas.

« De nemoribus de quibus erat conten-
« tio inter Caducum et dominum Gilb de
« Autolio dicit idem Gaufridus, quod in
« illis non capiebant comites Ebroicenses
« aliquam consuetudinem, nec escharaiz,
« nec hordamenta ad castellum de Gail-
« lon, nec facere debent; imo illud ne-
« mus erat proprium domini Gilb. de Au-
« tolio et hominum suorum, et dictus Gilb.
« dictum nemus tenebat de castellaria
« Ebroicensi. De garena ita dicit, quod
« durat ab Albo fossato usque ad lepro-
« sariam de Rolle, sicuti Secana proper-
« tat, ad rasum de Gaillon, usque ad
« costiz de Nocreia, sicut limes Vernonis
« et Gallionis proportat.

« De justiciis vero dicit quod bellum
« pro quacumque re, quando contingebat
« apud Gaillon, tenebatur apud Ebroicas,
« et omnes querele de quibus bellum po-
« terat evenire apud Ebroicas termina-
« bantur, et similiter omnis justicia homi-
« nis destruendi.

« Dicit etiam quod clausa vinearum de
« Gaillon non erant in firma castelli de
« Gaillon, sed retinebat ea comes ad ma-
« num suam. Item, dicit quod modia-
« tiones vini de Longavilla non erant per-
« tinentes ad Gaillon, imo comes faciebat
« persolvi elemosinas, et residuum faciebat
« deferri ubi volebat.

« Item, quando Gaillon tradebatur ad
« firmam, istud remanebat firmariis :
« molendina, terre arabiles, census, pla-
« cita de quibus bellum non poterat eve-
« nire, et fructus gardinorum et herba
« pratorum. Quando vero firma tradeba-
« tur, ista nemora Brilehaut, nemus de
« Gaillon, Parcum comitis, ostendebantur
« firmariis, et firma sua finita, iterum

(1) Variante fournie par le Cartulaire de Philippe-Auguste :

« Hec sunt nomina juratorum : Steph. Braket, Rog. de Meillent, Gaufr. Braquet, ablas de Cruce, Petrus de Roncia, Laurentius de Garemberville, Steph. de Mesnilio, Ridulphus de Saci, Odo Havard de Verance, Rog. Semesauce, Rog. Camin, milites, Camus, draparius, Robertus Jerusalemarius. »

« videbantur nemora, et si tempore firmæ
« damgnum (sic) aliquod evenerat; ipsi
« emendabant apud Ebroicas, nec inde
« poterant aliquid vendere vel capere; et
« preterea si firmarii de Gaillon non per-
« solverent elemosinas suas assignatas et
« feoda, justiciabat eos comes ad persol-
« vendum vel ballivus suus. In omnibus
« vero istis supradictis per Gaufridum
« Braket sunt concordes omnes alii, præ-
« terquam Rogerus Comin, qui dicit se
« nichil scire de temporibus comitis Ebroi-
« censis, nisi de auditura. » (*Trésor des
Chartes*, I 210, 3. Or. scellé.)

A la suite de graves démélés entre Philippe-Auguste et Cadoc, Cadoc, ne voulant
pas payer une somme de 11,200 livres, fut
jeté en prison et y resta plusieurs années.
Cadoc, en 1227, pour racheter sa liberté,
abandonna au roi la châtellenie de Gaillon
et restitua les chartes de donations qui
lui avaient été concédées. (Deville, *Comple
de dépenses du château de Gaillon*, pièces
diverses, II.)

En 1262, saint Louis céda le château
de Gaillon à l'archevêque de Rouen Eudes
Rigaud, en échange des moulins et du
vivier que possédaient, à Rouen, les archevêques de Rouen, plus une somme de
4,000 livres tournois. Cet acte d'échange
a été publié par Pommeraye, *Conciles de
Normandie*, p. 266; — les auteurs du
Gallia christiana, XI, Inst. 36; — Bonnin, *Registrum visitat. Arch. Roth.*, p. 28;
— Deville, *Comptes du château de Gaillon*,
pièces diverses, III.

Bien que devenu propriété ecclésiastique et maison de plaisance, Gaillon
conserva son caractère de forteresse, ses
tours et ses remparts. Les archevêques
de Rouen restèrent paisibles possesseurs
du château, que leur avait cédé saint
Louis, jusqu'au jour où les Anglais, des-
cendus en Normandie au XVe siècle, s'emparèrent de cette province. Le château de
Gaillon, assiégé et pris par le duc de Bedford, fut démoli. Quoique l'ordre du duc
de Bedford ait été déjà publié par M. Deville (*Comptes du château de Gaillon*, récit
historique, p. 10), nous croyons devoir le
publier de nouveau :

« Henri, par la grâce de Dieu roy de
« France et d'Angleterre, aux baillis de
« Rouen et de Caux, de Vernon, d'Evreux
« et de Mantes, comis de par nous à la
« démolition des ville et chastel de Gaillon,
« et à chascun d'eulx ou à leurs lieute-
« nant et depputés en cette partie, salut.
« Combien que nagaires, pour certaines
« causes à ce nous mouvans, et par l'advis
« et deliberacion de nostre très cher et
« très amé oncle Jehan, regent nostre
« royaume de France, duc de Bedford,
« vous ayons mandé faire desmolir et
« abatre les murs, tours, portes, ponts et
« toute fortification et emperrement des
« dictes ville et chastel; toutes voies c'est
« notre entencion que les sales, chambres
« et habitacion commune d'icellui chastel,
« avec les huys, fenestres et serremens,
« demeurent en estat, sans desmolir ne
« tolir, pour la demeure et habitation de
« nostre amé et féal conseiller l'arche-
« vesque de Rouen, auquel icelle place à
« cause de son esglise appartient, pourveu
« que la grosse tour et les aultres tours,
« murailles, pons, portes, tournelles et
« gueritres soient abattues et ruées jus, et
« les fossés comblés jusques à plaine terre,
« et que seulement l'abitacion demeure en
« forme et manière de maison platte sans
« deffense, en telle manière que ennemis
« ne aultres pour nuyre au pays n'y puis-
« sent avoir refuge ou retrait, car ainsi
« nous plaist-il et voulons estre fait.
« Donné à Vernon le XVIe jour de juillet,
« l'an de grace mil cccc vingt et quatre,
« et de nostre regne le second. Par le roy,
« à la relation de Mgr le régent duc de
« Bedford : J. Dessinel. » (Sceau du bailli
de Gisors.)

Le château de Gaillon resta dans ce
triste état longtemps après l'expulsion définitive des Anglais.

Au milieu du XVe siècle, vers 1454,
Guillaume d'Estouteville, archevêque de
Rouen, songea à relever Gaillon de ses
ruines. Ce projet fut bientôt suivi et successivement exécuté par Georges d'Amboise,
son successeur, par le cardinal de Bourbon, fondateur de la célèbre chartreuse
de Gaillon, et par Colbert, archevêque de
Rouen.

Nous renvoyons pour l'histoire de Gaillon et de son château, depuis le commencement du XVIe siècle, au récit historique
que M. Deville a placé en tête des *Comptes
du château de Gaillon*.

Nous ajouterons la note suivante :

« De l'archevesché de Rouen, dit Charles
« de Bourgueville dans ses *Recherches et
« antiquitez de la province de Neustrie*,
« publiées en 1586, dépendent plusieurs
« gros bourgades, et entre autres cil de
« .... de Gaillon, qui est maison
« archiépiscopale, la plus belle, magni-
« fique et plaisante qui soit en France :
« qui consiste en un grand parc bien
« muré et fourny d'orengers, fontaines à
« grandes cuves de marbre qui coulent
« en divers endroits, et d'un délectable
« jardin et fruictiers, grand ciprès, vol-
« liers d'oyseaux, galleries grandes et ma-
« gnifiques, avecques tableaux exquis, tel-

« lement qu'il est transi en adage com-
« mun, quand l'on voit une plaisante
« maison, l'on dict vulgairement : C'est
« un petit Gaillon... »

Le palais, commencé par Georges d'Amboise, n'existe plus ; d'immenses travaux ont entièrement modifié l'édifice, qui est transformé depuis 1812 en maison de détention. Un portique admirable, qui séparait la première cour de la deuxième, a été transporté pierre à pierre et remonté dans la cour de l'École des beaux-arts, à Paris.

Nous terminerons en donnant un aveu de Georges d'Amboise, archevêque de Rouen, rendu en 1501, et dans lequel Gaillon tient la première place :

« Du roy notre sire tiens et avoue tenir
« par une seule feauté, Georges, cardinal
« d'Amboise, archevesque de Rouen, les
« villes, terres, seigneuries nobles, francs
« fiefs, membres et partie de fiefs de hau-
« bert, rentes, revenus, avec toutes leurs
« appartenances, jurisdictions, coutumes,
« seigneuries, cours, usages, droits, fran-
« chises, libertez, prérogatives, privilèges
« et autres tennements appartenants à la
« dignité archiépiscopalle de Rouen, assis
« au pays de Normandie et bailliage de
« Rouen, Caux, Evreux et Gisors, en
« plusieurs vicontez et bailliage d'iceux
« hors le pays de Normandie, prévosté de
« Pontoise et de Chaumont, dont la décla-
« ration s'ensuit :

« Premièrement, en baillage et vicomté
« dudit Rouen..................

« Item, le château et ville de Gaillon,
« la tour et ville des Voies (l. Noiers?),
« et toutes les appartenances d'iceux, et de
« la justice et jurisdiction plénière, et de
« tous nobles fiefs de haubert et membres
« de fiefs, qui sont es paroisses de Saint-
« Aubin-de-Gaillon et Saint-Georges-d'Au-
« beroye et Notre-Dame-de-la-Garenne, où
« s'étend ladite chastellenie, terre et sei-
« gneurie de Gaillon et des Noes, et à
« cause de ce, les archevesques de Rouen
« ont toutes les appartenances de ladite
« châtellenie, terre et seigneurie, c'est
« à seavoir : cours, usage de haute et
« moyenne et basse justice, bourgeois,
« hommes, gens et garde dudict chastel ;
« et avec ce lesdits archevesques ont droit
« de présenter aux prébendes dudit Gail-
« lon et tel que le roi l'avoit, et à la cha-
« pelle de Saint-François d'Auberoys, et
« sont en ladite châtellenie, terres et sei-
« gneuries de Gaillon et des Noes, terres
« labourables, moisons de vins, prez,
« bois, amandes de bois, ventes qui ne
« doivent tiers ne danger, choses épaulx,
« gaives, garennes, fouage, garde de

« sousaagés, rentes et revenus en deniers,
« en froment, bled, orge et avoines,
« noez, oiseaux, oeufs, chapons, gelines,
« oues, pains, guerbes, esperons, moultes
« franches, champarts, cens, franches
« moultes, prevosté, coutume de mailles
« et de deniers, rentes, reliefs, trei-
« zième, forfaitures, et quand ils échoient
« forestage et pannage, four à ban, mou-
« lins et moutes seques, étoublages, cha-
« riages, messerie, service de vavasseurs,
« corvées de charue et service de charette,
« tissage en la grange, bans de vins,
« pannage en la forest de Saint-Aubin et
« autre, aide de fiefs, allages, acquits
« d'estaux, pescherie en la parroisse de
« Notre-Dame-de-la-Garenne, le trait en
« la rivière de Seine.

« Item, un moulin à Authieux et le pré
« jouxte iceluy moulin, avec le bois estant
« auprès dudit moulin, lequel bois n'est
« sujet à tiers ne danger.

« Item, en la parroisse de Longueville,
« entre Vernon et le Goullet, quarante-
« quatre muids de vin vermeil et six muids
« de vin blanc de rente j'ay assis sur cer-
« taines vignes qui sont en icelle parroisse
« de Longueville, appartenantes à plu-
« sieurs personnes.

« Item, une maille de Fleurence que
« doivent les religieux de Saint-Ouen de
« Rouen, à cause de leur terre de Bailkul,
« qui s'étend auprès de Bauquesne.

« Item, un quart de fief que tient Jean
« Sevestre, sujette à l'archevesque de
« Rouen en soixante-quatre sols parisis de
« rente par an.

« Item, d'icelle chastellenie, terre et
« seigneurie de Gaillon sont tenus plu-
« sieurs fiefs par foy et hommage, c'est à
« seavoir : le fief de Berou, que tient à
« présent Jean Dagarentiers (?), qui a court
« et usage.

« Le fief de Tournebut en basse justice,
« que tient à présent Louis le Pillois, dont
« les chefs sont assis es dites parroisses
« de Gaillon et Auberoye, et pour 'e dis-
« cord de l'hommage procès est pendant
« en la cour de l'échiquier de Normandie
« entre ledit archevesque de Rouen et le
« procureur du roy notre sire, pour cause
« que ceux qui les tiennent ont mis l'hom-
« mage en la main du roy.

« Item, les chanoines dudit lieu de
« Gaillon tiennent un fief ou portion de
« fief en basse justice, dont ils ne doivent
« que prières et oraisons.

« Item, en est tenu par foy et hommage
« le fief Cadot, dont tient à présent Thi-
« baut Berthe.

« Item, les fiefs des Fourneaux, que
« tient à présent Pierre de Saint-Paul.

« Item, le fief des Roteurs, que tien-
« nent à présent plusieurs personnes.

« Item, un quart de fief nommé le fief
« de Montmartin, que tient à présent Jehan
« Neel à cause de sa femme, dont est dû
« six livres huit sols parisis par an.

« Lesquels fiefs ont cour et usage en
« basse justice, et sont tenus par l'hom-
« mage de l'archevesque de Rouen, et luy
« en sont dus reliefs, treiziesmes et au-
« tres devoirs coutumiers quand il y
« échet...................

« En témoin de ce, ces lettres sont
« scellez du grand scel de la cour spiri-
« tuelle du dit archevesque de Rouen,
« l'an de grâce mil cinq cents un, le vingt-
« huitième de septembre. — Signé sur le
« repli : GONBERVILLE, un paraphe, et
« scellé de cire verte. » (*Arch. de l'Eure.*)

II.

Nous n'avons pas insisté sur l'histoire de Gaillon et de son château parce que ce sujet intéressant a été déjà traité par M. Deville dans l'Introduction aux *Comptes du château de Gaillon*.

L'histoire du chapitre, au contraire, nous arrêtera quelques instants.

Le chapitre de Gaillon fut fondé par Cadoc, châtelain de Gaillon, le 24 février 1205. Lorsque Philippe-Auguste eut récompensé la fidélité de Cadoc par le don du château et des dépendances de Gaillon, Cadoc construisit une chapelle qui fut placée sous le vocable de la Vierge et de saint Antoine. A cette cérémonie étaient présents les évêques d'Evreux, d'Avranches et de Lisieux. Sur leur conseil, il fonda un chapitre et assigna des revenus pour suffire à l'entretien de quatre chanoines.

1205. « Universis Christi fidelibus pre-
« sentes litteras inspecturis, Cadulcus,
« castellanus Gaillonis, salutem in Domino.
« Noverit universitas vestra me, divine
« pietatis intuitu et pro salute domini
« mei Philippi, regis Francorum, et Ludo-
« vici filii ejus, et anime mee et anteces-
« sorum meorum, quamdam capellam in
« honore Dei et Sancte Marie et Beati Antho-
« nii apud Gaillonem construxisse, ad cujus
« dedicationem et consecrationem inter-
« fuerunt viri venerabiles L. Ebroicensis,
« W. Abrincensis et J. Lexoviensis episcopi,
« quorum consilio et admonitione, divina
« gracia inspirante, in prefata capella ca-
« nonicis ibidem Deo servientibus reddi-
« tus et beneficia subscripta in puram,
« liberam et perpetuam elemosinam dedi
« et concessi, videlicet : apud Burgum

« Torodi quatuordecim libras quas debent
« heredes Lamberti, annuatim recipiendas
« ad festum Sancti Remigii, et sex libras
« in prepositura ejusdem ville, recipiendas
« per manum prepositi Henrici de Fer-
« rariis ad Pascha. Preterea totam terram
« meam quam habebam apud Boscum
« Rogeri, in terris, in hominibus, in red-
« ditibus, in serviciis et in omnibus illis
« que debent et solent venire ad manum
« meam. Item, apud Lintetot terram
« meam, cum omnibus pertinentiis suis,
« solutam et immunem ab omni servitio se-
« culari. Apud Gaillonem sexaginta quin-
« decim solidos monete currentis annui
« redditus in tribus hospitibus infra Gail-
« lonem, quos de meo proprio adquisivi,
« scilicet triginta solidos de Galtero Vineu,
« viginti quinque solidos de Galtero Ma-
« rescot, viginti solidos de Johanne Fabro,
« certis terminis persolvendos. Item, apud
« Sanctum Vincentium juxta Messeium
« dedi predictis canonicis totum tenemen-
« tum meum in terris, in hominibus, in
« nemoribus et aliis pertinentiis. Item,
« apud Gaillonem centum solidos in pre-
« positura Gaillonis et dimidium modium
« bladi in molendinis de Alba Via, et
« domum lapideam ante fontem Gaillonis,
« cum duobus hospitibus ante dictam do-
« mum residentibus; et decem acras bosci
« in bosco Heimmardi, et vicum de Me-
« dunta apud Gaillonem. Item, apud Lon-
« gam Villam unum barillum vini. Item,
« apud Fugeroles, presentationem ecclesie
« Sancti Amandi cum duabus garbis, et
« duas garbas totius parrochie Sancti
« Johannis de Formovile, et viginti solidos
« in feria Sancti Laurentii de Burgo To-
« rodi, in prepositura mea de Mosteroel cen-
« tum solidos annuatim ad duos terminos
« persolvendos. Item, apud Gaillonem, ca-
« pellam castri cum omnibus pertinentiis
« suis; presentationem quoque ecclesie
« Sancti Leodegarii de Grolai, et presen-
« tationem Sancti Audoeni de Fresneia
« Faiel. Item, presentationem Sancti Dio-
« nisii de Mannavilla; apud Wasam duas
« acras prati in parrochia de Cornevilla.
« Item, apud Cocchon Gaufridum de Bis-
« son, cum omnibus redditibus et servitiis
« suis que mihi faciebat, et insulam de
« Gardon, et unum sextarium frumenti
« in parrochia Sancti Martini Veteris juxta
« Bernaium, et unum sextarium grossi
« bladi in molendino de Mesnil'o fontis,
« juxta Briognium. Item, in prepositura
« de Ponte Erchenfredi quinquaginta quin-
« que solidos currentis monete, et unum
« burgensem cum suis tenementis, scilicet
« Guillot Chabot; in parrochia de Belloc
« unum hospitem cum tenemento suo, sci-

« licet Willelmum Guislard, et duos solidos
« per manum Anfridi Sehire. Item, apud
« Maneval, pratum Druion. Item, apud Gail-
« lonem, vineam de Heron et vineam de
« Hunter, et domos defuncti Huberti, sa-
« cerdotis Item, apud Codreium (?), pre-
« sentationem ecclesie Beati Petri, et Ro-
« gerum Galeren et filios Ricardi Filioli
« cum tenementis suis. Item, apud Appe-
« villam, centum solidos in molendino Pa-
« gani. Preterea ad opus cantuarie sexa-
« ginta solidos parisiensium, et unum
« modium frumenti apud Torni. Et ut hec
« nostra donatio et concessio perpetue fir-
« mitatis robur obtineat, presens scriptum
« sigilli mei munimine roboravi. » (Or.,
Arch. de l'Eure.)

On ne voit pas que Cadoc ait rien imposé
aux chanoines sinon l'obligation de remplir l'office canonial; mais plus tard, lui
et sa femme Lucie donnèrent 100 sous sur
la prévôté de Montreuil pour un anniversaire qui était célébré le 15 avril.

Vers la même époque, Guillaume Havard de Longueville donna le fief de Saint-
Vincent.

En mai 1208, Gilbert d'Auteuil donna
un demi-muid de blé sur les moulins
d'Aubevoie, une maison de pierre devant
la fontaine de Gaillon, deux hôtelleries à
Gaillon et dix acres de bois dans les bois
d'Ailli. Cette charte a été publiée par Le
Brasseur (*Histoire civile et ecclésiastique
du comté d'Evreux. — Actes et preuves*,
p. 9):

1208. « Sciant presentes pariter et futuri
« quod ego Gislebertus de Autoel, pro
« amore Dei et salute anime mee et anteces-
« sorum meorum, assensu et actu heredum
« meorum, dedi et concessi Deo et Sancte
« Marie et ecclesie Sancti Antonii de Gallon
« et canonicis ibidem Deo servientibus, in
« puram et liberam et perpetuam elemo-
« sinam, centum solidos quos de reddita
« et feodo habebam in prepositura Gal-
« lonis, et dimidium modium bladi in
« molendinis de Alba Via, et domum lapi-
« deam quam habebam ante fontem Gal-
« lonis, que domus fuit Ernaudi capel-
« lani, cum duobus hospitibus ante jam
« dictam domum residentibus, et decem
« acras boschi in Boscho Heimardi, sitas
« juxta boscum de Alleio. Si forte illas
« decem acras boschi garantizare non po-
« tero, ego Gislebertus vel heredes mei de
« proprio bosco nostro competenter alibi
« jam dictis canonicis excambiare tenemur.
« Pro hac autem donatione et elemosina-
« tione mea dedit mihi Cadulcus, Gallonis
« castellanus, centum libras parisienses.
« Idem vero Cadulcus, nostra voluntate
« et concessione, instituit ut istud benefi-
« cium cederet in augmentationem com-
« munie canonicorum supradictorum. Et
« ne autem aliquorum successorum meo-
« rum malignitas in aliquo hanc meam
« elemosinationem quassare vel minuere
« presumat, sigilli mei appositione robo-
« ravi. Testibus his : Cadulco, Gallonis
« castellano; Galtero Mostel, castellano de
« Brehierval; Rogero Pesebeveron; Thoma
« Neel ; Ricardo Venatore; Gisleberto de
« Rotors, cum pluribus aliis. Actum est
« hoc anno Incarnati Verbi m° cc° viii°,
« mense maii, undecimo kl. junii, re-
« gnante Philippo Francorum rege. » (Or.,
Arch. de l'Eure.)

En 1215, un débat s'éleva entre les chanoines de Gaillon, d'une part, et les curés
de Saint-Aubin, G. de la Forest et Barthélemi, neveu du seigneur Cadoc, châtelain. L'évêque d'Evreux donna à ce sujet
une charte que nous reproduisons intégralement, quoiqu'elle ait été déjà publiée par Le Brasseur (*Histoire civile et
ecclésiastique du comté d'Evreux. — Actes
et preuves*, p. 10):

« Universis sancte matris ecclesie filiis,
« Lucas, Dei gratia Ebroicensis episcopus,
« salutem in Domino. Noverit universitas
« vestra quod, cum causa verteretur inter
« canonicos ecclesie Sancti Anthonii de
« Gaillon, ex una parte, et personas Sancti
« Albini, G. de Foresta et Bartholomæum,
« nepotem domini Cadulci, de Gaillon ca-
« stellani, ex altera, de pertinentiis et eccle-
« sie Sancti Anthonii juribus, nos, de as-
« sensu utriusque partis, mediante consilio
« et assensu Cadulci, predicte ecclesie fun-
« datoris, et presente et non contradi-
« cente abbate de Cruce Sancti Leufredi
« et multis aliis, pacem inter eos in hunc
« modum reformavimus : videlicet quod
« universus redditus ecclesie Sancti An-
« tonii de Gaillon, tam ex titulo emptionis
« quam ex causa donationis vel legati,
« vel alio modo acquisitus et imposterum
« acquirendus colligetur et in unum ad-
« ducetur; omnibus collectis et in unum
« adductis, unusquisque eorumdem ca-
« nonicorum quatuor presentium, scilicet
« N. cantoris, M. P. de Platea, R. de
« Brisca, et N. de Francia, pro prebenda
« sua decem libras parisienses singulis
« annis percipiet, similiter et eorum suc-
« cessores percipient medietatem ad Natale
« Domini, et reliquam medietatem ad fe-
« stum Sancti Johannis Baptiste; quicquid
« vero residuum fuerit in dictis redditibus,
« luminari addito, communie cedet in
« usus. Preter hec autem cantor vel unus
« ex quatuor canonicis, vel ille qui canto-
« riam habebit, percipiet nomine cantorie
« singulis annis sexaginta solidos pari-

« sienses, et unum modium frumenti
« apud Torniacum, et quicquid poterit
« acquirere dictus cantor vel ejus suc-
« cessor in usus cedet cantorie. Si autem
« creverit numerus canonicorum usque
« ad septuarium numerum, singuli co-
« rum percipient nomine prebende cen-
« tum solidos monete currentis apud Gal-
« lionem. Quin imo due siquidem persone
« Sancti Albini, scilicet G. de Foresta et
« Bartholomeus nepos domini castellani,
« vel eorum vicarii, vicissim per hebdoma-
« das suas ecclesie Sancti Antonii de Gal-
« lione teneantur deservire. Persona vero
« hebdomadaria, vel ejus vicarius hebdo-
« madarius, si sustinuerit onus servitii
« ecclesie Sancti Antonii die ac nocte in
« ordine sacerdotali, sicut unus canonico-
« rum fructu sue communie congaudebit,
« dum tamen non celebret missam in ca-
« pella sita in castello, vel in majori altari
« ecclesie Sancti Antonii. Successores au-
« tem personarum predictarum, scilicet
« G. et B., nisi in propria deservierint
« persona, de cetero nullius communie
« beneficio participabunt. Persona vero
« hebdomadaria, si residenciam fecerit
« apud Gallionem, usum suum per hebdo-
« madam suam isto more habebit. Si au-
« tem canonici aliquos redditus emere vo-
« luerint et potuerint, si persone Sancti
« Albini et alii communicarii requisiti, se-
« cundum portionem que eos contigerit,
« de suo ponere voluerint, similiter parti-
« cipabunt et communicabunt, alioquin a
« communione illius emptionis excluden-
« tur. Si autem canonicus de suo proprio
« redditus comparaverit, ubi et cui vo-
« luerit sibi dare licebit in vita sua; post
« mortem vero redditus ad usum com-
« munie revertentur. Predicte persone
« Sancti Albini vel eorum vicarii extra
« chorum ad altare suum missam celebra-
« bunt hora competenti, vel missas, si
« opus fuerit, dum tamen officium cano-
« nicorum non impediant. Oblationes vero
« et conventiones que ad altare suum
« fient, sine participatione canonicorum
« habebunt. Canonici oblationes et con-
« ventiones que infra chorum offerentur,
« ad usus et ornamenta ecclesie sue re-
« servabunt; si quid residuum fuerit, vel
« in emptione redditus vel in emendos
« redditus, vel in usus communie expen-
« detur. Et hoc sciendum est quod in ac-
« quirendo jure ecclesie Sancti Anthonii
« de Gallione canonici et persone Sancti
« Albini, respectu portionis sue, onus et
« expensam sicut et canonici sustinebunt.
« Rectores Sancti Albini ac vicarii vel ca-
« pellani Sancti Albini duas medias cam-
« panas in ecclesia Sancti Anthonii pul-
« sabunt. Et si fuerit copia librorum,
« sufficientur a canonicis, dum ministrant.
« Computum autem reddere communi-
« carii seu receptores tenebuntur in Natali
« Domini [et] in termino Sancti Johannis
« Baptiste, communie, presentibus dictis
« canonicis vocatis. Et ut hoc perpetuam
« obtineat firmitatem, presens scriptum
« sigilli nostri munimine confirmavi, anno
« Domini m° cc° xv°, die vero xiv. decem-
« bris. » (Arch. de l'Eure.)

En 1216, le pape Innocent III prit le nouveau chapitre sous sa protection. (Vidimus de la chât. d'Andeli en 1367. Arch. de l'Eure.) En 1234, saint Louis suivit l'exemple du pape Innocent III. (Vidimus de la chât. d'Andeli. Arch. de l'Eure.) Il abandonna à l'évêque d'Evreux la nomination des chanoines; mais il se réserva pour lui et ses successeurs la nomination de la chantrerie :

« Ludovicus, Dei gratia Francorum rex,
« universis presentes litteras inspecturis,
« salutem. Noverint universi quod nos
« cum dilecto et fideli nostro Ricardo,
« episcopo Ebroycensi, super donatione
« beneficiorum ecclesie Gallionis conveni-
« mus in hunc modum : videlicet quod
« cantoria ejusdem ecclesie, cum una pre-
« benda ibidem et alia prebenda nomine
« capellanie castelli nostri de Gallione, in
« eadem ecclesia, ad nostram donationem
« et heredum nostrorum de cetero in per-
« petuum pertinebunt. Aliarum autem pre-
« bendarum donatio ad episcopum Ebroy-
« censem predictum et successores ejus in
« perpetuum pertinebit. Dictus vero epi-
« scopus et successores sui personas a
« nobis vel heredibus nostris ad predicta
« beneficia presentatas sine difficultate
« aliqua recipere tenebuntur, et si red-
« ditus prebendarum sepedicte ecclesie
« contigerit successu temporis augmen-
« tari, augmentum illud cedet communi-
« ter in prebendas omnes, tam in eas que ad
« donationem nostram et heredum nostro-
« rum pertinent, quam in eas que ad do-
« nationem pertinent episcopi memorati
« et successorum suorum. Preterea omnia
« bona predicte ecclesie tempore Cadoci
« acquisita, de quibus eadem ecclesia
« cartas habet vel alia munimenta, lauda-
« mus et confirmamus. Quod ut ratum et
« stabile permaneat in futurum, pres ntes
« litteras sigilli nostri auctoritate precepi-
« mus communiri. Actum apud Gisorcium,
« anno Domini m° cc° tricesimo secundo,
« mense mayo. » (Vid. de la chât. d'Andely, en 1367. Arch. de l'Eure.)

En 1234, un différend s'éleva entre le chapitre de Gaillon et les religieux de la Croix-Saint-Leufroi au sujet des dîmes de

Saint-Aubin-de-Gaillon et d'Aubevoie. Ce différend fut soumis à des chanoines du Saint-Sépulcre de Caen, et leur décision confirmée par Richard, évêque d'Évreux.

En 1245, l'abbé de la Croix-Saint-Leufroi autorisa le chapitre de Gaillon à ensevelir dans le cimetière ou dans l'église de Saint-Antoine-de-Gaillon quiconque voudrait y être enseveli, sauf le droit des paroissiens (Arch. de l'Eure, orig.).

En 1303, les statuts du chapitre de Gaillon furent révisés du consentement de Mathieu, évêque d'Évreux.

En 1635, une donation particulière fonda un cinquième canonicat.

Les plus vives discussions s'élevèrent à diverses reprises, particulièrement au XVIIe et au XVIIIe siècle, entre les habitants de Gaillon, le chapitre et les curés de Saint-Aubin-de-Gaillon.

Pour y mettre fin, un décret démembra la cure de Saint-Aubin et créa la cure de Gaillon.

L'ancien chapitre de Gaillon fut réuni au grand séminaire d'Évreux en 1737; les lettres patentes sont du 18 janvier 1738. A cette époque, les revenus du chapitre se composaient de grosses et de petites rentes. Les grosses rentes remontaient au XIIIe siècle: la dîme de Fortmoville, les blés et vins dus par l'abbaye de la Croix-Saint-Leufroi, le blé de Tourni, les terres de la chapelle de Saint-Gilles et les quarante-huit boisseaux de blé à prendre sur le moulin d'Aubevoie. Les petites rentes avaient été fondées pour des obits, services et anniversaires. Nous venons de citer la chapelle de Saint-Gilles: cette chapelle était fondée depuis un temps immémorial dans l'église de Saint-Antoine-de-Gaillon, et on avait attaché à son service deux pièces de terre à Saint-Aubin.

« Ensuit le procès-verbal de la visite faicte
« par mondict seigneur d'Évreux dudict
« chapitre de Gaillon, ledict jour neu-
« fiesme octobre, audict an mil six cent
« cinquante.

« Du neufiesme jour d'octobre mil six
« cent cinquante, nous, Gilles Boutault,
« par la grâce de Dieu et du saint siège
« apostolique évesque d'Évreux, nous som-
« mes transportez à Gaillon, assisté de vé-
« nérables et discrettes personnes Mᵉ Jean
« de Beaumesnil, pʳᵉ, chantre, chanoine
« en notre église cathédrale, et notre
« grand vicaire et official; Romain de la
« Reue, pʳᵉ, archidiacre et chanoine en
« notre dicte église, promoteur, et de
« Mᵉ........ Delaulnay, pris pour notre

« greffier, pour faire la visite de l'église
« collégiale de Saint-Anthoine dudict
« Gaillon, où estant nous y avons esté
« receus par les sieurs chantre, chanoine
« et chapitre de lad. église et par les
« sieurs curez dud. lieu; et après les
« prières et ceremonies accoustumées,
« nous serions allé adorer le St Sacrement,
« chantant les antiennes et oraisons ordi-
« naires, et avons trouvé qu'il repose en
« un ciboire suspendu au hault du grand
« autel, ledict ciboire d'estain doré, le
« St Sacrement estant dans un linge bien
« salle, et le Sainct Sacrement de la par-
« roisse dans un tabernacle, au milieu de
« l'autel, qui n'est au dedans doublé ny
« orné. Sur quoy nous avons ordonné au
« sacriste de poser le St Sacrement dans
« un linge fort blanc et net, et que les
« espèces seront changées tous les huict
« jours.

« Plus, avons trouvé que le contre autel
« est fort chetif, comme le voile et dais
« n'ayant point de soleil pour porter le
« St Sacrement processionnallement. Sur
« quoy ordonné que les chanoines pare-
« ront leur autel d'ornements, et auront
« dans deux mois un soleil d'argent pour
« porter le St Sacrement en procession.

« Plus, avons trouvé un reliquaire de
« bois en quatre quarrés, où sont des os;
« mais il n'y a aucun escriteau, ny dans
« les archives aulcuns titres qui les en-
« seignent.

« Plus, un tableau où est représenté la
« Passion, où autrefois il y avoit du bois
« de la saincte croix, qui a esté mis à
« la croix de cuivre qui est sur l'autel, n'y
« en aiant plus dans ledict tableau. Plus,
« un bras où il y a un os, on ne scait de
« qui, et sans escritures.

« Plus, nous a esté représenté un cof-
« fret plein d'ossements, qu'ils disent estre
« des reliques, mais on ne scait de qui;
« surquoy ordonné que toutes les reliques
« en cest état ne s'exposeront plus, mais
« seront conservées avec révérence.

« Plus, avons trouvé que toutes les mu-
« railles du cœur sont plaines de pouldre
« et les pavés rompus; ordonné qu'elles
« seront nettoiées tous les mois par le
« sacriste et les pavés refaicts.

« Plus, avons trouvé que derrière l'au-
« tel il y en a un autre soulz l'invocation de
« la très saincte Trinité, au hault duquel
« il y a deux images de sainct Eustache et
« St Maur, qui sont pourris et rompus:
« ordonné qu'ilz seront ostez.

« Plus, avons trouvé que dessus ledict
« autel il y a l'image de Sᵗᵉ Cécile qui est
« trop petit, et lequel nous avons ordonné
« estre osté.

« Plus, dans la sacristie avons trouvé
« qu'il y a un autel de S¹ᵉ Anne et Saint
« Jean Baptiste, dont la muraille est sans
« ornements : ordonné que ledict autel
« sera orné, autrement deffences d'y cé-
« lébrer la messe.
« Plus, avons trouvé au costé droict
« une chappelle de S¹ Pierre close de ba-
« lustres, dont le marchepied est rompu
« et les vittres cassées, et nous a esté dict
« par lesdits sieurs du chapitre que ladicte
« chappelle a esté baillée à Mᵉ Jacques du
« Cerf, esleu pour y avoir place, pour-
« quoy il a donné cinquante livres une
« fois paié, à la charge de deux obits so-
« lemnels, dont ils demandent d'estre
« deschargez en rendant lesd. cinquante
« livres, ou réduction Surquoy nous avons
« ordonné que led. du Cerf fera réparer
« lad. chappelle et les vitres, et qu'il sera
« adverty d'augmenter; autrement, desd.
« deux obits il n'en sera dict qu'un.
« Plus, avons trouvé au mesme costé
« une chappelle soubz l'invocation de
« sainct Gilles, dont est titulaire Mᵉ.....
« Dagomet, curé de Vieux-Villers, qui est
« en très-mauvais estat, et dont le titu-
« laire perçoit plus de quatre vingts livres
« de fermage de neuf acres de terre. Or-
« donné qu'à la diligence du promoteur
« le revenu dud. chappellain sera saisy
« pour l'obliger à faire orner lad. chap-
« pelle.
« Plus, nous avons trouvé qu'au costé
« gauche il y a une chappelle soubz l'in-
« vocation du Saint-Esprit, qui est en
« fort bon estat;
« Qu'il y a sufisamment de libvres;
« Qu'il y a deux calices d'argent, dont
« l'un est doré, en bon estat;
« Qu'il n'y a point d'ornement violet,
« réservé un chasuble;
« Qu'il y a des chappes rompues, prin-
« cipalement les blanches, que nous avons
« ordonné estre refaictes, et qu'il sera
« faict inventaire des reliquaires, calices
« et ornements, dont coppie sera baillée,
« signée du chantre, pour estre mise au
« secrétariat dans trois mois;
« Qu'il y a quatre chanoines, assçavoir :
« Mᵉ Dominique Symonin, pʳᵉ chantre;
« Mᵉ Martin Huart, prestre; Mᵉ Nicolas de
« la Vigne, pʳᵉ, et Mᵉ Nicolas du Cerf,
« soubzdiacre, tous présens;
« Et sur la demande à eux faicte s'ils
« ont des archives, nous ont dict qu'ils
« ont un armoire au logis du sieur chan-
« tre, sur quoi ordonné qu'il y aura
« deux clefs, dont l'une sera pour ledict
« sieur chantre, et l'autre sera gardée par
« un des chanoines, et à l'armoire il y
« aura un escriteau et ces mots : « Ce sont
« les archives de l'église collégiale de
« Gaillon. »
« Ensuite avons faict la visite des mai-
« sons canoniales, que nous avons trouvé
« en bon estat, réservé celle dudit Cerf;
« ordonné qu'il la fera réparer.
« Ordonné qu'à l'advenir on fera en
« lad. parroisse de Gaillon élection de
« trésoriers de trois ans en trois ans, qui
« rendront leur compte tous les ans de-
« vant le sieur curé, et au bout des trois
« ans il sera nommé un de nos grands vicaires
« ou archidiacres, qui feront la visitte.
« Faict à Gaillon, les an et jour que
« dessus. *Signé* : GILLES, év. d'EVREUX;
« J. DE BEAUXESNIL et DE LACLNAY, au lieu
« du secrétaire. » (Collationné sur les originaux en parchemin.)
La résidence d'un archevêque de Rouen
dans une simple paroisse du diocèse d'E-
vreux pouvait amener entre l'archevêque
et l'évêque d'Evreux des relations difficiles. Le cardinal de Joyeuse et le cardinal du Perron résolurent la question. En
1606, l'archevêque de Rouen nommait à
la cure de Gaillon, et l'évêque d'Evreux,
en échange, disposait d'un bénéfice dans
le diocèse de Rouen.

III.

Nous dirons un mot seulement de la
célèbre chartreuse de Gaillon. Charles de
Bourbon, archevêque de Rouen et cardinal, ayant résolu de fonder un monastère de l'ordre des Chartreux, en fit commencer les bâtiments en la paroisse d'Aubevoie, près de son château de Gaillon. Il
acquit plus de six cents acres de terre et
la ferme de la Cornehaut, et offrit tous
ces biens à l'ordre des Chartreux. Il avait
le dessein de réunir à la nouvelle chartreuse le prieuré de Saint-Jacques-du-Val-
des-Malades (diocèse de Rouen); mais ce
projet ne fut pas exécuté. La chartreuse
fut donc fondée en 1571, sous le vocable
de Notre-Dame-de-Bonne-Espérance.
En 1571, on permit aux Chartreux de
prendre les pierres et matériaux d'un petit
fort nommé le Goulet et situé près de
Vernon; en 1599, les pierres et matériaux
provenant de la démolition du Château-
Gaillard. Ainsi les matériaux du Goulet et
du Château-Gaillard furent employés tant
à la construction du château qu'à celle de la
chartreuse de Gaillon. Les rois Charles IX,
Henri III et Henri IV protégèrent le nouvel établissement, et lorsqu'en 1593 l'abbaye de Sainte-Catherine de Rouen eut
été supprimée et réunie à la chartreuse,
Henri IV voulut que la nouvelle maison
prit le titre de chartreuse de Bourbon.

Le Brasseur (*Actes et Preuves*, p. 112) a publié la charte pour l'homologation du concordat entre les religieux de Sainte-Catherine et les Chartreux de Gaillon.

Pour le spirituel, la chartreuse échappait à la juridiction ordinaire de l'évêque d'Évreux et relevait directement de l'archevêque de Rouen.

Quant au temporel, il s'accrut rapidement. Outre les six cents acres de terre offertes par l'archevêque, les communes de Longueville et de Heudezis, la chartreuse ne tarda pas d'abord à acquérir tous les biens du prieuré de Saint-Pierre-de-Launai à Radepont [Eure] (1572); ensuite le hameau de Saint-Germain, commune de Morgni (Eure) [1572]. La chartreuse absorba le prieuré de Saint-Pierre de Genneville, près Magni [Seine-et-Oise] (1573); les biens de la chapelle Saint-Fiacre, à Aubevoie (1576); l'église et les vignes de Bethléem à Aubevoie (1582); la célèbre et vieille abbaye de Sainte-Catherine de Rouen (1597); le prieuré de la Capelle-aux-Pots, à Savigni [Oise], (1616); le prieuré de Sainte-Catherine de Bisi, près Vernon (1703). Nous ajouterons encore le bois de Breuil, les seigneuries de Courcelles et de Portmort, des droits de patronages, des dîmes, des rentes et revenus de toutes sortes.

Les Archives de l'Eure possèdent le cartulaire de Bourbon et un grand nombre de titres relatifs à cet établissement.

IV.

Nous ne quitterons pas Gaillon sans réunir quelques notes relatives au territoire et aux environs de Gaillon :

1209. Confirmation par Jean de la Vigne de la donation faite à l'abbaye du Bec par Adriene de la Porte, d'une pièce de terre en vigne, nommée la Vigne de Rosserant, sise à Gaillon.

1260. Confirmation du chantre et chapitre de Saint-Antoine de Gaillon de la donation faite à l'abbaye du Bec d'une vigne sise à Gaillon, qui fut à Adrieue la Picarde.

1260. Donation faite à l'abbaye du Bec par Etienne de la Porte, chevalier, des vignes qu'il possédait à Gaillon. C'étaient celles dont il est déjà question dans la charte de 1209.

1261. Confirmation de Louis, roi de France, de la vente faite à l'abbaye du Bec par Geoffroi Marescot et Gilbert des Minières, écuyer, d'une vergée nommée la vigne du Créon; d'une hoirie sise dans la vallée Danin, paroisse de Saint-Aubin, et d'une maison située à Gaillon.

1260. Vente faite à l'abbaye du Bec par Jeanne la Doutée des vignes qu'elle avait dans la vallée Danin, à Gaillon.

1261. Vente faite à l'abbaye du Bec par Durand Godechaut d'une vigne qu'il avait dans la vallée Danin, à Gaillon.

1261. Vente faite à l'abbaye du Bec par Gilbert de Minières de son manoir nommé le Champ-Morel, sis à Gaillon.

1261. Vente faite à l'abbaye du Bec par Taurin Sanson d'une acre de terre en deux pièces, sise à Gaillon.

1310. Vente faite à l'abbaye du Bec par Taurin Sanson de plusieurs rentes y spécifiées sur des héritages sis à Gaillon.

1360. Vente faite à l'abbaye du Bec par Geoffroy Maissier de deux vignes sises en la paroisse de Saint-Aubin de Gaillon.

Ces diverses indications sont tirées de l'*Inventaire des titres de l'abbaye du Bec*. (Ms., Bibl. imp.)

1253. Geoffroi Marescot vendit à Etienne de la Porte « de Porta, miles, » neuf arpents de vignes situés « inter castrum « Gallionis et monasterium Sancti Albini, « videlicet vineam Duelli ». Autre terre « in campo Montis Martini ». Autre « in « valle Danyn desub campum Americi ». Autre terre « inter Champeax et viam que est in fundo vallis. » Parmi les témoins figure « Symon de Cotigniaco ».

1260. Vente à Guillaume « de Mineriis, écuyer, d'un manoir « cum porprisio et « noeria » appelé « campus Morel apud Gaillon », depuis le chemin du roi qui conduit à Vernon jusqu'à un plant de noyers nommé « Cimiterium Brachii Ferrei ».

1260. « Pechia vinee, que vocatur vinea de Rosemut (?), in parrochia de Gaillone », près de la vigne de Guillaume Ays.

1260. Vigne appelée « vinea de Rosselent ».

1261. « Ludovicus, Dei gratia Franco-« rum rex. Notum facimus universis, tam « presentibus quam futuris, quod, cum « cum abbas et conventus de Noa, Cister-« ciensis ordinis, in castellania nostra « de Gallon acquisiverint terras usque ad « xl. et unam acras, et vineas et masuras « et census, que omnia tenent de feodo « Amfredi de Muternis, de feodo Belloudis « dicte la Sore, de feodo Agnetis dicte la « Bouviere, de feodo de la Buignie, de « feodo Johannis Giberge, de feodo magi-« stri Symonis, de feodo Campi Menelin, « de feodo de Autolio, pro quibus omni-« bus tenebantur nobis annuatim solvere « campartagium et alias redeventias, u: « que ad valorem quatuor librarum triun « solidorum et dimidii parisiensium, nos « ob anime nostre et inclite recordationi « Ludovici quondam genitoris nostri a

« Blanche, genitricis nostre, remedium,
« donamus et quittamus in puram et per-
« petuam elemosinam predictis abbati et
« conventui, predicta campartagium et
« alias redeventias usque ad valorem di-
« ctorum quatuor librarum et trium soli-
« dorum et dimidii, volentes et conceden-
« tes quod a solucione dictorum campar-
« tagii et aliarum redeventiarum usque
« ad valorem dicte pecunie remaneant
« dicti abbas et conventus imposterum
« liberi et immunes. Quod ut ratum et
« stabile permaneat in futurum, presen-
« tem litteram sigilli nostri fecimus im-
« pressione muniri, salvo jure in omnibus
« alieno. Actum apud Gaillardum castrum,
« anno Domini millesimo ducentesimo
« sexagesimo primo, mense augusto. »

(D'après un vidimus de Johan Banses, capitaine de la ville et bailli d'Evreux en 1375, à la Bibl. imp., n° 5164 du fonds latin.)

Eustache « de Hablovilla » vend à l'abbaye du Bec trois acres et demie de terre « apud Ansgervillam ». Parmi les témoins, on remarque Roger « de Brahete » et Osbert « de Waillone ».

Baudouin de Cantelou et sa femme Julienne donnèrent à l'abbaye du Bec « vir-
« gultum nostrum dominicum ad Ans-
« gervillam, que est juxta Govotifossam
« (Jeufosse) », ainsi que la moitié des noix qu'ils récoltaient sur le reste de leur propriété. Parmi les témoins, on remarque Roger de Berville et Gillebert son fils, Waleran de Bigarz et Wautier de Willechier.

Vente d'un terrain « apud Angervillam (Angreville) » par Richard de Wanlurch. Parmi les témoins, Osbert « de Wallon », Albéric de Richebourg, Roger de Corbunval, Guillaume « de Burnevilla ».

En 1409, le champart reçu à la grange de la Garenne, dépendance de Gaillon, s'éleva à 15 boisseaux de noix. (Compte de Gaillon, 1409-1410.)

On lit dans les Etudes sur la condition de la classe agricole en Normandie, au moyen âge, par M. Delisle, p. 87 :

« Une servitude qui nous apparait avec
« un caractère bien tranché d'injustice,
« c'était l'obligation imposée au vassal
« d'acquérir à un prix non débattu une
« certaine quantité de denrées du sei-
« gneur. Cette coutume vexatoire se pra-
« tiquait dans plusieurs contrées de la
« France et en Angleterre. Hâtons-nous
« de dire qu'elle ne fut reçue que dans un
« petit nombre de seigneuries normandes.
« Nous l'avons rencontrée à Gaillon, où,
« sous le nom de ban du vin, elle est déjà
« mentionnée en 1262 dans la cession de

« ce domaine à Eude Rigaud. — « Recepte
« des prouffitz et émolumens du ban de
« la terre de Gaillon, de XL jours chacun
« an, commencimant XX jours devant le jour
« Saint-Jean-Baptiste, et finant à XX jours
« après icelui jour passé ; c'est assavoir
« à chacun feu d'icelle terre cinq pos de
« vin et aux femmes deux pos et demi,
« mesure dudit Gaillon, vendu au pris de
« XII deniers le pot, comme au plus chier
« pris que vin fut vendu cette année audit
« lieu de Gaillon. » (Compte de Gaillon, 1409-1410.) « Servicia quadrigandi et
« taxandi, bannum vini, pasnagium fo-
« reste Sancti Albini, etc. » (Cartul. de Philippe d'Alençon, f° 286, V.)

1111. A Gaillon, le baril de vin est estimé 20 s. (Arch. de la Seine-Inf., fonds de l'archevêché.

1414. A Gaillon, à l'ancienne mesure, plus petite que la nouvelle, le boisseau de froment est estimé 18 d. t.; celui de mouture, 14 d.; celui d'avoine, 14 d.; celui d'orge, 18 d. (A. S. I., archevêché.)

1415. Le boisseau de noix, 12 d. (A. S. I., fonds de l'archevêché.)

1472. Le 12 novembre, à Gaillon, le boisseau de blé, à la grande mesure, ayant alors cours, estimé 16 d.; la même quantité, à l'ancienne mesure, 10 d. ob.; le boisseau d'avoine, à la grande mesure, 13 d. Le boisseau d'avoine, à l'ancienne mesure, qui n'est que la moitié de la grande, 7 d. Le boisseau d'orge, à la grande mesure, 10 d.; à l'ancienne mesure, 7 d. La gerbe de blé, 2 d. ob.; celle d'orge ou d'avoine, 1 d. ob. (A. S. I., fonds de l'archevêché.

1472. A Gaillon, le chapon, 12 d.; la poule, 10 d.; l'agneau, 2 s.; la douzaine d'œufs, 3 d. (A. S. I., fonds de l'archevêché.)

On lit encore dans les Etudes sur la condition de la classe agricole en Normandie, par M. Delisle, p. 426 :

« Les principales vignes de Gaillon ne
« furent jamais aliénées par les seigneurs,
« et de cette manière elles furent succes-
« sivement la propriété des comtes d'E-
« vreux, des rois de France et des arche-
« vêques de Rouen. Quelques parcelles en
« étaient passées dans les mains des abbés
« de Saint-Wandrille, de Préaux et du
« Bec. De plus, on avait constitué sur le
« domaine de Gaillon des rentes en vin
« blanc au profit de l'abbesse d'Evreux, du
« prieur de Noyon, du prieur de Gram-
« mont près Gaillon, de celui de Notre-
« Dame-du-Parc et de l'abbé de la Noë.
« Nous avons les chartes d'Amauri, comte
« d'Evreux, pour les religieux de la Noë
« et les Bons-Hommes de Gaillon. »

Voyez, dans le *Cartul. de S. Wandr.*, le chap. x. ii, f° 208 et suiv.

Voyez le *Cartul. de Préaux*, f° 151, v°.

1271 : « In parrochia Sancti Albini de
« Gaillon... clausum vinearum virorum
« religiosorum abbatis et conventus de
« Pratellis. » (*Cartulaire de S. Wandr.*,
x. ii. xxvi.) — Aveu de l'abbé de Préaux,
en 1418 : « Item, sur ung clos et vigne
« auprès de Gaillon, xv livres x sous tour-
« nois de rente. » (A. I., P. 303, n° 211.)

Voyez dans le *Cartul. du Bec*, f° 260 r°
et suiv., plusieurs des chartes transcrites
sous le *Titulus Gallonis*. La première
charte de ce titre est relative à une vigne
donnée par Baudouin de Cantelou, et sise
à Angreville, près Jeufosse.

Voyez encore le *Compte de Gaillon*,
1109-1110, et les chartes de la Noë.

« Et unum vini modium in clauso meo
« de Wallonio, sicut et pater meus Symon,
« comes Ebroicensis, tres alios vini mo-
« dios in eodem clauso de Waillonio de-
« dit. » (*La Noë*, IV, 56.)

« Et x. modios vini purissimi apud
« Longamvillam..., et i. modium vini in
« clauso nostro de Alba Via annuatim,
« ad missas celebrandas. » (A. I., Q,
1333.)

Gaillon a toujours été renommé pour
la fertilité de son territoire et l'excellence
de ses fruits :

1660 : « De Gallionensi territorio hoc
« singulare est observare quod fructus ejus
« audeant concertare fructibus Turonen-
« sibus et Andegavensibus. » (Denyaud,
Rollo Northmanno-Britannicus, p. 46.)

Dépendances : — Angreville ; — le Chef-
de-la-Ville ; — Gailloncel ; — la Mare-
Hareng ; — le Mont-Martin ; — Notre-
Dame-de-la-Garenne ; — les Sables ; — le
Val-d'Ani ; — l'Aunai ; — les Douaires ;
— le Rocher ; — Grammont ; — la Muette.

Cf. Nicolas Filleul, *Les Théâtres de Gaillon*. —
Rouen, 1566. Petit in-8°.

Le Mercure de Gaillon. — De l'imprimerie de l'archevêché.

Chastillon, *Topographie française*. — 1648.

Farin, *Histoire de Rouen* : t. Ier, p. 33, 264, 391, 403,
417 ; t. III, p. 95, 382.

Masseville, *Histoire de Normandie* : t. II, p. 262 ;
t. III, p. 43, 79 ; t. VI, p. 2, 47, 59

Le Brasseur, *Histoire civile et ecclésiastique du
comté d'Evreux*, passim, surtout Actes et pièces.

Bonnin, *Registrum visitationum arch. Rothomagensis*. — Evreux, 1852. In-4°.

Deville, Comptes des dépenses du château de Gaillon, publiés dans la *Collection de documents inédits
relatifs à l'Histoire de France*. — Paris, 1850. in-4°.
— Atlas gr. in-folio.

Dans les pièces justificatives, nous publions :
I. Enquête sur la châtellenie de Gaillon ;
II. Charte de Lambert Cadoc, pour sa libération ;
III. Charte de saint Louis, pour l'échange du châ-
teau de Gaillon ;

IV. Compte du trésorier du cardinal d'Amboise,
pour les années 1306-1307 ;

V. Inventaire du mobilier du cardinal d'Amboise
et de son manoir archiépiscopal ;

VI. Inventaire général des meubles du cardinal
d'Amboise, tant à Rouen qu'à Gaillon et à Vigny,
dressé en 1508 et 1509 ;

VII. Inventaire des meubles du château de Gaillon,
dressé le 31 août 1550.

Guilmeth, *Notice sur Gaillon*.

La Normandie illustrée, Eure, t. Ier, p. 32.

Bulletin monumental, t. II, p. 333-131.

Doublet de Boisthibault, *Notice sur la maison centrale de Gaillon*. — Paris, Cosson, 1837.

*Mémoires de la Société des Antiquaires de Nor-
mandie*, t. XV, XVI, XVIII et XXIII, passim.

Malte-Brun, *la France illustrée*, Eure, p. 10.

Ducarel, *Anglo-norman Antiquities*, p. 42-43.

GAMACHES.

Arrond. des Andelys. — Cant. d'Estrépagni.

*Patr. la Ste Vierge. — Prés. l'archevêque
de Rouen, puis le seigneur de Pont-
Saint-Pierre.*

Ce village remonte à une haute antiquité. Il existait du temps des Mérovingiens. Suivant la tradition, saint Eloi,
ministre de Dagobert, guérit un paraly-
tique sous le portail de l'église de Gamaches. On lit, en effet, dans la vie de saint
Eloi le passage suivant : « Alio quoque
« tempore sub laicali adhuc habitu car-
« pebat iter cum pueris suis de villa regali
« quæ vocatur Sterpiniacus (Estrépagni).
« ... cumque pervenisset Gamapio vico,
« ingrediens ilico basilicam invenit quem-
« dam pauperem claudum, pro foribus
« jacentem... » (D'Achery, *Spicileg.*, t. V,
p. 181.)

A la fin du viie siècle, un chevalier
nommé Fraeric fit bâtir une église et un
hospice pour dix pauvres à un endroit
nommé Fleuri, et donna pour entretenir
ces établissements religieux plusieurs terres dont une s'appellait « Gamaflium ».
(*Neustria*, p. 369 et 370.)

Quelques années après, Fraeric céda
ces établissements et ces terres à Pepin
d'Héristal, qui agrandit les bâtiments et
fonda une abbaye qu'il soumit à l'abbaye
de Saint-Wandrille.

Sur ce point voyez : *Chronic. Fontanell.*,
ch. II, p. 195 et 196 ; Mabill., *Annal. Bened.*, t. II, p. 2 ; Toussaint Duplessis, t. II,
p. 271.

« ... Eodem anno [707] præfatus glo-
« riosissimus dux [Pippinus] Gamapium
« villam quæ sita est in pago Vilcassino
« contradidit ipso die idus aprilis, feria

« quinta, indictione sexta... » (*Chron. Fontanell.*)

Le château, dont il existe encore des vestiges et des souterrains, fut un des points les plus importants de la plaine du Vexin normand au XIIe siècle. Richard Cœur de lion, en 1193, l'enleva à Philippe-Auguste pendant que ce dernier s'emparait de Nonancourt.

Ce fut près de Gamaches, dans la plaine qui s'étend vers la Seine, qu'en 1193 une rencontre eut lieu entre Richard Cœur de lion et Philippe-Auguste, qui fut obligé de s'enfuir à Vernon.

Dans les *Grands Rôles de l'Échiquier de Normandie*, on cite Pierre et Geoffroi de Gamaches : « Petrus de Gamachis debet « VIII. libras et XIV. solidos pro plegio Hu- « gonis de Longo Campo. » (Stapleton, *M. R.*, p. 73.)

« In liberationibus XL. servientium mis- « sorum apud Gamasches, XXVI. libras XIII. « solidos IV. denarios, per idem breve. » (Stapleton, *M. R.*, p. 301.)

« Pro blado et baconibus missis apud « Longum Campum et Gamasches ad mu- « nitionem eorumdem castrorum CXLVI. li- « bras V. solidos IX. denarios, per breve « regis. »

« ... Heres Godefridi de Gamaches « L. solidos de feodo dimidii militis pro « eodem... [auxilio exercitus Gasconiæ]. » (Stapleton, *M. R.*, p. 551.)

« Eliæ de Elemosina ad operationes de « Guamaches cc. libras, per breve regis. »

« Eliæ de Elemosina cccc. libras ad « operationes de Gamesches, per breve « regis. » (Stapleton, *M. R.*, p. 300.)

« Petro Ruaut ad faciendas liberatio- « nes militum et servientium morantium « apud Gamasches LXXVIII. libras, per « idem breve. »

Dans une charte de 1211, en faveur de Saint-Amand, on trouve parmi les té- moins : « ... magister Arnulphus de « Gamaches clericus qui hanc cartam scri- « psit... »

Dans une autre charte sans date, en faveur du même couvent, on trouve : « ... dominus Matheus de Gamaches... »

Dans le pouillé d'Eudes Rigaud, on lit : « Ecclesia Beate Marie de Gamachiis : « archiepiscopus patronus. Habet viic par- « rochianos. Vicaria perpetua valet XL. « libras Parisiensium : personatus IX. li- « bras Parisiensium. »

Ainsi, vers le milieu du XIIIe siècle, l'archevêque conférait la cure de plein droit.

En 1309, Robert de Gamaches et sa femme avaient quelques droits sur le patronage de ladite église. Ils cédèrent leurs droits à Enguerrand de Marigni, qui était déjà seigneur de Gamaches. Au XVIIIe siècle, le patronage était passé en mains laïques et appartenait au seigneur du Pont-Saint-Pierre.

1264. « XVIII. minas bladi mistilionis « boni et legalis et bene mercabilis annui « redditus, de meliori mistilione crescente « in territorio de Gamachiis post frumen- « tum. » (*Cart. de Philippe d'Alençon*, f° 387.)

En 1305, transaction entre noble femme Peronnelle du Bois-Gautier, veuve de no- ble homme Philippe de Marigni, chevalier, seigneur d'Ecouis, et Pierre Oyselet, fils aîné de la dite dame, et Enguerrand de Marigni, chevalier, fils aîné de Philippe, au sujet des acquêts faits avec la dite dame par son mari Philippe, à Gamaches, Tourni, Fourges, Ecouis.

Dans les grandes guerres du XVe siècle, Gamaches résista longtemps et ne tomba entre les mains des Anglais qu'en 1422, trois ans après la prise de Gisors.

En 1418, Henri V fit don à Gui le Bou- teiller, chevalier, de tout ce que tenait à Gamaches Andrieu de Rambures.

La maison de Gamaches a produit un assez grand nombre d'hommes recom- mandables : Guillaume de Gamaches, qui en 1418, surprit Compiègne et s'empara de Soissons ; Philippe de Gamaches, qui, soutint, en 1520, un siège de sept mois dans la ville de Meaux, devint abbé de Saint-Denis et écrivit des chroniques ; Jean de Gamaches, qui se distingua dans la guerre du Languedoc, au siège de Dieppe, et plus tard contre Louis XI, à Montlhéry ; enfin Philippe de Gamaches, professeur de Sorbonne, mort en 1625, qui a laissé un commentaire sur Saint-Thomas.

Gamaches était jadis le siège d'un doyenné du diocèse de Rouen.

Il y avait à Gamaches une ancienne lépro- serie dont les biens furent unis, en 1695, à l'hôpital royal des Andelis.

Parmi les fiefs qui s'étendaient sur le territoire de Gamaches, nous citerons les fiefs d'Avricher (quart de fief de haubert) et de Bonnemare.

Dépendances : — Bonnemare ; — Sainte-Marguerite, chapelle.

Cf. Toussaint Duplessis, t. II, p. 560.
Le Vexin, article par M. Herson, 19 juin 1851.

GARENCIÈRES.

Arrond. d'Evreux. — Cant. de Saint-André.

Patr. S. André, S. Arnoult. — Prés. le seigneur.

Au bois de la Queue, restiges de constructions romaines.

Il paraît que le commerce de la garance a été considérable sous les deux premières races.

Dagobert Ier, dans une charte de 629 relative à l'institution d'une foire à Saint-Denis, en parle de la manière suivante :
« .... Et sciatis nostri missi ex hoc mer-
« cato et omnes civitates in regno nostro
« maxime ad Rothomo porto et Wicus
« porto, qui veniunt de ultra mare pro
« vino, melle vel garantia emendum... »
« ... De unaquaque quarrada de melle
« persolvant partibus Sancti Dionysii soli-
« dos duos, et de unaquaque quarrada de
« garantia similiter solidos duos... »

Voyez, sur la culture de la garance à l'époque carlovingienne, le capitulaire *de Villis*, année 800, Baluze, t. Ier, p. 337 et 342.

Des noms de lieu tels que Garencières auraient suffi pour établir que la garance fut autrefois cultivée dans notre province. Mais cette raison n'est pas isolée; elle s'accorde parfaitement avec des monuments écrits. Nous croyons voir une mention de la garance dans la fondation de l'abbaye du Tréport. Elle est très-expressément mentionnée dans un traité conclu en 1123 à l'occasion des dîmes de Trun.

En 1217 et 1218, la garance était cultivée au Vaudreuil.

Au XIIIe siècle on récoltait de la garance à Brionne.

Au XIVe siècle, il s'en faisait un notable commerce à Caen et à Rouen. (Delisle. *Etudes sur la condition de la classe agricole en Normandie*, p. 332.)

Nous voyons que Jean du Mesnil tenait un fief à Garencières, du temps de Philippe-Auguste : « Johannes de Mesnillo
« tenet unum feodum apud Guarnnceres
« per XL. dies de custodia ad suum cu-
« stum.... » (*Reg. Ph. Aug., Cast. Pac.*)

Nous trouvons dans les chartes de l'abbaye de la Noë, conservées à la Bibliothèque impériale, mention de plusieurs seigneurs de Garencières :

Ric. de Garencières, vers 1195;
Ric. de Garencières, vers 1205;
Ric. de Garenceriis, vers 1207;
Ric. de Garencières, vers 1210.

Ce Richard de Garencières donna à l'abbaye de Saint-Taurin, vers 1200, la dîme d'un défrichement fait dans son fief de Garencières à la charge de dire trois messes la semaine pour lui et ses parents :

« Sciant presentes et futuri quod ego
« Ricardus de Garenceres concessi et dedi
« Deo et ecclesie Sancti Taurini Ebroicen-
« sis in perpetuam elemosinam decimam
« de novis meis essartis de feodo meo de
« Garenceres, pro salute anime mee et pa-
« tris mei et antecessorum meorum de-
« functorum. Propter quam donationem
« abbas Matheus et monachi ejusdem ec-
« clesie concesserunt mihi se celebrare de
« cetero unaquaque hebdomada tres mis-
« sas pro salute mea et amicorum meo-
« rum vivorum et reqnie defunctorum.
« Que decima nisi poterit unoquoque anno
« valere modium annone, de meo proprio
« tantum adhibebo quod singulis annis
« ad usum monachorum jamdicte ecclesie
« valebit unum modium annone, donec
« supradicta decima possit valere unum
« modium annone vel amplius. Et tunc
« eadem decima tota erit sepedicte eccle-
« sie absque mei et meorum successorum
« reclamatione. Et ut hoc sit in posterum
« ratum et stabile, presentem paginam
« sigilli mei munimine confirmavi. Testi-
« bus his ex parte abbatis Mathei : Phi-
« lippo, priore tunc existente; Johanne de
« Cruce, Nicholao de Fiscan, Roberto
« Fabro, monachis; Nicholao Ferrone, Gal-
« terio Anglico, Haimone de Trianon, bur-
« gensibus. Ex parte nostra : domino Gille-
« berto de West, Fulcone de Cormer,
« Willelmo Gramatico, Stephano de Sancto
« Luca, Johanne de Caorciis. Dedi etiam
« eidem ecclesie sex denarios annuatim
« reddendos de tenemento quod tenuit de
« me Galterus Pernele coram istis testibus
« et multis aliis. » (*Petit cart. de Saint-Taurin*, p. 70.)

Nous trouvons encore dans les chartes de la Noë :

Simon « de Coldreio, filius Ricardi de Garenceres, militis... », vers 1231;

Pierre de Garencières, chevalier, vers 1218;

Pierre, « dominus de Garencheriis... », vers 1261.

En 1217, Oger de Martinville donna à l'église d'Evreux le droit de patronage sur l'église de Garencières, en présence des évêques d'Evreux et de Coutances. (*Cart. du chapitre d'Evreux*, n° 16.)

En 1218, Roger Bataille, chevalier, donne à l'église d'Evreux toute la dîme qu'il avait achetée d'Oger de Martinville, chevalier. (*Cart. du chapitre d'Evreux*, n° 20.)

En 1238, « Petrus de Nemore de Cauda, « filius domini Yvonis de Garanceriis, mi- « litis, » confirma un don de Barthélemi Le Chevalier, à Quessigni. C'était une terre voisine de celle que Madame Alix de Garencières avait reçue en dot.

Il y avait une chapelle de Saint-Julien- du-Bois de-la-Queue à la présentation des seigneurs du même nom.

En 1248, Roger Bataille, chevalier, donna au chapitre toute la dîme qu'il avait à Garencières et qu'il avait acquise d'Oger de Martinville, chevalier.

En 1248, Nicolas Bataille, chevalier, vendit pour 80 livres tournois à Jean, évêque d'Evreux, et à son chapitre toutes les dîmes qu'il pouvait avoir à Garen- cières. Cette vente fut confirmée par Pierre de Garencières et par Denis Maillart et Alix, sa femme, propriétaires du fief sur lequel étaient placées ces dîmes.

En 1250, « domina Egidia de Garen- ceres » donna à Saint-Taurin 6 sols 6 de- niers de rente sur un terrain situé « apud Dumum » (le Buisson-Houpequin).

En 1261, Pierre, seigneur de Garenciè- res, chevalier, « dominus de Garencheriis, miles, » céda au chapitre d'Evreux pour 100 livres tournois la convention faite avec le couvent d'Aubecourt de ne leur donner que deux boisseaux, moitié blé, moitié avoine et orge, en remplacement de la dîme de Garencières....

En 1263, « Johannes dictus Juvenis, de parrochia de Garenceriis, » fit remise à Saint-Taurin de deux livraisons annuel- les. (Cart. St-Taurin, p. 119.)

1317. « Philippe, par la grâce de Dieu « roi de France, nous faisons sçavoir à « tous présens et à venir que, nous consi- « dérant les bons et agréables services que « nostre amé et féal chevalier Pierre de « Garentières nous a fait au temps passé « et fait encore de jour en jour, nous, « pour ce voulant en récompensation de « ses dits services à lui faire grâce espé- « cial, lui octroions dès maintenant que « ses hoirs, successeurs et ceux qui au- « ront cause de lui tiennent de nous et de « nos successeurs rois de France en une « seule foi et hommage les choses, les « terres et les rentes, et les possessions ci- « dessous nommées; c'est assavoir : toute « la terre de Garentières avec toutes ses « appartenances et dépendances, tant en « maisons, domaine, prez, terres, bourgs, « garennes, vignes, haute justice, moienne « et basse, villes, fiefs, arrière-fiefs, hom- « mages, gardes mineures, commise et « autres choses quelles qu'elles soient, de « qui elles puissent nommer et entendre ; « c'est à sçavoir : le manoir et ville de « Garentières, le manoir et ville du Bois- « de-la-Queue, le manoir et ville du Buis- « son, et tous les villages appartenans « aus dits lieux dessus dits. Item, la ville « de Quesigny et tous les villages apparte- « nans à icelle, la ville de Saint-Aquilin « et la ville du Buisson-de-Préaux, et les « appartenances d'icelles, la ville de la « Neuville-des-Vaux avec toutes ses appar- « tenances, la ville de Mouceaux et les ha- « meaux appartenans à icelle, la ville et « appartenances de Grosseuvre et les ha- « meaux qui y appartiennent, la ville de « Cissey et les hameaux appartenans à « icelle. Item, et tout ce que nous avons « baillé audit seigneur de Garentières par « nom d'eschange, récompensation de cer- « taine et perpétuelle rente qu'il prenoit « sur nous, la quelle il nous a délaissé ; « c'est à sçavoir : la ville de Brey-sous- « Raudemont, de Bos-Roger, du Buc, « d'Escos, du Plix, de Fourges, le Val- « Corbon, le Bois-Gaultier, Frumesnil, « avec les bois et autres appartenances et « dépendances de ces villes, les quelles « choses ainsi baillées au dit sieur cheva- « lier par eschange nous adjoingnons aux « choses dessus dictes qu'il tient pour « raison de sa terre de Garentières et en « accroissement d'icelle, à tenir de nos « successeurs rois de France, tout ensem- « ble en une foi et seul hommage comme « dessus est dit et en baronnie du dict « chevalier et de ses hoirs ou successeurs « qui auroient cause de lui, sans que nous « ou nos successeurs rois de France puis- « sions mettre les choses dessus dictes en « tout ou partie hors de la couronne de « France ; pour ces dictes choses ci-de- « vant le dict chevalier, ses hoirs ou ceux « qui y auront cause seront tenus de faire « quarante jours de garde au chasteau « de Gisors quant mestier sera et à payer « tant seulement pour cause de mouve- « ment de seigneur, de garde et de relief « quant le cas y escherra, un faucon « sor gentil sans autre redevance faire, « et pour ce que ce soit chose ferme « et stable à tous jours, nous avons fait « mettre à ces lettres nostre seel. Ce « fut fait et passé à Poicy, l'an de grâce « mil trois cens et dix-sept, au mois « d'aoust.

En 1390, Yon, seigneur de Garencières, « de Garenceriis, » et dame Marie Bertran, sa femme.

Leur fils, Pierre de Garencières, était propriétaire de « Fauquernon », au droit de sa mère, en 1391.

« Du roy nostre sire, je, Jehan, sei- « gneur de la Ferté-Fresnel, chevalier, « chambellan du roy, nostre dit seigneur,

« à cause de Jehanne de Garancières, ma
« femme, fille et héritière de feu monsei-
« gneur Yon, en son vivant seigneur de
« Garencières.........., advoue à tenir
« par ces présentes en foy et hommaige
« liges en baronnie, à cause de sa chastel-
« lenie de Gisors, les terres, rentes, reve-
« nues, possessions, demaines et choses
« cy après dénommées, escheues et ade-
« nues à la dite dame comme fille et ains-
« née héritière du dit feu monseigneur
« Yon, c'est assavoir : le manoir et la
« ville de Garencières, le manoir et la
« ville du Bois-de-la-Queue, le manoir et
« la ville du Buisson, la ville de Quessoi-
« gny, la ville de Saint-Acquillin et celle
« du Buisson-de-Préaulx, la ville du Ples-
« sez, la ville de la Neufville-des-Vaulx,
« la ville de Mouceaulx, les chastel et ville
« de Grosseuvre, la ville de Sissy, les
« chastel et ville de Baudemont, la ville
« de Bray-soubz-Baudemont, les molins
« d'illec, les villes du Bosc-Rogier, du
« Busc, d'Escoz, du Pley, de Fourges, de
« Val-Corbon, du Bois-Gautier, avecques
« les villaiges, hameaulx; les bois de la
« Queue contenant environ IIII^{xx} et XVI ar-
« pens; les bois du Rouvray XIII arpens;
« les bois du Buisson XIII arpens; les
« bois de la Chaste-Houlle II arpens; les
« bois de Grantseuvre appelez Descouardes
« XLVIII arpens; les bois du Plesseiz-Hé-
« bert XXX arpens; les bois de la Neuf-
« ville-des-Vaulx, le bois de Trasselangue
« IIII^{xx} arpens; les bois de la Maire-Ro-
« gier X arpens; les bois Crespin jouxte
« la forest de Méré, qui sont bois coustu-
« tumiers, et ny peut-on faire vente, con-
« tenant CL arpens; les bois de Bacquet
« contenant environ IIII^c XXVII arpens et
« trente perches; les bois de Tronqueur
« contenant environ IIII^{xx} VI arpens; les
« bois Perreux contenant environ XXXVII
« arpens XII perches; les bois du Long
« contenant environ LXVI arpens XLIII
« perches; les haies de Fourges contenant
« environ III arpens et demi; tous les
« dits bois sans tiers et dangier, avecques
« tous autres bois, prez, terres et reve-
« nues et toutes les autres appartenances
« et appendances des dites villes. A cause
« de la quelle baronnie, dont le chief est
« assiz au dit lieu de Garencières, sont
« tenuz de moy et de la dite Jehanne, ma
« femme, à la cause dessus dite, par hom-
« maige, plusieurs fiefs nobles, des quelz
« la déclaration s'ensuit. Premièrement,
« ung fief de haubert nommé le fief de
« Sisé assiz en la parroisse du dit lieu de
« Sisé appartenant à messire Pierre du
« Buisson, chevalier, et m'en doit paier
« XV livres de relief quant le cas y eschiet.

« Item, demi-fief de haubert assis en la
« parroisse de Groisseuvre appartenant à
« maistre Merle le Franc, et m'en paie
« VII livres X sols de relief quant le cas
« s'offre. Item, ung quart de fief de hau-
« bert assis en la parroisse du dit lieu de
« Menières(?), appartenant à Robin de Sa-
« gaieusse (?) et m'en paie LXXV sous tour-
« nois de relief quant le cas y eschiet. Item,
« ung quart de fief de haubert assis en la
« parroisse du dit lieu de Groisseuvre ap-
« partenant à Jehan le Gastine, et m'en
« doit paier LXXV sous tournois quant le
« cas y eschiet. Item, ung VIIIe de fief de
« haubert assiz en la dite parroisse de
« Groisseuvre, appartenant à Lorin Man-
« cel, et m'en doit paier XXXVII sols VI de-
« niers quant le cas advient. Item, deux
« VIIIes de fief de haubert assiz en la dicte
« parroisse de Garencières, dont est tenant
« Denis des Noyes, escuier, et m'en doit
« payer pour chacun des dits deux VIIIes
« de fief XXXVII sous VI deniers de relief
« quant le cas y eschiet. Item, ung molin
« assiz en la parroisse d'Asnières, appar-
« tenant à Jehan Espringuet, et m'en paie
« IX sous tournois de relief quant le cas
« y eschiet, et par chacun an ung fer de
« lance au terme de Saint-Remi. Item,
« ung fief ou porcion de fief assis à Gues-
« seigny et à la Saussoye et illec environ,
« appartenant aux religieux de Saint-Tau-
« rin d'Evreux. Item, ung VIIIe de fief
« assiz en la parroisse de Saint-Acquilin,
« nommé le fief à la Huberde, apparte-
« nant à Pierre de Garencières, et m'en
« doit paier XXXVII sols VI deniers de relief
« quant le cas s'offre. Item, ung molin
« assiz en la paroisse d'Asnières, appar-
« tenant à Jehan Espringuet, et m'en paie
« IX sous tournois de relief, quant le cas
« y eschiet et par chacun an ung fer de
« lance au jour Saint-Rémi. Item, ung
« fief ou porcion de fief assis à Quessei-
« gny et à la Saussoye. Item, ung VIIIe
« de fief de haubert assis en la dicte par-
« roisse de Saint-Acquillin, dont est
« tenant Raoul des Hayes, et m'en doit
« paier XXXVII sous VI deniers tournois
« de relief quant le cas y eschiet. Item,
« ung VIIIe de fief de haubert assiz en
« la dite parroisse, dont est tenant Yon
« de la Place, et m'en paie XXXVII sous
« VI deniers tournois de relief quant le
« cas advient. Item, ung VIIIe de fief de
« haubert assiz en icelle parroisse dont
« est tenant Jehan de Mauseigny, et m'en
« doit paier XXXVII sous VI deniers tour-
« nois quant le cas s'offre. Item, ung fief
« de haubert assiz en icelle parroisse, ap-
« partenant au dessus dit Pierre de Garen-
« cières, qui tient de moy et de ma dite

« femme par paraige, et nous en poie les
« redevoirs, telz que parager doit faire à
« cause de ce, selon la coustume du pays.
« Item, au droit de la chastellenie de Bau-
« demont, qui est en la dicte baronnie de
« Garencières, sont tenuz de moy par
« hommaiges les fiefs qui sensuivent. C'est
« assavoir : ung fief de plaines armes
« nommé le fief du Bois-Gautier, assis en
« la parroisse d'Escoz, appartenant à mes-
« sire Pierre de Vieulaines, et m'en doit
« paier VII livres x sols tournois de relief
« quant le cas y eschiet. Item, ung fief
« de plaines armes nommé le fief de Gri-
« monval, assis en la dicte parroisse, ap-
« partenant à Jehan de Cauchoiz, le quel
« Jehan m'en doit paier VII livres x sols
« tournois quant le cas y eschiet. Item,
« ung quart de fief de haubert assiz au
« dit lieu de Bray, appartenant à Yvon-
« net du Bois, et m'en doit payer LXXV solz
« tournois de relief quant le cas y advient.
« Item, ung quart de fief de haubert assis
« en la parroisse de Chumières?, apparte-
« nant aux hoirs feu Pierre Manessier, et
« se relieve par LXXV solz tournois de re-
« lief quant le cas y eschiet. Item, ung fief
« de plaines armes assiz en la parroisse de
« Hennesiz, appartenant à Robert de Vil-
« liers, et se relieve par VII livres et x solz
« tournois. Item, ung quart de fief de
« haubert assiz en la parroisse de Raube-
« court, appertenant à Perduras de Gru-
« mesnil, et se relieve par LXXV solz tour-
« nois quant le cas advient. Item, ung
« fief nommé le fief de la Hache, apparte-
« nant à Jehan le Cousturier, assiz en la
« parroisse de Baudemont, et acquitte son
« dit fief pour ferir chacun an le jour
« de Penthecoste trois horions de hache
« sur la perrière (?) du chastel de Baude-
« mont. Item, ung quart de fief de hau-
« bert assiz en la parroisse de Fourges, qui
« est messire Jehan de Tilly, chevalier,
« qui se relieve par LXXV solz tournois. Au
« droit de laquelle baronnie et des choses
« dessus dites et de leurs deppendances et
« appartenances, j'ai et m'appartient à la
« cause dessus dite toute haulte justice,
« moienne et basse.
« . . . . . les patronnaiges des églises
« de Grantseuvre, de la Neufville des
« Vaulx, de Baudemont, de Fourges et du
« Bois-Rogier ; les chappelles du chastel
« de Baudemont et du manoir du Bois-de-
« la-Queue. . . . . . .
« . . . Outre le relief qu'il est tenu de
« payer au roy, il doit en outre quarante
« jours de garde au chastel de Gisors
« quant mestier est. . . . . En tesmoing
« de ce, j'ay seellées ces présentes de mon
« seel, le XXVIe jour de may, l'an mil CCCC

« et onze. » (Arch. imp., P. 307, n° 235, fol. 6 v°. Chastellenie de Gisors.)

Le *Coustumier des forêts de Normandie* nous apprend quels étaient les droits du seigneur de Garencières en raison de ses manoirs de Garencières, de Croisi et de Thevrai.

« Messire Jehan de Garenchières, cheva-
« lier, seigneur de Cerisy, a en la forest
« de Méré, deppendante de la forest de
« Pacy, à cause de son manoir et terre de
« Croysi, par don fait par Philippe, par la
« grâce de Dieu roy de Navarre, comte
« d'Evreux, de Longueville, de Mor-
« taing et de Engoulaisme, regnant l'an
« mil CCC XXXII, le VIIIe jour de septem-
« bre ; c'est assavoir que, par livrée du
« verdier de la dicte forest ou son lieute-
« nant, il a son hesbergement, son ardoir,
« la reflection et soustenance pour son
« dit manoir, fours, pressours, gors et
« pescheriez, et bois pour charuez, cha-
« retes, tonneaulx, huches et toutes au-
« tres necessitez pour sa terre et manoirs
« dessus diz, le pasnage à ses pors et le
« pasturage à ses bestes.
« Le sire de Garenchières a, en la dicte
« forest, pour ses manoirs de sa terre de
« Garenchières, le boiz de la Queue, le
« buisson de Cresson, la Neufville-des-
« Vaux, par le don de Philippe, par la
« grâce de Dieu roy de Navarre, comte
« d'Evreux, de Longueville, de Mortaing
« et de Engoulesme, fait l'an mil IIIc XXXII ;
« c'est assavoir que, par livrée du verdier
« de la dicte forest ou son lieutenant, il a
« son hesbergement, son ardoir, la reffec-
« tion et soustenance pour ses diz manoirs,
« fours, pressours, gors, pescheriez, et
« boiz pour charuez, charetes et ton-
« neaulx, huchez et toutes autres neces-
« sités pour ses terres et manoirs dessus
« diz, le pasnage à ses pors et le pastu-
« rage à ses bestes.
« Monseigneur de Garencières, à cause
« de son hostel de Thevray, est sergent
« fieffé en la forest de Bretheuil, etc. . . .
« . . . . Item, à
« cause de son hostel et lieu de la Lus-
« sonnière, le dit seigneur de Garencières
« doibt avoir ses bestes franches sans
« nombre en la forest pour pasturer,
« etc. » (*Usages et coustumes des forêts de Normandie*, fol. 213 v°.)

La *Chronique des quatre premiers Valois* mentionne monseigneur de Garencières parmi les barons de Normandie qui, à grosses troupes de gens d'armes, cheva-liers et écuyers, chevauchèrent en 1361 sur la terre du roi de Navarre.

En 1391, messire Jehan de Garencières, chevalier, était « maistre des eaues et

« forests ès terres que souloit tenir le roy
« de Navarre ».

En 1103, Jean « de Garencherez », chevalier, était maître et enquesteur des forests de Normandie.

Jean de Garencières épousa Jeanne de Villiers, qui lui apporta la terre de Maci.

Le 16 mars 1119, le roi d'Angleterre fit don et délivrance à messire Richard de Garencières, chevalier, de ses rentes, terres et seigneuries dont il rendit hommage.

Nous trouvons dans divers actes, avec le titre de seigneurs de Garencières :

En 1160, Jehan, sire de Montenai, chevalier, baron de Garencières et de Baudemont ;

En 1196, Philippe de Montenai,

En 1500, Jean d'Anisi, chevalier, seigneur d'Asnières et baron de Garencières ;

En 1301, Jean de Chambes, seigneur de Garencières ;

De 1521 à 1532, Jacques d'Encoutenai, baron de Garencières et de Baudemont ;

En 1561 et 1562, Isabelle d'Estouteville, sa veuve ;

De 1576, à 1591, Jean de Montenai, baron de Garencières ;

En 1615 et 1636, Antoine de Montenai, seigneur de Garencières et Baudemont ;

En 1638, César de Montenai ;

En 1677, Marie Césarine de Montenai, dame de Garencières et Baudemont, veuve de Paul Tannegui de la Luzerne, chevalier, seigneur de Beuzeville ;

En 1686, Gui-César de la Luzerne.

« Messire Guy-César de la Luzerne, che-
« valier, marquis de Beuzeville, demeu-
« rant ordinairement en son chasteau du
« Moulin-Chapel, paroisse de la Houssaye,
« viconté de Conches, vend, quitte, cède
« et délaisse à messire Alexandre du
« Bosc, chevallier, seigneur de Coqueréau-
« mont, demeurant à Epreville, viconté
« de Rouen, tout le domaine fieffé et non
« fieffé de la baronnie et haute justice de
« Garentières, à luy appartenant à cause
« des successions de dame Jeanne Lema-
« con, son ayeulle maternelle, et de dame
« Marie Cézarine de Montenay, sa mère,
« moyennant le prix et somme de 70,300
« livres.

« Samedy 17 octobre 1693. »

Garencières était, conjointement avec Grossœuvre, un titre de baronnie ayant droit de haute justice.

Le hameau de la Vignette, dépendant du Val-David, a été réuni à Garencières en 1818.

Dépendances : — le Buisson-Cresson ; — la Chatte-Houle ; — le Val ; — la Vignette ; — le Bois-de-la-Queue ; — la Heuse.

GARENNES.

Arrond. d'Evreux. — Cant. de Saint-André.
Sur l'Eure.

Patr. S. Aignan. — *Prés.* le baron d'Irri et de Garennes.

Ce nom est visiblement le même que celui de Warenne qu'on voit figurer dans l'un des plus anciens diplômes mérovingiens.

Il vient de l'allemand *Warunde* : garde, partie gardée, réserve.

Robert le Sénéchal donna à l'abbaye de Saint-Taurin deux acres de terre à Garennes et la dîme de la culture de son père et seigneur.

Le pape Eugène III confirma en 1152 le don que Richard, fils d'Herluin, avait fait de la dîme de ses moulins de Garennes :

« ... Ex dono Richardi filii Herluini decimam molendinorum de Garenis... »

En 1211, Berthe de Garennes « de Garenis, » sœur de feu Guillaume de Paci, archidiacre d'Evreux, et son fils Robert, confirmèrent le don fait à l'église d'Evreux par cet archidiacre d'une maison à Evreux et d'une vigne ; ils reçurent de la charité du chapitre 12 livres tournois.

En 1216, au mois de mars, Robert de Garennes : « de Garenis, » clerc, donna au chapitre d'Evreux toute la dîme qu'il avait à Garennes : « totam decimam meam « laicam quam habebam apud Garenas « ultra aquam. » Sa mère, Berthe, qui figure dans la charte précédente : « Breda, mulier de Garenes, » y donna son consentement par un acte séparé, et Luc, évêque d'Evreux, confirma cette donation par une charte où la mère ne s'appelle plus « Breta », ni « Breda », mais « Brita ». Nous pensons que ces diverses formes de nom correspondent à Berthe.

Amauri de Garennes donna à Notre-Dame-du-Désert, et à sa fille Sainte Marie-Madeleine de Chambines, du consentement de Chrétienne, sa femme, de Simon son fils, et de Morice, son frère, quatre arpents de terre dans le fief d'Œncourt, et du bois mort et vert dans le bois d'Œncourt ; il confirma en outre la donation faite par Roger de Laloe de deux arpents de terre. Les témoins étaient : le comte Robert et la comtesse Pétronille de Leicester, Jean de Chambines, Guillaume de Chambines, Henri de Laloe, Gautier de Chignoles ou Chabennoles, etc... (*Cart. de Notre-Dame-du-Lesme*, f° 51 r°.)

En 1231, Gautier « de Garennes », chevalier, est témoin dans une des chartes de la Noë. (Bibl. imp.)

Le 1er septembre 1511, avec la permission de l'évêque d'Evreux, Toussaint Varin, évêque de Thessalonique, fit la dédicace de l'église de Saint-Agnan-de-Garennes, et la bénédiction du cimetière de ladite église.

Dans l'église, du côté de l'évangile, est une tombe du xvie siècle, à moitié cachée par un banc. La portion de l'épitaphe, qu'on peut lire, porte les mots suivants :

« ..... Baronnies d'Yvry et Garennes, « qui décéda le xxiie jour de janvier « MDXXXII. »

La baronnie de Garennes a été réunie à celle d'Ivri jusqu'à la Révolution. Le seigneur présentait à la cure. Il avait droit de haute justice. (Voyez à IVRI, l'aveu de la baronnie d'Ivri.)

On trouve aux archives impériales, section domaniale, P. 1870-72, deux cartons, comprenant l'évaluation des baronnies de Garennes et d'Ivri.

« La veille de la bataille d'Ivri, l'armée « du duc de Mayenne, qui s'était avan-« cée dans l'après-midi vers la Neuvillette, « fit à la nuit un mouvement rétrograde ; « la gauche s'appuya sur un ravin qui « borde le hameau de Tourneboisset, et « la droite s'étendit jusque sur les hau-« teurs de la rivière de l'Eure. Le lende-« main, après la bataille, un grand nom-« bre de fuyards s'échappèrent par la « gorge à laquelle aboutit ce ravin. « N'ayant pu franchir la rivière, ils cher-« chèrent un asile dans le bois de Garen-« nes. Les gens du pays les poursuivirent « et les exterminèrent.

« Près de Tourneboisset, sur une bruyère « en arrière de la batterie qui se voit en-« core sur le territoire de Boisset, il a « existé longtemps de très-larges fossés « qui protégeaient sans doute le front du « campement. Non loin de là, sur une émi-« nence qui domine la vallée de l'Eure, « on remarque une redoute à doubles fos-« sés qui a pu être un poste d'observation « ou de défense, puis dans le bois voisin, « d'autres retranchements qui se ratta-« chent soit au campement, soit à la dé-« fense désespérée des vaincus. Enfin, au « bas de la gorge, vers la limite de Ga-« rennes et de Neuilli, un monticule assez « grand, formé de terres crayeuses, ren-« ferme des squelettes et des ossements

« humains. C'est là que paraissent avoir « été entassées les victimes du combat et « de la poursuite. On nomme ce lieu la « Croix-Teutin, parce qu'autrefois une « croix marquait ce monument de car-« nage ». (Gadebled, *Dictionnaire du département de l'Eure*, GARENNES.)

Dépendances : — Grenelle ; — Tourneboisset ; — Villeneuve ; — le Parc.

GASNI.

Arrond. des Andelis. — Cant. d'Écos.
Sur l'Epte.

Patr. S. Martin. — Prés. l'abbé de Saint-Ouen.

L'île que formait la rivière d'Epte, a été, vers le commencement du iie siècle, le lieu de la sépulture de saint Nicaise, premier archevêque de Rouen, et de ses compagnons saint Scuvicule et saint Quirin, plus tard aussi de sainte Pience. Une légende dit que les saints avaient été exécutés dans un lieu qui s'appelait : « Scamnis, » et qu'ayant pris leur tête pendant la nuit ils se rendirent dans cette île en traversant un gué ; d'où est venu le nom de gué Nicaise : « Vadum Nicasii, » et par contraction Vani ou Gâsni.

Dans une charte de Charles le Chauve, en faveur de Saint-Ouen, Gasni est désigné sous le nom de « Wadiniacus ».

C'était, dès le ixe siècle, une des propriétés de l'abbaye de Saint-Ouen de Rouen. Les reliques de saint Ouen et furent transportées pour être à l'abri des Normands ; l'archevêque Riculfe alla en 872 les visiter.

« ..... Quorum sacrosancta corpora « tunc temporis apud Wadiniacum villam « causa metus Normannorum licet in pro-« prio solo exulabantur... Venerabilis de-« nique Pientia, monitis sacrosanctorum « ad fidem Christi conversa, eorum cor-« pora honorifice sepelivit, dans ipsum « prædium sui juris quod Wadiniacum « dicitur, ad sacrosanctorum memoriam, « ubi postea in honore ipsorum constru-« cta est ecclesia, in qua multo tempore « sacrosanctorum requierunt corpo-« ra.... » (Charte de l'archevêque Riculfe de 872 à 875.)

Richard II, dans une charte en faveur de Saint-Ouen de Rouen, dénombre en ces termes les dépendances du prieuré de Gasni :

« ... Wadiniacum cum ecclesia et om-« nibus appenditiis suis, videlicet Torsia-

« cum, Gupin (*Goupigni*), Furgas (*Four-*
« *ges*), Masnile quod dicitur Sanctus
« Remigius (*Saint-Rémi*) cum ecclesia, de
« Bucincurte (*Bucincourt*) quintam par-
« tem, Bionval (*Bionval*) cum ecclesia,
« Milouis Masnile (*le Mesnil-Milon*), Rai-
« noldi curtem, villam que dicitur Sancta
« Genovefa (*Sainte-Geneviève*), cum ec-
« clesia, Falesiam (*Falaise*), Givernacum
« (*Giverni*) cum ecclesia, Villare (*Villez*),
« Limez (*Limetz*) cum ecclesia, Dathen-
« curt cum ecclesia, Valterii Masnile, cum
« omnibus pertinentiis eorum, vineis,
« pratis, silvis, aquis, molendinis, terris
« cultis et incultis... Quæ omnia noster
« atavus Rolphus prænominato loco par-
« tim restituit, partim dedit, sed propriis
« cartulis ad notitiam futurorum minime
« descripsit... »

En 1118, au moment où Henri Ier, roi d'Angleterre, prenait le château de Saint-Clair-sur-Epte, Louis le Gros s'avança vers Gasni avec une poignée d'hommes; c'était un lieu de défense assez sûr à cause des eaux qui l'environnaient de tous côtés. Le prieuré était fortifié et l'église munie d'une tour. Louis le Gros y fit d'abord entrer quelques-uns de ses gens, sous le costume de moines, puis à leur suite il pénétra dans la place où il s'établit. Le roi d'Angleterre accourut et posta sur une éminence voisine un grand nombre d'archers et d'arbalétriers : il éleva aussitôt deux forts que les Français appelèrent par dérision l'un Mal-Assis, et l'autre Gîte-à-Lièvre. Le Mal-Assis fut attaqué par Louis le Gros, qui en expulsa l'ennemi. Une portion du territoire de Sainte-Geneviève-les-Gasni a conservé ce nom de Mal-Assis :

« ... Porro Ludovicus Vadum Nigasii
« quod Vani vulgo vocatur fraudulenter
« adiit, ac veluti monachus cum sociis
« militibus, qui nigris cappis amicti erant,
« ex insperato intravit. Ibique in cella
« monachorum Sancti Audoeni castrum
« munivit, et in domo Domini, ubi so-
« lummodo preces offerri Deo debent,
« speluncam latronum turpiter effecit.
« Hoc vero rex Anglorum ut audivit, illuc
« cum exercitu velociter accessit, ibique
« duo castra firmavit, quæ hostilis derisio
« turpibus vocabulis infirmavit. Unus
« enim Malassis et alius nuncupatur Trulla
« Leporis. » (Ord. Vit., ad ann. 1118,
l. XII, t. IV, p. 311.)

En 1167, Louis le Jeune brûla les fermes du prieuré.

« ... Hoc actum est anno quo Henri-
« cus rex Angliæ invasit Castrum Sancti
« Clari in Francia et Ludovicus e contra

« castellum Vani in Normannia... » (Ord. Vit., l. V, t. II, p. 453.)

Suivent deux actes relatifs au prieuré de Gasni au commencement du XIIIe siècle.

Dans le premier, une transaction intervient entre le prieur de Gasni et Guillaume de Givri :

1190, octobre. « In nomine sancte et
« individue Trinitatis, amen. Philippus,
« Dei gratia, Francorum rex. Notum sit
« omnibus, tam futuris quam presentibus,
« quod abbas et conventus Sancti Au-
« doeni de Rotomago et prior Sancti Ni-
« gasii de Gaani habebant quamdam
« querelam adversus Willelmum de Givri
« et filios ejus, scilicet Willelmum et Ugo-
« nem, et tantum jam creverat predicta
« querela, quod ex utraque parte ad belli
« guagia perventum erat; de illa tandem
« querela talem inter se pacem compo-
« suerunt, quod prescriptus abbas et prior
« Sancti Nigasii, ad cujus prioratum ista
« querela principaliter pertinebat, dede-
« runt xv. libras parisiensis monete pre-
« dicto Willelmo et filiis ejus, ut ipsi qui-
« tarent illud unde querela vertebatur
« inter eos; predictus autem Willelmus
« et filii ejus quitaverunt integre abbati
« et priori quicquid habebant dominica-
« ture in villa que vulgo dicitur Ieou,
« scilicet omnem viariam, et omnem jus-
« ticiam, et tres modios vini de censiva,
« et omnes nummos quos habebant de
« omni redditu, et unam medietatem
« cujusdam torcularis. Ista vero concor-
« dia recitata fuit coram nostris burgen-
« sibus : Teobaldo scilicet Divite, Athone
« de Gravia, Ebroino Campsore, Roberto
« de Carnoto, et, ut vivaci teneatur me-
« moria, scripto commendatur. Ut etiam
« ab inquietatione omnis calumpnie de-
« fendatur, sigilli nostri auctoritate con-
« firmatur, et regii nominis karactere
« inferius adnotato roboratur. Inde est
« quod nos propositis nostris et etiam
« ballivis districte precipimus, ut ipsi
« istam pacem illibate faciant observari.
« Quod nisi fecerint, tam corpore quam
« possessione nostram merciam noverint
« incurrisse. Actum Parisius anno Verbi
« Incarnati M°. C°. XC°., regni nostri
« anno XI°; astantibus in palatio nostro,
« quorum nomina supposita sunt et si-
« gna, mense octobris : Signum Teobaldi
« comitis, dapiferi nostri; signum Gui-
« donis, buticularii ; signum Mathei, ca-
« merarii; signum Radulfi, constabularii.
« Data vacante (*place du monogramme*)
« cancellaria. » (Orig. aux Arch. de la Seine-Inf. — Cartul. des baronnies de Saint-Ouen, f° 159 v°, GAASNY, n° XXV.)

Le second acte traite des moulins situés

sur l'Epte, entre Gasni et Sainte-Geneviève, moulins dont la libre possession est confirmée au prieuré par Etienne de Mareville, chevalier :

1216. « Notum sit omnibus presentibus « et futuris quod ego Stephanus de Mara- « villa, miles, assensu et voluntate Em- « meline, uxoris mee, et heredum meo- « rum, concedo et confirmo, pro salute « anime mee et antecessorum meorum « et heredum meorum, abbati et monachis « Sancti Audoeni Rothomagensis, quod « faciant molendina sua in Ita ubicunque « voluerint, et exclusas suas ex utraque « parte molendinorum sicut eis necesse « fuerit et sicut melius facere voluerint, « in predicta aqua, que mea est, et pre- « dictorum monacorum in communi, a « Gordeio Galerani usque ad Furcum ma- « nerii. Item concedo predictis abbati « et monachis ut faciant molendinum « apud Sanctam Genovefam in fossato « domini regis, ubi quondam habuerunt « molendinum, vel alibi, si sibi viderint « melius expedire, et ut exclusas suas, « faciant in Ita et predictam Itam extra « cursum suum antiquum mittant et per- « ducant ad molendinum suum per ter- « ram suam sicuti voluerint, ita quod « predicta aqua revertatur ad cursum « antiquum ante portam Sancte Genovefe. « Hec autem omnia predicta predicti « monachi libere facere poterunt et quiete « possidebunt, nichil inde mihi et meis « heredibus nisi orationes tantum in « Christo persolventes. Hec autem omnia « debeo predictis monachis contra omnes « gentes garantizare. Pro hac autem « concessione dederunt mihi prenominati « monachi unam marcham argenti. Et « ut hoc ratum permaneat, presens scrip- « tum roboravi sigilli mei munimine. « Actum anno gracie M. CC. XIIII. Tes- « tibus hiis : Gisleberto Bubos sacerdote, « Willelmo, sacerdote, Willelmo, tunc « temporis priore de Wadiniaco, Hugone « de Bona, et multis aliis. » (Arch. Seine-Inf. — Fonds de Saint-Ouen, orig.)

« Sanson, abbas Sancti Audoeni (1182- « 1190) concedit Gilleberto de Crpigneio « feodum suum quod habet in parrochia « de Gaene........ ; vilanagii fuerat... « more aliorum nostrorum liberorum ho- « minum... per v. solidos Andegaven- « sium... »

Parlons des vignes de Gasni.

Dans le cours du XIIe siècle, le vicomte Goscelin donna aux moines de Sainte-Catherine ses vignes de la vallée de Gasni. Le domaine de Gasni, dont Giverni était une dépendance, appartenait aux religieux de Saint-Ouen, qui, au XIVe siècle, y ré-

coltaient annuellement, sur leur propre fonds, quarante tonneaux de vin, estimés en moyenne cinquante sous. La vigne prospérait encore sur les coteaux de Sainte-Geneviève, au midi de Gasni. (Cartul. S. Trin. Rot., n. VIII, p. 127. — Etat du temporel de Saint-Ouen, en 1337, A. S. I., Saint-Ouen. — Voir deux chartes, l'une de 1225 et l'autre dans les environs de 1275, Cartul. des baronnies de Saint-Ouen, Gaagny, C. XV et B. XLI.)

Un pensionnaire des moines de Saint-Ouen, employé aux vignes de Gasni, avait pendant les vendanges deux pains par jour, des pois, du lard et du sel : « Ex « quo in torcularibus retallagia fieri in- « cipient, duos panes et pisa, lardum, « salem usque ad ultimum diem... ha- « bebit. » (Cartul des baronnies de Saint-Ouen, Gaagny, B. XLI.)

En 1257, Gui de la Roche renonce à trois ou quatre muids de vin « apud Guaeni ».

Suivent une série de chartes du XIIIe siècle relatives à Gasni :

En 1223, charte de Roger Torel et d'Agnès sa mère « apud Gaeneium ». (Gasni, E. XIII.)

1233. « Noverint universi quod ego « Johannes de Guhy, miles, ad peticionem « et voluntatem Margarite, matris mee, « pro salute anime mee et omnium ante- « cessorum meorum, quietavi omnino et « libertatem dedi monialibus de Fonti- « bus Girardi et eorum successoribus in « pedagio meo apud Gaani, ita quod pre- « dicte moniales vel earum successores « libere et quiete poterunt adducere per « predictam villam de Gaani vina sua, « scilicet de vineis suis de Chantemerle ad « potum suum et nichil amplius. Quod « ut ratum et stabile permaneat, presens « scriptum sigillo meo confirmavi. Actum « anno Domini M. CC. XXXIII. mense de- « cembri. » (Arch. de l'Eure, orig.)

1256. « Omnibus hec visuris, Johannes « dominus de Ruppe Guidonis, miles, sa- « lutem in Domino. Noveritis quod in « nemoribus virorum religiosorum abba- « tis et conventus Sancti Audoeni Ro- « thomagensis sitis apud Wandeniacum « nichil juris habeo vel reclamo seu pro- « prietatis seu sesine, nec de cetero ego « vel heredes mei poterimus aliquid re- « clamare, salva venatione mea in dictis « nemoribus, sicut alii nobiles de patria « habent. » (Arch. de la Seine-Inf. Fonds de Saint-Ouen. orig.)

1271. « Aelina, uxor defuncti Odonis « de Fraxineia, militis defuncti, et nunc « uxor Mathei de Lamerville, armigeri, « parrochiæ Sancti Martini de Gaaniaco...

« Parrochia de Fourges in insula Sancti
« Nigasii juxta sive prope terram Sanc-
« torum Corporum. » (Gasni, A. v.)

1257. « Johannes dictus de Ruppe Gui-
« donis, miles, in nemore ad manerium
« de Gaani pertinente nichil clamabit. »
(A, XLII.)

En 1256, « Johannes, dominus de
« Ruppe Guidonis » déclare que « nichil
« clamabit apud Waudeniacum. » (Gasni,
E. VIII.)

1269, mars. « Carta Johannis, domini
« de Ruppe Guidonis, militis, de jure
« prioratus Gaanici apud insulam Sancti
« Nigasii... » (Gasni, A. VIII.)

1283. « Una pecia terræ in territorio
de Bihorel, in parrochia de Gaani. »
(Gasni, A. XXXI.)

1283. « ... Unam peciam vineæ in
« territorio de Bihorel, in parrochia de
« Gaani.. » (Gasni, A. XXXI.)

Le pouillé et le registre des visites pastorales d'Eudes Rigaud nous donnent sur
Gasni des détails curieux. Voici d'abord
le passage du pouillé :

« Ecclesia Sancti Martini de Gaani : ab-
« bas Sancti Audoeni patronus : habet
« VIII et XIII. parrochianos. Percipit pres-
« biter XIII. libras et x. solidos Turonen-
« sium, et totum residuum percipit abbas
« Sancti Audoeni usque ad c. libras Tu-
« ronensium... »

En 1249, Eudes Rigaud, visitant le
prieuré de Gasni, y trouva quatre moines
mangeant de la viande, ne faisant pas
jeûne, en un mot n'observant aucune
règle. L'abbé administrait directement le
prieuré.

En 1250, il enjoint aux moines de faire
chaque jour après Primes, une lecture de
la règle et de chanter les heures.

En 1251, mêmes observations. Eudes
Rigaud constate que l'abbé de Saint-Ouen
envoyait au prieuré tantôt trois, tantôt
quatre moines, à sa fantaisie.

En 1253, mêmes observations.

En 1259, le prieuré n'était pas mieux
tenu. Il n'y avait que trois moines. Les
terres n'étaient pas encore mises en culture, quoique la saison en fût passée ;
les bâtiments étaient sans toiture : tout
menaçait ruine. L'abbé de Saint-Ouen
changeait trop souvent les prieurs.

En 1260, frère Roger d'Andeli, prieur.
L'archevêque défend aux moines de recevoir à leur table des femmes, et d'aller
prendre leur repas avec elles dans la
ville. Les moines devaient 100 livres.

En 1262, deux moines, dont le prieur.

En 1263, trois moines de Saint-Ouen
dans le prieuré : Roger de Saint-Aignan,
Geoffroi de Nainville et Guillaume de
la Madeleine Ils demeuraient dans le
manoir de Saint-Nicaise, qui était au delà
de la rivière, et ils ne s'occupaient aucunement du service divin dans l'autre manoir. Ils ignoraient complètement l'état
de la maison, parce qu'ils étaient récemment installés, et que tout était envoyé
de l'abbaye de Saint-Ouen, excepté la
nourriture des moines et de leur famille.

En 1264, trois moines. Eudes Rigaud
constate qu'ils habitaient dans le manoir
de Saint-Nicaise ; et que dans l'autre manoir, manoir dans lequel Eudes Rigaud
était descendu, les moines avaient nombreuse famille et des animaux. Il leur
ordonna d'ouvrir une porte de manière à
faciliter le trajet entre ledit manoir et
l'église paroissiale. Mêmes observations
qu'aux visites précédentes.

En 1265, Mêmes observations. Frère
Jean de Fontaine-en-Brai, prieur.

En 1266, Nouvelle visite d'Eudes Rigaud. Il ordonne aux moines d'observer
les jeûnes, de célébrer plus souvent l'office divin, de placer sur l'autel un « repo-
sitorium » dans lequel les hosties consacrées puissent être déposées et conservées.

En 1267, Eudes Rigaud, constate qu'il
y avait une chapelle de Saint-Nicaise
dans le prieuré de Saint-Nicaise.

En 1269, Eudes Rigaud revient. Il
trouve Jean de Beauvais prieur. Il descend
dans le manoir situé à droite de la rivière, dans le Vexin normand, près de
l'église paroissiale de Gasni. « Les moines
disent qu'ils ne doivent pas nous recevoir
dans le manoir de Saint-Nicaise, » qui
était de l'autre côté de la rivière, dans le
Vexin français. Les moines n'avaient aucune dette, parce qu'ils étaient tenus d'envoyer à l'abbaye de Saint-Ouen tout ce
qu'ils recevaient, et ne dépensaient pas
pour entretenir eux et leur famille. A
cette époque le prieuré était fort riche.

Le livre des jurés de Saint-Ouen
contient l'état des biens de l'abbaye de
Saint-Ouen, tel qu'il fut dressé en 1291.
On lit à l'article GAANI, le passage suivant :

« Gaany. Les jurés de Gaany, primire-
« ment : Pierres Hardi, adone serjent,
« Gieffroy Nobert, Colin Ane, Eude Do-
« renge, Raoul Desusliane, Michiel Do-
« renge, Ricard Poitevin, Valtier, Gybout,
« Guillaume Goorre, Ricard Laguillier,
« Jehan Laguillier, Martin Dorenge, Sy-
« mon Heurteleu et Estienne Yves.

« Qui dient que l'église S. Martin de
« Gaani est en la donnoison Mons. l'abbé
« de S. Oyen de Rouen, et il prent les

« pars de l'autelage, et le rectour la quarte,
« c'est assavoir des v festes anuex de la
« Tos Sainz, de la S. Martin d'yver, de
« Noel, de la Chandeleur et de Pasques,
« de toutes les oblacions des chevetaignes
« qui esdites fectes sunt festes, et a Mons.
« l'abbé aussi les III pars des diesmes de
« toutes les leines, des veaux, des pou-
« lains et des oisons en la vile de Gaany,
« et toute la diesme del fruit et des
« oeures de lins et de chanvre. Mes au
« Mesnil a le prestre le tiers de un (?) et
« prent les, à Pasques, III s. IX d. sus le
« commun de l'offrende por acheter le
« cresme et le vin que les paroissiens boi-
« vent quand il son à communier.

« Item, Mons. a toutes les diesmes de
« toute manière de blaice qui croist en
« ladite paroisse de S. Martin de Gaany,
« decha l'eaue d'Ethe. Quer les deismes
« toutes grosses et menues de outre
« l'eau apartiennent au prieur de S. Ny-
« gaise de Gaani. Ne ni prenent riens
« ne Mons. l'abbé ne le dit prestre ne
« puet ne ne doit riens reclamer sus ses
« paroissiens de l'ille por leur offrendes
« des dites v festes anuex, sa part comme
« desus est dit, et en cas d'aventure qui
« sovent avienent, comme d'espousailles,
« d'effant baptisier, de confession, d'a-
« communier, d'enoilier, et XI d. por la
« sepulture et de fame ameser ou relever;
« et si prent ledit prestre en la granche
« du manoir S. Oen II muys de grain,
« c'est assavoir I muy de seigle, demy muy
« d'orge, v sextiers d'aveine et I sextier
« de pois, à la mesure de Gaany, par con-
« stitution fete par devant l'archevesque
« Rigaut, entre l'abbé Jehan d'une part,
« et Misire Ricart, rector adone de ladite
« yglise de S. Martin d'autre, por toutes
« deismes de blaise, comme de forment,
« de segle, d'orge, d'aveine, de pois, de
« feives, de vecche et de toutes autres
« manières de blé, par an d'anuel rente
« et a sance (?) parfecte quant il a dite le
« jor de Pasques la grant messe.

« Item, ledit prestre prend en venden-
« ges v muys de vin por sa part de toutes
« les diesmes de vin de tote la parroisse,
« lesquieux v muys de vin il prent au
« Mesnil, et commence au bot desous, et
« doit cuillir tout a orne sorquetant que
« il ait ses v muys de vin dessus dis, et
« ne les puet ne ne doit cuillir sans au-
« cune persone qui i soit eu nom de
« Mons. l'abé.

« Item, il dient que toz cheulz qui sont
« resséans en ladite paroisse sont baniers
« des moulins Mons. l'abbé, c'est assa-
« voir du moulin francheis et du moulin
« normant, et ne puet ne ne doit le roi ne

« son commandement faire justice sus le
« moulin francheis por désobéissance que
« Mons et sa gent facent en Normendie,
« et paient les dis baniers le seizième
« boissel de moulture, comble entre la
« S. Jean-Baptiste et Noel, et reis après.

« Item, ils dient que touz les reseans
« en la ville de Gaani, soit en l'ille, soit
« decha, sont baniers du four. Mons. l'ab-
« bé, et paient le XXI° pain de fornage, et
« les bolengiers ont cuit le pain de x
« boisseaux de blé por IIII d. et obole; et
« cels (?) du Mesnil fornient la ou il
« voelent.

« Item, il dient que touz celz qui ont
« vignes en diesmage de Gaani, soit decha
« l'eaue ou dela, sont baniers de pressorer
« au presicur du manoir mons. l'abbé.

« Item, il dient que cescun tenant feu
« et lieu en ladite paroisse ont, ès bois
« S. Oyen, le pasturage a toutes leur
« bestes, fors à cheivre, et ont les vertes
« branchez en gesant, et le sec bois en
« estant, et le mort bois por lor ar-
« doirs, donc ils rendent IIII d. et I pain
« à Noel, et III oes à Pasques, cels de
« Gaani et cels du Mesnil en rendent IIII
« d. et I pain à Noel, et VI oes à Pasques,
« donc Mons. n'a que III, et le prevost les
« autres III.

« Des coutes :

« Item, il dient que cescun rescant en
« la vile de Gaany doit trouver et aporter
« à la court I coute qui l'a, et qui ne l'a
« si doit trouver et aporter II dras en lit
« et I quevrechef qui les a, toutes fois que
« Mons l'abbé i vient, et cels du Mesnil
« rendent cescun rescant feu et leu te-
« nant II gelines à la Tossainz par le
« rachat desdites coutes trouver et apor-
« ter.

« Des corvées de carue :

« Item, il dient que toz les reccans en
« la vile de Gaany qui ont chevax et ca-
« rue doivent VI jornées de carue cescun
« an, c'est assavoir II à blés, et ont eu
« champ por cescune corvée assez pain et
« vin au disner, et II à tremoiz, et II à
« garchiere, et ont por cescune II d. de
« pain, et cels du Mesnil Mylon en doi-
« vent IX corvées cescun toz les ans qu'il
« ont chevax et carue, c'est assavoir III
« à blés, II à tremois, II à garchiere et II à
« retail, en la condicion desus dite.

« De carete :

« Item, il dient que toz cels de la ville
« de Gaani doivent, se il ont chevax et
« carete, en aoust amener des chans quier
« que len veult à la granche du manoir
« S Oein II quaretées de tremoi et II d'y-

« vernage, et ont ıı d. de pain por ces-
« cunes ıı charetées, et si doivent amener
« cescun ıı caretées de fein du pré de
« Hamellon, et en ont ausi ı pain de
« ıı deniers, et cels qui de ladite ville qui
« n'ont cheval ne caretel doivent ı homme,
« ı jornée por aider à auner le fein dudit
« pré, et se il avient que il pleuve tant
« que il tenent l'oeure par commandement,
« mes que il aient au meins fet ı millon
« de fein en celui jor, il ne sont pas tenus
« à raler i lendemain, mes cels du Mesnil
« Mylon, de la Chapele et de S. Geneviève
« le doivent par auner et par amener, se
« demorant a quant cescune carete de
« Gaani en a amené ıı charetées, et ont
« por cescune jornée de cariage ıı d. de
« pain.

« De sarclage :
« Item, il dient que cescun resséant
« en paroisses de Gaani, de la Chapelle,
« de S. Geneviève et de Gyverni qui n'ont
« charue, qui ne sont resséant en franc
« sein(?) sont cescun an ı serjant, ı jornée
« pour aider à sarcler les tremois.

« De sommage :
« Item, il dient que cescun tenant feu
« et leu en la ville de Gaani doit porter
« ı septier de grein de sommage et trou-
« ver le sac ou port de Gyverni cescun an.

« De eodem :
« Item, il dient que cels qui sont re-
« seans au Mesnil Mylon doivent porter
« et mener, cescun an, demi muy de grein
« du manoir de Gaani audit port de
« Gyverni, por cescun arpent que il tien-
« nent as rentes de mars, soit à camp ou
« à ville.

« De la pescherie :
« Item, il dient que cescun resseant en
« feu(?) S. Oyen, es paroisse de Gaani, de
« la Chapele, de S. Geneviève et de Gy-
« verni, poent et doivent peschier en
« l'eaue d'Eite su fleu S. Oen atout (sic)...

« De l'usage des bois :
« Item, il dient que cescun resseant
« en ladite ville de Gaani a ses pors frans
« de pasnage ès bois coustumiers de
« S. Oen de Gaany por lor usage, de lor
« norreture ou achatés devant la S. Jehan
« Baptiste, quor de cescun porce que il
« vendent de norreture ou achatés devant
« ladite feste, ou que il achatent après la-
« dite feste por lor usage, il paient ıı d.
« de pasnage.

« De pasnage :
« Item, il dient que cescun du Mesnil
« paie generalement por cescun porc ıı d.
« de pasnage et ı d. d'étoublage. »

On trouve dans le fonds de Saint-Ouen, aux archives de la Seine-Inférieure, un certain nombre de chartes relatives au travers de Gaani. Ce droit de travers fut vendu en 1293 par Guillot Oynrville, écuyer : « Philippus rex confert Sancto
« Audoeno pedagium quod vulgariter di-
« citur travers, emptum de Guilloto de
« Oynvilla, filio quondam Guidonis de
« Oynvilla, militis defuncti... in insula
« de Gaaniaco. Actum apud Folleyam in
« Leonibus, anno Domini 1293, mense ju-
« lii. (Gani, A. ıı.)

En 1312, Philippe le Bel autorise Philippe le Convers, chanoine de Paris, à aliéner une rente de 30 livres et 8 sous que ledit clerc percevait « apud modia-
« tiones quas habent religiosi viri abbas et
« conventus monasterii Sancti Audoeni
« Rothomagensis, apud Ganiacum, et loca
« vicina, in personas ecclesiasticas, reli-
« giosas vel seculares, conventus, capitula,
« collegia seu communitates... » (Reg. du Trés. des chartes, JJ. 48, n° IIII^{xx}. xı.)

Philippe le Convers vendit la même année lesdites rentes à l'abbé de S. Ouen, moyennant 1,600 livres tournois, par acte devant le bailli de Rouen, et donna en garantie son manoir de Léri. (Arch. de la Seine-Inf. Fonds de Saint-Ouen, orig.)

Le prieuré était baronnie et avait droit de justice au pays de France. La partie de Gasni située dans l'île ressortissait au parlement de Paris ; le reste, placé sur la rive droite de l'Epte, au parlement de Normandie.

« Baronnie de Gany. Bailliage de Gi-
« sors. Vicomté de Vernon.

« Fief et baronnie de Gany, assis en la
« baronnie du lieu ; doit au roy en sa
« chatellenie de Vernon, une pelisse et
« une botte telle que le couvent les a, le
« tout amodié à 50 sols.

« Le prieuré de Saint Nicaise, ayant
« court et justice dans le pays de France
« au-delà de la rivière d'Epte, en ladite
« paroisse de Gany.

« Fief du Palefroy, en la dite paroisse,
« possédée par les enfants de Alphonse
« Bellay.

« Fief de Bihonval, plain fief, possédé
« par dame Claude d'Arcona, marquise
« de Blaru.

« Fief en la paroisse de Fourges.

« Fief de Sainte-Geveviève en ladite
« paroisse.

« Fief de la Chapelle-Saint-Ouen audit
« lieu.

« Fief de Giverny, audit lieu. »

On incorpora le prieuré de Gasni en 1691 au collège des jésuites de Rouen.

On remarque dans l'église de Gasni un crucifix curieux orné d'émaux et deux tableaux qui ne sont pas sans mérite. L'un représente la ville des Andelis.

En 1631, une terre dite de Gasni était en la possession d'Alexandre de Campion. Mais il y avait quelque chose de précaire dans cette propriété apportée par sa femme. Toute cette affaire où se mêle le nom de la duchesse d'Aiguillon est restée fort obscure, quoique Campion en parle souvent dans ses curieuses lettres.

Le 3 janvier 1637, Alexandre de Campion écrivait de Condé au comte de Soissons : « Je prendrai la liberté de vous
« dire, Monseigneur, que sitôt que je
« serai arrivé à Sédan, vous pouvez me
« renvoyer à Blois pour presser Monsieur
« de prendre le chemin de la rivière de
« Seine du côté de Normandie, et je lui
« proposerai de venir par Gasny, qui est
« à moi, à une lieue et demie de Vernon,
« où je pourrai faire apporter un bateau
« dans ma maison, et y faire venir tant de
« chevaux qu'il me plaira, sans soupçon,
« tant parce qu'on ne prend pas garde de
« ce côté là, qu'à cause que j'ai beaucoup
« d'amis dans ce pays, et nous viendrons
« ensuite passer la rivière d'Oise. » (Campion, *Recueil de lettres qui peuvent servir à l'histoire*.)

Voyez sur le Mesnil, hameau de Gasni, l'article FOUAGES. On remarque au Mesnil les triéges des Grues, des Rebelles, des Bacquets, près du bois de Bacquet, des Perelles. Il y a aussi un chemin tendant à Bacquet ; triége des Catives, des Carreaux, des Grouettes.

En 1658, une confrérie de Saint-Roch fut établie à Gasni pour assister les malades.

Dépendances : — le Mesnil-Milon ; — l'Hospice ; — le Prieuré ; — le Grand-Moulin ; — le Moulin-des-Prés ; — le Moulin-du-Lavoir ; — Saint-Eustache.

Cf. Toussaint Duplessis, t. II, p. 561.

GAUCIEL.

Arrond. d'Évreux. — Cant. d'Évreux (sud).

Patr. S. Pierre. — *Prés. l'abbé de Jumièges.*

Gauciel appartenait dès le XIe siècle à l'abbaye de Jumièges.

« ... Divinæ scripturæ, quæ nobis ad
« paralisi sedem, de qua per primi parentis lapsum decidimus, remeandi iter
« ostendit, paginis edocemur quatinus,
« Dum vivimus, bona operari studeamus
« et ex his quæ nobis Dei omnipoten-
« tis miseratio bonis contulit suorum fide-
« lium indigentiam relevare non onero-
« sum sit. Namque ibi thesauros nostros
« recondere jubemur ubi ærugo et tinea,
« quæ demoliri eos possint, penitus non
« inveniuntur. Quod tunc denique fit
« cum ex bonis a Deo nobis attributis
« pauperum inopiam reficimus, aut eccle-
« siis Dei ea perpetim possidenda contra-
« dimus. Quod ego Rothertus, servorum
« Dei ultimus, mentis archano revolvens,
« et præsentis seculi gloriam, si pro ea
« æterna vita negligitur, non nisi ad no-
« strum interitum profuturam conside-
« rans, Dei cuncta disponentis motus in-
« stinctu, aliquid ex mei juris beneficio
« Deo servisque suis impertire studeo.
« Est igitur mihi, inter cetera quæ Deo
« auctore possideo bona, quædam terra
« in loco qui Gupinne vocatur, in comi-
« tatu Ebroicæ civitatis sita, quæ videli-
« cet proxima adjacet terræ Gaudiaci, vici
« Sancti Petri Gemmeticensis monasterii.
« Hanc ego Deo et Sancto Petro Gemme-
« ticensis monasterii, ad usus servorum
« Dei iniki habitantium perpetualiter pos-
« sidendam, concedo, consensu atque
« voluntate Ricardi, ejusdem Ebroicæ
« civitatis comitis, faventibus etiam cun-
« ctis filiis et parentibus meis, pro ipsius
« scilicet domini mei Ricardi animæ ad-
« miniculo, necnon et pro meæ cetero-
« rumque amicorum sive hæredum meo-
« rum requie, ut habeant, teneant at-
« que æternaliter sine ullius hominis usur-
« patione vel contradictione possideant.
« Pro qua etiam terra x. et II. libras
« denariorum ab abbate ipsius loci, no-
« mine Rotherto, sive a monachis ibi
« degentibus, accepi, ne quis perversi-
« tate diabolica infectus huic rei contra-
« dicere penitus audeat. Quod si furiosus
« quisquam, et diabolicæ malignitatis ve-
« neno tumens, hanc donationem in-
« fringere præsumpserit, a sanctorum
« omnium cœtu remotus, perpetualibus
« incendiis perpetualiter urendus, nisi
« resipuerit, tradatur. Et ut hæc cuncta
« perpetim firma permaneant, propria
« manu subterfirmavi, dominoque meo
« comiti Ricardo firmanda tradidi... »

Simon, comte d'Évreux, et Mathilde, sa femme, attestèrent que Amauri « de Anfrevilla » avait donné « fratribus leprosis
« nostre civitatis omnem quam habebat
« terram silvestrem apud Broletum, inter
« Gausiel et Miseri », du temps de l'évêque Rotrou. Parmi les témoins figurent Galeran, comte de Meulan, et sa femme, « Robertus de Campanis, Robertus le Sesne,
« Garinus de Grosso Robore, Hugo de

« West. » Il est fait mention dans cet acte de Raoul « de Inferno » comme ayant des prétentions sur ce bien.

Roger de Hendreville, chevalier, donna aux lépreux d'Evreux les droits qu'il prétendait avoir « super terra de Valleia quæ est inter Gausiel et Misere ». Parmi les témoins on remarque Hugues « de Bugecamino ».

Dans la liste des bénéfices à la nomination de Jumiéges, on lit : l'église de Saint-Pierre-de-Gauciel, « de Gauciel seu Valsialdo, ex dono Guillelmi filii Rollonis, « de consensu Haldradi ».

Dans le grand cartulaire de Saint-Taurin, on écrivait, en 1338 : « Gaussiel. »

Gauciel était une baronnie dépendante de l'abbaye de Jumiéges.

Dépendances : — Cerisei ; — le Manoir.

GAUDREVILLE-LA-RIVIÈRE.

Arrond. d'Evreux. — Cant. de Conches.
Sur l'Iton.

Patr. S. Léger. — Prés. le seigneur et le baron d'Ivri.

L'étymologie est sans nul doute *Galderici, Walterici villa*: Gaudreville. Le nom de *Gaudri* n'est pas rare au moyen âge. Citons Gaudri, ce chapelain du roi Henri Ier, depuis évêque de Laon, qui prit le duc Robert à la journée de Tinchebrai. Dans le pays chartrain, le *Polyptyque d'Irminon* signale un lieu appelé « Wadrici « villa : donationem quam fecit Dedda et « Hisla in pago Carnotino, in loco qui « dicitur Wadricivilla... »

Nous préférons rapporter Gaudreville à la forme « Galderici villa, Waldrevilla, » plutôt qu'à la forme « Walteri villa, » qui conduirait à Watierville, Gautierville.

Guillaume Harene donna à Saint-Taurin la moitié de la dîme de Gaudreville ; une charte de Richard Cœur de lion et une bulle d'Honorius confirmèrent cette donation : « ... Similiter Willelmus Harene, « factus monachus, dedit decimæ medie-« tatem de Waldrevilla... » (Charte de Richard Cœur de lion pour Saint-Taurin.)

« ... Et medietatem decime de Waldre-« villa... » (Bulle d'Honorius pour Saint-Taurin.)

Nous trouvons dans la grande charte de Conches le don fait par Girard Gastinel à Saint-Pierre de Conches de deux hommes, deux habitations, et de la dîme de leur terre « in villa quæ dicitur Wa-villa » ; et la bulle de Grégoire IX, en faveur de Conches, confirme cette donation en répétant les mots : « in Wavilla. »

Nous sommes portés à croire qu'il s'agit de Gaudreville, qui était précisément situé dans le canton de Conches.

Nous trouvons les renseignements suivants dans les *Usages et coutumes des forêts de Normandie* : « Les paroissiens communs « et habitans de la paroice de Gaude-« ville ont autelles et semblables franchi-« ses en la forest d'Evreux, comme ceulx « de la Bonneville cy devant registrés, sans « changier ne muer, et auxi en font autel-« les et semblables faisances. » (F° 191 r°.)

« Marguerite de Meleun, dame de Gau-« dreville, a en la forest d'Evreux pour « son chauffage le bois vert vollé en ge-« sant et le sec en estant, tout ainsi « comme les autres coustumiers, une « souche de fou par livrée du verdier, « apellés avecques lui les sergents fieffés « de la dicte forest, chacun an à la feste « de Noel ; et auxi doit avoir tous ses « pors frans sans nombre en la dicte fo-« rest, et en oultre le pasturage à toutes « ses bestes en icelle forest hors deffens, « tallis et haies, excepté le temps deffen-« du. Pour lesquelles franchises, usages « et coustumes dessus desclarées, la dicte « Marguerite est tenue paier chacun an au « roy nostre sire une mine d'aveine au « terme de Noel. » (F° 175 r°.)

Dépendances : — les Boscherons ; — les Haisettes ; — les Murets ; — le Puisquelin ; — Saint-Jean (chapelle).

GAUVILLE-LA-CAMPAGNE.

Arrond. d'Evreux. — Cant. d'Evreux (nord).

Patr. S. André — Prés. le chapitre d'Evreux.

Il existe quatre communes de ce nom. Deux appartiennent à l'Eure, le troisième à l'Orne, le quatrième à la Somme. Un hameau de Saint-Pierre-de-Salerne et un château à Saint-Martin-de-Cernières s'appellent aussi Gauville. Je soupçonne que ce mot vient de *Waldivilla*, peut-être de *Galderici villa*.

Gauville près de Saint-Wandrille est appelé *Gotvilla* dans une charte de Richard II, *Gothvilla* dans une charte de Guillaume (1074).

Dans une charte de Guillaume le Conquérant on voit figurer « Willelmus de Galvilla ».

Dans une charte d'Amauri, comte d'Evreux (1181-1200) : « Radulpho Harene de Wauvilla... »

Nous trouvons dans le *Cartulaire du chapitre d'Evreux* diverses chartes relatives à Gauville, et dont nous allons donner l'analyse :

R. de Gauville donne et cède à L., évêque d'Evreux, le droit de présenter à la cure de Gauville.

Confirmation de l'acte précédent par L., évêque d'Evreux :

« Nos vero dictum jus, in ipsius Ra-
« dulfi presentia, ecclesie Ebroicensi in ele-
« mosinam perpetuam contulimus et tan-
« quam episcopus et dominus ipsius feodi
« confirmavimus. Postea vero Rogerius,
« filius dicti Radulfi et heres, ad plenum
« hereditatem patris tenens, et integram
« suarum rerum administrationem ha-
« bens, tam dictum factum patris sui
« quam nostrum ratum habens et gra-
« tum, quicquid habebat vel habere vi-
« debatur in dicto jure patronatus ec-
« clesie Ebroicensi dedit et concessit,
« juramento corporaliter prestito firmans,
« quod super jure patronatus aut uni-
« versis decimis feodi sui de Gauville,
« ecclesie dicte Ebroicensi, nullam per
« se vel per alium de cetero moveret
« questionem..., set pro posse suo eadem
« dicte ecclesie Ebroicensi garantizaret,
« sub ejusdem debito juramenti promit-
« tens quod, si quocumque modo con-
« tingeret ipsum super predictis dictam
« ecclesiam molestare, statim pro pena per-
« jurii ipsi dicte ecclesie ante litis ingres-
« sum xL. libras currentis monete reddere
« teneretur. Et de hoc fidejussores suos
« assignavit in presencia [mea] Robertum
« propositum ; Radulfum, vavassorem ; Ra-
« dulfum, centenarium ; Andream An-
« glicum ; Radulfum de Nova Villa ; Me-
« nardum de Gouvilla et Safreium, tam
« bona sua quam hereditates suas dicte
« ecclesie pro dicta pecunia obligantes.
« Pro hac autem concessione et garanti-
« zatione idem Rogerus recepit de caritate
« dicte ecclesie xx. l. turonensium. Quod
« ut ratum sit, sigilli nostri munimine
« roboravimus. » (*Cart. du chapitre d'E-
vreux*, p. 23, n° 45.)

Charte de Roger Harene, seigneur de Gauville, confirmant la précédente donation. (*Ib*., ch. n° 46.)

R. Harene de Gauville fit à l'église d'Evreux les donations suivantes : « Dedisse
« Beate Marie Ebroicensis et super majus
« altare posuisse totam decimam quam
« habebam apud Gauvillam, scilicet duas
« garbas tocius dominii mei, quod conti-
« netur in is is culturis : in cultura post
« monasterium, in cultura camporum Gi-
« rardeti deversus campum Martinum ; in
« cultura de Ebuletis de super et de sub-
« tus ; in cultura de Aquosis ; in cultura
« de Mara Danin ; in cultura de Roca ; in
« cultura de Fossa Nigelli ; in cultura de
« Maraincourt ; in cultura de Conleto. Quas
« si ex aliquo modo ex toto vel ex parte
« contigerit exire de manu mea et de do-
« minico meo, non minus inde percipiet
« decimam predicta ecclesia ; preterea di-
« midiam partem decime totius feodi mei
« de Gauvilla. Dedi etiam predicte ecclesie
« unam plateam apud Gauvillam, in loco
« sibi convenienti ad grancam construen-
« dam... Inde etiam habui septuaginta
« libras andegavensium. » (*Id*., ch. n° 43.)

Par une charte de 1203, « Radulfus Harene de Gauvilla » donna, du consentement de son fils Roger, à l'abbaye de Saint-Taurin, 50 sols à prendre sur son revenu d'Evreux, et, en cas d'insuffisance de garantie, 10 sols « in terra mea et in hospitibus meis de Boso Rogerii ».

En 1214, Roger Harene, « dominus de Gauvilla, » donna aux lépreux d'Evreux 9 sols de rente « in curtibus meis de Gauvilla ».

Dans une charte d'Héloïse de Baltigni en faveur de Saint-Taurin (1207), on voit figurer : « ..... dominus Rogerius de Gauvilla... »

Voici un bail de deux pièces de terre sises à Gauville, bail fait pour neuf années en 1254, qui a déjà été publié par M. Delisle (*Etudes sur la condition de la classe agricole*, p. 690, note 10) :

« Notum sit omnibus presens scriptum
« inspecturis quod ego Avitia Haymardi,
« relicta quondam Willelmi dicti Roonel
« defuncti, tempore viduitatis mee, tra-
« didi et concessi ex causa locati Aelitie
« dicte de Laleir de Gauvilla, relicte
« quondam Martyni Ernaudi defuncti,
« duas petias terre sitas in parrochia de
« Gauvilla, quarum una sita est ad Fo-
« veam Noel, inter terram Willelmi Gay-
« dun, ex una parte, et terram Willelmi
« dicti Penfi, ex altera, et altera petia sita
« est ad Colles, inter terram Willelmi
« Heuce, ex una parte, et terram Hugo-
« nis dicti Vavassorii, ex altera, usque ad
« terminum novem annorum, pro viginti
« solidis turonensium, de quibus predicta
« Aelicia michi plenarie satisfecit in pe-
« cunia numerata, ita videlicet quod pre-
« nominata Aelitia et heredes sui predictas
« duas petias terre ex causa locati tene-
« bunt et possidebunt libere, quiete et
« pacifice, absque omni redditu et ser-
« vitio, usque ad dictum terminum com-
« pletum, et tenentur marnare totam ter-
« ram predictam de nigra marna, et
« tenentur fodere vel facere fodi medie-
« tatem ejusdem terre infra dictum ter-

« minum. Ego vero prenominata Avitia et
« heredes mei predictas duas petias terre
« prefate Aelitie et suis heredibus contra
« omnes tenemur garantizare, et omnes
« redditus et servitia ad dictam terram
« spectantia dominis capitalibus facere et
« reddere, excepto campiparto. Juravi
« etiam ego sepedicta Avitia, tactis sacro-
« sanctis euvangeliis, in facie ecclesie de
« Gauvilla, sponte, quod omnia prescripta
« fideliter tenebo et inviolabiliter obser-
« vabo, et quod in predictis duabus peciis
« terre neque per me neque per alium
« aliquid reclamabo, et quod predictas
« duas petias terre alicui alii modo aliquo
« non alienabo quousque predictus ter-
« minus, scilicet novem annorum, ple-
« narie sit completus. Quo completo, ego
« et heredes mei predictam terram quitam
« rehabebimus. In cujus rei testimonium,
« ego prenominata Avicia presens scri-
« ptum sigilli mei munimine roboravi.
« Termino incipiente in festo beati Mar-
« tyni hyemalis, anno Domini m° cc° quin-
« quagesimo quarto. » (Original scellé aux
« Arch. de l'Emp., S. 5202, n° 15.)

Dans un acte de vente d'une rente sur des terres situées « in parrochia de Patervilla », on dit que ces terres sont « juxta terram domini Rogerii de Gauvilla, militis ». [1236.] (Gr. Cartul. de Saint-Taurin.)

De deux pièces de terre situées à Gauville : « apud Gauvillam, » et vendues à Saint-Taurin en 1260, l'une est « apud Clansos », et l'autre « apud Buscum Cacer ».

1318. « A tous ceulx qui ces lectres
« verront ou orront, Jehan l'Oncle, bailly
« de Gisors, salut. Sachent tuit que, ès
« assises qui furent à Bretueil l'an de
« grace mil ccc xviii, le lundi après
« la Saint-Martin d'esté, furent presens
« messire Adam Delille, hault doien en
« l'église Notre Dame d'Evreux, et messire
« Bertiault des Ostiex, prestre, procurant
« pour le chapitre de la dicte eglise, d'une
« part, et monsieur Simon Harenc, sei-
« gneur de Gauville, d'autre, qui firent
« amende pour paix faicte entre eux sur
« la nature d'un brief de patronage d'e-
« glise que ledit chevalier portoit sur le
« dit doien et chapitre à cause de l'eglise
« de Saint-Andrieu de Gauville, franche
« et vaquant à present par la mort de
« monsieur Guillaume Mansel, jadis rec-
« teur de la dicte eglise, et est la pes telle
« que de tous les debas d'entre eulx, eulx
« se sont mis ou dit et en l'ordonnance de
« reverend pere en Dieu mon seigneur
« l'evesque d'Evreux, pour ordener, dire
« et sentencier sur les choses conten-
« tieuses, hault et bas, à sa volonté, cous-
« tume de pays gardée ou non, ordre de
« droit gardée ou non, quand il vouldra,
« et là où il vouldra, les parties pré-
« sentes ou absentes, veue faicte ou non
« faicte, tesmoins ouys ou non oys, en
« jugement ou hors jugement, sans ce
« que en maniere, quelle que elle soit, les
« parties en puissent de rien aller en-
« contre, ne dire ne proposer droit ne
« raison par quoy le dit et l'ordonnance
« du dit prélat, present en ces assises, qui
« a charge du dit arbitraige ou amiable
« composition, et pour ce que tous les cha-
« noines de la dicte eglise d'Evreux n'es-
« toient pas présents ne en ceste assise,
« le dit doien et le chantre de la dicte
« eglise, qui ad ce estoient présens, prin-
« rent en main que tous les autres appar-
« tenant au dit chappitre auroient ferme
« et estable cest acord et ceste paix, et
« qu'ilz auroient et tendroient convena-
« blement et estable tout ce qui sur les
« dictes choses sera dit et prononcié et
« sentencié par le dit prélat, et à ce s'o-
« bligent le dit doien et le chappitre des-
« sus nommés loyaulment tenir et garder
« en bonne foy; et par la maniere de cette
« paix et acord, la partie qui par sentence
« et ordennance du dit prelat sera trouvé
« en tort et coupable sur les dessus dictes
« choses getera l'autre partie de la court.
« En tesmoing de ce, nous avons scellé
« ces lettres du seel de la baillie de Gi-
« sors. Donné ès dictes assises, l'an et le
« jour dessus dicts ». (Cartul. du chapitre d'Evreux, n° 201.)

GAUVILLE-PRÈS-VERNEUIL.

Arrond. d'Evreux. — Cant. de Verneuil-Sur-Avre.

Patr. S. Pierre. — *Prés. l'abbé de Jumièges.*

C'est dans les archives de la Seine-Inférieure, dans le fonds de Jumièges, que nous trouvons quelques documents sur Gauville-près-Verneuil. Nous devons les chartes suivantes, que nous croyons inédites, à l'obligeance de M. de Beaurepaire.

« Tedboldus de Gauvilla concessit dando
« Gemmeticensi ecclesie decimam suam
« in villa eadem, pro antecessorum suo-
« rum requie animarum simul et sue suo-
« rumque filiorum, datis ei a monachis in
« caritate centum carnotensium denario-
« rum solidis, eo pacto quod si ipse mo-
« nachicum ibi habere voluerit habitum
« ei monachi concessum concedent. Si
« vero vel noluerit, vel morte preventus

« accipere non poterit, cuidam filio ejus
« clerico facto, cum ad intelligibiles perve-
« nerit annos, si clerici officio fungi nove-
« rit, quod patri concesserunt concedent.
« Hujus conventionis et dati ex parte Ted-
« boldi testes sunt: Engelerius, presbiter,
« et Rogerius Cornutus, ejus sororius; ex
« monachorum vero : Godefridus de Ver-
« nuil et Mascelinus de Cepellaria. De
« hominibus autem Gemmeticentibus :
« Robertus Filiolus; Robertus de Maloie;
« Gislebertus, frater ejus; Guesdon, et alii
« quam plures. *Busilia, uxor Teuboul de
« Gavilla, concedit decimam quam mari-
« tus ejus dedit Sancto Petro de Jumegiis,
« et filii sui Garin et Christianus; hoc te-
« statur Rogerus Cornu et Godefridus, pre-
« tor de Vernolio Veteri.* » (*Arch. de la
Seine Inf.*, orig.)

La partie de cette charte imprimée en
lettres italiques est d'une écriture plus
fine et d'une encre plus noire.

Résumons les faits :

Thiboud avait donné Gauville à l'abbaye
de Jumiéges pour 100 sols de deniers,
monnaie de Chartres. Foulques, son fils,
s'en étant emparé par violence. Albert le
Riche tira Gauville de ses mains moyennant 6 livres de deniers que Gilbert Crespin
lui fit accepter ; mais Foulques étant mort,
son frère Guérin s'en rendit le maitre, et
les religieux eurent beau se plaindre; leurs
plaintes, quoique justes, furent vaines :
ils ne purent rien obtenir de l'usurpateur
pendant sa vie. Gilbert, son fils et son
héritier, suivant son exemple, s'empara de
Gauville comme d'un patrimoine et ferma
l'oreille aux remontrances des moines et
de ses amis eux-mêmes. Un jour, il fut
blessé d'une flèche dans une embuscade :
l'idée d'une mort prochaine le frappa. Il
rendit Gauville, à condition que les moines
de Jumiéges lui donneraient l'habit monastique, et qu'ils emporteraient son corps
à Jumiéges pour y être enterré en religieux, ce qui fut exécuté. Mais les frères
de Gilbert se saisirent néanmoins de ses
biens comme d'un héritage. Les moines
renouvelèrent leurs plaintes et leurs poursuites, mais inutilement tant que dura
la guerre entre Robert Courte-Heuse et
Henri Ier. Enfin, la bataille de Tinchebrai ayant rétabli l'ordre et la paix, l'instance fut reprise par ordre de l'abbé
Urson et les usurpateurs cités au tribunal
de Gilbert Crespin, fils de l'ancien Gilbert,
seigneur dominant et juge en cette partie.
Les usurpateurs comparurent et plai-
dèrent leur cause. Le moine parla ensuite,
et les religieux furent ressaisis des biens
par une sentence datée du château de
Tillières, en 1109 :

« Albertus, monachus Sancti Petri Gem-
« meticensis, emit a quodam milite, no-
« mine Fulcone, decimam Gaurville, et ea
« que pertinent ad ecclesiam prefati mais-
« nelli. Insuper emit ab eodem milite
« tantum terre quantum quatuor boves
« possunt arare in tribus temporibus anni
« juxta consuetudinem agricolarum. Dedit
« autem pro his omnibus VI. libras dena-
« riorum frater jamdictus. Emptionem
« siquidem hujusmodi Gislebertus senior,
« in cujus honore illa villa sita est, stabi-
« lem fore in perpetuum concessit. Mor-
« tuo autem Fulcone, Guarinus, frater il-
« lius, totam emptionem jamdictam aufe-
« rens nostre ecclesie, tanquam heres in
« dominio suo saisivit. Denique sepe et
« multum apud Deum, item apud ho-
« mines, querimoniam fecimus; nec tamen
« quamdiu vixit ille, id quod nostrum
« erat habere potuimus. Postmodum illo
« defuncto, ad filium ejus nomine Gisle-
« bertum paterna hereditas transiit. Qui
« sicut pater suus nobis eandem injuriam
« et ipse intulit. Hic vero sagitta per-
« cussus, cum militibus insidias faceret,
« quicquid nobis auferebat reddidit. De-
« inde jam proximus morti monachilem
« habitum postulans suscepit; ex ipsius
« vulneris ictu occubuit; Gemmeticum de-
« latum sicut nostrum monachum sepul-
« ture tradidimus. Hanc cartulam ego Gis-
« lebertus manu mea † confirmo, et itidem
« uxor mea, † et duo † filii mei Gisle-
« bertus et Riboldus † astruunt. Ego Hugo
« frater defuncti hoc ipsum confirmo †, et
« frater meus Gausfridus. Hujus autem rei
« sunt testes : Willelmus de Curtellis,
« Berardus de Carnellis, Baldricuscle,
« Walterus filius Ricardi, Fulcone, Wil-
« lelmus de Fali, et alii plures.

« Ex parte Sancti Petri, Gervasius, Vi-
« vianus et Gaufridus, nepos Gervasii.

« † Signum Hugonis. »
(*Arch. de la Seine-Inf.*, fonds de Jumiéges, orig.)

« Anno ab Incarnatione Domini M. C. VIII.
« .... Conventionem recuperationis
« Gauville factam ego Ursus, abbas Gem-
« meticensis, ad firmitatem posterorum,
« notam fieri volo. Monachi Gemmeticen-
« ses emerunt in Gauvilla tantum terre
« quantum IIII[or] boves arare possunt in
« tribus temporibus anni, a quodam milite
« nomine Fulcone, simulque ecclesiam
« cum decimis suis, annuente et confir-
« mante Gisleberto seniore, de cujus di-
« tione prefate res sunt. Defuncto autem
« Fulcone, Gaurinus, heres ejus effectus,
« abstulit nobis quicquid in villa illa ha-
« buimus. Post hec Gislebertus, filius et
« heres Gaurini, casu vulneratus, eternam

« damnationem timens pro violentia re-
« rum nostrarum a fratre suo facta, ad
« misericordiam S. Petri confugit, in-
« juste ablata reddidit et habitum mona-
« chilem expetiit et accepit. Post hec vero
« malis pejores succedentes, fratres ipsius
« Gisleberti eadem retraxerunt, multis
« precibus et placitis intervenientibus et
« pro discordia et permutatione bellorum
« ad effectum nec pervenientibus. Pace
« vero redeunte hoc predicto termino fre-
« quentibus clamoribus monachorum Gil-
« lebertus junior permotus possessiones
« predictarum rerum compulit ad justi-
« ciam, et causis utrinque dictis et exami-
« natis res nostre nobis adjudicate sunt.
« Unde de predictis rebus ecclesiam, cum
« decimis, et duo arpenta juxta ecclesiam
« nobis reddiderunt. Hec facta sunt apud
« Teulerias, judicante et confirmante Gis-
« leberto, et veneranda matre ejus, Her-
« sinte, que hujus rei emptioni et recupe-
« perationi affuit, et militibus ejus. † Si-
« gnum Gisleberti Crispini. ‡ Signum uxo-
« ris ejus. † Signum matris sue Hersinde.
« Signum Guillelmi Curtellis (sic). † Si-
« gnum Guarini... rdi. Isti concesserunt
« † Richerus et frater ejus † Gaufridus. Ex
« parte monachorum......... corp...
« Godefredus, filius Viviani; Hugo et Gau-
« sfridus........ frater, presbyteri.....
« nepos Alberge. Go... Heriberti. G... »
(Arch. de la Seine-Inf., fonds de Jumiéges,
orig.)

Dans la liste des bénéfices à la nomination de Jumiéges, on trouve l'église de
Saint-Pierre de Gauville : « ... de Gau-
« villa, seu de Gauvilla, ex dono Gere-
« voli (probablement Tedeboldi), de con-
« sensu Guillelmi Conquestoris. » Dans la
charte de Henri II, en faveur de Jumiéges
(1175) : « ecclesiam de Gauvilla cum de-
« cimis totius parrochie; » et auparavant :
« ex dono Giroldi... »

Gauville près Verneuil a été réuni à
Verneuil en 1845.

Dépendances : — le Hutrel; — le Mou-
lin-aux-Malades; — la Planche; — le Bois-
Semé, — le Petit-Mesnil.

GISAI-LA-COUDRE.

Arrond. de Bernai. — Cant. de Beaumesnil.

Patr. S. Aubin et S. Taurin. — *Prés. l'abbé
de Saint-Pierre-sur-Dive.*

Les diverses formes du nom de Gisai
ont été au moyen âge : « Gisacum, Gisai-
cum, Gisaium, Gisayum, Gisiacum, Gi-
zaicum. »

Il est mention dans la légende de saint
Taurin d'un lieu nommé Gisai. On avait
généralement placé le Gisai de la légende à
notre Gisai-la-Coudre, près la Barre, canton de Beaumesnil; mais les découvertes
de M. Bonnin nous ont déterminé à reporter le Gisai de la légende à l'emplacement généralement désigné sous le nom
du Vieil-Evreux. Gisai-la-Coudre n'aurait
donc plus de rapport avec le Gisai de la
légende de saint Taurin.

Dans la charte de Henri Ier en faveur
de Saint-Pierre-sur-Dive, ce prince confirme la possession de l'église de Gisai :
« ... et ecclesiam de Gisaico cum deci-
« mis suis et quicquid ad eam pertinet... »

En 1182, Guillaume de Gisai : « Willelmus de Gisaio, » est témoin dans une
charte de Saint-Pierre-sur-Dive. (Le-
chaudé, I, 252.)

« Notum sit omnibus, tam presentibus
« quam futuris, quod ego Radulfus de
« Gisaio, pro amore Dei et pro salute
« anime mee et omnium antecessorum
« meorum, concessi et hac carta mea con-
« firmavi monasterio Sancte Marie de
« Sancto Petro super Divam, in perpe-
« tuam elemosinam, jus advocationis ec-
« clesie de Gisaio, cum omnibus ad eam-
« dem ecclesiam pertinentibus, sicut carta
« Henrici regis, avi regis Henrici, filii
« Matildis, eidem monasterio confirmat
« et concedit.... Concessi etiam eidem
« monasterio in perpetuam elemosinam
« omnes terras quas ex dono meo et ante-
« cessorum meorum possident, feodum
« Berte et feodum Herloini. Hanc autem
« concessionem feci apud Cadomum, ad
« scacarium Sancti Michaelis, coram justi-
« ciariis domini regis, scilicet : Willermo
« filio Radulfi, senescallo Normannie;
« Scherio de Quinceio et Bertranno de
« Verdun, justiciis.... »

Raoul de Gisai était chevalier d'après
une charte de Guillaume « de Mesnillio ».
Dans une autre charte de Nicolas « de
Mesnillio », il déclare que Raoul de Gisai
est son gendre. Parmi les témoins, Robert
« de Mesnillio, miles ».

Voyez encore une charte de Raoul de
Gisai : « de Gisiaco, » touchant l'église de
Saint-Ouen de Mancelles, et confirmant
les donations de Nicolas du Mesnil, d'Isa-
belle, sa fille, et de Guillaume, son fils.
(*Cart. du chap. d'Evreux*, n° 17; ch. n° 34.)

« Radulfus de Gisay, miles, dat eccle-
« siam Sancti Albini de Gisaco, tum de-
« cimas ac predia feodalia duo, Berte et
« Geloini nuncupata. Gener ejus Nico-
« laus de Mansionili, Isabellis maritus,
« tum Guillelmus, Nicolai filius, patris et
« avi munus firmarunt. »

En 1221, Henri Hache-en-Col donna à maitre Nicolas Hache-en-Col tout ce qu'il avait dans le fief que tenait d'eux à Gisai, Guillaume, fils d'Asce. Cet acte fut dressé en présence de Barthélemi Dreu, alors bailli du roi.

Voici une autre charte du même Henri Hache-en-Col, que nous croyons devoir publier intégralement :

« Sciant presentes et futuri quod ego Hen-
« ricus Hachencol, amore Dei et intuitu
« pietatis, pro salute anime mee et Erme-
« line, uxoris mee, et pro animabus patris
« et matris mee, et omnium antecessorum
« et successorum, dedi et concessi et hac
« presenti carta mea confirmavi, in puram,
« liberam et perpetuam elemosinam, Deo
« et ecclesie Beate Marie de Deserto, et
« fratribus ibidem Deo servientibus, duos
« solidos monete currentis publice ad Na-
« tivitatem Beati Johannis Baptiste sin-
« gulis annis recipiendos et percipiendos
« in illo tenemento quod Isabel, domina
« de Gisayco, et Guillelmus, primoge-
« nitus ejus filius, assensu et voluntate
« heredum suorum, mihi et Gauffrido
« Hachencol, cognato meo et heredibus
« meis, dederunt, quod Rogerus du Mesnil
« de eis tenebat, situm inter domum le-
« prosorum de Barra et Pontem Ribolt, in
« escambium pro quadam masura quam
« habebamus apud Gisaycum, quam tene-
« bamus sicut quietum et liberum mari-
« tagium, quam dedimus illis integre in
« excambium pro predicto tenemento, in
« quo dicti fratres de Deserto dictos duos
« solidos ad terminum prenominatum an-
« nuatim percipient et recipient per ma-
« num illius qui predictum tenementum
« de cetero tenebit et possidebit. Quod ut
« ratum et stabile in perpetuum teneatur,
« chartam sigilli mei munimine roboravi.
« Actum anno Verbi Incarnati m° cc°
« xxx°. »

« Noverint universi presentem paginam
« inspecturi quod ego Guillermus de Gi-
« sayo concedo Andree Chacepeu, bur-
« gensi de Lyra, venditionem illam.....
« Actum anno Domini m° cc° xl°... »

Guillaume de Gisai était le fils ainé d'Isabel : « domina de Gisaico. » (Cart. de N.-D. du Lesme, f°° 35 et 36.)

En 1276, Jean Ace avait vendu pour 67 sols tournois une rente sur son tènement : « in parrochia Sancti Albini de Gysaio, » contiguë à la terre de Richard de Villette, prêtre, et aboutissant « super « cheminum per quo itur de Barra apud « Chambrais », sur le chemin qui conduit de la Barre à Chambrais.

Dans une vente faite à l'abbaye de Lire (1291) d'une pièce de terre située à Gisai,
on lit : « ... et abotet ad cheminum per-
ratum... »

1295. Vente d'une acre contiguë et aboutissant « super queminum regis ».

1295. Autre terre vendue par Jean Asce et aboutissant « super queminum perratum. »

En 1295, Jean Ace vendit au couvent de Lire « unam peciam terre quam habebam « in parrochia de Gysaio... et habotat ad « cheminum perratum, ex uno capite... »

1297. Vente par Guillaume Asce et Clémence, sa femme, d'une acre sept perches, en la paroisse de Gisai, moyennant 119 sols et 8 deniers : « et abote au che-
« min le roi ou l'en vet de la Barre à « Chambreez. »

En 1298, vente d'une pièce de terre en la paroisse Saint-Aubin de Gisai : « ... et « abote au chemin qui vet de la Barre à « Chambrez ».

En 1299, Guillaume Asce vendit à l'abbaye de Lire deux acres de terre « in par-
« rochia de Gisaio, aboutantes super che-
« minum perratum, » pour 18 liv. et 10 sous tournois. (Arch. de l'Eure, orig.)

Pierre de Morainville rendit aveu en 1412 du fief de Gisai, « tenu par un hui-
« tième de fief noble, à court et usaige,
« et s'étendant ès paroisses de Saint-Lié-
« nart, Saint-Pierre de Beaumontel, etc. »
Ce fief pouvait valoir en revenus 103 sous tournois. Le seigneur devait cinq jours de garde à la porte de Beaumont-le-Roger. (Arch. imp., P. 308, f° 7 v°, n° 131.)

Guillaume le Conte, écuyer, le 15 mars 1418, rendit aveu d'un fief ou membre de fief, nommé le fief de Gisay, « dont le « chief est assis en la parroisse de Saint-
« Martin de Theuvray, et s'estend en icelle « la viconté de Beaumont et sergenterie « d'Ouche. » (Arch. imp., P. 308, f° 9 r°, n° 187.)

Dans le même aveu, Guillaume le Conte rend également aveu d'un huitième de fief dit des Jardins, « dont le chief est assis « en la parroisse de Saint-Aubin de Gisai, « valant annuellement 6 livres 6 sous 8 de-
« niers. » (Arch. imp., P. 308, f° 9 r°, n° 187.)

Il y donc dans ce même canton de Beaumesnil deux Gisai, qui tous deux furent sièges d'un fief : Gisai, hameau de Theuvrai, et Gisai-la-Coudre, près la Barre.

Saint-Ouen-de-Mancelles est le lieu de naissance de René Massuel, éditeur érudit, mort en 1716.

Le Bosc-Robert, le Bosc-Roger, la Glas-
sonnière et Saint-Ouen-de-Mancelles ont été réunis en 1792 à Gisai.

Dépendances : — la Beuvelière ; — les Blondeaux ; — le Bosc-Roger ; — le Boulai ; — le Châble ; — la Chauvinière ; — la Cour-Tiger ; — la Croix ; — les Jardins ; — la Lande ; — la Noë ; — les Rues ; — Saint-Ouen-de-Mancelles ; — la Sapaie ; — les Trez ; — la Vedière ; — la Villette ; — le Bosc-Robert ; — la Glassonnière.

Cf. Une lettre de M. Le Prevost sur Gisai-la-Coudre, *Notice histor. et archéolog. du département de l'Eure*, t. I⁰, p. 7 de la présente édition.

GISANCOURT.

Arrond. des Andelys. — Cant. de Gisors.

Patr. Notre-Dame. — *Prés. le seigneur.*

On lit dans le pouillé d'Eudes Rigaud : « Ecclesia Beate Marie de Glisencort. Willelmus Crispini patronus ; habet xxx. parrochianos ; valet x. libras turonensium. »
En 1269, Guillaume Crespin vendit à l'abbaye du Bec 60 sols de rente sur le moulin de Gisancourt.
Dans une pièce de 1551 (*Archives des Chartreux de Gaillon*, p. 312), ce lieu est nommé Gesencourt. La moitié des dîmes et des novales appartenait à cette maison.
Suivant un aveu de 1672, le baron de Dangu présentait à la cure de Gisancourt.
Gisancourt a été réuni à Guerni en 1809.

Cf. Toussaint Duplessis, t. II, p. 868.

GISORS (1).

Arrond. des Andelys. — Cant. de Gisors.

Patr. S. Gervais et S. Protais. — *Prés. l'abbé de Marmoutier.*

I.

On a beaucoup disserté sur l'étymologie de Gisors ; cette étymologie nous parait avoir une origine celtique.

(1) Gisors forme dans les notes de M. Le Prevost une de ces lacunes volontaires que nous avons eu en diverses rencontres l'occasion d'expliquer. D'une part, M. Le Prevost entendait porter ses recherches sur les banlieues communales rurales, mais dès de ne jamais traiter un historien ; de l'autre, il savait que diverses personnes s'occupaient activement de préparer des histoires de Gisors. Dont la raison pour s'abstenir. Nous signalerons d'abord une *Histoire de la ville de Gisors*, par M. Hersan, travail intéressant que MM. Le Prevost et Passy ont secondé de tout leur pouvoir, et qui a été publié en 1858. Nous annoncerons enfin que M. Louis Passy recueille depuis dix ans les matériaux de cette histoire, et qu'il espère offrir cet ouvrage au public lorsque la présente publication sera terminée. Les éditeurs

On a trouvé à Gisors quelques vestiges d'un établissement romain.
L'histoire de Gisors au x⁰ siècle est encore fort obscure. Toutefois, dans un plaid tenu à Gisors en 968, on restitua à l'abbaye de Saint-Denis le domaine de Berneval. (D. Bouquet, *Rec. des Hist. de France*, t. IX, p. 731.) Nous constaterons également qu'au xi⁰ siècle l'archevêque de Rouen possédait les terres de Gisors, et qu'à cette époque un prieuré, sous le vocable de saint Ouen et l'église sous le vocable de saint Gervais et de saint Protais, relevaient de l'abbaye de Marmoutier.
Gisors doit son importance historique à sa situation sur les confins de la Normandie et de la France, au confluent des deux rivières de l'Epte et de la Troësne. Sur ce point stratégique s'élevait, à la fin du xi⁰ siècle, un petit château fort qui appartenait à un seigneur fort riche, Thibaut de Gisors. En 1093, Guillaume le Roux, par les soins du célèbre architecte Robert de Bellesme, transforma le château de Thibaut en une forteresse redoutable, que son frère Henri I⁰ environna plus tard d'une vaste enceinte de murailles.
Le xii⁰ siècle est à la fois l'époque la plus funeste et la plus remarquable de l'histoire des deux Vexins. L'Epte séparait le Vexin français du Vexin normand. Gisors, Neaufles, Dangu, Château-sur-Epte, Baudemont et Vernon traçaient la frontière normande ; Trie, Chaumont, Bouri, Saint-Clair-sur-Epte et la Rocheguyon la ligne française. Gisors fut tour à tour la possession et la convoitise des rois de France et d'Angleterre. On sait que Guillaume le Conquérant avait laissé la Normandie par son testament à son fils Robert Courte-Heuse, et que Henri I⁰, devenu roi d'Angleterre à la mort de Guillaume le Roux, dépouilla Robert et réunit sous sa domination toutes les possessions de son père. La guerre devait tôt ou tard éclater entre les rois de France et d'Angleterre : le prétexte fut la cession volontaire ou forcée que Thibaut de Gisors fit de son château à Henri I⁰. La guerre dura de 1108 à 1110, peut-être même à 1111. Louis le Gros, qui avait intérêt à entretenir la division dans les États de son puissant rival, prit sous sa protection Guillaume Cliton, fils de Robert, que Henri, son oncle, retenait prisonnier. Il parla en faveur de Guillaume Cliton, et voulut intéresser à son sort le pape Ca-

ont pensé que, dans cette conjoncture, une très-courte notice serait suffisante et qu'elle répondrait aux vues de M. Le Prevost.

lixte, qui assistait à cette époque (1118) à un concile tenu à Reims. Calixte alla trouver Henri à Gisors (1119) ; mais cette entrevue n'eut aucun effet, et l'année suivante, Louis le Gros perdit la célèbre bataille de Brémulle.

Deux ans après, les barons normands qui avaient embrassé le parti de Guillaume Cliton se concertèrent avec Thibaut de Gisors pour enlever de surprise le château de Gisors. L'attaque, vigoureusement dirigée par Amauri, comte d'Evreux, et son neveu Guillaume Crespin, fut habilement repoussée par Robert de Candos. En 1131, le pape Innocent II était à Gisors. Cette place forte demeura entre les mains de Henri Ier jusqu'à sa mort.

A sa mort (1135), de grands troubles s'élevèrent en Angleterre. Henri avait laissé pour unique héritière, Mathilde, veuve de l'empereur Henri V, à laquelle il avait fait épouser Geoffroi Plantagenet, fils du comte d'Anjou. Les Anglais préféraient à Geoffroi, Étienne, comte de Boulogne. Louis le Gros, pour prix de sa neutralité, se fit livrer par Geoffroi Plantagenet Gisors et le Vexin normand. Gisors demeura donc au pouvoir du roi de France jusqu'en 1160, époque à laquelle cette place retomba au pouvoir du roi d'Angleterre par la trahison des chevaliers du Temple, qui avaient été chargés de la garder.

La lutte engagée entre Henri II et Louis le Gros devait continuer entre Philippe-Auguste et Richard Cœur de lion. Gisors était généralement choisi comme un lieu de conférences. En 1180, 1182, 1183, 1185, 1188, les rois de France et d'Angleterre se réunirent dans cette ville. En 1188, la croisade y fut prêchée par Guillaume, archevêque de Tyr, devant Philippe-Auguste et Henri II. Les deux rois, qui s'étaient fait dans les années précédentes une guerre violente, firent la paix. L'année suivante, le 6 juillet 1189, Henri II meurt, et Richard Cœur de lion, son fils et son successeur, se rend le 21 du même mois à Gisors, où son arrivée fut signalée par un incendie qui détruisit tout l'intérieur de la forteresse. Philippe-Auguste et Richard partent pour la terre sainte; mais Philippe-Auguste tombe malade et revient. Richard, moins heureux, est fait prisonnier. Lorsque la nouvelle de l'emprisonnement de Richard arrive en France, Gilbert de Vascœuil, qui tenait le château de Gisors au nom du roi d'Angleterre, le livre à Philippe-Auguste, qui s'y établit et s'empare de tout le Vexin normand. A peine délivré et revenu, Richard se jette sur le Vexin. La guerre est momentanément suspendue par le traité de 1195, dans lequel Gisors, Neaufles et le Vexin normand sont abandonnés à la France. La construction du Château-Gaillard rallume en 1196 la guerre apaisée en 1197. La lutte, renouvelée en 1198 et signalée par la bataille de Courcelles, sous les murs de Gisors, est suspendue en 1199 par la trêve de Vernon. La même année, Richard Cœur de lion est tué au siége de Chalus. Il est inutile de s'étendre sur la prise du Château-Gaillard et les événements militaires qui amenèrent (1204) la réunion définitive de la Normandie à la France.

Depuis le commencement du XIVe siècle jusqu'à la fin du XVIe, Gisors éprouva plus d'une fois les malheurs de la guerre. En 1346, Edouard III, roi d'Angleterre, brûla la ville; mais il ne put prendre le château. Les Anglais s'emparèrent de l'une et de l'autre en 1419. Trente ans plus tard, en 1449, Richard de Marbury, commandant de la garnison anglaise, livra la capitale du Vexin normand à Charles VII moyennant la liberté de deux de ses fils, faits prisonniers au siége de Pont-Audemer. En 1465, le duc de Calabre s'empara de Gisors, pendant la guerre dite du Bien-Public; Gisors ne tarda pas à rentrer au pouvoir du roi. La Ligue tint garnison dans cette ville jusqu'en 1590, époque à laquelle ses habitants reconnurent l'autorité de Henri IV, qui vint plusieurs fois à Gisors, et y fit même un assez long séjour en 1593. Les états du duché de Normandie, fuyant la peste qui sévissait à Rouen, se réunirent à Gisors et y tinrent séance de 1619 à 1623. Le marquis de Flavacourt, gouverneur du château, en ouvrit la porte aux troupes de la Fronde. Ainsi, les châteaux de Gisors reçurent le contre-coup de toutes les guerres intérieures et extérieures qui troublèrent et ruinèrent la France; mais le XIIe siècle n'en reste pas moins le moment le plus important de son histoire.

II.

La chronologie des comtes du Vexin et des seigneurs dits de Gisors est une matière trop délicate et trop longue pour que nous osions l'aborder ici. La position militaire de Gisors rend d'ailleurs l'histoire de cette ville plus royale que féodale. Les archevêques de Rouen possédaient les terres de Gisors et de Neaufles, et les rois de France l'autorité et la justice. Gisors était à la fois place forte et siège de bailliage : tel est le caractère de son histoire. Le domaine de Gisors fut pourtant constitué plusieurs fois en comté ou en duché au profit de princes de la maison royale. La reine Blanche de Castille, suivant quelques historiens, posséda le domaine de Gisors; la reine Blanche d'Evreux, seconde femme de Philippe de Valois, le reçut également en douaire en 1319. En 1550, François Ier céda ce domaine, sous le titre de comté, à Renée de France, duchesse de Ferrare, et le 8 février 1566 Charles IX en transporta la propriété à son frère François de France, duc d'Alençon; trois ans plus tard, il révoqua cette donation. Au XVIIe siècle, Louis XIV, ayant réuni les seigneuries de Gisors, Vernon et les Andelis sous le titre de vicomté, les donna en apanage à Charles de France, duc de Berri. En 1718, le domaine de Gisors passa par échange au duc de Belle-Isle. Enfin, en 1742, il fut érigé en duché, et en 1748 en pairie.

III.

Gisors possédait un assez grand nombre d'édifices ou d'établissements religieux.

L'église paroissiale, dédiée à saint Gervais et à saint Protais, fut donnée par Hugues de Chaumont à l'abbaye de Marmoutier, en 1067. (Mabillon, *Ann. Bened.*, t. V.) Cette première église fut remplacée par une autre que fit construire en même temps que le château, vers 1100, le célèbre architecte Robert de Bellesme. La dédicace en fut faite en 1119 par l'archevêque de Rouen, en présence du pape Caliste; malheureusement, cette église fut en partie brûlée quelques années après, en 1124. Pendant un siècle, l'église de Gisors fut dans l'état le plus désastreux. Au XIIIe siècle, elle se releva de ses ruines. En 1240, Blanche de Castille, mère de saint Louis, fit élever le chœur et les sous-ailes. Eudes Rigaud fit la dédicace du nouvel édifice en 1249. Les autres parties de l'édifice ont été terminées en 1496, 1553, 1561 et 1581. Un grand nombre d'archéologues se sont déjà occupés de l'église de Gisors. Ce sujet aurait besoin d'être traité à fond. Remontons-nous donc à la question du patronage. Le patronage de l'église de Gisors appartint jusqu'au XVIIe siècle à l'abbaye de Marmoutier. Le prieur de Saint-Ouen de Gisors prétendit à tort être curé primitif de Gisors : il fut débouté de sa demande. Tant que le prieuré de Saint-Ouen dépendit, comme l'église paroissiale, de l'abbaye de Marmoutier, la question n'avait pas un caractère pratique. Elle prit, au contraire, plus d'importance lorsque le prieuré de Saint-Ouen fut uni au collège des Jésuites de Rouen. Les pouillés de 1704 et de 1738 donnent au prieuré de Saint-Ouen le patronage. Il est probable que l'abbaye de Marmoutier, en consentant à l'union du prieuré et du collège, avait cédé en même temps ses droits de patronage. L'église de Gisors avait une succursale au Bois-Geloup. Nous citerons encore la chapelle de Saint-Thomas, placée dans l'intérieur du château, et à la présentation du comte de Gisors, et la chapelle Saint-Laurent de Vaux, à la présentation de l'archevêque de Rouen; enfin, la chapelle de Notre-Dame-de-Liesse, érigée dans l'ermitage des Mathurins, en 1610.

Le prieuré de Saint-Ouen doit peut-être son origine à l'abbaye de Saint-Ouen de Rouen. En effet, à la fin du XIe siècle, l'abbaye de la Croix-Saint-Leufroi, qui elle-même était une annexe de Saint-Ouen, prétendit que Hugues de Chaumont n'avait pas eu le droit de donner ce prieuré à l'abbaye de Marmoutier : la donation de Hugues de Chaumont fut déclarée bonne et valable. Suivant une déclaration du 18 août 1679, le prieuré de Saint-Ouen était un plein fief de haubert, appelé le vieux fief de Saint-Ouen; il présentait à la cure de Porcheux. Nous venons de voir que ce prieuré fut uni en 1711 au collège des Jésuites de Rouen. Ce prieuré était situé dans le bas de la ville, sur la rive droite de l'Epte. Les restes de l'église et des bâtiments sont enclavés dans la propriété de M. Passy. Jusqu'en 1792, le 24 août, jour de la Saint-Barthélemi, une foire se tenait devant l'église du prieuré. Cette foire avait été instituée en 1067 par Barthélemi, abbé de Marmoutier.

Saint Louis passe à tort pour être le fondateur de l'hospice de Gisors. A vrai dire, on ignore depuis quelle époque cet hospice existe; on pense qu'il remonte au moins à Philippe-Auguste. On trouvera des détails sur cet établissement dans Toussaint Duplessis et dans Hersan. Il faut noter seulement que, outre l'hospice de Gisors, une maladrerie fut établie du temps de Philippe-Auguste, sous l'invocation de saint Lazare, entre Gisors et Neaufles, et qu'une autre maladrerie existait, sous l'invocation de sainte Marguerite, entre Gisors et Trie-Château.

Gisors était au XVIe siècle le centre d'un mouvement industriel considérable. Il existe un recueil inédit de statuts pour les corps de métiers de Gisors, rédigés aux XVe et XVIe siècles, qui ne laisse aucun doute à cet égard. Le mouvement industriel fut arrêté et étouffé au XVIe siècle. A cette époque, les tanneries disparurent, le commerce languit; les Annonciades en

1622, les Trinitaires ou Mathurins en 1610, les Récollets en 1610, les Ursulines en 1616, les Carmélites en 1631 envahirent l'emplacement de la ville. L'hôtel de ville, le collége, la justice de paix, la prison et la gendarmerie occupent l'ancien couvent des Carmélites.

Nous ne dirons rien du donjon et des fortifications, encore imposantes, de Gisors. On peut consulter sur ce sujet un travail spécial de M. Deville.

IV.

Comme ces recherches ont principalement pour objet d'éclaircir la topographie du département de l'Eure au moyen âge, nous publierons un procès-verbal touchant les bornes et l'étendue de la paroisse de Gisors en 1586. Ce procès-verbal fut dressé par le sieur lieutenant général de Gisors lors de la réformation de la coutume de Normandie :

« L'assemblée fut faite par M. Achille
« Frontin, lieutenant de M. le bailli de
« Gisors, les 4, 5 et jours suivants du
« mois de juin 1586. Y furent appelés :
« frère Pierre Neveu, docteur en théolo-
« gie, curé de Gisors; maître Nicolas Ro-
« billard, prieur de Saint-Ouen de Gisors,
« par maître Nicolas Desplanches, son
« procureur; pour la noblesse, maître
« Nicolas, cardinal de Pellevé, archevêque
« de Sens, en qualité de seigneur du fief
« de l'Isle, sis dans Gisors, par le dit
« maître Nicolas Desplanches, son pro-
« cureur; pour madame la duchesse
« de Longueville, baronne d'Estrepagny,
« maître Philippe Durant, lieutenant audit
« lieu; madame Magdeleine de Savoie,
« veuve de M. Anne de Montmorenci,
« connestable de France, dame de Dangu,
« par maître Maurice Noël, son procureur;
« M. le marquis de Rothelin, seigneur et
« patron de Neaufles; Henri de Ponts,
« seigneur du fief de Cantiers, assis à
« Gisors, par M. Jean Crespin; messire
« Charles du Plessis, seigneur du fief de la
« Grange de Cercelle, assis audit Gisors;
« Jean Sublet, escuyer, sieur de Noyers;
« Michel Sublet, escuyer, seigneur d'Heu-
« dicourt, et autres nommés audit procès-
« verbal, ont dit que la ville et faubourgs
« de Gisors et banlieue d'iceluy ont de
« tout temps esté et sont en franc-alleu et
« faubourg par coustume locale de tout
« temps observée. Dans la dite ville et
« faubourgs sont les fiefs de la Grange,
« de l'Isle, du prieuré de Saint-Ouen et
« de Cantiers, dont quelques-uns des ha-
« bitants et autres sont vassaux à cause

« des héritages qu'ils tiennent des dits
« fiefs de leur domaine. Néanmoins, les
« dits seigneurs n'ont point de reliefs,
« ventes et treizièmes, quelque mutation
« ou vendue qui advienne des héritages
« de leurs vassaux, ni droit d'amende
« faute de rente non payée aux jours
« qu'ils sont deus, et à cause de franc
« bourg ne sont tenus qu'à bailler simple
« déclarations de leurs héritages tenu des
« dits fiefs et des rentes qui en sont dus, s'il
« n'y a titre ou convenant particulier au
« contraire, lequel bourgage s'estend d'un
« costé vers Trie-Chasteau jusqu'à un petit
« pont de pierre étant au-dessous du mou-
« lin de l'Aunette et vers Eragni, jusqu'au
« pâtis au Moinne et de Saint-Ouen de
« Gisors, et de là en montant et passant
« au travers du chemin d'Eragny et de
« Flavacourt pour gagner le chemin qui
« conduit d'Eragny à Trie, la route du
« chemin le long de la Folie aux Coings,
« et du costé des faubourgs de Paris jus-
« qu'au chemin de Neauffe, en allant ga-
« gner le chemin des Belles-Femmes assis
« sur le chemin de Paris, tout joignant
« l'ancien chemin du Boisgiloup, et de là
« croisser du chemin de Gisors à Bouris,
« et du chemin qui va de Chaumont à
« Courcelles, et de là, passant par dedans
« Vaux, aller au bois de Vaux, et tra-
« verser vers le bas des près du Décou-
« peur, et de là gagner la rivière d'Epte,
« et du costé des Arguillères jusqu'au
« dimage de Basincourt, et sur les fau-
« bourgs de la porte de Neauffe jusqu'au
« dimage de Neauffe.

« Les héritages assis en franc bourg de
« Gisors et de Neauffe se partagent égale-
« ment entre frères et sœurs, au cas
« qu'elles soient admises au partage, et
« quant aux fiefs et terres nobles la cous-
« tume générale est observée.

« En la ville et vicomté de Gisors, par
« la coustume locale de tout temps ob-
« servée, les vassaux sont libres et francs
« de servir..... Le sieur du fief de l'Isle
« dit avoir droit de présenter aux escholes.
« M⁹ le chapitre, doyen et chanoines de
« Rouen en sont acquisiteurs des hérites
« ou par décret dudit fief, appartenant au
« feu cardinal de Pellevé. Il est à remar-
« quer que la paroisse de Gisors, en un
« sens, est de plus longue étendue que le
« franc bourg et la banlieue de Gisors,
« et d'austre costé le franc bourg et ban-
« lieue excèdent les bornes de la pa-
« roisse; par exemple, le Boisgiloup est
« de la paroisse et non du franc bourg,
« Neauffe est du franc bourg et non pas
« de la paroisse. »

Ce procès-verbal est fort intéressant, car

il nous montre que, d'une part, les fiefs et seigneurie de Gisors relevaient de l'archevêque de Rouen, et que, d'autre part, il il y avait au xvi° siècle un assez grand nombre de fiefs assis autour de Gisors qui en relevaient également. Une partie des possesseurs de fiefs, ayant au xvi° siècle embrassé la religion calviniste, rendirent aveu directement au roi; mais, au moment de la Révolution, les fiefs dits de Gisors, c'est-à-dire de la Grange-Cercelle et de l'Isle, rendaient encore aveu à l'archevêque de Rouen.

Le fief de la Grange-Cercelle était situé aux environs de l'église; la rue qui longe l'église au nord porte encore ce nom. Une partie de la Grande-Rue et l'emplacement de la filature de M. Davillier en faisaient partie.

Voici les noms de quelques-uns des propriétaires de ce fief :
1496. Claire de Poupincourt.
1518. François Lesueur, seigneur de Chambors.
1528. Jean de la Boissière.
1658. Guillaume de la Boissière.
1684. Guillaume de la Boissière.
1705. Guillaume de la Boissière.
1716. Joseph de la Boissière.
1783. Louis-Joseph de la Boissière.

Le fief de l'Isle était situé sur l'emplacement de l'ancien jardin et couvent des Carmélites, sur l'emplacement de l'hôtel de ville actuel; il contenait un arpent et demi. Une rue de Gisors, située derrière l'église et conduisant à un bâtiment de l'hôtel de ville, porte encore aujourd'hui le nom de l'Isle. La maison de Ferrières tint ce fief jusqu'en 1534; de 1534 à 1607, la maison de Pellevé. En 1607, ce fief, qui était indivis entre les héritiers du cardinal de Pellevé depuis 1594, fut vendu par décret au chapitre de Rouen, qui le possédait encore au moment de la Révolution.

Cantiers, qui fait aujourd'hui partie de Gisors, était autrefois fief distinct et propriété en dehors de la ville. Nous avons réuni les noms de plusieurs seigneurs de ce fief :
1399. Jean de Cantiers.
1431. Damoiselle Marie de Cantiers.
1471. Quentin de Cantiers.
1483. Hutin de Cantiers.
1485. Richard de Cantiers.
1493. Philippe de Cantiers.
1496. Guillaume et Marguerite de Cantiers.
1504. Marie de Cantiers.
1504. Antoinette de Cantiers.
1539. Marguerite de Cantiers, veuve de messire Guillaume de Fours.
1580. Guillaume de Fours.
1581. Jean de Fours.
1586. Henri de Ponts.
1668. Marguerite, veuve de François Lempereur.
1702. Rémi Lempereur.
1773. Pierre-Michel Lécuyer.
1789. Barthélemi Hazon.

Passons maintenant aux autres dépendances de Gisors.

Ces dépendances sont :

Le *Boisgeloup*, ou mieux le *Bois-Gilou*. — En 1220, Philippe de Vaux, Arnoul du Bois et Guillaume, son frère, déclarent tenir la plaine, le bois et le château du Bois-Gillout de Philippe-Auguste, et en arrière-fief de Jean, seigneur de Gisors.

En 1290, Gautier de Boisgeloup était gouverneur de Neaufles.

La famille de Gamaches posséda le Boisgeloup de 1313 à 1523; les Montmorency-Boudeville, de 1529 à 1604. Cette terre fut ensuite tenue par les familles des Foucault, des Allan, des Brulart, des Rouelles, des Lebas de Giranguy.

En 1676, suivant les registres de l'archevêché de Rouen, le Bois-Geloup, aussi appelé Bois-Gilou, était une succursale de l'église de Gisors. La paroisse de Gisors s'étendait ainsi sur le Vexin français, puisque le Bois-Geloup était compris dans le bailliage et la prévôté de Chaumont en Vexin.

Vaux. — Nous venons de voir que le Bois-Geloup était de la paroisse de Gisors et du bailliage de Chaumont en Vexin : il en est de même de Vaux.

Ce hameau, siège d'un fief et d'une paroisse, était autrefois beaucoup plus important qu'aujourd'hui.

À la fin du xii° siècle, l'église de Vaux, placée sous le vocable de saint Laurent, relevait de l'archevêché de Rouen. Gautier, archevêque de Rouen, fit diriger à cette époque des poursuites contre Hugues, seigneur de Vaux, qui s'était approprié le patronage et les dîmes de ce lieu. Dans le pouillé d'Eudes Rigaud, Vaux est une cure à la collation de l'archevêque de Rouen; mais ce patronage fut disputé jusqu'au xvii° siècle entre l'archevêque de Rouen et le seigneur de Vaux.

Le roi Philippe le Bel accorda à l'Hôtel-Dieu de Gisors, en septembre 1288, un droit de foire aux pâturages de Vaux, le jour de Saint-Laurent.

La chapelle de Saint-Laurent de Vaux était probablement à l'origine une annexe du château fortifié dont Roger de Hoveden fait mention dans les guerres de

180 GIS GIV

Richard Cœur de lion et de Philippe-Auguste. Vaux fut possédé au XVIe siècle par MM. de Gauville et de Montmorency-Boutteville; au XVIIe par les ducs de Saint-Simon; au XVIIIe siècle par MM. de Manneville, seigneurs de Bantelu. Vaux fut vendu en 1793 comme bien d'émigré, et en 1794 cette propriété appartint à Constant de Rebecque, qui la revendit peu de temps après à Julien Souhait, membre de la Convention.

Moiscourt. — Dès le XIIe siècle, il est fait mention du moulin de Moiscourt : « Messis curia. » Ce moulin existe encore.

Les Mathurins. — Cet endroit doit son nom à la fondation d'une chapelle et d'un ermitage construits en faveur de deux religieux de l'ordre des Mathurins, en 1607, sur un arpent de terrain donné par Mme Anne d'Est, duchesse de Nemours et comtesse de Gisors, près du chemin de la ferme du Mont-de-l'Aigle.

Le Mont-de-l'Aigle. — Quelques auteurs ont pensé que César avait campé en cet endroit et avait donné ce nom à cette localité. Nous n'avons point besoin d'insister pour faire remarquer que César et les Romains ne sont pour rien dans l'origine de ce nom.

Cf. Toussaint Duplessis, t. II, p. 297 et 368.

Taylor et Nodier, *Voyages pittoresques et romantiques dans l'ancienne France*, 35e Livraison, p. 136.

Bulletin de l'Académie ébroïcienne : Lettres sur Gisors, par Potin de la Mairie, 1833-1834. — Nouvelle édition, Gisors, 1840, in-8°.

Deville, *Notice historique sur le château de Gisors*, Caen, 1833.

Annales archéologiques : la Tour du prisonnier et l'Église de Gisors, par M. de Laborde, 1849, t. IX, p. 136.

Blangis, *Essai historique sur le prisonnier de Gisors*. Rouen, Rivière, 1839, br. in-8°.

La Normandie illustrée, t. Ier, p. 79.

A. Guilbert, *Histoire des villes de France*, Gisors, par M. Murphy Birne, t. V, p. 549.

Annuaire normand, séances de l'Association normande à Gisors, les 4 et 5 octobre 1851, p. 502.

Séance tenue à Gisors par la Société française pour la conservation des monuments historiques. Congrès archéologique, 1839, p. 339.

Bulletin monumental, t. III, p. 98; t. IV, p. 183.

G. Dubreuil, *Essai historique sur Gisors et ses environs*. Gisors, in-8°.

Le Vexin, articles de M. Hersan (26 avril 1857, 7 février 1858, 31 juillet 1859).

Hersan, *Histoire de la ville de Gisors*, 1858. Gisors, in 12.

Rob. Denyaud, *Histoire* (manuscrite) *de Gisors*, 2 vol. Un volume de cette histoire se trouve à la bibliothèque de la ville de Rouen.

GIVERNI.

Arrond. des Andelys. — Cant. d'Écos.
Sur la Seine et l'Epte.

Patr. Ste Radegonde. — *Prés. l'abbé de Saint-Ouen.*

Il est probable que le document suivant s'applique à notre Giverni. Il en résulterait que la culture de la vigne aurait été répandue dès le VIIe siècle sur les bords de la Seine : ce qui n'a rien, d'ailleurs, d'improbable.

Dans cet acte, Teutsinde, abbé de Fontenelle, cède au comte Rothaire, à titre précaire, avec les autres propriétés déjà citées dans le Talou, les vignes situées à Giverni :

« ..... Vineas etiam in Warnaco super
« fluvio Sequanæ sitas quæ impetraverat
« sanctissimæ recordationis Lauthertus
« ablas a rege glorioso Hilderico, sua-
« dente regina sua Blitilde, necnon et aliis
« illustribus viris quorum hæc sunt no-
« mina : Leodegarii episcopi denumque
« martyris egregii, Vinonis (Vironis) et
« Ermonii (*Ermonis*), Fulcoaldi, Amal-
« rici, Wlfoaldi majoris domus regiæ, Ra-
« vonis, Waningi, Adalberti, Gerini, sicut
« in gestis præfati patris Lautherti eximii
« scriptum fore constat..... » (Entre 671 et 676.)

En 863, Charles le Chauve, dans la répartition des domaines de Saint-Denis, cite dans le Vexin : « et villam nun-
« tur Warniacus (*Giverni*) in eodem pago
« sine aliqua diminutione situm. » (*Histoire de Saint-Denis*, par Félibien, pièces justificatives.)

L'abbaye de Saint-Ouen de Rouen s'établit de très-bonne heure dans la vallée de l'Epte. (Voyez GASNI.)

Dans la charte de Richard II contenant la liste des biens donnés ou restitués à Saint-Ouen, on lit : « ... Givernacum cum ecclesia... » (Voyez GASNI.)

Antérieurement à 1066, Osterne d'Ecquetot donna à Saint-Ouen de Rouen les vignes de Giverni. (Pommeraye, *Hist. de Saint-Ouen*, p. 421.)

Dans la charte de Hugues, archevêque de Rouen, en faveur de Saint-Ouen, 1145-1161, on lit : « ... XI. solidos in ecclesia de Giverneio... »

On trouve aux archives de la Seine-Inférieure, dans les titres de l'abbaye de Saint-Ouen, un certain nombre de chartes relatives à Giverni. Nous allons en citer quelques-unes :

Guillaume de Tourni, avec le consentement de ses frères, Payen et Mathieu, donne à Saint-Ouen son tènement à Giverni : « Guillelmus de Torneio, assensu « Pagani et Mathei fratrum suorum, dat « Sancto Audoeno tenementum suum « apud Giverneium ; accipit x. libras Parisiensium et xl. solidos Andegavensium. » (Arch. de la Seine-Inf., Cart. de Saint-Ouen, Gasni. E. xxviii.)

Eudes Havart, de Giverni, pour réparer le préjudice qu'il a fait à l'abbaye de Saint-Ouen, donne une rente annuelle sur son moulin de Cossé, sur les vignes et terres qu'il tient d'elle : « Sciant omnes « quod ego Odo Havart, de Giverneio, mi-« les, sciens et recognoscens me multa « mala et dampna fecisse ecclesie Sancti « Audoeni Rothomagensis, tandem peni-« tentia ductus, dedi in perpetuam elemo-« sinam abbati et conventui Sancti Au-« doeni xl. solid itas annui redditus an-« nuatim in meo molen-lino de Cosse, vel « in terris et vineis quas de ipsis teneo « apud Giverni..... Anno 1225, mense « septembri, in crastino Sancti Michaelis. »

Geoffroi Goujon, chevalier, et Eve, sa femme, donnent et confirment aux moines de Saint-Ouen tout le champart et toute la dime qu'ils tenaient de la dite abbaye à Giverni et autres lieux : « Noverint om-« nes..... quod ego Gaufridus Goujon, « miles, et Eva, uxor mea, dedimus et « confirmavimus abbati et monachis Sancti « Audoeni Rothomagensis totum campi-« partum nostrum et decimam nostram « que tenebamus de predictis abbate et « monachis apud Giverne et apud Capel-« lani et apud Daencort, et duo sextaria « bladi...., per lx. solidos Parisiensium « annui redditus. Nos vero in presentia « Ricardi, Dei gratia Ebroicensis episcopi, « juravimus quod nichil unquam reclama-« bimus.... ; et nos sigillorum nostro-« rum..... roboravimus. Dictus domi-« nus episcopus, ad petitionem partis utri-« usque, sigillum suum fecit apponi. Anno « ab incarnatione Domini 1237, mense « martii. »

En 1248, donation de 20 sous de rente par Eudes Havart de Giverni pour racheter les préjudices qu'il a causés à l'abbaye. (Gasni. E. xvi.)

Vers 1250, interviennent d'autres membres de cette famille Havart : Nicolas, Gautier, Roger, Raoul, fils ou parent d'Eudes Havart : « Nicholaus Havart et « Galterus Havart vendunt Sancto Au-« doeno quamdam pelliciam, quasdam bo-« tas annui redditus ; teste Roberto de Be-« tencort... ». (Gasni. D. i.)

1251. Roger dit Havart et maître Raoul Havart, frères. (Gasni. E. xv.)

« Odo Havart de Juverneio dimisit « Sancto Audoeno candellas quas clamabat « in ecclesia de Juverneio.... » (Gasni. E. xxvi.) Notons en passant cette nouvelle forme : « Juverneium, » pour Giverni.

1263. Mathilde Havart, « filia quondam « Guillelmi Havart, militis, uxor Hugonis « de Fonteneto, armigeri, » fait une rente aux religieux de Saint-Ouen : « .... Testes : « Radulfus de Fonteneto, miles, dominus « Radulfus de Betencort..... » (Gasni. D. cxxxv.)

« Omnibus.... frater Radulfus, abbas « Brolii, Cisterciensis ordinis, totusque « conventus, salutem..... Cum contentio « verteretur inter nos et abbatem et con-« ventum Sancti Audoeni Rothomagensis « super prato in parrochia Sancte Rade-« gundis de Giverniaro...., tandem so-« pita est..... Anno 1271, mense mar-« tio. » (Gasni. B. xiii.)

1273. « Johannes de Villaribus, armi-« ger, voluntate Ysabellis, uxoris meæ, et « Michaelis de Perrodio, armigeri, mariti « Johannæ filiæ meæ, » Biens situés « ..... in parrochia Sancte Radegundis « de Giverny... »

1275. Vente par Jean de Villiers à l'abbaye de Saint-Ouen d'une rente que l'abbaye lui devait sur un moulin situé dans la paroisse de Sainte-Radegonde de Giverni :

« Noverint universi... quod ego Johan-« nes de Villaribus, armiger, vendidi abbati « et conventui Sancti Audoeni, pro xxviii. « libris, lx. solidos Parisiensium annui « reddit is quos michi debebant dicti abbas « et conventus annuatim de quodam mo-« lendino eorumdem in parrochia Sancte « Radegundis de Gyverny in feodo dicto-« rum religiosorum..... Anno Domini « 1275, mense junii. »

1293. Guillaume de Sailli, escuyer, et Marie, sa femme, de la paroisse de Gi-verni.... vendent à Saint-Ouen le moulin du moulin de Cossé. (Gasni. E. xxvii.)

L'abbaye de Saint-Ouen paraît avoir possédé l'église de Giverni bien avant le xiiie siècle. Aussi sommes-nous portés à croire que, en 1201, Gautier de Coutances, archevêque de Rouen, restitua plutôt qu'il ne donna cette église avec la dîme à la susdite abbaye. Quoi qu'il en soit, on lit dans le pouillé d'Eudes Rigaud : « Ecclesia « Sancte Radegundis de Giverni. Abbas « Sancti Audoeni Rothomagensis patro-« nus. Habet c. et xiii. parrochianos ; va-« let xxx. libras Turonensium ; abbas « recipit usque ad cc. libras Turonen-« sium. »

Selon un aveu du 23 avril 1678, Giverni est un fief qui appartenait à l'abbaye de Saint-Ouen, avec le droit de présenter à la cure.

Le seigneur et le patronage dépendaient de l'abbaye de Saint-Ouen.

Dépendances : — Falaise ; — Magnitot ; — Orgival ; — Cossé ; — les Chennevières.

Cf. Toussaint Duplessis, t. II, p. 573.

GIVERVILLE.

Arrond. de Bernai. — Cant. de Thiberville.

Potr. Notre-Dame. — Prés. les Chartreux de Gaillon.

En 1066, au moment où la flotte normande appareillait pour l'Angleterre, Guillaume d'Echaufou et son fils donnèrent Giverville à l'abbaye de la Trinité-du-Mont-Sainte-Catherine à Rouen. Guillaume le Conquérant confirma. Guillaume, fils d'Ernauld de Montreuil, donna également la dime et l'église de Giverville.

« Notum sit omnibus fidelibus quod
« Willelmus de Scalfou et Willelmus filius
« ejus dederunt omnem Guiardivillam
« cum omnibus appenditiis suis monachis
« Sanctæ Trinitatis Rothomagensis. Que
« villa sita est in episcopatu Lisiacensi.
« † Signum Willelmi ducis Normanniæ.
« † Signum Mathildis comitissæ. † Si-
« gnum Willelmi de Scalfou. † Signum
« Willelmi filii Ernaldi de Mosteriolo, qui
« dedit Sanctæ Trinitati decimam totius
« ejusdem Guiardivillæ, presbyterium et
« ecclesiam, alodii jure. † Signum Willel-
« mi filii Osberni. † Signum Radulfi ca-
« merarii. † Signum Hugonis Pincernæ.
« Testes, etc.....»

Enfin, Roger de Montgommeri renonça au même moment, en présence du duc Guillaume, à tous les droits qu'il pouvait réclamer sur Giverville : « ... Pateat
« cunctis Christi fidelibus quod, anno do-
« minicæ incarnationis millesimo sexage-
« simo sexto, tunc scilicet quando Nor-
« mannorum dux Guillelmus cum clas-
« sico apparatu ultra mare erat profectu-
« rus, quidam vir illustris nomine Roge-
« rius de Montgommeri hoc quod in terra
« Sanctæ Trinitatis quæ Guiardi villa di-
« citur, cum omnibus appenditiis suis,
« calumniabatur, domino abbati Rainerio
« et monachis ejus, coram memorato duce,
« et toto perdonavit ; ita ut et illa hora a
« se vel suis heredibus eadem terra nequa-
« quam ulterius calumniæ sentiret mole-
« stiam, sed libera et quieta Sanctæ Trini-
« tati et monachis ejus in hereditate per-
« maneret, annuente hoc et confirmante
« inclito principe Normannorum Willel-
« mo. † Signum ipsius † Signum Roge-
« rii de Montegomeri. † Signum Wil-
« lelmi filii Osberni. † Signum Giroldi
« senescalli. † Signum Radulfi camerarii.
« † Signum Hugonis Pincernæ. »

La bulle du pape Adrien IV en 1156 confirme ces donations : « ... In pago
« Lisiacensi, Giverville et ecclesiam cum
« decima..... »

On voit que le nom de Giverville, qui peut venir de « Gilbertivilla », comme de « Guiardivilla », s'est vite formé puisque nous le trouvons dans sa forme actuelle au milieu du XIIe siècle.

Nous rencontrons « Guiarvivilla » en 1195. (*Grands rôles de l'Echiquier de Normandie.*)

En 1255, Mathieu de la Poterie, écuyer, reconnaît devoir faire hommage de son fief de Giverville aux religieux de Sainte-Catherine.

En 1301, Mathieu de la Poterie s'oblige à acquitter le service d'un chevalier en l'ost que lesdits religieux devaient au roi pour leur fief.

En 1293, Richard et Guillaume Martel, écuyers, renoncèrent à toutes prétentions sur le patronage de Giverville.

Il paraît qu'il y eut dans la commune un autre fief de la Poterie. Georges de Huet, seigneur de cette Poterie, reconnut en 1456 que son fief de Giverville relevait du fief des religieux.

« ..... Item appartient aux avouants
« un fief noble en la paroisse de Giver-
« ville en la vicomté d'Orbec, qui s'estend
« en la paroisse de Saint-Georges-du-Mes-
« nil, dont le manoir seigneurial, assis en
« la paroisse de Giverville, consiste en une
« maison, grange, etc..... auquel lieu il
« y a court et usage, etc..... à cause du
« quel fief ils sont seigneurs et patrons
« de la dite paroisse de Giverville, et leur
« appartient les deux tiers des grosses
« dixmes dans toute l'étendue de la dite
« paroisse ; du quel fief est relevant un
« demi-fief assis en la dite paroisse de Gi-
« verville qui appartient au sieur de Gi-
« verville, par foy et hommage, etc....»

En 1578, 1602, 1672, 1703, les sieurs de Giverville firent aveu pour leur religieux.

En 1671, Jean de Giverville reconnut que par pure grâce sa femme avait été enterrée dans le chœur de l'église, mais on reconnut aussi qu'il y possédait un banc.

On sait qu'en 1698 l'abbaye de Sainte-Catherine fut supprimée et réunie aux Chartreux de Gaillon. Aussi retrouvons-nous, au XVIIIe siècle, les Chartreux de

Gaillon avec le patronage et la seigneurie de la paroisse.

Vers 1770, les Chartreux de Gaillon vendirent au sieur de Giverville le fief et seigneurie de Giverville.

Dépendances : — la Bertinière ; — le Bose ; — le Bose-Groult ; — le Bourg ; — Eplandres ; — la Garenne ; — Gournai ; — la Haie ; — la Huberdière ; — Hue ; — Louvigni ; — la Mare-du-Fresne ; — Ouinesques ; — la Pilonnière ; — le Val ; — la Vallée ; — Viguemare.

GLISOLLES.

Arr. d'Evreux. — Cant. de Conches.
Sur l'Iton.

Patr. Notre-Dame. — Prés. le chapitre d'Evreux.

L'origine du mot Glisolles paraît bien être : *Ecclesiola*. « ... Anno xi. jam
« suprascripto, præfatus exarchus (Pippi-
« nus) dedit eidem monasterio (Floriaco)
« villam cujus vocabulum est Ecclesiola,
« situm in jugo Ebroicino, calendis mar-
« tii die, indictione quarta, feria quarta... »
(*Chron. Fontanelli.*, ad ann. 705.)

Avant 1130, Raoul de Glisolles, doyen, avait donné à Saint-Pierre de Conches deux jardins dans la villa qui était appelée Merderel. Ce fait est consigné dans la charte de Henri Ier pour Conches :

« ... Item sciendum est quod Radul-
« phus de Iglisoles, decanus, dedit Sancto
« Petro duos hospites cum ortis in villa
« quæ vulgo dicitur Merderel, annuenti-
« bus parentibus et Gaufrido domino suo
« de Villalet, coram Radulpho de Toste-
« neio... »

Dans les *Grands Rôles de l'Échiquier de Normandie*, nous trouvons Julien d'Yglesolles et Richard de Glisolles : « Julianus
« de Yglesoles, v. solidos pro falso cla-
« more ;

« Ricardus de Glisoles IX. solidos pro
« eodem (pro vino supervendito). » (Stapleton, M. R. S. N., p. 186 et 187.)

La charte de Luc, évêque d'Évreux, en faveur de son chapitre cite au commencement du XIIIe siècle l'église de Glisolles :

« ... Ecclesiam de Glesol, cum duabus
« partibus decimarum bladi et capella
« ejusdem villæ. »

Les chartes de la Noë fournissent sur Glisolles un grand nombre de renseignements. En 1189, Bazilie de Glisolles donne à l'église de Sainte-Marie de la Noë sa terre et son bois aux environs d'Oissel et de Broquigni.

Vers 1190, elle donne « in bosco suo
« de Glisoliis crescimentum ad gran-
« giam monachorum de Jumellis ».

Vers 1200, dans une charte de Roscelin de Bonneville intervient comme témoin Alvered « de Greisnosavilla », Grenieuseville, hameau de Glisolles.

En 1201, Bazilie de Glisolles confirme les possessions de la Noë à Jumelles, et ajoute que si les moines n'y possèdent pas trois cents acres de bois et de terre ils pourront compléter ce nombre en prenant ce qui sera nécessaire du côté du Long-Essart.

1207. Amauri le Poulet ratifie une longue transaction à laquelle son père n'a pu, à cause d'une mort subite, apposer son sceau. Les droits d'usage donnés par Bazilie de Glisolles sont remplacés par vingt acres de bois que Guillaume le Poulet a achetées de Guillaume Harene, et dix livres tournois données aux moines.

Nous allons publier le texte de la charte de Philippe-Auguste confirmant cette transaction :

1207. « In nomine sancte et individue Tri-
« nitatis, amen Philippus Dei gratia Franco-
« rum rex. Noverint universi presentes
« pariter et futuri quod Amarricus Pullus,
« filius Guillelmi Pulli, monachis et abba-
« tie Sancte Marie de Noa, pro salute anime
« patris sui et matris sue et antecessorum
« suorum, concessit in puram et perpe-
« tuam elemosinam viginti acras nemoris
« sui de Glissoliis juxta nemus illud quod
« Willelmus Pullus, pater ejus, dederat
« eisdem monachis in excambio pro usi-
« bus et consuetudinibus quas habebant
« in nemoribus de Glisoliis, que fuerant
« Willelmi Harene et Basilie de Glisoliis,
« libere penitus et quiete possidendas in
« perpetuum, et ad faciendam suam volun-
« tatem de predictis xx. acris tam de ne-
« more quam de terra. Preterea dedit eis
« et quietavit sex solidos Turonensis mo-
« nete, quos ipsi annuatim reddere tene-
« bantur ei et heredibus suis pro terra
« illa quam acquisierant de Joscelino
« Maquerel. Nos quoque donationem illam
« ratam habemus et, ad petitionem pre-
« dicti Amaurrici Pulli, sigilli nostri au-
« ctoritate et regii nominis inferius anno-
« tato karactere, salvo jure nostro, con-
« firmamus. Actum apud Paciacum, anno
« Incarnationis dominice m° cc° septimo,
« regni vero nostri anno vicesimo septimo,
« astantibus in palatio nostro quorum no-
« mina supposita sunt et signa : Dapifero
« nullo. Signum Guidonis buticularii.
« Signum Mathei, camerarii. Signum Dro-
« conis, constabularii. Data vacante can-
« cellaria, per manum fratris Guarini. »

Nous croyons devoir rapprocher cette transaction d'un autre acte d'Amauri le Poulet, seigneur de Glisolles, par lequel il donne, en 1215, à l'église de Saint-Taurin toutes les dîmes de ses moulins de Glisolles :

« Universis Christi fidelibus ad quos
« presens scriptum pervenerit, ego Amau-
« ricus Pullus, dominus de Glisoles, salu-
« tem in vero salutari. Sciatis me, ad pe-
« titionem abbatis et conventus Sancti
« Taurini, concessisse et per chartam
« meam contulisse Deo et ecclesie Beati
« Taurini et monachis ibidem Deo ser-
« vientibus omnes decimas molendino-
« rum meorum de Glisoles, sicuti ab anti-
« quis temporibus habuerunt et in carta
« fundatorum suorum continetur; excepto
« quod ratione predictorum molendino-
« rum, in quibus decimas percipient, in
« molta mea Grandissilve, si eam forte
« a molendinis transmutare voluero, ali-
« quod jus predicti monachi in ea non
« poterunt reclamare. Et ut hoc fideliter
« teneatur in posterum, sigilli mei impres-
« sione roboravi. Actum est hoc anno
« Domini M° CC° quinto decimo, mense
« novembri. » (Arch. de l'Eure, *Petit
Cart. de Saint-Taurin*, p. 52.)

Reprenons maintenant l'analyse des chartes de la Noë concernant Glisolles.

Vers 1210, « Razilie de Formoville, domina de Glisoliis, » est dite sœur de Simon Harene. Parmi les témoins, nous remarquons Richard de Glisolles, prêtre; Guillaume le Clerc, son neveu, et Guillaume de Vilalet.

Razilie de Glisolles et Guillaume Harene donnèrent le droit de présentation à la cure de Glisolles au chapitre d'Évreux :

« Notum sit omnibus tam futuris quam
« presentibus quod ego Razilia de Gliso-
« les et ego Willelmus Harene, pietatis in-
« tuitu et pro salute animarum nostrarum
« et antecessorum nostrorum, donavimus
« et in perpetuam elemosinam concessi-
« mus Deo et Beate Marie Ebroicensi ad
« usum capituli et communie presenta-
« tionem ecclesie de Glisoles cum omnibus
« suis pertinentiis.... Predictum vero
« capitulum pro hac garantizatione con-
« tra omnes, si qui forent, reclamatores
« prosequenda xiv. libras Andegavensium
« de bonis ecclesie caritative nobis dedit.
« Testibus Ricardo presbitero de Glisoles,
« Gauterio Preposito, Radulfo Chantel... »
(*Cart. du chapitre d'Évreux*, n° 16.)

Nouvelle charte de Guillaume de Glisolles donnant au chapitre d'Évreux le droit de patronage de la chapelle Saint-Nicolas de Glisolles :

« Omnibus ad quos presens scriptum
« pervenerit, Willelmus, dominus Gliso-
« larum, salutem. Ad omnium notitiam
« volo pervenire, quod, cum ego jus patro-
« natus ecclesie Sancte Marie de Glisoles
« cum omnibus pertinentiis suis sancte
« matri mee ecclesie Ebroicensi caritative
« donavissem, attendens quod infra metas
« ipsius dicte ecclesie de Glisoles capella
« mea Sancti Nicolai de Glisoles esset
« constituta, ne processu temporis qua-
« cumque occasione a me vel meis here-
« dibus erga dictam matrem ecclesiam
« questio qualiscumque posset suboriri,
« jus patronatus ipsius capelle, si quid in
« ea habebam, cum omnibus pertinentiis
« predicte matri ecclesie sponte contuli et
« supra majus altare posui, scilicet cum
« duabus garbis decime meorum villana-
« giorum de Tornedos et villanagiorum
« beate matertere mee et duabus jarbis
« omnium meorum essartorum de Gliso-
« les, cum vii. acris terre, v. apud Torte-
« dos, ii. apud Glisoles, et cum omnibus
« decimis ad nemus meum de Glisoles
« pertinentibus, tam forestagiorum et pas-
« nagiorum et pasturarum et ipsius ne-
« moris venditionum, et cum decima
« molendini de Bulle, ad luminare ipsius
« capelle, juramenti religione firmans
« quod ad posse meum, ad expensas ti-
« men dicte ecclesie, si necesse esset,
« dictam meam donationem garantizarem.
« Quod ne oblivione fugiat, vel quacum-
« que malignitate quassetur, sizilli mei
« munimine roboravi. » (*Cart. du chapitre
d'Évreux*, n° 16.)

En 1221, l'évêque d'Évreux confirma à son chapitre la dîme du vin de Glisolles. (*Second cart. du chapitre d'Évreux*, p. 159, n° 255.)

En 1230, Guillaume Harene, de Glisolles, confirme la donation que son neveu Raoul d'Orvaux avait faite de toute sa terre à Tournedos, laquelle terre venait de la dot d'Avicie, sœur de Guillaume Harene.

En 1247, Guillaume de Minières, chevalier et seigneur de Grenieuseville : « dominus de Grenuesevilla, » donne à l'abbaye de la Noë une rente annuelle de soixante sols sur les moulins de Grenieuseville.

En 1247, Laurent, recteur de la chapelle de Saint-Nicolas de Glisolles, prêtre, donne à l'abbaye de la Noë la moitié de ses biens.

Nous trouvons dans les chartes de la commanderie de Saint-Étienne-de-Renneville quelques actes concernant Glisolles.

1248. Robert Noel, chevalier, vend aux Templiers deux pièces de terre situées « inter la cruière de Baillie et ulmum « de Glisoliis ».

1257. Henri Tyerri vend aux Templiers cinq vergées de terre à la perche de vingt-quatre pieds, contenues dans le fief d'Angerville, situé sur le territoire de Glisolles, près du chemin par lequel on va de Glisolles à la Croisille.

1271. Aubrée, veuve de Symon « de Raali », ratifie la vente que son mari a faite aux Templiers dans la paroisse de « Glesoles ».

1278. Raoul d'Angerville, écuyer, de la paroisse de Glisolles, vend aux Templiers la moulte qu'il avait sur trois pièces de terre dans la paroisse de Glisolles : « apud « ulmellum de Glisolles, juxta cheminum « quod ducit de Angervilla apud Gliso-« lias. »

1278. « Jean de Maernel, escuier, atorne « Raol de Angerville, escuier, à vendre « par la reson de une m ute, qui est en « la paroisse de Notre-Dame de Glisolles, « u champ de l'Orme. En mil et deus cens « et LXX et VIII, ou mois de mars. »

En 1280, Robert Jolis d'Evreux, Guillaume Tilart, de Glisolles, du consentement de Jeanne et d'Héloïse, leurs épouses, vendent aux Templiers une masure à Glisolles, devant le moulin de Raale.

Parmi les dépendances de Glisolles, nous remarquerons Heurteloup. En 1211, Emma d'Angerville, du consentement de ses enfants, donne à la Noë le tiers de son fief d'Angerville, dans lequel tiers de fief se trouvait la terre « de Fossa de Cleauso », la terre entre « Malam Vallem et Ples-« sicium », la terre du Parc, le tiers de la terre du Tieil(?), le tiers du bois de Heurteloup : « de Hurteloup versus le Plesseiz, » le tiers du Plessis : « versus Marum. »

Notons encore Grenieuseville, ou Greneuseville. En 1211, Guillaume de Mi-nières, seigneur de Grenieuseville, donna à Roger des Essarts soixante sous de rente annuelle sur ses moulins de Grenieuseville : « Sciant presentes et futuri, quod « ego Willelmus de Mineriis concedo « Rogerio de Essartis et heredibus suis « sexaginta solidos annuatim habendos « in molendinis meis de Greniosavilla, « viginti solidos pro medietate aquarum « de verreriis, sex solidos pro piscariis, « salva napsa(?) magni molendini, et sexa-« ginta solidos pro uno dolio vini quod « habebit annuatim de vinea de Cornelio. « Actum anno Domini millesimo ducen-« tesimo decimo uno. » (Hist. de la maison de Chambray, p. 779.) — La paroisse de Grenkuseville a été réunie à Glisolles en 1808.

Angerville-la-Rivière, ancienne paroisse et ancien fief, est réunie aujourd'hui à Glisolles. En 1247, Jean Hure et Raoul Hure, frères, donnèrent à la Noë dix-huit deniers de rente sur le champ de la Sottise : « in campo Stultitie, » situé à Angerville. (Arch. de l'Eure ; orig.)

Voyez plus haut la charte d'Eu ma d'Angerville.

Dans les chartes de la commanderie de Renneville, on trouve mentionnés : en 1160, « Willelmus de Ansgervilla; » en 1203, « Emmelina de Ansgervilla; » en 1251, « Robertus, dictus Neel, miles in parrochia de Anguervilla; » en 1253, « Robert Neel miles; » en 1278, Raoul d'Angerville, écuyer.

Le château de Glisolles, construit au commencement du XVIII° siècle par M. de Boulainvilliers, appartient aujourd'hui à M. le duc de Clermont-Tonnerre.

Dépendances : — Angerville ; — la Bretonnière ; — les Côtes ; — Grenieuseville ; — Heurteloup.

GLOS-SUR-RISLE.

Arrond. de Pont-Audemer. — Cant. de Montfort.

Patr. S. Vincent. — *Prés. le seigneur.*

Voie romaine ; découverte de hachettes gauloises ; tombeaux en pierre.

Examinons d'abord la question du patronage.

Le pouillé d'Eudes Rigaud constate que le patron de Glos-sur-Risle au XIII° siècle était Robert de Mortemer. Le fief de Glos était autrefois dit fief de Mortemer : « Gloz. Robertus de Mortuomari patro-« nus ; valet xx. libras ; parrochiani IIII^ᵐ « et VI. Hernol, presbyter, presentatus a « domino Roberto, receptus a domino T. »

L'archevêque Guillaume de Flavacourt reçut ensuite Guillaume « de Lundellis » sur la présentation de Guillaume de Mortemer, chevalier. (1275-1306.)

Suivant un aveu du 11 février 1484, le fief de Mortemer a droit de présenter à la cure.

1484. Hommage par Jean de Tournebu.
1487. Hommage par Marguerite d'Achez, veuve de Cosme le Sec.
1489. Hommage par Simon le Sec.
1515. Hommage par Antoine le Sec.
1538. Hommage par Thomas le Sec.

Puisque nous venons de parler du fief et des seigneurs de Mortemer, citons quelques chartes émanées de ces seigneurs :

1273. Robert de Mortemer, chevalier, seigneur de Glos, donne une rente de 30 sous sur le moulin aux Magniants.

1291. Guillaume de Mortemer, chevalier, seigneur de Glos, donne une rente de 55 sous sur le même moulin.

1299. Don de 100 sous sur le même moulin :

« Sciant presentes et futuri quod ego Guillelmus de Mortuomari, miles, in ultima voluntate mea, pro salute animæ meæ, — quorum nomina in presenti carta sunt contenta, dedi, concessi et hac presenti carta confirmavi in liberam, puram et perpetuam elemosinam viris religiosis abbati et conventui monasterii Beate Marie de Becco Helluini, ad officium pitantiarum dicti loci, ad anniversarium meum annuatim faciendum centum solidos turonenses annui et perpetui redditus sitos super molendino vocato au Maniant, existenti in parochia de Glos, percipiendos annuatim a duos terminos, videlicet ad festum Sancti Michaelis in Monte Gargano..., habendos et tenendos predictos centum solidos dictis religiosis et eorum successoribus bene, pacifice, libere et quiete sine aliqua reclamatione vel heredum meorum reclamatione aut impedimento de cetero faciendis in redditu supradicto; quam ego et heredes mei tenemur garantisare religiosis antedictis. Pro quo redditu habendo terminis predictis dicti religiosi vel eorum mandatum poterunt libere et quiete suam plenariam justiciam facere in molendino predicto, quotiescunque sibi necesse fuerit secundum consuetudinem Normannie. In cujus rei testimonium, presentem cartam sigillo meo proprio sigilavi : Datum anno Domini millesimo ducentesimo nonagesimo septimo, die mercurii ante Ramos..... His testibus : domino Guillelmo de Haricuria, domino Petro de Pratis, domino Guillelmo Pistrino Juniore, domino Guillelmo Mauveysin, domino Johanne Crispino, domino Radulfo de Mellento, domino Radulpho Mauveysin, domino Johanne de Pratis, domino Guillelmo de Bernefou, domino Roberto de Mortuo Mari, militibus, et multis aliis. »

En 1311, don de deux acres de redevances par Robert de Mortemer, chevalier.

Autre donation faite par Robert de Mortemer, tant en son nom qu'en celui de son neveu Guillaume de Mortemer.

En 1311, vente de terres à Glos par Robert de Mortemer, chevalier, à Guillaume de Meulan.

En 1328, Philippe, roi de France, confirme la donation faite par messire Guillaume de Mortemer de diverses rentes sur les moulins aux Magniants et autres tenures.

Toutes ces ventes et donations sont faites à l'abbaye du Bec, et l'analyse des chartes précédentes et suivantes est empruntée à l'inventaire des titres de ladite abbaye.

En 1217, pâture Roger Tieline.

1252. Jean du Couldrei, chevalier.

1260. Champ du Laveur.

1269. Champ du Perri.

1266. Vente par Raoul le Cesne, chevalier, de la moitié de deux moulins aux Magniants, avec ses droits en terres, rentes et vassaux à Glos, Tierville et Montfort.

1268. Champ Raoul.

En 1275, Roger dit Perrin et Béatrix dite la Picarde, de la paroisse de Pont-Autou, vendent à l'abbé et au couvent du Bec une certaine place située dans la paroisse de Saint-Vincent-de-Glos, entre le chemin du roi et l'eau de la Risle, près des moulins « as Manianz » et du seigneur Robert de Mortemer. (Bibl. imp. Chartes de l'abbaye du Bec.)

En 1277, Raoul du Perier vend à l'abbé et au couvent du Bec une rente de sept sous sur un manoir situé dans la paroisse de Glos, entre le chemin de Montfort et le chemin qui conduit au moulin du Bec. (Bibl. imp. Chartes de l'abbaye du Bec.)

1288. Fief aux Bigots, fief de Croville.

1313. Manoir de Fontainecourt.

1321. Guillaume Goulert, écuyer, dit de Glos.

1396. Pierre de Bote, écuyer.

1303. Bois de la Haie-de-Glos.

1431. Fief de l'Hostellier, masure nommée la Trigale.

1490. Pièce nommée le Clos-Juguerre.

1363. Pièces appelées les Crottes et le Clos-de-la-Conture.

Fontainecourt est un hameau de Glos. Réunissons quelques notes sur ce hameau :

Le comte de Meulan confirme les actes par lesquels Hugues, fils de Galeran, et Simon Barfor donnèrent à l'abbaye du Bec ce qu'ils tenaient de lui à Fontainecourt, le Bosc-Gouet et Grandeville.

L'inventaire de l'abbaye du Bec écrit constamment Fontaincourt.

Dans les Grands rôles de l'Échiquier de Normandie : Georges et Gautier de Fontaincourt.

« Georgius de Fontaincurt reddit compotum de LX. solidis pro simili (pro dissaisina). » (Stapleton, M. R. S. N., p. 206.)

« Walterus de Fontancuria, » témoin dans une charte sans date de « Ricardus de Valle » relative à Granouville.

En 1216, Hugues de Sainte-Marie donne trois fiefs : fief de Glos, fief de Guillaume du Clos, fief aux Boudins, sis à Fontainecourt.

Baux du manoir et seigneurie de Fontainecourt, Bosegouet et Grandeville pour les années 1475, 1526, 1619 et 1636.

Les habitants de Glos-sur-Risle avaient des droits dans la forêt de Montfort. Voici ce que nous lisons à ce sujet dans le *Coutumier des forêts de Normandie*, fol. 81 v° :

« Les parroissiens de Glos, c'est assavoir : F... du Bost, Raol de Bordelles, Jehan Traves, Raol de Bordelles, Jehan Traves, Guillaume des Bordelles, ont leurs vaches, leurs pors, leurs brebis à l'orée de la forest à la veue du pasteur et hors tailleis et deffens comme dit est, et pour leurs pors pairont pour chacun un tournois à chacun passage quant ilz eschiet... en la diete forest, et les doivent mener et porter à l'acquit du dict passage, jà si petit n'y aura mes qu'il puisse manger un glan, ou se porte il y est ilz doivent paier au fermier du dit passage pour le roy diz soulz tourn. d'amende pour chacun port. Item, ils doivent avoir la mousse, le caillou, la marne et le genest, le genievre et le sablon, et l'argille. Item, ilz doivent avoir tout boiz en la diete forest en la coustume par en paiant l'amende, c'est à savoir : la cherettée de chesne à troiz chevaulx pour x sols, à deux chevaulx pour vii sols, et hors deffens la cherette de fou ou de hestre, hors deffens, à troiz chevaulx pour vi solz, à deux chevaulx pour v sols, à un cheval pour iiii sols, la somme de chesne iii sols, la somme de fou ou de hestre iii sols, le cherettée de mort boiz, c'est à savoir : boul, tremble, fresne et autres boiz qui sont mors boiz pour iii sols, et la somme de mors boiz pour ii sols, pour les quelles franchises, usages et droitures dessus desclerées les diz parroissiens sont tenus paier chacun par say et par chacun an au roy par la main de herbager de la diete forest xii tournois, moictié à Saint-Michiel et moictié à Pasques. »

Glos a été dévasté en 1357 par les troupes navarroises, et dans le courant du XVIe siècle par les troupes de la Ligue.

Les seigneurs de Glos appartenaient au XVIe siècle à la famille de Ruppière.

1564. François, baron de Ruppière, chevalier, seigneur de Glos au droit de sa femme, Louise Le Sec, rendit aveu au roi en 1582.

1402. Thomas eut les mêmes titres et mourut en 1618.

1618. Gabriel, marié à Elisabeth de Malmaison, qui eut la garde noble des biens de ses enfants.

1617. Thomas.

1663. Charles de Ruppière, gendarme, dont les deux fils embrassèrent l'état ecclésiastique. Sa fille transporta la seigneurie dans la famille de Bellemare.

Dépendances : — la Bourgogne ; — les Champs ; — Fontainecourt ; — la Forge ; — le Haut-Bout ; — les Mangeants (anciennement les Magnians) ; — le Moulin-du-Buse ; — le Moulin de Glos ; — Soquence ; — Saint-Bruno (château).

Cf. Canel, *Essai sur l'hist. de l'arrond. de Pont-Audemer*, t. II, p. 373.

Toussaint Duplessis, t. II, p. 374.

GOUBERGE (LA).

Arrond. d'Evreux. — Cant. de Conches.

Patr. Notre-Dame. — *Prés. le commandeur de Saint-Etienne.*

En 1218, Richard Chevreuil donne à l'abbaye de Lire le fief qu'il tenait de son père dans la paroisse d'Ormes, au hameau de la Gouberge : « Sciant presentes « et futuri quod ego Ricardus Cheverol, « capellanus de Nogent, pro amore Dei et « salute anime mee et pro animabus antecessorum meorum, dedi et concessi in « puram, perpetuam et omnino liberam « elemosinam Deo et Beate Marie de Lyra « et monachis ibidem Deo servientibus « totum feudum quod fuit patris mei et « meum in parrochia de Ulmis, apud ha« mellum de la Gouberge..... Ut autem « hec mea donatio et concessio predictis « monachis firma et stabilis in posterum « permaneat, cam hac carta mea et si« gillo meo confirmavi. Actum anno Do« mini m° cc° xviii°, mense julio. »

1238. Eustache de Tolli, chevalier, bailli de Conches : Gautier Mahiel prend en fief des frères de la Chevalerie du Temple un herbergement en la paroisse de la Gouberge, le lundi après la Translation saint Benoît.

En 1287, Robert des Essarts, escuyer, de la paroisse d'Epreville, avait vendu aux frères de la Chevalerie du Temple, pour 440 livres 10 sous tournois, un membre de haubert, en la paroisse de la Gouberge et de Esmanville, lundi après Saint-Nicolas en mai.

En 1291, Philippe, fils aîné de monseigneur Robert d'Artois, sire de Conches et de Nonancourt, amortit le membre de haubert acquis de Robert des Essarts, écuyer.

Dans un état des biens que la commanderie de Saint-Etienne-de-Renneville possédait dans la baillie de Rouen, nous trouvons le patronage de l'église de la Goulerge, qui valait 15 livres.

La Goulerge a été réunie à Ormes en 1841.

GOULAFRIÈRE (LA).

Arrond. de Bernai. — Cant. de Broglie.

Patr. S. Sulpice. — *Prés. l'évêque de Lisieux au XIVe siècle, le roi en litige au XVIIIe siècle.*

Le nom de la Goulafrière vient du surnom de Golafre, Goulafre, porté au XIe siècle par un certain chevalier Roger dit Goulafre du Mesnil-Bernard.

La première dénomination fut le Mesnil-Bernard.

En 1050, Guillaume, duc de Normandie, confirma les biens de l'abbaye de Saint-Evroult. Dans cette charte, nous trouvons les passages suivants : « Igitur in loco
« qui dicitur Maisnil - Bernard , terram
« unius aratri et terram ville Tenacti...
« Omnia ergo monasteria que in potestate
« sua habebat Willelmus heres supradicti
« Willelmi, annuente Geroio fratre ejus
« ac cognatis ejus, videlicet Geroio atque
« Fulcoio, tribuit memorato loco, accepta
« haud modica pecunia ab abbate prefati
« cœnobii, ex quibus unum erat situm in
« villa que dicitur Maisnil-Bernard in honorem Sancti Sulpicii... » (Orderic Vital, V, 175.)

Orderic Vital parle de ce Roger Goulafre du Mesnil-Bernard. Il était chevalier ; il parut comme témoin dans une donation faite à l'abbaye de Saint-Evroult en 1078.

Dans une charte de Henri Ier paraît un Osmond Goulafre, et dans les *Grands rôles de l'Echiquier de Normandie* un Roger Goulafre : « ... De Rogero Golafre cen-
« tum solidos pro recordatione duelli... »
« ... De Rogerio Golafre x. solidos
« (pro plegio Roberti Pantol). »

En 1128, dans une charte en faveur de Saint-Evroult, Henri Ier confirma la possession de l'église de la Goulafrière : « ... Ec-
« clesiam de Gulafreria, cum decimis et
« terris, aliisque pertinentiis suis... »

En 1230, différend entre l'évêque d'Evreux et les religieux de Saint-Evroult au sujet du droit de patronage de l'église « de Gunfreeria ». L'évêque reconnaît le droit des religieux. (*Cart. de Saint-Evroult*, II, N° 1073.)

En 1253, Pierre « de la Goufrerie », chevalier.

En 1296, Jean « de la Gonfrerie », écuyer.

En 1261, Raoul dit Golafre, chevalier, donne à Saint-Evroult une rente de 20 s. tournois que Guillaume du Val et son frère Richard lui faisaient sur la paroisse de Saint-Sulpice de la Goulafrière. (*Cart. de Saint-Evroult*, II, n° 899.)

En 1259, Ernaud dit « Gorle de Ravignello » reçoit des religieux de Saint-Evroult tout le bien que Gilbert de Ravigni, clerc, son oncle, avait apporté aux religieux dans la paroisse de la Golafrière. (*Cart. de Saint-Evroult*, II, n° 898.)

En 1265, « Je, Guillaume Golafre, es-
« cuyer..., donne, pour le salut de l'âme
« feu Raol Goulafre, chevalier, mon père, »
à l'abbé et au couvent de Saint-Evroult une rente annuelle qu'il possédait dans le fief de la Tenaisie. (*Cart. de Saint-Evroult*, I, n° 464.)

Voyez encore une charte de 1303, relative aux dîmes de la Goelafrière. (*Cart. de Saint-Evroult*, N° 672 et 673.)

On voit que l'abbaye de Saint-Evroult dominait à la Goulafrière. Elle y possédait l'église et des biens assez considérables.

En 1315, acte relatif à des biens situés à la Goulafrière, sur lesquels une rente est donnée au couvent de Saint-Evroult : on y cite le chemin de Verneuil.

Le patronage de la Goulafrière, qui appartenait à Saint-Evroult au XIIIe siècle, est attribué à l'évêque de Lisieux dans le pouillé du XIVe siècle, et au roi en litige dans le pouillé du diocèse de Lisieux au XVIIIe siècle.

La Goulafrière était un fief de haubert relevant de Beaumesnil.

Dépendances : — Angerais ; — les Bauchets ; — Ravizni ; — le Bois-Hulin ; — les Buissons ; — Coquerel ; — le Coudrai ; — la Croix-Pierre ; — la Futelaie ; — le Hamel ; — les Monts-Gorants ; — la Maurinière ; — la Poule ; — la Tenaisie ; — le Vast ; — la Vermoudière ; — la Tremblaie (château).

GOUPILLIÈRES.

Arrond. de Bernai. — Cant. de Beaumont-le-Roger.

Patr. Notre-Dame. — *Prés. le seigneur*

Au hameau de Bouquelon, voie romaine d'Evreux à Brionne.

D'autres communes portent en France le nom de Goupillières : notamment dans les arrondissements de Rouen, Rambouillet et Caen.

On trouve souvent au moyen âge des personnages nommés ou surnommés *Gupillus* (en français *Goupil*); Goupillières pourrait être un lieu à renards, comme Louviers un lieu à loups.

Dans une transaction entre les moines de Jumièges et les moines du Bec, relativement au Pont-Autou, figure, parmi les témoins, un personnage nommé Gupillus (Goupil).

Dans une charte du cartulaire de Beaumont sous la date de 1258, on trouve parmi les témoins : « ..... Willelmus de « Freevilla et Radulfus de Freeville et « Guillbertus des Genesteiz... » Fréville est probablement le hameau de Goupillères.

En 1258, Pierre Goscelin de Goupillières : « de Goupilleriis, » du consentement d'Alix, sa femme, rendit aux religieux de Beaumont une maison qu'il tenait desdits religieux, et qui était située près des Moulins-Neufs, et l'eau d'un côté, et le chemin du roi de l'autre : « Quamdam domum « quam de dictis religiosis tenebam, sitam « juxta nova molendina et aquam ex una « parte, et regiam stratam ex altera. » Parmi les témoins on remarque « dominus Richerius presbiter », Richard Tornart, clerc, Raoul et Robert Lambert, Richard le Tanceur. (Cart. XXVII.)

Guillaume Pipart, chevalier et patron de Goupillières, reconnaît n'avoir aucun droit sur les dîmes de la paroisse : « Universis « Christi fidelibus presentes litteras ins- « pecturis, Walterius Pipart, miles, salutem « in Domino. Universitati vestre notifica- « mus duas garbas et terciam decimam « de Gopilleriis ad ecclesiam Beate Marie « ejusdem loci, cujus ad nos pertinet patro- « natus, tanquam puram et perpetuam « elemosinam pertinere. Et licet in nostro « laico feodo reponantur, nichil in eis ra- « tione repositionis nobis vel heredibus « nostris vindicare curamus. Et quociens « persona ecclesie prenominate placuerit, « de eis pro voluntate sua ordinabit, eas « abbati respondendo... » (Cart. Cap. Ebroic., n° 16; 209.)

Le cartulaire de Beaumont-le-Roger fournit un certain nombre d'actes concernant Goupillières : « ..... Circa idem tem- « pus Robertus Pipardus dedit predicte « ecclesiæ Sancte Trinitatis plenariam « decimam de molendino suo de Merle- « villa. Et Radulfus vicecomes de Bello- « monte dedit predicte ecclesiæ terram « quamdam quam habebat juxta novos « molendinos... » (Cart. de Beaumont, fol. 8 v°.)

En 1281, vente par Guillaume et Marguerite Barot à Jean Picot, moyennant 20 sols tournois, de 29 deniers de rente annuelle sur une pièce de terre située dans la paroisse de Goupillières, située dans un certain jardin près de la masure de Guillaume de Pins : « de quadam pecia ter- « re in parrochia de Goupilleriis, in quo- « dam orto sito juxta masuram Willelmi « de Pins. » Témoins : Robert Bérenger, clerc; Roger Cuer de Blé; Jehan et Robert Petaut; Symon le Blanc. (Cart. de Beaumont, fol. cxxxi.)

En 1293, messire Michel ou Nicolas Malemains, chevalier, était propriétaire à Goupillières au droit de sa femme. (Cart. de Beaumont, fol. xcviii v°.)

En 1310, Pierre Chevalier, clerc, donna à Robert Chevalier, son père, sept vergées et demie de terre : « ... sitas in parro- « chia Beate Marie de Goupilleriis... » Deux sont situées « apud Luscum de Tiliolo... »; une « apud les Genestoiz » ; une autre « apud Baias... »

En 1315, pièce de terre assise en la paroisse de Goupillières, entre la terre M. Philippe de Clere, chevalier, et les héritiers Rogier de Bouquelon de l'autre. (Cart., fol. cxxix v°.)

En 1316, à Goupillières, « in parrochia « Beate Marie de Goupilleriis, » un personnage nommé Roger de Boquelon.

Noble homme Me Philippe de Claire, chevalier, était en 1328 et 1330 propriétaire du moulin de Melleville en la paroisse de Goupillières. On parle dans l'acte qui le concerne de M. le conte (Robert d'Artois). (Cart. de Beaumont, fol. lxvii v°.)

Pièce de terre appelée le Gardin Sauvale. Guillaume de Bouquelon. Roger de la Goderie. 1339. (Ibid., fol. xlix v°.)

En 1341, procès entre le procureur du duc et Jehannot de Clere, fils mineur de feu Philippe de Clere, au sujet de la garde de la terre de Richard de la Hestrée.

Le 6 septembre 1450, Robert de Flouteville, abbé de la Croix-Saint-Leufroi, fit aveu, comme dépendant de la baronnie de la Croix-Saint-Leufroi, d'un demi-fief noble nommé Goupillières, dont le chief et chastel est assis en la paroisse de Goupillières, puis d'un huitième de fief noble nommé la Forestière... « Et à cause des « deux dits fiefs appartient le patronnaige « de l'église dudit Goupillières, et de deux « chappelles fondées en la dicte par- « roisse. Et a en ladite terre certaine « porcion de bois montant xxiv acres « ou environ auprès et en tout le bois

« du parc, le quel bois du parc et les dites
« XXIV acres sont sans tiers et sans dan-
« gier et exemps d'icelui et en franche ga-
« renne de toutes choses, et a en ladite
« terre deux pièces de bois l'une nommée
« Estureville, l'autre la vente Soutert, es-
« quelles le roy prend tiers et dangier
« seulement quant on les vent, et non
« autrement. Et a en la dite seigneurie
« la rivière de Rille, en laquelle rivière,
« partout où elle s'estend en ladite sei-
« gneurie, il y a franchise girenne de tous
« oyseaulx, poessons et bestes s'aucunes y
« en a prinses, et s'estent ladite seigneurie
« et terres és parroisses de Beaumont, de
« Brione, de Morainville, et en plusieurs
« autres villes et parroisses environ ou dit
« bailliage d'Evreux; et à cause de ladite
« seigneurie, franchise en la forest de
« Beaumont de povoir prendre bois tant
« pour chauffer comme pour faire messeon
« et pour massonner et ouvrer en son
« chastel de Goupillières, et és moulins
« d'icelle terre et droit en ladite forest de
« pennage et pasturage pour toutes ses
« bestes excepté la chièvre. Et il a à cause
« de ladite seigneurie ung boulengier franc
« de vendre de tous acquiets et tribuz par
« toute la conté de Beaumont, et sont tous
« les hommes de ladite paroisse de Gou-
« pillières, et mesme tous les tenans, tant
« en fiefs qu'en arrière-fiefs, subjectz au
« guet, garde et motage de son chastel de
« Goupillières et au ban de ses moulins du
« dit lieu et soustenement des escluses, et
« si sont subjectz ès corvées trois fois l'an
« tous les hommes de ladite parroisse. »
Tous les hommes étaient exempts de toute
ancienneté de la taille de loups. (P. 308.
Fol. XLIX v°. N° 70. Vicomté de Beaumont-le-Roger.)

Georges, seigneur et baron de Clère,
avoua, en 1451, tenir un demi-fief noble
à court et usage en la vicomté de Harcourt et de Goupillières et de Morainville
et des parties d'environ : . . . . Et de ce doy
« à mondit seigneur 20 jours de service
« en son chastel de Harcourt, à la porte
« appelée la Porte-Piquet. . . . . » Dans
l'acceptation de cet aveu par le comte
d'Harcourt, il n'est fait mention que de
la terre, fief et appartenances de Goupillières « et de tout ce qu'il tient de
nous. . . »

Dans un autre registre de la chambre
des comptes on note que messire Georges
de Clère, seigneur et baron de Clère, fit
hommage au roi Louis XI de la baronnie
de Clère, tenue du duché de Normandie. . . . . ., de la seigneurie de Goupillières et du fief d'Yvetot, à cause de la
vicomté de Beaumont-le-Roger. . . . . . . ;
de la seigneurie de Bailleul tenue de la
vicomté d'Orbec. . . . . . Par lettres données le 29° jour d'août 1460. (*Hist. de la
maison d'Harcourt*, t. 1er, p. 166.)

En 1491, messire Michel Andrieu, prê-
tre, imprima des Heures à Goupillières.
(*Bulletin de la Soc. des Antiquaires de
France*, 1863, 1er trim., p. 56.)

Au bord d'un bois nommé le Parc, vestiges des murailles et des retranchements
d'un vieux château fort.

Dépendances : — le Bocage ; — le
Haut-Bouquelon ; — la Goderie ; —
Hectinette ; — le Trou-Gaillard ; —
Bouquelon ; — la Conardière ; — Fré-
ville ; — la Haroudière ; — Melleville.

GOURNAI-LE-GUÉRIN.

Arr. d'Évreux. — Cant. de Verneuil.

Patr. S. Lambert. — Prés. le seigneur.

Nous trouvons plusieurs seigneurs de
Gournai, au XIIe et au XIIIe siècle, qui
portent le nom de Garin. Nous supposons
que l'usage s'est introduit d'ajouter le nom
du seigneur à celui de la terre.

Voici quelques pièces concernant cette
localité :

1208. Gautier de Gournai confirme les
donations faites par ses parents à l'abbaye
de Jumièges :

« Omnibus ad quos presens scriptum
« pervenerit, Walterus de Gornaio, salu-
« tem. Universitati vestre notum facio
« quod, pro remedio anime mee et here-
« dum meorum et pro remedio patris mei
« et antecessorum meorum, concedo et si-
« gilli mei impressione confirmo omnes
« donationes et elemosinas quas Ricardus
« filius Garini, pater meus, et Garinus,
« frater ejus, et alii antecessores mei de-
« derunt Deo et Sancte Marie Sanctoque
« Petro Gemmeticensi atque fratribus ibi-
« dem Deo servientibus, videlicet medie-
« tatem ecclesie atque decime Veteris Ver-
« nolii et medietatem cimiterii et quicquid
« habuerunt mei antecessores in rebus
« pertinentibus ad ecclesiam Veteris Ver-
« nolii... Actum est hoc apud Gemmeti-
« cum in capitulo, anno Domini m° cc° viii°
« mense martio. Testibus : Rogero, tunc
« presbytero Veteris Vernolii, et Hernesio
« clerico, Roberto Duches (ou Cluches),
« et multis aliis. »

1226. Richard de Gournai donne certaines redevances qu'il avait coutume de
toucher dans le prieuré des moines de
Saint-Pierre d'Armentières. « Notum sit

« universis quod ego Ricardus de Gor-
« naio quasdam redevantias et consuetu-
« dines quas in prioratu monacorum
« Sancti Petri de Hermenteriis consueve-
« ram annuatim percipere, pro pastura et
« communibus in terra mea et in feodo
« meo, priori dictorum monacorum con-
« cessi necnon hominibus ipsius prioris,
« videlicet unum arietem in Nativitate
« Beati Johannis Baptiste, tres capones
« in die Nativitatis Domini... Hanc con-
« cessionem meam dilecta uxor mea, Sara
« nomine, laudavit et concessit... Sigilli
« mei appositione... et volui sigillari... »

Le sceau porte deux molettes et une
pièce en pal avec un lambel ou bien un
râteau.

1265. Charte souscrite par Garin de
Gournai, du consentement de sa femme
Isabelle, en faveur de Saint-Evroult, relative à des biens situés à Touquette et
provenant de la dite Isabelle.

1271. Jugement d'une contestation survenue entre Garin de Gournai, chevalier,
et le couvent de Saint-Père de Chartres,
au sujet de la terre du Sapin, qui était
sur le territoire de Saint-Christophe-sur-
Avre.

« Ego Guarinus de Gournejo, miles,
« universis... Cum contentio verteretur
« inter me et abbatem et conventum Sancti
« Petri Carnotensis, super multura terre
« de Sapino, que terra est dictorum reli-
« giosorum, super multura quam dictam
« ad me ratione mei feodi de jure perti-
« nere, dictis religiosis in contrarium asse-
« rentibus; tandem compromissione facta
« in viros nobiles Rogerium de Chaureto
« et Michaelem de Summeriis, milites, ar-
« bitri electi pronunciaverunt, in assisiis
« apud Vernolium que fuerunt proxime
« post Epiphaniam Domini, quod dicta
« multura ad dictos religiosos pertinebat;
« quorum dicto adquievi... Anno 1271,
« martii. »

1275. Garin, seigneur de Gournai, et
dame Isabelle, sa femme, cèdent à l'abbaye
de Saint-Père de Chartres treize deniers
avec treize chandelles, qu'ils avaient coutume de percevoir dans l'église de Saint-
Christophe près Chesne-Brun. Le patronage de la dite église de Saint-Christophe
appartenait à l'abbaye de Saint-Père.

Petiteville a été réunie à Gournai-le-
Guérin en 1808.

Dépendances : — le Bas-Coudrai ; — le
Baucher ; — la Bretinière ; — le Champ-
Moussé ; — les Cours-Launei ; — la Fila-
trière ; — la Fortère ; — les Fresnes ; —
la Gorgerie ; — le Haut-Coudrai ; — la
Jamotière ; — la Renaudière ; — la Rous-

sière ; — la Saunerie ; — la Vallée ; — la
Villain-rie ; — le Bois-Jean ; — le Buat ;
— Caide ; — la Harillière ; — le Petit-
Parc ; — la Vauquerie ; — les Courche-
rets ; — la Ville-Neuve ; — Petite-Ville
(château).

GOURNETS.

Arrond. des Andelis. — Cant. de Fleury-
sur-Andelle.

*Patr. S. Denis et S. Eloi. — Prés. l'abbé
de Saint-Evroult.*

Dans le pouillé d'Eudes Rigaud, Robert
de Sorène et le seigneur de Gournest :
« dominus de Gornateto, » sont indiqués
comme patrons de la paroisse de Tri-
querville.

Vers le milieu du XIII° siècle, le prieur
de Noyon-sur-Andelle présentait à la
cure. Le pouillé d'Eudes Rigaud porte :
« Ecclesia de Gornacto; prior de Novione
« super Andelam patronus. Valet XIII. li-
« bras; xx. parrochiani. »

Plus tard, le patronage de l'église de
Gournets passa à l'abbaye de Saint-Evroult,
lorsque le prieuré de Noyon-sur-Andelle
fut absorbé par l'abbaye de Saint-Evroult.

Un fief de Charlemont, dans la paroisse
de Gournets, appartenait aux mineurs de
Jean Thorel, écuyer, sieur de Charlemont,
et d'Anne Baudri, en 1694. Ce fief relevait de Charleval.

Le Fayel et Gournets ont été réunis à
Vandrimare en 1846.

Dépendance : — le Bout-Cornu.

Cf. Toussaint Duplessis, t. II, p. 376.

GOUTTIÈRES.

Arrond. de Bernai. — Cant. de Beaumesnil.

Patr. Notre-Dame. — Prés. l'abbé de Lire.

« Gota, Gulta, Gultera, Gultarium :
rivulus, canalis, stillicidium, » petit ruisseau, conduite d'eau, gouttière.

Guillaume Fitz-Osberne comprend l'é-
glise de Gouttières dans les chartes de
fondation de Lire : « ... Præterea, ec-'esiam
de Gutteris.

1210. Dans la charte du chapitre d'E-
vreux en faveur de Lire : « ... ecclesiam
« de Guteriis, cum præsentatione presby-
« teri, et duas partes decime bladi... »

« Notum sit omnibus quod Ricardus

« Mahiart et Symon de Gutteriis petierunt
« ablatem Hildebertum, ut a domino
« Brittolii impetraret quatinus servicium
« quod illi impendebant de Mancellis ce-
« nobio Lirensi concederet. Dominus
« itaque Brittolii, victus tam amore ceno-
« bii quam abbatis precibus, idem servi-
« tium quod de Mancellis sibi debebatur
« cenobio Lirensi concessit et super altare
« posuit, multis presentibus, Rogerio sci-
« licet de Glotis, et ipsis dominis ipsius
« feudi Ricardo et Symone et Roberto de
« Calet, et Turoldo de Valle, et multis
« aliis... »

En 1218, Jean de « Gutieres », fils de Guillaume de « Gutieres », donna à l'abbaye de Lire : « ... totum servicium quod pertinebat ad 11. acras terre... »

1223. Jean de Gouttières fait un échange avec les moines du prieuré de Beaumont au sujet d'une rente que son père, Guillaume de Gouttières, faisait aux susdits.

« Notum sit omnibus ad quos presens
« scriptum pervenerit quod ego Johannes
« de Goteriis escambiavi elemosinam illam
« duorum solidorum annui redditus quam
« fecit pater meus Willelmus de Goteriis
« Sancte Trinitati de Bellomonte Rogerii
« et monachis Becci ibidem Deo servien-
« tibus, videlicet ut dicti monachi amodo
« percipiant pro dicto redditu annuatim
« duodecim denarios in homine meo Gil-
« berto Hocart, et in Michaele Mercatore
« unum quarterium avene, vel moutam
« totius terre sue. Et ego et heredes mei
« in perpetuum tenebimur dictis dictum
« escambium garantizare vel alibi com-
« petenter assignare. Quod ne cuiquam
« veniat in dubium, presens scriptum si-
« gillo meo confirmavi. Actum anno gratie
« m° cc° vicesimo tertio. » (Cart. de Beaumont, f° xxiii r°.)

Thomas « de Gutteriis », fils et héritier de Jean de Gouttières, confirma aux religieux tous les dons de son père et renonça à tous droits : « ... in plessco
« dictorum monachorum, quod pater meus
« tenuit ab eis quondam apud Gutteriis.. »
(Sic.)

En 1258, vente par Guillaume Coche à Michel de Fournuchon de quatre sols de rente que ses frères Robert et Geoffroi Coche lui faisaient par retour d'héritage paternel situé : « apud Le Hamel in parrochia Beate Marie de Guteriis... » Parmi les témoins, il y a un Gautier Cabori et deux Hocart. (Cart. de Beaumont, f° xxiv r°.)

Dans une charte de la même date est cité le Hamel « in parochia de Gutteriis ». (Cart. de Beaumont, f° xxv r°.)

En 1263 : « Notum sit universis pre-
« sentes litteras inspecturis quod ego

« Michael de Fomuchon, tunc serviens
« domini regis in Occa, vendidi et concessi
« et per presentem cartam confirmavi
« viris religiosis priori et conventui Sancte
« Trinitatis de Bellomonte Rogerii, in feodo
« et elemosina eorumdem, pro xxxvii. so-
« lidis et duobus denariis Turonensibus
« quos ab eisdem pre manibus recepi, et
« de quibus me tenui et teneo pro pagato,
« renuncians omni exceptioni pecunie non
« numerate, non tradite, non solute, iv. so-
« lidos annui redditus quos emeram a
« Guillelmo Gosce dicto Hocart, super he-
« reditatem Roberti et Gaufridi fratrum
« predicti Guillelmi, apud le Hamel si-
« tam in parrochia Beate Marie de Gou-
« teriis.. Actum anno Domini m° cc
« lx° iii°, mense maii. Testibus Theobaldo
« de Salerno, Ricardo Belvacensi, presby-
« teris, Guillelmo Pizart tunc domini regis
« serviente, Davide Barbitonsore, Radul-
« pho le Petit, Martino filio meo, Ricardo
« Anglico, cum pluribus aliis. » (Cart. de
« Beaumont, f° xxiv v°.)

1301. Charte de Jean du Bois, écuyer, en faveur de Lire. Gouttières y est appelé « parochia de Gusteriis... »

En 1332, le lundi après la Saint-Vincent, mesure en la paroisse de Notre-Dame de Gouttières.

En 1357, les religieux fieffèrent à M. de Préaux, chevalier, moyennant 12 livres de rente, leur ferme de la Trochée et reçurent en contre-plège le fief de la Houllière ou Houltière. En 1311, Guillaume Poussin le reprit aux mêmes conditions. En 1626, un sieur Pelé, héritier de cette famille, vendit la Trochée à un sieur de Renneville, dont les religieux poursuivirent la dépossession. Cette terre était composée de 52 acres de terre.

Voyez Arch. imp., P. 308, f° 106 (Evreux), l'aveu du fief de Gouttières.

On lit dans un registre de la chambre des comptes de Rouen (xviie siècle) :

« Sergenterie d'Ouche. Gouttières. Con-
« tribuables... L'abbé de Lire.
« Jacques d'Erneville, escuier, sieur de
« Grigneuserville, en est seigneur et pa-
« tron honoraire. Son fief appelé la Mothe
« vault 350 liv.
« Le fief du Pont vault 40 livres. La
« cure vault 500 liv. 400 acres de terre
« à 3 ou 4 liv. l'acre. »

Dépendances : — le village de l'Eglise ; — le Hamel ; — le Bocage ; — la Folletière ; — Gouvilli ; — la Haie-de-Lire ; — la Méritée ; — la Trochée.

GOUVILLE.

Arrond. d'Evreux. — Cant. de Damville.
Sur l'Iton

Patr. S. Jean et S. Martin. — Prés. le duc de Damville.

L'étymologie de Gouville peut être : *Godenis villa, Goslini villa, Guidonis villa.*

Nous allons d'abord donner quelques notes et quelques textes relatifs à Gouville :

En 1239, don aux religieux de Notre-Dame-du-Désert par Simon de Chambrai, chevalier, du patronage de Saint-Laurent-de Chambrai, confirmé par l'évêque d'Evreux, par Guillaume de la Ferté Fresnel, oncle dudit Simon de Chambrai, par Gillet des Essarts, en 1266, par Mathieu des Essarts, chanoine d'Evreux, en 1253. Le prieuré du Désert devint membre de l'abbaye de Lire en 1245.

En 1239, « Guillermus de Feritate Fresnel, miles, » confirma les dons de Simon de Chambrai, son neveu, chevalier, à Chambrai et ceux de Guillaume Guinestre dans le fief dudit Simon.

En 1263, acte passé en présence de l'official d'Evreux, par lequel les lépreux de la léproserie de Chambrai reconnaissent que l'abbaye de Lire et ses hommes ne doivent payer aucune coutume aux foires qui se tiennent à Chambrai le jour de la Saint-Martin d'été, et dont les coutumes et autres droits appartiennent aux lépreux.

En 1278, accord entre Philippe, évêque d'Evreux, et Jean, seigneur de Chambrai, au sujet du moulin de Gouville :

« A touz ceulz qui verront ces pre-
« sentes lettres, Philipe, par la grace de
« Dieu evesque d'Evreux, et Jehan de
« Chambré, chevalier, salut en notre
« seigneur. Sachiez que comme contens
« feust meu entre nous sur divers articles
« par la raison d'un bié d'un molin que
« le dit Jehan avoie fait faire nouvaument
« devant le hamel de Varennes, en la pa-
« roisse de Gouville, en la parfin, nous
« feismes composition entre nous, et vou-
« sismes et accordames par bonne païs
« et par le conseil de bonne gent que le-
« dit molin demourroit en son siege, en
« telle maniere que noz dit evesque
« d'Evreux et noz successeurs evesques
« d'Evreux auront par droit et leveront la
« quarte partie de toutes lez rentes, prises
« et essues appartenant audit molin, et
« qui par la raison dudit moulin vendront

« et pourroient venir en toutes choses,
« franches et quictes, en telle maniere que
« je dit Jehan suis tenu faire le moulin
« en toutes choses, et tenir en estat et
« trouver audit moulin tous necessaires,
« quelx qui soient, et faire le garder, et
« trouver monnier à mez despens, ainsi
« que le devant dit monnier sera juré,
« . . . . ; et sui tenu je dit Jehan
« de ci en avant au prestre de Gouville,
« qui pour le temps desservira, en une
« mine de blé touz lez ans à la saint
« Remi, pour la supreson de l'aumosne
« que nous avions souprise, si comme
« l'on disoit, et en ces choses toutes des-
« sus dictes li evesques ne sez successeurs
« ne sont ne seront riens à moitié tenus,
« ne je dit Jehan ne mes hoirs n'en pour-
« ront riens demander, ne leur quarte
« partie de riens aticier ne empescher,
« ains sommes tenus lez choses dictes des-
« sus si faire faire et tenir en esta, que
« eulx et leurs successeurs n'y soient ne
« ne puissent estre dommagiés en aucune
« chose par notre defaut, et toutez les
« choses dessus dictes et chascune par soy
« promet je dit Jehan par ma foy en la
« main dudit evesque, pour moy et pour
« mez hoirs à garder, garantir et def-
« fendre selon la coustume du païs, et
« nous evesque aussi promectons, pour
« nous et pour noz successeurs evesques,
« les devant dictes choses à tenir, et que
« encontre ne vendrons, et que toute oc-
« casion de malice soit esclinée, et que nous
« evesque devant dit ne noz successeurs,
« ne je dit Jehan ne mez hoirs ne puis-
« sions venir contre lez choses dessus
« dictes en aucune chose, à gregnieur
« confirmacion nous avons mis par com-
« mun assens noz scaulz au present es-
« cript, et je Renaut de Lusarches, vicomte
« de Verneuil en cel temps, à la requeste
« dez parties, pour gregnieur seurté, j'ay
« mis le seel de la vicomté de Verneuil o
« les leur. Ce fu fait en l'an de grace mil
« II. LXXVIII, ou jour de mardi apres l'an-
« nonciacion Notre Dame, ou mois de
« mars. » (*Cart. du chapitre d'Evreux,*
n° 17, ch. n° 168.)

En 1257, « Cholinus dictus Persone de
« Gouvilla, armiger, et ejus uxor Ysabel-
« lis, de parochia de Gouvilla, » vendirent au chapitre d'Evreux toutes les dimes qu'ils possédaient dans cette paroisse.

La même année, « Guillelmus de Ca-
« stana, miles, de parochia Beate Marie
« de Apres, » donna son consentement à la vente des dimes « quas ipsi Cholinus
« et Ysabellis tenebant in feodis meis de
« Gouvilla de me ».

La même année, Guérin de Mesheudin

et Héloyse, sa femme, de la paroisse de Saint-Martin de l'Aigle, donnèrent leur consentement à cette vente de dîmes « quas ipsi Cholinus et Ysabellis tenebant « in feodis nostris in parrochia de Gou-« villa de nobis ».

En 1288, madame Marguerite du Fresne, « dame de Chamberé, » veuve, vendit au chapitre d'Evreux une dîme laie assise à Chamberé en la paroisse Saint-Jean de Gouville, pour cent vingt livres tournois. Il est question dans cet acte de la dîme d'une bouvée de terre assise à Gaudrée en ladite paroisse.

La même année, Jean, seigneur de la Ferté-Fresnel, chevalier, amortit les mêmes dîmes avec la dîme d'une bouvée de terre assise au Maigre-Mesnil en la même paroisse. — Jean des Essarz, escuier, fils de Jean des Essarz, jadis chevalier, amortit également une dîme assise ès fiefs des Essarz, en la paroisse de Gouville, au terroir de Chamberé, ainsi que Mahieu, sire des Essarz, chanoine d'Evreux.

Venons maintenant à la généalogie des seigneurs de Chambrai, dressée d'après des documents inédits tirés des archives de cette célèbre maison.

Les seigneurs de Chambrai descendent des barons de la Ferté-Fresnel, dont nous trouvons les représentants au XIe siècle dans Orderic Vital.

Guillaume, baron de la Ferté-Fresnel, et Robert, son frère, sont mentionnés dans une charte de Saint-Evroult de 1035. Ce seigneur accompagna Guillaume le Conquérant en Angleterre.

Richard, baron de la Ferté-Fresnel, joua un rôle important à la fin du XIe siècle : en 1099, à la prise de Jérusalem; en 1103, partisan de Guillaume Cliton ; trésorier de Henri Ier ; en 1118, bâtit le château fort de la Ferté. Il avait épousé une femme nommée Emma et en eut huit garçons. Il mourut en 1119, après avoir pris l'habit à Saint-Evroult.

Guillaume II, baron de la Ferté-Fresnel, épouse Alix de Marnefer, dont il eut deux enfants : Richard et Guillaume.

Richard II, baron de la Ferté-Fresnel, épousa Emmeline de l'Aigle.

Richard III, fils de Richard II, épousa Isabelle de Grandvilliers. De ce mariage naquirent cinq enfants : Pierre, Guillaume, Simon, qui a donné naissance à la branche de Chambrai, Gaston et Gilbert.

Simon Ier, seigneur de Chambrai et de Blandei ; troisième fils de Richard III, baron de la Ferté-Fresnel et d'Isabelle de Grantviler. Richard III mourut vers 1198.

Simon était majeur en 1191, et marié vers 1206. Il ne prit possession de la terre de Chambrai qu'après la mort de sa mère Isabelle de Grantviler, en 1221. — Il eut deux enfants : Simon, seigneur de Chambrai, et Guillaume de Champagne.

Simon II, épousa Eustachie des Essarts. En 1239, il donna à l'abbaye de Lire le moulin de Chambrai et la chapelle de Saint-Laurent de Chambrai. Il paraît avoir vécu jusqu'en 1253. De son mariage naquirent : Jean, seigneur de Chambrai, Amauri et Jean, seigneur de Blandei.

Jean Ier de Chambrai, né vers 1231, eut d'un premier mariage deux filles, qui étaient religieuses de Chaise-Dieu en 1283. Avant 1283, il s'était remarié à Marguerite du Fresne, dont il eut deux fils. En 1288, sa veuve, au nom de ses enfants mineurs, vendit au chapitre d'Evreux la dîme inféodée au fief de Chambrai.

Jean II de Chambrai, né vers 1280, épousa vers 1320 Yollent de Sommere. Chambellan du roi Charles le Bel en 1323, il accompagna Jean de Bretagne, comte de Richemont, lorsqu'il passa la mer, fut fait prisonnier avec le comte, et obtint des passeports pour retourner en France le 22 novembre 1324. De son mariage naquirent : Yon, seigneur de Chambrai, qui n'eut que deux filles, Roger, François qui fut bailli et capitaine d'Evreux, Pierre, seigneur de Chantelou, Robert, abbé de Saint-Etienne de Caen.

Yon de Chambrai, né vers l'an 1320. Il épousa Jeanne du Pré ; il en eut deux filles : Yollent et Guillette.

Roger de Chambrai, frère d'Yon et fils de Jean II, seigneur de Saint-Denis-du-Béhellan, épousa Catherine de Menilles. Le 28 septembre 1391, le roi de Navarre lui donna la permission de chasser dans la forêt de Conches et de Breteuil. Il vivait encore en 1409. De ce mariage naquirent : Jean, Simon, Gui, Gilbert et Catherine.

Jean de Chambrai, IIIe du nom, seigneur de Saint-Denis-du-Béhellan, Lineux, Thevrai. Les Chambrai restèrent fidèles à Charles VII, et furent dépouillés de leurs biens. Guillaume Staverton, favori d'Henri V, devint possesseur, par lettres de 1430, du château de Chambrai, et le garda jusqu'en 1449. Le comte de Dunois le reprit après huit jours de siège. Vers l'an 1440, Jean épousa Gillette Cholet. Il mourut à la fin de l'année 1458, laissant sept enfants : Jeanne, Catherine, Jean, Jeanne, abbesse de Montivilliers, Vincent, Germaine, abbesse d'Almenesches, Jacques, chambellan du roi, bailli d'Evreux.

Jean de Chambrai, IVe du nom, épousa

Françoise de Tillai, baronne d'Aufai. Il fut un des cent gentilshommes de la maison du roi, et chevalier de ses ordres. Il mourut à la fin de l'année 1528, laissant huit enfants.

Nicolas, fils de Jean de Chambrai, reçoit la baronnie d'Aufai, en faveur de son mariage avec Bonaventure de Prunelé, en 1530. Il rendit aveu au roi de la terre de Thevrai en 1539, et mourut en août 1560, laissant six enfants.

Gabriel de Chambrai, né en 1511, seigneur de Chambrai par le décès de Jean, son frère aîné, député de la noblesse du bailliage d'Evreux aux états généraux de Blois, seigneur de Thevrai et baron d'Aufai. En 1578 gentilhomme de la chambre d'Henri IV, panetier du roi en 1680, il sert avec succès la cause de Henri IV à la bataille d'Ivri, devant Dreux et Condé. Il épouse en premières noces, le 5 juin 1566, Péronne le Picard, et en secondes noces Jeanne d'Angennes, veuve de Jean de Gaignon. De ce second mariage il eut un fils, Tennegui. Il fit bâtir le château de Chambrai tel qu'il existe aujourd'hui vers 1585, et y mourut le 13 mai 1612.

Tennegui épousa en premières noces, le 24 mai 1600, Suzanne d'Ailly de Pecquigni. Il fut chevalier de l'ordre du roi, maréchal de camp et gouverneur du Pont-de-l'Arche. Il vendit la terre de Chambrai avec réserve d'usufruit le 22 avril 1610, pour payer ses dettes. Il se retira au château de Condé où il épousa Hélène de Baignart, nièce de M. de Périard, évêque d'Evreux. Il mourut le 28 mai 1615.

Nicolas II son fils, appelé communément le baron de Chambrai, mena une vie très-agitée. En 1669, il épousa Anne Le Doulx de Melleville et racheta la terre de Chambrai, qu'il s'occupa à améliorer et à réparer jusqu'en 1697, époque de sa mort. Il fut enterré à Evreux dans l'église de Saint-Denis, sa paroisse. De son mariage naquirent huit enfants. Le dernier fut Jacques-François de Chambrai, célèbre sous le nom du Bailli de Chambrai.

Nicolas-François, né en 1675. Le roi Louis XIV ayant supprimé le titre de baron dans son royaume, les seigneurs qui le portaient prirent celui de marquis. Nicolas-François, marquis de Chambrai, épousa Marie-Louise de Folleville, et il en eut six enfants. Il passa les dernières années de sa vie dans son château de Chambrai, et mourut en 1750.

Louis, marquis de Chambrai, né en 1713 et mort en 1743. D'un second mariage avec Anne-Madeleine de Bernard, il eut quatre enfants.

Jacques, marquis de Chambrai, né le 21 août 1751, épousa, le 2 mars 1780, damoiselle Gougenot des Mousseaux, fille du seigneur de Lisle-Mallerais, mort en 1836.

Georges, marquis de Chambrai, né le 21 octobre 1783, mort le 7 avril 1848. De son mariage avec Mlle de Saint-Phalle naquit Jacques, aujourd'hui marquis de Chambrai.

Un premier château, dont il ne reste que peu de débris, occupait une partie de la ferme actuelle. Un second, dont il existe encore une grande porte flanquée de tourelles et une chapelle, a été remplacé par le château actuel, bâti sous Henri IV.

Dépendances : — Chéronnet ; — la Mulotière ; — la Redoute ou Maison-d'École ; — Notre-Dame-du-Mont-Carmel (chapelle) ; — le Boisset ; — les Bruyères ; — la Chambellanterie ; — Chambrai ; — le Cormier ; — Guincestre ; — la Martinière ; — Megrenesnil ; — la Moisière ; — la Noé ; — le Perron ; — Séez-Cours ; — Varennes ; — la Fouillerie.

Cf. Le Brasseur, *Actes et preuves*, passim.
La Normandie illustrée (Eure), p. 12.
Bulletin de l'Académie ébroïcienne, Notice sur le bailli de Chambrai, par M. d'Avannes, avec portraits et vues lithographiées.
Archives du château de Chambrai : Histoire manuscrite de la maison de Chambrai.

GRAINVILLE.

Arrond. des Andelis. — Cant. de Fleury-sur-Andelle.

Patr. S. Martin. — Prés. le seigneur.

Guarinvilla, Garinivilla, Warinivilla, Gerinivilla, telles sont les diverses formes du nom de Grainville.

Le nom de Gerinus est fort ancien, peut-être même plus ancien que celui de Garinus. On trouve un Gerinus parmi les témoins de la donation des vignes de Giverni à Saint-Wandrille.

Un autre Grainville est appelé « Warinivilla » dans les *Grands Rôles de l'Échiquier de Normandie*. Je crois que c'est la véritable étymologie.

On trouve une autre commune de ce nom appelée « Grinivilla » dans une charte du duc Robert Ier en faveur de la cathédrale de Rouen, de 1028 à 1031.

Dans deux chartes du cartulaire de Saint-Père de Chartres (p. 575), on lit : « Fulco de Gerinvilla. »

Dans une charte du prieuré des Deux-Amants, charte qui concerne notre Grain-

ville, on trouve ce passage : « ... Item
« ex dono Radulfi Sutoris de Greinvilla,
« qui se reddidit in fratrem Duorum
« Amantium, duo sextaria frumenti que
« habuit in granchia de Bremula heredi-
« tario redditu... »

L'archevêque Robert fait transiger les abbés de Saint-Ouen et de Mortemer au sujet de certaines terres situées à Brémulle dans le fief de Grainville : « ...Componit « inter abbates Sancti Audoeni et Mortui-
« maris de quibusdam terris apud Bre-
« mulam de feodo de Grainvilla. — Ad
« perticam regis de Leons. Engelramnus
« Portarius de Leons... »

En 1201, Hugues le Portier, chevalier, avait des biens à Grainville et à Cressen-ville.

Il y avait débat sur le patronage de Grainville au XIII° siècle. Voyez le pouillé d'Eudes Rigaud : « Ecclesia Sancti Martini « de Garinvilla. Contentio est inter quos-
« dam de patronatu. Habet III^{xx} parro-
« chianos. Valet circa L. libras Turonen-
« sium Quedam Eufemia præsentavit ma-
« gistrum Symonem, quem admisit ar-
« chiepiscopus ad ecclesiam. »

En effet, ce patronage était disputé entre deux chevaliers de Grainville : Hu-gues, chevalier et Richard, chevalier : « dominum Hugonem de Greinvilla, mili-
« tem, et Ricardum ejusdem loci militem. »
Hugues l'emporta aux assises de Gisors.

1296. Vente, par le desservant de Grain-ville aux moines de Saint-Ouen, d'une pièce de terre située sur Fleuri et donnée à l'église de Grainville par Hugues de Grainville :

« Omnibus... officialis Rothomagensis,
« salutem. Cum Hugo de Greinvilla, mi-
« les, quondam defunctus... dedisset re-
« ctori et ecclesie de Grenvilla super Flo-
« riacum quamdam pechiam terre in dicta
« parrochia... Symon, rector dicte eccle-
« sie, et Guillelmus Bolle, thesaurarius
« dicte ecclesie, recognoverunt se vendi-
« disse religiosis viris abbati et conventui
« Sancti Audoeni dictam pechiam terre
« pro VIII. libris Turonensium... Datum
« anno Domini M° CC° XCV°, die Jovis
« post festum omnium Sanctorum. »

Voyez l'article Ecouis, aveu du seigneur de Rambures.

Suivant les derniers pouillés, le sei-gneur présentait à la cure.

Au moment de la Révolution, l'abbaye de Fontaine-Guérard avait des biens à Grainville.

Dépendances : — les Muttes; — Cla-quedent.

Cf. Toussaint Duplessis, t. II, p. 377

GRAND-CAMP.

Arrond. de Bernai. — Cant. de Broglie.

Patr. S. Pierre. — Prés. le seigneur.

Vestiges d'habitations gallo-romaines; tuiles antiques.

On trouve dans une charte des rois Lothaire et Louis, donnée vers 980 :
« ... Necnon et alodus in comitatu
« Meldico qui dicitur Grandis Campus... »

Nous ne citons ce passage que pour in-diquer la vieille et certaine étymologie de Grandcamp.

En 1251, Guillaume de Friardel, che-valier, donna au prieuré du même nom deux patronages, et entre autres celui de Saint-Pierre de Grandcamp. Est-ce notre Grandcamp? Dans le pouillé de 1648, le patronage est indiqué comme alternatif entre le seigneur de Ferrières et Jean de Monnay, seigneur du Plessis et de Gou-ville.

En 1268, Agnès « de Maris » renonça à toute prétention sur les biens vendus par feu Jean le Petit, son mari, à Guillaume le Petit, au prieur de Maupas et à Jean Prevost : « ... pro duabus par-
« tibus unius virgulti terre site in parro-
« chia Sancti Petri de Magno Campo. »
Parmi les témoins on remarque Nicolas d'Epréville, clerc.

En 1340, le seigneur de Ferrières donna une partie de la dîme de Grandcamp à l'abbaye du Bec :

« ... Eodem anno, dominus Johannes
« de Ferrariis, miles, dedit prædictis reli-
« giosis ad officium pitantiarum certam
« partem decimæ, quam habebat in paro-
« chia de Grandicampo, solutis x. libris
« redditus que super hoc debentur priori
« de Malo Passu... » (*Chronicon Beccense.*)

En 1395, Jean de Bois-Thibault renonça à un setier d'avoine, une mine de blé et une mine d'orge qui lui étaient dus sur la dîme de Grandcamp.

Thomas de Poissy, de la famille des grands panetiers de Normandie, a été curé de Grandcamp pendant plus de vingt-cinq ans au commencement du XVI° siècle.

Au XVI° siècle, le seigneur de Ferrières était le patron de Grandcamp ; au XVIII° siècle, le seigneur de Grandcamp.

Grandcamp est le berceau de la famille de Bonnechose. A la Bibliothèque im-périale, au cabinet des titres, se trouve un fort dossier relatif à la généalogie de la famille Bonnechose depuis le milieu du XIV° siècle jusqu'à la fin du XVIII°.

Voici les premiers degrés :
I. Jean Bonnechose épouse Jeanne de Bois-Helling.
II. Roger Bonnechose, seigneur du fief d'Auge, à Prestreville, épouse Jeanne de Hirouval.
III. Colin Bonnechose épouse Jeanne de Guisai, qui lui apporte en mariage la seigneurie de Rieuville. Ce mariage avait dû se conclure peu d'années avant 1391.

On trouve un Guillaume Bonnechose écuyer en 1377, et un Gérard Bonnechose écuyer en 1391.

Vivait en 1576 François Bonnechose, sieur de la Boullaye, demeurant à Auquainville.

Son fils, Guillaume, épousa en 1598 Marguerite de Monnay, à laquelle appartenait la terre et sieurie du Plessis-Grandcamp.

Dépendances : — l'Anquerie ; — le Beuron ; — le Boulbout ; — le Brouillard ; — le Coq-Blanc ; — la Francardière ; — le Gros-Bosc ; — les Haies ; — la Halinière ; — la Mare-Auger ; — le Morimée ; — la Pasnière ; — les Portes ; — la Royauté ; — la Soisière ; — le Val-Ménichon ; — la Vimendière ; — le Bosc-le-Comte ; — la Boulaye ; — le Lys ; — Marbonne ; — la Pierre ; — le Plessis ; — la Briqueterie ; — la Lieue ; — le Nouveau-Monde ; — la Vallée-Prevost ; — le Parc, château.

GRANDCHAIN.

Arrond. de Bernay. — Cant. de Beaumesnil.

Patr. S. Pierre. — Prés. le Seigneur.

Éloi le Blanc, chevalier, donne les deux tiers de la dîme à l'abbaye du Bec. Une donation semblable fut faite par Luc, archidiacre d'Evreux, et confirmée par Jean de Sacqueville. En 1200, Éloi de Sacqueville se désista de tout droit et prétention sur les deux tiers. Il y eut une cession semblable par l'évêque d'Evreux en 1273.

En 1391, Pierre Mauvoisin était seigneur de Sarquigny et de Grantchain.

Le 29 janvier 1460, Guillot Boterel, de la paroisse de Granchelen, vendit à noble homme monseigneur Jehan d'Achi, chevalier, dit le Petit Gallois, seigneur de Granchelen et de Carentonne, une rente servie par Soupplis Boterel, de Saint-Aubin-le-Guichart.

François Liberge, sieur de Granchain, porteur de lettres de relèvement de déro-

geance du 2 juin 1688, arrière-petit fils de Guillaume Liberge, qui vivait en 1530. Arrêt contradictoire rendu au conseil le 10 avril 1666 entre Robert Liberge et les habitants de Giverville, arrêt qui maintient la famille Liberge dans sa noblesse.

Voici un extrait des registres de la chambre des comptes de Rouen (XVII° siècle) :

« Sergenterie d'Ouche. Granchain. Contribuables, 57.

« François Liberge, escuier, sieur de « Granchain, vicomte de Beaumont-le-Roger, est seigneur et patron. Son fief « relève de Quarantonne, vault 800 livres.

« Moitié de la grosse dixme appartient « au Bec : 400 livres. Le curé a l'autre « moitié du gros, les verdages, osmosne « et novalles, qui vallent 7 à 800 livres.

« Jacques le Vilain, escuier, sieur du « Castel, possède le fief de la Rifaudière, « vallant 600 livres.

« Jacques le Gras, escuier, sieur du « Fiefblanc, possède ledit fief du Fief-« blanc, vallant 700 livres.

« 600 acres de terre, 4, 6 et 10 livres « de fermage. »

Dépendances : — le Beuron ; — le Breuil ; — le Buisson ; — le Castel ; — le Cherez ; — la Cornière ; — le Coup-de-Pierre ; — la Dancière ; — l'Embourquerie ; — la Fresnaie ; — la Godeterie ; — le Grand-Bocage ; — la Grande-Chouquetière ; — le Noyer ; — le Petit-Bocage ; — la Petite-Chouquetière ; — la Rufandière ; — la Sapaie ; — le Taillis ; — la Tringale ; — le Val ; — le Bosc-Richer.

GRANDVILLIERS.

Arrond. d'Evreux. — Cant. de Damville.

Patr. S. Martin. — Prés. l'abbé de Saint-Wandrille.

Les formes les plus usitées du mot Grandvilliers sont dès le XI° siècle : « Grande Villare, Grande Vilerium, Grantviler. »

Pour la première forme, voyez une charte de la vidamesse de Chartres, Elisabeth, en faveur de Saint-Père de Chartres ; on trouve parmi les témoins : « Symon de Grandivillari. »

Pour la seconde forme, voyez une charte d'Henri du Bosc-Renoult, publiée à l'article du Bosc-Renoult.

Enfin, pour la troisième forme, la charte de Robert Ginoud publiée ci-dessous.

« Noverint universi presentes et futuri

« quod ego... de Grantviler, filius Symo-
« nis senioris, de salute anime mee et
« predecessorum meorum sollicitus, lar-
« gitionem predecessorum meorum, vide-
« licet Roberti de Grantviler et filii ejus
« Grimoldi, domini Balduini, avi mei, et
« Symonis, patris mei, quam integre et
« libere eidem ecclesie in perpetuum...
« concedo, videlicet ecclesiam de Grant-
« viler, cum tota decima ipsius ville, et
« ejusdem ecclesie presentationem, ter-
« ram unius carruce, terram de Bosco
« quod dicitur Forest, terram duorum
« boum ad Linerios, id est totam culturam
« Eureduni (?), et decimam de Longa Ver-
« rina, et terram duorum boum in loco
« qui dicitur Hulsanas, et decimam molen-
« dini de Breel et molendini de Camberi.
« Denique concedo quod avera et porci
« monachorum libere et quiete pergant in
« eamdem totam pasturam in quam et
« avera mea et porci mei perrexerint. Testi-
« bus hiis : Gaufredo de Ernoket, capellano
« meo, Balduino de Vallibus... Roberto
« Brutin... Ex parte monachorum : Jo-
« hanne camerario, Serlone, Radulfo Bos-
« fere, et multis aliis. » (*Cart. de Saint-
Wandrille*, fol. ccxxxv.)

Nous allons donner quelques détails sur les seigneurs de Grandvilliers aux xie et xiie siècles.

1063. Robert, premier seigneur de Granvilliers, donne à l'abbaye de Saint-Wandrille l'église de cette paroisse :

« In nomine sancte et individue Trini-
« tatis. Tempore abbatis Roberti, Robertus
« Ginoldi pater ecclesiam de Grantviler,
« cum omnibus ad eam pertinentibus,
« Sancto Wandregesillo dedit et perpetua-
« liter concessit; sed postmodum multis
« pro causis in curia fratrum Fontinellen-
« sium res ipse sunt neglecte, et ab eodem
« Roberto sursus invase, ac multis diebus
« sub calumpnia tamen eorumdem fra-
« trum injuste possesse. Verum benignus
« Deus qui sibi famulantium curam nescit
« negligere, ne idem miles sue devotionis
« fructum, bene quidem ceptum, sed pra-
« vorum consiliis corruptum, videretur
« perdidisse, cum ut bonus pater voluit cor-
« rigere. Qui correctus molestia corporis,
« facti sui non immemor, ex corde pœni-
« tuit, Fontinellam ocius misit, quae injuste
« tulerat reddidit, habitum monachi petiit
« et accepit. Missis ad se duobus fratribus
« Gaufrido de Bella Aqua et Hugone Fu-
« rim (?), ecclesiam et omnia que procla-
« mabant, presente domino suo Gilleberto
« de Lacunel, et sua uxore annuente, et filio
« ejus Grimoldo aliisque suis hominibus,
« reddidit, et cum eisdem fratribus Fonti-
« nellam deductus venit. In cujus comi-
« tatu et G. filius ejus huc accessit, et
« quæ pater addiderat, scilicet ecclesiam
« cum tota decima et duo arpenta terræ
« juxta eam, et terram totam que est intra
« duos (cheminos) usque ad terminos...
« ...., solempniter donatione
« supra altare missa confirmavit. Teste
« Pagano de Conded. Rogerio de Torci,
« Gilleberto de Malbuissum. Ex nostra
« parte vero, Hugo Ruffus, Helto, Rober-
« tus Camerarius.

« Post dies vero defuncto patre Roberto,
« idem G., sinistro usus consilio, datum
« quod pater annuerat et ipse confirmave-
« rat negavit, carucamque Sancti Wandre-
« gesili a terra ipsa expulit. Quo comper-
« to, Girbertus abbas missis suis monachis
« et hominibus ad diem nominatum con-
« tra ipsum G..... placitavit, et datis in
« charitate xxx. solidis, annuentibus fratri-
« bus ejus, militibus atque amicis, juxta
« proclamationem fratrum, finem omni-
« modis fecit. Huic ultime conventioni
« interfuerunt ex parte Sancti Wandrege-
« sili : Radulfus Pinnarz, Willelmus Pres-
« biter, Warnerius Cruitvilla, Robertus
« Guerel ; ex parte G., Gislebertus domi-
« nus ejus et Gillebertus filius Noe et Gille-
« bertus de Malbuissum, atque alii multi. »
1063-1069. (*Cart. de Saint-Wandrille*,
t. IV, p. 209l.)

Robert mourut moine de Saint-Wandrille.

Ginoud de Grandvilliers : « Ginoldus de
Grantviler, » qui avait confirmé la donation de son père, la contesta comme nous
le voyons par l'acte précédent. On peut
remarquer que ses frères sont qualifiés
de chevaliers. Ginoud avait probablement
épousé l'héritière d'Amauri, seigneur de
Chambrai, qui avait accompagné Robert,
duc de Normandie, à la croisade de 1096.
On ne connait point de successeur à cet
Amauri, et nous trouvons depuis Baudoin, fils de Ginoud, seigneur de Chambrai et de Chagni. Or, comme Baudouin
épousa Elisabeth, héritière des deux tiers
de Pont-Echanfrai, il ne pouvait être
seigneur de Chambrai et de Chagni que
du chef de sa mère, qui devait être la
fille ou l'héritière d'Amauri de Chambrai.

Baudoin de Grandvilliers, seigneur de
Grandvilliers, de Chambrai et de Chagni.
Il souscrit à une charte de Robert, comte de
Leicester, datée du 23 avril 1125. Il avait
épousé, comme nous l'avons dit, Elisa-
beth du Pont-Echanfrai.

On trouve dans le cartulaire de Saint-
Wandrille une donation de Baudouin de
Grandvilliers à l'abbaye (t. II, f° cccxxvi);
il donne « totum monasterium et totam
« decimam Grandivillarii et totam terram

« que est inter duas vias, et boscum quod
« vocatur Forest totum, et terram II. boum
« ad Linerios, id est culturam Evredunii, et
« decimam de Longa Verrigna et terram
« quam emerunt dicti monachi a filiis
« Theobaldi, Avraudo et Reginaldo Buffot,
« in loco qui Hulsanas dicitur terram
« duorum bovum, quam ego et fratres
« mei assensimus. Hujus donationis testes
« sunt ex parte mea : Gillebertus filius Noe
« et Hugo frater ejus. Willelmus filius
« Roberti, presbiteri de Grantvilario. Ex
« parte monachorum : Garnerus de Cru-
« ciola, et Bernardus et Garinus et Paga-
« nus et Willelmus de Tissuel. »

Baudouin de Grandvilliers eut quatre enfants : Simon, Godefroi, seigneur de Blandei, Ingenulfe, seigneur de Roman, et une fille qui épousa Gérard de Boncessé. Dans le partage de la succession de son père Baudouin, il détacha Blandei du fief de Chagni et le donna à Godefroi, son frère puîné. Il détacha encore du même fief la vavassorie de Siecu, paroisse de Blandei, à condition qu'elle relèverait noblement du fief de Blandei. Il en tira encore un quart de fief qui reçut le nom de Roman, et se réserva l'église de cette paroisse, qui appartenait au fief de Chagni. La vavassorie de Siecu et le quart de fief de Roman furent le partage d'Ingenulfe, qu'on appela du nom de son fief le sire de Roman.

Vers 1166, il donna à l'abbaye de Lire l'église de Roman et les dîmes du fief de Chagni. Cette donation fut confirmée par Hotrou, archevêque de Rouen, le roi Henri II et le pape Alexandre III.

Vers la même époque, il confirma le don de Hugues de la Selle de Mélicourt relevant de Pont-Echanfrai. Il mourut avant 1175.

Simon de Grandvilliers, IIe du nom, seigneur de Grandvilliers, de Chagni, de Chambrai, de Bordigni et du Pont-Echanfrai, lui succéda. Il confirma les donations de ses pères et grands-pères, Simon, Baudouin, Ginoud et Robert, à l'abbaye de Saint-Wandrille. (*Cart. de Saint-Wandrille, f° ccxxxiv°*.)

Thomas de Grantviler et sa femme Isabelle confirmèrent les donations des précédents seigneurs de Grandvilliers. (*Cart. de Saint-Wandrille, f° ccxxxv, n° 36*.)

En 1230, les religieux de Saint-Wandrille affermèrent pour 60 livres tournois par an à Jean, prêtre de Dampierre, leur manoir de Grandvilliers pour cinq ans. Au bout du terme ce prêtre devait le rendre : « cum quinque acris terre cultis et semi-
« natis de avena ad custum et expensas
« dicti Johannis, et cum una acra de pisis

« et vechiis seminata, et etiam cum sex
« acris yvernagii; idem Johannes habebat
« medietatem bladi... » (*Cart. de Saint-Wandrille, t. III, 1, f° ccxxxiv v°*)

Autre bail par les religieux de Saint-Wandrille, pour cinq ans, de tous leurs biens sis dans les paroisses « de Grandvillari et de Breel », à Laurent et Guillaume le Huander, frères, et à Jean de Grandvilliers, clerc de ladite paroisse. 1270. (*Cart. de Saint-Wandrille, f° ccxxxv*.)

Le patronage de l'église de Grandvilliers appartenait à Saint-Wandrille : « R., « Ebroicensis episcopus, abbatem Sancti « Wandregisilii, rogat ut ad ecclesiam de « Grandivillari per sonatum velit presen-
« tare Garinum de Maricorne, subdiaco-
« num, salva vicaria vicario in eadem ec-
« clesia deserviente. » (*Ancien Cart. de Saint-Wandrille, N, III, xviii, A.*)

1301. Jehan de la Ferté, chevalier, fils de Jehan de la Ferté, chevalier, s'accorde avec Saint-Wandrille pour les dons de ses ancêtres à Grandvilliers. Témoins : « Rob. de Chamberé, esquier, Robert du Boil, esquier. » (N, III, xviii.)

Le jeudi 29 juin 1514, Toussaint Varin, évêque de Thessalonique, avec la permission de M. Ambroise le Veneur, évêque d'Évreux, fit la dédicace de l'église de Saint-Martin de Grandvilliers, nouvellement reconstruite, et la bénédiction du cimetière, en présence de Guillaume Misouart, curé de cette paroisse.

L'abbé de Saint-Wandrille présenta jusqu'à la Révolution à la cure de Grandvilliers. En 1537, Marguerin (?) des Houlles, écuyer, seigneur de Grandvilliers, fit une présentation à la cure en sa qualité de seigneur; mais, n'ayant pu établir son droit, l'abbaye de Saint-Wandrille fut maintenue dans celui qu'on lui contestait.

Dépendances : — Beaufre ; — le Bois-Renoult ; — la Brosse ; — la Forêt ; — les Fossés ; — Longrais ; — les Quatre-Maisons ; — le Rosset ; — la Roussilière ; — Sanvilliers ; — les Tasses ; — Collières ; — la Jaujuppe.

GRATEUIL.

Arrond. d'Évreux. — Cant. de Nonancourt.

Patr. S. Martin. — Prés. le seigneur.

Nous ne dirons qu'un mot sur l'étymologie de ce nom, qui nous paraît être : *grata, craticula, grutula*, grille, claie. Grateuil doit être en latin : « Gratogi-

lum, » lieu fermé de grilles et de claies.
Grateuil a été réuni à Lignerolles en 1837.

GRAVERON.

Arrond. d'Evreux. — Cant. d'Evreux nord.

Patr. S. Barthélemi. — Prés. le seigneur.

Graca, lucus, arboretum : Graveron pourrait en être le pluriel celtique.
Il ne paraît pas que le mot anglais *grave* (tombeau) soit entré dans la formation de ce nom, qui ne se reproduit dans l'Eure que pour une ferme située à Saint-Léger-du-Gennetei.

« ... Ego Ricardus de Graveron, miles, « concessi donum quod Garinus de Arzil« leriis..... fecit eisdem, videlicet totam « terram quam ipsi habebant apud Mal« buissonnet... » (1222.) Il s'agit des moines de la Noë.

Voyez à l'article d'ILLIERS-L'ÉVÊQUE : « Robertus et Richardus de Graveron, milites, » en 1230.

Don par Robert « de Malodumo » de quatre acres de terre « ... in cultura nemoris de Graveron... » Témoins : Robert d'Argences, Etienne de Dardeis, Jean de Méré, Gautier d'Espagne, etc... Fragment de sceau sur lequel on lit : « Roberti de Malb. »

Le 10 juillet 1393, Guillaume de Tournebu, chevalier, rendit hommage au roi pour le fief de Graveron, à cause de Marie de Graveron, sa femme. Le 7 novembre 1404, aveu semblable par Pierre de Tournebu, chevalier.

En 1397, Laurent de Lancourt, écuyer, et damoiselle Biatrix de Graveron, sa femme, vendirent au chapitre d'Evreux une pièce de terre dans la paroisse d'Ourmes.

Nous voyons ensuite une ancienne famille normande (VOYEZ LA HAIE-DE-CALLEVILLE, HECQUEVILLE-SUR-EURE et SAINTE-COLOMBE) qui n'a pas d'autre nom patronymique que celui de Graveron. Dans sa filiation, mise en ordre par d'Hozier, et dans les preuves soit de l'ordre de Malte, soit pour l'admission aux pages du roi, on lit : « Graveron, seigneur de Graveron. » Cette famille a possédé jusqu'en 1789 quelques terres dans cette paroisse.

1502. Raoul de Graveron, écuyer, seigneur de Graveron, mariait Renée, sa fille, à Michel de Francheville, sieur de Couillerville.

A cette famille appartient un capitaine Graveron, plusieurs fois cité par Valdori, dans son *Discours du siège de Rouen* (1591), comme « gentilhomme du pays assez re« commandable pour sa vertu et con« stance ».

Un Graveron servait dans l'armée du duc de Longueville pendant la Fronde.

1517. Mort de Robert de Graveron, mari de Jeanne de Béthencourt, et sentence du bailli de Rouen portant permission de vendre 80 ou 100 moutons pour fournir aux frais de ses obsèques.

En 1510, Robert, fils de Robert de Graveron, était homme d'armes des ordonnances du roi, sous la charge de haut et puissant seigneur messire Jean d'Etouteville, lieutenant général en Normandie, et bailli de Rouen ; la veuve du sieur de Villebon, son cousin issu de germain, Denise de la Barre, lui fit donation en 1563 de la terre et seigneurie de Vitré en Ponthieu. Il avait épousé en 1557 Nicole de la Moïe, qui lui apporta les biens considérables en Artois.

C'est au milieu du XVIe siècle que Laurent Bigot de la Turgère, quatrième descendant d'Emeri Bigot, écuyer, vicomte de Verneuil, vers 1380, est entré en possession de la terre de Graveron.

« Le fief de Graveron est un plein fief de « haubert, relevant nuement du comté « d'Evreux par la vicomté de Beaumont« le-Roger, lequel est assis dans la pa« roisse de Graveron, dont il fait seigneur « et patron les Bigot, et leur donne le « droit de nommer au bénéfice d'icelle « paroisse, et s'étend le fief dans la pa« roisse de Bois-Normand et dans celle de « Brosville, où il y a une prévôté consi« dérable, dont relève la meilleure partie « d'icelle paroisse de Brosville, s'étend « aussi jusques dans la ville d'Evreux, où « il y a une maison paroisse de Saint« Nicolas, anciennement nommée la Tour « de Graveron, laquelle en relève, et dans « laquelle le seigneur de Graveron a droit « de tenir ses pleids et gages-plèges. Le« dit fief est orné d'un bâtiment ou châ« teau considérable, accompagné de fos« sés, d'un jardin et parc de bois de haute « futaye, d'un grand nombre d'avenues, « d'une garenne, de prés, d'étangs, en « sorte que l'on peut dire qu'elle est des « plus agréables et des plus accomplies de « la province. — Ce fief de tous temps « a droit de mottes, de fossés et beau« coup d'autres qui seraient trop longs « à exprimer dans la présente requête.

« Mgr le duc de Bouillon a bien voulu « donner au suppliant son consentement « pour unir à ce fief tous ceux qu'il ju« gerait à propos, soit qu'ils fussent « mouvants de lui ou non, et d'attacher

« à cette union toute dignité qu'il plairait
« au roi lui accorder, par acte passé de-
« vant les notaires de Rouen le 6 septem-
« bre 1685, attaché sous le contre-scel des
« dites lettres. »

C'est ici le lieu de produire un acte constatant l'importance dans notre contrée de la famille Bigot, incomplètement désignée en l'article BALYNES, t. I", p. 165.

28 janvier 1612. — Fondation faite au couvent des Cordeliers de Rouen de 200 livres d'aumône par an pour une basse messe par jour et plusieurs services par an :

« Comme ainsi soit que longtemps avant,
« l'an mil trois cents quatre vingt, vivant
« Emery Bigot, écuyer, seigneur et pa-
« tron de Notre-Dame-de-Balynes-la-Tur-
« gère, Beynes, Fonteynes, Brezolles,
« la Barberye, l'Espiney, la Bourganière
« et Saint-Michel-de-la-Sommaire, maire
« et vicomte de Verneuil, portant épée, et
« demoiselle Jeanne Avelon, sa femme,
« cinquième ayeul et cinquième ayeule de
« M' M" Guillaume Bigot, écuyer, sei-
« gneur et patron de la Turgère, Balynes,
« Graveron, Tournedos, Folleville, Gros-
« bois, Saint-Léger, Mesnillot, Tilleul-
« Lambert, Brainville, Ecambose, Pen-
« netier-Capelet, la Joussaye, Saint-Mélain
« et autres terres, conseiller du roy et
« général en sa cour des aydes de Nor-
« mandie.

« La piété et dévotion parut parmi
« ceux qui portoient le nom et étoient de
« la famille du sieur Emery Bigot, ainsy
« qu'il appert par les armes dudit Emery
« Bigot, qui sont trois roses de gueules
« en champ d'argent, chargé d'un chevron
« de sable, qui se voient encore en l'église
« de la Turgère, dite Notre-Dame-de-
« Balynes-lès-Verneuil, au Perche, près le
« maitre autel, auprès d'une image de la
« Vierge, dont de tout la façon ou sculp-
« ture ancienne parait être du dit temps
« et avoir été donnée par iceluy Emery
« Bigot, qui en étoit lors patron, ou par
« quelqu'autre du nom, lors de son vi-
« vant.

« Que cette dévotion ait toujours conti-
« nué depuis aux successeurs du dit
« Emery Bigot, comme il appert par plu-
« sieurs fondations, la plupart au tabel-
« lionage de Rouen, et par autres marques,
« à savoir :

« 1° Fondation du 1" mai 1487, faite en
« l'église de Saint-Laurent à Rouen, par da-
« moiselle Simonne Bigot, fille de deffunt
« M' Guillaume Bigot, écuyer, seigneur
« et patron de Notre-Dame de Baslynnes,
« la Turgère, Fontaines, Beynes, Bre-
« zolles, la Barberie et autres fiefs, con-
« seiller secrétaire du roy, avocat de Sa
« Majesté au bailliage de Rouen, et à l'in-
« tention de Guillaume Bigot, son frère,
« fils du susdit Emery Bigot.

« 2° Fondation le 10 juin 1492 par da-
« moiselle Marie de l'Espringuet, veuve
« du dit M' Guillaume Bigot.

« 3° Fondation par noble personne
« M' Noël Bigot, curé de Houetteville, fils du
« dit Guillaume Bigot et frère de M' Guil-
« laume Bigot, écuyer, seigneur de la
« Turgère et autres terres, etc.

« 4° Fondation du 1" janvier 1503, en
« la même église Saint-Laurent, suivant
« le testament du dit Antoine Bigot, tris-
« ayeul du dit sieur de la Turgère, ci-
« après contractant.

« 5° Autres fondations par le dit M' Noël
« Bigot le 26 avril 1506 et 1511.

« 6° Autre fondation du 8 février 1550,
« faite en la dite église par Etienne Bigot,
« écuyer, seigneur de Fontaines, mary
« de demoiselle Marie Puchot, bisayeul et
« bisayeule du susdit sieur de la Turgère,
« ci-après contractant.

« 7° et 8° Diverses fondations par des
« frères et cousins portant le nom de
« Bigot.

« 9° Fondation par M' Charles Bigot,
« écuyer, conseiller du roi en la cour du
« parlement de Rouen, frère de M' Alexan-
« dre Bigot, chevalier, conseiller du roy
« en ses conseils d'Etat et privé et prési-
« dent audit parlement, et par M" Nicolas
« et Guillaume Bigot, écuyers, conseillers
« du roy, et correcteur et auditeur en la
« chambre des comptes, un d'eux dé-
« cédé sans enfants ; les dits André, Jean
« Charles et Nicolas et Guillaume Bigot,
« enfants du dit Etienne Bigot, sieur de
« Fontaynes, dont on parle ci-devant, et
« frères de Laurent Bigot, écuyer, leur
« aisné, seigneur de la Turgère et de la
« Joussaye, frère de M' Etienne Bigot,
« écuyer, seigneur et patron de la Tur-
« gère, Baslynes, Graveron, Grosbois,
« Pennetier-Cappelet, Ecambose, Braine-
« ville et autres terres et seigneuries,
« conseiller du roi et général à la dite
« cour des aydes ; le service desquelles
« fondations, etc., se célèbre encore jour-
« nellement en la dite église Saint-Lau-
« rent, suivant les contrats et marques
« d'honneur qui sont encore en la dite
« église, et notamment en la tombe de
« marbre noir qui est placée dans le
« chœur, devant l'image de Saint-Lau-
« rent, patron d'icelle, et affectée au nom
« et à la famille des Bigot, où est écrit :
« *Sépulture de Messieurs Bigot depuis le
« 28 mai 1568*, avec les dites armes de la
« famille, qui sont en plusieurs autres

« et frères de la dite église et autres
« églises de Rouen, entre autres à Saint-
« Erblant, où ont été inhumés, avec plu-
« sieurs de leurs descendants, le dit
« Etienne Bigot, seigneur de Fontaines,
« et la dite demoiselle Marie Puchot, sa
« femme.

« Laquelle piété et dévotion ayant aussi
« continué en la personne dudit M⁰ Etienne
« Bigot, sieur de la Turgère, conseiller,
« mary de noble damoiselle Magdelaine
« Belin, frère et mère dudit sieur Guil-
« laume Bigot, sieur de la Turgère, con-
« seiller, contractant, à ce présent, et au-
« roit de son vivant fait une fondation le
« 9 décembre 1611, dont sera parlé cy-
« après plus amplement, en l'église des
« Frères mineurs de Rouen, dits vulgai-
« rement Cordeliers, en la chapelle de
« Notre-Dame-des-Anges, où lui et la dite
« damoiselle sa femme ont voulu être
« inhumés, et y fit mettre lors une épi-
« taphe avec les armes de la dite famille
« S....., et auroit encore le dit Etienne
« Bigot, conseiller, fait de son vivant
« bâtir une chapelle en l'église de Saint-
« Barthélemy de Graveron, dont il étoit
« seigneur et patron, où il y eut fonda-
« tion faite depuis son décès par le dit
« sieur Guillaume Bigot, son fils, con-
« tractant en ce faisant, par contrat du
« ... jour de...

« Une autre fondation que ledit Etienne
« Bigot, comme tuteur du dit sieur con-
« tractant, son fils, fait en l'église de
« Saint-Vincent de Rouen, suivant le tes-
« tament de feue damoiselle Anne Ri-
« cheu, ayeulle maternelle de son dit fils,
« par contrat du 7 novembre 1611.

« Toutes lesquelles piétés, dévotions le
« dit Monsieur Mᵉ Guillaume Bigot, sieur
« de la Turgère, de présent contractant,
« fils du dit Etienne, conseiller, désirant
« imiter, et rendre grâces à Dieu de son
« possible des biens et faveurs dont il lui
« a plu bénir sa famille, depuis ledit
« Emery Bigot, qui vivoit en l'an 138., et
« longtemps avant que vivoit un Pierre
« Bigot, gendarme, comme il se voit par
« un acte ancien latin et français, du
« ... jour du mois de may mil deux cents
« quarante, et qu'il appert en outre par
« les histoires d'Angleterre, duché de
« Normandie et autres voisines, que ceux
« du dit nom étoient en grande considé-
« ration et possédoient dans le dit royaume
« et duché les titres les plus éclatants et les
« premières seigneuries, même dès l'an
« 1019, ce que considérant le dit sieur,
« présent contractant, et les faveurs, en
« outre, qu'il a reçues de Dieu en son
« particulier, lui ayant donné toutes les
« dites terres dont il jouit, et plusieurs
« autres biens et grâces sans l'avoir mé-
« rité, l'ayant aussi fait naître de parents
« chrétiens et catholiques, et lui ayant
« donné une ample et agréable lignée par
« le mariage fait entre lui et noble et ver-
« tueuse damoiselle Marie de Beaulieu,
« femme entièrement selon son cœur, du-
« quel mariage seroient nés entre autres
« Guillaume et Laurent Bigot, écuyers,
« de présent encore vivants (en marge :
« *depuis est né Philippe Bigot, et Laurent
« est décédé*), et mineurs d'ans et plu-
« sieurs filles, et se sentant infiniment
« redevable de toutes les susdittes béné-
« dictions et plusieurs autres envers sa
« divine Majesté. »

Suivent toutes les conditions d'une fondation générale pour toute sa famille portant le nom de Bigot.

« Fait au couvent des Cordeliers, à
« Rouen, le 26 janvier 1642.

« Collationné par les conseillers du roi,
« notaires à Rouen, soussignés, sur l'ori-
« ginal en parchemin l'acte ci-dessus.

« A. FAGOBEL, DELAMARE,
« COLONGE. »

C'est la famille Bigot qui fit construire
le château de Graveron. Elle ajouta beaucoup à l'étendue de cette terre déjà considérable, et, réunissant sous un seul nom
l'ancien et le nouveau domaine, elle obtint, en 1683, la création de la baronnie
de Graveron-la-Turgère.

*Union des fiefs et leur érection en baronnie-
châtellenie, avec établissement de foire.*

« Louis, par la grâce de Dieu roi de
« France et de Navarre, à tous présents et
« à venir, salut. Bien informé que notre
« amé et féal Philippe Bigot, seigneur
« de Graveron, notre conseiller en notre
« cour du parlement de Normandie, exerce
« cette charge depuis plusieurs années
« avec une entière satisfaction pour nous et
« le public, nous avons eu bien agréable
« l'union qu'il désiroit faire, sous notre
« bon plaisir, des fiefs paroisses de Tour-
« nedos et de Saint-Melain avec les fiefs
« de Grisolles, d'Espreville et de Saint-
« Pierre et leurs circonstances et dépen-
« dances, et tout et autant qu'il en appar-
« tient à l'exposant dans les dits fiefs de
« Grisolles et hameau de Folleville, tant
« en noble que roture, lesquels fiefs sont
« mouvants et relevant en partie de notre
« très-cher et amé cousin le duc de Bouil-
« lon, à cause de son comté d'Evreux, et
« l'autre partie de l'abbaye royale de Fé-

« camp, ou autres seigneurs particuliers
« qui ont tous donné leur consentement
« à l'union, et l'érection d'iceux en titres
« de baronnie ou noble autre dignité qu'il
« nous plaira d'y attacher, pour du tout
« ensemble composer une seule et même
« terre, qui deviendra par ce moyen consi-
« dérable, autant par son revenu, le-
« quel sera d'environ 7,000 livres, que
« par la multiplicité de ses fiefs, mais
« plus encore par leur grande étendue et
« noblesse, ayant tous les mêmes hon-
« neurs, droits, privilèges et prérogatives
« qui appartiennent aux fiefs nobles, par
« l'usage et coutume de notre province
« de Normandie. Celui de Graveron a
« même sa dignité particulière, étant un
« plein fief de haubert, lequel ne s'étend
« pas seulement dans la paroisse du lieu
« de Graveron, dont l'exposant est sei-
« gneur au droit de patronage et nomi-
« nation à la cure avec droit de motte et
« fossés, mais dans plusieurs autres pa-
« roisses, nommément en celle de Bois-
« Normand et de Brauville (*Brosville*), où
« il y a une prévôté considérable, et jus-
« que dans notre ville d'Evreux, dans la-
« quelle il y a une maison qui en relève,
« appelée anciennement la Tour de Gra-
« veron, en laquelle l'exposant a droit de
« tenir ses plaids et gages-plèges, consis-
« tant d'ailleurs en plusieurs bâtiments :
« château, fossés, jardins, parc, bois de
« haute futaye, garenne, prés, étangs et
« longues avenues qui la rendent très-
« agréable. Le fief de Tournedos donne
« aussi à l'exposant la qualité de seigneur
« et patron nommant à la cure de la pa-
« roisse du lieu; il s'étend dans la pa-
« roisse d'Ormes, par la franche et noble
« vavassorie de Folleville, en sorte que
« cette terre sera dorénavant capable de
« soutenir dignement le nom, titre et
« qualité de baronnie-châtellenie que
« nous voulons y attacher pour honorer
« le mérite du dit exposant et pour mar-
« que perpétuelle de sa fidélité à notre
« service, ainsi que de son zèle, vigilance
« et intégrité pour tout ce qui peut re-
« garder le bien de la justice. Pour ces
« causes et autres à ce nous mouvans,
« de l'avis de notre conseil, qui a vu
« les consentements des seigneurs domi-
« nants des dits fiefs ci-dessus déclarés et
« spécifiés, les avons, de notre grâce
« spéciale, pleine puissance et autorité
« royale, jointes, unies et incorporées, et
« par ces présentes, signées de notre
« main, joignons, unissons et incorpo-
« rons, avec toutes leurs circonstances,
« appartenances et dépendances ci-dessus
« expliquées, dont l'exposant est à présent
« propriétaire et possesseur, pour doré-
« navant ne faire qu'une seule et même
« terre et seigneurie, laquelle nous avons
« créée, érigée et élevée, et de notre même
« grâce et autorité royale créons, érigeons
« et élevons en nom, titre et dignité de
« baronnie-châtellenie, sous la dénomi-
« nation de baronnie et châtellenie de
« Graveron-la-Turgère, pour en jouir par
« l'exposant, ses hoirs, successeurs et
« ayants cause audit titre, nom et dignité
« de baronnie et châtellenie; voulons et
« nous plait qu'ils se puissent nommer,
« qualifier, tant en jugement que dehors,
« barons, châtelains de Graveron-la-Tur-
« gère, et qu'en cette qualité ils jouis-
« sent de tous honneurs, rang, préroga-
« tives et prééminence en faits de guerre,
« assemblée de noblesse ou autrement,
« ainsi que les autres barons-châtelains de
« notre royaume et province de Norman-
« die; que tous tenanciers, hommes et
« vassaux de ces fiefs le reconnoissent
« pour baron châtelain et fassent leur foi
« et hommage, baillent leurs aveux et
« dénombrement, le cas y échéant, sous
« les titres de baron châtelain, sans
« que pour raison de la présente union,
« érection et changement de titre, il soit
« apporté aucune innovation tant dans la
« justice que dans la mouvance des dits
« fiefs et terre, etc... Et pour d'autant
« plus favoriser le dit exposant et déco-
« rer la dite terre avons créé et établi,
« créons et établissons par ces dites pré-
« sentes, au dit lieu de Graveron, une
« foire pour chaque année, qui sera tenue
« le vingt-quatrième jour d'août, aussi
« fête de Saint-Barthélemy, etc., etc...
« Si donnons en mandement à nos
« amés et féaux les gens tenant notre
« cour de parlement et chambre des
« comptes à Rouen, bailly de ... et son
« lieutenant, et autres nos officiers et
« justiciers qu'il appartiendra, que ces
« présentes lettres d'union, érection et
« établissement ils ayent à faire lire,
« publier et enregistrer, et du contenu en
« icelles jouir et user, l'exposant, ses
« hoirs, successeurs et ayant cause, plei-
« nement, paisiblement et perpétuelle-
« ment, cessant et faisant cesser tous
« troubles et empêchements à ce, nonob-
« stant clameur de haro, charte nor-
« mande et autres à ce contraires. car tel
« est notre plaisir, et afin que ce soit
« chose ferme et stable à toujours, nous
« avons fait apposer notre scel à ces dites
« présentes, sauf en autres choses, notre
« droit et l'autrui en tous, etc...
« Donné à Versailles, au mois de dé-
« cembre, l'an de grâce mil six cent

« quatre-vingt-sept, et de notre règne le
« quarante-cinquième. »

« Signé : LOUIS.

« Par le roi :

« PHELIPPEAUX. »

De nouvelles lettres patentes du 8 octobre 1693 incorporèrent à la baronnie-châtellenie le fief de Bois-Normand-la-Campagne. (Voy. t. 1er, p. 355.)

Philippe Bigot, devenu doyen du parlement de Normandie après avoir été conseiller de grand'chambre, mourut en 1730, à l'âge de 87 ans, et fut inhumé le 31 janvier dans la chapelle de l'église de Graveron. Il avait deux sœurs : Geneviève, mariée à Louis du Maisnier de Sommery, et Charlotte, femme de François de Malherbe. Il laissait un fils de son mariage avec Anne de Bulteau :

Philippe-Guillaume, conseiller au parlement, marié le 2 juin 1701 à N. Dupont, mort en 1757, et dès 1735 prêtre de l'Oratoire. En 1719, il s'intitulait : « Messire
« P. G. Bigot, de Graveron, prestre, sei-
« gneur et patron de Saint-Léger-la-Cam-
« pagne, du Mesnillotte, de Launay et
« d'Ecambos. » Des Conférences sur divers sujets de morale et de piété, par le R. P. de Graveron, ont été imprimées à Paris en 1763.

16 janvier 1735. Bail de la ferme du Menillo.. fait par messire Philippe Guillaume ... de Graveron, prêtre de l'Oratoire.

1769. « De messire Philippe-Guillaume
« Bigot, prestre, seigneur et patron de
« Saint-Léger-la-Campagne, du Menillotte,
« de Launoy et d'Ecambos et autres lieux,
« fils et héritier en partie de messire Phi-
« lippe Bigot de la Turgère, baron de
« Graveron, conseiller de grande chambre
« du parlement de Normandie. Aveu d'une
« ainesse au Tilleul-Lambert par Jacques
« Delannoy du Mesnil, chevalier, seigneur
« du Bois et autres lieux, par succession
« de Henri, mon père..... »

Philippe-Guillaume laissa une fille unique, Marie-Anne, mariée à Pierre-François Doublet, marquis de Bandeville, président au parlement de Paris. Cette dame fit bénir, le 25 août 1760, une chapelle joignant l'église de Graveron, sous l'invocation de saint Lubin, second patron de la paroisse.

La présidente de Bandeville, morte en 1787, eut pour héritiers les descendants des deux sœurs de son aïeul, premier baron de Graveron-la-Turgère : Louis-Elisabeth, marquis de Pardieu, seigneur et patron d'Avremesnil, maréchal de camp, chevalier de Saint-Louis, et Augustin-François, marquis de Malherbe, seigneur et patron de Jurigny, Saint-Vaast, Préaux, Rieux et de Vassal, qui mirent aussitôt en vente tout le domaine fieffé et non fieffé des Bigot de Graveron-la-Turgère, la baronnie-châtellenie, les seigneuries de Bois-Normand et Tournedos-la-Campagne, avec droit de présentation aux cures et bénéfices ; les fiefs, terres et seigneuries d'Ormes (voyez ORMES), de Mesnillote à Combon, d'Escombat (Écambose), Bucrin et les Puiselets (voyez QUITTEBEUF).

Les ayants cause de Philippe Bigot, qui devinrent titulaires de la baronnie aux termes des lettres patentes de 1687 et acquéreurs de tout le domaine, comme seigneurs en commun, furent, par acte du 13 avril 1788, pour deux tiers, noble dame Henriette Lefébure, d'une famille d'Elbeuf, sœur d'Henri Lefébure, seigneur de Malembert, officier de l'armée de mer, chevalier de Saint-Louis, et veuve de messire Pierre Feray, écuyer, et pour l'autre tiers son fils messire Jean-Baptiste-Antoine Feray, écuyer, négociant au Havre.

Les armes de la famille des Graveron, seigneurs de Graveron, sont de gueules, à la fasce d'or, à une carpe d'or posée en chef (selon la recherche de 1666), à une fasce d'or surmontée d'une branche d'arbre accotée et posée en fasce, selon d'Hozier, en 1732.

Celles des Bigot, qui donnèrent lieu à un grand procès devant le parlement en 1771, d'argent, au chevron de sable accompagné de trois roses doublées de gueules, feuillées et tigées de sinople.

Le président Doublet de Bandeville portait d'azur à trois doublets ou papillons d'or, volant en bande, 2 et 1.

Les Pardieu d'Avremesnil, d'or au lion couronné de gueules.

Les Malherbe, de gueules, à six coquilles d'or, 3, 2 et 1, au chef du dernier, chargé d'un lion léopardé du premier.

Les Lefébure de Malembert, d'argent, au chevron d'azur accompagné de deux étoiles en chef, et d'une coquille en pointe de gueules.

Les Feray, d'hermine à trois croissants d'azur, 2 et 1, surmontés d'une rose de gueules en chef.

Graveron-la-Turgère a perdu son second nom lorsque les paroisses sont devenues des communes, et l'a remplacé par celui de Sémerville depuis qu'en 1811 trois communes, Graveron, Saint-Melain-la-Campagne et Sémerville, ont été réunies en une seule.

C'est au château de Graveron que le comte de Salvandy, entré par alliance dans la famille Feray, passa les dernières années de sa vie. Il y est mort le 15 décembre 1856, et à ses obsèques son oraison funèbre a été prononcée dans l'humble église du village par M⁰ʳ de Bonnechose, alors évêque d'Evreux.

Dépendance : — la Garenne.

GRAVIGNI.

Arrond. d'Evreux. — Cant. d'Evreux nord.

Patr. S. Sulpice. — *Prés. les chartreux de Gaillon.*

En 1760, on a trouvé, non loin de Gravigni, dans la plaine, divers objets antiques.

Vers 1030, Goscelin, vicomte d'Arques, fondateur de l'abbaye de Sainte-Catherine de Rouen, donna à ladite abbaye les deux églises de Gravigni et de Huest. Le duc Robert et le pape Adrien IV confirmèrent cette donation.

Vers 1038, Richard, comte d'Evreux, donna aux moines de Jumiéges un moulin à Gravigni :

« .... Præbuit quoque Richardus, « Ebroicæ urbis comes, in inferiori parte « ipsius civitatis, super flumen quod vo- « catur Yton, unius molendini sessionem, « cum piscatoria illi adherente et cum « uno arpenno terræ ubi custos hospita- « retur, et cum hospite uno in Gravinia- « co... » (Charte de Guillaume le Conquérant en faveur de Jumiéges, 1079.)

Vente à l'abbaye de Jumiéges par Guillaume et Vincent de Gravigni :

« Willelmus de Gravegneio, presbyter « de Mineriis, et Vincentius de Gravegneio, « ejus frater, et Lucia, uxor ejusdem Vin- « centii, vendunt Gemetico masuram ex « successione Nicholai de Condeio, pres- « byteri, a vico usque ad fossatum, usque « ad domum Willelmi de Garrel. »

« ... Gravigni, decimam molendino- « rum et totius domini, comitis præter « decimam bladi... » (Bulle d'Eugène III, 1152.)

« ... Ex [dono] Helmaci (sic) de Autolio aquam de Gravigneio... » (*Ibid.*)

« ... In Pago Ebroicensi, ecclesiam de « Gravinneio, cum decima et unum vavas- « sorem cum quatuor rusticis... » (Bulle d'Adrien IV, 1156.)

« ... Ex dono autem Radulfi, comitis « Ebroicensis, molendinum unum super « fluvium qui vocatur Itun, cum uno ar- « pento terræ, et apud Gravigni hospitem « unum... » (Charte de Henri II, 1174.)

« ... In pago Ebroicensi duas eccle- « sias, scilicet de Gravigny, etc... » (Charte de fondation de Saint-Amand.)

« ... Apud Gravigneium decimam de « omni dominio meo, excepta decima « bladi... » (Charte de fondation de Saint-Sauveur.)

« Dreu, abbé de la Sainte-Trinité-du-Mont, et Raoul, son successeur, cédèrent aux lépreux d'Evreux cinq acres de vignes « apud Gravineium ». Un acte de 1217 porte : « Ecclesia Sancti Sulpicii de Gra- vigni... ; aqua Ytona. »

Jean « de Gravigneio », écuyer, fils et héritier de feu Vincent « de Gravigneio », chevalier, vendit, en 1217, à Geoffroi de Courcelles, chanoine d'Evreux, deux pièces de terre à Gravigni. L'une d'elles était située « ... in campo de Broisel, inter « terram Wimondi de Gravigneio, ex una « parte, et terram Willelmi de Morsent, ex « altera. » (*Cart. du chapitre d'Evreux*, n° 16.)

En 1262, « Nicolaus de Gravigneio, » bourgeois d'Evreux, et sa femme Jeanne vendirent une pièce de terre sur la paroisse de Saint-Aquilin d'Evreux. (*Cart. de Saint-Taurin*, p. 118.)

En 1330, Guillaume du Coudrai, écuyer, seigneur de Melleville, et damoiselle Aaleps, sa femme, vendent à Richard le Prévost, chanoine d'Evreux, le moulin de Coespel, en la paroisse de Gravigni, moyennant 160 livres tournois. (*Cart. du chapitre d'Evreux*, n° 21, fol. 151 et suiv.)

Richard le Prévost obtint du roi l'amortissement de cette acquisition et de beaucoup d'autres en 1337, moyennant 80 livres. (*Cart. du chapitre d'Evreux*, 163 et 185.)

En 1402, « Guillot le Dain, pionnier, « reconnaît avoir receu de Jehan de Saint- « Ouen, vicomte de Pont-de-l'Arche, la « somme de quarante sous tournois pour « marché fait à lui par maistre Nicolle le « Peron, maistre des œuvres du roi notre « sire en la vicomté d'Evreux : c'est assa- « voir pour avoir fait les fourmes et as- « seoir les deux bouts du pont de Gravi- « gni, et y avoir mis des terres et autres « repparacions faictes en icelui pont bien « et deuement... » (*Arch. de l'Eure*, série B. 106. GRAVIGNI.)

Voici les noms de quelques lieux dits dans la paroisse de Gravigni :

1227. « Une acre de terre jouxte le port de la Coispelles. »

1366. « Verger de vigne en la coste au Verdier. »

« Demi verger de vigne aux Espiniels. »

« Demie acre de terre à la Coustine- aux-Cauchois, entre l'eaue et l'abbesse

« d'une part, et le chemin à venir de
« Normanville, d'autre. »

1396 « ... d'un bout sur la sente de
« Coeppel et de bas, et d'autre sur la ri-
« vière appartenant à l'abbesse de Saint-
« Sauveur d'Evreux. »

En 1520, l'église de Gravigni fut dédiée
par Nicole Quoquin, évêque *in partibus*,
sous le vocable de saint Sulpice.

Les chartreux de Gaillon étaient seigneurs de Gravigni. — En 1766, lettres
patentes qui permettent aux religieux de
Gaillon de vendre et au sieur de Champigni d'acquérir le fief de Gravigni, en la
vicomté d'Evreux.

Sur le territoire de Gravigni se trouvait l'importante maladrerie de Saint-
Nicolas, dont les revenus servirent à
fonder l'hospice général d'Evreux sous
Louis XIV. Il existe un cartulaire du
XIII° siècle qui est déposé dans les archives de l'hospice d'Evreux. Cette maladrerie avait un droit de foire le jour de
Saint-Nicolas. Ses propriétés les plus importantes étaient situées à Gravigni et à
Huest. La ferme de la Gastine à Huest en
faisait partie.

Dépendances : — le Carnage; — la
Censurière; — la Petite-Filature; — les
Ruelles; — la Briqueterie; — le Clos-
Bioche; — la Loge; — Outrebois; —
Saint-Nicolas-de-la-Maladrerie; — Cham-
pagne; — le Marché-Neuf; — Saint-
Pierre.

GRENIEUSEVILLE.

Arrond. d'Evreux. — Cant. de Conches.

Patr. S Lô ou *Laudulphe*. — *Prés. l'abbé de Conches.*

Il est très-souvent question de Grei-
gneuseville, qu'il faudrait, croyons-nous,
lire « Grenieuseville », dans les chartes de
la Noë et de Saint-Wandrille. On pourra
consulter sur cette paroisse l'article de
GLISOLLES.

Nous nous bornons à citer le passage
suivant, extrait de la grande charte de
Conches : « Et sciendum est quod pre-
« dictus Willelmus de Romeliaco, quando
« effectus est monachus, dedit Sancto Pe-
« tro ecclesiam et decimam de Gregnossa-
« villa, et decimam de duobus molendinis
« in eadem villa, annuente Richardo filio
« ejus et Radulpho de Toetencio. »

Dans une charte de Saint-Wandrille on
lit : « Willelmus de Mineriis, senescal-
« lus de Conchis, ad petitionem Willelmi

« de Wivanwilla, dat Sancto Wandrege-
« silo illam insulam, de qua fuit contentio,
« inter Gregnosevillam et Croisillam. »

Grenieuseville a été réuni à Glisolles
en 1808.

GRESTAIN.

Arrond. de Pont-Audemer. — Cant. de Beuzeville.
Sur la Vilaine.

Patr. S. *Martin.* — *Prés. l'abbé de Grestain.*

Cette commune, rendue célèbre par le
monastère de Grestain, a été réunie à
Carbec, sous le nom de Carbec-Grestain.
Puis Carbec-Grestain a été ensuite réuni
à Fatouville, sous le nom de Fatouville-
Grestain, en 1844.

Voyez l'article CARBEC-GRESTAIN.

GROSBOIS.

Arrond. d'Evreux. — Cant. de Verneuil.

Patr. S. *André.* — *Prés. le seigneur.*

Grosbois a été réuni à Piseux en 1843.
Voyez l'article PISEUX.

GROSLEI.

Arrond. de Bernai. — Cant. de Beaumont.
Sur la Risle.

Patr. S. *Léger.* — *Prés. le chapitre de Gaillon.*

Groslei, près Paris, est appelé « Grace-
lidum » dans un acte de 862.

Dans une charte de l'abbaye de Saint-
Père de Chartres (XI° siècle) : « ... Walterius de Groslu... »

A la même époque on disait de notre
Groslei : « Groelai, Grolayum, Grolay. »

Dans les passages suivants, sont cités
différents personnages portant le nom de
Grolei :

« ... Ex dono Radulfi de Groelai,
« quando factus fuit canonicus, ecclesiam
« de Hunaria... » (Ch. *Henrici II apud
Mon. Angl.*, II, p. 981.)

« ... Testibus... Radulpho de Gro-
layo... » Charte de Robert de Meulan en
faveur des religieux de Grammont. (*Mon.
Angl.*, II, p. 981.)

« ... Testibus..... Simone de Grolay... » Autre charte du même en faveur de Lire. Il y est fait mention du moulin de Groslei.

C'est dans le cartulaire de Beaumont-le-Roger que nous trouvons les pièces principales de l'histoire de Groslei.

Raoul de Grolai donne en 1155 au prieuré de Beaumont toute la terre d'Épinai, avec le consentement de Galeran, comte de Meulan, son seigneur :

« Omnia que a mortalibus geruntur,
« veloci hujus [vite] cursu cito a memoria
« tolluntur. A religiosis et sapientibus viris salubriter institutum est ut quod in
« ecclesia geritur carte representatione
« posteris quasi recens habeatur. Notum
« igitur fieri volumus tam presentibus
« quam futuris quod Radulfus de Grolai,
« consilio et assensu mei Gualeranni, comitis Mellenti, et Roberti, filii mei, et
« Agnetis, uxoris mee, et Symonis, filii
« predicti Radulfi de Grolai, et ceterorum
« hominum et amicorum suorum, dedit ecclesie Sancte Trinitatis de Bellomonte et monachis Becci in eadem ecclesia Deo servientibus, in perpetua
« elemosina, pro anima et parentum suorum, totam terram suam de Spineto,
« quam tenebat de me Gualeranno, comite
« Mellenti. Quapropter ego comes Gualerannus dedi per manum Roberti, prioris ejusdem ecclesie, predicto Radulfo
« xx. libras Carnotensis monete, que tunc
« currebat per meam terram; in ea vero
« terra moltam non sibi retinuit Radulfus. Si monachi in predicta terra hospites instituerint, molta eorum ibit ad
« molendinum predicti Radulfi. Si vero de
« eadem terra aliis hominibus locaverint,
« siccam moltam de eis accipiet. Omne autem dominium monachorum, ubi eis placuerit, quietum deferetur. Famuli vero
« monachorum in eadem terra manentes,
« vel in domibus monachorum siccam prebendam accipientes, ad molendinum
« predictum ibunt. Concessit etiam idem
« Radulfus et Symon, filius ejus, me presente et concedente, et Roberto filio
« meo, predicte ecclesie Sancte Trinitatis
« unam carrucatam terre quam Adeleis,
« amita sua, uxor Roberti de Vacaria, et
« Symon, filius ejus, predicte ecclesie
« Sancte Trinitatis... In hac etiam terra
« predictus Radulfus moltam sibi retinuit, sicut in supradicta. Has donationes ego Gualerannus, comes Mellenti,
« concedo et confirmo et successoribus
« meis cum predicta ecclesia servandas
« et custodiendas committo. Actum est hoc
« publice, secundo idus julii, in ecclesia
« Sancte Trinitatis, anno ab Incarnatione
« Domini m° c° l° v°, me presente comite

« et Roberto, filio meo, astantibus etiam
« baronibus meis et hominibus, Willelmo
« videlicet de Pinu, Roberto de Formovilla, Roberto de Vetulis, Willelmo de
« Bailluel. »

« Notum sit tam presentibus quam futuris quod ego Gualerannus, comes
« Mellenti, concessi et firmavi talem pactionem inter monachos Sancte Trinitatis
« de Bellomonte et Radulfum de Grolaio,
« concedente hoc Roberto, filio meo, et
« Simone, filio Radulfi. Radulfus dimisit
« predicte ecclesie quietam moltam de
« terris de Spineto, quas ipse et Symon
« de Vacaria, cognatus ejus, dederant ipsi
« ecclesie et quam moltam ipse Radulfus
« prius retinuerat quando ipse terre ecclesie collate sunt. Monachi autem dimiserunt ipsi Radulfo quietos m. modios frumenti et v. sextarios et unam
« minam valentes tunc xxxiiii. libras et
« ii. solidos et vi. denarios, quod frumentum ipse Radulfus debebat monachis.
« Simon vero, filius ejus, recepit coram
« me v. solidos Carnotensium de recognitione pro hac re. Et ita nichil omnino
« retinuit Radulfus in prescriptis terris
« preter decimam. Et sicut determinatum
« est posuit Radulfus per unum candelabrum super altare ecclesie, me astante,
« et quod ad me pertinebat dimittente.

« Actum est hoc publice in claustro
« ecclesie Sancte Trinitatis, anno ab incarnatione Domini m° c° lxiii°, decimo
« secundo kalendas augusti. Testibus:
« Rotberto filio comitis, Rogerio capellano, Willelmo de Pinu, Radulfo Harpin et Willelmo filio ejus, Willelmo de
« Veliis, Gauterio viccomite, et Sarraceno,
« Giroldo Mansionario, Rotberto fratre
« ejus, Stephano filio Haimerici, et compluribus aliis; Herveio priore, tunc procurante res ipsius ecclesie.

En juin 1219, procès et accord entre Jean de Gaillon, chevalier, et le prieur de Beaumont-le-Roger, au sujet du bois du Val-Menier et des pâturages du Pin :

« Universis ad quos presens scriptum
« pervenerit, Johannes de Gaillon, miles,
« salutem in Domino. Noveritis quod, cum
« controversia mota esset inter me, ex
« una parte, et religiosos viros priorem et
« conventum Sancte Trinitatis de Bellomonte Rogeri, ex altera, super decima
« fructuum et proventuum nemoris mei
« de Valle Menerii et super decima fructuum et proventuum nemorum meorum
« de Grolaio et de Pinu, et super decimis
« fructuum et proventuum totius feodi
« mei de Valle Menerii predicti ; item,
« super decimis fructuum et proventuum pasturagiorum meorum de Pinu;

« item, super decimis fructuum et pro-
« ventuum molendini mei de Grolaio;
« item, super eo quod dicti religiosi
« dicebant se habere libertatem piscandi
« cum omni forma ingeniorum per unum
« diem et unam noctem semel in anno
« in aqua mea de Grolaio, videlicet quan-
« do faciunt anniversarium Symonis de
« Grolaio. Quæ omnia præmissa dicti re-
« ligiosi petebant a me... »

Jean de Gaillon raconte ensuite que cette discussion fut terminée moyennant 25 sols de rente qu'il s'engageait à faire aux religieux, à la condition que si le bois du Val-Menier ou les pâturages du Pin sont réduits en culture, ce seront les religieux qui en percevront les novales. (1219.)

En 1283, « Rad. Gener, Th. Sutor,
« Rob. Gener, Rad. Gener, junior, di-
« mittunt fratribus militie Templi vi. so-
« lidos turonensium, super suum feodum
« apud Conchies in parochia de Grolay. »
(Charles de Saint-Etienne-de-Renneville, n° 130.)

En 1303, il y eut discussion entre le prieur de Beaumont et Guillaume, « recto-
« rem et presbyterum ecclesie de Grou-
« layo, » concernant certaines dîmes. D'après la sentence arbitrale : « ... Dictus
« rector... percipiet et habebit in cultura
« du Senel, in xi. surcis, seu seillons ga-
« lice, videlicet in vi. a parte superiori, et
« in v. a parte inferiori, totam decimam,
« ita tamen quod quilibet surcus conti-
« neat latitudine xx. pedes terre. Item
« in campo de Cheneveriis et in campo de
« Nuce, dictus prior similiter totam deci-
« mam percipiet et habebit. Item, in cam-
« po qui dicitur Campus de Dimidia Acra,
« dictus rector percipiet et habebit primo
« medietatem totius decime et de alia me-
« dietate tertiam partem... » (Cart. de Beaumont, fol. LXXXVII r°.)

En 1321, Michel de la Mare, de Sainte-Opportune en Campagne, et Jean Le Piquard, de Barquet, prirent à tous jours, mais des religieux de Beaumont, pour trente sous de rente, tous les héritages que les dits religieux avaient alors en leurs mains du fieu d'Epinay, situé en la paroisse de Grolay. Voici dans quels termes les biens affermés par les moines sont désignés dans le contrat : « ... tous
« les héritages que les dits religieux ont
« a present en leur main du fieu de Espi-
« nay, qui est en la paroisse de Grolai,
« et sont les dix heritages en une pièce
« es pasturages en ladite paroisse joste
« les pasturages de Conchez d'une part
« et d'autre part les fiez de la Maladerie
« de Biaumont, excepté des dix pastu-
« rages ceu que Michel Peen y tient, et
« excepté cincquante perquez de terre
« que les hoirs Andrieu Le Cauchois y
« tiennent... » 1321. (Cart. de Beaumont, f° XLII v°.)

En 1413, il y eut échange entre « Jean
« d'Harcourt, VII° du nom, et Jean Du
« Fay, escuyer, et Jeanne Gotrey, sa
« femme, seigneur, à cause d'icelle da-
« moiselle, du fieu nommé le fieu de
« Couchiers, icellui situé et assis paroisses
« de Grollay, de Saint-Nicolas de Beau-
« moncelle, de Rare, de Saint-Léger-le-
« Gaultier et ès parties d'environ, de cette
« terre avec celle d'Gauville (voyez SAINT-
« PIERRE-DE-SALERNE), la dite terre et sei-
« gneurie de Couchiers à tenir par un quart
« de fief de M° Guillaume de Tournebu,
« chevalier, à cause du fief de Fommes »
(probablement Fumechon). Dans cette pièce, il est fait mention de « l'hostel de Couchières ».

1409. Hommage par le comte d'Harcourt.

1469. Le duc de Lorraine, pour sa part en la succession de Jean, comte d'Harcourt et d'Aumale, et de Marie d'Alençon, sa femme.

1520. Claude de Lorraine, duc de Guise.

Dans les registres de la cour des comptes de Rouen, au XVII° siècle, on lit la note suivante : « Sergenterie d'Ouche; Grosley;
« contribuables, 119. M. le duc d'Elbeuf
« est seigneur et patron honoraire à cause
« du fief de Grosley, vallant 1,500 liv. La
« cure vault 600 liv. ; 500 acres de terre.
« Le meilleur labeur ne vault que 4 ou
« 5 liv. de fermage. »

Les vignes du manoir « de Grolai » sont citées dans le *Coutumier des forêts de Normandie*, à l'article des FORÊTS DE BEAUMONT.

La Risle, après avoir disparu sous terre, reprend son cours dans un lieu appelé la Fontaine-Roger ou Enragée.

On aperçoit au bord de la forêt de Beaumont un pan élevé de muraille, reste pittoresque d'un très-ancien château.

Le chapitre de Gaillon avait le patronage de l'église de Groslei.

Dépendances : — Couchez; — le Nouveau-Monde; — la Rivière; — la Bigotière; — le Colombier; — la Fontaine-Roger; — la Maison-Blanche; — la Maison-Dominique; — le Val-Galeran.

GROSSŒUVRE.

Arrond. d'Evreux. — Cant. de Saint-André.

Patr. S. André et S. Pierre. — Prés. le seigneur.

Grossœuvre commença par s'appeler : « Grandis Sylva. » Ce n'est guère qu'au commencement du XIV° siècle que l'on commença à dire en français : Grantsœuvre, puis Grossœuvre.

Voie romaine d'Evreux à Dreux.

Au XII° siècle, Grossœuvre était le siège d'un château fort important. En 1137, Roger le Bègue prit parti pour le duc d'Anjou contre Etienne, roi d'Angleterre ; ce dernier assiégea Grossœuvre et s'en empara :

« ..... In Normannia, Rogerius Bal-
« bus pacem turbulentus turbavit, contra
« quem rex Stephanus exercitum duxit, et
« municipium ejus quod in Ebroicensi
« pago Grandis Silva nuncupatur, obti-
« nuit. Unde coercitus rebellis prædo pa-
« cem cum rege fecit et aliquantulum illa
« regio post magnas oppressiones quie-
« vit. » (Ord. Vit., ad ann. 1137, t. V, p. 89.)

Aubrée donna à l'abbaye de Saint-Taurin la dîme de Grossœuvre, ce qui décida les moines à élever une église. Voyant cela, Aubrée donna de nouveau six acres de terre.

En 1190, les religieux de Saint-Taurin et les religieux du Breuil transigèrent touchant la dîme de 92 acres de terre, situées à Grossœuvre. Les moines de Saint-Taurin cédèrent aux moines du Breuil leur droit de dîme moyennant une certaine redevance d'avoine :

« Noscant omnes quod ego Matheus ab-
« bas et conventus Sancti Taurini Ebroi-
« censis, compositione facta cum monachis
« de Brolio, super decima XCII. acrarum
« terre quas propriis laboribus et sumpti-
« bus exolunt in parrochia Grandis Silve,
« concesserunt nobis reddere annuatim
« infra festum Omnium Sanctorum dimi-
« dium modium avene, et III. modios can-
« didioris annone que colligitur in supra-
« dicta terra, excepto electo semine, et
« III. sextarios nigrioris Pro compositione
« autem ista prefatis monachis concessi-
« mus eis liberam et quietam totam ter-
« ram quam circa capellam Sancte Trini-
« tatis nostram esse dicebamus. Quod si
« prefati monachi de Brolio suos terminos
« in illa terra dilataverint, secundum
« quantitatem dilationis quantitas modia-
« cionis ampliabitur. Quod si a numero
« acrarum supradictarum diminuantur,
« secundum quantitatem diminucionis
« modiacio diminuetur. Et sciendum quod
« predicta modiacio ad mensuram gra-
« narii Sancti Taurini persolvetur, que
« habebatur ibi anno Verbi incarnati
« MC. LXXX. » (Arch. de l'Eure. — *Petit Cart. de Saint-Taurin*, p. 73.)

« ... Decimam Grandissilve et ejusdem
« loci ecclesiam et VI. acras terre in ea-
« dem villa cum terra ad hospitandum... »
(Bulle d'Honorius III.)

Il y a sur cette commune un hameau de la Perruche. Je pense que ce hameau est désigné dans les passages suivants de la charte de Richard et de la bulle :

« ..... Preterea Radulfus et Fulco, filii
« Hugonis de Petroca, dederunt Sancto
« Taurino decimam ejusdem ville, concessu
« Roberti, filii Hugonis, domini sui.
« .... Nec non decimam de Petroca... »

Par une charte de 1209, Guillaume, abbé, et tout le couvent du Breuil Benoît prirent l'engagement de livrer tous les ans à Saint-Taurin la rente de grain dont il a déjà été question : « ... Et notandum
« quod tres primi sextarii de annona de-
« bent esse de candidiore excepto electo
« semine, et tres alii de nigriore, » le tout à la mesure du boisseau de Saint-Taurin, pour tenir lieu de la dîme : « LXXXXII. acrarum terre quam laboribus
« et sumptibus excolimus in parrochia
« Grandisilve. Pro compositione autem
« ista prefati monachi concesserunt nobis
« liberam et quietam totam terram quam
« circa capellam Sancte Trinitatis dicebant
« esse suam... »

En 1210, Philippe-Auguste donna Grossœuvre à Guillaume le Poulet, son panetier. (*Cartul. norm.*, n° 183.)

En 1311, Henri Chevalier, fauconnier du roi, châtelain de Gaillart, donna à la cure ou au personnat du Breuil Benoît 20 parisis sur le blé qu'il avait « apud Ronceroles » des dons du roi. Sa femme Amicie, dame de Grossœuvre, donna 20 sols tournois « super duas partes straminis » de la dîme qui appartenait à Saint-Taurin, et 6 deniers « super domum de Vernone », et deux setiers de la moute qu'elle avait « in feodo de Vilees de maritagio meo ». « Simon de Alneto » donna 10 sols « super
« stramina supradicta » ; 8 sols 5 deniers tournois sur un pré à Paci, et 25 tournois et 1 parisis sur la dite maison de Vernon, etc..., du consentement de sa femme Mathilde ou Marie. Guillaume « de Ambergergeinvilla », du consentement de sa femme Lucie, et Jean Pescheveron, du consentement de sa femme Agnès,

souscrivirent des obligations semblables, moyennant que le curé célébrât trois messes par semaine dans la chapelle du château de Grossœuvre, du Saint-Esprit, de la Vierge et des Morts, surtout pour G. « de Fravina », chevalier, père d'Amicie, pour « Almaricus Pullus, qui dictam ecclesiam fundavit », et pour Guillot « Pullus », son fils. (*Gr. Cart. de Saint-Taurin*, f° 176 v° et 177 r°.)

Au XIII° siècle, Grossœuvre appartenait en partie au seigneur de Glisolles. (*Petit Cart. de Saint-Taurin*, p. 52.)

1263. « Universis presentes litteras inspecturis, Lucas dictus Chevrel, de Sancto Martino, miles, et dominus de Grandisilva, salutem in Domino. Noveritis, quod, cum pie memorie Isabellis, quondam domina de Brocia, assensu et voluntate Roberti de Trouchevilla, primogeniti sui, militis, pro remedio anime sue, dederit et in perpetuam elemosinam concesserit viris religiosis abbati et conventui de Strata, Cisterciensis ordinis, XV. jugera terre, sita apud Sagosam, cum herbergamento ibidem sito, quod herbergamentum tenet Hugo dictus Champ d'Aveine. Ego predictus Lucas, miles, de assensu et voluntate Agnetis, domine de Grandisilva, uxoris mee, de cujus feodo et dominio predicta XV. jugera terre cum herbergamento existunt... Et ut predicta omnia et singula in posterum robur obtineant firmitatis, presentem cartam eisdem religiosis dedi et concessi sigilli mei munimine roboratam. Actum mense maii, anno Domini M° CC° LX° III°. » (Charles de l'Estrée.)

En 1316, noble homme et noble dame Monsieur Guillaume de Terray, chevalier, et Madame Jacqueline, sa femme, de la paroisse de Grant-Suevre, vendirent à Saint-Taurin toutes les rentes qu'ils avaient ou pouvaient avoir « ... en la paroisse de Thome... tant à champ comme en ville »

En 1359, le sire de Garencières fut du petit nombre des seigneurs qui ne voulurent pas ouvrir leurs forteresses au roi de Navarre ; ce fut dans le château de Grossœuvre qu'il tint garnison. Il en reste plusieurs tours, dont une du XVI° siècle ; de larges fossés se voyaient encore il y a peu d'années. Nous n'entrerons pas dans de plus longs détails sur la baronnie de Garencières et de Grossœuvre, dont le siège était à Grossœuvre. On trouvera aux articles GARENCIÈRES et BAUDEMONT un certain nombre de documents communs à ces diverses localités ; nous nous bornerons à insérer la pièce suivante :

« Messire Guy César de la Luzerne, chevalier, marquis de Beuzeville, fils aisné et héritier en partie de dame Marie-Césarine de Montenay, qui estoit seule fille et héritière de messire César de Montenay, chevalier, baron de Garencières et Baudemont, demeurant ordinairement en son chasteau du Moulin-Chapel, paroisse de la Houssaye, vicomté de Conches,

« Quitte, cède et délaisse, à titre de fieffe à rente perpétuelle et irraquitable, à messire Adrian du Bosc, chevallier, seigneur de Vitermont, demeurant à Queutteville en Caux, bailliage et vicomté de Rouen, le fief, seigneurie et baronnie de Garensières, escheus audit sieur de Beuzeville par la succession de ladite dame sa mère, auquel fief sont unis, joints et pareillement fieffés le droit de patroonage et présentation au bénéfice cure dudit lieu de Grossœuvre, et à la chapelle de Saint-Julien, le droit de haulte, moyenne et basse justice, laquelle s'exerce au bourg de Grossœuvre par un bailly, procureur fiscal, greffier, tabellion et sergeant, ensemble toutes les mouvances tant de domaines fieffés que de tout le domaine non fieffé d'icelle baronnie ou de toutes les rentes... dans l'estendue de ladite baronnie, dont la mouvance s'estend tant dans ladite paroisse de Garencières qu'en celles de Grossœuvres, Quessigny, Cissey, Arnières et autres, pour par ledit sieur de Vitermont en jouir et posséder du jour de Saint-Michel dernier passé à l'avenir comme ledit sieur de Beuzeville auroit pu faire auparavant la présente fieffe. » (15 octobre 1693.)

Cissei a été réuni à Grossœuvre en 1811. Voyez l'article CISSEI.

Dépendances : — la Perruche ; — la Trinité.

Cf. *Bulletin monumental*, t. XVIII, p. 436. Un partage mobilier au château de Grossœuvre, publié par M. Stanislas de Saint-Germain.

GROSTHEIL (LE).

Arrond. de Louviers. — Cant. d'Amfreville.

Patr. S. Georges. — Prés. l'abbé du Bec.

Grossa tilia ou *grossus testiculus*. A l'appui de cette dernière étymologie on pourrait citer une charte de la vicomtesse Ermentrude, au sujet de la donation d'un lieu du même nom près Chartres : « ..... Sunt alodis nomen uni Tesnerias, et alteri sibi contiguo nefarium

« nomen, tamen vulgo Grossus Testiculus
« vocatur... » (Cartul. de Saint-Père de
Chartres.) Ces deux terres étaient situées
« in Carnotensi pago, juxta Pomeriatam
Sancti Petri monasterii terram. »

Les notes sur Bernai mentionnent (t. Ier, p. 873) un chef de partisans nommé Grosteil, qui en 1537, avec sa compagnie de 80 hommes, commit dans cette ville meurtres et exactions, et fut tué par les habitants. Aucun document n'indique une famille qui dans des conditions semblables ait eu droit seigneurial de porter ce nom de terre, même en admettant qu'il existât dès lors. C'était donc évidemment un surnom, dû peut-être à l'étymologie obscène du cartulaire de Saint-Père de Chartres. Cette dernière opinion serait confirmée par le surnom d'un autre chef, le capitaine Grosdos, dont la compagnie avait pillé Bernai deux ans auparavant.

Le mot allemand *theil*, qui signifie portion ou partie, n'est entré pour rien dans les dénominations des cinq communes de l'Eure dont le nom renferme cette syllabe. Ces communes et douze autres au moins des départements de l'Orne, de la Manche, du Calvados, de la Dordogne, de la Charente, de l'Allier, de l'Yonne, de la Lozère, de l'Ardèche et d'Ille-et-Vilaine, sans compter les nombreuses localités qui dans toute la France rappellent une semblable étymologie, ces dix-sept communes nous paraissent devoir leur nom à un arbre devenu très-rare en Normandie : le *teil* ou tilleul à petites feuilles (voyez notre *Histoire de Saint-Martin-du-Tilleul*, p. 4), le tilleul des bois de Duhamel du Monceau.

L'addition du mot *gros* est de date moderne et ne s'est point accréditée sans peine ; nous n'en connaissons pas de mention antérieure à une bulle de 1614. Ce lieu s'est longtemps appelé Saint-Georges-du-Teil. L'arbre vraiment remarquable dont le renom populaire paraît avoir amené cette modification de nom a été pendant bien des années un objet de vénération. Plein de vie encore, il est tombé tout récemment par un acte d'inexplicable vandalisme, après avoir échappé aux excès de la ligne droite lors de la création d'un chemin de grande communication, dont le tracé menaçant l'avait respecté.

Un compte de revenus de la vicomté d'Elbeuf, en 1501, mentionne une redevance au Teil de douze fers à palefroi, sans percer et sans clous, évalués 9 deniers pièce. Deux colombiers devaient à Pâques, l'un une, l'autre deux douzaines de pigeons.

Dans un aveu de 1663, le seul nom est le Theil.

Le *Dénombrement du royaume*, imprimé en 1709, attribue 340 feux au *bourg* de Saint-Georges-du-Theil, relevant de la sergenterie de la Londe et de l'élection de Pont-Audemer.

Le *Dictionnaire universel de la France*, publié en 1726, en lui donnant une population de 1,010 âmes et le titre de *bourg*, le nomme le Theil ou Saint-Georges-du-Theil.

Dans le cinquième volume du P. Anselme, qui a paru en 1730 (p. 131), on a écrit : *Grosteil*.

On lit le nom de Gros-Theil dans le pouillé des bénéfices du diocèse de Rouen de l'abbé Saas, imprimé en 1738.

Dans un mémoire judiciaire de 1767, on voit tantôt le Grostheil, tantôt Saint-Georges-du-Theil, ou seulement le Theil.

On trouve encore dans un acte notarié de 1791, presqu'à la même page, Grotheil et Saint-Georges-du-Theil.

Aujourd'hui même, les habitants ne disent guère que le Teil, comme la commune la plus voisine ; la Haie-du-Teil n'est appelée que la Haie.

En 1255, Jean de Canteleu, écuyer.

En 1293, Pierre de Bosques, écuyer, vend à l'abbaye du Bec 10 acres de terre à la Constantinière, nommées le Champ-Ratoult. Ventes par le même en 1302 et 1304.

En 1303, Jean, comte d'Harcourt, se désiste de ses prétentions au patronage.

En 1307, Amauri de Meulent, mineur, était héritier de Jean d'Harcourt. La garde de l'héritage revenait au roi. Les *Olim*, t. III, p. 873, ont conservé un acte de Philippe IV, où il est dit, sous la date du 3 janvier : « In feodis, relevelis et hereditatibus antiquis situatis in parrochiis « de..... du Teil..... manum nostram « racione dicte garde apponemus. » Les onze autres paroisses que cite ce document sont toutes dans les alentours du Grosteil.

En 1343, Saint-Georges-du-Teil faisait partie des vastes domaines de Robert d'Artois, comte de Beaumont-le-Roger. Dans la confiscation de ces terres et seigneuries, Philippe, second fils de Charles de Valois, comte du Perche et d'Alençon, et filleul du roi, son oncle, Philippe de Valois, reçut en partage une rente de 600 livres à prendre en partie sur la châtellenie du Teil. Le comte d'Alençon accepta la donation au nom de l'enfant, qui, après avoir passé par l'évêché de Beauvais, l'archevêché de Rouen et le patriarchat de Jérusalem et d'Aquilée, mourut à Rome le 15 août 1357, doyen du sacré collège.

Devenu l'aîné d'une branche de la maison royale, le cardinal d'Alençon avait renoncé à tous ses droits en faveur de ses puînés.

Ce fut vraisemblablement en 1367 que le comte Pierre le Noble entra en possession de la châtellenie du Teil.

En 1404, sa troisième fille, Marie d'Alençon reçut en héritage les trois baronnies de Quatremare, de Routot et du Teil. Elle avait épousé le 17 mars 1389 Jean VII, comte d'Harcourt et d'Aumale, baron de Brionne et de la Saussaie, qui fut fait prisonnier à la bataille d'Azincourt, en 1421.

On lit dans une vieille chronique de l'abbaye du Bec, sous l'an 1419 :

« Du temps de l'abbé Guillaume d'Auvillers (de 1399 à 1418), un nommé Jean de la Lande, du Teil, dans le cours d'un procès pendant entre lui et notre communauté, s'associa des hommes bien armés qui rôdaient continuellement autour de l'abbaye et des prieurés de sa dépendance, dans le but de tuer ou mutiler les nôtres, soit religieux ou domestiques. Ces hommes avertirent même l'abbé par un écrit signé de tous qu'ils le tueraient s'il venait à sortir, et que, s'il ne sortait pas, ils tâcheraient d'incendier la maison. Ils maltraitèrent, en effet, plusieurs religieux sortis pour leurs affaires; ils en tuèrent même un de Saint-Philbert-sur-Risle et lui coupèrent un pied.

« Convaincu de tous ces crimes et aussi du pillage de nos bois, dont la garde lui avait jadis été confiée, Jean de la Lande, du Teil, fut banni par jugement rendu à Paris. Les pièces de son procès sont conservées dans le chartrier. »

Jean VIII, d'Harcourt, avait reçu avant 1418, dans l'héritage de sa mère, la baronnie du Teil. Il fut tué à la bataille de Verneuil, en 1423, laissant une fille, Marie d'Harcourt, mariée à Antoine de Lorraine, comte de Vaudemont. Elle avait pour tante Jeanne d'Harcourt, fille de Marie d'Alençon et femme de Jean de Rieux.

Une question d'hérédité s'éleva entre la tante et la nièce; les procès durèrent soixante ans. Enfin, en 1483, l'échiquier de Normandie attribua les trois baronnies à la maison de Lorraine en la personne du duc René, petit-fils de Marie d'Harcourt.

1510. Claude de Lorraine, marquis d'Elbeuf, comte d'Aumale, baron du Teil, etc., etc.

1550. René, huitième fils de Claude, général des galères.

1569. Charles de Lorraine, premier duc d'Elbeuf, mort en 1605, grand écuyer et grand veneur.

Depuis cette époque jusqu'à la Révolution, la baronnie resta comprise dans le duché d'Elbeuf. Dans quelques actes où s'énuméraient les titres d'Henri de Lorraine, duc d'Elbeuf, mort en 1748, on lisait celui « de seigneur, patron et baron haut justicier de la baronnie de la Haie-du-Teil et Grostheil.

Le 5 février 1690, de Louis de Lorraine et de Catherine du Fay de la Mésangère naissait une fille qui, à l'âge de vingt ans, fut tenue sur les fonts de baptême par le duc et la duchesse douairière d'Elbeuf. En 1733, le parlement de Paris déclara qu'il y avait abus dans la prétention d'un mariage célébré entre ses père et mère. Françoise Henriette Louise continua à s'appeler la damoiselle du Teil. (Voyez le P. Anselme et Moréri.)

La famille de Saint-Ouen d'Ernemont possédait des terres au Grosteil. Dans un acte de vente par-devant notaire, du 29 octobre 1791, « est comparu Yves-Joseph de Saint-Ouen d'Ernemont, forcé par les décrets de ne plus prendre ses titres, protestant à cet égard au tribunal de l'univers et de Dieu même... »

Il faut que le Grosteil ait eu beaucoup à souffrir dans quelque épisode de guerre de la Fronde, car, au commencement du siècle actuel, le nom de Mazarin était encore, de la part des vieux habitants, la plus sanglante des injures.

On trouve dans le *Chronicon Becci* une donation faite à l'abbaye par un curé de Saint-Georges-du-Teil.

On lit dans le pouillé d'Eudes Rigaud : « Le Til. Abbas de Becco patronus; valet LX. libras; parrochiani CCCL. »

La donation de la cure de Saint-Georges-du-Teil à l'abbaye du Bec fut faite par Arienne, fille de Guillaume de Brionne, et confirmée par l'archevêque Hugues III en 1161, puis par Jean sans Terre. La moitié du domaine de Bosques y était comprise.

Pour la célébration de l'office divin et la perception des revenus, l'abbaye devait entretenir un ou plusieurs religieux. En 1375, la cure de Saint-Georges-du-Teil produisait le revenu, très-élevé alors, de 955 livres. Elle n'était comptée que pour 1,200 livres dans le pouillé du diocèse de Rouen de 1738, malgré l'énorme accroissement des valeurs.

En 1315, maître Jean de Boissei, curé de Saint-Georges-du-Teil léguait à l'abbaye du Bec tous les biens qui se trouveraient chez lui au moment de son décès. Il avait soin de stipuler que, si par cas de maladie ou par toute autre cause il advenait qu'il eût été obligé de vendre ses livres, ses exécuteurs testamentaires seraient tenus de payer à l'abbaye 200 livres, somme très-considérable alors.

Jean de Boissei, élevé à l'abbaye du Bec, exerçait la médecine avec grand renom.

Le patronage de Saint-Georges indique généralement une haute antiquité. Le culte de saint Maurice, second patron de la paroisse, entraine les mêmes présomptions.

La tour de l'église date du xiiie siècle; la nef appartient à la fin du xve. C'est un beau vaisseau de 30 mètres de long sur 13 mètres 50 centimètres de large, avec 18 mètres 66 centimètres d'élévation sous une voûte en bois. Une partie de l'ancien chœur, converti en chapelle de la Vierge, paraît d'une époque antérieure, mais difficile à préciser.

C'est sous les princes de Lorraine que la construction moderne de l'église a été entreprise.

La charité du Grosteil a dû ses statuts au cardinal de Joyeuse. Une bulle de Paul V, de 1614, accorde des indulgences à ses membres. Elle possédait en propre, avant la Révolution, une des quatre cloches de l'église paroissiale. Celle qui a été conservée seule était la plus forte; elle pèse 1,100 kilogrammes et porte cette inscription :

« N. D. Anne de Tiercelin, dame de
« Laloride, m'a nommée Anne, à la com-
« pagnie de noble homme René d'Elbeuf,
« sieur de Beaumesnil, et damoiselle Fran-
« çoise de Nollent, en l'an mil cinq cent
« quatre vingt et cinq. Et pour lors Char-
« les Poullain, thesaurier ».

René, bâtard d'Elbeuf, chevalier, seigneur de Beaumesnil, né en Écosse, était fils de René de Lorraine, marquis d'Elbeuf, et de Marguerite Chrestien, Écossaise. (Voyez le P. Anselme, t. III, p. 493, et Moréri, t. VI, 2e partie, p. 401.)

La charité de Saint-Paul-de-Fourques possédait encore en 1791 une maison voisine de l'église du Grosteil. La tradition veut que cette propriété ait eu pour origine de grands services rendus en un temps d'épidémie.

Il a existé au Grosteil, jusqu'en 1792, une chapelle, probablement ancien ermitage, sous l'invocation de saint Maur, dont les fidèles avaient fait saint Mauru. Cette chapelle, dont il ne reste plus aucun débris, était desservie par un religieux du Bec. Elle produisait en 1375 un revenu de 150 livres; l'abbé du Bec présentait le chapelain.

En 1649, par privilège du seigneur et de l'archevêque, des religieuses bénédictines du diocèse de Chartres vinrent s'établir à Brionne; elles acquirent des terres au Teil. De là, sans doute, le nom de Cour-aux-Religieuses conservé à une propriété en face du presbytère; mais cette communauté n'a jamais possédé, comme nous l'avons dit, la terre du Grosteil : c'est une inexactitude à redresser, t. Ier, p. 413.

Un ouvrage, rédigé en 1776 d'après le *Tableau des épidémies d'Hippocrate*, et publié aux frais du roi avec un certain luxe typographique, a fait vivre la mémoire d'un modeste chirurgien du Grosteil, nommé Provost, qui, dans l'été de 1770, avait consacré un zèle intelligent à une population décimée par la maladie.

Dans ses *Observations*, etc., le savant médecin le Pecq de la Cloture a consacré cent pages d'un style quelquefois un peu trop majestueux à la grande épidémie du Grosteil de 1770, précédée en 1769 par des cas nombreux de dyssenterie dans cette paroisse et dans celles de la Haie (du Teil), de Saint-Meslain et de Saint-Nicolas.

Lorsque le Pecq de la Cloture arriva, envoyé par le gouvernement, déjà soixante malades étaient morts, en majure partie au-dessus de 40 ans. C'était, selon lui, une de ces épidémies meurtrières où le découragement, la frayeur et l'abandon font autant de mal que la maladie elle-même.

« Le Grostheil est une grande paroisse,
« dit-il, qui comprend quatre ou cinq ha-
« meaux très-éloignés du centre. Il est dif-
« ficile de rencontrer une situation plus
« avantageuse; c'est une vaste campagne
« bien ouverte, qui n'est point bornée par
« des coteaux voisins. La plaine n'est point
« coupée de vallées, le vent y souffle de
« tous points; cependant, elle est bornée
« au nord par une petite portion de forêt,
« et vers le couchant on trouve un marais
« fort étroit, dans lequel il ne coule point
« d'eaux vives; les eaux de pluie peuvent
« seules y séjourner. »

C'était sur les bords de ce marais que la maladie tendait à se cantonner. Le Pecq de la Cloture avait souvent les pieds dans l'eau auprès du lit des malades. Les habitations sont aujourd'hui beaucoup plus salubres.

Il existe des actes d'un tabellionnage du Grosteil remontant jusqu'à 1586.

La fête patronale est le 23 avril, jour de Saint Georges.

Les principales dépendances sont le Bosc-Yves, souvent écrit Bosquive.

En 1295, Pierre de Boscyres, écuyer, donne des terres aux Boscyres. En 1296, il confirme les donations de ses prédécesseurs et vend son manoir. En 1306, autres ventes par lui.

En 1297, désistement de droit de retrait sur les ventes faites par Pierre de Boscyres par Rollant de Fourquettes. On peut citer un autre acte émané de lui et daté de 1283. En 1306, la veuve de Robert Fautrel de Boscyres, chevalier. En 1415, Jean de Carquesalle, prêtre. Il paraîtrait qu'il y avait le Busques et le Boscyres.

On distingue encore aujourd'hui le haut Boscyres, entièrement sur le territoire de Saint-Éloi-de-Fourques, et le bas Boscyres sur celui du Grosteil.

Le Genetai, dont le nom a été porté par des membres de la famille de Postis.

La Grosse-Londe, le Marais, le Parc.

Salverte. C'est de ce château que tirait son nom le fécond académicien, député de l'extrême gauche sous la Restauration, Eusèbe Salverte, membre de la famille Baconnière de Salverte.

Le souvenir ne s'est pas perdu de l'existence d'une pierre druidique qui se voyait, il y a au moins un siècle, au lieu désigné encore sous le nom de *Pierre tournante*.

Il a été trouvé au Grosteil une médaille d'Adrien, bronze grand module, et une hachette gauloise en silex.

Les autres lieux dits sont : — le Buisson-d'Iclé ; — les Cavées ; — le Champ-d'Argence ; — la Croix-Baptiste ; — la Croix-Chéron ; — les Entes-Marguerite ; — l'Ente-Mabire ; — les Favrils ; — la Fosse à la Duchemin ; — la Fosse-Gorand ; — le Froc ; — les Grands-Jardins ; — la Mare-Plate ; — la Marette ; — la Marnière-Fabien ; — les Marroux ; — la Montée-de-Saint-Nicolas ; — Neuville ; — le Nid-de-Chien ; — la Porte-Brûlée ; — le Puits-Fouline ; — Saint-Maurice ; — la Sente-la-Londe ; — le Tort.

Cf. *Journal de Louviers*, 1835, Notes historiques sur la paroisse de Saint-Georges-du-Gros-Theil, par l'abbé Bichot, doyen d'Amfreville.

Le Pecq de la Cloture, *Observations sur les maladies épidémiques*, 1770 ; — *Collections d'observations sur les maladies et constitutions épidémiques*, 1776.

GUENOUVILLE.

Arrond. de Pont-Audemer. — Cant. de Routot.

Patr. S. Nicolas. — Prés. le seigneur.

La forme ancienne et latine de Guenouville est : « Gonovilla ; » peut-être :

« Gornor villa, Godonis villa, Genaldi villa. »

Thomas de Wiville remet à Robert Moisson et à ses héritiers le service d'un cheval que Robert Moisson devait faire sur un tènement situé à Guenouville :

« Notum sit presentibus et futuris quod
« ego Thomas de Wivilla, concessione
« Dionisie, matris mee, concessi et dedi
« Rob. Moisson et suis heredibus, pro ser-
« vitio quod michi fecerat, servitium equi
« quod michi faciebat et facere debebat
« super tenemento quod de me tenebat
« apud Gonnovillam, illud tenendum et
« habendum libere, integre et quiete ab
« omnibus, reddendo inde michi et meis
« heredibus singulis annis pro illo servitio
« equi VI. sol. monete currentis in Nor-
« mannia, medietatem ad festum Sancti
« Michaelis et aliam medietatem ad Pas-
« cha. Ut autem hec mea donatio et con-
« cessio rata et inconcussa permaneat,
« eam presenti scripto et sigilli munimine
« confirmavi. T. Rob. clerico, et Joh.,
« fratribus meis ; Nicolao, avunculo meo ;
« Alexandro Becquet ; Rob. Osof ; Rob.
« cordoanario ; Regn. de Parco, et aliis
« multis. (*Arch. de l'Emp.*, S, 5203, 56.)

1211. Richard du Val, chevalier, donna à l'abbaye de Jumièges toutes les rentes qu'il percevait sur divers tenanciers « apud Gonovillam ». Parmi les témoins de cet acte, on remarque Wautier « de Forlancuria » (de *Flancourt*) et son frère Robert, l'abbé « de Kesneio » (du *Quesnoi*), chevaliers, etc...

1211. Pierre de Bardouville donne aux moines de Jumièges la terre, qui était appelée dans la paroisse de Guenouville le Champ-d'Osbert-le-Vilain :

« Sciant omnes presentes et futuri quod
« ego Petrus de Bardovilla, filius Wil-
« lelmi de Bardovilla, dedi in puram et
« perpetuam elemosinam et concessi ab-
« bati et monachis Gemmeticensibus ter-
« ram meam que Campus dicitur Osberti
« le Vilain, in parrochia Gonnoville, te-
« nendam illis in perpetuum, libere et
« quiete, et sine omni servitio et exac-
« tione. Et ut hoc ratum et stabile per-
« maneat in perpetuum, presenti scripto
« et sigilli mei testimonio confirmavi.
« Actum apud Gemmeticum, anno gratie
« M° CC° XI°, mense septembri. Testibus :
« Roberto et Vincentio, presbiteris de
« Gemmetico ; Radulfo Mesnero ; Willelmo
« de Leuga ; Roberto Maretel ; Johanne de
« Clif, et multis aliis. »

1212. Pierre, fils de Guillaume de Bardouville, donna à Jumièges 4 sous de rente qui lui étaient dus à Guenouville, sur le champ des Tailles (ou des *Tailleis*), et, de plus, 4 autres sols « pro campo Mediatorie ».

1213. « Petrus Wilhelmi de Bardovilla « filius dat Gemetic. redditum debitum « a Willermo de Parco pro campo des « Tailleiz, apud Gonnovillam. »

1222. Henri de Bardouville, quatrième fils de Richard de Bardouville, était prêtre. Il donna tout le revenu d'un tènement que Thomas, clerc, fils de Robert « le Cordoanier », tenait de lui à Guenouville. (Cart. de Bourg-Achard, n° 152.)

1232. Pierre de Bardouville, neveu de Henri et fils de Guillaume de Bardouville, reconnut que Robert le Cordoanier, père de Thomas, clerc, tenait ledit tènement des ancêtres de Henri de Bardouville, c'est-à-dire de Richard, leur aïeul commun. Par un acte spécial et postérieur, il ratifia cette donation devant l'official de Rouen, en mai. (Ibidem, n° 103.)

1263. Les religieux de Saint-Wandrille percevaient une pension de 5 sols sur les lépreux de la léproserie de Guenouville : « ratione decimarum de Bardoville. »

Dans le pouillé d'Eudes Rigaud, nous lisons : « Gonneville, valet x. libras; parrochiani xx; Nicholaus persona; dominus Petrus contulit ei. »

Guenouville est aujourd'hui réuni à Bouquemare.

Dépendances : — le Froc-Pinel; — l'Ouraille; — la Mare-Becquet; — la Mare-Guérard; — la Mare-Floréas; — le Pavillon.

Cf. Toussaint Duplessis, t. II, p. 500.
Canel, Essai sur l'arrondissement de Pont-Audemer, t. II, p. 169.

GUERNANVILLE.

Arrond. d'Évreux. — Cant. de Breteuil.

Patr. Notre-Dame. — Prés. l'abbé de Saint-Évroult.

« J'ai vu ici ces jours derniers le sieur « Huchet, maire de Garnanville, qui con- « naît bien la voie romaine allant de chez « lui par la Barre à Chambrais. Il m'a dit « qu'on voyait dans sa commune des « buttes de maçonnerie desquelles on re- « tirait de grands pavés, etc., et, ce qui « est encore plus intéressant, un chemin « souterrain pavé, que le soin de sa ré- « colte l'avait empêché jusqu'ici d'exa- « miner. Il me demandait ce que ce pou- « vait être, et si cela valait la peine qu'il « en écrivît à M. le préfet. Je l'y ai très- « fort engagé, en lui disant que c'étaient « certainement des ruines romaines et un « aqueduc, et je lui ai recommandé de « surveiller les fouilles qu'on pourrait « faire là et dans les environs, afin que « rien d'intéressant ne fût inconnu ou « perdu. Cet aqueduc, à ce qu'il me sem- « ble, vaudrait la peine que l'on fît un « voyage à Garnanville. » (Lettre de M. Vaugeois, 30 août 1832.)

Le fondateur de ce lieu devait s'appeler Warleinus ou Garkinus. C'était probablement quelque guerrier franc. Il existe, surtout en dehors de la Normandie, des familles portant les noms de Vallin, Volin, qui nous paraissent être des formes adoucies de Warleinus, Garkinus.

Orderic Vital fait plusieurs fois mention de Guernanville. En 1081, il mentionne la donation de l'église de Guernanville à l'abbaye de Saint-Évroult par Foulques « de Guarleinvilla », de Guernanville :

« Hic (Fulco de Guarkinvil'a) dum mo- « nachus factus est, ecclesiam de Guar- « leinvilla et terram ad eam pertinentem « Sancto Ebrulfo dedit, aliamque terram « similiter dedit, quam in eadem villa « Hugo, Baiocensis episcopus, ei dederat, « quamque idem diu a Guillelmo, Osberni « filio, nepote prefati presulis, tenue- « rat... etc. »

« ... Annuit etiam (Radulfus de Conches) quidquid ad Guarleovillam habe- « bat, terram scilicet ac pasnagium, ita « ut primum pasnagium famulorum non « daretur, secundum vero vel tertium « daretur, monachorum autem nullum « daretur... » (Ord. Vit., t. II, p. 602.)

« ... Ecclesiam de Garnevilla cum de- « cimis et pratis juxta meam forestam, et « terris usque ad altam forestam meam « Britolii aliisque pertinentiis suis, et in « foresta Britolii calfagium et berberga- « gium, in manerio Sancti Ebrulfi de « Garnenvilla et quietantiam pasnagio- « rum et herbagiorum ejusdem villae et « famulorum suorum per totam fores- « tam, etc.... et decimam molendini de « Salier (ou Lalier)..... » (Charte de Ro- « bert, comte de Leicester, en faveur de Saint-Évroult.)

Guillaume de Breteuil et Gislebert Crespin y donnèrent leur consentement, ce qui prouve leur suzeraineté.

« ... In foresta de Conchis quitantiam « ad centum porcos conventus Sancti « Ebrulfi, et ad omnes porcos manerii « sui de Garnevilla de omni pasnagio, « quam ipsis donavit in presentia mea « Radulfus de Toencio... » (Charte de Henri Ier, 1128.)

Sur Foulques « de Warleovilla », qui

florissait à l'époque de la conquête d'Angleterre, voyez Ord. Vital, t. II, p. 487.

« Ego Radulfus de Conchis concedo abbatiæ Lire, audiente et concedente Guillelmo, Anglorum rege et Normannorum principe, terram que est a via Guarkenville usque a 4 divisiones terre quam tenuit Robertus, filius Gothmanni...

« ... Signum Guilhelmi Anglorum regis. † Signum Mahilde, regine. † Signum Rotberti, filii ipsius. † Signum Radulfi de Conchis † Ego ipse Radulfus concedo eidem abbatie burgensem unum Ferrarie. Testibus: Radulfo, filio ejus, et Ypolito, et Girardo, clerico, et Walterio Cuco. »

Le cartulaire de Saint-Evroult contient un grand nombre de chartes sur Guernanville que nous allons rapidement indiquer.

1237. « Duabus acris inter Garnevillam et Hamellos. » (N° 1005.)

1257. « In parrochia Beate Marie de Garnevilla, aboutantes super cheminum qui ducit de Gerea riueria apud Hamellos. » (N° 1006.)

1258. « Tres acras terra sitas in parrochia Beate Marie de Garnevilla, aboutantes super viam que ducit de Gereameria apud Hamellos. » (N° 1007.)

1258. « Ego Petrus dictus Borguengnel, dominus de Campo-Motoso, miles, vendidi... in parrochia de Gallenville. » (N° 1008.)

1235. « Ego Rogerus, filius condam Petri Cucuel, vendidi Ernaudo Cucuel, et Aales, uxori ejus, sex acras terre in parrochia de Garnevilla, in censiva abbatis Sancti Ebru fl...; quatuor acre et dimidium site sunt apud les Sauceys, et tria jugera sita sunt ad campum qui vocatur Campos Boni Hominis, prope forestam de Conchis... reddendo annuatim in festo Beati Remigii in villa de Garlenvilla, pro omnibus ad me et ad heredes meos pertinentibus, solummodo unum pollom de precio duorum denariorum monete currentis. » (N° 1015.)

1239. « Ego W. de Gallenvilla vendidi... Guiardo de Garnenvilla unam masuram et duas acras terre sitas inter les Hamels et Garnevillam. » (N° 1011.)

1218. « Ego W. de Gallenvilla... vendidi... » (N° 1009.)

1219. « Terricus de Mara vendidi Odoni le Tort. » (N° 1014.)

1253. « Ego Odo le Tort, vendidi... Augero, canonico Ebroicensi, unam petiam terre sitam in parrochia Beate Marie de Garlenvilla, inter Garlenvillam et Hamellum aboutantem super

« cheminum de Hamello magno, ex una « parte, et super cheminum de Parvo « Hamello, ex altera. » (N° 1013).

1256. « Ego Jacobus dictus Miles... « vendidi... in parrochia de Gallenvilla. » (N° 1010.)

1256. « Ego Ernaudus dictus Cucuel et Agnes, uxor ejus. » (N° 1016.)

1257. « Ego W. de Garnenvilla con« cessi... quicquid habent in toto feodo « meo... Et ego Droco dictus Gastinel, « miles, dominus feodi, ad instantiam « W., generi mei... » (N° 1017.)

1270. « In parrochia de Garnenvilla. « inter viam par quam itur de Garnen« villa ad Campum Moteus... » (N° 1019.)

« Les religieux de Saint-Evroul, à cause « de leur ostel de Guernenville, ont en la « forest de Bretheuil, par don de Robert, « conte de Licestre, de Guillaume, Robert « et Roger, ses filz, et de la comtesse de « Rochefort, sa fille, si comme il appert « par ses lettres sanz datte, chauffage, « hesbergage, quictance de pasnage et « d'ertage aux religieux estans audit lieu et « de leurs servans par toute la forest, et « ausi aux abous deux et de leurs ser« vans fesans residence ou dit manoir, et « cent pors frans pour le couvent de l'ab« beie de Saint-Evroul, et de ce sont tenus « fere prieres et oreisons pour les fon« deurs. » (Usages et Coustumes des forets de Normandie, f° 206 r°.)

« Le curé de Guarnenville a en la forest « de Bretueil le bois vert en gesant et le sec « en estant, sans paier amende et sans per« dre serement, se il y a merien, ou quel « cas ilz paieront cinq soulz pour la char« tée; pasturage à toutes ses bestes, hors « la chiefvre, franchement par toute la « forest coustumiere, et ses pors frans au « pasnage, tant de disme comme de nor« riture, hors taillez et deffens; et pour « ce le dit curé doibt celebrer chacun an « trois messes pour le roy nostre dit sei« gneur et pour tout le sang roial; c'est « assavoir: la premiere sepmaine de ka« resme une de Requiem, et ou moys de « julog une du Saint-Esperit, et ou moys « de novembre une de Nostre Dame; les « quelles messes le dit curé peut faire « chanter se il loi plaist, et ad ce doibt « appeller le sergent de la garde. » (Usages et coutumes des forets de Normandie, f° 212 r°.)

« Les habitans de la parroisse de Gar« nenville, en la forest de Bretheuil, le « boiz vert en gesant et le sec en estant, « sans paier aucune amende et sans perdre « serement, par ainssi que s'il y a merien « ilz paient pour chacune chartée 5 solz « comme les autres coustumiers; pastu-

« rages à toutes leurs bestes par toute la
« forest coustumière, en tous les temps
« de l'an, excepté la chievre et la brebiz
« et excepté le moys de may, se ce n'est à la
« veue des champs. Pour les quiels droiz,
« franchises, coustumes et usages dessus
« desclarrés, les ditz parroissiens et cha-
« cun d'eulx paient au roy nostre sire, à
« sa recepte de Bretueil, le quart d'un
« septier d'avoine à la mesure de Bre-
« thueil, et une poulle au chastellain de
« la forest, à paier tout as termes acous-
« tumez. » (Usages et coutumes des forêts
de Normandie, f° 216 r°.)

Dépendances : — la Jérômière ; — le
Souchel ; — Verdun ; — la Vallée.

Cf. Raym. Bordeaux, Traité de la réparation des
églises, p. 197 et 198.

GUERNI.

Arrond. des Andelis. — Cant. de Gisors.
Sur l'Epte.

Patr. Notre-Dame. — *Prés.* le seigneur
et le prieur de Vesli.

Les formes anciennes du mot Guerni
sont *Gernetium* et *Garni*. Au VIIe siècle, il y avait un lieu dans le Vexin qui
s'appelait « Warnacum ». Nous avons dit
qu'il s'agissait de Giverni, et nous avons
cité les textes ; mais il faut constater que
les noms de Guerni, Guerne et Giverni
ont une grande analogie.

Dans le pouillé d'Eudes Rigaud, on lit
à l'article Guerni : « Ecclesia Beate Marie
« de Garni. Prior de Velli patronus ; ha-
« bet XV. parrochianos ; valet XI. libras
« turonensium. »

L'abbaye du Trésor possédait à Guerni
une pièce de terre, triage des Agneaux-du-
Chemin-d'Auteverne, et sept quartiers
de pré.

En 1308, les religieuses du Trésor in-
féodèrent un pré situé « in parrochia de
Garni ». Sur les registres de l'archevêché
de Rouen de l'an 1678 et dans les derniers pouillés du diocèse, le patronage de
la cure était alternatif entre le seigneur du
lieu et le prieuré de Vesli.

Au moment de la Révolution, l'abbaye
du Trésor, le prieuré de Saint-Clair et le
prieuré de Vesli étaient propriétaires à
Guerni.

Gisancourt a été réuni à Guerni en 1809.

Dépendances : — Gisancourt ; — le
Moulin-de-la-Chaussée ; — les Bordeaux.

Cf. Toussaint Duplessis, t. II, p. 115 et 561.

GUEROULDE (LA).

Arrond. d'Evreux. — Cant. de Breteuil.
Sur l'Iton.

Patr. Notre-Dame. — *Prés.* l'abbé de Lire.

Ce nom vient d'un nom d'homme très-
commun en Normandie : *Guerolt*, qui est
lui-même une forme du type : « Geroldus. »

Plus tard, on l'a contracté, et l'on a
dit : Groult, la Groudière et la Gueroude.
Débris de voie romaine.

Vestiges du premier canal de dérivation
des eaux de l'Iton creusé par Guillaume
le Conquérant.

En 1238, Michel Boguerel, « presbiter
« de la Garoude, » donna à Lire, pour
12 livres tournois, tout ce qu'il possédait
« in domo petrina quam Stephanus, pres-
« biter de Bruellant, et Robert Cybole,
« tenebant de me », et dans plusieurs
autres biens. Parmi les noms cités, on remarque Guillaume d'Aviron et Robert de
Frestiz.

En 1278, Symon Piel, curé de Saint-
Nicolas-du-Pont-Saint-Pierre, donna 10 s.
de rente « super totam hereditatem et
« terram meam in parrochia Beate Marie
« de Gerouda.... »

Cette paroisse, jointe à celle des Essarts
et à Lesmes, ne formait qu'un seul fief
appartenant à la maison des Essarts de
Normandie, bien différente de celle du
même nom en Picardie.

« Le curé de l'église parochial de Nostre-
« Dame-de-la-Gueroude, par privilége de
« Philipe, fils du roy de France, duc
« d'Orléans, conte de Valais et de Beau-
« mont-le-Rogier, a en la forest de Bre-
« teuil autel usage comme le commun et
« habitans de la dite ville, en faisant au-
« telle redevance comme eulx, et fut son
« privilége donné le 1er jour de novembre
« 1319. » (*Usages et coutumes des forêts
de Normandie*, f° 207 v°.)

Sur cette paroisse avait été fondé en
1218, par Gilbert des Essarts, le couvent
ou prieuré de la Poultière. Il existait jadis dans le diocèse de Langres une abbaye
du même nom.

1218. « Johannes, Dei gratia Ebroicen-
« sis episcopus, universis presentes lit-
« teras inspecturis, salutem in Domino.
« Noveritis nos litteras nobilis viri G.,
« domini de Essartis, militis, non cancel-
« latas, non abolitas, nec in aliqua parte
« sui viciatas, verbo ad verbum vidisse
« et inspexisse sub hac forma :

« In nomine sancte et individue Trinitatis, amen. Universis presentem paginam inspecturis vel audituris, Gillebertus, dominus de Essartis, miles, salutem in Domino Jhesu Christo. Quoniam difficile est habitantibus super terram incursus evadere delictorum, expedit humano generi divinum suffragium acquirere, per quod in terris meritum et in celis premium augeatur. Cum igitur ego Gillebertus predictus olim in villa mea que vocatur Pouteria juxta forestam Britolii, pro salute anime mee necnon et animarum antecessorum et successorum meorum, in honore Dei et Beate Marie semper Virginis, quandam capellam erexissem, ac in ea per dyocesanum meum capellanum divino servicio mancipatum canonice institui atque alterius prejudicio procurassem, et eidem capellano pro vite stipendiis certos redditus assignassem, tandem advertens quod qui magis seminat magis metet, ac volens in capella predicta, tam divinum servicium quam personas ydoneas augmentare, bonorum fretus consilio, ac super hoc deliberatione habita cum nobili muliere Margareta, uxore mea, necnon et Johanne ac Rogero, liberis et heredibus meis, de eorum assensu communi et voluntate, tam predictam capellam, cum manerio Radulfi quondam dicte capelle sacerdotis, et omnibus redditibus assignatis eidem et eorum pertinentiis, quam fundum terre omnium predictorum, sacerdotis, predicti interveniente assensu, viris religiosis fratribus ordinis sancte Trinitatis et captivorum, quibus bona temporalia sua ad bonus dispensationis accrescunt pocius quam ad usum, dono et concedo et imperpetuum confirmo in usus proprios sibi convertendos et habendos, secundum sui ordinis regulam et statuta. Hec autem omnia et singula que inferius sunt notata capellanus dicte capelle antea possidebat, scilicet domum predictam, sive manerium, sexaginta decem solidos in censibus meis de Essartis, talibus terminis reddendos, videlicet in purificatione beate Virginis, de tenemento Radulfi dicti Piegris triginta quinque solidos, et de tenemento Stephani de Calida Marcta totidem ad eundem terminum, et in censibus meis de Lomes sexaginta decem solidos, reddendos de tenemento Guillelmi de Repentigniaco in natali sancti Johannis Baptiste, et unum modium molture communis ad mensuram Britolii percipiendum, dimidium modium in molendino meo de Caleeia, et aliud dimidium subtus Chambriacum in molendino meo ibi sito, scilicet singulis mensibus singulas minas (in) singulis molendinis. Verum ut in capella predicta solito uberius divinum servicium celebretur, et cooperante divina clementia personarum numerus in posterum augeatur, dono et concedo fratribus predictis, in augmentum reddituum suorum, assensu, predictorum M., uxoris, J. et R. liberorum meorum, pratum meum quod habetur manerio predicto contiguum, ad suum edificium faciendum, et totam aquam in latum et in longum, sicut pratum predictum se comportat, quod pratum fuit Roberti de Mara, ita quod possint eam deducere ad officinas et necessaria domus sue, dum tamen ad alveum molendini mei libere revertatur, et ita quod in dicto alveo predicti fratres piscandi non habeant potestatem. Do eis etiam et concedo in precium tresdecim librarum annui redditus, scilicet quatuor libras turonensium percipiendas in tenemento Ricardi dicti Juvenis ad festum omnium Sanctorum apud Pouteriam, in parrochia de Essartis, et quatuor libras in censibus meis de Lomes ad natale Domini, super tenementum Thome de Bosco Beloti, et omnes vineas meas sitas apud Tilkerias pro precio centum solidorum, quas dicti fratres tenebunt et possidebunt sicut in meo dominio possidebam, que continent quatuor arpenta vel circiter. Ego autem predicta Margareta, uxor dicti Gilleberti, domini mei volens gressu sequi vestigia salutari, et saluti anime mee necnon et animarum primogenitorum meorum in aliquo providere, fratribus et loco predictis dono et concedo imperpetuum viginti tria arpenta terre et dimidium in propria hereditate mea, assensu et voluntate ejusdem Gilleberti, mariti mei, que sita sunt apud Villam Novam subtus Donnum Martinum, videlicet decem arpenta apud Rusticia, juxta terram domini Galteri de Alneto, militis, ex una parte, et terram monachorum Karoli Loci, ex altera, et quatuor arpenta inter Villam Novam et crucem Culonis, contigua terre domini Manasseri militis, ex una parte, et terre Gulon le Vidame, ex altera. Et octo arpenta inter Villam Novam et Malum Respectum, contigua semite que ducit de Villa Nova apud Malum Respectum, et unum arpentum et dimidium apud Henrici Foveam. Que omnia do in precium quindecim librarum turonensium annui redditus, volens et concedens quod ea habeant et teneant dicti fratres imperpetuum ut

« puram, perpetuam et omnino liberam
« elemosinam, et quod de eis tanquam
« de re sua propria suam possint facere
« voluntatem; et ut predicti fratres hec
« omnia in presenti pagina nominata et
« expressa, sicut superius dictum est, in
« singulis imperpetuum possideant, et per
« se vel per proprios nuncios, sicut puram
« et omnino liberam elemosinam, perci-
« piant absque reclamatione nostra vel
« heredum nostrorum, locis et terminis
« supradictis, ego predictus Gillebertus
« et ego Margareta, uxor ejus, ad deffen-
« dendum, garantizandum contra omnes
« nos et heredes nostros obligamus et te-
« nemus obligatos. Et ad deserviendum
« eidem capelle erunt tres fratres sacer-
« dotes ordinis supradicti ad minus, qui
« ibidem imperpetuum divina mysteria
« celebrabunt. Et ne super hoc aliqua
« dubitatio in posterum valeat suboriri,
« nos Gillebertus, Margareta, Johannes et
« Rogerus supradicti presentem paginam
« sigillorum nostrorum munimine duxi-
« mus roborandam. Actum anno Domini
« m° cc° quadragesimo octavo, mense
« februari ».

« In cujus rei testimonium presentibus
« litteris sigillum nostrum apposuimus,
« anno incarnati Verbi m° cc° quinqua-
« gesimo, mense martio. » (Arch. de
l'Eure, orig.)

En 1316, le pape Clément VI prit sous sa
protection la maison des frères de la Sainte-
Trinité de la Poultière, de l'ordre de la
Sainte-Trinité et de la Rédemption des
captifs. (Arch. de l'Eure, orig.)

Les forges de la Poultière sont très-
anciennes; elles appartenaient à l'abbaye
de Lire. En 1560, il y eut procès intenté
par Jehan le Gorgeu, fermier des forges,
au nom du couvent de Lire, au sujet des
pièces de terre appelées les fiefes du Pil-
lier-Vert. (Arch. de l'Eure, fonds de
Lire, ch. 69.)

A la fin du xviii° siècle, la forge appartenait à M. le comte de Lombelon des
Essarts. Elle était affermée, en 1775,
9,000 livres; le moulin à blé, dit Moulin-
du-Marteau, 600 livres.

Une inscription nous apprend que l'é-
glise actuelle de Notre-Dame de la Gueroude a été dédiée le dernier jour d'a-
vril 1517.

Dépendances : — l'Allier; — le Bas-
Ruel; — le Bois-Joli; — le Bois Morel; —
la Bourne; — la Clouterie; — la Croix-
Rouge; — la Détourte; — la Gramarrerie;
— la Haie-Frémont; — la Haie-Mareux; —
le Haut-Ruel; — la Hunière; — la Jac-
queterie; — la Maison-des-Grands-Prés; —

le Manai; — le Marteau; — le Moussel;
— le Pilier-Vert; — la Poultière; — la
Barotterie; — la Ferté; — la Rotelière.

GUICHAINVILLE.

Arrond. d'Evreux. — Cant. d'Evreux sud.

*Patr. les trois Maries. — Prés. l'abbesse
de Saint-Sauveur.*

L'origine du nom de Guichainville est
peut-être *Gualkelini villa, Gualchelvilla,
ou Goscelinivilla.* Rapprochons encore
le nom anglais *Wilkins,* ou le nom normand *Viquelin :* « Willekinus, » qui était
un diminutif de « Wilelmus » au xiii° siècle.

A Melleville, encaissement bien conservé de la voie romaine d'Evreux à Dreux.

A Fumeçon et au Buisson-Garambourg,
anciens restes de l'aqueduc romain du
Vieil-Evreux.

Dans la bulle du pape Eugène III, confirmant en 1131 la fondation et les biens
de l'abbaye de Saint-Sauveur, figurent
l'église et la dîme de Guichainville.

Suit une charte d'Agnès, abbesse de
Saint-Sauveur, qui pourvoit à l'entretien
du chapelain qui doit servir la chapelle
de Sainte-Marguerite, située au Buisson-
Garambourg, dans la paroisse de Guichainville : « Universitati vestre significa-
« mus quod nos volumus et concedimus
« quod capella Sancte Margarite, que in
« parrochia nostra de Guichenvilla, sci-
« licet apud Dumum Droclin, assensu et
« voluntate nostra fundata est, habeat in
« perpetuum et possideat ad sustentatio-
« nem cujusdam capellani duas partes de-
« cime totius terre quam Henricus, can-
« tor Ebruicensis, et Lucas, nepos ejus,
« de nemore redigerunt vel postmodum
« redigent ad agriculturam, scilicet de
« bosco de Essars et de bosco de Braceto
« et alibi; salva tertia parte ecclesie nostre
« de Guichenvilla. Preterea volumus et
« concedimus, quantum in nobis est, quod
« decimam quam predicti Henricus, can-
« tor, et Lucas, nepos ejus, redemerunt
« de manu Radulfi de Plessa, quam idem
« Radulfus tenebat prius sicut laicum
« feodum, et quascumque alias decimas
« quas in eadem parrochia de Guichen-
« villa, de manu laicorum vel aliorum
« redemerunt vel poterunt redimere, dicta
« capella sine omni nostra reclamatione
« habeat vel possideat... Et quoniam dicta
« capella studio et labore et sumptibus
« dictorum Henrici, cantoris, et Luce,
« nepotis ejus, fundata est et dictis deci-
« mis et aliis est dotata, volumus et con-

« cedimus quod ipsi... et heredes eorum
« jus habeant in eadem capella sacerdo-
« tem libere et quiete presentandi.....
« Actum anno Verbi incarnati m° cc° xl°. »
(Arch. de l'Eure, orig., fonds de Saint-
Sauveur.)

Guillaume d'Oissel, alors curé de Guichainville, donna son consentement à ces
dispositions.

En 1233, R[ichard], évêque d'Evreux,
touché de la pauvreté du monastère de
Saint-Sauveur, et désirant améliorer le
sort des religieuses qui s'y consacraient
au service du Seigneur, leur donna toutes
les dîmes de blé de Guichainville : « Uni-
« versas decimas bladi ecclesie Beate Ma-
« rie de Guichenvilla, ita integre sicut eas
« capellanus dicte ecclesie prius posside-
« bat, predictis abbatisse et monialibus
« auctoritate pontificali, assensu et volun-
« tate decani et capituli Ebroicensis, con-
« cedimus et donamus, quatinus simul
« cum illis decimis quas in eadem parro-
« chia prius tenebant ex donatione nostra
« libere et pacifice percipiant et predictas,
« eas in usus proprios convertentes, re-
« tentis tamen uno modio bladi mestel-
« lionis, terra elemosinata ecclesie, aliis
« minutis decimis et universis obventioni-
« bus altaris ad usum vicarii, qui in ea-
« dem ecclesia ministrabit, quem nobis
« et successoribus nostris abbatissa et
« conventus, cum vacaverit ecclesia, pre-
« sentabunt, et nobis de eis que ad epi-
« scopalem pertinent dignitatem, respon-
« debit, et quinque solidos dictis abbatisse
« et monialibus tanquam patronis annua-
« tim persolvet ; salvis etiam in omnibus
« ordinatione et concessione, tam in deci-
« mis quam in aliis, quas fecit Lucas bone
« memorie, predecessor noster, episcopus
« Ebroicensis, capelle Beate Margarete de
« Dumo Druelin, cum assensu dicte abba-
« tisse et monialium et decani et capituli
« Ebroicensis, sicut in auctenticis eorum
« plenius continetur, salvis etiam eis que
« ad fabricam predicte ecclesie et antiquo
« sunt deputata. Ut autem hec nostra do-
« natio stabilis et rata futuris temporibus
« permaneat, eam sigilli nostri testimonio
« confirmamus in perpetuum valituram.
« Actum anno Domini m. cc. xxiii. » (Arch.
de l'Eure, fonds de Saint-Sauveur, orig.)

Voici la confirmation de cette donation
par le doyen et le chapitre d'Evreux :

« Omnibus Christi fidelibus presentem
« paginam inspecturis H........, decanus
« et capitulum Ebroicense, salutem in
« Domino. Ad universitatis vestre noti-
« ciam volumus pervenire quod nos do-
« nationem et ordinationem decimarum
« de Guichenvilla, quam venerabilis pater
« noster R[ichardus], Dei gratia Ebroicen-
« sis episcopus, fecit Deo et ecclesie Sancti
« Salvatoris Ebroicensis et monialibus ibi-
« dem Deo servientibus, sicut in aucten-
« tico ipsius plenius continetur... Actum
« anno Domini millesimo ducentesimo
« vigesimo tertio. »

En 1227, Richard de Tournebu, chevalier, possédait le domaine de Guichainville. (Fragm. du Cartul. de la Noë,
ch. xxiii.)

En 1232, Richard de Tournebu donna
à Saint-Sauveur, du consentement de sa
femme Marguerite, « quamdam masuram
« apud Guichenvillam, sitam juxta ma-
« ram... »

En 1232, Richard « de Tornebuse, miles et dominus de Guichenvilla », donna
aux lépreux d'Evreux un tènement de
3 acres de terre « apud Malam Petram ».
Témoins : Guillaume Pipart, Gautier « de
Percio », Roger Harenc, Lucas « de Dumo », Simon « de Fornellis », chevaliers.

En 1237, Isabelle du Bois-Milon, veuve
de Regnaud du Bosc, chevalier, et sœur de
Richard de Tournebu, chevalier, donna à
Saint-Taurin une rente de 10 sols assise
sur quatre pièces de terre « in parochia
de Guichenvilla ». (Arch. de l'Eure, Petit
Cart. de Saint-Taurin, p. 92.)

En 1257, l'official d'Evreux chargea le
curé de « Guichenvilla » d'inviter Pierre
« de Guichevilla », chevalier, à ne plus
troubler les religieuses de Saint-Sauveur
dans la possession des dîmes de fruits.

En 1276, dans un acte de l'official d'E-
vreux et de Guillaume de Plaiain, chanoine
d'Evreux, le nom de Guichainville est
écrit : « Guischenvilla. »

1377. « Eustachius de Griencheinville. »
1380. Jehan de Guichainville, escuyer.

Le 3 avril 1418, Robert de Brouillac,
à cause de Jeanne de Guichainville, sa
femme, rend aveu, du fief de Guichainville
« dont le chief est assis en la parroisse
« du lieu de Guichainville, et se estent
« en plusieurs autres parroisses, c'est
« assavoir : la parroisse du Vielz-Evreux
« et en la parroisse de Cracouville, et la
« partie du fief qui estoit sur le Vielz-
« Evreux appartenoit aux héritiers de
« Pierre de Garencières, chevalier ; celle
« qui estoit sur Cracouville, à la femme
« de feu Jehan de Freville. » Du fief de
Guichainville dépendait un moulin assis à
Champ-Jurant, près de Saint-Sauveur d'E-
vreux. En même temps, Robert de Brouillac rendait aveu pour un huitième de fief
assis au Thuit-Signol et pour un autre fief
dit le fief du Bosc. (A. I. P. 308, (*25, n°32.)

Dans un autre aveu, nous apprenons
que le fief et la terre de Guichainville

étaient un plein fief de haubert qui comprenait : le fief du Vieil-Evreux (quart de fief de haubert); de Saint-Luc (un demi-fief); de Perceval, assis à Cracouville (un quart de fief); le manoir de Cracouville, le fief du Buisson-Garambourg un huitième de fief); le fief de la Plesse, le fief de Fumesson (un huitième de fief), le fief de Gaillardbois et le Rouge-Manoir.

Enfin, parmi les fiefs de Guichainville, nous citerons un fief de Bérou, dont on trouvera un aveu du XIV° siècle dans le registre P. 308. (Arch. imp.)

Dans la montre de 1469, à Beaumont-le-Roger, figurait Jehan le Mestayer, seigneur de Guichainville et de la Haie-le-Comte.

Palamède le Métayer, mari de Marie de Lieural, seigneur de Guichainville, vivait en 1553.

Le fief de Buisson-Garambourg avait une chapelle de Sainte-Marguerite à la nomination des seigneurs du lieu. Les seigneurs étaient, en 1481 et 1488, Guillaume du Moussel, à cause de Marie de Limant, sa femme; en 1491, Jean Giblain ou Gibloire; de 1503 à 1539, Guillaume Bence, écuyer; de 1551 à 1563, Louis Bencé, écuyer; en 1570, ses enfants mineurs; en 1580, Ambroise de Bencé, écuyer; de 1607 à 1630, Jacques de Bencé, écuyer; 1651 et 1666, Jean de Bencé, écuyer.

A cette famille de Bencé appartenait l'abbé de Garambourg, chanoine d'Evreux, qui publia en 1701 les *Entretiens sur divers sujets d'histoire, de politique et de morale* de Nicolas de Campion, son parent, prieur de Vert-sur-Avre.

Armes des Bencé : *de gueules à une fasce d'argent accompagnée de trois molettes d'or*.

Dépendances : — Bérou; — le Buisson-Garambourg; — Fumeçon; — Melleville; — Seugei.

GUISENIERS.

Arrond. des Andelys. — Cant. des Andelys.

Patr. S. Denis. — Prés. l'abbé de Jumiéges.

Gisiniacum, *Guisiniacus*, *Gisini*, *Gusigni*, *Gisigni*, telles sont les formes anciennes du nom de Guisiniers ou Guiseniers.

Du temps de Richard Ier, duc de Normandie, un prêtre nommé Mamon donna l'église de Guiseniers, placée alors sous le vocable de saint Denis : « sancti Dionysii de Gisiniaco, » à l'abbaye de Jumiéges : « ... et in villa, quæ dicitur Gysiniacus, « hospitia XI., et inter utriusque terram « aratilem quantum sufficit duabus car- « rucis. Dedit quoque ecclesiam de Gy- « siniaco quidam presbyter nomine Ma- « mo... « Ce passage est reproduit dans les chartes de Richard II et de Guillaume le Conquérant (1079) en faveur de Jumiéges.

« ... Et in Gisiniaco XI. hospitia... » (Charte de Henri II, 1174.)

Nous trouvons dans les archives de l'abbaye de Jumiéges un assez grand nombre de chartes relatives à Guiseniers :

En 1200, « apud Rupem Andeliaci » Roger Torel et l'aîné de ses oncles, Jean Torel, donnèrent ou confirmèrent des biens situés « in loco qui dicitur Papia, « in vaucello de Boelia, in cultura de « Murges ». Les témoins sont Mathieu de Boelia », Guillaume « de Travalers » et Yves « de Traceio ». Son jeune frère, Jean, prend aussi part à la donation.

En 1204, Roger Torel donne à Guiseniers des terres situées « apud les Fosses « Perrum, apud Lungessetun, apud les « Buchel Heudear, apud vallem Engelier, « apud les Caefou, apud la Boeliam, apud « vallem Wiun, » ainsi que « totum bos- « cum Rohardi ». Les témoins sont Raoul de Hennezis « de Hamsiis » et Nicolas de Vilers, etc...

En 1205, le même Roger Torel donna ou confirma la moute et tout ce qui pouvait lui revenir dans plusieurs champs déjà donnés ou vendus par un autre Roger, savoir : « campum Monasterii, « campum de Ceriseo, campum de trans- « verso crucis, et culturam veteris Baga- « lunde. » Parmi les témoins on remarque « Robertus de Barra, tunc præpositus ».

En 1210, à Guiseniers : « apud Gise- nias, » Roger Torel de la Bucaille : « de « buscalia, » donna aux moines de Jumiéges la dîme de toute la moute sèche appartenant au moulin Torel, et l'exemption de moute pour leurs terres quand ils les cultiveront eux-mêmes etc...

En 1216, le même, du consentement de sa femme Mathilde, confirma plusieurs anciennes donations, telles que : « ... cam- « pum Monasterii, campum del Cerisier, « campum de traversein Crucis, culturam « veteris Bagelunde .... apud « les Fosses Perron, apud Longuelias, « apud le Buchet Heudear, apud le Chaa- « fou, apud cortillum domine Johanne, « apud la Boeliam, culturam apud val- « lem Guium, totum boscum Rohart citra « vallem et ultra. » Roger, fils d'Ouin, confirma en 1231 les propriétés citées ci-dessus. Il fit encore d'autres dons. Il mentionne dans sa charte Biatrix de Pavée. N'ayant point de sceau, il se servit de celui de Roger Torel et du sceau de la commune d'Andeli : « sigilli communie Andeleii. » Parmi les témoins on remarque Roger Torel, chevalier, et Roger de Vernai, chevalier; sa femme Aceline est citée dans cet acte.

1211. Roger Torel, chevalier, donne à Jumiéges plusieurs propriétés situées à Guiseniers : « Rogerus Torel, miles, dat
« Gemetico in parrochia de Kisegnies plu-
« res campos et quamdam culturam apud
« vallem Guium ; præterea dat prædictis
« monachis IV. solidos Andegavensium et
« IV. capones quos percipiebam annuatim
« in terra elemosinæ nomine camparta-
« gii, de Gilleberto scilicet Tortewaine.
« Testibus illis : Rad. de Hanesies, Nicholao de Vilers, Roberto Asino et multis aliis. Actum est hoc apud Gisortium,
« in plena assisia..., anno Incarnationis
« Verbi M° CC° XIII°. »

Dans une charte de Robert de Escoz, en 1206, on trouve parmi les témoins : « Rogerus Torel, dominus Buscallie; Ma-
« theus, frater ejus. »

Dans une charte d'Emeline Bendenguel, sans date, Guiseniers est écrit Gisignies. Dans une autre charte de Roger Torel « de Buscalia », la terre en question est située « juxta terram Buistout ». Parmi les témoins on remarque Guillaume de Vilers, chevalier.

1223. Charte de Guillaume Torel et de sa femme Agnès. L'un des témoins s'appelle « R. de Escod decanus ».

Charte de Guillaume le Roi : « Willelmus Rex, miles, » et de Mathilde, sa femme. Il y est parlé de Mathieu Bennenguel, de son fils Wautier, de « Ricarde de Mesières », sa mère, et de « Kiescent (?) de Mesieres ». Parmi les témoins on remarque : « dominus Matheus de Gama-
« ches et dominus Enguerrannus de Sau-
« chei. »

Le 21 février 1224 (1223), Roger Torel, « dominus de Buscalia », renonça à toutes prétentions sur l'église de Saint-Denis « de Gysennies ».

Vers 1230, « Lucas de Villaribus...apud « Hanesies... apud Guiseniacum... retro « ab allodiis de Hanisies. »

Vers 1230, « Galterus de Villaribus » tenait des terres « apud Guisegnies et apud Hanesies ».

1212. « Galterus, presbyter de Guiseneio,
« componit cum Gemetico de servitio ca-
« pellæ de Buscalia. »

1239. Charte de Raoul Lietout « de Gy-
saniers ». Herbert « de Guisaniis, dictus Vavassor ». Charte en faveur de Bourgout.

En 1235, Jean du Kemin, fils d'Eustache du Kemin, de Boafle, avec le consentement de sa femme Alice, vendit à Ju-
miéges toute sa terre contiguë à la couture des religieux : « ... que scilicet cultura
« jacet cimiterio ecclesie Beati Dyonisii
« de Guisegnies ; » Guillaume Toul et Agnès, sa femme, dame du fief, renoncèrent à leurs droits.

En 1235, Eremberge la Moisie vendit à l'abbaye de Jumiéges, pour 25 sols parisis, une vergée de terre « ad Albam Marleriam », et en donna une autre située « apud Martessel » en échange d'une « apud G...fosse » et de 10 perches « juxta cheminum de Gaani ».

La même année, « Aaliz de Haakevilla » (Hacqueville) vendit aussi de la terre « apud Albam Marleriam, apud Gyvrou-
fosse et juxta cheminum de Gaani ». Elle vendit aussi « in capite ville de Hanisies » une demi-acre de terre « apud Markesoel ».

En 1237, Herbert, fils de Symon, vendit une rente sur une pièce de terre « in parro-
chia Sancti Dyonisii de Gysegnies ». Il est parlé dans cet acte de Reimburge « de Paveia », de « Vetus Bagelonda » et « ortus Barentini ». Parmi les témoins on remarque Girard « de Cardoncio, miles, » Vincent Col de Burel et Raoul de Farseaus.

1243. Agnès, veuve de Guillaume Thorel et fille de Mathieu Bennengel, confirma à l'abbaye de Saint-Amand de Rouen dix acres de terre situées entre Villers et Guiseniers : « Omnibus hoc visuris, ego Agnes,
« relicta Willelmi Thorel et heredes mei
« concessimus, pro Dei amore et pro salute
« animarum patris et matris mee et anima-
« rum nostrarum, Deo et Sancto Amando
« Rothomagensi et monialibus ibidem. Deo
« servientibus, illas X. acras terre quas
« Emelina, filia Mathei Bennengel, illis
« dederat, et quas Willelmus Rex, miles,
« pater meus, et mater mea Matildis, uxor
« ejus, post decessum dicte Emeline eis-
« dem monialibus concesserant in perpe-
« tuam et puram elemosinam, sicuti se
« porportant inter Vilers et Guisegnies,
« scilicet ad campum del Busket Tho-
« rel..., et ad campum de Malyver...,
« et ad caput ville super cheminum..., et
« ad campos de Fosseio Herberan...Actum
« anno Domini M° CC° XL° III°. »

Nous avons déjà vu que l'abbaye de Jumiéges possédait le patronage de l'église de Guisniers depuis le XIe siècle.

Dans le pouillé d'Eudes Rigaud on lit : « Ecclesia Sancti Dyonisii de Guisegnies ; « abbas Gemeticensis patronus ; habet c.

« et xv. parrochianos ; valet xxx. libras
« Parisiensium ».

En 1236, Guillaume Crispin rendit à l'archevêque de Rouen l'aveu suivant : « Anno Domini m° cc° l° sexto, misit « nobis Guillelmus Crispini scriptum sub- « sequens. Ces choses tient Guillaume « Crispin de l'arcevesque de Roen. La « Buscalle tote fie et en demeine, toute « Chorbre?, tot ce que mon segnor Adan « de Cardonnei tient à Feugueroles et à « Hancsies et à Guisegnies et à Travalles ; « tot ce que mon seignor Maheu de Hanci- « ces le viel tient à Hancsies deu fie de la « Buschalle, tout ce que Pierres Mal Fil- « lastre tient à Hancsies deu fie de la Bus- « challe, tout ce que Johan de Villers tient « à Hancsies, deu fie de la Buscalle ; tout « ce que mon seignor Pierres de Villers « tient à Guisegnies et à l'avée deu fie de « la Buschalle ; tout ce que Maheu de Dau- « bue tient à la Buscalle deu fie de la « Buschalle, tout ce que mon seignor Eude « de la Gripiere tient de mon segnor « Adam de Cardonnei deu fie de la Bus- « challe. » (Bonnin, *Reg. visit.* — *Arch. Roth.*, p. 211.)

Il semble bien qu'à la Bucaille siégeait le chef du fief de Guiseniers : on voit encore au hameau de la Bucaille une motte assez élevée sur laquelle existait un ancien château.

Les religieux de Jumièges possédaient dans cette commune la chapelle de Saint-Jean-de-la-Bucaille « de Buscalia ». Les papes Alexandre III, en 1163, et Clément VI, en 1351, en avaient confirmé le patronage à l'abbaye de Jumièges, qui y présentait au XVIII° siècle. Cependant quelques mémoires qui donnent à ce bénéfice le nom de Saint-Nicolas portent qu'il était uni au fief de Guiseniers.

Nous trouvons, dans le registre contenant les usages et coutumes des forêts de Normandie, plusieurs articles touchant les droits des propriétaires de Guiseniers dans la forêt des Andelys :

« Robert, seigneur de Fontenil, a « acoustumé de prendre en la dite forest, « à cause de son hostel de la Buscaille et « de son moulin Noël, bois de chesne et « autre, par livrée de verdier, pour es diz « manoir et moulin, paturage pour ses « bestes, paturage et pasnage pour ses « pors ; en forest coustumière, hors tailles « et deffens, feu à Noel, le foure et la « branche en la manière acoustumée. » (F° 23.)

« Les cures de Hennesy, Guisegnies, « Bouaffle et Vesillon ont acoustumé pren- « dre en la dite forest leur usage, à cause « de leurs hostieux presbitériaux : c'est as- « savoir : le foure, la branche, le vert en « gesant, le sec en estant, leur herber- « gement par la livrée du verdier, et leurs « bestes franches es pastures en la dite « forest, hors les deffens, et sont tenus, « pour ce, faire proiere pour le Roy, nostre « sire. » (Ibid., f° 28.)

« Les religieux, abbé et couvent de Ju- « mièges ont droit de prendre et avoir en « la forest d'Andeli, à cause de leur hos- « tel de Guisegnies, pasturage à toutes « leurs bestes, hors tailleyz et deffens et « le mois deffendu ; pasnage pour leurs « pors, le bois sec en estant et le vert en « gesant, s'il n'y a caable, le tiers foure et « la branche, sans déshonorer l'arbre, « pour chauffage, et boys par livrée du « verdier de la dite forest pour meisonner « er dit hostel, par escarrie, comme les « autres coustumiers, et pour ce sont « tenus prier Dieu pour le Roy. » (Ibid., f° 28.)

« Jehan du Pré a acoustumé prendre es « forests de Vernon et d'Andeli, à cause « de deux manoirs assis en la paroisse de « Guisignies, toutes les branches de cha- « cun arbre, et coupper jusques au maistre « foure, et s'y prendre sans congie la « quarreure de son edifficiement, ou heber- « gier, en quelconque lieu qu'il voudra « faire en dit tenement, et peut prendre en « masures, bois pour esquarrie par livrée « du verdier ou son lieutenant, par paiant « xii deniers au dit verdier et iiii deniers « au sergent de la garde. Item, ont clôture « sur rue, de trois ans en trois ans, par « paiant iiii deniers t. au sergent de la « dite garde. Item, ont ramures pour « leurs huignières une journée l'an par le « cry. Item, ils ont caretilz de trois ans en « trois ans, par paiant pour chacun ca- « retil deux boues-aus d'orge tous les ans. « Item, ilz ont le fruit en la dite forest « coustumière, la poire et la pomme à la « mi-aoust et la mesle à la Saint-Remi : « pour lesquelles franchises dessus des- « clarrés, les diz habitans sont tenuz paier « par chacun an, au Roy nostre sire, cha- « cun une poulle à Noel. Et si sont les « huez, toutesfoys que le roy chace en « la dite forest ou de par lui. Et oultre « ont les diz habitans une journée pour « fournilles et pour fourgons à Noel par « les faisances dessus ditz. » (Ibid., f° 30.)

Il y avait à Guiseniers un fief de Fleuri qui dépendait de l'abbaye du Trésor : il consistait en 31 acres de labour sur Guiseniers et 27 sur Villers, provenant de la fondation de feu M. de Montmort.

En 1540, ce fief et celui de Pavée appartenaient à maistre Pierre Paillart, écuyer, qui avait un manoir dit du Pré assis à Guiseniers.

Dépendances : — la Bucaille; — Lebécourt; — l'Avée; — la Renardière; — le Sud.

Cf. Toussaint Duplessis, t. II, p. 502.

GUITRI.

Arrond. des Andelis. — Cant. d'Écos.

Patr. S. Pierre et S. Paul. — Prés. l'abbé de Saint-Wandrille.

Nous écrivons aujourd'hui Guitri. Nous devrions écrire et prononcer Quitri. Aussi les formes de ce nom sont au moyen âge : *Chitrei, Chitreum, Chitri, Kitri, Kitre, Kitrisium, Quitri, Quitriacum.*

Au commencement du XI° siècle, l'église de Guitri fut bâtie par un seigneur nommé Baudri, qui y établit trois chanoines et la dédia à saint Pierre. Nicolas, vers 1040, donna ces trois prébendes à l'abbaye de Saint-Wandrille, à la condition de substituer des moines aux chanoines à mesure que ceux-ci mourraient. Cette donation, que nous allons publier, fut confirmée par Osmond, son fils, et par Guillaume Osmond, son petit-fils.

« Quia humana fragilitate propediti
« atque terrena inhabitatione aggravati in
« multis offendimus omnes, eorum nobis
« patrocinia comparare necesse est, qui et
« carnis impedimenta viriliter abrumpere
« ac mundana fideliter proterentes onera
« inseri cœlestibus meruerunt. Quod ego
« Nicholaus, filius scilicet Baldrici, pru-
« denter advertens, et sollicite agere con-
« tendens, ecclesiam quæ est in villa quæ
« dicitur Chitrei, quam pater meus in ho-
« nore sancti Petri construxit et rebus pro-
« priis ditavit, perpetualiter eidem præ-
« dicto apostolo atque Sancto Wandrege-
« sillo trado in alodo, ob redemptionem
« animæ meæ et meæ uxoris, quæ in
« supradictorum sacrosanctorum cœnobio,
« scilicet Fontanellæ, humata jacet, ubi
« ego similiter post optimum laborem opto
« quiescere, necnon pro animabus hære-
« dum meorum præcedentium et futuro-
« rum, cum omnibus decimis et terris
« quas mihi hactenus canonici tenuerunt
« in præbendis. Augeo denique ad illud
« beneficium quod pater meus ibi ad ser-
« viendum ordinavit terram in eadem
« villa ad unam carrucam, atque III. ar-
« pentos terræ, scilicet vineæ dissipatæ (?).
« Hujus donationis auctor est filius meus
« Rogerius, possessor præfati fundi. Et ut

« firmiter hæc donatio firma maneat in
« ævum, unum ab abbate Gradulfo, vide-
« licet rectore jamdicti cœnobii Fonti-
« nellæ, equum in pretio suscepi, quatinus
« præsentes illam donationem teneant et
« futuri famulantes Deo in prædicto Fon-
« tinellæ cœnobio. Hujus donationis isti
« sunt testes Nicholaus, hujus rei dator,
« et Rogerius, filius ejus, Vigerius clericus
« et Vigerus, Radulfus, Walterius. † Si-
« gnum Nicholai. » (1031 à 1048.) (*Bibl. imp.*, Ms. 5425, p. 89 et 90).

Voilà l'origine du prieuré de Guitri, prieuré qui fut réuni définitivement à Saint-Wandrille en 1045.

On trouve dans une charte de la jeunesse de Guillaume le Conquérant en faveur de Saint-Wandrille (*Cart. Saint-Wandrille*, IV, p. 2047) : « Nicholaus filius Baldrici » parmi les souscripteurs. Dans une charte de Robert I°', donnée vers 1031 : « signum Baldrici. » (*Cart. de Saint-Wandrille*, IV, p. 2045.)

Quelques années après, Robert, abbé de Saint-Wandrille, acquit du même Nicolas, fils de Baudri, la terre de Lébécourt, hameau dépendant de Forêt-la-Folie et contigu à Guitri :

« Quia fragilitas humana multis subja-
« cens casibus in momento deficit et cito
« labitur, actuumque proinde nostrorum
« memoria paulatim exolescit et perpetuæ
« oblivioni traditur, operæ pretium est
« ut quidquid futurorum notitiæ procu-
« ratur, litterarum apicibus annotetur, ut
« res labilis et omnino obnoxia oblivioni
« utcumque figatur et futuræ mandetur
« posteritati : unde ego Robertus, cœnobii
« Fontanellensis indulgente divinitate ab-
« bas constitutus, calliditates filiorum sæ-
« culi precavens, et præjudicia quæ ubique
« fiunt graviter metuens, ac per hoc filio-
« rum lucis, qui nus auctore Deo præsum,
« simplicitati consulens, et utilitati in po-
« sterum non irrationabiliter prospiciens,
« emptionem terræ quæ dicitur Lebecors,
« quam feci a Nicholao Baldrici filio, coram
« uxore sua Gertrude filiisque et fidelibus
« multis, præsentibus litteris annotari
« feci, et cartæ hujus conscriptione teneri
« ut sit præsentibus contra perfidorum
« surreptiones et violentias firmitatis testi-
« moniale judicium fiatque futuris contra
« adversariorum commenta, fallacias et
« insolentes tendiculas evidens veritatis
« munimentum ; prius quidem pro ipsa
« terra, consilio fratrum usus, dedi non
« parvam pecuniam, id est xxv. libras
« pro vadimonio sub xii. annorum ter-
« mino. Deinde vero, supradicto Nicholao
« petente, xii. libras denariorum adjeci,
« atque in perpetuam possessionem et

« alodum Sancti Wandregesilli comparavi,
« facta suggestione apud comitem Willel-
« mum, Kytreium (?) quod ante tenebamus
« pro vi. libris reddidi. Hanc igitur car-
« tam principi Normannorum Willelmo
« præsentare curavi, quam suæ auctori-
« tatis signo firmavit et multi ex principi-
« bus suis.
« Signum † Willelmi comitis. Signum
« Nicholai. »
(De 1048 à 1069, *Cart. de Saint-Wandrille*, t. IV, p. 2035.)

Dans un arbitrage de 1085 entre l'abbaye de Fécamp et Guilbert d'Auffai, on voit figurer « Baldricus filius Nicholai ».

Orderic Vital prête à Guillaume le Conquérant près d'expirer les paroles suivantes :

« ... Baldrico autem Nicolai filio, quia
« servitium meum insipienter reliquit et
« sine licentia mea in Hispaniam abiit,
« terram suam pro castigatione abstuli ;
« sed nunc illi reddo pro amore Dei, etc. »

Nous sommes porté à croire qu'il s'agit ici encore du petit-fils du fondateur de l'église de Guitri.

Dans la donation du patronage de Bou-
niare à Saint-Amand, après la conquête de l'Angleterre, Hugues, fils de Baudri, reçoit, sur la somme donnée par les religieuses de Saint-Amand à Geroud, trente-
quatre sous.

Avant de parler des seigneurs de Gui-
tri, nous dirons que le château de Guitri eut une certaine importance dans les guerres du xiie siècle. En 1137, Étienne, roi d'Angleterre, détruisit cette forteresse, qui était devenue un repaire de brigand-
age. La forteresse dut être relevée prompt-
ement, puisque, en 1153, Henri II s'en empara et la détruisit : « Destruxit etiam
« ibi et igni tradidit castellum Bascher-
« ville, et duo alia castella Chitreium et
« Stringoneium combussit. » (Bouquet, xiii, 294.)

Le château se releva encore une fois. Il en reste des pans de murailles dans les bâtiments de la vaste ferme qui occupe le sommet du mamelon.

Suivant la Roque (*Hist. gén. des mai-
sons nobles de Norm.* 1er vol., Du Fay), la famille de Guitri descendait des seigneurs de Chaumont.

Il cite à cette occasion Robert de Chaumont et Osmond, son fils, comme contem-
porains de Guillaume le Conquérant et bienfaiteurs de Saint-Germer ; Mathieu, Robert, Guillaume et Mathieu, bienfai-
teurs de Saint-Wandrille en 1136, 1211, 1237 et 1258 ; Antoine de Chaumont, mari de Jeanne Martel de Bacqueville, qui aida en 1450 à chasser les Anglais de sa terre de Quitri. Il rendit aveu de cette terre en 1457. Son fils Julien de Chaumont épousa Hélène du Fay.

1119. Dans une charte de Guillaume, fils d'Osmond de Chaumont, on trouve parmi les témoins « Guillelmus de Chitri ». (*Cart. de Saint-Père de Chartres*, p. 193.)

1119. « Guillelmus de Chitri, » charte de Guillaume de Chaumont. (*Cart. de Saint-Père*, II, p. 640.)

En 1137, Guillaume de Chaumont et son fils Osmond tenaient le château fort de Guitri.

1179. Guillaume de Chaumont concède à l'abbaye de Saint-Wandrille « pratum
« de feudo Odonis Malegayne, quantum
« vinculo durabat, et hortum Hugonis Poi-
« gnant juxta Breber, et pro recognitione
« hujus donationis michi donavit unum
« equum, quatuor libras Willelmus de
« Estentot prior de Chitreio. » (*Cart. de Saint-Wandrille*, f° 239 r°.)

Suit une pièce de Guillaume de Chaumont, que nous croyons devoir donner entière :

« Noverint universi presentes pariter et
« futuri quod ego Guillelmus de Calvo-
« monte, miles, de assensu et voluntate
« Johanne, uxoris mee, et Mathei primo-
« geniti filii mei et omnium aliorum here-
« dum meorum, dedi et concessi pro salute
« anime mee et antecessorum meorum et
« successorum meorum Deo, et abbati
« Sancti Wandregisili et ejusdem loci
« conventui et ecclesie Sancti Petri de
« Kytri ac monachis ibidem Deo servien-
« tibus in puram et perpetuam elemosinam
« totum circuitum qui est in procinctu
« domus predictorum monachorum de
« Kytri, sicut se habet et proportat sine
« aliqua diminutione novi muri ve' veteris
« qui perlustrant predictam domum eo-
« rumdem monachorum in quatuor par-
« tibus, Concessi etiam supradictis mo-
« nachis litere et integre murum granchie
« ipsorum, qui sedet et edificatur in fundo
« fossati mei, sicut se proportat a capite
« monasterii usque ad terram quam quon-
« dam possedit Stephanus de Sores, et
« murum alium pariter qui movet a capite
« furni prenominate domus et extenditur
« versus murum meum exceptis sex pedi-
« bus terre qui continentur... muri illius
« usque ad murum meum quos michi et
« heredibus meis tantum retinui. Et scien-
« dum est quod infra predictos sex pedes
« terre vel in ipso latere monasterii non
« licebit michi nec heredibus meis de
« cetero in ecclesia bortum facere. Hec
« autem omnia suprascripta ego Guillel-
« mus de Calvomonte miles, et heredes
« mei predicti, predictis abbati et conven-

« tui Sancti Wandregesili et ecclesie Sancti
« Petri de Kytri et monachis ibidem Deo
« servientibus sicut puram et perpetuam
« elemosinam contra omnes de cetero te-
« nemur garantizare... Et ut hec mea
« donatio et concessio perpetue stabilitatis
« firmamentum obtineat presentem pagi-
« nam sigillo meo et sigillo Radulfi de-
« cani de Escoz dignum duci roboran-
« dam. Actum anno Domini м. cc. xxvii.,
« mense aprili. » (*Bibl. imp.*, Ms. 5125,
p. 88; *Cart. de Saint-Wandrille*, n° 36,
f° 238 v°.)

Voici une autre charte de Guillaume de Chaumont en faveur du prieuré de Guitri qui n'est pas moins intéressante :

« Notum sit omnibus, tam futuris quam
« presentibus, quod ego Willelmus de
« Calmont, filius Roberti Rufi, anime mee
« et patris mei et predecessorum meorum
« pie consulens, dedi in elemosinam et
« concessi ecclesie Sancti Wandregisili ad
« opus monachorum de Kitreio ardere suum
« in bosco meo in quo loco, et quale ad
« meum ardere accepero: ita tamen quod
« si absens fuero, per manum famuli mei
« juxta preceptum meum congrue acce-
« perint. Insuper dedi eis campum qui
« dicitur campus vince, et de dominio meo
« dimidiam acram terre subtus campum
« vince et desuper campum vince, terram
« quam tenebat Willelmus Brun cum
« curtillo ubi manebat, sed et decem acras
« terre quas magister Ricardus filius ma-
« gistri Mauritii ecclesie Sancti Wandre-
« gisili in elemosinam donavit que terra...
« Regis de laico feodo recognita fuit jam
« sepedicte ecclesie Sancti Wandregisili
« cum masuris et aliis ejusdem terre per-
« tinentiis concessi et releva... perpetuum
« canonice et quiete et in elemosinam
« dimisi. Et ego Almauricus, frater domini
« mei Willelmi, sive clericus sive fratris
« mei jure hereditario heres futurus, ejus
« elemosinam et largitionem concessi et
« quid michi reliquum fuerat de prebenda
« preter juramentum in curia domini re-
« gis factum in ecclesiis de Kitreio et de
« Foresta, ecclesia Sancti Wandregisili,
« pro Dei amore et salute anime mee in
« elemosinam donavi canonice et quiete
« sine reclamatione dimisi. Testibus ex
« parte domini Willelmi, Odone de Caisnei,
« et Ricardo fratre suo, et Roberto filio
« Clarice. Et parte monachorum, Willelmo
« monacho, Theobaldo filio Wulfranni,
« Willelmo Durfort, et multis aliis. »
(*Bibl. imp.*, Ms 5125, p. 87 et 88.)

Dans les chartes de Saint-Wandrille il est souvent question de Guitri et des Chaumont.

1270. « Matheus de Calvomonte, miles.
« Voluntate Guillelmi, filii mei primoge-
« niti, apud Kytri, apud Forez, apud Lybe-
« cort. »

1457. Antoine de Chaumont, fils de Guillaume de Chaumont, chevalier.

1480. Julien de Chaumont.

1492. Jean de Chaumont.

1516. Guillaume de Chaumont.

1557. Antoine de Chaumont.

1580. Antoine de Chaumont.

Au XVII° siècle, nous retrouvons messire Philippe de Chaumont et Gui de Chaumont, chevalier, seigneur de Guitri, Lebécourt, Chaumont. Ce dernier se convertit à la foi catholique, ainsi que nous l'apprend une ode publiée à Rouen chez Laurens Maurry, 1653, in-4°, par M. Piedevant, prêtre, curé de Forest.

Il y avait au XIII° siècle un marché à Guitri et une mesure de Guitri. Cadoc donna, vers 1205, au chapitre de Gaillon deux boisseaux de froment à prendre sur le fief de Gaillon, sis à Tourni, mesure de Guitri.

Dans le pouillé d'Eudes Rigaud, nous lisons :

« Ecclesia Sancti Petri de Quitri: abbas
« Sancti Wandregesili patronus; habet
« IV°°. et VI. parrochianos; valet XIV. li-
« bras turonensium. »

« A tous... Guillaume Maillart, baillif
« de Gisors, salut. Comme débat feust
« meu entre l'abbé et couvent de Saint-
« Wandrille et Mahieu de Chaumont, le
« jeune, écuyer, sur le droit du patronage
« de l'église de Guitri... ; le dit écuyer,
« ès assises de Gisors, le mercredi devant
« la Trinité l'an 1315, confessa que le
« droit de patronage doit appartenir as
« dis abbé et couvent et i renoncia au
« dict droict. » (*Cart. de Saint-Wandrille*,
p. 89.)

Suivant un aveu du 27 mai 1392, l'abbé de Saint-Wandrille présentait à la cure.

Nous allons transcrire une inscription en vers, du XV° siècle, faite en commémoration de la dédicace de l'église de Guitri (20 janvier 1476) :

Ceste église fut dediée
Vng nom de Dieu premierement,
Et saint Pierre dont est fondée
En ce lieu-ci proprement,
De par maistre Robert Clément,
Estant évesque d'Ypodense,
Qui y a donné certainement
unze jours de indulgence.
L'an cccc septante et six
Le vingtiesme de janvier,
De par lesrecque dessusdis
Qui la voulut sanctifier,

QUITTRAY.

En ce tems sans contrarier
Messire Richard du Perroy
Estoit curé, et son fermier,
Messire Rivel en bonne foy
De l'église étoient trésoriés,
Jehan Bouchier et'et troulin,
Et Vincent Lebet fut le tiers,
Qui tous eurent le cœur enclin
De faire me’ance sans fin
Du jour de ceste d'ducace :
S'y prinsm tous du cœur b'gnin
Qu'en paradis ah·nt leur place.

AMEN.

L'église a été restaurée récemment et pourvue de verrières par les soins et la munificence de MM. Legrand et Besnard.

Il ne sera peut-être pas sans intérêt de donner quelques extraits d'aveux relatifs à Guitri, et que nous trouvons dans les transcrits d'aveux déposés aux Archives impériales.

« Du roy nostre syre, je, Robert de
« Croisy, escuier, eschançon dudit sei-
« gneur, tieng et adveue à tenir nuement
« et sans moien à une foy et hommage
« lige, à cause des chastel et chastellerie
« de Gisors, un fief..., situé et assis en
« Veuquesin le Normant, es parroisses de
« Forest, de Guictry et illec environ, le-
« quel fief peut valoir ci livres tournois
« en toutes valeurs, pour lequel il est
« payé au roy xv liv. par. de relief, quant
« le cas y esquiet.

« Ces présentes scellées du scel de Ro-
« bert de Croisy, le xviie jour de juing,
« l'an mil cccc et six. » (Arch. imp., P. 307,
n° 228, f° 4 r°.)

« Robert de Croisy » avoue tenir « ung
« fief appellé le fief de la Heaumière, situé
« et assis en Veulqueein le Normant, es
« parroisses de Forest et Quictry et illec
« environ ».

Il énumère les redevances en argent et en nature qui lui sont dues à cause de ce fief ;

« Item, ay court et usaige et basse jus-
« tice, et doit pour lui au roy xv liv. pa-
« risis de relief, quand le cas y eschiet.

« Scellé de son propre scel, le jeudi
« xviie jour de juing, l'an mil cccc et dix. »
(Arch. imp., P. 307, n° 229, f° 4 r°.)

Voyez le fief, terre et seigneurie de Guitry. (Arch. imp., P. 307, f° xv, Andelys.)

« ..... Mahieu de Croisi, escuier.....
« advoue a tenir nuement et sans moyen
« en une foy et hommaige lige du roy...
« à cause de son chastel et chastellenie de
« Gisors, ung fief appelé le fief de la Heau-
« mière, scitué et assis en Veulquessin le
« Normans, es parties de Forest, Quictry
« et illec environ, ainsi comme il se com-
« porte et estend en chief et en membres
« es bailliage du dit Gisors, à cause du-
« quel fief de haubert il est deu au dit

« escuier, aux termes de St Remy et Noel,
« xvi liv. tourn. en argent.............

« Item, à court et usage en basse jus-
« tice, à cause du dit fief. Item, à prinse
« sur les poissons qui passent par le dit
« fi. f et les peult suyvir jusques à une
« lieue....... et de ce icelui escuier est
« tenu paier au roy... xv liv. parisis de
« relief, quant le cas eschiet.....

« Fait le xiie jour d'aoust, l'an de grâce
« mil cccc cinquante et trois. » (Arch.
imp., P. 307, n° 254, f° 18 r°.)

« Jehannin de Royaulx ainsné, fils et
« héritier de feu Hugues des Royaulx, dit
« Mengart, en son vivant sergent d'armes,
« et premier queux du roy..., et de feu
« Colecte, jadis sa femme. lequel advoua
« et advueue... à tenir à plein fief à une
« seule foy et hommage liges du roy...
« à cause de ses chastel et chastellerie de
« Gisors, la sergenterie fieffée du plat de
« l'espée de Baudmont et de Quictry...
« assise en Veuquein le Normant, la-
« quel'e est chargée envers le roy... de
« xv livres tourn. de relief.

« L'an mil cccc et douze, le lundi... jour
« de juing. » (Arch. imp., P. 307, n° 136,
f° 7 v°.)

« Michel des Royaulx, escuier, sergent
« de la sergenterie fieffée de Baudemont
« et Guictry, le quel Michiel advoua et par
« ces présentes advoue a tenir en foy et
« hommaige du roy... ladite sergenterie
« fieffée tenue et mouvant nuement du
« roy..... à cause des bailliage et vi-
« conté de Gisors et Vernon, au moien
« de laquelle sergenterie fieffée le dit
« Michiel peut esplecter es villes cy
« aprés déclairées, appendans à la dicte
« sergen erie, c'est assavoir : à Haute-
« verne, Avency, Bretenonvil'e, Bray,
« Bionval, Baudemont, Chasteau-sur-
« Ette, Civieres, Dourmenil, Dangu,
« Escoz, Fontenay, Forestz, Fourges, Gi-
« sencourt, Guerny, le Buz, le Vaucor-
« bon, Molincourt, Noiers, Guictry, Ri-
« quencourt, Velly, Villers, estans du
« ressort du dit Gisors. Item, Corbye,
« Fours, Gagny, Giverny, Haricourt,
« Heulécourt, la Chapelle, Panilleuse,
« Guchaignes, Saincte Genevieste, Saint-
« Sulpice, Surcy, Mesieres, Tilly, Tourny,
« estans du ressort de Vernon..... aus-
« quelles villes dessus nommées appar-
« tiennent plusieurs autres villages et ha-
« meaults estans des dits ressors.....

« Le samedi quinze jour de juing, l'an
« mil ccc LIIII. » (Arch. imp., P. 307,
n° 261, f° 19 v°.)

« Hugues des Royaulx, dit Mengart,
« premier queux du roi, advoue à tenir
« à une seule foy et hommaige liges du

« roy..., à cause de son chastel et chas-
« tellenie de Gisors, la sergenterie de
« Baudemont et de Guitry en Veuquecin
« le Normant..... qui nagueres souloit
« estre et appartenir à Jourdain de Nors (?),
« varlet de chambre du dit seigneur. »

« Scellé du scel de la prevôté de Paris,
« l'an de grâce mil cccc et trois, le samedi
« quart jour du mois d'aoust. » (*Arch.
imp.*, P. 307, n° 225, f° 3 r°.)

Cf. Toussaint Duplessis, t. II, p. 713.

H

HACQUEVILLE.

Arrond. des Andelis. — Cant. d'Estrépagni.

Patr. S. Lucien. — Prés. l'abbé de Conches.

La charte de Henri Ier en faveur de
l'abbaye de Conches, souscrite vers 1130,
mentionne la donation d'Hacqueville à
cette abbaye :

« ... Memorie fidelium traditum sit,
« quod ego Ebrardus Britholensium do-
« minus, annuente et consulente Incta,
« matre mea, concedo et restituo ecclesie
« Castellionensi, pro salute anime mee et
« antecessorum meorum, ecclesiam vide-
« licet de Haracaville, cum terra ejusdem
« ecclesie et omnibus ad eamdem eccle-
« siam pertinentibus, videlicet cum omni
« decima totius territorii ejusdem ville,
« quam quidem homines nostri in parte
« ab eadem abbatia injuste abstulerant
« et in multis distraxerant, etc. »

Voyez encore la bulle du pape Grégoire IX pour Conches (1231) :

« ... Apud Harachavillam, ecclesia cum
« terra ejusdem ecclesie et omnibus ad
« eam pertinentibus, cum omni decima
« et territorio ejusdem ville libere et ab-
« solute ; capellam Sancti Stephani cum
« territorio et hospitibus et terris et ce-
« teris pertinentibus suis... »

On lit dans le pouillé d'Eudes Rigaud :
« Ecclesia Sancti Luciani de Aquevilla ;
« abbas de Conchis patronus ; habet
« c. parrochianos et minus ; valet xl. li-
« bras turonensium. »

« Magister Robertus Halebou, qui nunc
« receptus fuit ab archiepiscopo Oldone
« Rigaudi ad presentationem dicti ab-
« batis. Item, Robertus, clericus, rece-
« ptus fuit ab eodem archiepiscopo ad
« presentationem dicti abbatis. »

Il y avait à Hacqueville un prieuré de
Saint-Étienne, qui finit par n'être plus
qu'un bénéfice simple à la nomination de
l'abbaye de Conches.

Au XVIIe siècle, les fiefs d'Hacqueville
et de Richeville étaient réunis pour la
présentation à la cure de Richeville.

En 1213, Robert de Poissi était seigneur d'Hacqueville.

« Philippus... Notum sit quod nos, pro
« fideli servicio quod dilectus et fidelis
« noster Robertus de Pissiaco, dominus
« de Hasquevilla, nobis exhibuit, dedi-
« mus et concessimus eidem Roberto et
« heredi suo masculo de uxore sua des-
« ponsata, in homagium ligium, ad usus
« et consuetudines Normannie possiden-
« dam in perpetuum, totam terram quam
« habebamus apud Nogentum super An-
« delam, salvo servicio nostro quod eadem
« terra nobis debet, et salvis homagiis
« de Nogento que fuerunt comitis Ebroi-
« censis, que retinuimus nobis et here-
« dibus nostris in perpetuum. Preterea
« concessimus eidem Roberto, ut si inte-
« rim sine herede masculo de uxore sua
« desponsata mori contigerit, Henricus
« frater ejus, vel heres ejusdem Henrici
« masculus de uxore sua desponsata, di-
« ctam terram habeat in perpetuum ad
« usus et consuetudines Normannie, salvo
« servicio nostro et salvis homagiis, sicut
« est prenotatum. Actum Medunte, anno
« Domini millesimo ducentesimo decimo
« tertio. »

(D'après une copie moderne du garde
des Archives, Joly de Fleury, en 1734,
aux Arch. de l'Eure, dom. de Charleval.
Reg. de Phil. Aug., f° 76 v°. — *Trésor
des Chartes.*)

Guillaume Campiun « de Hakeville »
vendit en 1210 à l'abbesse de Saint-
Amand tout ce qu'il possédait au Mesnil-
Raoul.

En 1390, messire Guillaume du Lion,
chevalier, seigneur d'Hacqueville.

Le nom de Hacqueville est célèbre par

ne famille qui a été féconde en bons magistrats, mais que l'on croit avoir tiré son origine du pays d'Artois. Elle s'établit à Paris dans le XIVe siècle et y produisit de grands hommes dans la robe. Le dernier fut Jérôme d'Hacqueville, sieur d'Ons-en-Bray, nommé premier président du parlement de Paris par Louis XIII, et mort à Paris le 6 novembre 1678.

Lieu de naissance de Brunel, célèbre ingénieur du XIXe siècle, auteur du passage souterrain sous la Tamise, à Londres.

La commune de Doux-Mesnil a été réunie à Hacqueville en 1808.

Dépendances : — Doux-Mesnil ; — le Prieuré.

Cf. *Le Vexin*, Notice, 23 mai 1856.

HAIE-AUBRÉE (LA).

Arrond. de Pont-Audemer. — Cant. de Routot.

Patr. S. *Léger*. — *Prés.* l'abbesse de Saint-Léger-de-Préaux.

Agia, haie, d'*agia*, bois, branche, pieu, ou d'*ach*, *ag*, enceinte.

« ... Et volumus et expresse manda-
« mus ut quicumque istis temporibus ca-
« stella et firmitates et haias sine nostro
« verbo fecerunt, kalendis augusti omnes
« tales firmitates disfactas habeant ; quia
« vicini et circummanentes exinde multas
« depredationes et impedimenta sustinent.
« Et qui eas disfacere non voluerint co-
« mites in quorum comitatibus factæ sunt,
« eas disfaciant. Et si aliquis eis contra-
« dixerit, ad tempus nobis notum facere
« curent... » (Baluze, t. II, p. 193. Caroli Calvi capitula, edict. Pist., ann. 864.)

Les Normands paraissent avoir usé fréquemment de ce genre de défense. Les annales de Fulde remarquent qu'en 890 les Normands de l'Escaut s'établirent à Louvain avec sécurité, ayant entouré leurs retranchements de haies suivant leur usage.

Il est possible que le nom d'Aubrée rappelle l'épouse d'Onfroi de Vieilles, sire de Pont-Audemer.

Dans les *Grands Rôles de l'Echiquier de Normandie* figurent plusieurs personnages portant le nom de la Haie-Aubrée : « Ca-
« rus amicus de Haia Auberiæ x. solidos
« pro plegio Roberti de Appevilla. » (Stapleton, *M. R.*, 1203, p. 566.)

« Robertus Kareter de Haia Auberie
v. solidos pro vino superrendito. » (*Ibid.*)

Le pouillé d'Eudes Rigaud nous apprend que l'abbesse de Saint-Léger-de-Préaux présentait à la cure :

« Haia Auberee ; abbatissa de Pratellis
« patrona ; valet xxx. libras ; parrochiani,
« circa c. Guillelmus persona cui dominus
« archiepiscopus Petrus contulit illam ec-
« clesiam propter lapsum temporis auc-
« toritate concilii. »

Parmi les fiefs de la Haie-Aubrée, nous pouvons citer les fiefs Chopillard, Bonneval et la Carrière ; chacun avait un manoir et une chapelle. Chopillard était un quart de fief auquel était attaché le titre de seigneur de la paroisse ; il donnait le droit de nommer à la cure dans certains mois de l'année.

L'église est ancienne, peut-être du XIIe siècle, dans le style roman.

Dépendances : — l'Aigle ; — le Boisset ; — Bonneval ; — les Roses ; — les Dorés ; — les Héberts ; — les Michels ; — les Furis ; — les Quesnai ; — la Rue-du-Bois ; — les Truffei ; — les Vesques ; — l'Angenieur ; — Bellemont ; — la Carrière ; — Chopillard ; — les Masons.

Cf. Canel, *Essai sur l'arrondissement de Pont-Audemer*, t. II, p. 236.

HAIE-DE-CALLEVILLE (LA).

Arrond. de Bernai. — Cant. de Brionne.

Patr. S. *Nicolas*. — *Prés.* le seigneur de Sainte-Vaubourg.

En 1202, Robert de Boscherisson donna à l'abbaye du Bec 3 acres de terre à la Haie-de-Calleville qui lui avaient été cédées par Henri du Neubourg.

Dans une charte d'Amauri de Meulan (1356) on lit :

« C'est à savoir : une masure assize en
« la parroisse de Saint-Nicolas-de-la-Haye-
« de-Cailleville, entre la terre Jean Bache-
« lier, d'une part, et monsieur le comte
« de Harcourt d'autre ; et est du don de
« Guillaume Cambart et de Jeanne, sa
« femme..... et avec tout ce devant dit,
« nous avons donné et octroyé, donnons
« et octroyons à tous jours, sans jamais
« estre rappelé de nous ni de nos hoirs
« es dits religieux et à leurs successeurs,
« 12 acres de terre en deux pièces, dont
« la première pièce est assise en la pa-
« roisse de Saint-Nicolas-de-la-Haye-de-
« Cailleville, entre la terre monsieur Go-
« defroy de Harcourt, chevallier, d'une
« part, et la terre et hoirs Robert Tyesson
« d'autre... » (La Roque, *Hist. de la maison d'Harcourt*, t. IV, 1883.)

En 1196, il y eut arrangement entre l'abbaye du Bec et le curé de Calleville ou de la Haie-de-Calleville, au sujet des Seches-Fontaines, des Champs-Boisseliers et des Basses-Boissières. Il fut convenu que si ces terrains étaient de nouveau plantés en bois, la dîme en appartiendrait à l'abbaye comme la dîme de toute la forêt du Neubourg. S'ils étaient ensemencés, l'abbaye aurait les deux tiers de la dîme et le curé l'autre tiers, comme dans le reste de la paroisse.

Les Graveron, seigneurs de Graveron, ont été longtemps seigneurs de la Haie-de-Calleville.

Bulle de Léon X, du 16 avril 1517, accordant à la supplication de noble homme Robert de Graveron, seigneur temporel de la Haie-de-Calleville, cent jours d'indulgences à ceux qui après s'être confessés visiteraient l'église de Saint-Nicolas dudit lieu les jours de Pâques, Saint-Laurent, l'Assomption et les deux fêtes de Saint-Nicolas.

1633. Jean de Graveron, seigneur châtelain de la Haie-d'Herbingham, de la Haie-de-Calleville et de Sainte-Colombe.

1635. André, fils aîné de Jean, écuyer, titulaire des mêmes seigneuries, mari de Louise Marie de Changi.

Il avait en 1635 répondu pour son père, avec équipage d'armes et de chevaux à la convocation du ban et de l'arrière-ban du bailliage d'Evreux, sous le duc de Longueville, et fait partie de la brigade de la noblesse en l'armée de Sa Majesté en Lorraine.

Dépendances : — le Buhot; — la Mare-aux-Chevaux; — la Mare-Curée; — la Mare-Lavandière; — la Mare-Maine; — la Borderie.

HAIE-DE-ROUTOT (LA).

Arrond. de Pont-Audemer. — Cant. de Routot.

Patr. Notre-Dame. — Prés. le prieur de Beaulieu.

Le patronage de la Haie-de-Routot appartenait au prieuré de Beaulieu. Il y eut de longues disputes entre le prieur de Beaulieu et Jean Martel, chevalier : le prieur finit par l'emporter.

Dans le pouillé d'Eudes Rigaud, on lit : « Haia de Routot; prior de Bello Loco « patronus; valet VII. libras; parro-« chiani XXX. Gervasius, presbyter, pre-« sentatus a dicto priore, receptus a do-« mino Rege. »

En 1393, « Robin Benart, de la par-« roisse de la Haie-de-Rouvetot, confessa « devoir au couvent de Saint-Wandrille, « comme aisné de la terre de la Haie-de-« Rouvetot, 12 sols 6 chapons de rente. » (*Cart. S. Wandr.*, t. I, p. 401.)

On voit dans le cimetière deux ifs, dont l'un a 12 m. 5 c. et l'autre 8 m. 80 c. de circonférence. On pense, d'après le nombre de couches qui indiquent leur croissance, qu'ils doivent avoir été plantés au XIIIe siècle, époque à laquelle a été probablement construite l'église.

On remarque dans l'église la pierre tumulaire d'Antoine de Préville, chevalier, mort le 25 février 1771, seigneur de la paroisse.

Dépendances : — le Criquet; — les Massieux; — les Molinets; — les Trufelei; — la Haie; — le Vignol.

Cf. Canel, *Essai sur l'arrond. de Pont-Audemer*, t. II, p. 176.

HAIE-DU-THEIL (LA).

Arrond. de Louviers. — Cant. d'Amfreville-la-Campagne.

Patr. S. Ursin. — Prés. le duc d'Elbeuf.

Cette commune est appelée dans le pouillé français d'Evreux : Saint-Ursin-de-Plustot.

On a dit à une époque moins éloignée : Saint-Ursin-de-la-Haie-du-Theil.

Le *Dictionnaire universel de la France* dit en 1726 : la Haie-du-Tilleul.

On a trouvé à la Haie-du-Theil des poteries romaines dans la cour de M. Julien Assire.

Une aire en marne battue, reconnue dans les bois, paraît appartenir à la même époque, ainsi que des retranchements en terre assez bien conservés au lieu dit le Ruel-aux-Enfants. Près de l'aire étaient des ossements carbonisés de petits animaux, et quelques tronçons d'armes oxydés.

On a rencontré dans les bois plusieurs de ces meules dont les populations gallo-romaines se servaient pour broyer les grains.

La voie romaine d'Elbeuf à Brionne traversait le village de l'est et de l'ouest; on en a retrouvé plusieurs parties assez bien conservées.

Il a été recueilli très-près de l'église une médaille en or du Haut Empire et une médaille de l'époque carlovingienne dans la cour de M. Julien Assire.

En 1203, Robert d'Harcourt donne à l'abbaye du Bec douze acres de terre à la Haie-du-Theil, au moyen de quoi l'abbaye lui remet la dîme des terres essartées ou à essarter.

La même année, l'abbaye céda au seigneur d'Harcourt le manoir d'Eberville, le bois d'Hykelon et le revenu qu'elle possédait à Berville à condition d'hommage sous la redevance d'un marc d'argent lorsqu'elle relèvera, et l'obligation de venir trois fois par an à l'abbaye quand il en sera requis. Le seigneur d'Harcourt donna d'autre part 29 acres de terre à la Haie-du-Theil, 46 livres sur la prévôté de Pont-Audemer, et tout le revenu qu'il avait dans la prévôté et vicomté du Bec.

En 1239, les *hommes* de la Haie-du-Theil soutenaient un procès à l'échiquier de Rouen.

1262. Richard du Vivier vendit 21 acres et demi de bois situées près des bois du seigneur d'Harcourt.

De la maison d'Harcourt, les noble fief, terres et seigneurie de la Haie-du-Theil sont passés dans la maison de Lorraine pour devenir membre dépendant et faisant partie du duché-pairie d'Elbeuf, d'où ils n'ont été détachés que de 1752 à 1765 au profit du comte de Brionne et de sa veuve.

Il existe aux archives de la Seine-Inférieure un compte des revenus de la vicomté d'Elbeuf, rendu en 1501 par Hulin le Flameng, receveur ordinaire pour trèshaut et puissant prince le roi de Sicile, duc de Lorraine et de Bar, seigneur de Quatremarre, Routot et Beaumesnil. Il en résulte que dès lors la culture était trèsdivisée aux abords du Roumois : 43 acres 3 vergées 33 perches de domaine non fieffé à la Haie-du-Theil se partageaient entre quinze fermiers. La subdivision la plus étendue était de 7 acres. Les redevances du domaine fieffé étaient peu considérables et sans caractère.

Le bailli du duché d'Elbeuf tenait les ages plèges. Les plaids de la Haie-du-Theil sont conservés aux archives du palais de justice de Rouen.

Les archives de l'Eure possèdent 521 feuillets des minutes du tabellionage de la Haie-du-Theil en la vicomté d'Elbeuf, de 1600 à 1611. Il a existé un notariat jusqu'en 1760.

En 1609, la sergenterie de la Haie-du-Theil fut vendue par Suzanne Duval, dame de Houllebec.

Divers mémoires imprimés devenus rares conservent le souvenir de procès réitérés entre les ducs d'Elbeuf et leurs vassaux de la Haie sur la contenance de la mesure du Neubourg.

Dès 1517 les habitants plaidaient contre le duc de Guise, seigneur du lieu.

Par des transactions passées entre les seigneurs d'Elbeuf et leurs vassaux en 1523, 1525 et 1527, les habitants de la Haie-du-Theil s'étaient assujettis à payer six boisseaux de fourment par acre, rendus au grenier d'Elbeuf. Dès 1528, les rentes avaient été réduites de six boisseaux à quatre, par suite de la famine survenue ; mais depuis cette époque l'étalon de la mesure avait disparu.

Un arrêt de 1732 constatait que depuis plus de deux siècles les vassaux de la Haie-du-Theil étaient en possession de ne payer leurs rentes en blé qu'à raison de quinze pots et pinte le boisseau au pot d'Arques, bien inférieur à quatorze pots demion et demiard, pot de Neubourg. A la veille de la Révolution ces contestations se renouvelaient encore.

En 1782, dans un litige entre le prince de Lambesc duc d'Elbeuf et MM. Coignard de Saint-Etienne et Coignard de Jouvent, propriétaires de domaines importants qui rendaient aveu au duc, il était établi que le boisseau de blé valait alors 3 livres 18 sols et 1 chapon 15 sols ; les 60 acres tenus par M. de Jouvent devaient ensemble, outre la redevance seigneuriale, 4 boisseaux de froment et un chapon par an, 34 livres 18 sous 9 deniers obole pite en argent, un éperon évalué 40 sols ou une aire ou couple de pigeons, 6 sols. Le duc avait droit d'exiger en argent la valeur des redevances seigneuriales en nature au prix du jour de l'échéance.

En 1786, la communauté des habitants délibérait avec clameur de haro pour repousser une entreprise faite pour le duc d'Elbeuf sur les pâtures communales. Elle obtint en 1788 à la vicomté de Beaumontle-Roger une sentence favorable dont appel fut porté au conseil du roi quand éclata la Révolution.

Ce village, de population médiocre, 112 âmes en 1716, 311 en 1858, renfermait deux cures ; depuis le commencement du XVe siècle, époque où les dépendances de la baronnie du Neubourg se partagèrent entre le Vieux-Pont et le Maulévrier. Les titulaires se désignaient entre eux curés de la première ou de la seconde *portion* de la Haie-du-Theil.

On y avait fondé en 1703 une confrérie du Saint-Sacrement, supprimée en 1791 et relevée en 1805 pour disparaître en 1830.

Un des statuts portait que chacun de ses quatorze membres, après avoir rempli à son tour la dignité suprême d'échevin, devait l'année suivante prendre par humilité le dernier rang.

Le chœur de l'église est éclairé au nord par de très-petites fenêtres romanes probablement du xiiᵉ siècle.

Les inscriptions des dalles qui pavent le chœur sont presque entièrement effacées: on lit encore une date du 22 juin 1300; sur l'un des murs de la sacristie se voyait jusqu'en 1810 un groupe de personnages peints de couleurs très-vives que le badigeon a été très-fier de couvrir.

Le pèlerinage de Saint-Ursin pour la coqueluche date de bien des siècles; quelques pèlerins venaient encore, il y a peu d'années, chercher au milieu du bois le vieux chêne à la Vierge: il est aujourd'hui remplacé par une plantation régulière de tilleuls, et le site qu'il occupait est, le lundi de Pâques, le lieu de station d'une procession.

La fête du village est le lundi de la Pentecôte. De temps immémorial, entre vêpres et complies, le curé vient processionnellement mettre le feu à un tas de fagots amoncelés sur la place publique. Cette assemblée s'appelle les Tréjues. Tréque: sorte de danse, peut-être celle qu'on appelle branle. (Roquefort, Glossaire.) En effet, on dansait autrefois en rond autour du bûcher; mais ce branle gai a disparu de la fête.

Sur divers points on remarque de petits fossés qui ont sans doute servi dans les temps modernes à des opérations stratégiques, car on a découvert dans ces quartiers quelques biscaïens. D'anciens noms de triéges répondent à cette conjecture. Un d'eux a porté le nom de Pré-de-la-Patiente, ou de la Patience. Il y avait aussi ceux de la Fosse-aux-Anglais, des Trésors-des-Anglais et de la Redoute.

La communauté de la Haie-du-Theil possède de temps immémorial une pâture originairement de 40 acres, concédée pour affranchissement de droit d'usage dans les bois. Une transaction de 1527 porte que les usagers sont tenus envers le seigneur de ces bois à des redevances de 3 boisseaux comblés d'avoine, mesure du Neubourg, par chaque vache, boisseau et demi par génisse, un boisseau par veau, chaque année le jour de Pâques et autant à la Saint-Michel.

Il existait un droit de bourgage ou franche bourgeoisie, mais seulement sur une lisière d'environ 10 mètres de profondeur du côté de la friche, au triége de la Rue-Mauri.

Les deux communes du Gros-Theil et de la Haie-du-Theil sont tellement voisines qu'il n'existe pas de solution de continuité entre les lieux habités. Elles avaient le même seigneur relevant directement du roi.

Cependant le Gros-Theil appartenait au diocèse et à l'intendance de Rouen, à la vicomté de Pont-de-l'Arche, à l'élection de Pont-Audemer, au doyenné de Bourgtheroulde et à la sergenterie de la Londe.

La Haie-du-Theil au diocèse d'Evreux, à l'intendance d'Alençon, à la vicomté de Beaumont-le-Roger, à l'élection de Conches, au doyenné du Neubourg, à la sergenterie de Villez.

Là se touchaient la plaine du Neubourg et le Roumois.

La tradition veut que ces lieux aient été visités par la reine Blanche et une grande princesse, la princesse *Cécile*, souvenir populairement altéré de l'époque où le roi de *Sicile* fut seigneur de la Haie-du-Theil.

Un manoir seigneurial, sis au hameau de la Coudraie, a porté quelque temps le nom de Chantelou. En 1659, il appartenait par héritage paternel à messire Michel de Baumer, écuyer, sieur de Chantelou, maître ordinaire en la chambre des comptes.

1630. Charles Bougy, sieur de Baumer.

1710. Michel Baumer, conseiller en la chambre des comptes.

1728. De Missy, procureur général au parlement, marié à une demoiselle de Baumer.

1742. Pierre-Augustin Durand, seigneur.

Devenue veuve sans enfants en 1748, Mᵐᵉ de Missy épousa en secondes noces François de Noguès, comte d'Assat, qui lui survécut très-longtemps. Elle lui fit donation de cette terre, qu'il n'aliéna qu'au début du xixᵉ siècle.

Baumer portait pour armes: *d'azur à la bande d'argent chargée d'un rameau de sinople accostée de deux molettes d'éperon d'argent.*

Le manoir, dont il ne subsiste plus qu'une partie, est une construction du commencement du xviiᵉ siècle.

Le millésime de 1609 se lit encore dans une petite niche près de la porte d'entrée du domaine.

Au xviiiᵉ siècle il existait à la Coudraie un petit oratoire orné intérieurement de coquillages, de pierres de diverses couleurs et d'une statue de sainte Marie-Madeleine, qui a été conservée dans une propriété particulière.

La Butte-des-Mottes est un monticule de terre rapportée d'environ 6 ares, entouré d'un fossé circulaire et couvert de bois. On a longtemps remarqué au sommet un orme gigantesque abattu en 1805. Notons encore le triage de la Vieille-Butte.

M. de Beaurepaire, dans ses intéressantes *Recherches sur les établissements d'instruction publique*, a extrait des plaids conservés au palais de Rouen un fait curieux sur l'état de l'instruction des filles de la Haie-du-Theil à la fin du xv° siècle :

« A la Haye-du-Theil, le 3 septembre 1492, les parents et amis de Marion
« Boucher, qui venait de perdre son père,
« la baillent à sa mère et à son tuteur à
« garder, nourrir et gouverner pendant
« trois ans, pendant lequel temps ils
« seront obligés le tenir à l'escolle, et lui
« trouver livres à ce nécessaires. »

On a conservé un règlement fait en 1783 par les deux curés, les marguilliers et le syndic de la paroisse pour assurer les conditions d'existence d'un clerc (maître d'école). Dans cet acte où tout est minutieusement prévu, jusqu'au devoir de détruire les araignées et d'empêcher les enfants de monter au clocher, il n'est pas sans intérêt de constater quelle était alors la situation faite aux instituteurs de l'enfance.

Le maître d'école de la Haie-du-Theil avait l'usage d'une maison et d'un jardin, et d'une demi-acre de terre, l'herbe et les fruits du cimetière, les fruits de deux rangées d'arbres d'un free très étendu ; 150 livres par an, 5 sols par mois de chaque élève non indigent apprenant à lire, et 10 sols si l'enseignement s'élevait à l'écriture et à l'arithmétique.

Aujourd'hui les lieux dits sont : — les Chouquets ; — la Coudraie ; — les Crochons ; — le Désert (défrichements) ; — les Entes-Marguerite ; — la Fosse-Lessart ; — la Givardière ; — la Grande-Chaussée ; — le Jardin-Fouquet ; — les Miers ; — la Montée-de-Saint-Meslin ; — les Prés-de-Limare ; — le Quartier-de-Mouton.

HAIE-LE-COMTE (LA).

Arrond. de Louviers. — Cant. de Louviers.

Patr. Notre-Dame. — *Prés.* l'abbé d'Abbecourt.

La Haie-le-Comte prit une certaine importance à la fin du xii° siècle. Nous voyons dans la charte suivante que Roger de Meulan construisit un château dans la paroisse de Louviers. La Haie-le-Comte tire son nom des comtes de Meulan, peut-être de Roger, peut-être d'Amauri, son fils.

« Notum sit omnibus quod ego Robertus,
« Dei gratia comes Mellenti, construxi cas-
« tellum in archiepiscopatu Rothomagensi,
« in parrochia videlicet de Locries, que
« est subjecta et consuetudinaria Rotho-
« magensi ecclesie, et antequam castellum
« ibi fieret et in eodem castello edificavi
« novam ecclesiam, et concedo ut illa
« ecclesia subjecta sit Rothomagensi ec-
« clesie… » (*Cart. du chapitre de Rouen.*)

C'est vers 1225 qu'Amauri de Meulan, fils de Robert de Meulan, éleva l'église de la Haie-le-Comte. Cette église fut conférée aux chanoines réguliers de Prémontré, fixés à Abbecourt, dans le diocèse de Chartres :

« Universis sancte Dei matris ecclesie
« fidelibus, archiepiscopis, episcopis, ab-
« batibus, prioribus, archidiaconis, decanis,
« monachis et eremiticis, et omnibus aliis
« ecclesiasticis personis ad quos presentes
« littere pervenerint : Ego Amauricus de
« Mellento, miles, salutem, et debitam
« in Christo reverentiam. Noverit uni-
« versitas vestra, quod pro salute anime
« mee et patris mei et matris mee, et
« omnium parentum meorum et bene-
« factorum vivorum et defunctorum, me
« dedisse et concessisse et his presentibus
« litteris confirmasse Deo et ecclesie Beate
« Marie de Alba Curia et ejusdem loci
« abbati et conventui quamdam capellam
« quam in honore Beate Dei Genitricis
« Marie apud Hayam Comitis prope Lo-
« coverium edificavi cum duodecim libris
« turonensium redditus, quos denarios
« assignavi singulis annis capiendos in
« festo Sancti Remigii in meis redditibus
« de Quitebœuf, et cum tribus acris ne-
« moris mei extra jamdicte capelle her-
« bergamentum.... Et ut hec donatio
« rata et firmata videatur in perpetuum
« permanere, ejusdem abbati et conventui
« donavi has presentes litteras sigilli mei
« munimine roboratas in testimonium

« veritatis. Actum fuit hoc publice anno
« gratie 1225, octavo idus aprilis. Hujus
« rei testes sunt : Dominus Johannes de
« Daubeuf, decanus, et Radulphus de
« Soarville, sacerdotes ; dominus Thomas
« Neel et dominus Guillelmus de Mellent,
« frater meus, et dominus Rogerius
« Samesault, milites ; Matheus de Esma-
« villa, et Petrus et Guyardus, fratres
« mei. »

Dans la charte suivante, Richard, évêque d'Evreux, déclare qu'il a consacré la nouvelle église de la Haie-le-Comte, située devant la demeure du seigneur Amauri de Meulan :

« Universis Christi fidelibus, Richardus,
« Dei gratia Ebroicensis episcopus, sa-
« lutem in Domino. Universitati vestre
« notum facimus quod cum nos ecclesiam
« de Haya Comitis delez Louviers sitam
« ante domum domini Amaurici de
« Mellento dedicavimus, fideles qui dicte
« dedicationi interfuerunt, subscriptas
« elcemosinas divine pietatis intuitu
« prefate ecclesie contulerunt. Nos vero
« in exemplum aliorum in primis con-
« tulimus dicte ecclesie denaria ad emen-
« dum quinque solidos annui redditus.
« Dominus Rogerius Pescheveron, unum
« sextarium bladi annuatim : Adam de
« Torovilla, unum sextarium bladi an-
« nuatim ad festum omnium Sanctorum :
« Guillelmus de la Mesaure, duos solidos
« annui redditus : uxor Roberti de Ma-
« gnevilla, unum sextarium avene, et ipse
« Robertus, unam acram terre post de-
« cessum filie sue : Durandus de Mau-
« pertuis, duodecim denarios annui red-
« ditus : Dominus Thomas Neel, unum
« sextarium bladi annuatim in molendino
« des Planches, assensu uxoris sue : Do-
« minus Henricus de Pardee, quadra-
« ginta solidos ad redditum emendum.
« Et ergo prefata ecclesia supradictas
« elcemosinas, prout superius expresse
« sunt, libere et pacifice possideat, nos
« eas auctoritate pontificali confirma-
« vimus et nostre confirmationis testi-
« monium presens scriptum sigilli nostri
« appositione roboravimus. Actum anno
« gracie millesimo ducentesimo vigesimo
« sexto. »

En 1533, l'archevêque de Rouen donnait aux habitants de Louviers ses friches de la Haie-le-Comte.

« En l'échiquier de 1386, noble homme
« Jehan de Giccourt, chevalier, avait
« envahi avec une bande de gens armés
« la maison de Messire Jehan le Meteer,
« maitre des requestes de l'hostel du roi,
« en la Haie-le-Comte, avait pris Colin
« Goulet, garotté, mené à Léri dans une
« fosse, puis aux prisons du Pont-de-
« l'Arche. Messire Michel du Mesnil-Jour-
« dain les avait engagés inutilement à
« laisser en paix cet homme, qui était
« serviteur de Jehan de Giccourt et ven-
« deur de ses bois. »

1469. Jehan le Mestayer, seigneur de Guichainville et de la Haie-le-Comte.

Melchisedech le Métayer, seigneur de la Haie-le-Comte, épousa le 26 juillet 1569 Catherine Dubosc.

1606. Louis le Métayer.

1615. Anne le Métayer.

1680. Claude le Métayer, sieur de la Rive, écuyer.

1718. Jean le Métayer, écuyer.

1756. Jean Laurent le Métayer, chevalier, seigneur de la Haie-le-Comte et de la Neuville-du-Bosc, seigneur et patron d'Emanville.

31 octobre 1772. Vente par Marguerite-Renée-Hélène le Métayer de la Haie-le-Comte, et son mari messire Jean-Antoine Randon, chevalier, seigneur d'Hanneu-court, receveur général de la province du Poitou, à messire Anne-Henri le Cordier de Boisenval et à noble dame Madeleine Duval, son épouse, des fief, terre et seigneurie de la Haie-le-Comte, fief de haubert, mouvant et relevant de la seigneurie et baronnie de la Croix-Saint-Leufroi, de laquelle seigneurie de la Haie-le-Comte le chef-mois est assis en la paroisse du même nom et se borne par le comté de Louviers, et le fief de Surville.

Nous acheverons ce que nous avons à dire de l'église de la Haie-le-Comte en citant les faits contenus dans une lettre de François de Péricard, évêque d'Evreux en 1645. A cette époque, l'église de la Haie-le-Comte tombait en ruine. Aux frais et par les soins de maître Anne le Métayer, seigneur de la Haie-le-Comte et de la Rive, écuyer, et de frère Jean Blondeau, prieur de l'église de la Haie-le-Comte, l'église fut rebâtie. François de Péricard la consacra et la plaça sous l'invocation de la Vierge et de saint Thibault. Il enferma dans le maitre-autel les reliques de saint Sabin, martyr, et de saint Thibault, confesseur. (6 juin 1645.)

Dans les notes qui précèdent, on a pu remarquer que l'église dédiée en 1645 avait été placée sous l'invocation de Notre-Dame et de saint Thibault. Il est nécessaire de rappeler que l'église bâtie en 1226 par Amauri de Meulan était dédiée à la Vierge ; mais qu'en 1330, à côté de cette chapelle de la Vierge, Yde de Meulan, comtesse d'Aumale, avait fait bâtir une seconde chapelle dédiée à saint Thibault. Les deux bénéfices furent unis dès leur fondation et à la collation de l'abbé d'Abbecourt. Ils étaient placés à côté l'un de l'autre et séparés par un mur mitoyen. Puis, au milieu du xvii° siècle, la chapelle de Notre-Dame, ayant été reconstruite, fut érigée en cure, sous le consentement des parties intéressées et sans formalité, et l'église dédiée à Notre-Dame et à saint Thibault par François de Péricard.

Dépendance : — la Neuville.

HAIE-MALHERBE (LA).

Arrond. de Louviers. — Cant. de Louviers.

Patr. S. Nicolas. — *Prés. le chapitre de Cléri.*

Il existe vers Montaure un tertre où l'on a trouvé et où l'on trouve parfois encore des médailles romaines en assez grand nombre. La tradition veut que ce soit un camp romain. On y a recueilli aussi des hachettes gauloises.

En 1843, un trésor contenant des bijoux romains d'une grande valeur et d'un grand intérêt artistique a été découvert à la Haie-Malherbe. Ces bijoux appartiennent à M. Guillard, de Louviers. (Consultez sur ce point le *Congrès archéologique de France*, session de Louviers, 1856, p. 266, et le livret de l'exposition d'Évreux de 1864, n° 1603.)

En avril 1225, Louis VIII donna à son sergent Martin Andoile différents droits qu'il avait à la Haie-Malherbe.

La seigneurie de la Haie-Malherbe était passée à l'abbaye de Royaumont par suite d'une donation de saint Louis, en octobre 1246; voyez le *Cart. normand*, p. 311, n° 1175.

Un arbitrage de R., évêque d'Évreux, entre les religieux de Saint-Wandrille et ceux de Royaumont, est daté de la Haie-Malherbe : « ... Actum apud Haiam Mal-
« herbe, die martis post translationem
« Beati Benedicti, anno Domini m° cc°
« lx° 1°. »

En 1281, l'évêque d'Évreux disposa des « ... novalium decime quorumdam essar-
« torum et terrarum de novo cultarum in
« nostra diocesi, sitorum ac scitorum, vi-
« delicet, juxta Montem Aureum et Hayam
« Malherbe, inter Hayam Aeline et paro-
« chiam de Calido Becco, necnon juxta
« Gaudum prope parochiam de Vendis in
« foresta Ebroicensi. »

Le droit de bourgage existait sur tous biens à la Haie-Malherbe.

Le procès-verbal de réformation de la coutume de Normandie de 1583 constate comme unique usage local de la vicomté de Pont-de-l'Arche la disposition suivante :

« Aux acquisitions qui se font constant
« le mariage des héritages dépendant de
« la haute justice des abbé et religieux de
« Royaumont, au village de la Haie-Mal-
« herbe, les femmes y ont moitié en pro-
« priété. »

Il existait deux fiefs à la Haie-Malherbe en dehors de la seigneurie dépendant de l'abbaye de Royaumont : le fief d'Argeronne, appartenant en 1615 à messire Louis Berryer, chevalier, comte de la Ferrière, grand doyen des maîtres des requêtes, lequel a fait bâtir le château d'Argeronne, et, au hameau de Mont-Honnier, le fief de Saintcerre, qui en 1780 appartenait à M. Midi de Saintcerre.

Le fief, terre et seigneurie d'Argeronne, circonstances et dépendances, relevant du roi et de son duché de Normandie, sous la vicomté de Pont-de-l'Arche, était un plein fief de haubert.

Le 13 septembre 1771, les terres, fiefs et seigneuries d'Argeronne et Saint-Didier, appartenant par un jugement aux créanciers de Jean-Louis Berryer, comte de la Ferrière, ancien cornette de cavalerie, petit-fils du grand doyen des maîtres des requêtes sous Louis XIV, sont adjugées, devant le Châtelet de Paris, à messire Jean-Jacques Pierre, baron de Gurnets de Saint-Just, chevalier, conseiller en la grande chambre du parlement de Normandie, seigneur de la Factière, d'Aubricot, seigneur et patron des Jonquerets et de la Pyle.

Le château d'Argeronne possédait un chartrier fort intéressant, aujourd'hui remplacé par un récépissé de l'archiviste du district de Louviers, constatant la saisie de vingt-quatre liasses de titres et aveux qui comprenaient huit cents pièces. Ces documents historiques paraissent avoir été détruits en 1793, dans un grand auto-da-fé, sous les fenêtres de la Société populaire de Louviers.

Il y avait dans la nef de l'église, à l'entrée du chœur, avant qu'elle ne fût parée à neuf, la tombe d'un chevalier avec son armure ; mais les lettres étaient tellement usées qu'il était impossible de lire l'inscription et le nom.

La commune de la Haie-Malherbe était et est composée du village et des hameaux de Mont-Honnier, de la Vallée, du Camp-des-Ventes, du château d'Argeronne et de la ferme des Hoguettes. Une ferme, séparée du village par un clos, s'appelle Deffend ; on y voit les vestiges d'un ancien petit fort qui dominait un vallon boisé, entre Angeronne et la Haie-Malherbe.

Le nom du hameau le Camp-des-Ventes, situé entre le bois de Gasney et le bois de Montmain, deux anciennes dépendances de la forêt de Bord aliénées après 1830, fait supposer qu'il y a eu aussi un camp dans le voisinage.

Le *Dictionnaire universel de la France* attribue à la Haie-Malherbe, en 1726, 615 habitants : par une exception assez rare dans l'état de nos communes rurales, la population est aujourd'hui doublée.

Les dépendances sont : — les Pertins; — le Camp-des-Ventes. — le Mont-Honnier ; — la Vallée; — le Deffend ; — les Hognettes ; — la Haie ; — Angeronne (château).

HAIE-SAINT-SILVESTRE (LA).

Arrond. d'Evreux. — Cant. de Rugles.

Patr. S. Silvestre. — Prés. le seigneur.

Le premier document qui concerne la Haie-Saint-Silvestre et que nous connaissons est une charte de Garin, évêque d'Evreux, confirmant les donations d'Ernauld du Bosc à l'abbaye de Lire :

« Universis sancte matris ecclesie filiis, « Garinus, divina miseratione Ebroicensis « ecclesie minister humilis, salutem in « Domino. Ad vestram volumus noticiam « pervenire, nos, dilecti filii nostri Ernaldi « de Bosco, super quibusdam donationi- « bus, concessionibus et confirmationibus « tam ab ipso quam ab antecessoribus « suis, Deo et Beate Marie de Lira et mo- « nachis ibidem Deo servientibus, in per- « petuam elemosinam factis, cartulas « vidisse, legisse et intellexisse : scilicet « de uno sextario frumenti et altero sex- « tario grossi bladi de molendino de « Rugles et de decima de molendino de « Verrieres, tam in denariis quam in « blado, et de ecclesiis Cornulii, Campi « Daminelli, Neafle et Alvernis, cum « omnibus suis pertinentiis, et de medie- « tate decimarum bladi de parrochia de « Bosco Ernaldi, excepto feodo Leobrandi, « et de decima denariorum de fossa sua « in foresta de Britelio, et de viginti so- « lidis de prepositura de Gloz et de « decima de duabus garbis de feodo suo « de Haia Silvestri. Inspeximus quoque « cartulas dilectorum filiorum nostrorum « Gilleberti de Essartis, de ecclesia de la « Garoude, Guillelmi de Cantilupo, de « omnibus decimis bladi de feodo suo in « parrochia de Brolio Berlandi, Eusta- « chii de Hernevillers, de decem solidis « de prepositura de Novalira, item ejus- « dem de decima de Monte Morein, Guil- « lelmi de Siccis molendinis de uno « sextario frumenti : ibidem nos itaque « predictorum militum devotionem et « caritatem sicut decuit approbantes, « has et alias eorum donationes, conces- « siones et confirmationes gratas et ratas « habentes eas, sicut in cartis ipsarum « continetur, antedictis monachis amore « Dei benigne concessimus et pontificali « auctoritate confirmavimus. Et ut per- « petua stabilitate firmentur et inconcusse « permaneant, presentis scripti et sigilli « mei munimine roboravimus. Hiis testi- « bus : Radulfo et Egidio, archidiaconis ; « magistro Radulpho de Conches, Roberto « de Bosco Normanni, et Cristiano, pre- « sbyteris ; Theobaldo de Cirreio, milite ; « Manesse de Lira, et multis aliis. »

Voici le texte des donations d'Ernauld du Bosc à l'abbaye de Lire :

« ... Decimam omnium que habeo in « molendinis de Verrieres, tam in blado « quam in denariis, videlicet ecclesiam de « Cornuyl cum tota terra adjacente, eccle- « siam de Campo Daminel, cum suis « pertinentiis, decimam de fossa mea in « foresta Britolii, dimidiam decimam « parrochie Bosci Ernaldi, excepto feudo « Lebrandi, ecclesiam de Neafle cum om- « nibus suis pertinentiis, ecclesiam de « Alvernay cum omnibus suis pertinentiis, « viginti solidos in redditu meo de pre- « fectura a Gloz in Haya Sancti Silvestri, « duas garbas totius feudi mei...»

Les témoins sont : « T. Fulcone de « Gysay, Radulfo abbate, Roberto de « Bosco fratre meo, Willelmo de Valle, « Radulpho Juvene, Roberto de Chale, « Radulfo de Ybreio, Willelmo Anglico, « Roberto Cornard, Roberto de Sancto « Victore et multis aliis. »

1231. Raoul de la Haie, chevalier, abandonne et cède à l'abbaye de Lire divers biens et droits dont le détail suit :

« Sciant omnes presentes et futuri quod « ego Radulphus de Haia, miles, relaxavi « et quitavi et insuper elemosinavi pro « salute anime mee Deo et ecclesie Sancte « Marie de Lira et monachis ibidem Deo « servientibus et servituris, totum clamum « quod ego faciebam erga eos de Fossatis « qui movent de Docto de la Richardière « et vadunt ad aquam de Verneiet, sicut « feodum Britoli dividitur ex feodo « Aquile, sicut dicti monachi tenent, pos- « sident. Preterea elemosinavi unam pe- « tiam terre que est de superfilum Docti « de Verneiet sicut fossatum et calceia

« vivarii se proportant usque ad divitias
« feodi Aquile. Item quitavi et confir-
« mavi illam pieciam terre de feodo Mus-
« cheit, que est ante ecclesiam de Cham-
« bor, in qua granchia illorum sedit.
« Insuper quitavi concedia famulorum
« meorum que dicebam ad festum As-
« sumptionis sancte Marie eis deberi. Ego
« vero Radulfus et heredes mei omnia
« supradicta dictis monachis tenemur ga-
« rantisare. Et ut sint firma et rata in
« perpetuum, presentem cartam sigilli
« mei munimine roboravi. Actum anno
« Domini millesimo ducentesimo tricesimo
« primo. »

1236. Nicolas de Glos, chevalier, dans une charte relative à trois acres de terre « in parochia de Gloz, inter Buot et inter Fontem, » parle de Nicolas « de Haia », son neveu.

1238. Viel de la Blondelière fait une transaction avec les religieux de Lire « ... super feodo de la Glaçonière in parrochia Sancti Sylvestri de Haia. »

1241. Raoul de la Haie-Saint-Silvestre : « de Haia Sancti Silvestri, » chevalier, donne aux moines de Lire cinq sous de rente assis sur douze acres de terre : « ...quas ego teneo de Roberto de Barra, milite, » et qui sont situés « inter cheminum de Vernolio et la Perdrielière ». La même année, il fieffa des religieux de Lire, pour huit sous de rente, quatre acres trois vergées de terre du fief de la Glassonière : « feodi de Glaceonnerie que site sunt in parrochia Sancti Silvestri de Haia. »

1259. Dans une charte en faveur de Lire, figure parmi les témoins Gilbert de la Haie : « ... Gilleberto de Haia, armigero. »

1262. Ce même Gilbert de la Haie échangea un pré à Glos contre vingt sous de rente à prendre sur Pierre « de Sauceio », et la remise d'une autre rente « pro feodo de la Glazonière ». Il y a une charte de Raoul de la Haie en faveur de Lire sous la date de 1281.

Voyez des aveux du fief de la Haie-Saint-Silvestre. (Arch. imp., P. 308. Vicomté de Conches et de Breteuil, fol. v. xiiii. xxix. iii^{xx}v.)

Fief de la Vallée. (P. 308, fol. xiix.)

Un fief de la Haie-Saint-Silvestre était dit aussi fief de la Haie-Saint-Christophe. C'était un fief de haubert avec patronage de chapelle; il relevait de Breteuil. (Arch. imp., P. 308, fol. xi.)

1419. Aveu par Jean d'Heudreville.
1672. Par Etienne le Bis.
1515. Par Robert le Bis.
1538. Par Jean le Bis.
1561. Par Louis de Hatte.

Suit l'état de la commune de la Haie-Saint-Silvestre au xviie siècle, d'après les registres de la chambre des comptes de Rouen :

« Sergenterie de Glos. La Haye. Con-
« tribuables 96. Charles Achard, escuyer,
« sieur de la Haye et de Creuilly, est le
« seigneur et le patron. — Le fief de la
« Haye-Créqui est dans la dite paroisse,
« et le moulin du Hanal, relevant du roi
« au comté de Breteuil, vault 1500 livres.
« Le revenu de la cure vault en tout
« 800 livres dont Saint-Evroult a 300 li-
« vres, puis Lire 100 livres, et la Trappe
« 200 livres, et le curé a le surplus et
« subjet à faire desservir la chapelle
« Enence (sic) à la cure qui est dans la
« cour du seigneur et patron. Le fief de
« la Haye-Saint-Sylvestre, relevant du fief
« Rayfulain, appartient aux héritiers Char-
« les de Bételou, sieurs de Bocquenei,
« vault 500 livres. Le fief de La Lestrie
« appartient aux dénommez Bignon, usur-
« pateurs de noblesse, relevant de la
« Trappe, vaut 400 livres. Le fief du Mes-
« nil-Nulot, appartenant au sieur de Cou-
« lombe, relève du fief de la Haye-Couil-
« ly, vault 300 livres. Le fief de la Ger-
« bière, appartenant aux religieuses de la
« Chaise-Dieu, vault 300 livres. Le fief de
« la Glassonnière, appartenant à l'abbaye
« de Lire, a 61 boisseaux d'avoine de re-
« venu, 1500 acres de terre, bois et
« brierre, dont le labeur vaut 4 à 5 livres
« l'acre de fermage. »

Bois-Nouvel a été réuni à la Haie-Saint-Silvestre en 1811.

Dépendances : — la Blondelière ; — le Bois-Béranger ; — le Bois-Gautier ; — le Bout-du-Bois ; — le Chêne-Haute-Acre ; — la Haie ; — le Mesnil ; — la Nerandière ; — la Pasquerie ; — la Perlière ; — le Petit-Ramel ; — la Porterie ; — la Renoudière ; — la Riboudière ; — les Bourlières ; — Champaux ; — la Mabière ; — la Tellerie ; — la Vallée ; — la Grande-Haie, la Petite-Haie (châteaux).

HARCOURT.

Arrond. de Bernal. — Cant. de Brionne.

Patr. S. Ouen. — Prés. le prieur du Parc.

L'étymologie d'Harcourt nous paraît être *Haruifi curtis*.

« La voie romaine d'Evreux passe près
« d'Harcourt; des débris romains ont été
« trouvés à Chrétienville. Harcourt est le

« berceau de la maison de ce nom, il-
« lustre depuis tant d'années en France et
« en Angleterre ; elle avait pour tige un
« baron nommé Turchetil, frère de Turolf
« de Pont-Audemer, famille alliée aux ducs
« de Normandie. Un comte d'Harcourt fut
« gouverneur de Guillaume le Bâtard et
« périt dans la conquête. Ce fut le fils de
« ce comte qui, vers 1090 ou 1100, fit
« bâtir le château très-fort entouré de
« fossés profonds qui existe encore assez
« bien conservé ; le bâtiment central, qui
« tient lieu de donjon, paraît cependant
« n'avoir été construit qu'à la fin du
« XIVᵉ siècle. Le trésor que les comtes y
« possédaient à cette époque était re-
« nommé au loin par sa richesse. En 1418,
« la place fut rendue sans résistance au
« roi d'Angleterre. En 1419, Talbot, qui
« s'était avancé au secours de Verneuil,
« fut poursuivi si vivement jusque vers
« Harcourt par le comte de Dunois qu'il
« fut d'abord obligé de se retrancher dans
« les rues du bourg ; puis il se retira dans
« le château. Quelque temps après, les
« comtes de Dunois, Eu et Saint-Pol vin-
« rent en faire le siège, qui dura quinze
« jours ; le château endura le canon ; enfin,
« la garnison anglaise, composée de
« 120 hommes environ, se rendit. En 1590,
« les ligueurs d'Evreux, au nombre de
« 5,000, vinrent investir la place et l'em-
« portèrent d'assaut. Henri IV y passa à
« la fin de la même année. Louis XVI y
« coucha en 1786, lors de son voyage à
« Cherbourg, et peu après le duc d'Har-
« court fut nommé gouverneur du dau-
« phin. Harcourt avait été érigé en ba-
« ronnie en 1338, puis en comté en 1313,
« enfin en duché en 1700. L'abbaye du
« Parc était un prieuré conventuel érigé
« près du château en 1255. L'hospice,
« fondé en 1693, renferme dans son en-
« ceinte une chapelle édifiée en 1181, mo-
« nument du style roman dont certains
« détails sont assez originaux. Ce do-
« maine, dont les dépendances sont cou-
« vertes de vastes plantations de pins, est
« devenu par un legs la propriété de la
« Société royale et centrale d'agriculture. »
(*Dictionnaire des communes du département de l'Eure*, par M. Gadebled.)

Nous avons reproduit cette notice, qui
résume en quelques mots l'histoire de la
terre, du château et des seigneurs d'Harcourt. Chacun sait que La Roque a écrit
l'*Histoire de la maison d'Harcourt*, et que
les textes et les preuves contiennent quatre
volumes in-folio. Il faudrait dépouiller
cette vaste collection pour faire l'histoire
de la commune d'Harcourt.

La pièce suivante aurait été mieux placée à l'article CATTELOT ; nous croyons devoir néanmoins la publier. Il s'agit d'un
aveu rendu en 1508 par le prieur du Parc
d'Harcourt :

« Du roy nostre souverain seigneur,
« nous, prieur et couvent de l'esglise de
« Nostre-Dame du Parc de Harcourt, ad-
« vouons à tenir par féanté, à cause et
« par raison de sa chastellenye de Mon-
« fort, ung fief noble entier nommé le fief
« de Cathellon, amorti à nostre religion,
« passés sont cent cinquante ans, et s'es-
« tend ès paroisses du dit lieu de Cathel-
« lon, Espreville en Roumois, Touville,
« Monfort, Apreville, Colletot, en quel
« fief a manoir coulombier............,
« jardins et pasturaiges, contenant vingt
« acres ou environ. Item, y a environ
« soixante-dix acres de terre labourable.
« Item, ung lieu où soulloit avoir boys
« contenant environ quatre acres, qui de
« présent est en buissons et pasturaige, à
« raison de la couppe qui faicte en a esté
« par cydevant ; lequel boys estoyt sub-
« giect à disme au curé du dict lieu de
« Cathellon. Toutes les quelles choses
« dessus dictes sont de présent baillées à
« ferme pour soixante livres tournoys ou
« environ. Item, a en dit fief court jus-
« tice, et avons reliefs, tresiesmes et
« toutes droictures à basse justice, appar-
« tenans avecques hommes, hommaiges,
« rentes, revenues, qui soulloient valoir
« en deniers, par an, trente-six livres
« tournois ou environ, dont de présent
« n'y en a de revenant que vingt livres
« tournois ou environ ; en avoines, vingt-
« deux septiers huit boysseaulx ou envi-
« ron, petite mesure du Boscachart, dont
« de présent n'en revient que dix septiers
« ou environ. Item, ung boesseau d'orge.
« Item, cent chappons, dont de présent
« n'en revient que soixante ou environ.
« Item, trente-quatre gelines, dont le pré-
« sent n'en revient que douze ou environ.
« Item, mil quarante œufs ou environ,
« dont il y en a de présent en non val-
« loir la moictié ou environ. Item, une
« ane sic) et troys quarterons de poyvre,
« deux chappeaux de rozes vermoilles et
« une chandelle de cire pesant une livre.
« Item, avons droict de corvées ès quatre
« saisons de l'an sur aucuns de nos hom-
« mes aiant bestes de harnois, gesans et
« reposans sur le dit fief, et aucuns de
« noz dits hommes sont subjectz à tasser
« les grains en nostre grange, tirer le
« fiens de la court, piller les fruictaiges
« qui croissent aux jardins du dict fief et
« curer le wy du moulin du dit lieu, le
« quel est baillé à fief par cent solz tour-
« nois et la rente comprinse cy dessus.

« Item, avons ce droit de présenter au
« bénéfice dudit lieu de Cathellon. Item,
« avons droit de donner les escolles du
« dit lieu. Item, avons en dit fief soubz
« très-révérend père en Dieu monseigneur
« l'archevesque de Rouen, droict de jus-
« tice spirituelle comme de visiter ou faire
« visiter l'esglise du dict lieu de Cathellon,
« et la congnoissance de noz hommes en
« tous cas et malléfices à la dicte court
« spirituelle appartenans, et pour ce
« sommes tenus faire à mon dit seigneur
« l'archevesque cinq lièvres ou ung che-
« vreul de boys apprécié à quinze solz
« tournois. Item, avons droict de prendre
« en la forest du dict Monfort boys pour
« ardoir et maisonner en nostre dict ma-
« noir par la livrée du verdier, pasturaige
« en plaine forest pour toutes noz bestes,
« hors chèvres. Item, deux bestres par
« chacun an, au terme de Noël, par la
« livrée du dit verdier. Item, avons droict
« de prendre la sepmaine de devant Pas-
« ques, en la dicte forest de Montfort,
« cinq lièvres ou un chevreul. Item, quant
« il est pasnaige en icelle forest de Mon-
« fort, avons droict de prendre et avoir
« en chappeau, où l'en mect l'argent d'i-
« celluy pasnaige quatre deniers tournois.
« Item, nos porcz sont francz de pasnaige
« en la dicte forest. Si avons le pasnaige
« des porcz de noz hommes demourans en
« nostre dict fief; et pour ce sommes tenus
« avecques autres à ce subgectz, comme
« francz jugeurs, à faire visitation chacun
« an, en la dicte forest, afin de scavoir
« se en icelle il y a pasnaige ou non, et
« ce que en trouverons rapporter et vérif-
« fier devant le verdier de la dicte forest;
« et avec ce sommes tenus faire à cause
« et par raison du dict fief féaulté au roy
« nostre dict seigneur, avecques prières
« et oraisons pour toutes choses, réservans
« que se estions tenans de aucunes autres
« choses dont de présent n'aions con-
« gnoissance, à les bailler une autre fois par
« adveu, ainsi qu'il appartiendra. En tes-
« moing des quelles choses, nous, prieur
« et couvent dessus dicts, avons scellé ces
« présentes de noz sceaulx le dixième jour
« d'octobre, l'an de grâce mil cinq cens
« et huit. » (*Arch. de l'Empire*, P. 279,
cote 37.)

Le hameau de Caillouet a été distrait de cette commune en 1852 et réuni à Brionne. Chrétienville a été réuni à Harcourt en 1792.

Dépendances: — Beaufiel; — le Bocage; — Caillouet; — Chrétienville; — la Pic-tière; — Tournai; — l'Abbaye-du-Parc; — la Bergerie; — la Ferme-du-Bois; — les Bruyerettes; — les Cours-aux-Guilmatres; — les Ruffiets (château).

Cf. La Roque, *Histoire de la maison d'Harcourt*, 4 vol. in-folio. — L'exemplaire de la Bibliothèque impériale a une table qui, quoique défectueuse, ne laisse pas que d'être utile.

La Normandie illustrée, Eure, t. Ier, p. 51.

HARDENCOURT.

Arrond. d'Evreux. — Cant. de Pacy.

Patr. S. Martin. — *Prés.* le seigneur.

Hardencourt : *Harduini curtis.*

Garin d'Hardencourt donne au chapitre d'Evreux une rente de 5 sous sur le revenu de l'église d'Hardencourt :

« Universis ad quos presentes littere
« pervenerint, Garinus de Hardencort,
« salutem. Noverit universitas vestra quod
« ego donavi Deo et capitulo Sancte Marie
« Ebroicensis in perpetuam elemosinam
« quinque solidos usualis monete annua-
« tim, in perpetuum reddendos eidem ca-
« pitulo ad usum communitatis pro salute
« anime mee et parentum meorum ad an-
« niversarium meum et ipsorum singulis
« annis faciendum. Predictosque quinque
« solidos assignavi predicto capitulo an-
« nuatim reddendos in festo Sancti Re-
« migii a sacerdote de redditu ejusdem
« ecclesie de Hardencort, quos singulis
« annis ab ipso percipiebam. Ut autem
« hec donatio facta in perpetuum firma
« permaneat, presentis scripti et sigilli
« testimonio eam confirmavi. »

Aussi Garin, en sa qualité de donataire, est-il nommé dans l'obituaire d'Evreux : « ... Septimo idus novembris obiit Garinus de Hardencuria quinque solidos... »

1235. Dans une charte de l'abbaye de la Noë : Jean « de Hardencort ».

1307. Maître Fouque de Surci, desservant d'Hardencourt : « ... Magister Fulco « de Surciaco, rector ecclesie de Harden- « curia... » (*Gr. Cart. de Saint-Taurin*, f° 173.)

Son héritier était Raoul de Surci : « de Surceyo, armiger. » (*Ibid.*, f° 209.)

1409. Aveu de Jean de Garencières pour le fief d'Hardencourt. (*Arch. imp.*, P. 308, [° 8 r°.)

1486. Hommage de Guillaume de Gaillon.

1499. Hommage de Guillaume de Gaillon.

1518. Hommage de Guillaume de Gaillon.

1527. Hommage de Jean le Veneur.

1558. Hommage de Charles d'Harcourt.

La célèbre bataille du 16 mai 1364, qui a pris le nom de Cocherel, s'est livrée presque tout entière sur le terrain d'Hardencourt :

« L'armée navarroise, composée de près de 10,000 hommes, ayant quitté Évreux, marchait vers Vernon à la rencontre des Français. Ceux-ci, au nombre de 6 à 7,000 qui avaient remonté la rive droite de la rivière d'Eure, la passèrent le 15 mai dans l'après-midi et vinrent se loger dans la prairie voisine d'Hardencourt, en face de Cocherel. Le 16 au matin, les Navarrois, laissant en arrière la montagne qu'occupent les villages de Crêne et de la Ronce au-dessus de Jouy, s'avancèrent sur la hauteur moins élevée d'Hardencourt, d'où le terrain, par une pente douce, s'étend en une sorte de plaine assez vaste jusqu'à la rivière. Un bois taillis, qui existe encore, couvrait leur droite; le captal de Buch y plaça les bagages avec 100 hommes; puis l'armée, divisée en trois corps, mais en ligne serrée, s'étendit sur la hauteur en forme de croissant : le pennon du captal fut placé avec 60 chevaliers dans un fort buisson d'épines pour servir à rallier en cas de dispersion. Les Français étaient en face, au bas de la vallée, disposés en trois corps ayant une arrière-garde; mais le captal, fort de sa position, attendait qu'ils vinssent l'attaquer. Il fallut, pour le forcer à descendre, que Duguesclin feignit de se retirer : il fit même repasser la rivière à ses bagages. Un corps d'Anglais se mit aussitôt à sa poursuite; mais les Français firent volte-face : les troupes navarroises furent obligées de descendre; on combattit corps à corps, à coups de hache et d'épée. Le lieu de la mêlée est connu sous le nom de la Croix de la Bataille, parce qu'il y a eu longtemps une croix, détruite aujourd'hui. Là, Jean Jouel, chef anglais, tomba blessé mortellement. Pierre de Sacquenville, autre chef navarrois, et le captal lui-même furent faits prisonniers. Pendant ce temps, un corps de 200 lances avait attaqué et abattu le pennon du captal; le combat avait été sanglant. On voit encore au bord du bois la butte ou redoute à fossé circulaire sur laquelle était planté le pennon environné de ses défenseurs. Elle est connue sous le nom de Butte-Olivet; on y a trouvé des débris d'armes. » (Gadebled, *Dict. histor. des communes de l'Eure.*)

Dépendances : — Areline ; — le Bout-du-Pont.

HARENGÈRE (LA).

Arrond. de Louviers. — Cant. d'Amfreville-la-Campagne.

Patr. S. Christophe. — *Prés.* le baron du Bec-Thomas.

La Harengère : habitation d'un individu nommé Hareng, par corruption du nom d'*Harenc*.

(Voyez ci-dessus l'article de LA CHAPELLE-HAREING.)

Le pouillé d'Évreux nomme cette paroisse : « Harengeria. »

L'habitude de former des noms de lieu avec la terminaison *ère* ajoutée au nom du propriétaire est fort ancienne. Nous en voyons de fréquents exemples dans notre département.

Il y a dans cette commune un hameau de la Tretonnière. En 1311, on trouve dans le grand cartulaire de Jumièges des biens vendus aux environs de Duclair par Herbert Treton.

En 1233, Jean de la Harengère, chevalier, fit don à l'abbaye du Bec de tout le fourrage et de toute la paille qu'il prenait sur les dîmes de Mandeville et de la Harangère, à raison de son fief de la Harangère : « Johannes de la Harenguiere, miles... totum stramen et paleam quod habebam in decimis dictorum monachorum de la Harenguiere et de Magoeville, juxta la Harenguiere, et quamdam plateam apud la Harenguiere, in qua sita est granchia dictorum monachorum... »

En 1266, Jean Harenc, « miles, » en vertu de lettre de donation royale, s'était attribué le droit de patronage de l'église de la Harenguière. Le bailli de Rouen réclama *pro domino rege*, et, dans le parlement de l'Octave de tous les Saints, la présentation royale fut maintenue. Il fut reconnu « quod jus hujus patronatus, secundum consuetudinem patrie, pertinebat ad regem ».

On suit jusqu'aux premières années du XVe siècle les traces de la famille qui avait donné son nom à la paroisse. Guillaume Harenc, possesseur dudit fief, est qualifié homme d'armes dans un acte d'échange entre Philippe le Bel et le baron de Tournebu. Jean Harenc jouissait de cette terre en 1413. En 1453, le titulaire se nommait Crespin du Buse, père d'un second Crespin du Buse, et l'hérédité de mâle en mâle se maintint sous ce nom jusqu'en 1599, époque à laquelle des actes mentionnent Marie du Busc, fille de Régnier (les actes disent *Reigné*), sous la tutelle de Geneviève de Pretreval, sa mère.

En 1631, d'après un aveu, la terre et seigneurie de la Harengère, plein fief, appartenait à Jean de Nollent, baron de Saint-Jullien, au droit de sa femme Marie du Busc, nommée la dame de la Harengère dans un aveu de 1636.

En 1664, Angélique de Nollent, veuve de François de Querville.

1670. Anne de Nollent, veuve de N..., des Prés.

1697. Françoise-Louise des Prés, femme de Nicolas Dumont de Perville. Elle mourut sans postérité, laissant la seigneurie de la Harengère à Hector-François de Querville, son neveu. M. de Querville transmit ses droits par une vente, en 1720, à Pierre-François de Nollent, de Limbeuf, dont, en 1762, les héritiers firent une vente à Guillaume Boissel; mais un long procès intervint. Le marquis de Becthomas, en vertu de son droit de suzeraineté, claima l'adjudication au décret fait au bailliage de Pont-de-l'Arche sur les héritiers contumaces de P.-F. de Nollent.

Enfin, en 1773, Pierre-Bernard Morin, écuyer, conseiller du roi, auditeur ordinaire en la chambre des comptes, aides et finances de Normandie, fut mis en possession par retrait lignager exercé au droit de Marie du Londel, sa femme, lignagère des héritiers Boissel.

La déclaration au décret de 1762 et la sentence du 29 novembre 1772 font connaître en ces termes l'importance de ce fief :

« La terre et seigneurie de la Harengère est mouvante et relevante noblement, par foi et hommage, de la baronnie ou marquisat de Becthomas par un fief, suivant les aveux rendus au roi par les barons de Becthomas, suzerains, pour eux et leurs soustenants... jusqu'en 1612... Fait au bailliage du Pont-de-l'Arche suivant sentence du 23 novembre 1772.

« Ce fief est assis en la paroisse de Saint-Christophe de la Harengère, ainsi qu'en celles de Notre-Dame de Mandeville, Criquebeuf-la-Campagne, etc..., et consistant en manoir seigneurial, domaine fieffé et non fieffé, justice, juridiction haute et basse, hommes, hommages, rentes seigneuriales, etc... qui se mesurent au boisseau du marquisat de Becthomas, à raison de treize pots demiard, mesure d'Arques, le boisseau...; aides..., amendes, forfaitures..., bois..., taille, taillis, pâturage, droit de colombier..., de garenne, de parc pour emprisonner les bestiaux pris faisant dommages, corvées d'hommes, de chevaux et harnois, quand le seigneur le requiert; droit de prévôté à tour de rang et degré pour les masures; les prevosts tenus de venir tous les dimanches recevoir les commandements au manoir seigneurial pour faire sortir les rentes et autres affaires concernant la seigneurie; droit de premier banc en la chapelle de la Vierge de l'église de la Harengère; droit de moulte franche au moulin de Sinouvet. »

Ce moulin, qui porte le nom de celui qui le fit construire, est situé sur Saint-Martin-la-Corneille, dans la commune actuelle de la Saussaie.

On voit encore, à peu de distance de l'ancien manoir, un monticule d'un peu plus de 3 mètres de hauteur et d'une certaine étendue, formé de terres rapportées, autrefois entouré d'un fossé, sur le sommet duquel s'élevait un donjon, dont la tradition rapporte que les murailles avaient près de six pieds d'épaisseur; dessous s'étendait une cave à murailles et à voûte de pierres. Il n'en reste plus que quelques vestiges. Ce château aurait été, dit-on, détruit vers le commencement de l'occupation anglaise au XVe siècle. Quelques-uns disent à une époque beaucoup plus reculée. On a trouvé à peu de distance de petits projectiles, et dans la cave de petites pièces en cuivre sur lesquelles était gravé un vase en forme de ciboire surmonté d'une croix.

Dans les bois, on remarque plusieurs retranchements qui paraissent avoir servi à des dispositions militaires.

Les Célestins de Mantes possédaient des terres à la Harengère et à Crestot. Un fief dont le chef était en ce dernier lieu comprenait une partie du territoire de la Harengère et relevait de ces religieux bien avant 1652.

L'église de la Harengère, sous l'invocation de saint Christophe, n'était, dit-on, autrefois qu'une simple chapelle portant le nom de ce saint; aussi le quartier de l'église est-il encore indiqué aujourd'hui sous le nom de quartier ou triège de Saint Christophe.

Au XIIIe siècle, le patronage de cette église était évalué à un revenu de 25 sols. Le chœur, qui est probablement l'ancienne chapelle, remonte au moins au XIIIe; la nef appartient à la fin du XVe.

La charité ne fut érigée qu'en 1773.

On croit qu'une maladrerie a jadis existé entre la Harengère et Mandeville.

Dépendances : — la Goulette ; — le Hamel ; — le Houle ; — Saint-Christophe ; — la Fretonnière ; — la Vispasière ; — le Manoir.

HARICOURT.

Arrond. des Andelys. — Cant. d'Écos.

Patr. S. Germain. — Prés. le prieur de Saussense.

L'étymologie d'Haricourt semble bien se rapprocher de l'étymologie d'Harcourt. Dans une charte de Saint-Père de Chartres (xi⁰ siècle), on trouve : « Rainaldus de Haricurte. »

Vers 1130, Anscred de Vernon donna les deux églises d'Haricourt et du Bois-Jérôme au prieur de Saussense.

« Ecclesia Sancti Supplicii de Boscho Gyralmi. Prior de Saliceosa facit ibi deservire per duos canonicos qui habent usque ad triginta libras turonensium et sunt ibi duæ ecclesiæ. Haricurt habet xlviii. parrochianos. Sanctus Supplicius habet xliii. Totum residuum percipit dictus prior. »

Ainsi l'église d'Haricourt ne formait qu'une cure avec celle du Bois-Jérôme, à laquelle le titre était attaché du temps d'Eudes Rigaud; mais il est probable qu'elle avait dès cette époque pour patron saint Germain.

Suit l'aveu du fief de la Queue, situé sur le territoire d'Haricourt :

« Noble damoiselle Perrette du Mesnil, vesve de feu Jehan le Villain, en son vivant escuier..... advoue à tenir du roy..... en sa duchié de Normandie le fief, terre et seigneurie de la Queue assis en la parroisse de Haricourt; et s'estent en la dite parroisse de Haricourt et de Heubecourt, et environ la bonne ville de Vernon ou bailliage et viconté de Gisors : ou quel elle a manoir, coulombier à pié et masures, jardins, avec soixante acres de terre ou environ. Item, trois acres de bois ou environ, dont elle ne doit ne tiers ne dangier..... Item, au droit du dit manoir la dicte damoiselle est coustumière en la forest de Vernon et a droit de prendre bois à charetées et à chevaulx, tant pour edifier comme pour ardoir, toutesfoiz que mestier en a et bon lui semble par la livrée du verdier. Item, elle doit avoir pasturage en la dicte forest pour toutes ses bestes. Item, a cause du dit fief a court et usage de tous ses hommes et subjectz en basse justice... Et au droit du dit fief doit ung jour de garde en la tour Domalle, laquelle tour siet ès mur de la dicte ville de Vernon... Pour le quel fief la dicte damoiselle est tenue faire foy et hommage au roy... avec le relief quant le cas eschiet.

« Le xxiiii⁰ jour de septembre l'an mil ccccl iii. » (Arch. imp., P 307, f⁰ 81 v⁰, n⁰ 261.)

Le même aveu se trouve à la date de 1319. (P 307, f⁰ 9 v⁰, n⁰ 212.)

« Jehan Marie avoue à tenir du roi, à cause de sa duchié de Normandie, par foy et hommage ung noble quart de fief de haubert ainsi comme il se comporte en chief, en corps et en membres, franchement et noblement, tenu à court et usage en basse justice, avecques toutes ses appartenances, etc... Icelui quart de fief assis en la parroisse de Haricourt et s'estend en icelle parroisse et illec environ. Le quel fief fut à Jehan Aupoir et paravant à Jaquet Lefevre et encore paravant à Jehan Dubuz.

« Le xviii⁰ jour de janvier l'an mil cccc cinquante et trois. » (Arch. imp., P 307, f⁰ 19 v⁰, n⁰ 258.)

1411. Aveu par Raoul de Saint-Rémi.

1449. Hommage de la seigneurie par Jean Auzois.

1453. Hommage de la seigneurie par Jean de Marle.

1459. Hommage de la seigneurie par René du Bus.

1502. Hommage de la seigneurie par Gui du Bus.

1518. Hommage de la seigneurie par Gui du Bus.

1521. Hommage de la seigneurie par Claude d'Aulners, à cause de Renée du Bus, sa femme.

« Le commun et habitants de la ville de Haricourt ont acoustumé prendre en la dicte forest [de Vernon] le bois seq en gesant, le vert en gesant, se il n'y a caable, le mort bois hors tailles et deffens, bois pour faire escurie en leurs maisons par livrée : c'est assavoir iiii posts, ii sommiers, ii trestz, ii pouchons, iiii soubz chevrons, ii parnes, ii filieres, ii coupples de chevrons et tous les liens aux dessoubz des trestz, pasturages a toutes leurs bestes hors chievres. Leurs pors sont frans de passage et de pasturages en la dicte forest coustumiere par paiant i denier de por... à la Saint-Andreu et obole a la Chandelleur, et de leur nourriture sont frans par apportans le nombre par escript au

« verdier, à la Saint-Andreu, réservé les
« pors au mois deffendu. Item, livrée pour
« carrelie de iii ans en iii ans, mesrieng
« a charue à chacun an et de essculr a
« charttes, clôture sur rue et rame pour
« les luis et autres mesmes droits coustu-
« miers : eulx sont tenus rendre au roy
« nostre dit seigneur deux journées de
« corvée chacun an, garbes en aoust,
« pains à Noel et œfs à Pasques, et si
« doivent faire le charroy des pons du
« chastel de Vernon, avecques autres
« mêmes rentes accoustumées. » (*Usages et
Coustumes des forets de Norm.*, fol. 31 v°.)

Voyez les articles GARENCIÈRES et GROS-
SEUVRE.

Dépendances : — la Queue-d'Haie ; —
le Calvaire (chapelle).

Cf. Toussaint D. plessis, t. II, p. 567.

HARQUENCI.

Voyez l'article ARQUENCI.

HAUVILLE-EN-ROUMOIS.

Arrond. de Pont-Audemer. — Cant. de Routot.

*Patr. S. Patr. — Prés. le prévôt de Nor-
mandie en l'église de Chartres.*

Hauville, Haucourt, Hautot, Houville
semblent appartenir à la même origine.
Nous sommes portés à croire, pour Hauville et pour Houville, que la véritable étymologie est : *Haldulfivilla*, ou *Harulfivilla*.
Antiquités romaines.
Hauville était au xi° siècle dans le domaine ducal. Richard II, duc de Normandie, donna à l'église Notre-Dame de
Chartres le patronage et les dîmes de
Hauville. Cette donation fut confirmée
par Henri II, en 1171, et par Rotrou archevêque de Rouen. Aussi, dans le pouillé
d'Eudes Rigaud, lit-on : « Hautvilla ;
prepositus ecclesie Carnotensis in Normannia patronus. Valet... libras. Parrochiani cc. » Au xviii° siècle, et suivant
tous les pouillés, le prévôt de Normandie
en l'église de Chartres présentait à la cure.

Les ducs de Normandie démembrèrent
peu à peu le domaine d'Hauville. Nous y
trouvons, au xi° siècle, Gilbert Crespin et
Gilbert Stricar, qui, à leur tour, abandonnèrent à l'abbaye de Jumiéges, vers
1057, leurs domaines d'Hauville. Au xii°
siècle Hauville paraît avoir été partagé
entre les sires de Pont-Audemer et l'abbaye de Jumiéges. Dans un acte de 1183,
Robert de Meulan, donnant à l'abbaye de
Jumiéges la chapelle de Saint-Philbert-
du-Torp avec des droits dans la forêt de
Brotonne, dit : « Quandocumque ego
« ero apud Watterillam, vel apud Hau-
« villam, vel apud ipsum Torpum. »
L'abbaye de Jumiéges finit par envahir
le territoire d'Hauville, et les notes ci-
jointes en sont une irrécusable preuve.

Dans la charte de fondation de Saint-
Désir-de-Lisieux, donnée avant la conquête, on trouve : « Novam Villam mem-
« brum de Halvilla quod dedit Giskebertus
« pro sua filia... »

Parmi les témoins d'une charte de
Guillaume le Conquérant en faveur de
Saint-Amand, on trouve : « Willelmus de
« Hauvilla. »

Dans une charte en faveur de Saint-
Amand, en 1079, on trouve : « Willelmus
de Hauville. »

« ... Idem [Ursus, abbas Gemeticensis],
« anno sequenti (1119), Herberto in Hau-
« ville plaga vadimonium cessit sub annuo
« censu LX. solidorum... » (*Gall. christ.*,
c. 961.)

« Toroudus de Hauvilla, » témoin dans
une charte sans date de Guillaume de
Beaunai.

« ... Willelmus et Hosbernus de Hotot
« optulerunt Deo et Sancto Petro in Gem-
« metico, Johannem fratrem illorum,
« patre defuncto suo jugo regulæ mili-
« taturum hanc offerentes oblationem cum
« puero. Obtulerunt autem centum acras
« terræ quas tenebat Gislebertus Stricarius
« de eis in Hasvilla : ea scilicet conven-
« tione, ut quemadmodum de illis tenebat
« de ablate et monachis teneret et servi-
« tium et consuetudines quas illis solveret
« et abbati et monachis solveret... Hi au-
« tem testes oblationis : ipsi fratres Wil-
« lelmus et Hosbernus, Lanzelinus, Ri-
« chardus filius Warini, Wilelmus Brictot,
« Gislebertus Stricarius, Ansfredus præ-
« positus de Hartelvilla, Salomon de ea-
« dem villa, Rotbertus filius Odonis,
« Wilelmus Cocus, Rodbertus filius Mai-
« nardi. »

Dans les *Grands Rôles de l'Echiquier de
Normandie*, on trouve divers passages qui
ont rapport à Hauville : « ... Pro plegiis
« afferendis de Hauvilla usque Calomum,
« xxx. solidos per breve regis... » (Stapleton, *M. R. Sc. N.*, 1203, p. 520.)

« ... Pro terra reddita Guifrido cam-
« bium in Hauvilla, de feodo Ricardi de
« Vernon x. libras... » *Ibid.*, p. 118.)

« Johannes de Hauvilla reddit cam-
« partum pro Willelmo, capellano, de
« iiii°° libris de exitu redditus Carnot.
« de Normannia... » (*Ibid.*, p. 238.)

«... Pro clavis super estimatis et pla-
« stro ad domos regis de Watervilla et
« de Hauvilla, x. libras xii. solidos per
« breve regis. » (*Réd.*, p. 303.)

1205. « Willelmus, capellanus de Hauvilla, » témoin dans une charte de Nicolas
de Flancourt.

1211. « Martinus de Alvilla, » témoin
dans une charte de « Willelmus de Gau-
cheia ».

Dans une charte de Thomas d'Iville
(1216), on trouve parmi les témoins : « Willelmus et Henricus de Havilla, presbyter. »

En 1217, Herfroi des Genets donna à
Jumièges 2 acres de la terre «... que
dicitur le Malkerz, in parrochia Hauville ».
Parmi les témoins : Robert « de Fu-
schenis », chevalier, et Robert Hartel.

En mars 1218, Thomas « de Hauvilla,
faber, » donna à Jumièges son jardin « de
Hauvilla » et sa part « in terra que di-
« citur la Noete juxta campum illorum
« qui dicitur campus Bonel... »

1219. « Thomas Faber, de Hauvilla. »

1221. « Campus Poleinville apud Hauvillam. »

Trois chartes de donations à Jumièges
par Gilbert le Sergent, en 1220 et 1221,
parlent de la terre « apud Rokemont »,
de la terre en Meskerel, du champ Poleinville. — Il y en a trois autres de la
même époque, par Robert Lemarié, où
il est fait mention également du champ
Poleinville.

Vers 1230, l'infirmerie de Jumièges
avait des revenus « apud Hauvillam ».

L'abbé Roger de Jumièges concéda à
Robert de Bonesboz et à ses héritiers la
moulte «... omnium hominum suorum
« in feodo Sancti Petri apud Hausvillam
« manentium... » moyennant 60 sols
de rente et des stipulations très-
compliquées : «... Si busellus molendini
« pejoratus fuerit, coram ballivo et ho-
« minibus et per eos reparabitur... »

1248. « Reginaldus Guerout de Lendico, parrochia de Hauvilla. »

En 1248, Regnaud Guerout « de Lendico » vendit à l'abbaye de Jumièges
5 boisseaux de blé de rente, « et unam
« dictam carrucce annuatim tempore hye-
« mali, » assise sur une pièce de terre
appartenant à Lucienne la Bennenguele.

Richard « de Lendico... cum essem
« Judeorum debitis obligatus, nec me
« possem aliter expedire, » avec le consentement de Robert son fils et héritier,
céda à Jumièges, pour 32 livres 10 sols
tournois, des terres situées « apud Hauvillam », et entre autres son champ « de
Grisa Petra » et ses terres « de Valle
Tebout et de Longa Reia ». Cette cession
fut confirmée par Pierre « de Bosco,
miles, » seigneur du lieu, qui s'était engagé envers les Juifs pour 50 livres
tournois, par Richard Fainient à qui appartenait le fief. Ailleurs il parle de Jean
de Hauvillette et de « Boscus Lamberti de
Hauvilletta, Boscus Lamberti ».

Robert Hosart vend à Jumièges sa terre
à Hauville, bornée d'un côté par la terre
Asbrus et d'un autre côté par Robert de
Soutemare.

Au XIIIe siècle, il y avait à Hauville
une pièce de terre de deux acres
«... que dicitur Lone Camp... »

En résumé, l'abbaye de Jumièges domina à Hauville pendant tout le moyen
âge. Les religieux étaient seigneurs de la
paroisse, et ils y avaient droit de haute
justice, avec le patronage d'une chapelle
située dans le voisinage de l'église.

Les notes classées ci-dessus sont tirées
du fonds de Jumièges conservé aux archives de la Seine-Inférieure.

D'autres abbayes avaient aussi obtenu
des concessions dans la paroisse : Saint-
Wandrille y jouissait d'un trait de dîme;
Saint-Léger-de-Préaux y possédait un
fief, et Saint-Pierre-de-Préaux y possédait
la terre du Parc que cette abbaye avait
reçue en échange de Vascœuil.

Les principaux fiefs étaient le fief de la
Cour-l'Abbé tenu par Jumièges, et les fiefs
de la Haule, Thibouville, Cailletot et la
Neuville, le Bourbonnet, Ruchenard, la
vavassorie de Pinchemont.

Les possesseurs du fief de Cailletot
avaient dans la forêt de Brotonne des
droits qui sont constatés dans les *Usages
et Coutumes des forêts de Normandie*, f° 69
r°, et que nous allons publier :

« Les hommes et tenans du fieu de
« Cailletot en la paroisse de Hauville ont
« et doivent prendre en la forest de Bro-
« tonne le boiz secq en estant et le vert
« en gesant sanz caable et sanz amende
« et hors deffens... Item, la charetée de
« haestre vert en estant pour v solz
« tournois d'amende, et la somme pour
« deux solz, et le faez pour xii deniers,
« et la charetée de quesne pour x solz
« tournois d'amende, et la somme pour
« deux solz. Item, la branche de tout
« boiz hors deffens, excepté quesne,
« jusques à xvii piez en hault et sans
« deshonourer l'arbre. Item, tout mort
« boiz hors deffens sans amende, si
« comme contenu est en la charte aux
« Normans. Item, la mousse, le caillou,
« le maille, le sablon, largille sanz
« amende. Item, le demourant du gloier...,
« du cendrier, de l'espevreur..., de les-
« cappleur et de tous les autres ouvriers

« quant la manœuvre en est ostée. Item,
« pasturages pour toutes leurs bestes,
« excepté chievres, hors deffens en toute
« l'année, excepté depuis la my may
« jusques à la my juinch. Item, pas-
« nage pour leurs pors, quant pasnage
« eschiet en icelle forest, par en paiant
« pour chacun porc x deniers, et se
« leurs dix pors ne mengoent de la pais-
« son, ja sy petit n'y aura mez qu'il
« puisse mengier i glan, ilz doivent
« estre portés ou menés a l'acquist du dit
« pasnage, et se portés ou menez n'y
« sont, ilz sont tenus paier pour chacun
« porc x solz tournois d'amende ou le
« porc forfait. Pour les quelles franchises
« dessus déclarées, les dix hommes et
« tenans sont tenuz paier au roy nostre
« seigneur a l'aloueur de la dicte forest,
« c'est assavoir quiconque fait maison ou
« rappareil qui appert par dehors, il paye
« cinq solz. Item, s'il y a aucun brasseur
« brassant, ou serre forgant, ou bou-
« lengier fournant ou d'autre mestier
« ouvrant qui touche le fait de la dicte
« forest, il paye chacun de suy par chacun
« an au roy nostre sire, aux termez Saint
« Michel et Pasquez par moitié, v solz en
« la main du dit aloueur. Item se il y
« a aucun qui ait charette et chevaux sur
« le dit fieu, il est tenu paier par chacun
« an au roy nostre sire, au terme Saint
« Michel, xv deniers et a Pasquez xv de-
« niers, et celui qui n'a point de cheval,
« et porte au col, paye par chacun an aux
« diz termes iii deniers, et celui qui n'a
« que i cheval paye aux diz termes
« xviii deniers en la main de l'aloueur
« dessus dit. »

L'église, qui appartient à la deuxième moitié du xi° siècle, se compose d'une nef et de deux bas côtés; le portail à colonne et les fenêtres ont des ornements dans le style roman.

L'église était autrefois desservie par un curé et deux vicaires.

Dépendances : — la Barillière; — Belmare; — les Bons; — le Bourdonnet; — la Cour-l'Abbé; — l'Enfer; — la Ferganterie; — le Guérouft; — le Hameau-Cornier; — la Haule; — la Mare-Jonas; — les Mariés; — le Parc-le-Roi; — la Rue-Adam; — la Savallerie; — Thibouville-Callot; — la Croix-des-Bruyères (chapelle); — Barjolles; — les Renards; — le Bosc-Lambert; — la Cauchure; — les Desmarets; — l'Escalier-du-Fouet; — la Fontenaie; — le Fossé-des-Nouettes; — la Lisière-de-Saint-Michel-de-la-Haie; — la Lisière-du-Landin; — le Mont-Gignard; — Neuville; — Rousselin; — la Rue-Bénard; — la Sente-Nazareth; — la Barjollière; — la Grande-Houssaie.

Cf. Toussaint Duplessis, t. II, p. 569.
Canel, *Essai sur l'arrond. de Pont-Audemer*, t. II, p. 180.

HÉBÉCOURT.

Arrond. des Andelys. — Cant. de Gisors.
Sur la Levrière.

Patr. S. Laurent — *Prés. le seigneur.*

Deux diplômes, l'un du ii° siècle, l'autre du xi°, signalent une localité, dans le Vexin normand, nommée : « Hilbodi curtis. » S'agit-il d'Hébécourt ou d'Heubécourt ? Quoique la question reste douteuse, nous penchons à croire qu'il s'agit d'Heubécourt. En effet, Hébécourt, à partir du xiii° siècle, est toujours nommé « Herberti curtis », tandis qu'entre « Hilbodicurtis », de Charles le Chauve, « Hilboucurt », de Robert I°, et « Heubecort », d'Eudes Rigaud, on sent une relation intime et suivie.

Hugues « de Herbercort » est témoin de la charte de Gautier de Bouchevillers en 1205; le même Hugues est témoin d'une autre charte, sans date, du même Gautier.

Dans une charte en faveur de Mortemer, on trouve parmi les témoins : « Radulfus de Herberti curte. »

1227. Accord entre l'abbé du Marché-Raoul et Hugues d'Hébécourt sur la moulte des chanoines résidant à Sainte-Geneviève. Sainte-Geneviève était une petite communauté établie près de Sérifontaine, entre Gisors et Neuf-Marché : « Concordia inter
« ablatem de Marchesio Radulfi et Hugo-
« nem de Herbercort de molta canonico-
« rum residentium apud Sanctam Geno-
« vefam, assensu Willelmi Crispini, mi-
« litis. (*Arch. imp.*, Cart. Bl. de Saint-Denis, 607.)

L'abbaye de Saint-Denis acheta en 1249 le bien que l'abbaye du Marché-Raoul avait à Sainte-Geneviève.

1229. Accord entre l'abbé du Marché-Raoul et Hugues d'Hébécourt au sujet des droits d'usage des bois d'Hébécourt : « Theobaldus, archiepiscopus Rothoma-
« gensis, componit inter ablatem de Mar-
« kasio Radulfi et Hugonem de Herberti-
« curia, militem, super usuagio dictorum
« religiosorum in nemoribus de Herberti-
« curia. » (*Arch. imp.*, Cart. Bl., 612.)

Accord entre l'abbé du Marché-Raoul et Guillaume de Saint-Paul au sujet des dîmes d'Hébécourt : « O., episcopus, et
« H., decanus Parisiensis, componunt

« inter abbatem de Marchesio Radulfi et
« dominum Willelmum de Sancto Paulo,
« cantorem Rothomagensem, super qui-
« busdam decimis de Herberticuria. »
(Arch. imp., Cart. Bl., II, 612.)

1251. « Ludovicus de Hodene de Her-
« berticuria et Agnes, uxor mea, pro
« Sancto Dyonisio ad augmentum domus
« sue que est supra Sericum Fontem (Sérifontaine), dotalitium domine Aeline,
« relicte Urselli de Herberticuria..... »
(Arch. imp., Cart. Bl., 613.)

1263. « Petrus Brocart, armiger, et Pe-
« tronilla, ejus uxor, de parrochia de
« Herberti curia, non possunt scindere
« nemus suum ratione usagii abbatie
« Sancti Dyonisii... » (Arch. imp., Cart.
Bl., II, 613.)

Dans le pouillé d'Eudes Rigaud, on lit :
« Ecclesia de Herberticuria xxx. libras parisiensium; parrochiani lxx.; dominus
« ville patronus. »

Suivant tous les pouillés, le seigneur
présentait à la cure.

Dépendances : — le Bout-de-la-Ville;
— la Cour; — la Lande-Soret; — les
Landes; — la Mare; — les Massins; — la
Pérelle; — la Vallée; — les Monts; —
Bouville.

Cf. Toussaint Duplessis, t. II, p. 390.
La Trinité, notice par M. Bersan, 23 octobre 1852.

HECMANVILLE.

Arrond. de Bernai. — Cant. de Brionne.

Patr. S. Just. — Prés. le roi.

Hecmanville est la forme contractée
de Heuquemanville ou Heuequemanville,
qu'on retrouve sans cesse au moyen âge.

Dans un acte de 1260, Etienne Coix
confirme la donation faite par Nicolas
Coix d'une rente en blé sur deux champs
à Heuquemanville (champs de la Pierre et
de la maison Filloque), et sur une pièce
voisine du moulin Taneret de Brionne.

Dans une charte de 1318, relative à
Hecmanville, il est parlé de la Mare du
Moustier.

1331. « Sachent tous présens et à venir
« que je, Jehan du Bosc, clerc, ay baillié
« à ferme à tous jours mès, à Jehan de la
« Folie, une acre de terre assise en la
« parroisse de Franqueville, entre la voie
« par quoi l'on vient à Hersent de Heu-
« guemanville, et les houtières des champs
« d'aultre..., aboutant à la terre au dit
« Jehan, c'est assavoir : pour 40 sols de
« monnaie courante chacun an à estre
« paiés à la Saint-Michiel en Mont de
« Guargan. » Cet acte est du mardi devant
la Saint-Denis, en l'an de grâce mil
trois cens xxxi. Les témoins sont : Robin
de la Folie, Clément de la Folie, Robert
le Sage, Guillaume le Mesnier et maître
Eustache Ogier. (Cart. de Beaumont,
f° 114 v°.)

Dans les minutes du notariat de Bernai, de 1400 à 1402, on trouve constamment : Heuquemanville. Il y est fait mention du Quemin-Feret passant par cette
commune.

Cette commune dépendait du doyenné
de Bernai et du diocèse de Lisieux. Nous
trouvons dans les pouillés que le roi présentait à la cure. Quoique cette attribution
nous paraisse singulière, nous n'avons
rien trouvé qui dût nous la faire révoquer
en doute.

Dépendances : — la Chaussée ; — le
Moutier; — le Quesnei.

HÉCOURT.

Arrond. d'Évreux. — Cant. de Pacy.

Sur l'Eure.

Patr. S. Tourin. — Prés. le chanoine
d'Évreux présentait d'Hécourt et de Saint-
Chéron.

A Chambines, amas de laitier indiquant
d'anciennes forges.

« J., Dei gratia Ebroicensi episcopo,
« et toti capitulo, Simon de Aneto, salu-
« tem et obsequia. Veritatem querentibus
« tacere nec debemus nec possumus. Sci-
« mus etenim et in veritate quod Deus est,
« asserimus Johannem de Cambenis eccle-
« siam de Sancto Caranno cum decimis,
« et ecclesiam de Oecort cum decimis, cum
« assensu nostro, et capellam specialiter
« de Cambenis, cum totis decimis ecclesie
« vestre ad crementum prebende Auberti
« de Cambenis in perpetuam donasse ele-
« mosinam : et in signum perpetue dona-
« tionis majori altari obtulisse, eamque
« donationem de perpetuo ac fideliter ser-
« vaturum, juramento firmasse. Supplica-
« mus igitur sanctitati vestre, quatinus in
« verbo nostro testimonium nostrum tan-
« quam presentium recipiatis. Valete. »

Cette lettre de Simon d'Anet, adressée
à Jean, évêque, et au chapitre d'Évreux,
constate que les églises de Saint-Chéron,
d'Hécourt et la chapelle de Chambines
avaient été données par Jean de Chambines pour augmenter les revenus de la

prébende dont jouissait Aubert de Chambines.

Aussi lisons-nous dans le nécrologe de l'église d'Evreux, au 11 des ca' ndes d'octobre : « Obiit Hugo sub die et Aubertus de Cambinia et Hugo de Cambinis. »

Au 3 des ides d'octobre : « III. idus octobris obiit Aubertus de Cambinis... »

Au 14 des calendes de décembre : « Decimo quarto kalendas decembris obiit
« Rogerius Burgensis ad cujus annuale
« dedit Gaufridus Burgensis masuras que
« fuerunt Taurini de Alencuria... »

Cependant, dans la pièce suivante, nous voyons Jean de Chambines donner une chapelle de Sainte-Marie-Madeleine, qui était devant la porte du manoir de Chambines, au prieur de Notre-Dame-du-Lesme :

« Sciant tam presentes quam futuri,
« quod ego Joannes de Chambinis do et
« concedo capellam Sancte Marie Magda-
« lene, que est ante portam meam de
« Chambines, ecclesie Sancte Marie de
« Deserto, in perpetuam et liberam ele-
« mosinam, ita quod ecclesia de Deserto,
« sit mater et capella de Chambinis et
« que earum melius poterit alteri succur-
« rat : et predicte capelle de Chambinis do
« et concedo in perpetuam elemosinam et
« liberam, pro salute anime mee et pa-
« rentum et antecessorum meorum, ber-
« bergarium circa, sicut jam mete posite
« sunt, clausum vince de ecclesia tali con-
« ditione quod domini de Deserto facient
« et excolent vineam, et mihi remanebit
« medietas vini, et ego inveniam eis bo-
« scum ad vineam claudendam et facien-
« dam. Item, in capite culture mee do eis
« terram ad gardinum faciendum, sicut
« mete posite sunt, et duos hospites ante
« capellam et unam masuram in Nor-
« mannia, et tres solidos ad lumen lam-
« padis et decimam de blado et de vino
« sicut est in villa de Chambinis. Et si
« hanc decimam eis garantizare nequeo,
« excambiabo eis ad valens decime in he-
« reditagio meo redditum pro redditu et
« do eis... et moltam bladi pro victum
« dominorum et servitium eorum et fa-
« milie eorum que apud Chambines man-
« serit... et radium c. solidorum apud
« Molinel... Testibus : Roberto, comite
« Legrestie; Petronilla, comitissa Le-
« grestie; Guillelmo de Chambinis; Al-
« marico de Garennis; Henrico de la Loe
« Corbel; Andrea de Chambinis......
« Adelina, matre Johannis de Chambinis;
« Sarra, uxore Joannis de Chambinis;
« Willemo de Mere... » (Cart. de Notre-Dame-du-Lesme, f° 50.)

Amauri de Garennes donna à Notre-Dame-du-Désert, du consentement de Chrétienne, sa femme, de Simon, son fils, et de Morisse, son frère, 4 arpents de terre dans le fief d'Eucourt, c'est-à-dire d'Hécourt :

« Almaricus de Garennis omnibus san-
« cte matris ecclesie filiis et omnibus et
« aliis servientibus, tam presentibus quam
« futuris, salutem. Sciatis me dedisse et
« presenti charta mea confirmasse Deo et
« Sancte Marie de Deserto et ecclesie
« Sancte Marie Magdalene de Chambinis,
« que sit filia ecclesie de Deserto, IV. ar-
« penta de terra in feodo de Oencourt,
« juxta duos arpentos... quos Henricus de
« la Loe eidem ecclesie dedit... Etiam do
« eis in bosco de Oencurt, etc... » (Cart. de Notre-Dame-du-Lesme, f° 51 r°.)

En 1206, au mois de novembre, Guillaume, abbé de Notre-Dame d'Aubecour, reconnut au nom de son couvent que Guillaume, archidiacre d'Evreux, et Guillaume, curé « Sancti Taurini de Hoecaria » (Hecuria) ?, leur avait donné permission de s'établir et de construire un oratoire dans cette paroisse. Il renonça à toute prétention sur les dîmes, même du terrain que cultiveraient ses religieux et sur tous autres droits appartenant à la prébende : «... salvis tamen nobis privi-
« legiis super novalibus et hortis et nutri-
« mentis animalium. Nos autem in pre-
« dicto oratorio sanctum in capella Sancte
« Marie de alodio competenter et cano-
« nice faciemus deserviri per unum aut
« duos de fratribus nostris in eodem loco
« residentiam facientibus... »

En 1223, Guillaume « de Cambinis », fils de Gautier de Chambines, chevalier, confirme « omnia que habent de feodo et dominico meo in parrochia de Menilis ».

En 1227, Jean de Chambines, fils de Gautier de Chambines, chevalier, confirma une aumône faite à la Noë, dans son fief, par Guillaume Roussel, de 5 sols parisis sur Robert la Forligne. (Bibl. imp., Ch. de la Noë.)

« ..... Item, les dis religieus ont un
« manoir en la parroisse de Saint-Taurin
« de Heccoure, auqueil il appartient
« 4 acres de vignes ou environ, et fut
« prisié le dit manoir, les appartenances
« par les gens de monseigneur le roy de
« Navarre, à x livres parisis, valent xii liv.
« x. sols tornois. »

« Les habitans de Hécourt ont en la
« forest de Hécourt, dépendant de la fo-
« rest de Pacy, le bois sec en estant et en
« gesant, et le vert en gesant, le mort bois
« hors le cherme, le quel ilz dient à eulx
« appartenir; mais point n'en ont usé, et
« pour ce ne leur est point délivré. Item,
« ils prennent chacun chesne vert pour

« xviii sols, le fou pour xv sols, et quand
« ils sont secs ainssi comme estocs, il en
« paient iii sols. Item, pasturages pour
« leurs bestes hors tailles délivrés. Item,
« passages pour pors, en paiant le pas-
« nage accoustumé; et pour ce, doivent
« poier chacun d'iceulx habitans chacun
« un boessel de blé chacun an au terme
« de Saint-Remy, aux seigneurs de la fo-
« rest un pain tel qu'il le fournie, et
« ii deniers à Noël et viii œfs à Pas-
« ques. » (*Usages et Coutumes des forêts de
Normandie*, f° 167 r°.)

On trouve également, p. 160, les droits
« que le curé et les marregliers de l'église
« et paroisse de Hécourt ont au Buisson
« de Hécourt, dépendance de la forest de
« Paci ». (*Ibid.*, f° 160.)

Un livre de la vie et des miracles de
saint Lain a été traduit du latin en rimes
françaises par Jean le Roi, curé d'Hécourt,
au diocèse d'Evreux.

Dépendances : — Chambines ; — Ban-
quelu ; — le Fort-Laleu ; — les Botes ; —
la Bouverie ; — le Caveau ; — le Hou ; —
la Plesse.

HECTOMARE.

Arrond. de Louviers. — Cant. de Neubourg.

*Patr. S. Taurin. — Prés. le chapitre de la
Saussaye.*

Deux fiefs situés à Hectomare relevaient :
Le fief d'Escambose ou Décambos, de
la seigneurie du Troncq ; le fief Bayeux,
de la baronnie du Bourgtheroulde ; d'autres terres, du comté d'Harcourt.

Deux familles considérables possédaient
des biens dans cette paroisse : MM. Routier (Jean-Claude), 1758 ; — Jean-Baptiste,
1765, tous les deux conseillers au parlement, fils et petit-fils d'un commentateur
de la *Coutume*.

En 1713, Antoine Coularé de la Fontaine, capitaine au régiment de la reine,
né à Hectomare, créait une rente pour
services religieux. Sa postérité habite encore cette commune.

La charité d'Hectomare était fondée en
l'honneur de saint Célerin et de saint Taurin ; elle avait des armoiries *de sable au
mot charitas d'argent, les trois syllabes posées les unes sur les autres*.

La seigneurie d'Hectomare a été longtemps unie à celle du Troncq, aux mains
d'une branche de la famille Le Cordier,
dont l'héritage passa au xviii° siècle dans
la famille de Savary.

Dépendance : — le Hamel.

HELLENVILLIERS.

Arrond. d'Evreux. — Cant. de Damville.

Patr. Notre-Dame. — Prés. l'abbé du Bec.

Dans les *Grands Rôles de l'Echiquier
de Normandie*, au commencement du
xiii° siècle, figure Eustache d'Hellenvilliers : « Idem reddit compotum de
« suis receptis, scilicet de exactis de Eu-
« stachio de Herlenviller, cc. lxvi. libras,
« xiii. solidos, iv. denarios, pro c. mar-
« cis argenti, de fine terræ suæ. »

Le même Eustache confirma à l'abbaye
du Bec la donation faite par Guilbert,
son père, du patronage de cette paroisse,
ainsi que des dîmes et d'une chapelle
élevée dans sa cour.

1215. « Ego Matheus de Mummorein,
« assensu Eustachii de Herlenviller, capi-
« talis domini mei, et Gileberti, filii ejus. »
(*Arch. de Lire.*)

1220. Raoul « de Herleviler, dominus
omnis feodi ».

1228. Hugues « de Hereinviller », homme
d'armes. (*Charte de l'Estrée*, B 2, l. 3,
ch. 34.)

Roger « de Herlanviller » renonça, en
1235, à tous droits sur les dîmes et novales.

Dans un obituaire de Lire, on trouve,
au 2 septembre : « Domina Petronilla de
Herlanviler. »

Suit une donation à l'Estrée par Hugues de Hellenvilliers :

« Notum sit omnibus presentes litteras
« inspecturis quod ego Hugo de Heren-
« viller, pro salute anime mee et anteces-
« sorum meorum, de assensu et voluntate
« Gilleberti, fratris mei, et uxoris mee He-
« remburgis, dedi Deo et abbatie Sancte
« Marie de Strata, et monachis ibidem
« commorantibus, unam molam bladi
« et alteram avene, ad mensuram Vernolii,
« pro decima campartorum meorum in
« grangia de Herenviller annuatim ad
« festum sancti Remigii a me et heredi-
« bus possidendas. Concessi etiam eis
« quinque solidos Turonensium annui
« redditus, quos G. filius meus, de volun-
« tate et assensu meo, dedit eis assignatos
« super hereditatem suam. Que ut rata
« et stabilia maneant in perpetuum, pre-
« sentes litteras sigilli mei munimine
« roboravi. Actum anno gratie m° cc°
« x° v°. »

1211. Hugues « de Herlenviler, miles ».
1234. « Omnibus hæc visuris vel audi-
« turis, Hugo de Herlenvillari, miles, salu-

« tem. Noveritis quod ego, pro salute
« animæ meæ et antecessorum meorum, ex
« nunc do et concedo finaliter abbati et
« conventui de Becco Helluini et eorum
« successoribus, de expresso et spontaneo
« assensu et voluntate Isabellis, uxoris
« meæ, et Nicolai, filii nostri primogeniti,
« totam decimam nemorum meorum de
« Haiis, de Fossato et de Formeria et om-
« nium nemorum meorum, ubicumque
« fuerint, excepto nemore de plesseiaco
« meo justa manerium meum sito. Volens
« et concedens pro me et heredibus meis
« ut dicti abbas et conventus et eorum
« successores integre et sine aliqua dimi-
« nutione, libere et pacifice, habeant et
« percipiant decimam omnium nemorum
« prædictorum, excepto dicto plesseiaco,
« et omnium exituum et proventuum
« eorumdem nemorum, et fructuum seu
« rugum quæ in omnibus terris ubi sunt
« modo nemora supradicta exiverint vel
« inde provenerint, quandocumque vel
« undequaque. In cujus rei testimonium
« præsentem cartam sigillo meo sigilla-
« tam religioso viro fratri Helye, mona-
« cho granetario Becci, nomine dictorum
« abbatis et conventus, per quinque solidos
« turonensium quos eidem dedi nomine
« dictæ decimæ, misi in possessionem et
« saisinam omnium prædictorum. Datum
« anno Domini mº ccº Lº IIIIº, die domi-
« nica post festum sancti Barnabæ apo-
« stoli. Testibus... »
Les *Olim* nous apprennent que le fief
d'Hellenvilliers, en 1257, devait être tenu
du seigneur de Corneuil : « ... Proba-
« tum est quod filius Hugonis de Hellenvil-
« lari debet tenere de domino de Cornellio
« feodum de Hellenvillari... » (*Olim*, I,
p. 11.)
En 1313, l'abbaye du Bec fut maintenue
par jugement dans son droit de patronage.
En 1395, messire Jean « de Herlanvil-
« ler » confirma le droit de prendre dîme
sur tous les bois qu'il possédait aux haies
du fossé de la Fournière et autres bois,
excepté celui de son Plessis, près de son
manoir.
Perrette d'Harcourt épousa un seigneur d'Hellenvilliers. Guillaume d'Hellenvilliers, l'un de ses descendants, par
lettres du 19 octobre 1438, obtint un an
de délai pour faire hommage et bailler
son dénombrement, à cause de la terre
d'Avrilli en la vicomté d'Evreux, de la
terre de Feugerolles en la vicomté de
Beaumont-le-Roger, et des moulins d'Andely en la vicomté de Gisors tenus du roi.
Suivant La Roque, cette terre d'Avrilli
aurait été possédée par la maison d'Har-

court, qui l'aurait reçue par succession de
la maison de la Roche-Tesson.
Louis d'Hellenvilliers était seigneur du
Mesnil-Jourdain vers la fin du XVIe siècle.
Le château date de l'époque de Henri IV
ou de Louis XIII. C'est là que, suivant une
tradition, Henri IV coucha en 1590, la
veille de son attaque de Nonancourt.
Une grande portion du village paraît
avoir été ruinée.

Dépendances : — Beaufre ; — Mergeant ; — la Ducherie ; — les Fourneaux ;
— la Fournière.

HENNEZIS.

Arr^t des Andelys. — Cant. des Andelys.

Patr. S. Pierre. — Prés. le seigneur.

A la fin d'une charte relative à des
biens situés dans le Vexin français, et
donnés en 1077 à Jumièges, on trouve les
signatures suivantes : « Gerardus Hani-
seis... Fulbertus Haneiseis. »
La charte de Guillaume le Conquérant,
en 1079, contient ce passage : « ... Tribuit
« vero Girardus filius Anscharii medie-
« tatem decimæ quam tenebat in Hani-
« sies, pro ea a monachis accipiens decem
« libras denariorum. »
La charte de Richard II en faveur de
Jumièges : « ... Dedit quoque ejus con-
« sensu [Richardi primi] quidam Bernar-
« dus in villa quæ dicitur Aunisey hospi-
« tia VIII... »
La charte de Henri II (1174) : « ... Apud
Hanisias VIII. hospitia... »
Dans les *Grands Rôles de l'Échiquier
de Normandie*, figure Aubri « de Hanesies ».
Richard Malfillâtre donne à l'abbaye
de Jumièges dix setiers qu'il avait droit
de prendre sur la dîme d'Hennezis :
1200. « Omnibus ad quos præsens scri-
« ptum pervenerit, Ricardus Malus Filias-
« ter, æternam in Domino salutem. Uni-
« versitati vestræ notum fieri volo, quod
« ego Richardus Malus Filiaster, decem
« sextarios hyvernagii quos ego jure he-
« reditario possederam in decima Hane-
« seie, assensu domini mei Richardi Ha-
« rou, de quo illos tenebam, in perpetuam
« elecmosinam, dedi ecclesiæ Gemmeti-
« censi, ad opus infirmorum monacho-
« rum, et in præsentia eorum libenter et
« quiete reddidi. Monachi vero spontanea
« voluntate, nomine charitatis, dederunt
« mihi XX. libras Andegavensium ; et do-
« mino meo prædicto Richardo, ut hanc

« eleemosinam confirmaret, et ex parte sua
« quidquid ad eum pertinebat etiam ipse
« daret, similiter nomine charitatis dede-
« runt xx. solidos Andegavensium ; michi
« etiam et prædicto Richardo concesse-
« runt participationem omnium bene fi-
« ciorum ecclesiæ Gemmeticensis. Atque
« ut hoc in perpetuum haberetur ratum,
« corporali præstito sacramento, manu
« propria et sigilli mei impressione con-
« firmavi. Actum anno incarnati Verbi
« millesimo ducentesimo. Testibus Radul-
« pho, presbytero; Matheo de Maisnillo, et
« multis aliis. »

Cette donation fut confirmée dans la même année par Richard Harou, chevalier, seigneur d'Hennezis, et plus tard par Gautier, archevêque de Rouen.

1213. Donation à Saint-Amand par Richard Harou, fils de Gautier Harou d'Hennezis. Les Harou étaient les seigneurs d'Hennezis. Nous allons bientôt les trouver patrons de la paroisse.

« Sciant omnes presentes et futuri quod
« ego Ricardus Harou, filius Walteri Ha-
« rou, de Hanesies, pro amore Dei et salute
« anime mee et omnium antecessorum
« meorum, concessi et dedi ecclesie Sancti
« Amandi Rothomagi et monialibus ibi-
« dem Deo servientibus dimidium modium
« frumenti, de quo quisque sextarius
« debet valere minus xii. denariis quam
« melius venditum in marcheio Andelei
« illud, recipiendum et habendum ad
« meam propriam granciam de Hanisies
« intra festum Sancti Remigii. Et debent
« illud recipere ad usualem mensuram
« illius patrie, in liberam et puram et per-
« petuam elemosinam. Predictum vero
« dimidium modium frumenti ego et mei
« heredes in predicta grancia nostra con-
« tra omnes gentes garantizare et adquie-
« tare debemus predicte ablatie et ejus-
« dem loci monialibus in perpetuum.
« Quod ut firmiter teneatur, sigilli mei
« munimine confirmavi anno gratie m°
« cc° xiii°. Testibus Antelmo Danebout,
« Rogerio de Prato, Rogerio de Sancto
« Amando, Willelmo Cormele et aliis. »
(Cart. de Saint-Amand, f° 19 v°.)

En 1230, Gillebert de Warelive et sa femme Jeanne donnèrent à Jumièges une demi-acre de terre « in parrochia de Ha-nesies », en 2 pièces, l'une « in vancello super ortum Picardi », l'autre « in Tertrio ».

En 1230, Richard le Fol « de Hanisies », du consentement de sa femme Tyberge, donna 2 acres 3 vergées, en deux pièces, situées l'une près du chemin de Gasni, l'autre « ad Goincort. Actum in ecclesia Novi Andeliaci. »

1233. « Gillebertus de Warelive, volun-
« tate Johannæ, uxoris suæ, dat... in
« parrochia de Hanesies ; — Matheus de
« Hanesies... in Tertro... in ecclesiis de
« Gyseignies et de Hanesies. »

1233. « Wimundus de Planchis, volun-
« tate Emmæ, uxoris meæ, vendidi...
« apud Hanesies... juxta terram domini
« Hugonis militis de Vilers. Testibus
« Hugone Malfillastre, Matheo Harou... »

Chartes sans dates de Gautier et Lucas « de Villaribus », relatives à des terres « apud Guisegnies et Hanesies ». Il est fait mention « de terra Templariorum » et des terres « domini Mathei Harou, militis ».

Le pouillé d'Eudes Rigaud porte : « Ecclesia Sancti Petri de Hanesies. Ma-
« theus Harou patronus. Habet ix. et
« x. parrochianos. Valet xxx. libras Pari-
« siensium. Quidam percipit modo x. li-
« bras Parisiensium qui non videt. »

Nous trouvons dans le registre contenant les usages et coutumes des forêts de Normandie les renseignements suivants :

« Les commun et habitans de la ville
« de la Beguelande et les tenants du fieu
« de l'Espinai et Hennesies ont accous-
« tumé prendre en la dite forest le boys
« sec en estant et en gisant, et le vert
« en gisant, s'il n'y a caable, le mort boys
« hors tailles et deffens, bois par escarrie
« en estant pour leurs maisons : c'est as-
« savoir : iii postz, deux trefs, deux seuls,
« deux parnes, deux fillières, quatre soubs
« chevrons, deux pinchons, un feste,
« deux coupples de chevrons. Item, pas-
« turage pour pors, vaches et chevaulx,
« hors tailles et deffens en tous les temps,
« réserve les pors, qui ny vont point en
« moys deffendu, ne les autres bestes, sy
« non à la veue des champs ; livrée de
« chartilz de trois ans en trois ans, four-
« nille et ramille, avecque autres menus
« drois accoustumés : et pour ce sont tenus
« faire la huée, quant on cache pour le
« Roy en la dite forest, et culx sont se-
« mons par le sergeant. Item, ilz doivent
« garder le ny d'espervier, quand il leur
« est monstré. Item, doivent garder les
« bestes qui sont prinses es malefachons
« d'icelle forest et autres menus faisances
« rentes et devoirs accoustumés. » (F° 37 v°.)

« Messire Pierrez de Villers, chevalier,
« seigneur de l'ostel, qui anciennement
« fu Huguez Manfillastre, et depuis à Jehan
« de Villers, escuier ; et Robert de Villers,
« escuier, seigneur de l'ostel, qui ancien-
« nement fu Richart Harou, et depuis audit
« Jehan de Villers, joingnant à l'esglise de
« Hanesiez, séans en la paroisse du dit lieu,
« ont et prennent en la forest d'Andeli
« pour les hostelz dessus diz et de chacun

« d'iceulx..., usage de panage et pastu-
« rage pour leurz bestez des ditz manoirs :
« franchement esquarisseure de bois de
« chesne, par livrée du verdier, pour édi-
« fier : le foure, pour parfaire maisons de
« bois de foi en laissant le maistre foure :
« le mort bois et les branches d'arbre,
« sans desmembrer l'arbre, pour ardoir,
« pour faire et refaire les clostures à leurs
« champs et courtilz des diz lieux. Et pour
« ce sont tenus les diz messires Pierrez de
« Villers et Robert de Villers, escuier,
« poursuir les malfaiteurs de la forest au
« mandement du verdier de la dite forest
« à leurs propres coutz et despens, de
« l'espine de Gannet jusquez au ruissel de
« Presaingny. » (F° 29.)

Suivant un aveu du 28 novembre 1618, Hennezis était un demi-fief de haubert qui portait aussi le nom de Baudemont et qui avait droit de présenter alternativement à la cure d'Hennezis. Suivant le dernier pouillé de Rouen, le patronage était alternatif entre les seigneurs.

Voyez un aveu de Robert de Villers, demeurant à Hennezis. (*Arch. imp.*, P. 307, f° 119, n° 205, châtellenie de Gisors.)

1579. « Hector de Dampierre, curé et
« seigneur de Hannesis, en qualité de
« tuteur de demoiselle Louise de Dam-
« pierre, sa nièce, fille mineure et héri-
« tière de Charles de Dampierre, frère
« aîné dudit sieur curé, en son vivant
« seigneur dudit lieu de Dampierre et
« d'Escos, assis audit Hannesis, advoue
« tenir de la baronnie de Raudemont un
« fief de plaines armes assis audit lieu de
« Hannezis et environs, avec droit de pré-
« senter à l'église dudit Hannezis.

« De ladite Louise de Dampierre sont
« issus François de Sebouville et trois
« filles, dont l'aisnée épousa M. de Bour-
« senne, auquel fut accordé ledit fief de
« Baudemont, qui relève du roi à cause
« de sa vicomté d'Andeli. La deuxième
« épousa M. de Richebourg, auquel fut
« accordé ledit fief d'Escos, relevant de
« ladite baronnie de Raudemont, repré-
« sentée plus tard par M. le marquis de
« Mouy.

« La troisième épousa M. d'Ambleville,
« à laquelle fut donné le fief et quart de
« fief de la Bucaille, relevant de la juri-
« diction d'Estrépagny.

« Auquel fief d'Escos, représenté par
« ledit sieur marquis de Mouy, il y avait
« 25 maisons qui en relevaient.

Une chapelle en titre était en 1631 à la collation pleine de l'archevêque de Rouen.

Dépendances : — Haute-Borne ; — Nézé ; — les Verdiers ; — le Dernier-Sou.

Cf. Toussaint Duplessis, t. II, p. 349.

HERPONCEY.

Arrond. d'Evreux. — Cant. de Rugles.

Patr. S. Denis. — *Prés. le seigneur.*

En 1301, Jean de Hanoay reconnut devoir à Guillaume « de Brolio » une rente sur deux pièces de terre « in parrochia de Herponcey », dont l'une près « ... maram de Blonde » et l'autre près la terre de Luc « de Messayo, armigeri ».

Cette paroisse a été réunie à Rugles en 1791.

HERQUEVILLE.

Arrond. de Louviers. — Cant. de Pont-de-l'Arche.

Sur la Seine.

Patr. S. Germain. — *Prés. le seigneur.*

La chronique de Fontenelle constate que du temps du roi Dagobert un certain Leutfert, qui était fort riche, donna une ville nommée « Archarium villam » et située dans le Vexin : « Anno quinto re-
« gnante Dagoberto Juniore rege, quidam
« presbyter nomine Leutbertus, vir valde
« dives, contradidit eidem venerabili patri
« prædia........ et Archarium villam in
« pago Veliocassino..... »

« Harcharius » est le nom que portaient deux évêques du temps de Charles le Chauve.

L'abbaye de Fécamp était, au XIe siècle, propriétaire à Herqueville : « ... Et super
« ripam Sequanæ Ascheri villam et quicquid
« ibi Trostinus tenuit. ... ». (Charte de Richard pour Fécamp, 1006.)

Dans le pouillé d'Eudes Rigaud on lit :
« Ecclesia Sancti Germani de Harque-
« villa. R. de Moliis armiger patronus.
« Habet xxviii. parrochianos, valet xx. li-
« bras Turonensium. »

Au XVe siècle, le droit de patronage était alternatif entre divers seigneurs.

« Du roy nostre souverain seigneur
« tient et advoue à tenir Phelipot de
« Saint-Martin, escuier, ung fieu de
« plaines armes assis en la paroisse de
« Saint-Germain de Harqueville et de
« Nostre-Dame d'Ande, auquel fieu appar-
« tiennent deux manoirs esquelz a deux
« coulombiers à pié, et en icelui fieu a

« court et usage et la cognoissance de
« ses hommes et subgez en basse jus-
« tice. . . . .
« . . . . et au droit dudit fieu a droit
« de présenter à l'église parrocial du dit
« lieu de Saint-Germain de trois foiz l'une
« quant le cas eschiet, et Pierre Houvel,
« escuier, les deux. . . . .
« . . . . Item, au dit
« fieu appartient une place où il y a sault
« de moulin et deux pescheries en la
« rivière de Saine, aveecques deux acres
« d'isles ou environ, et deux acres de
« vingne ; du quel fieu et appartenances
« d'icelui le dit escuier doit foy et hom-
« mage au roi. . . . . avec onze jours
« pour aider à garder la porte de derrière
« du chastel du Val-de-Rueil en temps de
« guerre par chacun an à ses despens, et
« doit estre sommé huit jours avant que
« il face la dite garde, quant mestier en
« est, par les officiers du roy en son
« hostel. . . . .
« . . . . Le xxii° jour de may, l'an de
« grace mil cccc et xix. » (*Arch. imp.*,
P. 307, fol. 9 r°. N° 211.)

1419. Aveu par Philippe de Saint-Martin.

1482. Aveu par Nicolas Boyer.
1525. Aveu par Jean Boyer.
1558. Aveu par Louis Boyer.

En 1654, le seigneur du fief de Villette
présenta à la cure d'Herqueville.

En 1679, l'abbé de Conches, suivant
Toussaint Duplessis.

D'après les derniers pouillés de Rouen,
ce patronage était alternatif entre différents seigneurs. Aussi, suivant un aveu
du 15 avril 1703, le seigneur des trois
fiefs de la Cour-du-Bois, de la Vacherie
et de la Tropelée était patron honoraire
de la cure de Muids, et avait droit de
présenter alternativement à la cure d'Herqueville.

Cf. Toussaint Duplessis, t. II, p. 523.

HEUBÉCOURT.

Arr. of. des Andelis. — Cant. d'Écos.

Patr. Notre-Dame. — *Prés. le prieur
de Saussense.*

Voici le diplôme de Charles le Chauve
que nous signalions tout à l'heure à l'article Heuqueville.

En 862, Charles le Chauve sanctionne
l'échange de deux propriétés situées dans
le Vexin entre Gausselin, abbé de Jumièges,
et un personnage nommé Warnaire. L'abbé

reçoit une ville nommée « Hildbodicurtis »,
que nous pensons être Heubécourt :

« In nomine sanctæ et individuæ Trini-
« tatis, Karolus Dei gratia rex. Si enim ea
« quæ fideles nostri pro eorum commodi-
« tatibus inter se commutaverint [nostris
« confirmamus edictis, regiam exercemus
« consuetudinem], et ob id in postmodum
« jure firmissimo mansura volumus. Ideo-
« que noverit omnium sanctæ Dei ecclesiæ
« fidelium nostrorum que, tam præsentium
« quam et futurorum, industria quia ve-
« niens Warnarius. . . . . nostræ sereni-
« tatis celsitudini innotuerunt qualiter res
« suas pro amborum partium utilitatibus
« inter se commutare deberent, quod et
« fecerunt. Dedit inter ea memoratus
« Warnerius. . . prædicto Gauzlino reve-
« rendo abbati ad jus proprium habendas
« res suas, sitas in pago Vilcasino, in villa
« nuncupante Hildbodicurte, de terra
« arabili bunuaria xvii. et duos arpennos
« et e contra in recompensione. . . Ge-
« meticensis cœnobii prælibato Warnario
« viro industri ad jus proprium habendum
« in ipso pago Vilcasino, super fluvium
« Triotna, in loco nuncupante Gertzisiacas
« casas, de terra arabili bunuaria viii. et
« arpennos de terra arabili bunuaria iii. et
« arpennos iii. et in alio loco qui dici-
« tur ad Halulfovillare arpennos iii. et
« quadr. xi. et in tertio loco ad rupe. . . . .
« . . . . arp. . . . . . . et xi., in quarto loco
« bunuaria. . . . . . et arpennos. . . . .
« roboratas nostræ magnitudini ostende-
« runt ad relegendum. Sed pro integra
« firmitate, et inviolabili commutatione,
« petiit uterque munificentiam nostram
« ut easdem commutationes. . . . . . . cle-
« menter annuentes, hoc altitudinis nos-
« træ scriptum fieri illis jussimus, per
« quod præcipimus atque firmamus, ut
« quicquid pars juste et rationabiliter
« alteri contulit parti. . . atque possideat
« et faciat exinde quod elegerit. Et ut hæc
« nostræ auctoritatis præceptio firmiter
« habeatur ac per futura tempora diligen-
« tius observetur, anuli nostri impressione
« sigillari jussimus.

« Elifredus diaconus ad vicem Hlu-
« dowici recognovi et subscripsi.

« Data pridie Kalendas februarii, in-
« dictione decima, anno vigesimo se-
« cundo, regnante Karolo gloriosissimo
« rege. Actum ad insulas super Matronam
« (*Iles sur Marne, à une lieue de Meaux*)
« in expeditione hostili, in nomine Dei
« feliciter. »

La charte du duc Robert Ier en faveur
de la métropole de Rouen porte : « . . . In
« Vilcassino Northmanno duas villas. . . . .
« unam nomine Nielfam, alteram Hilbou-

« curt dictam, cum ecclesiis et molendi-
« nis... »

La circonstance des moulins semble mieux s'appliquer à Hébécourt (canton de Gisors).

Hébécourt est placé sur la Lévrière, et Heubécourt est placé sur le plateau d'Ecos; mais la phrase « cum ecclesiis et molendinis » ne porte pas sur Heubécourt seulement. Il s'agit des églises et des moulins d'Heubécourt et de Neaufles ; or, Neaufles est précisément situé sur la Lévrière et sur l'Epte.

Le patronage d'Heubécourt fut donné, en 1193, au prieuré de Sausseuse par un gentilhomme nommé Guillaume de la Porte.

Dans le pouillé d'Eudes Rigaud, le prieur de Sausseuse est en effet le patron d'Heubécourt : « Ecclesia Beate Marie de
« Heubecort. Prior de Salicosa facit de-
« servire per duos canonicos qui habent
« usque ad sexdecim libras Parisiensium.
« Et prior totum residuum percipit. Sunt
« ibi XL. et VII. parochiani.

Voyons maintenant quels étaient les droits d'Heubécourt dans la forêt de Vernon :

« Le commun et habitans de la ville
« de Heubécourt ont acoustumé prendre
« en la forest de Vernon le bois sec en
« estant et en gesant, le vert en ge-
« sant s'il n'y a caable, le mort bois pour
« faire escarrie hors taille et deffens, bois
« à leurs maisons par livrée, c'est assa-
« voir : III posts, II sommiers, II trefs,
« II ponchons, III soubs chevrons, un feste
« et II pannes, II fillieres, II paires de che-
« vrons et tous les liens au dessoubs des
« trefs, pasturage à toutes leurs bestes
« hors chievres, leurs pres, pasnage et
« pasturage, par paiant I denier pour porc
« à la Saint-Andrieu et à la Chandeleur,
« et franc pasnage pour leurs pors de leur
« nourriture, par apportant le nombre par
« escript à la Saint-Andrieu, réservé le
« moys deffendu, pour charetiz, merrien
« à charue chacun an, à esseulx, à carettes,
« cloture sur rue et rames pour leurs lins
« et autres menus droits acoustumés, et
« en sont tenus faire au roy nostre sei-
« gneur deux journées de courvée chacun
« en gerbes en aoust, pains à Noel et œufs
« à Pasques et doivent faire le charoy
« des pons du chastel de Vernon avec
« autres menus droits, rentes et deniers
« acoustumés. » (Usages et Coustumes des forêts de Normandie, fol. 32 r°.)

« De vous noble damoiselle Margueritte
« Avin, veufve de feu noble homme Phi-
« lippe de Montenay, en son vivant sei-
« gneur et baron de Garencières, dame
« et baronne de Baudemont :

« Je, Jehan Potart, escuier, tiens et ad-
« voue à tenir mon hostel fort, terre et
« seigneurie de Grumesnil, à cause de
« vostre baronnie, chastel et chastellenie
« de Baudemont, en laquelle j'ay de mon
« domaine antien cent cinquante acres de
« terres labourables et cent cinquante
« acres de boys.

« Laquelle terre de Grumesnil je tiens
« de vous Mademoiselle par ung fief de
« plaines armes, qui est ung demi fief
« de haubert, et se relève par ung espe-
« ron dorez du prix d'un escu d'or au so-
« leil. »

1579. « Du haut et puissant seigneur
« messire Jehan de Montenay, chevalier de
« l'ordre du roy, baron de Baudemont et
« Garentières, Louis de Martainville, sei-
« gneur de Fontenelles en Brie, gentil-
« homme ordinaire de la maison du roy,
« tiens et advoue tenir de mondit seigneur,
« à cause de sa dite baronnie de Baude-
« mont, pour et au nom de damoiselle
« Madeleine de Monmorency, ma femme,
« seulle fille de haut et puissant seigneur
« messire Georges de Monmorency, et fille
« et seule héritière de deffuncte noble da-
« moiselle Françoise de Pottard, sa mère ;
« c'est assavoir : ung fief, hostel fort,
« manoir, parc, terre et seigneurie noble,
« de tout temps nommé le Grumesnil,
« assis en la paroisse de Heubécourt, qui fut
« à deffunct noble homme Jean de Pot-
« tard, ayeul de madicte femme, et au
« précédent à messire Jean de Grumes-
« nil, en son vivant aussi chevalier.

« Lequel fief nous tenons par un fief de
« plaines armes qui est un demy fief de
« haubert.

« Et je relève par un esperon dorez du
« prix d'un escu d'or au soleil.

« 16 avril 1579. »

Dépendances : — Coupigni ; — Grumesnil, château.

HEUDEBOUVILLE.

Arrond. de Louviers. — Cant. de Louviers.

Patr. S. Valérien. — Prés. l'abbé de Fécamp.

L'origine du nom d'Heudebouville nous parait être : *Hildeboldi villa*.

En 816, un personnage de ce nom, « Hildeboldus, » était archichapelain du palais de Louis le Débonnaire et fut l'un des seigneurs chargés d'aller au-devant du pape Etienne.

Un autre « Hildeboldus » fut plus tard notaire de Charles le Chauve et diacre (de 860 à 869). Dans une des chartes qu'il a souscrites, il prend le titre de chancelier.

Parmi un certain nombre de noms de lieux enlevés puis restitués à Fécamp par Robert Iᵉʳ, on trouve : «... Villam Heldebordi cum omnibus suis appendiciis... »

Il s'agit évidemment de notre Heudebouville.

Bérenger d'Heudebouville : « Heldeboldivilla, » figure comme témoin dans une charte de Rainaud, vicomte d'Arques, contemporain de Richard II, en faveur de Fécamp.

«... Huldeboldi Villam cum integritate... » (Charte de Richard II pour Fécamp.)

Suivant Farin, Mathieu le Gros, maire de Rouen en 1200, était sieur d'Heudebouville. En 1205, il donna, pour obtenir un service annuel en mémoire de son père Roger le Gros, des revenus à l'abbaye de Saint-Ouen, avec le consentement de sa femme Mathilde et de ses fils Amauri et Roger.

En 1277, on trouve un Amauri dit le Gros, de la paroisse de Saint-Ouen de Rouen : c'est peut-être un descendant de Mathieu.

« Matheus presbyter de Heudebouvilla, » témoin. (1206-1223.)

« Sciant presentes et futuri quod ego
« Radulfus, Dei gratia humilis abbas Fi-
« scanni, et totus ejusdem loci conventus,
« ad petitionem karissimi domini nostri
« Ph., Dei gratia illustris regis Francie,
« concessimus Ricardo Syme, servienti
« suo et fideli amico nostro, quandam
« vavassoriam apud Heudebouvillam, que
« fuit Gaufridi de Orgevalle, salvo omni
« jure tam nostro quam alieno, cum om-
« nibus illis que ad predictam vavasso-
« riam pertinent. Teste universitate ca-
« pituli nostri. Testibus etiam : Ric. de
« Pannorio, Willelmo de Duno et aliis. »
(Cart. de Fécamp, f⁰ xxviii, ch. n⁰ 13.)

« Philippus, etc... Notum, etc.....
« quod nos Ricardo Sime, propter ejus
« fidele servitium et suis heredibus de
« uxore sua desponsata dedimus et con-
« cessimus feodum quod fuit Gaufridi de
« Orgevalle apud Heudebouvillam, tenen-
« dum in perpetuum, reddendo servitia
« que feodum illud debere dignoscitur,
« ad usus et consuetudines Normannie.
« Quod ut, etc... salvo jure alieno, con-
« firmamus. Actum Paciaci, anno Domini

« 1221, regni vero nostri xliii⁰, mense
« julii. »

1243. « Universis Christi fidelibus ad
« quos presentes littere pervenerint, J.,
« humilis prior Fiscannensis, et ejusdem
« loci conventus, salutem in Domino.
« Noverit universitas vestra, quod nos
« respectum habentes ad servitium quod
« Johannes Betvin fecit fideliter venerabili
« fratri nostro Willelmo, Dei gratia ab-
« bati Fiscannensi in imperiali prisione
« detento, dedimus et concessimus eidem
« J. Betvin, divine pietatis intuitu, centum
« solidos turonensium communis monete
« annui redditus, de bonis monasterii
« nostri, sibi quamdiu vixerit annuatim
« percipiendos per manum baillivi no-
« stri de Heudebouvilla, videlicet ad
« festum Sancti Michaelis l. solidos et
« totidem ad Pascha. Ipso vero viam uni-
« verse carnis ingresso vel habitum reli-
« gionis assumente, a solutione dictorum
« centum solidorum erimus immunes et
« quieti, ita quod nec ipse nec aliquis
« ex parte ipsius in dictis centum solidis
« aliquid poterit exigere, calumpniari vel
« reclamare. In hujus autem rei testi-
« monium et munimen, presentibus lit-
« teris sigillum nostrum dignum duxi-
« mus apponendum. Datum anno gratie
« m⁰ cc⁰ xliii⁰ mense julio. Teste uni-
« versitate capituli nostri. » (Cart. de Fécamp, f⁰ xxxv r⁰, ch. n⁰ 5.)

1244. « Universis presens scriptum
« inspecturis, Willelmus, divina permis-
« sione humilis abbas Fiscannensis, sa-
« lutem in Domino. Noverit universitas
« vestra, quod nos donationem illam
« quam J. prior et conventus noster
« Fiscannensis fecerunt Johanni Betvin,
« cursori nostro, ob nostri gratiam et
« amorem, super centum solidis commu-
« nis monete per manum baillivi nostri de
« Heudebouvilla quamdiu idem Johan-
« nes vixerit annuatim percipiendis, sicut
« in litteris dicti conventus super hoc
« confectis plenius continetur, ratam ha-
« bemus et gratam et eam confirmamus.
« Tenetur autem dictus J. venire ad
« assisias de Ponte Arche[e], ad summo-
« nitionem abbatis Fiscannensis, et ibi
« afferre hujus modi litteras ad litteras
« conventus Fiscannensis, et lectis litte-
« ris predictis in assisia recognoscet ipse
« Johannes predictos centum solidos sibi
« concessos fuisse solummodo ad vitam
« suam, et quod heredes ipsius post mor-
« tem suam super hoc nichil poterunt
« reclamare, nec exigere, neque abbas
« neque conventus Fiscannensis tenetur
« heredibus suis predictos centum solidos
« post mortem ipsius solvere. In cujus rei

« testimonium litteris presentibus sigil-
« lum nostrum duximus apponendum.
« Valete. Datum anno Domini m° cc°
« xliiii°, mense mayo. » (Cart. de Fécamp, f° xxxv r° et v°, ch. n° 51.)

« Matheus de Heudebouvilla, presbyter,
« vi. denarios, de emptionibus suis, vide-
« licet de terra de Roellis et de terra viæ
« monasterii, de venditione Mathei de
« Mauhou nobis facta, anno [m. cc.] xlv,
« mense junii »

« .. Habemus omnia illa integre que
« habebat Matheus de Heudebouvilla,
« presbyter, apud Heudebouvillam, de
« emptione sua, videlicet suum masa-
« gium integre, cum gardino quod est
« retro, sicut se perportat in longum et
« in latum, et quinque acras terre, quas
« emit idem presbyter a Bernerio, filio
« Rogerii Balbi; quarum due acre site
« sunt apud Mallerias, et vii. virgate
« apud Rotundum Dumum, et i. virgata
« apud queminum quod ducit ad Crucem
« Berengerii; et dimidia acra juxta lo-
« scum, et iii. virgate apud Cultas Petias;
« item i. acram terre quam emit a Johanne
« le Cocte, que tornat super Mallerias;
« item i. acram et dimidiam quam emit
« a Guilleberto Bernier, que sita est in
« Alneto; item i. acram quam emit ab
« Hunfoardo, que jungit culture Alneti;
« item i. acram et dimidiam quam emit a
« Stephano Viartz, que sita est in Magno
« Campo; item iii. acras quas emit a
« Matheo de Mauhou, quarum una acra
« sita est apud les Arableaus et dimidia
« acra super keminum per quem itur ad
« monasterium, et iii. virgate apud Vi-
« vam Terram, et iii. virgate juxta se-
« mitam per quam illi de Gornecio veniunt
« ad monasterium; item i. acram et dimi-
« diam quam emit a Goce filii Malpas,
« unde i. acra sita est apud Foveam et
« dimidia acra apud les Arablaus; item
« i. acram et dimidiam quam emit a Ra-
« dolpho Clerico, sitam apud Hyngre-
« mare. »

« ... Nobis vendidit et omnino qui-
« tavit Ricardus, presbyter de Heudebou-
« villa, quamdam arborem, quam quolibet
« anno percipiebat hereditarie in nemore
« nostro de Heudebouvilla ratione feodi
« de Mota, qui fuit quondam Ricardi Sime,
« patris ejusdem presbyteri. Actum anno
« [m° cc°] l° vii°, mense septembri. »

Heudebouville était le siége d'une baronnie et d'une haute justice qui dépendait
de l'abbaye de Fécamp. Le tabellionage
d'Heudebouville était exercé au milieu du
xviii° siècle à Louviers. La haute justice
s'exerçait à Louviers dans un moulin dit

Moulin de Fécamp. Les habitants d'Heudebouville en étaient seuls justiciables.

Dans un aveu du 26 avril 1623, « Jac-
« ques le Charetier, fils aisné, avoue tenir
« la sergenterie noble et héréditaire de
« Heudebouville, démembrée, faisant
« portion de la franche sergenterie de
« Vauvrai, qui est un quart de fief de
« haubert, et s'estend és paroisses de
« Heudebouville, Fontaine - Bérenger,
« Sainte-Colombe, Saint-Mellan-la-Cham-
« pagne, et autres paroisses et hameaux
« dépendants de la haute justice et baron-
« nie de Heudebouville. »

Dépendances : — le Moulin-à-Vent ;—
l'Ormais ; — la Vallée ; — Bellengaur.

HEUDICOURT.

Arrond. des Andelis. — Cant. d'Estrépagni.

Patr. S. Sulpice. — Prés. le seigneur.

Heudicourt: *Hilduini curtis*, peut-être :
Heldrici curtis.

Trois Heudicourt en France : le premier, dans l'arrondissement des Andelis ;
le second, dans l'arrondissement de Com-
merci ; le troisième, dans l'arrondissement de Péronne.

En 810, un personnage de ce nom :
« Hilduinus, » était abbé de Saint-Denis.

Heudicourt près Péronne est nommé
« Hildinicurtis » dans le cartulaire de
Saint-Bertin : « ... villam nuncupante
« Hildinicurtem, cum villulis ad eam per-
« tinentibus... »

Cependant Orderic Vital, qui nous parle
le premier d'Heudicourt, se sert de la
forme : « Heldrici curtis. »

« ... In hac fuga Ricardus de Heldrici
« corte, nobilis miles, de pago Vilcassino,
« vulneratus est, etc... »

Ainsi Richard d'Heudicourt était un
des nobles chevaliers du Vexin normand.
Orderic Vital parle aussi d'Herbert, frère
de Richard de Heudicourt.

Nous aurions dû commencer par citer
le passage suivant, qui nous apprend
qu'en 1066 on éleva à Heudicourt, sous
l'invocation de saint Nicolas, un oratoire,
qui se transforma ensuite en chapelle et
qui dépendait de l'abbaye de Saint-
Evroult : « ... Apud Heldrici cortem in
« agro Vilcassino eidem [Sancto Nicolao]
« tempore Mainerii abbatis Uticensis, sub
« anno 1066, oratorium constructum est ;
« quod etiam nunc vocatur capella Sancti
« Nicolai ab incolis, Uticensi abbatiæ sub-
« jecta... »

1207. L'abbaye de Saint-Amand reçoit une dîme à Heudicourt :

« ... Ex dono Hugonis de Piris decimam quam habuit apud Heudincort... »

1318. « Philippus... Notum facimus universis, tam presentibus quam futuris, quod nos in his que sequentur utilitate nostra pensata non modica, dilecto Henrieto de Meudone, armigero, venatori nostro, quinquaginta quatuor acras terre in landa de Heudicuria, et viginti quatuor in Angulo Galteri, pro se et heredibus suis et causam ab eo habituris, quamlibet acram videlicet pro quatuor solidis par., quos dictus Henrietus ipsiusque heredes et causam ab eo habituri nobis et successoribus nostris propter hoc anno quolibet tenebuntur solvere, medietatem videlicet in quolibet Pascha et aliam medietatem in quolibet festo Sancti Michaelis, perpetuo et hereditarie, sine tamen aliqua justicia, concedimus per presentes. Quod ut firmum et stabile permaneat in futurum, presentibus litteris nostrum fecimus apponi sigillum. Actum apud Belosanam, anno Domini m° ccc° xviii°, mense septembris. Per dominum regem. — J. S. Texpro. » (Reg. LVI du *Trésor des Chartes*, n° 53.)

Dans le pouillé d'Eudes Rigaud il n'est pas question de la chapelle Saint-Nicolas. On lit simplement : « Ecclesia de Heudincort. xlv. libras ; cv. parrochianos. Guillelmus Crispinus præsentavit... »

Guillaume Crespin était le seigneur de Dangu.

La cure d'Heudicourt est toujours restée à la présentation du seigneur.

L'église d'Heudicourt est assez remarquable. Le clocher carré, avec contre-forts, est la partie la plus ancienne de l'église. Dans l'intérieur, on trouve deux inscriptions : l'une constatant la fondation d'une messe par messire Jacques Lefevre (1691); l'autre, les aumônes et legs faits aux pauvres par messire Adam Hurel, docteur en théologie, curé d'Heudicourt.

La terre d'Heudicourt avait au XVIII° siècle le titre de marquisat.

Cette seigneurie avait droit de franc usage dans la forêt de Lyons.

Le château d'Heudicourt, en briques, entouré de fossés, a été construit en 1661. Il est aujourd'hui possédé par les héritiers de M. le comte Estève.

En 1789, le couvent des Mathurins de Gisors avait des propriétés à Heudicourt.

Dépendances : — le Bos-Renard ; — Disque ; — la Folie ; — la Villeneuve.

Cf. Toussaint Duplessis, t. II, p. 501.

Revue de Rouen, 1849. D'un lieu du Vexin nommé Heudicourt.

Le Vexin, Notice par M. Hersan, 9 octobre, 13 novembre 1853.

HEUDREVILLE-EN-LIEUVIN.

Arrond. de Bernai. — Cant. de Thiberville.

Patr. S. Pierre. — *Prés.* le seigneur.

Dans la version la plus étendue du testament de saint Rémi, qui est antérieure à Flodoard, on trouve : « Huldriciaca villa quam Huldericus comes [tradidit]. »

Quoique ce texte ne s'applique pas à notre Heudreville, nous nous croyons autorisés à donner pour étymologie à cette localité les mots : « Hilderici villa. »

Dans les *Grands Rôles de l'Echiquier de Normandie*, on trouve à la date de 1189 un Guillaume d'Heudreville : « Plegii Willelmi de Heldrevilla debent xx. solidos pro defectu clamoris. » (Stapl., *M. R.*, p. 89.)

Le seigneur d'Heudreville a toujours eu le droit de présenter à la cure; au XIV° siècle, le seigneur d'Harcourt était patron.

Dépendances : — la Bagardière ; — la Boivinière ; — le Bosc ; — la Bucaille ; — Epineville ; — la Grande-Rue ; — la Haie ; — le Perré ; — la Pinchonnière ; — le Val.

HEUDREVILLE-SUR-EURE.

Arrond. de Louviers. — Cant. de Gaillon.
Sur l'Eure.

Patr. Notre-Dame. — *Prés.* le seigneur.

En 1836, on a découvert au hameau de la Londe les fondations d'une construction romaine, particulièrement une salle de bains avec ses conduits, des poteries et diverses médailles.

Richard « de Holme », chevalier, figure dans une charte de Sibille d'Emalleville en 1198. Il s'agit probablement du Homme, hameau d'Heudreville.

Dans le Cartulaire Blanc de Saint-Denis, il est question de Simon et de Jean Pescheveron, sires d'Heudreville.

1272. « Jehan Pescheveron, escuier et sire de Heudierville, vend à Saint-Denis la moitié de la place du four de la Pierre, à Saint-Denis, qui fut Jehan Pocheron. » (*Arch. de l'Emp.*, Cart. Bl., I, 138.)

« ..... Ferri de Betesey, escuier, et « Marguerite, sa fame, de la paroisse de « Heudierville..... » (Gr. Ca.t. de Saint-Taurin, 1293, fo 216.)

Il y avait avant la Révolution un prieuré de Saint-Martin à la nomination de l'abbé de Tiron, et une chapelle de Saint-Nicolas au château, à la présentation du seigneur. Ce seigneur était, en 1499 et 1502, Pierre de Quievremont, écuyer, seigneur d'Heudreville; en 1534, Jean de Quievremont, conseiller au parlement; en 1576, Louise de Quincarnon, fille et héritière de François de Quincarnon, écuyer, seigneur d'Heudreville.

1616. Messire François de Quievremont, seigneur et baron d'Heudreville et autres lieux.

Henri de Campion cite dans ses *Mémoires* le sieur d'Heudreville, mestre de camp, qui commandait en 1649 la cavalerie du duc de Longueville dans un coup de main de la Fronde sur Evreux : c'était, sans doute, un membre de la famille de Quievremont. Cependant, il existait en 1779, dans cette partie de la vallée d'Eure, au château de la Ronce, un M. d'Heudreville, qui tirait son nom d'Heudreville-en-Lieuvin.

Charles de Belleau devint seigneur d'Heudreville par donation de demoiselle Louise de Quievremont du 10 décembre 1676; il laissa cinq enfants.

1699. Vente par messire Estienne de Saint-Paul de Belleau, chevalier, seigneur d'Heudreville, de Mouchel et Boisrenard, fils de Charles de Belleau, seigneur de Courtonne, au droit comme héritier en partie de Marthe de Baudouin, sa mère, à messire Charles de Graveron, chevalier, seigneur châtelain de la Haie-de-Calleville, de la seigneurie d'Heudreville, plein fief de haubert, avec droit de cour justice et juridiction, hommes, hommages, patronage et droit de présentation à la cure alternativement avec le seigneur du Homme; droit de colombier, pêche dans la rivière d'Ure, avec manoir seigneurial, colombier, moulin banal, isles, droits sur les basteaux montant par la rivière d'Ure et passant devant le manoir seigneurial : avec aussi la chapelle invoquée sous le nom de Saint-Nicolas, attachée à l'église du dit Heudreville, à laquelle le seigneur a droit de présenter, vacance arrivant.

En 1692, Charles de Graveron, écuyer, seigneur châtelain de la Haie en Artois et seigneur d'Heudreville, avait épousé Anne de Livet.

1694. Naissance à la Haie-de-Calleville d'Adrien-Louis, leur fils, qui en 1716 épousa Marie-Thérèse-Louise-Geneviève du Val, fille de Charles, écuyer, seigneur de Beaumontel.

1752. Messire Jacques-Charles-Louis de Graveron, chevalier, seigneur des nobles fiefs, terres et seigneuries de Heudreville, le Mouchel-Hellouin, le Boisrenard, nommé le quart d'Acquigni, Epandres, les Barres.

Heudreville relevait nûment de la seigneurie d'Autheuil par foi et hommage seulement.

Le Mouchel-Hellouin, huitième de fief noble, sis à Heudreville, de la seigneurie de Becdale.

Le Boisrenard ou quart d'Acquigni, quart de fief noble, relevait de la baronnie d'Acquigni, avec sujétion au tiers et danger.

La terre d'Heudreville appartient encore à la famille de Graveron.

Une particularité fort singulière, c'est qu'au moment où toutes les charités du département disparaissaient après avoir vu leurs biens mis en vente comme biens du clergé en 1790, il s'en fondait une à Heudreville, sous l'invocation de la sainte Vierge et de saint Sébastien. Cette confrérie subit presque à son origine des condamnations sévères pour certains faits passés à la Chapelle-du-Bois-des-Faux. Si jamais les charités de l'Eure trouvent un historien, il sera à propos de consulter le greffe du tribunal de Louviers.

En 1778, le fief du Homme était aux mains de M. le comte de Tillières.

Dépendances : — le Bois-Renard; — Boos; — le Faux; — le Homme; — la Londe; — le Mouchel; — Irreville.

HEUNIÈRE (LA).

Arrond. d'Evreux. — Cant. de Vernon.

Patr. S. Jean-Baptiste. — *Prés.* le seigneur.

Guillaume de la Heunière tenait trois fiefs dans la châtellenie de Paci, l'un à la Heunière, l'autre à Brécourt, l'autre à Douins, du temps de Philippe-Auguste : « Guillelmus de Hueneria tenet unum « feodum apud Huaneriam per xL. dies « de custodia et aliud feodum apud Bre- « hecuriam per xL. dies de custodia apud « Dons, dimidium feodum per xL. dies de « custodia et corveias ad castrum Paciaci, « per tres vices anni. »

On peut voir aux Archives impériales (P. 308, fo 6 vo, châtellenie d'Evreux) un aveu de Gui de la Roche, chevalier, tenant

« ung fief assis ès paroisses de la Huanière et de Brécourt ».
Voyez aussi l'article de DOCAINS.
Le seigneur a toujours eu le droit de
présenter à la cure.

HEUQUEVILLE.

Arrond. des Andelys. — Cant. des Andelys.

Patr. S. *Germain*. — *Prés.* l'abbé de
Conches.

Heuqueville paraît avoir été le siége
d'un établissement gallo-romain. En 1810,
on a trouvé au hameau de la Londe des
bracelets, des bagues en or et une grande
quantité de médailles. M. Rever a fait un
mémoire sur ces découvertes.
L'étymologie d'Heuqueville est assurément *Hugues ville.*
Le roi Henri II confirme aux moines
de Cormeilles un vavasseur avec son ténement, sis à Heuqueville : « Apud Huque-
« villam, unum vavassorium cum tene-
« mento suo. (*Neustria pia*, p. 102.)
«... In Helgavilla ecclesiam et decimam
et unum hospitem... » (Charte de Roger Ier
de Tosni en faveur de Conches.)
1218. Gautier le Jeune, chambrier de
Philippe-Auguste, reçut du roi la terre
d'Heuqueville : « Notum, etc... quod nos
« Galtero Juveni, camerario, et ejus he-
« redibus de uxore sua desponsata do-
« namus in perpetuum Fontanas la Gue-
« rart, Fretevillam et Heuquevillam, cum
« pertinentiis suis et omnia domania feo-
« dalia et servicia que Rogerius de Con-
« naco habebat in Vulcasino Normannie,
« que dictus Galterius tenuit in Vulcas-
« sino, usque ad hodiernum diem fa-
« ciendo nobis servicia duorum militum
« ad usus et consuetudines Normannie.
« Quod ut in perpetuum... Actum anno
« Domini m° cc° xviii°, regni nostri xxix.
« Rupifero nullo. »
Dans le pouillé d'Eudes Rigaud, en
lit :
« Ecclesia Sancti Germani de Heugue-
« villa ; abbas de Conchis patronus ; habet
« vii^{xx}. parrochianos ; valet l. libras. »
1315. « Ludovicus, Dei gratia Francie
« et Navarre rex. Notum facimus universis
« presentibus et futuris quod cum inclite
« memorie carissimus quondam dominus
« et genitor noster rex Philippus homa-
« gium loci de Fontanis Castro, ad servi-
« cium unius militis quem locum de Fon-
« tanis, una cum Heuquevilla et Frete-
« villa et pertinenciis locorum corumdem,

« delectus noster Albertus de Hangesto,
« dominus Gentiaci, miles, ab eodem do-
« mino et genitore nostro in unum ho-
« magium ad servicia duorum militum
« tenebat in feodo tradidisset Ingerranno
« de Marrigniaco, militi, quondam ex
« causa permutationis et per suas litteras
« assignavit dictique unius militis servi-
« cium dicto Alberto remisisset, penitus
« et quitasset, prout in eisdem litteris
« vidimus contineri servicio unius militis,
« pro locis de Heuquevilla et Fretevilla,
« eidem domino et genitori nostro tan-
« tummodo remanente, dictumque homa-
« gium de Fontanis Castro dicto Inge-
« ranno tradito, ut dictum est, ex ejus-
« dem Ingerranni, forefactura ad nos
« provenerit iterato, nos dictum Albertum
« pro dictis locis tam de Fontanis Castro
« quam de Heuquevilla et Fretevilla et
« locorum ipsorum pertinenciis in homa-
« gium nostrum recepimus. Volentes quod
« idem Albertus et heredes sui a nobis et
« heredibus nostris predicta et pertinen-
« cias de cetero loca eorumdem in homa-
« gium solum teneant ad servicia duorum
« militum in quibus tantummodo dictus
« miles ratione locorum ipsorum antea
« tenebatur. In cujus rei testimonium pre-
« sentibus litteris nostrum fecimus apponi
« sigillum. Actum apud Vicennas, anno
« Domini millesimo ccc° quinto decimo,
« mense junio... » (Reg. LI du *Trés. des
Chartes*, n° 119.)
A l'échiquier de la Saint-Michel 1390,
on voit comparaître Aubert de Hangest,
seigneur d'Heuqueville. Un peu plus loin,
il est fait mention d'*Huqueville*. (Reg. de
l'Echiq., n° 6, f° 91 r°.)
Les seigneurs de la baronnie d'Heuqueville déclarent dans leurs aveux qu'à
cause de cette baronnie ils ont droit de
séance en la cour de parlement à Rouen.
Plusieurs membres de l'illustre maison
de Roncherolles ont porté le titre de baron
d'Heuqueville. Depuis Jean, chevalier, qui
avait épousé en 1367 Isabelle de Hangest,
héritière de cette baronnie, fille d'Aubert
de Hangest et d'Alix d'Harcourt :
Guillaume, IVe du nom, tué à Azincourt
en 1415 ;
Louis, mort avant 1450 ;
Pierre, IIIe du nom, qui se distingua
dans la conquête de Naples et mourut
en 1503 ;
Louis, IIe du nom, mort en 1538 ;
Philippe, gouverneur de Caen et de
Beauvais, mort en 1570 ;
Pierre, IVe du nom, maintenu en 1577
dans les droits et prérogatives de conseiller
né au parlement de Rouen, mort en 1621
âgé de plus de quatre-vingt-dix ans.

Ce titre ne cessa plus d'être annexé à celui de baron de Pont-Saint-Pierre, et la terre d'Heuqueville appartient encore à la postérité féminine du comte de Roncherolles, député sous la Restauration.

« ... Adam de la Razoge, chevalier, seigneur baron haut justicier de Hacqueville et Heudicourt, patron de Dauleuf, confesse et avoue tenir, à cause du comté de Gisors, la terre et baronnie d'Heuqueville...

« .. Comme aussy j'ay droict de nommer un verdier pour la juridiction de mes bois et de ceux relevant de ma dite baronnie, pour juger les délits et malversations qui se peuvent faire que des entreprises sur la rivière de Seine, sur quelle j'ay droict de pesche depuis le lieu nommé le Blanc-Sault jusques au talue du Pont-de-l'Arche, fieffer et bailler à fermer les pescheries appellées les Gords, les illes et ays estants dans ladite rivière... y bastir et construire nouvelles pescheries et moulins et faire tous actes de propriété, affiéler ladite rivière par moityé avec les sieurs ablé de Bonport et autres possédant contre moityé de la ditte rivière, lever les amendes contre les délinquants, faire faire tous les exploits par les sergents dangereux de la dite baronnie, les appellations des sentences de la ditte verderie se relèvent par devant le bailly de la ditte haute justice d'Heuqueville et celles du dit bailly à la table de marbre du palais à Rouen ; droit de deux moulins faisant de blef farine, l'un à eau sur la rivière de Seine, assis en la parroisse de Connelles, appelé le moulin des Saultçaux, et l'autre à vent, assis en la parroisse d'Heuqueville... Item. il m'est deubt, à cause de cent acres de terre assizes sur la rivière de Seine, tant en valeur que prairies, depuis le talut du Pont-de-l'Arche jusques à la Blanche-Voye, du costé du diocèse de Rouen, appartenant à divers particuliers, annuellement, au jour et terme Saint-Rémy, un sol de rente seigneuriale par acre.. » (Aveu du 6 sept. 1683.)

Le fief de Malasses (quart de fief), paroisse d'Heuqueville, à Nicolas d'Heuqueville, 20 juin 1681.

En 1695, il y avait garde noble. Charles d'Heuqueville était âgé de onze ans et Marie d'Heuqueville de douze.

Dépendances : — le Busc ; — la Londe ; la Haute ; — Aumare.

Cf. Toussaint Duplessis, t. II, p. 595.

HEURGEVILLE.

Arrond. d'Evreux. — Cant. de Paci.

Patr. S. *Helin* — *Prés. le commandeur de Chanu.*

En 1250, Raoul des Moulins « de Molendinis » vendit à maître Guillaume d'Ezi « de Esiaco », chanoine d'Evreux, pour 5 livres tournois, 10 sous tournois de rente annuelle que les héritiers de feu Raoul de Troye (ou de Trone) lui devaient « ... de tota terra sua sita in feodo de Ugerivilla... » La même année, Richard de Bosc-Roger « de Bosco Rogeri » confirma cette donation.

Heurgeville a été réuni à Villiers-en-Désœuvre en 1844.

Dépendances : — la Carrière ; — les Vieilles-Maisons ; — le Clos ; — la Harelle ; — la Tournoire.

HOGUES (LES).

Arrond. des Andelis. — Cant. de Lions.

Patr. S. *Mathurin.* — *Prés. l'abbé de l'Isle-Dieu.*

« La Hogue est un nom très-commun en Normandie, et est donné à plusieurs lieux qui ne sont point proches de la mer. Il vient de l'allemand *hog* ou *hoch*, qui signifie une colline, un lieu élevé. Ce mot, un peu déguisé, a passé chez les Flamands et les Anglais. Orderic Vital a ôté l'aspiration, et il appelle *Ogas* la Hougue du Cotentin... » (Huet, *Orig. de Caen*, 301.)

Les noms savans *hougues* et *heugues* signifient « noms des tertres dans le nord de l'Allemagne.

L'église de cette commune n'était qu'une succursale du Tronquai.

Dépendances : — Beaunai ; — Broqueboeuf ; — les Cables ; — le Grand Essart ; — les Grandes-Molaises ; — les Petites-Molaises ; — Sainte-Honorine.

Cf. Toussaint Duplessis, t. II, p. 595.

HONDOUVILLE.

Arrond. de Louviers. — Cant. de Louviers.

Patr. S. *Saturnin.* — *Prés. l'abbesse de Saint-Sauveur.*

Hundulfvilla : Hondouville.

Découvertes de sarcophages en pierre.

Hondouville est cité dans la charte de fondation de Saint-Sauveur : « ..... Et « Ondovillam et quidquid ad eam per- « tinet, sicut unquam melius habui... »

La bulle d'Eugène III (1152) consacre les droits de l'abbaye sur Hondouville : « ... Hundovillam et quidquid ad eam pertinet... »

« ... Et decimam duorum molendino- rum de Hondovilla... » (Charte de Go- dehilde, comtesse d'Evreux, veuve de Roger II de Tosni, en faveur de Conches.)

Dans les *Grands Rôles de l'Echiquier de Normandie*, on lit : « Decanus de Hon- « douvilla et soror ejus, LIII. solidos pro « eodem... » Il s'agit de la confiscation des biens d'un homme mort usurier. (Sta- pleton, *M. R. Sc. N.*, p. 186.)

En août 1218, il y eut transaction entre Thomas, prêtre d'Hondouville, au sujet des dîmes, tant novales que menues et autres. Dans cette pièce, le nom de la commune est constamment écrit : « Hou- douvilla. »

En 1283, vigne à Hondouville. (B. I., ms. lat., 5129, n° 30.)

1321. Dans une charte du grand cartu- laire de Saint-Taurin, f° 49 r°, il est fait mention d'une rente de « 4 toupes de « blans aus et 6 boisseaux de ongnons à « la mesure de Hondouville ».

1680. Dans un aveu de l'abbesse de Saint-Sauveur, on lit : « La terre et ba- « ronnie de Hondouville et la Vacherie, « levant aussi immédiatement du roy, « consistant du domaine non fieffé au « manoir seigneurial, où il y a plusieurs « bâtiments pour le logement des fer- « miers, granges, escuries, estables, pres- « soir, colombier et deux masures, dans « une desquelles il y a une source de fon- « taine; le tout contenant 4 acres ou en- « viron, enclos de murs de bauge ; 22 acres « de terres labourables ou environ, 5 acres « de prey ou environ, 220 acres de bois « taillis, une vigne contenant demi-acre ; « deux moulins à bled, construits sur les « ruisseaux et rivières du dit Hondouville, « la rivière de pesche des fontaines du « dit Hondouville, et la rivière de pesche « de la Vacherie, à cause de laquelle ba- « ronnie la dite dame abbesse a droit de « basse justice sur les hommes et vassaux « tenants roturiers... et rentes en argent, « poules, poullets, chapons et œufs, re- « liefs et treizièmes, meetz de mariage, et « banalité de moulin et pressoir, en con- « séquence des héritages relevant de la « dite baronnie et les dîmes et patron- « nages de ses paroisses de Hondouville « et la Vacherie... »

Dépendances : — le Boulai-Bethan ; — les Courtieux ; — le Hamel-de-la-Vigne ; — Noyon ; — les Peuples ; — les Plis ; — le Valtier ; — le Boquerets ; — Landre ; — la Fontaine ; — la Halle ; — le Clos-Maré- chal ; — la Fontaine-Jambard ; — l'Oc- troi ; — la Perelle (usine).

HONGUEMARE.

Arrond. de Pont-Audemer. — Cant. de Routot.

Patr. Notre-Dame. — Prés. : prieur de Bourg-Achard.

Honguemare, ou plutôt Hanguemare, mare étroite, petite mare.

Le patronage de l'église d'Honguemare fut donné au XIIIe siècle au prieuré de Bourg-Achard.

« Comme les églises de Thouberville, « de Sainte-Marie de Caumont et de Bou- « quetot, l'église de Honguemare fut don- « née au prieuré de Bourg-Achard sous « l'épiscopat de Rotrou. Nous avons vu « que l'église de Bouquetot n'appartenait « pas au XIIe siècle aux seigneurs de Bou- « quetot, mais à la famille de Pincourt. « De même l'église de Honguemare n'ap- « partenait pas à la famille de Hongue- « mare, mais à la famille de la Rivière. « C'est Philippe de la Rivière qui céda à « l'église de Bourg-Achard les droits d'a- « vouerie et de patronage de l'église de « Sainte-Marie de Honguemare. La bulle « d'Alexandre III cite « ecclesiam Sanctæ « Mariæ de Honguemara ». Dans les pre- « mières années du XIIIe siècle, le prieur « et les chanoines du Bourg-Achard in- « tentent une action contre Tridon, prêtre « desservant de Barneville. Le territoire « de Barneville est contigu au territoire « de Honguemare. Tridon avait confisqué « et prétendait retenir plusieurs parois- « siens qui appartenaient à l'église de « Honguemare et certains profits, per- « les, dîmes, pains, deniers, qu'il per- « cevait illégalement sur quelques parois- « siens de l'église Sainte-Marie de Cau- « mont. Tridon, faisant valoir la posses- « sion et des titres, se refusait à toute « concession. Le pape Innocent III dési- « gna pour terminer le différend l'abbé de « Saint-Pierre-sur-Dive, le prieur et le « sous-prieur de Sainte-Barbe. Ce fut pour- « tant devant Guillaume, grand archi- « diacre de Rouen, le prieur de Saint-Lo « de Rouen et le doyen du Mesnil que les « parties consentirent à transiger. Le « prieur et les chanoines de Bourg-Achard

« cédèrent à Tridon deux paroissiens
« qu'ils avaient près de l'église de Bar-
« neville et lui payèrent 12 livres tournois
« pour ses peines et ses dépenses; mais
« ils recouvrèrent non-seulement tous les
« paroissiens de l'église de Honguemare
« que Tridon retenait injustement sous
« son autorité, mais encore tous les pro-
« fits, gerbes, pains, deniers et dîmes
« que ce dernier faisait enlever de l'autel
« de Sainte-Marie de Caumont. Cette
« transaction fut confirmée par un ser-
« ment que prêta, en présence des ar-
« bitres et sur l'autel de l'église de Sainte-
« Marie d'Ouville, d'une part Geoffroi du
« Bosc, prieur, et Thomas, chanoine de
« Bourg-Achard, et de l'autre Tridon,
« prêtre de Barneville. L'abbé de Saint-
« Pierre-sur-Dive, le prieur et le sous-
« prieur de Sainte-Barbe confirmèrent,
« en vertu de la délégation apostolique, le
« compromis préparé et rédigé par l'ar-
« chidiacre de Rouen, le prieur de Saint-
« Lo et le doyen du Mesnil.

« Notre cartulaire ne donne pas la date
« de cette importante transaction; mais
« deux chartes confirmatives, l'une de
« l'archevêque Robert, l'autre de Guil-
« laume, abbé du Bec, placent cette date
« vers 1209. L'abbaye du Bec intervenait
« en vertu de la donation que Guillaume
« Crespin lui avait faite en 1135 de la
« moitié de l'église et de la dîme de Bar-
« neville. Elle confirma, en ce qui tou-
« chait ses droits, la décision des délé-
« gués apostoliques, sous la condition que
« le prieuré de Bourg-Achard payerait au
« prieuré de Saint-Ymer 100 sous de
« rente annuelle. » (Notice sur le prieuré
de Bourg-Achard, par M. Louis Passy.)

L'abbaye de Saint-Georges de Boscherville avait des propriétés à Honguemare.
Dans une charte de Guillaume le Conquérant :

« ... Dederunt et ipsi canonici III. li-
« bras denariorum Radulfo, filio Nor-
« manni, pro decima sui alodii de Hangue-
« mara... »

« Anquetillus de Hangamara » était un
vassal de Guillaume de Tancarville, qui fit
des donations à Saint-Georges-de-Boscher-
ville. (Cart. de Saint-Georges-de-Bocherville, f° 781.)

Dans une charte de Guillaume de Tancarville, il est question de la dîme « de
Hangemara ».

« Willelmus de Hangemara, » témoin
dans un arrangement entre Michel, abbé
de Préaux, et Guillaume de Campigni.

Suivent deux passages extraits des
Grands Rôles de l'Echiquier de Normandie :

« ..... Et de XII. solidis pro IV. acris
« terre quas Ludovicus tenet in Hanga-
« mara... » (M. R. Sc. N., p. 188.)

« ..... Et de XII. solidis pro IV. acris
« terre quas Ludovicus tenet in Hanga-
« mara... » (Ibid., 1203, p. 560.)

1225. « Guillaume de Barneville con-
« firme la donation d'une acre de terre
« en un lieu appelé le Géroudent, et
« donnée par sa mère en présence de
« Raoul de Bouquetot, son frère. »
(Cart. de Bourg-Achard, n° 157.)

1231. « Vente, par Robert Hefel, d'une
« rente sur une pièce de terre, située à
« Honguemare, près de la terre d'Asce le
« Boucher et du clos de Robert Levas-
« seur. » (Ibid., n° 112.)

1233. « Guillaume Osbert, fils d'Osbert
« Rose, vend. du consentement de sa
« femme Mabille, une demi-acre de terre,
« située dans la paroisse de Honguemare,
« près de la mare Buc (n° 153) Confirma-
« tion de ladite vente devant l'official de
« Rouen. » (1234, n° 113.)

1234. « Le mardi qui suit la fête de saint
« Martin d'hiver, Maurice, archevêque de
« Rouen, se trouvait à Bourg-Achard.
« Guillaume, fils d'Osbert Rose, et Roger,
« clerc, frère de Guillaume, se présen-
« tèrent devant lui. Guillaume reconnut
« avoir vendu aux chanoines de Bourg-
« Achard une pièce de terre qu'il avait
« près de la mare Buc. Roger approuve ;
« Guillaume s'engage en outre à obtenir
« le consentement du seigneur dont il
« tenait la terre. » (N° 45.)

1234. « En même temps, Guillaume
« Osbert confirma, pour 6 livres tour-
« nois, la cession de toute la terre qu'il
« possédait dans la paroisse de Hongue-
« mare, entre la terre d'Aubert Vital et la
« demi-acre de terre qu'il avait vendue au
« prieur de Bourg-Achard. » (N° 134.)

1234. « Gilbert Passebose donne tout le
« fief qu'il avait acheté de Geoffroi du Val
« de Honguemare, lequel fief était placé
« près de la terre de Guillaume du Bosc.
« Gilbert Passebose avait une maison
« à Bourg-Achard. » (N° 63 et 68.)

1235. « Roger Passebose donne deux
« pièces de terre, situées dans le fief de
« Robert Férant, au vieil Honguemare.
« L'une d'elles est contiguë à la terre des
« chanoines. Cette charte fut confirmée
« par Robert Férant, l'année suivante. »
(N° 62 et 69.)

1235. « Robert Férant approuve la do-
« nation et concession que Roger Passe-
« bose a faite aux chanoines de Bourg-
« Achard de deux pièces de terre qu'il
« tenait de son fief au vieil Honguemare.
« Il donne à son tour les redevances que

« Roger, Raoul et Gilbert Passebosc lui
« devaient pour les portions de fiefs qu'ils
« tenaient de lui. » (N° 69.)

1315. « Robert Le Febvre, de Bourg-
« Achard, donne une pièce de terre qu'il
« avait dans la paroisse de Notre-Dame de
« Honguemare, devant la léproserie de
« Bourg-Achard, entre la terre des héri-
« tiers de Henri de la Mare et le chemin
« du roi. Cet acte fut renouvelé devant
« l'official de Rouen, n°s 72 et 121. Dans
« une charte sans date d'Henri du Pin,
« chevalier, il est encore parlé de la mai-
« son de Bourg-Achard. » (N° 148.)

« A tous ceux qui ces lettres verront,
« Jehan Crespin, chevalier, seigneur de
« Danguy et de Mauny, salut en Nostre Sei-
« gneur. Comme religieux hommes l'abé et
« le couvent du Bec-Hellouin à la cause
« de lour prioré de Saint-Ymier, me
« demandassent en lassise quinze sols
« d'anuel de rente sus ma terre de Mauny;
« sachent tous que pour ceu que il me
« delessent de la dicte demande, je lour
« donne et confirme em pure, franche
« et em perpetuel aumosne i masnage assis
« en la paroisse de Hanguemare et de
« Barneville. Et est d'un costé entre la
« terre Guillaume Vallemont, la sente
« par là où l'en va o rouacre de l'autre.
« Et aboute d'un bout à ma commune
« pasture et la terre Robert le Clerc,
« Guillaume Viel et Richard Guerente de
« l'autre. Item, une pièce de terre en la
« parroche de Hanguemare, assise entre
« la terre Robert le Clerc d'un bout et
« d'un costé, etc... Ceu fut fait l'an de
« grâce m ccc xx, le diemenche que l'on
« chante : *Oculi mei*. »

Le fief d'Horguemare a été possédé par
MM. de Richebourg et Lecoultoux de la
Noraie.

Honguemare a été réuni à Guenouville,
et porte le nom de Honguemare-Guenou-
ville.

Dépendances : — Barneville ; — la Fau-
goulterie ; — Beaupin ; — la Boulardie ;
— l'Évêquerie ; — la Ferronnerie ; — la
— Ganterie ; — la Mohue ; — la Noé ; —
l'Oraille ; — la Guennerie ; — la Paisserie ;
— le Pin ; — la Fourquerie ; — les Fresnes ;
— le Val-Coquin.

Cf. Toussaint Duplessis, t. II. p. 506.
Bibliothèque de l'École des chartes, 3e série, t. II.
p. 311 ; t. III, 343. Notice sur le prieuré de Bourg-
Achard, par M. Louis Passy.
Canel, Essai sur l'arrond. de Pont-Audemer,
t. II, p. 191.
Revue trimestrielle du département de l'Eure, 1855.

HOUETTEVILLE.

Arrond. de Louviers. — Cant. du Neubourg.
Sur l'Iton.

*Patr. Notre-Dame. — Prés. le chanoine
d'Evreux prébendé d'Houetteville.*

L'origine de ce nom est fort obscure,
et les anciennes formes nous donnent peu
d'éclaircissements. On trouve surtout :
Honnecterville, Honnesterville, et on peut
se demander s'il ne faudrait pas changer
l'u en n, et lire Honnetterville à la place
d'Houetteville.

Houetteville était une des prébendes de
l'église cathédrale d'Evreux ; le chanoine
titulaire présentait à la cure.

1293. « Jehan de Honneteville, cheva-
« lier, et Ysabel, femme du dit chevalier...
« Comme on nous eust donné à entendre
« que les abé et couvent de Saint-Joire-
« de-Banquierville tenissent de nostre
« fieu deux pieches de vigne en la pa-
« roisse de Saint-Just-le-Longueville, et
« de ce nous deussent chine sols parisis de
« rente... nous le lessames as dits reli-
« gieux. » — 1293. « Samedi après la feste
« Sainte Scolastic. Témoins Guillaume de
« Vironne (sic) et autres. » (*Cart. de
Saint-Georges de Becherville*, Bibl. imp.,
Ms. lat. 5423, p. 79.)

En 1316, le dimanche devant la feste
Saint-Clément, par-devant Guillaume
Goullaffre, vicomte d'Evreux, il y eut
transaction entre messire Raoul de Ferrières, chanoine de Notre-Dame d'Evreux,
et Jehan d'Honnesteville, écuyer, seigneur d'Honnesteville, d'autre part, sur
le droit de patronage de l'église d'Honnesteville, que le dit écuyer réclamait
comme assis en tous côtés en son fieu
de haubert. Il renonça à cette prétention.

En 1336, Agnès d'Honnesteville, dame
du dit lieu, plaidait devant l'Échiquier
avec messire Jehan Mallet, sieur de Guérarville et Jehan de Pommereul, escuyer.

Même année. « Les hoirs ou ayant
« cause de feue madame Jehanne du
« Lion, jadis dame de Guérarville, héri-
« tière de feu messire du Lion, jadis
« chevalier, Bernard Aco de Bertrande
« et sa femme, dame de Honneteville,
« comme ayant la cause de messire Guil-
« laume de Honneteville, jadis chevalier,
« contre Jehan de Pommereul, escuier. »

D'après un autre passage, Agnès était
veuve de Ricart du Mesnil.

Cette terre a été possédée par la famille de Chalon, originaire d'Espagne,

alliée aux d'Epinai-Saint-Luc et aux d'Harcourt. (Voyez l'article BANVILLE, dans la Chesnaye des Bois.)

Le fief d'Honnetteville a été tenu par les seigneurs suivants :

1397. Hommage par Jean, comte d'Harcourt.
1405. Par Bertrand du Mesnil.
1419. Par Guillaume de Mailloc.
1493. Par Nicolas de Mailloc.
1500. Aveu par André de Maimberville.
1504. Hommage par Guillaume Carin.
1511.   Id.   par Jean d'Oinville.
1552.   Id.   par Pierre d'Oinville.
1580.   Id.   par Philippe d'Oinville.

On remarque dans le bois une redoute ou hutte retranchée.

Dans les *Grands Rôles de l'Echiquier de Normandie*, on trouve un personnage nommé Arnoul de Platemare.

Dépendance : — Platemare.

HOULBEC-COCHEREL.

Arrond. d'Evreux. — Cant. de Vernon.
Sur l'Eure.

Patr. Notre-Dame, pour Cocherel; S. Pierre, pour Houlbec. — Prés. les seigneurs.

Hol, chez les Anglais et les Saxons, signifie profond, bas, creux. De *hol* est venu le nom de *Holletot*, basse maison, et celui de *Houllebec*, basse rivière. Houlbec signifie visiblement un cours d'eau creux, un cours d'eau enfoncé.

Nicolas « de Holebec » figure dans les *Grands Rôles de l'Echiquier de Normandie*.

En 1695, on a découvert, à mi-côte, sur le territoire de Cocherel, un ossuaire gaulois, dans lequel il y avait des os brûlés et des cendres, des flèches, des hachettes montées en os, et une vingtaine de squelettes étendus parallèlement et dirigés vers le midi ; le tout recouvert de grandes dalles de pierre. Ce monument curieux n'est pas entièrement détruit.

L'abbaye de Saint-Ouen de Rouen avait dans le domaine (jadis fief) de Cocherel le droit exclusif de pêche sur la rivière d'Eure, à partir du pont des moulins de Cocherel jusqu'au point où commençait autrefois le fief de Joui, possédé par l'abbaye de Jumièges.

Les titres constitutifs de ce droit sont deux chartes du XIe siècle, émanées, la première de Raoul, comte d'Ivri, et la deuxième de Richard II, duc de Normandie.

Dans les *Preuves de l'Histoire de Saint-Ouen*, par dom Pommeraye, publiées en 1662, se trouvent deux chartes : l'une de 1011, par laquelle Raoul, en expiation de ses crimes et pour le repos de l'âme de sa femme Aubrée, donne à cette abbaye, entre autres biens, « ... in Ebracensi co-
« mitatu, super flumen Oduruæ, duo mo-
« lendina, cum piscatura, in loco cui Co-
« kerellus sortitur nomen. » L'autre titre est postérieur, mais ne porte point de date. Richard II y confirme et augmente les libéralités faites en faveur de Saint-Ouen par sa famille et ses vassaux. Ce nouveau don comprend : « villam quæ dicitur
« Cocherel, cum molendinis duobus, et
« manerio, cum ecclesia et insulis ad eam
« pertinentibus, et piscariis. ... quæ
« omnia dedit Bodulfus comes.... »

Devenus seigneurs de Cocherel, les religieux de Saint-Ouen avaient pour voisins immédiats sur la rivière d'Eure, au-dessous de leur fief, les moines de l'abbaye de Jumièges, propriétaires du fief de Joui. Mais les deux puissantes communautés s'étant prises de querelle au sujet de leurs droits de pêche, dont les limites étaient indécises, des procès furent engagés et soutenus de part et d'autre avec acharnement.

En 1319, les deux adversaires signèrent un traité de paix. Saint-Ouen céda à Jumièges, moyennant certaines redevances, le droit de pêche :

« A prendre aux ponts des moulins de
« Cocherel, en long et en lay, en descen-
« dant droit aval de ladite rivière jus-
« qu'aux bornes assises, là où les fiefs de
« Jumièges, à cause du prieuré de Jouy,
« faillent, d'une part, et là où l'eau de
« Saint-Ouen, étant à ladite rivière d'Eure,
« qui tout entièrement est à ladite ab-
« baye de Saint-Ouen, commence, d'autre
« part. » (Arch. de la Seine-Inf., fonds de Saint-Ouen.)

Il est probable qu'un des deux moulins de Cocherel fut cédé aussi à Jumièges par cette transaction, ou qu'il l'avait été antérieurement.

Avec une clause aussi claire que celle qu'on vient de lire, il n'est pas étonnant que la guerre se soit rallumée. Mais, en 1578, l'abbaye de Saint-Ouen céda son fief et ses procès à un sieur Le Prévost. (Arch. de la Seine-Inf., fonds de Saint-Ouen.)

En 1611, arrêt du conseil, qui eut la prétention de terminer ces luttes obstinées ; les termes de cet arrêt furent une nouvelle source de difficultés. Les ayants cause de Le Prévost guerroyèrent longtemps encore contre Jumièges ; puis, au siècle dernier, le fief de Cocherel passa de leurs mains en celles du sieur Le Bailly.

Enfin, en 1771, se terminent ces longs débats. Une transaction intervient entre le seigneur de Cocherel et la haute et puissante abbaye, représentée par un prince de Lorraine; Jumiéges rend à son adversaire, avec le moulin aliéné jadis par Saint-Ouen, la faculté ou droit de pêche en la rivière d'Eure, qui avait fait l'objet de l'acte de 1319. Une rente de 600 livres est le prix de cette rétrocession, qui devait éteindre tous les procès nés de ce malheureux droit. Un procès intervint, en 1833, entre M. Delacroix, acquéreur en 1791 du domaine de Cocherel, et l'État au sujet de ce droit de pêche, qui fut reconnu appartenir à l'État. Pour terminer cette question des moulins de Cocherel, nous allons publier plusieurs actes qui y sont relatifs et ne manquent pas d'intérêt.

Le premier est un accord entre Alexandre Mallard et les moines de Jumiéges, au sujet du revenu qu'il avait coutume de percevoir dans le moulin des moines, situé sur son fief de Cocherel :

« Sciant omnes presentes et futuri quod
« ego Alexander Mallart, de redditu quem
« habere solebam in molendino mona-
« chorum Gemmeticensium, in feodo meo
« de Coquerel, scilicet III. sextaria moltu-
« rengie et III. sextaria frumenti, relaxavi
« et quietavi in perpetuum predictis mo-
« nachis II. sextartia molturengie et unum
« sextarium frumenti; eo pacto et con-
« ditione quod ipsi monachi quietant
« michi in perpetuum moltam hominum
« meorum de Quoquerel et de Hardencort
« quam habere solebant. Retinui autem
« mihi in prefato molendino II. sextaria
« frumenti et II. sextaria molturengie mihi
« vel meis heredibus infra medium Qua-
« dragesime annuatim persolvenda. Per
« quem redditum, sedem et etclusas pre-
« dicti molendini, et etiam alterius mo-
« lendini, quod in guerra decidit, si refi-
« cere voluerint, in literam et quietam
« elemosinam prefatis monachis debeo
« garantizare. Dimittimus etiam ego et
« homines mei de Hardencort totam que-
« relam, quam contra eos habebamus,
« scilicet de brocis de Bohout. Et ut hoc
« ratum et stabile permaneat in futurum,
« sigilli mei testimonio confirmavi. Hec
« autem conventio recordata fuit apud
« Paceium, in assisia domini regis,
« Johanne filio Achonis ipsam assisiam
« tenente, anno gratie M^o CC^o VII°. Tes-
« tibus Radulpho de Vallibus, Willelmo
« de Mesnillo, Ricardo de Guarencuis,
« Hugone Anglico, et multis aliis. »

Le second est le bail fait à Barthélemi, clerc, neveu de Cadoc, châtelain de Gaillon, par les moines de Saint-Ouen du moulin qu'ils possédaient à Cocherel :

« Sciant presentes et futuri quod ego
« Bartholomeus, clericus, nepos Cadulci,
« castellani de Gallon, recepi ab abbate
« et conventu Sancti Audoeni Rothoma-
« gensis, molendinum illorum de Cokerel,
« tenendum de eis ad firmam per unum
« modium bladi valentis ordeum, eis inde
« annuatim reddendum infra octavas Na-
« thalis Domini, et tamdiu teneho firmam
« istam, donec dicti abbas et monachi mihi
« providerunt in beneficio ecclesiastico
« decem libras turonensium valente vel
« amplius, et si prefatum molendinum
« reparavero vel reedificavero, ipsi mihi
« boscum ad hoc invenient de boschis
« suis. Quando vero dicti abbas et mo-
« nachi molendinum suum rehabebunt,
« mihi custum meum per visionem lega-
« lium hominum reddent. Ego autem Ca-
« dulcus, avunculus predicti Bartholo-
« mei, de hac conventione tenenda me
« pro sepedicto nepote meo fidejussorem
« constituo, et ad majorem confirmatio-
« nem presens scriptum sigillo meo confir-
« mavi. Anno gratie M^o CC^o septimo. Tes-
« tibus : Huberto, presbytero, Roberto,
« majore, et Nicholao, clerico. » (Orig., sceau enlevé, Arch. S.-Inf., fonds de Saint-Ouen.)

Suit la sentence des assises d'Evreux qui décharge les marchands et boulangers qui venaient moudre aux moulins de Cocherel du droit de travers prétendu par les fermiers du domaine de Paci :

« A tous ceux qui ces lettres verront et
« orront, Roullant Leheru, lieutenant de
« monseigneur Pierre de Hargerville, che-
« valier, chambellan du roy nostre sire et
« son bailly d'Evreux, salut. Comme Guil-
« laume Pagot, fermier branchier à Coche-
« rel, et Jean Boudain, fermier du travers
« ou acquit de la prévôté et châtelainie de
« Pacy, ou icelui Boudain, eussent na-
« guères contraint ou voulu contraindre et
« fait payer acquit ou travers au dit lieu
« de Cocherel, à plusieurs boulangers ou
« marchands de grains demeurant ès par-
« ties de Vernon, Longueville et le Gou-
« let, de grains qu'ils alloient querir et
« acheter ès parties de vers Evreux, Saint-
« André en la Marche et ailleurs en icelle
« contrée, et lesquels grains iceux bou-
« langers et marchands mouloient ou fai-
« soient moudre à un moulin assis sur la
« rivière d'Eure, auprès du pont d'icelui
« lieu de Cocherel, appartenant aux reli-
« gieux, abbé et couvent de Saint-Ouen
« de Rouen, et rapportoient la moulte aus

« dits lieux de Vernon, Longueville et le
« Goulet ou ailleurs, en icelle contrée. Et
« pour ce que icelle contrainte et paye-
« ment dessus dits étoit et avoit été fait
« contre et au préjudice des dits religieux
« et de la franchise, droiture et revenu
« de leur dit moulin, parce qu'ils disoient
« et affirmoient que, de tous temps, toute
« personne qui mouloit ou faisoit moudre
« grains au dit moulin, fust boulanger,
« marchand ou autre, de quelque lieu
« qu'il fût, de quelque partie qu'il vint,
« en passant par icelui travers, estoit franc
« du dit acquit ou travers quant il mou-
« loit à leur dit moulin, tant par le moyen
« de ce que les dits religieux sont sujets à
« faire et maintenir certaine partie ou
« portion du pont, tallu, chaussées par où
« l'on passe et traverse la rivière d'Eure,
« en l'endroit de la ville de Cocherel, que
« autrement; fussent iceux religieux tour-
« nés vers la cour du roy nostre sire, et
« obtenu certaine lettre en forme de com-
« plainte, adressant à mon dit seigneur le
« bailli ou à son lieutenant, faisant men-
« tion que commandement fut fait aus
« dits fermiers que plus ne contraignent
« ni fassent payer aucun acquit ou travers
« aux personnes moulant au dit moulin,
« sauf que iceulx fermiers vouloient dire
« et soutenir en ce avoir aucune droiture,
« que assignation fut faite aux parties aux
« prochaines assises dudit lieu de Pacy,
« lesquelles lettres eussent été exploitées
« ainsi qu'il appartient et jouste la teneur
« d'icelles ; et pour ce qu'en faisant le
« dit exploit les dessus dits fermiers ou
« aucun d'eux avoient dit que si le roy
« nostre dit seigneur et les prédécesseurs
« fermiers du dit travers avoient la pos-
« session sur iceux boulangers et mar-
« chands du dit acquit ou travers, ils
« s'attendoient au procureur du roy de la
« poursuite, et sur ce parleroient volon-
« tiers à lui, assignation eut été faite aus
« dites parties à certaines assises du siège
« de Pacy, naguères passées, esquelles
« assises les dits fermiers eussent entendu
« que le procureur du roy nostre dit sei-
« gneur prit la charge du [procès] si il
« voyoit que bon lui fut, en disant que ce
« qui avoit été fait par icelui fermier bran-
« chier avait été au nom d'icelui seigneur,
« qu'ils pensent ni n'entendent à avoir re-
« mouvoir sur ce procès contre les dits
« religieux, et se attendoient à ce que le
« dit procureur du roy en feroit. Sur
« quoy eust esté dit par le dit procureur
« du roy que ce qui fait estoit en la be-
« sogne par les dits fermiers branchiers
« n'estoit fait par lui ni de sien sceu ou
« commandement, de qu'il n'avoit pas

« vraye ni certaine connaissance de la
« droiture d'icelui seigneur, ni de celle
« desdits religieux, ni de la manière
« comme l'on avoit usé au temps passé au
« regard du dit débat, pour ce qu'oneque
« auparavant de ce présent débat et procès
« n'en avoit ouï parler ; et pour savoir et
« connaître la vérité de la matière par lui
« et son conseil eust esté la besogne con-
« tinuée jusqu'à une autre assise en sui-
« vant, pendant laquelle continuation les
« dits religieux eussent de rechef obtenu
« une autre lettre du roy nostre dit sei-
« gneur, itérative des autres dessus dites,
« et en ce y estoit fait mention que mon
« dit seigneur le bailly ou son lieutenant,
« appelé à ce le dit procureur du roy,
« enquerissent et fassent information du
« droit que disoient avoir iceux religieux
« au regard de l'acquit ou franchise des-
« dits boulangers et marchands moulant
« audit moulin, et que on ny que la droi-
« ture d'iceux religieux, boulangers et
« marchands soit trouvée telle comme les
« dits religieux donnoient à entendre, que
« iceux boulangers et marchands furent
« tenus pour quitte et paisible au dit pas-
« sage ou acquit à l'occasion des grains
« qui seraient moulus au dit moulin, se-
« lon ce qu'il peut apparoir par les dittes
« lettres royaulx dont la teneur suit :

« Charles, par la grâce de Dieu roi de
« France, à nostre bailli d'Evreux ou à son
« lieutenant, salut.

« De la part de nos bien aimez les re-
« ligieux, abbé et couvent de Saint-Ouen
« de Rouen, de fondation royale, nous a
« esté humblement exposé et que an droit d'icelle fondation ou aug-
« mentation de la dite église ils ayent et à
« eux appartiennent un moulin, séant en
« la rivière d'Eure, à l'endroit de la ri-
« vière de Cocherel, duquel soient sujets
« et banniers plusieurs leurs hommes, et
« aussy y puissent et ayent accoutumé
« aller moudre, toutes fois qu'il leur plaît,
« toutes autres personnes, soit de la ba-
« ronnie ou seigneurie des dits religieux,
« nommée Bailleul, ou de notre châte-
« lainie nommée Pacy, ou d'ailleurs, de
« quelque part que ce soit, et à ce droit et
« titre, plusieurs personnes, manants de-
« meurant vers Vernon, Longueville et le
« Goulet et autre ville des dits parties de
« devers Seine, tant boulangers, mar-
« chands, et pour leur métier et mar-
« chandises, que autres pour leur propre
« usage, de tout temps, ou au moins par
« tel qui doit suffire pour bonne pos-
« session en suivre, la propriété avoir ac-
« quise et retenir, ayent usé et accoutumé
« de aller moudre au dit moulin, et au-

« cunes fois aller querir et acheter des
« grains vers la partie d'Evreux, Saint-
« André en la Marche et autres lieux en
« icelle contrée, de l'autre côté de partie
« de la dite rivière d'Eure, et en venant
« d'iceux lieux et parties souvent faire
« apporter le grain au dit moulin et lui
« faire moudre et recharger et reporter
« la farine vers les dites parties de la dite
« rivière de Seine, dont ils estoient et sont
« demeurant, comme dit est, et pareille-
« ment l'ont fait et pourroient faire ceux
« du dit côté devers Evreux, si ils alloient
« querir et acheter des grains des dites
« parties de devers Seine, ce qui n'arrive
« pas souvent, pour ce que il i croit moins
« de grain et i est plus cher que il est en
« la dite autre partie de devers Evreux,
« et pour ce payer tous les dessus nommés
« certain droit de moulte, à savoir : les
« sujets banniers par une forme, et les
« autres arrivant par une autre, sans ce
« que nous, nostre fermier ou traversier
« de la dite chastelainnie de Pacy, où est
« assise la dite ville de Cocherel, ayons
« droit ni ne puissions demander aucun
« acquit ou travers à quelque personne
« que ce soient pour raison ou cause des
« grains qui sont apportés et moulus au
« dit moulin, de quelque part ni à quel-
« que personne qu'ils soient, supposé que
« eux ou aucun d'eux doivent acquit
« ou travers pour leur denrée et mar-
« chandise passant par icelui, sinon des
« grains moulus au dit moulin comme
« dit est, dont ils sont quittes et exempts
« par la forme devant dite, de la raison
« dont procède la dite franchise, si est,
« comme l'on dit, pour ce que les dits
« religieux sont sujets à faire et maintenir
« certaine partie et portion du tallus,
« chaussée et pont sur où l'on traverse
« icelle ville de Cocherel, près d'icelui
« moulin, et autres personnes sont sujettes
« à faire et maintenir le surplus. Et ne
« sont pas faits iceux pont, tallu et chaus-
« sée, du tout ni en partie de nostre re-
« venu, ni à nos dépends; néanmoins,
« Guillaume Pacot, soi-disant fermier
« branchier audit lieu de Cocherel, et
« Jean Boulain, nostre fermier et traversier
« de la dite chastelainnie de Pacy, ou ice-
« lui Boulain, se sont naguère entremis
« et efforcés de vouloir assujettir et pren-
« dre acquit et travers à plusieurs per-
« sonnes demeurant es parties du dit lieu
« de Vernon, de Longueville et Goulet,
« devers la dite rivière de Seine, de ceux
« seulement qui y sont marchands ou bou-
« langers, et au regard aussi des grains
« que ils cachoient et faisoient venir de
« l'autre partie de la dite rivière d'Eure

« seulement et non d'ailleurs, ni pour
« autre cause, et lesquels grains ils ap-
« portoient moudre au dit moulin, et la
« farine d'iceux grains reportoient es par-
« ties de devers la rivière de Seine, sous
« ombre ou couleur de ce que ils disent
« que ils passent le travers la dite chate-
« lainnie de Pacy, et que ainsi le font
« marchandamment, et aussi qu'au regard
« de tel marchand estant et usant par la
« forme devant dite, nous et nostre fer-
« mier avons esté en saisinne de en avoir
« acquit et travers par plusieurs années,
« et sous ombre de ce se sont efforcés et
« efforcent les dits fermiers, ou l'un d'eux,
« de tenir et maintenir en procès les dits
« religieux au regard d'icelui article, et
« de fait se sont opposés ou l'un d'eux à
« certain exploit et commandement fait à
« la requeste desdits religieux par vertu
« de certaines nos lettres et mandement
« contenant que, pour les causes conte-
« nues en icelles, ils cessassent à faire les
« dits empeschemens, et sur ce a esté fait
« assignation en nos assises, à Pacy, aus
« dits religieux et fermiers, et qui plus est
« ont-ils, nos dits fermiers ou l'un d'eux,
« entendu et voulu entendre que nostre
« procureur audit bailliage se charge
« de leur fait et en fasse la poursuite,
« combien que c'est chose moult notoire
« au pays que les dits marchands et bou-
« langers, de quelque part qu'ils soient,
« quand ils moulent leur grain au dit
« moulin, supposé qu'en l'apportant du
« lieu où ils le prennent jusqu'au lieu où
« ils portent la farine, ils passent de tra-
« vers par les mettiers de la dite chate-
« lainnie de Pacy, ne doibvent-ils aucun
« acquit ou travers quand ils moulent au
« dit moulin que ils feroient s'ils ne
« moulent pas, et par ce les dits tra-
« versiers ou des précédents traversiers
« ou fermiers, d'aucuns boulangers ou
« marchands pour leurs grains ainsi mou-
« lus au dit moulin, de quelque part
« qu'ils fussent chargés ou achetés, et
« où que la farine en fust portée, fust en
« traversant la dite rivière ou autrement,
« en avoient pris ou exigé aucune chose,
« ce avoit esté contre raison, et y auroit
« été obey par les dits boulangers et mar-
« chands en doute d'avoir procès, et en
« l'absence et d'insseu des dits religieux,
« et aussi ne devoit valoir au préjudice
« des autres boulangers et marchands sur
« qui l'on ne auroit exploité de ceux ac-
« quits ou exactions, c'est en spécial des
« dits religieux qui rien n'en savoient, et
« mesmement que ce ne seroit pas tant
« de temps qui acqueriroit droit de pro-
« priété, selon la coutume de nostre

« pays de Normandie, à nous, à nos dits
« fermiers, si aucune droiture n'i avions
« auparavant, et en une assise tenue na-
« guère au dit lieu de Pacy, pour ce que
« nostre procureur n'avoit pas vraye ni
« certaine connaissance de nostre droiture
« ni de celle des dits religieux, ni de la
« manière comme l'on avoit usé au regard
« dudit débat, si comme il devoit, icelui
« nostre procureur voulant connaitre et
« savoir la vérité de la matière, à telle fin
« qu'il appartiendra, ait été la chose dé-
« layée pour en enquérir sommairement,
« pendant laquelle dissimulation et délay,
« qui longuement pourroit durer au pré-
« judice des dits religieux, l'on pourroit
« contraindre de jour en jour les dits bou-
« langers et marchands usant de la con-
« dition devant dite de payer ledit acquit
« et travers, lesquels pour ce, et leurs sem-
« blables, par ce se éloingneroient et
« ne voudroient ou cesseraient ny aller
« moudre au dit moulin, dont le revenu
« d'icelui seroit grandement diminué ou
« empiré par tel entreprise, de tant de
« temps pourroient être aussi comme de
« nul valeur, et si seroient vraye les dits
« religieux sujets à faire et maintenir la
« dite partie des dits ponts, tallus et
« chaussée, et, qui pis est, seroit d'estre et
« demeurer à l'occasion devant dite en
« grand et somptueux procès ès assises du
« dit lieu de Pacy, dont ils sont demeurant
« à quatorze lieux ou environ, si sur ce ne
« leur estoit par nous pourvu de gracieux
« et convenable remède ; requérant hum-
« blement que, ces choses considérées,
« desquels on pourra assidûment savoir la
« vérité, et de la manière comme l'on a
« usé au temps passé, nous voulions que,
« sommairement et en plain, sans action
« ou forme de procès, l'on se informe,
« sache et enquère diligemment du droit
« et possession d'iceux religieux au regard
« de l'acquit ou franchise des dits bou-
« langers et marchands moulant audit
« moulin, procédant de la condition dessus
« touchée, et qu'en iceluys leur droiture,
« et desdits boulangers seroit trouvé,
« qu'ils soient tenus quittes et paisibles
« dudit passage et acquit à l'occasion des
« grains qui ainsi seroient moulus à icelui
« moulin, lesquelles choses, en faveur de
« l'église, et aussi pour éviter à toute ma-
« nière de plaidoiries, et mesmement que
« leur requeste est de raison, nous leur
« avons octroyé. Pourquoy nous vous man-
« dons, commettons et expressément en-
« joignons, à vous et à chacun de vous,
« que de ce, sur la requeste desdits reli-
« gieux, appelé avec vous nostre procureur
« au dit lieu, vous vous informiez et en-

« querriez, tant par les lettres et titres des
« dits religieux, et autrement deument (?),
« tant sur la propriété que sur la saisine
« ou franchise dont ils se voudroient aider.
« Et si, par les dites lettres, titre ou in-
« formations, vous trouvez ou vous appert
« deument de la droiture ou franchise
« d'iceux religieux, au regard d'iceux bou-
« langers et marchands usant par la ma-
« nière et condition dessus touchée, vous
« iceux boulangers et marchands tenez et
« faites tenir pour quittes et déchargés
« des dits acquit ou travers des grains
« moulus au dit moulin de Cocherel pour
« les dits religieux, et aussi faites tenir
« quittes et déchargées vers les dits fer-
« miers et autres pour le tems à venir, et
« mesmement faites offre de cesser tous
« procès mus à l'occasion devant dite,
« et avec ce restituer ce qui en auroit esté
« payé par les dits boulangers et mar-
« chands..., car ainsi nous plait-il estre
« fait, et aux exposants blâmer avons octroyé et
« octroyons de grâce spéciale par ces pré-
« sentes, si mestier est, nonobstant quel-
« conques lettres empétrées ou à empétrer
« à ce contraire.
« Donné à Paris, ce quatriesme jour de
« mars, l'an de grâce mil quatre cent neuf
« et de nostre règne le trentiesme.
« Ainsi signé : Par le roy, à la relation
« du conseil. P. MESCINÉ.
« Lesquelles lettres eussent été présen-
« tées en une assise du dit lieu de Pacy,
« naguère passée, par le procureur des dits
« religieux, en la présence des dits Bou-
« din et Pagot, fermiers dudit travers,
« en requérant l'offre et enterinement d'i-
« celle, et pour sur ce faire et aller avant,
« ainsi qu'il appartient, eussions sommés
« les dits fermiers de dire si ils vouloient
« aucunement blâmer ou reprocher le
« contenu desdites lettres, ni la requeste
« faite par le procureur desdits religieux,
« lesquels eussent répondu qu'ils avoient
« autrefois dit qu'ils ne s'en pensoient pas
« faire partie, et attendoient au procureur
« du roy, et ne nestroit nul débat que
« l'on fist information et allât avant sur
« le contenu et enterinement desdites let-
« tres royaux, pour lesquels adviser, et
« après la réponse d'iceux fermiers, par
« ledit procureur et conseillers du roy en
« délibéré qu'il était à faire sur ce, cus-
« sent esté mises devers la cour, et icelles
« vues et admises à bonne délibération,
« eussions dit que, pour aller avant en
« l'expédition des dites lettres royaulx, que
« la dite information se feroit, sauf après
« à faire ce qu'il appartiendroit : pour la-
« quelle faire la besogne est esté conti-
« nuée entre les parties jusqu'à une autre

« assise et délay ensuyvant ; et depuis(?),
« en présence de Raoul des Hayes, procu-
« reur du roy nostre dit seigneur au dit
« bailliage, eussions fait information et ouï
« plusieurs témoins, pour savoir si en ce
« le roy nostre dit seigneur avoit aucune
« droiture de ycelle, et ouy plusieurs té-
« moins à nous produits de la part des dits
« religieux sur les faits, articles, droitures
« et franchises dont ès dites lettres est
« faite mention, et aussi eussions ouï plu-
« sieurs autres témoins à nous produits par
« le dit procureur du roy, et les dépositions
« des dits témoins, tant d'une part que
« d'autre, mises et rédigées en escrit,
« afin que ce puist estre vu et délibéré par
« monseigneur le bailly et conseillers et
« officiers du roy audit bailliage, à telle
« fin que raison voudroit, et affin d'avoir
« telle conclusion et appointement sur ce
« qu'il appartiendroit, faisait le procureur
« des dits religieux faute (?) par plusieurs
« fois par devers monsieur le bailli et les dits
« autres officiers du roy pour requérir con-
« traignement et accomplissement des dites
« lettres. Savoir faisons qu'aus dites as-
« sises de Pacy, tenues par nous lieutenant
« dessus nommé, le mardi vingt-troisième
« jour de décembre, l'an mil quatre cent
« dix, après ce que Robin le Faunnier,
« procureur des dits religieux, d'une part,
« et Jean Boudain, fermier dudit travers
« et acquit de Pacy, d'autre part, en la
« présence du dit Raoul des Hayes, pro-
« cureur du roy nostre dit seigneur, se
« furent présentés pour faire... ce qu'il
« appartiendroit, et que le dit Faunier,
« au nom que dessus, ont requis à grande
« instance que, si par les informations
« qui par nous avoient été faites il estoit
« trouvé que les dits religieux eussent
« bien et duement vérifié et enseigné les
« faits et articles contenus ès dites let-
« tres royaulx par eux obtenues, et
« le dit exploit et contrainte faite par
« le dit Boudain et Pagot cessassent, et
« que les dits boulangers et marchands
« moulant audit moulin fussent tenus
« quittes et paisibles pour le temps à venir
« dudit acquit de travers des grains par
« eux moulus au moulin de Cochenil, et
« que ce que les dits fermiers en avoient
« reçu au temps passé fust rendu et resti-
« tué à ceux qu'il appartiendroit, jouste
« le contenu desdites lettres, et que nous
« eumes sommé en court et en jugement
« ledit Boudain de dire ou déclarer si il
« demandoit en ce aucune droiture, et si,
« à la requeste que faisoit le procureur des
« dits religieux, il vouloit mettre aucun
« empeschement, ou si il nous vouloit
« administrer plus de témoins que ceux

« que nous avions ouys, ou vouloit icelui
« procès conduire et soutenir, lequel ré-
« pondit comme autrefois que de son fait
« n'y avoit rien ne entremis ne... ny il
« n'y prenait aucun profit ni intérêt, et
« par ce ne s'en vouloit faire partie, ny
« en plus avant nous informer, et que si il
« estoit trouvé par la dite information ou
« informations que les dits religieux, bou-
« langers et marchands eussent droiture,
« il n'y mettoit nul débat qu'ils ne l'eus-
« sent et en jouissent, et aint ce que le pro-
« cureur desdits religieux eust fait lire en
« jugement un mémoire de la deuxième (?)
« assise, faisant mention entre autres
« choses comme le dit Pagot se seroit dé-
« parti du dit procès, disant qu'il ne s'en
« vouloit faire partie, et mesmement avoit
« icelui Pagot ratifié icelui mémoire par
« lui passé. Nous, vu l'ordonnance et ap-
« pointement faits par mon dit sieur le
« bailly, à ce appelés le dit procureur du
« roy, Jacques le Remoisier, vicomte du
« lieu d'Evreux ; Jean Callenge et Guil-
« laume du Buisson, conseillers d'icelui
« seigneur, les lettres royaux obtenues par
« les dits religieux, l'information ou in-
« formations par nous faites sur le contenu
« en icelles vues et jugées par mon dit
« seigneur le bailly et autres dessus nom-
« més, disons et prononçasmes en juge-
« ment que le dit procureur du roy ne
« mettroit ni ne tiendroit lesdits religieux,
« ou marchands ou boulangers en aucun
« procès à cause du dit acquit ou travers,
« et si aucuns autres empeschements
« avoient esté donnés par les dits fermiers
« aus dits marchands et boulangers pour
« celle cause, le dit procureur du roy n'en
« prendroit pas la charge, et que les
« exploits et contraintes faites par les dits
« fermiers, si aucunes en y avoit cesse-
« roient, auxquelles choses le dit procu-
« reur du roy, qui présent estoit, n'a mis
« aucun débat, sauf le droit d'iceluy sei-
« gneur en toutes choses, si pour le temps
« à venir il venoit à connoissance que en
« ce eust aucune droiture, et sauf aus
« dits religieux, boulangers et marchands
« leurs raisons au contraire, et à avoir
« restitution sur le dit Pagot et Boudin,
« en tems et en lieu, de ce qui pourroit
« être enseigné contre eux qu'ils auroient
« reçu par raison du dit travers des dits
« boulangers et marchands. En témoing
« de ce, nous avons mis aus dites lettres
« le seel que nous usons ordinairement
« (en l') office de lieutenant, et pour
« greigneur confirmation et connoissance
« de nostre seel, à nostre requeste, par
« mon dit sieur le bailly a esté mis le seel
« dudit bailliage.

« Ce fut fait en l'an et jour et assises
« dessus dites.
   Sur le repli est écrit :
   « Collation faite. Signé Duval. (Un pa-
« raphe.) Scellé en double.
   « Collationné par moy conseiller secré-
« taire du roy.   Signé De Medine. »
   Citons encore deux actes relatifs aux
possessions de l'abbaye de Saint-Ouen à
Cocherel et aux environs.
   En 1239, charte de Roger de Cocherel,
chevalier, par laquelle il renonce à tous
les droits qu'il prétendait avoir dans la
grange de Chambrai, appartenant aux
religieux de Saint-Ouen. (*Arch. de la
Seine-Inf.*, fonds de Saint-Ouen).
   1322. « Jehan de Cocherel, escuier, fiex
et hoir de mons. Michel de Cocherel,
chevalier, vend des biens à l'abbaye de
Saint-Ouen sur Chambrai et Cocherel.
(*Arch. de la Seine-Inf.*, fonds de Saint-
Ouen.)
   En 1683, Robert Le Prévost, de Cocherel, chevalier, était seigneur des fiefs
et seigneuries du haut et bas Cocherel.
   Le village de Cocherel, situé sur la
rive droite de l'Eure, au pied d'une côte
escarpée, a donné son nom à la célèbre
bataille qui fut livrée le 16 mai 1364,
entre l'armée des Français, commandée
par du Guesclin, et l'armée des Anglais et
des Navarrais, commandée par le Captal
de Buch. Les Français, venant de la Croix-
Saint-Leufroi, passèrent un pont, qui
existait alors à Cocherel, et se portèrent
sur la rive gauche dans les prairies,
restant maîtres du pont ainsi que du
village. Ce fut par ce pont que du Guesclin,
voulant attirer l'ennemi à sa poursuite,
commença une retraite simulée; son armée, après la victoire, reprit ce chemin.
Le reste de l'événement a eu lieu sur le
territoire d'Hardencourt et de Jouy-sur-
Eure.
   On trouve dans les registres des vingtièmes les indications suivantes :
   En 1786, le sieur Le Bailly Ménager,
propriétaire d'une ferme au revenu
de 1,70) francs.
   M. de Brescourt, propriétaire de la
terre de la Poterie, au revenu de 963 livres.
   M. de la Houssaie, propriétaire de la
terre de Houlbec, d'une ferme et rente,
au revenu de 2,500 livres.
   M. le curé de cette paroisse (grosses
dimes), 2.600 livres.
   Les religieux de Fécamp (dime), 200
livres.
   Les religieux de Saint-Ouen (dime),
200 livres.
   L'abbé de la Noé (ferme louée), 1,835
livres.

M. Le Bailly, seigneur de Cocherel
(château, cour, produits et revenus),
300 livres.
   Les bois de Cocherel, d'une étendue de
180 hectares, sont grevés de droits d'usage;
ces droits sont reconnus par un acte en
forme de transaction passé devant Hochon,
notaire de Pacy, le 29 septembre 1776.
   Dépendances : — la Calterie; — Cocherel; — les Garnières; — la Grande-
Fortelle; — le Haut-Cocherel; — Houlbec;
— la Moinerie; — la Poterie; — la Tuilerie.

Cf. Le Brasseur, *Histoire civile et ecclésiastique
du comté d'Evreux : Actes et preuves*, p. 472. Relation et dissertation touchant l'origine et l'antiquité de quelques corps trouvés dans un ancien
tombeau au village de Cocherel, entre Evreux et
Vernon, en l'an 1685, par l'abbé de Cocherel.

HOULBEC-PRÈS-LE-GROSTHEIL.

Arrond. de Louviers. — Cant. d'Amfreville.

Patr. Notre-Dame. — *Prés.* l'abbé du Bec.

   Les *Grands Rôles de l'Échiquier de Normandie* font mention d'un certain Nicolas
de Houlbec qui pourrait fort bien tirer
son origine de notre commune. « Nicho-
« laus de Holebec reddit compotum de
« xv. marcis, de quibus Robertus de Veteri
« Ponte erat in debito pro Nicholao de
« Londa, pro plegio Ricardi Landri.
   « Idem Nicholaus debet xv. marcas
« pro Luca filio Johannis, pro plegio ejus-
« dem Ricardi. » (Stapleton, *M. R. Sc. N.*,
p. 488 et 489.)
   « Nicholaus de Holbec x. libras, pro
« plegio Ricardi Landri. De Nicholao de
« Holebec xv. libras. » (*Ibid.*, p. 492 et
493.)
   La bulle de Grégoire IX pour Conches
fait probablement mention de notre Houlbec : « ... Duas garbas decimæ de Hou-
« lebec, de lino, de lana, et de omnibus
« de quibus datur decima, et unam acram
« terræ ad grangiam faciendam... » Il y
a dans le texte : « Houlebet, » mais c'est
peut-être une erreur d'impression.
   Une rue du Gros-Theil, qui aboutit au
hameau dit le Marais-de-Houlbec, porte le
nom de rue de Conches, et les lieux qui
précèdent et suivent Houlbec dans la bulle
de Grégoire IX sont tous plus ou moins
voisins de notre Houlbec.
   En 1195, le pape Luce III confirme à
l'abbaye du Bec la possession de l'église
d'Houlbec.
   Nous trouvons dans le pouillé d'Eudes
Rigaud le passage suivant :

« Houlebec. Ricardus presbyter, Symon
« de Houlebec patroni alternatim. Valet
« xv. libras ; parrochiani xxxv. »

Les patrons furent ensuite Thomas Rongnier et « Geerrosius de Goislivilla », lequel céda sa part à l'abbaye du Bec.

En 1329, sentence en vertu de laquelle le curé présenté par noble dame Alix de Brebant, dame de Mazer, est admis attendu que c'est son tour d'y présenter.

En 1486, ce patronage était contesté entre l'abbaye du Bec et le seigneur de Rieux.

Suivant un aveu du 13 mai 1521, ce monastère a droit de présenter à la cure à cause du fief du Bosc; suivant un autre aveu du 4 mai 1673, il y avait à Houlbec un fief qui relevait du marquisat de la Londe-Commin et qui avait droit d'y présenter. Enfin, suivant les derniers pouillés de Rouen, le patronage était alternatif entre cette abbaye et le seigneur du lieu.

Voici quelques notes relatives à des transmissions de biens et de droits à Houlbec :

En 1260, Nicolas de la Londe, chevalier, confirma la vente faite à l'abbaye du Bec par Guerrée de Guilerville, écuyer, de huit acres de terre appelées « la Coolture des Rues ».

En 1261, donation par Guerrez de Guilerville, écuyer, dit La Vallée, du droit de patronage qu'il avait sur l'église de Houlbec.

En 1263, le même chevalier vendit le fief du Bosc, situé à Houlbec, et tout ce qu'il tenait de l'abbaye, tant en cette paroisse qu'au Bosc-Guérard.

En 1265, vente par Richard Duringer, dit Duvivier, de tout le bois avec le fonds qu'il possédait à « Houllebec ».

En 1266, Henri Guerrées donne 20 acres du bois voisin de celui de l'abbaye.

En 1269, messire Jean d'Harcourt vendit tout le bois avec le fonds qu'il avait acheté de Guerrée de Guiberville, autrement dit La Vallée.

En 1270, confirmation de ces ventes et donations par messire Aubert de Guerrez, son frère.

En 1270, Anastase Guerrées donna 21 sols de rente sur un tènement, maison et jardin en la paroisse de Guiberville : « Guerbaville. »

En 1273, accord avec Thomas Benger, écuyer, en vertu duquel Thomas et l'abbaye doivent présenter à la cure chacun à leur tour.

En 1291, compromis avec le seigneur d'Harcourt pour savoir à qui appartiendrait la seigneurie du fief du Bosc.

En 1301, messire Jean d'Harcourt, chevalier, fait avec l'abbaye du Bec un accord, d'où il résulte que les hommes du fief du Bosc seront obligés de travailler aux réparations de la motte de « Houllebec », appartenant au dit seigneur.

En 1418, les deux tiers de la dîme sont adjugés à l'abbaye.

En 1518, l'abbaye donne à Jean Masseline, seigneur du Houllebec, la Quesnaie du Houllebec pour 11 livres 12 sols de rente.

En 1609, la terre du Houllebec appartenait à Suzanne Duval, dame de Houllebec, Chambray, la Rivière, Rouverey et Booligny, veuve de Loys de Grimouville, seigneur de Larchant et Chambray, chevalier des ordres du roi, gouverneur d'Evreux. Elle avait eu d'un premier mariage un fils, Jean de Postis, sieur du Vieil-Evreux, dont le nom retentit dans un procès célèbre, en novembre 1630, devant le parlement de Normandie. Il avait enlevé une nièce par alliance de sa mère, et un fils né de cette séduction fut déclaré légitime par arrêt du parlement. Ce fils, Charles de Postis, après la mort de son père, eut encore à défendre son état civil contre une tante, Marie de Postis, dame de Houtteville, dont les prétentions furent rejetées. (V. Basnage, t. Ier, p. 425 et 463.)

Le capitaine Valdory, ardent ligueur, dans sa relation du siége de Rouen en 1591, p. 139, mentionne comme ayant été « en hasard de sa personne, le 16 avril, dans « une assemblée de bourgeois tendante à « sédition, le sieur du Genetey, ancien « conseiller en la maison de ville, homme « de grand aage et fort catholique. »

Plusieurs membres de la famille de Postis ont porté le nom du fief du Genetey. Cette ancienne famille possède encore la terre du Houllebec et en a conservé le nom. Deux tours et deux étages de caves superposées sont tout ce qui reste de l'ancien château.

Dépendances : — les Frichettes; — le Genetai; — les Haies; — le Marais; — les Mingotières.

HOUSSAIE (LA).

Arrond. de Bernai. — Cant. de Beaumont-le-Roger.
Sur la Risle.

Patr. S. Aignan. — Prés. le seigneur du Moulin-Chapelle.

Nous avons peu de choses à dire de la commune de la Houssaie.

Le passage suivant, tiré du *Registre de Philippe-Auguste*, s'applique à une autre localité nommée la Houssaie et voisine de Paci :

« Guillelmus de Osseia tenet quartum « loricæ per x. dies de custodia ad suum « costum... »

Voici, d'après l'un des pouillés du diocèse d'Evreux (Archives de l'Eure), la liste des seigneurs du Moulin-Chapelle qui ont présenté à la cure :

1476. Renaut de Pommereuil.

1490. Jean de Pommereuil.

1512, 1527, 1523 et 1540. Jacques de Pommereuil.

1576 et 1588. Nicolas de Pommereuil, chevalier de l'ordre du roi, seigneur du Moulin-Chapelle, Miserey, les Grez et Brou-de-Chapon.

1619 et 1637. Charles de Pommereuil.

1662, 1670 et 1679. Henri de Pommereuil.

Le Moulin-Chapelle fut vendu par ce dernier seigneur, en 1687, à Pierre de Moy, seigneur de Ribouville ; mais Guy-César de la Luzerne, marquis de Beuzeville et gendre de Henri de Pommereuil par son mariage avec Madeleine de Pommereuil, le retira par clameur féodale.

Le haut-fourneau du Moulin-Chapelle acquit une certaine importance au XVIIIᵉ siècle ; il était loué 3,000 livres par an en 1730.

Les Archives de l'Eure contiennent aussi les pièces d'un curieux procès entre Charles de Pommereuil, seigneur du Moulin-Chapelle, et Henri de Pommereuil, son fils, d'une part, et Louis de Croisy, président au présidial d'Evreux, et Guillaume de Croisy, seigneur de Bougy, son frère, d'autre part.

Au dire des Croisy, la prospérité de leur maison et la construction d'un château assez important à Bougy avaient excité la jalousie du seigneur du Moulin-Chapelle, leur voisin. En 1633, à Conches, à l'occasion d'une querelle entre Guillaume de Croisy et un sieur de la Chauvinière, où Charles de Pommereuil était arbitre, des injures furent échangées entre celui-ci et le président d'Evreux. Henri de Pommereuil, fils de Charles, pour venger son père, appela en duel le seigneur de Bougy. Le duc de Longueville, qui passait à Conches et à Evreux sur ces entrefaites, essaya d'arranger l'affaire et ne put y réussir par suite de l'obstination des Pommereuil. Peu de temps après, Henri de Pommereuil, accompagné d'hommes armés, attaqua Guillaume de Croisy et lui tua un de ses valets. N'étant pas encore satisfait, il dressa un guet-apens contre le président d'Evreux, qui eut grande peine à s'échapper de ses mains. Les Croisy obtinrent un décret de prise de corps contre Charles de Pommereuil, qui fut saisi dans son château du Moulin-Chapelle, le 7 mai 1636, par une quinzaine de cavaliers de la maréchaussée. Les procédures au parlement et au grand conseil durèrent quatre ans. On y rappela qu'en 1622 un nommé Gabriel Cresson, meurtrier, exécuté à Pont-Audemer, avait en mourant accusé Charles de Pommereuil du crime de fausse monnaie, et qu'à la suite d'une information présente par Isaac Pillon, lieutenant de la prévôté générale de Normandie, un décret de prise de corps avait été lancé contre le seigneur du Moulin-Chapelle ; mais les poursuites avaient été interrompues par deux arrêts du conseil, en 1625 et en 1627. Enfin Henri de Pommereuil demanda et obtint en 1639 des lettres de rémission ; Charles, son père, fut élargi en 1640, et une sentence arbitrale les condamna à payer à Guillaume et à Louis de Croisy une somme de 10,000 livres.

Voyez l'aveu rendu par le seigneur du Moulin-Chapelle, au commencement du XVᵉ siècle. (*Arch. imp.* P. 303, fol. 19 ; Vicomté de Conches et Breteuil.)

Dépendances : — la Bergerie ; — le Chatelin ; — le Chesnai ; — Doublet ; — la Forge ; — le Fourneau ; — le Moulin-Chapelle.

HOUVILLE.

Arrond. des Andelis. — Cant. de Fleuri-sur-Andelle.

Patr. S. Gervais et S. Protais. — *Prés. l'archevêque de Rouen.*

En 862, Charles le Chauve sanctionna l'échange de deux propriétés situées dans le Vexin, entre Gauzelin, abbé de Jumièges, et un personnage nommé Warnaire. L'abbé céda à Warnaire des terres « in ipso pago Vilcasino super fluvium « Troïna, in loco nuncupante Gertrisiacas « casas, et in alio loco qui dicitur ab Ha-« lulfi villare. » Nous sommes portés à croire que le lieu dit « Halulfi villare » est Houville.

Houville ne forme aujourd'hui avec Marcouville qu'une seule et même commune, et l'étymologie de Marcouville est assurément : « Marculfi villa. » Dans la charte de Robert Iᵉʳ en faveur de la cathédrale de Rouen, nous trouvons en effet mentionnés Houville et Marcouville : « Et « in Marculfivilla III. capitales hospites

« et II. dimidiarios ; in Hulvilla c. et
« v. acras. »

Au XIIIe siècle, le prieuré des Deux-Amants, situé à Amfreville-sous-les-Monts, possédait, dans la commune voisine d'Houville, des biens « ... ex dono Galo-
« nis Raiel xv. acras terre apud Houvillam
« et unum modium vini ; ex dono Ans-
« culfi nepotis jamdicti Galonis duas acras
« terre apud Houvillam ; ex dono Roberti
« Brusle unam acram terre apud eamdem
« villam... »

Le pouillé d'Eudes Rigaud constate que l'archevêque de Rouen présentait directement à la cure : « Ecclesia Sanctorum
« Gervasii et Prothasii de Houvilla. Per-
« sona est quidam canonicus Sancte Marie
« Rotunde. Archiepiscopus patronus vica-
« rie. Vicaria valet xxx. libras Turonen-
« sium ; personatus circa L. libras Turo-
« nensium. Habet xLVIII. parochianos. »

Dans le fonds du prieuré des Deux-Amants se trouvent plusieurs chartes concernant Houville :

« Guido de Roketa, miles, » confirme la donation faite par sa mère Oziria de terres situées « in parrochia de Houvilla ad che-
« minum de Gizortio ». Charte mutilée du XIIIe siècle. Parmi les témoins Robert Freschet, doyen de Houville.

« G. de Peisiaco, miles, dominus de Noione super Andelam, » donne à l'église Sainte-Marie-Madeleine des Deux-Amants, pour le salut de son âme, d'Isabelle, sa femme, et de Robert, son fils défunt, ce qu'il percevait sur une pièce de terre tenue de son fief « apud Houvillam ». (1263, juin.)

« Emelina dicta la Favresse, de parro-
« chia de Houvilla, vidua, » donne aux Deux-Amants 6 deniers tournois de rente sur une pièce de terre d'une vergée, à « Hovilla », aboutant à la couture des chanoines et à celle du seigneur de Noyon, la moitié de ses biens meubles, après son décès, à l'exception de ses habits. On lui accorde société dans les messes, jeûnes, aumônes et bienfaits. (1274.)

« Symon de Manseguiaco, miles, dominus de Puceio, » donne, pour le salut de son âme, de ses ancêtres, notamment d'Alain « de Manseguiaco », son père, et d'Isabelle, sa mère, « ad obitum suum in
« perpetuum recolendum, » au couvent du mont des Deux-Amants, tout le fief à la Cornue, à Houville, et 18 sous tournois et 6 sous parisis. (1330.)

Catherine du Bosc, petite-fille de Guillaume du Bosc, panetier du roi, mort en 1507, épousa Jean Maignart, seigneur d'Houville.

Pierre du Bosc, seigneur de Brauville,

Houville et le Busc, fit, à cause de sa femme, les 22 et 27 février 1603, hommage à la comtesse de Gisors des sergenteries héréditaires de Quitri et Baudemont, mouvantes de Gisors. Cette dame avait été mariée en premières noces à Louis d'Hellenvilliers, seigneur du Mesnil-Jourdain. Leur fils, Louis du Bosc, épousa Anne Leblanc. David du Bosc, fils de ces derniers, demeurant en la paroisse d'Houville, fit hommage au seigneur d'Huqueville (probablement Heuqueville), en 1665 et 1667. Il était seigneur d'Houville, des fiefs de Guyard, de Quitri, de Martel et des sergenteries de Baudemont et Quitri. Maintenu le 11 février 1663.

Suit l'état des fondations d'Houville présenté à l'archevêque par Nicolas Leroux, curé de Saint-Gervais et de Saint-Protais de Houville en 1741.

Fondation par Pierre de la Cour, curé d'Houville, 1637 ; par François du Signet, curé d'Houville, 1716 ; par messire Louis-Edmond du Fossé de Vatteville, seigneur de cette paroisse, et par damoiselle Marguerite du Fossé de Vatteville, sa sœur, 23 janvier 1696.

Parmi les fondations nous voyons qu'à Houville on chantait tous les dimanches, à la fin des Complies, la prose de saint Sébastien avec le verset et l'oraison, qu'on fournissait le jeudi saint, à la fin de Ténèbres, le pain d'un boisseau de froment pour être distribué aux pauvres. Messes pour le repos de l'âme de messire Louis du Fossé de Vatteville, lieutenant général des armées du roi, et de dame Marguerite du Bosc, son épouse, leurs père et mère...

Fondation par dame Marguerite du Bosc, épouse de messire Louis du Fossé (5 août 1676) : 20 livres de rente pour le repos de l'âme de messire David du Bosc, seigneur d'Houville.

Marcouville-en-Vexin a été réuni à la commune d'Houville en 1842.

Dépendances : — le Bout-de-Bas ; — les Cavées ; — le Clos-Hourdel ; — la Cour-du-Londe ; — la Grande-Ferme ; — Marcouville ; — les Cabarets.

Cf. Toussaint Duplessis, t. II, p. 599.

HUARIÈRE (LA).

Arr. éd. de Bernay. — Cant. de Beaumont-le-Roger.

Patr. S. Pierre. — Prés. l'abbé du Bec.

Huareria, Huarreria ; la Huarière : ce mot est probablement dérivé du nom d'homme Huan, nom que plusieurs chartes du XII° et du XIII° siècles nous signalent. Dans une charte de donation à Préaux, par Henri de l'Aunai, on trouve Richard Huan comme témoin et Guillaume Huan comme ayant pris à fiefle des moines une pièce de terre.

Dans une charte du *Cartulaire de Saint-Wandrille*, t. I°, 72, figure également un personnage nommé Huan.

Il y avait un lieu de ce nom dans les environs de la forêt de Lions. Par une charte de 1269, saint Louis défendit au châtelain de Lions d'empêcher les religieuses de Fontaine-Guérard de jouir du droit de chauffage dans la forêt de Lions : « ... qui possint habere usagium suum « ad ardendum in foresta nostra de Leo-« nibus, sicut solent pro grangia sua de « Huaneria... »

Les chartes suivantes sont les titres en vertu desquels le prieuré de Beaumont-le-Roger, et à la suite l'abbaye du Bec, acquirent l'église de Saint-Pierre de la Huanière.

Donation de Simon de Grolei.

« Notum sit omnibus, tam presentibus « quam futuris, quod ego Simon de Gro-« leio, pro salute animæ meæ et meorum « antecessorum, dedi et concessi Deo et « ecclesiæ Sanctæ Trinitatis de Bellomonte « et monachis ibidem Deo servientibus et « servituris, in liberam, puram et perpe-« tuam elemosinam, ecclesiam Sancti Petri « de Huaneria, cum jure patronatus. Pre-« dicti vero monachi caritatis intuitu te-« nentur facere anniversarium meum in « ecclesia Sanctæ Trinitatis singulis annis « post decessum meum. Et ad hoc fa-« ciendum concessi eis ut habeant liber-« tatem piscandi in aqua mea de Groleio « ab hora nona diei precedentis anniver-« sarium meum usque ad horam nonam « sequentis diei, cum omnimoda forma « ingeniorum. Et hæc mea donatio rata « et inconcussa in perpetuum permaneat, « presens scriptum sigili mei munimine « roboravi. Testibus : Roberto comite Mel-« lenti, Johanne de Jorio, Roberto presbi-« tero de Sancto Nicholao, Radulfo Pele-« rin, Fichet, Osulfo de Groslaio, Giroldo « du Mesnil.... » Dans la charte de confirmation de l'évêque d'Evreux, Simon a le titre de chevalier.

Donation de Raoul de Grolei.

« Radulfus de Grolaio factus canonicus « concessit prædictæ ecclesiæ et canonicis « ecclesiam Sancti Petri de Huaneria, cum

« terra et decimis et omnibus consuetudi-
« nibus eidem ecclesiæ pertinentibus... »
(*Cart. S. Trin. de Bellim.*, II, v°.)

« ... Ex dono Radulfi de Grolei,
« quando factus fuit canonicus, ecclesiam
« de Huanaria, cum jure patronatus et
« advocationis et decima et aliis omnibus
« ejusdem ecclesiæ pertinentiis... » (Charte de Henri II pour le Bec, dans le *Mon. Anglic.*)

G., évêque d'Evreux, donna à Louis de Thiboutville : « de Theboltvilla, » l'église de la Huanière sur la présentation du prieur et des religieux de Beaumont, moyennant une rente annuelle de 8 setiers d'avoine, 2 de blé et 2 d'orge.

La Huanière a été réunie à Sainte-Opportune-la-Campagne.

HUEST.

Arrond. d'Evreux. — Cant. d'Evreux (sud).

Patr. S. Pierre. — Prés. le bureau des pauvres d'Evreux.

Le plus ancien document que nous ayons sur la commune de Huest est probablement une charte de Guillaume le Conquérant pour Jumiéges, écrite vers 1079 : « ... Tribuit quoque Willelmus de « Saccavilla totam terram de Nocimen-« tis... » Il s'agit ici de la terre de Nuisement plutôt que de la commune de ce nom.

Les églises de Huest et de Gravigni sont citées dans la charte de fondation de Saint-Amand : « ... In pago Ebroicensi, « duas ecclesias, scilicet de Gravigni et « de Vuest, et in Vuest duos mansos... »

Vers 1170, Gilles, évêque d'Evreux, reçut de G., prêtre de Huest, et de ses frères, le droit de présentation à l'église de Huest. Sur la demande des susdits et du consentement de Simon, comte d'Evreux, duquel dépendait ledit fief, Gilles donna ce droit de présentation au prieur de Saint-Nicolas d'Evreux : « Egidius, Dei « gratia Ebroicensis episcopus, omnibus « fidelibus, tam presentibus quam futu-« ris in perpetuum. Notum esse volumus « presentibus et futuris quod G. presbiter « de West, et fratres ejus, F. et Adam, « jus presentationis quod in ecclesia « de West jure hereditario habebant in « manu nostra reddiderunt. Nos vero ipso « G. postulante, et fratribus ejus F. et « Adam concedentibus, assensu Simonis « comitis Ebroicensium, de cujus feodo « predicta villa est, priori et fratribus « Sancti Nicholai jus presentationis con-

« cessimus, salvo in omnibus jure ponti-
« ficali et parrochiali. Testibus : R. R. R.
« archidiaconis Ebroicensibus, Guillelmo
« cantore, Johanne Pullo, Roberto de Mal-
« buisson, R Crispino et aliis pluribus
« testimonium veritati detentibus. » (*Archives de l'Hôtel Dieu d'Evreux.*)

Il y avait encore au moment de la Révolution une chapelle de Sainte-Cécile à la
nomination de l'abbé de Tiron : « ... In
« pago Ebroicensi, ecclesiam Sanctæ Cœci-
« liæ de Guest... » (Bulle d'Eugène III
pour Tiron.)

Amauri, comte d'Evreux, confirma la
donation faite entre les mains de l'évêque
Gilles au prieur et aux frères de la léproserie de Saint-Nicolas d'Evreux par Geoffroi, prêtre de Huest, et ses frères, Foulques et Adam : « Amauricus, comes Ebroi-
« censis, universis ad quos litteræ istæ
« pervenerint, salutem. Notum volo fieri
« quod Gaufridus, presbiter de West, et
« fratres ejus Fulco et Adam, jus præsen-
« tationis quod in ecclesia de West jure
« hereditario habebant, in manu Egidii
« episcopi reddiderunt. Postulatione vero
« G. presbiteri, et fratribus ejus prænomi-
« natis concedentibus, et assensu meo,
« cujus feodo predicta villa est, episcopus
« jus presentationis priori et fratribus
« Beati Nicholai, salvo jure pontificali et
« parrochiali, concessit. Donum illud quod
« auctoritate patris mei eis prius confir-
« mavi, cognovi. Ista vero munimine si-
« gilli mei predictis fratribus confirmo a
« me et a meis heredibus. Testibus : Geor-
« gio Noel, Adam Anglico, Nicholao le Fe-
« run, Christoforo de Feria, Willelmo de
« Posis, et pluribus aliis. » (*Cart. de Saint-
Nicolas d'Evreux*, p. 2. Ch. n° 5.)

G., évêque d'Evreux, donna auxdits lépreux « totum bladum Sancti Petri de
« West quod ad ipsius spectat decimam,
« excepta decima wesdi ». Il est parlé
dans cette charte de « Walfridus de West »
et de ses frères.

Dans une charte de la même époque et
en faveur des mêmes on trouve « Stephanus de West » et son fils, Hugues « de
West », et son autre fils, « Radulfus de
West. » Dans une autre charte de Simon
« de Ancto » on trouve : « G. sacerdos de
Guest. »

En 1215, Gillebert « de West » confirma aux lépreux d'Evreux tout ce qu'ils
possédaient dans sa terre : « videlicet
« masagium et totam terram quam tenuit
« Ricardus Noel et totam terram Gas-
« tine... Boscum Rabel juxta les Holetes
« necnon et IV. acras terre juxta Gravi-
« gne. »

Le même « Gillebertus de Guesto », du
consentement de sa femme Emeline, fit
don aux mêmes d'une rente de 9 sols
4 deniers « pro terra Gastine ». Parmi les
témoins : Jean « de Merio » et Guillaume,
son fils, Guillaume « de Metuil », Raoul
« de Saccio », Eustache « de Landis »,
Raoul « de Nectrivilla », Hugues « de
Bougeio », Robert « de Coudreio ».

Confirmation par Gillebert de Huest du
don fait par Robert Rabel de 4 acres de
terre « in cultura Rabel ». Parmi les témoins : Richard de Boutemont, Richard
Mencuer, Hugues « de Sancto Michaele »,
chevaliers ; Richard « de Argentiis », Roger « de Boquepuid », Etienne « de Dardeis », Richard « de Garenceriis », Raoul
« de Magnevilla », etc.

En 1215, Nicolas Rabel donna aux lépreux d'Evreux « ... nemus Rabbelli juxta
les Holetes ».

En 1225, « Willelmus, dominus de
« West, miles, Stephanus, dominus de
« Nesement. »

En « cc xiii vi (sic), Jean, seigneur de
Huest, donna une acre appelée « l'acre del
Sentier » en échange « ... de acra presbiteri que vocatur la Gastine ». Dans une
autre charte : « Hugo de Nocumento. »

1469. « Thibault de Gouy, escuier, sei-
« gneur d'Uest, demourant à Rouen avec
« Monseigneur de Narbonne, » figure dans
la monstre de M. Bonnin, p. 47.

1562. « Damoiselle Catherine d'Amfreville, veufve de feu noble homme Char-
« les le Conte, dame du fief de Huest, »
paya 70 livres pour la taxe de l'arrière-
ban. (*Rôle des taxes de l'arrière-ban*, publié par M. Lebeurier, n° 452.)

Le Nuisement était un huitième de fief
relevant de Huest en 1469 : « Jehan de
« Venoys, escuier, seigneur du Nuyze-
« ment, lequel pour luy, Robin de Ve-
« noys, son père, aagé de LX ans et plus,
« estant avecques luy demourant et à ses
« dépens de toutes choses, se présenta
« armé de brigandines, arc et trousse, à
« deulx chevaulx. »

En 1562. « Les hoirs de deffunct Loys
« de Venoys, seigneur du Nuyzement et
« Cadencourt en partie, » payèrent 18 livr.
de taxe.

En 1782, M. de Flexanville possédait par
usufruit la terre et seigneurie de Huest.

On trouvera des aveux du fief de Huest
rendus au roi par Jacques de Poissy,
écuyer, grand panetier de Normandie, et
ses successeurs en 1419, 1452 et 1454.
(*Arch. imp.*, P. 305. N°° 44, 72 et 82.)

Le bureau des pauvres d'Evreux louait
la dîme 1060 livres.

Dépendances : — le Nuisement ; —
l'Ablaye ; — la Gastine.

IGOVILLE.

Arrond. de Louviers. — Cant. de Pont-de-l'Arche.

Patr. S. *Pierre.* — *Prés. le trésorier de la cathédrale de Rouen.*

« Vigg, » nom d'homme scandinave, que nous retrouverons souvent, et qui a beaucoup d'analogie avec « Bigot » et « Bigot », autres noms scandinaves. C'est un fait digne de remarque que la plupart des noms de lieu commençant aujourd'hui par un I commençaient jadis par un W ou un V; ainsi dans l'Eure : *Vigoville, Willivilla, Wisorvilla, Wifrevilla, Willevilla*; de même dans la Seine-Inférieure : *Witilla, Wimara.*

Nous lisons dans le pouillé d'Eudes Rigaud : « Vigovilla. Magister Johannes « de Campania, canonicus Rothomagensis, « patronus. Val. t xxv. lit ras. cxvii. parro- « chiani... » Le curé avait été présenté par H. de Andeli, prédécesseur de ce chanoine dans sa prébende.

Suivant les derniers pouillés, le trésorier de l'église cathédrale de Rouen présente à la cure :

1271. « ... Parrochia Sancti Petri de « Ymgovilla... »

1326. « ... In parrochia de Ygouvilla... » (*Cart. de Bonport.*)

1349. « ... Sur une masure en la « paroisse de Ygoville... sur une masure « assise à Limoye... » (*Cart. de Bonport.*)

« ... Sur une masure assise en la pa- « roisse d'Ygoville, à Lynuie... »

Il y avait aussi une saucheie dite Merderel.

Les débris de l'ancienne forteresse de Pont-de-l'Arche et l'écluse qui occupe une partie de son emplacement sont compris sur le territoire d'Igoville.

Ce château avait une chapelle sous l'invocation de saint Étienne, à la présentation des chanoines de Cléri, selon le pouillé de Rouen de l'an 1738 et selon une déclaration du 10 mai 1394.

Le fief d'Igoville en la paroisse du même nom était membre de la baronnie de Saint-Ouen.

Dépendances : — le Fort.

Cf. Toussaint Duplessis, t. II, p. 599.

ILLEVILLE-SUR-MONTFORT.

Arrond. de Pont-Audemer. — Cant. de Montfort.

Patr. S. *Philibert.* — *Prés. les Chartreux de Rouen.*

Aux environs de la mare Imbert, on a découvert des vestiges de constructions antiques, plusieurs médailles d'or, et un vase en terre renfermant des médailles de grand bronze. Tuiles romaines dans les champs sur plusieurs points de la commune.

On trouve parmi les signataires d'une charte relative à Catelon et de l'époque de Guillaume le Conquérant : « Rodulfus de Willevilla. » Je suis tenté de croire que ce *Willevilla* est Illeville, et que le nom primitif est *Willelmivilla*, qui sera devenu successivement *Willelvilla, Willervilla, Willavilla* et *Illevilla*. Il y a bien Villerville-sur-Mer auprès de Touques, mais je doute fort qu'on soit allé chercher un témoin si loin.

« ... Scilicet unum elemosynarium « apud Willevillam... » (Charte de Hugues, archevêque de Rouen, pour Corneville.)

Dans une charte du xie siècle en faveur de Préaux (Cart. de Preaux, n° 417), on trouve parmi les témoins : « Radulfus de Willevilla... »

Dans les *Grands Rôles de l'Échiquier de Normandie* : « ... Gislebertus de Willirvilla, v. solidos r. denarios de pirata... » (Stapleton, M. R. Sc. N., p. 482.)

Dans le pouillé d'Eudes Rigaud, on lit : « Willevilla. Archiepiscopus patronus; valet « xii. libras, parrochiani mmm et xvi... »

Et dans le registre de ses visites pastorales : « 1265. Nonis septembris, acces- « simus personaliter ad ecclesiam de « Wyllevilla, pro contentione quadam « que erat inter rectorem ipsius ecclesie « et priorem Sancti Ymerii. Post celebra-

« ticnem missæ, quam ibidem, per Dei
« gratiam, celebravimus, comparuerunt
« dictæ partes coram nobis, etc… « Sed
« negotium tunc nequivimus terminare et
« assignavimus partibus diem ad crastinum
« synodi Rothomagensis, coram nobis, ad
« audiendum jus, et interim, videlicet in-
« fra festum beati Michaelis, debent tradi
« nobis rationes a partibus. » (Ed. Bonnin,
p. 526.)

Le différend fut arrangé en 1265 entre le prieuré de Saint-Ymer et « … magis-
« trum Herbertum, rectorem ecclesie de
« Villevilla, super decimis novalium in
« foresta de Monteforti existentium… »

En 1337, le roi présenta à la cure d'Ille-
ville. L'archevêque de Rouen refusa les provisions et conféra de plein droit à un autre sujet. Cependant il engagea le nouveau pourvu à résigner entre ses mains purement et simplement. Sur cette résignation, il conféra la cure à celui que le roi avait présenté, et le roi reconnut de son côté, par lettres du 3 novembre de la même année, que l'archevêque en avait la collation pleine.

En 1502, le célèbre cardinal Georges d'Amboise, premier ministre de Louis XII, céda le droit de patronage de la paroisse d'Illeville-sur-Montfort, qu'il possédait comme archevêque de Rouen, aux Chartreux de cette ville; et le roi compléta la donation en abandonnant de nouveau toutes ses prétentions.

Nous relevons dans les Usages et Cou-
tumes des forêts de Normandie, fol. 82, le passage suivant :

« Les habitants de la paroisse d'Illeville
« ont en la forest de Montfort le boiz sec
« en estant et le vert en gesant sans cueble
« et sans rachine et hors deffens, la bran-
« che de diz sept piés en hault, et de troiz
« fours l'un, sans mesle ignier l'arbre et
« hors deffens. Item, ont droit de prendre
« et avoir en la dicte forest la pasture de
« leurs bestes, excepté chièvres et hors
« deffens, et leurs brebis à l'ourale de
« la dicte forest à la sene du pastour.
« Item, doivent avoir et prendre en la
« dicte forest la mousse, le caillou, le
« genest, le genevre, la marne, le sablon,
« l'argile et le roussin des arbres. Item,
« doivent avoir et prendre le mort boiz
« sans amende, qui est nommé mort boiz
« en la chartre aux Normans, hors deffens.
« Item, doivent avoir et prendre en la
« dicte forest le passage leurs pors pour
« en paier à chaseun passage pour chas-
« cun port douze deniers tournoz, voise
« ou non en la dicte forest, et les doivent
« mener et porter à l'aquit dudit passage;
« sy petit ny aura mais qu'il puisse men-

« ger un glan, ou se porté ou mené n'y est
« il doibt paier au fermier du dit pasnage
« pour le roy diz soulz tournois d'amende
« pour chascun port. Item, doivent avoir
« en la dicte forest la charetée de chesne
« vert à troiz chevaulx hors deffens pour
« diz soulz tournois, et à deulx chevaulx
« pour huit soulz, la cheretée de fou ou
« de hestre à troiz chevaulx pour six sols
« tourn., hors deffens, et à deulx chevaulx
« pour huit soulz tournois, la somme de
« chesne quatre soulz tournois, la somme
« de fou ou de hestre ш soulz, la cheretée
« de boiz, c'est asavoir : boul, tremble,
« fresne et coudre et autre boiz qui n'est
« pas dit mort boiz en la chartre aux Nor-
« mans pour troiz solz, hors deffens, et la
« somme pour deulx soulz tourn.; pour les
« quelles franchises, usages et coustumes
« dessus desclarées les dits parroessions
« et habitans sont tenus faire et paier par
« chacun an au roy nostre sire, c'est asa-
« voir : les uns gerbes de blé, d'avoine,
« orge et gelines, et les aucuns d'iceulx
« coustumiers paient moutes aux termes
« acoustumés. »

Les Chartreux de Rouen étaient seigneurs en 1726.

Il existe dans la forêt une enceinte de forme carrée qui a gardé quelques vesti-
ges de fortifications. Sur un autre point, vers la vallée, s'élève encore, avec des restes de murailles, la butte d'un château du Xᵉ siècle qui porte le nom de Vieux-Montfort.

Il y a dans cette commune un triège nommé Illemare, dont les terres appartenaient à une famille du même nom.

Le Quesnel appartenait à une famille de Gripière, dont le manoir était qualifié de château.

D'autres terres portent les noms des familles du Courant, d'Orgeville et d'autres familles qui les ont possédées.

Trièges des Catelots et de la Porte-de-
Brique, dans la forêt de Montfort.

Le fief de Maubuquet était un quart de fief relevant du comté de Montfort, qui eut pour seigneurs :

1532. Jacques de Vivefoy.
1582. Jehan de Vivefoy.
1619. Jacques de Vivefoy.
1687. Daniel le Grand, ayant épousé Anne de Vivefoy.
1714. François de la Rue.
1729. François de la Rue, fils du précédent.

L'église d'Illeville, grande et belle, bâtie en forme de croix, remonte au XIᵉ siècle; les voûtes à l'intérieur sont en plein cintre; les grandes croisées, moins anciennes, sont en ogives; quelques sculptures mutilées ornent encore le portail.

Dépendances : — Maubuquet ; — Candos ; — le Carouge ; — Erquemare ; — la Gosseaumerie ; — la Goupillerie ; — Hulé ; — Jaquelin ; — le Mesnil ; — la Redoute ; — Valleuil ; — les Ventes ; — le Chastel ; — le Courant ; — la Jubinière ; — le Manoir ; — le Quesnei ; — le Taillis ; — le Petit-Presbytère ; — la Saussaie ; — la Vallée.

Cf. Toussaint Duplessis, t. II, p. 600.

Cocl. *Essai sur Evreux, Couvent de Pont-Audemer*, t. II, p. 303.

Mgr Philippe-Lemaître, *Notice sur les antiquités d'Évreux*, Paris-Aubert, 1837, in-8°. — *La Normandie au X° siècle*, ou le *Puits-Aigé d'Illeville*. Rouen, 1845. In-8°.

ILLIERS-L'ÉVÊQUE.

Arrond. d'Évreux. — Cant. de Nonancourt.
Sur la Gualdine.

Patr. Notre-Dame, S. Martin. — Prés. l'abbé de S. Père, le chapitre de Chartres.

Illiers a été le siège d'un établissement romain qui ne laisse pas que d'avoir une certaine importance. Vestiges de constructions antiques, tuiles, médailles romaines en grande quantité.

Voie romaine d'Evreux à Dreux.

On trouve un bourg portant à peu près le même nom dans une charte de Charles le Chauve.

842. « ... Cellulam quæ dicitur Yslari, in honore Sancti Michaelis constructam, sitam in pago Dorcassino super fluvium Arva.... »

L'église et la dîme d'Illiers furent primitivement possédées en pure propriété, vers le milieu du X° siècle, par Loutgarde, femme en premières noces de Guillaume Longue-Épée, second duc de Normandie, et en secondes noces de Thibaud, surnommé le Tricheur, comte de Chartres et de Brie. Loutgarde les tenait vraisemblablement de la libéralité d'un de ses deux maris. Elle en fit don à un de ses parents qui les donna au chapitre de Chartres.

Le chapitre de Chartres ne paraît pas avoir joui en parfaite tranquillité de l'église et de la dîme d'Illiers jusqu'au milieu du XII° siècle. Vers 1157, Pierre, fils de Goffier, du consentement de son frère Guillaume et de ses fils, remit entre les mains de Rotrou, évêque d'Évreux, l'église et la dîme d'Illiers, dont ils étaient plus ou moins détenteurs. Simon d'Anet était alors seigneur d'Illiers, et il céda

également ses droits dans les églises d'Illiers. Rotrou, évêque d'Évreux, pour se conformer à l'intention des donateurs, divisa les églises et la dîme en deux parties égales, et donna l'une au chapitre de Chartres et l'autre à l'abbaye de Saint-Père, sans oublier les intérêts des deux curés de cette paroisse, auxquels il assura une portion et un canton particulier dans lesdites dîmes. Cet arrangement fut troublé par les prétentions du chapitre de l'église de Chartres. En 1225, les parties transigèrent. Le chapitre céda à l'abbaye de Saint-Père la portion de l'église et de la dîme en litige, moyennant une rente de 25 livres.

Suivent plusieurs pièces relatives aux églises et à la dîme d'Illiers.

« Rotrodus, Dei gratia Ebroicensis
« ecclesie minister, omnibus sancte Dei
« ecclesie fidelibus, ad quos littere iste
« pervenerint, salutem in Domino. Notum
« sit vobis quam Petrus filius Gofferii,
« consensu fratris sui Willelmi et filio-
« rum ipsius ; in manu nostra reddidit
« ecclesias et decimas de Illeis. Nos
« autem eas dedimus monachis mo-
« nasterio Beati Petri Carnotensis, rogatu
« predicti Petri et Willelmi fratris sui,
« et assensu et concessu eorumdem, salvo
« tamen episcopali jure et sacerdotum qui
« in eis sunt aut futuri sunt. Id autem
« scripto nostro confirmamus et testi-
« monio nostri sigilli corroboramus, ut
« in perpetuum permaneat quod in pre-
« sentia nostra constat factum fuisse.
« Hujus etiam nostre donationis et confir-
« mationis testes sunt : Willelmus, tunc
« nostre ecclesie decanus, et frater Ri-
« cardus de Lezeri, et Daniel, tunc noster
« capellanus, et Restivus, nostre ecclesie
« canonicus, et duo monachi Beati Petri,
« scilicet Stephanus et Adelannus. Valete
« in Domino. »

« Rotrodus Ebroicensis episcopus, eccle-
« siæ de Illeis ecclesiæ Sanctæ Mariæ Car-
« noti et monasterio Sancti Petri Carnoti
« utriusque jure æquali concessimus...
« Totam villam... excepta vi terræ
« quatuor carrucarum quam monachi de
« Strata colunt... excepta terra partis
« de Vileta et feodi qui dicitur Jeroso-
« limitanorum, quam ad opus presbi-
« terorum de Illeis deputamus... Cano-
« nici et monachi dabunt presbiteris de
« Illeis pro messione v. cashes, tres de
« hyberna et r. de ordeo et alterum de
« avena.

« Decedentibus presbiteris presenta-
« tionem subrogandorum ecclesiæ Beatæ
« Mariæ et S. Petri concessimus, et duas
« partes lanæ, et duas partes candelarum,

« in his videlicet v. festis, in Pascha, in
« festo Omnium Sanctorum, in Natale
« Domini, in Purificatione Beate Marie
« et ejus Assumptione. Reliqua autem que
« altario pertinent, sicut agnus et por-
« cellus et decimam lini et annabi, jure
« sacerdotali presbyteri sibi habeant et
« x** vini vocarum, etc... »

« Dominus quoque Symon de Aneto,
« qui tunc erat dominus Illearum, has
« ecclesias in presentia nostra apud Col-
« dras concessit... »

« Will. Golferus concessit monachis
« S. Petri, in presentia nostra, apud Bri-
« tolium quicquid juris in predictis eccle-
« siis et x* prius habuerat.
« Actum Carnoti publice in capitulo B.
« Marie, A. D. 1157.

« Testibus : Guillelmo, decano ecclesie
« nostre, et sacerdotibus de Illeis, Her-
« berto et Gosberto, Herberto sacrista ;
« Roberto de Novoburgo, nepote nostro,
« canonico ecclesie nostre ; Daniele, ca-
« pellano ; Gruterio de Ulucia ; Rotrod
« canonico. » (Lib. privil. eccles., Carnot,
Bibl. imp., fonds des cart. 25 bis. F° xx r°.)

« Ego Willelmus de Fraxino, miles,
« notum facio universis pariter presen-
« tibus et futuris quod, cum inter me, ex
« una parte, et viros venerabiles Roge-
« rium, Carnotensem episcopum, et Gui-
« donem, abbatem Sancti Petri Carno-
« tensis, ex altera, coram venerabili viro
« Luca, Ebroicensi episcopo, super jure
« patronatus ecclesiarum de Illeis, con-
« tentio verteretur ; tandem, bonorum
« virorum ductus consilio, ab illa conten-
« tione destiti, et ipsum prenominatis
« episcopo scilicet et abbati quitavi in
« perpetuum et remisi, ita quod in eodem
« patronatu ego aut heredes mei nichil
« de cetero reclamabimus nichilque om-
« nino requiremus.

« Quod ut perpetua gaudeat firmitate,
« nec a posteris meis possit aliquatenus
« infirmari, presenti scripto et sigilli mei
« munimine confirmavi. Actum anno
« gratie 1217, mense april. »

Sur le sceau était figuré un écu à deux
chevrons et à un franc canton.

En 1217, « ... Gado Drocensis et Guil-
« lelmus, » son fils, renoncèrent à toutes
prétentions sur l'église (et non plus les
églises) « de Illeis », sur laquelle ils réclamaient un droit héréditaire, en faveur
du chapitre et de l'abbaye de Saint-Père
de Chartres : « ... Inspectis diligenter au-
« tenticis scriptis eisdem ecclesiis super
« donatione ecclesie de Illeis a bone me-
« morie Rotrodo, quondam episcopo
« Ebroicensi, indulti, et ab E... epi-
« scopo Ebroicensi et regibus Anglie con-

« firmatis. » Cet abandon fut confirmé
par Richard, évêque d'Evreux.

Dans une charte en faveur de Saint-
Père de Chartres, on voit parmi les
témoins : « ... Bolardus de Illeriis... »
(Cart., p. 559.)

« Moraherius de Hilliis » est témoin
dans une charte de Simon d'Anet en faveur du prieuré de Beaumont. (Cart.,
xii r°.)

1220. « Notum sit universis presentibus
« et futuris quod ego Rogerus de Pottis,
« filius Avicie de Clara, dedi monachis et
« abbatie Sancte Marie de Nea totam
« vineam meam quam apud Illeias ha-
« bebam, et totum cum vinea clausum
« quod eamdem vineam ex utraque parte
« circumdat, prope crucem bovatam de
« Illeis, in perpetuam elemosinam, libe-
« ram ab omnibus et quietam a cunctis
« servitiis et redditibus et exevamentis et
« exactionibus et taliis et ab omnibus
« aliis in perpetuum, quantum ad me
« pertinet et ad meos heredes. Vineam
« autem istam predictis monachis dedi
« tali condicione quod ipsi vinum ejusdem
« vinee in conventu biberit pro anniver-
« sario meo. Et sciendum quod vinea ista
« duos solidos annuatim reddere debet,
« Guzoni militi de Illeis vii. denarios, et
« alios, xii ubi rex Francie jusserit et con-
« tulerit. Testibus : Deodato, clerico de Be-
« nivilla ; Matheo, fratre meo ; Radulfo
« Canuto ; Radulfo, filio Roberti de Spina ;
« Durando de Spina ; Stephano de Cai-
« tivel ; Galtero Calot ; Johanne Treton, et
« aliis. » (Chartes de la Noë, Bibl. imp.)

En 1225, Durand Le Jeune, de Nonancourt, confirma le don de trois mines de
blé (à la mesure de Nonancourt) fait aux
moines de l'Estrée par Aubrée, sa mère,
« ... super totam terram maritagii matris
« sue, apud Pinchon... »

En 1233, Symon de Illou donna aux
moines de l'Estrée 3 arpents d'une terre « de
Pineco » contiguë à la leur. Le mot
Pineco a été remanié.

1230. « Sciant omnes tam presentes
« quam futuri quod ego Radulfus Chanu,
« miles, in legatum dedi, pro salute anime
« mee et antecessorum meorum, ad anni-
« versarium meum faciendum, monasterio
« Sancti Taurini Ebroicensis et monachis
« ibidem Deo servientibus, xxx. jugera
« terre apud Grecium, cum medietate
« herbjergamenti mei ad me de jure here-
« ditario pertinentia, tenenda dictis mo-
« nachis libere et quiete et pacifice possi-
« denda... Testibus hiis Gilleberto Chanu,
« monacho ; Huberto, clerico ; Renulfo de
« Favrolis, Roberto de Graveron, Roberto
« de Sancto Karauno, Ricardo de Grave-

« ron, militibus; Roberto de Houpelande,
« Johanne de Parco, et pluribus aliis.
« ...tum anno Domini m° cc° xxx°. »

Le château d'Illiers fut bâti vers la fin
du xi° siècle par Geoffroi, vicomte de Châ-
teaudun. (Fulbert, évêque de Chartres,
89° lettre.) En 1112, Henri I°' fortifia ce
château qui, en 1119, était encore entre
ses mains. Cette seigneurie fut ensuite
possédée par les seigneurs d'Ivri et
d'Anet; Philippe-Auguste la conquit sur
Simon d'Anet, en 1204, et la donna à
Pierre de Courtenai, son cousin, dont la
postérité en a joui jusqu'en 1273, époque
où Robert de Courtenai, évêque d'Orléans,
la vendit à Philippe de Cahors, évêque
d'Evreux.

Philippe de Cahors la réunit au temporel de l'évêché. La seigneurie d'Illiers
avait titre de baronnie avec haute justice;
les évêques habitèrent peu ce château,
auquel ils préféraient Condé. Aussi, dès
le xvi° siècle, était-il en ruine. On discer-
nait récemment encore la motte du donjon,
les enceintes et les pans de murailles.

On a peut-être remarqué que dans la
charte de Rotrou il est question des églises d'Illiers. On peut mentionner l'existence de plusieurs chapelles. L'une d'elles
était située dans le château d'Illiers et
avait été donnée à l'abbaye de Saint-Taurin par Goel d'Ivri :

« ... Gohellus de Ivreio dedit capellam
« quæ sita est intra castellum Illeis ille-
« ram et quartam, furnos quoque totius
« villæ et castelli, et decimam omnium
« quæ ad se pertinent, et panis proprii et
« molendinorum et piscium stagni, et
« terram convenientem ad habitandum et
« laborandum ; et si contigerit quod telo-
« neum et transitus ibi capiatur, similiter
« decimam... »

« ... Capellam sitam intra castellum
« Hislees, furnosque totius villæ ac ca-
« stelli, et integram decimam omnium tam
« bladi quam molendinorum et piscium
« stagni, necnon et terram convenientem
« ad habitandum et laborandum, thelonei
« quoque ac transitus decimam... »
(Bulle d'Honorius.)

En 1323, fondation par Marie, dame
de Château-Villain, d'une chapelle dédiée
à Dieu et à saint Michel archange, dans
un manoir à Illée, en Normandie (probablement Illiers-l'Évêque).

1328. « Ph. Ue. Omnibus imperpetuum
« et salutem. Liberalitatis nostræ libenter
« ponimus porcionem cum his qui pro
« consideratione convertunt animum et
« ea quæ augent, ad Dei honorem et lau-
« dem, obsequium divinorum. Notum igi-
« tur facimus quod, cum Maria de Ro-
« ciaco, domina de Castro Villano, relicta
« Johannis de Castro Villano domini, quon-
« dam militis, sicut nobis exposuit, in
« memorio seu domo d'Illee in Norman-
« nia, unam capellaniam, honore Dei et
« beati Michaelis archangeli ejus, fun-
« dare, et de viginti quatuor libris pa-
« risiensium annui et perpetui redditus
« de emolumentis, exitibus et redditibus
« molendini d'Illee dotare, hujusmodi-
« que viginti quatuor libras redditualis
« super dictum molendinum assidere, et
« servitori dictæ capellaniæ assignare pro-
« ponat, pro suæ dictæque viri sui et
« suorum progenitorum animarum re-
« medio et salute, nos, in divini cultus,
« quem diebus nostris in regno nostro
« desideramus augeri, cremento, tocius
« mentis affectibus commendantes in Do-
« mino pium et laudabile propositum me-
« moratæ Mariæ, ipsius humilibus suppli-
« cationibus inclinati, concedimus de gra-
« tia speciali quod ipsam capellaniam
« prædictam in dicta domo d'Illee fundare
« et dotare de viginti quatuor lib. par.
« annui perpetui redditus, easque assi-
« dare super molendinum d'Illee, assi-
« gnare servitori capellaniæ hujusmodi,
« quodque idem servitor qui erit pro
« tempore perpetuo viginti quatuor libras
« prædictas percipere, habere, bene et pa-
« cifice possidere valeat, absque coactione
« vendendi vel extra manum suam po-
« nendi seu præstandi nobis ac succes-
« soribus nostris quamcumque financiam
« pro eisdem, nostro in aliis et alieno in
« omnibus jure salvo. Quod ut, etc. Actum
« Parisius, anno Domini m° ccc° vicesimo
« octavo, mense octobri.

« Per dominum regem, C. Juvoti. »
(Très. des ch., reg. 67, n° xxxvi.)

La pièce suivante aurait pu être placée
aussi bien à Evreux qu'à Condé, à Condé
qu'à Illiers. L'évêque d'Evreux rend aveu
du temporel de l'évêché le 28 mars 1400.

« Du roy nostre seigneur tieng et
« advoue à tenir par une feaulté Guil-
« laume, evesque d'Evreux, à cause et par
« raison de son dit evesché, les choses
« qui ensuivent. Premièrement le manoir
« episcopal d'Evreux, avecques la terre,
« demaine et bois que il a en la dite ville,
« faubours et bourgoisie du dit lieu d'E-
« vreux, et les appartenances, dont sont
« les terres et appartenances de Broville,
« de Bernienville et d'Aviron, qu'il tient
« tant en haulte justice, moïenne et basse.
« Et en sont tenuz par hommaige et en
« la haulte justice du dit evesque le fieu
« de Gauville jouxte Evreux, le fieu de
« Pintienville, qui s'estent en la paroisse

« de Prulienville, en la ville et faulxbourgs
« d'Evreux et es territoires d'environ, et
« en sont tenuz le fief de la rue Saint-
« Sauveur, que tient à present Robert
« Bude, et le fief de Mesneville. Item est
« tenu dudit evesque le fief du Homme,
« assis en la paroisse de Broville, les fiefs
« d'Esmalleville, le fief d'Aviron, que tient
« a present Guillaume d'Esttours, et les
« fiefs d'Esttours emprès Guillon, en la
« paroisse de Saint-Aubin dessus Guillon.
« Item tient la terre et baronnie de
« Condé sur Yton avec les appartenances,
« qui s'estent es paroisses dudit Condé,
« de Sepmodas, Runcauris, Saint-Ouen-
« d'Athées, du Sac et de Monceaulx
« dessus Dampville, et es territoires d'en-
« viron, tout en haulte justice, moien-
« ne et basse. Et en sont tenuz par hom-
« mage et en la dite haulte justice les
« fiefs et terres qui ensuivent, c'est as-
« savoir le fief de Manthelon, de Viro-
« let, de la Bonneville, de Longuedune, de
« Grotbois, le fief Anchien, le fief de
« Chanelles, avec leurs appartenances,
« le fief de la Bergette et de Bednes,
« le fief du Chastel, qui est fief et en
« arriere fief s'estant à Acon, au Plessys
« de Penllate, au Breuil, à Bosset, à la
« Prudle, en la rue de Quatre-Maisons de
« Tillieres, au fief Guillemin de la Ri-
« viere, au fief aux Gaignours, et le fief
« qui dure de Contlimel jusques à Crost,
« le fief de Nuisement jouxte Mantelon
« et la Ronce en la paroisse de Condé,
« avec la place du moulin seant emprès la
« Chambre, le cours de l'eaue, le chemin
« à aller au dit moulin et ung pré seant
« illec, le fief de Mussy et de Longe, le
« fief de Montelle, avec les appartenances,
« le fief de Blanc-Fossé, de Courde-
« manche, des Gices, de Merreville, et de
« la Vallée et les appartenances, le fief
« de Mareilly-sur-Eure, d'Oinay et de
« Champigny, le fief d'Athées, le fief de
« la Fourriere, assis en la paroisse Saint-
« Nicolas-d'Athées, (le fief de) Nuisement
« assis en la paroisse de Condé; le fief
« des Hayes assis en la dite paroisse, le
« fief de la Pilauillere en la dite paroisse,
« le fief de Solligné en icelle paroisse,
« le fief de la Senondere, du Fou et
« d'Enser es paroisses du dit Condé et de
« Rammarie; le fief de Monceaulx et de
« Bichierville, la motte de Gaudreville et
« Marcilly-la-Champaigne et la Hruppe.
« Les fiefs de Guinestre, la Mignotiere,
« le Cormier, Varennes, Mesgremesny,
« Gauldrée, Chanteloup, le fief de la Pa-
« gasse, le manoir qui fut Pierre Bataille,
« excepté la salle des Broces, Sorel, le
« fief au Guillouur, Autenay, les Loges,

« le fief Guillemin Roussel, Ceres,
« Beaunes, Lorimoye et la rivière de
« Onnebuz avec tous les fiefs, arriere-fiefs
« et appartenances es dit fiefs. Item tient
« la chastellenie et terre d'Illiers avec les
« appartenances à icelle, en haulte justice,
« moyenne et basse, et en sont tenus
« par hommage et en la dicte haulte
« justice les fiefs de Bruilmain, le fief
« de Paçon, le fief de Jarvé, le fief de
« Beaufort, le fief de Faverolles, le fief de
« Gratieil, le fief de la Vallee-Gomart,
« le fief de Mesaysse d'Estrée, le fief de
« Autonville et le fief de Crest et de
« Buisson soulz Sorel, avec toutes les
« appartenances es dis fiefs et avec tous
« les fiefs et arriere fiefs appartenants aus
« fiefs. Tous lesquels fiefs et arriere-fiefs,
« tenus des dites terres d'Evreux, de
« Condé et d'Illiers, doivent au dit evesque
« gardes, aides, relief, et tous autres de-
« voirs, faisances et services constumiers
« quant les cas y eschient. Item, tient la
« terre des Baux en la forest de Bretueil,
« avec les appartenances d'icelle, en pure
« et perpetuel aumosne, qui fut donnée
« par le roy saint Loys en toute haulte
« justice, moienne et basse sans y retenir
« aucune chose. Item tient en la paroisse
« de Saint-George de Gravetion (sic, lisez:
« Gravençon) en l'archevesché de Rouen,
« sept acres de terres en maisons, jardins
« et terres labourables, en pure aumosne,
« et y a toute haulte justice, moyenne et
« basse. Item, il tient en la chastellenie de
« Vernon une place et jardin où il ot ma-
« noir, vignes et terres qui y souloient ap-
« partenir, environ xvi queues de vin et
« xiiii livres tournois de rente, qui à
« present valent environ douze queues de
« vin et x livres tournois de rente, ès
« parroisses de Sainte-Genevieve de Ver-
« non, de Saint-Marcel, de Saint-Just,
« de Saint-Pierre d'Authis, et de Saint-
« Etienne de Blarru. Item, il tient en la
« ville et parroisse de Pacy, en costé
« devers la forest, certains heritages et
« vignes qui vallent sept livres tour-
« nois de rente. Item, il tient en la par-
« roisse de Nonnancourt un manoir et
« terres, avec les appartenances, appellé
« Haultes Terres, et par tous les lieux
« dessus diz haulte justice, moyenne et
« basse. Item, il tient en la ville de Lou-
« viers et es paroisses de Yscarville, de
« Saint-Etienne et de Saint-Pierre-de-Vau-
« vray, environ LXXV sous tournois et un
« chappon de rente, qui à present ne
« valent que vingt et sept solz tournois et
« un chappon. Et pour ce que le dit
« evesque est nouvellement venu au gou-
« vernement du dit evesché, et que il y a

« ment de choses dont il est procés, et
« aussi dont il n'a pas congnoissance,
« retient, se aucune autre chose vient à sa
« congnoissance qu'il n'ait baillé et dé-
« claree en cest adveu, de lui mettre et
« employer, toutesfois qu'il viendra à sa
« congnoissance, soit de son demaine ou
« de ses tenens ou soustenens, ou en
« autre maniere, et proteste que ce baillé
« ne l'en forclue ne ne lui en porte
« prejudice, et ou cas que plus il y auroit
« que ce qui est déclairé en cest présent
« adveu, plus en adveue à tenir du roy
« notre dit seigneur. Pour toutes les-
« quelles choses tenues en haulte,
« moyenne et basse justice, ainsi que dit
« est, le dit evesque est tenu de faire la
« féaulté au roy notre seigneur, et en doit
« prieres et oroisons, et chevel en regale
« quant le cas s'offre, excepté la terre des
« Vaut et les appartenances à icelle, et les
« oblations de la chapelle de Saint-Mor,
« séant au manoir de Bernieaville, qui ne
« chéent point en régale. En tesmoing de
« ce, nous evesque dessus dit avons scellé
« cest present adveu de notre grant scel.
« Donné à Evreux, le lundi xxvii° jour
« de mars, l'an de grâce mil cccc. » (Arch.
imp., p. 308.)

« Ainsi signé au reply : CHOISNAR. »
« Les choses qui ensuivent du roy notre
« sire tiens et advoue à tenir par une
« féaulté Guillaume, evesque d'Evreux,
« à cause et par raison du dit evesché.
« C'est assavoir la terre d'Evreux avec
« toutes les appartenances à icelle, tant
« en fiefz comme en arriere fiefz. Item, la
« baronnie de Condé avec toutes les ap-
« partenances à icelle, tant en fiefz
« comme en arriere fiefz. Item, il tient
« la chastellerie d'Illiers, avec les appar-
« tenances à icelle, tant en fiefz que
« en arriere fiefz, et par toute haulte jus-
« tice, moyenne et basse. Item, il tient la
« terre de Raut avec toutes ses apparte-
« nances, en pure et perpetuel aumosne,
« et la donna le roy de France en pure
« aumosne en toute haulte justice, basse
« et moyenne, sans y retenir aucune
« chose, excepté comme quant il est juge
« par ses demerites ? Item, il tient en la
« chastellerie de Vernon, en la terre que
« tient la royne Blanche en douaire, une
« place où il ot manoir avec vignes et
« terres, et y appartiennent environ xvi
« queues de vin de rente ou environ,
« environ quatorze livres de rente en de-
« niers, assis es parroisses de Saincte Ge-
« neviève, à Vernon, de Saint Marcel, de
« Saint Just, de Saint Pierre d'Athies, de
« Saint Estienne de Blarru. Item, il tient
« en la ville de Louviers, en la parroisse

« de Saint Père de Vauvray, environ
« soixante et quinze solz tournois de
« rente. Item, il tient en la ville de Pacy
« ou costé vers la forest certain heritaige
« qui vault environ sept livres de rente.
« Et pour ce qu'il est nouvellement venu
« au gouvernement du dit evesché et ne
« peut pas tout savoir, retient, se aucune
« chose vient à sa congnoissance, de le
« mettre et emploier toutes fois qu'il vien-
« dra à sa congnoissance, soit de ses tenans
« ou sous tenant, ou en autre maniere, et
« especialment mettre si tost qu'il aura
« congnoissance, par les termes dessus dis.
« Et ou cas que plus y auroit plus en
« a lveue à tenir du roy nostre dit sire.
« En tesmoing de ce, je, evesque dessus
« dit, ay mis mon scel en ces presentes,
« qui furent faits l'an de grace mil ccc
« taj et douze, le xxvii° jour de septem-
« bre. »

On lit dans les registres des vingtièmes
que, en 1700, M. de Quincarnon était propriétaire de la terre et seigneurie de Jarsci. Le chapitre d'Evreux avait la dime
de Jarsci, qui s'élevait à 246 livres. Le
titulaire de la chapelle, moitié de la
dime. La charte de 1328, que nous avons
publiée ci-dessus, est probablement la
charte de fondation de la chapelle de Jarsci.

A la même époque, l'évêque d'Evreux
recueillait de sa baronnie d'Illiers 1,900
livres ; l'évêque de Chartres et les moines
de Saint-Père, de leurs propriétés à Illiers,
environ 1380 livres.

L'église de Nonancourt avait la dime
du Brémien.

Voici quelques-uns des seigneurs des
fiefs, situés à Illiers, que nous avons pu
retrouver.

Fief du Perron :
1556. Louis Bonnel.
1587. Jacques de Tourville.
1595. Gilles de Tourville.
1662. François de Coutumel.
1733. Joseph-François de Monthiers.

Fief de Jarcey :
1407. Girard d'Amfreville.
1469. Robert de Coutumel.
1516. Jean de Coutumel.
1552. François de Coutumel.
1619. Gilles de Coutumel.
1662. François de Coutumel.
1770. Alexandre-Antoine de Quincarnon.

Fief du Brémien :
1469. Jehan de Sourches.
1516. Gauvin de Sourches.
1551. Jehan de Sourches.
1673. François de Grillets.

Fief de Pinson :

1554. Charles du Quesnel.
1570. Gabriel du Quesnel.
1631. Gabriel du Quesnel, marquis d'Allegre.
1718. Fabien-Albert du Quesnel.

Dépendances : — le Brémien (château) ; — Jarsei ; — Pinçon ; — le Perron.

Cf. *Journal de Verdun*, 1762, rapporté dans les *Opuscules recueillis par M. Brébon*, Évreux, 1848, p. 213.

Noms des Recherches sur la France, 1768, 4 vol. in-12, t. I.

INCARVILLE.

Arrond. de Louviers. — Cant. de Louviers S. et E. etc.

Patr. S. Pierre. — *Prés. l'abbé de Fécamp.*

Les plus anciennes formes du nom d'Incarville nous en indiquent naturellement l'étymologie : *Isoardi villa*, *Visoardi villa*, *Wisoardvilla*. On doit rapprocher ce mot de Guiscard, Robert Guiscard, de Guichard (Saint-Aubin-le-Guichard), et non pas de *Vicarius*.

Rassemblons quelques notes :

« ... Septimo Kalendas februarii Guillelmus de Wiscarvilla... » (Obit. de la Croix-Saint-Leufroi.)

« ... Ecclesiam de Wiscardivilla cum hospite uno... » (Charte de Richard II pour Fécamp.)

« ... Omnia prata nostra, scilicet... et de Wiscarvilla... » (Charte de fondation de Bonport, 1190.)

Dans une charte de 1224, constatant la donation à Jumièges de biens situés à Iville-sur-Seine, on trouve : « ... Hanc igitur elemosinam meam tenere contra omnes in perpetuum garantire per unum tenementum quod situm est apud Wiscarvillam. »

Dans un jugement des assises de Louviers, en 1296, on trouve mentionné : « ... Domino Johanne dicto Le Tonnelie, presbytero de Ysquarvilla... »

L'abbé de Fécamp présentait à la cure.

À Incarville se trouvait un fief, dit le fief du Chancelier, qui s'étendait sur Léri et le Vaudreuil.

Le couvent des Capucines de Louviers et les religieuses d'Elbeuf avaient des biens à Incarville au moment de la Révolution.

Les fiefs d'Épreville et d'Incarville étaient, en 1657, possédés par Françoise Guimon, veuve de haut et puissant seigneur M. l'abbé, conseiller ordinaire du roi en sa cour des aides à Rouen, seigneur de la Motte, Épreville et Incarville.

Dépendances : — Épreville ; — la Grande-Fringale.

INFREVILLE.

Arrond. de Pont-Audemer. — Cant. de Bourg-Achard.

Patr. S. Ouen. — *Prés. le seigneur.*

La voie romaine de Pont-Autou paraît avoir été dirigée par Infreville. Beaucoup de tuiles romaines, pavés colorés et petit aqueduc dans la masure de l'ancienne seigneurie, près l'église.

Quelques savants ont vu l'origine de ce nom dans les mots : *Inferior villa* ; mais les premières formes latines du nom d'Infreville répugnent à cette étymologie. Nous préférons faire dériver Infreville de *Wilfridi villa*, *Wifredi villa*. Ainsi nous trouvons *Wifrevilla* dans les *Grands Rôles de l'Échiquier de Normandie* :

« ... Et de xiv. solidis et vi. denariis pro vii. sextariis mollis de bigro de Wifrevilla, hoc anno. » (Stapleton, M. R. Sc. N., p. 77.)

« ... Idem reddit compotum de x. libris de firma pro terra de Wifrevilla recuperata per juratam, et de iv. solidis de i. acra terre quam Willelmus filius Osulfi tenet... » (M. R. Sc. N., p. 100.)

« ..... Idem reddit compotum de xiii. libris de firma de Wifrevilla et de xiv. solidis vi. denariis de bigro de Wifrivilla... » (M. R. Sc. N., p. 483.)

« ... Et de xiv. solidis vi. denariis de bigro de Wifrevilla... » (Même article en 1203, p. 560.)

En 1213, au mois de mars, Jourdain, évêque de Lisieux, et l'abbé de Jumièges transigèrent sur les dîmes des essarts de la forêt de la Londe, à Infreville : « ... super decimis de essarto foreste de Londa apud Wifrevillam... » Il fut décidé qu'elles resteraient à Jumièges, moyennant la redevance de deux cierges, de deux livres de cire le jour de la fête de saint Cande, dans l'église de Saint-Cande, au nom de laquelle la contestation avait eu lieu.

Suit une charte de Philippe-Auguste pour son sergent Gautier de Saucei :

« Notum, etc... quod nos Galterio de Sauceyo, nostro servienti, et heredi suo masculo de uxore sua desponsata, damus et concedimus, propter ejus servitium, totam terram que fuit Thome

« tritonis apud Iffrevillam, cum dotatitio
« matris ejusdem Thome et omnibus per-
« tinentiis ejusdem terre et cum omni
« melioratione... quam in ea poterit
« facere, reddendo nobis et heredibus
« nostris servitium quod terra illa nobis
« debet ad usus et consuetudines Nor-
« mannie. Quod ut firmum, etc... Actum
« anno Domini M° CC° XV°, regni XXV
« VI°... »

Vers 1230, une partie des revenus de
l'infirmerie de Jumièges, était assise à
Infreville : « ... apud Wifrevillam... »

En 1290, elle fut maintenue par jugement, contre le châtelain de Moulineaux,
dans le droit de prendre de trois en trois
ans un chêne dans la forêt de la Londe à
raison de son manoir des Faux.

Dans le pouillé d'Eudes Rigaud, le
droit de présenter à la cure est attribué
au seigneur d'Infreville : « Hyffrevilla.
« Droco dominus ejusdem ville patronus.
« Valet XXX. libras. Parrochiani LXXI. »

De même, dans le pouillé de Raoul
Roussel (1434), Infreville y est appelé
Yffreville. Suivant tous les pouillés et suivant un aveu du 4 mai 1674, le fief d'Infreville, qui relevait du marquisat de la
Londe-Commun, avait droit de présenter à
la cure d'Infreville. En 1569, le seigneur
du Bourg-Teroulde y présenta.

L'abbaye du Bec était propriétaire à
Infreville. En 1453 elle tenait un tènement
situé à « Iffreville » et dépendant du fief
des Faux.

Il y avait jadis dans cette commune
un prieuré dépendant de Saint-Georges-
de-Bocherville, situé dans la forêt de la
Londe, assez près du Bourg-Teroulde. Il
était placé sous l'invocation de saint
Martin et de saint Nicolas.

Jean Nogent, seigneur d'Infreville,
épousa vers la fin du XVIe siècle Catherine
du Bosc.

Cette terre appartint ensuite à la famille Leroux de Bourg-Teroulde.

M. de Chailly d'Infreville était seigneur
en 1726.

On trouve aussi sur le territoire d'Infreville un fief appelé Grainville, qui était
un quart de fief de haubert relevant de la
vicomté de Pont-Audemer. Voici quelques-uns de ses seigneurs :

1438. Robin de Grainville.
1492. Guillon des Hays.
1493. Pierre Beauvoisin.
1553. Etienne Bournisien.
1573. Robert le Large.
1714. Nicolas Herouet.
1715. Marie-Madeleine Herouet.
1716. Jacques-Charles Coquerel.
1744. Philippe Souatin de Grainville.

Dépendances : — Saint-Martin ; — la
Poterie ; — les Faux ; — l'Eglise ; — les
Essarts ; — le Val-Colloub ; — le Haut-
Cailloué ; — le Val-Breton ; — le Val-
Cailloué ; — les Marnières.

Cf. Canel, *Essai sur l'Hist. de l'arr. de Pont-
Audemer*, t. II, p. 20.
Tassin de Saint-Jores, t. II, p. 604.

IRREVILLE.

Arr. d'Evreux. — Cant. d'Evreux (nord).

*Patr. Ste Colombe. — Prés. le Chapitre
d'Evreux.*

Irreville est la seule commune de France
qui porte ce nom. Nous n'osons pas en
fixer l'étymologie ; on pourrait peut-être
rapprocher le nom d'Irreville du nom
d'Irlande.

Dans les chartes du XIIe siècle on trouve
Guillaume « de Iravilla », chevalier. Guillaume « de Illeville ». Dans l'obituaire de
la Croix-Saint-Leufroi : Hugues « de Iravilla ».

Robert Malapse donna au chapitre d'E-
vreux une partie de l'église d'Irreville,
moyennant 100 sous angevins :

« Notum sit omnibus futuris et præsen-
« tibus quod ego Robertus dictus Malapsa
« concessi et dedi in puram et perpetuam
« elemosinam, pro statu mea et anteces-
« sorum meorum, Deo et capitulo Beate
« Marie Ebroicensis duas partes præsenta-
« tionis ecclesie de Iravilla, que jure here-
« ditario ad me pertinebant, et quicquid
« juris ibi habebam super sanctum altare
« beate Marie virginis in perpetuum abju-
« ravi, et sub eodem jure meato contra
« omnes qui eidem capitulo inde calump-
« niam facerent me garantizare promisi.
« Canonici vero super donatione mihi gra-
« tiam exhibentes, caritative mihi dede-
« runt centum solidos andegavenses. Ego
« vero cartam meam de donatione factam
« eis feci et dedi et sigillo meo in perpe-
« tuum confirmavi. Testibus hiis : Rogero
« de Pertis, Ricardo de Garenceriis, Ro-
« berto de Bosco Belle Carvus, Guillelmo
« de Cisse, Rogero de Calvo Monte, Ste-
« phano de Sancto Luca, Taurino filio
« Orieldis, coram Ricardo de Argenciis. »
(*Cart. du chapitre d'Evreux*, n° 20.)

Dans la charte que Luc, évêque d'E-
vreux, souscrivit pour confirmer les droits
de son chapitre (1203-1220), mention
est faite des deux tiers de la dîme d'Irreville.

Guillaume d'Irreville, « de Yrevilla, » donna, en 1200, aux lépreux d'Évreux deux acres « apud Brolios Gauteri », du mariage de sa femme, fille de Raoul « de Wauvilla », après les avoir échangées avec deux autres acres de terre à Irreville : « ... juxta viam que ducit apud Gualkium... »

On trouve parmi les témoins d'un acte de Roger du Bois-Gencelin en faveur de Saint-Taurin (1203) : « ... Dominus Willelmus de Iraivilla... »

Il est aussi question, en 1221, dans le second cartulaire du chapitre d'Évreux, n° CCLV, de la dîme du vin à Irreville :

« Sciant presentes et futuri quod nos
« Garinus de Monceville et A., uxor mea,
« domina de Yrevilla, dedimus et concessimus in puram et perpetuam elemosinam, pro animabus nostris et predecessorum et successorum nostrorum, Deo et ecclesie Beate Marie et canonicis ibidem Deo servientibus quicquid juris habebamus et habere dicebamus in patronatu ecclesie de Irevilla, et quamdam peciam terre sitam juxta masuram Garnerii, rectoris dicte ecclesie, centum et XXV pedes in longitudine et quater XX^s in latitudine continentem. Volumus autem et concedimus quod predicti canonici predictam elemosinam habeant et possideant liberam, solutam et quietam ab omnibus secularibus serviciis et exactionibus que sunt et accidere possunt. Et nos omnia predicta, juramento a nobis interposito, contra omnes homines garantizare tenemur sine contradictione heredum nostrorum. Et ad dictam ecclesiam garantizandam, quia multa accidere possunt, si aliquo modo contingeret quod uxor mea vellet revocare vel heredes sui predictam elemosinam, ego Garinus volo quod heredes mei ad excambium sufficiens faciendum de proprio patrimonio meo tenerentur. Et ut hoc nemini de cetero veniat in dubium, in hujus rei testimonium, huic scripto sigilla nostra apposuimus. Actum anno Domini millesimo cc.° XX° nono, mense octobris. » (Cart. du chapitre d'Évreux, n° 20.)

Les chanoinie et prébende d'Avrilli et d'Irreville furent unies à la dignité diaconale en 1370, par Benoît XIII. Ainsi le doyen du chapitre d'Évreux avait la prébende d'Avrilli et d'Irreville.

Le dimanche 28 septembre 1516, M. Toussaint Varin, évêque de Thessalonique, avec la permission de l'évêque d'Évreux, fit la dédicace de l'église paroissiale de Sainte-Colombe-d'Irreville.

Voici quelques-uns des seigneurs d'Irreville :
1455. Philippe de Thierray.
1517. Richard de Bellemare.
1584. Jacques Fizel.
1709. Charles le Teillier.
1744. Charles Dedun.
1767. Jean-Léonard Dedun.

Dépendance. — le Pourri.

IVILLE.

Arr.d. de Louviers. — Cant. de Neubourg.

Patr. Notre-Dame, S. Léger. — Prés. l'abbé de la Croix-Saint-Leufroi.

Il n'est pas impossible que l'étymologie d'Iville soit *Iconis villa*. Yvon, diminutif d'Yves, Yvo, se rencontre dans les origines normandes. On écrit quelquefois Yville.

Mais *Vilevilla*, *Villevilla* et *Willevilla*, qu'on lit dans le pouillé d'Eudes Rigaud, rappellent le nom scandinave : *Vile*, *Vili*, qui figure trois fois dans le *Landnamabók*.

Dans la charte de Richard II en faveur de Jumièges, Iville-sur-Seine est nommé *Ivitivilla* : « ... Usque ad Ivitivillam... »
« ... Et x. acras pratiquas dedit Hugo episcopus in Yvatevilla supra Sequanam... »

Le Cartulaire de Jumièges donne à Iville-sur-Seine, en 1207, le nom de Wivilla, et on lit Yville dans un acte d'Eudes Rigaud en 1271.

« ... Robertus de Widvilla... » (Pip. Roll., I.)

« Henricus de Novo Burgo, omnibus ad
« quos presens scriptum pervenerit, salutem. Sciant omnes quod Ricardus de
« Guilevilla, qui villam de Escauvilla de
« me feodaliter tenet, donavit capitulo
« Ebroicensi jus presentationis ecclesie
« ejusdem ville, et quicquid juris habebat
« in eadem ecclesia vel habere debebat,
« libere et integre et sine exactione aliqua possidenda, sicut in ipsius carta
« plenissime continetur. Quam donationem secundum directum factam ego
« ratam habens et gratam, ne in posterum oblivione vel malignitate pereat
« aliquorum, sigilli mei testimonio confirmavi in perpetuum valituram... »

« Notum sit omnibus, tam presentibus
« quam futuris, quod ego Ricardus de
« Willevilla concessi et donavi Deo et
« capitulo Sancte Marie Ebroicensis presentationem ecclesie de Escauvilla, et
« quicquid juris aliquando habui in eadem

« ecclesia, in puram et perpetuam elemo-
« sinam. Et quoniam ego, signo crucis
« accepto, ad peregrinationem meam per-
« ficiendam pecunia indigebam, accepi
« a predicto capitulo sexdecim libras pro
« predicta concessione facienda. Insuper
« cis legalitér factus sum et juravi quod
« ego predictam conventionem eis teneb o
« et garantizabo. Et ut hec mea concessio
« firma sit, eam presenti scripto et sigilli
« mei munimine firmavi... »

Autre charte du même, énonçant les
mêmes objets en d'autres termes. Le donateur y est nommé « Ricardus de Gui-
lvilla ».

La seigneurie d'Iville a fait, de temps
immémorial, partie des possessions de
l'abbaye de la Croix-Saint-Leufroi; mais
l'abbaye du Bec avait aussi quelques
droits. Un arrêt du parlement du 10 juin
1701 ordonnait que chaque année il serait fait des lods et cantons par l'abbé de
la Croix et les religieux du Bec, gros
décimateurs de la paroisse d'Iville.

Il y avait dans cette paroisse un tiers
de fief de haubert d'une importance considérable, sous le nom de fief de la Garenne ou d'Iville; — Iville, sans autre
désignation, — jusqu'au moment où, devenu propriété de la commanderie de
Saint-Antoine de Rouen, de l'ordre de
Saint-Augustin, il fut intitulé le fief
de Saint-Antoine-d'Iville.

En 1469, « les religieux de Saint-
« Antoine de Rouen présentèrent à la
« montre générale de la noblesse du bail-
« liage d'Evreux, un archier, Jehan Vau-
« quelin, en abillement de brigentines,
« salade, arc et trousse, espée et daegue,
« monté à cheval. »

Vendu au prix de 65 livres tournois de
rente, le 31 juillet 1520, par frère Christophe de Lastic, étudiant en l'Université
de Paris, et commandeur de Saint-
Antoine, à Guillaume Le Goupil, le fief
de Saint-Antoine-d'Iville est resté jusqu'à
la Révolution aux mains des seigneurs
d'Amfreville-la-Campagne, desquels il relevait avant cette acquisition.

En 1750, le manoir du fief consistait en
une masure close, logée et plantée, contenant 150 perches. Jusque-là, depuis 1520,
les gages plèges s'étaient tenus au manoir
seigneurial d'Amfreville par les sénéchaux
de la seigneurie : Pierre Vittecoq, licencié
ès droits, 1587; Pierre Amelot, bailli de
Grand-Mont, 1673; Claude Amelot, licencié ès lois, 1688.

« Les ténements du dit fief, dit le gage
« plège de 1751, tenus au service de pré-
« vôté tournoyante pour les terres qui
« sont ou ont été anciennement en ma-
« sure, et le prévôt, élu à la pluralité des
« voix, obligé de se transporter de quin-
« zaine en quinzaine au manoir seigneu-
« rial pour y prendre les ordres et com-
« missions, et de s'y transporter en outre,
« lorsque requis sera... »

Les gages plèges du fief de Saint-Antoine d'Iville ont conservé les noms d'un
certain nombre de censitaires appartenant
au clergé et à la noblesse.

A diverses dates, Jacques Fermanel
sieur de l'Epinei; le comte de More, ou
plutôt Maure, au lieu du maréchal de
Marillac, oncle de sa femme, et au lieu
du comte de Maure, dont le nom revient
quelquefois dans les Mazarinades; le sieur
du Mesnil Hardeley; Louis de Bonnechose, écuyer, comme ayant épousé Madeleine Malon; Robert de Bois-l'Evêque,
écuyer; Jacques Virot, commandeur de
Sainte-Marie-Madeleine du Neubourg, ordre de Saint-Lazare.

1587, Jacques de Hallebout, sieur des
Chateliers; Jean du Vallet, sieur du
Framboisier; messire Guenffin des Mares.

1608, du Chesne, écuyer, sieur de Beauchamp, aux droits de sa femme Ysabeau
d'Escamboise; Jean le Tellier, écuyer,
sieur des Roquettes; Jean Delamare, sieur
de Baux; Gilles Fermanel, écuyer, sieur
de Favril.

1610-1614, l'hospice et le prieur de la
chapelle du prieuré du Neubourg; François du Chesne, sieur du Boschan (Beauchamp), bailli d'Elbeuf.

1658, Robert Le Maisnier, sieur de
Marmoulin.

1672, messire Louis de Dessus la Mare,
prêtre.

1675, Jacques Demante.

1733, François Hébert du Ressaut;
Christophe de Barcq, sieur de la Croisille,
à cause de sa femme, fille de Robert le
Dain.

1750, Asselin des Parcs, seigneur de
Vitot, à la représentation de Pierre Hébert; les demoiselles de la Mivoy; Bertrand Pinard, officier de S. A. R. Mademoiselle; Jean-Charles Le Maréchal,
écuyer, sieur du Manoir; Marc-Antoine
de la Chesnaie; Pierre Lanfranc Oderf,
écuyer, seigneur du Hazey; Jeanne de
Marcenac, abbesse du Neubourg.

1751, la charité de Saint-Célerin d'Hectomare.

1757, la charité de Saint-Thaurin d'Hectomare; Charles Routier, avocat.

1771, M. Pavyot, seigneur de Saint-
Aubin-d'Ecrosville, au lieu du sieur comte
de More; la charité d'Amfreville; la chapelle de Creuzemare; le petit séminaire

d'Evreux; la chapelle de Saint-Lubin; la charité du Neubourg.

1788, Adrien le Vavasseur, conseiller au parlement.

Le moulin à vent de ce fief, quoique sis à Iville, s'appelait du nom d'une commune limitrophe, le Grand-Moulin d'Hectomare.

Le dernier seigneur qui ait rendu aveu au duc de Bouillon à cause du comté d'Evreux était messire Bénigne Poret, vicomte de Blosseville, seigneur haut justicier dudit Blosseville, baron de Bachy, châtelain de Bois-Hérould, seigneur et patron d'Amfreville-la-Campagne, Saint-Amand-des-Hautes-Terres, Bandeville près Fécamp, Vattetot-sur-Mer, Boissemont, Boisbordel, Sainte-Croix-sur-Buchy, chef de l'ordre et des nobles fiefs et seigneuries de Saint-Antoine-d'Iville, Auvergny, du Boné et autres lieux, conseiller du roi en ses conseils, son ancien procureur général en sa cour des comptes, aides et finances de Normandie, conseiller honoraire au parlement de la même province, ancien secrétaire des commandements de S. A. R. Mgr le comte d'Artois.

Le chartrier complet de ce fief et du fief Mahiet a été déposé aux archives de l'Eure par M. le marquis de Blosseville, petit-fils du dernier seigneur.

Le fief et seigneurie du Mahiet était un huitième de fief de haubert, à cour et usage, avec droit de justice et juridiction sur les hommes et vassaux, « de pleds et « gage et tous autres droitures et pré- « minences appartenant à membre de fief « de haubert, suivant la coutume de la « province. »

Le domaine non fieffé consistait en une acre trente perches de terre en labour, et le domaine fieffé en quatre-vingt-onze acres trois vergées.

En 1469, « dame Jeanne du Bieuvre, « demourante en Pontaudemer, ne s'était « pas fait représenter à la moustre géné- « rale du bailliage d'Evreux, le fief Mahiet « avait été prins et mis en la main du « roi. »

Le fief Mahiet passa, le 13 mai 1511, aux seigneurs de Troncq par une vente au prix de 175 livres, faite par Marc de Gomuys, seigneur de Cramesnil, près Lisieux, en la paroisse de Notre-Dame de Villers, à Nicolas Le Cordier, et relevait noblement à foi et hommage de la seigneurie d'Amfreville-la-Campagne. Nous avons sous les yeux quatre aveux, 1514, 1518, 1668, 1774, et un dénombrement de 1786.

Dans l'aveu très-détaillé rendu en 1774 par messire Pierre-Louis de Savary, haut doyen de l'église cathédrale d'Evreux, à messire Bénigne-Étienne-François Poret de Boismont, ancien procureur général de la chambre des comptes, aides et finances de Normandie, seigneur en partie d'Iville, à cause de ses fiefs et seigneuries d'Amfreville-la-Campagne, Saint-Antoine-d'Iville, Auvergny et Mahiet, on trouve la formule suivante :

« Nous notaire du roy, garde notes « héréditaire, étant avec le seigneur abbé « de Savary, en présence des témoins « soussignés, arrivé au manoir seigneu- « rial d'Amfreville, à la porte d'icelui le « dit seigneur abbé de Savary a frappé et « demandé trois fois à haute et intelligi- « ble voix, en la manière prescrite par la « coutume, M. d'Amfreville. A quoy s'est « présenté la personne de Gabriel Duval, « lequel lui a répondu qu'il était agent « des affaires du dit seigneur d'Amfre- « ville, et demeurant au manoir seigneu- « rial du dit lieu, duquel le dit seigneur « était absent. Pour lors, devant lequel, en « notre présence et des témoins, le dit « seigneur de Savary a prononcé et dit « ces mots en la même forme : Monsieur « d'Amfreville, voilà votre homme à « vous faire foy et hommage contre tous, « sauf la féauté au Roy. J'obéis à vous « payer présentement la somme de trente- « sept sols six deniers pour relief qui « vous est dû pour la portion du fief « Mahiet, et vous demande un delay « comme de deux années pour vous ren- « dre aveu conformément à ceux qui ont « été précédemment rendus à votre ditte « seigneurie par messieurs Le Cor- « dier les 21 mai 1518, 3 novembre « 1604, 19 mai 1668, et 1er juin 1714, « ensemble le dénombrement qui vous « est dû du même fief en circonstances « et dépendances. — A quoy le dit Duval « n'a rien répondu, et a refusé de rece- « voir la somme de 37 sols 6 deniers. « Après quoy, le dit seigneur abbé de Sa- « vary nous a demandé acte de tout ce « que dessus, et de ce qu'il proteste de « nullité de tout ce que le dit seigneur « d'Amfreville voudrait ou pourrait faire « contre et au préjudice des présentes « offres, demandes et obéissances, les- « quelles lui tiendront lieu de foy et « hommage, ce qu'accordé lui avons... »

Le produit annuel le plus clair du fief Mahiet pour les seigneurs du Troncq consistait en six boisseaux de blé, mesure du Neubourg. Il leur était dû encore, à divers termes, six chapons, une poule, une géline, une oie, soixante œufs, quarante-six sols, et sept redevances comprenant ensemble vingt-quatre deniers. Telles étaient les seules charges seigneuriales pesant sur un territoire de 94 acres, dont le dénombrement montre combien la propriété et la culture étaient déjà divisées dans la plaine du Neubourg; car le fief Mahiet ne comprenait pas moins de 257 parcelles. Le fief Mahiet, vendu en 1788 au prix de 1,800 livres à Etienne-Dominique de la Haye, acquéreur de la seigneurie du Troncq, fut cédé par lui l'année suivante à Bénigne Potel, vicomte de Blosseville, seigneur d'Amfreville-la-Campagne. C'était acquérir bien tard un titre féodal.

Au nombre des censitaires figuraient les dames religieuses hospitalières de Saint-Louis de Louviers, stipulées et représentées par leur homme vivant, mourant et confiscant, et avec la même formule; les dames religieuses du Neubourg, les trésors et fabriques de Saint-Jean d'Elbeuf, Saint-Pierre du Troncq, Notre-Dame de Cesseville, Notre-Dame d'Iville, Notre-Dame de Crosbot, Saint-Taurin d'Hectomare, Saint-Martin de Crosville.

On voyait mentionnés encore les Célestins de Mantes, la chapelle de Saint-Michel de la paroisse d'Iville; messire Nicolas-Hector Pavyot, seigneur de Saint-Aubin-d'Ecrosville; Nicolas-François Langlois, seigneur et patron de Criquebeuf; les Bely d'Oissel, les Coulard de la Fontaine, les Berthod Caudecôte, les Duchesne des Chastelliers.

Le fief Perré ou Percy, contigu au fief Mahiet, appartenait aussi aux seigneurs du Troncq.

Le fief du Bois, dont le terrier a été rédigé en 1731 pour le seigneur d'Amfreville, comptait parmi ses censitaires: l'hôpital et la confrérie du Saint-Sacrement du Neubourg; la confrérie de Notre-Dame-de-Liesse érigée en l'église de Crosville; le trésor de Saint-Paul du Neubourg; noble dame Julie de Bressy, veuve de Gilles de Fermand, écuyer, sieur de Favril et du Houvet, *alias* du Hommet, comme tutrice de ses enfants, et François de Venon, à la représentation d'Anne du Fay, écuyer, seigneur de Saint-Léger et Carsy.

Les archives de l'hôpital du Neubourg ont conservé des aveux rendus par les administrateurs de cet établissement, en 1761 et 1776, au profit de messires Hector-Nicolas et Hilaire-Nicolas Pavyot, seigneurs et patrons honoraires de Saint-Aubin-d'Ecrosville, etc., etc...., aussi seigneurs du fief du Bois-d'Iville.

Dans divers actes notariés, en 1729 notamment, le hameau des Mares est qualifié *franc village*, et il est fait mention de pièces de terre en relevant.

Parmi les nombreux triages d'Iville, on remarque plusieurs noms: la Brétique; Champ-l'Abbé et Derrière-Moutier; Flamare; Fosse-aux-Etans; le Houlleron; Noiregate; la Tourette.

La Fosse-à-l'Anguelet (l'Anglais?) et les Tuez semblent indiquer des souvenirs de combat, du temps des Valois, et la Grosse-Pierre, ou Veranne, une origine reculée.

Une médaille d'or de Néron, avec le revers: *Jupiter custos*, a été trouvée dans cette commune en labourant près d'un moulin, presque à la limite du territoire de Marbeuf.

Dépendances: — les Mares; — les Deux-Moulins; — le Moulin-du-Prieuré; — le Moulin-Gaillot.

IVRY-LA-BATAILLE.

Arrond. d'Évreux. — Cant. de Saint-André.

Sur l'Eure.

Patr. S. André, S. Martin, S. Jean-de-Pray. — Prés. l'abbé d'Ivri.

Ivri fut donné, vers la fin du xᵉ siècle, par Richard Iᵉʳ, duc de Normandie, à Raoul, comte de Bayeux, son frère utérin. Aubrée, femme de Raoul, fit bâtir, sur la crête de la montagne, une tour qu'Ordéric Vital qualifie de « famosa, ingens et munitissima ». On raconte qu'elle fit trancher la tête de l'architecte Lanfred, dans la crainte qu'il n'en fît une semblable pour quelqu'autre seigneur. Mais Aubrée, ayant voulu chasser son mari de cette forteresse, reçut le même sort. (Ord. Vit., t. III, p. 263, 416.)

Vers l'an 1030, Hugues, évêque de Bayeux, fils du comte Raoul, soutint un long siège contre le duc Robert.

Guillaume le Conquérant donna la garde d'Ivri à Roger de Beaumont, son échanson, qui, en 1071, fonda au-dessous du château un monastère de l'ordre de Saint-Benoît; mais, en 1088, Robert Courte-Heuze força Roger à prendre Brionne en échange d'Ivri, qu'il remit à Guillaume de Breteuil. (Ord. Vit., t. III, p. 263.)

Peu de temps après, Ascelin, surnommé Goel, enleva, par une fraude habile, le château d'Ivri à Guillaume de Breteuil, son seigneur, et le livra au duc Robert. Guillaume racheta cette place quinze cents livres; mais, ayant été fait prisonnier par Ascelin Goel, il lui fallut au-dessus du pour recouvrer sa liberté. A peine libre, il revint assiéger Ivri et son rival. Il s'établit dans l'abbaye, où il construisit un fort;

mais Ascelin parvint à brûler l'abbaye, l'église et le fort, et ne céda qu'aux efforts réunis du duc de Normandie. (Ord. Vit., t. III, p. 336, 413, 416.)

En 1119, Eustache de Breteuil réclama la tour d'Ivri. (Ord. Vit., t. IV, p. 336.)

Henri Ier en confia la garde à Robert Goellet, à sa mort, à Guillaume Louvet, son frère. (Ord. Vit., t. III, p. 351 et 444.)

Vers cette époque, Louis le Gros, après plusieurs attaques infructueuses, parvint à s'en rendre maître.

En 1176, Louis le Jeune et Henri II d'Angleterre eurent une entrevue à Ivri.

Ivri joua aussi un rôle dans les guerres de Philippe-Auguste et de Richard Cœur de Lion. Philippe-Auguste s'en empara en 1193.

C'était au moyen âge une place forte importante, qui a été prise dans la guerre de Cent ans.

En 1418, Talbot emporta la ville d'assaut et força la garnison du château à capituler.

Une butte, sur laquelle était placée, dit-on, l'artillerie de siège, porte encore le nom de Butte-Talbot.

En 1424, le duc de Bedford l'assiégea et s'en rendit maître.

En 1449, le comte de Dunois la reprit et fit démolir les fortifications.

La ville et particulièrement l'abbaye souffrirent beaucoup pendant les guerres de religion.

Au XVe siècle, il y avait, indépendamment de l'abbaye et de la basse ville, une haute ville contiguë au château. Les vestiges de la forteresse sont bien conservés et considérables.

Ivri a donné son nom à la bataille que remporta, le 14 mai 1590, Henri IV sur le duc de Mayenne. (Voyez la lettre sur le véritable lieu où s'est donnée la bataille d'Ivri, dans les *Opuscules et mélanges historiques* de M. Bonnin, p 206.)

Ivri mériterait une histoire détaillée, les documents sont très-nombreux. Nous nous bornerons à publier un aveu inédit de la seigneurie d'Ivri qui contient des détails très-curieux :

« Ensuit la déclaration de la baronnie, « terre et seigneurie d'Ivry, ses apparte- « nances et appendances, tenue du roy « nostre souverain seigneur nuement et « sans moyen en foy et hommage à cause « de sa conté d'Evreux, baillée en la cham- « bre des comptes d'icellui seigneur à « Paris, par moy Pierre Petit, chevalier, « seigneur du dit lieu au droit de Cathe- « line de Marcilly, ma femme, de laquelle « seigneurie d'Ivry, l'usufruit, possession « et joissance, m'ont naguères esté adju- « giés par sentence et arrest de la court de « Parlement, contre l'empeschement que « m'y avoit mis et donné messire Robert « d'Estouteville, chevalier, au droit de la « dame, sa femme ; et au regard de la « propriété de la dite seigneurie sciens « encores le dit d'Estouteville et moyen « procès par devant messieurs des re- « questes de l'hostel du roy en son palais « à Paris, par quoy le dit procès durant « ne puis bailler par adveu au roy nostre « dit syre, mais seulement par dénombre- « ment ou déclaration jusques à ce que « le dit procès proprietaire soit autre- « ment ordonné ; et pour les causes dessus « dites baille ceste présente déclaration « au roy nostre dit seigneur, en la forme « qui ensuit, et protestant d'icelle aug- « menter ou diminuer se mestier est et « il vient à ma congnoissance que faire « le doye. Et premierement le chief de « celle barronnie est assiz au dit lieu « d'Ivry en la conté d'Evreux, au quel « lieu souloit avoir chastel et chastelle- « nie, qui par occasion de la guerre a « esté abatu et demoly et mis à totalle « destruction. Ou quel chastel avoit don- « jon, basse court, tours, portes, fossez, « closture de muraille. Au pié du quel « chastel a ville qui pareillement souloit « estre close de muraille et de fossez, « la quelle muraille est pour le présent « démolue et abatue, ainsi que le dit « chastel a esté par l'occasion de la « guerre. Et en icelle ville a bourg et « bourgaige selon la coustume de Nor- « mandie. Item, auprès d'icelle ville a « une abbaye de l'ordre de Saint Benoist, « qui anciennement fut fondée par mes « prédécesseurs seigneurs du dit lieu d'I- « vry, dont les tenemens et revenues sont « amortis d'anciennete, auprès de laquelle « abbaye a lieu d'omosne pour herberger « les povres, ainsi fondé comme dit est. « Item, auprès d'icelle ville a une mala- « derie pour logier les ladres, dont la pré- « sentation m'appartient une foiz et l'autre « foiz à l'évesque de Chartres au droit du « roy. Joignant de la quelle ville à une « rivière départie en plusieurs ruisseaulx, « la quelle rivière, en tant qu'il appartient « à la dicte seigneurie, commence à bien « demie lieue d'eaux au dessus de la dicte « ville, dont le cours d'icelle, tant en ruis- « seaulx que principal, est appellé le fossé « d'Eure, et dure depuis la rivière d'Ennet « jusques à la rivière de Garennes, où il y « a deux lieues ou environ de longueur, « et dont les déliz et débas faiz en icelle « rivière, tant en clamour de haro que « autrement, la court et cognoissance en « appartient à la justice du dit lieu d'Ivry,

« et dure depuis le commencement d'icelle
« rivière la dicte justice et cognoissance,
« comme dit est, en ma dicte seigneurie
« jusques aux Damps et près du Pont de
« l'Arche; en la rivière a plusieurs gors,
« pescheries et moulins. Les hommes et
« subgects de la dicte terre sont banniers
« et y doivent venir mouldre sans aller
« ailleurs, sur peine de forfaicture de blé
« et de farine et de la beste qui porte le
« dit blé ou farine, et d'amende aussi;
« les quieulx molins peuvent valoir quant à
« présent communs ans environ vii muys
« de blé, obstant que au devant des guerres
« povoient valoir plus grandement; et les
« quelx gors et pescheries sont baillées les
« ungs à rente annuelle et les autres à
« ferme, qui peuvent monter à la somme
« de vii livres tournois ou environ quant
« à présent, mais au devant des guerres
« souloient mieulx valoir. Et la quelle sei-
« gneurie, qui de présent est grandement
« diminuée pour l'occasion des guerres,
« comme dit est, peut valoir communs ans
« au temps de présent, en rentes en de-
« niers de lx à iiii^{xx} livres tournois, com-
« bien que le temps passé elle souloit va-
« loir tant en rentes, pescheries, moulins,
« prez, garenne, le demaine de Mecete et
« de Cures, et les vignes, et la prévosté,
« coustume et travers du dit lieu d'Ivry,
« iiii^{c} lxii livres v sols tournois, et oultre
« des deppendances du demaine, comme
« la Fustelaye, Jumelles et Espies, sou-
« loient valoir viii^{xx} vi livres xiii sols
« vi deniers tournois. Et s'estent la dicte
« seigneurie et baronnie en censives et
« reddevances jusques à la parroisse de
« la Chaussée et ailleurs en France, tant
« en assiette de rentes comme en héri-
« taiges, masures, jardinaiges et prairies,
« ainsi comme ilz se comportent en long
« et en ley, et s'estend icelle seigneurie
« continuellement de cinq à six lieues de
« long, et de trois ou quatre de large, et
« jusques aux portes et faubourgs d'E-
« vreux, et pardelà deux lieues et plus. Et
« y a forest et bois, landes, bruyères,
« pastures et pasturaiges plusieurs, et
« s'estend icelle forest et bois en long de
« quatre à cinq lieues, et de travers de
« deux à trois lieues, la quelle forest est
« à disme deue à l'abbaye du dit lieu
« d'Ivry aumosnée par feux mes prédé-
« cesseurs d'Ivry que Dieu absoille; et à
« icelle forest y a verdier gardain et ser-
« gens dangereux et gardes pour moy
« constitués à mes soulz et gaiges, par
« moy ordonnez, et tous les nobles tenans
« qui ont boys en ma dicte seigneurie les
« tiennent à tiers et dangier de moy, et
« se doivent délivrer et marcher par mon
« dit verdier ou officiers; devant le quel
« verdier vient la cognoissance de toutes
« les malefaçons des boys de ma dicte
« seigneurie, et aussi de la rivière et fossé
« d'Eure ès abuz de pescheries et mesfai-
« sances d'engins faulx ou mauvais; et
« iceulx abuseurs ou delinquans, tant en
« la dicte forest, bois ou eaues pugnir par
« justice ainsi que de raison; et me com-
« pectent et appartiennent le pasnaige en
« ycelle forest et boys; et si y a plusieurs
« ventes et marchiez de boys, qui com-
« muns ans peuvent valoir au temps de
« présent de xx à xxv livres, combien que
« anciennement souloient valoir de vii à
« viii^{c} livres. Et en icelle seigneurie et
« baronnie a haulte justice, basse et
« moyenne, court et usaige selon la cous-
« tume de Normandie, bailly, viconte,
« sergens fieffez et ordinaires, et soubs-
« sergens, justice à pendre et à ardoir
« à trois pilliers de soustenance; court
« et cognoissance de tous mes hommes
« en tous cas, tant mobilliers, héréditaux
« comme criminaulx, riservé les cas de
« souveraineté; dont le ressort d'icelle ma
« justice est devant le bailli d'Evreux ou
« siège des assises du dit lieu. Et sur mes
« dits hommes pren et lieve de trois ans
« en trois ans l'aide de monneaige, aultre-
« ment dit fouaige, selon la dicte cous-
« tume, et aussy ay le droit de la chasse
« des loups en ma dicte seigneurie, et en
« prendre, cueillir et lever sur mes dits
« hommes les deniers au pris que le roy
« nostre seigneur en fait cueillir ès sei-
« gneuries voisines. Item, ay droit de
« chasse ès forestz de Meré et de Ro-
« soux toutes fois que bon me semble, et
« en la forest de Crotair une foiz l'an, à
« toutes bestes à cor et à cry et à fillé.
« Item, en la dicte seigneurie y a rentes
« de oefz et de poullaille, qui peuvent bien
« valoir quant au temps de présent la
« somme de xxv sous tournois, et aude-
« vant des guerres souloient bien valoir c
« et v chappons, iiii^{xx} et xvi gelines et
« viii^{c} oefz. Item, en blez de rente par an
« de xv à xvi sextiers dont à présent ne
« reviennent que de v à vi sextiers. Item,
« y a de rente par an sur le fief de la
« Bigoterie ung muy d'avoyne, dont à
« présent ne revient riens pour ce que le
« dit fief est de présent inhabité, et de-
« moure en la main de la seigneurie par
« deffault d'homme. Item, j'ay droit de
« prendre chacun an ung muy de blé,
« mesure d'Evreux, à cause de moultes,
« sur ung fief assis en la parroisse de
« Bernienville qui fut au Feue (?) que tient
« à présent Robinet le Doyen à cause de
« sa femme, et le quel muy de blé se

« doit assembler par le prévost du dit fief.
« Item, pareillement j'ay droit de prendre
« ung muy de blé à la dite mesure d'E-
« vreux sur ung fief assis en la paroisse
« de la Trinité, que tient à présent Robert
« de Flocques, escuyer, nommé le fief de
« Charmoye, et se paye par la main du
« seigneur du dit fief. Item, sur le fief
« du Val Ruvy pareillement j'ay droit de
« prendre, à cause de moulte, demy
« muy de blé à la dite mesure d'Evreux,
« semblablement paiable par la main du
« seigneur du fief. Item, pareillement ay
« droit de prendre chacun an sur le fief
« de Martainville, que tient Oudin Quersel,
« escuyer, ung muy de blé de moulte à
« la mesure du roy, paiable par la main
« du seigneur du fief. Item, pareillement
« sur le fief de Bastigny ung muy de blé
« de moulte à la mesure d'Ivry paiable
« par la main du seigneur du fief. Item,
« pareillement ay droit de prendre chacun
« an sur le commun et habitans de Ceres
« le Boys deux muys de blé de moulte
« à la dicte mesure d'Ivry. Item, pareille-
« ment sur le commun et habitans de
« Foucrainville ay droit de prendre cha-
« cun an trois muys six sextiers de blé de
« moulte à la dicte mesure d'Ivry, dont à
« présent ne revient riens, pour ce que les
« hommes du dit lieu viennent de présent
« mouldre aus dits moulins du dit lieu
« d'Ivry, car ilz sont peu de gens. Item,
« ay droit de prendre sur le seigneur de
« Teneboissel dix sextiers de blé de
« moulte à la dicte mesure d'Ivry, dont à
« présent ne revient riens, pour ce que le
« dit fief est en ma main par deffault de
« homme, et est du tout en non valoir.
« Item, semblablement ay droit de pren-
« dre sur le fief Marquet, assis en la par-
« roisse de Bonnencourt, ung sextier de
« blé de moulte, mesure d'Evreux. Item,
« ay droit de prendre chacun an sur le
« fief Raoul de Jumelles trois mines de
« blé de moulte et trois minotz d'avoine,
« mesure d'Ivry. Item sur le fief Bédiers
« chacun an pour moulte deux sextiers
« de blé de moulte, mesure d'Ivry. Item,
« sur le fief de Longueaye à cause de
« moulte, trois sextiers de blé. Item, sur
« le fief Sagour par an à cause de moulte
« ung sextier de blé. Item, sur le Boys
« Berart chacun an trois mines de blé de
« moulte. Item, sur le fief Colinet assis à
« la Houssaye par chacun an une mine de
« blé de moulte. Sur le fief Foulert par
« chacun an une mine de blé de moulte.
« Item, sur le fief du Tronnec assis en
« Cormier par chacun an trois mines de
« blé de moulte. Item, le prévost de Ceres
« doit par an de rente une mine d'avoine.

« Item, en la dicte seigneurie moultes
« seiches, qui souloient valoir communs
« ans de xvi à xviii sextiers de grain, dont
« à présent ne revient que deux sextiers
« ou environ. Item, les gens de Per-
« chières et de Lannisse doivent par an
« chacun feu une mine d'avoyne, pour
« venir mouldre aux moulins du dit lieu
« d'Ivry, et peut engrener leur blé au pre-
« mier vuy. Item, en la dicte seigneurie ay
« droit de prévosté, travers et coustume
« au dit lieu d'Ivry, le quel travers s'es-
« tend en plusieurs et divers lieux, c'est
« assavoir : à la chaussée d'Ivry, la Cous-
« ture et le gué de l'Espine, et dure la
« sieute du dit travers du fief Foré jusques
« au fief de Gatennes, les portes passées
« et le petit pont, et la sieute du travers
« de la Cousture et du gué de l'Espine
« dure tant seulement tant comme ma
« dicte seigneurie s'estend. Et en la dicte
« prévosté est le travers de la Chaussée,
« qui dure de la Haye du Nerprion jus-
« ques à la Haulte Espine de Rouvres, et
« y peut prendre le prévost jusques à ces
« deux meetes, et s'il peut prendre dedans
« ces meetes en droit chemin, il doit payer
« ix solz ii deniers tournois d'amende;
« et s'il est trouvé en faulx chemin, il
« doit avoir quanqu'il sera trouvé sur
« lui de marchandise et tout quan qu'il
« porte; et se baille ycelle prévosté, travers
« et coustume ensemble, et peut valoir
« communs ans de iiiixx à c livres tour-
« nois. Item, j'ay droit de tabellionnage
« au dit lieu d'Ivry, et se baille communs
« ans à la somme de x solz tournois. Item,
« j'ay droit de seel à contraulx et d'obli-
« gations. Item, j'ay droit de four à ban
« au dit lieu d'Ivry, auquel sont subjects
« de cuire tous les manans et habitans
« du dit lieu d'Ivry, et se baille communs
« ans de xx à xxx solz tournois pour le
« temps de présent. Item, j'ay droit de
« criaige et mesuraige au dit lieu d'Ivry,
« qui communs ans pour le présent peut
« valoir de xv à xx sols tournois. Item, j'ai
« droit de poys et de mesures qui peut
« valoir v solz tournois ou environ. Item,
« j'ay droit audit lieu d'Ivry d'avoir le ban
« de la brasserie des servoises, qui peut
« valoir communs ans xx solz tournois ou
« environ. Item, j'ay droit d'avoir cha-
« cune sepmaine marché au dit lieu d'Ivry
« au jour de samedy. Item, au dit lieu
« d'Ivry a trois foires en l'an, c'est assa-
« voir : la Saint Martin d'esté, la Nostre
« Dame my aoust et la Nativité Nostre
« Dame. Item, j'ay droit au dit lieu d'Ivry
« de prendre et avoir sur chacune queue
« de vin conduicte et menée en bateaulx
« ou autrement descendant par ma rivière

« au dit lieu d'Ivry, et mesmement de
« toute pièce de vin chargée en bateaulx
« sur ma dicte rivière, et depuis le dit lieu
« d'Ivry jusques au moulin Mahurst à
« Pacy, xv deniers tournois, en ce compris
« le courratage et cayage. Item, au droit
« de ma prévosté et travers, ay droit de
« prendre sur chacun bateau montant
« sel par ma dicte rivière une mine de
« sel. Item, sur chacun estallage de sel
« vendu au samedi me doit une poingnée
« de sel. Item, ung cheval chargé de sel
« me doit i denier tournois. Item, la
« somme à mullet, à asne ou à col pour
« chacun maille, et sur chacune charrete
« chargée de sel chargée au dit lieu d'I-
« vry doit ii deniers tournois, et à Nostre
« Dame d'Ivry i denier tournois. Item,
« j'ay au dit lieu d'Ivry de xx à xxx arpens
« de prez dont il y en a xx arpens ou en-
« viron nommé le pré Le Conte, qui se
« fauche et amène au dit chastel à corvée
« par tous mes hommes de ma terre.
« Item, souloit avoir de x à xii arpens de
« vignes qui de présent sont en non va-
« loir. Item, ay au dit lieu d'Ivry garenne
« à connins et à lièvres, et en la parroisse
« du Cormier ung bois nommé le Cheyne,
« où y a garennes à toutes bestes. Item,
« près du dit lieu d'Ivry y a une ysle
« nommée l'isle de Courtesson, en laquelle
« les hommes de la ville du dit lieu d'Ivry,
« les hommes, manans et habitans en la
« ville d'Ennet, les manans et habitans
« d'Ollins, de la Chaussée d'Ivry, de Nan-
« tilly, de Bueil, de Gueyniville et de Vil-
« lers en Daimsèvre ont droict de mectre
« pestre leurs bestiaulx tout au long de
« l'année, sauf le jour depuis la Notre-Dame
« en mars jusques à la veille de la Saint-
« Jehan-Baptiste nul n'y peut riens mectre,
« fors le seigneur d'Ennet et moy, qui en
« ycelle saison y povons mectre chacun
« deux ou trois chevaulx se bon nous
« semble, et l'ablé du dit lieu d'Ivry ung
« cheval, et les curez et gentilz hommes
« des dites parroisses chacun ung cheval
« se bon leur semble, et nulz autres ne
« pevent riens mectre en icelle saison jus-
« ques au dit jour de la veille Saint-Jehan;
« et se aucunes bestes y sont trouvées du-
« rant celle saison, je les puis faire pren-
« dre, et en ay la juridiction, cognoissance
« et amende. Item, au-dessous (ou au-des-
« sus) de la dicte garenne d'Ivry a ung
« manoir nommé la Mallemaison, où il y a
« coulombier à pié, granches et estables,
« et alentour d'icelui manoir a de nii à v
« acres de terre, dont de présent n'y en a
« que xl ou l^ie acres en labour; auquel
« manoir souloit estre le séjour des feux
« seigneurs d'Ivry mes prédécesseurs. Item,
« en la parroisse de Ceres ay ung autre ma-
« noir, lequel a esté démoli par la guerre,
« et y souloit avoir maisons, granches,
« estables et coulombier à pié, et autour
« d'icelui manoir a de c à vi^xx acres de
« terres labourables en plusieurs pièces,
« et pour icelles labourer les hommes ma-
« nans et habitans ès parroisses de Ceres,
« d'Epieds, de Bassay, de Rotigny, de
« Neufville, de Fourainville sont subgets
« y faire trois corvées en l'an de leurs
« harnois, c'est assavoir en façon de blez
« en mars et en goarez; et pour le présent
« n'y a point en icelui manoir de coulom-
« bier ne d'estables, et peut valoir par
« chacun an de ferme de trois à quatre
« muys de grain. Item, en la parroisse de
« Fourainville a semblablement ung ma-
« noir, où il souloit avoir semblablement
« coulombier à pié et estables, et de pré-
« sent n'y a que ung hostel et une granche,
« et alentour d'icelui a de xi à iiii^xx acres
« de terres labourables en plusieurs pièces,
« et y sont subgetz plusieurs des manans
« du dit Fourainville y faire trois corvées
« en l'an de leurs harnoys, c'est assavoir
« aux blez, aux mars et aux goarestz; qui
« de présent vault chacun an de ferme
« troys muys de grain ou environ. Item,
« en la parroisse de Ceres a un autre ma-
« noir, nommé le Buisson messire Robert,
« auquel souloit avoir manoir, granche,
« estables et coulombier à pié, et de pré-
« sent n'y a que le lieu, et alentour d'ice-
« lui manoir a bien de xv à xx acres de
« boys et bien de xl à l acres de terres
« labourables en plusieurs pièces. En la
« dicte parroisse de Ceres a ung fief nom-
« mé le fief à Amaulry, demouré en main
« de seigneurie par deffault, ouquel a
« bien l à ix acres de terres labourables
« en plusieurs pièces, qui se baille afferme
« et peut valoir communs ans deux muys
« de grain ou environ, et souloit valoir
« xl livres par an. Item, en la parroisse
« de Mocete a ung autre manoir nommé
« le parc de Mocete, où souloit avoir ma-
« noir, granche, estables et coulombier à
« pié, et au costé d'icelui manoir a ung
« parc qui souloit estre clos de murailles,
« tout planté de gros boys et de boyes, et
« alentour d'icelui manoir a bien de m^xx
« à c acres de terres labourables. Item,
« en icelle baronnie a plusieurs fiefz et
« appartenances à la dicte abbaye d'Ivry à
« l'ancienne fondation d'icelle par mes
« prédécesseurs comme les fiefs de Saint-
« Jehan du Pré d'Ivry, le fief de la Cous-
« ture et le fief de Berniencourt et les
« appartenances d'iceux fiefz, amortiz
« comme dict est, tenus soubz ma haulte
« justice; et avecques ce appartient à la

« dicte abbaye ung moulin, auquel tous
« les hommes des dicts fiefz sont subgetz
« de venir mouldre ; et les religieux abbé
« et couvent de la dicte abbaye ont en
« leurs dicts fiefz, maisons, manoirs, jar-
« dins, boys, prez, vignes, terres labou-
« rables et non labourables, cens, rentes,
« dismes, champs, grains, œfz, oyseaulx,
« corvées et autres revenues, jurisdiction,
« court et usaige, ventes, reliefz de leurs
« hommes; et avecques ce ont cinq mai-
« sons ou bourg d'Ivry, les quelles ilz
« dient estre franches en ma dicte sei-
« gneurie. Item, et à iceulx religieux
« compecte et appartient ung gort avec-
« ques certaine porcion de rivière. Item,
« leur compecte et appartient deux foires
« en l'an, c'est assavoir à la feste de l'As-
« sumsion-Nostre-Dame et à la feste de la
« Nativité-Nostre-Dame, des quelles foires
« la coustume leur compecte et appar-
« tient. Item, prennent les dits religieux
« la dixième sepmaine sur ma prévosté et
« travers et de mes moulins. Item, les
« dicts religieux sont tenuz de soustenir
« et refaire les portes à eaues près de leur
« dit moulin, et la porte par laquelle passe
« porcion d'eaue pour aller au moulin à
« ten, et par ce leur en suis tenu faire
« III sols tournois et deux gelines à Noel,
« et sont tenuz les dits religieux abbé et
« couvent soustenir les escluses d'icelle
« porte; et pour les choses dessus dictes
« sont tenuz yceulx religieux faire le
« service divin en leur dicte abbaye en
« prières et oroisons pour moy, mes pré-
« décesseurs et successeurs, faire chanter
« messe chacun jour en la chapelle de
« Saint-Ursin du chastel d'Ivry, de la
« quelle chappelle ilz doivent avoir les
« oblacions, et jouxte icelle chappelle doi-
« vent avoir une habitacion de maison à
« eulx appartenant, et je suis tenu à qué-
« rir et mectre emplace toutes choses qui
« faillent pour la reparacion de la dicte
« chappelle et tous les despens des ou-
« vriers, et le segretain de la dicte abbaye
« est tenu payer le salaire des ouvriers.
« Item, en la dicte baronnie a plusieurs
« nobles tenans en fiefz et arrière-fiefz
« par foy et hommaige, des quelz les
« ungs doivent service et garde au chastel
« du dit lieu d'Ivry, et les autres service
« tant seulement, à certaines places et lieux du
« dit chastel, ainsi que plus à plain est
« déclairé ès adveuz d'iceulx nobles te-
« nans dont les aucuns par deffault de
« homme sont demourez ès mains de la
« dicte seigneurie par l'occasion de la
« guerre inhabitez et n'y demeure
« homme ne femme, et les autres sont

« petitement repeuplez, et qui pour le
« temps passé estoient de grande reve-
« nue, mais pour le temps de présent ne
« valent que peu ou néant, et doivent
« iceulx fiefz, reliefz aides de reliefz, se-
« lon leur quantitez et l'usaige de la cous-
« tume de Normandie, et XIIImes quant le
« cas eschiet, et aussi les hommes tenans
« d'eulx en leurs dits fiefs le leur doivent,
« et sont les uns à court usaige, sénes-
« chal, prévost, et cognoissance de leurs
« hommes jusques à LX sols et audessoubz,
« en lasse justice, selon l'usaige et cous-
« tume du dit pays, comme dit est, et le
« ressort de leur jurisdiction vient devant
« mon bailly ou viconte selon l'exigence
« des cas, des quelz fiefz la déclaration
« ensuit. Et premièrement, de ceulx en
« non valoirs, c'est assavoir à Jumelles a
« ung fief entier qui fut feu Phelippe de
« Jumelles, tenu en foy et hommaige, qui
« souloit valoir LX livres de rente, et de
« présent n'en revient riens. Item, en
« icelle parroisse de Jumelles a ung hui-
« tiesme de fief qui fut feu Phelippe de
« Boullay, tenu par foy et hommaige de
« ma dicte seigneurie, comme dict est, qui
« souloit valoir X livres X sols tournois et
« de présent en non valoir. Item, en icelle
« parroisse a ung VIIIe de fief qui fut feu
« Guillaume l'Escuier tenu comme dessus,
« et souloit valoir VII livres et de présent
« en non valoir. Item, en icelle parroisse
« a ung autre VIIIe de fief qui fut Guil-
« laume le Riche, tenu comme dessus, qui
« souloit valoir III livres, et de présent en
« en non valoir. Item, au dit Jumelles a
« ung tiers de fief qui fut Colas Cripel,
« tenu comme dessus, qui souloit valoir
« XXXIX sols VI deniers. Item, en la par-
« roisse de la Neuvillete a un plain fief
« qui fut feu Jehan de la Haye, tenu comme
« dessus, qui souloit valoir XXVII livres
« de rente par an. Item, en la parroisse de
« Mocete a deux fiefz nommez les deux
« fiefz Malassis, qui furent Robert de Ma-
« lassis, qui souloient valoir XXXII livres
« II sols tournois, et tenuz comme dessus.
« Item, le fief de Mocete et de Neufvillette,
« qui fut feu Jehan de Thirel, à ung plain
« fief tenu comme dessus, et souloit valoir
« L livres de rente. Item, le fief Jehan de
« Grant Marchois assis en la parroisse de
« Monceaulx, à plain fief, tenu comme des-
« sus, souloit valoir XVI livres par an.
« Item, ung plain fief qui fut Guillaume
« de Ceres, assis en la parroisse de Ceres,
« tenu comme dessus, et souloit valoir XL
« livres de rente par an. Item, en la par-
« roisse de Neufville a ung demy fief à
« plaines armes qui fut feu Phelippe Ha-
« mer, tenu comme dessus, et souloit va-

« loir x livres de rente. Item, le fief Malefe,
« par ung plain fief, assis en la parroisse
« de Garennes, tenu comme dessus, qui fut
« Lorens Malfe (?), et souloit valoir xxiiii li-
« vres x sols tournois. Item, le fief du Vi-
« vier, par ung fief entier, tenu comme
« dessus, et souloit valoir vi^xx livres. Item,
« ung quart de fief nommé le fief Jehan du
« Plesseys, tenu comme dessus, et souloit
« valoir x livres par an. Item, ung quart
« de fief nommé le fief Raoul de Jouy, te-
« nu comme dessus, qui souloit valoir x li-
« vres par an. Item, ung plain fief assis
« en la parroisse de Croisille, tenu comme
« dessus, et qui souloit valoir c livres
« tournois. Les quelz fiefz dessus nommez
« sont de présent en ma main comme en
« main de seigneurie, et en non valoir par
« deffault de hommes, comme dict est.
« Item, ensuit les autres fiefz ausquelz a
« hoirs qui en sont tenans, et fait déli-
« vrance. Et premièrement le fief de la
« Folletière, assis en la parroisse de Milly,
« que tient à présent Robert de Dreux,
« escuier, par ung plain fief à foy et hom-
« maige, qui souloit valoir vii^xx xv livres
« x sols tournois, et pour le présent ne
« vault que xxx livres ou environ. Item,
« Jehan de la Pierre tient en la parroisse
« d'Espies ung demy fief qui souloit va-
« loir xlv livres par an, tenu à foy et hom-
« maige dessus dit, et de présent ne vault
« que de v à vi livres. Item, Raoulet le
« Perruyer tient ung plain fief nommé le
« fief de Boucy, assis en la parroisse du
« dit Boussy, tenu comme dessus qui sou-
« loit valoir xl tournois, et de présent ne
« vault que xii livres ou environ. Item, les
« enffans soubz [ans?] de feu Gilles des
« Brosses en tiennent ung plain fief assis
« en la parroisse de Rastigny, tenu comme
« dessus, et souloit valoir c et l livres
« tournois, et de présent ne revient que
« de x à xii livres. Item, Gillot Doublet
« en tient ung demy fief, tenu comme des-
« sus, assis en la parroisse de Foucrain-
« ville, qui souloit valoir xxxvi livres, et
« de présent ne revient que de iiii à v livres.
« Item, Guillaume Ler en tient en la par-
« roisse de Boussy ung membre de fief,
« tenu comme dessus, qui souloit valoir
« de v à vi livres, et de présent ne revient
« que xx à xxx sols. Item, Richart de
« Lieurre tient par foy et par hommaige
« en la parroisse de Grandeville ung plain
« fief, qui souloit valoir ix^xx livres tour-
« nois, et de présent ne revient que v à
« vi livres. Item, Oudin Quervel en tient
« par hommaige ung plain fief assis ès par-
« roisses de Martrainville et du Cormier,
« qui souloit valoir iiii^xx xiiii livres, et de
« présent ne revient que de xx livres ou

« environ. Item, Amaurroi du Val Davy
« en tient un demy fief par foy et par
« hommaige, assis en la parroisse du Val
« Davy, nommé le fief des Breuz, qui sou-
« loit valoir l livres tournois, et de présent
« ne revient que de v à vi livres. Item,
« Louys de Morainviller en tient par foy et
« par hommaige ung plain fief assis ès par-
« roisses d'Orgeville et Neufville, qui sou-
« loit valoir xii livres, et de présent ne
« revient que de v à vi livres tournois.
« Item, Estienne Marie, à cause de sa
« femme, tient par foy et par hommaige
« la prévosté de Ceras, la quelle prévosté
« me doit service de prévosté. Item, Ro-
« bert de Flocques, escuier, tient ung
« plain fief assis à la Charmoye, par foy et
« par hommaige, qui souloit valoir xxx li-
« vres, et de présent ne revient que de v à
« vi livres. Item, Gillet Lespringuet en
« tient ung quart de fief assis au dit lieu
« de la Charmoye, tenu comme dessus,
« nommé le fief au Verrier, et me doit xx
« sols tournois de rente par an, avecques les
« moultes. Item, Jehan de Brecy tient ung
« quart de fief assis en la parroisse de Re-
« meucourt, qui fut feu Hamon Luce,
« tenu comme dessus, et souloit valoir
« vii livres x sols, et de présent ne vault
« que iiii livres ou environ. Item, Robinet
« le Doyen, à cause de sa femme, en tient
« un quart de fief par foy et hommaige,
« assis en la parroisse de Bernienville, qui
« souloit valoir x livres, et de présent ne
« revient que à c sols ou environ. Item,
« Philippe de Cierre en tient un quart de
« fief nommé Longue-Haye, par foy et
« hommaige, qui souloit valoir xxxv li-
« vres, et de présent ne revient que à
« xl sols tournois ou environ. Item, Tho-
« mas de l'Estang, à cause de sa femme,
« en tient, par foy et hommaige, ung
« plain fief assis en la parroisse de La-
« bit, qui souloit valoir xxx livres tour-
« nois ou environ, et d présent est en
« non valoir et inhabité, et n'y demeure
« homme ne femme. Item, j'ay droit de
« présenter en aucunes églises, dont la
« déclaration ensuit, c'est assavoir : à la
« cure de Neufville, à la cure de Ceres,
« à la cure de Gaudeville, à la cure de
« Labit, à la cure de la Fustelaye, à la
« cure du Cormier, à la cure de Jumelles,
« à la cure de Mocete, à la cure de la
« Neufvillette-la-Contesse. Item, en la
« parroisse de Neufville ay une disme
« qui souloit valoir communs ans de ix à
« x sextiers de grain, et de présent ne
« vault rien, parce que le terrouer est en
« non valoir. Item, à moy compecte et
« appartient ung demy-fief assis ou bail-
« liage de Caux, en la vicomté de Caude-

« bec, en la parroisse Saint-Martin-de-
« Villequier, tenu du roy nostre sire, à
« cause de sa seigneurie de Caudebec, ou
« quel fief j'ay court et usaige, sénéchal,
« prevost et cognoissance de mes hommes,
« ainsi que à basse justice appartient, et
« doyt relief et aide et xiiime quand le
« cas eschiet. Item, ung autre quart de
« fief, assis en la parroisse de Blicque-
« tuit, au bailliage de Rouen, tenu du
« roy nostre dit sire, à cause de sa sei-
« gneurie de Pontaudemer, et en la vi-
« conté du dit lieu de Pontaudemer, et y
« ay court et usaige, sénéchal, prevost et
« cognoissance de mes hommes, ainsi que
« à basse justice appartient, et le ressort
« d'icelle devant la justice du dit Pontau-
« demer, et doit icelui quart de fief aydes
« et xiiime quand le cas eschiet, et sou-
« loient valoir iceulx demy fief et quart de
« fief la somme de v^c livres tournois ou
« environ, et de présent ne valent que
« ii^c livres tournois ou environ; du quel
« lieu de Blicquetuit le patronnaige de
« l'église me compecte et appartient. Item,
« à moy compecte et appartient ung fief
« noble nommé le fief le Roy, assis en la
« parroisse de Combon, en la champaigne
« du Neufbourg, ou baillage d'Evreux, et
« s'estend ycelui fief en la dicte parroisse
« de Combon et es parroisses du Neuf-
« bourg et d'Espreville, et souloit valoir
« de xl à l livres, et de présent ne revient
« que de xv à xx livres tournois. Laquelle
« baronnie doit au roy nostre dit sei-
« gneur, quant le cas y eschiet, le relief,
« xiiime, aides et garde, et aussi icelui
« demy fief de Villequier et quart de fief
« de Blinequetuit, selon la coustume du
« pays de Normandie. Et la quelle descla-
« ration, ainsi que dessus est dit et de-
« visé, je baille au roy nostre dit seigneur,
« sauf la protestation devant dicte de aug-
« menter ou diminuer se mestier est, la
« quelle j'ay scellée du scel de mes armes
« et signé de mon seing manuel, cy mis
« le xxve jour de juing, l'an mil cccc
« cinquante-six. — Ainsi signé : Pierre
« Petit. » (Arch. de l'Emp., P. 308, f° 44
v°, n° 68.)

En 1553, Diane de Poitiers acheta Ivri
et Anet. Vers la fin du xvie siècle, ce domaine appartint sous le titre de comté à
la maison de Lorraine. Ivri était le siége
d'une haute justice et le chef-lieu d'un
doyenné du diocèse d'Evreux.

Nous ne nous étendrons pas sur l'histoire du monastère d'Ivri, on la trouvera
résumée dans les *Opuscules et mélanges
historiques* publiés par M. Bonnin, p. 193.

Cette abbaye fut fondée par le comte
Roger d'Ivri, échanson de Guillaume le
Conquérant, duc de Normandie, vers 1071.
Elle devait être soumise à la règle de Saint-
Benoît. Le pape Innocent IV, en 1244, le
pape Nicolas III, les rois d'Angleterre,
Henri II et Henri VI, les évêques d'Evreux
Luc et Mathieu confirmèrent à diverses
époques les biens de cette abbaye. Parmi
les bénéfices de l'abbaye situés dans le
diocèse d'Evreux nous citerons : les prieu-
rés de Saint-Germain-de-la-Truite à Ezi,
de Saint-Nicolas de Touvois, de Saint-Bar-
thélemi de Gournai, et les cures de Saint-
Ursin dans le château d'Ivri, de Saint-
Martin d'Ivri, de Notre-Dame de la Couture, de Saint-Martin d'Espieds, de Saint-
Martin du Bueil, de Saint-Barthélemi
de Berniencourt, de Saint-Valdeburge de
Fourainville, de Sainte-Opportune de
Boussei.

Voici la liste des abbés d'Ivri :

I. Pierre Ier, moine de Colombs, prit
la direction de l'abbaye d'Ivri, à la sol-
licitation de Roger, fondateur du monastère.

II. Herbert ou Hubert, moine de Colombs.

III. Durand, moine du Bec.

IV. Osberne de Fécamp.

V. Guillaume Ier, moine du Bec.

VI. Normand, moine du Bec.

VII. Roger Ier, 1168-1172.

VIII. Raoul, moine du Bec, vers 1175.

IX. Roger II, vers 1185.

X. Hubert, moine de Saint-Père de Chartres, vers 1195 et 1200.

XI. Guillaume II, vers 1204.

XII. Richard, 1205.

XIII. Vivien Ier, 1206.

XIV. Guillaume III, 1220.

XV. Raoul II, 1225.

XVI. Vivien II, 1236.

XVII. Jean Ier, 1248.

XVIII. Gabriel Ier, 1260.

XIX. Henri, 1273.

XX. Simon, 1281.

XXI. Guillaume IV, 1309.

XXII. Jean II, 1331.

XXIII. Guillaume V, 1377.

XXIV. Bertrand, 1379-1380.

XXV. Pierre II Gastel, 1385-1389.

XXVI. Jean III, 1399.

XXVII. Gui Ier, 1403.

XXVIII. Jean IV de la Madeleine, 1406-
1409.

XXIX. Philippe Ier, 1412-1415.

XXX. Nicolas le Gendre, 1442.

XXXI. Jean V Aubert, 1451.

XXXII. Guillaume VI, 1459 et 1468.

XXXIII. Jean VI, 1472.

XXXIV. Guillaume VII Brillet, 1474.

XXXV. Etienne, 1480.

XXXVI. Jean VII l'Archer, 1487.

XXXVII. Gui II d'Hellenvilliers, 1503 et 1522.

XXXVIII. Jean VIII, de Luxembourg, nommé par les moines quoiqu'il n'eût que dix ans, confirmé par Clément VII en 1523, entré en possession en 1525, meurt en 1548. Sous sa direction le monastère d'Ivri fut rebâti.

XXXIX. Philibert de Lorme, célèbre architecte. Il bâtit le château d'Anet, 1548-1560.

XL. Jacques de Poitiers, frère de Diane de Poitiers, 1560-1577.

XLI. Louis Poupin, 1579-1587.
XLII. Jean le Bigot, 1588-1623.
XLIII. Gabriel de Beauveau, 1623-1668.
XLIV. Philippe de Vendôme, 1668-1727.
XLV. Louis Anisson.

Les Archives de l'Eure contiennent une histoire manuscrite de l'abbaye, 1151-1788, et un assez grand nombre de chartes et titres pour des propriétés situées sur les paroisses de Bréval, Bueil, Chaignes, la Couture, Douains, Évreux, Ezi, Mousseaux, Saint-Élier et Villiers-en-Désœuvre.

Dépendances : — la Cense ; — la Malmaison ; — la Motte ; — Saint-Victor ; — Thouvoie ; — les Grands-Moulins ; — la Buchaille ; — l'Abbaye ; — le Moulin-l'Abbé.

Cf. *Gallia christiana*, t. XI, p. 632.
Neustria pia, p. 670.
M. de la Bigotière, *Notice sur Ivry*. Évreux, 1853.
La Normandie illustrée, Eure, t. 1er, p. 20.

J

JONQUERETS (LES)

Arrond. de Bernai. — Cant. de Beaumesnil.

Patr. Notre-Dame — *Prés. le seigneur*

Nous avons fort peu de choses à dire sur les Jonquerets, les principales formes latines de Jonquerets sont *Jonquereta*, *les Junckereis*, *Junquereta*. Nous trouvons mentionné dans les *Grands Rôles de l'Échiquier de Normandie* un Simon « de Jonkereis ».

« ... De Symone de Jonkereis xxv. solidos pro plegio Roberti Pantof. » (Stapleton, *M. R. C. N.*, p. 329.)

Par une charte sans date du commencement du XIIIe siècle, Luc, évêque d'Évreux, confirma aux religieux de Lire entre autres donations la suivante :

« ... Philippi Faguet de sex acris terre in parrochia de Junkereiz... »

Nous avons déjà vu, à l'article FERRIÈRES-SAINT-HILAIRE, que messire Jehan Pouchin, chevalier, vendit les dîmes et les patronages des paroisses de Ferrières et de Jonquerets, et que le testament de Guillaume d'Estouteville, évêque de Lisieux, en confirma, en 1414, la possession au chapitre de Lisieux.

Cependant le patronage de cette paroisse semble avoir plus tard passé au seigneur.

Testament en faveur de Saint-Pierre-de-Lierru, par Eudes Morin, curé de l'église paroissiale de Notre-Dame-des-Jonquerets, 1381 :

« Ego Odo Morin, nuper curatus ecclesiæ parrochialis Beatæ Mariæ de Junqueretis, diœcesis Ebroicensis, bene compos mentis meæ et intelligens, casus mortis inopinatos cupiens evadere et saluti animæ meæ providere, concedente Domino, sciens quod nihil est certius morte, nihil autem incertius, etc... »

Les seigneurs de la Factière ont pendant quelque temps disputé le patronage aux barons de Ferrières. Voici quelques-uns de ces seigneurs :

1169. Richard de Guiry.
1315. Pierre de Guiry.
1558. Martin de Guiry.
1616. Louis de Guiry.
1658. Jean de Guenet.
1702. François de Guenet.

En 1562, les enfants de Martin de Guiry furent imposés à 40 livres au rôle de l'arrière-ban pour leur fief de la Factière.

Dépendances : — la Razonnière ; — la Bessinière ; — la Boulangerie ; — la Bourdonnière ; — la Briquetière ; — le Chesnai ; — la Conardière ; — la Factière ; — la Forge ; — la Garenne ; — Longues-

Raies; — le Mannet; — Menneville; — la Noë; — le Petit-Bosc; — la Silaudière; — le Taillis; — la Vradière; — la Voisinière; — le Buisson.

JOUVEAUX.

Arrond. de Pont-Audemer. — Cant. de Cormeilles.

Patr. S. Germain-l'Auxerrois. — Prés. le seigneur.

Jouveaux est visiblement un pluriel, et même très-probablement le diminutif d'un mot dont nous ne connaissons ni l'origine ni le sens.

Dans les *Grands Rôles de l'Echiquier de Normandie* on lit :

« ... De catallis Heliæ de Jovels et « Roberti fratris sui, fugitivorum pro « morte Willelmi Corol, xxv. solidos iv. « denarios... »

En 1208, Philippe de Bailleul donna à l'abbaye du Bec un tènement sis à Jouveaux.

En 1271, il y avait dans cette commune un fief Thomas-Cotterel, et en 1263 un champ de la Vastine.

En 1300, les habitants de Jouveaux, pour demeurer quittes du droit de gerlage, s'engagèrent à payer 40 sols de rente à l'abbaye.

On trouve comme seigneurs de Jouveaux :

1654. Alexandre du Halley.
1667. Jean de Halley.
1681. Philippe de Halley.
1683. Christophe de Halley.

Le fief de Thuilet a eu pour seigneurs :
1709. Paul de Pierre
1710. Jean-Louis-Armand de Giverville.

Dépendances : — le Clos-de-Jouveaux; — la Févrerie; — les Malhorties; — la Sabotterie; — les Tassels; — la Valelorgère; — l'Epine; — le Thuilet.

JOUI-SUR-EURE.

Arrond. d'Evreux. — Cant. d'Evreux (sud).
Sur l'Eure.

Patr. S. Pierre. — Prés. l'abbé de Jumièges.

On a trouvé, dans une prairie de la vallée, une grande quantité d'objets en bronze, dont l'usage n'a pu être bien déterminé et qu'on suppose avoir dû servir de bracelets ou de parures militaires. Quelques-uns de ces objets sont déposés au cabinet d'antiquités à Evreux.

Une des premières formes de Joui est assurément *Jocundiacum*. « Jocundiacum » et « Gaudiacum » ont la même signification : lieu agréable, lieu de plaisir. Il y a vingt communes qui portent ce nom.

Joui près Tours est nommé « Jocundiacum, » dans Grégoire de Tours.

On trouve un lieu nommé « Gaudiacus » parmi les propriétés de Jumièges sous Charles le Chauve.

« ... Quædam terra in loco qui Cu« pinne vocatur, in comitatu Ebroicæ « civitatis sita, quæ videlicet proxima « adjacet terræ Gaudiaci vici Sancti Petri « Gemmeticensis monasterii... » (Charte en faveur de Jumièges, par Robert..... vers 1010.)

Guillaume Longue-Epée, duc de Normandie, restitua à Jumièges le domaine de Joui, du consentement d'Hardrade, qui la détenait :

« ... Restituit quoque [Willelmus Longa « Spatha] villam quæ dicitur Goyacus, « consensu ac voluntate Hardradi, qui « eam catenus possederat, et Valsiardum « (*probablement Gauciel*), cum ecclesia et « omnibus eorum appenditiis : ex quibus « nostro tempore donavit per nostrum con« sensum Robertus archiepiscopus, frater « noster, omnes consuetudines quæ ad « comitatum pertinent, quas ipse ex nostro « jure possidebat... » (Charte de Richard II en faveur de Jumièges.)

Suivant l'histoire manuscrite de Jumièges, il y avait à Joui une terre du Nuisement donnée à Jumièges par la grande charte de Guillaume le Conquérant, en 1081.

Dans une bulle d'Eugène III confirmant les propriétés de Jumièges on lit : « ... In « Ebroicensi episcopatu... Gaudiacum, « Walsiel et Rouretum, cum iii. ecclesiis « Sancti Petri... »

« ... Goyacum, Warsiel, Carisi, Roverei, « cum ecclesiis et omnibus aliis appen« ditiis, ex dono vero Roberti archie« piscopi Rothomagensis, assensu ducis « Ricardi II... ; omnes consuetudines ad « ducatum pertinebant in Goiaco et War« siel..... » (Charte de Henri II, 1174.)

« ... Goiacum, Warsiel, Carisi (*Ceri« sey*), Rovrei, cum ecclesiis et omnibus « aliis appenditiis... » (Charte de Henri II, 1174.) Le texte indique ces quatre terres comme provenant de Guillaume Longue-Epée.

1209. « Herdebore de Baudemont con« cedit Gemetico nemus Crenne..., quod « nemus est de feodo nostro de Creve« cuer. » (N° 118.)

1209. « Robinus de Vaus tradit Gemc-
« tico duas partes nemoris de Crenna,
« salvis consuetudinibus Petri de Runtia
« et hominum suorum. Testibus Alexan-
« dro Maillart, Roberto de Forllancuria. »
1218. « Ricardus, presbyter de Genes-
« villa, concedit Gemetico gardinum em-
« ptum apud Joe a Roberto de Longa-
« villa. »
Dans une charte donnée en terre sainte
par Amauri, comte d'Evreux, on trouve
parmi les témoins « Ricardus de Joy ».
(Voyez ARNIÈRES.)
« Sciant omnes presentes et futuri quod,
« cum ego Nicholaus de Hotot, miles,
« filius domini Petri, militis, de Hotot,
« peterem ratione matris mee ab abbate
« et conventu Gemmeticensi boscum
« Crenne cum pertinentiis suis situm juxta
« territorium de Joi et juxta territorium
« de Fontanis et juxta territorium de Ron-
« cia, sicut se proportat inter territoria
« supradicta, tandem, de consilio pre-
« dicti Petri patris mei et aliorum amico-
« rum meorum et etiam de assensu domini
« Petri, fratris mei, auditis eorum ratio-
« nibus et cartis eorumdem inspectis, om-
« nino eisdem dictum boscum pro me et
« meis heredibus quietavi. Ita videlicet
« quod ego nec heredes mei in dicto
« bosco nec in pertinentiis nec in tene-
« mentis que tenentur ab eisdem mona-
« chis in toto feodo de Crievecuer nichil
« de cetero poterimus reclamare ratione
« predicta vel aliqua alia ratione. Pro hac
« autem quietatione et garantizatione de
« me et meis heredibus predicti abbas et
« conventus dederunt mihi pre manibus
« centum libras turonensium. Quod ut
« ratum sit et stabile, et quod nec ego nec
« heredes mei in predictis nichil possi-
« mus de cetero reclamare, presens scri-
« tum sigilli mei testimonio confirmavi,
« et ad majorem confirmationem predi-
« ctus Petrus, pater meus et predictus Pe-
« trus frater meus sigilla sua apposuerunt.
« Actum anno gratie m° cc° xliii°, mense
« julio. »
Une renonciation semblable, mais seulement « super usagio et alio jure quod
« dicebam me habere in bosco suo de
« Creine juxta Joiacum », fut faite la même
« année par Henri « de Pissiaco », chevalier, « in scacario domini regis apud Rotomagum ; » il reçut des moines, à cette
occasion, 40 livres tournois.
« Ego Guillelmus de Bellomonte, miles,
« et Johanna, uxor mea, notum facio uni-
« versis presentes litteras inspecturis
« quod nos, visis et auditis cartis Roberti
« de Vaus, Heudebore, domine de Baude-
« mont, et Nicholai de Hotot, militis, factis

« abbati et monachis Gemmeticen ibus
« super nemore de Creine, cum terra
« ejusdem nemoris, recognovimus et reco-
« gnoscimus quod dicti religiosi habent in
« predictis nemore et terra omne jus et
« dominium, excepto jure domini Alexan-
« dri de Vallibus et placito ensis et tertia
« parte nemoris si venderetur, et quod de
« predicto nemore possunt et poterunt
« capere ad usus suos et ad calefaciendos
« furnos suos maxime ad bannum et ad
« coquendum calcem et tegulas. Et lice-
« bit dictis monachis de calce vendere
« usque ad quinque modios, et de tegulis
« usque ad quinque millia, quotiescum-
« que fecerint calcem aut tegulas ad usus
« suos. Nec inde tercium aliquod persol-
« etur nec aliquid peti poterit ab ipsis.
« Et si contentio oriretur contra ipsos
« quod plusquam quinque millia de te-
« gulis et quinque modios de calce vel
« aliquid de nemore vendidissent occulte,
« credetur super hoc sacramento prioris
« vel principalis custodis manerii de Joi...
« Pro hac autem garantizatione dederunt
« nobis monachi de bonis domus sue
« cxx. libras parisiensium..... Actum
« anno Domini m° cc° xl° viii°, mense
« junio. »
1279. « Petrus dictus Havart, presbyter,
et Lancelotus, ejus frater, » s'accordent
avec les religieux de Jumiéges au sujet des
droits d'usage de leurs hommes de la
Ronce, « in bosco de Craina. »
Dans l'état des revenus de l'abbaye de
Jumiéges , adressé à Benoit XII, on
trouve : « ... Item, in firmis... de
« Goiaco xlv. libras... Item, in firma de
« Gauciello Ebroicensis diocesis ter centum
« libras. »
1413. Accord entre Gervaisot de Menilles, bourgeois de Paris, procureur du
cardinal de Cambrai, qui possédait en
vertu de dispense le prieuré de Joui,
et mons. Symon, abbé de Jumiéges.
Le cardinal consent à ce que « par
« notre saint-père (Jean XIII) la priorė
« de Jouy soit unie perpétuellement à l'ab-
« baye de Jumiéges. » L'abbé accorde
que ladite union soit ainsi faite que le
pape ordonnera ; que par le moyen de
ladite union le cardinal prendra durant
sa vie 40 liv. tournois de pension par an,
à payer audit Gervaisot en sa maison,
assise à Paris, en la rue de la Kalendre,
devant le palais.
Nicolas, prieur du prieuré de Joui,
docteur en décret, fut nommé par bulle
du pape Jean XXIII abbé de la Croix-Saint-
Leufroi. Rome, Saint-Pierre, 20 juillet,
an III du pontifical.
1457. Appellation à l'official d'Evreux

par les religieux de Jumiéges, contre maitre Jean de « Sudario, sigillifer » de l'évêque d'Evreux. Ce dernier bien qu'il dict que le manoir et l'oratoire des religieux à Jouy « manerium et oratorium dictorum religiosorum apud Joyacum » fût exempt de toute visite et procuration de l'évêque, avait voulu le visiter contre le gré de Jean du Huterel, garde du dit manoir.

Suivent un certain nombre de notes extraites des registres du tabellionage de Joui et de Gauciel.

Lettres de Pierre Roussel, lieutenant général de Etienne le Louperon, maître d'ostel du roy et son vicomte de l'eau de Rouen, 22 mars 1480, contenant l'acte dont la teneur est telle :

« Sur le différent qui estoit entre hault
« et puissant prince mons. François de
« Laval, conte des contés de Montfort en
« Bretaigne et en Normendie, et seigneur
« d'Acquigni et de Crevecueur, et mons'
« Jacques d'Amboise, abbé de Jumiéges,
« touchant le bois de Crenne, que chacun
« disoit à lui appartenir, a esté accordé et
« appointé en la manière qui s'ensuit,
« c'est assavoir : que les dits bois de
« Crenne, etc..., demoreront audit abbé
« et convent de Jumiéges, avecques tous
« les droitz et préeminences, selon qu'il
« est contenu aux chartres du dit abbé
« et convent, dont la teneur s'ensuit;
« et..... moyennant que les dits abbé et
« convent seront tenus une foys chacun
« an, au jour et... dire ou faire dire une
« messe de N.-D., devant l'autel de N.-D.,
« en la dicte abbaye de Jumiéges, etc...;
« et seront tenus lesd. abbé et convent
« souffrir que mon dit sr le conte puisse
« mettre et asseoir ses armes, qu'il porte
« à présent, en la vitre de la dicte chapelle
« de N.-D., là où il luy plaira et ailleurs
« en la grande église, là où il lui plaira,
« au-dessoubs de celles du roi fondateur,
« et aussi seront tenus lesd. abbé et con-
« vent de paier au receveur d'Acquigni
« 20 l. t., monnaie courant au pais, et en
« deffault de paiement et des devoirs des-
« sus dicts, led. seigneur d'Acquigni et
« de Crevecueur pourra prendre et reau-
« ment et de fait le dit bois, et mectre en
« sa main jusques à la satisfaction des
« rentes et devoirs.

« Fait en l'ostel du Hosme, près Acqui-
« gni, le xvᵉ jour de mai 1480. »

La pièce originale existe; elle porte la signature de François de Laval et de Jacques d'Amboise, abbé de Jumiéges.

1498. Nomination d'experts pour planter des bornes de séparation entre les bois de Craine appartenant à l'abbaye de Jumiéges, ceux appartenant à Robert de Marchis, au droit de sa femme, dame de la Ronce.

Copie d'une lettre du roi Louis XII :

« Sur la requête de Jacques d'Amboise,
« abbé de Clugni et de Jumiéges..., con-
« tenant que pour la décoration et aug-
« mentation de la terre et seigneurie de
« Jouy, qui est terre de la table abbatiale
« de lad. abbaye, assise en bon et fertile
« pays, où croit plusieurs biens..., Il se-
« roit bien requis qu'il y eust aucunes
« foires et marché... ; en considération et
« recongnoissance des grans, louables et
« recommandables services que luy et les
« siens nous ont faiz et font continuelle-
« lement à la conduite et direction des
« plus grands et principaux affaires de
« notre dit royaume..., avons octroyé...
« que audit lieu, terre et seigneurie de
« Jouy, ilz aient et puissent avoir et tenir
« ung marché chacune sepmaine, au jour
« de mercredi, et deux foires en l'an,
« l'une le 28ᵉ jour de juing, qui est le
« vigille S. Pierre, et l'autre le premier
« jour de septembre.
« Lyon, mars 1499. »

1515. Moulin de Cocherel, porté et pescherie appartenant à l'abbaye de Jumiéges, à cause des baronnies de Joui et de Gauciel.

Accord aux assises de Joui, tenues par Thomas le Mectayer, licencié en loix, lieutenant général des Mathieu de Quincarnon, escuier, sieur des Rousseaux, bailli du dit lieu de Joui et de Gauciel, pour les religieux de S. Pierre de Jumiéges, le 18 janvier 1531 :

« Messire Jehan le Roy, presbtre; Jehan
« Bernart, l'aisné; Pernot du Mont; Ro-
« bert le Roy; Jehan Poutrel, l'aisné;
« Pierre Bellemere ; Charlot Bourgois,
« Jehan le Roux... ; Chardin Bunel ;
« Chardin Lespany ; Jehan Regnard ;
« Chardin Lyeuvin; Colin Henry ; Pierre
« Maillard; Estienne Hamel ; Jehan De-
« lestre..., tous paroissiens, manans et
« habitans de la parroisse de Jouy, en estat
« de commun, ont, en recongnoissant
« la droicture propriétaire et possession
« desd. religieux du four à baon, promis
« et promettent pour l'advenir faire et
« paier, eulx et chacun d'eulx, tant pro-
« priétaires ususfruictiers que louagiers,
« paier chascun feu, lieu et mesnaige, la
« somme de 20 d. aus dits religieux ou
« leurs fermiers, pour être francs et

« quittes de la dicte servitude et droicture
« de four à Iaon. »

La baronnie dépendait donc de l'abbaye de Jumiéges. Quelques restes du prieuré sont encore debout.

La haute justice fut pendant plusieurs siècles, à partir de 1453 jusqu'en 1789, contestée, quant au ressort d'appel, entre le grand bailliage d'Evreux et celui de Gisors; les appels, à raison de litige, se portaient au bailliage de Rouen.

L'église est en partie du XVe siècle; elle possède de beaux restes de vitraux du XVIe siècle qu'on laisse tomber, faute de les remettre en plomb.

Quelques faits de la bataille de Cocherel se rapportent au territoire de Joui. Pendant que l'armée du Captal de Buch, dans l'attente de la bataille, se portait au-dessus de Hardencourt, son arrière-garde occupait la hauteur du hameau de Cresne, d'où elle pouvait observer toute la vallée. Après la bataille, 120 chevaliers arrivaient au secours des Navarrois. Il paraît qu'ils descendirent par le petit vallon de Joui : un corps de cavalerie française ayant été détaché à leur rencontre, la plupart périrent ou furent forcés de se rendre. Ce dernier fait s'est, dit-on, accompli sur une petite éminence en arrière de Joui, où il y a d'anciennes carrières de pierre. Les fuyards s'y étaient sans doute réfugiés; car le sol, sur ce point, renferme un grand nombre de squelettes enfouis; mais peut-être n'a-t-on fait qu'y enterrer les morts de cette célèbre journée.

Dépendances : — la Cornouilleraie ; — le Cresne ; — les Pleignes ; — les Vallées ; — le Pavillon-de-Beau-Regard.

Cf. Le Prevost, *Notice archéologique*, p. 39.

JUIGNETTES.

Arrond. d'Evreux. — Cant. de Rugles.

Patr. S. Maurice. — *Prés. l'abbé de Lire.*

Quoique ce lieu ait appartenu à l'abbaye de Lire et que cette abbaye nous ait laissé de nombreux documents, nous n'y avons trouvé de ce nom aucune forme ancienne. Nous en sommes donc réduit à présenter ce nom comme un diminutif de *Joviniacus*, *Juigni*, *Jigni*, nom de lieu assez fréquent en France.

« ... Ecclesiam de Junetta cum presentatione presbyteri et II. solidos in altari... » (Charte du chapitre d'Evreux en faveur de Lire, 1210).

Dans une autre charte de 1276, « Juygne. »

La paroisse de Juignettes relevait presque entièrement du fief du Boesle, situé à Glos-la-Ferrière. En 1613, Pierre de Bonenfant, seigneur de Méri, possédait le fief du Boesle et prenait le titre de seigneur du Boesle et de Juignettes.

En 1611, Valleran d'Hellenvilliers, seigneur d'Avrilli et de Sommaire, avait aussi les seigneuries du Boesle et de Juignettes, qu'il vendit cette même année à Gédéon le Conte, écuyer, seigneur de la Richardière.

En 1657, les seigneuries du Boesle et de Juignettes étaient aux mains de Philippe d'Espinay, écuyer, sieur des Vallées, fils de Philippe d'Espinay, chevalier, seigneur de Mézières, Auvergny, l'Oraille et Vaux. C'était le frère du fameux Jacques d'Espinay, capitaine des chasses de Gaston d'Orléans, qui fut, d'après Tallemant des Réaux, renvoyé pour avoir séduit la maîtresse de son maître, et mourut assassiné en Hollande.

Félix d'Espinay avait épousé Françoise d'Hellenvilliers, fille de Valleran, dont il a été question. Ils habitaient Juignettes, et y furent inhumés, la femme le 8 mars 1675, et le mari le 21 janvier 1684.

Nous trouvons encore :

1685. Valleran d'Espinay, fils du précédent, ayant pour femme Marie-Barbe de Saint-Aignan.

1730. François-Félix d'Espinay, fils du précédent.

1752. Charles-François d'Espinay, chevalier, seigneur patron de la paroisse Saint-Maurice-de-Juignettes, du fief du Boesle pour la portion puînée, etc., garde du corps du roi, compagnie de Luxembourg, brigade de la Luzerne.

1771. Antoine-François d'Espinay-Saint-Luc, chevalier, fils du précédent, et seigneur patron de Saint-Nicolas-de-Sommaire, patron honoraire de Saint-Maurice-de-Juignettes, seigneur du Boesle pour la portion puînée. Il mourut sur l'échafaud, à Rugles, pendant la Révolution. Peu de temps auparavant, les habitants de Juignettes lui avaient fait signer la curieuse pièce qui suit, qu'on trouve aux archives de la commune :

« Le dimanche 30 septembre 1792,
« l'an IV de la Liberté, le 1er de l'Ega-
« lité,

« S'est présenté Anthoine-François d'E-
« spinay, citoyen, demeurant en la pa-
« roisse de Saint-Nicolas-de-Sommaire,
« lequel désirant donner aux citoyens de
« la commune de Saint-Maurice-de-Jui-
« gnettes des preuves de son obéissance

« et de son attachement aux lois et prin-
« cipalement de celle (sic) qui ont rétabli
« l'homme dans les droits imprescrip-
« tibles de la liberté et de l'égalité, a dé-
« claré qu'il faisait remise à tous les ci-
« toyens propriétaires de cette commune
« et autres de tous les droits cy-devant
« féodaux que ledit Anthoine-François
« d'Epinay pourroit avoir à exercer sur
« les biens-fonds dépendant de son cy-
« devant fief et portion puisnée du Boisle,
« sise en cette dite parroisse de Juignettes,
« sous quels noms et désignations que ce
« soit, droits utiles, rentes, reliefs, trei-
« zièmes, banalité et corvée, et mesme a
« déclaré remettre auxdits citoyens tous
« les arrérages de rente et treizième qui
« pourraient lui être dus.

« Nous, officiers municipaux et procu-
« reur de la commune, avons accepté
« l'offre dudit d'Epinay, et, pour que les
« propriétaires et citoyens de cette com-
« mune en aient connoissance de l'aban-
« don et de la renonciation dudit d'Epi-
« nay, avons arrêté que le présent sera
« imprimé et qu'il en sera donné un
« exemplaire à chacun d'eux ; et ledit
« d'Epinay s'oblige de ratifier le présent
« sur le registre de la municipalité de Jui-
« gnettes.

« Fait et arrêté les jour, mois et an que
« dessus.

« J'approuve l'écriture ci-dessus.

« Antoine-François d'Espinay. »

Dépendances : — L'Allemandière ; —
le Bas-Village ; — les Gastines ; — le Haut-
Village ; — la Morie ; — la Richardière.

JUMELLES.

Arrond. d'Evreux. — Cant. de Saint-André.

Patr. S. Etienne. — *Prés. le chapitre d'Evreux.*

On a trouvé, en 1825, à Jumelles des
sarcophages et des débris romains.

L'abbaye de la Noe possédait quelques
biens à Jumelles au XIII° siècle.

Vers 1200, Basilie de Glisoles donne :
« cressiamentum ad grancheam mona-
« chorum de Jumellis, in bosco meo de
« Glisolles. »

Gilbert de Jumelles : « Gillebertus de
Jumeles, » figure comme témoin dans une
charte de Roger de Thomer en faveur de
Saint-Taurin. (1211).

On retrouve ce personnage sous le
nom de « Gillebertus de Gimellis » dans

l'arrangement relatif au patronage de
Louviers. 1218.

Dans un acte de 1210 (*Cart. capit.
Ebroïc.,* f° 35) on trouve probablement le
même personnage : « G. de Gimellis. »

En 1260, « Alberedis relicta Roberti
dicti Grasselangue » reconnut la vente
faite par son mari au chapitre d'Evreux :
« super quibusdam decimis sitis in parrochia de Jumellis. »

En 1270, Robert, sire d'Ivri, consentit
à ce que le chapitre d'Evreux jouît en
paix d'une rente de trente-sept sous tournois qu'il avait acquise sur le fief de
Gilbert de la Chapelle en la paroisse de
Jumelles. Voici la charte :

« A tous ceus qui ces presentes lettres
« verront et orront, Robert, sire d'Yvre,
« saluz en nostre Seignor. Sachent touz
« comme contentz fust meu entre nos
« d'une part, et le deen et le chapistre
« d'Evreus d'autre, sus trente et set souz
« de tornois, lesques le devant dit deen et
« le chapistre avoient acquis eu fie Gile-
« bert de la Chapele, en la paroesse de
« Jumelles, c'est asavoir sus les homes :
« sus Guillaume de Loice XIII. s. et VI. d.,
« et sus Symon de Loice XXI. d., et sus
« Roger de Loice XXI. d., et sus Robert
« de Boolai VIII. s., et sus Jehan Aubert
« VI. s., lesques rentes et VII. s. nos vo-
« lions que les devans dis le deen et le
« chapistre meissent hors de lor mains ;
« nos voulons et otrocons por le salut
« de nostre ame que il les tiennent em
« pes et quitement en perpétuité, sanz
« porfetement de nos hers, en tel ma-
« nière que les devans dis le deen et le
« chapistre ne puissent riens plus deman-
« der eu devant dit fie, fors tant sole-
« ment les XXXI s. d'an en an par les
« resons des devant dit XXXI s. Et que
« ce soit ferme et estable en perpétuité,
« nos devant dis Robert avons doné as
« devant dis le deen et le chapistre ces
« lestres scellées de garnissement de
« nostre scel. Ce fu fet en l'an de grace
« mil et IIe et sexante et diz. Et vint, le
« vendresdi devant Pasques florie. » (*Cart.
du chap.,* n° 16, p. 196 et 197, charte
n° 310.)

Le chapitre d'Evreux avait le patronage
de l'église de Jumelles.

Le Bois-Hébert était le siège d'un fief.
(Voyez un aveu du fief du Bois-Hébert,
Arch. imp., P. 308, f° 11.)

Dépendances : — le Bois-Hébert ; — la
Huguenoterie ; — le Mesnil-Chaudron ; —
le Moulin-Trouvé ; — Thirouanne ; —
Cambre.

TOME DEUXIÈME

DEUXIÈME ET DERNIÈRE PARTIE

L

LAN

LANDE (LA).

Arrond. de Pont-Audemer. — Cant. de Beuzeville.

Patr. S. Pierre. — Prés. le prieur de Sainte-Barbe.

Nous avons fort peu de renseignements sur la Lande. *Land* est un mot anglo-saxon qui signifie terre inculte.

Au hameau de l'Eglise, on a trouvé des tuiles et des fondations romaines.

Dans une charte du *Cartulaire de Préaux* figure comme témoin un certain Landri de la Lande, fol. 133.

La Lande était un quart de fief relevant de Formoville.

Dépendances : — la Baudouinière ; — la Forge-Patin ; — la Gosserie ; — les Jonc-quets ; — les Oseraies ; — la Parinière ; — les Quatre-Paroisses ; — la Truellerie ; — les Quatre-Ormes.

Cf. Canel, *Essai sur l'arrond. de Pont-Audemer*, t. II, p. 199.

LANDEPEREUSE.

Arrond. de Bernai. — Cant. de Beaumesnil.

Patr. S. Martin. — Prés. l'évêque d'Evreux.

Parmi les fiefs de Landepereuse, nous distinguerons le fief de la Nobletierre, tenu de Bois-Arnault ; le fief de la Hiette, quart de fief relevant de Beaumesnil ; les fiefs de la Fortinière et de Bellon.

Dans la montre de la noblesse du bailliage d'Evreux, en 1469, Guillaume Lou-hière est seigneur de la Nobletierre et du Bosc-Rogier. Pierre Bardouil est seigneur de la Hiette.

On lit dans les registres de la cour des comptes de Normandie :

« Monsieur l'évêque d'Evreux présente
« au bénéfice. La dime de toute la pa-
« roisse vault 600 livres, dont le chapitre
« d'Evreux en a pour 40 livres. L'abbaye
« de Bernay en a pour 120 livres, et le

LAU

« curé a le surplus. Le fief de la Noble-
« tierre appartient à Robert Le Noury,
« escuier, sieur du Tilleul, et vault 300 li-
« vres. Le fief de la Hiette appartient à...
« N... de Batte, escuier, à cause de la
« demoiselle sa femme, vault 600 livres...
« quatre cents acres de terre. »

Dépendances : — Bellon ; — le Hameau-de-l'Eglise ; — la Boulaie ; — le Breuil ; — la Chaise ; — la Dupinière ; — la Fortinière ; — le Hamel ; — la Nobletierre ; — l'Ogrière ; — la Pasnière ; — la Silau-dière ; — la Hiette.

LAUNAI.

Arrond. de Bernai. — Cant. de Beaumont.
Sur la Risle.

Patr. Notre-Dame. — Prés. le seigneur.

Je suppose que le nom de Launai-Bigards lui sera venu pour avoir appartenu à la famille Bigard.

Alnetum : ce nom de lieu a donné naissance à une immense quantité de noms de famille : Aunai, de Launai, De-launai, etc.

Dans la charte de fondation du prieuré de Beaumont par Roger de Beaumont, on trouve parmi les témoins : « ... Theodoricus de Alneto et Radulfus filius ejus... »

Dans une charte du comte Robert II, sous la date de 1180, parmi les témoins, immédiatement après Robert, comte de Leicester : « Hugo de Alnou... » (*Cart. S. Trin. Bellim.*, f° 124 r°.)

Dans les *Grands Rôles de l'Echiquier de Normandie* : « ... Idem [Rogerius filius
« Landrici] reddit compotum de xix. libris
« de exitu terræ Nicolai Trossebot in
« Witoteria... » (Stapleton, M. R., p. 82.)

Dans un acte de 1217 : « ... Radulfus, presbyter de Alneto... » (*Cart. S. Trin. Bellim.*, f° 21 v°.)

Mention est faite de Launai dans les registres de la cour des comptes de Rouen : « Sergenterie d'Ouche. Launey.
« Contribuables 64.

« Philippes d'Erneville, escuier, sieur

« de Launey, est seigneur et patron. Le
« fief de Launey, relevant du roi, vaut
« 1,000 l. t.

« Le fief de la Vitotière, appartenant à
« un nommé le Hamel, avocat, bourgeois
« de Rouen, relevant du fief de Launey,
« vault 400 l. t. La cure, compris les
« osmosnes, vault 300 l. t. 250 acres de
« terre, moitié en prairies, 6,12 à 20 l.
« l'acre. »

Dépendances : — le Catinet-Bellouin ;
— le Château-Brillant ; — le Hameau ; — la
Morinière ; — le Roule ; — la Blanchisserie ; — les Douze-Acres ; — la Maison-
Blanche ; — la Martinière ; — le Nouveau-
Monde ; — la Pâture-à-Joui ; — la Vila-
tière ; — la Trigale ; — le Moulin-à-Papier.

LENDIN (LE).

Arrond. de Pont-Audemer. — Cant. de Routot.
Sur la Seine.

Patr. Ste Croix. — Prés. le seigneur.

Près du chemin de la Mailleraie, sur
les limites de la forêt de Brotonne et de
la terre du Lendin, M. le marquis de
Sainte-Marie, propriétaire de cette belle
habitation, a découvert, en 1817, l'emplacement d'une maison de campagne
romaine. Les principaux objets trouvés
dans les fouilles étaient renfermés dans
un vase de cuivre rosette, et consistent en
un admirable bracelet en or, maintenant
déposé à la Bibliothèque impériale, et que
M. Rever a fait graver ; une bulle d'or
avec sa chaîne ; un collier fait d'un fil
d'or ; deux bagues d'argent avec chaton
en pâte bleue ; un anneau du même métal ; un fragment de bijou en jayet, et
plus de quatre cents médailles d'argent
des bas siècles de l'Empire, parmi lesquelles étaient un Antonin, un Valérien
le Jeune, et six Mariana (seconde femme
de Valérien). M. le marquis de Sainte-
Marie a fait hommage d'une partie de ces
objets à la Société des Antiquaires de Normandie.

Nous voyons, dans le cartulaire de
Saint-Gilles, qu'en 1135 Galeran de Meulan donna à la léproserie de Saint-Gilles
toute la dîme de la Haie-du-Lendin. On
trouve encore parmi les bienfaiteurs de
la même maison Geoffroi du Lendin,
et son frère Guillaume. Ils devaient être
vassaux des sires de Pont-Audemer, seigneurs suzerains.

Dans les rubriques du grand cartulaire
de Jumiéges, écrit au XIIIe siècle, on trouve
à plusieurs reprises : « Apud Lendine. »

« Item in eodem episcopatu [Rothoma-
« gensi]... ecclesiam Sanctæ Crucis de
« Lendinco... » (Charte insérée dans le
même cartulaire.)

Dans une charte de Philippe-Auguste
(1208), qui explique la donation de la
chapelle de Saint Philbert-du-Torp par
Robert comte de Meulan, on cite les cinq
deffens de la forêt de Brotonne, de la
manière suivante : « ... Exceptis v. de-
« fensiis, scilicet Haia Mori cum landis
« suis et Haia de Aise et Parquetum de
« Bornevilla et Laumont et Haia de Len-
« dine... »

Robert de Lendin est témoin dans une
charte de Guillaume Pointel en 1211.

Dans la chronique de l'abbaye de Sainte-
Catherine-du-Mont : « ... Eodem anno
« (1211), rex Francorum Philippus dedit
« monachis Gemeticensibus, ad preces et
« petitionem domini Alexandri abbatis,
« publicam stratam a via quæ ducit ad
« Lendine per forestam Brotonæ, usque
« ad capellam Sancti Vedasti, XXIV. pedes
« in latitudine et VIIIxx et X. perdicas in
« longitudine continentem... »

Pierre le Hartel vendit en 1219 tout ce
qu'il pouvait posséder sur le tènement
« ... quod Ricardus de Lendico de me
« tenebat apud Hertavillam... »

Robert « ... de Lendinco » vendit à
Jumiéges, en 1228, toute la terre qu'il tenait de cette abbaye : « ... apud Harel-
caavillam, voluntate Aeliz matris meæ... »

Vers 1230, une partie des revenus de
l'infirmerie de Jumiéges était assise
« ... apud Lendine... »

Richard « de Lendenco », étant débi-
teur des Juifs et n'ayant pas d'autre
moyen de se tirer de leurs mains, céda à
Jumiéges, avec le consentement de ses
fils Robert et de Pierre « de Bosco », chevalier, son seigneur, des biens situés à
Hauville.

Suit une charte intéressante de Pierre
de Brionne, seigneur du Lendin :

« Omnibus Christi fidelibus presentes
« litteras inspecturis, Petrus de Brionne,
« miles, salutem in Domino. Noverit uni-
« versitas vestra quod, cum quidam por-
« tus fuisset constitutus super Secanam in
« terra mea de Lendinco, ubi plures naves
« onerabantur et exonerabantur mercati-
« bus plurimis et batelli, et idem portus ibi
« non deberet esse de jure neque de anti-
« qua consuetudine, et abbas et conven-
« tus Gemeticenses dampnum paterentur
« et gravamen occasione ejusdem portus ;
« tandem ego volui et concessi predictum
« portum penitus amoveri, ita quod ego
« et heredes mei nullam ibi de cetero

« portum poterimus facere nec habere,
« nec navis aliqua ibi de cetero onerabi-
« tur aut exonerabitur quibuscumque mer-
« catibus nec ullus batellus. In cujus rei
« testimonium, ego tradidi prenominatis
« abbati et conventui presentes litteras
« sigilli mei munimine confirmatas. Ac-
« tum anno gratie m° cc° xxx° vi°, mense
« aprili. »

On lit dans le pouillé d'Eudes Rigaud :
« Lendin. Petrus de Briona patronus.
Valet xii. libras... » Un curé fut admis
par Eudes Rigaud sur la présentation de
Gautier de Brionne, chevalier.

Voyez dans M. Canel, p. 487, l'histoire
du passage de Charles VII au Lendin et
de la fondation qui suivit ce passage.

Ce domaine appartenait vers la fin du
xviie siècle à Pierre Cousin, receveur des
finances à Rouen. Il l'échangea, en 1685,
avec les religieux de Jumiéges, contre la
seigneurie de Conteville. La terre du Lendin appartint ensuite à Nicolas Thirel de
Boschamel, plus connu sous le nom d'abbé
de Boismont, né à Pont-Audemer vers
1715, et mort à Paris en 1786.

En 1250, Guillaume de Tournebu confirma la donation faite par Jean de Tournebu, chevalier, d'une rente de trente-
deux sous à l'abbaye du Bec, sur une
terre située en partie sur le Lendin et en
partie sur Guenonville.

Nous lisons dans le *Coutumier des forêts
de Normandie*, fol. 72 v° :

« Les hommes et tenans du fieu du
« Lendin ont en la forest de Brotonne
« le bois seq en estant, et le vert en ge-
« sant, s'il n'y a cable, et hors deffens.
« Item tout mort bois, tel comme desclairé
« et nommé est en la chartre aux Nor-
« mans, et hors deffens. Item la pasture
« à leurs bestez hors chèvrez et deffens,
« et si ont l'erbe secque depuis la mi-
« septembre jusques à la mi-mars en bys-
« son de Lendin. Item, en la dicte forest
« les branchez de xvii piez en hault, ex-
« cepté de chesne, hors deffens et sans
« mehaingnier l'arbre. Item, la pierre, le
« caillon, le sablon et l'argille pour eulz
« herbergier. Item, ont leurs pors frans en
« la dicte forest à chacun passage pour
« en paier de six pors vi deniers tournois,
« de sept la un à l'un un choiz d'après
« celui qui aura choisi l'un des diz six
« pors. Item, de x, un ; de xv, i porc et
« v deniers ; de seize, i et vi deniers, et
« de dix-sept, le roi en aura deux pors,
« et ainsi de tant que les dis hommez en
« auront ilz paieront pareillement. Item,
« tout bolz en la dicte forest, par empayant
« l'amende ; c'est assavoir, la charétée de
« chesne hors deffens pour x sols, la cha-
« retée de fou vert pour v solz hors def-
« fens, et la somme pour deux solz, et le
« facs pour xii deniers. Pour les quellez
« franchisez dessus desclarées les diz
« hommes et tenans sont tenus paier cha-
« cun an au roy nostre sire douze solz
« tournois pour ples anneux par la main
« du prevost de Bateville au terme de la
« Saint-Michel. Item, doivent garder le
« ruit (?) depuis la Saincte Croix en sep-
« tembre jusques à la Saint-Denys. »

Dépendances : — les Bosquets ; — les
Buissons ; — la Mare-Ferrand ; — la Fontaine ; — la Foulerie ; — le Gouffre ; —
le Passage-de-Jumiéges.

Cf. Toussaint Duplessis, t. II, p. 610.
Canel, *Essai sur l'arrond. de Pont-Audemer*,
t. II, p. 485.

LÉRI.

Arrond. de Louviers. — Cant. de Pont-de-l'Arche.

*Patr. S. Ouen. — Prés. l'abbé de
Saint-Ouen.*

Cette paroisse faisait, avant 1789,
partie de la châtellenie du Vaudreuil et
était le siège d'une sergenterie. On y
remarque, au lieu dit la Garenne, de nombreuses sépultures gauloises de la période
la plus ancienne et contenant des hachettes
en silex noir, percées d'un trou à l'extrémité, et au centre de la commune actuelle
on a découvert un cimetière gaulois indi-
gène, avec incinérations, remontant aux
premières invasions romaines. Des restes
d'habitations romaines y ont été mises au
jour.

Léri est désigné sous le nom de Leiret
et Leretrum dans des chartes de Richard
II ; de Liretum en 1077, dans une
charte de Saint-Etienne de Caen ; Liri-
acum, dans une charte de la Sainte-Trinité de Caen, 1032 ; Leireium, en 1174,
dans une charte de Henri II ; Leirie, dans
la charte de la fondation de Bonport,
Lerie, charte de Jean-sans-Terre, en 1200 ;
Leerium, dans un acte de Philippe-Auguste, 1203 ; Laire en 1191 ; Ler, 1281,
dans le cartulaire de Bonport ; Leriacum,
1313 et 1326. Le cartulaire de l'abbaye
de Bonport, publié par M. Andrieux, fournit beaucoup d'autres variantes.

Guillaume le Conquérant donna aux
religieux de Saint-Etienne de Caen un
hôte avec sa terre à Léri, quatre arpents
et demi de vignes et une acre de terre. Il
ajouta le droit de construire deux moulins
sur l'Eure, en laissant assez d'espace pour

qu'en tout temps les poissons pussent passer et les bateaux monter et descendre. Cette charte fut confirmée en juillet 1273 par Philippe le Hardi. Ces moulins, appelés plus tard le Moulin d'Autfran, de Laufrand ou d'Autfrand, et le Moulin du Roi, devinrent, à une époque indéterminée, le premier une dépendance du fief de la Heuze, assis à Léri, et le second du fief de la Reine, également à Léri. Ils existent encore aujourd'hui.

Le traité du 23 juillet 1194, entre Philippe-Auguste et Richard Cœur de lion, attribue la possession de Léri au roi de France; celui de 1196 fait rentrer cette place dans les limites de la Normandie.

Les *Rôles de l'Échiquier*, à l'an 1198, parlent de soixante sergents envoyés à Léri pour trois jours, avec une solde de huit deniers par tête chaque jour. Il y est fait également mention d'une somme de 35 l. prise sur la taille de 222 l. levée dans la baillie du Vaudreuil, pour réparer un pont existant à Léri. En 1201, Gérard de Fornival reçut de Jean-sans-Terre Léri, Limaie et Conteville, pour un revenu de deux cents livres. En 1205, Philippe-Auguste, étant à Gisors, donna à Jourdain, son balistaire, ce qu'il avait à Léri, à charge de le tenir aux us et coutumes de Normandie.

En 1292, Nicolas le Tourain, verdier de Montfort-sur-Risle, prenait le titre de seigneur de Léri en partie; il approuva, à cette date, les acquêts faits par les religieux de Bonport dans son fief.

Un acte de Charles le Bel, portant donation aux religieux de Bonport du tiers et du danger de vingt et une acres de terre au Bois-Guillaume-lès-Rouen, est daté de Léri, au mois de juin 1323. La reine Jeanne, femme de Charles le Bel, avait à Léri un fief nommé le fief de la Reine, et un château qu'elle habita avec sa fille Blanche de France. Ce château a été détruit dans un incendie en 1811, et en 1810 on abattit les murailles et les portes sculptées qui restaient. Des vues de ces ruines figurent dans les *Monuments inédits* de Willemin, et dans les *Voyages de l'ancienne France* de Nodier et Taylor. On voit également à la Bibliothèque impériale à Paris, cabinet des estampes, collection topographique, Eure : une gravure faite en 1730 d'un château de Léri; mais l'examen des lieux et les recherches faits à cet égard établissent que ce château, bâti dans le style de Louis XIV, est un château voisin, celui du Vaudreuil, construit par l'architecte Lepautre et orné de statues par Puget, alors que Claude Girardin était propriétaire de ce domaine, et restauré sous un autre propriétaire, le président Antoine Portail, par l'architecte Desgodets. — La reine Jeanne était dame de Léri, et y avait une justice haute, moyenne et basse; en cette qualité elle eut par échoite les biens qu'y possédait un certain Robert de Gaigny, Gaigny ou Gueugny (Gasni), mis à mort et pendu pour ses méfaits. Après la mort de la reine Jeanne, sa fille, « madame Blanche de France, » hérita du domaine de Léri. Elle voulut en faire don au couvent de Longchamp, mais on reconnut alors que Guillaume de la Chapelle, fils d'Estienne de la Chapelle, « jadis queu du roy, » détenait quelques-uns des biens qui étaient échus à la reine Jeanne par la forfaiture de Robert de Gaigny. Guillaume résista à la demande de Blanche de France, en soutenant que les biens de Robert de Gaigny étaient passés au roi par confiscation et avaient fait partie des biens donnés à son père. Blanche de France prétendit au contraire que, sa mère étant dame de Léri, et y ayant haute justice, c'était à elle que les biens devaient appartenir, suivant « la coustume toute
« notoire et général du royaume de France,
« espécialement du bailliage de Rouen,
« auquel ladite ville de Léri est assise et
« les héritages sont comptans. » Le roi Philippe de Valois chargea « les gens de ses Comptes à Paris » de vider le différend. Alors « Eudes, duc de Bourgoigne,
« contes d'Artoys et de Bourgoigne, palatins et sires de Salins, et Jehanne de
« France, duchesse et contesse et dame
« des dix lieus, sa compaigne, Ysabel de
« France, dalphyne de Viennois, Marguerite, comtesse de Flandres, de Nevers
« et de Retel, et Loys, conte de Flandre,
« de Nevers et de Retel, » donnèrent en 1331, 1333 et 1334, des lettres portant :
« Faisons savoir à touz que tout le droit
« qui nous peut et doit appartenir en
« l'eschoite qui nous est avenue en la
« ville de Léri pour cause de forféture de
« Robert de Gaaigny, nous yceluy droit
« donnons et octroyons par la teneur de
« ces présentes lettres à nostre très chere
« et bien amée suer madame Blanche de
« France, pour faire plainement sa volenté
« et donner yceluy en jugement contre
« touz comme sa propre chose... pour
« quoy nous mandons à touz nos justiciers et gouverneurs de notre terre de
« Leri, etc. » Les gens des comptes ayant donné gain de cause à Blanche de France, Philippe ordonna l'exécution de la décision par lettres de juillet 1335. Cependant le vicomte du Pont-de-l'Arche, qui portait intérêt à Guillaume de la Chapelle, fit des diffi-

cultés pour exécuter les ordres du roi, et il fallut plusieurs autres lettres de Philippe pour contraindre le vicomte à obéir à ses injonctions. Blanche donna, par lettres du 11 novembre 1335, les biens qui avaient appartenu à Robert de Gaigny à Mahile de Caltot (?) et Marguerite d'Essy, sœurs professes en l'église de Longchamp. Henri VI, roi de France et d'Angleterre, confirma la possession des biens des religieuses de Longchamp à Léri, Poses, Tournedos, Portejoye, aux Damps et au Pont-de-l'Arche, par lettres du 20 février 1433. Le même prince créa l'un des capitaines de son armée, Jean Possemer (Passemer?), seigneur de Léri ainsi que de Radepont, Noyon, Pont-Saint-Pierre et Belle-Fosse.

Léri fut compris dans l'échange fait en 1573 entre Charles IX et Philippe de Boulainvilliers, et eut pour seigneurs, à partir de cette époque, les seigneurs du Vaudreuil.

La sergenterie de Léri, relevant de la châtellenie du Vaudreuil, comprenait :

1° La sergenterie noble de Léri, demi-fief de haubert, tenue en 1621 par Nicolas Le Boullenger. Elle devint peu à près la propriété des seigneurs du Vaudreuil, qui firent exercer la charge de sergent par une personne à ce commise.

2° Le fief de la Heuze, huitième de fief de haubert, avec le moulin d'Auffran, porte marinière et droits de passage, basse et moyenne justice, appartint dès le commencement du XVIᵉ siècle à la famille de Rouville. (V. Dictionnaire de Moréri.) Possédé quelque temps, au XVIᵉ siècle, par la maison de Lorraine, il rentra bientôt dans celle de Rouville, dont une branche prit le nom de sieurs de Léri. En 1514, 1516, 1547 et 1555, M. de Rouville, sieur de Léri, fut député de la noblesse de Rouen aux états de Normandie. Vers la fin du XVIᵉ siècle, les sieurs de Rouville cédèrent le fief de la Heuze aux Le Doyen du Coudray ; Hélie Le Doyen du Coudray, capitaine des plaisirs du roi (aveu du 3 octobre 1608, A. S. I.); Sellin Le Doyen (1621); et Laurens Le Doyen (aveu du 5 mai 1619, A. S. I.), qui le conservèrent jusqu'en 1660 environ, époque où il passa aux Baillet de la Heuze. Après Louis Baillet (aveu du 12 avril 1685), et Jean Baillet (8 mai 1690). Marie Baillet (aveu du 15 janvier 1695, A. S. I.) le vendit à son tour avant 1735, à Nicolas-Antoine Baillard, écuyer, sieur de Caumont, conseiller au siège présidial de Rouen. Son successeur, Jacques Baillard, écuyer, sieur de Hautot, conseiller au parlement de Rouen, le céda au président Jean-Louis Portail, le 24 septembre 1746. Le marquis de Conflans fut le dernier qui prit le titre de seigneur de la Heuze.

3° Le fief de Montpoignant. Les aveux du fief du Mesnil-Jourdain aux XIVᵉ et XVᵉ siècles constatent qu'il relevait du château du Vaudreuil, à la porte duquel il devait quarante jours de garde, devers la ville, avec les tenants des fiefs de la Villette, du Vieux-Rouen et de Montpoignant. Comme il existe un fief de Montpoignant à Venables, il n'est pas bien certain que le fief de Montpoignant assis à Léri soit celui que les aveux du Mesnil-Jourdain veulent désigner. On connaît un Jean de Montpoignant, chevalier en 1280, et le 21 août 1291, les religieux de Bonport échangèrent avec Robert de Montpoignant, écuyer, un gord sis en la rivière d'Eure à Léri, moyennant 5 liv. 30 s. t. A la même époque, le cartulaire de Bonport parle de Richard de Montpoignant, chevalier, et de Robin de Montpoignant, propriétaires à Léri et au Vaudreuil. « Messire « Jehan de Rouville, chevalier, sieur de « Montpoignant, assis à Léri, » figurait en 1316 au nombre des gentilshommes de la châtellenie du Vaudreuil. A partir de cette époque, Montpoignant eut les mêmes propriétaires que le fief de la Heuze.

4° Le fief de Pavillon, assis à Poses. (Voy. Poses.)

5° Le fief de Saint-Ouen. Ce fief était assis à Léri et paroisses environnantes. Dès 1018, le duc de Normandie, Richard II, fit don à l'abbaye de Saint-Ouen de Rouen de l'église de Léri. Le livre des jurés de Saint-Ouen, dressé en 1291, apprend que l'abbé de Saint-Ouen était présentateur de l'église de Léri et qu'il prenait les vingt-quatre parts des dîmes de toutes sortes, et que le curé de Léri percevait la vingt-cinquième part, excepté aux Coutures-Saint-Ouen. Ce droit mettait à la charge de l'abbé de Saint-Ouen les menues réparations que pouvaient exiger le chœur et le chancel de l'église de Léri (bail de 1770. A. S. I.). Au XIIIᵉ siècle, la plupart des terres de ce fief étaient en masage et en vignes, et payaient au trésorier du couvent, à titre de redevances, du vin, des chapons, un cens en argent ou le champart, ou bien étaient astreintes à diverses obligations. Ainsi, Robert Randart et Philippe la Gouionne, en raison de terres situées à la barre des Damps, à la Pierre, à la Souchée et en la Couture du pont de Léri, devaient porter à l'abbaye tout le poisson qu'ils prenaient depuis Cremonville jusqu'à l'embouchure de l'Eure.

Une addition faite vers 1316 au livre

des jurés parle de la ferme de Léri baillée à Colin Pessel et Pierre Pessel, et de l'obligation de planter les terres louées de certains arbres ou de les ensemencer de graines déterminées.

Nous allons en donner un extrait important :

« Veschi la value des rentes et revenues
« de la ferme de Léry, baillées par Colin
« Pessel et Pierre Pessel, son fils, l'an
« mil CCC XLVI, quand il délessièrent la
« dite ferme et les terres et vignes apper-
« tenant à la dite ferme.

« Premièrement, il y a une plache wide
« jouste le moustier ou le manoir qui
« fut ars, et contient environ demie verg.
« de terre. Item, il y a XXXVIII acres et
« demie verg. de bones terres, desquelles
« terres XIII acres et demie estoient labou-
« rées à blay, quand Guillemin Routier,
« de Poses, les prist, qui prist la dite
« ferme l'an mil CCC XLVI, environ la feste
« Saint-Michiel, lesquelles terres sont assi-
« ses es lieus qui ensievent.

« Premièrement, ou camp de Moulin
« d'Aufren, aboutant à l'eaue de Eure,
« III acres et demie.
« Item, ou camp du Tuit, assis jouste
« la Voie du Port, III acres ;
« Item, une verg. et demie, assis au
« dess. du camp du Tuit.
« Item, acre et demie, au Buisson de
« la Voye de la Croys.
« Item, VI vergées, au camp Traversain.
« Item, jouste icelui camp, III verg., et
« aboutent au camp Traversain.
« Item, III verg., qui aboutent sus la
« Voie de la Croys.
« Item, III verg., qui aboutent suz Petit-
« Pas et Guill. Routier.
« Item, III verg., à la Voie du Port,
« aboutantes à Alis Vigot.
« Item, verg. et demie, sus la Voie de
« la Hayete, assises en deux pièches.
« Somme, XIII acres et demie :
« Item, la Couture du Mesnil, qui con-
« tient XII acres, estoit baillée à Johan
« Piquery, desiques à VI ans, pour la-
« bourer à la moitié ou par X liv. tour-
« nois, à la volenté des dis religieux, et en
« estoient VIII acres labourées à blay, et le
« demourant devoit estre labouré à aveine
« pour ceu que les terres sont trop basses.
« Item, Colin du Port le jane tient une
« acre et demie de terre desiques pour
« chascun VI ans XX s.
« Item, Colin du Port le viel en tient
« en l'Ille du Trait verge et demie, par
« VI s. VI d.
« Item, III verg. en sont assises jouste
« Johan Lefèvre, à la Voie du Port, ou
« l'en devoit faire orge.

« Item, III acres ou Camp des Hommées,
« ou l'en devoit faire orge.
« Item, ou camp des Essarts, assises
« jouste Robe Benect, III acres, ou l'en
« devoit faire orge.
« Item, III vergies, ou Camp des Espi-
« neles, jouste Oudart Routier.
« Item, demie acre et demie, ou camp
« de la Hayete, jouste Colin Pessel, d'une
« part.
« Item, I vergée jouste Guill. Bourgoise.
« Item, I acre jouste Oudart Routier.
« Item, acre et demie jouste Johan
« Vigot.
« Item, III vergies jouste Robert Benectt.
« Item, III acres aboutantes à la voie du
« Moustier.
« Item, V vergies en ycelî lieu.
« Item, III vergies que Gieffroy du Val
« de Poses a tenues.
« Item, demie acre que Guillame Prieur
« a tenues.
« Item, III vergies que Perrot du Port
« a tenues.
« Item, vergie et demie que Johanin
« Siglart a tenue.
« Item, vergie et demie que Guillot
« Lefèvre a tenue.
« Item, vergie et demie que Jehan Mar-
« tin a tenue.
« Item, III verguies que Jacquet Perrot
« a tenues.
« Item, demie acre de pré que Colin
« Normant a tenue.
« Somme de ces bonnes terres : XXXIIII
« acres demi et demie vergée.
« Item, XV acres en sablonneis.
« Item, toutes les diesmes de tous les
« grains de ladite paroisse de Lery, et
« quant l'en les tat le preste de Léry
« prent le XXV° boissel de chascun grain
« et ovec cen il a une postée de feurre de
« bley.
« Item, lesdis religieux ont toutes les
« diesmes des vins de la dite paroisse,
« excepté cen que le dit preste de Lery
« y prent les tat, lequel y prent le XXV° pot pour
« toutes choses.
« Item, les dis religieux prennent toutes
« les diesmes des fruis.
« Item, les diesmes des voides, vaudez,
« linz, canvrez, poriaux, aus, ongnons et
« pavot.
« Item, les dis religieux prenent en I acre
« de terre qui est devers la forest, du bor-
« dage que tiennent Johan Baudouin, Lau-
« rent Dehors et Johanne Fouquier, le
« campart de ladite terre.
« Item, il prennent le campart en acre
« et demi de terre assise en la Garenne,
« que tiennent Robert et Pierres Waren-
« guiers, et Benart le Fevre et doivent

« ces u acres et demi par an, une somme
« d'aveine au terme de la Saint-Michel.
 « Item, le campart de iii verguies de
« prey, assises en ladite paroisse, en la
« praerie de Lery que tient Colin Julien.
 « Item, il ont à Leri xx liv. xii s. iiii d. t.
« de rente deus à la Saint-Michel, et xi s.
« et xi capons deus à Noel.
 « Item, un muis et trois tines et demie.
 « Item, il ont un fieu à Lery, appelé
« le Fieu de la Pesquerie, contenant envi-
« ron x acres, qui ne doit point d'argent,
« fors que porter le poisson à St-Ouen,
« à l'abbaye, qui est pris en l'yaue d'Eure
« ou trait que il ont en la dicte rivière,
« lequel est pesquié la veille de la feste
« Saint-Ouen, ouquel fieu les dits religieux
« ont une verguie de terre appellée le
« Camp de la Barre, au bout des Dens, par
« devers Lery.
 « Item, il ont en la paroisse de Posez
« la coustume de toutes les choses qui y
« sont venduez.
 « Item, il y ont de leur droit les me-
« surez de grain, ch'est assavoir un boissel
« à bley et un à avaine, et ilz doivent
« faire et trouver lez hommez de la dite
« ville à leur despens; et est assavoir que
« lez avainez dez rentes deuez sont et
« doivent estre mesurées à la mesure le
« roy qui est à Leri, et qui est semblable
« à celle des diz religieux, et doit chascun
« boissel d'avaine de rente ii d. as reli-
« gieus devant dis quant la dicte avaine
« est paiee et vallent environ xxx s. de
« rente.
 « Item, il ont en la paroisse de Lery
« les ventes et les reliez dez terres de leur
« fieu.
 Le livre des jurés contient un grand nombre de noms d'habitants de Léri à cette époque : « Jehan Halingres, Guil-
« lebert le Bouchier, Pierres Pessel, Garin
« Lescorchié, Colin Vayequier, Thomas
« le Gryeu, Jehan Lecras, Garin Debo-
« nere, Guillaume Puissant, Emmeline
« Denys, Jehan le Petit, Nicaise la Che-
« nele, Odiergue Rauelin, Colin Debor,
« Ymbert le Hydous, Martyne de l'Abeye,
« Duran de Ginaine, Colin Buglart, Robert
« Lotelier, Robert Bonart, Nichole Couppe,
« Martin Croque, Jehan de Betenille,
« Pierre Davoust, Lorens Pappel, Guil-
« laume Bougon, Jehan Varengier, Bau-
« douin le Suor, Robert Gelyen, Robert
« Coispel; et en 1346 : « Thomas Fou-
« gère, Denis de la Court, Guill. Het
« Fouachée, Guill. de Ruele, Johan le
« Muet, Pierres Goujon, Thomas Flotel,
« Aalis Boute, Colin Fuiret. »
 En 1216, Philippe-Auguste confirma un accord intervenu entre les abbayes de Bonport et de Saint-Ouen, au sujet du moulin de Poses et des dîmes du clos de Léri. Philippe le Long ratifia en 1312 un échange entre Philippe le Convers et les religieux de Saint-Ouen, au sujet de certains biens et d'une rente d'un setier de froment. Au xviie siècle un procès s'éleva entre les religieux présentateurs à la cure de Léri et le curé de cette paroisse, qui soutenait avoir droit à la dîme qui lui était refusée. Le parlement de Normandie mit fin à ce procès par un arrêt en partie favorable au curé.

6° Fief de Bonport.
 Richard Cœur de lion donna à l'abbaye de Bonport, en 1195, les prairies de Léri et le clos de Léri avec ses appartenances. Le cartulaire de Bonport, publié par M. Andrieux, contient un nombre considérable de chartes attestant des acquisitions faites par les religieux dans la paroisse de Léri jusqu'au xve siècle. Le fief proprement dit de Bonport à Léri consistait en domaine fieffé et non fieffé, manoir seigneurial, maisons et masures, et payait en 1713 comme redevance : 69 liv. 3 sols, 23 chapons, 80 œufs et 3 fleurs de souci; les œufs estimés 5 sols la douzaine, et les fleurs de souci un sol chacune. Le 25 janvier 1713, par acte passé entre Gilbert de Chalanne, abbé de Bonport, et le président G.-L. Portail, seigneur du Vaudreuil, le fief de Bonport à Léri devint la propriété de ce dernier.

7° Fief de Longchamp, appelé autrefois Fief de la Reine, aux religieux de Longchamp.

8° Fief de la Serpe.
 Le fief de la Serpe, assis à Léri, ne relevait pas, comme les précédents, de la châtellenie du Vaudreuil, mais de la baronnie du Bec-Thomas. (Voy. Bec-Thomas.)
 Le cartulaire de Bonport indique : en 1217, frère Raoul comme doyen de Léri : « decanus de Lereio; » 1289, Geofroi, curé de Léri; 1230, maître Hylaire, « rector eclesie Beati Audoeni de Lereio. » Plusieurs chartes de ce curé sont relatives à des donations qu'il fit à Bonport et dont il augmenta successivement l'étendue pour payer le repas de ses funérailles au couvent. En 1635, maître Fleuri était curé de Léri; on trouve après lui : en 1711, Mahire, et en 1761, Jean Froudières.
 L'église de Léri, remarquable monument de l'époque romane, a été publiée et décrite par Hyacinthe Langlois et les auteurs des *Voyages pittoresques dans l'ancienne France*; on trouve aussi dans les *Architectural antiquities of Normandy*,

by John Cotmann : « A general view of the
« church of Léry. » La croix de Léri est
également remarquable.

M. Paul Goujon a bien voulu revoir et
compléter cet article.

Dépendances : — Torché ; — la Voie-
Blanche ; — les Vignettes ; — l'Aufrand ;
— Saint-Patrice, chapelle.

LETTEGUIVES.

Arrond. des Andelys. — Cant. de Fleuri.

Patr. S. Martin. — Prés. l'abbé de
Saint-Ouen.

Toussaint Duplessis note que sur les
registres de l'archevêché de Rouen ce lieu
est appelé souvent : *Leta Julra* pour
Letta Judæa, comme si Guive était ici
pour Juive. Nous n'avons pas besoin de
faire remarquer combien cette étymologie
est hasardée ; il est bien plus naturel de
prendre la forme : *Litigel villa*.

Le patronage et la seigneurie de Letteguives dépendaient de l'abbaye de Saint-
Ouen.

La charte de Richard II pour Saint-
Ouen fait mention de Letteguives : « Li-
« tigelvillam cum ecclesia, quam dedit
« Rainoldus. »

Le pouillé d'Eudes Rigaud constate que
l'abbé de Saint-Ouen présentait à la cure :
« Litigiva. Abbas Sancti Audoeni, patro-
« nus. Valet XII. libras, XXXVIII. parro-
« chianos. »

Dans le livre des jurés de Saint-Ouen
Letteguives a son article :

« Premièrement : une granche et envi-
« ron XXXII acres de terre en i tenant
« et ajouste d'un costé as cortis de Lete-
« guive.

« Derechief i cortil qui contient demi-
« acre, et est des nouveaux achas et
« ajouste au chemin le Roi.

« Derechief II acres de terre as Routiex
« par deffaute de heir.

« Derechief II acres de terre a Costen-
« tin, vendues en demeigne Saint-Oen.

« Les jurez de Leteguive : Thommas
« Lelou, Jehan Liebre, Guillaume Fic-
« quet, Nichole Liebre, Robert Liebre,
« Jehan Fritier, Ricart Ficquet, Thomas
« Messent, Michel Lelou, Jehan le Mor-
« hout, Osber Delamare, Jehan Deu Gar-
« din.

« Bordages :

« Machieu Lecain tient le tirs d'un
« bordage et en rent le tirs d'une geline
« à la Saint-Oen et VIII deniers à la Saint-

« Michiel de cens et XII deniers et I pain
« à Noel et III œs à Pasques por la taille
« deu bois, et doit conduire les nans au
« parc, et doit l'aide de sareler les blés et
« de neier la granche et de couvrir de
« Leteguive, et des talus deu molin et des
« cauchies et de la porte de Lyons ref-
« fere.

« Jehan le Fruitir tient i bordage et en
« rent i geline à la Saint-Oen et XII de-
« niers et i pain à Noel et III œs à Pas-
« ques por la taille deu bois, et doit con-
« duire les nans au parc de Periers, et doit
« l'aide de sareler les blés et de neier et
« de couvrir la granche de Letiguive à
« servir le couvroor, et doit l'aide de la
« closture et de la couverture et des talus
« deu molin et de la porte de Lyons ref-
« fere.

« Derechief il tient demie-acre de terre
« à campart, et en rent XII deniers et
« I geline à Noel et XII deniers à Pas-
« ques.

« Michel Lelou tient i masage par bor-
« dage et en rent VIII deniers de cens à la
« Saint-Michiel et XII deniers et I pain à
« Noel et III œs à Pasques por taille du
« bois et le tirs d'une geline à la Saint-
« Oen, et doit mener et conduire les nans
« au parc de Periers et servir le couvroor,
« et l'aide de la porte de Lyons et de la
« cauchie, et de la closture et de la cou-
« verture et des talus deu moulin reffere,
« et de la granche neier et des blés sar-
« cler et de la muele amener.

« Derechief il tient V acres et demie de
« terre de fieu de masure à campart et en
« rent III poitevines de cens et I quarte et
« demie de forment d'oublées et I boisseau
« et demi de pommes de bose à la Saint
« Michel et III sous IX deniers de servise
« et VI boisseaux d'avoine de brès et
« demi geline et le sixte lot d'une geline
« à Noel et III sous IX deniers de servise
« à Pasques et VII deniers tournois et
« I maille parisis et I poitevine tournois
« de preage, de sonage et de motonnage
« à Pentecoste, et demie-geline à la Saint
« Oen, et III garbes et demie de blé et
« d'avoine de campartage, et III deniers
« et maille de conrooy, et l'aide de la
« porte de Lyons et IX pies de closture.

« Masures :

« Franche prevosté.

« Le prevost de Letheguive tient une
« franche prevosté qui contient C acres de
« terre, laquelle il desert par sa verge,
« c'est assavoir : por fere les servises et
« les commandemens et toutes les offices
« qui à serjant apartienent, por l'abbé
« et por le couvent de Saint-Oen de Rouen,

« en toute la baillie que il ont en la pa-
« roisse de Letiguive et en la parroisse
« d'Osouville et en la parroisse de Mar-
« tainville, et en rent as saignors desus
« diz c et 1 ocs à Pasques. »

En 1318, Jean, abbé de Saint-Ouen,
concéda « in perpetuum hereditagium
« Johanni Lecoq quamdam acram terræ...
« ad villam de Lethiguive, pro tribus mi-
« nis, cum dimidio mistillionis..., » et à
Guillot dit Limbre deux acres pour sept
mines du même grain...; à Jehan Lièvre,
quatre acres...; à Guillaume Lièvre, une
acre. Dans cet acte le nom de Letteguives est écrit « Liteguive » et « Lithi-
guyve ».

Le cartulaire de l'abbaye de Saint-
Amand contient quelques renseignements
sur Letteguives. Ainsi, fol. xxiii v°, figure
comme témoin : « Willelmus de Busco Ur-
sel. »

Un peu plus loin, vente par le curé
de Letteguives à l'abbaye de Saint-Amand
de quatre pièces de terre situées à Fresnes-l'Esplan, l'une au Fresnot, l'autre
aux Chesnes, la troisième « apud les
« Masis », et la quatrième aux environs.
(1269.)

Enfin, ailleurs on trouve ce passage :
« A terra Nicolai de Fonte usque ad terras
« de Licteguive. » (1272.)

Consultez les archives de l'abbaye de
l'Isle-Dieu, déposées aux Archives de
l'Eure.

Suivant un aveu du 22 avril 1678, Letteguives était un fief qui appartenait à
l'abbaye de Saint-Ouen.

Dépendance : — le Bosc-Oursel.

Cf. Toussaint Duplessis, t. II, p. 612.

L'HABIT (LE).

Arrond. d'Evreux. — Cant. de Saint-André.

Patr. S. André. — Prés. le seigneur.

La forme latine du L'Habit est : Habi-
tus.

L'Habit était un fief dépendant de la
baronnie d'Ivri. Voyez l'aveu de la baronnie d'Ivri, à l'article Ivri.

Il faut noter, comme seigneurs du
L'Habit, dans les aveux de 1456 et de
1579, Thomas de Lestang et Jehan de Lestang. Jacques de Lestang présente à la
cure en 1510.

Dépendances : — le Bas-L'Habit ; — les
Brulins.

LHOSMES.

Arrond. d'Evreux. — Cant. de Damville.

Patr. S. Jean. — Prés. l'abbé du Bec.

En 1206, Roger, seigneur des Essarts,
« de Sartis, » atteste que Renaud des
Landes et son frère Geoffroi ont donné
aux moines de l'Estrée tout ce qu'ils possédaient « in territorio de Lomis » tant en
bois qu'en plaine ; lui-même a reçu des
moines à cette occasion « campum de vico
« Renout, cum arpento et hebergamento
« que sunt juxta plexicium meum apud
« Lomes ».

Renaud des Landes et Geoffroi, son
frère, donnèrent au même couvent tout
ce qu'ils possédaient « in feodo de Lo-
« mis, in bosco et plano et in omnibus
« aliis ».

En 1216, Raoul de Bérou confirma aux
moines de l'Estrée « omnes terras cum
« nemore quas habent et possident ad
« grangiam suam de Lomis de feodo
« meo ».

En 1208, Guillaume Fresnel, avec le
consentement de sa famille et de sire
Roger des Essarts, donna vingt journaux
de terre « apud Boscum Belot » contigus
à la terre de Lhosmes, appartenant à ladite abbaye.

En 1210, Richard « de Lomis », sa
femme Aubrée, ses enfants Renaud et
Alix renoncèrent à tous les droits qu'ils
avaient ou pouvaient avoir sur les trente
arpents de terre donnés par Geoffroi et
Renaud des Landes « juxta Boscum Belot ». Parmi les témoins, on remarque le
doyen de Damville, Guillaume, prêtre des
lépreux de Tillières, Arnoul, prêtre de
Saint-Germain.

En 1223, Gillebert, doyen de Damville, attesta qu'Aubrée, veuve de Richard
« de Lomis », avait renoncé, en sa présence, en faveur des moines de l'Estrée,
à tous droits et prétentions sur les terres
qu'ils possédaient provenant de Renaud
des Landes et de Geoffroi, son frère, savoir : trois arpents près le Bois-Belot :
« Boscum Belot. »

En 1226, Gillebert des Essarts donna à
l'abbaye du Bec une rente de vingt sous
« in censibus meis de Lomis ». Parmi les
témoins : maître Jehan et Roger de Minières, chevalier, oncles du donateur.

En 1223, Gasce de Poissi, « de Pissiaco, »
et Alix, sa femme, abandonnèrent au
même couvent toute la moulte que devait

leur maison de Lhosmes aux moulins de Tillières.

En 1231, Geoffroi « de Landis » remit aux moines six des huit sous que ceux-ci lui devaient « pro universis feodis que « tenebamus in territorio de Lomis de do- « mino de Essartis ».

En 1234, Gilbert, seigneur des Essarts, donna aux moines de l'Estrée cinq acres et demie de terre près de la voie, « que « ducit de grangia eorum de Lomis ad « ecclesiam, et alias decem acras et dimi- « diam a dextris vie que ducit de eadem « grangia ad castrum de Tilleriis, que « dicitur vallis de Surdito. »

En 1235, Robert « de Lomis » donne au couvent de l'Estrée trois acres de sa terre de Lhosmes.

En 1238, Guillaume dit le Prévost, che- valier, donna aux moines de l'Estrée trois acres de terre contiguës à leur terre de Chamharnet.

En 1238, Nicolas Malesmains confirma au couvent de l'Estrée la possession de sa maison de Lhosmes : « domum de Lo- mis. »

En 1244, il y eut discussion et sentence arbitrale entre les moines de l'Estrée et ceux du Bec, pour des dîmes « in parro- chia de Lomis ». Les lieux en litige sont : « cultura juxta campum Barnet, la Mole- « liere, campi super boscum Gilleberti de « Lomes, apud Trocam Fresnel. »

En 1273, Geoffroi de Morant vendit à Hugues Guignon, moyennant treize sous, douze deniers de rente assis « super Mo- nachatiam in parrochia de Lomis ».

En 1279, Pierre, abbé du Bec, au nom de son couvent, prit à ferme perpétuelle des religieux de Lire pour trois setiers de seigle, orge et avoine, « ad mensuram granarii nostri de Tileriis, » les fruits de toutes les dîmes qu'ils pouvaient recueillir « in parrochia de Lomis ».

La même année, charte de l'abbé de Lire portant abandon à l'abbé du Bec, moyen- nant une redevance, des dîmes de la pa- roisse de Lhosmes.

En 1323, messire Jean des Essarts, che- valier, renonça, en faveur de l'abbaye du Bec, au patronage de Saint-Jean-de-Lhos- mes. C'est donc au milieu du XIV° siècle que le patronage passa des mains laïques à des mains ecclésiastiques.

Dépendances : — Arpentigni ; — le Bois-Belot ; — les Bruyères ; — Lucivel ; — la Moinerie ; — la Carre.

LIEUREI.

Arrond. de Pont-Audemer. — Cant. de St-Georges.

Patr. S. Martin. — Prés. les chanoines de Lisieux.

Les formes latines de Lieurai sont très-variées. Dans le pouillé de Lisieux, on trouve : « Licurayum, Liarreyum, Lier- reyum. »

Dans les *Grands rôles de l'Échiquier de Normandie*, on lit : « ... Idem reddit « compotum de XIV. solidis et XI. denariis « de exitu vavassoriæ Willelmi Fortin in « Lurre hoc anno. »

« ... Et de XXVI. solidis I. denario « de..... vavassoriæ..... in Lurre et de « XXV. solidis I. denario de exitu vavasso- « riæ Willelmi Fortin in Lureio. »

« ... Idem [Robertus Pantol] reddit « compotum de VIII. libris de II. prebendis « de Lureio... »

« ... Et de XXV. solidis I. denario « de exitu vavassoriæ Willelmi Fortin in « Luire... »

« ... Et de Ansgoto de Luirie... »

Laurent de Montaigne (ou Montaigue) confirma les donations faites à l'abbaye du Bec par ses prédécesseurs, savoir : soixante acres de terre à Lieurai, la dîme de deux moulins à Appeville, et deux vas- saux avec leurs tènements à Jouveaux.

En 1184, l'abbaye du Bec permit, moyennant onze livres deux deniers, au seigneur de la Tillaie d'établir un marché tous les samedis à Lieurai et une foire annuelle le jour de la Saint-Martin d'hi- ver.

M. Canel a recueilli, sur les possesseurs du fief de Lieurai, des renseignements intéressants.

Au XV° siècle, Lieurai appartenait à la famille Gosset. En 1498, Charles de Sainte-Marie-aux-Epaules en devint seigneur, par son mariage avec Anne Gosset. Henri Robert, son petit-fils, ne laissa que des filles ; la dernière, Judith-aux-Epaules, hérita des seigneuries de Lieurai, de Gié, la Tillaie, la Garde, Breuil, Mont-Rôti, Mortiers et Bosgouet, et les porta en dot, en 1607, à Jacques Dufay, seigneur du Taillis, comte de Maulévrier et sire de Bourg-Achard. La descendance de ce personnage conservait encore, en 1720, le château de Lieurai qui, à l'époque de la Révolution, apparte- nait à M. de Milleville. Cette seigneurie ne donnait que le titre de seigneur de la paroisse ; le droit de patronage appartenait aux chanoines de Lisieux. Ceux-ci, avec leurs enfants de chœur, percevaient la dîme : ils ne laissaient aux deux curés que les vertes dîmes et une légère partie des autres.

Outre le château du seigneur du lieu, il y avait encore à Lieurai les manoirs des Champs et du Coudrai.

A l'époque des progrès de la Réforme, les seigneurs des Champs avaient embrassé le protestantisme. Une propriété, voisine du château, s'appelle encore la pièce du Prêche : là se trouvait un cimetière de protestants.

D'autres manoirs féodaux existaient jadis à Lieurai. On cite le château de Barres, au hameau de la Cauvinière, près de la Mare-Dubos, et celui du Neubor, au hameau de ce nom.

Autrefois Lieurai possédait une maladrerie. Vers le commencement du XVIII° siècle, ses revenus furent réunis à l'hospice de Lisieux, à la charge de recevoir trois pauvres, présentés par le seigneur de la paroisse.

Une chapelle nouvellement restaurée, située sur le chemin de Lisieux à Rouen par Montfort, indique l'emplacement de l'ancienne maladrerie; elle a donné son nom à l'un des hameaux voisins du bourg.

Il y avait une haute justice qui dépendait du bailliage d'Orbec.

L'industrie se fixa à Lieurai vers la fin du dernier siècle : ce fut là qu'en 1760 on se servit pour la première fois des métiers à faire en même temps plusieurs rubans de fil appelés passements.

L'église offre, dans son clocher et dans quelques autres parties, le style du XI° siècle. On y conserve une châsse renfermant le chef de saint Léger, qui avait appartenu à l'abbaye de Préaux.

Dépendances : — le Bourg; — les Castels; — les Marais; — la Cauvinière; — l'Engerie; — la Vallée; — les Hauts-Vents; — la Chapelle; — la Saussaie; — le Moussel; — la Joannerie; — Cœurville; — les Préaux; — Coquerel; — le Long; — Beaulieu; — le Breuil; — la Bristolerie; — Bus; — les Champs; — Courcis; — la Croix-à-Vignon; — la Mare-Dabot; — Marnette; — la Monnerie; — le Président; — la Vergne; — Neubocq; — le Petit-Village; — Picot; — le Presbytère; — le Ranier; — la Rue-Rouge; — la Vigne; — le Décret; — Coudrai, château; — la Maladerie, chapelle.

Cf. Canel, *Essai sur l'arrond. de Pont-Audemer*, t. II, p. 316.

LIGNEROLLES.

Arrond. d'Evreux. — Cant. de Saint-André.

Patr. S. Martin. — Prés. l'abbé de Grand-Camp.

Rien ou presque rien à dire de cette commune.

Les formes latines du nom de Lignerolles ont été : « Lineriæ, Ligneriæ et Lignerolæ. »

Le patron est saint Martin, et cette circonstance semble donner à l'église une origine fort ancienne.

Le droit de présenter à la cure appartenait à l'abbaye de Grandchamp.

Voyez à l'article Le Chêne un acte de Luc ou Lucas de Lignerolles. (1279.)

Lignerolles a été réuni à Crateuil en 1837.

Dépendances : — Beaufort; — Faverolles; — Crateuil.

LILLETOT.

Arrond. de Pont-Audemer. — Cant. de Quillebeuf.

Patr. S. André. — Prés. le seigneur.

Lilletot signifie, je crois, petite masure. Cette petite commune, appelée tour à tour *Licletot*, *Littletot*, *Lielot* et *Lilletot*, a un titre fort ancien. C'est une charte du milieu du XI° siècle, dans laquelle l'abbaye de Jumièges donne à Hugues de Montfort la jouissance viagère d'une terre sise à Lilletot :

« Bonæ memoriæ Robertus, abbas
« Gemmeticensis cœnobii, ceterique fra-
« tres ejusdem loci conventionem cum
« Hugone de Montfort fecerunt, scilicet de
« Licletot terra Sancti Petri, quam tene-
« bat Adhemarus, quidam famulus ipso-
« rum. Hunc denique Adhemarum cum
« eadem terra tradiderunt jam nominato
« Hugoni ad possidendum quamdiu ipse
« Hugo vixerit. Cum vero vitam finierit,
« terra omnis quieta integraque ad locum
« Sancti Petri ad monachos revertetur.
« Ipse autem Adhemarus nulli alii ex illo
« beneficio nisi soli Hugoni servire debet,
« eo modo ut isdem Hugo ab omni in-
« quietudine vel calumpnia quietam eam
« ac liberam faciat, reliquaque bona Sancti
« Petri quæ sibi vicina sunt custodiat et
« defendat; Adhemaro vero sive suo he-
« redi nequaquam eam tollet pro qualibet

« occasione vel commisso aliquo, quod
« emendare de sua pecunia aut de sui
« corporis satisfactione possit. Et ad hec
« confirmanda factum est ambarum par-
« tium testimoniale scriptum unam eam-
« demque rationem habens. Unum in loco
« Sancti Petri servatur; alterum supradic-
« tus Hugo secum retinet, tali modo ut
« si ipse illud perdiderit, perdet similiter
« et terram de qua loquimur. Cirografum
« testimonii hujus scripturæ. »

Le patronage appartient, dans le pouillé
d'Eudes Rigaud, au seigneur de Tourville : « Liletot. Hugo de Torvilla patronus. Valet c. solidos. Parrochianos xl... »

Eudes Rigaud reçut un curé sur la
présentation d'Amauri, prêtre, fils du
précédent.

Lilletot était un huitième de fief de
haubert relevant du seigneur de Tourville.
En 1541 il appartenait à Jacques de Malortie. Les de la Rue de Fourmetot le
possédaient à l'époque de la Révolution.

Lilletot a été réuni à Fourmetot pour le
spirituel.

Dépendances : — la Mare ; — les Sebins;
— l'Église.

LILLI.

Arrond. des Andelis. — Cant. de Lions.

Patr. S. Pierre. — *Prés. l'abbé de St-Denis.*

Lilli, Morgni et Fleuri-la-Forêt composaient le fief appelé le fief de Saint-Denis
et dépendaient, au xii° siècle, de l'abbaye
de Saint-Denis.

Hugues, archevêque de Rouen, confirma en 1157 à l'abbaye de Saint-Denis
la possession des églises que ladite abbaye avait acquises à un titre quelconque
dans son diocèse :

« Hugo, Dei gratia Rothomagensium
« archiepiscopus, universis fidelibus tam
« futuris quam præsentibus. Quotiens
« sanctis vel Dei amicis aliquid obsequii
« vel honoris impendimus, hoc nobis
« procul dubio ad augmentum æternæ
« mercedis profuturum confidimus. Quia
« igitur pretiosissimo Christi martyri Dio-
« nisio sanctisque ejus sociis speciali
« amore conjungimur, et eorum patroci-
« niis tam in futuro quam in presenti pro-
« tegi præoptamus; dignum est ut in
« sacra illorum solemnitate ad quam ami-
« cabiliter invitati gratanter venimus et
« devoti, nobilis ecclesia in qua prædic-
« tus Domini gloriosus testis sua speciali
« præsentia requiescit, ex injuncto nobis
« officio et concessa a Deo potestate, mu-
« nus debitum nostræ devotionis conse-
« quatur. Omnes itaque ecclesias quas in
« nostra diœcesi ubicumque prædicta
« sanctissimi Christi martyris ecclesia us-
« que ad hanc diem habuisse cognosci-
« tur, auctoritate nostra, dilectissimo
« fratri nostro Odoni abbati ejusque suc-
« cessoribus atque fratribus omni in futu-
« rum tempore quiete tenendas confirma-
« mus. Et quascumque immunitates,
« quæcumque jura vel redditus in eisdem
« ecclesiis habuisse probantur, ab hac die
« et deinceps libere illis possidenda con-
« cedimus, salvo jure pontificali et parro-
« chiali. Ecclesiæ autem sunt istæ : in
« Wilcassino, ecclesia Sancti Petri de Cal-
« vomonte cum tribus sibi adjacentibus
« capellis, scilicet Sanctæ Mariæ, Sancti
« Joannis et ecclesia de Caillœl, itemque
« ecclesia de Cergiaco, quæ nec synodum
« nec circastam persolvunt. Item ecclesia
« de Buviaco, ecclesia de Sagiaco, eccle-
« sia de Cordeliis, ecclesia de Monte
« Gerulfi, ecclesia de Ablegiis, ecclesia
« de Charz. Item ecclesia de Sancto Claro,
« ecclsia de Monte Genuoldi, ecclesia de
« Novo Castro... In Normannia vero, eccle-
« sia de Moriniaco, ecclesia de Liliaco,
« ecclesia de Floriaco, ecclesia de Berne-
« valle, ecclesia de Sancto Martino et
« ecclesia de Fregellis. Ut autem hoc nos-
« træ devotionis præceptum ratum sem-
« per maneat et inconvulsum, sigillo
« nostro subterfirmari illud fecimus. Ac-
« tum anno dominicæ Incarnationis 1157,
« apud Sanctum Dionisium. » (*Arch. imp.*,
Cart. Blanc, t. II, p. 270 et 281.)

1215. « ... Christianus Berengier, de
« parrochia de Lilliaco... » (*Cart. Bl.*, t. II,
p. 613, 619, 620.)

1217. « ... Robertus Carpenturius de
« Liliaco; — in parrochia de Liliaco; —
« ad vetus monasterium; — terra Wil-
« lelmi de Bosco Huun, Willelmi de Bosco
« Hugonis... » (*Ibid.*, t. II, p. 619.)

Le pouillé d'Eudes Rigaud contient
cette mention :

« ... Ecclesia de Liliaco : xx. libras
« turonensium; parrochianos xlii.; patro-
« nus Sanctus Dionisius in Francia. »

Au mois de mars 1308, le roi Philippe
le Bel donna à Enguerrand de Marigni,
seigneur de Mainneville, son chambellan,
les villages de Tierceville, Bouchevilliers,
Lilli, Morgni, le manoir de dame Geneviève de Fleuri, etc. (*Bibl. imp.*, F. Lat.,
9785, fol. 73.)

Lilli et tout le fief des trois villes
Saint-Denis appartenaient en 1463 et avant
à Pierre de Brézé, comte de Maulévrier,
et à Jeanne Crespin, sa femme; ils le

vendirent en 1463 à Guillaume d'Harcourt, évêque de Bayeux, qui le laissa à Georges Havard, son petit-neveu. Ce fief fut partagé le 31 mai 1496, entre les trois filles de Georges Havard : l'aînée, Jeanne, eut Fleuri-la-Forêt ; les deux autres Morgni et Lilli. Lilli a passé ensuite à la famille de Laval. En 1565 une dame de Laval, dame de la Roche-Posai, en était usufruitière. La seigneurie de Lilli fut vendue en 1605 à Albert de Roussel, chevalier des ordres du roi, capitaine d'une compagnie de 50 hommes d'armes, sieur de la Pardieu, etc. Il rendit hommage en 1605 à Henri IV. Il vendit Lilli en 1613 à M. Laurent Hallé ; ses héritiers le revendirent à M. de Fremont, marquis de Rosai. Lilli a appartenu plus tard à Charles de Clermont de Thoury, baron de Courcelles, seigneur du Maupertuis (à Lilli, qui l'habitait en 1698.

Charles de Clermont, né à Lilli, vendit à M. Blin, sieur du Mesnil, qui revendit en 1711 à M. Martin, lequel possédait déjà le Maupertuis, à Lilli. Ce dernier vendit la seigneurie de Lilli en 1739 à MM. de Bertengles frères, qui habitaient depuis plus de cent ans à Lilli.

La ferme du Manoir, où était le siège de la seigneurie, est restée à la famille de Bertengles. Elle fut achetée par M. d'Isle, son beau-frère, et elle appartient encore à M. d'Isle, neveu de M. de Bertengles. La famille de Bertengles, dans la ligne directe, est éteinte.

Il y avait à Lilli un manoir seigneurial, situé dans une ferme appelée encore le Manoir. Il était placé dans un grand carré, entouré de fossés remplis d'eau, qui existent encore en partie. Il n'y a plus de vestiges du vieux château, mais il est cité dans plusieurs anciens titres. Ce carré était flanqué de quatre pavillons de briques reliés par des murailles ; deux subsistent encore. Un très-grand bâtiment faisant partie des dépendances du château a 50 mètres de longueur ; il est construit en briques sur près d'un mètre d'épaisseur ; il est voûté en briques et sert de maison de fermier.

Lilli avait beaucoup plus d'étendue et d'importance autrefois qu'il n'en a aujourd'hui. En 1813 plusieurs hameaux en ont été détachés et réunis à Bosquentin. L'église a été beaucoup plus grande ; le côté sud paraît dater du XIe siècle par sa construction ; le côté nord doit avoir été bâti il y a environ cent cinquante ans. Il y avait de ce côté une chapelle extérieure fondée par la dame de Rune, veuve de Gabriel de Clermont-Thoury, en 1611,

qui demeurait alors à Lilli, au château de Maupertuis. La devise des Clermont : *Etiamsi omnes ego non — 1611* — était inscrite dans un vitrail de cette chapelle, avec la légende suivante, placée au bas des armes de cette famille : « Armes « de messire Gabriel de Clermont, che-« valier, baron de Courcelles, tirées de « celles des comtes de Clermont de Ton-« nerre de Thoury, grands maîtres, con-« nestables héréditaires des provinces de « Dauphiné, dont il est puisné, donateur « de cette vitre en la chapelle Nostre-« Dame-de-Saint-Pierre-de-Lilly, ancienne « séance de sa maison. Priez Dieu pour « lui. *Etiamsi omnes ego non*. 1611. » Cette chapelle a donné lieu à plusieurs procès entre les divers seigneurs de Lilli. En 1692, M. de Bertengles fut maintenu dans sa possession ; elle a été détruite depuis. En 1693, les habitants de Lilli cédèrent cette chapelle et le droit de séance et de sépulture à M. de Bertengles.

La commune de Lilli possède encore un autre château appelé Maupertuis qui fut, dit-on, une léproserie fondée par saint Louis au retour d'une croisade, et qui s'est appelée la Maladerie. Il dépendait de l'abbaye du Mont-aux-Malades de Rouen. La famille de Clermont-Thoury (branche des Clermont-Tonnerre) l'a possédé et y a habité en 1699 ; ensuite la famille Martin, qui vendit la seigneurie de Lilli en 1739 à MM. de Bertengles : le Maupertuis en relevait. Le Maupertuis et la ferme furent vendus vers 1800 par les héritiers Martin, à M. Caumont, négociant à Rouen ; ses enfants les vendirent en 1829 à M. de Chastellux, duc de Rauzan, qui les possède aujourd'hui. La famille Martin de Maupertuis est éteinte.

La forêt domaniale de Lions, qui avoisine Lilli, a dû être habitée ; elle renferme des puits maçonnés, une mare qui est pavée ; on y trouve des tuiles romaines. La légende du pays est que Lilli s'étendait dans la forêt et qu'il a été détruit par de grandes guerres. Ce qui prouve que Lilli a beaucoup perdu de son importance, c'est qu'une lettre patente du roi Louis XIII, en 1620, y établit une foire annuelle le 29 juin, jour de la Saint-Pierre, fête patronale de Lilli, et un marché toutes les semaines. Il y avait une halle qui est maintenant une grange ; elle était placée en dehors du village actuel. Lilli était tenu de fournir trois hommes d'armes pour la défense du château de Lions. Il existe une lettre patente de Henri III, roi de France et de Pologne, qui donne aux habitants de Lilli des droits de pâturage et de chauffage dans la forêt de Lions.

Voyez les droits d'usage des habitants de Bézu-la-Forêt, à l'article BÉZU-LA-FORET. Ces droits sont les mêmes que les droits des habitants de Lilli.

Lilli était compris dans la vicomté de Lions, qui elle-même dépendait du comté de Gisors, lequel fut donné en dot par François Ier à sa belle-sœur, Mme Renée de France, fille de Louis XII et d'Anne de Bretagne ; elle avait épousé Henri de Savoie, duc de Ferrare et de Nemours. Il y a un aveu rendu à Henri de Savoie en 1605, par Albert de Rousselet, seigneur de Lilli. Cet aveu est reconnu et signé par Anne d'Est, duchesse de Nemours, qui accepte cet hommage de la seigneurie de Lilli comme dépendance du comté de Gisors par la vicomté de Lions.

M. d'Isle, maire de Lilli, a bien voulu fournir sur cette commune des notes intéressantes.

Dépendances : — L'anglée ; — le Manoir ; — le Maupertuis ; — les Marais.

Cf. Toussaint Duplessis, t. II, p. 611.

LIMBEUF.

Arrond. de Louviers. — Cant. d'Amfreville.

Patr. S. Pierre. — *Prés.* le seigneur.

La forme primitive de ce nom doit être *Lindebue*. On le trouve écrit ainsi dans une charte du *Cartulaire de Saint-Georges-de-Bocherville*, fo 91 vo, où il s'agit d'un autre Limbœuf dans le canton de Doudeville.

La forme « Limboth », que fournit Orderic Vital, est plus éloignée du type.

Ces mots viennent visiblement de *linde*, nom du tilleul dans les langues scandinaves et germaniques. Ses diminutifs : *Lindel*, *Lindet*, sont encore employés en Normandie comme noms de famille. Il est à remarquer que les noms tirés de la présence de tel ou tel arbre sur un domaine sont beaucoup plus employés dans la haute que dans la basse Normandie.

En 1050, dans la charte de Guillaume le Conquérant en faveur de l'abbaye de Saint-Evroult, figure : « Ecclesia de Limboq, cum terra presbyteri. » Le *Gallia christiana* dit : « Limbof. »

Il est fait mention au XIe siècle de Richard de Limbœuf, qui se distingua en Sicile.

Vers 1115, Audin, évêque d'Evreux, concédait à l'abbaye de Saint-Evroult : « apud Limbuef, duas partes tocius decime « que est de feodo de Grentemaisnil, « quod tenet Ricardus de Castris. »

Dans l'un des registres de Philippe-Auguste on trouve parmi les fiefs de Grentemesnil : « ... Dominus Gaufredus « de la Hérupe apud Limbof dimidium « feodum... »

Le *Gallia christiana* mentionne Jeanne de Limbœuf comme 23e abbesse de Saint-Sauveur d'Evreux, en 1344.

Dans ce siècle, la seigneurie de Limbœuf faisait partie des nombreux domaines de l'opulente famille de Nollent.

La Chesnaye des Bois cite comme auteur de la branche des seigneurs de « Lenbœuf » Jean, fils de Jean III et de Marguerite de la Hérupe, qui vivaient en 1361.

Jean de Limbœuf eut pour femme Marie de Tilli, et pour fils Jacques, qui épousa Marie de Dampont.

Jean, fils de Jacques, vivait au commencement du XVIe siècle. Il avait épousé Isabeau de Maillot, dame de Morgni.

Un second Jacques, leur fils, seigneur de Limbœuf, prit pour femme Marie de Roncherolles.

Jean de Nollent, fils aîné de ce second Jacques, vivait encore en 1671 ; François, qui vient après lui, figurait dans les actes publics comme chevalier, baron de Limbœuf, seigneur du Buc-Richard, la Tomberie, etc. ; sa femme était Marie du Fay.

1720. Pierre-François de Nollent, seigneur et baron de Limbœuf, avait pour femme Marie-Elisabeth du Thuit-Pollet.

1763. Frédéric-François de Nollent, chevalier, seigneur baron et patron de Limbœuf, y demeurant.

En 1761, il y avait un Nollent de Lenbœuf, page du roi dans la grande écurie comme l'avaient été son père et son aïeul. (La Chesnaye des Bois.)

Dans l'assiette des dons faits au chapitre de Rouen par le sire de Tournebu, en 1359, Limbœuf n'est compris que pour sept septiers un boisseau d'avoine à la petite mesure, valant cinq septiers huit boisseaux d'Elbeuf, à douze sols le septier.

Une nouvelle église fut consacrée à Limbeuf, le 13 octobre 1480. Par acte de 1721 (notariat de Daubeuf), Pierre-François de Nollent, chevalier, baron, seigneur et patron de Saint-Pierre-de-Limbeuf, seigneur du Bosc-Richard et autres lieux, fonda une chapelle placée dans la nef de l'église de Limbeuf, du côté de l'épitre, et dédiée à saint Martin, abbé de Vertou, ordre de Saint-Benoît, à deux lieues de Nantes, *de la famille duquel ledit seigneur était issu par la grâce de Dieu*.

Pour remplir les pieuses intentions de feu noble dame Marie-Elisabeth du Thuit-

Pollet, son époux donna et aumôna à ladite église de Saint-Pierre de Limbeuf, en sus des dons qu'elle avait déjà faits, ce qui fut accepté par M® François Bosguerard, curé de ce lieu, et divers principaux habitants, une demi-acre de terre à Limbeuf, et 30 livres de rente perpétuelle, à la charge, par la fabrique, de : 1° faire sonner en tinş pendant une heure l'agonie des mourants, afin d'attirer les prières pour leur délivrance, et d'employer la première cloche pour les hommes et garçons, et la seconde pour les femmes et filles ;

2° De faire dire annuellement, à perpétuité, trois messes hautes et cinq messes basses de Requiem à jours déterminés, précédées de recommandations et suivies de Libera sur la tombe, pour le repos de l'âme de l'épouse du donateur et des membres de la famille ;

3° De fournir un modeste dîner et de payer 5 sols aux trois frères de la charité d'Amfreville-la-Campagne lorsqu'ils viennent chaque année officier dans l'église de Limbeuf ;

4° De fournir annuellement 4 livres de cierges en cire au seigneur le jour de la Purification et de sa fête, cierges qui seraient placés dans l'église, et de lui apporter chez lui, le jour de Pâques, un cierge bénit pesant au moins une demi-livre ;

5° D'augmenter de 2 livres le salaire du prédicateur de l'avent et du carême, qui jusqu'alors ne recevait que 8 livres.

Les armes de la famille de Nollent, dont le premier nom était David, sont : D'argent à trois roses de gueules, deux en chef et une en pointe, à la fleur de lys de même, en cœur.

Limbeuf, qui comptait 135 habitants en 1726, et 129 en 1840, a cessé d'être commune et d'appartenir au canton d'Amfreville, pour être réuni, en 1844, à Criquebeuf-la-Campagne, canton du Neubourg.

Les lieux dits sont : —le Bout-au-Roi ;— la Caboche ; — le Logis ; — Saint-Pierre, chapelle.

LISORS.

Arrond. des Andelis. — Cant de Lions.
Sur le Fouillebroc et le ruisseau de Ste-Catherine.

Patr. S. Martin. — Prés. le seigneur.

Nos lecteurs prévoient déjà que les deux noms de Lizores et Lisors signifient, à cause de leur terminaison ors, des cours d'eau ; ainsi de Gisors et Givors. La première partie du nom de Lisors est aussi un nom de cours d'eau. Le mot *Lis* se confond ou se rapproche avec les noms celtiques de la *Lys*, du *Les*, de la *Laize*, du *Laizon*. Lisors est en effet traversé par le Fouillebroc et le ruisseau Sainte-Catherine. Sur son territoire se trouvait au fond d'un vallon boisé un amas d'eau provenant de plusieurs sources : « mortuum mare, » dans le voisinage duquel s'éleva la célèbre abbaye de Mortumer.

Lisors était un fief qui appartenait, dans le XII° siècle, aux Crespin, seigneurs de Dangu. On lit dans le cartulaire de Mortemer, fol. 49 : « Goscelinus Crispinus,
« pro salute animæ meæ et Roberti de
« Dangu, et Eufemiæ uxoris ejus et Isabellis filiæ ejus videlicet uxoris meæ, atque
« omnium amicorum nostrorum, concedo
« Deo et sanctæ Mariæ et conventui fratrum
« de Mortuomari in Leonibus : XXVIII.
« acras de terra mea circa Posseriam in
« elemosinam... Insuper et concedo eis
« quicquid de feodo meo habetur in terra
« de Mesengeræ... »

Dans une autre charte de Robert de Dangu figurent comme témoins Hugues « de Lisorz » et Arnoul, « præpositus de Lisorz. » (*Cart. de Mortemer*, fol. 51.)

« Hugo de Lisorz dedit Deo et Sanctæ
« Mariæ quatuor campos, concessione uxoris suæ et filiorum suorum, accipiens de
« caritate ecclesiæ duodecim solidos pari-
« siensium et unum bovem. Testes : Robertus Pinel ; Arnulfus de Lisorz et Willelmus filius ejus ; Ascelinus, et Hugo
« Bubulcus. » (Fol. 56.)

« Hugo de Lisorz, quando se dedit Deo
« et Sanctæ Mariæ, dedit simul tres acras
« terræ juxta campum de Perruceia, concessione uxoris suæ et Walteri filii sui et
« reliquorum liberorum suorum. Testes :
« Rogerus, sacerdos de Lisorz ; Robertus
« Pinel ; Ascelinus et Arnulfus de Lisorz. »
(Fol. 56 v°.)

Dans une donation de Robert Pinel, il est fait mention de la culture de la Forestelle.

« Willelmus Pinel de Lisorz dedit ecclesiæ Mortuimaris.... campum suum jungentem haie de via d'Oltrabos. »

Le pouillé d'Eudes Rigaud nous montre le patronage de Lisors aux mains des Crespin, seigneurs de Dangu : « Ecclesia
« de Lisorcis ; xxv. libras turonensium ;
« parochianos IIII^xx. Guillelmus Crispin
« præsentavit. »

En 1418, les troupes anglaises qui allaient prendre Pont-de-l'Arche séjournèrent à Lisors et à Mortemer.

Thomas Sureau était seigneur de Lisors au XVI° siècle.

Les droits d'usage des habitants de Lisors dans la forêt de Lions étaient semblables aux droits d'usage des habitants de Bézu-la-Forêt. (Voyez l'article BÉZU-LA-FORÊT.)

C'est sur le territoire de Lisors que fut fondée, en 1134, par Alexandre, prieur de Beaumont près Estrépagni, et du consentement du roi Henri, le célèbre monastère de Mortemer en Lions. Dans la semaine de Pâques, Alexandre quitta Beaumont accompagné de presque tous les religieux et de Guillaume, abbé du Pin. Ils s'établirent dans le vallon de Mortemer, où résidaient déjà trois ermites. Le roi Henri ne tarda pas à venir lui-même visiter le nouveau monastère et lui fit des donations considérables, entre autres la lande de Beauficel et des droits dans la forêt de Lions. Vers le même temps, Alexandre soumet son monastère à l'ordre de Cîteaux. Ce fut le signal de nouvelles faveurs accordées successivement par le roi Étienne et Hugues, archevêque de Rouen. L'histoire de la fondation de ce monastère a été publiée d'après le cartulaire par les auteurs du *Gallia christiana*. (Toussaint Duplessis en a donné une traduction.) Nous en détacherons seulement ce passage, qui explique la dénomination de Mortemer : « Erat autem in « foresta de Leonibus vallis quædam se- « cretissima, ab occidente in orientem pro- « tensa, vallis Mortuimaris ab antiquo « appellata propter inundationem fon- « tium, qui inde orientantur et humo « iterum mergebantur, et sic vallem quasi « bitumen effecerant, usquedum in rivu- « lum derivarent. »

L'église abbatiale de Mortemer, dont la reine Mathilde avait commencé l'édifice, fut continuée par le roi Henri II. Mathilde, mère de ce prince, y bâtit deux grands corps de logis pour la réception des hôtes, chacun à part, selon leur qualité. Froger, archidiacre de Derby en Angleterre, puis évêque de Séez en Normandie, en avait construit le chapitre et le cloître ; et Enguerrand de Vascœil y avait aussi élevé une infirmerie, avec le dortoir et le réfectoire des frères convers. L'église, qui ne fut achevée que sur la fin de ce même siècle par les libéralités de Froger, était vaste, mais sans aucun ornement. Elle fut dédiée sous le nom de *la Sainte Vierge*, le 8 mars 1209, par Robert Poulain, archevêque de Rouen, et Jourdain, évêque de Lisieux. Dans la chapelle, qui était précisément placée derrière le grand autel, on avait peint sur le mur, d'un côté, trois gentilshommes en habits de guerriers, et de l'autre côté les trois mêmes gentilshommes habillés, l'un en archevêque, l'autre en évêque, le dernier en abbé. On disait que c'étaient trois frères de la maison du Bec-Crespin. Cette maison a fait de grands biens aux religieux de Mortemer ; on en voyait les armes en divers endroits, tant de l'église que du monastère.

Le parlement ordonna, par arrêt du 20 juillet 1647, qu'il serait pourvu aux réparations tant de la maison abbatiale que des lieux réguliers, des moulins, des métairies et des fermes dépendantes du monastère ; mais cet arrêt ne fut point exécuté, et les bâtiments, qu'on aurait pu relever alors ou soutenir à peu de frais, étaient presque tous tombés six ans après ; les bestiaux ne pouvant plus être logés dans la basse-cour, on les retira dans les chapelles de l'église, qui servirent d'étables et d'écuries. Comme il y avait lieu de craindre une ruine entière, le parlement, par un autre arrêt du 27 août 1653, ordonna que les revenus de l'abbaye seraient saisis, pour être employés incessamment aux réparations. Cependant on ne fit rien à l'église, et la voûte du chœur tomba vers l'an 1680.

Robert Poulain, archevêque de Rouen, avait été inhumé au milieu du sanctuaire. Au XVIII siècle, on avait transporté son mausolée entre les piliers du même sanctuaire du côté de l'épître. On l'y voyait en habits pontificaux, revêtu du pallium, avec un dragon à ses pieds. Vis-à-vis de Robert Poulain, du côté de l'évangile, était le mausolée de Froger, évêque de Séez. Guillaume de Mandeville, comte d'Aumale et d'Esser, l'un des principaux officiers de Henri II, mort le 14 novembre 1189, fut enterré dans le chapitre.

Ces détails sont extraits de Toussaint Duplessis. On sait qu'il ne reste plus de ce célèbre monastère que des ruines pittoresques.

Voici la liste des abbés de Mortemer, telle qu'on la trouve dans le *Gallia christiana*. (T. XI, p. 307.)

I. Adam, moine d'Ourscamp, 1138-1151.

II. Etienne, prieur d'Ourscamp, 1151-1164.

III. Geoffroi de la Chaussée, 1164-1174.

IV. Richard Ier de Blosseville, 1174-1179.

V. Guillaume Ier, 1179-1200.

VI. Humbert ou Hubert figure dans les actes depuis 1202 jusqu'en 1219.

VII. Vital, 1219-1225.

VIII. Osmond, 1225-1226.

IX. Richard II de Coutances figure depuis 1228 jusqu'en 1238.

X. Eudes figure depuis 1242 jusqu'en 1261.
XI. Raoul.
XII. Maurice.
XIII. Geoffroi II, mort en 1287.
XIV. Robert I⁽ʳ⁾ de Hermanville, mort en 1293.
XV. Robert II de Cressenville, mort après 1301.
XVI. Nicolas I⁽ʳ⁾ de Villerets.
XVII. Nicolas II.
XVIII. Jean I⁽ʳ⁾, en 1323.
XIX. Robert III Dupuis, mort en 1387.
XX. Guillaume II Thouroude, de 1387 à 1404.
XXI. Mathieu Pillard.
XXII. Guillaume III d'Autun, 1405-1428.
XXIII. Guillaume IV Thouroude, 1438-1458.
XXIV. Jean II le Boulanger de Lions, 1458-1473.
XXV. Pierre I⁽ʳ⁾ Guymier de Rouen, 1473-1515.
XXVI. Blaise de la Fosse, 1503-1508.
XXVII. Charles I⁽ʳ⁾ du Haubois, en 1507.
XXVIII. Pierre II Roucherel des Andelis, mort en 1525.
XXIX. Jacques de Castignolles, chanoine de Rouen, en 1511 et 1515.
XXX. Jean III Sanguin, moine de Bonport, 1517-1520.
XXXI. Louis I⁽ʳ⁾ Huillart, moine de Bonport, 1520-1543.
XXXII. Louis II de Roncherolles, en 1543.
XXXIII. Pierre III de Marcilli, en 1550 et 1571.
XXXIV. Jean IV du Bec-Crespin, en 1578, mort en 1610.
XXXV. René du Bec-Crespin, 1610-1619.
XXXVI. Alexandre des Marests, jusqu'en 1632.
XXXVII. Philippe de la Fontaine, en 1636 et 1666.
XXXVIII. Pierre IV de Mornai-Villarceaux, nommé en 1666.
XXXIX. Pierre V de Bonzi, cardinal et archevêque de Narbonne, 1672-1703.
XL. Denis-François Bouthillier de Chavigni, 1703-1719.
XLI. Etienne-Joseph de la Fare, 1721-1723.
XLII. Martin de Ratabon, 1723-1729.
XLIII. Charles II de Beaupoil de Sainte-Aulaire, nommé en 1729.

Ce monastère dépendait, nous l'avons déjà dit, de l'ordre de Citeaux. Les sources inédites de son histoire sont d'abord le cartulaire conservé à la Bibliothèque impériale, dans le fonds Gaignières, n° 2735, et une série de chartes en très-mauvais état déposées aux archives de l'Eure.

Nous publierons seulement quelques pièces et notes dont nous avons la copie sous la main, sans effleurer le sujet de l'histoire de l'abbaye de Mortemer.

Sur différents points de la forêt de Lions, les religieux de Mortemer avaient, au XII⁽ᵉ⁾ siècle, fondé leurs granges de Bosquentin, du Roule, de Brémulle, de la Mésangère, de la Pommeraie, de Montroti et de Hunval. Toutes ces granges sont indiquées dans la confirmation des biens de Mortemer par Philippe-Auguste, en 1202. (Trés. des ch., reg. 110, n° 271.)

A une date postérieure à 1202, les religieux de Mortemer se plaignaient de ce que leurs frères de l'abbaye du Val-Notre-Dame avaient, malgré les constitutions de l'ordre de Citeaux, établi une maison trop près de leurs granges, et de ce qu'ils mettaient leurs animaux à pâturer dans la forêt de Lions, dans le voisinage des leurs. Pour terminer le différend, on convint, en mai 1262, que les bestiaux du monastère du Val ne pâtureraient pas dans un rayon de deux lieues autour des granges de Mortemer. (Orig., A. E., S. 4,191, n° 49.)

Vers 1210. « Philippus, etc. Notum, « etc., quod abbas et monachi Mortui maris sustinent ad tempus pro amore nostri quod ipsi non ducent animalia sua « in essartis foreste nostre de Lions, scilicet in quadam parte Vallis Duranni, in « Valle Sancti Dionisii, in Valle Tostani, « in Valle Richoldi, in Brueria, in Buivalle ; quia non volumus quod hoc eis « cedat ad dampnum vel exheredationem, « volumus et concedimus eis quod, cum « nemus predictorum essartorum fuerit « revistitum, in eis habeant id quod debuerint sicut ante, prout in cartis eorum « continetur. » (Cartulaire E de Philippe-Auguste, f°. VII ˣˣ IX r° et v°.)

1248. « O., Mortuimaris in Leonibus « dictus abbas et ejusdem loci conventus, « omnibus presentes litteras inspecturis, « salutem in Domino. Notum facimus universis, tam presentibus quam futuris, « quod, cum nos peteremus ab excellentissimo et karissimo domino nostro Ludovico, Dei gratia rege Francie illustri, « totam vallem Mortui maris, et contencio « verteretur inter ipsum et nos pro lateribus dicte vallis, tandem, pro bono pacis « et pro salute anime ipsius, assignavit nobis et concessit trecenta viginti quinque « arpenta nemoris sui cum terra in foresta sua de Leonibus sita circa abbatiam nostram, videlicet centum quadraginta et novem arpenta que movent de

« defenso de Torfrevilla usque ad metas
« que posite sunt in fundo vallis juxta bou-
« tum terrarum nostrarum, et ab eadem
« meta centum sexaginta sexdecim arpenta
« usque ad carreriam de Lysorcio a parte
« altera abbatia nostre Predictum autem
« nemus vendere non poterimus, sine ip-
« sius domini regis et successorum suo-
« rum licentia speciali ; et sciendum,
« quod pro hiis trecentis viginti quinque
« arpentis predictis, nos tenuimus pro
« pagatis pro tota dicta valle, quam ab
« ipso exigebamus, renunciantes omni
« juri et proprietati que habebamus vel
« habere poteramus aliqua ratione in valle
« supradicta, preterquam usuario et asia-
« mentis nostris, sicut in alia foresta ha-
« bebamus ante istam compositionem. Hec
« autem predicta concessit nobis dominus
« rex salvo jure alieno. Quod ut ratum et
« stabile permaneat, presentem paginam
« sigilli nostri munimine duximus robo-
« randam. Actum apud castrum Noerya-
« rum, anno Domini m° cc° quadragesimo
« octavo, mense junio. »

Au dos : « Littere abbatis et conventus
« Mortuimaris de compositione facta cum
« rege super tota valle Mortuimaris. »

1318. « Ph., etc. Notum facimus univer-
« sis, tam presentibus quam futuris, quod,
« cum sicut ex parte religiosorum viro-
« rum abbatis et conventus monasterii de
« Mortuomari in Leombus nobis nuper
« expositum extitit, multiplices et fre-
« quentes, tam a familia seculari ipsius
« abbacie, quam ab aliis inibi declinanti-
« bus, infra eamdem abbatiam committan-
« tur excessus, ex quibus, quia dicti re-
« ligiosi nullam infra dictum monaste-
« rium super dictis excedentibus habent
« cohercionis justiciam, excedentes eos-
« dem non audent corrigere, nec in ipsos
« quomodolibet animavertere, cultus reli-
« gionis ibidem leditur, turbatur, tran-
« quillitas dicti loci, impeditur divinum
« servicium, et graviter offenditur justicia,
« dum hujusmodi committantur excessus
« sic transeant impuniti ; nos super hiis
« de opportuno remedio providere volen-
« tes, prefatis religiosis de speciali gracia
« concedimus per presentes, ut ipsi de
« cetero in dicta abbacia cippos seu com-
« pedes habere valeant, in quibus dicti
« excedentes, quociescunque infra clau-
« suram dicte abbacie delinquere pre-
« sumpserit et ibidem capi habuerit,
« ponantur et detineantur juxta suorum
« in hac parte demeritorum exhigenciam
« et culparum ; ita tamen quod ipsi reli-
« giosi pretextu hujusmodi aliam sibi jus-
« ticiam non vendicent nec usurpent, ne-
« que dictos excedentes aliter quam ut

« premittitur quomodo libet corrigere
« punireve presumant. Quod ut firmum
« sit et perpetuo validum, presentes litteras
« sigilli nostri fecimus appensione muniri,
« nostro in aliis et alieno in omnibus jure
« salvo. Actum apud Novum Mercatum,
« anno Domini m° ccc° xviii°, mense sep-
« tembri. » (Reg. du Trés. des ch., JJ. 56.
N° iiii° xxi.)

1362. « Nos frater Johannes, abbas
« Cystercii, ceterique diffinitores capituli
« generalis, notum facimus universis, pre-
« sentibus et futuris, quod, cum inter ab-
« bates de Mortuomari et de Bello Becco
« et eorum conventus, esset orta materia
« questionis, super uno dolio, uno barillo,
« cum vigenti galonibus vini annui et
« perpetui redditus seu pensionis, et non-
« nullis arreragiis, quos petebant dicti de
« Mortuomari a prefatis de Bello Becco
« certo titulo, de quo per suas litteras os-
« tendebant, una cum prescriptione tanti
« temporis quod de contrario, prout dice-
« bant, humana memoria non extabat,
« dictis de Bello Becco contrarium pro-
« ponentibus et dicentibus ad hoc mini-
« me se teneri, presertim cum pro vineis
« et clauso suis non possent nec permite-
« retur eisdem uti et gaudere scalatis et
« perticis in foresta de Andeliaco, cum
« tamen pro hujusmodi onere esset et
« fuisset predictus annuus redditus anti-
« quitus institutus, pluribus altercatis hinc
« et inde, partes predicte, scilicet frater
« Robertus abbas de Mortuomari, et fra-
« ter Martinus abbas de Bello Becco, nec
« non et procuratores eorundem monas-
« teriorum, scilicet frater Nicholaus Bas-
« tiani, procurator Mortuimaris, et frater
« Johannes de Bosquello, procurator Belli
« Becci, cum potestate compromittendi, in
« capitulo comparentes, et desuper pre-
« fatis discordiis, in ipsum capitulum
« compromissum fecerunt, juraveruntque
« nominibus quibus supra se tenere et
« inviolabiliter observare quodcunque et
« quecunque esset vel essent per ipsum
« capitulum ordinatum seu etiam ordi-
« nata... Capitulum vero paci et tranquili-
« tati partium cupiens providere, omnibus
« attente et cum diligencia perquisitis
« que ad veritatem et discucionem hujus-
« modi negocii facere poterant vel debe-
« bant, ordinavit et diffinivit tenoreque
« presentium ordinat et diffinit quod pro
« predicto redditu annuo dolii, barilli
« et galonorum predictorum, predicti de
« Bello Becco, perpetuis futuris tempori-
« bus, anno quolibet, in festo omnium
« Sanctorum, solvant et reddant illis de
« Mortuomari decem florenos Florencie
« boni auri et legitimi ponderis, et quod

« pro arreragiis preteriti temporis solvant
« eisdem infra festum Pasche proximo ven-
« turum quindecim florenos Florencie auri
« et ponderis predictorum ; quibus me-
« diantibus prefati de Bello Becco quitti
« remanent et immunes a dolio, barillo
« et galonibus predictis. Que diffinitio sic
« prolata confestim per ipsos abbates et
« procuratores predictos emologata ex-
« presse extitit penitus approbata, salvo
« tamen et specialiter reservato illis de
« Bello Becco omni jure prosequendi vel
« petendi seu exigendi scalata et perticas
« predictas et quecunque alia jura eis de-
« bita, contra quoscunque de quibus eis
« videbitur expedire, exceptis tamen illis
« de Mortuomari predictis, quos super
« hiis amplius impetere, molestare vel
« inquietare nequibunt. In cujus rei testi-
« monium, sigillum nostrum presentibus
« litteris duximus apponendum. Datum
« Avenione, die beati Lamberti episcopi
« et martiris, anno Domini millesimo tri-
« centesimo sexagesimo secundo, tempore
« nostri capituli generalis. » (*Arch. de
l'Eure*, orig.)

Nous terminerons enfin par un aveu rendu par l'abbé de Mortemer. (*Arch. imp.* P. 307, f^{os} xi et xiii.)

« Du roy nostre sire, nous frère Guil-
« laume, abbé de Mortemer en Leons, de
« l'ordre de Citeaulx, ou diocèse de Rouen,
« ou balliaige de Gisors, et de fundacion
« royal, et tout le couvent d'icelui lieu,
« tenons et advouons à tenir tout le tempo-
« rel de nostre dicte église, avecques toutes
« ses appartenances, tant en chief comme
« en membres, par une seule féaulté, la
« quelle nous avons faicte au Roy nostre
« dit Sire, et pour ce nous sommes tenus
« de faire à Dieu prières et oroisons pour
« icelui seigneur et pour les ames de nos
« fondeurs et bienffacteurs : c'est assavoir
« pour l'ame de prince de tres noble
« memoire Henry, roy d'Angleterre, fils
« du noble roy Guillaume, le quel Henry
« fut nostre premier fondeur, et pour
« l'ame de digne mémoire dame Mehaud,
« l'empereur, sa fille, et pour l'ame du
« roy Henry, fils de la dicte dame, les
« quelz se feirent fondeurs de la dicte
« esglise, en mectant la dicte esglise, les
« religieux, hommes, terres, possessions,
« rentes et revenues d'icelle en la sauve-
« garde et protection d'eulx et de leurs
« successeurs, et en leur propre main et
« demaine, comme leur propre chambre.
« Aussi sommes nous tenuz de prier,
« comme dit est, pour tous les nobles roys
« et princes qui depuis ont régné en France
« et en Angleterre, et qui nous ont con-
« firmé tous les biens de notre dite église.

« Aussi sommes nous tenus de prier,
« comme dit est, pour la bonne vie et santé
« du Roy nostre Sire, et pour ses succes-
« seurs, pour la paix et tranquillité des
« deux royaumes de France et d'Angle-
« terre, et duchié de Normandie. Tout le
« quel temporel nous baillons par adveu
« et denombrement par la manière qui
« s'ensuit : c'est assavoir premièrement
« toute la vallée de Mortemer jusques aux
« terres de Lisors, en la quelle nostre dite
« esglise est assise, ou bailliaige et vicomté
« de Gisors, avec trois cens et vingt-cinq
« arpens de boys joignans à icelle vallée
« d'un costé et d'autre, et povons en toute
« icelle vallée coupper, essarter et labourer
« à nostre voulenté. — Item les granges
« et manoirs, terres, vignes, prez, boys,
« rivières, rentes et revenues et apparte-
« nances d'iceulx manoirs, les quieulx
« sont situez en la forest de Leons et en
« Veuquessin Le Normant et autre part ;
« c'est assavoir la Lande sur Leons, la
« Neufve grange, Boquentin, Quiquempoit,
« la Mercherbe, Montrosti, le Quesnegiher,
« le Roulle, Grouchet, Oultrebroix, la Ma-
« sanzière, Brunville, Manesqueville,
« l'ostel de Noysy et vignes et pressoirs,
« les hostels du Val, de Joy, de Gamfly
« emprés Vernor., de Port-Mort, de
« Andeli, de Roen, du Til sur Magne-
« ville (?) en Caur. — Item, sur la
« forest de Leons nous avons droit et
« coustume d'avoir touz les vaissaulx de
« mousches que nous y povons trouver
« par toute la forest et en la haye de Neuf-
« marcché, et povons abatre l'arbre creux
« où ils sont logées pour y prendre l'es-
« saim, le miel et la cire pour le luminaire
« de nostre esglise. — Item, nous avons
« toutes nos pastures et tous noz pasnai-
« ges et toutes noz aisances en toutes
« choses qui nous sont nécessaires, tant à
« edifier et reparer, comme en toutes noz
« autres actions et nécessitez, par toute
« icelle forest franchement et quietement
« à perpétuité, et aussi semblablement en
« la forest de Raqueville, pour nostre hos-
« tel de Brunville, et aussi en la forest de
« Portmort et d'Andely, pour nostre hos-
« tel, court et port de Port-Mort. — Item,
« nous avons en nostre dicte ablaye court
« et usaige et ceps pour punir nos sub-
« giez, serviteurs et maulffaicteurs qui
« mefferoient ès mectes et clostures de
« nostre dicte abbaye. — Item, nous po-
« vons faire en nostre abbaye forge gros-
« sière et prendre terre pour nostre tuil-
« lerie ou deffaut de Toufroiville. — Item,
« nous avons plusieurs nobles fiefz, c'est
« assavoir le fief de Port-Mort, que nous
« tenons du Roy nostre Sire, le fief de

« Garelive, le fief de Manesqueville, le
« fief de Preaulx, esquiels nous avons
« court et usaige et justice basse et
« moyenne, selon la coustume du pays.
« Toutes les quelles choses nous tenons
« du Roy nostre Sire bien et en paix,
« franchement, quietement, entierement
« et honorablement, comme propre do-
« maine du Roy, et se aucun nous y
« molestoit, grevoit ou empeschoit, ilz
« seroient pugnis à la voulenté du Roy
« nostre Sire, comme en cas de forfaicture,
« et aussi se tantost n'en venoit à amen-
« dement, il encourroient par durable
« malediction, comme nous avons par les
« privileiges de plusieurs saincts peres de
« Rome. — Item, on ne nous doit con-
« traindre ne faire convenir en quelque
« court contre nostre voulenté, pour chose
« que nous tenons, se n'est devant le ca-
« pital justice du Roy nostre Sire. — Item,
« les baillifs et officiers du Roy nostre Sire
« nous doivent garder et deffendre de
« touz griefz, et accomplir les mande-
« ments du Roy nostre Sire, qui pour
« nous leur seront faiz, par leur serment.
« — Item, pour les garnisons du Roy nos-
« tre Sire nos biens ne doivent point estre
« prins contre la voulenté de nous et de
« noz serviteurs. — Item, nous et noz
« biens sommes francs et quictes par tous
« les travers et passaiges du Roy nostre
« Sire, par eaue et par terre, pour mener
« et faire mener nos vins et toutes autres
« choses pour nous et pour noz provi-
« sions, sans faire marchandise, franche-
« ment, et sans paier treu ne travers ne
« paiage quelconque. — Item, nous avons
« droit de prendre chacun an vingt livres
« parisis de rente en fiefs et aumosne sur
« la recepte du viconte de Gisors, au terme
« de Noël, pour faire le anniversaire de
« la Royne Jehanne, et pour l'eschange de
« la lande de Bellefouace. — Item, nous
« avons en plusieurs lieux plusieurs me-
« nues rentes et viez mesures et revenues
« qui sont inutilles ou oubliées ou mescon-
« gnues, des quelles nous n'avons mé-
« moire ne congnoissance. Et se aucunes
« choses avons oublié de mectre en ce
« present adveu et denombrement, nous
« faisons protestation que très voulentiers
« les baillerons au Roy nostre Sire et à
« ses gens, par adveu et denombrement,
« quant nous en aurons congnoissance.
« — Ce que nous devons au Roy nostre
« Sire, premierement sur le port de la
« Garenne et revenu de Port-Mort, soi-
« xante six solz trois deniers tournois,
« que nous paions chacun an à l'eschi-
« quier de Pasques, au viconte de Gisors.
« — Item, à la prevosté de Leons, pour

« l'usaige du tournant du moulin de Ma-
« nesqueville, chacun an une mine de blé,
« mesure de Leons, du pris de quatre solz
« tournois. — Autre chose ne savons que
« bailler par adveu ne que denombrer,
« mais se aucune chose avons oublié à y
« mectre par ygnorance ou par oubliance,
« comme dit est, ou parceque par le mal-
« temps des guerres qui a couru et par
« les mortalitez, nous avons perdu moult
« de noz lettres et registres, et veu aussi
« que en noz granges et manoirs ne de-
« moura personne puis l'espace de sept
« ans, fors que en troys, parquoy nous
« avons perdu la congnoissance de moult
« de noz mesmes (?) rentes et revenues,
« les quelles se elles reviennent à nostre
« congnoissance et que nous en puissions
« jouyr, nous les baillerons par adveu et
« denombrement très voulentiers, comme
« de raison est, en nous rapportant à toute
« bonne correction, suppliant très hum-
« blement au Roy nostre Sire, et à vous
« nos seigneurs des comptes et generaulx
« tresoriers, qu'il vous plaise avoir
« agreable et acceptable ce present adveu
« et denombrement, pour ladite povre et
« desolée esglise, et mander aux baillifs
« et vicontes de Rouen, de Caux et de Gi-
« sors, et aux maistres des forets, qu'ilz
« tiennent et facent tenir le dit temporel
« de la dicte esglise, en delivrance et
« paisible, et nous prierons toujours Dieu
« comme nous sommes tenuz pour le Roy
« nostre Sire et pour vous. — En temoing
« de toutes les quelles choses, nous, abbé
« et couvent dessusdit, avons mis nos
« seaulx à ces presentes lettres, adveu et
« denombrement. Donné en nostre chap-
« pitre le xv⁵ jour d'octobre, l'an de grace
« mil cccc vingt et quatre. » (Arch. imp.
P. 307, fol. xi.)

Nous ajouterons les variantes qu'offre l'aveu transcrit au f° 22 :

« Du Roy nostre Sire, nous frère Guil-
« laume, abbé de Mortemer en Lyons, etc.,
« — les quelz sont scituez en la forest de
« Lyons en Veulguessin le Normant et
« autre part, c'est assavoir ung moulin à
« Rosay, la Lande sur Lions, la Neuf-
« grange, Boquentin, Quinquenpoit, la
« Mercherie, Lequesne-Gehen, le Roulle,
« Grouchet, Mont-Rosty, Oultrelos, Brau-
« ville, les hostels du Val, de Jouy, de
« Lions, de Rouen, du Til sur Mangneu-
« ville. Et semblablement en la forest de
« Rasqueville, et aussi en la forest de Por-
« mor... pour nostre hostel, port et port
« de Pormor, et les vaisseaulx des mou-
« ches comme en la dicte forest de
« Lyons. » (Cela comme plus haut ; le moulin sis à Rosay n'est pas dans le pré-

cédent aveu.) — « Item, nous avons en
« nostre dicte abbaye court et usaige en
« basse et moïenne de justice, et ceps pour
« pignir, etc. » (Même observation.) —
« Tieullerie du deffens de Touffreville. »
— Après les mots : « 66 sols 3 deniers
« tourn... au vicomte de Gisor, » le nouvel aveu ajoute : « et sur noz vignes de
« Gamilli, au terme de vendanges, comme
« l'en dit, sauf à plus avant en congnoistre
« et à nous à le deffendre, se mestier est,
« trois barilz, deux pots, trois poteaulx
« et choppine de vin de moeson. »

Un mot sur le fief de Bois-Préaux. Ce
fief, dit Vaurose, était situé sur la paroisse
de Lisors ; il fut érigé par lettres patentes
du mois d'août 1582. Louis XIII confirma
cette érection par d'autres lettres patentes
du mois de septembre 1623, en faveur
d'Ezéchias de Fouilleuse, seigneur de
Saint-Aubin.

En 1637, le 7 juillet, François de Har-
lay, IIe du nom, archevêque de Rouen,
accorda au dit seigneur Ezéchias de Fouilleuse la permission de fonder dans l'enceinte de son château de Bois-Préaux
une chapelle sous l'invocation de Notre-
Dame. En suite d'une procuration dudit
archevêque, cette chapelle fut bénie par
Robert Deniaux, doyen et curé de Gisors,
à charge par le seigneur de payer au chapelain trente livres tournois par an, et d'y
faire dire la messe au moins une fois par
mois.

Le fief de Bois-Préaux resta jusqu'en
1719 dans la maison de Fouilleuse, qui
fournit presque tous les gouverneurs et
baillis de Gisors de 1539 à 1694, et dont
l'une des branches portait le titre de marquis de Flavacourt. De 1719 à 1780, il
passa successivement dans les mains de
messires de Trie-Pillavoine et de Fontette,
et en dernier lieu dans celles de messire
Fourmont de Bois-Préaux, conseiller à la
cour des comptes, aides et finances de
Normandie, qui en fut le dernier seigneur
et aux petits-enfants duquel il appartient
encore.

Le château de Bois-Préaux, dont le
corps de logis subsiste seul, était entouré
de larges fossés formant un carré, aux
angles duquel étaient quatre bastions ;
on y entrait par un pont-levis.

Sur le territoire de Lisors nous noterons comme dépendances, en dehors de
Mortemer et du Bois-Préaux ; — le Coisel ;
— le Logis ; — la chapelle de Saint-Jean.

Cf. Gallia christiana, t. XI, p. 307.
Neustria pia, p. 769.
Toussaint Duplessis, t. II, p. 612 et 650.
La Normandie illustrée, t. II, p. 156.

LIRE.

(Voyez les articles NEUVE-LIRE et VIEILLE-
LIRE.)

LIVET-EN-OUCHE.

Arrond. de Bernai. — Cant. de Beaumesnil.

*Patr. S. Martin. — Prés. le baron de
Ferrières.*

A propos de ce passage : « ...Juxta
« quoddam livot aut jonchay... » du
Cange dit que si *aut* est explicatif, comme
cela arrive souvent, livot doit être synonyme de jonchay. Dans le cas contraire,
il pense qu'il faut lire *rivot*. Nous sommes
d'autant plus porté à adopter la première
explication que, par un singulier hasard,
notre commune de Livet-en-Ouche est
contiguë à celle des Jonquerets. Or,
d'après du Cange, Livet, Livaie, Livarot
indiquent des terrains aqueux, fangeux,
traversés par des cours d'eau ; ce qui est
précisément la condition des communes
de Livet-en-Ouche et des Jonquerets.

L'histoire de cette commune se confond
avec l'histoire de la baronnie de Ferrières
dont elle dépendait. (Voyez ci-dessus
l'aveu de FERRIÈRES, p. 84.)

Cette commune ne possède qu'un hameau, le hameau de Longrais. Je crois
qu'il faut écrire Longue-Raie. Dans une
charte du grand cartulaire de Jumièges
on trouve : « ...de campo qui dicitur
« Longa Reia... »

Les Jonquerets ont été réunis à Livet-
en-Ouche en 1845, sous le nom de Jon-
querets-de-Livet.

Dépendances : — l'Eglise ; — les Longues-
Raies.

LIVET-SUR-AUTHOU.

Arrond. de Bernai. — Cant. de Brionne.
Sur le torrent d'Authou.

*Patr. Notre-Dame. — Prés. l'évêque
de Lisieux.*

Sur le territoire de Livet, on trouve
une enceinte carrée d'environ cinquante
acres auprès d'une cour appelée la Cour-
Bataille.

Le cartulaire de Préaux nous fournit
quelques bonnes pièces touchant cette localité. La pièce suivante est de 1170 ; c'est

la confirmation d'une donation faite par Jean de Livet à l'abbaye de Préaux.

« Rogerius, Dei gratia abbas Becci, totusque ejusdem loci conventus, universis fidelibus ad quos littere presentes pervenerint, salutem et orationes. Universitati vestre innotescat, Johannem de Liveht anno ab incarnatione Domini x°c° lxx. unam acram terre et situm loci ad molendinum quoddam faciendum ecclesie Sancti Petri Pratelli in perpetuam dedisse elemosinam : sed quoniam predicta terra de feudo ecclesie nostre, abbas Henricus et conventus Pratelli petierunt ut huic donationi assensum preberemus eamque auctoritate nostri testimonii confirmaremus, ne ulla ex parte nostra vel ex parte heredum prenominati Johannis aliqua sequeretur calumnia; quorum petitioni adquiescentes, hanc donationem concedimus et presentis carte munimine confirmamus, optantes ut, salvo jure ecclesie nostre, ecclesia Pratelli hoc beneficium libere et quiete in perpetuum possideat. Valete in Domino. » (*Cartulaire de Préaux*, f° 58.)

La pièce suivante concerne encore le moulin de Livet :

« Notum sit presentibus et futuris quatinus tempore Michaelis abbatis Pratelli Radulfus de Caisneio dedit Deo et ecclesie Sancti Petri de Pratellis in elemosinam quartam partem molendini siti super aquam de Liveth, quod tenuit Walterius Saim, quod etiam predicto Radulfo hereditario jure successerat. Dedit etiam dominium ejusdem molendini, quod absque participatione eorum qui in eodem molendino participabantur tam ipse quam predecessores sui hereditate possederant. Donavit insuper terram juxta molendinum in qua managium molendinarii situm est, de qua debet reddere duos solidos et duos reguarz. Quapropter predictus abbas Michael, totius ecclesie concedente conventu, supradicto Radulfo et heredi suo concessit sertium caballi quietum et pasnagium suum et suos reguarz et sue proprie domus moltam, si ad predictum molendinum molere voluerit; si non voluerit, absque calumnia justicie abbatis molat quo molere voluerit; preter hec etiam omnium rerum suarum libertatem, sicut antiquitus tenuerat. Testes : ex parte Radulfi, Robertus sacerdos de Bretonis; Anschetillus de Mara, et Hunfridus filius ejus, Radulfus Rufus, Philippus frater ejus, Robertus le Mignon, Gaufridus filius Bensce; ex parte monachorum, Hunfridus Lengigneor, Ricardus frater

ejus, Odo Senescallus, Rogerius de Becco frater ejus, Willelmus frater Christiani. »

Dans la rubrique, le mot Livet est écrit Liveit. (*Cart. de Préaux*, f° 126 r°, n° 392.)

Anschetil de La Mare donna, pour quinze sous chartrains, la propriété du huitième de ce moulin, d'accord avec son fils Honfroi. (*Cart. de Préaux*, n° 393.)

1257. Echange des droits de l'évêque de Lisieux sur le moulin de Canterelle avec les droits de l'abbaye du Bec sur un moulin à Bonneville-la-Louvet.

1288. Vente à l'abbaye du Bec, par Pierre de Pommereuil, chevalier, et Laurence, sa sœur, du moulin Cantereile.

1311. Vente par Jean Hareng, écuyer au Bois-Martel.

1315. Pierre de Livet, écuyer, Jean et Mathieu de l'Abbaye.

1316. Vente de bois par Pierre de Livet et Jean de l'Abbaye, et Philippe de Launay, écuyers.

1319. Jean Hareng et Richard de Livet écuyers.

1327. Moulin Fossard.

1326 et 1330. Vente par Jean de Brionne, écuyer, et Jeannot, son fils, du moulin de Fouard.

1340. Mathieu de Livet, et en 1348, Robert de Prelonde ou Pulonde, écuyers.

1505. Messire Mahiet Habot.

1518. L'abbaye refuse au sieur de Haley-la-Court la qualité de seigneur de Livet, et ne lui accorde que celle de seigneur de la Girardière.

1613. Pièce nommée la Petite-Couture.

La note suivante est extraite des registres de la cour des comptes de Rouen.

« Sergenterie de Montfort. Livet sur Authou.

« Contribuables : 90. Monsieur de Lisieux présente à ce bénéfice.

« La cure vaut 200 liv. et le tiers des grosses dixmes; Monsieur de Lisieux un autre tiers, le Bec un autre tiers.

« Et outre, la dixme du Haut Livet appartient à Monsieur l'évêque d'Avrange.

« 300 acres de terre, moitié en bois, 100 acres en prairie et labeurs, 10 à 15 liv. l'acre. »

Dépendances : — le Moulin-aux-Prêtres; — le Moulin-Neuf; — Ponchereaux; — le Vieux-Moulin; — le Bas-de-Livet — le Haut-de-Livet; — la Mare-Milet; — les Vaux; — le Domaine-de-Livet; — Cantrain.

LONDE (LA).

Arrod. des Andelis. — Cant. d'Estrépagni.

Patr. S. Pierre et S. Paul. — Prés. le seigneur.

« De l'anglo-saxon : *land*, terre, pays,
« s'est fait le nom de *lande*, qui signifie
« une terre inculte et que plusieurs per-
« sonnes portent pour nom de seigneurie ;
« d'où est venu le diminutif *landelle*. Les
« Anglo-Saxons disent aussi *lond* dans la
« même signification ; d'où vient le nom
« de la Londe, le Londel. » (Huet, *Origines de Caen*.)

Quand nous aurons cité le passage
du pouillé d'Eudes Rigaud, nous aurons
mentionné ce que nous avons recueilli de
plus important sur cette ancienne et petite
paroisse : « Ecclesia Sancti Petri de Landa ;
« dominus de Landa præsentavit ; habet
« xxIIII° parrochianos ; valet xxx. libras
« Turonensium… »

Ainsi le seigneur présentait à la cure.

Les Emmurées de Rouen possédaient des
biens à la Londe au moment de la Révolution.

La Londe a été réunie à Farceaux en
1842.

LONGCHAMPS.

Arrod. des Andelis. — Cant. d'Estrépagni.

*Patr. S. Martin. — Prés. l'abbé de Saint-
Etienne de Caen.*

Il faut visiblement écrire Longchamp :
Longus Campus, et non Longchamps.

Du temps de Richard II, un chevalier
du nom de Gotbert donna l'église de
Longchamp, dédiée à saint Martin, à l'é-
glise de Saint Bénigne de Dijon :

« … Quidam quoque miles ejusdem
« comitis [Richardi II] Gotbertus nomine,
« in loco qui Longus Campus dicitur dedit
« ecclesiam in honore sancti Martini dica-
« tam, cum terra ad ipsam aspiciente. Ut
« vero hæc donatio firma persisteret, nec
« ab ullo propinquorum ejus calumniare-
« tur, dedit ei præfatus Willelmus abbas
« lx. libras denariorum. Richardus Nor-
« mannorum dux et Robertus archiepis-
« copus, ejus frater, laudaverunt et
« subscripserunt cartæ, anno millesimo
« tertio. » (*Chron. S. Benigni Divionensis*.)

Une bulle de 1102 approuva la cession
faite à l'abbaye de Saint-Etienne de Caen de
Longchamp et des autres propriétés que
Saint-Bénigne de Dijon avait en Normandie : « … Quæ in Normannorum fini-
« bus cœnobium Divionense possedera t,
« id est ecclesiam Sancti Alberti cum
« appenditiis suis, et ecclesiam de Longo
« Campo cum terris et decimis, deinceps
« in Cadomensis monasterii possessione
« permaneant… »

Hugues de Longchamp : « de Longuo
Campo, » ayant pris l'habit dans le monastère de Saint-Etienne de Caen, lui, sa
femme Eve et ses fils Guillaume et Etienne
donnèrent les maisons de Beauval : « de
« Bella Valle, in quibus monachi manent
« cum virgulto et toto porprissagio, et di-
« misimus quicquid juris clamabamus in
« ecclesia Sancti Martini de Longuo
« Campo, cum terris et decimis tam bla-
« dorum quam animalium et virgulto-
« rum ad ipsam ecclesiam pertinentibus.
« Etiam dedimus eis capellam Sancti Ni-
« colai infra terminos parrochie de dicto
« Longuo Campo a nobis constructam… »
Ils donnent en outre cinq acres de terre
« … apud Gardinum Vinemeri… » et un
demi-muid de blé « … in molendino
« nostro de Besuer in Foresta ad mesuram
« de Leonibus… »

Les *Grands Rôles de l'Echiquier de Normandie* font plusieurs fois mention de
Longchamp. « Rogerio de Ouvilla et
« sociis suis militibus et servientibus mo-
« rantibus apud Longum Campum, lxvi.
« libras xiii. solidos iv. denarios, per
« idem breve… » (Stapleton, *M. R.*,
« p. 300.)

« … In liberationibus Rogeri de Ou-
« villa et sociorum ejus militum et ser-
« vientium morantium apud Longum
« Campum, xlii. libras xiii. solidos iv. de-
« narios, per breve regis… »

« … In liberationibus Rogeri de Ou-
« villa seu altero, per idem breve… » (*M.
R.*, p. 307.)

« Hugo de Longo Campo debet dcc. li-
« bras vi. libras xvii. solidos vi. denarios
« de remanente compoti sui de honore
« de Conchis, et viii. libras viii. solidos de
« porpresturis forestæ de Lyons de vii.
« annis, de unoquoque anno xxiv. solidos,
« et quater viginti libras xxxii. solidos de
« censu carpentarii de Longo Campo de
« ix annis, antequam rex ei redderet, et
« de c. libris de misericordia sua pro præ-
« dictis porpresturis, et quod non venit
« ad summonitionem justiciarii, et pro
« vasto et districto de Longo Campo… »
(*M. R.*, p. 493.)

« Castrum de Longo Campo cum toto
« porpriso, et totum porprisum monacho-
« rum de Cadomo, et omnes masuræ
« hominum qui manent a fondo vallis

« usque ad forestam sunt de dominico
« regis recuperata per juratam. Et præ-
« ter hæc L. acras terræ et dimidiam vir-
« gatam, quas Hugo de Longo Campo et
« homines ejus tenebant sunt recuperatæ
« per juratam inter Puteum Conceliz et
« Cheminnm Petrosum. Et præter hæc
« XXXIII. acras et unum virgultum et di-
« midium sunt recuperatæ per juratam
« factam par Willelmum filium Radulfi
« de dominico forestæ. »

Longchamp avait à la fin du XIIe siècle un château fort qui joua un certain rôle dans les guerres de Philippe-Auguste et de Richard Cœur de lion. Dans le traité conclu en 1190 entre ces deux princes, Richard abandonne Gisors, Neauffe et le Vexin normand, à la condition qu'Etienne de Longchamp sera mis en possession de Baudemont et de sa terre de Longchamp, de laquelle il rendra foi et hommage au roi de France. La guerre ne tarda pas à recommencer, et Philippe-Auguste garda les terres qu'il avait promis de rendre à ce chevalier. En 1197, Richard reprit la plus grande partie du Vexin normand et rendit la forteresse à Etienne de Longchamp, qui en resta possesseur paisible jusqu'à l'année 1201, époque à laquelle le roi de France s'en empara. Après la conquête de la Normandie, Philippe-Auguste restitua définitivement cette forteresse à son légitime possesseur, qui se fit tuer à la bataille de Bouvines.

1288. Philippe le Bel confirma à Jean le Veneur le don de la moitié de la terre de Longchamp et donna l'autre moitié à Pierre, frère de Jean.

Voici une traduction française de cette confirmation qui remonte au commencement du XIVe siècle :

« Philippe, par la grace de Dieu roys de
« France, faisons savoir à touz tant pré-
« sens comme avenir, que nous, considérés
« les aggréables services que nostre amé
« Jehan le Veneur, chevalier, a fait jadis
« à nostre chier père et nous et fait touz
« jours, avons donné et quitté au dit che-
« valier, à ses hoirs et à ses successeurs,
« à perpétuité, la moitié de toutes les
« choses qui nous estoient venues, les
« quelles Gautier et Robert de Lonchamp
« tenoient et poursoient, ou nous et leur
« vivoient, du don et de l'otroi nostre de-
« vant dit seigneur et père, soit en la
« ville de Lonchamp et ès appartenances
« d'iceles, ou en terres arables en cam-
« pars, terrage, cens, rentes, pains, de-
« niers, chapons, gelines, en oes (in ovis),
« corvées, pasnage, et autres choses et
« droitures, quelles quelles soient et com-
« ment que il soient appellées ou nommées,

« retenanz à nous et à noz successeurs,
« du tout en tout le chastel et la haute
« justice, des quiex choses contenues en
« cest present otroi recevons le dit cheva-
« lier en nostre homme lige, voulanz et
« establissanz que les hoirs et les succes-
« seurs du dit chevalier qui tendront et
« poursuiveront les choses devant dites
« les tieignent comme membre de hau-
« bert, aus us et aus coustumes des autres
« nobles de Normendie, et soient tenus
« ou temps avenir à faire à nous et à nos
« successeurs semblable hommage, et que
« li diz chevaliers et ses hoirs, en reco-
« gnoissance de cest otroi, rendent et
« paient à nous et à noz successeurs, chas-
« cun an, à la Nativité de Nostre Seigneur,
« sis saietes sans autre carche ou rede-
« vance faire. Et après ce nous voulons
« que Pierres, nostre veneur, frère du
« devant dit chevalier, auquel nous
« avons donné l'autre moitié de toutes les
« choses devant dites, tant il comme ses
« hoirs et successeurs qui cele moitié ten-
« dront, en facent hommage au dit cheva-
« lier, ses hoirs et à ses successeurs, et
« que en recognoissance dudit hommage,
« le devant Pierres et les siens seront te-
« nuz à rendre au dit chevalier et à ses
« hoirs devant diz, de an en an, sis saietes
« en la feste de la Nativité Nostre Sei-
« gneur, sauf toutes voies en autres choses
« nostre droit et l'autrui. — Et que ce soit
« ferme chox et estable, etc. — Ce fut
« fait en nostre chastel d'Arches, l'an de
« grâce MCC IIII^{xx} VIII, ou mois de mars. »

Jean le Veneur mourut : il laissa de son mariage avec Jeanne du Bois-Ernaud deux enfans mineurs. Jeanne, leur mère, et Roger du Bois-Ernaud, probablement leur oncle et tuteur, échangèrent avec le roi, représenté par le bailli de Gisors, l'héritage de Jean le Veneur, à Longchamp. Le contrat d'échange est aussi curieux qu'important :

« A touz ceus qui ces présentes lettres
« verront, Ruobert de Beaumont, adonc
« visconte de Pontaudemer, salut. Sachent
« tuit que en nostre présence establi no-
« bles hoins mons^r Pierres de Moyaux,
« chevalier, et madame Jehanne du Bos
« Ernaut, sa fame, mère de Phelipot, Je-
« hanot, et Nigaiset, frères souz-aage,
« fies et hoirs feu mons^r Jehan Le Ve-
« neur le jone, jadis chevalier et mari pre-
« mier d'icele Jehanne ; icil mons^r Pierre
« donna auctorité et plain pooir à icele Je-
« hanne, de prendre seur soi le fes de
« conduire, mener, deffendre et adminis-
« trer les diz enfans ; et nous de office de
« justice, du consentement, de la volenté,
« et à la requeste des amis as diz enfans,

« la dite dame leur mères donnasmes à
« iceulx enfans conducteresse, menerresse
« et deffenderresse avec Rogier du Boys
« Ernault, tuteur ou curateur à iceus en-
« fans, donné de par le roy, si comme il
« apparoit par lettres du roy, que icil Ro-
« gier en avoit, et encore d'abundant le dit
« Rogier comme le plus prochain ami des
« diz enfans leur donnasmes pour tuteur
« ou curateur, les quielx Rogier et ma-
« dame Jehanne prenans en soi les fez de
« conduire, mener, deffendre, gouverner
« et administrer les diz enfans, leurs cho-
« ses et leurs biens, en jugement establis
« par devant nous, recognurent et confes-
« sèrent que il, pour le très grant profit
« des diz enfans avoient traictié, ordené
« et fait aveques Gieffroy Danoys, adonc
« baillif de Gizors, traictant et ce faisant
« ou nom du roy et pour lui, eschange
« pour la terre que cil enfant souz aage
« avoient à Lonc champ et en autres lieus
« ici dessouz nommez, au chastel de Ru-
« gles et à autres choses que li roys avoit
« et tenoit illeuc en son domaine, en la
« forme en la manière ci dessouz con-
« tenue, et est assavoir que les choses
« bailliés pour les diz enfans de leur dit
« conduit au roy pour le dit eschange
« sont cestes : premièrement le manoir
« avec le jardin, le clos, la bercherie, le
« treffons et les édifices, si comme il se
« comportent en lonc et en lé, et avec tel
« usage et tele franchise comme il avoient
« en la forest de Lions, par la raison du
« dit manoir, c'est assavoir xx chartes de
« chesnes à prendre en la dite forest chas-
« cun, soit en deffens ou ailleurs, pour le
« dit manoir estre reedifié et soustenu,
« l'erbage et le pasture des bestes et le
« pasnage des pourceaus pour l'usage
« de ceus qui ou dit manoir demouroient,
« les quelles choses sont prisiés valoir
« xvi liv. parisis de rente par an. — Item,
« xvi acres une vergée derrière le dit ma-
« noir, et trois acres de terre cultivable
« derrière le courtil Jehan Bille, l'acre
« prisée l'une parmi l'autre xviii sols pari-
« sis, valent xvii liv. vi sols vi deniers.—
« Item, xiiii acres de terre au Tot et entre
« deuz bois, prisée chascune acre xi sols
« parisis, valent vii liv. xiiii sols parisis.—
« Item, demie mine de blé de rente par
« an, que le prieur de Lonc champ doit,
« du pris de ii sols vi deniers parisis. —
« Item, les campars des terres et des lins
« et les garbes du forestage de la ville,
« avec la basse justice de L hommes ou
« ostes, ou pris de x liv. parisis de rente
« par an. — Item, l'estoublage et le pas-
« nage des pourceaus aus hommes de la
« ville, prisiez valoir de rente par an lx sols

« parisis. — Item, les corvées appartenans
« au dit manoir pour le pris de xx sols
« parisis de rente par an. — Item, LX ca-
« pons de rente par an, chascun capon
« prisié viii deniers parisis, valent xL sols
« parisis. — Item, xL gelines de rente
« chascun an, prisié chascune geline vi de-
« niers parisis, valent xx sols parisis. —
« Item, les pains de Noel, environ .L.
« chascun an, prisié chascun pain iiii de-
« niers parisis, valent xvi sols viii deniers
« parisis. — Item, les tourteaus de Noel
« pour raison de forestage, prisiés valoir
« par an v sols parisis. — Item, viii* .L.
« oes de rente chascun an, prisié chascun
« cent xiiii deniers parisis, valent xi sols
« xi deniers parisis. — Item, une oue chas-
« cun an de rente à la Saint-Remi, pour
« le pris de xii deniers parisis. — Item,
« demie livre de amandes chascun an de
« rente, ou pris de iiii deniers parisis. —
« Item, iii sols de annuel rente parisis
« que Rivet doit pour la terre derrière la
« bercherie. — Item, iiii sols parisis de
« annuel rente que les hoirs Nicole Bar-
« doin doivent pour une acre de terre
« assise en la value d'Esnancourt. — Item,
« LX perches de terre derrière le bus Cau-
« deron, du pris de xviii deniers parisis
« chascun an. — Item, xv sols parisis de
« annuel rente que les hoirs Jehan Amy
« doivent chascun an à iii termes, c'est
« assavoir à Noel, à Pasques et à la Saint-
« Jehan. — Item, ii sols parisis d'annuel
« rente que les hoirs à la Gautière doivent
« à rendre chascun an aus Brandons. —
« Item, xii livres d'annuel rente que les
« hommes dessus diz doivent et rendent
« à chascun an par menues parties à la
« Saint-Remi et à la Toussaint.

« Somme des parties dessus dictes LXVIII
« liv. xii sols v den. parisis, de la quele
« somme l'on rendra chascun an a Jehan
« Bille, à la feste Saint-Remi, pour la terre
« du Tot xvi den. parisis. Item xiii deniers
« obole parisis aus hoirs monsr Jehan de
« Gierville, à l'église de Heudincourt, à
« Wistace le fil Yve, et à Guillaume de
« Chausincourt, pour tout ensemble ; et
« ainsi rabatuz xxviii deniers obole pari-
« sis, deuz des choses dessus dites, de-
« meure que la value et la somme des cho-
« ses de Loncchamp est LXVIII livres ix sols
« vi deniers maaille parisis. Item, par le
« dit conduit des diz enfans, furent et sont
« bailliés ou dit eschange xxxvi livres pa-
« risis que feu monsr Jehan le Veneur,
« ajol des dis enfans, avoit et prenoit du
« don le Roy en accroissement du membre
« du dit lieu de Loncchamp, chascun an,
« à ii eschekiers, seur la prevosté d'Andeli.
« Item iiii** iiii liv. vii sols vi deniers

« tournois de rente que leur dit aol pre-
« noit et avoit du don le roy chascun an
« à deux eschequiers, c'est assavoir LX liv.
« seur les moulins le Roy du Pont de
« Larche, que Jehan Larcevesque tient en
« fié ferme, et XXIII liv. VII sols VI deniers
« de rente que leur dit aiol prenoit et
« avoit chascun an seur la visconté du
« dit lieu. Des queles choses ainsi prisiées
« et bailliées par le dit conduit au roy par
« cest present eschange, parisis avaluez
« à tournois, la somme est XI^{xx} livres XXIIII
« sols V deniers tournois. Pour les queles
« choses dessus dites le dit conduit re-
« cognurent et confessèrent par devant
« nous que il, ou nom des diz enfans et
« pour eus, avoient eu et receu en eschange
« dudit baillif pour le roy, de qui il avoit
« quant à ce commandement espécial, au-
« tretant vaillanz et plus profitables choses,
« c'est assavoir le chastel de Rugles ainsi
« édifié comme il est et comme il se pour-
« porte aclos de murs, avec le pont, pors
« pors franz de pasnage ou temps que il
« escharra pour l'usage de ceus qui de-
« mourront ou dit chastel, et XX chartées
« de chesnes à prendre en la forest de
« Breteuil au plus près dudit chastel, en
« la fourme que cil souz-aigé les doivent
« avoir, se avoir les doivent, en la dite
« forest de Lyons pour le dit manoir de
« Longechamp, ou pris de XX liv. tournois
« de rente parisis par an. Item, les mou-
« lins de Rugles fiefez à Roger du Boys
« Ernault pour LXXII liv. tournois de an-
« nuel rente. Item, les cens de la dite
« ville prisiez VIII liv. XIX sols tourn. de
« rente par an. Item, le four de la dite
« ville à tout telle coustume comme il
« seut avoir eu la dite forest de Breteuil,
« pour X liv. tourn. de rente par an. Item,
« la rivière de la ville en la manière que
« les prevoz la soloient tenir, pour XVIII
« liv. tournois de rente par an. Item, le
« dernier et le maaille de blé, de fer, de
« la coustume qui vient à la ville et des
« accenses du minerei et pour la tornoirie
« ou pris de XXXVII liv. tournois de rente
« par an. Item, les prey de Lire prisiez va-
« loir XII liv. tournois de rente par an.
« Item, les prés de Rugles du pris de
« IV liv. tournois de rente par an. Item,
« V sols tournois de annuel rente assis sus
« le pré qui est derrière le four de la dite
« ville. Item, IX capons de rente chascun
« an, prisié chascun chapon X deniers tour-
« nois, valent VII sols VI deniers tournois.
« Item, LXV sols tournois de rente par
« an assis sur terres labourables, qui sont
« bailliés par encherissement à fié ferme
« à Jehan de Baalli, retenuz au roy les
« encherissemenz qui porroient estre mis
« dessus. Item, II pièces de pré, c'est
« assavoir l'une que l'en appelle la Rouillie
« et l'autre qui est assise vers le moulin
« foulerez, prissiés valoir XL sols tournois
« de rente par an. Item, la basse justice
« de VI^{xx}XII hommes ou ostes, en prenant
« tiex expley d'icele, comme li Roys i pre-
« noit et non autrement, pour VI liv.
« XII sols tournois de annuel rente. Item,
« II petites pièces de pré prisiés à VI sols
« tournois de rente par an. Il est assavoir
« que le dit souz-aagié rendront aussi,
« comme li Roys faisoit audevant de cest
« eschange, chascun an à II eschequiers, as
« moines du Desert C sols tournois. Item,
« au pricur de Chaise-Dieu, à II eschekiers,
« XL sols tournois chascun an. Item à
« Giefroy, Paste V sols tournois de rente,
« que la Fourmentine soloit avoir. Et ain-
« si rabatu ce que il paieront et rendront
« pour le roy, la value et la somme des
« choses de Rugles et des appartenances
« ici derrainement nommée est IX^{xx} X liv.
« XIX sols VI deniers tournois. Et pour ce
« que la somme des choses de Lonechamp,
« avec les XXXVI liv. parisis pris par la
« prevosté de Andeli et les IIII^{xx} IIII liv.
« VII sols VI deniers tournois pris seur les
« moulins le Roy et la visconté du Pont
« de L'arche, si comme dessus est dit, est
« plus grande de XXX liv. III sols XI deniers
« de annuel rente que la somme des
« choses bailliés par eschange aus diz
« meneurs ou chastel de Rugles et ès ap-
« partenances, icil meneurs ou leur hoirs
« ou leur commandement prendront au-
« tant de reste chascun an seur la prevosté
« de Breteuil, c'est assavoir XV liv. II sols
« V deniers obole tournois à chascun es-
« chequier, et tendront li dit meneur, cu
« cil de eux qui par raison et coustume de
« pais ce devra tenir, toutes les choses
« dessus dites par membre de haubert à
« ung seul hommage, ainsi comme les
« autres membres de haubert de Norman-
« die sont tenuz, et en la fourme que l'au-
« tre terre de Lonechamp baillée par es-
« change estoit tenue. Le quel eschange
« ainsi fait, etc.....................
« En testmoing de la quele chose, nous
« avons mis à ces presentes lettres le seel
« de la visconté de Pont Audemer, avec
« les seaus des devant diz mons[r] Pierre,
« madame Jehane et Roger du Bois-
« Ernault. Donné l'an de grace MCCCVIII
« le vendredi après la feste de la Trinité. »
Suivent trois lettres confirmant ledit
échange. (*Bibl. Imp.* M. S. Latin 9785,
fol. 78 v°.)

En mars 1308, le roi donna à Enguerrand de Marigni la haute justice de Longchamp.

En août 1309, il donna le droit d'établir une foire à Longchamp.

« Philippe, par la grace de Dieu roys
« de France, faisons savoir à touz, tant
« presens comme à venir, que nous à
« nostre amé et feal Engerran, seigneur
« de Marreigni, nostre chevalier et cham-
« bellent, avons otroié de grace especial,
« par ces presentes lettres, que il, ses
« hoirs, ses successeurs et ceux qui au-
« ront cause de lui puissent faire et avoir
« marchié le jour de samedi de chascune
« semaine, perpetuel et commun, en l'une
« de ses villes là où il plaira mieux,
« c'est assavoir à Lonc Champ en Lions
« ou à Meenneville, es quelles il a toute
« seignourie et toute justice haute et basse,
« donnée (à) lui autrefoiz de nostre royal
« largesse, et que il puisse faire foires
« generaus, perpetuels et sollempnez
« chascun an en la feste de la Nativité
« Nostre Dame et le jour ensuivant, etc...
« Des quiex marchiez et foires les habi-
« tans ou marchans, quiex que il soient,
« hantans les, en venant, demourant illeuc
« et retournant d'iceles à touz leurs biens,
« choses, merceries et marcheandises,
« quelles que elles soient, et les mesnies
« d'iceus, voulons que il soient sous nostre
« especial garde royal segur, guyage et
« conduit en toutes choses ; et euz et chas-
« cun par soi, dès maintenant, plenière-
« ment et efficacement les recevons par
« ces presentes lettres, etc... Des quiex
« marcheans et de leurs mesnies les cau-
« ses qui seroient denuncées par l'occa-
« sion ou à cause des dites foires devant
« quelque justicier de nostre royaume,
« voulons estre cogneues et terminées sanz
« nulle sollempnité de droit, et leurs be-
« soignes de plain estre despechies. — Et
« que ce soit ferme et estable ou temps
« avenir perpetuelnement, nous avons fait
« mettre nostre seel en ces presentes let-
« tres. Donné à Chasteau-Thierri, l'an de
« grace M CCC IX du moys d'aoust. » (*Bibl. imp.*, Lat. 9785, f° 83 r°.)

Philippe le Bel avait donné à Enguer-rand de Marigni les landes qu'on appelle la Belle-Lande, sises dans la forêt de Lions, près Longchamp, en accroissement de son fief de Mainneville, avec droit d'usage dans la dite forêt pour les hommes du dit Enguerrand, qui viendront sur ces landes. Donné à Saint-Pierre-sur-Dive, en mai 1310. (*Bibl. imp.*, Lat., 9787, f° 90 r°.)

Après la mort d'Enguerrand de Marigni, Louis le Hutin donna, en novembre 1315, la maison de Longchamp à son veneur Henriot de Meudon, avec soixante livres de rente.

En 1331, la terre de Longchamp passe par mariage dans la maison des comtes de Melun, seigneurs de Tancarville.

En 1370, Charles V donna le château de Longchamp à Gilbert de Tillières, en échange de la baronnie de Tillières.

Dans le milieu du xv° siècle, un autre seigneur du Vexin normand, Pierre de Roncherolles, donna aux pauvres de Longchamp, de Mainneville et du Mesnil-sous-Vienne une rente de trois cent soixante-six boisseaux de blé, trente francs en argent et mille fagots. Ce seigneur fit tant d'autres charités que le pape Paul II crut devoir publier, le 1er mai 1450, une bulle en son honneur. Le pape lui donna le droit de faire célébrer la messe partout où il voudrait.

Le château fut détruit dans les guerres du xv° siècle avec les Anglais. On voit encore les larges fossés et des débris de murailles.

La pièce suivante établit le compte de Robert Flachet, qui s'était rendu acquéreur des bois du duc de Normandie en 1333. Cette pièce contient un grand nombre de détails intéressants sur Longchamp et les environs :

« A touz ceuls qui ces presentes lettres
« verront, Jehan Le Mercier, garde du seel
« des obligacions de la chastelerie de
« Gisors, salut. Comme Estienne Flochet
« fust tenu et obligé à haut et puissant
« prince monseigneur le duc de Normen-
« die, en la somme de huit cenz livres
« ou environ, tant pour le terme de la
« Saint-Michel, l'an mil trois cenz trente
« et deux, comme pour le terme de Pas-
« ques derrienement passées, pour
« cause tant des marchiés de bos d'iceli
« seigneur comme des aucuns deues à
« cause de la forest de Lyons et autres
« choses ; et yceli Estienne Flochet, qui
« recognut de sa bonne volenté avoir
« vendu, quité et delessé du tout en tout
« à touz jours més, par non de pure et
« perpetuele vente, au dit seigneur et à
« ceus qui auront cause de luy vint et
« sept livres onze deniers maille parisis
« avec quatorse capons et dis guelines de
« rente, assis sur les lieux qui ensuyent.
« C'est assavoir : seize soulz parisis frans
« venans, assis sus la meson Nichole Le
« Malleur à Lonchamp, jouste la meson
« Jehan de Lyons, et sus la masure Pierre
« Dain dit Aserline, tenant à Gautier
« Dain, deux au terme de la Touzsainz.
« Item, sis soulz parisis sur la masure
« Gautier Dain, assis à Lonchamp, tenant
« à Adam Morel. Deux souls, la moitié à
« la Saint-Michel et l'autre moitié à Pas-
« ques. Item, quinze soulz, deuz à la Tous-

« sainz sus la masure Jehan Aquart, tenant
« à Remont Doye. Item, quatre soulz pa-
« risis sur la masure Estienne Glouton,
« deuz à la Saint-Michel. Item trois soulz
« sis deniers, deuz à la Saint-Remi sus la
« masure Aubin le Messier. Item, sus la
« masure Estienne le Gautier tenant, à
« Pierre Asceline, vint soulz deuz à Noel.
« Item, sus la masure Bertin le Gautier, te-
« nant as hoir Guodart Quillet, deuz soulz,
« deuz à la Toussainz. Item, sus la masure
« Guillaume le Gautier tenant à Jehan le
« Gautier, deux soulz six deniers, deuz à
« la Toussainz. Item, sus la masure Oulart
« le Gautier, tenant à Guillaume le Telier,
« deuz soulz à la Toussainz. Item, sus la
« masure as hoirs Guillaume Fouleboue,
« tenant à Aubin le Messier, deuz soulz,
« deuz à la Toussainz. Item, sus la masure
« Guernier Le Bas, tenant à Robin de
« Connele, dis et huit deniers, deuz à la
« Toussainz. Item, sus la masure Robert
« de Connele, dis et huit deniers parisis,
« deuz à la Toussainz. Item, sur la masure
« Jehan de Lyons, sus une pièce de terre
« assise en l'angle Arnould, tenant à Ri-
« chard Guillard, vint et huit deniers,
« deuz à la Toussainz. Item, Colin Chyoust,
« sus une pièce de terre assise ou dit lieu,
« tenant à Ameline La Caille, seize deniers
« maille, deuz à la Toussainz. Item, Jehan
« Fouleboue, sus une pièce de terre assise
« ou dit lieu, tenant à Colin Cyoust, seize
« deniers maille. Item, les hoirs Robert
« Fouleboue, sus une pièce de terre assise
« ou dit lieu, tenant à Jehan Fouleboue,
« seize deniers maille, deuz à la Tous-
« sainz. Item, la fille Roullaut, sus un
« courtil assis en paroisse de Lonchamp,
« tenant à Symon le Telier, chinq soulz,
« deuz à la Toussainz. Item, Ameline La
« Caille, sus un courtil assis en la paroisse
« de Lonchamp, tenant à Robin Le Va-
« vasseur, six soulz, deuz à la Toussainz.
« Item, la dite Ameline, sus une pièce de
« terre assise en l'angle Arnould, tenant
« à Colin Chyoust, quatre soulz quatre
« deniers. Item, Robin Le Vavasseur, sus
« deux pièces de terre assises ou dit lieu,
« l'une tenant à Jehan Parée et l'autre à
« Flochet, trois soulz, deuz à la Toussains.
« Item, Guillaume de Periers, sur une
« meson et un courtil assis en la paroisse
« de Lonchamp, tenant à Perrin Droet,
« vingt deniers, deuz à la Toussainz.
« Item, Perrin Droet, sus une meson
« et courtil assis ou dit lieu, tenant à
« Guillaume de Periers, vint deniers,
« deuz à la Toussainz. Item, Phelippe
« Lefevre, sus une pièce de terre assise
« au Fauqueis, tenant audit Flochet,
« sis souls, deuz à la Toussainz. Item,

« Marguot La Hardouyne, sus une pièce
« de terre assise au Pommier aus Da-
« mes, tenant as terres monseigneur
« Ybert le Dalphin, dis et huit deniers,
« deuz à la Toussainz. Item, Colin Har-
« douyn, sus une pièce de terre assise ou
« terrouer de Lonchamp, tenant à la forest
« monseigneur le duc, quatre soulz, deuz
« à la Toussainz. Item, les hoirs Pierre
« Estiennart, douze soulz sis deniers sus
« trois mesons, assavoir en la paroisse de
« Lonchamp, l'une tenant à Jehan de
« Lyons, et les deus aus hoirs Pattin,
« et aboutent à la rue. Item, les hoirs
« Estienne du Hamel, quatre deniers, deuz
« à la Toussainz, sus une pièce de terre
« assise au Fauqueis, tenant à Oursselet
« le Carbonnier. Item, Oursselet le Car-
« bonnier, quatre deniers, deuz à la Tous-
« sainz, sus une pièce de terre tenant as
« hoirs Estienne du Hamel. Item, Robin
« Goallain, sis soulz dis deniers, deuz à la
« Toussainz, sur deuz acres de terre assis
« au Fauqueis, tenant à Henri Goallain.
« Item les hoirs Henry Guoaillain, huit
« soulz, deuz à la Toussainz, sus une
« pièce de terre assise ou dit lieu, tenant
« à Robin le Boucher. Item, Philebert
« Basire, vint deniers, deuz à la Tous-
« sainz, sus une pièce de terre assise à la
« voye de Moregny, tenant à Robin Voi-
« sine. Item, les hoirs Robin Potart, qua-
« torze deniers, deuz à la Toussainz, sus
« une pièce de terre assise au Fauqueis,
« tenant à Guodin le Tourneur. Item, la
« fame Guillot Basire, quatre soulz, deuz
« a la Toussainz, sus une pièce de terre
« assise à la voye de Heudurecourt, tenant
« à Pierre Basire. Item, Guillot Morel et
« sa mère, quatre soulz, sus un courtil
« assis en la paroisse de Lonchamp, tenant
« à la deguerpie Guillaume Fouleboue,
« deuz à la Saint-Remy. Item, Robin Le
« Vagnier, trois soulz, deuz à Noel, sus
« une pièce de terre assise à la voye de
« Martengny, tenant as hoirs Jehan Billes.
« Item, les hoirs Robin le Vaquier,
« l'cinzné, sept soulz, deuz à Noel, assis
« sus une meson assise à Lonchamp,
« tenant à Philippes de Bouley. Item, sus
« la terre du Prael, que tient Colin Le
« Gautier, tenant d'un costé à monseigneur
« Jehan Brunet, neuf soulz sis deniers,
« deuz à la Toussainz. Item, les hoirs
« Henry Le Boucher, sus une pièce de
« terre assise en la vallée de Sencourt,
« tenant au dit Estienne, sis soulz, deuz
« à la Toussainz. Item, Guodin Le Tour-
« neur, sus deux acres de terre assis
« au Fauqueis, tenant au dit Flochet,
« huit soulz, deuz à la Toussainz. Item,
« yceli Guodin, sus deus acres de terre

« assises ou dit lieu, tenant à Robin
« Guoaillain et à la forest le roy, trente
« et deus soulz, deuz à la Toussainz.
« Item, Henryet Flochet, sus touz les
« heritages qui ensuyent, quinze livres dis
« et huit soulz. C'est assavoir sus la ma-
« sure qui fut Jehan Pouchin, et sus la
« masure qui fu Pierre Pouchin et Gau-
« tier Gamelin. Item, sus demie acre de
« terre assise en l'angle Arnould, tenant
« à Jehan de Lyons. Item, demie acre
« assise au Fauquer, tenant à Philippe
« Lefevre. Item, sus une acre et vint per-
« ches de terre assises à la fosse Guillebert,
« jouste Pierre Fleurie. Item, sus soixante
« perches à la Fosse à la Morele jouste
« Robert de Connele. Item, sus acre et
« demie de terre assise aus Grez, tenant
« d'un costé à Pierre Busire. Item, sus
« une acre de terre jouste la maladerie
« de Lonchamp. Item, sus une acre assise
« à la Fosse Fondue, jouste Guillaume
« Dutil. Item, sus soixante perches, ou
« dit lieu, jouste Perrot Asceline. Item,
« sus deuz acres de terre à prendre en la
« cousture du Sentier du Tot, contenant
« viii acres. Item, sus une vergée au sen-
« tier de Boudeauville, jouste Robert
« Voisin. Item, sus une acre de terre ou
« environ à la voye d'Estrep., jouste Jehan
« Guoaillain. Item, sus deuz vergées as-
« sises au Quenot, jouste le Bos du Roy.
« Item, sus quatre acres et iii vergées,
« tenant d'un costé à Robert de Connele,
« en la lande de Heudincourt. Item, sus
« une acre et demie de terre, à la Mare
« Desquesnes, jouste Richart Questet.
« Item, sus cinq vergées assises en la
« Bele Lande, en ii pieces, l'une tenant à
« Guillaume Dutil et l'autre à Jehan
« Douchin. Item, Guillot Morel, sa mère
« et Jehan Guillotin, deus chapons sus
« leurs heritages devant diz. Item, Cres-
« tienne La Vauguyonne, un capon et une
« gueline. Item, Jehan Parée, un capon,
« sus son heritage devant dit. Item, Em-
« meline La Caille, sus son heritage
« devant dit, un capon. Item, Robin Le
« Vavasseur, deuz gueines; Guillaume
« de Periers et Perrin Drouet le jeune,
« sus leurs heritages devant dit, un capon;
« Robin Le Vaquier, sus son heritage
« devant dit, un capon et une geline.
« Item, Guillaume Flaoust, un capon.
« Item, Philebert Hardouyn, deus chapons.
« Marguot la Francheise, une gueline;
« le dit Estienne, un capon; Estienne du
« Hamel, une geline; Robin Guoaillain,
« un capon et une gueline, sus ses heri-
« tages devant diz; les hers Henry Guoal-
« lain, un capon et ii gueines; Robin
« Potart, un capon; Johannin Guodart,
« un capon, et Guillaume Le Gautier, sus
« son heritage devant dit, demi capon.
« C'est assavoir, les rentes et capons
« devant diz venduz pour le pris et la
« somme de douze vinz quinze livres onze
« soulz sept deniers maille parisis franz
« au duc monseigneur, de... et quites de
« toutes ventes et reliez et autres rede-
« vances. De la quelle somme de douze
« vins quinze livres onze soulz sept de-
« niers maille, le dit Estienne se tint
« pour bien payé; ar devant le dit tabel-
« lion, en tournant en solucion et paye-
« ment de la somme de huit cenz livres
« ou environ devant dite. Et promist le dit
« Estienne pardevant le dit tabellion que
« jamès contre la dite vente ne vendra ne
« venir ne fera, par soy ne par autres,
« par nulle cause ou raison quelle que
« elle soit. Ainzçois la dite vente, en la
« manière que dessus est dit, au duc
« monseigneur ou à ceus qui auront cause
« de luy, garantira, deliverra et deffendra
« vers touz et contre touz de touz empes-
« chemens, de toutes obligations. Et quant
« à ce le dit Estienne en obliga son corps
« à tenir prison ferme et touz ses biens
« meubles et non meubles, presens, où
« que il soyent ne souz quel juridiction
« il soyent trouvez à vendre et à despen-
« dre à tel fuer tel vente par la justice
« souz qui il seront trouvez, et à rendre
« touz couz et despens que le duc mon-
« seigneur ou ceus qui auront cause de
« luy auront par deffaut de garantie,
« dont le porteur de ces lettres seroit
« creu par son serement, sanz autre
« preuve fere. Renonçant en ce fait à
« toutes aydes de fait, de droit, de canon
« et de lay à tout droit disant general re-
« nonciacion non valoir, et à tout ce que
« luy pourroit valoir et venir contre la
« teneur de ces presentes lettres, sauf et
« reservé au dit monseigneur le duc que,
« se le dit Estienne ne peut garantir les
« choses devant dites, que il ne renonce
« pas à avoir recours sus Adin le Vieux
« Verrier, et sus ses hoirs, et sus Raoul
« du Tot, et sus ses hoirs, qui obligiez sont
« avec le dit Estienne, comme pleiges et
« principals debiteurs de la somme de-
« vant dite. En tesmoing de ce, nous
« avons scellé ces lettres du scel de la
« dicte chastelerie, avec le signet du dit
« tabellion, sauf autrui droit. Ce fu fait
« l'an de grace mil trois cenz trente
« et trois, le dymenche jour de feste
« Saint Nicholas, en may.
« A touz ceuls qui ces presentes lettres
« verront, Jehan Le Mercier, garde du
« scel des obligations de la chastelerie
« de Gisors, salut. Sachent touz que,

« pardevant Gyesselin de La Chambre, tabellion de la dicte chastelerie juré, furent présens Robert Gocillain, Guillaume du Til, Richart Guoscet, Raoul Ogier, Philippe Hardouyn, Jehan Gaillet, Remont Doye, Jehan de Periers, Robin Ponchin, Colin Hardouyn, Bertin Ryvet, Robert Le Malleur, Robert Lefèvre, Estienne le Tourneeur, Gautier Dain, Henry Berthant, Pierre de Lafontaine, Phelippe Lefevre, Colin Le Gautier, Jehan Guoste, Jehan Foullebouc, Richart Guillart, Jehan Douchin, Jehan Trece, Jehan de Dangu, Raoul Rayer, Huet Le Telier, Adin Le Verrier, et Guillebert Le Tisserant, les quiex, après ce que les choses contenues en la lettre à laquelle cestes sont ennexés, leur ont esté leues mot à mot, en la présence du dit tabellion, distrent par leurs sermens que le dit Estienne avoit les rentes sus les lieux contenuz en la dite lettre cy ennexé, et que il estoyent bien suffisamment et loyaument assises sus les diz heritages, au prouffit du dit monseigneur, et pour mettre et tourner en son domaine. En tesmoing de ce, nous avons mis à ces lettres le seel de la dicte chastelerie, avec le signet dudit tabellion. Ce fu fait l'an de grace mil trois cenz trente et trois, le dymenche jour de feste Saint Nicholas, en may. »

On lit : « Littere vendicionis facte domino duci Normanniæ, ex parte Stephani Flochet, de xxvii. libris xi. denariis parisiensibus cum obolis et xiii. caponibus et decem gallinis annui redditus. M° CCC° XXXIII°. Datum sub sigillo castellanie de Gysorcio dominica in festo beati Nicholai in maio. » (Arch. de l'Emp., *Trésor des Chartes*, J 217, n° 14.)

Passons maintenant à l'église.

Nous avons vu que l'abbé de Saint-Etienne de Caen avait le patronage de l'église de Longchamp. Dans le pouillé d'Eudes Rigaud, on lit : « Ecclesia de Longo Campo; valet xxx. libras turonensium; parrochianos…; abbas Sancti Stephani de Cadomo patronus. »

L'église de Longchamp est vaste. L'ancienne nef avait de petites fenêtres étroites en plein cintre qui ont été bouchées et remplacées par six autres fenêtres. Le chœur est remarquable par son étendue. Il a été construit en 1683. On lit dans l'église : « Ici repose le cœur de haut et puissant seigneur messire Michel de Roncherolles, chevalier, seigneur de Mainneville, Lonchamp, le Mesnil-sous-Vienne, Saint-Cyr et autres lieux, lequel a fait bâtir le chœur de cette église. »

Dépendances : — Beauval ; — Bisauvel ; — la Belle-Lande ; — la Chapelle ; — Entre-Deux-Boscs ; — Genetrai ; — la Ruelle ; — le Beau-Cornet ; — le Bel-Air ; — le Prieuré ; — Saint-Gourgon, chapelle.

Cf. Toussaint Duplessis, t. II, p. 621.

LONG-ESSARD.

Arrond. de Bernai. — Cant. de Beaumesnil.

Patr. S. Denis. — Prés. le seigneur.

Une note seulement sur cette paroisse.

Au XIII° siècle, le prieuré du Désert possédait des biens dans cette paroisse.

« Sciant omnes presentes et futuri quod ego Andreas Chacepen, burgensis de Nova Lyra, pro salute anime mee et omnium antecessorum meorum, dono et concedo, et hac presenti charta mea confirmo, Deo et ecclesie Beate Marie de Deserto, et fratribus ibidem Deo servientibus in puram et perpetuam et liram elemosinam quicquid habebam… in terra quam Robertus Le Fae tenebat de me in cultura de Longo Essarto… Actum anno gratie M° CC° XI° I°. » (*Cartulaire de Notre-Dame-du-Lesme*, f° 35 r°.)

Le seigneur présentait à la cure.

Le Long-Essard a été réuni en 1792 à Epinai.

LONGUELUNE.

Arrond. d'Evreux. — Cant. de Verneuil.

Patr. S. Pierre. — Prés. l'abbé de Saint-Lomer.

Le nom de Longuelune, dans sa forme actuelle, est inintelligible ; mais nous avons trouvé dans un document : *Longa Linea*, longue avenue, qui nous donne la véritable étymologie. Cependant on trouve dans le Cartulaire de Saint-Père de Chartres un certain « Galfridus de Longaluna ». On trouve encore dans l'acte de donation d'une église située dans le Perche : « Gausfridus de Longualuna. » (*Cartulaire de St-Père*, p. 413) ; dans une autre (p. 576) : « Hugo de Foliosa. »

Ilais de la Feuilleuse (hameau de Longuelune) fit au XIII° siècle une donation à l'abbaye de l'Estrée :

« Notum sit tam presentibus quam futuris quod Ilais de la Follo-ia, et Robertus de Estre, dedimus et concessimus Deo et Beate Mariæ de Strata domum nos-

« tram, apud Vernolium, in vico Britolii
« sitam, cum instrumentis, excepta camera
« lapidea. Ego vero Hauris post obitum
« mariti mei donationem istam coram
« Isamberto, tunc majore Vernolii, et co-
« ram paribus concessi et confirmavi. Et ut
« hoc ratum sit et stabile, presens scrip-
« tum sigilli mei munimine roboravi. Ac-
« tum anno incarnati Verbi x° cc° vii° x°. »

Le patronage de l'église appartenait à l'abbaye de Saint-Lomer.

Sur le territoire de Longuelune, il y avait une chapelle dédiée à Saint-Pierre.

Longuelune a été réunie à Piseux en 1843.

Dépendances : — Feuilleuse ; — la Noë ; — le Coudrai ; — la Grande-Maison ; — Saint-Pierre, chapelle.

LOREI.

Arrond. d'Evreux. — Cant. de Paci.

Patr. S. Lubin. — *Prés.* le seigneur.

Au xv° siècle, la châtellenie de Breuilpont comprenait à peu près les territoires des paroisses de Lorei et de Breuilpont. Elle avait dans sa mouvance les fiefs nobles placés sur le même territoire, savoir : 1° le fief Périaux à Lorei ; 2° le fief de Bréaulté sur la même paroisse ; 3° le fief à l'Ogresse ; 4° un petit fief ou arrière fief sans nom particulier ; 5° le fief de Denis de Neaufles, contenant 33 journaux ; 6° enfin un autre petit fief dont la situation était dès lors ignorée.

Dans un compte de 1479, on lit : « Des
« reliefs, ventes, gains et arrières gains,
« rachats et aultres droits de six fiefs no-
« bles dependant de la chatellenie et sei-
« gneurie de Breuilpont, assis et situés
« tant au Breuilpont que à Lorré : c'est
« assavoir : le fief Périaux, qui fut Colin
« de Garennes, dempuis à Charlot de Ga-
« rennes, et à présent à Remonnet de
« Trousseauville, à cause de sa femme,
« fille dudit Charlot ; auquel a ung ma-
« noir et domaine assis à Lorré, avecques
« justice moyenne et basse, ayant cong-
« noissance de ses hommes, jusques à lx
« s. p. d'amende et au dessoubz, de ces
« sens non payés, et de ventes recelées,
« et aultres droits de justice, et peult va-
« loir en censive de deniers environ de
« vi à vii l. p. Le fief de Breaulté, qui fut
« Simonnet Lourel, et à présent à Guil-
« laume de Cougny, escuyer, lequel fief a
« ung manoir assis à Lorré, clos à fossés
« d'eaue, et ung moulin à grain auquel

« sont baniers tous les hommes de la sei-
« gneurie, tant de Breuldepont que de
« Lorei, et doilt entretenir ledit escuier
« ses chaussées, parceque chacun desditz
« habitants luy faict ii l. chacun an. Icelui
« moulin subject de moudre par chacune
« septmaine xviii septiers de grain, à la
« mesure du lieu, pour l'user de monsei-
« gneur, sans rien en prendre. — Item,
« prend, à cause de sondit fief, sur les
« deux villages Breuldepont et Lorré, sus
« chacun d'iceulx xij d. p., pour la bie qui
« passe parmy le Breuildepont ; et n'a jus-
« tice ne usage, et se n'a point l'amende
« de cens non payés, ne les ventes de son
« dit fief, ne amendes desdites ventes re-
« celées.

« Item, le fief à l'Ogresse, qui fut Deni-
« sot de Noyers, et à présent et de long-
« temps est en la main de monseigneur,
« par deffault d'omme ou aultrement ; et
« y soulloit avoir manoir clos à fossés
« d'eaue, assis en la paroisse de Lorré,
« sus la rivière d'Eure, et y a justice basse
« et moyenne, portant amendes de cens
« non payés, de ventes recelées ou aultre-
« ment.

« Item, ung petit fief ou arrière-fief,
« qui fut Henry Climent, et est de présent à
« Lienart Le Gendre et à Pierres Alaire ;
« et y soulloit avoir manoir assis à Lorré,
« avecques trois journelx de terre aux
« champs, et n'y a justice nulle, ne ventes
« ny amendes, mès en est toute la con-
« gnoissance à monseigneur. »

En 1468, Robert d'Estouteville, baron d'Ivri, abandonne les droits de reliefs et de rachats « sur la terre de Lorei, mou-« vant de sa seigneurie de Breul de Pont, » à Jehan Chartier dit Limoges, et Ramonnel de Trancarville, héritiers, à cause de leurs femmes, de Charlot de Sacennes, en son vivant seigneur de Lorei.

Le 17 juin 1493, Thomas de Cougni, écuyer, seigneur de Lorei, présenta, à cause du fief de Lorei, Raymond de Cougni à la cure de Saint-Lubin de Lorei.

Le 23 juin 1495, sur la présentation du baron d'Ivri, à cause du domaine de Lorei, la cure de Saint-Lubin fut conférée à Richard Bance.

En 1523, la susdite cure fut à la présentation du fief et domaine de Breuilpont et de Lorei ; en 1551, de madame Diane de Poitiers, duchesse de Valentinois, dame d'Anet, Bréval, Nogent-le-Roi, Breuilpont et Lorei.

A la fin du xvii° siècle, la seigneurie de Lorei était détachée de la baronnie d'Ivri, à laquelle elle avait été longtemps unie. Elle fut vendue le 22 mai 1674, par Guillaume de Nesmond et son frère, l'évêque de Bayeux, à Marie-Armandine Sénéchal, femme séparée de biens de Jacques Barrin, marquis de la Galissonnière.

Dans le *Coutumier des forêts de Normandie*, Denis de Noyers, comme seigneur du fief de Lorei, avait, au milieu du xv° siècle, droit de franc-usage dans la forêt de Méré (f° 158 v°) :

« Denis de Noyers, escuier, seigneur
« du fieu de Lorrei, a en la forest de Méré,
« à cause dudit fieu, le chesne vert, pour
« dix-huit soulz d'amende, le fou pour xv s.,
« l'estoc pour trois soulz, et la souche
« pour sept soulz, en cas que trouvé y
« seroit. — Item, a ses pors frans de
« pasnage, et les peut envoier en icelle fo-
« rest sans nombre, et pour ce doit et est
« tenu ycelui escuier ou personne pour
« luy estre..... chacun an, le jour du
« pasnage d'icelle forest, ou lieu où l'en
« reçoipt et où est receu icelui pasnage
« pour le Roy, le nombre et quantité des
« pourceaux que il a en son dit hostel de
« Lorrei, et iceulx passer et deprier au dit
« pasnage, comme frans, et les mettre en
« icelle forest, et partant est franc dudit
« pasnage pourvu qui les ait en son dit
« hostel au devant de la Saint-Jehan-Bap-
« tiste. — Item, a en la dicte forest, à la
« cause dessus dicte, pasturage en icelle
« forest, pour tout son betail, par toute
« l'année, excepté depuis la my-aoust jus-
« ques à la Toussaint, hors taillés. —
« Item, ledit escuier a et doit avoir en
« icelle forest, à la cause dessus dicte,
« toutes et telles aultres et semblables
« franchises, comme ont et prennent les
« aultres nobles et frans tenans et usagiers
« de la dicte forest; pour lesquelles fran-
« chises dessus desclarées ledit escuier
« est tenu païer par chascun an au fer-
« mier du Roy nostre sire, c'est assavoir
« à l'erbagier d'icelle forest, trois soulz
« parisis de courroy au terme de la Chan-
« deleur. »

Voici maintenant le passage concernant les habitants de Lorei :

« Les habitants de Lorrey ont en la fo-
« rest de Méré le boiz sec en estant et le
« vert en gisant, tout fruit qu'ilz pourront
« cueillir en la dicte forest pour leur usaige,
« après la my-aoust, hors gland et fayne,
« et se ilz estoient trouvés cueillant le gland
« et fayne, ilz seroient en amende volen-
« taire : le chesne pour xviii sols parisis,
« le fou ou bestre pour xv sols parisis,
« la souche pour vii sols, et l'estoc pour
« iii sols parisis. Et se aucuns d'iceulx
« habitants ait pors en la dicte forest la
« veille de la Saint-Jehan-Baptiste, ilz se-
« ront quittes pour deux deniers du pre-
« mier pasnage, et du second pasnage

« pour un denier; et se ilz les y ont après,
« ilz peieront plain pasnage. Et pour ce
« chacun d'iceulx habitans sont tenuz
« de faire et paier chacun an au roy nos-
« tredit seigneur, deux boisseaux d'avoine,
« ung bressel de blé à la mesure de Paci,
« au jour de la Saint-Remi, ung pain fe-
« seiz à Noël, quatre oeufs à Pasques, un
« froumage en may, et une geline à la
« my-aoust, tout à celui qui tendra le ra-
« maiger (?, de la dicte forest.» (F° 163 r°.)

Lorei a été réuni à Breuilpont en 1845.

Dépendance : — le Pont-des-Pierres.

Cf. *Recueil des Travaux de la Société libre de l'Eure*, 3° série, t. Ier, 1850-1851. Comptes de la Châtellenie de Breuilpont, par l'abbé Lebeurier.

LORLEAU.

Arr.¹ des Andelys. — Cant. de Lions.

Patr. S. Martin. — *Prés. l'archevêque de Rouen.*

Nous ne proposons aucune étymologie pour le nom de Lorleau, qui a été sans motif traduit plusieurs fois par *Lutronis aqua*.

On a trouvé, il y a environ 45 ans, des médailles de bronze dans de grands monceaux de cailloux qui se trouvaient dans la forêt de Lions, à environ deux kilomètres de Lorleau; elles portaient l'empreinte de Tétricus.

Voici une charte dans laquelle nous trouvons un certain « Enguerrannus de Luirres leve » qui doit appartenir à notre Lorleau :

« Robertus filius Helie dedit Deo et
« ecclesie Sancte Marie Mortui Maris cam-
« pum de Mara Gilleberti, concessione
« Hugonis de Plesseiz, fratris sui, de quo
« eam tenebat : et obtulerunt super altare
« ipse et Hugo frater suus et Ricardus
« filius Hugonis, et promiserunt quod
« eamdem terram tuebuntur ad opus ec-
« clesie contra omnes homines. Quod si
« facere non possent, escambium ad placi-
« tum fratrum de eodem feodo de Rupe-
« res darent. Hanc conventionem affidavit
« ipse propria manu, et quod eam conce-
« dere faceret uxori et filio. Inde accepit
« de caritate ecclesie quatuor libras et de-
« cem solidos. Testes : Ricardus de Noion,
« qui fiduciam accepit; Robertus de Ples-
« seio; Enguerrannus de Luirres Leve;
« Hannulfus Palmer; Willelmus Caperon;
« Herlertus de Lisorz. »

Dans le pouillé de Raoul Roussel, on lit : « Lierreliaue... »

Henri II, roi d'Angleterre, donna les landes de Saint-Crespin, qui étaient alors considérables, aux moines religieux du prieuré de Saint-Laurent, près Beauvoir, dans la forêt de Lions, avec des droits de pâturage, de panage, etc., le droit de prendre dans la forêt les bois nécessaires aux constructions. Cette donation a été confirmée en 1301 par une charte de Philippe le Bel.

En 1576, les religieux de Saint-Laurent vendirent seulement à M. Jacquet les rentes et redevances seigneuriales. La seigneurie et le manoir appartenaient déjà à M. Jacquet, qui en rendit hommage au roi en 1533 ou 1534. Cette terre est arrivée dans la famille de Bertengles par acquisition; elle y est restée jusqu'en 1861. Le dernier héritier de la famille de Bertengles a donné cette propriété à sa femme, Mᵐᵉ Grenier d'Ernemont, qui la possède aujourd'hui.

La description du manoir de Saint-Crespin, contenue dans la charte de Philippe le Bel de 1301, fait voir qu'il a peu changé quant aux abornements. Ce manoir a été restauré, vers 1780, par M. de Bertengles et un peu augmenté quant aux dépendances.

L'autre château, celui de Lorleau, est moderne. Il date d'un peu avant la Révolution de 1789. Il appartient à M. de Folleville, descendant d'une ancienne famille dont plusieurs membres ont occupé des fonctions judiciaires dans l'élection de Lions.

Il y avait, dans la paroisse de Lorleau, un prieuré appelé le Prieuré de Saint-Paul; il a subsisté jusqu'en 1789, époque à laquelle il a été supprimé. Dans l'enclos du château de Saint-Crespin s'élevait une chapelle, mais elle ne devait pas être très-ancienne.

Dépendances : — Caillouette ; — la Feuillette ; — la Lande-Asselin ; — la Lande-Saint-Ouen ; — la Mare-des-Saints ; — Saint-Paul ; — Saint-Crespin ; — le Clos-aux-Fèvres ; — le Mont-aux-Prêtres ; — le Prieuré ; — la Chèvre-d'Or.

Cf. Toussaint Duplessis, t. II, p. 634.

LOUIE.

Arrond. d'Évreux. — Cant. de Nonancourt.
Sur la Coudanne.

Patr. S. Nicolas. — *Prés.* l'abbé de Coulonés.

Il y avait au ıxᵉ siècle un lieu qui portait ce nom dans la forêt de Cuise :

« ... Cum igitur more regio rex Odo in
« forestis Coysa ad exercendum venatio-
« nem consisteret, prope locum qui vo-
« catur Auditis..... Actuum publice je-
« vis, mense aprili, anno tertio regnante
« Odone rege. »

Dans les *Grands Rôles de l'Échiquier de Normandie* on lit : « Idem (Seherus de
« Quenceio) reddit compotum de xxx. li-
bris de exitu de Loia castro... »

Louie est mentionné dans le traité de 1194, entre Philippe-Auguste et le roi d'Angleterre, au nombre des châteaux forts compris dans le domaine du roi de France sur la limite de la Normandie.

Gautier de Louie, « Galterius de Loia, » souscripteur d'une charte publiée à l'article Cocedemasche.

Suit une donation faite en 1335 d'une terre située sur le territoire de Louie :

« Omnibus presentes litteras inspectu-
« ris, Henricus, decanus Drocensis, in
« Domino salutem. Noveritis quod con-
« stituti in presentia nostra Robertus de
« Matrevilla, major, et Petronilla, uxor
« ejusdem, recognoverunt se dedisse et
« concessisse in perpetuam elemosinam,
« viris religiosis A. abbati et conventui
« de Strata, septem arpenta terre marita-
« gii ejusdem Petronille, sita in parrochia
« de Louiz; postea quatuordecim arpenta,
« residua dicte terre ipsis viris religiosis,
« pro quadraginta quatuor libris turon.
« vendidisse, salvis quinque solidis an-
« nui census, quos ipsi monachi Roberto
« de Maumoet, patri dicte Petronille,
« domino feodi, et ejus heredibus pro om-
« nibus redditibus, serviciis et exactioni-
« bus in festo Sancti Remigii, vel in octa-
« bis reddere tenentur. Juravit etiam co-
« ram nobis super sacrosancta propria
« voluntate non coacta dicta Petronilla, et
« similiter juravit maritus ejus quod nun-
« quam per se vel per interpositam perso-
« nam contra dictam elemosinam et ven-
« ditionem venirent, sed hanc eis in per-
« petuum libere, quiete et pacifice conces-
« serunt possidendam, et manu ceperunt
« guarantizandam. Quod si aliquis vel
« aliquis de genere ipsorum venditio-
« nem supradictam secundum consue-
« tudinem patrie habere voluerint, su-
« pradictam summam pecunie ex integro
« dictis viris religiosis cum aliis omnibus
« costamentis solvere tenebuntur, elemo-
« sina in omni predicta libertate ipsis
« monachis pacifice remanente. Et scien-
« dum quod tota terra supradicta men-
« surata fuit ad cordam Beate Marie Car-
« notensis. Et de his omnibus fideliter
« tenendis et perpetuo guarantizandis,
« juridictioni nostre et successorum no-

« strorum se et sua obligantes submise-
« runt. In cujus rei testimonium, ad peti-
« tionem dictorum Roberti, majoris, et
« Petronille, uxoris ejus, presentes litteras
« sigilli nostri munimine roboravimus.
« Actum anno gratie m° cc° trisesimo
« quinto, mense januario. » (Arch. de
l'Eure.)

Nouvelle donation en 1239, par Jean, seigneur de Musi, à l'abbaye de l'Estrée :

« Omnibus presentes litteras inspectu-
« ris, Johannes, dominus de Musiaco, in
« Domino salutem. Noveritis quod ego,
« pro remedio anime mee et M......,
« dilecte uxoris mee, patris mei et matris
« mee, et antecessorum meorum, viris
« religiosis..... abbati et conventui de
« Strata, de voluntate et assensu Johannis,
« primogeniti mei, et aliorum liberorum
« meorum, dedi et concessi quicquid juris
« habebam in feodo admodiationis quam
« Willelmus de Champellon recipiebat in
« grangia ipsorum de Champellon, et
« quicquid habent in parrochia de Heu-
« drevilla, territorium quoque nemoris et
« terre quod habent sub hujus comitis us-
« que ad fluvium Arve, duo etiam ar-
« penta nemoris et dimidium juxta crucem
« supra ablatium, que eis excambiavi pro
« ejusdem quantitatis terra in cultura
« mea de Loya..... Actum anno gratie
« m° cc° xxx° ix°, mense junio. »

Nous avons publié à l'article Ittiers un aveu rendu par l'évêque d'Evreux, à la date de 1400, où sont mentionnés les fiefs de Musi et de Louie.

Le 4 mai 1454, noble femme Perrette la Bescuchette, damoiselle, demeurant à présent à Louye, dame des fiefs, terre et seigneurie de Musy, tenus de l'évêque d'Evreux à cause de la baronnie d'Illiers, donna aux moines de l'Estrée une pièce d'eau d'un demi-quart de lieue de long, sur la rivière d'Eure, entre le gué de Reculet, appartenant aux dits religieux, et le gué de la Huette, à elle, du consen-tement d'Isabeau la Baveuse (ou Baneuse), sa fille, mariée à Loys de Saint-Pol, écuyer. Elle était femme de Michel de La-grée, écuyer, seigneur de Louie et Muzi, en 1461, du droit de sa femme.

Dans l'église de Louie, on trouve l'épi-taphe suivante :

Cy gist Madame Magdelaine de Baines, en son vivant femme et espouse de Messire Jaques de Dreux, chevalier, vydame et baron de Breval et du Fresne, Sr de Berville, Pierrecourt, Musy et Loye, laquelle trespassa en mil v*c et xii, le xxiiii* jour de juillet. Priez Dieu pour elle.

Le château actuel mérite une atten-tion particulière. Il est du xv° siècle.

Dépendance : — Sotoire.

LOUVERSEI.

Arrond. d'Evreux. — Cant. de Conches.

Patr. S. Martin. — *Prés. l'abbé de Conches.*

Lupersat, près Aubusson, Lurcy, Lou-belne dans le Lot, Lubersac, Louvercy dans la Marne doivent avoir la même éty-mologie que Louversei. Peut-être Louver-sei a-t-il été à l'origine : *Luperciacum,* habitation de Lupercus?

On trouve cité, dans des chartes de Charles le Chauve et de Lothaire, un autre « Luperciacum in pago Cutingensi » qui paraît avoir été voisin de Verceil.

Un saint Luperce a donné son nom à une commune près de Chartres.

L'abbaye de Conches avait acquis l'église et des biens à Louversei, grâce aux libéra-lités de Robert de Romilli et de ses fils Guillaume, Robert et Richard : « ... Ma-
« nifestum sit omnibus quod Robertus de
« Romiliaco, quando effectus monachus
« est, dedit ipse et uxor ejus et filii ejus
« Willelmus et Robertus et Richardus
« Sancto Petro decimam... et eam quam
« habebat [in] Louverciaco... ; in Louver-
« ciaco duos gartos, annuente Radulpho
« de Tostenio... Ego Richardus Juvenis
« de Romeliaco do monachis Sancti Petri
« Castellionis, pro salute animæ meæ et
« antecessorum meorum, et pro sepultura
« patris mei, ecclesiam de Louverciaco... »

L'abbaye de Conches était encore pro-priétaire à Louversei au moment de la Révolution.

Dans les chartes de Saint-Wandrille, il est question, en 1277, de la paroisse de « Loverseium ». (S.-W., n° 4. IV. B.)

Les droits d'usage des habitants de Louversei dans la forêt de Conches sont consignés dans le *Coutumier des forêts de Normandie,* fol. 233 v°.

Le fief du Mesnil-au-Vicomte était un demi-fief de haubert relevant nuement du roi, situé sur la paroisse du Mesnil-au-Vi-comte et par extension sur les paroisses de Louversei, Burei, et autres paroisses voisines.

Dans un aveu de 1602, par Louis de Canonville, on voit que de ce fief dépen-daient : Un quart de fief noble assis à No-gent-le-Sec, appelé le fief Regnault ;

« La place et sault de moulin assis sur
« la rue de Conches, près et au-dessous du
« moulin neuf ; »

Le droit de présentation à la cure du Mesnil ;

Le patronage alternatif de l'église de Burey;

« Item, j'ay, dit le tenant, droict d'a-
« voir et prendre par chascun an ung
« boesseau d'avoine, mesure de Conches,
« sur chascune vache pasturant sur les
« communes de Burey, dépendant de
« mondit fief du Mesnil.
« Il recoignaist « qu'il est tenu de faire
« 10 jours de garde à l'une des portes
« dudit Conches, nommée la porte du
« Val, en temps d'ostilité, parce que l'on
« me doibt bailler et fournir pour iceulx
« 10 jours ung doublier, sur lequel je
« doibs boire et manger. »
Ce fief avait été acquis de messire Anthoine Doinville, baron de la Ferté-Fresnel, seigneur de Houetteville, par contrat
passé au tabellionage de Canappeville, le
21 juin 1598.

Dépendances : — la Fosse-aux-Jeans;
— les Grands-Ifs; — le Hamel ou la Tuilerie; — le Mesnil-Vicomte; — la Rue-
Renard; — la Rue-Chéron; — la Rue-
des-Forges; — la Gastine; — le Manoir-
du-Blin; — les Petits-Ifs; — Saint-Calais;
— les Bosquets; — le Breuil-Poignard;
— la Couture; — la Fosse-aux-Loups; —
le Rameuil.

LOUVIERS.

Arrond. de Louviers. — Cant. de Louviers.
Sur l'Eure.

Patr. { S. Martin, Notre-Dame, S. Jean, S. Germain. } Prés. l'abbé de Saint-Taurin.

Deux mots seulement sur l'étymologie de Louviers.

Nous avions adopté d'abord l'étymologie de *Luparice* : tanières à loups, louvières, comme Goupillières, tanières à renards; mais il est constant que dans certaines chartes, et notamment dans les premières chartes de l'abbaye de Conches, Louviers est désigné sous le nom de *Locrers* ou *Loueurs*; d'où les beaux esprits du moyen âge ont fait *Locus veris*. L'étymologie de *Locus veris* a fait fortune et on s'y est attaché avec une imprudente ardeur. Quelques auteurs ont vu dans la forme *Locrers* des raisons de croire à une origine saxonne. Nous penchons maintenant vers cette hy-
pothèse, sans rien affirmer.

I.

Louviers semble avoir une origine fort ancienne.

Dans la période gallo-romaine, les preuves de l'histoire de Louviers se rédui-
sent aux canaux situés sur le bord de la route d'Evreux, entre le couvent de Sainte-
Barbe et la fontaine de Becdale, à des constructions au-dessus du pont de Folleville, à des tombeaux et à la proxi-
mité d'une voie romaine qui est connue aujourd'hui sous le nom de chemin de Rouen à Chartres.

II.

Il n'entre pas dans notre cadre de tra-
cer l'histoire de Louviers; mais nous allons donner la liste chronologique des faits les plus importants et placer ainsi sous les yeux du lecteur d'utiles instruments de recherche; on retrouvera d'ail-
leurs dans les paragraphes suivants des notes plus complètes prises sur les documents originaux.

963. Le duc Richard Ier donne à l'ab-
baye de Saint-Taurin d'Evreux les églises d'Elbeuf et de Caudebec, de Louviers et de Pinterville, avec toutes les dîmes, les moulins de Louviers et quarante sous de rente.

1027. Richard II, duc de Normandie, concède à l'abbaye de Fécamp les terres d'Heudebouville et de Fontaine-Bellenger, et deux moulins à Louviers. « Hu'deboldi
« villam cum integritate; masnile quod
« dicitur Fontana Berengarii, cum inte-
« gritate; molendinos duos, in villa que
« dicitur Lovers. » (*Neustria pia*, p. 225 et suiv.)

La rue voisine de ces moulins a pris le nom de rue de la Trinité-de-Fécamp.

1181. Les moulins de Louviers sont incendiés.

1194. Louviers est cédé au roi de France par un des articles du traité de Verneuil.

1195. Confirmation par le roi Richard Cœur de lion des biens de l'abbaye de Saint-Taurin d'Evreux. Louviers y est nommé. (*Gallia christiana*, t. XI, p. 133. Instrum.)

1196. Entrevue de Louviers et signature de la paix conclue près d'Issoudun par Philippe-Auguste et Richard Cœur de lion. « Convenerunt apud Lovers ad col-
« loquium. » Louviers resta au roi d'Angle-
terre, et la frontière des deux Etats fut placée à Muids. (Bouquet, *Rec. des histor. des Gaules*, t. XVII, p. 43.)

1197. Contrat d'échange entre Richard et Gautier, archevêque de Rouen. Par cet acte, Richard cède à l'archevêque, en dé-
dommagement des Andelis, les villes de Dieppe et de Bouteilles, la forêt d'Alier-

mont, le manoir de Louviers : « manerium de Louviers. »

1193. Le roi Richard, en fondant l'abbaye de Bonport pour des religieux de l'ordre de Cîteaux, leur donne une prairie située à Louviers connue sous le nom du pré des Jonquets.

1199. Dans un compte de cette année, les revenus de Louviers échus à l'archevêque sont estimés à 400 livres.

1200. Jean sans Terre ratifie, le 7 juin, à Argentan la cession de Louviers aux archevêques de Rouen.

1201. Les bourgeois de Louviers bâtissent sur le fief de Robert de Louviers, clerc, une nouvelle église dédiée à Notre-Dame, l'ancienne église dédiée à saint Martin étant devenue trop étroite.

1204. Louviers est réuni à la France, à la suite de la conquête de la Normandie par Philippe-Auguste.

1203. Les principaux seigneurs normands, réunis à Rouen, déclarent sous la foi du serment que les droits réclamés par l'archevêque de Rouen à Louviers sont justes et légitimes.

1208. Contestation entre les fondateurs de l'église Notre-Dame et les religieux de Saint-Taurin au sujet du patronage de ladite église.

1213. Jean de Martigni, abbé de Saint-Taurin, donne une place sur le fief de l'abbaye pour y construire un hôpital.

1218. Division du patronage de Louviers en deux parties.

1232. Fondation de la maladerie de Louviers.

1256. Saint Louis reconnait les droits des archevêques de Rouen à Louviers.

1330. Jean du Pré, évêque d'Evreux, autorise l'érection de deux nouvelles paroisses à Louviers : les paroisses de Saint-Jean et de Saint-Germain. (Gallia christ., t. XI, p 545.)

1340. Maître Pierre Le Tonnelier, archidiacre du Neubourg, donne une rente de six livres à l'archevêque de Rouen pour l'indemniser de l'amortissement d'une masure sise à Louviers, destinée à fonder « illecque bons enfants escoliers ».

1346. Pillage de la ville de Louviers par Édouard III, roi d'Angleterre.

1356. Rappelés en Normandie par Charles le Mauvais, roi de Navarre, les Anglais pillent de nouveau Louviers et l'occupent jusqu'après le traité de Brétigni.

1364. Requête au roi des bourgeois de Louviers pour les autoriser à fermer leur ville et à la fortifier. On commence les remparts.

1383. La reine Blanche fait son entrée à Louviers.

1408. On commence à bâtir la maladerie Saint-Ildevert aux frais du trésor de l'église Notre-Dame.

1409. Requête au roi pour qu'il permette aux bourgeois de Louviers de lever un impôt sur la ville pour accélérer les travaux des remparts.

Homologation d'un règlement pour les draps fabriqués dans la ville de Louviers. (Ordonnances, t. IX, p. 442.)

1414. On bâtit la tour du beffroi.

1415. Les drapiers-foulonniers donnent au trésor de l'église de Notre-Dame une grande croix d'argent doré pesant 22 marcs et demi.

1418. Siège par les Anglais.

1420. Les bourgeois de la ville reprennent Louviers.

1421. Lettres patentes de Charles VII érigeant la ville de Louviers en ville de loi, le 5 avril : « Octroyons que... ils ayent et
« jouissent en ladite ville de tels et sem-
« blables droits, lois et privilèges, tant sur
« les métiers et ouvrages faits en ladite
« ville, sur les denrées et marchandises
« vendues en icelle, comme sur toutes
« les autres choses touchant et regardant
« la bonne police et gouvernement du fait
« de ladite ville, tout ainsy pareillement
« comme l'on fait en notre bonne ville de
« Rouen. »

1431. Siège de la ville par le duc de Bedfort. Capitulation. Entrée des Anglais.

1431 (27 nov.). Edit d'Henri VI qui permet aux bourgeois qui restent à Louviers de racheter leurs maisons et héritages confisqués.

1432. Le château des archevêques de Rouen, les remparts, plusieurs églises, le collège et la chapelle Saint-Nicolas-des-Bons-Enfants, la grande halle aux draps et les autres halles sont détruits.

1440. Les bourgeois de la ville reprennent Louviers.

1441. Privilèges accordés par Charles VII à la ville de Louviers.

1449. Charles VII fait son entrée à Louviers.

1455. Messire Jehan de Brézé, bailli de Gisors et capitaine de Louviers.

1463. Le roi donne des lettres confirmatives des privilèges de Louviers, pour l'exemption de toutes tailles et impôts. (Ordonnances, t. XVI, p. 150.)

1465. Approbation des articles convenus entre le duc de Bourbon, au nom du roi, et les habitants de Louviers, à l'occasion de la reddition de cette ville, amnistie pour le passé, confirmation de tous ses privilèges pour l'avenir. (Ordonnances, t. XVI, p. 457.)

1465. Guerre du Bien public. Louviers se rend à Louis XI.

1466. La tour de l'église Notre-Dame qui était en ruine est réparée. Les foulons donnent 110 sous, et la charité donne 10 livres.

1468. Peste à Louviers.

1470. Fondation du couvent de Sainte-Barbe près Louviers.

1487. Passage du roi Charles VIII.

1490. Taxe imposée aux villes franches de Normandie : Dieppe, Harfleur, Honfleur, Pont-Audemer et Louviers, pour le service de la marine. (*Arch. munic.*)

1493. Lettres du roi confirmatives des lettres des 23 décembre 1463, 21 février 1465, 26 mai 1467, février 1483 et février 1484. (*Ordonnances*, t. XXI, p. 47.)

1500. Les états de Normandie se tiennent à Louviers en 1500, à cause de la contagion qui régnait à Rouen.

1503. Le roi Louis XII fait son entrée à Louviers.

1515. Transaction entre le cardinal d'Amboise, archevêque de Rouen, et les bourgeois de Louviers pour les droitures en la forêt dudit Louviers.

1516. Le canal de l'Esprevier a été creusé à cette époque.

1529. Accord entre l'archevêque de Rouen et les bourgeois de Louviers pour les coutumes et usages qu'ils prétendent avoir en la forêt de Louviers.

1532. Assemblée générale des habitants pour la construction d'une maison séparée de l'hôpital et destinée aux pestiférés. (*Arch. munic.*)

1537. Lettres de François Ier mettant à la charge de la ville de Louviers la solde de 25 hommes de guerre. (*Arch. munic.*)

1538. Accord entre l'archevêque de Rouen et les habitants de Louviers au sujet des friches de la côte de la Justice et du hameau de la Haie-le-Comte.

1539. Etablissement de la confrérie de Saint-Pierre et Saint André en la chapelle de Saint-André, qui était dans le grand cimetière.

1553. Assemblée des habitants pour délibérer sur les moyens de payer leur part dans la solde de 50,000 hommes de guerre. (*Arch. munic.*)

1552. Le parlement de Rouen est transféré à Louviers après la prise de Rouen par les calvinistes.

1591. Le maréchal de Biron prend Louviers au nom d'Henri IV, par la trahison d'un prêtre nommé La Tour.

1593. Henri IV séjourne à Louviers.

1599. Incendie de la chapelle Saint-André, qui était dans le grand cimetière de Notre-Dame de Louviers.

1602. L'ordre de Saint-François s'établit à Louviers, dans une maison sise au haut de la rue aux Huiliers, appartenant au couvent de Sainte-Barbe.

1603. Le cardinal du Perron, évêque d'Evreux, introduit les religieux de Saint-François dans le couvent de Sainte-Barbe, près Louviers.

1611. Entrée de Mgr de Montbazon, gouverneur général de Normandie.

1613. Entrée de François de Péricard, évêque d'Evreux.

1616. Lettres patentes de Louis XIII pour l'établissement de l'hôpital Saint-Louis, desservi par l'ordre de Saint-François.

1616. Assemblée des habitants pour rétablir les écoles gratuites de garçons et de filles.

1618. Fondation de la charité de Saint-Germain de Louviers.

1620. Peste à Louviers.

1622. Etablissement des religieux Sainte-Elisabeth et de Saint-François. (Le Brasseur, p. 377, ch. XLI.)

1623. Le roi Louis XIII supprime, sur la demande des habitants de Louviers, les priviléges accordés par Charles VII.

1663. Accord entre l'archevêque de Rouen et les habitants de Louviers, au sujet des droits d'usage et de chauffage dont ils prétendaient jouir dans la forêt de Bord, en vertu de la charte royale de 1111.

1692. Création des offices de l'hôtel de ville et établissement d'une mairie.

1693. M. Mallet, sieur de Mailli, bourgeois de Rouen, maire de Louviers.

1698. Louis Leblanc du Rollet de la Croisette, nommé gouverneur de Louviers.

1703. On répare l'église de Saint-Martin.

1705. Tempête qui emporte la pyramide de l'église Notre-Dame.

1707. Suppression des offices de maire, lieutenant de maire, etc. Substitution d'un tarif à la taille.

1709. Etablissement d'une compagnie de milice bourgeoise qui devait être sur pied tous les jours de marché pour le maintien de l'ordre ; les marchands de blé ne pouvaient entrer que par la porte de Paris.

1713. Procès entre l'archevêque de Rouen et les officiers municipaux, au sujet de la préséance du bailli de Louviers.

1714. Leblanc du Rollet succède à son père comme gouverneur de Louviers.

1722. Rétablissement des offices de maire, lieutenant de maire, échevins, etc.

1723. Le duc de Bouillon obtient un arrêt du conseil pour rendre flottables les rivières d'Iton et de Conches.

1730-1738. On fait les promenades, notamment celle du Cours; on répare les remparts.

1738. Établissement d'une compagnie de pompiers.

1740. Inondation et disette.

1743. M. de Rochechouart, évêque d'Evreux, répare la chapelle de Saint-Maure et de Saint-Vénérand.

1749. Passage de Louis XV à Louviers.

1751. Arrêt du parlement de Rouen qui maintient l'archevêque de Rouen dans la perception des droits de coutumes, foires et marchés en la ville de Louviers.

1756. Passage du maréchal duc de Belle-Isle.

1766. Fondation d'une association de fabricants de draps.

1769. Arrêt qui déclare la ville de Louviers de seconde classe, et ne lui donne que deux échevins, quatre conseillers et dix notables.

1770. Épidémie pestilentielle.

1772. Rétablissement des charges de maire, échevins, conseillers, procureur du roi, etc.; achat de ces diverses charges.

1781. Lettres patentes du roi qui approuvent le décret de l'évêque d'Evreux du 21 novembre 1781, portant extinction et suppression des deux titres de la cure de Notre-Dame de Louviers et leur union en un seul et unique titre, avec établissement de deux vicaires.

1783. Arrêt du conseil ordonnant l'imposition de la taille, telle qu'elle a été ordonnée dans un arrêt du 25 septembre 1781.

1785. Construction, par les religieuses de Saint-Louis et Sainte-Élisabeth, du bâtiment qui sert aujourd'hui d'hôtel de ville.

1789. Assemblée pour les états généraux.

III.

Un point mérite de fixer quelques instants notre attention. Il s'agit d'envisager Louviers au point de vue de l'origine de ses relations avec les archevêques de Rouen, seigneurs temporels et hauts justiciers de Louviers.

Nous avons déjà cité, à l'article d'ANDELI, le passage du traité conclu en 1197 par Richard Cœur de lion et Gautier, archevêque de Rouen, traité par lequel Richard donna à Gautier le domaine de Louviers en échange de la ville d'Andeli. Nous reproduisons toutefois le passage qui concerne Louviers : « Concessimus etiam eis-
« dem manerium de Loviers, cum omni-
« bus pertinenciis et libertatibus et liberis
« consuetudinibus suis, cum ministerio
« de Loveris, salvis ad opus nostrum ve-
« nacione nostra et destructione foreste,
« ita tamen quod non sit in regardo. »

1200. Jean sans Terre, devenu roi, ratifie par un acte daté d'Argentan, le 7 juin, la cession de Louviers aux archevêques de Rouen.

1203. Les principaux seigneurs normands, réunis à Rouen, déclarent avec serment que les droits réclamés par l'archevêque de Rouen à Louviers sont justes et légitimes, qu'ils sont fondés sur une charte solennelle du roi Richard et le résultat d'un échange librement consenti :

« Item, diximus per sacramentum no-
« strum, super hoc quod archiepiscopus
« petit apud Loviers, quod Ricardus,
« quondam rex Anglie, fecit ei escam-
« bium, et inde dedit ei cartam suam; et
« dominus rex faciet ei justitiam secun-
« dum tenorem carte sue, si ei placuerit. »
(*Layettes du Trésor des chartes*, publ. par Teulet, t. I, p. 297.)

1223. Vers cette époque, une contestation s'était élevée entre Thibaud d'Amiens, archevêque de Rouen, et Renaud Tatin, seigneur de Pinterville et possesseur d'un fief à Louviers. Renaud Tatin avait été successivement arbalétrier de Richard Cœur de lion et de Philippe-Auguste. Ce dernier prince lui donna Pinterville en 1205, et lui permit, en 1217, d'assigner en dot à ses filles le tiers de la terre qu'il lui avait donnée au Vaudreuil. Tatin faisait en 1223, à Gisors, le service de sergent auprès de la personne du roi Louis VIII.

C'est alors que la cour fit demander à l'archevêque des explications sur son différend avec Tatin. Ce dernier avait des vassaux à Louviers qui relevaient de son fief de Pinterville, que le roi lui avait donné. L'archevêque prétendait avoir un droit de haute justice sur ces vassaux en qualité de seigneur de Louviers. Il paraît que cette prétention fut écartée, car, dans la suite, le fief Tatin releva toujours du roi. On sait que ce fief a donné son nom à une des rues de Louviers.

Quelques années auparavant, l'archevêque de Rouen avait acquis le moulin Jourdain d'un particulier nommé de l'Espinei.

1228. L'archevêque de Rouen, Thibaud d'Amiens, voulant faire transporter du bois de sa forêt de Louviers à Rouen, fut attaqué par le bailli du Vaudreuil, qui en fit opérer la saisie.

Instruit de l'injustice faite à son métropolitain, l'évêque d'Evreux excommunia le bailli. Cette mesure exaspéra les gens du roi; ils dirent que l'archevêque n'avait droit de prendre du bois dans la forêt que pour l'usage du manoir de Louviers. Ils accusèrent encore l'archevêque d'avoir pris le panage du fief de la Villette, qui revenait du roi. C'est la première mention qu'on trouve de ce hameau de Louviers. Le prélat répondit que la forêt de Louviers était un bien ecclésiastique, et non un fief laïque; que son produit était la principale ressource des archevêques, et que restreindre son droit au seul usage du manoir de Louviers, c'était une prétention qui rendait la propriété tout à fait illusoire. Les gens du roi firent saisir le temporel de l'archevêque. Le prélat jeta l'interdit sur tous les châteaux et domaines que le roi possédait dans le diocèse. Le cardinal de Saint-Ange, légat du pape, prononça en faveur de Thibaud, et le bailli du Vaudreuil dut rapporter à Rouen le bois qu'il avait confisqué.

La querelle se renouvela sous Maurice, successeur de Thibaud.

1230. Une enquête eut lieu sur les dilapidations commises dans l'administration de la forêt de Bord par Gautier, châtelain du Vaudreuil. Il en résulte que cet officier donnait à vil prix des portions de la forêt du Pont-de-l'Arche. Ainsi Gilbert de Léri avait obtenu trois vergées de bois pour trois sous.

1245. Pierre de Colmieu, archevêque de Rouen, devenu cardinal-évêque d'Albano, donne 26 livres tournois de rente, à prendre à Louviers, pour la fondation de trois obits par an dans la cathédrale de Rouen.

1248. Le 27 août, l'archevêque Eudes Rigaud visite pour la première fois son manoir de Louviers. La même année, le roi saint Louis, ayant égard aux bons services de Jean d'Aubergenville, évêque d'Évreux, donne à son neveu Guillaume d'Aubergenville, qui se mariait avec Lucie Poucin, le manoir de Pinterville, avec la moitié des revenus et lui afferme l'autre moitié pour 16 livres tournois.

1248. Le lundi 1er mars, l'archevêque Eudes Rigaud arrive à son manoir seigneurial de Louviers.

Dès le lendemain 2 mars, Guillaume du Bois, chevalier, seigneur du fief de la Salle-du-Bois, Rabel, seigneur de la Villette, et Guillaume des Angles, au nom et comme fondés de pouvoirs de Guillaume d'Aubergenville, seigneur de Pinterville, se présentent devant le prélat, lui demandant la reconnaissance des droits possédés par eux, à cause de leurs fiefs, dans sa forêt de Louviers.

L'archevêque constitue aussitôt, avec l'assistance des personnes de sa suite, une sorte de tribunal d'enquête composé de clercs et de seigneurs dont il est le président. A côté de lui siègent: Amauri de Meulan, chevalier et seigneur de la Haie-le-Comte; Guillaume de Saane, archidiacre du Vexin français; Raoul Pointel, sénéchal du prélat; Simon de Montpincé, depuis pape sous le nom de Martin IV, mais alors simple chanoine de Rouen; le doyen de Louviers, et plusieurs autres.

Cette commission, ainsi constituée, entend successivement les dépositions de plusieurs personnes dignes de foi et bien au courant des usages locaux. On reçoit les dépositions de Michel le Bitaud, chanoine de Rouen, de Guillaume Landri, autre chanoine, de Roger du Martrel, seigneur de Folleville, de Geoffroi le Bitaud, des gardes de la forêt, de Roger Boloiche, de Pierre Berselou et, enfin, de Roger le Maçon, parent, sans aucun doute, de Guillaume le Maçon, fondateur de l'hospice de Louviers.

Après cette longue audition, l'archevêque prononça un jugement en forme de déclaration, constatant séparément les droits de chacun. A l'égard de Guillaume du Bois, il reconnaît que ce chevalier: 1° a le droit de prendre dans la forêt de Louviers les bois nécessaires pour bâtir dans son manoir de Louviers, construire un moulin avec ses dépendances, réparer le pont conduisant au manoir; 2° il a le droit de panage dans la forêt pour l'usage de ses animaux et de ceux de ses vassaux; 3° il a un hêtre et une bûche du même bois, à la Noël, délivrés par le forestier. Enfin une autre prétention du même seigneur est écartée.

Rabel de la Villette, moins heureux, s'entendit débouter de toutes ses prétentions sur la forêt.

Le seigneur de Pinterville, au contraire, vit accueillir toutes ses réclamations; il avait le bois nécessaire à la construction ou réparation de son manoir et de son pont, avec son hêtre et sa bûche de Noël.

L'archevêque réserva néanmoins la question de l'hommage à sa personne, agitée déjà du temps de Tatin et de l'archevêque Thibaud. (Rep. d'Eudes Rigaud, p. 32.)

1252. Le 4 février, l'archevêque de Rouen, se rendant à Paris, vient passer la nuit dans son manoir de Louviers. Au mois de mars, le prélat, se trouvant de passage à Andeli, loua sa prévôté de Louviers à Roger du Martrel, Raoul Bitaud et Guillaume Langlais, moyennant une rente de neuf cents livres tournois payable en trois termes. Ce bail devait durer trois ans et commencer à la Saint-Jean suivante. (*Rey. d'Eudes Rigaud*, Appendice, p. 768.)

Eudes Rigaud vint passer à Louviers la fête de Saint-Pierre ; puis, au mois d'octobre, il vint y faire un séjour de deux semaines avec plusieurs chanoines qui l'aidaient dans son administration. On le retrouve une troisième fois à Louviers, le lendemain de Noël, se rendant à Evreux pour conférer avec les évêques de Normandie, ses suffragants.

1251. Le 20 octobre, Eudes Rigaud se trouve à Pont-de-l'Arche pour traiter avec Robert d'Ivri. Ce seigneur prétendait avoir droit de haute justice sur l'eau de la rivière d'Eure dans le travers de Louviers ; l'archevêque disait que cette haute justice lui appartenait et que ses prédécesseurs en avaient joui sans contestation. Il fut convenu qu'on nommerait deux arbitres qui procederaient à une enquête.

Le 1er décembre, l'archevêque revint au Pont-de-l'Arche à cause de ses démêlés avec le seigneur d'Ivri.

1255. Le 13 avril de cette même année, l'archevêque de Rouen vint à Louviers, à son retour de Melun, où il avait célébré le mariage d'Isabelle, fille du roi saint Louis, avec Thibaud V, roi de Navarre et comte de Champagne.

Le 25 juillet, Eudes Rigaud revient à Louviers en se rendant à Evreux, où il devait avoir une conférence avec ses suffragants. Dans la journée du 27, l'archevêque s'occupa de son différend avec le seigneur d'Ivri, au sujet de la haute justice dans la traversée de Louviers. Nous ignorons comment se termina cette contestation. Le lendemain 28 juillet, ce prélat repassait par Louviers. Il y revint au mois d'octobre, en allant visiter l'évêque d'Evreux, qui était malade dans son manoir de Brosville.

1259. L'archevêque de Rouen afferme sa prévôté de Louviers à Robert Tyerlin, bourgeois de cette ville, pour trois ans, moyennant une rente de mille livres. On voit que les revenus de Louviers avaient augmenté d'un dixième en six ans.

1265. Un clerc, poursuivi par l'official d'Evreux, est arrêté à Louviers, et le sergent de l'archevêque, nommé Jean Roussel, promet deux hommes pour le conduire à la ville épiscopale. L'archevêque, ayant été informé du fait, envoya aussitôt Pierre, son archidiacre, protester à Evreux à la cour de l'official contre la violation de ses droits.

1288. Louviers avait alors son bailli particulier, nommé Denis Bataille, chevalier. Il procède, cette année, à une enquête sur les droits des religieux de Saint-Taurin dans la forêt de Louviers, appartenant aux archevêques de Rouen. Au nombre des nobles appelés à déposer, nous remarquons Laurent et Raoul de Folleville, Raoul Alain, Robert du Quai, Rogier Darci, etc., etc.

IV.

Résumons les notions que nous fournissent toutes ces notes, et jetons un coup d'œil sur l'état de la ville de Louviers au point de vue du régime municipal et des institutions judiciaires.

Avant l'échange de 1197, Louviers faisait partie du domaine des ducs de Normandie. Les revenus de Louviers consistaient surtout dans le produit des moulins. On affermait, avec ces moulins, une portion de la forêt de Bord qu'on nommait à cause de son voisinage « forêt de Louviers ». En 1184, le comte Guillaume tenait à ferme la baillie du Vaudreuil, moyennant sept cents livres. A cette époque, les moulins de Louviers furent incendiés et les trois mois employés à la réparation furent comptés en déduction du prix de la ferme. Dans un autre compte de 1199, fourni à l'échiquier de Caen par Gautier d'Ely, la ferme de Louviers est estimée 500 livres. Il faut remarquer qu'il s'agit dans ces comptes, du domaine privé et non des revenus publics, c'est-à-dire des impôts et redevances seigneuriales. En effet, Eudes Rigaud, en 1252, louait sa prévôté de Louviers 900 livres. En 1259, 1,000 livres. Dans ce fermage se trouvait compris le domaine privé, augmenté du moulin Jourdain, acquis par l'archevêque ; mais les revenus publics n'y étaient pas compris en entier. Le prélat faisait dans son bail de nombreuses réserves : il retenait la moitié du plaid de l'épée et en entier les amendes pour le délit d'usure, l'effraction de la prison, le délit de harelle. Robert Tyerlin, de Louviers, le nouveau fermier, devait fournir des cautions et s'obligeait sous la foi du serment à bien garder la ville de Louviers et à bien conserver tous les droits de l'archevêque. Les notes que nous avons recueillies et classées ci-dessus prouvent, d'une part, que les archevêques de Rouen avaient su maintenir et défendre leurs droits attaqués par les gens du roi et les prétentions de divers seigneurs, et que sous leur administration Louviers était devenu une ville tout à fait importante. Il est constant qu'au XIIIe siècle la bourgeoisie de Louviers jouissait d'une réelle indépendance vis-à-vis de l'autorité royale, et que le patronage ecclésiastique avait été plus utile à Louviers que la suzeraineté laïque. Avec un chevalier pour seigneur, Louviers eût eu un château, des sièges, des batailles, des incendies, des rançons. Avec l'archevêque de Rouen, Louviers eut un manoir épiscopal, un hôpital, des églises, un marché, un commerce considérable de blé, de draps, de toiles. Au XIVe et surtout au XVe siècle, les choses changèrent. Avec l'appui secret des gens du roi, les bourgeois de Louviers travaillèrent à se soustraire à la juridiction administrative de l'archevêque. La guerre de Cent ans les rapprocha encore plus de l'autorité royale. En 1431, Charles VII donna à Louviers des prérogatives et des coutumes, et la classa parmi les « villes de loy ». Enfin en 1444, Charles VII lui accorda de nouveaux privilèges et exempta les habitants de Louviers de tout impôt. De là le nom de Louviers le Franc.

« Charles, par la grâce de Dieu, roi de
« France...
« Savoir faisons à tous présents et à
« venir nous avoir reçu l'humble supplique de nos bien amés les gens d'église,
« nobles, bourgeois, manans et habitans
« de notre bonne ville de Louviers, contenant comme ils ont toujours été vrais
« et loyaux envers nos prédécesseurs,
« nous et la couronne de France, sans,
« pour les divisions de guerre qui longuement ont régné et règnent encore en ce
« royaume, ni pour autres causes ou couleurs, avoir jamais varié ni vacillé, et
« d'eux-mêmes seulement se seroient, par
« très grand et long espace de temps, gardés et tenus à l'encontre de nos ennemis
« au commencement de leur descendue
« en notre pays de Normandie, les assiégeans entour et environs de la dite
« ville, en la plus grande puissance qu'ils
« eussent oncques, à l'encontre de laquelle
« puissance et siège ils résistèrent par long
« espace de temps, au mieux qu'ils purent,
« et enfin parce que, nonobstant les grandes charges, divisions et mutations étant
« lors en ce royaume, ils [ne] purent avoir
« secours, il convint qu'ils se rendissent à
« nos dits ennemis, tout à leur volonté
« et plaisir, qui en conséquence de ce
« qu'ils aperçurent et connurent qu'ils
« avoient fait grandement leur devoir en
« gardant envers nous leurs loyautés, firent mourir plusieurs notables hommes
« des dits habitans, et la vie des autres
« composèrent et rançonnèrent à 15,000
« écus, et plus, et d'illec en avant leur
« ont fait supporter charges et dommages
« inestimables, et encore dernièrement,
« que nos gens recouvrèrent sur nos dits
« ennemis la dite ville, se sont portés si
« loyaument envers nous, qu'ils la tinrent,
« à l'aide de nos dits gens, à l'encontre de
« toute leur puissance, l'espace de deux
« ans, dont ils furent assiégés de toutes
« parts, vingt-trois semaines et plus, en
« quoi, et durant ledit temps, ils portoient
« tant de charges, dommages, pertes,
« pauvretés et famines que gens pouvoient souffrir et porter, et tellement
« qu'en conclusion leur convint, pour ce
« qu'ils ne purent avoir secours, qu'ils se
« rendissent et demourassent en la subjection et obéissance de nos dits ennemis, lesquels, en conséquence de ce que
« les dits habitans, en persévérant de bien
« en mieux en leur loyauté envers nous,
« leur avoient en ce faisant porté et fait
« plusieurs dommages, donnèrent leurs
« héritages et les dépouillèrent de tous
« leurs biens, abattirent et rasèrent notre
« dite ville, et la mirent en telle nécessité
« que les joyaux et ornemens des églises
« d'ycelle ville furent perdus, engagés et
« vendus, et s'en allèrent plusieurs des
« dits habitans résider hors d'ycelle
« ville, et se sont dispersés et épars en
« plusieurs contrées, et n'y demoura que
« peu de peuple, aussi comme abandonnée, qui depuis, au mieux qu'ils ont pu,
« se sont entretenus ensemble jusqu'à ce
« que nous ayons envoyé en la dite ville
« nos gens pour ycelle remparer et mettre
« en fortification, en quoi ils se sont portés et employés et emploient chacun
« jour de leur puissance de corps et de
« biens, et mêmement à la garde d'ycelle
« ville en toutes les manières à eux
« possibles, libéralement et de vrai courage, voulant mieux élire la mort, que
« jamais retourner en la subjection de nos
« dits ennemis, sans avoir regard aux
« grandes dépenses et pertes que, pour ce
« faire, ils ont eu et ont chaque jour à
« porter et soutenir, ni à la grande désolation et démolition des maisons qui en
« la plus grande partie ont été abattues
« et tournées en ruines, et les fauxbourgs
« et églises qui y étoient entièrement
« démolis et écrasés, et il soit ainsi qu'à
« l'occasion des choses susdites iceux suppliants ayent été si grevés, endommagés
« et appauvris, et encore sont de jour en
« jour, par le fait et occasion des places à
« nous contraires, dont ils sont de toutes
« parts environnés, qu'à très grande peine
« ils ont de quoi vivre et alimenter eux,
« leurs femmes et enfants, et encore sont
« jour et nuit extrêmement travaillés à
« faire en leurs personnes les guets et
« arrière guets de notre dite ville, afin
« de les préserver des entreprises de nos

« dits ennemis, qui s'efforcent souvent
« de la conquêter par emblée ou autre-
« ment; pour lesquelles changes et autres
« importables aux dits supplians, notre
« dite ville est moult dépopulée et désé-
« difiée de maisons, et chacun en grande
« désolation en est envoyé à terme de ne
« plus faire et devenir comme de tout en
« ruine, sans soi résoudre, si par notre
« grâce et libéralité, en reconnaissance
« des choses dessus dites, n'est par nous
« secouru aux dits supplians, en leur oc-
« troyant aucuns particuliers privilèges,
« par le moyen et jouissement desquels
« ycelle notre ville se puisse et doive au-
« cunement relever et repopuler, si comme
« disent, requérant très humblement notre
« dite grâce leur être quant à ce impartie.

« Pour cet effet est-il que nous, les
« choses que dessus dites considérées,
« qui sont toutes notoires, ainsi mêmement
« regardant la recommandable loyauté
« desdits supplians, et la vertueuse persé-
« vérance et résistance ains par eux faite
« en grande indigence et affliction, à l'en-
« contre de nos dits ennemis, qui a été
« par plusieurs fois à leur très grand
« dommage et confusion, et moyennant le
« fruit qui s'en est suivi et s'ensuivra au
« plaisir de notre seigneurie, peut-être le
« recouvrement de notre dit pays et pro-
« vince de Normandie.

« ARTICLE PREMIER. — Nous, voulant
« [avoir] les dits supplians en reconnois-
« sance et mémoire perpétuelle, et par
« manière qu'au temps à venir se sentent et
« réjouissent, et que les autres à leur
« exemple s'efforcent d'ainsi faire, à iceux
« supplians et à chacun d'eux, avons de
« notre certaine science, grâce spéciale,
« pleine puissance et autorité royale, remis
« et pardonné, par ces présentes, remettons
« et pardonnons toutes les offenses
« qu'iceux ou aucuns d'eux en général ou
« en particulier pourroient avoir com-
« mises envers nous, notre seigneurie et
« tous autres, en quelque manière que ce
« soit, pendant le temps qu'ils ont été en
« la subjection et obéissance de nos dits
« ennemis.

« ART. 2. — A iceux supplians nous
« avons restitué, et par ces présentes res-
« tituons à chacun d'eux, leurs hoirs et
« ayant cause, en la possession de toutes
« leurs terres, héritages, rentes et revenus
« quelconques, sans aucune retenue ou
« réservation, en annullant et mettant au
« néant tous dons qu'en pourrions avoir
« faits pour raison et cause qu'ils ont été
« en la subjection et obéissance de nos
« dits ennemis.

« ART. 3. — Et au regard des dits gens
« d'église qui étoient en ladite ville alors
« qu'elle fut commencée à remettre en
« fortification, et qui depuis ce temps s'y
« sont retraits et y font leur résidence,
« dorénavant être et demeurer en notre
« puissance et obéissance, voulons qu'ils
« jouissent entièrement de tous leurs bé-
« néfices, cures, dignités, offices et admi-
« nistrations ecclésiastiques, en quelque
« lieu qu'ils soient situés et assis, et qu'ils
« tenoient ou possédoient au temps du
« commencement de la dite fortification,
« pour quelque titre ou présentation, col-
« lation provisoire ou institution qu'ils les
« possédassent, nonobstant quelconques
« dons ou présentations qui en pourroient
« avoir été par nous faits.

« ART. 4. — Et en outre, de notre plus
« ample grâce, avons iceux supplians,
« gens d'église, nobles, bourgeois, manans
« et habitans, leurs hoirs, successeurs et
« chacun d'eux, exemptés, quittés et
« affranchis, et, par ces présentes, pour
« nous et nos successeurs rois de France,
« quittons, exemptons et affranchissons à
« toujours mais perpétuellement de toutes
« aydes, tailles, quatrièmes, impôts et
« autres subsides généralement, réservé
« la gabelle seulement, qui, de par nous
« ou autres, ont été, sont de présent, et
« au temps à venir seront imposés et
« mis sus en notre dit royaume de France,
« soit pour le fait de la guerre, soit pour
« notre couronnement ou autre cause telle
« qu'elle soit.

« ART. 5. — Nous les exemptons aussi de
« tarrages, entrées et issues de villes,
« compagnies françaises, de ponts, ports,
« chaussées, passages et autres tels nou-
« veaux subsides quelconques, qui par
« notre octroi ont été et seront ci-après
« mis sus en notre dit royaume, en
« faveur et pour la réparation des dites
« villes, ponts, chaussées et passages, ou
« pour quelconque autre cause quelle
« qu'elle soit.

« ART. 6. — Nous les exemptons sembla-
« blement de tous anciens et nouveaux
« terrages, tous péages, passages, mesnues
« et grosses coutumes, et autres acquits,
« redevances ou subventions quelconques,
« qui, à cause de notre domaine ou autre-
« ment, nous peuvent ou pourront appar-
« tenir, compéter et venir.

« ART. 7. — De toutes lesquelles choses
« et chacune d'ycelles, voulons et ordon-
« nons qu'eux et leurs successeurs soient
« tenus francs, quittes, exempts, déchargés
« et paisibles, pour quelques vivres et au-
« tres denrées et marchandises générale-
« ment qu'eux ou leurs femmes, enfans,
« serviteurs ou facteurs puissent mener

« ou ramener, passer et repasser par
« notre dit royaume, soit par terre ou
« par eau, tant en bateaux, chariots,
« charettes, chevaux, jumens, mules, ânes
« et autres voitures, qu'à col, à charge
« ou autrement, en quelque manière que
« ce soit.

« Art. 8. — Et d'abondant avons, aux
« dits supplians et leurs successeurs, oc-
« troyé et octroyons de notre dite grâce,
« et pour le plus grand signe et mémoire
« de leur loyauté, que dorénavant à tou-
« jours mais perpétuellement, notre dite
« ville de Loviers soit nommée et appelée
« *Loviers le Franc*, et, qu'à cause, les dits
« supplians et leurs dits hoirs, successeurs
« et chacun d'eux qui en ycelle ville et
« faubourgs résideront et demoureront,
« puissent à leurs loisirs, si bon leur
« semble, selon leurs facultés et puissance,
« porter en devise en tous tems, la lettre
« L. couronnée, en broderies, orfèvreries
« et ainsi qu'il leur plaira (1).

« Art. 9. — Item, voulons et nous plait,
« en considération de la grande dépopu-
« lation et grande garde de notre dite
« ville, desédification et désemparement
« de notre châtel du Vaudreuil, distant à
« une lieue, et plus prochaine place du dit
« lieu de Loviers, que tous ceux qui sou-
« loient faire guet et garde audit châtel
« soient contributaires et le fassent doré-
« navant à leur tour en la dite ville de
« Loviers avec les habitans d'ycelle, ainsi
« qu'ils souloient et étoient tenus de le
« faire audit châtel du Vaudreuil, jus-
« qu'à ce que par notre ordonnance il
« soit réédifié et remis en tel état de for-
« tification qu'il y conviene faire guet
« et garde.

« Art. 10. — Item, et pour enfin de re-
« mettre sus et en réédification les fau-
« bourgs et les églises d'ycelle, qui, pour
« raison et à cause des choses devant
« dites, ont été abattues et démolies, vou-
« lons et nous plait, attendu aussi la des-
« truction des bois prochains de ladite
« ville, faite pour la réédification et forti-
« fication d'ycelle, qu'eux et leurs dits
« successeurs aient dorénavant à toujours
« leur ardoir et maisonnée franchement
« en notre forêt de Bord, pour livrée suf-
« fisante que leur en sera tenue faire notre
« verdier ou commis à la garde d'ycelle
« forêt.

« Art. 11. — En outre, que pour entre-
« tenement de la dite fortification et ma-
« noir, les habitans de la dite ville, de
« plus en plus à ycelle parfaire et conti-
« nuer, voulons et nous plait qu'eux et
« leurs dits successeurs puissent peupler
« de poissons les fossés d'environ l'enclos
« et fortifications de ladite ville, et en
« cueillir et prendre à leur profit les re-
« venus et pêches d'ycelui à toujours, pour
« employer et convertir à la dite fortifi-
« cation et ailleurs au profit de la dite
« ville, où ils verront bon être.

« Si donnons en mandement, par ces
« dites présentes, à nos amés et féaux les
« gens de notre parlement, de nos comptes
« et trésoriers généraux, les conseillers
« sur le fait de nos finances, maîtres de
« nos eaux et forêts, et à tous nos autres
« justiciers et officiers, gardes des ports,
« ponts et passages, ou à leurs lieutenans
« et à chacun d'eux, présens et à venir,
« si comme à eux appartiendra, que de
« nos présentes grâces, quittance, exemp-
« tion, affranchissement et autres octrois
« cy dessus déclarés, et chacun d'iceux
« souffrent et laissent les dits supplians,
« leurs hoirs et successeurs, et chacun
« d'eux, jouir et user à toujours pleine-
« ment et paisiblement, tout à la forme
« et manière cy dessus déclarées et spéci-
« fiées, sans les contraindre, molester ou
« empêcher en aucune manière au con-
« traire, car ainsi, pour les causes sus-
« dites, voulons et nous plait être fait,
« nonobstant oppositions, appellations et
« quelques autres octrois ou renonciations
« faits et à faire en faveur des autres
« villes sur le fait des dits passages et
« subsides ou autrement, que nous ne
« voulons en aucune manière préjudicier
« aux dits supplians, ni déroger à leurs
« présens privilèges, l'ordonnance aussi
« par nous autrefois faite de non donner,
« quitter ou délaisser aucune chose de
« notre dit domaine, sur quoi et sur tout
« imposons silence à notre procureur pré-
« sent et à venir, et pour ce que les dits
« supplians pourront avoir à besogne de
« ces dits privilèges en plusieurs et divers
« lieux, voulons qu'au *vidimus* d'ycelles,
« fait sous le scel royal, pleine foi soit
« ajoutée comme au présent original, et
« afin que ce soit chose ferme et stable à
« toujours, nous avons fait mettre à ces
« présentes notre scel ordinaire, en l'ab-
« sence du grand, sauf en autres choses
« notre droit et l'autruy en toutes.

« Donné à Lusignan, au mois de mars
« l'an de grâce 1441, et de notre règne le
« vingtième (1). »

(1) C'est probablement de cette époque que datent les armes de la ville de Louviers : elles portaient : parti au premier d'azur à L majuscule d'argent, surmonté d'une couronne ducale d'or ; au second d'azur, au lion d'or, à l'orle de gueules chargé de besans d'argent.

(1) Cette pièce n'a pas été copiée sur l'original,

De 1444 à 1623, une seconde période s'ouvre dans l'histoire de Louviers; c'est le régime de la charte de Charles VII. Jusqu'au milieu du XVe siècle, on peut dire que Louviers n'a pas eu d'organisation municipale proprement dite, et que les archevêques y avaient non seulement la juridiction qui appartenait par la coutume aux seigneurs de fiefs, mais même la juridiction qui découlait de l'autorité royale qu'ils représentaient. A partir du jour où Louviers devint un corps de ville fermé et organisé, on voit, au milieu de contestations et de conflits incessants, que les habitants de Louviers tendirent à porter toutes les affaires d'un intérêt général, et qu'on peut appeler d'administration, à la décision d'un officier royal, soit que cet officier royal vînt par commission expresse de Rouen ou de Pont-de-l'Arche.

La charte de Charles VII fut retirée par Louis XIII, en 1623. Les habitants payaient en dons gratuits plus que s'ils n'avaient eu aucun privilège et que s'ils avaient été soumis aux charges qui pesaient sur les villes non privilégiées.

L'administration municipale fut confiée pendant de longues années à des échevins élus par la communauté des habitants. Un édit d'août 1692 organisa un hôtel de ville composé d'un très-grand nombre d'officiers, à la tête desquels étaient placés le maire et le lieutenant du maire, nommés par le roi. Cette organisation ne tarda pas à devenir fiscale. Elle avait pour objet de faire payer les offices, qui en revanche exemptaient de charges municipales. Comme ces charges retombaient sur le reste des habitants, on demanda et on obtint, par un arrêt du 21 juin 1707, suppression des offices de l'hôtel de ville: mais l'arrêt ordonnait le remboursement en dix ans des charges de maire de ville, de lieutenant de maire, de procureur du roi : ce qui fut pour la ville un poids très-lourd. Dès lors, le corps de ville, composé des échevins et des notables, administra la ville en continuant de réunir des assemblées quand il y avait un intérêt général engagé.

En 1713, l'archevêque de Rouen, seigneur de Louviers, entama un procès contre les officiers municipaux de Louviers. Il prétendait que son bailli devait avoir la préséance sur les échevins de la ville, et qu'à ce titre il devait présider toutes les assemblées générales et toutes les cérémonies publiques. Les archevêques

mais sur une copie assez moderne qu'on a retrouvée dans les archives municipales de Louviers. (Cf. ce texte plus ancien : *Ordon.*, t. XIII, p. 354.)

de Rouen semblaient avoir raison, puisqu'ils avaient été mis aux lieu et place du roi dans le contrat d'échange de 1197 : mais, comme nous l'avons déjà dit, la communauté de la ville tendait toujours à se soustraire à la juridiction de l'archevêque et à passer sous l'autorité directe du roi. Le procès fut envoyé devant l'intendant, qui trouva plus prudent de ne pas le terminer.

Un édit de 1723 rétablit les offices de maire, lieutenant de maire, échevins, assesseurs, greffiers; mais les édits de 1764 et de 1765 les supprimèrent de nouveau. En 1769, la ville de Louviers fut déclarée de seconde classe, c'est-à-dire qu'elle eut deux échevins, quatre conseillers et dix notables. En 1772, une assemblée générale des maires, échevins, notables et habitants de Louviers délibéra sur l'acquisition des charges de maire, échevins, conseillers, procureur du roi, recréées tout nouvellement. Les charges furent achetées par des fabricants de drap, et la vénalité des charges municipales fut une cause de dissension.

V.

Le château de Louviers était situé entre la porte du Neubourg et la rivière, et au bout de la petite rue qui porte le nom de rue du Châtel.

Lorsque Richard Cœur de lion abandonna Louviers à l'archevêque de Rouen, en 1197, Louviers était qualifié de manoir : « manerium. »

Ruinés en 1346, lors du sac de la ville par Édouard III, roi d'Angleterre, les habitants de Louviers présentèrent au roi Charles V une requête pour les autoriser à fermer leur ville. La première pierre du rempart fut posée au mois d'octobre 1366 par le sieur Sylvestre, seigneur de la Charnelle, que le roi avait chargé de la direction des travaux. Vers le même temps, le manoir des archevêques de Rouen se releva et se transforma en forteresse. Le 7 février 1374, Charles V, par des lettres patentes datées de Melun, continua pour un an, aux habitants de Louviers, le don de la sixième partie de toutes les aides à lever sur la ville, laquelle sixième partie devait être employée à achever les fortifications, « car depuis deux ans, dit « le roi, l'on a clos la moitié des murs et « plus de franche matière, lesquels sont « faiz et accomplis de mace et de quernel, « et en y a encores la moitié ou environ à « clore de murs de franche matière qui « n'est close que de paliz, et à faire le « surplus iceulx bourgois et habitants ne

« pourroient aucunement souffrir, eu re-
« gart aux grans griefs et charges que ils
« ont porté et portent de jour en jour en
« plusieurs manières. »

Les fortifications ne furent pas poussées
avec une grande activité : car, par lettres
patentes de Charles VI, données à Paris le
20 janvier 1409, « fut donnée permission
« aux dits bourgeois de lever un tarif sur
« la dite ville, et ce pour continuer la
« cloture d'ycelle, sur la requeste des dits
« bourgeois, disant avoir consumés tous
« leurs biens et chevances à la réédifica-
« tion de la dite ville ruinée entièrement
« et de la dite église brûlée par les enne-
« mis de la France, outre qu'il arriva une
« grande peste, tant par les ruines d'i-
« celle ville que par la pauvreté du
« peuple. »

« Savoir faisons, dit Charles VI le 29 mai
« 1383, que, comme nostre aimé et féal
« conseiller l'archevesque de Rouen soit,
« soubz nostre souveraineté et ressort, sei-
« gneur, à cause de son église, de la ville
« de Louviers, et y aict jurisdiction et jus-
« tice haute, moyenne et basse, et au
« temps des autres guerres, ses prédé-
« cesseurs estant commis à ce députés
« par nostre très-cher seigneur et père,
« dont Dieu ait l'âme, ayent faict du sien
« hôtel ou hostel assis en la dite ville
« une forteresse, pour la tuition et garde
« d'icelle ville, qui lors estoit non fermée,
« et en laquelle forteresse, depuis que la
« dite ville a esté fortiffiée, a eu une porte
« par laquelle on peut issir d'icelle ville,
« nostre dit conseiller ayt intention et
« propos, et moyennant nostre octroy et
« congé, de la dite forteresse de son dit
« hostel, qui est décheue, faire réédifier,
« redresser et efforcier tant de nouvelles
« murailles comme de tours, et autre-
« ment, et desja ait eu commencé à faire
« fere les fondemens, laquelle chose se-
« roit et est moult proffittable pour nous,
« pour le bien publique du pays et pour
« le logis de luy et de ses gens et famil-
« liers, et le retrait des gens de la dite
« ville, qui, en cas de fourtune, s'y
« pourroient retraire et garder corps et
« biens... »

Un procès s'engagea au sujet de la construction de cette forteresse, entre l'archevêque de Rouen et les bourgeois de
Louviers, procès qui dura fort longtemps
et fut porté devant le parlement de Paris.

« Comme procès et descord fust pieça
« meu et commencé en la court de par-
« lement, à Paris, entre monseigneur
« l'archevesque de Rouen, qui lors estoit
« d'une part, et les bourgoys, manans
« et habitans de la ville de Louviers,
« d'autre part, sur ce que mon dit sei-
« gneur l'archevesque disoit que lui lois-
« soit de fere parfere son chastel en la
« dite ville de Louviers, et en icelluy fere
« fere et avoir une porte, pont leveis et
« planche pour yssir du dit chastel aux
« champs et entrer des champs en icelluy
« chastel, et les dits bourgoys, manans
« et habitans disoient et soutenoient le
« contraire ; et aussi sur ce que mon dit
« seigneur l'archevesque disoit et main-
« tenoit que à lui seul competoit et ap-
« partenoit de mettre et instituer cappi-
« taine en la dite ville, dont il est sei-
« gneur, et en laquelle il a toute haulte,
« moyenne et basse justice, et de recevoir
« le serement d'icelui cappitaine, auquel
« les dits bourgoys, manans et habitans
« devoient obeir ès choses touchant le
« dit office et lui payer ses guages ac-
« coustumés ; et les dits bourgoys, ma-
« nans et habitans disoient et mainte-
« noient le contraire ; sur lesquelles choses
« traittié et appointé aist esté entre reve-
« rend père en Dieu Jehan, à présent
« archevesque de Rouen, et ses offi-
« ciers, d'une part, et les dits bourgoys,
« manans et habitans et leurs officiers,
« d'autre part, pour bien de paix et affin
« de nourrir amour entre les dites par-
« ties en la manière qui en suit. C'est as-
« savoir faisons que aujourd'huy, parde-
« vans nous, furent présens tels et tels,
« ...., lesquels, tant pour eulx que pour
« les autres bourgoys, manans et habitans
« d'icelle ville de Louviers, eu surtout
« advis ensemble et à leurs consoulx et
« autres personnes plusieurs foiz et à
« grant et meure délibération, comme ils
« disoient, de leurs purs et franches vo-
« lentés, et congnurent et confessèrent
« avoir fait traittié, acord et appointe-
« ment sur les choses dessus dites en la
« manière qui en suit : c'est assavoir,
« premièrement, que le dit chastel et for-
« teresse se pourra parfaire et édifier en
« circuit et enclos de fossés de telle force
« et façon qu'il plaira à mon dit seigneur
« l'archevesque, qui de présent est et qui
« sera pour le temps à venir, selon la
« place jà pieça ordonnée et appliquée à
« ses frais, coux et despens, sans pour ce
« travailler ne fere contribuer les dits
« habitans oultre leur volenté, le mielx et
« plus convenablement que fere se pourra,
« selon le plaisir de mon dit seigneur et
« par l'advis de ses ouvriers en ce expers
« et congnoissans ; et pourra faire les
« fossés si larges et si profons comme
« bon leur semblera, selon la place, sans
« préjudicier les héritages et possessions
« prouchaines des tenans du dit monsei-

« gneur l'archevesque, ou sans leur vo-
« lenté et assentement, et tant pour la
« seureté de la place et la plus aisément
« garder, que pour avoir secours en cas
« de feu d'aventure, et autres considéra-
« tions, mon dit seigneur l'archevêque
« pourra faire venir l'eaue, se bonement
« fere se pueut, de la rivière à ses des-
« pens, sans préjudice comme dit est.
« Item, mon dit seigneur l'archevesque
« aura ou dit chastel une yssue aux
« champs, où il aura porte, pont levis
« et planche, et aux deux bous et cornes
« d'icelle yssue du dit chastel, aura deux
« tournelles regardans vers les champs,
« joignans aux murs de la fort-resse, pour
« la garde et deffence des dits chastel et
« yssue, et fermera le pont entre icelles
« deux tournelles, et sera gardée la dite
« porte et pont levis par le dit monsei-
« gneur l'archevesque à ses despens, tant
« en temps de paix comme en temps de
« guerre, tellement que inconvénient ne
« puissent venir à lui ne à la dite ville de
« Louviers. Item, le dit monseigneur l'ar-
« chevesque aura la charge de la garde et
« fere garder du dit chastel, et de le faire
« garnir d'artillerie et autres fournetures
« de deffense à ses despens, ainsi comme
« il appartiendra et bon lui semblera,
« sans ce que les manans et habitans de
« la dite ville puissent ne doivent estre
« contrains à aucune garde ne y contri-
« buer oultre leur volenté. Item, par ex-
« près est convenu que les dits bourgoys,
« manans et habitans d'icelle ville de Lou-
« viers, soit en temps de paix ou en
« temps de guerre, par le moyen ne
« soubz umbre du cappitaine qui est ou
« sera en la dite ville pour le temps à
« venir, ou autrement, ne pourront avoir
« demander ne pour acher aucune aucto-
« rité en quelque chose touchant le dit
« chastel, et se il estoit ainsi que iceulx
« habitans ou aucuns d'eulx eussent con-
« gnoissance d'aucune chose qui touchast
« mon dit seigneur l'archevesque, ou qui
« peust préjudicier à son dit chastel ou
« seigneurie, d'où inconvénient pourroit
« venir aux habitans, ils lui feront fere ou
« à ses vicaires ou à son bailli, qui servit
« pour le temps audit lieu, pour y estre
« pourveu ainsi qu'il appartiendra. Item,
« se il estoit ainsi que, la personne de
« mon dit seigneur l'archevesque estant
« absent et hors de son diocèse et des
« lieux ou manoirs de son dit archeves-
« chié, il sourdist guerres notoires ou
« pays ou duché de Normandie, tant
« comme il y auroit péril pour raison des
« dites guerres, jusques au retour de mon
« dit seigneur l'archevesque au dit lieu de
« Louviers, se le dit monseigneur l'arche-
« vesque, ses vicaires ou officiers ne vou-
« loient mettre à ses propres cousts et
« despens, pour la garde et deffence d'i-
« celle porte, autant d'ommes pour la garde
« comme il auroit aux portes de la dite
« ville. Item, en tant que touche le cap-
« pitaine de la dite ville, convenu est et
« accordé, pour oster toute suspicion,
« que, touteffois qu'il sera besoing ou qu'il
« plaira à mon dit seigneur l'archevesque
« ou qu'il verra estre expédient d'y mettre
« cappitaine, icelluy monseigneur l'arche-
« vesque nommera ou fera nommer par
« ses vicaires aux dits habitans six per-
« sonnes notables, trois de la nation de
« Normendie et trois d'autres pays, affin
« que les dits habitans advisent entr'eulx
« lequel d'iceulx six leur semblera estre
« plus prouffitable, et après ce que mon
« dit seigneur l'archevesque aura nommé
« ou fait nommer aux dits habitans les
« six personnes dessus dites, iceulx habi-
« tans seront tenus venir dedens dix jours
« ensuivant devers mon dit seigneur l'ar-
« chevesque ou ses vicaires, requérir l'in-
« stitution de celui qu'ils auront esleu
« pour estre cappitaine, laquelle institu-
« tion le dit monseigneur l'archevesque
« ou ses vicaires feront à leur supplica-
« tion et requeste, et se dedens les dix
« jours iceulx habitans n'avoient advisé
« ou ne s'estoient déterminés de supplier
« pour l'un des dits six, le dit monsei-
« gneur l'archevesque y pourra pourveoir
« de l'un d'iceulx six, et aura icelluy cap-
« pitaine tant seullement la garde des
« portes et des murs de la dite ville et
« fera fere le guet de jour et de nuyt,
« ainsi qu'il est accoustumé, sans ce qu'il
« s'entremette de congnoissance de cause
« ne de jurisdiction aucune, excepté des
« deffaillans au dit guet, et sans soy en-
« tremettre en rien de la garde du dit
« chastel et forteresse, et sera tenu le dit
« cappitaine de fere le serement à mon
« dit seigneur l'archevesque ou à ses vi-
« caires, selon la fourme contenue es
« chartres de l'église, avant qu'il soit receu
« à exercer icelluy office, et sera paié de
« ses guages accoustumés et raisonnables
« par les dits habitans de la dite ville, sans
« ce que mon dit seigneur l'archevesque
« y contribue en rien, et sera le dit cap-
« pitaine changé et remué de trois ans en
« trois ans, ou conservé de nouvel se il
« plaist au dit monseigneur l'archevesque,
« par semblable manière et solempnité
« comme dessus est dit. Et promirent
« les dits bourgoys, manans et habitans,
« tant pour eulx que pour tous les autres
« bourgoys, manans et habitans de la dite

« ville, toutes les choses dessus dites, et
« chacune d'icelles tenir, enteriner et ac-
« complir... »

En 1432, la ville fut reprise par les Anglais, les remparts rasés et le château démoli. On trouve aux Archives de l'Eure, B 216, trois pièces concernant la démolition des fortifications de Louviers à cette époque. Une d'elles est le rôle de la dépense faite pour ladite démolition, dressé par Pierre Baille, receveur général de Normandie. Le montant du rôle s'élève à 918 livres 6 sous tournois. Il ne s'agit dans cette pièce que de « l'abatement de « la sainture et closture de la ville de Lou-« viers ».

En 1440, les habitants de Louviers, expulsés par les Anglais, revinrent dans leur ville et s'y fortifièrent. « Gens d'ar-« mes, dit un chroniqueur, besognèrent « à la fortification de la ville, tellement « qu'oncques puis les Anglois n'en surent « avoir la domination. » Les fortifications furent achevées vers 1500 par les soins du cardinal d'Amboise. Elles consistaient alors en une enceinte de murailles protégées par une large porte et flanquées de distance en distance par de petites tours carrées. On pénétrait dans Louviers par trois portes : les portes de Paris, de Rouen et du Neubourg. Plus tard, on ouvrit deux autres portes : la porte de l'Eau et la porte de la Société.

Quant au château des archevêques de Rouen, le cardinal d'Amboise eut un moment la pensée de le relever et de l'embellir. Il songea un instant à l'établir sur une petite élévation située dans la plaine et qu'on appelle : *Côte de la Justice* ; mais il finit par suivre les conseils de Du Cerceau et fit bâtir le célèbre château de Gaillon.

VI.

Nous allons examiner maintenant les principaux titres de propriété du monastère de Saint-Taurin d'Evreux. Nous trouverons à noter dans les cartulaires de Saint-Taurin bon nombre de faits curieux.

Richard Ier, duc de Normandie, détacha de son domaine privé : « de dominio suo, » les églises et les dîmes d'Elbeuf, Caudebec, Louviers et Pinterville, et les donna à l'abbaye de Saint-Taurin d'Evreux, qu'il faisait alors rebâtir. Les religieux de cette maison obtinrent en même temps les pêcheries attachées à chacun des moulins de Louviers, avec 40 sous de rente sur ces mêmes moulins, et dans la forêt de Louviers le droit d'usage et de pâturage. Mention est faite de cette donation dans la charte confirmative de Richard Cœur de lion :

« Ricardus, filius Willelmi, dux Nor-
« mannorum, qui abbatiam in honore
« sancti Taurini Ebroicensis instituit,
« hæc quæ subscribuntur de dominio suo,
« ipsi sancto donavit scilicet..... Et in
« Ebroicensi pago ecclesias de Wallebou, et
« de Caldebec, et de Loviers, et de Pin-
« tervilla, cum omnibus decimis que ad
« illas pertinent, et hospitibus multis ei-
« dem ecclesie servientibus, et in Se-
« cana unum tractum, et in Actura duos,
« et piscationes molendinorum de Loviers,
« et quadraginta solidos in molendinis
« suis, et in nemore suo ad omnes usus
« monachi ibidem commorantis necessa-
« ria, et pastionem ad ipsius proprios por-
« cos. » (*Gallia christ*., XI, Instr., p. 138.)

1157. Nous avons sous cette date, dans le cartulaire de Saint-Taurin, une charte de Rotrou, évêque d'Evreux, qui constate que le clerc Robert, de Louviers, renonce à réclamer des religieux de Saint-Taurin une rente de 10 sous dont il les prétendait débiteurs.

1195. Au mois de janvier, Richard Cœur de lion, se trouvant au Vaudreuil, ratifie la donation de l'église de Louviers et les autres libéralités faites par ses aïeux ou par d'autres personnages à l'abbaye de Saint-Taurin d'Evreux.

1201. Les bourgeois de Louviers, stimulés par le clerc Robert, un des principaux de la ville, poursuivent avec une grande activité la construction d'une nouvelle église dédiée à la sainte Vierge, et qui existe encore sous le nom de Notre-Dame de Louviers.

1206. Foi et hommage rendus à Richard, abbé, en son manoir de Louviers, par Jean du Martrei. (*Petit Cartulaire de Saint-Taurin*, p. 111.)

1208. La construction d'une nouvelle église à Louviers soulève une contestation entre les fondateurs Robert et Thomas de Louviers et les religieux de Saint-Taurin, qui, déjà patrons de l'église de Saint-Martin en vertu de la donation de Richard Cœur de lion, se prétendaient patrons de toute église fondée à Louviers. On soumit le différend au pape, qui envoya comme juges Henri, grand chantre de Rouen, et Robert, prieur du Mont-aux-Malades. Ils décidèrent que Robert et ses ayants cause présenteraient le curé aux religieux et ceux-ci à l'évêque d'Evreux. Cette charte est très-importante ; elle est extraite du *Grand Cartulaire de Saint-Taurin*, f° 221 :

« H., cantor Rothomagensis, et R...,
« prior de Monte Leprosorum, omnibus

« ad quos presens scriptum pervenerit, salutem in Domino. Noverit universitas vestra controversiam quamdam nobis a summo pontifice fuisse commissam, que vertebatur inter abbatem et monachos Sancti Taurini Ebroicensis, ex una parte, et Robertum, clericum de Locoveris, et Thomam, fratrem ejus, ex alia, super jure advocationis ecclesie de Loviers; partibus itaque in nostra presentia constitutis, post multas altercationes, tandem ipsa controversia, amicabili compositione interveniente, taliter conquievit. Robertus et heredes sui, quando ecclesia de Loviers vaccaverit, abbati sive priori, si contigerit abbatem in longinquis partibus commorari, debent clericum suum presentare, ipsi autem insimul eumdem clericum domino episcopo Ebroicensi presentabunt. Quod si infra tres menses a tempore presentationis per factum abbatis aut monachorum steterit quominus clericus taliter fuerit presentatus, ex tunc libera potestas erit predicto Roberto et heredibus ejus, nullo requisito assensu abbatis aut monachorum, memorato episcopo suum clericum presentare. Post decessum vero ipsius Roberti, in voluntate libera erit domini episcopi absque reclamatione heredum ipsius Roberti totum bladum ipsius ecclesie, exceptis duobus modiis, in usus proprios dominorum abbatis et monachorum convertere, salvis, ut dictum est, ipsis duobus modiis ipsi clerico qui in eadem ecclesia per episcopum fuerit institutus. Ut hoc autem futuris temporibus ratum et stabile habeatur, presentis scripti testimonio et sigillorum nostrorum munimine dignum duximus roborandum. Actum fuit hoc anno gratie M. CC. VIII. »

1212. « Universis sancte matris ecclesie filiis ad quos presens scriptum pervenerit, frater J. humilis minister monasterii Beati Taurini Ebroicensis et totus ejusdem loci conventus, salutem in vero salutari. Noveritis quod nos, de communi assensu nostro, intuitu pietatis et misericordie, concedimus apud Locumveris terram in dominio nostro ad hospitandum pauperes Christi in perpetuum, sicuti insula juxta manerium nostrum dividit ex una parte; ex altera dividit terra quam Willelmus de Maltreio sibi vindicare intendit, a via regia usque ad cursum aque molendini nostri. Hanc donationem facimus ad petitionem et ad monitionem burgensium de Loveirs. Videntes bonam devotionem W. Cementarii, meliorem cupientes reportare opinionem, quem instituimus hujus operis et fundationis ministrum et procuratorem per totum vite sue curriculum, ut aliis exemplum prebeat in futurum; ita tamen quod et iste W., de quo agitur, vel quilibet successorum suorum, qui predicte domus regimen sive administrationem susceperint, ordinatione nostra et dispositione mediante, predictorum burgensium consilio, sacramento fidei astricti, nobis et ecclesie nostre stabilitatem fidelitatis facere tenebantur. Et si forte, quod Deus avertat, predictus W. in aliquo deviaret, nostro et burgensium consilio emendaretur. Hoc actum est apud Ebroicas, in presentia domini Luce, tunc temporis ejusdem civitatis episcopi, anno Verbi incarnati M° CC° XII°, mense marcio. » (*Cart. de Saint-Taurin*, p. 133.)

1213. Transaction entre les religieux de Saint-Taurin et l'archevêque de Rouen qui maintient les religieux dans leurs droits sur le manoir et la forêt de Louviers.

1215. Les religieux de Saint-Taurin obtiennent de Robert Poulain, archevêque de Rouen, une reconnaissance des droits que les ducs de Normandie leur avaient accordés dans la forêt de Louviers. Parmi ces droits, nous remarquons le droit de parcours, le panage, le bois mort. (*Grand Cart. de Saint-Taurin*, f° 222.)

1216. Gautier du Martrei : « de Martreyo, » vend à Gilbert du Planchei : « de Plancheio, » un jardin situé à Louviers, dans le fief de Saint-Taurin, en présence d'Adam Morel, de Guillaume de Folleville, de Guillaume du Martrei, Geoffroi de la Cour, Geoffroi Berselou, et autres bourgeois.

1218. A la suite d'une nouvelle contestation sur le patronage de l'église Notre-Dame de Louviers, entre Jean de Martigni, abbé de Saint-Taurin, et Thomas de Louviers, ce patronage est divisé en deux parts. L'église Notre-Dame de Louviers eut par la suite deux curés, dont l'un était nommé par l'abbé de Saint-Taurin et l'autre par les héritiers de son fondateur. Cette pièce est digne d'être publiée tout entière :

« Omnibus Christi fidelibus presentes litteras inspecturis, Johannes, humilis abbas Sancti Taurini Ebroicensis, totusque ejusdem loci conventus, et Thomas de Loviers, laicus, salutem in Domino. Ad omnem volumus noticiam pervenire quod querela que vertebatur inter nos super jure patronatus parrochialis ecclesie de Loviers, de consilio prudentium virorum, voluntate omnium nostrorum et assensu, terminata est in hunc modum. Patronatus ecclesie de Loviers

« supradicte divisus est in duas medietates.
« Abbas et conventus Sancti Taurini ad
« unam medietatem cum eam vacare con-
« tigerit idoneum clericum episcopo loci
« presentabunt, et si ydoneus inventus
« fuerit, ab episcopo recipietur et institue-
« tur ad eorum presentationem ; simili
« modo dictus Thomas de Loviers, laicus,
« ad alteram medietatem clericum pre-
« sentabit episcopo loci, et ad ejus presen-
« tationem ab eodem episcopo recipietur
« et instituetur; et ad ejusdem instituti
« cessionem, idem Thomas vel heredes
« sui de cetero ad illam medietatem, modo
« supradicto, alium presentabunt. In villa
« vero de Loviers erit una mater ecclesia
« et una capella, videlicet capella Sancti
« Johannis, et in illis duabus ecclesiis
« erunt duo presbiteri ministrantes, vices
« suas et servicia sua in eisdem ecclesiis
« per singulas hebdomadas permutantes.
« Omnes autem proventus tam matris ec-
« clesie quam capelle ejusdem loci in
« unum colligentur et pro voluntate pres-
« biterorum ibidem ministrantium sta-
« tutis diebus utrique distribuentur, utro-
« que presbitero juramento firmante quod
« portionem socii sui in nullo defrauda-
« bit. Similiter iidem presbiteri jurabunt
« quod indempnes conservabunt portio-
« nes ablatis et conventus. Et sciendum
« est quod abbas et conventus Sancti Tau-
« rini, tam in matre ecclesia quam ca-
« pella sepedicti loci, percipient sigillatim
« quicquid et quantumcunque ante hanc
« compositionem in parrochiali ecclesia
« de Loviers percipere solebant. Et pres-
« biteri dictarum ecclesiarum ex equo
« percipient et divident quicquid ratione
« dictarum ecclesiarum eis poterit acci-
« dere, tam in majoribus decimis quam in
« minoribus et omnibus aliis obventioni-
« bus undecumque provenientibus; perci-
« pient etiam de cetero dicti presbyteri
« omnes decimas de feodo Thome de Lo-
« viers. De servitio autem equi quod debet
« dictus Thomas nominatis abbati et con-
« ventui pro feodo suo de Loviers, ita
« statutum est : quod idem Thomas et
« heredes sui in perpetuum quieti inde
« remanebunt per solutionem decem so-
« lidorum usualis monete in festo Sancti
« Remigii singulis annis reddendorum.
« Preterea sciendum est quod si dictus
« Thomas vel heredes sui de dicto feodo
« aliquid vendere voluerint, super hoc
« dictus abbas et conventus prius requi-
« rentur, et sibi retinebunt, si eis placuerit,
« sub pretio quo alii vellent retinere ; et si
« sibi retinere noluerint, Thomas vel he-
« redes sui vendere poterunt aliis quibus
« voluerint, dummodo licite et de jure id

« possit fieri sine prejudicio abbatis et
« conventus. Et ut hoc perpetue firmi-
« tatis robur obtineat futuris tempori-
« bus, prefatam compositionem presentis
« scripti testimonio et sigillorum nostro-
« rum munimine roboravimus. Actum
« apud Ebroicas, anno gratie M. CC. XVIII.,
« tertio idus aprilis. Testibus hiis : domi-
« no Luca, Ebroicensi episcopo; Gaufrido,
« abbate de Cruce; Radulpho, decano; et
« magistro R. de Aviron, canonico Ebroi-
« censi ; Johanne, filio Willelmi; Gau-
« frido de Herupa et Gilleberto de Gimel,
« militibus; magistro Johanne de Kare-
« villa ; R. Pelet ; Waltero de Yspania, et
« Hugone de Aprilleio, et multis aliis. »
(*Gr. Cart. de Saint-Taurin*, f° 221.)

1223. Au mois de mars, Christophe de
Folleville, du consentement de sa femme
Mathilde, cède, livre et inféode à Gilbert
du Planchei, entre autres choses : 13 sols
6 deniers, 3 chapons et 1 poule, sur deux
masures situées à Louviers; la première,
entre les maisons de Raoul le Charpentier
et de Nicolas de Bures, tenue par Christophe Dare ; la seconde, dans la rue Saint-
Taurin, entre les masures de Jean Bon-
netête et de Robert Oyn, tenue par Mathilde, femme de Robert le Viguié ; le
tout pour 2 sols et chapon de rente avec
une paire de gants... ; 10 sols et 1 chapon, assis sur une masure située dans la
rue Saint-Taurin, entre la masure de
Jehan Boneteste et celle de Robert Oyn,
moyennant un revenu spécifié. Cette charte
se termine ainsi : « Hujus rei testes fue-
« runt dominus Lucas, clericus, tunc
« custos ville et foreste de Loviers; Wil-
« lelmus Berselou; Christophorus Dare,
« carpentarius ; Nicholaus de Bures; Ro-
« bertus Oyn ; Rogerus Masque-Avaine ;
« Osbertus; Radulphus Anglicus; Radul-
« phus le Caucheis; Alanus, famulus, et
« plures alii. » (*Gr. Cart. de Saint-Taurin*,
f° 222 v°.)

1227. Au mois de septembre, Gilbert
du Planchei, qui s'intitule bourgeois de
Louviers, achète de Guillaume le Clerc un
jardin sis à Louviers, dans le fief de Saint-
Taurin, près le jardin du seigneur arche-
vêque, et borné par la rue du Moulin-de-
Saint-Taurin, moyennant 8 sous de rente.
Parmi les témoins, nous remarquons Gau-
tier d'Heudebouville, Pierre Berselou, etc.
(*Gr. Cart. de Saint-Taurin*, f° 227 v°.)

Charte du mois de juillet 1230, par laquelle Lucas le Sermonnier de Louviers
et sa femme Ameline vendent à Gilbert
du Planchei, bourgeois du même lieu,
10 sols, 4 chapons et 40 œufs de rente sur
le fief de Pierre le Maire (*Petri Majoris*),
rendus par Guillaume Langlais et Osbert

Porret, habitant le dit fief. Les témoins sont : « Petrus Major; Will. Berselou et « Petrus, filius ejus; Willelmus Barre de « super ripam; Ricardus de Mesnil; Will. « Oursel; Will. Planchie; Will. Fauenon; « Johannes de Curia, et plures alii. » (*Grand Cart. de Saint-Taurin*, f° 223 r°.)

1234. Guillaume, fils d'Ymbert le Clerc, dont il a été question plus haut, vend à Thomas Tuplin, gardien du fief de Saint-Taurin, à Louviers, une rente de 28 sous et 2 chapons, que ses ancêtres avaient acquis de Gilbert du Planchei, Arnoul du Martrei et Robert de la Cour. Il est fait mention dans le contrat de vente du moulin de Saint-Taurin, du jardin de l'archevêque et d'une rue du Puits. (*Gr. Cart. de Saint-Taurin*, f° 224 r°.)

1235. Vente par Richard, fils de Roger, fils de Haïs, à Gilbert du Planchei, bourgeois de Louviers, d'une maison dans le fief de Saint-Taurin, bornée par le moulin Jourdan. Cette maison était vendue à la condition de 10 sous de rente. (*Gr. Cart. de Saint-Taurin*, f° 224 v°.)

1239. Charte par laquelle Garin de la Poutière cède à Robert Guincestre ses droits sur 2 arpents et demi de terre situés entre le pré de la Lice et dessous la Haie, à Louviers ou proche Louviers. (*Gr. Cart. de Saint-Taurin*, f° 225 r°.)

1239. Les religieux de Saint-Taurin, qui avaient alors Guillaume de Courdieu pour abbé, prétendaient ne pas payer le droit de procuration, c'est-à-dire les frais de séjour lorsque l'évêque d'Evreux visitait Louviers. L'évêque soutenait le contraire, et le différend fut remis au jugement de maître Richard, official d'Evreux. Un arrangement eut lieu par les soins de maître Richard. (*Gallia christ.*)

1249. En cette année, au mois de septembre, Raoul du Planchei, bourgeois de Louviers, et sa femme vendirent à l'abbaye de Saint-Taurin un domaine assez considérable, situé près du moulin à fouler les draps, nommé le Moulin-Jourdan, entre le fief de l'archevêque et celui des religieux de Saint-Taurin. Il est fait mention dans cet acte du moulin de la Trinité-de-Fécamp, qui a laissé son nom à la rue Trinité. (*Gr. Cart. de Saint-Taurin*, f° 234 r°.)

1250. Au mois de janvier, Raoul du Planchei, bourgeois de Louviers, et Asceline, sa femme, vendent à Godefroi « de Rupella », de la Rochelle, clerc et personne de Louviers, c'est-à-dire curé honoraire de Notre-Dame, une prairie qui leur appartenait.

Quoique la charte suivante ne touche pas directement l'abbaye de Saint-Taurin,

comme elle se trouve dans le *Grand Cartulaire de Saint-Taurin*, f° 225 v°, et qu'elle est intéressante, nous allons la publier:

« Sciant omnes, tam presentes quam « futuri, quod ego Radulfus de Plan-« cheio, vendidi et in perpetuo feodo li-« beravi, et hac presenti carta mea con-« firmavi Gilberto de Plancheio, fratri « meo, totam partem meam de feodo « quod habebamus in Martreyo, ex patri-« monio et matrimonio, in omnibus edi-« ficiis ligneis et lapideis, sicut per longi-« tudinem et latitudinem omnino proten-« ditur, et totam partem meam quam ha-« bebam in masura que sedet ibidem, « scilicet juxta domum Willelmi Berse-« lou, tenendam..... per sex denariis « usualis monete de redditu. — Pro con-« cessione autem hujus hereditagii, fecit « mihi predictus Gillebertus homagium, « et dedit mihi de recognitione decem li-« bras Andegavensium.... His testibus : « Will. de Archis; Guill. de Martreyo; « Will. de Berselou; Godefrido Fabri; « Bernardo Fabri; Tristiano Mouffles; « Beaudardo; Herchenbaldo de Piscaria; « Fulcone, piscatore; Petro de.....; Re-« ginaldo de Malpertuis; Rogero Vilani; « Roberto Cervo; Roberto, sacerdote; Ro-« berto de Folleville, et pluribus aliis. »

La charte suivante est du même temps et a rapport au même bien, situé dans le Martrei. On y cite le fief de Jocelin, fils de Hecelin. (*Gr. Cart. de Saint-Taurin*, f° 226 r°.)

Au verso du même feuillet, on trouve Gautier du Martrei, Guillaume et Arnoul du Martrei.

La charte suivante, f° 227 r°, porte la date de 1216, et l'on en trouve une autre où figure Raoul du Martrei en 1234. Il est permis d'affirmer que les précédentes sont un peu antérieures.

En février 1250, Godefroi de la Rochelle vend aux religieux de Saint-Taurin une prairie avec un autre pré nommé : *la Noë-Raoul-de-Maupertuis*, sis à Louviers, près de la rivière d'Eure. (*Gr. Cart. de Saint-Taurin*, f° 236 v°.)

En octobre, Roger le Moine, du consentement de Roger, son fils, vend à l'abbaye de Saint-Taurin une rente de 2 sous qui lui était due à cause du jardin d'Ymbert le Clerc et d'une pièce de terre nommée *le Diguel*, sise au carrefour de la Croix-de-Lourmel. En présence de Roger du Martrei, Geoffroi Maupetit et Laurent, son fils; Raoul du Planchei et Robert Tyélin. (*Gr. Cart. de Saint-Taurin*, f° 229 v°.)

Au mois de décembre, Guillaume de

Château-Landon vend à l'abbé de Saint-Taurin cinq sous de rente dus par Roger Lestobi, sur une pièce de terre située entre la maison de Gautier Cantel et celle de Roger de Kahaire. La vente eut lieu en présence de Roger du Martrei, garde de la maison de l'abbaye de Saint-Taurin à Louviers, de Geoffroi Maupetit et Laurent, son fils, de Hugues de Auqueinville, etc. (*Gr. Cart. de Saint-Taurin*, f° 130 r°.)

1251. Durand de Maupertuis, bourgeois de Louviers, approuve devant l'official d'Evreux la vente faite par Raoul du Planchei et Asceline, sa femme, à Godefroi de la Rochelle, clerc, d'un pré nommé : « la Noë-Raoul de Maupertuis. » Cet immeuble faisait partie du fief appartenant à Durand de Maupertuis, qui reçut 20 sous tournois en qualité de seigneur suzerain. L'acte de vente donne pour abornement de cette prairie la rivière d'Eure, la terre de Geoffroi Morel et les biens dotaux de Mathilde, femme de Durand. Raoul du Planchei, vendeur, s'était réservé une rente de 5 sous. (*Gr. Cart. de Saint-Taurin*, f° 231 r°.)

Pierre Marescot, bourgeois de Dreux, donne à Nicolas Lefrançois, qui avait épousé Mathilde, sa parente, plusieurs rentes payables à Louviers, sur des propriétés relevant du fief de Saint-Taurin. Une de ces rentes consistait en 2,000 noix à prendre à Folleville. (*Gr. Cart. de Saint-Taurin*, f° 230 v°.)

1251. Raoul du Planchei et sa femme donnent à l'abbaye de Saint-Taurin une grande maison de pierre à Louviers. Cette longue charte contient beaucoup de noms propres. (*Petit Cart. de Saint-Taurin*, p. 157.)

1252. Les religieux de Saint-Taurin achètent de Henri le Roux une pièce de terre à Louviers, afin de construire un moulin à vent. (*Petit Cart. de Saint-Taurin*, p. 103.)

1253. Au mois de janvier, Luc le Caron vend à l'abbé de Saint-Taurin 10 sous de rente que lui faisaient les maîtres de l'Hôtel-Dieu de Louviers, à cause d'une pièce de terre sise à la Croix-de-Lourmel, et bornée par Pierre Berselou, Robert de Surtauville et Gautier Cantel. Cette terre était grevée d'une rente de douze deniers. La vente fut faite en présence de Roger du Martrei, Laurent et Guillaume Maupetit, Roger de Kahaire, etc. (*Gr. Cart. de Saint-Taurin*, f° 231 v°.)

1255. En février, Raoul de Bevron, bourgeois de Louviers, avait vendu au couvent de Saint-Taurin, pour 40 sols, une rente de 5 sous, achetée de Sellon le Boscheron, laquelle rente était due par une masure voisine de la masure de Guillaume Dorenlot. En présence de Roger Bouloche, Roger du Martrei, Laurent Maupetit, Raoul et Guillaume Erchambaut. (*Ibid.*, f° 232 r°.)

1256. Nicolas Le François, et Mathilde, sa femme, vendent plusieurs rentes aux religieux de Saint-Taurin. Une de ces rentes consistait en 2,000 noix à prendre dans le jardin des frères Heudelin. Ce jardin touchait à la prairie des moines de Bonport. Il est aussi question d'une maison située à Louviers, dans le Martrei, entre le chemin et la maison de Richard Vesdie. (*Gr. Cart. de Saint-Taurin*, f° 233 v°.)

1256. Raoul du Planchei donne à l'abbaye de Saint-Taurin sa maison du Martrei, située entre celle qui appartenait à Adam du Martrei et celle de Pierre de Pelteste, laquelle aboutit sur le chemin du roi. (*Grand Cartulaire de Saint-Taurin*, f° 232 v°.)

1257. Thécla, veuve de Gilbert du Planchei, vend aux religieux de Saint-Taurin tous les droits qu'elle avait sur trois maisons situées à Louviers, excepté sur une grange « sita in vico versus por« tam, retro domum le Chartrain, inter « mesuram Robertis dicti Barbon et gar« dinum quod dedit Radulphus de Plan« cheio. » (*Gr. Cartulaire de Saint-Taurin*, f° 237 r°.)

1257. En mai, un mois après la reconnaissance de Thécla, se tinrent à Louviers de solennelles assises sous la présidence de Pierre du Mesnil, alors sénéchal d'Eudes Rigaud, archevêque de Rouen. Thomas, qui venait d'être nommé abbé de Saint-Taurin, fut mis en possession du douaire de Thécla et de la maison du Martrei. Cette pièce est très curieuse par le nom des témoins : nous y remarquons Jean de Héricié, « custodis Locoveris. » (*Grand Cartulaire de Saint-Taurin*, f° 238 r°.)

En juin, Raoul du Planchei vend à l'abbé de Saint-Taurin vingt pieds de terre en largeur, dans la paroisse Notre-Dame de Louviers. (*Grand Cartulaire de Saint-Taurin*, f° 238 v°.)

Martin de l'Isle vend aux religieux de Saint-Taurin une rente de 10 sous tournois, à prendre sur une maison et masure : « a vico molendini Sancte Trinitatis Fis« cannensis usque in alterum vicum. » (*Grand Cartulaire de Saint-Taurin*, f° 239 r°.)

1258. Vente par Gervais Le Pelletier, moyennant une rente annuelle de 48 sous payable par les religieux de Saint-Taurin. (*Grand Cartulaire de Saint-Taurin*, f° 243 r°.)

1274. Robert de Louviers, écuyer, du consentement de Robert, son fils, donne à l'abbaye de Saint-Taurin d'Evreux une rente de 20 sous tournois à prendre sur une maison sise à Louviers, dans le fief de l'abbé, près la maison de Richard Vesdie. (*Grand Cartulaire de Saint-Taurin*, f° 214 v°.)

1288. Louviers avait alors son bailli particulier, nommé Denis Bataille, chevalier. Il procéda, cette année, à une enquête sur les droits des religieux de Saint-Taurin dans la forêt de Louviers, appartenant aux archevêques de Rouen.

Voici cette enquête : « A tous ceus qui
« ces présentes lettres verront et orront,
« Denis dit Bataille, chevalier, baillif à
« ceu temps nostre pere à redoutier en
« nostre seigneur Guillaume, par la
« grâce de Notre-Seigneur, archevesque
« de Rouen, salut. Sachies que nous,
« par le commandement de nostre père
« l'archevesque de Rouen, avons apris
« et enquis bien et loiaument par preud-
« hommes bons et leaus dignes de
« foy, assavoir mon quel usage l'abbé et
« le couvent de Saint-Taurin d'Evreux,
« deivent avoir en la forest nostre pere
« l'archevesque à Louiers, c'est assavoir
« premièrement, par Martin le Segrestain,
« Adan Auberi, Raol Alain, Robert du
« Quay, Richard le Clerc, Jehan dit Ansie,
« Guillaume Lecaron, Osmont Lourel,
« Guillaume le Tonnelier, Rogier Darey,
« Andreu de Grinnel, Bertout Darey,
« Guillaume Bagnart, Jehan Nichole,
« Jehan le Carpentier, Raol le Carpen-
« tier, Denis le Carpentier, Lorens de
« Foleville, mestre Raol Chaudieres, Gief-
« frey Parisi et Raol de Foleville, jurés
« et requis, qui distrent par leur serment
« que l'abbé et le couvent de Saint-Tau-
« rin d'Evreux doivent avoir leur usage
« en la forest de Louiers : c'est assavoir
« de herbergier, de refaire lour moulin et
« lour escluses sans amende, et un fou et
« hestre à ardoir, par un setier de four-
« ment de rente chascun an, à Noël. Et ce
« avon nous trouvé par le dit et le serment
« des jurez devant diz, que l'abé et le cou-
« vent y deivent avoir teil usage, et ce
« feson assavoir à tous par la teneur de
« cete lettre scellé du seel de la bail-
« laye notre pere l'archevesque de Rouen,
« et lour a rendu nostre pere l'archeves-
« que par l'enqueste que il a veue que
« nous avon faite. Ce fut fait l'an de grace
« m cc quatre-vins et huit, le vendredi
« devant la feste Sainct Denis. » (*Gr. Cart. de Saint-Taurin*, f° 217.)

1296. Sentence du bailli de Louviers, qui attribue à l'abbaye de Saint-Taurin le droit de vente sur une maison de Louviers.

1307. Le samedi veille de Saint-Vincent 1306, c'est-à-dire en janvier 1307, dans le manoir de l'abbaye de Saint-Taurin, à Louviers, Jean du Martrei rendit hommage à Richard, abbé de Saint-Taurin, en présence de Mauger, qui parait avoir été bailli de Louviers, de Geoffroi, son lieutenant, de Guillaume de Saint-Taurin, curé de Pinterville, de Guillaume le Chandelier, Raoul de la Rivière, Amauri et Martin, écuyers.

1330. Erection des cures de Saint-Jean et de Saint-Germain.

1333. L'église de Louviers, dédiée à Notre-Dame par lettres de l'évêque Jean du Pré, datées du vendredi après la Pentecôte, est unie à l'abbaye de Saint-Taurin. Le prélat loue dans cette pièce la régularité, la charité mutuelle et l'hospitalité des religieux de Saint-Taurin.

A cause de la pénurie où se trouvait le monastère, Jean du Pré lui donne tous les revenus de l'église mère de Louviers, dédiée à saint Martin, à la réserve d'une pension à faire au vicaire administrateur.

1341. Une vive contestation s'éleva vers cette époque entre les curés de Notre-Dame de Louviers et les moines de Saint-Taurin, au sujet du patronage des cures récemment créées de Saint-Germain et de Saint-Jean. Le procès fut porté devant l'échiquier. Une transaction intervint, mais le droit des moines de Saint-Taurin ne tarda pas à être définitivement reconnu.

1409. Le monastère de Saint-Taurin vend aux habitants de Louviers le champ de ville situé dans le faubourg dit du Neubourg, pour le curage de ladite ville et le cours aux chevaux pour la tenue des foires, moyennant 9 livres.

1482. Une assemblée des habitants autorise un emprunt de 100 livres tournois pour le rachat de 9 livres tournois de rente, dues aux moines de Saint-Taurin, pour le fief du champ de ville et du cours.

1623. On a vu dans la charte de 1193 que Richard avait confirmé à l'abbaye de Saint-Taurin la possession de l'église Saint-Martin de Louviers. Quatre moines de Saint-Taurin desservirent cette église. On a vu par la charte de 1205 que le patronage de la nouvelle église de Notre-Dame avait été laissé aux fondateurs laïques, et indirectement à l'abbaye de Saint-Taurin. On a vu encore par la charte de 1218 que, pour sauvegarder tous les intérêts, la cure de Notre-Dame avait été divisée en deux portions. « Dans la ville de Louviers il y aura une église mère et une chapelle, savoir la chapelle de Saint-Jean : et dans ces deux églises il y aura deux prêtres servant alternativement et permutant chaque semaine leurs fonctions respectives. »

Après le concile de Trente, les moines de Saint-Taurin nommèrent deux vicaires, se réservèrent le droit de grande dîme, et donnèrent à ces deux vicaires chacun 500 livres de pension congrue. Quelque temps après, ces deux vicaires firent ériger leurs vicariats en cures par bref de l'évêque d'Evreux. En 1623, les curés sollicitèrent l'abbaye de Saint-Taurin et parvinrent à obtenir d'elle, au lieu de 500 livres de pension congrue, le tiers de la dîme. En 1781, un décret de l'évêque d'Evreux, approuvé par le roi, supprima les deux titres de la cure de Notre-Dame de Louviers et les réunit en un seul.

C'était dans une maison située près de l'ancienne porte de Paris que les moines de Saint-Taurin recevaient leurs dîmes, fermages et redevances. Il est très-probable qu'ils y rendaient à leurs vassaux la justice, car cette maison porte encore le nom de : « Plaids de Saint-Taurin. » Une tradition tend à faire croire que cette maison a aussi appartenu aux Templiers, et qu'elle n'est devenue la propriété des moines de Saint-Taurin qu'après la suppression de cet ordre.

VII.

Nous ne dirons rien qu'on ne sache sur les établissements religieux de Louviers. Nous renverrons sur ce sujet à l'ouvrage de M. Dibon, aux recherches de M. Carême.

Jusqu'à la Révolution, Louviers a été l'un des deux doyennés de l'archidiaconé du Neubourg.

La première église de Louviers fut dédiée à saint Martin. Il n'en reste aucun vestige. Elle fut probablement bâtie sur l'emplacement de l'église, qui portait jusqu'à nos jours le nom de Saint-Martin et qui était près de la halle. Elle fut abandonnée après la construction de Notre-Dame et devint une simple chapelle.

L'église Notre-Dame fut fondée au commencement du XIIIe siècle, sur les fiefs de deux seigneurs qui en furent les premiers patrons. Ils cédèrent ensuite leurs droits aux moines de Saint-Taurin. Nous avons cité la charte de 1218, par laquelle Thomas de Louviers fit cette cession à Jean de Martigni, abbé de Saint-Taurin. Les premières constructions datent environ de l'année 1220. Le grand portail de l'ouest, la nef, la croisée et le chevet sont de cette époque. La tour des cloches date de 1366 ; la seconde ligne des bas côtés, à la gauche de la nef, et le portail du midi ont été terminés en 1496. Le côté du nord est de 1510.

En 1330, Jean du Pré, évêque d'Evreux, autorisa l'érection de deux nouvelles paroisses à Louviers, celles de Saint-Jean et de Saint-Germain, dans le manoir de Saint-Taurin.

La paroisse de Saint-Jean fut supprimée lors de la Révolution.

On vient de voir que la chapelle de Saint-Germain devint également cure et paroisse en 1330.

Parmi les autres édifices ou établissements religieux, nous citerons seulement pour mémoire :

La chapelle de Saint-André ;
La chapelle de Saint-Maure-et-Saint-Vénérand dans le grand cimetière ;
Le monastère des pénitents du tiers ordre de Saint-François ;
La communauté des religieuses sous la règle de saint François et sous le nom de Sainte-Elisabeth et de Saint-François.

C'est ce dernier couvent qui, vers 1642, fut le théâtre de la célèbre affaire de sorcellerie connue sous le nom de *possession des religieuses de Louviers*.

VIII.

En dehors de la seigneurie de Louviers, appartenant à l'archevêque de Rouen et relevant nuement du roi sous le titre de comté, un arrêt du grand conseil du roi du 29 août 1567 énumère les onze fiefs que la ville de Louviers renfermait, ou qui étaient dans sa dépendance.

I. Saint-Taurin d'Evreux. Ce fief, qui relevait nuement du roi, s'étendait dans la rue Saint-Jean, dans la rue de la Trinité, sur la chaussée de Saint-Jean du côté droit en allant vers le pont de Folleville ; enfin, dans le faubourg du Neubourg, les maisons et jardins situés sur le Champ de Ville, dans la rue Massacre et dans la rue de Beaulieu, relevaient de ce fief.

II. Berselou ou Berselon. Les Berselous figurent au XIIIe siècle dans les chartes de Saint-Taurin. Ce fief s'étendait dans la ville de Louviers et à la Carrière, proche les Bruyères-Saint-Lubin. La maison appelée la Carrière fut jointe au fief de Berselou en 1637. En 1577, le tenant de ce fief était Jean Damiens ; sa fille le porta en mariage à Jacques Hallé, dans la famille duquel il resta jusqu'au XVIIIe siècle. Pierre Boileau l'acquit à cette époque.

III. Folleville, situé dans le faubourg Saint-Jean, vis-à-vis de la place du Becquel, comprenait des bâtiments et

50 perches de terre. L'existence du fief de Folleville, dont le nom est resté à l'un des ponts de la ville, remonte au xiiie siècle. On trouve plusieurs fois mention de Folleville dans le cartulaire de Saint-Taurin. Dans une enquête de 1249 paraît Roger du Martrei, seigneur de Folleville, qui a laissé son nom à une rue de Louviers. En 1719, François de Rouvé, chevalier, rendit aveu.

IV. L'Esprevier, situé à gauche en sortant de Louviers sur la route d'Evreux. En 1516, Jehan le Roux, seigneur.

V. Maupertuis, contigu au fief de l'Esprevier.

VI. Saint-Germain était dit aussi fief de Montpoignant, et situé dans la paroisse actuelle de Saint-Germain de Louviers.

VII. Bouteilles ou le Boutelier, réuni au xviiie siècle à Folleville.

VIII. La Londe, situé à la ferme appelée la Londe, près la côte de la route d'Elbeuf. En 1732, ce fief appartenait à Le Blanc du Rollet, comte de la Croisette, et en 1785 à Alexandre de la Touche.

IX. Doivel ou Duyvel.

X. Viard.

XI. Tatin. Un archer de Philippe-Auguste nommé Tatin reçut de ce prince, en 1204, un fief à Louviers à l'endroit même où il y a une rue Tatin.

Il faudra joindre à ces fiefs le fief de la Salle-du-Bois, quart de fief de haubert qui était situé dans une île au-dessous de Louviers, sur l'emplacement même de la filature de Saint-Germain.

En 1249, dans une enquête touchant les droits des seigneurs de la Salle-du-Bois, de Pinterville, et de la Villette sur la forêt de Louviers, nous trouvons cité Guillaume du Bois. Lorsqu'on voit Eudes Rigaud accorder à Guillaume du Bois le droit de prendre dans sa forêt le bois nécessaire à l'entretien d'un moulin et d'un pont, on est en droit de penser qu'il s'agit du fief de la Salle-du-Bois. Dans un aveu du xvie siècle, on lit : « Le manoir « est assis en une isle, en la rivière d'Eure, « auprès des moulins, lequel manoir est « en ruyne et fut démolly du temps des « guerres, et s'estend ès paroisses Notre- « Dame de Louviers, Vaudreuil, Porte- « joie, Herqueville. »

En 1544, Loys de Bigard, chevalier, seigneur de la Londe et de la Salle-du-Bois, rendit aveu. En 1591, Antoine de Bigard. Il était tenu en 1749 par messire Jean-Baptiste le Cordier de Bigard, marquis de la Londe.

Le fief de la Villette, sis en la paroisse Saint-Jean de Louviers, triage des Coursières. Ce fief existait aussi au xiiie siècle.

Aveu de 1659 par Jean de l'Épine, et de 1753 par messire Payot, chevalier, seigneur de Saint-Aubin-d'Écrosville.

Au xviiie siècle, un membre de la famille Payot siégeait au parlement de Normandie comme conseiller clerc sous le nom d'abbé de la Villette.

Nous ajouterons que dans un état des fiefs nobles de mainmorte, relevant nuement du roi (1621), on voit que la sergenterie royale de Louviers comprend la haute justice, terre et seigneurie dudit Louviers, appartenant à l'archevêque, l'Hostel et Maison-Dieu dudit Louviers et la chapelle de Saint-Ildevert.

IX.

Louviers fut célèbre au moyen âge par son commerce. On y fabriquait des draps, des toiles et des cuirs, des draps surtout depuis le xiiie siècle. Froissart dit de Louviers : « Louviers adonc estoit une des « villes de Normandie où l'on faisoit la « plus grand' plenté de draperies, et estoit « grosse, riche et moult marchande. » Ce témoignage est appuyé par une ordonnance du roi Jean rendue en 1350 dans un procès entre les drapiers de Rouen et de Louviers.

L'histoire du commerce de Louviers mériterait une étude spéciale, qui sort d'ailleurs complètement du plan que nous nous sommes tracé. Les éléments de ce travail se trouvent en partie dans les archives de l'archevêché de Rouen, à la préfecture de la Seine-Inférieure, en partie dans les registres de l'Echiquier, au palais de justice à Rouen.

Dépendances : — Beaulieu ; — Saint-Germain ; — Saint-Jean, faubourgs ; — La Basse-Villette ; — les Fosses ; — le Hamelet ; — la Haute-Villette ; — la Baie-le-Comte ; — les Monts ; — la Petite-Fringale ; — Saint-Ildevert ; — Saint-Lubin ; — la Briqueterie ; — le Buse ; — les Cailloux ; — la Carrière ; — la Côte ; — la Londe ; — la Fontaine ; — Saint-Hilaire.

Cf. Journal de Verdun, 1760, t. II. Observations sur Jean de la Tour, qui livra Louviers au temps de la Ligue.

Le Prev. de la Clôture. Observations sur les maladies épidémiques. 1776, p. 213 à 316.

Morin, Histoire de Louviers, 1822, 2 vol. in-18.

Paul Peton, Essai Historique sur Louviers. Rouen, 1836, in-8.

Anat. Carême. Nombreux articles sur l'histoire de Louviers dans le Journal de Louviers.

Ar. Guilbert. Les Villes de France, t. V, p. 576.

Guillaume Petit. Essai sur un timbre gallo-romain découvert à Louviers. Paris, 1860.

Rapport sur l'Exposition universelle. Oct. 1856.

Bulletin monumental, t. XXV, p. 68 à 82.

Annuaire normand, Congrès archéologique de France: séance générale tenue à Louviers les 20 et 21 mai 1856, 1857, p. 229 à 339.

Congrès de l'Association normande (1859), p. 177 à 401.

La Normandie illustrée, t. Ier, p. 26.

Renault, *Excursion archéologique dans les arrondissements de Louviers et des Andelis*. 1862 et 1864.

Annuaire de l'Eure, 1863 et 1864. Collection complète des règlements concernant le régime des eaux dans la traverse de Louviers.

Marcel, *Recherches sur l'auteur du Songe du Vergier*. 1864.

Frère, *Manuel du Bibliographe normand*. Art. Bavent, Bibliographie de l'histoire des possédées de Louviers.

LYONS-LA-FORÊT.

Arrond. des Andelis. — Cant. de Lions.
Sur la Lieurre.

Patr. S. Denis. — Prés. le roi.

Au commencement du XVIIIe siècle on découvrit, sur le chemin de Rouen et près de Lions, plusieurs tombeaux avec des ossements et des épées. En 1723, sur le bord de la petite rivière qui arrose le bourg, à trois pieds ou environ de profondeur, le curé du lieu déterra une assez grande quantité de médailles romaines, quelques-unes entre autres de Nerva et de Trajan; puis des colonnes de pierre, des bas-reliefs, des murailles peintes, des fourneaux et autres vestiges d'habitations antiques. Toussaint Duplessis rapporte qu'il vit un fragment de l'une de ces colonnes, et que ce fragment lui a paru représenter des festons et des bacchantes. Tout porte à croire que la ville de Lions était un endroit habité du temps des Romains.

Sous les rois des deux premières races, Lions était le nom d'un petit pays dans lequel l'abbaye de Saint-Denis possédait de vastes domaines. Plus tard, Lilli, Fleuri et Morgni furent appelés les Trois-Villes-Saint-Denis. Ce domaine paraît s'être étendu jusqu'à Lions, près duquel s'élevait l'église de Saint-Denis.

Au commencement du XIe siècle, Lions portait le nom de ville de Saint-Denis.

La charte suivante du duc Robert (1032) s'applique à Lions : « ... Postea autem
« ego Robertus, volens augere ecclesiam
« quam edificare inceperam, dedi ei om-
« nem decimam totius nemoris de Leoni-
« bus, scilicet in redditibus ville Sancti
« Dionysii, in molendinis, in exartis, in
« omnibus et pertinentibus terris, quæ
« ad cultum rediguntur, in venationibus,
« in avibus, in placitis, in pasnagiis, in
« porcariis et in omnibus consuetudinibus
« suis... »

Une autre charte de Guillaume le Conquérant (1050), en faveur de l'abbaye de Saint-Evroult, confirme cette opinion : « Acta publice in saltu Leonis, in loco qui
« dicitur flumen Loiris, ante Sanctum
« Dyonisium. » (*Chart. S. Ebrulfi*, II, n° 15.) Il suffit d'avoir été à Lions pour voir l'endroit même où cette charte a été souscrite. L'ancien château de Lions, sur l'emplacement duquel s'étend aujourd'hui la ville de Lions, occupa, en effet, une éminence qui surplombe, qui domine la vallée et forme un saut, « in saltu Leonis, » sur la rivière de Lieurre. L'église de Saint-Denis était dans la vallée, de l'autre côté de la Lieurre, de telle sorte que Guillaume le Conquérant, en étant « in saltu Leonis », se trouvait placé en face de l'église de Saint-Denis. Une charte de Philippe-Auguste, de l'an 1202, porte pour date : « Datum apud Sanctum Dionysium in Leonibus, anno..., » etc., et sur une infinité d'autres titres anciens on trouve : « Ecclesia S. Dionysii in Leonibus; castrum in Leonibus, » etc., terme impropre à la vérité, mais qui prouve néanmoins que le mot de Lions appartenait alors à tout le canton en général, et non à la ville en particulier. Il est donc à peu près certain que la ville de Lions s'appela d'abord la ville de Saint-Denis ; puis, les ducs de Normandie ayant construit en cet endroit un château fort, le château s'appela : « castellum in Leonibus. » C'est ainsi que le nom du pays tout entier est devenu plus tard le nom propre de la ville.

Il est probable qu'au commencement du XIe siècle Lions était pour les ducs de Normandie un rendez-vous de chasse. L'habitation qu'y possédaient Guillaume Longue-Epée et Guillaume le Conquérant n'était pas appelée un « castellum ». Le château fort fut probablement fortifié dans la seconde moitié du XIe siècle. En effet, Henri Ier y fit porter son butin en 1119, et y mourut en 1135. Orderic Vital, à la date de 1135, parle du « castrum Leonum ». En 1143, Hugues de Gournai détenait le « castellum de Leons ». Enfin, dans les *Grands Rôles de l'Echiquier de Normandie*, à la fin du XIIe siècle, on trouve la mention de « burgenses de Leons » et la désignation de Lions comme nom de ville : « apud Lyons. »

Nous allons citer un fragment de ces rôles :

« Robertus de Stotevilla reddit compo-
« tum per Odinum, clericum suum, de
« VI. libris VI. solidis et VI. denariis de

« remanente veteris firme de Leons. In
« thesauro nichil. In reparando muro
« castri de Leons LXVIII. solidos, per
« breve regis, Claro de Crochet, Willel-
« mo de Torvilla et Eustachio Clerico, de
« liberationibus, quando fuerunt ad men-
« surandas terras porpresturarum foreste
« de Leons... Et quietus est, et habet
« superplus XVIII. denariorum, qui com-
« putantur ei inferius... »

« Idem reddit compotum de CCC. libris
« de nova firma prepositure de Leons et
« molendinorum et foreste. In thesauro
« nichil. In decima abbati de Ceresiaco,
« XIX. libras. Radulfo de Floriaco, XV. li-
« bras, per cartam regis. In liberatione
« ipsius Roberti, CC. libras, pro custodia
« castri de Leons. In turre de Leons altio-
« randa et in domibus intus faciendis,
« LXXII. libras et VII. solidos, per breve re-
« gis... »

« Idem reddit compotum de XVIII. libris
« et IX. solidis, et III. denariis de rema-
« nente veterum reguardorum foreste de
« Leons, et de XXIV. libris et X. soli-
« dis de primo reguardo ejusdem foreste,
« et de X. libris de Werrico milite pro
« foresta, et de XIV. libris VI. solidis
« et VIII. denariis de ultimo reguardo
« ejusdem foreste. Summa quater viginti
« libre VIII. solidi et XI. denarii. In the-
« sauro, X. libras. In suo superplus
« precedentium compotorum, LIV. libras
« XVIII. solidos et IV. denarios. Et debet
« XXIV. libras VII. solidos et V. denarios. »
(Stapleton, M. R., 1180, p. 73.)

Dans le même document, on cite Enguerrand le portier: « Engerranus portarius. » Le château de Lions avait quatre
portes, dont la garde était confiée à
quatre seigneurs particuliers pendant
que le prince y faisait son séjour. Les
propriétaires de quelques terres de la
baronnie de Perriers-sur-Andelle étaient
obligés de faire le service d'une de ces
portes; et de là sans doute est venu aussi
le nom de le portier, en latin Portarius,
ou Ostiarius, que les anciens seigneurs
de Marigni, qui étaient tenus à la même
vassalité, prennent dans leurs titres. Une
ordonnance du duc de Normandie, du
6 novembre 1345, est adressée à son trésorier pour payer 80 florins à « Thierri,
de la porte de Saint-Denys, » c'est-à-dire
de la porte de Lions qui donnait du côté
de l'église de Saint-Denis. Cette église
était située comme nous l'avons dit dans
la vallée, près des bois, à quelque distance
du château.

Philippe-Auguste s'empara à deux
reprises de Lions, en 1193 et en 1203.

Les habitants de Lions étaient coutumiers de la forêt : « Burgenses de Lions
« et de Bello videre habent in foresta
« extra defensa mortuum nemus ad arden-
« dum, brancas et furcos ad hospitandum,
« et fagum et querum per liberationem
« si faciant domum tectam de escenna, et
« non debent de pasnagio nisi unum de-
« narium turonensem de quolibet porco,
« et sunt quieti de omnibus consuetudi-
« nibus per duodecim denarios turonen-
« ses quos debent ad festum Sancti Re-
« migii et unum panem sive denarium ad
« Natale. Debent ire in servitium domini
« regis ad Gireneleschesa, quando rex est
« apud Lyons, nec debent ire in servitium
« domini regis nisi per diem ita quod sero
« possint redire ad hospitia sua : et si
« ultra diem procedant, debent ire ad
« expensam domini regis. Preterea, non
« debent de emendatione qualibet, preter-
« quam de placito ensis nisi duodecim
« denarios turonenses. Preterea debent
« esse quieti et liberi de pedagio per totam
« Normanniam. »

Tels étaient les droits des habitants dans
la forêt de Lions au XIII° siècle.

On peut encore voir ce qu'étaient devenus ces droits au XV° siècle dans le Coutumier des forêts de Normandie, fol. 7 r°.

Ce bourg a toujours été peu considérable. Cependant, il y avait avant 1789
vicomté, membre du bailliage de Gisors,
élection sous la généralité de Rouen,
maîtrise particulière des eaux et forêts, et
un marché toutes les semaines.

En 1622, les habitants de Lions présentèrent une requête à l'archevêque de
Rouen pour demander l'établissement
d'un monastère de religieux à Lions,
exposant que l'église était près des bois et
éloignée de la ville d'un quart de lieue.
Cette requête fut accueillie avec faveur.

Au mois de mai 1623, l'archevêque de
Rouen donna à Alexandre Desmarets,
abbé de Mortemer, commission pour introduire les pères Cordeliers à Lions, et les
mettre en possession des lieux qui leur
avaient été donnés. En juin 1623, le
terrain sur lequel se trouvait le nouveau
couvent avait été donné par Jean de Courcol, sieur de Fleuri, Nicolas Anquetil,
sieur des Brûlins, et François le Blanc,
sieur de Croixmesnil, procureur du roi
dans la châtellenie, vicomté et élection
de Lions. Au mois d'août, Georges de
Marle, seigneur et patron de Lisors, capitaine et gouverneur de la ville et château
de Briquebec, leur fit une nouvelle donation.

Le roi Louis XIII y fonda, en 1624, un
couvent de Cordeliers, dont l'église porte

le nom de Saint-Louis. M. Faucon de Ris, premier président au parlement de Rouen, en posa la première pierre au nom du roi le 8 septembre de la même année. Le titre de fondation ayant été perdu, les Cordeliers obtinrent de Louis XIV des lettres de ratification. La communauté était composée de huit à dix religieuses.

Les Ursulines de Gisors avaient établi à Lions une communauté de leur ordre, qui ne subsistait plus au milieu du xviiie siècle. On remarquait un autre petit monastère de Bénédictines sous le nom de Saint-Charles, fondé en 1652 par Charlotte de Bigard, veuve de Christophe de Canteleu, seigneur de Limare, en faveur de Madeleine de Canteleu, leur fille, religieuse de l'abbaye de Fontaine-Guérard. La fondatrice voulait donner cette maison à l'ordre de Cîteaux ; mais elle ne put y réussir, parce que l'archevêque n'en permit l'établissement qu'à la condition qu'elle demeurerait sous sa dépendance. Ces religieuses obtinrent des lettres patentes au mois de mars 1688.

Dans l'étendue de cette paroisse se trouvait le prieuré de Saint-Aubin de Vilaines, qui dépendait de l'ancienne abbaye de Sainte-Catherine, à Rouen.

Suivant le pouillé d'Eudes Rigaud, c'est-à-dire dès le xiiie siècle, le droit de présenter à la cure de l'église de Lions appartenait au roi : « Ecclesia de Liuns, « xl. libras turonensium : parrochianos, « cc. et xv. Rex patronus. » Toussaint Duplessis dit que le roi présentait à la cure de Lions comme comte de Gisors. Il faut distinguer les dates. Les comtes de Gisors ont présenté à la cure en 1592 et 1632. Le comte de Belle-Isle y présentait aux droits du roi au xviiie siècle.

Nous empruntons à Toussaint Duplessis les détails suivants sur la chapelle de Saint-Jean-Baptiste, au hameau de l'Essart-Mador. On écrivait ce nom de plusieurs manières : le Sart-Mador, le Sart-Malure et l'Essart-Madour. Toussaint Duplessis pense que Mador ou Madour n'est que l'abrégé d'Amateur, qui est un nom propre d'homme. Jean de Noleval, avocat au parlement de Rouen, ayant fondé cette chapelle, l'archevêque de Rouen approuva la fondation le 21 septembre 1634. Le pouillé de l'an 1738 marque qu'elle est à la présentation du sieur de Noleval. Le seigneur y présenta en 1706, et on supposait sur les registres de l'archevêché de Rouen de l'an 1661 qu'elle pouvait être possédée par un régulier ou par un séculier.

Il faut encore noter la chapelle de Saint-Nicolas ou Saint-Thomas. Les registres de l'archevêché de Rouen donnent à celle-ci tantôt l'un, tantôt l'autre de ces deux noms. Elle était fondée, selon les uns dans le château, selon les autres dans l'auditoire, ou la Cohue du Bourg. Ce bénéfice était à la présentation du comte de Gisors.

Enfin, n'oublions pas la chapelle de Sainte-Marguerite, au hameau dit les Landes-Louvel, ou les Landes-de-Saint-Laurent. Celle-ci, qui dépendait du prieuré de Saint-Laurent en Lions, selon les titres du même monastère, n'existe plus.

En 1256, selon les mêmes titres, il y avait à Lions une maladrerie desservie par un religieux de Saint-Laurent en Lions. C'est peut-être la chapelle de Sainte-Marguerite.

Dans la seconde moitié du xviiie siècle, Lions avait deux marchés par semaine et deux foires, et seulement 191 feux.

Bensérade naquit à Lions.

Dépendances : — le Bout-d'en-Bas ; la Rigolle ; — Saint-Paul ; — Bezéguai ; — la Bosse ; — Croix-Mesnil ; — l'Essart-Mador ; — Fontaineresse ; — Hideuse ; la Lande ; — les Maisons-Blanches ; — le Manoir-Fourré ; — la Mare-Broquet ; — le Petit-Clos ; — les Tainières ; — Vilaine ; — la Villenaise ; — la Nation.

Cf. Toussaint Duplessis, t. II, p. 228 et 617.
La Normandie illustrée, t. I, p. 78.

M

MAD

MADELEINE-DE-NONANCOURT (LA).

Arrond. d'Évreux. — Cant. de Nonancourt.

*Patr. Ste Marie-Madeleine.
Prés. le roi.*

Nonancourt commença par occuper l'emplacement qui forme aujourd'hui la paroisse de la Madeleine-de-Nonancourt. Tout porte à croire qu'au XIIe siècle la paroisse de la Madeleine était la principale paroisse. A cette époque, au haut de la colline, entre la ville actuelle de Nonancourt et la paroisse de la Madeleine, Henri Ier construisit un château fort qui fut détruit comme nous le verrons à l'article NONANCOURT, dans les guerres avec l'Angleterre, sous le règne de Charles VII. C'est à la construction de ce château que la ville actuelle de Nonancourt paraît devoir son origine. A l'abri de ce château fort, la population descendit dans la vallée de l'Avre.

Les plus anciens documents relatifs à la Madeleine sont, après la charte qui fonde la foire de Nonancourt, un certain nombre de titres relatifs à Merville, hameau de la Madeleine dans lequel l'abbaye de l'Estrée s'établit dès le XIIe siècle.

En 1157, Rotrou, évêque d'Évreux, attesta que Roger « de Pinceone » avait confirmé au monastère de l'Estrée tout ce qui avait été donné à ce monastère par son fils, c'est-à-dire le champart de quatre charruées de terre, que le père et les fils tenaient à Merville : « a Radulfo de Islo apud Merevillam. »

Il sera souvent fait mention des seigneurs d'Islou aux articles de MESNIL-SUR-L'ESTRÉE, de LA MADELEINE-DE-NONANCOURT. Le château d'Islou était situé dans la commune de Dampierre-sur-Avre, et le fief s'étendait dans les paroisses de Saint-Martin et de la Madeleine de Nonancourt, et même dans la paroisse de Droisi.

« Ego Simon de Aneto, notum fieri volo
« omnibus, quod Rogerius de Pinceone
« dedit per manum nostram monasterio
« de Strata quiete et libere perpetuo pos-

MAD

« sidendos duos sextarios ibernagii et
« duos avene, quos reddebant ei annuatim
« pro campartagio totius terre quam ha-
« bent apud Merevillam. Pro hac autem
« donatione, ut rata esset in posterum, de-
« derunt monachi Rogerio et uxori ejus
« IX. et unum solidos. Hec omnia conces-
« sit Garinus de Islo cum uxore et liberis
« suis, scilicet Symone et Thecia et Gui-
« bore. Hujus rei testes sunt quorum sub-
« scripta sunt nomina : Herbertus, deca-
« nus... Drocensis, Fulgerius de Marcilli,
« Gilebertus de Chopinne, Robertus Vac-
« carius, Simon de Belpuis, Bernardus
« Legoz, Hugo Armiger. Hoc etiam con-
« cessit Matildis, uxor Rogerii, coram ma-
« tre sua Richelt, et Guibore, uxore præ-
« positi de Illeis, et Richelt, uxore Ber-
« nardi Sutoris. »

Raoul « de Islo » donna aux moines de l'Estrée : « ... terram de Mervilla; » savoir : deux charruées, à la mesure d'Illiers, et deux à la mesure de Chartres, en échange de deux boisseaux d'hivernage et d'un d'avoine. Un jeune homme nommé Foulques y ajouta le champart des quatre charruées.

Dans un autre acte de Garin « de Islo » relatif à ces donations, on trouve parmi les témoins : « ... Robert de Outrebois, Guillaume de Olins, etc. ».

La bulle d'Alexandre III en faveur de l'Estrée (1164) mentionne la grange de Merville : « grangiam de Meravilla, cum omnibus appenditiis suis. »

1222. Raoul, évêque d'Évreux, confirme la donation de la dîme de quatre charruées de terre à Merville, faite à l'abbaye de l'Estrée par Philippe, chanoine de Dreux, du temps de Rotrou, évêque d'Évreux. Comme les chanoines de Notre-Dame de Chartres et les religieux de Saint-Pierre de Chartres ont reçu, par la donation de Simon d'Anet, l'investiture de l'église d'Illiers, avec toutes ses appartenances, et que du territoire ou décimation de ladite église dépendent les quatre charruées, les religieux de Saint-Pierre et Simon d'Anet ont apporté leur consentement.

1230. « Simon de Illou, miles, » confirma les donations de ses prédécesseurs aux moines de l'Estrée « in grangia sua de Merevilla ». (*Bibl. Imp.* Titres de l'Estrée, Mél. de Clair., 177, fol. 85.)

1231. Henri des Grés, et Idoine, sa femme, donnent à l'abbaye de l'Estrée les deux parties de la dime du territoire de Merville, à la prière de Renaud des Grés, frère dudit Henri. (*Ibid.*, fol. 57 v°.)

« Notum sit omnibus quod Garinus de
« Islou concessu monachis de Strata totam
« terram que est intra terras suas apud
« Mervillam, ad modiationem terre reli-
« que quam habent ab eo. Hujus rei tes-
« tes sunt: Herbertus decanus, Geslertus
« sacerdos, Guillermus de Campinneio,
« Gado le Sesne, Rogerius prepositus,
« Burnellus Piscator, Garinus Galopin,
« Roscelinus, Radulfus Lector, Radulfus,
« filius Amalrici... »

« Notum sit... quod ego Garinus de
« Islou, concessu Simonis de Aneto et
« filiorum ejus Johannis et Adam, et con-
« cessu uxoris mee et Simonis filii mei...
« donavi... medietatem modiationis de
« Merevilla, scilicet duos modios et quin-
« que sextarios et dimidium mine ecclesie
« Sancte Marie de Strata et monachis ibi-
« dem deservientibus. Et pro ista dona-
« tione predicti monachi de Strata aquita-
« verunt me de triginta libris Andegaven-
« sium quas Simoni de Aneto debebant. »

1239. Simon de Crechi donne à l'abbaye de l'Estrée les bois qu'il avait à Montreuil, près de la terre desdits religieux : « apud Merevillam. »

« Universis presentes litteras inspectu-
« ris... divina permissione Ebroicensis
« ecclesie minister humilis, in Domino
« salutem. Noveritis quod, cum contentio
« verteretur coram nobis inter presbyteros
« Nonancurtis, ex una parte, et Lauren-
« tium de Carnoto, ex altera, super uno
« arpento vince et dimidio et tribus arpen-
« tis terre et dimidio ad ecclesiam Beate
« Marie Magdalene de Nonancurte perti-
« nentibus; pro quibus dictus Laurentius
« quindecim solidos Turonensium annui
« census in festo Beati Remigii persolve-
« bat dicte ecclesie; et cum supradicti pre-
« sbyteri solutione quindecim solidorum
« ecclesiam suam dicerent sse lesam; tan-
« dem bono pacis et consensu partium ordi-
« navimus inter ipsos in hunc modum,
« quod dictus Laurentius pro supradictis
« vineis et terris dicte ecclesie viginti soli-
« dos Turonensium in dicto festo de cetero
« annuatim persolvet. Et cum dictus Lau-
« rentius se et sua ablatia de Strata dede-
« rit, post decessum dicti Laurentii, abbas
« et conventus dicte ablatie supradictum
« censum memorate ecclesie annuatim
« reddent. Hanc autem ordinationem ad

« petitionem partium auctoritate pontifi-
« cali confirmavimus et sigilli nostri mu-
« nimine roboravimus. Actum anno gratie
« millesimo ducentesimo tricesimo nono,
« in crastino beati Andree apostoli. »

1251. Simon de Crechi parle de la grange des religieux à Merville :

« Universis presentes litteras inspectu-
« ris, Robertus dominus de Boucler (ou
« Boucles), salutem in Domino. Noveritis
« quod ego, pro salute anime mee et
« anime uxoris mee et patris et matris et
« aliorum antecessorum meorum, dedi et
« concessi in perpetuam elemosinam ab-
« batie Gemneticensi et monachis ibi-
« dem Deo servientibus, quidquid ad me
« pertinebat et pertinere poterat in jure
« patronatus ecclesiam de Malavilla juxta
« Beccum et Sancti Martini de Parco, ita
« quod ego et heredes mei in jure patro-
« natus dictarum ecclesiarum nihil pote-
« rimus de cetero [reclamare], et volo
« expresse quod heredes mei perpetuo
« teneantur post decessum meum hanc
« meam elemosinam predictis monachis
« garantire. In cujus rei memoriam, pre-
« sens scriptum sigilli mei munimine con-
« firmavi. Actum anno Domini m° cc° l° i°,
« mense junio. Testibus hiis: Willelmo Le
« Machon, Petro Tibert, Roberto de Porta,
« Roberto Frespedent, Rogero Werel, et
« aliis. »

Au XV° siècle, vers 1450, le curé de Nonancourt et les religieux de l'Estrée se disputèrent la dime de Merville.

La foire de la Madeleine-de-Nonancourt a lieu le 22 juillet.

Cette foire se tenait anciennement pendant trois jours, deux avant la fête et le jour même de la fête de la Madeleine, suivant une charte de Henri 1er, roi d'Angleterre, qui est dans le cartulaire de l'église cathédrale de Notre-Dame d'Evreux. Cette charte n'est point datée. Les droits de coutume de cette foire se partageaient par moitié entre le roi, représenté par le seigneur engagiste du domaine de Nonancourt, et l'évêque d'Evreux, auquel la moitié de ces droits avait été donnée par la même charte. Cette charte fut confirmée par une autre charte d'Etienne, roi d'Angleterre. Cette seconde charte est aussi sans date dans le cartulaire de l'église cathédrale d'Evreux. La charte du roi Henri a été donnée entre l'an 1100 et l'an 1136, puisque ce roi a été couronné le 6 août 1100 et est mort le 2 décembre 1135. Celle du roi Etienne a été donnée entre l'an 1135 et l'an 1154, puisque ce roi a été couronné le 15 décembre 1135 et est mort le 25 octobre 1154.

L'église a été bâtie vers le milieu du

xv° siècle et tient la place d'une plus ancienne détruite par les Anglais, lors de la ruine de Nonancourt, sous le règne de Charles VII.

Il n'y avait qu'un seul titulaire pour les deux titres de Saint-Martin et de la Madeleine-de-Nonancourt. La Madeleine était desservie par un vicaire perpétuel.

Boutigni. — La ferme de Boutigni était en la mouvance de la seigneurie d'Islon, dont le manoir était assis en la paroisse de Dampierre-sur-Avre.

Burei (fief de). — En 1612, la terre de Burei appartenait à François de Coustumel, chevalier, seigneur de Jarcey. Burei et la Maladerie étaient de la bourgeoisie de Nonancourt. La Maladerie, appelée autrefois Puits-aux-Malades, à cause de la légèreté et de la bonté de ses eaux, tire son nom actuel de la maladerie qui existait autrefois à peu de distance de la Madeleine, sur le chemin de Saint-Germain-sur-Avre. Les matériaux des bâtiments de cette maladerie ont servi à construire une ferme à l'endroit même où se trouvent les Puits-aux-Malades.

La Coudrelle. — Il y avait un fief relevant du roi à cause de son domaine de Nonancourt.

« Du roy nostre sire, je Rogier du
« Mesnil, chevalier, advoue à tenir en
« foy et hommaige lige, à cause de ses
« chasteaux et chastellenies de Nonencourt
« et de Nogein le Roy, premierement
« ung fief nommé le Fief de la Coudrelle,
« auquel fief apartient ung herbergement
« et jardin contenant deux arpens ou en-
« viron, assis en la paroisse de la Mag-
« delaine de Nonancourt, tenant d'un
« costé à la ville, et d'autre aux bois qui
« me appartiennent. — Item, une autre
« masure et jardin, où il a un colombier,
« tenant aussi à la ville d'un costé, et
« d'autre aux champs. — Item, douze
« arpens de bois à eschallas, en deux
« pièces, dont il y a x arpens en une
« pièce, et deux en l'autre, tenant aus-
« dits host ls par derrière. — Item, xl ar-
« pens de bois tant à maisonner que bois
« à ardoir, tenant aux bois d'Orvilliers
« d'un costé, et d'autre aux champs qui
« me appartiennent. — Item, trois arpens
« de bois tenant aux bois d'Orvilliers d'un
« costé, et d'autre à mes autres boys. —
« Item, x liv. xvij deniers tournois de
« rente par an, en deniers, que je pren
« sur mes hommes au terme de la Saint-
« Rémy, et douze poulles et ung chappon
« paiez au dit terme. — Item, quarante
« huit arpens de terres labourables en
« plusieurs pièces, dont il y en a environ
« cinq arpens en Champ Galet, tenant aux
« hayes le Roy d'un costé, et d'autre à la
« Cousture ; trois autres arpens tenant
« d'un bout à la ville, et d'un costé à Jehan
« Berout ; quinze autres arpens en la
« Cousture, derrière mon boys, tenant
« d'un costé à ma plesse, et d'autre à Colin
« Billet ; ix autres arpens en allant de la
« Couldroye aux boys de Beausse, tenant
« à Jehan Miennyt d'un costé, et d'un
« bout au chemin de Nonancourt ; viij ar-
« pens à l'issue de la ville, tenant à Gillet
« Miennyt d'un costé, et d'autre aux bois
« d'Orvilliers. — Item, les ventes et am°
« de mes hommes quant le cas advient
« qu'ils facent ventes. — Item, Nicolas
« Villeet(?) tient de moi, à cause du dit fief,
« dix arpens de boys et cinquante arpens
« de terre, dont il me doit x sols de rente
« par an, au terme de la Saint-Rémy ;
« item, plusieurs terres non labourables
« et pastifz qui sont de nulle valleur ; et
« se relieve le dit fief par soixante et
« quinze sols tourn. — Item, ung autre
« fief par ung viij° de fief, nommé le
« fief du Bois de la Bruière, en la dicte
« chastellerie, en la parroisse de la Mag-
« delaine du Mesnil, à cause du quel fief
« m'appartiennent environ cinquante ou
« soixante solz de rente en deniers, paiez
« par mes hommes du Mesnil et de Mo-
« neult, partie à la Saint-Rémy, et l'autre
« à la Saint-Andry. — Item, me appar-
« tiennent pour le dit fief environ xl ar-
« pens de boys, tous en une pièce, tenant
« aux terres des religieux de Heudreville,
« et d'autre costé aux gas du fief qui
« m'appartiennent, et se relieve par
« xxxvij sols et demy. — Et se plus n y a,
« plus en adveue à tenir, et de le bailler
« par déclaration quant il viendra à ma
« congnoissance. — En témoing de ce, j'ay
« mis mon seel à ces lettres, données
« le xvj° jour de juillet l'an mil cccc et
« six. » (Arch. de l'Emp. P. 308, fol. 80 v°. Vicomté de Conches.)

La Couture. — Deux fiefs, l'un relevant du roi, l'autre du fief du bas Bosroger.

1420. Colin du Buisson rend aveu.
1453. Jean du Buisson.
1484. Jean du Buisson.
1485. Jean de Pilliers.
1515. Jean du Buisson, sieur de la Couture.
1558. Jehan de Raignard.
1609. Jacques de Raignard.
1653. Nicolas de Raignard.

Les Harangeries étaient en la mouvance de la seigneurie de la Couture.

Haute-Terre. — Les deux fermes d'Haute-Terre relevaient du roi à cause de son domaine de Nonancourt. La majeure partie des terres de ces deux fermes était exempte de dîmes moyennant une rente de 5 livres par an à l'évêché d'Evreux.

Fontaine. — Il y avait dans ce hameau une mairie qui avait des cens et rentes et un droit de champart. Le propriétaire de cette mairie en 1775, M. des Brosses de Goulet, prétendait qu'elle était un fief. Le fait était contesté par le seigneur engagiste du domaine de Nonancourt, lequel prétendait que cette mairie était une roture. L'affaire fut portée à la chambre des comptes. Cette mairie avait été donnée dans le XIII° siècle, par Robert de Courtenai à Mathieu le Pigour, son bouteiller, à la charge de garder ses biens. La fille dudit Pigour épousa Colin du Buisson, et successivement cette mairie passa aux Salmon, aux Lagrange, d'où descend la famille des Brosses de Goulet. Dans la cour du manoir de la mairie de Fontaine est une chapelle sous l'invocation de sainte Anne; abandonnée en 1793, elle a été rendue au culte en 1829.

Au nord du hameau de Fontaine, est un ruisseau dans un petit vallon qui forme un étang, lequel était en la possession du seigneur de la mairie de Fontaine. Cet étang était d'un bon produit par ses roseaux.

Dans la vallée, entre la Fontaine et Merville, se trouvait une chapelle sous l'invocation de saint Denis. Cette chapelle, que l'on disait être de fondation royale, était à la nomination des évêques d'Evreux. Henri IV passait pour en avoir été le fondateur.

Merville. — Enfin, au-dessus dudit vallon et de l'autre côté des bois qui appartenaient au roi, on trouve le hameau de Merville, où il y avait deux fiefs. La portion aînée avait pour suzerain le seigneur du fief de la Vallée, en la paroisse de Courdemanche, qui avait lui-même pour suzerain Mgr l'évêque d'Evreux, comme baron d'Illiers. Cette portion aînée, qui avait en sa mouvance la portion puînée, avait été unie à la châtellenie de Louie. Tous les textes anciens que nous avons cités se rapportent aux biens que possédait à Merville, depuis le XII° siècle, l'abbaye de l'Estrée. En 1652, le domaine de Merville fut baillé par Pierre de Gascon, abbé de l'Estrée, moyennant la somme de 170 livres. On avait élevé une chapelle à Merville, sous l'invocation de saint Thibault, pour le service de la ferme. Cette chapelle tombait en ruines au milieu du XVIII° siècle. Une sentence du bailliage d'Ezi ordonna la reconstruction de la chapelle. L'économe de l'abbaye de l'Estrée en appela au parlement de Rouen, qui ordonna que les restes de la muraille seraient rasés et qu'à la place de ces ruines serait plantée une croix.

Le hameau de la Vallée-Pasquier, qui était de la bourgeoisie de Nonancourt, n'existe plus depuis un demi-siècle.

Il y avait aussi un autre hameau appelé Vallée-Renauld, puis Dubuc. Voici l'origine : un terrain fut fieffé à un appelé Renauld, à la charge de payer une rente annuelle de 30 sous et de bâtir une maison d'une valeur de 12 francs.

Dépendances : — Boutigni; — Burci; — la Coudrette; — la Couture; — la Fontaine; — les Harengeries; — la Maladerie; — Merville; — Haute-Terre.

MAINNEVILLE.

Arrond. des Andelis. — Cant. de Gisors.

Sur la Levrière.

Patr. S. Pierre. — *Prés. le Seigneur.*

La forme latine et première de Mainneville est évidemment *Mediana Villa*. On trouve « Mediana curtis » pour Maincourt; « Medianum monasterium » pour Moyen moutier, « Mediana cultura » pour Moyen couture. Mainneville fut le centre du vaste domaine que le célèbre Enguerrand de Marigni s'était constitué dans le Vexin.

Mars 1305. « Attendu les agréables services que notre amé et féal Engueran « de Marigny, seigneur de Mainneville, « chevalier, et notre chambellan, nous a « faiz moult de fois et encore fait tous les « jours, » Philippe le Bel donna audit Enguerrand, à lui et à ses héritiers, tout le droit de tiers et danger qui pourrait appartenir au roi sur les bois d'Enguerrand, situés à Mainneville et dans ses dépendances.

Le même mois, le roi donna tout droit d'usage, pâture, bois à bâtir, seigneurie, et avec décharge du droit de tiers et danger sur les hommes des communautés ou villes de Mainneville, Hébécourt, Tierceville, Saint-Denis-le-Ferment.

Mai 1305. Philippe le Bel donne à Enguerrand de Marigni des landes situées dans la forêt de Lions, près Longchamp, pour agrandir son fief de Mainneville.

Juin 1307. Le roi permet à Enguerrand de Marigni de faire enclore de murs le parc de Mainneville, et de détourner de ce parc le chemin qui y passe.

Mars 1308. Le roi donne à Enguerrand de Marigni les terres de Tierceville, Bouchevilliers, Lilli et Morgni, le manoir de Sainte-Geneviève et de Fleuri, en accroissement de sa terre de Mainneville.

Mars 1308. Philippe le Bel donne à Enguerrand de Marigni la haute justice qui appartient au roi sur les villes, fiefs, terres et maisons de Mainneville, Ecouis, Rosai en Lions, Longchamp, Vardes, Saint-Denis-le-Ferment, Mesnil-sous-Vienne, Villerets, Touffreville, Gamaches, Bonnemare, Mesnil-Gilbert, Bernouville, le fief Fissencourt, Mesnil-sous-Vereline, Tierceville, Bouchevilliers, etc., etc.

En 1309, le roi donna à Enguerrand le droit d'établir foires et marchés à Mainneville, Longchamp et Lions, et le droit d'usage en la forêt de Lions pour sa maison de Mainneville.

En décembre 1311, Enguerrand était marié à Alips de Mons. Il avait eu une première femme, nommée Jeanne, de laquelle était né Louis de Marigni. Le roi et Enguerrand assignent à Louis de Marigni, pour sa part héréditaire dans la succession de son père, la châtellenie de Gaillefontaine, les terres de Marigni et de Mainneville.

En décembre 1313, les terres de Marigni, Mainneville, Gaillefontaine, Fontaine-le-Châtel, etc., furent érigées en baronnie, moyennant foi et hommage. La baronnie devait porter le titre de Marigni. (*Trés. des Chartes*, reg. 49, n° 116.)

En novembre 1315, Louis le Hutin donna à Clémence, sa femme, les villes, maisons et manoirs de Mainneville, sauf la maison de Longchamp donnée à Henriot de Meudon, les manoirs de Marigni et de Dampierre, excepté ce qu'il a baillé au comte de Savoie; lesquelles terres furent à Enguerrand de Marigni, et sont venues au roi en commise par la forfaiture dudit Enguerrand. Le roi donna en outre à ladite reine les terres propres à produire les avoines, dans les forêts de Lions et de Brai que ledit Enguerrand avait acquises de la dame de Chambli. (*Trés. des Chartes*, cart. 123, n° 34.)

A la fin du XIVe siècle, Louis de Fescamp était seigneur de Mainneville.

Nous allons maintenant publier tout ou partie des pièces que nous venons de résumer. Nous reproduirons la traduction française qui en a été faite au XIVe siècle.

« Philippe, par la grâce de Dieu, roys
« de France, faisons savoir à touz, tant
« présens comme à venir, que, comme les
« hommes et habitans des universités ou
« villes de Meanneville, de Herbercourt,
« de Tiergeville, de Saint-Denis-de-Fre-
« mans, de Haudicourt, de Sancourt et
« d'Aymecourt, aient et ont acoustumé à
« avoir d'ancienté en touz les bois estans
« et séans ès confins ou appartenances des
« dites villes, usage ou coustume, tant en
« pasturages comme pour leur ardoir et
« édifier, et pour quelconques appartenanz
« et usage par quelconque manière, en
« paiant à nous XXXII livres X sols parisis
« chascun an, tant seulement, pour les
« choses devant dites, avons, tant en acrois-
« sance de noz forés ou boys de la haye
« du Nuef-Marchié, de Bleu, et de noz
« autres forés voisines, qui, pour la multi-
« tude de nos bestes sauvages venanz de
« toutes pars à celes, soient moult aggrevez
« et dommagiés, tant pour l'acroissement
« de noz garennes comme en l'acroisse-
« ment des fiez de Meanneville, qui nous
« nous pourront estre acru ou temps
« à venir, consideré et attendu diligeam-
« ment nostre profit, otroions dès main-
« tenant, par ces presentes lettres, à nostre
« amé et feal Enguerran de Marreigni,
« seigneur de Meanneville, nostre cheva-
« lier et chambellene, pooeté et licence
« que, il pour soi, ses hoirs et ses succes-
« seurs, et ceus qui auront cause de eux,
« des communes et universités des devant
« dites villes, et de quelconques hommes
« ou personnes qui ès devant diz bois,
« par quelconque raison ou cause, droit,
« usage ou coustume ou redevance, quele
« que elle soit, pour soi, pour ses hoirs,
« puissent, par quelque manière, récla-
« mer touz les bois, usages et devoirs des
« dites coustumes, etc.... Donné à Ver-
« non, ou moys de mars, l'an de grace
« M. CCC. VII. » (*Bibl. imp.* Ms. lat. 9765,
fol. 57 v°.)

« Philippe, etc., faisons savoir... que
« en nostre presence establi nostre amé et
« feal chevalier et chambellene Enguer-
« ran de Marreigny, seigneur de Meanne-
« ville, affrema et confessa en droit que
« il dis livrées à tornois de annuel et per-
« pétuel rente, en quoi religieus hommes
« l'abbé et le couvent de la Crois-Saint-
« Lieffroy estoient tenus à Guy de Peray,
« chevalier, pour la raison d'une ferme
« que il acquist par titre d'achat dudit
« chevalier, la quele rente ainsi acquise,
« par cause de permutation faite entre le
« dit Enguerran et les devant diz reli-
« gieus, de tele rente pour la disme que les
« religieus avoient et possoient en la par-
« roisse et ou terroir de Meanneville, par
« la raison de leur prieuré de Besu, la
« quele disme est appelée la disme de la
« Crois, etc.... Donné à Poissi, l'an de
« grace M. CCC. VI, ou moys de juing. »

A la suite de cette autorisation accordée

par le roi à Enguerrand de Marigni s'en trouve une seconde par laquelle Guillaume, abbé de la Croix-Saint-Leufroi, fait savoir qu'il a fait l'échange ci-dessus mentionné. Puis une troisième qui est une confirmation de l'archevêque de Rouen. (*Ibid.*, fol. 59 r°.)

« Philippe, par la grace de Dieu, roys
« de France, faisons savoir à touz, tant
« presens comme à venir, que nous, de
« especial grace, otroions, par la teneur
« de ces presentes lettres, à nostre amé
« et feal chevalier et chambellenc Enguer-
« ran de Marreigni, pleine poosté de clorre
« ses terres et ses fois de Meenneville, à
« closture de murs, tant comme il verra
« qu'il li soit necessaire, non contrestant
« que la circuité ou closture devant dite
« occupent et compraignent une commune
« ou royal chemin ou sentier public. Et
« voulons toutes voies que li diz Enguer-
« ran, ou cas ou quel la dite closture occu-
« peroit la voie, chemin ou sentier public,
« soit tenus faire en sa propre terre au-
« tres voies, chemins ou sentiers publics,
« du conseilh de nostre baillif de Gizors,
« qui pour le temps i sera, etc.... Donné
« à Loches, l'an de grace M. CCC. VII, ou
« mois de jung. » (*Ibid.*, fol. 62 r°.)

« Philippe, par la grace de Dieu, roys
« de France, etc... donnons audit Enguer-
« ran [de Marreigni], pour lui et ses hoirs
« et ceus qui auront cause de eus, en
« acroissement de son fié de membre de
« haubert, le quel il a et tient à Meenne-
« ville, les villes de Tiergeville, Boucher-
« ville, avec le manoir de Sainte-Ge-
« niève, de Flouri, de Lilli et de Marrei-
« gni, et le fié Doge avec ses apparte-
« nances, et touz droiz, fiez, rentes,
« haute justice et basse, et l'exerci-
« cion d'icele, et les esploiz et emolu-
« menz que nous avions en icelles et nous
« pooient appartenir, etc..... Donné à
« Paris, l'an de grace M. CCC. VIII, ou mois
« de marz. » (*Ibid.*, fol. 73 r°.)

« Philippe, par la grace de Dieu, roys
« de France, etc... Comme li diz cheva-
« liers [Enguerran de Marreigni] ait à
« present et poursuyve hereditablement
« ès baillies de Caus et de Gizors, et de
« deuz icels, plusieurs villes et manoirs,
« fiez, rierefiez, lieus, estises ou ressean-
« dises ou autres proprietez, tant de la
« succession de ses parens comme d'autres
« justes causes ou titres, ès quiex il n'a
« pas haute justice, c'est assavoir à Men-
« neville, à Escoyes, au Plaissie, à Lon-
« gueville, Lamberville, Marreigny, Sainte-
« Foy, à Quesnoy, Bernemesnil, Longueilh,
« Blainville, Ouville, Dampierre, Rosay
« en Lyons, Merreval, Merneval, Canteleu,
« Donnestanville, Ouffranville, Lone-
« champ, Wardes, Saint-Denys-de-Fer-
« men, Amécourt, Mesnil-sous-Vienne,
« Villeret, Touffroiville, Gamaches, Bonne-
« mare, Mesnil-Gilebert, Bernouville, le
« fié de Fissencourt, Rosay, Campaine,
« Lisors, Yreville, Manesqueville, Dangu,
« Erquenci, Varqueville, Mesnil-souz-
« Warclive, Tiergeville, Boucherviller, le
« manoir Sainte-Geneviève, Lilis, Morin-
« gnac (Morgni) et Flouri...; nous, vou-
« lons au dit chevalier en cest partie faire
« grace especial, à lui, à ses hoirs et à ses
« successeurs, octroions et donnons per-
« petuelement de nostre royal largesse la
« dite haute justice et l'exercicion d'icele,
« et touz les esploiz et emolumenz venans
« par raison de la haute justice..., retenu
« tant seulement à nous la souveraineté
« et le ressort.... Donné à Paris, l'an de
« grace M. CCC. VIII, ou moys de marz. »
(*Id.*, fol. 74 r°.)

Au commencement du XIV° siècle, il y avait à Mainneville un château fort d'une certaine importance. En 1355, le roi Jean partit de Mainneville pour aller surprendre et saisir Charles le Mauvais. Ce château fort fut livré au roi d'Angleterre en 1419, après la prise de Gisors, et transformé en un bel édifice à tourelles au commencement du XVI° siècle. Le château du XVI° siècle est en partie ruiné.

Au XV° siècle, le domaine de Mainneville passa aux mains des Roncherolles, qui le transmirent aux Pauvet.

L'un des seigneurs, au XV° siècle, Pierre de Roncherolles, donna aux pauvres des communes de Mainneville, Longchamp et Mesnil-sous-Vienne les rentes qui formaient la dotation de leurs bureaux de bienfaisance.

Le marquis Pauvet a vendu cet important domaine il y a environ trente ans.

Le seigneur présentait à la cure de Mainneville. On lit dans le pouillé d'Eudes Rigaud : « Ecclesia de Mediavilla : XIII. li- « bras; parrochiani CIII. Archiepiscopus « contulit Henrico qui nunc est. » Eudes Rigaud admit un titulaire sur la présentation « ... domini Theobaldi de Bello- « monte, qui tunc habebat ballum filie « domini Petri de Thalemoustier, et ma- « gistri Johannis de Gamaches, avunculi « dicte domicelle... »

Suivant les derniers pouillés de Rouen, le seigneur présentait à la cure.

Il y avait à quelque distance de Mainneville une chapelle de Sainte-Geneviève, et dans le château une chapelle sous l'invocation de saint Louis, également à la présentation du seigneur.

Il existe sur le territoire des sept communes de Mainneville, Hébécourt, Tierceville, Saint-Denis-le-Ferment, Sancourt, Heudicourt et Amécourt, près Gisors, un terrain jadis connu sous le nom des Sept-Villes ou Coutumes, et aujourd'hui sous le nom des *Sept-Villes-de-Bleu*.

Les habitants de ces sept communes étaient jadis en possession et jouissance de ce terrain.

Suivant une sentence rendue par le bailli de Gisors en 1280, cette possession excédait à cette époque la mémoire d'homme.

Deux chartes de Philippe le Bel, données au mois de mars 1305, attestent l'ancienneté de cette possession, qui, puisqu'elle était immémoriale en 1280, remontait au delà de la réunion de la Normandie à la France en 1204.

Les habitants devaient, pour cette même possession, une rente de 32 livres 10 sous en monnaie parisis.

« Philippus, Dei gratia Francorum rex, « notum facimus universis, tam presentibus « quam futuris, quod nos, grati ob-« tentu servitii quod dilectus et fidelis « noster Ingerrannus de Marceignyaco, « dominus de Media Villa, miles et cam-« bellanus noster, nobis diutius impendit « multipliciter et adhuc exhibet incessanter, eidem Ingerranno, pro se et succes-« soribus suis ac heredibus quibuscumque, « triginta duas libras et decem solidos « Parisiensium annui redditus, quas homines et universitates villarum de Media-« villa, de Heberticuria, de Tiergeville, de « Sancto Dyonisio de Fermen, de Haudicuria, de Sancuria et de Amecuria, pro « usagio seu coustuma quod seu quam « ipsi homines et universitates in omnibus boscis seu nemoribus in confinio « et pertinentiis dictarum villarum consistentibus, tam in pasturagiis quam pro « ardere suo et edificando ac pro aliis « quibuscumque ad usagium quomodolibet pertinentibus, habere ab antiquo « noscuntur, nobis solvere tenentur certis « terminis annuatim, presentium tenore « concedimus; et donamus custodiam seu « gardam et omnem jurisdictionem quas « in dictos homines et dictarum villarum « universitates, et in quoscumque alios, « ratione dictorum usagii vel coustume « aut nemorum predictorum quomodolibet habeamus; dangeria que emolumenta omnia exinde provenientia in dictum militem ejusque heredes et successores quoscumque, ex nunc ex certa « scientia transferentes, salva nobis tantummodo garenna, quam habebamus in « promissis omnibus, quam nobis in eis « et nostris successoribus retinemus, sal-« voque in aliis jure nostro et quolibet « alieno. Quod ut firmum et stabile perseveret, presentibus nostrum fecimus « apponi sigillum. Actum apud Vernonem, mense martii, anno Domini millesimo trecentesimo quinto. » (*Cart. d'Enguerrand de Marigni*, fol. 53 v°.)

« Philippus... Notum facimus universis, « tam presentibus quam futuris, quod... « dilecto et fideli Ingerranno de Marigniaco, domino de Mediavilla, militi et « cambellano nostro, potestatem et licentiam ex nunc concedimus per presentes, « quod ipse pro se, heredibus et successoribus suis ac causam habituris ab « ipsis, a comitatibus seu universitatibus « predictarum villarum, et a quibuscumque hominibus seu personis..... omnia coustumarum predictarum nemora, « usagiaque et deveria, que in ipsis nemoribus et pertinentiis suis habent, nec « non quomodolibet possunt habere, nec « non a quibuslibet, tam nobilibus quam « innobilibus, ecclesiasticis seu secularibus personis, omne jus, dominium, usagium seu redditentiam que in boscis « seu nemoribus predictis habent vel « habere possunt.....

« Concedimus etiam per presentes, omnibus et singulis, nobilibus et innobilibus, ac aliis villarum universitatum « predictarum tam ecclesiasticis quam secularibus personis, quod ipsi, conjunctim vel divisim, omne jus, proprietatem, actionem, dominium, coustumas, « usagia, pasturagia et redditentias quascumque, que et quas habent vel habere « possunt in predictis nemoribus quoquomodo in dictum militem et cambellanum nostrum, pro se et heredibus et « successoribus suis et causam habituris « ab eis, licite possint transferre; concedentes insuper quod dictus Ingerranus « heredesque et successores sui res omnes « et singulas supradictas per ipsum acquirendas, ut premittitur..., perpetuo « ac hereditarie possidere..., salva garenna tantummodo, etc... »

On rapporte que le terrain des Sept Villes de Bleu était autrefois couvert d'une forêt qu'un ouragan déracina en 1519.

Avant cet événement, les habitants prenaient dans cette forêt du bois pour leurs bâtisses, pour leur chauffage et pour tous leurs autres besoins, et ils y menaient paître en commun leurs bestiaux.

Depuis 1519, le terrain des Sept Villes de Bleu a toujours été un objet de contestation et de spéculation.

Louis de Roncherolles, alors seigneur de Mainneville, s'imagina que, représentant Enguerrand de Marigni et ayant la juridiction des Sept Villes de Bleu, il était aussi propriétaire de la forêt même, et prétendit que les arbres abattus par l'impétuosité des vents lui appartenaient.

De leur côté, les habitants, jusqu'alors seuls propriétaires et possesseurs connus de cette forêt, soutinrent que ces arbres devaient leur appartenir.

Sur ces diverses prétentions, il s'éleva un procès dont l'issue trompa l'attente des parties.

Dans l'origine, la forêt des habitants s'appelait simplement *la forêt des Sept Villes* ; mais les habitants avaient mal à propos dans leur mémoire ajouté à son nom l'épithète de *Bleu*.

Pendant l'instance entre eux et Louis de Roncherolles relativement à la propriété des arbres déracinés par les vents, le procureur général au parlement de Rouen fut séduit par la dénomination de forêt de Bleu : il confondit la forêt des Sept Villes avec une autre forêt située à un kilomètre et appelée véritablement *la Forêt ou Buisson de Bleu*, et dite *la Forêt de Gisors* : il se rendit partie et soutint que les arbres abattus par l'ouragan dans la forêt des Sept Villes appartenaient au roi, et demanda que cette forêt fût déclarée du domaine royal.

Sur ces conclusions fut rendu, le 14 février 1522, un arrêt contradictoire dont voici le dispositif :

« Il est dit que la cour a mis et met
« lesdits gaiges, plaiges et doléances au
« néant, sans amendes et dépens, et pour
« cause, et faisant droit auxdites parties
« sur leurs différens, a déclaré et déclare
« le fonds et propriété d'icelle forêt con-
« tentieuse compéter et appartenir au roi,
« nonobstant le contredit et chose pro-
« posée par lesdits de Roncherolles et ha-
« bitans, duquel contredit la cour les a
« déboutés et déboute, et néanmoins a,
« ladite cour, adjugé et adjuge audit de
« Roncherolles les trente-deux livres dix
« sous parisis de rente, due par les coutu-
« miers de ladite forêt, la garde d'icelle,
« ensemble la juridiction et connaissance
« de toutes les causes et matières dépen-
« dantes de ladite forêt, circonstances et
« dépendances, avec tous les fruits, pro-
« fits et émoluments, tant de panages,
« pâturages, qu'amendes et forfaitures
« procédant de ladite forêt, fors et réservé
« les amendes provenantes de ladite ga-
« renne, que ladite cour a déclaré et dé-
« claré compéter et appartenir au roi ; et
« avant que d'ordonner du ressort des
« appellations ou doléances qui pourroient
« être interjettées dudit verdier, la cour
« verra le procès que l'on dit être pendant
« en icelle entre ledit de Roncherolles et
« lesdits habitants, icelui vu sera droit
« aux parties sur ledit ressort, ou leur
« donnera forme et ordre de procéder tel
« qu'il appartiendra ; et, quant aux arbres
« ruinés et abattus par ladite véhémence
« et impétuosité des vents, la cour, vu les
« possessions dudit de Roncherolles et de
« ceux qu'il représente, considéré ledit
« don, le grand nombre desdits arbres
« ruinés ou abattus, et le grand dom-
« mage, intérêt ou diminution de ladite
« forêt, et de fruits et revenus d'icelle,
« pour l'avenir et pour autres justes et
« raisonnables causes et considérations à
« cela mouvant, a ordonné et ordonne que
« la tierce partie d'iceux arbres tombés et
« abattus qui, par provision, a été adjugée
« auxdits habitants, sera et leur demeu-
« rera adjugée par définitive, pour en
« jouir et user comme coutumiers, et à
« la charge de payer audit de Ronche-
« rolles, sieur de Mainneville, lesdits
« trente-deux livres dix sous parisis de
« rente, et des deux autres tiers, lesdits
« trois tiers faisant la totalité desdits ar-
« bres abattus, la cour en a adjugé et ad-
« juge l'un au roi, et l'autre audit de
« Roncherolles. »

Après cet arrêt, les filles de l'hôpital de la Providence de Paris obtinrent de Louis XIV, en 1649, le don du terrain des Sept Villes.

Mais, sur les représentations des habitants, ce don fut révoqué en partie par un arrêt de 1654, et en totalité par un autre arrêt du conseil du 2 septembre 1679, qui néanmoins, puisé dans celui de 1522, ordonna que les terres ci-devant appelées *les Sept Villes de Bleu* demeureraient réunies au domaine du roi, *sans préjudice du droit d'usage des habitants*.

Le comte de Belle-Isle prétendait alors que la propriété de ces terres lui appartenait comme dépendantes du duché de Gisors, dont il était propriétaire ; mais quand il vit l'issue des procédures entamées, il crut devoir abandonner ses prétentions.

Quelque temps après, en 1774, le sieur Moreau, associé avec les nommés Cappon de Château-Thierry, Duliquet de Beaumont et autres, s'étant procuré la connaissance des arrêts de 1522 et de 1679, demanda au roi la concession du terrain des Sept Villes.

Sur cette requête intervint un arrêt du conseil, rendu le 3 juillet 1774, qui ordonna des procès-verbaux des plans et des états : « pour lesdits procès-verbaux, plans
« et états être envoyés au conseil, être

« ensuite statué ce qu'il appartiendrait et
« faire concession au profit desdits Moreau
« et consorts, des portions dudit terrain
« qui se trouveraient appartenir à Sa Ma-
« jesté. »

Intervinrent dans l'instance : M. le duc de Penthièvre, qui se prétendait aussi propriétaire du terrain des Sept Villes, comme compris, soit dans l'échange de la principauté de Dombes, fait en 1762 entre le roi et le comte d'Eu, dont il était héritier, soit dans celui, fait en 1718 entre le roi et le maréchal de Belle-Isle, de la même principauté contre le duché de Gisors ; M. Dauvet, représentant Enguerrand de Marigni, qui embrassait le système soutenu au XVIᵉ siècle par son prédécesseur Louis de Roncherolles; la comtesse de Belsunce, M. Lefèvre-d'Amecourt, M. de Gaillardbois et le sieur de Bois-Franc, qui réclamaient aussi diverses portions du terrain des Sept Villes, et demandaient à être maintenus dans la paisible possession de tous les biens dont ils jouissaient à titre de propriétaire dans les sept communes.

Nous passerons sous silence les incidents de la procédure.

Il suffit de rapporter le dispositif de l'arrêt qui l'a terminée, arrêt rendu contradictoirement le 2 août 1790, en présence d'un inspecteur général des domaines.

Il est ainsi conçu :

« Le roi en son conseil, faisant droit
« sur l'instance, sans s'arrêter ni avoir
« égard aux demandes, fins et conclusions
« du sieur Dauvet, l'a débouté et déboute
« de sa demande en cassation de l'arrêt
« du parlement de Rouen du 15 février
« 1522; déboute pareillement ledit sieur
« Dauvet de sa tierce opposition à l'arrêt
« du conseil du 2 septembre 1679; n'ayant
« aucunement égard aux requêtes et dires
« de l'inspecteur général du domaine,
« déclare le terrain sur lequel était située
« l'ancienne forêt des Sept Villes de Bleu
« être et faire partie du domaine de la cou-
« ronne, sauf les droits d'usage qui peu-
« vent appartenir sur ledit terrain aux
« propriétaires et habitants des sept pa-
« roisses appelés les Sept Villes, dans les-
« quels droits d'usage Sa Majesté a main-
« tenu et maintient lesdits propriétaires
« et habitants ainsi qu'ils ont accoutumé d'en
« jouir ou dû jouir, à la charge par eux
« de continuer et payer la rente de trente-
« deux livres dix sols parisis audit sieur
« Dauvet, que Sa Majesté maintient dans
« le droit de la percevoir. En ce qui tou-
« che les demandes de Louis-Jean-Marie
« de Bourbon-Penthièvre, Sa Majesté l'a
« mis et met hors de cour, sauf à lui à se
« pourvoir ainsi qu'il appartiendra. En
« ce qui touche les demandes en canton-
« nement, Sa Majesté déclare n'y avoir
« lieu quant à présent à statuer sur ledit
« cantonnement.

« En ce qui touche les demandes des
« sieurs Moreau, Cappon de Château-
« Thierry et consorts, déclare n'y avoir
« lieu à statuer sur leur demande, afin de
« concession du terrain des Sept Villes,
« en tout ou partie, sauf à eux à se pour-
« voir pour la fixation de l'indemnité par
« eux prétendue ainsi qu'ils aviseront. En
« ce qui touche les demandes particulières
« de la dame de Belsunce, Sa Majesté la
« renvoie à se pourvoir par-devant les
« juges qui en doivent connaître, relative-
« ment aux terrains qu'elle prétend lui
« appartenir, tous ses droits réservés à
« cet égard, et ceux des autres parties sur
« le surplus des autres demandes, fins et
« conclusions de l'inspecteur du domaine,
« de Louis-Jean-Marie de Bourbon-Penthiè-
« vre, du sieur Dauvet, du sieur Perrier de
« Bois-Franc, du sieur d'Amecourt, de
« Gaillarbois, de la dame de Belsunce,
« des sieurs Moreau, Cappon de Château-
« Thierry, et consorts, et communautés
« de Sancourt, Hébécourt, Heudicourt,
« Saint-Denis-le-Ferment, Amécourt,
« Mainneville et Thierreville, et autres, Sa
« Majesté les met hors de cour, dépens
« compensés entre toutes les parties, sauf
« le coût de l'arrêt qui sera supporté par
« le sieur Dauvet. »

Dépendances : — le Bout-de-Bas ; les Bultins ; — les Caillotots ; — Feularde ; — les Moules ; — le Rouge-Val ; — la Bonde ; — Sainte-Geneviève.

Cf. *Le Verin*, 26 août 1860. Notice par M. Hersan sur les sept villes de Bleu. Représentations par les Habitants des sept villes de Bleu au gouvernement, Paris, an XII, et divers mémoires publiés pour défendre les intérêts de MM. de Belle-Isle et Dauvet.

MALLEVILLE-SUR-LE-BEC.

Arron¹. de Bernai. — Cant. de Brionne.

Patr. S. Martin. — Prés. l'abbé de Jumièges.

On trouve un lieu qui porte ce même nom : « Malavilla, » dans une charte de Charles le Chauve, vers 843.

La pieuse Héloïse, mère du vénérable Hellouin, abbé du Bec, était de Malleville, où se trouvait le manoir de ses pères : « ..... Totiusque manerii quod habebat « mater ejus in Malavilla... » (*Chronicon*

Becci illustratum et auctum, à la Bibl. imp.)

« Ex dono regis Guillelmi... in Nor-
« mannia tertiam etiam partem de Malle-
« villa... Apud Mallevillam et Parcum,
« ecclesiam et capellam cum decimis et
« feodo. » (Charles de Guillaume le Conquérant pour Jumiéges.)

« Apud Mallevillam et Parcum, eccle-
« siam et capellam, cum decimis et feodo
« quod tenet Hugo le Bigot...; hoc modo
« quod debent presentare abbati Gemme-
« ticensi et abbas domino. » (Charte de
Henri II pour Jumiéges, 1174.)

« Henricus II rex dat Ricardo de Ma'a
« Palude, clerico suo et clerico magistri
« Walteri de Constanciis, clerici et fidelis
« sui, thesaurarii Rotomagensis ecclesie
« et archidiaconi Oxonii, ecclesiam de
« Marevilla [*sic*], dum abbatia Geme-
« ticensis erat in manu regis. (Apud
« Cenom.) »

« Rotrodus, Dei gratia Rothomagensis
« archiepiscopus, presentibus et futuris
« salutem. Notum esse volumus universis
« quod, vacante Gemmeticensi ecclesia, ad
« presentationem monachorum ejusdem
« ecclesie, prece et petitione domini regis,
« donavimus dilecto filio nostro Richardo
« de Mala Palude ecclesiam de Malavilla,
« cum omnibus pertinentiis suis integre
« in perpetuum possidendam, salvo jure
« pontificali et parrochiali. »

Dans le grand cartulaire de Jumiéges
on trouve deux autres chartes à ce sujet,
l'une d'Henri II où Malleville est nommé
« Marvilla », l'autre de Robert, abbé de
Jumiéges.

Dans la chronique du Bec, on lit :
« Quidam vir Goscelinus nomine, de villa
« quæ dicitur Malavilla sita in pago Ro-
« thomagensi, etc... Ad Beccensem eccle-
« siam, quæ erat in vicinio, non plus uno
« miliario... »

Vers 1205. « Abbas Gemeticensis servitii
« debet III. militum, et præter hos ad
« suum servitium unum militem in Esma-
« levilla, quem comes Hugo le Bigot ei
« disforciavit. »

1210. Geoffroi de Malleville est cité dans
une charte. Voir l'article Assièrs.

1211. Raoul de Malleville était grainetier
de l'abbaye du Bec.

Thomas de Thierville, curé de Malleville, s'est fait connaître au XIIIᵉ siècle
par la violence de son caractère, qui lui
attira les justes réprimandes d'Eudes Rigaud.

Ce prélat le note ainsi dans le registre
de ses visites :

« Item, presbiter de Esmalevilla conten-
« tiosus erat et inhonestus. »

Et plus loin :

« Dominus itaque Thomas, rector eccle-
« sie de Malevilla, diffamatus super eo
« quod minus sufficienter officiabat eccle-
« siam suam predictam, et frequenter
« excommunicatus erat et suspensus et
« homo infrenitus et animi indignantis,
« coram dictis archidiaconis, prout ex
« fideli relatione Johannis de Morgneval,
« clerici nostri, cognovimus, promisit,
« prestito juramento, quod alto et basso
« faceret quicquid de se et ecclesia sua
« nos ordinaremus, absque tamen resi-
« gnatione ipsius ecclesie. » (*Registr. visit.*,
p. 520.)

Ce même curé de Malleville eut un
différend avec les religieux du Bec, à
cause de certaines dîmes perçues par
ceux-ci dans sa paroisse. L'affaire fut
déférée au pape qui nomma le prieur de
Saint-Taurin d'Evreux juge unique de la
cause. Celui-ci approuva l'arrangement
intervenu plus tard entre Robert, abbé
du Bec, et le curé de Malleville. Le curé
troublait les religieux dans la perception
des dîmes du champ de Robert Lion,
qu'on nomme la Fosse-Crogne, sur la
dîme d'une vacherie où habitaient les
vassaux de l'abbé, la dîme de Richard
Hamelle, la dîme de Jean le Portier, le
jardin de Hugues le Mercier, sur la dîme
du champ nommé le Clos-Pyat, près de la
Léproserie, sur le champ de la Longue-
raie, sur le four et clos d'Agnès la Sorel
et le clos G. Gastinel, sur le clos Gautier
Pegin, le clos Godefroi, les dîmes de
Martin Véron et de la Mare, les dîmes du
clos de Richard Aumaire, le clos Robert
Picard, Gilbert Picard, Raoul Viteeoe, le
clos Hilaire de la Mare, la dîme de Gautier et Jouvin Ravilet, le clos Voisin, le
champ du Vert-Genêt et la terre de Robert
du Perrei.

Robert de la Mare, doyen de Pont-
Audemer, et Mᵉ Godefroi de la Rochelle,
pris comme arbitres, décidèrent que l'abbé
du Bec aurait les deux tiers des dîmes con-
testées, excepté sur les fruits des arbres
que le curé reconnaissait appartenir en
entier à l'abbé. La sente au-dessus des
granges est donnée pour limite, et il est
question de la tournerie au-dessus des
granges : « tornerria super granchias. »

Au bas de l'acte se trouve le sceau de
Pierre de Brionne, de l'ordre des Frères
Prêcheurs.

L'irascible Thomas ne respecta guère
ces conventions, car dans la suite (1266)
le prieur de Saint-Taurin, délégué apostolique, lança un monitoire contre lui
adressé au curé du Bec et menaça de
l'excommunier.

1230. Raoul Gastinel vend à Henri, abbé du Bec, la pièce de terre « quæ est in valle de Borval, ad Fabricam » qu'on appelle Champ de la Mare, sise entre la terre de Raoul le Marcis et la terre de Robin Dinoud.

1247. Thomas Harenc donne à l'abbaye du Bec une rente de trois setiers de froment, que lui devait Jean « de Campania », en présence de Richard, abbé du Bec.

1247. Raoul, Richard et Thomas, fils de Jean « de Campania », délaissent à Elicie, leur mère, veuve de leur père, une pièce de terre à Saint-Martin-de-Malleville, sise entre les masures de Gautier et Guillaume Sorel et Robert dit de Androt, d'une part, et Guillaume le Petit et Guillaume Carité, d'autre part.

1290. Jeanne de la Haie, veuve, donne aux moines du Bec une vergée de terre à Malleville « juxta Quercum », entre la terre que les religieux ont eue d'Aubri Gaulose et celle qui fut de Jean Legoust, pour 50 sous tournois.

1238. Champs des Friches Tostein et du Quesnot.

1264. Champ du Poirier.

1456. Fief de Castagnier.

1497. Jardin nommé le Jardin Gautier-Villet.

1499. Les Haies-Dom-Geoffroi.

1624. La Couture-Gambart.

Dans la liste des patronages de l'abbaye de Jumièges, on trouve l'église de Saint-Martin de Maleville près le Bec-Hellouin : « ecclesia de Malavilla, ex dono Guillelmi « Conquestoris. »

La léproserie ou chapelle Sainte-Marguerite de Bretteville existait sur les confins de Malleville et de Bonneville-sur-le-Bec dès le XIIIᵉ siècle. Elle fut réunie à l'hôpital d'Evreux.

1237. Robert Servin confirma la donation faite par Richard du Tremblai, son vassal, à Sainte-Marguerite-de-Bretteville et aux lépreux dudit lieu d'un quartier de froment de rente.

M. l'abbé Carême a bien voulu revoir cet article.

Dépendances : — la Cabotière ; — la Campagne ; — la Forge ; — les Jardinets ; — la Mare-au-Sang ; — la Mare-Breval ; — la Mare-Neuve ; — la Mare-Nouville ; — la Mare-Ribière ; — les Poulets.

MALOUY.

Arrond. de Bernai. — Cant. de Bernai.

Patr. S. Pierre. — Prés. l'abbesse de Préaux, plus tard le seigneur.

On trouve dans Orderic Vital un Guillaume de Maloi, parmi les vassaux de Guillaume Pantoul, en 1074.

Dans les *Grands rôles de l'échiquier de Normandie* nous trouvons : « Gislebertus « de Maloe. Terra recuperata per jueram « in Maloe. » (1180.) Il faut remarquer qu'il y avait un autre « Maloe » dans l'Avranchin.

« Persona de Maloe reddit compotum « de septem solidis pro simili [do re-« demtione Regis]. » (Stapleton, M. R., p. 219.)

« Gislebertus de Maloe reddit compotum « de una marca, septem solidis, uno dena-« rio sterlineo pro eodem [plegio episcopi « Lexoviensis]. (Ibid., p. 321.)

« De Gisleberto de Maloe viginti solidos « [pro plegio Roberti Pantol]. » (Ibid., p. 329.)

« Rululfus de Faveroles dedit Sancto « Leodegario quinque acras terre de fisco « Guillelmi de Ferrieres apud Maloei, unde « donum posuit super altare, concesso sibi « suisque antecessoribus beneficio... » (*Neustria pia*, p. 524.)

« Guillelmus iterum de Scalfou Sancte « Marie Sancteque Leodegario, pro sua « quadam filia ab abbatissa Emma in « monasterio recepta, medietatem cu-« jusdam ville quam vulgari nomine Ma-« logium nominamus, concessit... » (Ibid., p. 522.)

« In assisia domini Regis apud Ber-« nayum, habita anno 1231, die lune in « crastino sancti Thome apostoli, quando « Oderius miles de Maloe ecclesiam relax-« vit, presentes interfuerunt Guillelmus « de Ponte Arce Lexoviensis episcopus, Ri-« chardus Ebroicensis episcopus, etc... »

Dans le grand cartulaire de Jumièges, page 194, on voit figurer à Jumièges même ou aux environs : « Agnes et Florida de Maloix. »

Dans le cartulaire de Saint-Wandrille : « Thomas de Malo Audito. » (1249.)

« Johannes dictus de Malo Oyen. » (1260.)

Les Bénédictines de Saint-Léger de Préaux avaient la seigneurie.

MANCELLES.

Arrond. de Bernai. — Cant. de Beaumesnil.

Patr. S. Cosme. — *Prés. le seigneur du Moulin-Chapelle.*

Voyez à l'article Ajou une charte qui concerne Vauquelin de Mancelles.

Dans un recueil concernant Lire : « Carta Michælis Mauclerc, de uno sexta- « rio frumenti quod vendidit pro centum « solidis percipiendis ad festum sancti « Remigii super decima sua in parrochia « de Manceles, in feodo Brucechapon. »

Dans une charte du grand cartulaire de Saint-Taurin (*Gr. Cart.*, f° xxxiv v°) figurent Richard le Bel et Jehane, sa femme, « de Manceles. »

Le seigneur du Moulin-Chapelle présentait à la cure.

Cette paroisse a été réunie en 1792 à Ajou.

MANDEVILLE.

Arrond. de Louviers. — Cant. d'Amfreville.

Patr. Notre-Dame. — *Prés. les religieux de Sainte-Barbe-en-Auge.*

Magneville, Mandeville, Manneville.

Le type primitif est *Magnevilla* (Magneville), qui aura probablement subi ici la même altération qu'en Angleterre.

Mandeville et Manneville n'en sont que de légères déformations, dont il est on ne peut plus facile de se rendre compte. Nous devons pourtant faire l'observation que pour quelques communes (Manneville-sur-Risle par exemple) la forme la plus ancienne n'est pas Magneville, mais *Machirilla* au xi° siècle.

Ce peut être encore *Magnirilla*. On connaît plusieurs personnages de ce nom dans le moyen âge, et entre autres Magnus, archevêque de Sens, contemporain de Louis le Débonnaire.

L'altération de Magneville en Mandeville est tellement naturelle dans le langage populaire que Saint-Pierre-de-Manneville, près Rouen, n'est jamais désigné dans le pays que sous le nom de Saint-Pierre-de-Mandeville.

Il en est de même de Manneville-ès-Plains, près Saint-Valery-en-Caux.

C'est ainsi que nous avons entendu souvent dans nos villages dire : *aumonde* pour aumône, *tonnelier* pour tonnelier,

Varande pour Varenne; par contre, on dit *Lande* pour Lande. De même, dans le Midi, *Portus-Veneris* est devenu Port-Vendres.

Il existe un autre Mandeville, près Bayeux; sept Manneville, dont deux dans l'Eure; un Magneville; un Mondeville et un Mondouville. Le nom d'*Amandivilla*, qui revient parfois dans des chartes des xi° et xii° siècles, ne paraît pas applicable à notre Mandeville.

Dans l'inventaire des titres du Bec, ce lieu est appelé Manneville-la-Champaigne et aussi Magneville.

Raoul de Mandeville est l'objet, vers 1160, d'une charte de Robert de Neubourg, qui fait partie du fonds de la commanderie de Saint-Étienne-de-Renneville.

En 1253, Jean de la Harengère, chevalier, donna à l'abbaye du Bec tout le fourrage et la paille qu'il prenait sur les dîmes de Manneville.

« Magneville juxta La Harangiere... » Charte de 1253.) Dans l'inventaire de Sainte-Barbe, ce lieu est nommé Manneville.

« Hugo de Magnevilla reddit compotum « de viginti libris procedens. » [Plegium Ricardi filii Landrici.] (Stapleton, *M. R.*, p. 203.)

« ... De Ricardo de Magnevilla quindecim libras... » (*M. R.*, p. 183.)

Dans l'assiette de deux cents livres de revenu baillées par le baron du Bec-Thomas au chapitre de Rouen en 1359, le domaine de Magneville était compris pour bien près du quart. Il devait, en deniers, 18 l. 3 s. 9 d. ; quatre-vingts chapons et demi et le tiers; six oies et demie et trois gélines, valant en deniers comptant : 15 deniers pour chapon, 18 deniers pour oie, 10 deniers pour géline, ensemble 8 l. 6 s. 8 d. obole, et pour deux agneaux 5 sols, et une once de poivre, 9 deniers ; dix-sept septiers, cinq boisseaux et demi de froument (le septier se composant de 12 boisseaux, 24 s. le septier), vallant 20 l. 19 s. t. ; trois septiers le septier, vallant deux boisseaux et demi d'avoine, à 12 s. 6 d. t. ; enfin deux cent quarante-cinq œufs, à quatre pour un denier, vallant 5 s. 1 d. poitevin. En tout 48 l. 13 s. 1 d. obole poitevine.

Suit la mention de plusieurs actes d'échanges et donations relatives à la paroisse de Mandeville.

1483. Échange de Pierre Le Bouchier, prieur de Saint-Germain-le-Gaillard et curé de Mandeville.

1553. Donation du triège de la Pierre.

1577. Donation d'Antoine Lucas. La motte du moulin.

1639. Donation de Marin Védie, père de Robert Védie, curé de Mandeville.

1677. Triage de Louviers.

En 1589, Jehan de Mandeville possédait le fief des Planches, qui s'étendait dans la paroisse de ce nom, dans celles de Surville et de Criquebeuf-la-Campagne et relevait de la baronnie d'Acquigny.

Un aveu de 1636 est rendu par Barbe Malassis à nobles et discrètes personnes messieurs les doyen, chanoines et chapitre de Notre-Dame de Rouen, seigneurs des terre et seigneurie de Mandeville et environs.

Le duc d'Elbeuf était seigneur de Mandeville en 1726, si l'on en doit croire le Dictionnaire universel de la France.

Les comptes des revenus de la vicomté d'Elbeuf (1501, Arch. de la Seine-Inf.) ne mentionnaient pour Mandeville que quelques faibles redevances.

On a beaucoup discuté la question de savoir duquel des Mandeville, Manneville ou Magneville était sorti, à la suite de Guillaume le Conquérant, le guerrier de ce nom qui devint comte d'Essex et dont la postérité réunit ce comté aux comtés d'Aumale et de Glocester. Cette question n'a pas de solution acceptée. L'héritier présomptif du titre de duc de Manchester porte celui de vicomte de Mandeville.

Jean de Mandeville, évêque-comte de Châlons en 1311, était originaire d'Auvergne.

Un if dont la circonférence est de 6 mètres 33 centimètres s'élève près de l'église de Mandeville.

Les lieux dits de cette commune sont : — le Bas-Mont ; — le Bois-Coquerel ; — la Boutière-du-Moulin ; — la Caillette ; — le Clos-de-la-Pie ; — le Clos-Hélène ; — la Folie ; — les Ferrières-du-Bois ; — le Fossé-d'Auverg..e ; — les Fourtis ; — le Fresne ; — le Gris-Vorain ; — la Grosse-Borne ; — le Hautier-Cardinet ; — le Haut-Long ; — le Haut-Mont ; — la Maladerie ; — le Moulin-à-Vent ; — le Mouton ; — Noires-Terres ; — les Petites-Entes ; — la Pierre ; — la Vallée-de-Criquebeuf ; — le Verdillon.

MANDRES.

Arrond. d'Evreux. — Cant. de Verneuil.

Patr. S. Pierre. — Prés. le chapitre d'Evreux.

A Mandres, on trouve une partie bien conservée de la voie romaine de Condé à Chennebrun.

Dans la vie de saint Ethelwod, on trouve le mot *Mandra* avec le sens de cellules, retraites monastiques : « Man-« dras sanctimonalium ordinavit. Hinc « *Mandres* vulgo dicitur vicus quidam in « Briegio, non procul a Braia Comitis Ro-« berti, a mandris scilicet, id est casulis, « tumultuario opere ex ligno factis, a « mandra monasterium, ut observat Va-« lesius in Notit. Gall., p. 423.

Ce mot de *mandra* paraît venir du grec μάνδρα ; il est synonyme de *spelunca, caula*. Le mot *mandra* signifiait aussi un troupeau, non-seulement chez les Grecs, mais encore chez les Latins.

« Mandrerie, fabrique d'ouvrages en « osier, de *mandra*... Mandrier, van-« nier qui fait des ouvrages de mandre-« rie. » (*Glossaire de la langue romane*.)

Voici encore un exemple de l'usage du mot *mandra* pour désigner un petit établissement religieux, une retraite : « Tem-« pore illo, mandrario hujus loci rege-« bat abbas Raimbaldus (815)... (Ex mi-« raculis et translatione Sancti Martini « Vertavensis.) »

Gilbert des Essarts confirma la donation faite à l'abbaye du Bec par son père de la moitié de l'église de Mandres et de l'église de Bournainville.

Dans la charte portant création de vicaires perpétuels pour la cathédrale d'Evreux (1301), l'évêque Mathieu assigne une partie de leur traitement sur des propriétés situées dans cette paroisse : « Videlicet « viginti libras super manerio et terris de « Tailliera in parrochia de Mandris... »

Le fief de Mandres, quart de fief de haubert, appartenait aux vicaires et chapelains de la cathédrale d'Evreux, qui y furent maintenus le 15 décembre 1679.

Dépendances : — la Bertannière ; — le Boulai ; — les Bruyères-d'en-Bas ; — les Bruyères-d'en-Haut ; — les Bruyères-du-Milieu ; — l'Eau-Morne ; — Ecorcheville ; — la Lande ; — les Maisons-Neuves ; — les Orgerieux ; — le Souchet ; — la Taillerie ; — le Trun ; — les Courtieux ; — la Ferme-Neuve ; — le Cheval-Noir ; — la Patinière.

MANNEVILLE-LA-RAOULT.

Arrond. de Pont-Audemer. — Cant. de Beuzeville.
Sur la Morel.

Patr. S. Germain. — Prés. le seigneur.

L'origine du mot de Manneville est assurément : *Magnavilla*. On trouve un

« Manavilla » dans une charte de Charles le Chauve en faveur de Saint-Ouen de Rouen. C'est peut-être un de nos Manneville, qui, situés tous deux dans l'arrondissement de Pont-Audemer, peuvent être facilement confondus. Le pouillé de Lisieux porte : « Magnevilla Radulphi. » (Cf. l'art. MANDEVILLE.)

Il n'y a pas encore longtemps, une enceinte militaire occupait une partie du hameau des Catelets; les défrichements opérés depuis la Révolution en ont fait disparaître les traces. Une tradition, religieusement conservée dans le pays, ferait croire que Manneville-la-Raoult a été le théâtre de quelque événement important.

L'église de Manneville, dédiée à saint Germain, a subi plusieurs restaurations. Le portail en est seul resté intact. Soutenu par quatre contre-forts massifs, il n'a pour tout ornement qu'une fausse fenêtre cintrée, sans colonnes. La porte d'entrée est de même style. Cette église présentait une particularité remarquable. A droite, en entrant, une vaste cheminée était adossée contre la muraille du portail à l'intérieur. Elle a été détruite en 1832.

Sur le territoire de Manneville existe le puits Gremont.

Le puits Gremont est situé au milieu d'un chemin, maçonné, très-profond, recouvert par une pierre plate. On trouve des vestiges de constructions antiques dans les champs voisins.

En 1359, Pierre de Malleville rendit aveu.

1430. Jean Calais rend aveu.
1491. Jacques Calais.
1501. Louis Calais.
1516. Jacques Calais.
1565. Louis Calais.

Le fief de Manneville-la-Raoult, ou mieux le Raoul, était un plein fief de haubert, valant communément cent soixante-dix livres.

En 1653, cette terre appartenait à Claude de Malortie, chevalier, seigneur de Roye.

A l'époque de la Révolution, M. de la Marche était seigneur et patron de Manneville.

Il y avait dans cette paroisse le fief de Cressanville, possédé par la famille d'Orioult.

Dépendances : — la Bieurque ; — la Bonne-Mare ; — la Bulterie ; — les Catelets ; — le Clos-Bourri ; — le Clos-Bouvet ; — le Clos-d'Envre ; — la Cour-de-la-Roche ; — la Cour-Maillard ; — Cressanville ; — la Croix-Bonnier ; — Graville ; — le Lieu-Guérard ; — le Lion ; — Malortie ; — les Monts-Gravet ; — le Mor ; — la Petite-Campagne ; — le Puits-Gremont ; — Quillebeuf ; — la Tanquellerie ; — la Vallée ; — le Vivier ; — la Grande-Ferme.

Cf. Canel, *Essai sur l'arrondissement de Pont-Audemer*, t. II, p. 431.

MANNEVILLE-SUR-RISLE.

Arrond. de Pont-Audemer. — Cant. de Pont-Audemer.
Sur la Risle.

Patr. S. Denis. — *Prés. les chanoines de Saint-Antoine-de-Gaillon.*

On a trouvé à Manneville un grand nombre de tombeaux en pierre.

Nous commencerons cet article en mentionnant les donations faites sur le territoire de Manneville au monastère de Saint-Pierre-de-Préaux : « ... Regnante Wil- « lelmo Roberti marcionis filio, Osbernus « de Magnivilla dedit Sancto Petro Pra- « telli terram duorum virorum, unum in « potaria super Rillam, ubi fiunt testea « vasa, alterum in Magnivilla... » (*Cart. de Préaux*, fos 133-135.)

« ... Regnante Willelmo Roberti mar- « cionis filio, Rogerius de Bellomonte, « filius Hunfridi, dedit Sancto Petro Pra- « tellensi quicquid habebat in Manichi- « villa, videlicet in campis et in aquis, eo- « dem principe annuente et signo suo « confirmante... »

« Item, sub eodem principe (Robert Ier, « ou plus probablement son fils Guillaume) « Rogerius de Bellomonte dedit Sancto « Petro quidquid habebat in Manichivilla, « in silvis et in aquis, concedente eodem « principe. »

Osberne de Manneville, après avoir fait des libéralités à Préaux, fit des libéralités à Jumièges :

« Notum sit omnibus christianis, tam « vivis quam futuris, quod ego Willel- « mus, Normannorum dux, concedo et « confirmo donum quod facit Osbernus de « Magnavilla, qui dedit molendinum unum « in fluvio Risle Sancto Petro Gemmeti- « censi ad victum et vestitum pauperum, « et ita liberum ut nec ipse nec filii ejus « Rogerius et Robertus aliquid mercedis « pro hac re accipere voluerint. Concedit « quoque hoc Rogerius Belmontis, de cu- « jus feudo erat feus ille, necnon filius « ejus Robertus, sed et alii multi. Hoc « donum factum est apud Rothomagum, « in presentia Maurilii, archiepiscopi. Ego « Maurilius confirmo, per hoc signum †, « hoc donum, ut si quis illud abstulerit « nisi resipiscat anathema sit. Ego Wil-

« lelmus, dux Normannorum, hoc signo †
« confirmo. Ego Rogerius Belmontis, hoc
« signo † confirmo. Ego Robertus, filius
« ejus, signo † confirmo. Ego Osbernus,
« qui hoc donum feci, hoc signo † con-
« firmo. Ego Rogerius, filius ejus, hoc
« signo † confirmo. Ego Rotbertus hoc
« signo † confirmo. »

On lit dans les *Grands Rôles de l'Échiquier de Normandie* : « Idem reddit com-
« potum de quater viginti libris XVIII. li-
« bris de exitu terræ de Magnevilla de
« duobus annis, que est in manu regis. »
(Stapleton, *M. R.*, p. 98.)

« Gaufridus, decanus de Magnavilla,
« reddit compotum de quatuor libris de-
« cem solidis. » (*Ibid.*, p. 562.)

« Willelmus de Bones Bos LXXV. solidos
« pro plegio Willelmi Ferrant. » (*Ibid.*,
p. 5-5.)

« Ricardus de Magnavilla, unam mar-
« cam pro plegio Ricardi Landrici..... »
(*Ibid.*, p. 566.)

« Willelmus de Bonebos reddit compo-
« tum de IV. marcis III. solidis III. dena-
« riis sterling. pro plegio Ricardi Lan-
« drici... (1203, p. 561.)

Roger Doré de Magneville donne à
Préaux deux setiers d'avoine livrables à
Salerne et hypothéqués sur tout le manoir
qu'il tient du couvent, lequel manoir est
borné d'un côté par le chemin du Bec à
Pont-Audemer.

En 1213, Robert Boissel et Aaline, sa
femme, renoncèrent, moyennant 8 livres
de rente, à tout ce qui pouvait leur appartenir : « ... in molendino de Magne-
« villa super Rillam, juxta molendinum
« Sancti Petri.. » Parmi les témoins, on
remarque : « Radulfus, presbyter Sancti
« Martini le Viel ; Willelmus de Bones-
« bos ; Radulfus Picart et Guilielmus
« Hastens. »

1214. « Willelmus de Chaumont, miles,
« dimittit suum jus in molendino de Ma-
« gnevilla super Rillam... In contraple-
« gium posui X. libras redditus quas habeo
« in prepositura Briognii, et XI. libras in
« molendino domini Galerani de Mara, de
« maritagio uxoris meæ. Testibus : Ablate
« de S. Medardo, milite ; Radulfo de Ca-
« lardum ; Roberto de Petivilla ; Ricardo
« Bordel ; persona ecclesiæ de Cham-
« peigne. »

Cession de biens situés à Manneville,
par Guillaume de Bonesbos, au couvent
de Jumièges :

« Notum sit presentibus et futuris quod
« ego Willelmus de Bonesboz, miles, in
« elemosinam concessi abbati et monachis
« Gemmeticensibus molendinum Sancti
« Petri super Rillam, quod ex dono ante-
« cessorum meorum possident et longo
« tempore possederunt. Concessi præte-
« rea quod eis liceat exclusas facere ad
« idem molendinum et ad molendinum
« de Puncello pertinentes, de terra et de
« petra quas eis licebit in terra mea ca-
« pere ubicumque melius et facilius ca-
« pere voluerint. In exclusis autem illis,
« erunt due ventales, que, quotiescumque
« illis erunt vel ad molendum vel ad
« piscandum necessarie, claudentur ; et
« quando illis non erunt ad [...] neces-
« sarie, tunc aperientur. Et [...] erunt
« ventales quod escamde mee per illas
« poterunt transportari, ita quod si ex-
« clusis vel ventalibus dampnum infe-
« rant, ego tenebor emendare. Preterea
« concessi predictis abbati et monachis
« pactionem inter eos et Aalinam de Bo-
« neboz, sororem meam, factam super
« molendino et molta, piscatoria, ser-
« vitiis et omnibus pertinentiis molendini
« de Puncello. Et ego illius pactionis sum
« contraplegius, tali modo quod predicti
« abbas et monachi tandiu tenebunt mo-
« lendinum de Puncello, donec per ju-
« ramentum legitimorum hominum, quos
« posuit ad jurandum, omnia costa et
« expense occasione ejusdem molendini
« habita illis fuerint restituta. Et ego te-
« neor illis moltam totius feodi mei jus-
« ticiare et facere habere et contra omnes
« garantire, scilicet de feodo meo apud
« Magnevillam, salva dominorum meorum
« submonitione et dignitate mea apud
« Gemmeticum. Eapropter predicti abbas
« et monachi mihi de caritate domus sue
« dederunt c. solidos turonensium. Ut au-
« tem predicta rata et stabilia sint in
« perpetuum, presenti carta et sigilli mei
« munimine confirmavi. Actum apud Ma-
« gnevillam, anno gratie millesimo du-
« centesimo decimo quarto. Testibus : Ri-
« cardo de Bonesboz ; Willelmo, nepote
« derani ; Nicholao Nepote ; Hugone de
« Magnevilla, et aliis multis. »

En 1223, Richard de la Mare, chevalier,
confirma aux moines de Jumièges une
rente de 30 sols donnés par son père, Galeran de la Mare, chevalier, « in molendino suo de Magnevilla super Rillam sito. »
Cette rente se payait à Pâques. Il en ajoute
une autre de vingt sols à la Saint-Remi, et
entend qu'elles se perçoivent « non ob-
« stante illius [molendini] jacencia vel
« lesura ».

En 1232, Henri de Bruecort, chevalier,
Robert et Roger, ses frères, renoncèrent à
leurs prétentions sur la moitié du moulin
« de Puncello, super Rislam sito », qui
avait été donné à Jumièges par Alice, leur
mère, en fief pour une rente de 8 livres,

moyennant l'addition de 20 sols à cette rente.

Même année, « Henricus de Bruecort, « miles, et Robertus de Bruecort, et Ro- « gerus de Bruecort, fratres, componunt « cum Gemetico super medietate molen- « dini de Poncello super Rillam, sito juxta « molendinum Sancti Petri. »

En 1234, Guillaume Formentin « de Magnavilla » donna un pré borné en longueur « ad lineam a capite de Lesseau usque ad vadum meum..... » et situé « ... super leium molendinorum predictorum abbatis et conventus.. »

Dans une charte de 1234, « Alienor, « uxor quondam Willelmi de Bones-Boz, « militis, » renonça à tout droit qu'elle pouvait prétendre « in terris et pratis que « eadem abbatissa et moniales [Sancti « Amandi Rothomagensis] habent ex dono « domini Petri de Pratellis, militis, apud « Bervillam super Secanam : que terre et « prata sita sunt inter terras Ricardi de « Herecort et calceiam et Secanam. »

En 1235, Richard « de Kilebue » et sa femme vendirent à l'abbaye de Jumiéges une pièce de terre «... apud Magnevil- « lam, usque ad aquam Risle, cum pisca- « ria, juxta molendina predictorum mo- « nachorum. »

En 1236, vente par Richard Langlois et Agnès, sa femme, d'une île de la Risle et d'une pièce de terre.

1281. « Philippus, Dei gratia, Franco- « rum rex. Notum facimus universis, tam « presentibus quam futuris, quod nos lit- « teras ballivi nostri Rothomagensis vidi- « mus in hec verba :

« Noverint universi, presentes et futuri, « quod ego Reginaldus dictus Barbou, « ballivus Rothomagensis, Guillelmo dicto « Canterel, burgensi de Ponte Audomari « et Radulfo de Ellebuef, armigero, et « eorum heredibus, ad firmam perpe- « tuam, nomine excellentissimi principis « domini Philippi, Dei gratia Francorum « regis, tradidi et concessi, in feodo « de Borneboz, exclusagium de Magne- « ville cum pertinenciis suis, quod valet « viginti quatuor solidos per annum vel « circa, homagia hominum tenentium de « dicto feodo de Borneboz in dicta par- « rochia et in parrochiis circumadjacen- « tibus, releveia, expleta et simpliciem « justiciam eorumdem, et octo arras et « tres virgatas bosci cum fundo, sine ter- « cio et dangerio, pro decem libris tre- « decim solidis et octo denariis turonen- « sibus domino regis annuatim solvendis, « medietate videlicet ad Pascha et alia « medietate ad Sanctum Michaelem; et « de dicta firma, ut dictum est, solvenda

« dictus Guillelmus duas acras terre sue « sitas in campo de Valle Crucis et dictus « Radulfus duas acras terre sue, sitas in « campo de Fovea Regine, in parrochia « de Magnevilla predicta, in contraple- « gium obligarunt, domino regi una cum « predictis ad firmam traditis perpetuo « remansuras, si ipsos vel heredes suos « a contractu hujusmodi contingeret resi- « lire. Premissa vero eisdem Guillelmo « et Radulpho et eorum heredibus, sicut « dictum est, concessi, salvo jure in om- « nibus alieno, et retentis dicto domino « regi spate placito cum pertinentibus ad « placitum spate, jure patronatus, homagio « feodorum lorice integrorum vel partito- « rum, et francarum serjantariarum, si « de dicto feodo, de quo dictis Guillelmo « et Radulfo predicta tradidi, teneantur. « Si autem, occasione premissorum vel « alicujus de premissis ad firmam traditis, « inter Guillelmum et Radulfum, predictos « et homines tenentes de eodem feodo ali- « quam contingat oriri querelam, con- « cessio mea talis est quod dicta querela « ad primas assisias vel placita ipsius do- « mini regis sine dilatione et essonio au- « diatur ac etiam terminetur. Quod ut « ratum et stabile permaneat in futurum, « presentibus litteris sigillum baillivie « Rothomagensis apponere dignum duxi. « Actum anno Domini m° cc° octogesimo « primo, mense aprilis.

« Nos vero predictam traditionem et « omnia premissa, prout superius conti- « nentur, quantum in nobis est, volumus « et concedimus et rata habemus, salvo in « aliis jure nostro et jure quolibet alieno. « Quod ut ratum et stabile permaneat in « futurum, presentibus litteris nostrum « fecimus apponi sigillum. Actum Pari- « sius, anno Domini m° cc° octogesimo « primo, mense junio. »

En 1212, Guillaume de Bonnesbos donna aux chanoines de Gaillon le patronage de Saint-Denis-de-Manneville : « Sanctus Dionysius de Magnevilla. »

Toussaint Duplessis appelle Guillaume de Bonesbos Guillaume de Boele. En 1214, Robert de Boele, son fils, confirma la donation. En 1293, les chanoines cédèrent leur droit à l'archevêque de Rouen. Il fut contesté dans la suite, au nom du roi, par le procureur du roi; mais celui-ci fut condamné par arrêt de l'échiquier de Pâques, en 1313. En 1680, l'archevêque conféra la cure de plein droit. L'année suivante, elle fut encore conférée sur la présentation des chanoines de Gaillon, sauf le droit de l'archevêque.

Il y avait deux chapelles sur le territoire de Manneville : l'une, dédiée à saint

Nicolas, au manoir de Bonnebos, et dotée en 1688 ; l'autre, dédiée à Notre-Dame-de-Lorette, au manoir seigneurial de Tibouville. Suivant une déclaration du 12 décembre 1712, elle avait été fondée par Pierre Baron, sieur de Valjus, à la présentation du seigneur de la terre de la Lorie ; mais cette terre de la Lorie passa dans la suite à Jacques Baron, seigneur de Tibouville, et, selon les registres de l'archevêché de Rouen, la chapelle qui avait été fondée d'abord dans le manoir de la Lorie, paroisse de Saint-Mards-sur-Risle, fut transférée le 18 décembre 1691 dans le manoir de Tibouville.

Parmi les fiefs de Manneville, nous distinguons Manneville et Bonnebos, Tibouville et la Rivière. Manneville était une seigneurie relevant de Montfort. Jean d'Elbeuf rendit aveu en 1473, et Claude Le Bienvenu en 1572.

Bonnebos relevait de Pont-Audemer. En 1518, Gilles de Trousseauville rendit aveu ; en 1538, Jean de Trousseauville.

Dépendances : — Bonnebos ; — Calvaque ; — la Côte-de-la-Pierre ; — le Hameau-aux-Cendres ; — le Hameau-Bourdon ; — Hudar ; — Long-Val ; — Tibouville ; — la Vallée ; — Fréville ; — la Rivière ; les Rués ; — Saint-Pierre ; — le Suret.

Cf. Pouillés Duplessis, t. II, p. 429.
Canel, *Essai sur l'arrond. de Pont-Audemer*, t. I, p. 363 ; *Découverte de cercueils à Manneville-sur-Risle, en 1863*. Pont-Audemer, 1864.

MANOIR (LE).

Arrond. de Louviers. — Cant. de Pont-de-l'Arche.
Sur la Seine.

Patr. S. Martin. — Prés. l'abbé de Saint-Ouen.

Ne serait-ce pas le lieu désigné sous le nom de « al Manoir » dans ce passage de la charte de Raoul, comte d'Ivri ? « ... Videlicet villam in comitatu Rodomagensi « que dicitur al Manoir cum ecclesia « et cum aqua variis piscibus admodum « plena, et cum terra ubi possunt sagi- « nari quingenti porci, et cum aratilibus « terris cultis   incultis... »

Cette hypothèse me paraît d'autant plus vraisemblable que l'abbaye de Saint-Ouen possédait le patronage de cette localité.

On lit dans le pouillé d'Eudes Rigaud : « Manerium. Abbas Sancti Audoeni patro- « nus. Valet quindecim libras. Quindecim « parrochiani. »

Il y avait en cette commune un fief du Manoir-sur-Seine, membre de la baronnie de Saint-Ouen. Ce fief fut aliéné en 1587 ; mais l'abbaye de Saint-Ouen se réserva le patronage.

Dépendances : — les Hautes-Loges ; — l'Essart.

MANTHELON.

Arrond. d'Evreux. — Cant. de Damville.
Sur l'Iton.

Patr. S. Martin. — Prés. le chapitre d'Evreux.

On voit encore à Manthelon les vestiges de la chaussée romaine d'Evreux à Condé.

La forme ancienne de Manthelon est une corruption du type qui a produit Maintenon.

Dans la charte de Simon, comte d'Evreux, par laquelle il fixe la dot de sa sœur Agnès en la mariant à Galeran de Meulan, on trouve parmi les souscripteurs : « ... Amalricus de Mestenum et « Girardus de Mestenum... » Ce doit être Manthelon qui portait en effet ce nom au moyen âge. Voyez le *Cart. de Maronniers* I, fol. 279 et suiv. Dans une charte du comte Simon d'Evreux, en faveur du prieuré des lépreux de Saint-Nicolas, on trouve parmi les témoins « ... Amalricus de Mestenum... »

En 1224, Richard de Villalet donna au chapitre d'Evreux, les dîmes « ... de « Villareto, Mentenon et de Bonavilla... »

En 1262, « Rogerius de Cantulupi » vendit au chapitre d'Evreux toutes les dîmes qu'il percevait ou devait percevoir héréditairement « ... infra metas parrochie de Mentelon... » Sur la rubrique, qui est ancienne, on lit : « Carta super decimis de Menteron. »

En 1266, au mois de mai, Robert, « dominus de Cintraio, miles, » donna et aumôna au chapitre d'Evreux toutes les dîmes qu'il possédait ou pouvait posséder à quelque titre que ce fût « ... in parrochia de Mentelon..., » avec garantie. Et pour que Jeanne, sa femme, ne pût pas troubler les chanoines dans cette propriété, il lui assigna « ... in propria hereditate sua sita apud Malum Domum « in parrochia de Nocumento ... » cent sols de rente après sa mort. Il reçut en échange des chanoines 160 livres tournois et l'engagement de célébrer plusieurs anniversaires, pour son père, sa mère, sa femme et lui-même, dans lesquels anniversaires on devait distribuer 20 sols d'aumône aux frais du chapitre.

« A tous qui ces présentes letres verront, gie Guilbert, sire des Essars, salut en nostre seignor. Sachiez que gie par ces présentes letres voil, otroi et confirme à Dieu et à Nostre-Dame d'Evreus e aus chanoines de leenz Deu servanz, por le salu de m'ame et de mi fame et de mes ancessors, le disme laquele il orent de mon seignor Robert de Croisai, chevalier, laquele estoit tenue de moi e de mon fié; e voil qu'il la tiegnent e aient en perpetuel aumosne, à toz jorz sanz contredit de moi ne de mes hoirs. Et por ce que gie voil que ce soit ferme et estable, gie ai ces présentes letres scelées de mon seel. Ce fu fet en l'an de l'incarnation Nostre Seignor mil cenz e LXVII, u mois de novembre. »

Le Nuisement a été réuni à Manthelon en 1845.

Dépendances : — les Ardillières ; — Clainet ; — Golbert ; — le Long-Perrier ; — la Ménagerie ; — Mallerioux ; — Serez ; — Sorel ; — la Tuilerie ; — Beaumais ; — le Buisson-Simon ; — Février.

MARAIS-VERNIER (LE).

Arrond. de Pont-Audemer. — Cant. de Quillebeuf.

Patr. S. Laurent. — Prés. l'évêque de Bol.

La charte suivante est importante ; c'est une reconnaissance par l'abbé de Jumièges et Henri de Longchamp des droits et coutumes des habitants de Quillebeuf et du Marais-Vernier :

« Notum sit præsentibus et futuris quod per juramentum et recognitionem fidelium hominum de Chilebo et de Maresco Warneri recognitum est et concessum ab R. abbate Gemmeticensi et conventu ejus et a domino Henrico de Longcampo quod ab utraque parte in perpetuum teneri debet a successoribus eorum, videlicet quod homines de Chilebo immunes ab omni consuetudine erant apud Marescum Warnerii, quicquid vendere vel emere voluerint, undecumque attulerint. Et similiter homines de Maresco Warnerii immunes erant apud Chilebo quicquid vendere, vel emere voluerint undecumque attulerint. Item si homines de Maresco Warneri ad portum de Chilebo transire voluerint, et voluerint dare panem vel minimum, quotiens transire voluerint, precium dabunt, exceptis qui sunt de mensa domini Henrici. Cujus rei si ignoti fuerint, fidem corporaliter facient et immunes erunt. Si autem forisfactum aliquid factum fuerit ab aliquo alterutrius partis apud Chilebo vel apud Marescum in divisione terrarum, ab utraque parte emendabitur, vel si avenire non poterint propter aquam, ubi complacuerit utrique parte emendabitur, salvo jure tam abbatis quam domini Henrici. Quod si aliquis transiens, qui de neutro istorum tenet, apud Chilebo vel apud Marescum forisfecerit vel contra eum forisfactum fuerit, ibidem continuo secundum consuetudinem veterum emendabitur ubi forisfactum fuerit... »

Cette localité tire son nom de la nature particulière du sol qui compose la plus grande partie de son territoire, et d'un nom d'homme.

Comme pendant longtemps la seigneurie du Marais fut incorporée à la baronnie de Saint-Samson, et que son église dépendait de l'exemption de Dol, il est naturel de conclure que cette commune fut comprise dans les domaines concédés à l'abbaye de Pentalle.

Sous la période normande, le Marais eut des seigneurs particuliers, qui reconnaissaient sans doute la suzeraineté des évêques de Dol. En 1135, Robert de Sainte-Marie y donna à la léproserie de Saint-Gilles plusieurs pièces de terre, entre autres un pré pour le pacage de vingt bœufs, cent moutons, trente porcs et deux chevaux. Il était vraisemblablement seigneur du Marais, et peut-être était-ce sur cette charte de 1135 que les religieux s'appuyèrent plus tard pour réclamer la seigneurie.

Les religieux de Saint-Gilles élevèrent donc des prétentions sur la seigneurie du Marais. La procédure qu'ils soutinrent pour se maintenir dans leurs droits dura de 1538 à 1542.

Au commencement du siècle suivant, le titre de seigneur du Marais appartenait au baron François de la Luthumière, au droit de sa femme Charlotte du Bec.

On trouve au Marais : Etienne de la Roque, capitaine de Honfleur, qui épousa en 1629 Renée Le Comte ; puis, en 1660, Henri de Matignon, comte de Thorigni, de la famille du maréchal de ce nom ; et, vers la fin du XVIIIe siècle, Charles-Gabriel, marquis de Nagu et de la Mailleraie, brigadier des armées du roi. C'est comme petit-fils de ce seigneur que M. le marquis de Mortemart possédait au Marais-Vernier de vastes propriétés.

Au XVe siècle, les seigneurs du Marais s'appelaient de Longchamp. Un procès s'éleva entre Jean de Longchamp, écuyer, et ses vassaux, qui voulaient conserver dans les bois de la seigneurie la coutume du mort-bois, mousse et caillou, et se faire maintenir dans le droit d'herbager leurs bestiaux dans le Marais, d'en tirer de la tourbe et de la litière, et d'y prendre toutes manières d'oiseaux. En 1190, Guillaume, fils de Jean, pour terminer la contestation, leur accorda ce qu'ils demandaient, plus le droit de pêche, reconnut leurs prétentions sur les anciens marais, et consentit au partage des nouveaux. Il en eut pour lui les deux tiers.

Les premières tentatives pour dessécher le Marais remontent très-haut. Dans un acte de 1190, il est question d'un moulin du Préau, destiné à chasser les eaux. Toutefois, il y avait encore beaucoup à faire au XVIIe siècle. Vers 1607, Henri IV fit entreprendre des travaux sous la direction de Bradley, gentilhomme du Brabant. Ces travaux furent abandonnés à plusieurs reprises, par suite d'oppositions et de procès; mais le roi Henri IV encouragea les entrepreneurs à continuer, en leur accordant de nombreux privilèges, et même le titre de noblesse à douze d'entre eux; c'est alors que Bradley, le baron N. de Villiers, seigneur de la Mare, le baron F. de la Luthumière et Claude de Malortie, seigneur de Roys, s'entendirent pour révoquer les traités antérieurs et prendre un nouvel arrangement, dont les clauses portaient que l'entreprise devait être terminée en trois ans; que, l'entreprise achevée, Bradley et ses associés feraient quatre lots en chacune des terres du Marais, de la Mare et de Roys; que les sieurs de la Luthumière, de Villiers et de Campigni choisiraient un de ces lots, et que les trois autres lots, sur chaque seigneurie, appartiendraient aux associés, qui, tous les ans, au terme de Saint-Michel, donneraient aux trois seigneurs, par redevance, une épée dorée ou 50 livres de rente, avec reliefs, treizièmes, et tous autres droits féodaux introduits par l'usage.

Le grand maître des digues de France s'était mis en devoir d'exécuter les conventions, et, en 1620, 10 à 12,000 livres avaient déjà été employées à la confection des écluses, des fossés et des digues; il ne restait plus qu'à terminer le fossé de ceinture. Bradley et ses associés crurent pouvoir se mettre en possession des fonds concédés; mais une forte opposition se déclara de la part des habitants du Marais. Ils appuyaient leur réclamation sur ce qu'ils étaient en possession immémoriale des marais, qui leur appartenaient, « moyennant trois journées de servage « que chacun d'eux, tenant feu, lieu et « ménage, en rendoit à la seigneurie; » sur ce que les marais leur étaient utiles en l'état où ils étaient, « pour ce qu'en « iceux ils prenoient de grandes commo- « dités, assavoir du hanet pour couvrir « leurs maisons, des lèches pour la litière « de leurs bêtes, et des tourbes pour « leurs courtils; » enfin, sur ce qu'ils n'avaient pas été appelés au contrat de 1617. Ces embarras, ces entraves furent levés par un accord conclu au mois d'octobre. Les habitants abandonnèrent leurs prétentions sur une partie des marais, au moyen de la remise, par le seigneur, d'une journée de servage, et de l'abandon, le long de leurs courtils, d'un terrain d'une largeur de quarante perches, et d'une portion des nouveaux marais au delà de la digue (en tout cent quatre-vingt-quatre hectares). Ils firent ensuite entre eux un règlement pour jouir sans abus des lieux communs. Les contrevenants devaient être poursuivis, par un commissaire des paroissiens, devant le sénéchal de la seigneurie, qui jugeait.

Le château du Marais-Vernier est situé sur la pente de la côte, plus loin que l'église. Sur le bord du chemin de Pont-Audemer, vers Bouquelon, se trouvent des ruines qui conservent le nom de Vieux-Château. C'était le manoir du fief de la Cour. Autrefois il était entouré de jardins, et un vaste étang occupait le plateau supérieur. On voit encore dans la terre de gros tuyaux en fonte destinés à recevoir les eaux.

Dans la cour du château, à l'entrée du bois, est une crypte profonde, ancienne carrière abandonnée d'où furent extraites les pierres de construction des églises du Marais et de Saint-Ouen de Pont-Audemer.

Le Marais, sans défense contre les coups de mer, varie souvent d'étendue. En 1662, on fut obligé de refaire la digue des Hollandais, qui souffrit encore beaucoup quelques années avant la Révolution. Depuis ce temps, des alluvions considérables se sont formées, et, en 1830, on enferma une grande étendue de ces terrains par une nouvelle digue parallèle à la première. Au delà de cette ligne, se trouvaient encore d'autres atterrissements, qui ont été enlevés, ainsi qu'une grande partie de la digue, par l'ouragan de février 1843. A une époque inconnue, le Marais avait éprouvé un bouleversement considérable. Ce fait et l'existence d'une forêt en ce lieu sont attestés par la découverte que l'on fit, en creusant des fossés, de chênes et d'aulnes couchés en différents sens et à diverses profondeurs.

Nous voyons dans le *Gallia christiana*, t. II p. 5?6, que Baudri, évêque de Dol, dédia à saint Laurent l'église du Marais, le 6 des ides de décembre 1129. Cette date est d'autant plus précieuse que le chœur a conservé en grande partie le caractère de son architecture primitive.

Le reste de l'église est plus moderne.

Cet article est en grande partie emprunté à un travail intéressant de M. Canel.

Dépendances : — la Goulette ; — Clairval ; — la Cour.

Cf. Canel, Essai sur l'Hist. de l'arrond. de Pont-Audemer, t. II, p. 49.
Recueil de la Société libre de l'Eure, 1832, p. 432.
Dissertation sur le Marais-Vernier, par M. le Prieur.

MARBEUF.

Arrond. de Louviers. — Cant. du Neubourg.

Patr. S. Christophe. — *Prés. l'abbé du Bec.*

Le village du cheval : *Mar*. Il paraît que c'était, comme Martot, un lieu consacré à l'élève du cheval. Il faut cependant remarquer que si dans la langue scandinave *mare* est le nom du cheval, en anglais *mare* signifie jument. Mais rien n'indique l'existence ancienne d'une jumenterie, soit à Martot, soit à Marbeuf. *Mar* se trouve onze fois dans le *Land-naren-Bok*. Il est donc visible que c'était un nom propre fort usité chez les Scandinaves. Nous pensons, en conséquence, que non-seulement dans Marbeuf, mais encore dans Martot, il faut voir le domaine, la mesure d'un personnage dont le nom signifiait cheval chez les Scandinaves. Cet usage s'est conservé en Normandie jusqu'à nos jours ; on y rencontre beaucoup de familles portant le nom de Quesal et Cheval, sans compter celles qui portent le nom de Poulain et Poutrel.

I.

1090. Geoffroi le Riche, seigneur de Chars et de Marbeuf.

1120. Thibaut dit Payen de Gisors, seigneur de Chars, Bezu et Marbeuf.

1140. Marguerite, sa fille, porte la terre de Marbeuf dans une autre maison par son mariage avec Jean de Trie, qui ne reçut cette seigneurie qu'à la charge de la tenir des seigneurs de Gisors.

1170. Ode de Trie, femme de Thomas de Tournebu, et Idoine de Trie, femme de Guillaume de Garlande, deviennent au droit de leur mère dames de Marbeuf par portions inégales.

Pendant les guerres qui valurent à la France la réunion de la Normandie, la partie de Marbeuf qui appartenait à la maison de Garlande demeura quelque temps confisquée par Jean sans Terre.

« Rex, Johanni de Nevill... Mandamus « vobis quod facietis habere Rogerio de « Ivra saisinam terre de Marboef quam « fuit Witelmi de Garlanda in bourée « Novi Burgi. Teste me ipso apud Rade- « pont, quinta decima die julii. » (1203.) *Rot. Norm.*)

On lit dans les *Rôles normands* que Richard Sylvain, recteur du domaine, livra à Robert d'Harcourt, pour l'approvisionnement du château d'Andeli, quatre muids cinq setiers et une mine de froment, ainsi qu'une mine de pois récoltés à Marbeuf sur la terre de Guillaume de Garlande.

Le dénombrement des fiefs de Normandie fait sous le règne de Philippe-Auguste, vers 1210, constate que Marbeuf était sujet au service de cinq fiefs de chevaliers : deux et trois quarts par Guillaume de Garlande ; deux et un quart par Guillaume de Tournebu.

Pendant tout le XIIIe siècle, le domaine entier appartient aux Tournebu, seuls possesseurs depuis 1225.

1225. Guillaume de Tournebu.
1260. Robert de Tournebu.
1304. Guillaume de Tournebu.

A cette possession de Marbeuf par les trois familles de Gisors, Garlande et Tournebu appartiennent les faits suivants :

1209. Il y avait à Marbeuf un champ Hermeraud.

1258. « In parrochia de Marboedio. » Triage « ad Dumum Haisie ». En 1259, pièce de terre située « apud lo Grolunt ».

En 1260, pièce « ad maram Berte » vendue par Guillaume Bersel au. La même année, pièce nommée l'Espine-torde, et autres « ... in via burgi apud Tronc Durant. »

1261. Pièce de terre « ... in territorio de Essartis. »

En 1263, Robert de Tournebu, chevalier, « Terres as Flotemens. » Terre nommée le Champ des Buissons.

En 1267, « Symon bolengarius de Velletes. Cultura de Fossa Druart. »

1285. Il y avait à Marbeuf un quart de fief de haubert nommé le fief Charpentier ; en 1298, un marclosier ; en 1309, une maillère Varin (marnière).

C'est dans la première moitié du XVe siècle que les fief, terre et seigneurie de Marbeuf sont entrés dans la maison d'Aché par le mariage de Marie de Tournebu, dame de Marbeuf, avec Jean d'Aché Iᵉʳ du nom, écuyer, seigneur de Beuzeval, qui descendait par sa mère des Mauvoisin et des d'Harcourt.

1487. Jean II d'Aché, leur petit-fils, seigneur de Serquigni et de Marbeuf, mari de Louise de Dreux.

1524. Charles d'Aché, panetier de François Iᵉʳ, marié à Marguerite de Vassi.

1562. Jean III, écuyer ordinaire de l'écurie du roi et capitaine du château de Tancarville, mari de Renée Lecomte de Nonant.

1594. Gui, lieutenant de la compagnie des gendarmes de Fervaques, mari de Madeleine de Maillhe; Gui d'Aché, seigneur de Fontenai, d'Azeville, de Marbeuf, de Cessaville, du Mont-de-la-Vigne et du Homme, mourut le 30 décembre 1608 des suites d'une amputation nécessitée après onze ans de souffrances par une blessure reçue à la jambe au siège d'Amiens.

1616. Jacques, marié à Marguerite de la Luzerne.

1667. Gabriel, mari de Catherine de Baudri.

1680. Pierre-François Placide, page du roi.

En 1757, la seigneurie de Marbeuf appartenait encore à la famille d'Aché. Vendue alors à M. de la Fosse, revendue, en 1763, à M. de Paul de Renneville, elle appartenait, en 1789, à Aimé-Thomas Laurent de Paul de Marbeuf, conseiller au parlement, qui mourut en 1812. François-Félix de Paul, son frère, docteur de la maison de Sorbonne et chanoine de la cathédrale de Rouen avant la Révolution, était connu dans le monde sous le nom d'abbé de Marbeuf. Il avait reçu en 1772, à l'âge de 21 ans, la prébende d'Ermenont. En 1789, le chapitre l'avait choisi pour porter aux états généraux l'expression de ses griefs contre le règlement annexé aux lettres de convocation, règlement qui l'effaçait du nombre des corps ecclésiastiques représentés jusque-là aux états provinciaux et généraux. Son nom revient souvent dans le curieux écrit publié en 1857 par M. l'abbé Langlois sous le titre : *le Chapitre de Rouen pendant la Révolution*. Il faut seulement, dans ces consciencieuses annales, relever une erreur de date. L'abbé de Marbeuf, accablé d'infirmités, comme le dit M. l'abbé Langlois, n'a point terminé sa carrière vers 1815. Il est mort à Marbeuf, à 80 ans, le 16 mai 1828.

II.

Dès le xiᵉ siècle, l'abbaye de Préaux possédait des terres à Marbeuf.

« ... Regnante Willelmo, Roberti marcionis filio, venit Guibertus filius Wimundi, cum uxore sua nomine Ermentrude, ad Pratellum, et dederunt Sancto Petro decimam ex his omnibus que habebant in villa que vulgo dicitur Marbuet, et etiam ex his omnibus que adquisituri erant, videlicet rectam id est totam decimam, et unum agrum terre, suscepta pecunia, id est xlv solidis. Qua de causa dedit eis abbas Willelmus societatem loci. Testes ex parte Guiberti : Ricardus filius Theoderici de Bosevilla, Hilbertus et Bertrannus et Rogerius fratres Ermentrudis et Heselinus. Ex parte vero abbatis... Procedente vero tempore, predicta Ermentrudis, viduata morte duorum maritorum suorum, Guiberti scilicet et Gisleberti Hauduc, venit ad Pratellum et fecit ibi devotionem quinque agrorum terre, ex quibus quatuor ipsa dedit, quintum vero David prepositus ejus, concessu etiam ejus; sextum vero agrum, quem vivente Guiberto viro suo desderat, reddidit. Pro qua re abbas Gaufridus dedit illi tapetem unum parvum sed pulchrum. Cujus rei testes sunt : David, prepositus ejus, Godefridus Portarius, Radulfus de Modicavilla, Willelmus, qui tapetem recepit. Ex parte abbatis... Martinus Signarius (*probablement* le « Sonneur »)... »

Cette possession ne paraît pas avoir eu une longue durée.

En 1110, les religieux du Bec faisaient construire une maison et une grange à Marbeuf.

Simon, comte d'Evreux, avait donné à Guillaume de Garlande le droit de taille assis sur son fief situé à Marbeuf. Cette donation fut reportée à l'abbaye du Bec par Guillaume de Garlande, donna au ... son manoir de Marbeuf et ... des églises de Marbeuf et Saint ... ville. Cette donation fut ... Idoyne, sa femme, en ... Guillaume de Garlande, ... successeurs. Plus tard, ... ajouta un muid de froment à pr... sur la terre des Buissons, située à Marbeuf.

1181. Thomas de Tournebu donna à l'abbaye un droit qu'il avait sur l'église de Marbeuf et confirma les donations de ses vassaux.

La même année, dans une bulle confirmative de tous les priviléges de l'abbaye du Bec, le pape Lucius III mentionnait : « capellam de Marlodio. »

Rotrou et Jean, évêques d'Evreux, confirmèrent la charte de Guillaume de Garlande relative au patronage des deux églises (1139-1165 et 1181-1192).

Il existait à Marbœuf un fief d'une certaine importance : Moaz, Muez, Muis, et en dernier lieu Muids.

1209. Abel de Muez donna à l'abbaye du Bec la dîme du fief de Muez et de tout ce qu'il possédait à Marbœuf.

1210. Guillaume de Garlande fait à l'abbaye du Bec donation de son domaine de Marbœuf, confirmée la même année par Philippe-Auguste, par l'évêque d'Evreux, et par Jean de Gisors. Il paraît que ce ne fut qu'un échange pour des biens situés dans le diocèse de Beauvais.

En 1203, la dîme de Marbœuf et le patronage de l'église sont démembrés de l'abbaye du Bec pour composer, avec divers traits de dîmes et autres produits et droits également distraits de l'abbaye, la première des prébendes du chapitre d'Evreux, sous le nom de prébende de Marbœuf. En cette qualité, l'abbé, sans être tenu à résidence, avait une maison canoniale appelée maison du Bec. Il était appelé le premier aux chapitres généraux. Il avait voix au chapitre, part aux distributions, et un droit dont il n'usait guères, le droit de faire sa semaine, comme tout autre chanoine.

Au XVIIIe siècle, le revenu de la prébende de Marbœuf valait environ dix mille livres. Elle réunissait dès son origine les dîmes et patronages de Marbœuf, Saint-Aubin-d'Ecrosville, la Houssière, Emalleville, Barc et Hellenvilliers.

On lit dans la notice consacrée à Luc, trente-septième évêque d'Evreux, dans le *Gallia christiana* : « Præbendam et « canonicatum de Marbœuf Becensibus « ablatibus concessit anno 1207, quibus « ut primi canonici ab omni onere et « residentia liberi potiuntur, quo major « præcum et bonorum spiritualium capi- « tulum inter et monachos Becenses « foret communis... »

Raoul de Cierrei, successeur de Luc, confirma en 1221 cette concession de la prébende de « Marboto ».

1213. Vente par Richard « de Foveis de Marboto » et Richeude, sa femme, aux religieux du Bec d'une pièce de terre «... in parrochia de Marbo », contiguë à la terre « as Pareis ».

1257. L'abbaye de la Croix-Saint-Leufroi donne à celle du Bec en échange le moulin de la Vachérie sur la rivière d'Iton, appelé le moulin de Marbœuf.

1262. Robert de Tournebu confirme une vente faite aux religieux.

1365. L'abbaye du Bec céda le fief des Muids, vendu par le sieur de Quittebeuf au seigneur de Tournebu.

Il y avait deux moulins sur la commune. Il fut décidé entre l'abbaye et le seigneur que les moutures seraient partagées entre eux par portions égales. Les réparations du pont de la Vachérie durent se faire également à frais communs entre l'abbé et le seigneur (1391).

« ... Item, acquisivit [Gœffroi Harenc] « XX. libras redditus quas domicella « Joanna la Beuste percipiebat annuatim « super feodum nostrum de Muys, apud « Marbodium... » (1309, *Chron. Becci.*)

Dans un acte de 1417, on voit que le Val-David relevait du fief de Marbœuf.

1444. Jean Oricult, écuyer, habitait Marbœuf.

1493. Un triage de cette commune portait le nom de Buisson-au-Prêtre.

1535. Terres nommées les Friches-des-Groslong. En 1627, pièces situées à la rue du Moustier.

La tour de l'église de Marbœuf appartient à l'époque romane. Elle est carrée et percée de deux fenêtres, dont une plus moderne est à ogive aiguë. Décorée d'une corniche à modillons grimaçants, cette tour est surmontée d'une élégante flèche 'ygonale. Une partie de la nef a été reconstruite au XVe siècle, et l'église a reçu une nouvelle consécration en 1477.

Dans le chœur, il existe à droite de l'autel de Saint-Jean une crédence avec piscine en forme de coquille et à voûte ogivale. On remarque aussi deux belles pierres tombales, et surtout du côté de l'épître le tombeau érigé à Gui d'Aché par sa veuve Madeleine de Maillée. La statue, fort remarquable, du brave capitaine est en pierre, avec tête et mains de marbre blanc. Enlevée du tombeau, qu'heureusement on n'avait pas pensé à démolir, elle a été, après plus d'un demi-siècle d'abandon, retrouvée et honorablement replacée par M. l'abbé Delamarre, curé de la paroisse. Le mausolée et la muraille voisine sont ornés de marbres noirs où sont gravées de longues inscriptions reproduites dans les procès-verbaux des séances de la *Société française d'archéologie* (1837). On y lit :

« Il défendit les lys de la France guerrière,
« Et dessus son tombeau pénètre et que des lys. »

Plusieurs écussons figurent sur ce mausolée et sur la litre de l'église. On y voit :

les armes d'Aché : *Chevronné d'or et de gueules de six pièces*, et celles de Mailloc : *De gueules à trois maillets d'argent*.

La charité de Marleuf a conservé une très-ancienne croix en cuivre garnie d'émaux et de cabochons.

La fabrique possède un registre de comptes commencé en 1562. On trouve un article sur ce registre dans le *Bulletin du Bouquiniste*, 1858, p. 328.

Le cimetière qui entoure l'église a cessé dès le XVIIIe siècle de recevoir des sépultures. On y remarque un if de 4 mètre 84 centimètres de circonférence.

Les granges, solidement construites pour l'abbaye du Bec, existent encore. Une d'elles a été décrite et figurée dans un mémoire de Mlle Philippe-Lemaitre sur les granges dîmières du département de l'Eure. (*Bulletin monumental*, t. XV, p. 193.)

Le boisseau pour les redevances seigneuriales était conforme à celui du Neubourg.

Cet article a été revu et augmenté par les soins de M. le marquis de Blosseville.

MARCILLY-LA-CAMPAGNE.

Arrond. d'Évreux. — Cant. de Nonancourt.

Patr. S. Germain. — Prés. l'abbé de Bourgueil.

Marcilli est un nom très-commun. Il y a en France vingt Marcilli, sans compter les Marcigni, les Marsillac et les Marcillé.

Le pays d'Évreux, particulièrement dans les environs de Saint-André, était dit : *Champagne*; de là le nom de : « Marcillila-Champagne. »

Dans une charte de 1104 en faveur de Saint-Père de Chartres (*Cart.*, p. 576), on trouve parmi les témoins Robert « de Truncovillari ».

De même dans une autre de 1107 :

« Notum sit omnibus, præsentibus et « futuris, quod Fulguidus de Marcilleo, « qui maximus dominus erat, ecclesiæ et « monachis Sancti Petri Carnoti terram « Logiarum quam Robertus de Logiis eis « dederat, concedente Teudone, domino « suo de Marcilleo, liberam concessit. Hoc « factum Drocis in nundinis prati, in festi« vitate sancti Stephani, videntibus Gaute« rio de Crot, Baldrico Buccello, Berin« gerio Fossario, Oilone de Salceto, Hen« rico, armigero ipsius Fulguidi; Drogo, « milite; Albertus de Colduno... Ricardus « de Pino. Hoc donum concessit Paganus, « frater Fulguidi, audientibus, et una « parte Ursone, fratre Roberii, atque « Landrico de Rubo Puteo.

On trouve dans une charte de Saint-Père de Chartres : « Mascelinus de Jir« cleto. » Dans une charte en faveur de l'Estrée, on trouve parmi les témoins : « ... Rambertus de Massilli... »

En 1229, le sixième jour des ides de juin, Philippe Morhier ou Morchier, chanoine de Chartres, exécuteur testamentaire de Nicolas Le Senne, son confrère, donna au chapitre d'Évreux « ... decimam de « Valle Ygerii, quæ est in parrochia de « Marcilleyo, quam jure hereditario tene« bat... »

En 1263, au mois de décembre, « Johanna, domina de Valle Ygerii, » donna au chapitre d'Évreux toutes les dîmes qu'elle possédait hereditairement à raison de son mariage sur 128 arpents de terre : « ... sitis apud Vallem Ygerii, in parrochia de Marcilleyo... »

En 1286, « Johannes de Talleman, miles, et Nichola, ejus uxor, » vendirent au chapitre d'Évreux pour 60 livres tournois toutes les dîmes qu'ils possédaient à titre héréditaire : « ... in parrochia de Marsilleyo; » le jeudi avant la Saint-Thomas.

En 1286, « Fulco de Marsilleyo et Petrus de Alneto, milites, » approuvèrent la vente des dîmes ci-dessus, que Jean de Talleman et sa femme tenaient de Pierre « de Alneto », et celui-ci de Foulque de Marcilli, au mois de décembre.

La même année (1286), « Petrus de Houcencignia, » chanoine d'Évreux, donna également son consentement à la vente des dîmes : « quas ipsi Johannes et Nichola tenebant in feodo meo in parrochia de Marsilleyo... »

En 1294, « ... Johannes dictus Four et « Radulphus dictus Grieu de Nonancuria... » donnèrent au chapitre d'Évreux « ... quam« dam peciam terræ... sitam in parrochia « de Nonancuria, apud Massiliacum in « Campania, ex una parte, et juxta che« minum per quem itur de Nonancuria « apud Britolium, ex altera... »

Dans le voisinage de l'église, on trouve quelques vestiges d'un château fort mentionné dans le traité de 1194 entre Philippe-Auguste et le roi d'Angleterre, comme faisant partie des propriétés du roi de France sur la limite de la Normandie.

Le patronage de cette paroisse appartenait à l'abbaye de Bourgueil. Il y avait à Marcilli un prieuré simple qui valait environ 300 livres et qui n'avait pas de fief.

Parmi les fiefs de Marcilli-la-Campagne,

il faut distinguer le fief du Moussel et le fief de Tranchevilliers.

Nous allons publier un aveu important du fief de Tranchevilliers :

« A tous ceulx qui ces présentes lettres verront, Robert d'Estouteville, chevalier, seigneur de Beyne, baron d'Ivri et de Saint-Andrieu en la Marche, conseiller, chambellan du roy nostre sire et garde de la prévosté de Paris, salut. Savoir faisons que, par devant Jehan Larcher et Martin Quignon, clercs notaires jurez du roy nostre dit seigneur, de par lui establiz en son Chastellet de Paris, fut présent en sa personne noble homme Girard de Marescot, escuier, seigneur de Bonnes et de Tranchevilliers, filz et héritier de feu noble personne Pierre de Marescot du Morelet, en son vivant escuier et varlet tranchant du roy nostre sire, et de damoiselle Perenelle d'Orgein, sa femme, lequel advoua et advoue par ces présentes à tenir en fief noble, par ung plain fief de hault et, par foy et hommage, du roy nostre dit seigneur, par raison de la conté d'Evreux et chastellenie de Nonnancourt, ce qui s'ensuit, c'est assavoir : le fief de Tranchevillier avecques ses appartenances et appendances, le manoir, le lieu où souloit estre la chapelle et les salles du dit manoir, la court d'icelui et les jardins contenant deux arpens de terre ou environ, les quelz sont à présent en la main du dit seigneur, et pourroient bien valoir la somme de soixante solz tournois de rente qui les vouldroit bailler. Item, le coulombier qui est au dehors du dit manoir, qui à présent et de longtemps est ruyneulx. Item, la motte du dit fief, qui est auprès du dit manoir, circuite de fossez sans autre fortification, et est tout escheu en boys et espines, avecques deux pans de bois qui souloient estre clos à haultz murs, les quelz sont cheux et ruyneulx, dont l'un d'iceulx pans contient ung arpent ou environ qui est en hault boys, et l'autre contient deux arpens de boys ou environ qui sont en menuz boys, lesquelz pourroient bien valoir soixante solz tournois de rente ou environ qui les vouldroit bailler. Item, la court, usage, justice, jurisdiction du dit fief en basse justice, et les autres noblesses, prééminences, dignitez, libertez et franchises, que lesdits escuier et damoiselle dévoient avoir par raison dudit fief et tènement, et comme les semblables en tel cas ont et doivent avoir par la coustume du pays de Normandie. Item, les rentes en deniers qui vallent chascun an soixante livres tournois ou environ. Item, vingt-sept chappons, six gelines, qui vallent communs ans cinquante sols tournois de rente ou environ, quant ilz sont apaisagez. Item, une autre manoir où demeure le fermier du dit escuier, la grange, la court et jardins, avecques unze acres de terre ou environ ; qui sont baillées à ferme et vallent communs ans quatre muys de grain ou environ, à la mesure dudit lieu de Nonnancourt, qui peut valoir par commune estimation vingt livres tournois chascun an. Item, pour quatre acres d'autre terre, qui sont baillées à ferme autre part, et les souloit tenir Guillet Langoisseux, qui vallent communs ans treize solz tournois de rente. Item, cinquante acres de terre qui sont en la main de la seigneurie, et ne sont ne furent d'aucune revenue au proufit du dit seigneur, passé a soixante ans, et ne trouveroit l'en qui en baillast deux deniers tournois de rente de chascune acre. Item, une pièce de menu boys à ardoir, assis au lieu nommé les Tertres, contenant dix arpens ou environ, dont la despeulle de chascun arpent vendu vauldroit quinze sols tournois ou environ. Item, une autre pièce de bois à ardoir, assiz au lieu nommé les Tertres, contenant dix arpens ou environ, dont la despeulle de chascun arpent vendu vauldroit quinze sols tournois ou environ. Item, une autre pièce de boys à ardoir, assiz au lieu nommé les Tertres, contenant dix arpens ou environ, dont la despeulle de chascun arpent à présent vendu vauldroit quinze sols tournois ou environ. Item, une autre pièce de bois à ardoir, assiz au dit lieu des Tertres, joignant à la pièce devant déclairée, contenant douze arpens ou environ, dont la despeulle de chascun arpent seroit bien vendue à présent quinze solz tournois, comme devant est dit de l'autre pièce. Item, deux autres pièces de bois, assises ou lieu nommé les Rosières, joignant l'obe à l'autre ; la première pièce contenant dix arpens, et la seconde contenant dix-huit arpens ou environ, les quelz sont à présent en jeunes tailles, et quand ils seront en ventes, ainsi qu'ils ont esté accoustumées à couper, pourroient bien valloir vingt solz tournois ou environ. Item, une autre pièce de boys contenant dix arpens ou environ, assise au lieu nommé Fontaines-les-Hases, les quelz sont à présent en jeune bois, et en vault la despeulle, quand ilz sont venduz, de dix-huit ans en dix-huit ans, trente solz l'arpent ou environ. Item, une pièce de

« boys nommée le Bois-de-Claray, conte-
« nant neuf arpens et demy ou environ,
« qui sont à présent en jeune taille, et
« peuent bien valloir, quand ils se vendent,
« pour la despeuille de chacun arpent,
« quarante solz tournois ou environ. Item,
« une autre pièce de boys assiz auprès du
« dit lieu de Claray, contenant dix arpens
« ou environ, qui est à présent en vente,
« et a esté vendu la despeuille de chacun
« arpent soixante solz tournois. Item, une
« autre pièce de boys qui est auprès des
« prez du dit manoir, contenant quarante
« et deux arpens ou environ, dont la des-
« peuille de chacun arpent se roit bien ven-
« due à présent trente solz tournois ou
« environ, et sont toutes les pièces de bois
« dessus déclairées joingnans aux héri-
« taiges du dit escuier. Item, les pastu-
« raiges et forestaiges que les dits escuier
« et damoiselle prenoient chascun an sur
« les hommes de son dit fief et tere pour
« avoir droit de mectre leurs bestes pastu-
« rer ès diz boys, les quelz afforestaiges
« valloient par communes années quarante
« setiers d'avoine à la mesure de Nonan-
« court, et vault chascun setier com-
« muns ans huit sols tournois ou envi-
« ron. Item, les moulles sèches que prent
« sur ces hommes q... tourq, de moulin,
« c'est assavoir la xiii⁰ gerbe des grains
« qui croissent en son dit fief, apparte-
« nant à ceulx dessus nommés, qui val-
« lent chacun an huit setiers de blé à la
« dite mesure, et est le blé communément
« vendu six sols huit deniers tournois le
« setier ou environ. Item, dix livres
« tournois de rente, qu'il a et prent par
« chacun an sur la prevoté de Nonan-
« court. Item, le dit escuier, ou nom que
« dessus, advoua et advoe à tenir du roy
« nostre dit seigneur les fiefz tenuz de lui
« à cause de son dit fief de Tranchevillier,
« c'est assavoir, le fief du Petit-Gerie, que
« tient à présent Jehan Dumor, escuier, à
« cause de madame sa femme, vefve de
« feu messire Ystace, par foy et par hom-
« maige, et se relieve par acre quant le
« cas s'offre. Item, le fief du Grant-Gerie,
« que tient Jehan de la Boulaie, escuier,
« à cause de sa femme, par ung plain
« fief de haubert, et se relieve par
« quinze livres tournois quant le cas
« s'offre. Item, le fief de Heaulme, que
« tient messire Jehan Le Conte, prestre,
« par foy et hommaige, et se relieve par
« sept livres dix solz tournois quant le cas
« s'offre. Item, le fief Cardonnal, que
« tient Jehan de Lievray, escuier, par foy
« et par hommaige, et se relieve par
« acres quant le cas s'offre. Item, le fief
« de Meinbonçon, que tient Loys de Mein-
« bonçon, escuier, par foy et par hom-
« maige, et en paie ungs gans blans le
« jour de Pasques, du pris de trois deniers
« tournois, monnoie courant, et ung cha-
« peau de roses le jour de Penthecouste.
« Item, le fief de Fontaine-les-Basses, que
« tient messire Boineau d'Avery par foy
« et par hommaize, et se relieve par
« acres quant le cas s'offre. Item, le fief de
« Couppigny, que tient Pierre Potin par
« foy et par hommaige, et se relieve par
« sept livres dix solz tournois quant le
« cas s'offre. Item, le fief du Val-Gilbert,
« que tient Robert Taillemain, escuier,
« par foy et par hommaige, et se relieve
« par acres quant le cas s'offre. Le fief
« Guinebourc, que tient Colin le Guine-
« gneur par foy et par hommaige, avec la
« franchise qu'il a eu yceluy; c'est assa-
« voir que, toutesfois qu'il plaist au dit
« seigneur de Tranchevillier à aller chas-
« ser aux regnars en la garenne de Non-
« ancourt, le dit Colin ou celluy qui tient
« le fief doit avoir ung cerne et ung bas-
« ton tel comme le prevost du dit seigneur
« de Tranchevillier luy taille, pour garder
« que aucun regnart ne se boute ou
« terrier, et pour chacun regnart qui se
« boute, celluy qui tient le dit fief Guine-
« bourt paye au dit seigneur de Tran-
« chevillier sept solz six deniers tournois,
« et ne doit le dit fief autre relief; mais
« quand ledit seigneur de Tranchevillier
« a fait la chasse, le seigneur du dit fief
« de Guynebourt luy doit donner à lui, à
« ses gens et à ses chiens pour une heure
« leur reffection. Item, le dit seigneur de
« Tranchevillier, au droit de son dit fief,
« est franc de moulte, pour lui et pour ses
« gens au moulin de Tranchevillier. Item,
« il a la court, jurisdiction et congnois-
« sance de ses hommes en basse justice,
« admendes, ventes, reliefz, xiii⁰⁰, gardes,
« aides feaulx et coustumes, et toutes au-
« tres droictures, franchises et libertez,
« comme à tel fief et tenement appartient
« par la dicte coustume ; et aussi il est tenu
« faire et paier par raison et à cause du
« dit fief ung muy de grain de rente chas-
« cun an à la mesure de Nonnancourt,
« au chappellain de la chapelle de Tran-
« chevillier, dont est à présent tenant
« messire Henri de la Mare, chanoyne
« d'Evreux, et se plus y a des dites
« terres, etc... — Faictes et passées l'an
« mil ccc cinquante et sept, le mardi
« dit-huitiesme jour d'octobre. » (Arch. de
l'Emp., P. 303, f⁰ 55.)

Dans le volume des titres de l'abbaye
de l'Estrée, conservé à la Bibliothèque
impériale, parmi les manuscrits de Cla-
rambault, on trouvera des documents

concernant les seigneurs de Trancheviliers, f⁰ˢ 14 et 16 v⁰, 60 v⁰, 72 v⁰, 87 r⁰, 92 v⁰, 93 r⁰, 99 r⁰.

[Dépendances : — Beaucé ; — le Buisson ; — Coupigni ; — l'Enfer ; — Gerfreville ; — la Grande-Héruppe ; — le Mourcel ; — le Petron ; — la Petite-Héruppe ; — les Routils ; — le Souchet ; — la Tassinière ; — Tranchevilliers ; — le Val-Gilbert ; — Vaux ; — le Fayel ; — les Gastines ; — Tivoli.

MARCILLI-SUR-EURE.

Arr⁰ d. d'Evreux. — Cant. de St-André.

Patr. S. Pierre. — Prés. Pt⁰⁰ du Breuil-Benoit.

I.

La succession des seigneurs de Marcilli est tout à fait incertaine jusqu'en 1137, époque où l'on voit Foulques de Marcilli, dont les terres relevaient des sires d'Anet, vassaux eux-mêmes des comtes de Dreux, accueillir une colonie religieuse des fils de saint Benoît. Ce personnage est mentionné dans les *Notes de Souchet sur la vie de bienheureux Bernard*, abbé de Tiron, et dans l'*Histoire du comté d'Evreux* de Le Brasseur.

Guillaume, son fils, confirma ses donations, et inscrivit son nom dans les souvenirs légendaires des croisades. Prisonnier des infidèles et enfermé dans une caisse de bois hermétiquement close, il aurait été miraculeusement transporté vivant jusque dans l'église de Saint-Eutrope de Saintes, qui longtemps après, à la suite d'un interminable procès, fut laissée en possession régulière de ce coffre, instrument du miracle. Guillaume de Marcilli survécut 53 ans à ce retour merveilleux : « Hic autem obiit senex, anno Domini mcc. » Son épitaphe, conservée au Breuil-Benoît jusqu'en 1792, était ainsi conçue :

« Cy gist monseigneur Guillaume de
« Marsilly, fondeur de ceste chapelle, fils
« de monseigneur Foulque, jadis seigneur
« de Marcilly, fondeur de ceste abbaye,
« qui trespassa l'an de grâce mcc. »

D'après une courte notice conservée au Cabinet des titres de la Bibliothèque impériale, Guillaume eut pour héritier, ce semble, Gui, lequel eut, ce semble, Pierre.

Il règne ensuite une certaine confusion entre plusieurs Foulques et plusieurs Guillaume de Marcilli, jusqu'au moment où le nom des seigneurs cessa d'être le même que celui de la seigneurie par l'avènement collatéral de Marie d'Estouteville, qui paraît descendre à la quatrième génération d'un Foulques vivant encore en 1397.

Marie d'Estouteville, dame de Marcilli-sur-Eure, qui avait pour aïeule Marguerite, fille de Charles VII et d'Agnès Sorel, porta cette seigneurie avec la charge de prévôt de Paris dans la maison d'Alègre, par son mariage avec Gabriel, baron d'Alègre, seigneur de Saint-Just, maître des requêtes, conseiller et chambellan de Louis XII, compagnon d'armes de Bayard, et neveu du maréchal de La Palice.

Christophe, marquis d'Alègre, leur quatrième fils, le seul survivant, compta Marcilli au nombre de ses seigneuries et mourut à Rome.

1589. Marguerite d'Alègre, fille de Christophe, apporta, par son mariage, la seigneurie de Marcilli avec la baronnie de Saint-André dans la famille du Fay. Georges du Fay, son mari, baron de la Mésangère, était vicomte de Pont-Autou et de Pont-Audemer, conseiller du roi, gentilhomme ordinaire de la chambre de Sa Majesté, son lieutenant au gouvernement de Quillebœuf et chevalier de Saint-Michel en 1597.

1621-1669. Pierre du Fay, baron de la Mésangère et de Saint-André, seigneur de dix-sept terres, dont Bouzeville, Boscherville, Condé et Saint-Philbert-sur-Risle, et Marcilli, chevalier de l'ordre du roi, gentilhomme ordinaire de la Chambre, conseiller d'État, mestre de camp de cavalerie légère, et *chef du vol pour pie*, pour les plaisirs de Sa Majesté, dans la grande fauconnerie de France.

1709. Son arrière-petit-fils, encore mineur, était qualifié, dans des titres originaux, marquis de Saint-André en la Marche, seigneur de Marcilli.

1734. Louis-François Dyel, chevalier, seigneur du Parquet, de Flazet, du Brémien, de Marcilli-sur-Eure, Saint-Laurent-des-Bois, et autres lieux, lieutenant colonel du régiment de Saint-Simon, chevalier de Saint-Louis, de la famille du premier gouverneur des Antilles françaises.

1768. Jacques-François Alexis Dyel du Parquet, *marquis* de Marcilli-sur-Eure, seigneur du Brémien, de Gratecuil et de Montulai, major aux gardes françaises, chevalier de Saint-Louis, beau-frère du duc de Beauvilliers, mourut sans enfants, laissant une sœur pour héritière.

1778. Denise-Françoise Dyel de Fontenelle, femme d'Antoine du Bosc de Vitermont, baron de Garencières, issu d'une famille qui descendait de Nicolas du Bosc, chancelier de France sous Charles VI.

1787. Le dernier seigneur de Marcilli

fut leur fils aîné, Antoine-François du Bose, marquis de Vitermont, capitaine aux gardes françaises, brigadier des armées du roi, qui prolongea sa carrière jusqu'en 1816.

Un chevron était gravé comme armoiries sur l'écu de la statue funéraire colossale de Guillaume de Marcilli. Les teintes des pièces héraldiques ne sont pas connues.

Les armes des d'Estouteville étaient : burelé d'argent et de gueules de dix pièces, au lion de sable brochant sur le tout.

D'Alègre : de gueules à la tour d'argent maçonnée de sable, accostée de six fleurs de lis d'or posées en pal.

Du Fay ou du Faï : de gueules à la croix d'argent, cantonnée de quatre molettes du même.

Dyel du Parquet : d'argent au chevron de sable, accompagné de trois trèfles d'azur.

Du Bose de Vitermont : de gueules à une croix échiquetée d'argent et de sable de trois tires, cantonnée de quatre têtes d'or lampassées d'azur.

II.

Malgré l'importance des familles qui ont successivement occupé cette seigneurie, la véritable histoire de Marcilli-sur-Eure est, depuis une confirmation épiscopale datée du 20 février 1223, l'histoire de l'abbaye du Breuil-Benoît : « Brolium Benedicti. »

L'origine de ce nom est un bois, un *breuil*, près duquel fut établi un monastère.

Malheureusement la plupart des titres ont disparu : Il faut regretter notamment un cartulaire que les frères de Sainte-Marthe ont connu, et une notice manuscrite dont les traces sont perdues depuis peu d'années.

Un membre de l'Académie des inscriptions, M. Berger de Xivrey, a écrit dans une savante brochure l'histoire de l'abbaye.

Cette monographie, publiée à un petit nombre d'exemplaires en 1847, est suivie de huit planches et de vingt-six pièces justificatives de 1158 à 1765. Elle a paru sous ce titre : *Recherches historiques sur l'abbaye du Breuil-Benoît, au diocèse d'Evreux.*

Le titre le plus ancien, conservé à la fois par le *Neustria pia*, la *Notitia abbatiarum ordinis Cisterciensis*, et par André du Chesne dans les preuves de son *Histoire généalogique de la maison royale de Dreux*, est ainsi conçu :

« Notum sit tam præsentibus quam futuris, quod ego Robertus, comes Drocensis, frater regis Francorum, et Agnes comitissa, uxor mea, pro remedio animarum nostrarum et antecessorum nostrorum, unum muidum annonæ ecclesiæ Brolii in molendinis nostris apud Ulmellos, et in fluvio qui dicitur Blesia, annuatim damus et concedimus. Et ut hoc ratum in perpetuum perseveret, nostri sigilli attestatione confirmamus. Actum publice anno incarnati Verbi MCLVIII. »

L'auteur des *Recherches historiques* publie ensuite une charte du même prince, entre 1170 et 1180, puisée aux mêmes sources;

Deux donations, l'une d'Adélicie, comtesse de Blois, de 1201 ; l'autre de Louis, comte de Blois et de Clermont, du 30 juin de la même année, provenant l'une et l'autre du fonds de Baluze à la Bibliothèque impériale ; une donation d'Yolande, comtesse de Braine, mars 1219.

Les auteurs du *Gallia christiana* ont imprimé plusieurs chartes de donations faites au Breuil vers le commencement du XIIIe siècle. La première est d'un Foulques de Marcilli. (1213.)

« Universis Christi fidelibus præsentes litteras inspecturis, ego Fulco, dominus de Marcilleio, notum facio me donationes et concessiones bonæ memoriæ Fulconis videlicet avi mei et Fulconis patris mei, quondam dominorum de Marcilleio, chartis suis expressas, verbo ad verbum sicut inferius sunt notatæ, diligenter inspexisse. Universis fidelibus præsentibus et futuris notum sit quod Fulco de Marcilleio et Johannes filius Philippi et Philippus filius Pagani concesserunt abbatiæ Beatæ Mariæ Sanctique Johannis Baptistæ de Brolio et monachis ibidem Deo servientibus, in eleemosinam perpetuam, quæcumque antecessores ipsorum eidem abbatiæ ante donaverunt, videlicet sedem ipsius abbatiæ, virgulta, vineas, hortos et fossata et totam terram et pratum de Ulmo ; et ductum aquæ molendini sursum et deorsum, et a virgulto sursum usque ad alveum fluminis Anduræ piscationem ita liberam quod nemo nisi per monachos ibi piscari præsumat. Addiderunt etiam ad donationes istas brolium totum juxta abbatiam, et terram in qua est ipsum brolium, et de terra plana circa ipsum VIII. pedes ad faciendum fossatum ad clausuram ipsius. Et sciendum quod fontem in ipso brolio Fulco de Marcilleio in dominio suo retinuit, et viam congruam ad ipsum juxta rivum ipsius.

« Pro hac antiqua decessorum suorum
« eleemosina confirmanda et nova broli
« donatione præfati milites habuerunt de
« caritate abbatis centum libras Drocen-
« sium. Donavit quoque præfatus Fulcoius
« jam dictæ abbatiæ duos modios vini
« apud Meden et dimidium decimam vini
« vineæ suæ de Marcilleio. Hæc omnia ita
« libere et quiete præfatæ abbatiæ sunt
« .... ata et concessa sicut cimeterium
« .... altare libere et quiete ea possidiat.
« Actum est hoc concessione Burge, ma-
« tris jamdicti Fulcoiis, et sororis suæ
« Garsendis, necnon et uxoris suæ Emme-
« linæ, Roberti quoque fratris Johannis...
« Hæc autem omnia supradicta Simon de
« Aneto, ad cujus feodum pertinent, con-
« cessit et Johannes, filius ejus. Actum
« anno gratiæ millesimo ducentesimo ter-
« tio decimo, mense aprilis. »

En 1228, Richard, évêque d'Evreux, confirma la charte de donation du patronage « ... ecclesiæ Sancti Petri de Marcillio... » souscrite par Foulques, seigneur de Marcilli, Gohier d'Anet, Jean de Marcilli et Robert, seigneur d'Ivri. (Gallia Christiana, XI, instrum., p. 111, n° xviii.)

Le Gallia christiana a conservé plusieurs actes des plus anciens seigneurs et des seigneurs voisins qui possédaient des terres sur le sol de Marcilli. Ces actes sont quelquefois au profit d'autres fondations religieuses que l'abbaye du Breuil-Benoit.

En 1218, Guillaume « de Marsilleio », du consentement de sa sœur Alburge, donna aux lépreux de Saint-Nicolas d'Evreux : « ... quamdam terram sitam « juxta maram de Ivonia, » et une autre voisine de la terre des moines « de Brolio « retro Petrucam » pour le tiers de son héritage « ... apud Petrucam ».

En 1221 « Fulcheius, dominus de Marcillio, » confirma, à la demande d'Aubrée, sa femme, et « dominæ Cœciliæ de Garne », la donation faite par cette dernière à l'abbaye de l'Estrée d'une rente de 5 sols « ... censuales in censu vinearum de « Garne... » Cette dame était la mère d'Aubrée.

En 1226, Foulques de Marcilli, du consentement de Foulques de Marcilli, son fils, donna, par transaction, à Saint-Taurin 10 sols de rente sur ses moulins de Marcilli, et 2 arpents de terre situés entre la terre de Gohier d'Aunai, chevalier, celle de Pierre « de Vado », chevalier, et le bois de Croth.

En 1227, Pierre « de Marcilleyo, « miles, » avait fait un arrangement semblable.

En 1233, Gohier d'Anet, « de Aneto, » transigea avec Saint-Taurin pour des droits que les religieux prétendaient avoir « in « portione mea de nemoribus de Mar« cilleyo... »

En 1235, Jean de Marcilli confirma toutes les propriétés des religieux dans tout son fief et domaine « de Marcilleio, « de Mokns et de Logiis... » (Gallia christiana, XI, instrum., p. 113, n° xx.)

En 1245, autre charte de confirmation par Gui d'Anet, « de Aneto, » chevalier, fils de Gohier. On y trouve ce passage : « ... quod scilicet nemus vocatur Brolium... » Gallia christiana, XI, instrum, p. 150, n° xxii.)

En 1263, autre charte de confirmation de Foulques, seigneur de Marcilli, du consentement de sa femme Jeanne, il abandonne la fontaine réservée par ses prédécesseurs. (Gallia christiana, XI, instrum., p. 150, n° xxii.)

Les Olim ont conservé (t. I, p. 70) le procès-verbal d'une enquête faite sous saint Louis sur un litige survenu entre les religieux du Breuil et le bailli de Verneuil, au sujet des défrichements de la forêt de Croth.

En 1356, Amauri de Neubourg confirmait une donation faite au prieuré de N.-D.-du-Parc d'Harcourt, par Jean du Val, curé de Saint-Ouen, « de Marsillé-sur-Eure. »

Le Gallia christiana ne donne pas comme pour la plupart des abbayes du diocèse d'Evreux l'Abbatum Syllabus. Il signale seulement : Abbates aliquot.

1190-1200. Guillaume Ier.
1212. Vincent. Sous cet abbé, en 1221, dédicace de l'église. Cette dédicace eut lieu par les soins de Richard, évêque d'Evreux, et de Gautier, évêque de Chartres. (Gallia christiana, p. 113, n° xvi.)

1235-1247. Thibaud : « Theobaldus, » de Marli, de la maison de Montmorenci, déjà abbé des Vaux-de-Cernai, mis au rang des saints.

C'est en son honneur que l'abbaye a possédé à Dreux un prieuré de Saint-Thibaud. A cette maison conventuelle se rapporte la première pièce relative au Breuil-Benoit qui soit écrite en français : un acte de 1450, conservé dans les chartes des droits et coutumes de la ville de Dreux, imprimées en 1637, et relatif à l'affirmation à former chaque année, après la Saint-Martin d'hiver, par le procureur des religieux, « si le vin qu'ils ont dans leur « maison de Sainct-Thibauld est du cru « de la ville, et de leurs vignes estant « assises ou Vignon de Dreux. »

1257. Renaud.
1271-1277. Raoul Ier.

Dans le *Gallia christiana*, lacune de 109 ans qu'il faut réduire de 36 ans, en rétablissant le nom de l'abbé Jean, conservé par les chartes de Dreux.

1360. Jean.

1386. Nicolas, ou plutôt Nicole d'après une quittance du fonds Gaignières, à la Bibliothèque impériale.

1391. Étienne d'Estrechi.

1410. Raoul II.

1413. Robert Ier.

1433. Amauri Ier Suradin, ancien moine de la Noë. Son sceau, conservé au bas d'une quittance de 1451, porte sur le haut une figure de saint en pied, tenant un livre de la main droite, et de la gauche une crosse ; sur sa tête un baldaquin ou pendentif ; au-dessous, les armes de l'abbé : deux chevrons surmontés d'un lambel à deux pendants, et au franc canton un lionceau.

1489. Amauri II, ou Mauri de Faverolles, qui rendit aveu au roi en 1497 du temporel de l'abbaye.

1518. Robert III.

1551. Henri Lemaire, le premier qui tint l'abbaye en commende.

1569. N... le Moine.

1577. Crépin Vignier ou Crépinien Vigor.

Vers 1583, Denis Hurault, évêque d'Orléans, neveu par sa mère du chancelier de Chiverni.

1602. Denis Hurault, cousin germain du précédent, et déjà abbé de la Trappe, omis par le *Gallia christiana*, et restitué par M. Berger de Xivrey d'après une généalogie imprimée à la suite des mémoires du chancelier.

Vers 1620, N... de Kermur.

Vers 1641, N... de Kermur, neveu du précédent.

1670. Michel Poncet de la Rivière, évêque de Sisteron, mort archevêque de Bourges en 1675.

1675. Michel Poncet de la Rivière, IIe du nom, évêque d'Uzès, puis d'Angers, titulaire de quatre autres abbayes, neveu de son prédécesseur.

Le *Gallia christiana* a confondu une fois encore, à cause de l'identité du nom de baptême, l'oncle et le neveu en un seul personnage.

Michel II, estimé comme orateur de la chaire, eut le double honneur de voir plusieurs de ses sermons attribués à Massillon dans une édition de 1704, et d'être choisi pour prononcer, dans l'église de Saint-Denis, l'oraison funèbre du dauphin, fils de Louis XIV. Il fut membre de l'Académie française.

1729. Pierre-Guillaume Gaillon, d'Évreux.

1763. Denis de Péguilhan de Lartoust, abbé de Saint-Chignan, maître de l'oratoire du roi et conseiller d'État.

Ce dernier abbé, dépossédé de ses bénéfices, vivait encore à Dreux en 1791. Homme de cour, il avait des relations suivies avec le château d'Anet. La tradition a conservé le souvenir d'une visite de la princesse de Lamballe au Breuil-Benoît, et du nom de Penthièvre donné à une des allées du parc de l'abbaye.

La concession faite en 1137 par Foulques de Marcilli comprenait, outre l'espace nécessaire à une église et à des bâtiments claustraux, un pré, un moulin, un cours d'eau dans de certaines limites, et un privilège exclusif de pêche beaucoup plus étendu.

La construction de l'église était assez avancée en 1200 pour permettre de placer dans une chapelle voisine de la sacristie le tombeau de Guillaume, fils du fondateur ; mais la consécration solennelle ne fut faite que le jour de l'octave de l'Ascension, en 1224, par Richard, évêque d'Évreux, assisté de Gautier, évêque de Chartres.

Il n'en reste aujourd'hui que les ruines encore imposantes, conservées avec un soin pieux par M. le comte de Reiset, qui s'est fait de l'ancien logis abbatial un château artistement restauré.

La nef, longtemps convertie en grange, est la seule partie de cet antique édifice qui promette une durée séculaire.

Les portefeuilles de Gaignières, à la Bibliothèque impériale, renferment une vue de l'abbaye en 1702, reproduite à la suite des *Recherches historiques*.

L'église abbatiale possédait de précieuses reliques. L'église de Saint-Eutrope de Saintes, laissée en possession du coffre miraculeux de Guillaume de Marcilli, avait dû, par décision pontificale, céder en échange un os de l'épaule de son saint patron. Une châsse en bois sculpté, donnée par l'abbé Denis Hurault, ornée des armes de sa famille surmontées de la mitre et de la crosse, et possédée aujourd'hui par M. le comte de Reiset, renfermait ces restes vénérés, objet d'un pèlerinage très-fréquenté. De nos jours encore, la fête de saint Eutrope est la fête patronale de Marcilli.

L'abbaye possédait aussi, dans une boîte d'argent, la tête de sainte Agnès qui, au temps des guerres de religion, fut confiée à l'abbaye de Saint-Ouen de Rouen, « ne furentium hæreticorum impiis ausibus subjaceret. »

Au moment de la suppression des monastères, en 1791, les statues des saints, le tabernacle, les autels, les grilles, les tombeaux avec leurs cercueils de plomb, et les archives furent transportés à l'église paroissiale de Saint-Pierre de Marcilli.

Une clause spéciale de l'adjudication des domaines abbatiaux portait : « La municipalité de Marcilli-sur-Eure pourra faire enlever, pour déposer dans son église paroissiale, le tombeau du fondateur qui est apparent dans l'église de la ci-devant abbaye... »

Mais la suppression du culte et les profanations survinrent. De la statue tumulaire de Foulques de Marcilli il n'existe plus que le tronc, retrouvé avec peine par M. le comte de Boisct ; et les restes du fondateur, arrachés de leur cercueil après cinq siècles, ont été confiés à la terre sous le porche de l'église.

La paroisse de *Monsieur saint Pierre de Marcilli* fut toujours en excellentes relations avec l'abbaye. Ses archives ont conservé des actes de fondations de dom Pierre de More, prieur en 1580, et de Denis Hurault, abbé en 1602, qui en font particulièrement foi.

Par permission de l'évêque Henri de Maupas, on y avait fondé, en 1667, sur la requête de messire Gabriel d'Esparbès, seigneur de Lussan, de dame Marguerite du Fay, son épouse, et damoiselle Marguerite d'Esparbès, leur fille, une confrérie du saint Rosaire dotée d'une somme de 30 livres de rente par an, « qui est un « revenu plus que suffisant pour la faire « subsister... »

Dépendances : — la Croix-du-Breuil ; — Motteux ; — le Moulin ; — le Valléger ; — la Villemont ; — la Cour-Jacques ; — la Briqueterie ; — Brazais ; — le Breuil-Benoît ; — la Mésangère.

MARCOUVILLE-EN-ROUMOIS.

Arrond. de Pont-Audemer. — Cant. de Bourg-Achard.

Patr. S. Eutrope et S. Maurice. — Prés. le seigneur.

Dès le XIIIe siècle, le patronage de l'église était en main laïque. Nous lisons dans le pouillé d'Eudes Rigaud : « Marcou- « villa, Jordanus de Yvetot, miles, patro- « nus, Valet xv. libras ; parrochianos xvII. « De isto patronatu contenderunt dictus « Galterus de Yvetot et Galterus de Buc- « sevilla in curia domini regis, et dicitur « quod Galterius de Yvetot obtinuit Ve- « rumtamen Guillelmus presbyter, qui « nunc est, presentatus fuit a Galtero de « Buesevilla et receptus a domino Petro « antequam alter Galterius optinuisset. »

Un titulaire fut ensuite présenté par le seigneur d'Harcourt, qui avait la garde noble des enfants de Gautier d'Yvetot.

Suivant les derniers pouillés, le seigneur du lieu présentait à la cure.

La Mésangère était autrefois un fief et possédait une forteresse dont il ne reste plus de traces. Elle appartenait en 1337 à Guillaume de Gaillon.

En 1589, la forteresse de la Mésangère était au pouvoir des ligueurs ; ils en furent bientôt chassés, et, en 1592, Mayenne tenta de la reprendre. Malgré sa nombreuse garnison d'infanterie et de cavalerie, malgré ses bastions et ses fossés, elle ne put résister aux efforts des assaillants : les défenseurs se rendirent à discrétion. Depuis cette époque, il n'est plus question du château fort de la Mésangère.

L'église n'existe plus. Cette ancienne paroisse est réunie à Saint-Denis-du-Bosguérard.

Dépendances : — la Factière ; — la Mésangère ; — la Saugère ; — l'Église.

Cf. Toussaint Duplessis, t. II, p. 623.
Canel, *Essai sur l'arrondissement de Pont-Audemer*, t. II, p. 319.

MARCOUVILLE-EN-VEXIN.

Arrond. des Andelys. — Cant. de Fleury-sur-Andelle.

Patr. S. Martin. — Prés. l'archevêque de Rouen.

Toute l'histoire de Marcouville se résume dans la domination de l'archevêque de Rouen.

La charte de Robert Ier en faveur de la cathédrale de Rouen cite Marcouville : « ... et très capitales hospites in Marcul- fivilla... »

On lit dans le pouillé d'Eudes Rigaud : « Ecclesia Sancti Martini de Marcouvilla. « Archiepiscopus patronus ; habet xxxiv. « parrochianos ; valet xv. libras Turonen- « sium... »

Suivant les pouillés, l'archevêque de Rouen conférait la cure de plein droit.

Nous n'omettrons pas de signaler une charte du prieuré des Deux-Amants, qui fait mention de Marcouville et de Baudri de Marcouville : « Ex dono Baldrici de « Marcouvilla et Christiani de Peruscha

« et Radulfi de Calvimont, culturam juxta
« Poteriam. Ex dono Agnetis de Huaneria,
« unam acram terre apud Marcouvillam...
« item, compositionem inter vos et cano-
« nicos de Salicosa super decima terre
« que est juxta Poteriam, pertinente ad
« ecclesiam de Marcouvilla, factam vobis
« confirmamus... »

Le fief de Marcouville appartenait au xvie siècle à la famille de Gaillardbois :

« François, par la grace de Dieu roy
« de France, à noz amez et féaulx les gens
« de noz comptes et trésoriers, à Paris,
« au bailly de Gisors ou à son lieutenant,
« et à noz procureur, vicomte et receveur
« au dit bailliage, salut et dilection. Sca-
« voir vous faisons que nostre cher et bien
« aimé Robert de Gaillarbois, escuyer,
« presbre, curé de Saint-Denis-de-Fer-
« ment, filz aisné de feu Robert de Gail-
« larbois, en son vivant escuyer, sieur de
« Marcouville, tant en son nom que ou
« nom de ses frères, nous a aujourd'hui
« fait ès mains de nostre aimé et feal chan-
« cellier les foy et hommaige qu'il et ses
« dits frères nous estoient tenuz faire pour
« raison du fief du dit Marcouville, ses
« appartenances et dependances, tenu et
« mouvant de nous par ung demy fief de
« haubert, à cause de nostre chastellenie
« d'Andely sur Seine. Ausquelz foy et
« hommaige nous l'avons receu, tant en
« son nom que ou dit nom, sauf nostre
« droit et l'autry. Si vous mandons, etc...
« Donné à Paris le xviiie jour de juing,
« l'an de grace mil cinq cens vingt trois
« et de nostre regne le neufiesme. (Arch.
de l'Emp., P. 274, cote 6282.)

Aveu du même fief fait par Robert
« de Gaillarbois », 9 juillet 1505. (Id.,
cote 6230.)

Aveu du même fief par Robert « de
Gaillartbois », fils ainé et principal héritier de feu Guillaume de Gaillartbois,
4 mai 1519. (Id., cote 6231.)

Marcouville a été réuni à Houville en
1812.

Dépendance : — les Cabarets.

MARNIÈRES.

Arrond. d'Evreux. — Cant. de Rugles.

Patr. S. Denis. — Prés. l'abbé de Lire.

Marnières figure dans la charte de fondation de l'abbaye de Lire : « et Marne-
rias. » Dans le Registre de Philippe-Auguste : «...et dimidium feodi apud Mar-
neres... »

On lit dans une ancienne table des
chartes de Lire :

« Carta Guillelmi de Marneriis, clerici,
« de tota hereditate quam habuit in par-
« rochia de Marneriis. »

« Carta Petri de Soillart, de una acra
« terre quam dedit apud Spinam in paro-
« chia de Marneriis. » (1243.)

« Carta Philippi de Chele et Amitie,
« uxoris ejus, de tenemento apud Marnie-
« res quod vendidit pro xxv. libris. »

Charte du chapitre d'Evreux en faveur
de Lire (1210) : « ... Ecclesiam de Mar-
« neriis, cum presentatione presbyteri, et
« medietatem decimarum bladi... »

En 1227, Thomas « de Bogevilla »
donne aux religieux de Lire un champ
« juxta Marneriam... » qu'il avait acheté
d'Eudes « de Bosco Comitis ».

En 1260, au mois de mai, l'abbé de
Lire fieffa un tènement « in parrochia
Sancti Dionisii de Marneriis ».

En 1234, Michel « de Codrayo, de parrochia Sancti Dionisii de Marneriis, » vendit au même couvent, pour 40 sols tournois,
une rente de 5 sols assise sur plusieurs
pièces de terre.

Cette ancienne paroisse a été réunie à
Bois-Anzeray en 1845.

Dépendances : — la Grande-Friche ; —
le Moussel.

MARTAGNI.

Arrond. des Andelis. — Cant. de Gisors.

Sur la Lévrière.

Patr. S. Vincent. — Prés. le seigneur.

La forme ancienne de Martagni paraît
bien être Martiniacum. Suivant Toussaint
Duplessis, souvent ce nom est écrit Martigny.

En 1266, Eudes Rigaud dédia l'église
de Martagni : « de Martigny. »

Dans le pouillé de cet archevêque, nous
lisons : « Ecclesia de Martigni. Valet xx.
« libras ; parrochiani LX. Amalricus pres-
« byter presentatus a domino Nicholao,
« domino ejusdem ville, et receptus a
« domino Galterio. »

Eudes Rigaud nomma sur la présentation de Jehan Bousquentin, écuyer.

L'église de Martagni demeura toujours
dans le patronage laïque.

Toussaint Duplessis rapporte qu'en 1493
le seigneur de Tourville présenta à la cure.
Un aveu du 7 décembre 1511 et le pouillé
de Rouen de 1648 donnent le patronage
au seigneur de la Londe-Commin. Suivant

les pouillés de Rouen des années 1704 et 1738, le seigneur du lieu a droit à ce patronage. (Voyez les droits des habitants de Martagni dans les *Usages et Coutumes des forêts de Normandie*, fol. 19 r°.) Ces droits étaient semblables à ceux des habitants de Bézu-la-Forêt. (Cf. l'article de BÉZU-LA-FORÊT.)

Au XIV° siècle, une partie du territoire de Martagni n'était pas cultivée. (Voyez un acte de 1300, à l'article de BÉZU-LA-FORÊT.)

Martagni était le siège d'un quart de fief de haubert. (*Arch. de l'Emp.*, P. 308, fol. 19, bailliage de Gisors.) En 1404, Jean de la Roche rendit aveu. En 1458, Jean de la Roche. En 1473, Michel Daniel.

« A tous ceulx, etc... fut présent noble
« homme Jehan de la Roche, escuier,
« lequel advoua à tenir nuement en foy
« et hommaige lige du roy, à cause de
« son chastel et chastellenie de Lyons,
« ou bailliage et vicomté de Gisors, ung
« quart de fief de haubert assis en la pa-
« roisse de Martegni et les appartenances,
« auquel quart de fief appartient ung
« moulin, coulombier, vingt arpens de
« boys, trente-huit masures ou environ.
« Item, six liv. huit sols de rente ou envi-
« ron, qui sont deubz au terme de Noel
« et au terme Saint-Remy, par chacun an.
« Item, vingt et ung chappon, deux au dit
« terme de Noel. Item, neuf vings œufz,
« au terme de Pasques. Item, au dit terme
« de Noel, cinq quartes de blé. Item, à la
« Saint Remi et Noel appartient sembla-
« blement six mines d'avoine. Item, douze
« acres de terre labourables. Item, au
« Neuf Marché, en la parroisse Saint-
« Pierre, dix sols parisis de rente ou
« environ, deux à la Saint Remi, à cause
« de six masures assises au dit Neuf
« Marché... Et par raison d'icellui fief a
« le dit escuier court et usaige de ses
« hommes en basse justice... Ce fut fait
« l'an de grace mil ccc cinquante et huit,
« le dimence trois jours de juing..... »
(*Arch. de l'Emp.*, P. 307, fol. 29.)

Il y avait autrefois à Martagni une verrerie dont l'exploitation conférait la noblesse.

Dépendances : — le Bord-du-Bois ; — les Deniers ; — la Rouge-Mare ; — les Simons ; — la Vieille-Verrerie.

(Cf. Toussaint Duplessis, t. II, p. 635.)

MARTAINVILLE-DU-CORMIER.

Arrond. d'Evreux. — Cant. de Pacy.

Patr. S. Pierre. — *Prés. le seigneur.*

L'abbaye de Saint-Taurin possédait des biens dans les paroisses de Martainville (ou mieux Martinville) et du Cormier :

« Hec sunt loca in quibus capit San-
« ctus Taurinus duas garbas decime in
« parochiis de Martinville et de Cormerio.
« In Dumo Fouconi in quo sunt viginti
« acre ; — in prepositura de Martinville
« ubicumque (?) sunt viginti acre ; — in
« feodo firma Christiani de Bois Berart
« defuncti quindecim acre ; — in feodo
« Cristiani Scole (?) de Runceio triginta
« acre ; — in quinque dictis terre, in valle
« de la Cornolloie, que terra est domini
« Roberti de Nemore Milonis, II. acre et
« dimidia. Summa IIII^{xx}. et VII. acre et
« dimidia.

« Hec sunt loca in quibus capit Sanctus
« Taurinus tertiam garbam decime in su-
« pradictis parochiis : in feodo Autoie
« Lavielle x. acre ; in feodo firma Te-
« boudi de Brouches x. acre, tam in plano
« quam in ... ; in feodo Johannis Fugitivi
« in valle Angereth v. acre. Summa :
« XXV. acre. »

Nous avons cité à l'article GARENCIÈRES des actes d'un certain Oger de Martinville. Il s'agit probablement de Martinville-du-Cormier, et nous insérons ici une charte de ce personnage :

« Sciant presentes et futuri quod ego
« Ogerius de Martinvilla dedi et concessi,
« in puram et perpetuam elemosinam,
« Deo et ecclesie Ebroicensi jus patronatus
« ecclesie de Garenceres, pro salute anime
« mee et antecessorum meorum, et quic-
« quid juris habebam in eadem ecclesia,
« ita quod ad ordinationem domini L.
« Ebroicensis episcopi de eadem ecclesia
« disponatur. Et sollempn[is]ando donum
« meum, posui illud super majus altare
« ecclesie Ebroicensis, et misi ecclesiam
« Ebroicensem in vestituram et possessio-
« nem supradicte ecclesie de Garenceres
« die Ascentionis, presentibus L. Ebroi-
« censi et H. Constanciensi episcopis, qui
« tunc presentes erant, assistentibus et
« videntibus multis aliis. Et promitto me
« hanc elemosinam garantizaturum. Quod
« ut perpetuum sit et ratum, presenti
« carta confirmavi et sigilli mei muni-
« mine communivi. Actum anno gratie
« millesimo ducentesimo decimo septimo,
« mense maio. »

Martinville et le Cormier ont été réunis en une seule commune en 1819.

Dépendances : — le Bois-Bercher ; — le Bois-Brac ; — le Bois-des-Brosses ; — le Bois-Milon ; — la Brosse ; — le Buisson-Sagout ; — le Cormier ; — la Houssaie ; — Longue-Haie ; — Martinville ; — Rochefort.

MARTAINVILLE-EN-LIEUVIN.

Arrond. de Pont-Audemer. — Cant. de Beuzeville.

Patr. S. Pierre. — *Prés. le seigneur.*

Dans une charte de Richard Cœur de lion en faveur de Saint-Taurin, confirmant les dons du duc Richard Ier, on lit : « ... In Liovino terram apud Martinivillam ... »

Dans une charte du xie siècle donnée par le duc Robert : « ... Et in pago Liviacensi Martainvilla, cum omnibus appen-
« dentiis suis ... »

Au xie siècle, Martinville appartenait à des seigneurs qui portaient le nom d'Osmondville. Ainsi la dîme de Martinville fut donnée à l'abbaye de Préaux, du temps de Robert II, par Hersende, veuve de Riboud d'Osmondville : « Roberto co-
« mite regente Normanniam, uxor Riboldi
« de Osmundvilla, Hersendis nomine, et
« Robertus, filius ejus, dederunt Sancto
« Petro decimam quam habebant in Mar-
« tinivilla, tam de suo dominio quam et
« hominibus suis, scilicet duas garbas.
« Idem fecit Ricardus de Luisores de
« terra quam habebat pro filia ejusdem
« Riboldi ... » (*Grande charte de Préaux.*)

« Riboldus de Martinivilla » figure comme témoin dans une charte de Préaux. (*Cart. de Préaux*, fol. 109 r°, n° 320.)

« ... Tempore Roberti Normannie co-
« mitis, filii regis Anglorum Willelmi,
« defunctus est Ribaldus de Osmundi-
« villa. Cujus uxor Hersendis et filius
« eorum, Robertus nomine, Pratellum
« venerunt, dederuntque Sancto Petro et
« abbati Ricardo et fratribus ipsius loci
« decimam quam idem Ribaldus in Mar-
« tinivilla eo die quo vivus et mortuus
« fuit habebat, scilicet de suo dominio ac
« de omnibus qui de eo tenebant duas
« garbas. Tertiam enim presbiter habe-
« bat, propter quod partitionem totius
« pecunie quam prefatus vir habebat
« Sancto Petro moriens reliquerat ; insu-
« per et societatem loci abbas et monachi
« ei contulerunt. Ex parte eorum testes
« fuerunt : Ricardus de Luisores, Lan-

« dricus de la Landa ; Robertus de Hel-
« dinvilla, etc... » (*Cart. de Préaux*, fol. 135 v°.)

« Robert d'Osmondville donna trois acres de terre « ... In Martinvilla pro monachatu suo. » (*Cart. de Préaux*, fol. 135.)

« Anno ab incarnatione Domini mille-
« simo centesimo sexagesimo octavo, do-
« minica ante Majorem Letaniam, domino
« abbate Henrico sedente in capitulo
« cum toto conventu, venit Balduinus de
« Hispania, filius Roberti de Osmondi-
« villa, ad ecclesiam Sancti Petri Pratelli,
« fuitque in capitulo, et donavit monachis
« ibidem Deo servientibus decimam mo-
« lendinorum suorum de Martinivilla, pro
« animabus predecessorum suorum, pre-
« sentibus et concedentibus Cecilia, uxore
« sua, et filio suo Henrico. Abbas autem
« eidem Balduino de beneficio ecclesie
« dedit quatuor libras Andegavensium,
« quas de elemosinario accepit. Omnibus
« autem de capitulo exeuntibus et in ec-
« clesiam progredientibus, predictus Bal-
« duinus per unum candelabrum deaura-
« tum supradictam decimam super altare
« posuit, et uxor ejus Cecilia et filius ejus
« Henricus in presentia abbatis totiusque
« conventus. Testes : Rogerius de Bosc-
« Osbert et Godefridus frater ejus, et Jo-
« hannes filius Radulfi de Fraingsa, Gau-
« fridus Wiscart, Hermoinus, Ricardus
« del Val, Willelmus frater ejus, Thomas
« filius Pagani de Maris, Godefridus For-
« tescu, Gaufridus Molendinarius de Mar-
« tinivilla. »

Dans les *Grands Rôles de l'Echiquier de Normandie* : « Henricus de Martinvilla
« reddit compotum de decem marcis pro
« eodem (pro plegio Ricardi filii Lan-
« drici). (Stapleton, M. R., p. 201.)

« Godefridus Sirart reddit compotum
« de uno bisantio pro audiendo dono
« quod Acliz de Bievredan fecit ei de
« terra sua apud Martainvillam, sicut
« carta sua testatur ... » (*Ibid.*, p. 207.)

En 1410, à Martinville (vicomté de Pont-Audemer), demi-acre de terre labourable, valant, année commune, 8 sols de rente.

En 1595, Vincent Letellier, écuyer, était seigneur de Martinville et du Mesnil. Au xvie siècle, le premier de ces fiefs passa dans les mains de la famille des Hommets, qui, peu d'années avant la Révolution, acheta de M. Desson le fief du Mesnil et celui de Vironcei. Ces deux fiefs relevaient tous deux de la seigneurie du lieu.

Martainville était un plein fief de haubert. Il y avait un fort beau château au chef-lieu de cette seigneurie. Il fut vendu par la nation, et détruit pendant la Révolution. Le château du Mesnil a également été abattu en 1820.

L'*Histoire de la maison d'Harcourt* (t. I, p. 910) indique dans cette commune un huitième de fief appelé Bonneteville ; il appartenait à Guillaume de Maimbeville en 1461.

L'église, située à l'extrémité de la place de Martinville, est de plusieurs époques. La base du clocher, la nef et la chapelle Saint-Mathurin, au nord, ont été construites en 1316 : cette date est indiquée par une inscription gravée au dessus du portail. La chapelle de la Vierge, au midi, présente tous les caractères de l'architecture du XV° siècle ; enfin, le chœur a été bâti en 1786. A cette époque, on avait creusé sous le chœur un caveau pour la sépulture des seigneurs de Martainville ; il a été rempli pendant la Révolution.

Il y avait jadis deux curés pour desservir cette paroisse : le premier était à la nomination du seigneur de Martinville ; le second, à celle du seigneur du Mesnil. Lorsque M. des Hommets devint possesseur du Mesnil, il réunit les deux cures en une seule.

Nous devons ces renseignements à M. Canel.

Dépendances : — l'Église ; — les Lièvres ; — la Carbonnerie ; — les Duquesne ; — la Brière ; — les Rois ; — le Mesnil ; — la Frelardière ; — la Gohardière ; — la Rosquerie ; — la Petitière ; — la Bouchardière ; — le Mesnil ; — les Quatre-Paroisses ; — la Cote ; — la Baronnie ; — Thibonnet.

Cf. Canel, *Essai sur l'arrondissement de Pont-Audemer*, t. II, p. 190.

MARTOT.

Arrond. de Louviers. — Cant. de Pont-de-l'Arche.

Sur la Seine.

Patr. S. Aignan. — Prés. l'abbé du Bec.

Martini tofta, *Marci tofta*. Peut-être aussi *Mar* est-il un nom de lieu ? Près de Bonport, un emplacement voisin se nommait au XII° siècle *Marestans*.

On a découvert à Martot les vestiges d'un cimetière mérovingien. M. l'abbé Cochet a rendu compte de cette intéressante découverte.

Une charte de Henri II concède à l'abbaye du Bec tout ce qui était utile, dans les forêts de Rouvrai et de Bord, aux établissements de l'abbaye à Quevilli et à Martot : « ... Sciatis me concessisse et præ-
« senti carta confirmasse abbati et mona-
« chis de Becco, ut accipiant in forestis
« meis de Rovercio et de Bord, ea que
« necessaria sunt ad herbergagia sua de
« Kivilleio et de Marethot facienda, et
« cum opus fuerit reficienda, et similiter
« boscum ad ardendum sine wasto... »

On trouve Adam de Marelot parmi les chevaliers qui jurèrent que le roi Henri avait pris possession des régales après la mort de l'archevêque Robert, puis parmi les témoins d'une charte de donation à Saint-Amand.

Hugues de Montfort donna à l'abbaye du Bec la terre et maison qu'il avait à Martot.

En 1197, Robert, comte de Meulan, fit une donation à l'abbaye de Bonport « ... apud Marétot ... »

Robert, comte de Meulan, donna aux moines de Bonport, « ... totam aquam
« meam de Secana, a Ponte-Arche deor-
« sum usque ad Marétot, et unum hate-
« lum liberum et quietum ... ad piscan-
« dum per totam aquam meam Secane, a
« Ponte-Arche usque ad Marretot, cum
« omnibus modis ingeniorum ... »

Cette dernière charte est de 1199.

En 1208, Guillaume de la Rivière vend son tènement à Martot.

En 1269, Roger « de Hedierville » confirma la donation d'un service dû par un tènement de vavassorie de Guillaume de la Rivière.

Dans une charte de 1215 en faveur de Saint-Amand : « Adam de Maretot et Adam filius ejus. »

Dans une charte de Saint-Taurin relative à Caudebec, en 1225 : « ... secus stratam de Maretot ... » (Gr. Cart. de Saint-Taurin, fol. 251 v°.)

« Sciant presentes et posteri quod Fe-
« licia, domina de Londa, uxor Eudonis
« filii Erneidii, dedit Roberto sacerdoti
« de Londa duas acras terre, scilicet di-
« midiam acram prati et unam acram
« et dimidiam terre lucrabilis, ante Mare-
« tot, in Insula de Engobomme, consensu
« viri, in elemosinam, pro servicio suo.
« Hanc terram ego Robertus, sacerdos
« Londe, dedi Deo et Sancte Marie de Becco
« in perpetuam elemosinam, pro salute
« corporis et anime mee et omnium ante-
« cessorum, consensu et voluntate domini
« mei Eudonis de Londa, qui etiam hoc
« donum meum a posteriorum noticiam
« hujus sigilli sui attestatione, liberum et
« quietum ab omni consuetudine et exac-
« tione, confirmavit. Testes : Radulfus de
« Frollancort, Rannulfus, Gilbertus, Ra-
« dulfus Grazportel, Goscelinus de Cri-

« chebu et Radulfus filius ejus, Willel-
« mus filius Tiberti, et multi alii. »

En 1258, Raoul de Martot, écuyer,
abandonne ses prétentions sur le patronage de l'église.

En 1260, Eudes Rigaud, qui dans ses
tournées séjournait souvent à Martot,
parle du manoir de l'abbé du Bec.

En 1272, « Radulfus dictus Guer de
« Lion, de parrochia Sancti Aniani de Ma-
« retot, ... » vendit une rente assise en
cette paroisse.

1275. Vente à l'abbaye du Bec, par
Rehoud Guertru, d'une rente de trois sols
et une géline, assise sur un héritage
« in parrochia Sancti Aniani de Mare-
« tot /... » Parmi les témoins on remarque un personnage nommé Bandri Dame-
Aie.

« A touz ceulz qui ces letres verront et
« orront ... le baillif de Roem, saluz.
« Nous faisons assavoir que, en l'assise du
« Pont de l'Arche, qui fu en l'an de grâce
« mil deux cens septante et sept, gaaigne-
« rent ... l'abbé et le couvent du Bec
« Helluin contre Baudouin de Muces et
« contre sa fame le droit et la possession
« de présenter à l'église de Saint-Aignien
« de Maretot par lo dit au devant dit ...
« abbé, enquel dit les devanz diz Baudoin
« et sa fame s'estoient mis haut et bas.
« Et dist le devant dit abbé que ses de-
« vantiers avoient présenté ni persones
« continuelment de lonc tens a, et que
« autre fice avoient les devantiers gaagné
« encontre les devantiers à la fame au
« devant dit Baudoin. Et ceu savoit il
« bien par letres et par instrumenz, et
« por ceu dist il son dit en tel manière
« come il est dit par dessus. Et fu jugié
« par chevaliers que les devanz diz abbé
« et le covent enporteroient la sesine et
« la propriété du presentement devant dit,
« et que il auroient letres de gaaigne à
« porter à l'evesque. En tesmoing de la-
« quel chose, nous avons mis le seel de la
« baillie de Roem en ces presentes letres.
« Ce fu en jor de lundi devant la Magde-
« leine, en l'an devant dit. »

1279. L'abbaye est maintenue dans son
droit et usage en la forêt de Bord à cause
de son manoir de Martot.

1305. Vente d'une rente de 20 s. par
Robert Lourel dans la même paroisse de
Martot.

En 1409, masure nommée la masure
Velot.

Dans l'inventaire des titres de l'abbaye
du Bec, on voit figurer un mémoire des
possessions de l'abbaye du Bec sises à
Martot et Criquebeuf, puis une liasse de
baux de Martot et de Criquebeuf.

1383. Pierre de Lynarrot(?) rend aveu.
1416. Guillaume de Linarrot(?).

Il y avait à Martot une sergenterie
fieffée. (*Arch. de l'Emp.* P. 307, fol. cxviii.)

Aveu en 1505 par Thomas Poignand et
en 1519 par Adam Langlois.

Dépendances : — Quatre-Ages ; — les
Fiefs-Mancelles.

Cf. *Recueil des Travaux de la Société libre de
l'Eure*, 3e série, t. IV.

MÉLICOURT.

Arrond. de Bernai. — Cant. de Broglie.
Sur la Charentonne.

*Patr. S. Ouen. — Prés. l'abbé
de Corneville.*

L'embarras est grand quand il s'agit de
fixer l'étymologie de Mélicourt.

Il a existé un évêque de Londres nommé
Mellitus. « ... Prope altare (dit Orderic
« Vital), quod beatus Petrus apostolus,
« tempore Melliti episcopi, cum ostensione
« signorum consecraverat sepultus est [rex
« Edwardus]. » On peut encore rappeler
les noms de « Merlinus » et de « Milo ».

La charte de fondation de Lire donnée
par Guillaume fils d'Osberne mentionne
Mélicourt : « decimam mercati de Melicort. »

Dans une charte de Landri, abbé de
Saint-Père de Chartres, relative aux Plan-
ches, on trouve parmi les souscripteurs :
« ... Herbertus de Melicurte... »

« In Christi nomine, ego Landricus,
« abbas coenobii Sancti Petri Carnoten-
« sis, omnisque congregatio nostra mona-
« chorum, notum esse volumus omnibus
« christiane fidei cultoribus, tam presen-
« tibus quam futuris, quod quidam Nor-
« mannus genere, Herbertus nomine de
« Melicurte, in territorio Molinorum castri
« septem acras terre, pro anima, Sancto
« Petro cum omni consuetudine tribuit...»
« Alio tempore, Hugo de Melicurtis to-
« tam totius terre sue decimam, pertinen-
« tis ad oppidum cui nomen Molins, jam
« dicte ecclesie nostre de Planchis gratis
« donavit, quod frater ejus Rogerius gra-
« tis concessit. Quod filii ipsius Rogerii,
« Echardus et Odo, gratanter concesse-
« runt. Ambo cum patre et patruo donum
« fecerunt ; Rogerio, de cujus feto res
« erat, et filiis ejus, Willelmo, Roberto et
« Gervasio, presentibus et idem beneficium
« consentiendo simul facientibus. » (*Cart.
de Saint-Père de Chartres*, p. 517.)

Dans une autre charte on trouve parmi

les témoins : « ... Herbertus de Melicurtis
« et Radulfus frater suus... » (*Ibid.*,
p. 549.)

« Duo fratres de Melicurtis, quorum
« alter Hugo, alter Rogerius dicebatur,
« quamdam terram quam Planchis in
« quarteriis habebant, nostri, monacho-
« rum videlicet Sancti Petri, ecclesie, in
« honore beatissime Virginis Marie dedi-
« cate... dederunt — Rogerio quoque de
« Planchis, a quo jam dicti fratres cam-
« dem terram tenuerant, in illius namque
« feudo erat, ob concessionem, unum pale-
« fridum dederunt. Testes... ex nostra
« parte... Willelmus de Melicurtis. »
(*Ibid.*, p. 546.)

« In nomine sancte et individue Trini-
« tis. — Ego Willelmus, comes Norman-
« nie, notum, etc. — Est in partibus no-
« stris villa quedam, Broillemat nominata,
« sancti Petri apostoli monasterio Carno-
« tensi ab ejus constructoribus antiquitus
« data. — Hujus monachus quidam, Gau-
« sfridus nomine..., rogavit Sancto Petro
« donari predicte ville judiciariam potesta-
« tem, quam ego inter alia possedi per sor-
« tem hereditariam. Sperans igitur, etc.,
« ipsius monasterii abbatis Landrici et
« omnium fratrum annuo petitionibus...
« Quicquid in predicta villa videor obti-
« nere Sancto Petro jam ex hac die per-
« petualiter trado.

« Signum Willelmi comitis, qui hanc
« donationem fecit. Signum Rodberti fra-
« tris ejus. Sig.... Willelmi filii Osberti.
« Signum Corbuonis de Falesia. Signum
« Gisleberti prepositi de Usmis. Signum
« Balduini de Gaci. Signum Herberti de
« Melicurte. » (*Cart. de Saint-Père de
Chartres*, p. 168.)

D'un registre de la cour des comptes de
Rouen il faut extraire la note suivante :

« Sergenterie de Glos. Mélicourt. Con-
« tribuables 50. L'abbé et les religieux de
« Corneville présentateurs. Il a les deux
« tiers des grosses dixmes.

« La cure vaut 300 livres.

« Le fief de Mélicourt de 500 livres, et
« celui de Cuvière de 200 livres, apparte-
« nant à Louis Agis, escuyer, sieur de
« Saint-Denis, et est patron honoraire. Il
« demeure à Saint-Denis-d'Augeron. »

Dépendantes : — l'Antillière ; — la Pilette ; — le Bon-Mérille ; — le Boulai ; —
Buchi ; — la Calonière ; — la Coiplière ;
— la Havière ; — la Montagne ; — le Val ;
— la Bellelière ; — le Chêne-Haute-Acre.

MELLEVILLE.

Arrond. d'Evreux. — Cant. d'Evreux (sud).

Patr. Notre-Dame. — Prés. le seigneur.

Melleville : peut être *Milonis villa*,
ou plutôt *Mellonis villa* : peut-être aussi
Merulæ villa.

Melleville, près Dieppe, est constamment appelé *Merulavilla* dans le cartulaire du Tréport. Il est certain que les
formes de Merville et de Melleville semblent avoir la même origine.

En 1234, Gautier Néel, écuyer, vendit
au chapitre d'Evreux, pour 20 livres
tournois, des rentes en argent et en nature
assises sur certaines mesures et terres
« ... sitis in parochia de Mellevilla et apud
« Esnitrevillam. » Parmi les témoins on
remarque : « Guillelmus de Merlevilla, »
et « Stephanus de Netrevilla. » Dans la
rubrique, Netreville est nommé : « Neu-
triusvilla, » ce qui fait dans le même acte
trois noms pour un même lieu.

1272. « ... Ego Gillebertus de Melle-
« villa et Sebilia uxor mea. »

1280. « Robertus de Melleville, miles,
« et Nicholaa ejus uxor. »

1303. « ... Unam peciam terre sitam
« in parochia de Mellevilla... » (*Grand
Cart. de Saint-Taurin*, f. LIX.)

« Le commun et habitans de Melleville
« ont en la forest d'Evreux le boiz sec en
« estant et en gesant par coustume et sans
« amende, et aussi ont en la dicte forest
« la terre, la mousse, la couldre, le ge-
« nest, le genièvre, le saux, le marsaux
« et la noire espine, et tout le boiz puant
« sans amende. — Item, ils pevent pren-
« dre en icelle forest tout boiz froissié et
« brissié, sec ou vert, s'il n'y a caable,
« sans amende ; et avecques ce ont l'arbre
« de quesne par paiant au roy pour cha-
« cun arbre XVIII sols s'il ne passe cha-
« retée, la souche de chesne par paiant
« XII sols tournois, se elle ne passe chare-
« tée, la charetée de bois de chêne par
« paiant six sols d'amende s'il ny a cepée
« de chesne vert, l'estoc de chesne pour
« six sols d'amende s'il ne passe charetée.
« — Item, la charetée de boiz de fou par
« paiant quatre solz d'amende, de l'arbre
« de fou, par paiant XVIII sols d'amende
« s'il ne passe charetée, l'estoc de fou
« pour un sols, la souche de fou pour
« neuf sols, la somme de boiz pour deus
« sols, et le fez pour six deniers. Et si ont
« acoustumé prendre et avoir en icelle
« forest le houl, le tel, le tremble, le me-

« risier, l'erable, le fresne, et tout mort
« boiz, par paiant pour chacun arbre III
« sols. — Item, puent prendre le demou-
« rant de toutes les livrées qui sont faictes
« en la dicte forest, à quelconques per-
« sonne, après ce que le maistre des eu-
« vres du roy les aura veuez, sans amende.
« Et si peuent prendre un branchier de
« fou ou de chesne pour III sols d'amende.
« Et avecques ce peuent cueillir en la
« dicte forest et en essart, tout fruitage
« quelconques, excepté glan et faine, tant
« à jour de feste comme à jours de sep-
« maine après la my aoust. Et auxi tout
« le demourant de toutes les bestes sau-
« vages que les loups auroient étranglées
« ou tuées en la dicte forest, sont et appar-
« tiennent aux diz habitans, mais que ils
« aient monstré iceulx demourans au pre-
« mier sergent. Pasturage à toutes leurs
« bestes en la haulte forest, hors deffens
« et le bois deffendu, sans amende; et en
« outre en icelle forest la paisson pour
« leurs pors, par paiant au pasnage II de-
« niers parisis, et se leurs pors ne vont en
« la dicte forest, ilz sont quites pour paier
« le premier pasnage. Pour les quelles
« franchises iceux habitans sont tenus
« de paier chacun an au roy cinq deniers
« tournois au terme de Noël, quatre de-
« niers et maaille à Pasques, à l'Ascen-
« sion (?) quatre deniers tournois, c'est
« assavoir chacun feu; et se aucuns
« d'iceulx habitant ont bestes chevalines,
« ilz doivent chacun une gerbe de blé et
« une gerbe de mars, et deux boisseaux
« d'avaine. Et ceulx qui n'ont nulles bes-
« tes chevalines ne doivent paier que
« une gerbe de blé, et auxi pour herbage
« doivent pour chacun porc maaille à estre
« paié chacun an le gras dimence. »
(*Usages et coutumes des forêts de Normandie*, fol. 196 r°.)

Cette paroisse a été réunie à Guichain-ville.

MÉNESQUEVILLE.

Arrond. des Andelys. — Cant. de Fleury-sur-Andelle.
Sur le Fouillebroc.

Patr. S. Aubin. — *Prés.* le seigneur.

Dans une charte de Raoul, fils de Robert Paon, en faveur de Mortemer on trouve parmi les témoins : « Odo de Manechevilla. »

Dans une autre charte en faveur du même monastère, on trouve : « ... testibus Eustacio sacerdote de Manechevilla... »

Le patronage paraît être toujours resté en main laïque. Suivant les derniers pouillés, le seigneur présentait à la cure. En 1631, le seigneur de Charleval y présenta. En 1678, le même seigneur y avait présenté au lieu du roi.

Le pouillé de Rouen de 1704 place à Ménesqueville une chapelle à la présentation du seigneur, dont le pouillé de 1738 ne fait aucune mention.

Le fief de Ménesqueville dépendait de Charleval. (Voyez l'article CHARLEVAL.)

Dépendance : — Ireville.

Cf. Toussaint Duplessis, t. II, p. 643.

MENILLES.

Arrond. d'Évreux. — Cant. du Pacy.
Sur l'Eure.

Patr. S. Pierre. — *Prés.* le seigneur.

Dans le traité de 1191, conclu entre Philippe-Auguste et Richard Cœur de lion, Menilles est désigné comme la limite des deux États.

Les vignes de Menilles sont déjà citées en 1223. Dix ans plus tard, en 1233, Adeline, fille de Guillaume Broutesaule, abandonne aux religieux de la Noë le droit de pressurage qu'elle avait à Menilles tant sur leurs vignes que sur celles de leurs hommes : « Totum pressoragium, tam de « vineis hominum suorum quam de vineis « suis, quas habent vel habituri sunt in « parrochia de Menilles, quod ad me per-« tinebit. »

Dans les chartes de la Noë, conservées à la Bibliothèque impériale, on voit qu'en 1223 Guillaume de Chambines, chevalier, fils de Gautier de Chambines, chevalier, cède à la Noë tout ce que les moines avaient « de feodo et dominio suo in parrochia de Menilis ».

1226. Adeline, sœur de Guillaume Roussel, de Menilles, transige avec les moines de la Noë au sujet de certains tènements donnés par le dit Guillaume.

1250. Robert Lepeletier, de Menilles, vend aux moines de la Noë, « ad usus domus pauperum infirmorum, » une pièce de vigne dans la paroisse de Menilles.

Vers cette même date, il est dit que le fief de Menilles est tenu du roi en la châtellenie de Paci.

« A homme honorable et saige chaste-« kin de Paci, Godefroi le Blanc, cheva-« lier, salud et amor. Je vos faiz asavoir « que les homes de Boisset, por quoi le « seigneur de Yvri plede à moi, de quoi « il demande la seigneurie à avoir en sa

« baronnie, queu sunt tenuz du meisme
« membre de haubere de Menilles, et le
« membre est tenu do roi en la chaste-
« lerie de Paci, e a li rois sur totes iceles
« osties et sus toutes iceles du membre
« rentes, c'est à savoir, jarbes en aoust,
« pain fetiz à Noel, et uves à Pasques et,
« se li hoir estoit en non aage, li mem-
« bre devant dit seroit en la garde lou
« roi o totes les appartenances ; e lo hamèau
« de Malbuisson de Menilles ausine du
« membre de haubere.

§ « Item la terre de Croisi o toutes les
« appartenances furent du don li roi Phe-
« lippe, qui dona à un qui estoit appelé
« mestre Almari Coispel, charpentier fu
« et mestre de fere engins, et fu donée
« la terre par point de chartre. Et de
« ceu veult li sires de Yrrie soustrere
« li gregneur partie de Croisie, et une
« partie de la vile de Vaus, et la gregneur
« partie de la vile de Saint-Vincent. Et
« toutes ces choses sunt de l'appartenance
« de Croisie. Et si veult ausine atrere le
« hamel que l'en apele les Molins, qui fu
« monseigneur Johan de Croisilles. »

Nous n'avons pas mentionné, à l'article
Croisi, une enquête importante faite vers
1250 pour déterminer ce que Robin
d'Ivri possédait dans les fiefs de Croisi.
Comme il s'agit de Menilles et des localités voisines, nous allons la reproduire
ici :

« Inquesta facta ad sciendum quid Robi-
« nus de Ybriaco habet in feodis de Croi-
« siaco.

« § Rogerus de Quoehere, miles,
« juratus, dicit quod sunt duo feoda
« apud Croisi, quorum unum est domini
« regis, et alterum Robini de Ybriaco,
« et quod nunquam vidit servientes Pa-
« ciaci facere justiciam super dictum feo-
« dum quod est Robini, nisi per defectum
« ipsius Robini.

« § Johannes de Hadencort, miles, ju-
« ratus, dicit quod unum de dictis duo-
« bus feodis est domini regis et alterum
« Robini de Ybriaco, et quod Amauricus
« Coispel et Dyonisius Coispel fecerunt
« homagium de illo feodo antecessori
« dicti Robini, et addidit idem qui loqui-
« tur quod nunquam vidit quin dictus
« Robinus et antecessores sui justiciarent
« illud.

« § Johannes Neel, miles, juratus, dicit
« quod unum de duobus feodis de Croisi
« est domini regis, et alterum Robini de
« Ybriaco, et quod semper vidit dictum
« Robinum et antecessores suos facere
« justiciam super illud ; sed addidit quod
« aliquociens vidit servientes Paciaci fa-
« cere justiciam super illud, et vidit homi-
« nes dicti feodi venire per justiciam
« regis apud Paciacum ; sed nescit, idem
« qui loquitur, si jus erat vel non ; et bene
« dixit quod Dyonisius Coispel fuit homo
« antecessoris dicti Roberti de feodo su-
« pradicto.

« § Guillelmus d'Escardainville, miles,
« juratus dicit quod semper vidit servien-
« tes Paciaci justiciare dictum feodum
« de magna justicia, sed bene dixit quod
« unum de dictis duobus feodis est domini
« regis et alterum Robini de Ybriaco.

« § Robertus de Chaulines, miles,
« juratus, dicit quod unum de duobus
« feodis de Croisi est domini regis et
« alterum Robini de Ybriaco, et quod
« vidit aliquociens dictum Robertum et
« gentes suas petere coram suam de
« magna justicia, sed nunquam vidit eos
« reddi.

« § Stephanus Albus, miles, juratus,
« dicit quod Robinus de Ybriaco habet
« unum de feodis de Croisi, et dominus
« rex alterum, et quod semper vidit dic-
« tum feodum justiciari de magna justicia
« per servientes Paciaci, et de minutis
« justiciis per gens dicti Robini.

« § Dominus de Menilles, juratus, dicit
« idem per omnia quod predictus Stepha-
« nus.

« § Dominus de Fonte, juratus, dicit
« quod nunquam vidit quin servientes
« Paciaci justiciarent feodum quod est
« Robini sicut et alterum quod est regis.

« § Guillelmus Lespicierre, de Paciaco,
« juratus, dicit idem quod dominus de
« Fonte, et addidit quod, quando gentes
« Roberti de Ybriaco capiebant nauta
« super dictum feodum, prepositus Paciaci
« faciebat per justiciam suam nauta reddi.

« § Radulphus dictus Miles, juratus,
« dicit idem quod dictus Guillelmus, et
« addidit quod vidit semper colligi foca-
« gium et scolagium per manus servien-
« tium Paciaci et reddi per manus corum-
« dem domino de Ybriaco.

« § Radulfus Morart, juratus, dicit idem
« quod Radulfus dictus Miles, et addidit
« quod, tempore comitis de Licestre, do-
« minus de Ybriaco pro dicto feodo facie-
« bat gardam in castello Paciaci per unum
« militem.

« § Ricardus Paien, Guillelmus Louvel,
« Andreas de Aurelianis, Petrus Galet,
« Simon Chevaler, jurati, dicunt quod
« de magna justicia prepositi Paciaci sem-
« per justiciaverunt dictum feodum, et de
« minutis causis veniebant gentes domini
« de Ybriaco tenere placita sua aliud
« Sanctum Acininum, et per justiciam pre-
« positi et servientium Paciaci. Tres autem
« de predictis ultimis addiderunt quod

« de nous rex, habuit gardam terrae in
« dicto feodo de morte Arnauldi Coispel. »

Le territoire de Ménilles était divisé en
plusieurs fiefs. Pour jeter un peu de jour
sur cette question difficile, nous allons
publier les aveux de ces fiefs, tous du
XV° siècle.

« Du roy, nostre souverain seigneur,
« je, Guillaume Le Cesne, au droit et à
« cause de Jehanne de Ménilles, ma femme,
« fille et héritière de feu Jehan de Mé-
« nilles, en son vivant escuier, seigneur
« de Ménilles, tiens et advoue à tenir...
« le noble fief de pleines armes nommé
« le fief de Ménilles, en la parroisse du
« dit lieu et chastellerie de Pacy, ou bail-
« liage et conté d'Evreux, par foy et hom-
« maige liges du roy... Ou quel fief a et
« appartient manoir, coulombier à pié,
« presseur à ban, jardins contenans en
« siege de terre deux acres, avec trois ar-
« pens de vignes ou environ et ung arpent
« de pré, et le patronnage ou droit de
« presenter à l'eglise et cure de Saint-
« Pierre du dit lieu de Ménilles. Et
« avecques et à cause d'icellui fief ay droit
« de prendre et avoir chascun an le
« nombre de quatre sextiers de grains,
« les deux pars blé et le tiers tresmoys sur
« les dismes de grains que ont droit de
« prendre en la dicte parroisse et dis-
« maige du dit lieu l'abé et couvent de
« Fescamp, et si ay droit d'avoir et pren-
« dre tous les terres, bougrains ou reve-
« nues qui en yssent ou pourront venir
« et yssir, par ce que le dit fief est tenu
« keur trouver et querir franche à l'enclos
« du manoir du dit fief de Ménilles pour
« mectre icelles dismes, et tout ce puet
« et pourroit bien valloir communes an-
« nées dix huit livres parisis. Item, ou
« domaine du dit fief de Ménilles a et
« puet avoir et appartenir trois cens acres
« de terre, qui en temps paisible se la-
« bourent, partie en vignes et partie en
« blés..., et l'on a plus d'icelles terres
« sont inutiles et en voye d'estre toujours
« ou jusques à long temps de nulle valeur,
« pour cause de la depopulation du païs,
« des guerres qui ont eu cours, etc)..
« Du quel fief de pleines armes deppen-
« dent... C'est assavoir : ung quart de
« fief, nommé le fief de Pontehebert...
« Item, ung autre quart de fief, nommé
« le fief du Moulin-Hebert... Et doivent
« les dessus diz quarz de fiefz du Pont-
« Hebert, du Moulin-Hebert et de Boisel
« chascun dix jours de garde à la porte
« du chastel de Pacy... Le x° jour d'a-
« vril après Pasques, l'an mil cccc cin-
« quante. » (Arch. de l'Emp., P. 308,
fol. 31.)

« A tous ceulx, etc... », fut present en
« sa personne noble homme Guy de Cham-
« beré, escuier, lequel advoua à tenir à
« foy et hommaige du roy,.. à cause de
« sa chastellenie de Pacy, ung quart de
« fief nommé le fief à la Hourderesse,
« assis en la parroisse de Ménilles, au
« Hault Ménilles, ou quel fief a court
« et usaige à simple justice, terres labou-
« rables et non labourables... Le dit de
« Chambery, tant pour lui que pour ses
« soustenans, doit dix jours de garde en
« temps de guerre ou chastel du dit lieu
« de Pacy... Le quel quart de fief, ancien-
« nement et en bon temps, povoit bien
« valoir par chascun an la somme de vint
« liv. tourn. ou environ, et de present, à
« cause des guerres et deffault d'ommes,
« ne vault que soixante solz tourn... Le
« dimanche huitiesme jour de novembre,
« l'an mil cccc cinquante. » (Arch. de
l'Emp., P. 308, fol. 33.)

« A tous ceulx qui ces lettres verront
« ou orront, Pierres Boreil, garde des
« seaulx de la chastellerie de Pacy, salut.
« Savoir faisons que, pardevant Pierre
« le Maistre, clerc tabellion juré d'icellui
« lieu pour le Roy nostre sire, fut pre-
« sent, si comme le dit juré nous raporta
« par son serment, auquel nous adjoustons
« foy, noble homme Jehan de Ménilles,
« escuier, sieur du dit lieu de Ménilles,
« lequel de sa bonne voulenté advoua à
« tenir du roy, nostre dit sieur, c'est
« assavoir : ung fief de haubert entier
« assis en la parroisse du dit lieu de Me-
« nilles et de Bousset Hanequin, ou quel
« fief le dit escuier a ung manoir, cou-
« lombier, pressouer à ban, jardins, court
« et usaige en basse justice, congnoissance
« de ses hommes resseans, ventes, reliefz,
« aides coustumieres, terres, prez, rentes
« en deniers, oyseaulx et grains, et la
« franchise de son dit manoir en la forest
« de Merey, dont il doit au roy nostre dit
« seigneur pour celle cause trois solz de
« conroy, et ainsy comme le dit fief s'estent.
« Et en icellui fief tiennent noblement du
« dit Jehan de Ménilles les personnes
« qui ensuivent, c'est assavoir : Pierre de
« La Lende, escuier, à cause de sa femme,
« ung quart de fief appellé le Pont-Hebert
« par foy et hommaige, et se relieve du
« dit Jehan de Ménilles, quant le cas
« s'offre, selon la coustume de Normandie,
« par soixante solz parisis. Item, les hoirs
« mesire Rogier Dodorron (?), jadis che-
« valier, ung qart du fief de haubert,
« nommé le Molin du Gué Hebert, ou
« quel molin sont baniers tous les hom-
« mes resseans du dit fief de haubert
« en icel par foy et hommaige, et se relieve

« du dit Jehan de Menilles, quant le cas
« s'offre, selon la dite coustume, c'est
« assavoir par soixante solz parisis. Item,
« Philippe de Giencourt, escuier, ung
« quart de fief assis audit lieu de Bouesset
« Hanequin, par foy et hommaige, et
« se relieffe du dit Jehan de Menilles
« par soixante solz parisis, selon la dicte
« coustume, quant le cas s'offre. Item,
« Guiot de Menilles, escuier, ung VIII⁰ de
« fief, assis au dit lieu de Menilles, par foy
« et hommaige, et se reliefve, selon la
« dicte coustume, par XIX sols parisis,
« quant le cas s'offre. Duquel fief de
« haubert entier le dit Jehan de Menilles,
« escuier, doit au roy nostre dit seigneur
« foy et hommaige, quarante jours de
« garde ou chastel de Pacy, en temps de
« guerre, et se reliefve par quinze livres
« tournois, et si en doit icelui Jehan de
« Menilles aides coustumiers, quant les
« cas s'offrent... Ce fut fait le XVIII⁰ jour
« de juing, l'an de grace mil cccc. et ung. »
(Arch. de l'Emp., P. 308, fol. 13.)

« A tous ceulx qui ces lettres verront,
« Guillaume, seigneur de Tignonville,
« chevalier, conseiller et chambellan du
« roy, nostre sire, garde de la prevosté de
« Paris, salut. Savoir faisons que, parde-
« vant nous present en jugement, noble
« homme Guyot de Menilles, escuier,
« lequel advoua et par ces presentes a-
« voue à tenir en foy et hommaige lige
« du roy, nostre dit seigneur, à cause de
« sa chastellenie de Pacy, ung VIII⁰ de
« fief noble, à court et usaige, assis en la
« parroisse de Menilles, ou lieu nommé le
« Hault Menilles, en la chastellenie de
« Pacy, et vault par an sept livres parisis
« de rente ou environ en toutes choses,
« et duquel fief il se disoit avoir fait foy
« et hommaige au roy nostre dit seigneur,
« et d'icellui fief est tenu ung autre VIII⁰
« de fief que tient à present Jehan Les-
« pringuel, et vault un liv. parisis de rente
« par an ou environ. Item, le dit Guyot
« advoua et advoue à tenir comme dessus
« ung autre huitiesme de fief; vault par
« an six liv. parisis de rente ou envi-
« ron pour toutes choses... Et se plus en
« y a, ledit escuier plus en advoua et a-
« voue à tenir en foy et hommaige lige
« du roy nostre dit sire, par la teneur de
« ces presentes, esquelles, en tesmoing
« de ce, nous avons mis le seel de la pre-
« vosté de Paris, l'an mil cccc. et quatre,
« le lundi XVIII⁰ jour de décembre. » (Arch.
de l'Emp., P. 308, fol. 147 r⁰.)

On dit qu'au XIII⁰ siècle le territoire
de cette commune produisait d'excellent
safran, et on montre encore au pied de la
côte des cayes bien voûtées, qui, suivant
la tradition du pays, servaient à déposer
la récolte de la contrée.

Le château de Menilles date des premières années du XVII⁰ ou mieux des dernières années du XVI⁰ siècle.

A la suite de la déroute de Brécourt,
qui eut lieu dans le voisinage, une partie
des fuyards se jetèrent sur Menilles et
saccagèrent ce village.

Lieu de naissance de Gui, surnommé
d'Evreux, théologien et prédicateur renommé du XIII⁰ siècle, auteur d'un grand
nombre d'ouvrages; de Le Sesne de Menilles d'Etemare, auteur ascétique, mort
en 1770.

Dépendances : — le Bas-Menilles; —
Fontenelles; — le Haut-Menilles; —
la Petite-Fortelle; — Butor; — les
Crouettes; — la Haie-des-Granges.

MENNEVAL.

Arrond. de Bernay. — Cant. de Bernay.

Sur la Charentonne.

Patr. S. Pierre. — Prés. le seigneur.

La forme ancienne est Manneval. Nous
l'interprétons par *Magna Vallis*, la
grande vallée. Ce nom paraît avoir été
donné par opposition à celui de la commune contiguë, Valailles : *Vallicula*, les
petites vallées.

L'origine de Menneval paraît fort ancienne. On a découvert récemment des
vestiges importants de constructions gallo-
romaines.

On trouve « Manavilla » dans la charte
de Charles le Chauve confirmative des
biens de l'abbaye de Saint-Ouen de Rouen.

Menneval est cité dans la constitution
de dot de la duchesse Judith, que nous
avons publiée à l'article Beaumai, sous la
forme « Manneval ». On sait que cette
pièce remonte au commencement du XI⁰
siècle.

Dans les *Grands Rôles de l'Echiquier
de Normandie* on lit : « ... et de quin-
« que solidis de Rocello de Manevalle pro
« eodem (vino supervendito), et de qua-
« draginta solidis de Nicolao de Maneval
« pro eodem..... » (Stapleton, *M. R.*,
p. 121.)

Une note du XII⁰ siècle, transcrite dans
l'obituaire de Saint-Evroult, porte : « Ba-
dulfus, monachus Bernaii, de Maneval. »

Nous venons de voir Menneval compris
dans la donation de Richard II à la duchesse Judith. Une fort belle pierre tumu-

laire nous présente le nom et les traits du seigneur qui le possédait dans les premières années du XIII° siècle ; c'était Mathieu de Varennes, d'une noble famille du Ponthieu, qu'il ne faut pas confondre avec l'illustre maison normande du même nom, descendue d'une nièce de la duchesse Gonnor, et qui a fourni à l'Angleterre les comtes de Surrey. La famille de ce seigneur de Menneval s'allia, dans les XIII°, XIV° et XV° siècles, aux maisons les plus nobles du royaume, et l'un de ses membres, Florent de Varennes, amiral de France, commandait la flotte de saint Louis au voyage d'outre-mer, en 1270. Dans un nobiliaire imprimé à la suite de l'*Histoire de Normandie* de Du Moulin, on trouve parmi les bacheliers du Ponthieu :

« M. Florent de Varennes : *De gueules à une croix d'or et un lion d'argent en premier quartier à la queue fourchée* ;
« M. Matthieu de Varennes : *Semblable, à une mollette d'argent.* »

Nous nous sommes assuré de l'existence du lion rampant à queue fourchue dans le premier quartier de l'écusson figuré sur la pierre tumulaire. Il ne peut, par conséquent, y avoir aucun doute sur l'identité de la famille, et il est probable que c'est précisément le personnage représenté ici qui est désigné dans le passage de Du Moulin que nous venons de citer.

Notre savant confrère M. le marquis Lever a bien voulu nous communiquer le résultat de ses recherches sur cette famille, éteinte depuis longtemps et assez peu connue. Il est porté à regarder notre Mathieu de Varennes comme le fils puîné de Florent de Varennes, amiral et maréchal de France. Le fils aîné de ce seigneur était Jean de Varennes, qui vendit au comte d'Artois, en 1276, la terre et baronnie d'Aubigny. Cette branche aînée de la famille s'éteignit par le mariage de Jeanne de Varennes, arrière-petite-fille de ce Jean, I° du nom, avec Galeran de Raineval, tué à Azincourt.

On trouve encore un autre Florent de Varennes, chevalier, seigneur de Grandville, vers le milieu du XIV° siècle.

Cette figure, d'une exécution remarquable pour l'époque et d'une belle conservation, présente entre autres détails de costume un haubert de forme bizarre.

Mathieu de Varennes fut probablement le père de Jeanne de Varennes, qui porta la terre de Menneval dans la famille de Léon, par son mariage avec Jean de Léon, chevalier, seigneur de Montagu. Leur fille, Jeanne de Léon, épousa Roger, II° du nom, sire de Breauté et baron de Neville, qui vivait en 1364.

Roger de Breauté, III° du nom, seigneur de Neville et de Menneval, châtelain de Bernay, petit-fils des précédents, épousa, dans le commencement du XV° siècle, Marguerite d'Estouteville, fille de Robert d'Estouteville, VI° du nom, et de Marguerite de Montmorenci. Il fut chambellan des rois Charles VI et Charles VII, et se distingua au service de ces deux princes, et notamment au siège d'Harfleur. Ruiné par les rançons qu'il fut, à plusieurs reprises, obligé de payer aux Anglais, il vendit, de concert avec sa femme, à Jean, comte d'Harcourt, par contrat passé à Rouen en 1413, la seigneurie de Menneval et ses extensions sur Bernay et autres communes voisines, sous droit de réméré (voy. *Maison d'Harcourt*, I, p. 513). Cette vente fut faite pour le prix de huit mille livres tournois.

Deux ans après, le roi, en sa qualité de seigneur suzerain, réclama les objets vendus, et ils lui furent adjugés par arrêt du parlement de Paris, le 3 février 1415, moyennant le remboursement du prix et des loyaux coûts. Le comte d'Harcourt reçut en conséquence, en décembre 1416, 8,700 liv. tournois. (*Maison d'Harcourt*, III, p. 514. *Trésor des Chartes*, Normandie, Evreux, 15, 16, 17, 18 et 19.)

Par suite de ces actes, Menneval faisait partie du domaine royal à l'époque de l'invasion d'Henri V, qui accorda à ses habitants, en même temps qu'à ceux de Bernai, la charte suivante :

« E rotulo Normanniæ, anno septimo
« Henrici V.
« Sciatis quod concessimus et licentiam
« dedimus omnibus et singulis fidelibus,
« ligeis et subditis nostris villæ de Bernay
« et de Manneval, quod ipsi ad quæcum-
« que partes de obedientia seu amicitia
« nostra existentes, cum bonis, denariis et
« mercanditiis suis, tam per terram quam
« per mare et aquam, de nocte vel de die,
« quotiens voluerint se divertere, ibidem
« morari et mercandissare, et ab inde
« ad propria cum bonis, mercanditiis et
« denariis salvo et secure redire, ac tot
« litteras de salvo conductu quot pro secu-
« ritate sua in hac parte sibi necessariæ
« fuerint et opportunæ adquirere possint
« et obtinere absque impedimento seu
« molestatione aliquorum officiariorum
« seu ministrorum nostrorum quorum-
« cumque ; dum tamen ipsi exercent mer-
« candisas, ac costumas, subsidia et alia
« deveria nobis in hac parte debita fide-
« liter solvant, et quod ipsi aliqua bona
« seu mercandisas aliquorum inimicorum

« nostrorum non colerent quovis modo.
« In cujus, etc... Teste rege apud villam
« suam de Manté, primo die Augusti. »

Malgré l'aliénation que nous venons de
voir et la fâcheuse situation de la famille
de Breauté qui ne lui permettait pas de
rentrer dans la propriété de Menneval,
elle n'en continua pas moins à en faire
hommage au roi par actes des 30 avril
1593, 5 avril 1599, juin 1515 et janvier
1515, ainsi qu'à prendre le titre de vicomte
de Menneval. En 1558, Henri II, en reconnaissance des services rendus par cette
famille, autorisa Adrien de Breauté, Ier du
nom, à faire usage du droit de rachat
stipulé par son bisaïeul; mais l'état de sa
fortune ne lui permettant pas de profiter
de cette faculté, il la vendit au sieur de
Mainteternes, dont la famille possédait
encore Menneval au milieu du XVIIe siècle. A cette époque, Gabriel Du Moulin,
l'un de nos historiens, y exerçait les
fonctions de curé.

Les amis de nos antiquités visitent encore avec intérêt le riant enclos du presbytère que Du Moulin habita, et regret-
tent qu'il ne soit rien resté de ses manuscrits sur l'histoire de Normandie depuis la conquête de Philippe-Auguste,
et sur celle de la ville de Bernai, notre
commune patrie. La conservation des documents qu'il avait dû recueillir pour l'accomplissement de cette dernière tâche eût
sauvé de l'oubli bien des faits et des
noms aujourd'hui perdus sans retour, et
nous eût épargné des recherches malheureusement aussi stériles que pénibles.

La belle terre de Menneval a appartenu
à Mme la comtesse Dauger, née de Bouville. Nous n'avons pas connaissance qu'il
reste de traces de l'enceinte de l'ancien
château. Presque en face de celui qui a
été reconstruit de nos jours, se trouve,
de l'autre côté de la vallée et sur le territoire de Boufflé, l'emplacement d'une
ancienne fortification connue dans le pays
sous le nom de Puits-des-Buttes.

Menneval était autrefois le siège d'une
haute justice.

Dépendances : — Durceur ; — la Grande-
Route ; — le Pré-Hardi ou la Gendarmerie ; — Moulin-Saint-Léger ; — Toussue ;
— la Vallée-de-Menneval ; — le Hameau-
de-l'Église ; — les Vallées.

Cf. Métayer et Gadin, *Découverte de constructions gallo-romaines*, 1856, Bernay, in-4°.

Aug. Le Prevost, *Mémoire sur quelques monuments du département de l'Eure*, p. 23. Le passage
de ce mémoire relatif à Menneval a été fondu dans
l'article ci-dessus.

MERCEI.

Arrond. d'Evreux. — Cant. de Vernon.

Patr. S. Gilles. — Prés. le seigneur.

On voyait naguères dans l'ancienne
église plusieurs statues des seigneurs du
lieu et des fragments d'un bas-relief représentant l'arbre généalogique de ces
seigneurs. L'église a été transformée récemment en grange.

MEREI.

Arrond. d'Evreux. — Cant. de Pacy.

Sur l'Eure.

Patr. Notre-Dame. — Prés. l'abbé du Bec.

Méri, Méré, Merei, Merei (*foresta de
Mere*) viennent de la même source : *Ma-
driacus*, lieu abondant en bois.

Nous pensons qu'il faut écrire : Méré,
et non pas : Mérey.

Guillaume « de Mere » figure comme
témoin dans une charte de Jean de Chambines en faveur de Notre-Dame du Lesme.

Hugues « de Meri » est témoin dans une
charte de Richard d'Evreux en faveur des
lépreux de Saint-Nicolas.

Soit une charte de Robert, comte de
Leicester, en faveur de Lire, dans laquelle il est question de la forêt de Méré :

« Robertus, comes Lecestrie ; Ernaldo
« de Bosco et omnibus baronibus, bailli-
« vis et ministris suis in Normannia, salu-
« tem. Sciatis quod ego, pro amore Dei,
« concedo et confirmo monachis meis de
« Lira omnes eleemosinas quas habent in
« terra mea in Normannia. Et volo et fir-
« miter precipio quod illas teneant et pos-
« sideant bene in pace, libere et quiete,
« et nominatim decimas septimanas in
« prepositura Britholii, Nove Lire, Gloti,
« Pascei, ita quod habeant servientes suos
« et custodes ad custodiendas illas ; et ha-
« beant in suis quicquid habeo in meis
« septimanis, in consuetudinibus, in pla-
« citis et forisfactis, in molendinis et in
« omnibus rebus, ita quidem quod in
« molendinis nihil ponant de suo si con-
« fringantur in suis septimanis, sed de
« meo reparentur. Preterea concedo eis
« quartum denarium de Nova Lira et de-
« cimam census predictarum quatuor vil-
« larum. Concedo quoque eis decimam
« plenarie de omnibus exitibus foreste de
« Brithol, et quod habeant de foresta ad

« ignem eorum, quantum necesse fuerit
« (sine) liberatione, et ad domos, grangias
« eorum faciendas quantum necesse fue-
« rit, sed hoc per visum et liberationem
« baillivi mei de foresta; et quod habeant
« pasturam animalibus suis et porcis do-
« minicis in foresta et porcos quietos de
« pasnagio. Concedo et eis confirmo omnia
« heremitagia in foresta de Brithol, ita
« quod nullus rector sit in eis nisi per
« ipsos monachos, et quod disponant de eis
« ad voluntatem ipsorum. Concedo quo-
« que eis et confirmo decimam et redeci-
« mam de omnibus terris meis et omnibus
« censibus et reddititibus meis in valle An-
« dele, et decimam et redecimam de omni-
« bus exitibus foreste de Longo Boello,
« et quod servientes eorum in domibus
« eorum ibi residentes habeant de ipsa fo-
« resta ad ignem eorum, et ad domos et
« grangias suas ibidem faciendas, quan-
« tum necesse fuerit, et quod habeant
« pasturam in ipsa foresta animalibus et
« porcis suis dominicis, et porcos suos
« quietos de pasnagio. Concedo et eis
« heremitagium Sancti Augustini cum
« pertinentiis suis. Concedo quoque eis
« et confirmo decimam de omnibus exi-
« tibus bosci parvi apud Pasceium, et
« decimam de omnibus exitibus foreste
« de Mere, et quod monachi vel serviens
« eorum apud Pasceium residens habeat
« in ipsa foresta consuetudinem et usa-
« gium suum. Concedo quoque eis quod
« habeant septem de servientibus suis li-
« beros, et in bosco et in plano, et quin-
« que burgenses de Veteri Lira quoscun-
« que voluerint liberos per totam terram
« meam. Concedo quoque eis et confirmo
« quod habeant tales libertates in terris
« et hominibus suis quales ego habeo in
« meis. Prohibeo igitur ne quis de here-
« dibus meis vel baillivis meis super pre-
« dictas elemosinas et libertates injuriam
« aut molestiam eis faciat. Teste Amicia
« comitissa, apud Leirocestriam. »

Vers 1205, parmi les chevaliers qui déclarèrent sous serment les limites des châtellenies d'Evreux et de Gaillon, on remar-
qua Eudes Havart « de Merri ». (Cart. normand, n° 120.)

« Henricus, Rogerus, Ricardus, Mi-
« chael, presbyteri; Henricus de Fins,
« Odo de Bescort, Robert de Espiers,
« milites; Guillelmus de Ceris, Herbertus
« de Guslencort, Rogerus de Bosco, Ber-
« nardus de Rouxi, Tbchenbaudus de
« Meri, Albinus de Buxeria, Rogerus Le
« Diore, Guillelmus Corduanus, Johannes
« Lupin, Radulphus Coqus, Albinus de
« Paciaco, jurati, dixerunt quod milites
« castellanie Paciaci, octo servientes et
« quindecim presbyteri et duo populi, vide-
« licet Noveville et de Bretigniolls, et le-
« prosi Paciaci habent ramos sine copello
« foris de via in foresta de Meri, red-lendo
« servitium quod propter hoc consueve-
« runt facere. Tres milites qui sunt de
« castellania Ebriaci, videlicet Robertus de
« Espiers, qui debet unum convivium per
« quemlibet annum servientibus foreste,
« Gaufridus de Ceris, qui debet singulis
« annis unum sextarium avene, et Johan-
« nes de Braencol, qui debet singulis annis
« unum quarterium frumenti, habent in
« predicta foresta ramos sicut alii. Omnes
« alii rustici castellanie Paciaci habent
« in predicta foresta mortuum nemus et
« merrenum ad reparandas carrucas suas,
« dum tamen merrenum in bosco prius
« signaverint. Debent autem omnes rustici
« singulis annis pro mortuo nemore unus-
« quisque quatuor ova in Pasca, unum
« panem in Natali, in festo Sancti Remi-
« gii dimidium quarterium bladi; illi qui
« sunt supra ripam carrucas suas bis in
« anno; illi qui sunt montani semel in
« anno. Iste quatuor ville, que sunt de
« feodo Briaci, videlicet Ceris, Lorra, Es-
« piers, la Foletere, habent mortuum ne-
« mus in foresta et alia sicut ceteri rustici
« Paciaci, reddendo singulis annis carru-
« cas suas semel in anno et alias consue-
« tudines, et per desuper unam gallinam
« et unum quarterium avene. Illi autem
« qui dicebant se habere singulis annis in
« Natali unusquisque sagum unam, per
« inquisitionem factam non fuit inventum
« quod predictas fagos habere debeant. »

Gilles, évêque d'Evreux, confirme la donation de l'église de Méré, faite par Guillaume de Méré à l'abbaye du Bec : « Egidius, Dei gratia Ebroicensis episcopus,
« universis ecclesie sancte fidelibus, in Do-
« mino salutem. Que locis religiosis pro
« salute animarum suarum conferri dona-
« tio pia fidelium, justum est ut memorie
« litterarum commendentur ad noticiam
« posterorum. Ea propter sciat universitas
« vestra quod Willelmus de Meri eccle-
« siam de Meri et decimam, quam jure
« hereditario hactenus tenuerat, in manu
« mea prius libere et absolute redditam,
« consensu et voluntate filiorum suorum,
« dedit monasterio Sancte Marie de Bec-
« co... » Dans la suite de la charte, il est
dit que Hugues, frère de Guillaume, et
Guillaume, son neveu, avaient déposé
avec lui cette donation sur l'autel de Notre-Dame du Bec « ..... per candelabrum. »

En 1501, il y eut discussion pour le patronage de Méré entre l'abbaye du Bec et
Jean Quernel, écuyer.

En 1520, Méré eut pour curé Pierre Fabri, auteur d'une rhétorique et d'autres ouvrages de littérature, et pour seigneur, dans le XVIII° siècle, François-Paul Gallais, mort en 1777, après avoir été ministre et secrétaire d'État de Stanislas, roi de Pologne.

Sur les droits des habitants de Méré dans la forêt de Méré, voyez *Usages et coutumes des forêts de Normandie*, fol. 169 v°.

L'extrémité d'une éminence voisine du village est marquée par de profonds retranchements, au milieu desquels s'élève la motte d'une ancienne fortification.

Conférez les articles de BREUILPONT et de LOREI.

Dépendances : — les Grands-Vaux; — les Moulins; — la Petite-Fortière; — les Petits-Vaux; — les Echards.

MESNIL-FUGUET (LE).

Arrond. d'Evreux. — Cant. d'Evreux (nord).

Patr. S. Aubin. — *Prés.* le seigneur.

On a dit le Mesnil-Fuguet, le Mesnil-Figuet et le Mesnil-Fugues.

Dépendance : — Binou.

MESNIL-HARDRAI (LE).

Arrond. d'Evreux. — Cant. de Conches.

Patr. Notre-Dame. — *Prés.* le seigneur.

Peu de choses à dire sur le Mesnil-Hardrai.

Nous avons recueilli des formes anciennes qui peuvent être rapprochées de ce nom : « Vadum Hardere, Vallis Hardre. » Dans le cartulaire de Saint-Père de Chartres, on trouve une charte relative à un moulin : « ... de Vado Hardere super Audurani sito... » Il devait être aux environs de Saint-Georges-sur-Eure.

Dans le cartulaire de Marmoutier, Bibl. imp., 5441, t. II, p. 89, on trouve une charte de Robert II de Courci. Parmi les témoins du côté des moines : « Johannes de Valle Hardre. »

Les chartes de la Noé nous fournissent un acte relatif à Bellemare, dépendance de notre commune :

1240. « Odelina, priorissa de Casa Dei... « nos... quitavimus... quinque quarteria « bladi, valentis ad mensuram de Con-« chis, que dicti monachi nobis reddere « tenebantur anno... ad grangias suas

« de Bella Mara pro molta terrarum sua-« ram de Nocumenti et de furno Erem-« borgis leprose. Predicti vero monachi « in excambio dictorum quinque quarte-« riorum bladi dederunt nobis et conces-« serunt duas sextaria fromenti, que do-« mina Odelina de Aquila, assensu et « voluntate Gisleberti, filii sui, domini de « Aquila, iisdem in elemosinam conti-« lit, percipienda singulis annis ad Pas-« cha in manerio suo de Crepon... Actum « anno Domini m° cc° quadragesimo. »

Gaston de l'Estendart, capitaine de Dreux et maître d'hôtel de Catherine de Foix, reine de Navarre, épousa Charlotte Le Bœuf, dame du Mesnil-Hardré, descendue de Raoul du Fresne et d'Agnès de Courtenai, fille naturelle de Robert de Courtenai, seigneur de Conches, petit-fils de Louis le Gros. Ce seigneur de l'Estendart portait d'argent à un lion à queue fourchue de sable. Cet écu est souvent brisé à l'épaule du lion d'un autre écu burelé d'argent et de gueules de 8 pièces, qui est de Hongrie.

Dépendances : — Bellemare; — les Brosses; — Ecorcheuvre; — le Heloup; — Monceaux; — Pinchcloup; — Ponpourcelles.

MESNIL-JOURDAIN (LE).

Arrond. de Louviers. — Cant. de Louviers.

Patr. Notre-Dame. — *Prés.* le seigneur.

Guillaume Baignart, qui était en discussion avec Jean, évêque d'Evreux, sur une des deux gerbes de la dime du Mesnil-Jourdain : « super una de duabus garbis « decime de Mesnillo Jordani, quam le-« nuerat Johannes Seluin in elemosinam, « in qua jure hereditario presentationem « clamabam, » la lui abandonna et reçut de lui, à cette occasion, 11 liv. angevines. « Actum anno gratie millesimo centesimo « octogesimo decimo, regni Ricardi An-« glie regis anno primo. His testibus : « L. et magistro Malgero, Ebroicensis « ecclesie archidiacono; Matheo, capel-« lano; Ricardo, capellano de Valle Ro-« dolii; Galtero de Portu; Ricardo Mun-« quer; magistro Rogero. »

Suit une charte de Geoffroi du Mesnil et de Guillaume Baignart sur le même sujet : « Noverit universitas vestra, quod ego « Gaufridus de Mesnillo et Willelmus Pai-« gnart, homo meus, concessimus et de-« dimus et in manu Johannis, Ebroicensis « episcopi, misimus medietatem duarum

« garbarum decime bladi do parochia
« Maisnili, concedentes quod idem epi-
« scopus et successores ejus de præfata
« medietate decime prout voluerint ordi-
« nent et donent et conferant cuicumque
« voluerint ecclesiæ vel personæ. Et ut ista
« donatio in posterum rata et firma per-
« maneat, eam præsenti scripto et sigilli
« mei munimine roboravi in perpetuum
« valituram. »

Jean, évêque d'Evreux, consacra à l'entretien de l'un des desservants de sa chapelle épiscopale . . . duas garbas decime
de Mesnillo Jordani. . . .

Au mois de novembre 1243, « Jordanus
de Mesnillo Jordani, miles, » et Isabelle,
sa femme, donnèrent à l'abbaye de Bonport : « ... quoddam molendinum datum
« nobis in maritagio, quod habebamus
« apud Landemare in aqua Arduræ... »

En 1285, « Johannes dictus du Quable,
de parrochia de Tourneville, » vendit à
Etienne, seigneur du Mesnil-Jourdain ;
« Stephano, domino de Mesnillo Jordani,
militi, » 2 sous tournois et une géline de
rente, « ... de quadam pecia terre et de
« quadam pecia vinee adjantibus una al-
« teri, sitis in parochia de Tournevilla,
« inter terram mei dicti Johannis du
« Quable, ex una parte, et terram Pe-
« tri de Hemello, ex altera, pro viginti
« solidis turonensium... » Parmi les témoins, on remarque Pierre et Jean « de
Hemello ». (Cart. de Beaumont, f° 109 v°.)

Vers 1310, la commanderie de Saint-
Etienne de Renneville était propriétaire
au Mesnil-Jourdain.

Voici les noms de plusieurs seigneurs
du Mesnil-Jourdain :

1393. Pierre de la Héruppe.
1403. Guillaume de la Champaigne.
1410. Colin Paynel.
1419. Jean d'Hellenvilliers.
1484. Arthur d'Hellenvilliers.
1517. Louis d'Hellenvilliers.
1533. Guillaume d'Hellenvilliers.
1571. Antoine d'Hellenvilliers.

« En présent en sa personne noble
« homme Artus de Hellenviller, escuier,
« seigneur du Mesnil-Jourdain, lequel de
« son bon gré, sans contrainte, voyant le
« grant et affectueux désir que frère Jehan
« Berthon, prestre religieux de la tierce
« ordre de Saint-François, avoit de vivre
« et finir ses jours, comme il disoit, en
« dévocion et en lieu hors la communauté
« du peuple, et afin qu'il mette à effet sa
« bonne intention, congnut et confessa
« avoir donné et accordé, baillé, donné
« et accordé par ces présentes, pour lui et
« ses hoirs, audit Berthon, sa vie durant
« et à ses successeurs de la ditte ordre,

« après son décès et trespas, c'est assa-
« voir une place et lieu ès bois de la ditte
« seigneurie du Mesnil-Jourdain, nommé
« l'Ermitage, ainsi qu'il est de présent,
« avec acre et demie de bois à prendre en
« l'environ d'icelui lieu, et 40 perçhes de
« terre au long de la rivière d'Eure, au
« bas et en l'endroit d'icelui hermitage. Ce
« fut fait le 29° jour de septembre, l'an
« de grâce 1470. »

1511. Dans un dénombrement du 24 mai,
Guillaume d'Hellenvilliers, écuyer, déclarait, tant à cause des francs-fiefs de la pa-
neterie de Normandie et de Becquet que
du fief de Mesnil-Jourdain, devoir le service d'un homme d'armes quand il plai-
sait au roi de faire tenir son ban et
arrière-ban.

Louis d'Hellenvilliers était seigneur du
Mesnil-Jourdain vers 1600. Il épousa Marie
de Seghiso.

Une famille noble du Mesnil-Jourdain
s'était établie à Bourl (Oise), près de Gisors, dans le hameau de Monthine.

Le couvent de Sainte-Barbe, fondé en
1470, eut pour principaux bienfaiteurs
Henri IV et le seigneur de Tilli. En 1601,
le cardinal du Perron, évêque d'Evreux,
y introduisit les réformes du tiers ordre
de Saint-François.

Cette paroisse avait pour curé, au commencement du XVII° siècle, Picard, auteur
d'ouvrages mystiques : *le Fouet des Paill-
lards* et *l'Arsenac* (sic) *de l'Ame*. Son nom
est particulièrement attaché à l'affaire fameuse de la possession des religieuses
de Louviers, par suite de laquelle son
corps fut exhumé et brûlé comme sor-
cier le 21 août 1647. Picard eut pour
successeur immédiat, dans la cure du
Mesnil-Jourdain, Laugeois, auteur de
*l'Innocence opprimée, ou Défense de Ma-
thurin Picard*.

Cavoville a été réuni au Mesnil-Jourdain
en 1826.

Dépendances : — Caillouet ; — Cayo-
ville ; — le Petit-Mesnil-dit-Rossignol ; —
Sainte-Barbe.

MESNIL-PEAN (LE).

Arrond. de Louviers. — Cant. du Neubourg.

Patr. S. Pierre. — *Prés. le seigneur.*

L'origine de ce nom me paraît être :
« Mesnilo Pagani. »

1233. « ... Johannes de Siccis Molendi-
« nis, miles, ... dedi quinque solidos annui
« redditus, quos Durandus Point Mulo et

« heredes ejus reddent eis de tenemento
« quod tenet de me apud Mesnillum Pa-
« gani. »
1493. Guillaume du Mesnil-Péan rend it
aveu.
1516. Jean Havène, à cause de Marguerite du Mesnil-Péan, sa femme, seule héritière de Guillaume du Mesnil-Péan, son
frère.
1484. Pierre Taupin.
1516. Nicolas Taupin.
1534. Nicolas Taupin.
1538. Bertrand Lebire, à cause de Philippe Taupin, sa femme.
On trouvera un aveu du fief du Mesnil-
Péan, en 1409, aux Archives de l'Empire.
(P. 309, p. 9.)
Le patronage appartenait au seigneur.
La *Gazette de France* annonçait en juin
1771 que Marie-Jeanne-Françoise-Georges
de Nollent, femme de Louis-Charles de
Colty de Brécourt, ancien officier au régiment de la Fère, déjà mère de huit enfants en moins de six ans de mariage,
venait d'accoucher, en son château de
Mesnil-Péan, de trois enfants qui parais-
saient pleins de santé. En 1829, ces trois
jumeaux étaient encore vivants.
Le Mesnil-Péan a été réuni à Bérenge-
ville-la-Campagne en 1808.

MESNIL-ROUSSET (LE).

Arrond. de Bernay. — Cant. de Broglie.

*Patr. S. Jean-Baptiste et S. Firmin. —
Prés. l'abbé de Saint-Evroult.*

On trouve dans une charte de Robert
de Leicester : « ... Apud Mesnil-Rosset
unam acram terræ... »
Une autre charte de 1234, en faveur de
l'abbaye de Saint-Evroult, porte : « Mesnillum Rousset, novum marnitium, vetus
marnitium.
Une charte de 1299 parle du chemin
qui conduit du Mesnil-Rousset à Glos :
« ... Queminum quod conducit de Mesnillio Rosset apud Gloceium... »
Nous trouvons au XVIe siècle la note
suivante dans les registres de la chambre
des comptes de Rouen :
« Contribuables, 42.
« Saint-Evroult présente à la cure et a
« les deux tiers de la grosse dîme affer-
« més au curé, 100 liv.
« La cure vaut 300 liv.
« Jacques de Bois de la Ville, escuier,
« sieur de (Launey?), possède le fief du
« Mesnil-Rousset, à cause duquel il a les
« honneurs.

« 400 acres de terre; 3, 4 et 5 l. l'acre. »
Dans le cartulaire de la Trappe, que
possède la Bibliothèque impériale, il y a
un chapitre consacré à la terre de la Gastine : « de Gastina. »

Dépendances : — le Bois-Benoult; — le
Buisson-Alix; — la Davière; — la Gastine; — la Hugotière; — les Nots.

MESNIL-SOUS-VIENNE.

Arrond. des Andelys. — Cant. de Gisors.

Sur la Lévrière.

*Patr. S. Aubin. — Prés. le prieur de
Saint-Laurent-en-Lions.*

Nous commencerons par nous étonner,
avec Toussaint Duplessis, du surnom de
sous Vienne : « subtus Vianam, » dans un
pays où il n'y a point de lieu qui s'appelle
aujourd'hui Vienne.
Cependant on voit figurer au XIIIe siècle,
dans des actes relatifs au Vexin, une famille de Viane, et c'est peut-être l'origine
de ce surnom.
En 1239, « Johannes de Viana, » avec
le consentement de sa femme Asendis,
donna aux Templiers de Burgout une pièce
de terre à Cahaignes : « Unam pechiam
« subtus monasterium de Kaheignes, inter
« terram Petri de Blasru et terram Matil-
« dis de Wauvilla...; pechiam terre inter
« terram Johannis de Castello et terram
« Petri de Neesio apud Malletam...; pe-
« chiam terre apud keminum de Kitre...;
« pechiam inter terram Johannis de Cas-
« tello et terram Osberi de monasterio de
« Fontegaio. » (1230, décembre.) Parmi
les témoins, Raoul et Laurent « de Saisnencort ».
En décembre 1250, Axende, veuve de
Jean de Viane, donna aux Templiers
« ... unum masagium... » qu'elle tenait
d'eux, situé « inter masagium Petri de
« Blaru et masagium Laurentii de Sais-
« nencort; unam pechiam terre inter ter-
« ram Radulfi de Saisnencort..., ad ke-
« minum de Gisencort, qui ducit ad Ver-
« nosem; unam pechiam terre inter
« terram Emmelot, neptis Johannis de
« Viane defuncti, et terram Ricardi de
« Aubigni. »
On lit dans le pouillé d'Eudes Rigaud :
« Ecclesia de Mesnillo subter Vianam,
« xvi. libras turonensium; parrochianos,
« LXX. Prior Sancti Laurentii in Leonibus
« presentarit. »
Ce passage prouve clairement que le
droit de présenter à la cure du Mesnil-

sous-Vienne ne fut pas donné, comme on la prétendu, au prieuré de Saint-Laurent de Lions par Enguerrand de Marigni. Au XVIIIe siècle, ce prieuré avait 800 livres de fermage en la paroisse du Mesnil-sous-Vienne.

En juin 1307, Philippe le Bel donna à Enguerrand de Marigni toutes les terres, prés, bois, vignes, fiefs et arrière-fiefs, justices et seigneuries appartenant au roi dans la paroisse du Mesnil-sous-Vienne.

« Osbertus, persona de Mesnillo subtus Viennam p. est cité dans le Registre de l'échiquier de 1338. »

Le Mesnil-sous-Vienne faisait partie des Sept-Villes de Bleu. Voyez l'article MAIN-NEVILLE et l'article LONGCHAMP.

Dépendances : — les Billebaut ; — la Coudre ; — Latée ; — les Simons ; — le Timbre ; — le Mont-Auger.

Cf. Pouillé du diocèse, t. II, p. 640.

MESNIL-SUR-L'ESTRÉE.

Arrond. d'Évreux. — Cant. de St-André.
sur l'Eure.

Patr. Ste Madeleine. — Près le seigneur.

Le nom de l'Estrée (*Strata*) désigne un territoire que traverse la voie romaine d'Évreux à Dreux. Le nom de Mesnil-sur-l'Estrée est récent : l'ancien nom est la Madeleine d'Heudreville.

Nous avons dit à l'article HEUDREVILLE-SUR-EURE qu'il y avait dans cette commune un prieuré de Saint-Martin : c'est une erreur dans laquelle nous a entraîné le pouillé des bénéfices simples, conservé aux archives de l'Eure. Le prieuré de Saint-Martin était situé à Heudreville, aujourd'hui dépendance de la commune du Mesnil-sur-l'Estrée.

Le prieuré était de l'ordre de Saint-Benoit, et dépendait du monastère de la Sainte-Trinité de Tiron, au diocèse de Chartres. Il était afferme dans les derniers temps environ 10,000 livres.

Nous allons donner quatre pièces du XIIe siècle, touchant Heudreville, et que nous croyons inédites. La première est un accord entre les abbés de l'Estrée et de Tiron au sujet des dîmes d'Heudreville ;

« Ego Rotrodus, Ebroicensis episcopus, « notum fieri omnibus volo quod Ste-« phanus, abbas Tironii, et Gervasius, « abbas Stratensis, coram me inierunt « concordiam de universis decimis quas « domus de Hildrevilla deposcebat a domo « Stratensi, scilicet de tota decima terra « de Burgavilla, et tertia parte decime de « Forgis et terra quam habent a Pagano « de Troncheviller, et tertia parte decime « terre quam a domina de Mesnil, et terre « quam habet a Gisleberto de Montuisle. « Pro his ergo omnibus reddent annuatim « monachi de Strata domui de Heudre-« villa duos sextarios frumenti, et quatuor « siliginis, et sex avene, ad mensuram de « Illeis, ad festum Omnium Sanctorum. « Hujus rei testes sunt... Rogerius, prior « de Hildrevilla... Anno ab Incarnatione « Domini millesimo centesimo sexage-« simo. »

Vient ensuite une donation à l'abbaye de l'Estrée de certains droits dans l'église d'Heudreville, dans le fief du Mesnil, etc.

« Ego Rotrodus, Dei gratia Ebroicensis « episcopus, notum fieri omnibus volo « quod... et Henricus, filius ejus, con-« cesserunt monachis de Strata totam de-« cimam quam ab eis exigebant in terra « de Forgis, et quam habent a Pagano « de Troncheviller, et quam habent pro « sorore Baldrici, et quam habent a Gis-« leberto de Montuisle, et preterea quic-« quid habebant in ecclesia de Hildrevilla, « scilicet tertiam partem decime feodi de « Mesnil et de terra de Brueria, excepto « Cocumpedio (?), et tertiam partem de-« cime terre monachorum in feodo de Mes-« nil et de Brueria, excepta cultura de « Cruce et duobus arpentis in Valle Au-« bonet Hasta Sancti Stephani, et in terri-« torio de Autelvilla tertiam partem totius « decime, excepta parte Girardi de Mosi « et Simonis de Autelvilla, excepta decima « quam sacerdos tenet, quam dicunt esse « suam, et si habere poterunt monacho-« rum erit... Hujus rei testes sunt... « Ricardus, decanus de Runvilla... Anno « ab Incarnatione Domini millesimo cen-« tesimo sexagesimo primo. »

« Ego Galterus, Dei gratia abbas Tyro-« nensis, et totus conventus, notum fieri « volumus, tam presentibus quam futuris, « nos, de communi assensu capituli nos-« tri, relaxasse abbatie de Strata quam-« dam pensionem quam solebant singulis « annis solvere domui de Heudrevilla, pro « decimatione cujusdam terre quam infra « terminos nostre parrochie colebant, di-« midium scilicet annone et dimi-« dium avene, sub hac conditione quod « ipsi monachi de Strata, de consensu « capituli sui, relinquunt nobis totam de-« cimam quam tenebant de Henrico Pas-« cente Auserem, exceptis propriis cultu-« ris suis, sub annua pensione ; ita tamen « quod nos singulis annis debeamus ip-« sam pensionem predicto Henrico per-« solvere, unum scilicet modium hiber-

« nagli et bindua arebei, ad mensairam Dro-
« cetsem... Anno x° c° LXXX° II° Incar-
« nationis Domini... » (Cart. de l'Estrée,
n° 119.)

« Ego Rotrodus, Ebroicensis episcopus,
« notum fieri volo presentibus et futuris
« quod per manum nostram facta est
« compositio inter monachos de Strata et
« sacerdotem de Ildreville, sive et succes-
« soribus suis, de decima que ad sacerdo-
« tem pertinet, terre quam monachi ha-
« bent ab Amalrico et a Pagano de Tron-
« cevillier, unde compositio facta fuerat
« coram me signata per sigillum nostrum.
« Et preterea de tercia parte decime
« trium bovatarum terre quas habent de
« feodo Baldrici de Mesnil. Hoc autem
« pacto facta est compositio hec, ut pro
« his omnibus red-lant monachi annuatim
« quatuor sextarios hibernagii et duos
« avene ad festum Sancti Remigli, ad men-
« suratam de Museio hujus rei testes sunt :
« Robertus, decanus; Albodus, abbas de
« Trapa, et magister Herbertus. Anno ab
« incarnatione Domini millesimo cente-
« simo sexagesimo tertio. » (Chartes de
l'Estrée.)

En 1221, Aubin Polin, avait donné à
l'abbaye de l'Estrée cinq sols parisis de
rente « à prendre sur les revenus des
« Autes », qui lui étaient acquittés par
Philippe le Maire des « Autes », d'après
une note marginale. (Cart. de l'Estrée,
n° 54.)

En 1233, Aubin Polin, du consentement d'Aaleis, sa femme, donna aux
moines de l'Estrée 8 livres tournois de
rente à prendre sur Guillaume, dit le Chevalier « de Puteis », et sur ses ténements
et revenus de Pincon, d'Heudreville et
« de Altaribus in Bourgesin ». (Cart. de
l'Estrée, n° 55.)

Le registre des visites pastorales d'Eudes
Rigaud nous apprend qu'en 1250 le prieuré
d'Heudreville était occupé par quatre moines dépendant de l'abbaye de Tiron. Les
revenus du prieuré étaient de 190 livres,
et les dettes s'élevaient à 300.

En 1258, trois moines; ils suivaient fort
peu les règles de l'ordre de Tiron. Le revenu était de 300 livres, les dettes de
100 livres.

En 1269, trois moines. La vie des moines
n'était nullement exemplaire.

En 1310, Gilles Marchant et Jean Le
Monnier, « de la paroisse de la Magdalene
de Heudreville, si come eux disent, » vendirent à Saint-Taurin tout ce qui pouvait
leur appartenir ou échoir « en la paroisse
de Saint-Jehan jouxté Mourcene ».

Un acte de 1504 semble constater que,
sur le territoire actuel du Mesnil-sur-
l'Estrée, on distinguait trois titres religieux : l'abbaye de l'Estrée; la cure du
Mesnil et le prieuré d'Heudreville. Cet acte
concerne les dîmes des grandes et des petites Gastines et la dîme du Pont-Franchet;
mais il paraît bien certain que l'abbaye de
l'Estrée était sur le territoire contigu de la
paroisse de Muzy.

Le fief d'Heudreville appartenait au
prieuré de Saint-Martin d'Heudreville; il
s'étendait sur les paroisses du Mesnil-sur-
l'Estrée et de Saint-Germain-sur-Avre.

Le patronage de l'église de la Madeleine
d'Heudreville appartenait au seigneur du
Mesnil-sur-l'Estrée. Jean de Pilliers était
seigneur avant 1415. Robert Button,
écuyer anglais, tint ce fief pendant l'occupation anglaise. Georges de Pilliers était
seigneur en 1469. Ce fief passa successivement aux familles de Mabiel du Coustumel et de Nourry.

Parmi les fiefs, nous noterons le fief de
la Bruière, qui appartint aussi aux seigneurs du Mesnil-sur-l'Estrée, c'est-à-dire
aux familles de Pilliers et de Nourry et à
celle de Lecrane; enfin, le fief d'Autheau-
ville, qui en 1562 appartenait à Charles
Honnery et à la veuve Jehan Jolis. Voyez
ci-dessus la charte de 1221...

Le Mesnil-sur-l'Estrée se distingue aujourd'hui par les grands établissements de
M. Didot.

Dépendances : — les Forges; — Heudreville; — Auger.

MESNIL-VERCLIVE,

Arrond. des Andelys. — Cant. de Fleury-sur-Andelle.

Patr. S. Nicolas. — Prés. l'archevêque.
Patr. S. Martin. — Prés. l'abbé de Mortemer.

On croit que Verclive est le lieu désigné
sous le nom de Wandrekeus dans le
testament rédigé en faveur de Saint-Denis
vers l'an 690 : « ... sacratissimo fisco
« villa cognomenante Wadreloef, sitam in
« pago Vilcassino, cum domebus, manci-
« peis, silvis, agris, pratis, pascuis, aquis
« aquarumve decursibus, cum omni jure
« et termeno suo, sicut a me est posses-
« sum et moriens dereliquero, cum pecu-
« liis omnibus habere decerno... »

Au XII° siècle, la colline tout entière sur
laquelle Verclive est placée s'appelait Verclive : de même la plaine au bas de cette
colline était appelée Brémulle. Cette dénomination générale, que nous retrouvons
à propos de la célèbre bataille de Brémulle dans Orderic Vital, confirme notre

conjecture au sujet de l'attribution de *Wpadrekeus* à Vérelive. Voici les passages d'Orderic Vital qui concernent Verclive :

« ... Quatuor nempe milites super Guarclivam montem a rege constituti speculabantur ne quis aliunde impedimentum illis quolibet modo moliretur, qui videntes galeatos cum vexillis Nogionem tendere, confestim regi suo mandavere. »
« Prope montem qui Guarcliva nuncupatur, liber campus est et latissima planities que ab incolis Bremulla vocitatur. Illic Henricus rex Anglorum cum 1500 militibus descendit, arma bellica bellicosus heros assumpsit, et serratas pugnatorum acies prudenter ordinavit... »

L'abbaye de Saint-Ouen paraît avoir été propriétaire à Vérelive au xi° siècle.
« ... Et id quod datum est in villa que dicitur Warcliva,... » (Charte de Richard II pour Saint-Ouen.)

Il y avait, comme nous le verrons tout à l'heure, une église dédiée à saint Martin à Verclive.

Richard, chevalier, seigneur de Verclive et patron de l'église, donna au xii° siècle le patronage à l'abbaye de Mortemer au moment de partir pour la terre sainte :

« Richardus etiam miles de Warcliva, cum in itinere Hierosolimitano dies ageret extremos, ecclesiam de Warcliva, cujus erat patronus, ecclesie Mortuimaris delegavit ; et Amalricus miles, filius ejus, a domino Rothomagensi Waltero confirmari fecit. » (*Neustria pia*, p. 778.)

En 1190, dans une charte de Robert, comte de Meulan, en faveur de Saint-Lô de Rouen : « Ricardus de Warclive, Amaunus, filius ejus... »

« Notum sit omnibus presentibus et futuris quod Ebroinus de Warcliva commutavit abbatie de Mortuo Mari campum Vallis de Chesnelo et campum Roberti filii Radulphi de Chaisneio, pro campo Catherarii et pro duobus campis in Brunvalle. Et hoc concesserunt filii ejus Matheus, Robertus et Petrus, et affidaverunt tenere in proprium, et accepit de caritate ecclesie ejusdem unum ; et ... pactione Ebroinus omnes querelas quas a prima positione domus usque in diem quo hec facta sunt adversus abbatiam [habebat] remisit in perpetuum, ut opere suo vel suorum propter queelam quam ante hoc adversus eam habuit non debeat deinceps.... molestari. Quia vero partem terre quam cambiavit abbatie, scilicet campum Roberti filii Radulfi in Chaisneio accepit ab hominibus... de Haymaras et Aeliz, uxore ejus, et filiis suis Godefrido et Roberto, ab Eustache et Ascio filio suo, dedit eis Ebroinus campum de Valle Bosel et campum de Trembleyo et iterum campum de Valle Chaisnei. Et ipsi concesserunt concambium istud, et affidaverunt tenere pacem cum ecclesia, ut propter hoc amplius non moveant querelam. Testes Gislebertus sacerdos de Warcliva et Willelmus sacerdos de Lisort, Godfridus de Maisnil et Fulbertus de Warcliva, Robertus de Plaisselz, Balduinus de Ponte, Hugo Nepos.... Robertus filius Beatricis de Salcecio. Iterum Robertus, filius Radulfi de Plaisselo, cambiavit ecclesie Mortui Maris campum Radulfi Leprosi et campum quem tenebat Walterus Foart, et in hora culture de Ruptiz et boterii terrarum Turfreville, propter duos campos in valle Brunvallis. Testes : Gislebertus sacerdos de Warcliva, et reliqui suprascripti. »

En 1222, Amauri de Verclive donna aux chevaliers du Temple soixante acres de terre, provenant en partie d'un tènement vendu par Eustache de Cléri, qui le tenait de Jean de Bouri. Ces soixante acres étaient situées, dit Amauri, « apud Mesnillum subtus Warclivam et residuum in propriis culturis meis de Warcliva. »

L'année suivante, cette donation fut confirmée par Eustache de Cléri, moyennant trois marcs d'argent et une redevance d'éperons et de six deniers. « ... Per quejam calcaria sex denarios monete currentis reddendo michi. Si illud eis garantizare non potuerimus, debemus illud excambiare ad valentiam in mea alia terra in ripa Sequane inter Pormor et insulam de Andeli. » Il reçoit d'Amauri centum libras Parisiensium... » et des Templiers trois marcs d'argent. Le sceau représente un écusson chargé d'une orle.

Agathe, devenue veuve d'Amauri de Verclive, donna au monastère de Saint-Amand de Rouen une rente annuelle de cinq mines de blé et de cinq mines d'avoine sur des terres situées au Coudrai, localité voisine de Verclive :

« Sciant omnes presentes et futuri quod ego Agatha, uxor quondam domini Amaurrici de Warelivia, tempore quo eram vidua, concessione heredum meorum, dedi et concessi in puram et perpetuam elemosinam, pro salute anime mee et domini Amaurrici, quondam viri mei, et omnium parentum et antecessorum meorum, Deo et Beate Marie et ecclesie Sancti Amandi de Rothomago et monialibus ibidem Deo deservientibus decem minas bladi de annuo reddito, videlicet quinque minas bladi et quinque minas

« arene, de quibus Hugo de Bauberri
« reddebat ibi per annum... de quin-
« que acris terre et amplius sitis apud
« Gendrei, videlicet in terra de Monte
« Bernerii..... Actum est hoc anno gra-
« tie millesimo ducentesimo vigesimo se-
« cundo. »

1246. Quoique la charte suivante soit
bâtonnée, nous croyons devoir en donner
quelques extraits :

« Notum sit universis presentes litteras
« inspecturis, quod ego Godefridus de
« Mesnillo, miles, dedi et concessi... Deo
« et Beate Marie et Sancto Amando Rotho-
« magensi..... viginti solidos Turonen-
« sium, annui redditus, apud Mesnillum
« subtus Warelivam..... in tenemento
« Petri dicti Cheval..... Anno Domini
« millesimo ducentesimo quadragesimo
« sexto, mense novembris. Testibus his :
« Johanne, presbitero de Vilkereth... »

En 1293, par-devant Guillaume Bau-
frère, tabellion d'Andeli, Jehan Anguel-
lant, vend au « commendeur de Burgout »
pour 70 sols paris. une demi-acre de terre
à Mesnil-sous-Varclive.

En 1295 Jean dit le Clerc vendit « pre-
« ceptori... apud Burgout, pro xiii. li-
« bris parisiensium, unam peciam terre
« arabilis in parrochia Beati Nicholai de
« Mesnillo subtus Warelivam..... Inter
« terram Mabiliæ de Cantalupi..... »

En février 1308, Jean et Robert du
Plessis, chevaliers, résidant à Londres auprès d'Édouard, roi d'Angleterre, vendirent tout ce qu'ils possédaient dans les
paroisses du Mesnil-sous-Varclive et de
Cressanville et dans le bailliage de Gisors
à Enguerrand de Marigni, moyennant
une somme de 90 livres.

« Philippes, par la grace de Dieu roys de
« France, faisons savoir à touz, tant pre-
« senz comme à venir, nous avoir veues
« unes lettres ci-dessouz escriptes conte-
« nanz la fourme qui s'enspit. A touz ceus
« qui ces lettres verront et orront, Jehans
« du Plesseiz, chevalier, et Robert du Ples-
« seiz, frères, salut en nostre Seigneur.
« Nous, faisons savoir à touz presenz et
« à venir que nous, pour nostre profit, de
« nostre bon gré, avons vendu, quitté,
« baillié dès ores et du tout deleissié par
« non de pure et perpetuel vente à noble
« homme mons. Enguerran de Marrigny,
« etc...., ce que nous avons et poons avoir,
« comment que ce soit, ès parroisses du
« Mesnilg souz Warcliye et de Cressanville
« et en tout le bailliage et ressort du bail-
« liage de Gisors, en quelque choses que
« ce soit et puist estre, en maisons, terres,
« justices, rentes, censives, redevances et

« toutes et chascune autres choses, quel-
« que nous les aions, ès parroisses, bail-
« liage et ressort dessus dit, pour IIII. M.
« liv. d'estellins, des quiex nous tenons
« pour poiez à plain, etc... Et suplions
« à très hauts et excellents princes le roy
« d'Angleterre, en qui juridiction noz per-
« sones demeurent, et le roy de France, ou
« royaume du quel les choses vendues
« sont, que ceste vente et quittance.... il
« veuillent lour, greer, etc..... Et nous, ou
« tesmoing de ce, avons mis nos seaus en
« ces lettres, avec les signes du dit notaire.
« Ce fu fait à Londres, presenz Raoul de
« Sauchoy, Jehan de Aut, Philippe de
« Braquemont... le derrenier jour de fé-
« vrier l'an de grace m. cccvii, en l'an pre-
« mier du royaume très haut prince Ed-
« dourt par la grace de Dieu roy d'Angle-
« terre. Et je Giles de Remi, tabellions,
« etc..... Ce fu fait en l'an et jour dessus
« dit, etc..... Et nous toutes les choses
« et chascune d'iceles contenues ès devant
« dites lettres voulons, loons, etc.... Don-
« né à Melun l'an de grace m. cccvii, ou
« mois de mars. » (*Bibl. imp. Ms. Lat.*
9785, fol. 131 r°.)

En avril 1310, Philippe le Bel donne à
Enguerrand le droit de haute justice sur
les terres de Cressanville, Ecouis, Verclive, le tout en accroissement du fief
d'Écouis.

Le pouillé d'Eudes Rigaud nous apprend
que l'archevêque de Rouen était patron de
l'église du Mesnil-sous-Verclive, et que
l'abbé de Mortemer présentait à la cure de
Verclive : ainsi, au XIII° siècle, le Mesnil et
Verclive formaient deux paroisses : « Eccle-
« sia de Meisnillo subterius (*lis.* : subtus)
« Warclive xv. libras ; parrochianos ccx.
« Archiepiscopus patronus.... »

« Ecclesia de Warclive..., parrochianos
« III°°. Abbas Mortui Maris presentavit.... »

Est-il permis de conjecturer que Verclive et son église de Saint-Martin remontent à l'époque mérovingienne, et que le
Mesnil et son église de Saint-Nicolas
datent d'une époque plus récente, probablement du XII° siècle ?

Voyez l'aveu de l'abbaye de Mortemer
publié à l'article Lisors.

Verclive était au XVII° siècle une seigneurie relevant d'Andeli. Sissé de Bau-
quemarre, maître des requêtes, rendit
hommage en juin 1575.

Dépendances : — le Mesnil ; — Verclive ; — la Messagère.

MESNIL-VICOMTE.

Arrond. d'Évreux. — Cant. de Conches.

Patr. S. Nicolas. — Pres., le seigneur.

Nous ne nous étendrons pas sur cette paroisse et nous renvoyons à l'article LOUVERSEL. On y trouvera quelques détails au point de vue féodal. Nous nous bornons à compléter ces renseignements en donnant un aveu de 1431 :

« Du roy nostre sire, je, Guillaume de
« Maillot, escuier, advoue et confesse à
« tenir, au droit et par raison de la chas-
« tellerie de Conches, ung demy-fief noble
« nommé le Mesnil-au-Vicomte, à moy
« appartenant à cause de Guillemette du
« Mesnil, ma femme, fille de defunct
« noble homme monseigneur Bertrand du
« Mesnil, en son vivant chevalier, dont le
« chief du dit fief est assis en la paroisse
« dudit Mesnil-au-Vicomte, et s'estend
« en plusieurs paroisses, comme cy-après
« sera desclaré, auquel lieu je ay court et
« usaige, cognoissance de mes hommes en
« basse justice, prevostz fieffez, hostel maig-
« nable, coulombier, garpaige (sic), bois
« et jardins derrière icelui hostel, conte-
« nant tout xl. acres de terre ou environ.
« Item, je ai eu la dite paroisse en fief
« iiii^{xx} et x acres de terre ou environ la-
« bourables, les quelz je tieu et faiz la-
« bourer en ma main, dont chacune acre
« pourroit bien valoir à ferme, moison ou
« loyer, par an xl. sols tournois. Item,
« s'estend le dit fief en la paroisse de
« Bure, en la quelle je ay vi liv. de
« rente à la Saint-Remy; xxv sols et
« xxx chappons au terme de Noel, et au
« terme de la my-karesme, en deniers,
« x sols; à la Saint-Jehan-Baptiste, en de-
« niers, xx sols, et avecques ce xxx bois-
« seaulx d'avoine à la mesure de Conches,
« à cause de certains pasturaiges pour
« bestes. Item, s'estend le dit fief en la
« paroisse de Louvercé, en la quelle je
« ay, en argent sec, par an, iiii liv. au
« terme de Saint-Remy; au terme de
« Toussaint xx sols; au terme de la my-
« karesme xxvi sols. Item, m'est deu par
« an, au terme Saint-Remy, xxviii bois-
« seaulx de blé en la dicte paroisse, sur
« plusieurs personnes, à cause de leurs
« terres qui doivent disme à l'église et à
« moy champart. Item, de mon dit fief
« du Mesnil est tenu ung huitiesme de
« fief nommé le fief Regnault, à court et
« usaige, assis en la paroisse de Nogein-
« le-Sec et es parties d'environ, lequel fut

« ja pièce fieffé par mes prédécesseurs à
« Gillet des Brosses par x liv. tournois de
« rente, venans chacun an en ma main,
« et depuis a esté baillé par le dit des
« Brosses, en assiete de mariaige, à da-
« moiselle Robine des Brosses, seur du
« dit Gillet, et se acquicte le dict fief Re-
« gnault par foy et hommaige de mon dit
« fief du Mesnil, le quel fief Regnault
« contient xx acres de terres labourables
« ou environ, et en pourroit bien estre
« baillé chacun acre par an, communs
« ans, à ferme, moison ou loyer, pour
« iiii sols tournois. Item, y a environ
« vi liv. tournois de rente par an au terme
« de la Saint-Remy, ii chappons à Noel,
« et pour finance de moultes environ
« xxviii boisseaulx de blé au dit terme de
« Noel; desquelz deux fiefz les rentes en
« deniers, par les parties cy-dessus des-
« clarées, montent pour le terme Saint-
« Remy xiii liv. x sols, pour la Toussaint
« lx sols, pour le terme de Noel iiii liv.
« et les chappons à la my-karesme x sols,
« à Pasques en œufs vii cents, à la Saint-
« Jean-Baptiste, en deniers, xiiii sols. Item,
« me sont deubz à mon dit fief du Mesnil,
« en trois saisons par an, environ xx. cor-
« vées, c'est assavoir d'aucuns de mes
« hommes qui ont chevaulx et harnois à
« chacune d'icelle saison; c'est assavoir,
« à mars, à guerez et à blé, chacun ung
« jour de soy, et sont (sic) harnois à labou-
« rer, et des autres hommes, néant. Item,
« me appartient, au droit de mon dit fief,
« la place et sault du molin, à laquelle place
« souloit avoir moulin séant en la rivière
« de Conches, près du Moulin-Neuf, au-
« quel lieu, se le moulin estoit refait, mes
« dits hommes du Mesnil-le-Vicomte, Bure
« et Nogent seroient subgetz de moudre;
« mais, de présent, vont moudre au
« moulin du roy, et paient à moy xxxvi
« boisseaulx de grain seulement par an.
« Item, je ay eu mon dit fief, au lieu
« nommé le Chastellier-Doublet, environ
« vi acres de prez, les quelz je faix fau-
« cher chacun an, et mes dits hommes les
« doivent fener et amener en granche au
« dit lieu du Mesnil. Item, à cause de
« certains bois que souloit tenir le seigneur
« du Molin-Chappel, prez d'iceulx prez
« xl sols tournois de rente; mais à pré-
« sent ilz sont en ma main. Item, j'ay
« bois à ardoir et maisonner en la forest
« de Conches, par la coustume, comme les
« autres coustumiers d'icelle forest, et en
« oultre j'ay plusieurs franchises et liber-
« tez par raison de mon dit fief, c'est as-
« savoir, mes porcs francs sans nombre à
« tous le pasnaiges, la pasture à mes
« bestes par tous les mois de l'an, excepté

« le mois d'aoust, par toute la dite forest,
« hors les tailles. Item, j'ay en la dite
« forest, par an, par la livrée du verdier,
« ung arbre de fou, le quel mes hommes
« abatent, chargent et amènent en mon
« dit hostel. Item, j'ay deux prevosts fief-
« fez, comme dit est, l'un au Mesnil et
« l'autre à Bure, les quelz sont francs de
« vendre et d'achater par toute la terre de
« Conches et du passaige comme moy-
« mesmes. Item, à moy appartiennent les
« patronnaiges des églises du Mesnil et
« de Bure; duquel mon fief je doy faire
« au roy nostre dit seigneur foy et hom-
« maige, et paier les reliefz coustumiers
« quant le cas s'offre, selon la coustume
« du pays de Normandie, avec dix jours
« de garde à l'une des portes de la ville
« de Conches, nommée la porte du Val,
« en temps de guerre, et le seigneur de
« Conches me doibt trouver par yceulx
« x jours doubliers, sur lequel je doy
« boire et manger selon raison. Et pour
« dénombrement et déclarations de adveu,
« je en baille cest present adveu, scellé
« de mon propre seel, protestant de y
« accroistre, adjouster ou diminuer, se
« mestier est; tellement qu'il apartien-
« dra, sitost qu'il vendra à ma cognois-
« sance. Ce fut fait le XVIII° jour de fé-
« vrier, l'an de grâce mil CCCC cinquante
« et ung. » (Arch. imp., P. 308, f° 17 r°.
— Vicomté de Conches.)

Le Mesnil-Vicomte a été réuni à Louversei en 1603.

MÉZIÈRES.

Arrond. des Andelys. — Cant. d'Écos.

Patr. S. Georges. — Prés. l'abbé du Bec.

Les formes de ce nom sont très-diver-
ses. Nous comptons en France des Mai-
zières, Mazerolles, Mazerulles, Mazeyrolles,
Mazières, Mézières, Mezerolles et Mezeray.

Du Cange nous donne le sens du mot
Maceriæ, auquel il faut rapporter, ce nous
semble, le nom de Mézières : « Maceriæ
« dicuntur longi parietes quibus vineæ vel
« aliud clauduntur. »

Dans le département de l'Oise les chaussées Brunehaut s'appellent des Mézières.

Le testament en faveur de Saint-Denis
donné vers l'an 690 mentionne dans le
Vexin une « villa Sociaco » que nous
croyons être Surel, près Mézières : « Villa
« Sociaco et villa Porcariorum quæ sunt
« in pago Vilcassino... »

Nous trouvons, en effet, un lieu nommé
Macerias (Mézières) dans un acte de

Pépin, en 750, et dans un autre acte de
Charlemagne, en 775, en faveur de Saint-
Denis. Il est vrai que ce Maceriæ était,
dit-on, situé dans le pays de Tell : « in pago
Tellau; » mais les erreurs géographiques
n'étaient pas rares, et le pays de Tell était
voisin du Vexin. Ce qui fortifie notre conjecture, c'est qu'une charte de Charlemagne (781) est consacrée à assurer à
Saint-Denis la propriété de « Souarciaga
villa in pago Tella » sur l'Epte, qui pourrait être Surel, hameau de Mézières.

La même localité, désignée sous le nom
de « villa Sociaco » dans le testament de
690, est placée à bon droit dans le Vexin
normand. Dans le même acte, il est dit
aussi que la « Souarciaga villa » est au
lieu « ... quem sanctus Dyonisius per
brachium suum conquisivit... »

Enfin, un acte de la même époque
place dans le pays de Tell Pistres et Mézières : « ... in pago Tellao loca cognomi-
nantes Pistus, Macerias, etc... » qui sont
évidemment du Vexin ; « in pago Vilcassino. »

Le Registre des fiefs de Philippe-Auguste nous apprend que Baudri de Hau-
demont possédait et tenait du roi Mézières
et probablement Tilli : « Baldricus de Bello
« Monte (Baudemonte) tenet de domino
« rege Mesieres et villam de Til et quidquid
« habet in valle de Vernon, etc... »

Citons maintenant un passage de la
charte de Robert I° pour la cathédrale
de Rouen. Cet acte cite Neaufle, Heule-
court, Mézières, Tilli, Éros, Panilleuse,
Travailles, Basqueville, Marcouville, Hauville, Curerville. « In Vilcassino Norman-
« nico Nielsam et Hilboucourt et Macerias;

« De Teillet autem partem illam quam
« tenuit Radulfus, et ecclesiam totam,
« scilicet ecclesiam d'Escoz;

« In eodem comitatu, villam quæ Pani-
« liosa vocatur;

« Aliam item quæ Travaillacus dicitur,
« scilicet et dimidiam villam quæ Baschi-
« villa vocatur;

« Et in Marculfivilla tres capitales hos-
« pites et duos dimidiarios;

« In Halvilla centum et quinque acras;

« Et in Culvertivilla duodecim hospites
« cum ecclesia et in Cornelia partem illam
« quam Voilburgis et soror sua ad hunc
« locum habet. »

Bientôt l'abbaye de Jumièges vint à son
tour s'établir dans le Vexin. Rolrou, archevêque de Rouen, confirma à Jumièges,
à la fin du III° siècle, la possession des
biens suivants : « Apud Boscum Rogerii
« tertiam partem decimarum bladi et le-
« guminum; apud Macerias similiter de
« terra rusticorum et de culturis quo-

« sdumple sunt de vilanagio et de Buscheto
« et de Griperia, in tota terra Goulti de
« Raklemonte. »
Les seigneurs de Baudemont dominaient
à cette époque cette partie du Vexin.
Guel de Baudemont donna à l'abbaye
du Bec tous les droits qu'il pouvait avoir
sur l'église de Mézières, et de plus le fief
de Richard le Prestre dans cette paroisse.
En 1144, Hugues d'Amiens, archevêque
de Rouen, confirma à l'abbaye du Bec la
possession des églises de Mézières et de
Surci.
Aussi voyons-nous au XIIIe siècle, dans
le pouillé d'Eudes Rigaud, l'abbé du Bec
présenter à la cure de Mézières : « Ecclesia
« Sancti Georgii de Mesieres. Abbas Bec-
« censis patronus ; habet VIIIxx parrochia-
« nos ; valet XXVII. libras parisiensium. »
En 1287, le bailli de Gisors atteste que
Guillaume de Surci, écuyer, a vendu
aux religieux du Bec sept acres de terre
sises dans la paroisse « de Surcie ». (Ch.
orig. de l'abbaye du Bec.)
En 1308, l'abbaye du Bec fut maintenue
en possession du patronage contre les
prétentions de Jean de Maillent, chanoine
de Rouen.
En 1323, elle fieffa une pièce de terre
sise à Mézières, entre le bois de la comtesse d'Aumale et les terres du seigneur de
Mézières.
Parmi les fiefs de Mézières se distinguait le fief de la Grippière :
« Damoiselle Perenelle de la Grippière,
« vefve de feu Adam de Fay, en son vi-
« vant escuier, et auparavant femme de
« feu Pierres le Tirant, icelle damoiselle
« demeurant à Caudry, en la parroisse de
« Vethueil, près du dit lieu de la Roche
« (Roche Guion), la dite damoiselle jadis
« seur et heritière de feu Villart de la
« Grippière ; la quelle ... advoue à tenir
« neument et sans moien par foy et hom-
« mage lige du roy ..., à cause de son
« chastel et chastellerie de Vernon, ung
« tiers de fieu de plaines armes appellé
« le fieu de la Grippière, situé et assy
« en la parroisse de Mesières et illec envi-
« ron ..., auquel appartient l'ostel et ma-
« noir du dit lieu de la Grippière .....
« Item et au droit du dit tiers de fieu il
« a court et usaige ... et generallement
« telle droicture de seigneurie comme à
« lesluy appartient selon la coustume du
« pays ... Les quelles choses dessus dictes
« sont à present de nulle valeur, parce que
« le dit fieu est assis en païs bocage, et que
« par la fortune de la guerre le manoir du
« dit fief est cheu à terre, et les jardina-
« ges et terres d'icelui venus et accreus en
« bois et buissons. Item, et aussi est le dit

« lieu seant coustumier du bois de Mé-
« zières, et de ce fait hommage lige au
« roy ..., et lui en paie 5 sols tournois de
« relief ..., et pour l'acquit d'iceluy fieu
« doit estre en temps de guerres à garder
« la porte des ponts de Vernon par l'es-
« pace de huit jours, avecques autres qui
« tiennent en telles manières leur fieuf.
« L'an mil CCCC LIII, le lundi XXVIe jour
« de décembre. »
On remarquait encore à Mézières les
fiefs de Cleres, de Nézé, de Corville, de
Prestreval, de Huart, tous au hameau de
Nézé, relevant du marquisat de Cleres.
Fief de la Lavardière.
1482. Aveu de Jean de Crèvecœur.
1693. Aveu de Guillaume Jubert.
Surci a été réuni à Mézières en 1804.

Dépendances : — la Grande-Grippière ;
— Nézé ; — la Petite-Grippière ; — Surci ;
— le Buquet ; — les Mairy ; — la Motte ;
— les Pauvres ; — la Maison-des-Bruyè-
res.

Cf. Toussaint Duplessis, t. II, p. 619.

MINIÈRES (LES).

Arrond. d'Evreux. — Cant. de Damville.
Sur l'Iton.

Patr. S. Ouen. — Prés. l'abbesse
de Saint-Sauveur.

Des mines de fer qui s'exploitent dans
cette commune, et qui lui ont donné son
nom, alimentaient autrefois des forges à
bras dont il reste des vestiges, et des forges hydrauliques qui ont existé à Damville.
Parmi les témoins de la grande charte
de Robert, comte de Leicester, en faveur
de Saint-Evroult, on trouve au second
rang Giskbert « de Mineriis ». Ce personnage figure également dans une charte du
même Robert en faveur de Notre-Dame-
du-Desne ; puis on en autre du même nom
dans la charte de Robert, petit-fils du précédent.
Dans une charte de Robert, comte de
Leicester, en faveur de Lire, on voit figurer : « Gillebertus de Mineriis, tunc sene-
« scallus comitis. »
Un Gilbert de Minières figure dans une
donation à Mousseaux près Damville, du
temps de Henri Ier et de l'abbé Sulpice ;
par conséquent avant 1130.
« Jehan, dit de Morany, damoisean,
« seigneur de Minières près Damville,
« donna par aumône à l'abbaye de l'Es-
« trée, sur le moulin des Chelottes, à

« Damville. » Dans cette pièce, Jean de Moyaux rapporte les donations faites à la même abbaye par ses prédécesseurs, savoir :

De Roger de Minières, deux acres de terre à la Cunelle. (1228.)

De Roger de Minières, chevalier, du consentement de Jean, Nicolas et Gilbert, ses enfants, Renaud, son neveu, Aceline, sa femme, et de Guillaume, chevalier, son fils aîné. (1248.)

De Guillaume de Minières, chevalier, fils de Roger, chevalier. (1248.)

De Roger de Minières, chevalier, du consentement de Guillaume de Minières, chevalier, son fils. (1253.)

D'Isabelle, veuve de Mathieu d'Espinai. (1263.)

De Guillaume de Minières. (1270.)

De Guillaume de Minières. (1275.)

Cet acte est de 1338. (*Bibl. imp.*, titres de l'abbaye de l'Estrée, *Ms. de Clair.*, vol. 177, p. 53 v°.)

La charte de Roger de Minières (1248) se trouve dans le même recueil, fol. 85 r°. Il donne : « Quatuor acres et dimidiam « terre, quas habebam in territorio de « Buxeio, sitas inter terram quam dedi in « mariatagium Agneti, filie mee, ex una « parte, et inter terram de Rousseria, ex « altera, secus chiminum quo itur de Bu- « xeio ad Cunellam, prope crucem Taber- « narie, et duas alias acras terre que site « sunt juxta semitam que ducit de Cu- « nella ad Tillolium. »

Voyez aussi dans le même recueil, fol. 86 v°, la charte de Guillaume de Minières (1248) : Il fait cet acte du consentement de sa femme Pernelle ; et, fol. 90 v°, la charte de Roger de Minières (1253).

Dans le Registre de Philippe-Auguste, nous voyons que Guillaume de Minières tenait un fief au Chesne et un fief à Cor-neuil.

En 1218, Roger de Minières, chevalier, donne une rente annuelle de cinq sols due par Gilbert « de Grosso Brolio » (le Gros Breuil, hameau de Minières).

En 1226, maître Jean de Minières, chanoine de Chartres, donne à la Noë une rente de 20 sous, « in censibus meis de « Altaribus, ad emendum luminare quod « ardebit continue nocte dieque ante « corpus Domini ».

1231. Guillaume de Minières, chevalier, sénéchal de Conches, donne à la Noë une rente annuelle de vingt sous, et vingt sous payés comptant en échange d'une pièce de terre, « prope grangiam eorum « de Loco Dei ».

Au mois de mars 1231, Guillaume de Minières donne à Saint-Taurin « ... qua- « tuor sextaria bladi ad libros Sancti Tau- « rini emendandos, percipienda annuatim « ad mensuram Britholii, in molendino « de Sacco quod appellatur molendinum « Fabrorum, pro recompensatione decime « quam dicti monachi percipiebant in mo- « lendino de Verneriis quod dicitur Par- « vum Molendinum.... »

1248. « Willelmus de Mineriis, miles, « senescallus de Conchis, reliquit Sancto « Wandregisilo terram emptam a Chri- « stiano dicto Mauviel et Radulfo Turel. »

1246. « Sciant omnes presentes et futuri « quod ego Guillelmus de Mineriis, miles, « dominus de Corneolio et senescallus de « Conchis, dedi et concessi et hac pre- « senti carta confirmavi in puram et per- « petuam elemosinam Deo et monasterio « Sancti Taurini Ebroicensis et monachis « ibidem Deo servientibus qui, pro tem- « pore fuerint, ad libros emendandos, ad « usum et... monasterii, pro salute anime « mee et predecessorum meorum, et « in recompensatione quatuor sextario- « rum bladi annui redditus que habebant « percipiebant dicti monachi in molendino « meo de Sacco, quod appellatur molen- « dinum Fabrorum, viginti solidos cur- « rentis monete annui redditus percipien- « dos per manum Marci de Corneolio, ho- « minis mei, et heredum meorum, etc.... « Anno Domini millesimo ducentesimo « quadragesimo sexto, mense octobris. »

« Universis presentes litteras inspectu- « ris, Theobaldus dominus de Corneolio, « salutem. Noverit universitas vestra quod « ego gratam et ratam habeo et (laudo) « presentium confirmo venditionem et con- « cessionem illam quam Robertus de Mi- « neriis, presbiter de Bresseio, fecit vene- « rabilibus viris et discretis decano et « capitulo Beate Marie Ebroicensis, super « quibusdam decimis sitis in parrochia « Sancti Audoeni de Mineriis, quas deci- « mas dictus presbiter tenebat de me jure « hereditario ; ita videlicet quod ego dictus « Theobaldus nec mei in predictis deci- « mis per nos nec per alios nichil de « cetero reclamabimus nec poterimus « reclamare. In cujus rei testimonium et « munimen, ego dictus Theobaldus pre- « sentibus litteris sigillum meum apposui. « Datum anno Domini millesimo ducen- « tesimo sexagesimo, mense maii. »

En 1251, Jean de Minières, chanoine, donne à l'Estrée une rente de vingt sous tournois, à prendre sur le moulin « de « Grignosa villa, » appelé le Moulin-Rufart.

En 1277 parait Guillaume de Minières : « ... Item et duc. Guillermi de Mineriis, « militis, viginti solidos Turonensium red-

« ditus, in feodo domini de Cornuil... »
(Charte de Philippe le Hardi pour l'Estrée, 1277.)

En 1296, noble dame personne Sedile, dame de Minières : « nobilis mulier Sedilia, domina de Mineriis, » amortit au chapitre d'Évreux une rente de trois sous tournois déjà amortis sur la demande de maître Pierre de Platane, chanoine d'Évreux.

Le patronage appartenait à l'abbaye de Saint-Sauveur.

Il y avait aux Petites-Minières un château qui avait une vaste enceinte de fossés ; une redoute ou butte retranchée s'élève dans un bois.

Dépendances : — le Coudrai ; — les Grandes-Minières ; — le Gros-Breuil ; — les Petites-Minières ; — les Briqueteries ; — la Portaiserie ; — le Moulin-de-la-Pyste.

MISEREI.

Arrond. d'Évreux. — Cant. d'Évreux (Sud).

Patr. S. *Martin.* — *Prés. le seigneur.*

Des documents anciens nous fournissent des noms analogues. Citons par exemple Misery, hameau de Ver-le-Petit, près Paris, qui figure sous le nom de *Miseriacum* dans un acte.

Citons encore dans le Berri une abbaye de Miserai : « Beati Nicolai de Misereio, » qui date de 1089. Elle a été appelée *Miseriacum.*

Du temps du pape Grégoire VII, il y avait parmi les domaines de Saint-Père-de-Chartres des biens situés « ... » juxta « locum qui Miseriacus vocatur... »

« ...Quicquid habetis in villa de Miseri. » (Bulle d'Adrien IV, en faveur du chapitre de Saint-Marcel, 1158.)

Venons maintenant à notre Miserei : « ... Ex dono Walteri de Amfrevilla, decimam feodi sui apud Miseri... » dit la charte de Henri II en faveur de Jumièges. La donation des dîmes de Miserei à Jumièges, par Gautier d'Amfreville, est de 1100.

En 1526 il y eut procès avec le curé pour le partage des dîmes. Ce procès se termina en 1528 par une transaction dans laquelle le curé reconnut que le droit des religieux s'étendait sur les fiefs de Saint-Nicolas, du Piset et d'Irreville.

En 1200, G. Néel donna aux lépreux d'Évreux dix acres de terre « apud Misere », du consentement de ses frères. Il leur remit en outre la moitié de toute leur terre « apud Veteres Ebroicos », et celle de deux acres de terre données par G. de Yreville « apud Brolios Gaubert ».

En 1203, le roi Philippe-Auguste donna à Roger Pescheveron Criquebeuf-la-Campagne et quarante soudées de la terre des héritiers d'Amfreville à Miserei.

En 1213, Roger Pescheveron, chevalier, donna à Saint-Taurin un setier de blé sur son revenu de Miserei : « Notum sit omnibus presentibus et futuris quod ego « Rogerius Pescheveron, miles, pro salute « anime mee et antecessorum et successo- « rum meorum, dedi et concessi Deo et « ecclesie Beati Taurini Ebroicensis, et « monachis ibidem Deo servientibus, in « puram et perpetuam elemosinam, unum « sextarium bladi in reddittu meo de Mi- « sere, annuatim recipiendum ad festum « omnium Sanctorum. Et si forte acciderit « quod ego vel heres meus sibi garanti- « zare non possemus, alibi in redditibus « meis excambium faceremus ad beneplaci- « tum predictorum monachorum. Et ut « hec mea donatio perpetuum robur ob- « tineat, sigilli mei impressione corrobo- « rati. Actum est hoc apud Ebroicas, « coram pluribus clericis e. laicis, anno « Verbi incarnati millesimo ducentesimo « undecimo, mense januario. »

Donation au chapitre d'Évreux par Anne de Nétreville, nièce de Raoul de Cierrei, doyen d'Évreux : « Omnibus presens scrip- « tum inspecturis Anna de Neustrevilla, « salutem in Domino. Noverit universitas « vestra quod, cum teneram in feodum « duas garbas decime de terra mea de « Misou et de Veteribus Ebroicis, dedi eas « et concessi in perpetuam elemosinam « ecclesie Ebroicensi, ad faciendum anni- « versarium, pro anima mea et pro ani- « mabus antecessorum meorum, et in « manu Radulphi, decani Ebroicensis, « predictam decimam resignavi, predicte « ecclesie assignandam ; et quia sigillum « non habeam, sigillo dicti decani avun- « culi mei confirmavi. »

Confirmation de la donation précédente : « ... Confirmamus etiam vobis decimas « quas Agnes de Esneutrevilla, neptis « nostra, amonitione nostra vobis conces- « sit, videlicet duas garbas de Homilio « meo et hominum suorum in parrochia « de Misou, et in parrochia de Veteribus « Ebroicis. »

En 1318, Jehan de Garencières, chevalier, seigneur de Croisi, reconnut l'obligation pour ses gens, d'après une possession de quatre-vingts ans, de payer un setier de blé au chapitre d'Évreux sur sa terre de Miserei.

En 1379, Jehan Cauvin, écuyer, était

sire de Mistré. (*Rôl. de l'Echiquier*, 11, fol. 216.)

Dépendances : — le Breuil ; — le Bois des Vans ; — le Riquiqui ; — la Violette.

MOISVILLE.

Arrond. d'Évreux. — Cant. de Nonancourt.

Patr. S. Martin. — *Prés.* le seigneur.

Nous n'avons presque rien à dire sur Moisville. L'origine de ce nom nous paraît obscure. Peut-être faudrait-il supposer : *Moysvilla*, *Moisville*.

Dans une charte du cartulaire de Saint-Père de Chartres, Raoul « de Villiriaco » donne du temps de l'abbé Guillaume « ... in Moesivilla terram ad unam carrucam ».

Dans une charte de Robert III, fils de la comtesse Pernelle et comte de Leicester, en faveur de Lire, on trouve parmi les témoins : Gilbert « de Mineriis », Roger de Bières, Roger de la Herupe.

Dans une charte de Saint-Taurin (*Gr. Cart.*, fo 119 vo), on trouve parmi les propriétaires voisins d'une pièce de terre à la Signé : « Martinus de Bieriis. »

Dépendances : — Bières ; — Clos-Dubin ; — Gauréville ; — la Longe ; — Merbouton ; — les Plantes ; — les Viviers.

MOLINCOURT.

Arrond. des Andelys. — Cant. d'Écos.

Patr. la Ste Vierge. — *Prés.* le seigneur.

Nous supposons que le nom de Molincourt doit s'interpréter par : la cour du moulin, du meunier ou du garde-moulin.

Nous avons dans le Lieuvin un certain nombre de lieux appelés les Molands, à cause des moulins à vent abandonnés depuis la suppression des moulins banaux féodaux ; aussi quelques familles en avaient pris le nom de Desmolands.

Rien à dire d'important sur cette petite localité, si ce n'est qu'au XIIIe siècle il y avait à Molincourt une église dédiée à la Vierge et que le patronage appartenait à Pierre Le Brun, chevalier.

Voici le passage du pouillé d'Eudes Rigaud : « Ecclesia Sancte Marie de Molen« cort. Petrus Bruni, miles defunctus, pa-« tronus ; habet triginta parrochianos ; « valet viginti libras Parisiensium. »

Cette paroisse a été réunie à Berthenonville en 1843.

Cf. *Toussaint Duplessis*, t. II, p. 644.

MONTAURE.

Arrond. de Louviers. — Cant. de Pont-de-l'Arche.

Patr. Notre-Dame. — *Prés.* l'abbé de Saint-Ouen.

Dans la charte de 1043 en faveur de Saint-Ouen de Rouen et que nous avons en entier reproduite à l'article Caloressur-Seine, il est question de l'église de Sainte-Marie « de Monte Aureo ».

Nous ne prenons pas au sérieux cette étymologie dorée et nous préférons voir dans le nom de Montaure la combinaison des mots *mons*, montagne, et *aura*, cours d'eau.

Aux environs de Vendôme, il y a un lieu nommé aujourd'hui Montoire et en latin *Montorium*.

Dans les premières années du XIe siècle vivait Eudes Stigand, seigneur de Mézidon, des Authieux en Auge et de plusieurs autres terres. Eudes Stigand donna l'église de son domaine de Montaure à l'abbaye de Saint-Ouen de Rouen, où il avait choisi sa sépulture, et Richard II ratifia cette donation vers 1018.

L'église de Montaure reçut, comme on le verra par la charte suivante, des revenus assez importants à Vaudreuil, Léri et au Vaudreuil.

« Hec est elemosina principis North« mannie in Valle Rodolii a Ricardo co« mite secundo liberaliter data: ecclesie « Beate Marie de Montorio : decem libras « vel unum modium frumenti, unum mo« dium siliginis, duo modia avene, octo « sextarios ordei, quatuor sextarios pisa« rum, ad Pascha ducenta ova, in Roga« tionibus viginti quatuor caseos, viginti « quatuor vellera ovium, duas carretas « feni, unam apud Wavrei, alteram apud « Leirei, duo modia vini et quatuor sexta« rios apud Wavrei, duos hospites in Valle « Rodolii, quatuor nundinas quatuor fes« tivitatum Sancte Marie cum omnibus « consuetudinibus in bosco et in plano. « Qui vero predicte ecclesie de his ostia« tis aliquid substraxerit vel defraudave« rit, vel ecclesie libertatem minoraverit, « vel aliquam consuetudinem clamaverit, « excommunicationi subjaceat, nisi resi« puerit et ad emendationem pervenerit,

« et ecclesie satisfactionem fecerit. Amen.
« Fiat. † »

Eudes Stigand eut un fils qui porta son nom et fut sénéchal du duc Guillaume, surnommé depuis le Conquérant. Ce fils mourut de son vivant. Stigand chercha à se consoler par de bonnes œuvres ; il donna à l'église de Montaure divers biens. Nous avons publié cet acte important à l'article Criquebeuf-sur-Seine et nous y renvoyons. C'est à cette date, en 1063, que les religieux de Saint-Ouen établirent un prieuré à côté de l'église paroissiale, qui déjà leur appartenait. La construction de l'église et de la tour de Montaure suivit de près. La tour de Montaure est bâtie dans le style roman du XIᵉ au XIIIᵉ siècle.

Du XIᵉ nous passons au XIIIᵉ siècle ; c'est le *Registre des visites* d'Eudes Rigaud qui nous fournira quelques détails sur l'état du prieuré de Montaure.

Le 15 mai 1250, le prélat, venant de Daubeuf-la-Campagne, arrive à Montaure, où il est reçu avec sa suite aux dépens du prieuré. « Nous avons, dit-il, fait notre
« visite ce même jour. Il y a quatre moi-
« nes ; mais ils ne sont ordinairement que
« trois. Tous sont prêtres. Ils se servent
« de matelas. Quelques-uns ont des peaux
« de renard. Nous leur avons défendu
« d'accepter à boire dans le village, même
« d'y aller, et de se servir de matelas. Ils
« n'observent pas les jeûnes ; nous leur
« avons ordonné d'observer les jeûnes sui-
« vant la règle. Ils ont 160 livres de re-
« venu. Le prieur ne présente pas de
« comptes à ses frères, mais seulement
« à l'abbé ; nous lui avons enjoint de
« compter avec ses frères au moins trois
« fois l'an. L'aumône est médiocre. Nous
« avons prescrit de donner plus large-
« ment l'aumône aux pauvres : Item, de
« ne pas franchir la porte de la cour sans
« la permission du prieur : Item, au prieur
« de fournir à ses inférieurs le vêtement
« et les chaussures, selon son pouvoir. »
(*Reg. vis.*, p. 71.)

Le lendemain 16 mai, le métropolitain quittait Montaure pour se rendre à l'abbaye de Bonport.

Cinq ans après, l'archevêque de Rouen entreprit de nouveau la visite du diocèse de son suffragant. Le 14 juin 1255, il passait la journée à Goui, près du Port-Saint-Ouen.

« Le 15 juin, dit le prélat, nous sommes
« entrés dans le diocèse d'Évreux et nous
« avons passé la nuit à Montaure. La somme
« de la dépense a été de VII livres VII sous
« III deniers. Le 16 juin, nous avons fait
« notre visite en ce lieu. Ils sont deux
« moines seulement ; mais ils doivent être
« au moins trois. Le prêtre de la paroisse
« et les moines n'ont pour tous qu'un seul
« calice. Comme ils n'avaient point d'exem-
« plaire de la Règle, nous leur avons dit
« de s'en procurer un. Les femmes man-
« gent quelquefois avec eux ; nous leur
« avons fait défense de permettre doréna-
« vant qu'elles mangent dans leur maison.
« Quelquefois ils font usage de viandes ;
« nous leur avons ordonné de s'en abste-
« nir, comme le veut la règle, et de jeû-
« ner le vendredi suivant s'ils venaient à
« y contrevenir, selon ce qui est contenu
« dans les statuts. Ils ont, en revenus,
« 160 livres ; mais ils doivent maintenant
« 30 livres. Item, nous avons recommandé
« au prieur de compter quelquefois avec
« son confrère. » (*Reg. vis.*; p. 218.)

La visite du diocèse d'Évreux par le même prélat recommence en 1259. Il arrive de nouveau par Daubeuf.

« Le 26 avril, raconte-t-il, nous avons
« été hébergés à Montaure. Le lendemain
« 27, nous avons procédé à notre visite.
« Ils étaient trois moines. Il n'y avait
« qu'un seul calice, tant pour les moines
« que pour le prêtre de la paroisse. Leurs
« revenus s'élèvent à 160 livres et ils en
« ont acquitté la dîme. Les dettes s'é-
« lèvent à L livres environ ; mais on leur
« doit près de XXX livres. Frère Roger
« d'Andeli était alors prieur du lieu.
« Nous avons trouvé toutes choses en bon
« état.
« La somme de la procuration (frais de
« réception) a été de IX livres XI sous V de-
« niers.
« Le même jour, nous avons été logé
« à la Croix-Saint-Leufroi. » (*Reg. vis.*, p. 304.)

Eudes Rigaud mentionne une nouvelle visite à Montaure, le 7 juillet suivant. Cette fois il arrive de Bonport, non pour y procéder à une rigoureuse enquête, mais pour y célébrer un mariage.

« Nous avons, dit-il, marié Guillaume
« de Prémery, notre panetier, avec Jeanne
« sa femme, dans le prieuré de Montaure,
« diocèse d'Évreux, et nous avons passé
« la nuit à Pont-de-l'Arche. » (*Reg. vis.*; p 311.)

Le 13 mai 1269, l'infatigable pasteur se trouvait de nouveau à Daubeuf.

« Dans la même journée, dit l'itinéraire
« déjà cité, nous avons visité le prieuré
« de Montaure. Nous y avons trouvé deux
« moines de Saint-Ouen : ils devraient
« être trois. Ils n'avaient qu'un calice uni-
« que pour la chapelle du manoir et l'é-
« glise paroissiale ; nous avons commandé
« d'en avoir un pour la chapelle. Nous
« leur avons défendu de laisser désormais

« les femmes manger dans leur maison,
« comme c'était arrivé autrefois. — Ils
« avaient en revenu 250 livres, ils de-
« vaient 80 livres. Ils avaient des provi-
« sions pour l'année, excepté le vin et l'a-
« voine.

« En ce jour, nous avons été logé et
« nourri en ce même lieu. La dépense de
« la réception a été de... » (*Idem*, p. 627.)

Au sortir de Montaure, l'archevêque se rendit au prieuré de Bailleul, autre dépendance de l'abbaye de Saint-Ouen, près de Gaillon.

C'est tout ce que nous apprend sur Montaure le Registre des visites pastorales d'Eudes Rigaud.

Nous ajouterons qu'en 1263 une enquête fut faite par Roger d'Andeli, prieur de Montaure, sur la garde du fief de Crique-bœuf-la-Campagne. Ce fief appartenait à Jean Pescheverou, mineur. Guillaume de Tournebu réclama la garde du fief sous prétexte que Simon Pescheverou, aïeul de Jean, avait tenu le fief en hommage de Jean de Tournebu, père de Guillaume. Ce dernier perdit sa cause, et la garde du fief de Criquebeuf demeura au roi. (*Olim*, t. I, p. 169.)

Nous lisons dans l'*Histoire du Parlement de Rouen* par M. Floquet l'anecdote suivante que nous copions textuellement :

« En 1397, des écuyers et des bour-
« geois firent amende honorable des voies
« de fait dont ils s'étaient rendus coupa-
« bles envers le prieur et les religieux de
« Montaure, les injuriant, les frappant
« avec des bâtons et des épées, brisant
« enfin les portes du prieuré et y faisant
« d'incroyables dégâts. C'était, avec cette
« maison religieuse, avoir insulté la royale
« abbaye de Saint-Ouen de Rouen, dont le
« prieuré de Montaure était l'une des suc-
« cursales, et le roi lui-même, qui avait
« mis les religieux en sa sauvegarde. Un
« jour donc, à Montaure, on vit revenir
« au prieuré l'écuyer Ouyvel et ses com-
« plices, non plus arrogants cette fois, ar-
« més de toutes pièces et prêts à tout bri-
« ser, mais nuds pieds, sans chaperon, sans
« ceinture, portans et tenans dans leurs
« mains chascun ung cierge de cire de deux
« livres pesans. C'était un jour de fête de
« Notre-Dame, la foire tenant à Montaure.
« L'affluence était donc grande, et ce jour,
« sans doute, n'avait pas été choisi sans
« dessein. Ils s'étaient directement rendus
« au prieuré. Là, publiquement, en pré-
« sence de nombre de gens, ils s'agenouil-
« lèrent devant Domp Naquet, prieur, lui
« avouèrent lesdits excès et maléfices,
« lui requérant humblement que il leur

« pardonnast ; ce qu'il fit. Se relevant
« alors, on les vit entrer dans l'église du
« prieuré, y offrir leurs cierges, payer en-
« fin au prieur 200 livres d'amende profi-
« table. Peu de jours après, dans l'église
« abbatiale de Saint-Ouen de Rouen, eut
« lieu une scène semblable de tous points
« où figuraient les mêmes acteurs. Seule-
« ment, l'amende profitable ne fut, cette
« fois, que de 100 livres tournois. Tout
« cela s'était fait ainsi par ordre de l'Echi-
« quier. »

De la fin du xivᵉ siècle nous arrivons sans incidents dignes d'intérêt aux troubles suscités en Normandie par la Réforme. Le prieuré de Montaure fut pris pendant les guerres de religion par un sieur de La Personne, des mains duquel le retira dom Alexis Durand. Ce Durand était l'un des titulaires qui administraient l'abbaye de Saint-Ouen, au profit des princes Charles et Louis de Bourbon, comtes de Soissons.

En 1630, le prieuré tombait dans les mains du petit-neveu d'un sieur Poitevin. Ce dernier n'est autre que Balthazar Poitevin, qui porta le titre d'abbé de Saint-Ouen depuis l'an 1620 jusqu'en 1638. A partir de ce temps il n'y eut plus de religieux au prieuré de Montaure.

Au moment où cette fondation pieuse s'éteignait à Montaure, une autre venait la remplacer. Le monastère des Carmes déchaussés du désert de la Garde-Châtel fut fondé par le roi Louis XIV, en 1656. Au nombre des bienfaiteurs de cette nouvelle maison, nous remarquons le conseiller d'État de la Galissonnière, auteur d'une *Recherche de la Noblesse de la haute Normandie*, et un autre conseiller d'État, le sieur de Marguerie, qui possédait à Louviers les fiefs de l'Epervier, de Folleville et de Maupertuis.

Nous avons peu de renseignements sur les seigneurs de Montaure.

En 1111, « Radulfus de Monte Aureo » figure comme témoin dans une charte de Galeran, comte de Meulan. (*Cart. S. Trin. Beltim*, f° 7 v°.)

En 1144, « Radulfus de Monte Aureo. » (*Ibid.*, f° 7 v°.)

« Dans une charte de Guillaume d'Harcourt sans date : « Radulfus de Monte Aureo. »

A l'Echiquier de 1338, il y eut un procès entre Jean de Tournebu et les hommes de Montaure.

Au milieu du xviiiᵉ siècle, le domaine temporel de Montaure, comme on écrivait alors, appartenait à la famille Le Cordier de Bigards, dont les aînés sont devenus marquis de La Londe et barons du Bourg-Theroulde.

Ecrosville, hameau de Montaure, était un fief possédé par les mêmes seigneurs.

Il y a quelques années, on voyait encore les restes d'un vaste manoir féodal situé sur le territoire de Montaure. Ce pourrait bien être les ruines de l'ancien manoir de Blaquetuit, qui a donné son nom à la plaine voisine.

Montaure a été le lieu de naissance de François Sevestre, curé de Radepont en 1788 et poëte assez fécond.

Nous avons profité des notes recueillies par M. l'abbé Carême sur Montaure et publiées dans le *Journal de Louviers*.

Dépendances : — Ecrosville ; — les Fossés ; — la Vallée ; — Blaquetuit.

MONTFORT.

Arrond. de Pont-Audemer. — Cant. de Montfort.

Sur la Risle et le ruisseau de Cahaignes.

Patr. S. Pierre et S. Paul. — Prés. l'abbé du Bec.

La voie romaine de Lillebonne à Brionne passe sur le territoire de Montfort.

Montfort doit son nom à l'ancienne forteresse qui, sur ce point, dominait la vallée de la Risle.

Il serait difficile d'indiquer d'une manière précise l'origine de cette forteresse ; mais il semble permis d'affirmer qu'elle remonte à une époque fort reculée, puisque dans le corps de la maçonnerie on remarque, employés comme remplissage, des débris provenant d'une construction romaine. D'ailleurs, si ce château n'avait pas existé avant l'établissement des Normands, Milon Crispin aurait-il été fondé à lui donner, vers le milieu du XII° siècle, dans la vie de Guillaume, troisième abbé du Bec, la qualification de « vetus castrum » ? (*Rec. des Hist. de France*, XIV, 273.) Au reste, c'est au commencement du siècle suivant qu'il fut complété ou reconstruit sur de nouvelles bases par un des puissants seigneurs du lieu, Hugues, III° du nom : « Hugo de Montfort, » dit Robert du Mont, « perfecerat quoddam castellum validissimum in eodem loco. »

Cet Hugues était l'arrière-petit-fils de Turstin de Bastembourg, le premier possesseur connu du domaine de Montfort depuis l'occupation normande, et que l'on a supposé fils d'Anslech, un des compagnons de Rollon, et plus tard régent du nouveau duché avec Bernard le Danois.

Turstin avait laissé plusieurs enfants. L'aîné, Hugues à la Barbe, hérita de l'honneur, ou comté de Montfort. Pendant les troubles qui suivirent la mort du duc Robert, en 1035, il entra en lutte avec Wauкelin de Ferrières, et les deux adversaires restèrent sur le champ du combat.

Hugues II, son fils, nouveau possesseur du même domaine, fournit à Guillaume le Bâtard, pour l'expédition d'Angleterre, 51 navires et 60 hommes d'armes et prit part à la bataille d'Hastings. Aussi, en rémunération de son concours, fut-il gratifié par le Conquérant, aux dépens des vaincus, de 114 manoirs dispersés dans divers comtés... Il mourut à l'abbaye du Bec, où il avait fini par prendre l'habit religieux. De son premier mariage avec une fille de Richard de Beaufou était née une fille nommée Alix, qui épousa Gislebert de Gand, et d'une deuxième femme il avait eu Hugues III et Robert de Montfort.

Le premier, qui devint seigneur de Montfort, fit exécuter, comme on l'a vu, d'importants travaux à la forteresse de son principal domaine et mourut pendant un voyage en Palestine. N'ayant pas laissé d'enfants, non plus que son frère Robert, Montfort passa, au nom de sa femme, entre les mains de Gislebert de Gand, dont le fils Hugues reprit le nom seigneurial de ses ancêtres.

Cet Hugues IV de Montfort, qui avait épousé, en 1112, Adeline, sœur du puissant Galeran de Meulan, sire de Pont-Audemer, se trouva entraîné, dix ans plus tard, dans la rébellion de son beau-frère contre le duc-roi Henri Iᵉʳ. Cet acte lui fut fatal, ainsi qu'à son domaine. On sait que la ville de Montfort fut brûlée par les troupes royales, et que la forteresse ne put leur opposer une longue résistance. Hugues lui-même tomba au pouvoir du roi, qui le retint quatorze ans dans les fers, après avoir confisqué ses domaines.

Henri n'avait pas montré la même rigueur envers le comte Galeran. Vers 1129, il lui donna le château de Montfort. Ce fut une nouvelle occasion de désastres pour la forteresse et pour la contrée.

Robert, fils aîné de Hugues IV, éprouvait un profond ressentiment de la faveur accordée à son oncle : il résolut de le contraindre à lui rendre le domaine de Montfort. Dans une entrevue qu'ils eurent ensemble, auprès de Bernai, en 1153, il fit Galeran prisonnier, et le retint dans la forteresse d'Orbec jusqu'à ce qu'il lui eût arraché la promesse de le lui restituer. L'année suivante, le sire de Pont-Audemer entreprit de se remettre en possession de Montfort ; mais il fut mis en fuite par son neveu, qui demeura ainsi maître de la place.

En 1473, Robert de Montfort passa à la cour du roi de France avec le prince Henri, révolté contre son père Henri II, roi d'Angleterre. Robert de Montfort mourut en 1178.

A cette date, le château de Montfort était, de par le roi d'Angleterre, sous la garde de Jean, fils de Luc, et le rôle de l'Echiquier nous le montre, deux ans plus tard, entre les mains d'Henri II. A quelle époque cet honneur commença-t-il à être afferme comme domaine royal? Selon Stapleton, ce doit être en 1173, époque à laquelle le roi d'Angleterre faisait aussi saisir les places fortes et les terres de Robert de Meulan.

Quoi qu'il en soit, des documents constatent que Hugues V, fils de Robert, ne fut pas éloigné d'une manière définitive du domaine paternel; mais, dit encore Stapleton, il déclara expressément dans une charte que l'honneur et le château de Montfort étaient le domaine d'Henri II, « die qua fuit vivus et mortuus, » et qu'il les tenait « solius nomine custodiæ ». (*Rotuli Normanniæ*, t. II, p. xc et suiv.)

Ainsi, à sa mort, cette seigneurie cessa d'appartenir aux descendants de Turstin. Bientôt la vieille forteresse elle-même allait disparaître.

Jean sans Terre, qui savait mieux voyager que combattre, était à Montfort le 29 octobre et le 7 décembre 1201; le 12 et le 13 mars, le 1ᵉʳ avril et le 15 octobre 1203; le 8, le 9, le 25 et le 26 avril, le 20, le 21, le 22, le 23, le 28, le 29 et le 30 juillet, le 27 et le 28 août, le 1ᵉʳ et le 2 octobre 1203. Ces voyages, et principalement ceux de la dernière année, se rattachaient, selon toute apparence, au projet de détruire le puissant château dont il ne voulait pas défendre la possession contre son adversaire le roi de France. Guillaume le Breton nous apprend, en effet, qu'il le ruina lui-même, avec ceux de Moulineaux et du Pont-de-l'Arche. Le temps en a si bien complété la destruction que, de la vallée, on distingue à peine le vaste emplacement où se développaient jadis les fossés et les murailles.

Montfort n'était plus une place de guerre au moment où Philippe-Auguste réunit la Normandie à la couronne de France. Toutefois, dans nos guerres civiles, le château servit encore quelquefois de retraite à des bandes isolées.

Depuis la destruction de sa forteresse, Montfort est rarement nommé dans les monuments historiques du moyen âge.

Lorsque le roi Jean abandonna, en 1353, le domaine de la vicomté de Pont-Audemer à Charles le Mauvais, la ville de Montfort, directement soumise à la couronne depuis la réunion de la Normandie, composa une partie de la concession. Il est vraisemblable qu'alors elle eut sa part de désastres, notamment en 1357, lorsque les bandes navarraises s'avancèrent jusqu'à Glos. Quoi qu'il en soit, l'occupation anglaise, au XVᵉ siècle, paraît lui avoir été plus funeste. Au milieu des désordres de cette époque, une foule de titres publics et privés furent ou brûlés ou détruits. Quant à Jean de Tournebu, seigneur de Beaumesnil et de Glos-sur-Risle, propriétaire « de tous temps et d'ancienneté « des moulins situés en la ville et pays « de Montfort, » des lettres patentes de Louis XI, du 20 février 1463, l'autorisèrent à faire procéder à une enquête pour rétablir ses anciens droits. Cette information, sanctionnée par un jugement du 18 novembre 1464, constata plusieurs faits qu'il n'est pas inutile de consigner ici :

1° « Tous les hommes rèsans et demourans en la ville de Montfort, tant « boulangers que autres, et tous autres « qui voudroient y venir vendre et distribuer pain à autre jour que au jour de « marché ou de la foire Bougy, estoient « sujets, sous peine de forfaiture, moudre « leurs grains ès moulins de Beaumesnil, « sis au dit lieu. »

2° La même obligation était imposée aux rèsans « usans de brasserie de cervoises, bières et autres tels breuvages ».

3° Un témoin affirme que sept boulangers de Montfort étaient sujets, « eux et leurs semblables, « à aller moudre leurs grains aux moulins de Beaumesnil…

Cette dernière circonstance peut faire apprécier jusqu'à un certain point quelle pouvait être alors l'importance de Montfort. En effet, à une époque où chaque profession n'était pas envahie, comme de nos jours, par de nombreux concurrents, l'existence simultanée de plus de sept boulangers, sans compter ceux qui venaient du dehors, indique un chiffre assez élevé de population.

Montfort ne s'était point développé sous l'influence de notables privilèges. Toutefois cette petite ville jouissait de quelques avantages : ainsi ses maisons étaient en franche bourgeoisie, aussi bien qu'une bonne partie de son territoire, et un quart seulement de la paroisse relevait de seigneurs particuliers, c'est-à-dire des possesseurs des deux fiefs de la Motte et de Fontainecourt.

J'ai dit que plusieurs fois des bandes armées se retranchèrent au milieu des ruines du vieux château. Les archives de Pont-

Audemer, indiquent qu'il en advint ainsi, notamment en 1574 et en 1591. Une tradition assez répandue dans la contrée affirme que, pendant une de ces crises, Montfort fut réduit en cendres.

Il ne nous reste, pour Montfort, qu'un fait notable à mentionner ici : c'est qu'en 1543 il passa de la mouvance royale sous la domination de seigneurs particuliers, par suite d'un échange entre le roi Henri II et l'amiral d'Annebault, échange dont il sera dit quelques mots à l'occasion de la ville de Pont-Audemer. Cet état de choses dura jusqu'en 1784, que l'échange en question, considéré alors comme engagement domanial, fut définitivement révoqué.

Léproserie. — Au XIIᵉ siècle, Montfort possédait une léproserie. Il en est fait mention au rôle de l'Échiquier pour l'année 1180. Ce doit être cet établissement, un peu changé de destination, que Toussaint Duplessis, *Description de la haute Normandie*, t. II, p. 283, désigne comme un hôpital, et qui, dit-il, était encore sur pied en 1488.

Église. — L'église de Montfort était sous l'invocation de saint Pierre et de saint Paul. Toussaint Duplessis ajoute que Robert de Montfort donna cette église à l'abbaye du Bec, et qu'en 1144 Hugues d'Amiens, archevêque de Rouen, lui en confirma la possession avec la chapelle voisine de Saint-André. L'abbé du Bec avait le droit de présentation. Nous lisons dans le pouillé d'Eudes Rigaud : « Montfort et « capella castri pertinens ad eam ; abbas « de Becco patronus ; valet triginta libras ; « parrochianos m*****x ; Ricardus persona. »

Couvent. — Après la réunion de la chapelle du château à la cure de Montfort, on en fonda, dans la bourgade, une autre sous le titre de Notre-Dame, à laquelle Charles VII et Louis XI attachèrent quelques revenus en 1453 et 1469. En 1615, Bernard Potier de Blérencourt, seigneur engagiste du domaine vicomtal, et sa femme Charlotte de Vieuxpont la donnèrent aux pères de l'Oratoire, à la charge d'y vivre en communauté au nombre de huit ; mais ils n'y restèrent que jusqu'en janvier 1638, et, un an après, ils y étaient remplacés par des Annonciades, tirées du couvent établi à Gisors. L'archevêque de Rouen supprima cette maison en 1750.

Vicomté. — Les comtes de Montfort avaient un vicomte qui exerçait leurs droits de juridiction. Le fait est prouvé par les chartes du Cartulaire de l'Étreux. La réunion de la seigneurie de Montfort au domaine de la couronne paraît avoir amené la suppression de cette juridiction. Il est certain, du moins, qu'il n'y avait plus de vicomté à Montfort en 1340, puisque Philippe de Valois, en donnant à Pierre de Lions la sergenterie du même lieu, dit qu'elle était « assise partie en la vicomté « du Pont Autou, partie en celle du Pont-« Audemer ». Toutefois une justice royale du même nom y fut rétablie plus tard, puis définitivement supprimée par édit du mois de décembre 1741.

Forêt. — La forêt de Montfort appartenait au comte de Montfort. En fondant le prieuré de Saint-Ymer, dans les dépendances de sa châtellenie de Coquainvilliers, Hugues de Montfort, contemporain de Guillaume le Conquérant, donna à cette église les dîmes de sa forêt, c'est-à-dire les dîmes des bêtes, des oiseaux, des ventes de bois, des essarts, du miel, du pasnage et des autres coutumes, ainsi que la dîme de tous ses moulins, de ses fermages, de ses troupeaux, de ses marchés et de tout le revenu de ses domaines... (Stapleton, *Rotuli Normanniæ*, t. I, p. cxviii.)

« Les habitants de la ville de Montfort « ont, (en) la forêt du dit lieu de Montfort, « le boiz sec en estant et le vert en gesant, « mais que ce soit sans rachine et qu'il « tiengne en terre hors dessens. Item, ilz « ont en la dicte forest les briseures et « les branches volées par vent en toute « la dicte forest depuis le pié jusques « à xvii piez en haut, pourveu que ce « soit sans deshonnourer l'arbre et hors « dessens. Item, les diz coustumiers ne pe- « vent avoir rien du chesne se ce n'est « briseures par vent, par l'amenle, la « quelle amende est de chacune chare- « tée de chesne vert dix soulz. Item, « doivent avoir en la dicte forest de trois « fourquez de fou l'un, pourveu que ce soit « le mendre, par toute la dicte forest hors « dessens. Item doivent avoir en la dicte « forest le mort bois, le sablon, la mousse, « le caillou, la marne, l'argille, hors de « sens. Item, si prennent boiz vert en « icelle forest et coustumier, ilz en sont « taurés selon la coustume d'icelle forest, « selon le meffait reporté par les sergens « d'icelle forest. Item leurs chevault, pors, « vaches pevent aller en la dicte forest « hors dessens, et leur brebis aller en icelle « forest à la veue du pasteur estant ès « champs. Item, quant il a pasnage en la « dicte forest, ilz sont quittes pour paier « au roy pour chacun d'iceulx pors un de- « nier, mais que iceulx pors gisent és mai- « sons d'iceulx coustumiers la vexille de « la Saint-Jehan. Pour les quelles fran- « chises dessus desclairées les diz parois- « siens sont tenuz paier chacun an au roy « nostre sire par la main de son fermier

« herbagier en la dicte forest chacun un
« denier la vegille de Noël. » (*Usages et
coutumes des forêts de Normandie*, f° 84 r°.)

Les usagers à qui il avait été concédé
des droits sur la forêt de Montfort étaient
assez nombreux. D'après une pièce de
l'hospice de Pont-Audemer, datée de l'année 1673, nous citerons les suivants : le
curé de Rougemontier, 10 cordes de bois,
par an...; le prieur de Saint-Philbert, 15
cordes...; le curé d'Illeville, pâturages
pour dix bêtes aumaillés et panage pour
dix porcs, en payant la redevance par lui
due...; les habitants d'Illeville, pâturage
pour deux bêtes aumaillés et panage pour
deux porcs, par chaque maison usagère...; le sieur des fiefs de Rouchehout et Brumare, et les habitants de Brestot, pâturage, savoir : le sieur de Rouchehout et Brumare, pour douze bêtes aumaillés, panage pour dix porcs par chaque
fief ; et les habitants de Brestot, pour
deux bêtes aumaillés et deux porcs par
chaque maison usagère ... etc.

Disons maintenant quelques mots de la
sergenterie, des fiefs et des anciennes familles de Montfort.

Nous avons déjà noté qu'en 1340 Philippe VI donna la sergenterie de Montfort
à Pierre des Lions.

M. Philippe-Lemaître, dans son *Histoire de Montfort*, dit qu'en 1420 le roi
d'Angleterre rendit à Richard Duclos ses
héritages et sa sergenterie de Montfort
momentanément confisqués, et qu'en 1463
cette sergenterie noble s'étendait sur le
fief de Launai, à la Chapelle-Becquet, sur
Epignes, la Lacqueraie, Saint-Christophe, Saint-Philbert-sur-Risle, Saint-
Étienne, etc.

Claude de Voisins, écuyer, fut propriétaire de cette sergenterie noble et héréditaire. Après son décès, cette propriété entra
dans les partages de sa succession faits, le
11 janvier 1515, entre les nobles damoiselles Cardine, Jeanne et Jacqueline de
Voisins, ses trois filles.

Le 29 août 1572, Robert Mullot, écuyer,
représentant les droits de Cardine de
Voisins, Guillaume Dupin, écuyer, sieur
du Chastel, représentant les droits de
Jeanne de Voisins, et Guillaume Le Bienvenu, écuyer, héritier de Jacqueline de
Voisins, sa mère, rendirent un aveu
de la totalité de cette sergenterie au roi
Charles IX en sa chancellerie.

Des lettres patentes du roi Louis XIV,
en date du 20 mars 1653, portent que le
fief du Bourg, situé en la paroisse de
Montfort, relève immédiatement du roi.
Ce fief, possédé par Guillaume des Coudrets, écuyer, passa en 1596 à Pierre Le
Bienvenu, écuyer, sieur de Monteroeq, qui
avait épousé en 1575 noble damoiselle
Marguerite Le Cousturier, fille du sieur de
la Motte-Freneuse, et en second mariage
noble dame Elisabeth Fresnel, veuve du
sieur du Quesnel.

Les descendants de Pierre Le Bienvenu
et de Marguerite Le Cousturier, dont les
noms suivent, héritèrent de ce fief successivement par ordre de primogéniture :

4° Lanfranc Le Bienvenu, écuyer, sieur
du Bourg, de Monteroeq et de la Fontaine, fils des précédents, qui épousa en
1618 noble damoiselle Charlotte Le Doyen,
fille du sieur du Coudrai, de Léri, etc.

2° François Le Bienvenu, écuyer, sieur
du Bourg et de la Fontaine, fils de Lanfranc Le Bienvenu et de Charlotte Le Doyen,
qui épousa en 1650 noble damoiselle
Françoise de Ruppierre, fille de Gabriel de
Ruppierre, sieur et patron de Glos-sur-
Risle.

3° Charles Le Bienvenu, écuyer, sieur
du Bourg et de Saint-Pierre-des-Ifs, fils
de François Le Bienvenu et de Françoise
de Ruppierre, qui épousa en 1638 noble
damoiselle Marie Le Peintuer, de la paroisse
de Boisnei, fille d'Edouard Le Peintuer,
écuyer, sieur de Marchère, brigadier de
chevau-légers de la garde du roi; et en
second mariage, en l'an 1693, noble damoiselle Marguerite-Françoise d'Avesgo,
fille de Maurice d'Avesgo, écuyer, sieur du
Valheureux, de Sainte-Yrière et de Saint-
Jacques.

4° Et enfin Charles-Nicolas Le Bienvenu, écuyer, sieur du Bourg, issu du
premier mariage de Charles Le Bienvenu
avec Marie Le Peintuer, lequel épousa noble damoiselle Marie-Thérèse Poisson, de
la paroisse de Saint-Denis-des-Monts, fille
de François Poisson, écuyer, sieur des
Londes et du Buse-Ralasse.

Un acte du 13 novembre 1622 porte
donation de pièces de terre et de rentes
par messire Pierre Le Bienvenu, écuyer,
sieur de Monteroeq et du Bourg, et par
noble dame Elisabeth Fresnel, sa seconde
épouse, à la charité fondée en l'église de
Montfort en l'honneur de Dieu, la sainte
Vierge et messieurs saint Pierre et saint
Paul, patrons de l'église. Il y est spécifié
que cette charité prend l'obligation de
faire célébrer chaque année, à perpétuité,
à l'intention des donateurs, de leurs parents et de damoiselle Marguerite Le Cousturier, première épouse du dit sieur de
Monteroeq et du Bourg, cinq obits ou services aux jours désignés, plus quatre saluts devant l'autel de la sainte Vierge. Les
échevins, prévost et frères de la charité
s'obligent, à perpétuité, pour eux et leurs

successeurs, d'y assister en personne, de fournir les cierges et de payer le prêtre, les chantres et les clercs.

Les tabellions de Montfort relatent dans un acte du 2 janvier 1631 qu'ils se sont transportés en l'église de Montfort et font description d'une épitaphe et de deux portraits, l'un d'homme et l'autre de femme, avec les armes d'iceux, lesquelles armes sont propres à la famille de Voisins et dont serait devenue héritière noble damoiselle Jacqueline de Voisins, laquelle avait épousé en 1517 messire Jean Le Bienvenu, écuyer.

Après le décès de Lanfranc Le Bienvenu, écuyer, seigneur du fief du Bourg, Louis XIV, par lettres patentes, donna, de l'advis de la royne régente, sa très honorée dame et mère, la garde noble des enfants mineurs du dit Lanfranc Le Bienvenu à noble damoiselle Charlotte Doyen, leur mère, faisant profession de la religion catholique, apostolique et romaine. Sur l'original on lit : « Les présentes signées de notre main... Donné à Paris, le xxive jour d'aoust, l'an de grace, mil six cent quarante-trois et de notre règne le premier. — LOUIS. »

Cette signature du roi, âgée seulement de cinq ans, présente une écriture déjà ferme. Le sceau royal porte d'un côté l'effigie du roi enfant, et de l'autre, les armes de France.

Les mineurs furent relevés de garde noble par autres lettres patentes de Louis XIV datées de Blois, le 20 mars 1652.

Charles Le Bienvenu, écuyer, sieur du Bourg et de Saint-Pierre-des-Ifs, et Marguerite-Françoise d'Avesgo, sa seconde épouse, furent inhumés dans la chapelle des dames religieuses de Montfort, ainsi que le constatent leurs actes de décès, signés par Durand, prêtre, aux dates du 1er octobre 1720 et du 18 mars 1728.

Après la Révolution, Louis-Boniface Le Bienvenu du Busc, ancien élève de l'École militaire de Paris sous Louis XVI, officier émigré, chevalier de Saint-Louis, vint habiter au château du Franc-Manoir à Montfort. En 1837, après le décès de Mme Eudes de Blamanoir, son épouse, qui est inhumée derrière l'église de Montfort, il vendit la propriété du Franc-Manoir à Mlle de Giffart, pour aller habiter dans le département des Ardennes le château d'Arnicourt, où il mourut en 1845.

Il est probable que Guillaume de l'Espinei dont parle Mme Philippe-Lemaitre dans son *Histoire de Montfort*, p. 53, soit Guillaume Le Bienvenu, écuyer, sieur de l'Espinei et de la Motte-Freneuse, dont la succession fut partagée en 1491, entre Jean Le Bienvenu, écuyer, conseiller du roi en l'Echiquier de Normandie, et Henri Le Bienvenu, écuyer, sieur de la Motte, ses deux fils.

Notons encore le fief du Franc-Manoir, sis à Montfort, qui appartenait à Louis du Bosc, écuyer, maintenu noble le 7 juillet 1667, ainsi que Thomas du Bosc, sieur des Vaux, son frère.

Voilà quelles sont les armes de quelques familles nobles citées précédemment :

Le Cousturier : d'azur à trois croissants d'argent.

Le Doyen, écuyer, sieur du Coudrai, de Léri, d'Ablon, de Montreui : d'or, à trois têtes de maure de sable, œillées et tortillées d'argent.

Du Rupière, écuyer, sieur de Glos, de Pierretite, de Canapville, de Medilli : palé d'or et d'azur de six pièces.

Le Peintéur, écuyer, sieur de Latchère : de gueules, parti d'or, ce premier parti chargé de trois aiglettes rangées d'argent.

D'Avesgo, écuyer, sieur du Valheureux, etc., d'azur, à un bâton d'or, en fasce, accompagné de trois gerbes de blé du même ; à la bordure de gueules, chargé de huit besants d'or.

Poisson, écuyer, sieur des Londes et du Busc : de gueules, à trois coquilles d'or, au dauphin d'argent posé en cœur.

Le Bienvenu, famille qui posséda à diverses époques les fiefs nobles de la Motte de Freneuse, de l'Espinei, de Saint-Pierre-des-Ifs, d'Aubermont, de Montcroeq, de la Fontaine, du Bourg, de Bonnecourt, du Busc, etc. : d'azur, au sautoir engrêlé d'argent, accompagné de quatre fers à cheval du même.

MM. Canel et Carême ont bien voulu revoir et compléter cet article.

Dépendances : — Cahaignes ; — Séquence ; — le Franc-Manoir ; — la Motte ; — Cadran ; — Dubosc ; — les Bruyères-de-Montfort ; — la Butte-qui-Sonne ; — Claireau ; — les Côtes-Cadran ; — le Grand-Val ; — le Homme ; — la Mare-du-Pré.

Cf. Toussaint Duplessis, t. II, p. 232 et 633.
Canel, *Essai sur l'arrond. de Pont-Audemer*, t. II, p. 233.
Mme Philippe-Lemaitre, *Hist. du château et de l'église de Montfort*, Caen, Hardel, 1855, in-8°. (Extrait du *Bulletin monumental*, t. XXI).
La Normandie illustrée, t. I, p. 29.

MONT-PINÇON.

Arrond. de Bernai. — Cant. de Beaumesnil.

Patr. S. Christophe. — *Prés. l'abbé de Lire.*

« Radulfus de Montpinçon » figure parmi les témoins d'une donation de la reine Mathilde à Saint-Arnand ; mais ce personnage se rapporte-t-il à notre Mont-Pinchon ?

Dans les registres de la Chambre des comptes de Rouen, on trouve la note suivante : « Sergenterie d'Ouche. Montpin-
« con. Contribuables, 11. Lire présente.
« La cure vaut 150 livres.
« Le sieur d'Estrez, seigneur honoraire.
« 258 acres de terre, de 1, 2 ou 3 livres
« l'acre de fermage. »

Cette paroisse a été réunie à Epinai en 1792.

MONTREUIL-L'ARGILLÉ.

Arrond. de Bernai. — Cant. de Broglie.
Sur la Goiel.

Patr. S. Georges. — *Prés. l'abbé de Saint-Evroult.*

Montreuil : *Monasteriolum.* On peut de ce nom tirer la conjecture qu'un petit monastère a existé dans ce lieu avant la fin du Xe siècle. Nous pensons qu'on doit écrire : *Montreuil-l'Argillier*, et non pas *l'Argillé.*

Au XIe siècle, un seigneur nommé Giroie, fils d'Arnaud le Gros, avait été fiancé à la fille d'un puissant chevalier normand nommé Heugon. Ce mariage devait apporter à Giroie Montreuil et Echaufour. Heugon mourut avant le mariage. Guillaume de Bellesme conduisit à Rouen Giroie et le présenta au duc de Normandie Richard, qui lui donna à titre héréditaire toute la terre d'Heugon. Giroie, à son retour, épousa Gisla, fille de Turstin de Bastembourg, et en eut sept fils.

Giroie fonda plusieurs églises, celle de Montreuil entre autres, dédiée à saint Georges : « Giroius sex in nomine Domini
« basilicas ædificavit scilicet... apud mo-
« nasteriolum quintam fabricavit sancto
« Georgio martyri... » (Ord. Vital, t. II,
p. 24 et 35.)

Guillaume le Conquérant, vers 1050, confirma au monastère de Saint-Evroult la possession de l'église de Montreuil. « Et
« monasteria omnia, que tunc in dominio
« suo habebat, quorum unum in honorem
« sancti Georgii constructum est in villa
« Mostariolo. » (Ord. Vital, t. V, p. 175.)

Dans cette charte Montreuil est encore cité : « Ad hæc decimas theloneorum om-
« nium que consuetudine, tam illarum
« quam aliarum rerum, que tunc debe-
« bantur illi in Escalfo et in Mostariolo
« atque in Sappo. » Un des descendants de Giroie, Guillaume, donna encore à Saint-Evroult « furnos tres eodem loco de
« Mostariolo, concedentibus parentibus
« suis. » (*Chart. Sancti Ebrulfi*, t. I, n° 15, et Ord. Vital, t. II, p. 37.)

Dans le Cartulaire de la Trinité de Rouen, on trouve une charte par laquelle Guillaume d'Echaufour et son fils Guillaume donnent au monastère de Sainte-Catherine-du-Mont : « ... Guiardivil-
« lam... in episcopatu Lisiasensi... » Ces personnages sont Guillaume, deuxième fils de Giroie, et son fils Guillaume de Montreuil, dit le Bon-Normand. Cette pièce porte la signature suivante : « Si-
« gnum Willelmi filii Ernaldi de Moste-
« riolo, qui dedit Sancte Trinitati deri-
« mam totius ejusdem Guiardiville, pre-
« sbyterum et ecclesiam, alodii jure. »
On ne savait pas qu'Ernaud eût porté le titre de seigneur de Montreuil.

Orderic Vital rapporte que Foulques, troisième fils de Giroie, eut la moitié de Montreuil.

Après que la descendance de Giroie fut éteinte, vers la fin du XIe siècle, Roger de Montgommeri posséda les domaines d'Echaufour et de Montreuil-l'Argillier vingt-six ans. (Ord. Vital, t. II, p. 410.)

Cependant nous voyons encore au XIIe siècle Montreuil-l'Argillier aux mains de la famille Giroie. Robert Giroie prit parti contre Henri Ier.

En 1119, Montreuil fut rendu à Robert de Saint-Céneri. (Ord. Vital, t. IV, p. 318.)

En 1138, Simon le Roux, ayant pris position dans le château d'Echaufour, du consentement de Robert Giroie, seigneur de Saint-Céneri, se lance sur le domaine de Robert, comte de Leicester, situé dans les environs d'Evreux. Guillaume de la Ferté-Fresnel, Alain de Tancé, Ernaud du Bois-Arnaud, sénéchal du comte de Leicester, et la garnison de Glos-la-Ferrière se réunirent et allèrent brûler Pont-Echanfré et Montreuil-l'Argillier. (Ord. Vital, t. V, p. 106.)

Un peu plus tard, Guillaume, sire de Saint-Céneri : « Guillelmus de Sancto Cele-
« rino, quinque feoda de honore Moste-
« rolii, et de Waspree unum, ad suum
« servitium viginti et unum milite. »

Une charte de Henri Ier, donnée entre 1124 et 1135, confirme au monastère de Saint-Evroult la possession de l'église de Montreuil : « ... Ecclesiam de Mosterol, « cum decimis bladi et prepositura, furnos- « que ejusdem ville et terras et homines « plures in eadem villa et decimam omnium « reddituum qui modo sunt, vel qui in « omnibus exitibus et redditibus ejusdem « ville poterunt provenire... » (*Chart. S. Ebrulfi*, t. I, n° 17, et t. II, n° 678.)

En 1223, Laurent Bolier donna à Gautier Baruffeit pour son service : « ... ter- « ram de feoda Gastel sitam apud Móste- « rol... »

Dans une charte de 1316 : « A Montreuil « aqua de Gael. »

L'église, qui est construite en grison, est ancienne.

La cure était jadis divisée en deux parties.

Il y avait à Montreuil deux fiefs : le fief de Lusigneul et le fief d'Ectot, et une sergenterie sous le titre de : « Sergenterie de Montreuil et de Bernai. »

Montreuil-l'Argillier a donné naissance à : Pierre Vattier, médecin et orientaliste, mort en 1670 ; Boivin (Louis), érudit, 1721 ; Boivin de Villeneuve (Jean), frère du précédent, l'un des gardes de la bibliothèque du roi, 1726 ; Mérimée, peintre.

Dépendances : — le Bois-Belloit ; — le Bois-Girard ; — la Charbonnerie ; — Courteilles ; — Ectot ; — le Fresne ; — la Gubardière ; — le Lusigneul ; — la Morinière.

MORAINVILLE - SUR - DAMVILLE.

Arrond. d'Evreux. — Cant. de Damville.

Patr. Ste Radegonde. — *Prés.* l'abbé de Lire.

Morini villa : domaine du Morin, du Flamand. Ce mot est probablement postérieur à Morgni, Morizni (*Miriniacus*).

L'altération de Morinville en Morainville, comme celle de Martinville en Martainville, tient à la première manière dont on prononçait la syllabe *in* au milieu des mots. Cette prononciation subsiste encore en Angleterre et dans nos campagnes. A la fin des mots on prononçait, au contraire, la syllabe *in* comme de nos jours vivement, légèrement : *Martin, Morin*.

Cette charte, que nous trouvons dans le fonds de Jumièges, concerne très-probablement Morainville-sur-Damville :

« Ricardus de Morenvilla et Gillebertus, « filius ejus, dant Gemetico terram de « Bosco Haldue, de feodo comitis Ebroi- « censis, assensu Adelicie de Taneio et « comitis. »

« ..... Ecclesiam de Morainvilla..... »

La charte de fondation de Lire par Guillaume Fitz - Osberne nous apprend que Robert de Tranchevilliers donna à l'abbaye de Lire l'église de Morainville :

« Robertus de Trunco Villare concedit « abbatiæ Liræ ecclesiam Morenvillæ et « hospitatum sacerdotis cum argento, et « alium hospitatum juxta ecclesiam, con- « veniens ad nostrum opus, et terram « duorum boum, et omnem suam deci- « mam illius parrochiæ. Testibus ex parte « ejus Rolberto de Garricis et Gualtero « de Cornuil ; et ex parte Sanctæ Mariæ, « Hugone et Milone, Torstino, Isembardo, « Rogero Coquo, Rogero filio Hervei, « Lelberto filio Gisloidi, Fulcuino Pisca- « tore, Gerardo, Roscelino Molendina- « rio, Ansfredo Tirello Gervasio, Far- « manno, Radulfo Pulcino, Ernaldo Fa- « bro. »

Parmi les témoins de cette charte, figure un certain « Robertus de Garricis », qui est probablement Robert du Gérier. Il y a sur Morainville deux hameaux qui donnèrent leur nom à deux fiefs : le Gérier et le Petit-Gérier.

En 1223, Pierre de la Rivière : « de Riveria, » chevalier, déclara que la terre « de Membouderia » et toutes les autres terres que les religieux de Lire possédaient dans son fief et dans celui de Gohier « de Morenvilla » seraient quittes des trois aides féodales habituelles en Normandie. La même année, Pierre de la Rivière le jeune, son fils, donna son consentement à toutes les franchises qui étaient accordées tant dans son fief que dans celui de Gohier de Morainville.

La famille de la Boulaye possédait au XVIe et au XVIIe siècle le fief du Grand-Gérier.

Dépendances : — le Boulai ; — le Breuil ; — le Gérier ; — les Hayeux ; — l'Enfer ; — le Petit-Gérier.

MORAINVILLE-PRÈS-LIEUREI.

Arrond. de Pont-Audemer. — Cant. de Cormeilles.

Patr. S. Ouen. — *Prés.* l'abbé de Cormeilles.

Point de difficulté, je pense, sur l'origine de ce nom : *Morini villa*.

Vestiges nombreux de constructions

antiques; ancien chemin de Lisieux à Rouen.

Nous empruntons les détails suivants à la notice de M. Canel : « Les premiers « seigneurs de cette paroisse n'ont point « laissé de souvenirs. Dans la deuxième « moitié du XIIe siècle, un Guillaume « de Morainville est employé comme té- « moin dans une charte faite en faveur de « Préaux par Henri du Neubourg.

« Plus tard, nous trouvons à Morain- « ville des seigneurs du nom de Ségrie. « Louis de Ségrie ne laissa qu'une héri- « tière, Guillemette de Ségrie, qui épousa, « vers 1430, Robet de Dreux, fils de « Gauvain de Dreux et de Jeanne d'Esne- « val. Jacques de Dreux, seigneur de Ber- « ville et Saint-Pierre-du-Chastel, qua- « trième fils de Robert de Dreux, continua « la ligne des Dreux, de Morainville. Jean « de Dreux, seigneur de Morainville, Mau- « ny, Saint-Ouen, et gouverneur du « Perche, fut tué au siège de Verneuil, « en 1590.

« Il y avait plusieurs fiefs assez impor- « tants à Morainville : Mortiers, Marchères, « Ruqueville, Fernel, le Saussai, les « Hautes-Terres, le Breuil. L'abbaye de « Corneilles en possédait aussi un auprès « de l'église. Il était au nombre des biens « de l'abbaye réservés à l'abbé commen- « dataire.

« L'église de Morainville, dédiée à saint « Ouen, est très-ancienne. Son clocher « roman est remarquable par l'absence « de tout ornement. On prétend que cette « église était celle d'un prieuré relevant « de Corneilles, et que le temple parois- « sial existait primitivement au hameau « de la Croisette, près du *Trou Souffleur*. « Quoi qu'il en soit, les religieux de Cor- « neilles nommaient à la cure de Morain- « ville et recueillaient les deux tiers de « la dîme. »

Dépendances : — le Tremblai; — l'É- glise; — la Rue-Huguenot; — les Hautes- Terres; — la Cannerie; — la Croisette; — le Saussai; — Fernel; — le Breuil; — Clairemare; — Folleville; — Mon- taigu; — la Rouge-Cour; — les Theux; — les Louvrer; — la Varande; — la Grande-Ferme; — la Marcellerie, château.

Cf. Canel, *Essai sur l'arrond. de Pont-Audemer*, t. II, p. 401.

MORGNI.

Arrond. des Andelys. — Cant. d'Estrépagni.

Patr. Notre-Dame. — *Prés. l'abbé de Saint-Denis, puis le seigneur.*

Morgni : *Moriniacus*; c'est la première forme employée chez nous pour désigner le domaine d'un Morin, d'un Flamand : voyez Morainville et Flamanville. Le nom de Morin se rencontre assez souvent au moyen âge, et de nos jours il est très-fréquent comme nom de famille.

Les Morins n'ont guère formé d'éta- blissements que dans le nord de la France. Nous n'en connaissons que dans la Beauce, l'Ile-de-France et la Picardie.

Dans une charte de Mortemer nous li- sons : « .... Hanc autem terram tenebat « in vadimonio Gislebertus de Moreigni... »

En 1157, une charte d'Hugues III, ar- chevêque de Rouen, confirme la posses- sion de l'église de Morgni à l'abbaye de Saint-Denis : « ..... ecclesia de Mori- « niaco..... »

Au XIIIe siècle, l'abbé de Saint-Denis pré- sentait encore à la cure de Morgni : « Eccle- « sia de Moregni; decem libre turonen- « sium; parrochiani triginta quatuor. Sanc- « tus Dionisius in Francia presentavit. » A partir du XVIe siècle, le seigneur du lieu jouissait du droit de présentation.

Il faut citer ici deux pièces très-impor- tantes qui auraient pu être mieux placées à l'article FLEURI-LA-FORÊT, mais qui néanmoins seront bien accueillies à l'ar- ticle MORGNI, qu'elles concernent égale- ment :

« Philippus, Dei gratia Francorum rex, « universis ad quos presens scriptum per- « venerit, salutem. Noveritis quod, sicut « ex autentico scripto Henrici, abbatis « Sancti Dyonisii, et capituli cognovimus, « idem Henricus et predictum capitulum, « de communi assensu, Petrum de Tor- « nella, majorem natu, constituerunt pre- « positum ad vitam suam in terra sua de « boscagio de Lyons, scilicet de Morigni, « de Lylli et de Flori, cum earum perti- « nentiis, ita quod dictus Petrus prepo- « situram illam fideliter custodiet et se « ipsis fidelem exhibebit, et de eadem pre- « positura viginti libras parisiensium in « octavis Sancti Dyonisii ipsis carita- « tibusque eorum quinque solidos, et in « Natali Domini frescergium unam infir- « mario annuatim reddet, et infra quin- « quennium a susceptione presentium lit- « terarum et termino conscriptionis ca-

« rum; centum libras in herbergagio,
« testimonio proborum virorum, ponete
« tenebitur, salva eis donatione ecclesia-
« rum suarum, et salva procuratione dicti
« abbatis semel in anno quando ad locum
« ipsum abbatem venire contigerit. Idem
« autem Petrus omnia tam mobilium quam
« immobilium incrementa, que in pre-
« fata prepositura et facturus, ad eccle-
« siam Beati Dionysii in decessu suo in
« integrum reversura, prestito juramento,
« promisit. Cum autem predictus Petrus
« ad ipsos venerit, ipsum procurabunt
« sicut prepositos suos solent procurare.
« De ista autem contentione in bona fide
« tenenda, idem Petrus ipsis assignavit in
« contraplegium quicquid tenet ab ipsis,
« vel quicquid habet sub jure ipsorum
« atque dominio. Nos vero, ad petitionem
« utriusque partis, hujus rei testimonium
« perhibemus, ut, ut ratum et firmum
« permaneat, presentem paginam confir-
« mamus. Actum Parisius anno Dominice
« Incarnationis millesimo cc.° septimo,
« mense aprilis. » (Cart. blanc de Saint-
Denis, t. II, p. 615.)

Suit un extrait de la charte de Guillaume Calelot, chevalier, confirmée par le roi Philippe le Bel en 1281, en faveur de l'abbaye de Saint-Denis :

« .... Item, in ballivia Gisortii, in Vul-
« cassino Normanno, una domo vocata
« Manerio, in foresta de Leonibus, et
« omni eo quod habebant ibidem et apud
« Floriacum, Morigniacum et Lilliacum,
« et tali usagio quale habebant in foresta
« de Leonibus, et omni eo quod habebant
« et habere poterant ibidem et in pertinen-
« ciis eorumdem ; item quamdam aliam domum
« in eadem ballivia que vocatur Sancta
« Genoveva et les Margotes, et tali usagio
« quale habebant in foresta de Bleu, et
« fructibus decimarum quas habebant in
« dictis locis et pertinentiis eorumdem ;
« item, omnibus pratis que habebant apud
« Boucheviller, Talemoustier, Dannecort,
« Gollencort et Rôtainvillam, et fructibus
« obventionum quas habebant in locis
« predictis, et generaliter omni eo quod
« habebant seu habere poterant, quacum-
« que ratione vel causa, in dictis locis et
« pertinentiis eorumdem, nichil sibi nec
« suis successoribus in predictis penitus
« retinendo ; ita tamen quod nos, pro
« dicta terra de Bernevalle et aliis rebus
« nobis in excambium datis aut concessis
« a religiosis predictis, hommagium et
« servitium quinque militum facere tene-
« bimur domino regi ac nostri heredes et
« successores in perpetuum, sicut antea
« pro rebus quas permutavimus facere
« tenebamur. »

La terre de Morgni avait fait partie, comme Lilli et Fleuri, du fief des Trois Villes Saint-Denis ; elle arriva dans la famille de Jubert du Thil, et ensuite par héritage à la famille de Chastellux.

L'abbaye de Saint-Denis ne possédait plus son fief des Trois Villes au milieu du XVIII° siècle. Au XVIII° siècle, le patronage de l'église de Morgni appartenait à la famille de Chastellux, qui possède encore le château.

Le fief de Malterre ou du Til (on écrit Til ou Thil), le fief de Pitres, le fief Morgni et le fief Jubert, sur la paroisse de Morgni, furent unis ensemble et érigés en marquisat sous le nom de marquisat du Til, par lettres patentes du mois de mars 1659, en faveur de Jacques Jubert. Le marquisat fut éteint et supprimé par autres lettres patentes de mars 1688 ; mais les deux fiefs de Malterre et de Pitres demeurèrent unis sous le nom de Malterre du Til. Suivant un aveu de 1691, les seigneurs de ce fief de Malterre du Til présentaient à la chapelle du château du Thil-en-Forêt, situé sur le territoire de Morgni.

De Morgni dépend un hameau qui porte divers noms dans différents titres ; il est appelé Despambourg, Despansbours, Despanbourcq, les Paulbourg, les Pasbours, et les Basbours ; mais il y a plus d'apparence que son vrai nom est Paulbourg. Ce nom se trouve dans les anciens baux à ferme. Probablement le premier qui bâtit une ferme et des maisons dans cet endroit s'appelait Paul, d'où Paulbourg ; puis, une chapelle ayant été bâtie en l'honneur de saint Germain, on dit Saint-Germain-de-Paulbourg.

Ce hameau de Saint-Germain-de-Paulbourg dépendait du prieuré de Launai.

Les prieurs du prieuré de Saint-Pierre-de-Launai ayant été mauvais ménagers, et particulièrement Dom Jacques du Bosc, qui abandonna sa profession pour suivre la religion prétendue réformée, les papiers et titres dudit prieuré furent perdus. C'est pourquoi les religieux de Saint-Ouen présentèrent requête, sur laquelle ils obtinrent un arrêt du parlement du 23 décembre 1575, par lequel, en considération de la perte de leurs titres, il leur était permis de faire sommer leurs débiteurs en vertu de leurs papiers, comptes et enseignements : ainsi paraît-il par le vu de la sentence des requêtes du Palais du 4 juin 1622, dans les titres d'une pension de 3 livres due par le curé de Sancourt. De là vient qu'on n'a pas les anciens titres tant du prieuré de Saint-Pierre-de-Launai que de Saint-Germain-de-Paulbourg, qui en était la principale dépendance.

Le plus ancien titre connu de Saint-Germain est du 3 mars 1536. C'est une sentence donnée à Rouen par les juges ordonnés par le roi sur le fait de la réformation des forêts de Normandie, par laquelle il est dit que les religieux de Saint-Ouen de Rouen auront pour provision, entre autres choses, droit d'envoyer paître et pâturer en la forêt de Lions leurs bêtes aumailles et chevalines, servant aux harnois de leurs fermiers de Saint-Germain-Despambourgs et pennager leurs porcs. En 1572, le prieuré de Saint-Pierre-de-Launai, assis à Radepont, et le hameau de Saint-Germain-de-Morgni furent acquis par la chartreuse de Gaillon, fondée l'année précédente, en 1571, par le cardinal de Bourbon.

Voyez dans les *Coutumes et usages des forêts de Normandie*, f° 11 r°, le passage contenant les droits des habitants de Morgni dans la forêt de Lions.

Dépendances : — les Brûlins ; — la Curie ; — la Fontaine ; — les Greniers ; — la Lande-Pellerin ; — Langle ; — Saint-Germain ; — le Vouroux ; — Beautil ; — Belleface ; — le Til-la-Forêt, château.

Cf. Toussaint Duplessis, t. II, p. 312 et 532.

MORSAN.

Arrond. de Bernay. — Cant. de Brionne.

Patr. la Ste Trinité. — *Prés.* le seigneur.

On écrivait autrefois indifféremment : Morsan, Morsent et Morceng.

Dans les *Grands Rôles de l'Echiquier de Normandie* notons les passages suivants :
« De Nicolao de Morcene quadraginta
« solidos pro radio difforciato. (Stapleton,
M. R., p. 86.)

« De Roberto de Morcene tredecim soli-
« dos [pro plegio Roberti Pantof]. » (*Ibid.*,
p. 329.)

Nous pensons qu'il s'agit de ce Morsan, mais nous n'en sommes pas certain.

C'était l'abbaye du Bec qui dominait à Morsan.

Aubrée Trossebout donna à l'abbaye du Bec tout le tènement et les rentes qu'elle avait à Morsan.

Donation du pré de la Miete, par Robert de Morsent, au prieuré de Beaumont-le-Roger et à l'abbaye du Bec : « Notum sit
« tam præsentibus quam futuris quod ego
« Robertus de Marcengo et uxor mea Ma-
« tildis et heredes et filii mei, Wilhelmus,
« Robertus, Alexander et Ricardus, pro
« animabus nostris et omnium antecos-
« sorum meorum, Deo et ecclesie Sancte
« Trinitatis de Bellomonte et monachis
« Becci ibi Deo servientibus dedimus in
« perpetuam et puram eleemosinam libe-
« ram et quietam ab omni redditu et
« censu et omni alia exactione pratum
« quoddam quod vocatur pratum Miete.
« Et ut hoc ratum et stabile et inconcus-
« sum permaneat, præsens scriptum sigilli
« mei appositione muniri. Factum autem
« hec donatio in die obitus Roberti de
« Marcengo. Testibus hiis : Rennulfo de
« Bigarz, Roberto de Altaribus, Roberto
« de Blaies, Roberto de Mcinil, Radulfo
« capellano Alveni, Roberto Nigrul, Ro-
« berto capellano Sancti Nicholai, Ro-
« berto Roussel, Roberto Russel, et mul-
« tis aliis. »

En 1276, Jean de Morsent se départ au profit de l'abbaye du droit d'aide qu'il prétendait avoir sur ses tenants en temps de guerre.

En 1300, Robert de Thibouville, chevalier, consent à laisser jouir sans empêchement l'abbaye du Bec de tous les revenus et rentes qu'elle possédait dans son fief sis dans la paroisse de Morsan.

La cour de Morsan attestait un demi-fief relevant de Brionne. Les Le Sens en étaient propriétaires au XVIIe siècle.

Les Le Sens furent anoblis en 1470 ; Jean Le Sens était lieutenant général du bailli de Caen en 1486 ; il avait été auparavant procureur général de la ville de Caen et receveur du duc d'Orléans, qui avait alors la vicomté de Caen en apanage.

Lieu de naissance de Valmont de Bomare, auteur d'ouvrages fort estimés sur l'histoire naturelle, mort en 1807.

Dépendances : — le Château ; — la Couranterie ; — les Jumeaux ; — la Mourioterie ; — la Mondière.

MORSENT.

Arrond. d'Evreux. — Cant. d'Evreux (sud).

Patr. Notre-Dame. — *Prés.* le seigneur et les religieux de Saint-Thurin.

Le monastère de Saint-Taurin était installé à Morsent dès le XIIe siècle :
« Hugo de Sache et ejus filius Robertus,
« cum suorum amicorum consensu, deci-
« mam de Sace et de Morcene dederunt,
« unde monachus factus est idem Hugo »...
(Charte de Richard Cœur de Lion pour Saint-Taurin.)

En 1261, Robert dit le Jeune, de la

paroisse, « de Mourcench »; fit remise à Saint-Taurin de deux livraisons annuelles. (*Cart. de Saint-Taurin*, p. 120.)

Philippe, évêque d'Evreux, constate dans la charte suivante qu'il y avait à Morsent au XIII° siècle deux églises, l'une dédiée à la Vierge, l'autre à saint Jean. Le patronage de la première appartenait à Jean de Sacei, chevalier, et le patronage de la seconde au monastère de Saint-Taurin. Un accord fut conclu entre les parties, et les deux églises furent réunies en une seule, chacune d'elles n'ayant pas des ressources suffisantes pour soutenir le desservant : « Universis presentes litteras « inspecturis, Philippus, permissione divi-« na Ebroicensis episcopus, licet indignus, « salutem in Domino Jhesu Christo. Cum « ecclesia Beate Marie de Mourchene, nostre « diocesis, adeo esset tenuis et redditibus « et proventibus denudata, quod ad sus-« tentationem proprii sacerdotis ejusdem « non supplerent nec sufficerent facul-« tates, cujus ecclesie erat patronus Johan-« nes de Saceyo, miles, et similiter ecclesia « Beati Johannis de Morchene, contigua « et adjacente predicte ecclesie Beate Marie, « est ita tenuis et exilis, quod ejus fructus, « proventus et redditus non sufficerent ad « sustentationem proprii sacerdotis, cujus « ecclesie Sancti Johannis erant patroni « abbas et conventus Sancti Taurini Ebroi-« censis ; tandem, de consensu et volun-« tate predictorum patronorum, et ad sup-« plicationem eorum, consideratis facul-« tatibus, redditibus et proventibus ea-« rum ecclesiarum, eisdem simul junctis, « qui vel que vix possunt sufficere ad « sustentationem et victum unius sacer-« dotis, considerata etiam locorum et « parochianorum commoditate, predictas « ecclesias Beate Marie et Sancti Johan-« nis animus insimul et ad invicem, et « oportebit deinceps quod rector earum « in eis deserviat competenter... etc... « Actum anno Domini millesimo ducen-« tesimo septuagesimo sexto, mense octo-« bri. »

La seigneurie dépendait de l'abbaye de Saint-Taurin.

Dans les *Monstres de la Noblesse du bailliage d'Evreux*, en 1469, on lit : « Pierre « Houvet, escuier, seigneur de Morcenq, « de Sissé et de Nuys, se présenta en « habillement de homme d'armes, ung « archier et ung coustillier en sa com-« paignie, montés de trois chevaulx. »

Le château de Morsent est moderne : il a été bâti par M. le vicomte de Fayet.

Notre-Dame et Saint-Jean du Morsent ont été réunis à Saint-Sébastien-du-Trois-Gencelin en 1844, sous le nom de Saint-Sébastien-de-Morsent.

Dépendance : — Saint-Jean.

MOUETTES.

Arrond. d'Evreux. — Cant. de Saint-André.

Patr. S. *Jacques.* — *Prés. le baron d'Ivri.*

Rien à dire sur Mouettes.

On peut seulement relever, dans l'aveu de la baronnie d'Ivri que nous avons publié à l'article Ivri, les passages suivants : « Item, en la paroisse de Moette a ung autre « manoir nommé le parc de Moette, où « souloit avoir manoir, granche, establos « et coulombier à pié, et au costé d'icelui « manoir a bien de IIII^{xx} à c acres de terres « labourables.

« Item, en la paroisse de Moette a deux « fiefs nommés les deux fiefs Malassis, qui « furent Robert de Malassis, qui souloient « valoir XXXII livres II sols tournois et te-« nuz comme dessus. Item, le fief de « Moette et de Neufvillette, qui fut feu « Jehan de Thirel, a ung plein fief tenu « comme dessus, et souloit valoir L livres « de rente. »

Le baron d'Ivri avait droit de présenter à la cure de Mouettes.

Dans les *Monstres de la Noblesse du bailliage d'Evreux*, en 1469 : « Jehan et « Nicolas dits de Missy, escuiers, sei-« gneurs de Moette, demeurant audit « bailliage de Caen. »

Un lieu appelé Goutières, dans la forêt d'Ivri, était anciennement occupé par un château fort.

Dépendances : — la Houssaie ; — Malassis ; — Mousseaux-le-Bois, — le Parc-de-Mouettes ; — la Barrière-de-Malassis ; — Saint-Fiacre, chapelle.

MOUFLAINES.

Arrond. des Andelis. — Cant. d'Estrépagny.

Patr. S. *Brice.* — *Prés. alternativement les Chartreux de Paris et le seigneur.*

Nous avons recueilli fort peu de renseignements sur Mouflaines.

Le pouillé d'Eudes Rigaud nous apprend qu'au XIII° siècle le patronage était en litige : « Ecclesia Sancti Bricii de Mou-« flaines. Dubium est de patronatu ; habet « triginta parrochianos ; valet quatuorde-« cim libras Turonensium. »

Il finit par devenir alternatif entre le seigneur de Mouflaines et les Chartreux de Paris.

En 1310, Philippe le Bel accorde à Pierre de Jambeville, son écuyer, le droit de construire un colombier dans sa vavassorie de Mouflaines.

« Phil., etc. Notum sit... quod nos, « obtentu grati servicii per dilectum Pe-« trum de Jambevilla, scutiferum nos-« trum..., fideliter nobis impensi, et « ut ad bene serviendum nobis et poste-« ritati nostre forcius animetur, eidem « presencium tenore de gratia speciali « concedimus quod ipse in vavassoria « sua quam habet in parrochia de Mof-« flaine, columbarium seu columbarii « receptaculum edificare possit et con-« struere, quociensque sibi placuerit, « quodque ipse et heredes sui, aut ab eo « causam habentes predicte vavassorie « possessores dictum columbarium seu « columbarii receptaculum manutenere, « habere et possidere columbis repletum « valeant perpetuo, quacumque patrie con-« suetudine contraria nonobstante, nostro « et alieno in aliis jure salvo. Quod ut « perpetue, etc. Actum et datum Corbolii, « anno Domini x°. ccc°. decimo, mense « julii » (Reg. du Très. des chartes, JJ. 45, « n° IX-IX).

En 1390, Guillaume de Neauville était seigneur « de Moufflenes ».

Dépendances : — la Maison-du-Bois ; — le Moulin-de-Mouflaines.

Cf. Toussaint Duplessis, t. II, p. 661.

MOUSSEAUX-PRÈS-SAINT-ANDRÉ.

Arrond. d'Evreux. — Cant. de Saint-André.

Patr. S. Martin. — *Prés. le chapitre d'Evreux.*

En 1222, Gui de la Cour : « de Curia, » abandonna « a domino meo Johanni de « Ferreriis, totum jus quod habebam in « presentatione ecclesie de Munciaus... »

La même année, Jean de Ferrières, chevalier, donna au chapitre d'Evreux « presentationem ecclesie Sancti Martini « de Monceaus, que ad me de jure perti-« nebat, » et reçut du chapitre, à cette occasion, 30 livres tournois. Cette donation fut renouvelée par lui dans les mêmes termes en 1224.

En 1223, l'évêque d'Evreux, Richard de Belleuse, confirma les donations précédentes : « super donatione patronatus « ecclesie Sancti Martini de Muncel.is... »

En 1233, Raoul Mauvoisin, « de Saint-André, chevalier : « « Radulphus Malus « Vicinus de Sancto Andrea, miles, » con-firma « tanquam capitalis dominus » la dotation de Jean de Ferrières.

En 1258, P..., abbé de la Croix-Saint-Leufroi, transigea avec le chapitre d'Evreux « ... super quibusdam decimis quas « habebamus in parrochia de Moncellis in « feodo Roberti de Grandi Marcheis. » On convint que le chapitre resterait en possession des dîmes, moyennant 6 setiers de blé d'hiver et deux d'avoine, à la mesure de Pacy : « ... percipiendo singulis « annis infra festum Omnium Sanctorum « apud Gardencuriam in granchia capi-« tuli... »

En 1281, Osber Le Boulanger : « Boulangarius, » prit en emphytéose perpétuelle du chapitre d'Evreux une pièce de terre « in parrochia de Moncellis prope « Mocellum... »

En 1310, les religieux de Conches reconnurent qu'ils étaient tenus de supporter « ... tertiam partem reparationis can-« celli ecclesie de Moncellis prope San-« ctum Andream. »

Le 6 décembre 1634, messire de Montenai, chevalier, baron de Garencières, et sa femme Marguerite Dugué, désirant fonder un prieuré et monastère de filles religieuses, sous l'invocation de saint Antoine, dans la ville de Pont-de-l'Arche, donnèrent une ferme en la paroisse de Mousseaux (bailliage de Gisors), consistant en 62 acres de terre labourable, maisons, jardins, etc., etc.

Le territoire de Mousseaux près Saint-André faisait donc le fonds du prieuré de Saint-Antoine de Pont-de-l'Arche.

On trouvera plusieurs pièces relatives à la fondation de ce prieuré dans Le Brasseur : *Hist. civile et ecclés. du comté d'Evreux*, Actes et preuves, p. 143.

Conférez les aveux publiés à l'art. GARENCIÈRES.

Mousseaux près Saint-André, la Neuville près Saint-André et la Neuvillette ont été réunis en une seule commune sous le nom de Mousseaux-Neuville en 1845.

Dépendances : — Grand-Marchais ; — Mousseaux-le-Bois.

MOUSSEAUX-SUR-DAMVILLE.

Arrond. d'Evreux. — Cant. de Damville.

Patr. S. Sulpice. — *Prés. l'évêque d'Evreux.*

En 1233, Robert « de Moncellis » donna au chapitre d'Evreux : « ... feodum illum

« quem Odo et Hermengardis tenebant
« de me apud Moncellos, et campum in
« valle juxta semitam Dumeti et campum
« de Hautesenies (ou Hautesnues), qui
« est juxta matam, et campum de Clarel. »
La rubrique porte : « Tenor illius terre
« de Bosco Clareli super Danvillam. »

En 1227, cette donation fut confirmée
par Erkembourc « de Moncellis », frère
de Robert.

Dans une charte de 1235, tirée du fonds
de l'abbaye de la Noë, on lit : « Juxta
« herbergamentum Engenoldi de Mon-
« ceaux, milites. »

En 1398, « Gauffridus de Heruppe, ar-
« miger, de parrochia de Cintreyo, Car-
« notensis diocesis, ut asserebat, » reconnut devoir au chapitre d'Evreux trois setiers et une mine de bon méteil, assis sur
tout ce qu'il possédait « in parrochia de
Moncellis super Danvillam. »

En 1392, il y eut discussion entre le
chapitre d'Evreux et Guillaume Tierry,
écuyer, au sujet de trois setiers et une
mine de méteil, à la mesure de Damville,
que le chapitre faisait audit écuyer à raison du fief de Monceaux « jouxte Danville ». Philippe du Mesnil-Regnart,
écuyer, figure dans cette procédure comme
gendre dudit écuyer.

La même année, consentement de
Jeanne, femme et fille des deux personnages précédents.

Au XVII° et au XVIII° siècle, la famille de
Chambon avait la seigneurie de Mousseaux.

Mousseaux-sur-Damville a été réunie à
Damville en 1808.

MUIDS.

Arrond. de Louviers. — Cant. de Gaillon
Sur la Seine.

*Patr. S. Hilaire ou Notre-Dame. — Prés.
l'archevêque de Rouen.*

Mentionnons d'abord plusieurs personnages qui vraisemblablement tiraient leurs
noms de cette localité. Ainsi, dans une
charte des Deux-Amants : « ... Item, ex
« dono Willelmi de Moies... Item, ex
« dono Ideverti de Venables nemus Hum-
« fridi et decem acras terre in bruerio
« suo et liberam pasturam per omne feo-
« dum suum extra nemora sua apud
« Muies... »

1206. « Notum, etc., quod nos fecimus in-
« quiri per ballivos nostros scilicet quod
« ea die quod (sic) terram que fuit Wil-
« lelmi de Hainoia dedimus Rabello de
« Muyes, heres illius terre erat contra nos
« in Normannia; unde nos terram illam
« dicto Rabello in feodum et hominagium
« ligium concessimus, tali modo quod, si
« aliquis voluerit terram illam hereditario
« jure repetere, et inde nobis testes pro-
« duxerit quibus nos finem adhibere de-
« beamus, nos exinde faciemus quod
« debebimus. Actum apud Belvacum,
« anno Domini m°. cc°. sexto, regni
« nostri xxvii°. » (*Cart. E de Philippe-
Auguste*, f° 11° xiii r°, c. 1.)

1211. « Rogerus de Muces, dominus de
Tofriuilla. Garinus heres ejus. » (*Cart.
de Saint-Wandrille*.)

Sur Baudoin « de Muces », en 1277,
voyez l'article Martot.

Jehan [de la Preuse?], écuyer, avoue
tenir du roi, à cause de sa châtellenie de
Gaillard, « ung demy-fief de haubert assis
« en la paroisse de Muys, et s'estend du dit
« fief illec en la parroisse de la Roquette
« et és parties d'environ, » au droit duquel
lui appartient cour et usage... et tous
droits tels « comme à demy fief de hau-
« bert tenu en basse justice appartient
« selon raison et la coustume du pays
« de Normandie » ; et de ce il doit au roi
hommage et aides coustumières quand ils
échoient. Le XXIIII° jour de septembre,
l'an mil CCCC cinquante et trois.

Dès le XIII° siècle, l'archevêque de
Rouen avait le droit de présenter à la
cure de Muids; le fait est constaté par le
pouillé d'Eudes Rigaud : « Ecclesia Sancti
« Hilarii de Modiis; archiepiscopus patro-
« nus; habet centum viginti parrochianos;
« valet septuaginta libras Turonensium. »
Suivant une transaction passée en 1279
entre l'archevêque de Rouen, Nicolas
Malesmains et Roger Malesmains, le patronage de la cure de Gonneville (on ne
marque pas quel Gonneville) devait demeurer à Nicolas et à ses héritiers, et celui de « Muies » à l'archevêque. Suivant
les pouillés, l'archevêque conférait de plein
droit la cure de Muids. Cependant, suivant
un aveu du 15 avril 1708, le seigneur des
trois fiefs de la Cour-du-Bois, de la Vacherie et de la Tropelée était patron honoraire de la cure de Muids et présentait alternativement à la cure d'Herqueville.

Le fief de Connelles, huitième de fief
de haubert, relevant de la baronnie d'Herqueville, s'étendait sur les paroisses de
Connelles, Daubeuf, Muids et Andé.

L'église a été nouvellement restaurée
et presque rebâtie.

Dépendances : — le Bout-de-la-Ville; —
le Mesnil-d'Andé; — la Hue-de-Voie.

Cf. Toussaint Duplessis, t. II, p. 863

MUSSEGROS.

Arrond. des Andelys. — Cant. de Fleury-sur-Andelle.

Patr. la Ste Vierge. — *Prés.* le seigneur.

Musegros ; c'est la première manière d'écrire ce nom. Voyez les chartes de Saint-Evroult, antérieures à la bataille de Brémulle, et particulièrement une charte de Guillaume le Conquérant, voisine de 1050, dans laquelle on remarque parmi les témoins : « Ogerius de Musegros. »

Vers la même époque, on écrivait aussi : « Mucegros, » ou même : « Muchegros. »

Nous ne pouvons présenter aucune conjecture sur la véritable origine et l'interprétation de ce nom bizarre. Orderic Vital l'écrivait : « Mucegros, » et nous n'avons ne voir aucune raison pour qu'on écrive de préférence : « Mucegros, Musegros ou Mussegros, » comme nous l'avons déjà fait à l'article Ecocis.

Parcourons quelques textes. Parmi les témoins d'une donation de Raoul de Conches à Saint-Evroult, on trouve : « Rogerius de Mucegros... »

Parmi les témoins de chartes du XIIe siècle en faveur de Mortemer : « Matheus de Muchegros, » et ailleurs : « Matheus de Mucegros. »

Mathieu de Mucegros était propriétaire à Saint-Denis-le-Ferment : « .... et de « viginti libris pro fine terre Mathei de « Mucegros in Sancto Dionisio de Farman, « et de quatuor libris et octo solidis et « quatuor denariis de exitu ejusdem terre, « antequam predictus Matheus finem fe- « cisset de eadem terra... »

On trouve également un Robert de Mucegros : « ..... et de centum solidis de « Roberto de Mucegros pro recto habendo « versus fratrem suum... »

Dans le registre de ses visites pastorales, à la date de 1251, Eudes Rigaud raconte qu'il refusa de nommer maître Jean, clerc présenté à la cure de Mucegros par Jean de Mucegros, écuyer. Maître Jean en appela ; mais comme Jean de Mucegros était mineur, qu'à cause de son âge il n'avait pu faire hommage de son fief à la reine Blanche, régente, que d'ailleurs il était excommunié et que ladite église était de son patronage, Eudes Rigaud maintint son premier refus.

En 1253, Jean de Mucegros fit sa soumission. Il avait été excommunié parce qu'il avait contracté une union clandestine, quoique mineur, avec Jeanne du Bois-Bosnard. Eudes Rigaud permit, à de certaines conditions, que l'office fût de nouveau célébré dans l'église de Mucegros.

Enfin, en 1265, il y eut débat devant l'archevêque de Rouen. Le seigneur de Guitri prétendait que le fief de Jean de Mucegros relevait de lui, et le même Jean prétendait que son fief relevait de l'archevêque. On ne sait pas le résultat de l'enquête.

La note suivante a été ajoutée au pouillé d'Eudes Rigaud, ou pour mieux dire intercalée postérieurement : « Ecclesia de « Mucegros. Johannes, dominus ville, « miles, patronus; habet septuaginta pa- « rochianos; valet quadraginta libras Tu- « ronensium. »

Dans le pouillé de Raoul Roussel, on lit : « Muchegros. » Voyez l'article Ecocis. Cette paroisse a été réunie à Ecouis en 1831.

Cf. Toussaint Duplessis, t. II, p. 661.

MUZI.

Arrond. d'Evreux. — Cant. de Saint-André, sur l'Avre.

Patr. S. Jean. — *Prés.* l'abbé de Coulombs.

Nous diviserons cet article en deux sections ; la première sur l'abbaye de l'Estrée, située sur le territoire de Muzi, et la seconde sur les seigneurs de Muzi. Presque tous les renseignements que nous avons recueillis sont tirés des chartes de l'abbaye de l'Estrée.

Vers 1144, Rahier, seigneur de Musi, fonda l'abbaye de l'Estrée, de l'ordre de Citeaux. Godefroi, évêque de Chartres, Hugues, évêque d'Auxerre, et Rotrou, évêque d'Evreux, reçurent cette fondation, et l'église fut dédiée en l'honneur de Notre-Dame :

« Rotroudus, Dei gratia Ebroicensis « episcopus, universis fidelibus sancte Dei « ecclesie, salutem in Domino. Quoniam « ad episcopos pertinet ea que ablatis et « ecclesiis donantur conservare ac tueri, « ea propter et nos, quantum ad potesta- « tem nostram et parrochie nostre pertinet, « confirmamus et rata esse volumus que « dedit abbatie de Strata Itaberius de « Dunjun, et Amalricus et Nivardus de No- « nacuria, et Radulfus de Islo et Hugo de « Castello, impresentia domini Gaufridi, « Carnotensis episcopi, et domini Hugo- « nis, Autisiodorensis episcopi, et do- « mini Guichardi, abbatis Pontiniacensis, « et Guiardi, archipresbiteri nostri, qui

« affuit ibi vice nostra. Dedit autem præ-
« dictus Raherius abbatiæ de Strata, et
« concessit imperpetuum monachis ibi-
« dem habitaturis quantum unus piscator
« omni tempore in fluvio Arve, qui lo-
« cum illum prætertluit, piscari posset.
« Concessit etiam eis licentiam eumdem
« fluvium adducendi per officinas suas,
« sicut idem monachi sibi necessarium
« estimarent. Et locum congruum pisca-
« tioni, quem homines vulgari suo gort
« appellant, quem profecto locum et abba-
« tiæ situm ipse præambulans demonstravit
« et certis metis signans monachis libere
« imperpetuum possidendum concessit.
« Dedit etiam quemdam fontem qui erat
« juxta situm abbatiæ, et usuarium mortui
« bosci de Museio, hæc omnia filiis suis
« Godefrido et Raherio concedentibus.

« Amalricus vero dedit eisdem mona-
« chis medietatem territorii Stratæ, et
« aream molendini de Franchelo, et totam
« terram de Forgis, et medietatem terræ de
« Benguinvilla, et hæc omnia ita libere pos-
« sidenda concessit imperpetuum, sicut
« ipse possidebat, concedente hoc uxore
« sua Columba, et filiis suis, et Raherio de
« Dunjun, cum prædictis filiis suis, de
« quorum cassamentis erant quæ dedit.
« Nivardus autem de Nonaceria dedit
« eisdem monachis libere deinceps pos-
« sidendum loseolum de Faiello, con-
« cedente uxore sua et filiis suis Guillone
« et Giscberto. Rafulfus autem de Islo
« dedit eis unam carrucatam terre apud
« Merevillam, quod concessit uxor ejus.
« Hugo de Castello dedit eis imperpe-
« tuum pasnagium boscorum suorum, ad
« opus porcorum qui sui proprii essent.
« Et usum mortui ligni in bosco de Cro-
« tesio. Et hoc in manu Gaufridi, Carno-
« tensis episcopi, posuit et dimisit. Has
« omnes donationes sigillo suo firmavit
« tunc dominus Gaufridus, Carnotensis
« episcopus. Testes sunt hujus rei : Gos-
« lenus, præpositus ecclesiæ Carnotensis;
« Galterius, Sanctæ Mariæ Blesi canoni-
« cus; dominus abbas de Brolio; Guiar-
« dus, archipresbyter, qui vice nostra ad
« hoc videndum et recipiendum aderat.
« Præterea multi monachi, presbiteri, cle-
« rici, tam de Carnotensi quam de nostro
« episcopatu affuerunt, et multi milites,
« et tam de Drocis quam de vicinis locis
« plurima populi multitudo. Supradictas
« ergo donationes, sicut sigillo domini
« Gaufridi, Carnotensis episcopi, et præ-
« dictorum virorum testimonio firmatæ
« sunt, ita et nostro tam sigillo quam
« testimonio volumus imperpetuum ro-
« borari. » (Cart. de l'Estrée, nº 1.)

Les premiers abbés de l'Estrée obtinrent des papes confirmation de tous les
privilèges de cette abbaye, qui demeura
sous leur protection, conformément à la
bulle du pape Alexandre III, obtenue par
Gervais, cinquième abbé, en 1164. Cette
bulle a été publiée par les auteurs du
Gallia christiana. (Instr., col. 136, nº II.)
Le pape confirme aux moines les possessions suivantes : « terram de Stratis, ter-
« ram de Bello-Villari, Terram de Tramite,
« Ver, Grande Pratum, alias terras et prata
« quæ ex utraque parte fluminis Arvæ ha-
« betis, unum piscatorem in eodem flu-
« mine, per dominum castri de Musi,
« grangiam de Fayel, cum omnibus ap-
« penditiis suis; grangiam de Meravilla,
« cum omnibus appenditiis suis; gran-
« giam de Champallum cum pertinentiis
« suis, et terra de Besochin, et quæcum-
« que possidetis in nemore Crotensi; gran-
« giam de Chalet. »

« Ego Gaufridus, Dei gratia Carnoten-
« sis episcopus, apostolicæ sedis legatus,
« omnibus, tam futuris quam præsentibus,
« notum fieri volo quod, quadam die sta-
« tuta, videlicet sexto idus februarii, con-
« venimus in loco qui dicitur Strata, di-
« stante per unam leugam a nobili et fa-
« moso castello Drocis, juxta Museium,
« super fluvium qui dicitur Arva, ibique
« in præsentia nostra et domini Hugonis,
« Autisiodorensis episcopi, et domini Gui-
« chardi, abbatis Pontiniacensis, et Gui-
« donis, archipresbyteri pagi illius, dom-
« nus Raherius de Museio et Amalricus,
« miles strenuus, videlicet hi inquam
« domini, pro remedio animarum suarum
« et antecessorum suorum, dederunt præ-
« dicto abbati Pontiniacensi, ad abbatiam
« construendam, solum abbatiæ quæ anti-
« quum illius soli nomen retinet et dicitur
« Strata. Domnus autem Raherius dedit
« et concessit in perpetuum monachis in
« eodem loco habitaturis quantum unus
« piscator omni tempore in eodem fluvio
« qui locum illum præterfluit piscari pos-
« set, præsentibus filiis suis Gaufrido et
« Raherio. Concessit etiam eis licentiam
« eumdem fluvium adducendi per offi-
« cinas suas, sicut idem monachi sibi
« necessarium estimarent, et locum con-
« gruum piscationi quem homines in vul-
« gari suo gort appellant; quem profecto
« locum et abbatiæ situm idem ipse præ-
« ambulans demonstravit et certis metis
« signans eumdem liberum et quietum
« monachis Cisterciensis ordinis ibidem
« habitaturis perpetuo possidendum di-
« misit et concessit, et in manu nostra,
« et domini Autisiodorensis episcopi, et
« domini abbatis Pontiniacensis, et su-
« pradicti archipresbyteri pagi illius posuit,

« dedit et quemdam fontem qui erat juxta
« situm abbatie, et usuarium mortui bosci
« de Museo, predictis filiis suis ibi sum
« facientibus et concedentibus. Almari-
« cus vero dedit monachis ejusdem loci
« medietatem territorii Strate, et aream
« molendini de Francheto, et totam ter-
« ram de Forgis, et medietatem terre de
« Borguenvilla, concedente uxore sua Co-
« lumba et filiis suis, et in nostra manu
« similiter posuit et dimisit, assentiente
« eodem Raherio et filiis suis, de quo-
« rum cassamentis erant. Quidem simili-
« ter illustris vir Nivardus de Nonacu-
« ria, filiis suis Gillone et Gilleberto rogan-
« tibus, et uxore sua presente et conce-
« dente, dedit abbatie eidem quiete et
« libere deinceps possidendum boscutum
« de Faiello, et donum illud cum pre-
« dictis filiis suis in manu nostra posuit
« et dimisit. Postea quidem miles, Radul-
« fus videlicet de Islo, assensu conjugis
« sue, libere et quiete dedit eisdem mona-
« chis unam carrucatam terre de propin-
« quiore quam habebat juxta monachos,
« et in manu nostra posuit et dimisit et
« concessit. Statim vero vir illustris do-
« mnus Hugo de Castello, sequens nos
« dum adhuc in eodem loco moraremur
« et his intenti essemus, advenit et ne pau-
« peres illos monachos sue largitionis exper-
« tes relinqueret pro remedio anime
« sue et parentum suorum, concessit in
« perpetuum, dedit eis pasnagium bosco-
« rum suorum ad opus porcorum qui sui
« proprii essent. Dedit etiam eidem ab-
« batie usum mortui ligni in bosco de
« Crotesio, et hoc in manu nostra posuit
« et dimisit. Has omnes supradictorum
« virorum donationes presenti scripto ad-
« notare et sigillo nostro firmare curavi-
« mus, ut predicti monachi, sine contro-
« versia et calumpnia, quiete deinceps
« vivant et pro salute benefactorum suo-
« rum apud Dominum libere intercedant.
« Testes sunt hujus rei clerici nostri qui
« nobiscum erant: Golbenus, prepositus
« ecclesie nostre; nepos noster et filius
« supradicti Raherii senis; Robertus, ar-
« chidiaconus ecclesie nostre; Galterus,
« Sancte Marie Blesis canonicus. Inter-
« fuit istis donationibus ubique nobiscum
« dominus abbas de Breullio... » La date
suivante a été ajoutée après coup : « Octava
« die octobris, anno Domini millesimo
« centesimo quadragesimo quarto. »

« Notum sit omnibus presentibus et fu-
« turis quod Raherius de Museio con-
« cessit monachis de Strata qué dederant
« eis Raherius, avus ejus, et Godefridus,
« pater ejus, et determinavit que essent
« ille, scilicet cursum aque per necessaria

« monachorum que vulgo privati talami
« vocantur, per ducendum in rivum fontis
« et collem, sicut determinatum est, usque
« ad terram de Mesnil. Et preter hec dedit
« eis pascua ex propria voluntate que ha-
« bent ad facienda prata et quodcunque
« voluerint. Hec ergo omnia dedit domui
« de Strata Raherius et pepigit se custo-
« dire et tueri. Hujus rei testes sunt :
« Gauterius, sacerdos de Lole, et cleri-
« cus... et Hylarius miles, et Garnerius
« de Ivreio, et Simon de Autelvilla, et Gau-
« terius, abbas de Strata, et Gunterius...,
« et Roscelinus, capicerius. »

La même donation est attestée dans les
mêmes termes par l'évêque Rotrou (1154) :

« Rotrodus, Ebroicensis episcopus, om-
« nibus fidelibus, salutem in Christo. No-
« tum vobis facimus quod coram me et
« magistro Willelmo, decano ecclesie nos-
« tre, et magistro Ricardo Croc, archi-
« diacono, concessit Raherius de Museio,
« monachis de Strata ea que dederant eis
« Raherius, avus ejus, et Godefridus, pa-
« ter ejus, sicut determinatum est in ci-
« rografo [quod] habent predicti monachi
« adversus predictum Raherium, scilicet
« cursum aque per necessaria monacho-
« rum que vulgo privati talami vocantur,
« perducendum in rivum fontis et collem,
« sicut determinatum est usque ad terram
« de Mesnil; et preter hec dedit eis ex pro-
« pria voluntate pascua que habebant ad
« facienda prati et quecunque voluerint.
« Hec ergo omnia dedit domui Strate Ra-
« herius et pepigit se custodire et tueri.
« Anno ab incarnatione Domini M. C.
« LVIII. »

Robert, évêque de Chartres, atteste qu'à
l'époque de la prise d'habit de la sœur de
Baudri celui-ci et sa tante Marguerite
avaient aumôné aux religieux de l'Estrée
toute la terre qu'ils possédaient entre le chapitre « de Illeis » et la grange « de Faiel ».
Ils leur permirent aussi d'acheter, « quoquo
censu possent, » toute la terre que tenait
d'eux Gislebert de Montmelés, excepté le
fief de Baudri ; enfin, ils leur donnèrent
« totum collem qui est inter nemus de Mes-
« nil et aquam a ponte de Franchet usque
« ad quemdam fontem », pour faire une
vigne ou toute autre chose à leur volonté.
Robert et Pierre frères, Gervis, sœur de
Baudri, y donnèrent leur consentement
et leur garantie. Parmi les témoins, on
remarque Milon de Garol, Rahier de Donjon, Etienne du Tremblai... de Chaumont, Roger Harene, Hervé Pancebrune,
Gislebert « de Solvinneio », Rainaud et
Girard « Purgum ».

En 1212, Hugues « de Estrelis », avec
le consentement de son frère Haimeri,

donna au couvent de l'Estrée « ... unam
« porcionem terre juxta gurgitem mona-
« chorum et terram Petri de Perche, etc. »

« Guillelmus Cocus, » neveu de Durand
de l'Estrée, donna au couvent de l'Estrée
sa terre « de Juncheriis, a via de Ruisel »,
jusqu'au conduit du moulin des moines,
et sa part du pré « del Hermune » et le
pré « de Glenes ». Il est parlé dans cet acte
du pont de Franchet : « pons Francheti. »
Sans date.

A ces pièces nous joindrons une charte
de Philippe le Hardi (1277), touchant certains acquêts de l'abbaye de l'Estrée :

« Philippus, Dei gratia, Francorum rex.
« Notum facimus universis, tam presenti-
« bus quam futuris, quod, cum abbas
« et conventus monasterii de Strata, Cis-
« terciensis ordinis, Ebroicensis diocesis,
« justa terrarum ordinationem nostre, fini-
« verint cum ballivo nostro Gisortii et
« Vernolii, super retinendis perpetuo sibi
« et monasterio suo acquisitis per ipsos in
« ballivis Gisorcii et Vernolii, in feodis
« et retrofeodis nostris a triginta annis
« citra, que acquisita sunt hec : videlicet
« ex dono relicte Roberti de Musyaco, mili-
« tis, quatuordecim jornalia terre et unum
« herbergamentum in castellania Paciaci,
« in feodo Galteri de Pertico; item, ex
« elemosina, in castellania Aneti, unum
« arpentum terre in feodo episcopi Ebroi-
« censis; item, ex dono Balduini de Mo-
« ruuval, apud Tyson, in dicta castellania
« Aneti, duo arpenta terre in feodo do-
« mini de Musyaco; item, ex dono Mares-
« calli de Aprileyo, in castellani Ebroi-
« censi, quinque solidi turonenses reddi-
« tus, super unum arpentum terre, in
« feodo domini de Aprileio; item, ex
« dono veteris majoris de Musyaco, tres
« solidi parisiensium redditus apud Ane-
« tum; item, in ballivia Vernolii, per ele-
« mosinam, sex solidi turonensium reddi-
« tus, super quamdam domum apud Brito-
« lium, in vico qui dicitur Couchayuem(?);
« item, quindecim solidi turonensium red-
« ditus, quos Guillermus de Bordvigneio,
« miles, eisdem religiosis reddit pro qua-
« tuor jugeribus terre, sitis in Angliis,
« acquisiti per donationem; item, ex dono
« Guillermi de Mineriis, militis, viginti
« solidi turonensium redditus, in feodo do-
« mini de Cormil, tenentis a nobis; nos,
« dictam finationem, quantum in nobis
« est, ratam et gratam habentes, ipsis re-
« ligiosis concedimus, et volumus ut ipsi
« et successores sui predicta acquisita pos-
« sint tenere in perpetuum et pacifice pos-
« sidere, sine coactione vendendi vel extra
« manum suam ponendi, salvo in aliis
« jure nostro et jure in omnibus alieno.

« Quod ut ratum et stabile permaneat in
« futurum, presentibus litteris nostrum
« fecimus apponi sigillum. Actum Pari-
« sius, anno Domini millesimo ducente-
« simo septuagesimo septimo, mense fe-
« bruario. » (Cartul. de l'Estrée, n° 187,
f° 99 r°.)

Nous n'avons pas trouvé d'aveux de l'ab-
baye de l'Estrée. Voici la liste des abbés
mentionnés dans le Gallia christiana :
I. Hesinoud.
II. Nicolas.
III. Philippe.
IV. Milon.
V. Henri I".
VI. Gervais obtint en 1161 une bulle du pape Alexandre III.
VII. Roger est cité dans une charte de Hugues de Galardon ; il vivait du temps de Guillaume, archevêque de Sens.
Manquent ici cinq abbés.
XIII. Jean I".
XIV. Jean II, dit l'Arbalestrier, né à No-
nancourt.
XV. Guillaume I" est cité en 1219 dans une charte de la Noé.
XVI. Jacques I" en 1379.
XVII. Thibaud I" en 1384 et 1394.
XVIII. Guillaume II en 1397.
XIX. Thibaud Ledoux en 1397 et 1403.
XX. Henri II en 1409 et 1415.
XXI. Robert I" en 1436.
XXII. Jean III en 1431.
XXIII. Robert II en 1439 et 1441.
XXIV. Jacques II en 1446 et 1470.
XXV. Pierre I", peut-être de Vie, 1472 et 1476.
XXVI. Jean IV assista en 1483 à la béné-
diction de l'abbé de Saint-Vincent-des-
Bois.
XXVII. Pierre II en 1490.
XXVIII. Richard I" en 1499.
XXIX. Noël Yvelin en 1510.
XXX. Richard II, Martin du Bois, de
Rouen, ancien religieux de Mortemer,
reconstruisit une partie des bâtiments
de l'abbaye et mourut le 10 septem-
bre 1560.
XXXI. Guillaume III de Glos.
XXXII. Etienne du Bois.
XXXIII. Henri III de Genne en 1618 ; mort en 1619.
XXXIV. Raoul Hurault, frère de Denis
Hurault, évêque d'Orléans.
XXXV. Pierre Gaston de Bonnesaigues,
religieux de Notre-Dame-de-Gimont,
mourut en 1651.
XXXVI. Pierre III Gangnot, mort le 23 mars 1673.
XXXVII. François de Laval de Montmo-
renci, évêque de Québec. En 1685,
les religieux cessèrent d'occuper le mo-

nastère ; la manse abbatiale avait été réunie en 1676 à l'église de Quétec. La mense conventuelle fut cédée à des religieuses du même ordre qui habitaient le monastère de Colombe, près Longuy, dans le diocèse de Trèves ; elles y furent transportées cette même année en vertu d'un arrêt du conseil. Voici la liste des abbesses :

I. Marie-Hyacinthe de Bellefourière, fille de Jean-Maximilien-Ferdinand et d'Isabelle-Claire de Gand-Villain, abbesse de l'Estrée en 1684 ; mourut en 1716.
II. Anne de Torchefilon.
III. Olympe de Maulde de Colembourg.
IV. ..... Du Quesnoy.

Les archives de l'Eure possèdent un cartulaire de l'Estrée, écrit au xvii° siècle, et quatre cartons de pièces originales. La Bibliothèque impériale possède deux volumes : un inventaire et un recueil des titres de l'abbaye de l'Estrée.

A une très-petite distance, dans la vallée de l'Avre, on distinguait quatre établissements religieux :

L'abbaye de l'Estrée, placée au point où l'ancienne route romaine franchit la vallée de l'Eure, et sur les confins des paroisses du Mesnil-sur-l'Estrée et de Musi ;

Le prieuré de Musi, dépendant de l'abbaye de Coulombs, à Musi ;

Le prieuré de Saint-Georges-sur-Eure, sous Musi ;

Et le prieuré d'Heudreville, à Mesnil-sur-l'Estrée.

Nous avons dit que le prieuré de Musi dépendait de l'abbaye de Coulombs.

En 1250, Eudes Rigaud y rencontrait quatre moines : il consigna sur son registre nombre d'infractions à la règle. Le revenu était de 180 livres. Le prieur ne rendait jamais compte aux moines de l'état du prieuré.

En 1255, nouvelle visite d'Eudes Rigaud : les quatre moines ne demeuraient pas ensemble à cause de la petitesse de leur maison.

En 1258, Eudes Rigaud constate que les quatre moines n'avaient aucune règle écrite ; l'abbé de Coulombs assistait à cette visite. Eudes Rigaud écrit : « Male et igno-
« minioso tractabantur res prioratus, et
« domus turpiter patiebantur precipitium
« et ruinam. »

En 1269, l'archevêque loge à Mézelle (hameau de la paroisse voisine de Saint-Georges-sur-Eure), dans la demeure du seigneur Arnauld de Musi, écuyer, et parent de l'archevêque. L'archevêque fit une vive résistance et protesta de son droit d'être reçu et hébergé aux frais du prieuré.

Il céda néanmoins devant les instances répétées du seigneur de Musi et du prieur, en considération du déplorable état du prieuré.

Le cartulaire et les chartes de l'abbaye de l'Estrée nous ont déjà fourni sur Musi des notions importantes. Nous rappelons qu'en 1144 Rahier, seigneur de Musi, fonda ou prit part à la fondation de l'abbaye de l'Estrée ; qu'en 1189 Jean, seigneur de Musi, donna aux dits religieux un pré nommé « novum Pratum », près du gué de Reculet : « ... juxta vadum de Reculeto... » (Cart. de l'Estrée, n° 162.)

Qu'enfin, en 1147, le pape Eugène, confirmant les biens de la nouvelle abbaye, s'exprime en ces termes :

« ... Terram de Stratis, terram de Bel-
« lovillari, terram de Tramite, Ver, Grande
« Pratum..., unam piscatoream in eodem
« flumine per dominum castri de Musi,
« grangiam de Fayel, cum omnibus appen-
« ditiis suis, grangiam de Mervilla cum
« omnibus appenditiis suis, grangiam de
« Hesrotrum (Boscochin?) cum omnibus
« pertinentiis suis, et quicquid possidetis in
« nemore Crotensi, grangiam de Chaleth.

« Universis presentes litteras inspectu-
« ris, Guillelmus dictus Drocensis, armi-
« ger, dominus de Pommerolio, salutem
« in Domino. Cum Robertus de Musiaco,
« miles, dominus de Defenso, dedisset
« et concessisset in puram et perpetuam
« elemosinam viris religiosis abbati et con-
« ventui de Strata, Cisterciensis ordinis,
« sex acras terre in hereditate sua de
« Defenso, sitas in campo de la Pierre,
« juxta mansum Cornelio, ex una parte, et
« terras Auquetini de ..... Sancto, ex al-
« tera, et dicte sex acre de feodo meo
« essent ; ego dictus Guillelmus dictam
« donationem et concessionem volo, laudo,
« approbo et hac presenti carta mea con-
« firmo et concedo, etc... Et ut hec
« omnia supradicta et singula rata sint et
« firma in perpetuum, ego dictus Guillel-
« mus dictis abbati et conventui presen-
« tes litteras sigillo meo tradidi sigillatas.
« Actum anno Domini millesimo ducen-
« tesimo. »

1216. Robert, chevalier « de Islo », et Emborc, sa femme, donnèrent aux moines de l'Estrée « terram de Sorigneio... », c'est-à-dire 31 arpents que Morin, chevalier, leur avait déjà aumônés. Les moines leur donnèrent pour cette confirmation le quart du four des Molins qu'ils possédaient par don dudit Morin, chevalier.

1219. Jean de Musi : « de Museio, » donne une rente de 10 sous que lui devait « Garinus, major de Puseiis ».

1223. Jean, seigneur de Musi, confirme

et donne aux religieux de l'Estrée l'eau du Mesnil jusqu'au chemin de Reuset, trois arpents de bois assis « juxta clausuram grangiæ eorum de Faiel ». Il est parlé dans cette charte du gué de Ruset : « Vadum de Ruset ou Reus.t. » (Cartul. de l'Estrée, n° 163.)

1225. Jean, seigneur de Musi : « de Musiaco..., » du consentement de sa femme Mathilde, donna vingt-trois arpents de terre pour le service de sa chapelle : « ad « servitium capelle meæ, quam in ablatia « juxta ipsorum ecclesiam construxi. » Sur le sceau, un cavalier armé, tenant l'épée haute et son bouclier devant lui; on voit sur les caparaçons du cheval un chevron.

1226. Jean, seigneur de Musi, et Mathilde, sa femme, choisissent pour lieu de leur sépulture l'église de l'Estrée : « Et « eligimus sepulturam ubicumque migra- « verimus... »

1228. Vincent « le Nigat de Felonvilla » donne au couvent de l'Estrée le cinquième de ce que lui Vincent et Emeline, sa femme, possédaient « ... in parrochia de Musiaco... » Parmi ces propriétés se trouvaient deux arpents de terre et six arpents de bois « ... in territorio de Savigniaco... » La mère d'Emeline s'appelait Scintinie.

1231. Donation de Jean, seigneur de Musi, au prieuré de Saint-Georges, dépendant du monastère de Saint-Père de Chartres :

« Universis presentes litteras inspecturis, « Johannes, dominus d. Musiaco, salutem « in Domino. Noverit universitas vestra « quod ego contuli et concessi et expresse « quitavi in propria eleemosina monachis « de Sancto Georgio quicquid percipiebam « annuatim in domo ipsorum in festo « Sancti Georgii, videlicet decem minas, « quinque sextaria vini, quinquaginta ova « et quinquaginta candelas; abbas vero « Sancti Petri Carnoti, ad quem pertinet « domus Sancti Georgii, concessit michi « quod monachi apud Sanctum Georgium « commorantes facient annuatim in cras- « tino Assumptionis Beate Marie anniver- « sarium Riherii, bone memorie quon- « dam patris mei, et anniversarium Aali- « cie, matris meæ. Meum autem anni- « versarium et anniversarium Mathildis, « uxoris meæ, facient dicti monachi post de- « cessum meum annis singulis in crastino « anniversarii patris mei et matris meæ. « Die vero qua anniversarium meum et « uxoris meæ Mathildis debet celebrari, us- « que ad obitum nostrum, celebrabunt « jam dicti monachi annis singulis unam « missam de Spiritu Sancto pro salute « incolumitate mea et uxoris meæ et libe- « rorum meorum. Ad cujus rei memoriam

« et testimonium, presentes litteras sigilli « mei munimine roboravi. Actum anno « Domini 1231, mense maio. »

1243. Don par Vincent dit « le Nigat de Felonvilla » et sa femme Emeline de rente assise sur des terres à Musi « ... in territorio de Savigniaco... » (Bibl. imp., Titres de l'Estrée, f° 85 r°.)

1256. Donation par Robert de Musi : « de Musico », chevalier, du consentement d'Isabelle, sa femme, à l'abbaye de l'Estrée, de deux acres de terre dans le champ de la Pierre, près Corneuil.

1283. Robert de Musi fait donation au monastère de l'Estrée, pour le repos de l'âme d'Amauri de Musi, son père, écuyer.

1290. Jean de Musi : vigne à Musi. (Cart. de l'Estrée, n° 167.) — Gué du Reculet. (Id., n° 168.)

1292. « A tous ceus qui ces presentes « lettres verront et orront, je, Jehan de « Musi, chevalier, salut. Sachent tous que « ge vuoil, otroi et confirme que l'abbé « et le couvent de Saint-Père de Chartres « et le prieur de Saint-Jorge-sur-Eure « tiennent, en leur non et el nom de leur « église, en pure asmosne, à toujourz « aient et poursient et en main morte, « pour accueillir moi et mes ancesseurs, en « leurs prières, et pour ce que mes ance- « seurs le leur avoient doné et otroié, tout « ce que il ont en mon fié, en quelcque « lieu que ce soit, quitement, franche- « ment, sans moute, sans taille, sans « cervise, sans aides féaus, sans rapa- « relier murs ne fossez, sans redevences « nulles et sans exantions, queles que « soient, et sans nulle retenue. Et que ce « soit ferme et estable, je en ai doné aus « dits abbé, couvent et prieur ces lettres « seellées de mon seel. Ce fut fait l'an de « grâce mil deux cents quatre vins et « douze, el moi d'avrilg. »

1293. Jean, seigneur de Musi... « veil « et otroi et donne en pure et perpetuel « aumosne, aus dits abbé et couvent et à « leur moustier, que mes dits hommes « aillent pressourier au pressouer des dits « abbé et couvent leur vendenge ou leur « esne de la vendenge qui sera creues en « la censive des dits abbés et couvent, et « qu'ils puissent porter leur vendenge de « la censive aus dits abbés et couvent en « ma terre et reporter au presouer dessus « dit, sans contredit de moi et de mes hé- « ritiers, et qu'ils puissent porter leurs « fiens et leurs femiers, queles que il « soient, de ma terres, es vignes, et es « terres destenues des dits abbés et cou- « vent, sans contredit de moi ne de mes « héritiers. » (Bibl. imp., Titres de l'Es- trée, f° 111 r°.)

1305, Jean, seigneur de Musi et Maheut, jolis sa femme, avaient donné au couvent de l'Estrée une rente de vingt sous, les cens de ladite dame pour son anniversaire. Cet acte fut confirmé par Robert de Tournebu, chevalier, qui avait épousé Jeanne, seconde fille de Jean de Musi et de Maheut. Il paraît d'après cet acte que Maheut de Musi avait épousé en premières noces Gui de Tournebu, et qu'elle en avait eu un fils, Jean de Tournebu, mort jeune. (Bibl. imp., *Titres de l'Estrée*, f° 111 v°.)

1306. Charte de Jehan de Musi, chevalier, seigneur du lieu, relative au don fait par Guillaume de Malicorne, chevalier, de deux muids de vin à prendre au grand verger au delà de Doimcourt ou Domicourt, ou sur sa vigne qui « fu au mere de Musi » (sic).

1309. Le monastère de Coulombs vendit à Guillaume « de Maricornia » une vigne voisine de celle de Pommereul, « ... inter Musiaeum et Almetum super Musiacum... »

1309. Renaud, chapelain de la chapelle de Musi.

1314. Robert de Musi, chevalier, sire de Motelle, fit un échange avec les religieux de Saint-Père de Chartres.

1392. Nicolas Buchet, chevalier, seigneur de Musi.

1412. Vente aux religieux d'un quartier (sic) de gast ou environ, sis à Musi : « Saichent tuit que nous demoiselle Perrette la Behuebette, dame de Musi et de Louie, faisons assavoir... » Elle renonce à des prétentions sur une pièce de terre qu'elle avait réclamée en justice, située sur Musi ou Saint-Georges. (13 décembre 1458.)

1573. Noble homme Michel Lagier, écuyer, sieur de Louie et de Musi.

1583. Pièce de terre labourable, assise à Reculet, appartenant à Jehan Millecent l'aîné, demeurant « aux Vieux-Estrées ».

1590. Bail fait par les religieux de l'Estrée de leur manoir et métairie du Fayel.

1590. Marguerite de Fourneaux, femme de noble homme messire Germain de Dreux, chevalier, seigneur de Musi et de Louie.

Il doit y avoir à Musi un ruisseau nommé Roynel, situé dans les propriétés de l'ancien couvent de l'Estrée; du moins, il portait ce nom vers 1360. (*Cartul. de l'Estrée*, n° 163.)

Plus, une vigne située « juxta vineam de Pommereul... » Il est probable qu'en cet endroit demeurait Roger « de Pomerol ». (*Cartul. de l'Estrée*, n° 81.)

Dépendances : Launai; — Bourg-l'Abbé; — l'Estrée; — Muzi; — France; — Pont-Charrier; — Tizon; — le Verger; — Vieil Estrée; — le Fayel; — la Jardinière.

Cf. *Gallia christiana*, t. XI, p. 347.

Histoire de l'Abbaye de Notre-Dame de Coulombs, par Lucien Merlet. Chartres, 1864, in-12, p. 210.

N

NAGEL.

Arrond. d'Evreux. — Cant. de Conches.

Patr. S. Jean. — Prés. l'évêque d'Evreux.

Le premier document qui concerne Nagel nous semble être la grande charte de l'abbaye de Conches :

« Sciant presentes et futuri quod Gerelinus de Vernaco pro anima sua dedit Sancto Petro decimas totius terræ suæ apud Buxon et apud Nagel, annuente Radulfo de Tostenelo... »

En 1205, Amauri « de Vernaio » donne au monastère de la Noé sa moute sur des terres données par Eudes « de Pisselu ».

En 1210, Gireaume « de Vernaio » donne à la Noé deux hôtes « apud Buissum de Vernai » (le Buisson-Vernet), avec les tènements qui leur ont été donnés et avec leurs femmes, « quæ mihi reddebant v. sol. II. cap. et xxx. ova.... » De plus, cinq acres de terre, « ultra fossata, juxta terram Rogerii de Pisselou. »

Dans une charte sans date, Amauri du Vernet : « de Vernaio, » cède à la Noé quatre acres de terre de son fief, près des terres que les moines avaient acquises de son consentement, d'André de Nagel, d'Ernaud son frère, et d'Angel du Mesnil. Parmi les témoins : Roger et Raoul de

Pisselou, Germond de Nogeot, Germond des Brosses, etc.

Dans les chartes de la Noë, conservées à la Bibliothèque impériale, nous trouvons les notices suivantes :

1200. Ernauld du Bosc et Ernauld, son fils, concèdent à la Noë six acres de terre situées « apud Nageles ».

1231. Guillaume le Monier « de Bosco Reille » donne une pièce de terre « in « parrochia de Nagel, in campo de la Cas- « tine, inter terram Radulfi de la Charmaie « et cheminum de Conches. » Jacques de Fresne : « de Fraxino, » seigneur du fief, a confirmé.

Les chartes de la Noë conservées aux archives de l'Eure fournissent d'autres renseignements :

1237. « Odo de Bosco Reille, et ego Avi- « cia dicti Odonis uxor, dedimus... unam « acram terre sitam in parrochia de Nagel « inter mesuagium Gilleberti Lupel et « chiminum Britolii... Ego Jacobus de « Fraxino dominus feodi... confirmavi... »

1238. « Ego Martinus de Danvilla, filius « Rogeri de Conchis, dedi... unam pe- « ciam terre sitam in parrochia de Nagel, « in Gastina, juxta terram Roberti filii « Amaurici de Vernaio. »

1238. « Radulfus filius Rogeri Ichidous « et ego Johannes filius Osberti de Buis- « sun, dedimus... unam peciam terre si- « tam in parrochia de Nagel, inter terram « dictorum monachorum de la Gastine et « terram Amaurici de Vernai... Actum « anno Domini m° cc° xxxviii°. Testibus : « Renoldo tunc temporis sacerdote de Na- « gel ; Ricardo Pohier ; Gilleberto prepo- « sito ; Rogero de Pisselou, cum multis « aliis. »

1243. « Gillebertus de Bosco Reille, « dictus idiès, concessi... omnia que « habent et possident de dominio et feo- « do meo et Renoldi fratris mei in parro- « chia de Nagel. »

1251. Contestation entre l'abbaye et « Symon dictus Galeig de Fraxino, miles, » sur cinq acres et demie de terre situées à Gastine, « et quinque acras et dimidiam « apud Gastinam juxta terram Radulphi « le Marie, junctas chimino de Conchis, « super Fossati. »

Je pense que le hameau du Bourlier représente la terre mentionnée dans le passage suivant de la grande charte de Conches : « Item, sciendum est quod Ste- « phanus et Guidmundus et Willelmus et « Radulphus, filii ejus, dederunt Sancto « Petro decimam terre sue de Bosco Rais- « sato, annuente Radulpho de Vernaco « et Radulpho de Toeneio, cujus fuesum « erat... »

Dans la bulle de Grégoire IX (1231) on lit, probablement par suite de fautes d'impression : « ... Terram de Vernay ad « quinque carrucas... decimam totius terre « dominii de Vernano apud Ruscum, et « apud Nagel in Bosco Baillato decimam « terre domini... »

L'évêque d'Évreux avait le patronage de l'église de Saint-Jean de Nagel.

Dépendances : — le Bourlier ; — la Bretèche ; — le Buisson-Vernet ; — les Buissons ; — l'Église ; — la Lande, château.

NASSANDRES.

Arrond. de Bernay. — Cant. de Beaumont-le-Roger. Sur la Risle et la Charentonne.

Patr. S. Éloi. — Prés. Publ. du Bec.

Les actes concernant la famille de Bigards, dont nous allons donner la note ou l'extrait, intéressent Nassandres, dont Bigards est une dépendance.

« Willelmus de Bigart et Gislebertus frater ejus. » Charte de 1142 pour la Trinité de Beaumont.)

« Robertus de Bigart cum Walgranno fratre suo. » (Cart. de Beaumont, f° 10 r°.)

Dans une liste de chartes en faveur de Lire ou l'outre : « Carta Guillelmi des Bi- « gars, de decem solidis quos dedit per- « cipiendis, ad festum Sancti Remigii, in « parrochia de Nacandres, in molendino « de Prato. »

« Notum sit presentibus et futuris quod « ego Gillebertus de Bigarz concessi et « dedi Deo et ecclesie Beate Marie Ebroi- « censis, in perpetuam elemosinam, unum « quartarium frumenti capiendum in gran- « chia mea de Bigarz, ad mensuram de « Novo Burgo, pro salute anime mee et « antecessorum et successorum meorum, « ad canonicorum fraternitatem [que] in « ecclesia Ebroicensi est instituta. Ut autem « donatio ista mea rata et stabilis in pos- « terum permaneat, cum presenti carta et « sigilli mei munimine roboravi in perpe- « tuum valituram. »

En 1219, Gilbert de Bigards donna à l'abbaye du Bec ou plutôt confirma la donation faite par Emeline d'une maison à Brionne.

En 1260, Ide, veuve de Gilbert de Bigards, chevalier, donne à cette abbaye un setier de blé à prendre sur un habitant de Brionne.

L'église de Nassandres avait été donnée

par l'évêque d'Évreux à l'abbaye du Bec, ainsi que la chapelle de Bigards. Le seigneur d'Harcourt avait cédé pareillement son droit de patronage. Ce dernier acte est de 1309. L'abbaye recueillait des dîmes.

En 1311, le jeudi jour de la Tiphanie (Epiphanie), Eramboure, veuve de Robin Pipet, et Michault de la Motte, tous de la paroisse de Nassandres, vendirent une masure située à Beaumontel, aboutant à la cavée de Beaumontel. (*Cart. de Beaumont*, f° 106 r°.)

En 1457, il était dû 6 setiers de blé, moitié froment et moitié avoine, à l'abbaye du Bec sur la chapelle de Bigards.

Le 19 décembre 1488, Jean Seigneuret, baron de Ferrières, possédait les terres et seigneuries de la Rivière-Thibouville. Ladite terre relevait du roi à cause de la vicomté de Beaumont-le-Roger.

Le 19 novembre 1619, Henri de Conflans, chevalier, baron d'Armentières, seigneur et châtelain de « la terre, seigneurie et châtellenie de la Rivière-Thibouville ».

La note suivante doit venir de la chambre des Comptes de Rouen ; elle date du xvii° siècle :

« Nassandré : Contribuables, 229.

« Le Bec présente à la cure et a les deux tiers de la grosse dixme, affermez 160 fr.

« La cure vault 800 fr., n'a que les deux tiers du gros et les verdages, omosne et de la chapelle Saint-Denis seulement.

« Ladite chapelle vault 100 fr. pour une religieuse de Saint-Cyr.

« La chapelle de la Rivière-Thibouville, relevant du chasteau de la Rivière, vault 300 fr.

« Le premier fief appartient à Monsieur le comte d'Armagnac et de Brionne, affermez 600 fr.

« L'autre appartient à Monsieur le comte de Harcourt, de deux moulins ; les deux passages sur la rivière, l'un à la Rivière et l'autre à Nassandre ; affermez 11,000 fr.

« Le fief de Bigards, appartenant à Charles d'Erneville, escuier, sieur de Bigards, 2,000 fr. Le chasteau de la Rivière est situé sur ladite paroisse : 800 acres de terre, halliers, bois, bruières, 50 acres en prey, et le labour à 10, 12 et 15 fr. l'acre. »

Thibouville ou Thibouville, plein fief de haubert, avait son chef-lieu à la Rivière-Thibouville, paroisse de Nassandré.

Vers 1660, messire Lambert d'Herbigny acheta cette terre. En septembre 1670, la châtellenie de Thibouville fut érigée en titre de marquisat sous le nom de marquisat de Thibouville, du consentement de M⁰ de la Tour d'Auvergne, duc de Bouillon.

Dans un aveu du 20 avril 1726, rendu par M⁰⁰ d'Augny, acquéreur de messire Henri de Lambert d'Herbigny, marquis de Thibouville, on lit : « Il y a de toute « ancienneté un château et place forte close « de murailles, environné de grands fos-« sés, scitué en la paroisse de Nassandre, « au hameau de la Ritière, autour duquel « château passe la rivière de Risle, et au-« devant d'iceluy il y avait pont-levis et « basse-cour, et s'étend ledit marquisat « aux bailliages d'Evreux et de Rouen ; « sçavoir, pour le bailliage d'Evreux, dans « les paroisses de Thibouville, Perriez, la « Cambe, Nassandre, Boesnay, Rotes et « le Bos-Roger, et pour le bailliage de « Rouen s'étend ès paroisses de Fontaine-« la-Suref, Rougemontier, Valleville, Es-« quainville, le Pont-Audemer, Saint-« Samson-sur-Risle, etc. »

Au mois d'avril 1673, Louis XIV donna des lettres patentes pour l'établissement d'un marché toutes les semaines et de deux foires tous les ans, avec permission de faire bâtir halles, bancs et étaux. Dans ces lettres patentes on dit que la Rivière de Thibouville est le passage ordinaire de toute la basse Normandie et de la Bretagne. Conférez l'article PONTAINE-LA-SORET.

Dépendances : — Bigards ; — le Homme ; — le Petit-Nassandre ; — la Rivière-Thibouville ; — le Val ; — Fougerolles ; — Saint-Denis.

NAUFLE-SAINT-MARTIN,

Arron. des Andelys. — Cant. de Gisors, l'Epte et la Levrière.

Patr. S. Martin et S. Pierre. — *Prés.* le seigneur.

§ I.

Les formes latines de Neaufle ont été au moyen âge : « alpha, Néaffle, Neal-« phie, Neelfa, Nelfa castrum, Nefle, « Nielfa, Ninfeolu, Neoufle juxta Gisor-« tium. »

Neaufle est assurément un des plus anciens villages du Vexin normand. Cependant nous n'avons pas de renseignements sur cette localité avant le ix° siècle. Adrien de Valois s'est trompé lorsqu'il a cru voir dans le « Nidalfa » du Polyptyque d'Irminon Neaufle près Gisors. Il s'agit très-probablement dans ce terre de Neau-flette dans le canton de Bonnières, arrondissement de Mantes.

Au IX⁰ siècle, Neaufle formait avec Gisors un des domaines de la cathédrale de Rouen.

Charles le Chauve, voulant repousser l'invasion des Normands, convoqua ses fidèles à Neaufle. Tout porte à croire qu'il s'agit de Neaufle près Gisors : « ... In « villa Rotomagensis episcopi, quæ Nel- « pha dicitur, quando in excubiis con- « tra Normannorum infestationem age- « bamus... » Ainsi s'exprime Hincmar dans une lettre adressée à Charles le Chauve.

Une charte du duc Robert I⁰, en faveur de la cathédrale de Rouen, parle de Neau-fle en ces termes : « ... In Vulcassino « Northmanno duas villas, una nomine « Nelfam..., cum ecclesiis et molendi- « nis... »

Par une charte de 1096, Robert donna « ... in prebendam perpetuo jure Sancte « Marie Rothomagensi atque Willelmo fi- « lio, Otgeri ejusdem ecclesie canonico, « omnibusque successoribus suis canoni- « cis quicquid Osbert presbiter vel filii « ejus habuerunt et tenuerunt de patre « meo et de me in Nielfa et in adjacenti- « bus ejusdem Nielfe... »

Dès le XI⁰ siècle, Neaufle avait un château fort. C'est un fait constant.

Vers 1050, Guillaume le Conquérant confia le château de Neaufle à Guillaume Crespin, fils de Gilbert, qui s'était distingué, en 1037, par sa belle défense de Tillières ; il mourut à Neaufle ou à Rouen avant 1078.

Peu de temps après, Guillaume le Roux reconstruisait le château de Gisors ; et, pendant un siècle, les rois de France et d'Angleterre se disputèrent les forteresses de Gisors et de Neaufle.

Vers 1161, l'archevêque de Rouen échangea les terres que la cathédrale de Rouen possédait à Gisors et à Neaufle contre le domaine de Kelling, dans le comté de Norfolk. Cet échange fut fait à la demande d'Henri II, roi d'Angleterre, qui désirait dominer sans partage à Gisors et à Neaufle. A cette époque, la forteresse de Neaufle fut notablement agrandie.

Neaufle tomba au pouvoir de Philippe-Auguste en 1193, et le traité d'Issoudun lui en maintint la possession.

Le château de Neaufle suivit le sort du château de Gisors dans toutes les guerres dont, au XII⁰ siècle, le Vexin normand fut le théâtre. A cette époque, le château de Neaufle avait la réputation de porter mal-heur. Les historiens contemporains rapportent ces bruits en faisant remarquer que tous ceux qui se sont assemblés à Neaufle n'ont jamais pu s'entendre. La tradition locale attribue encore aujourd'hui la même influence aux ruines de Neaufle.

Il ne reste plus du château de Neaufle qu'une moitié de tour. Le château de Neaufle a été détruit vers 1617, lorsque le cardinal Mazarin fit détruire la plus grande partie des châteaux forts de Normandie.

II.

Dans les *Grands rôles de l'Echiquier de Normandie*, on lit : « Joscelinus Crispinus « reddit compotum pro Roberto de Bail- « lolio de quadraginta libris de firma pro « barra de Noelfa. » (Stapleton, M. R., p. 90.)

« ... Martino de Rosa, ad operationes castri « de Noelfa et Novi Castri, quadraginta « libras per breve Regis. » (Stapleton, M. R., p. 70.)

« ... Pro viginti baconibus liberatis « Willelmo Guernon ad munitionem ca- « stri de Noelfa, decem libras, decem soli- « dos, quatuor denarios.............. « ... et de quinquaginta solidis de ca- « tallo Gerardi de Noelfa fugitivi pro « morte Willelmi Braisico. » (Stapleton, M. R., p. 72.)

Dans le registre de Philippe Auguste où se trouve la liste des fiefs de Normandie, nous lisons : « Feoda ballivie Guillelmi « de Villa Tertici. Hugo de Gisortio tenet « Besulum cum pertinentiis. Et hoc quod « habet apud Neaufle cum pertinentiis. Et « unum feodum quod [dicitur] Molendi- « num Bencelin, que omnia valet de red- « ditu sexaginta libras. Et debet de servi- « tio pro omnibusque habet custodiam per « totum annum, infra castrum Neaufle, de « hereditagio, se tertio militum, et infra « castrum est mansura ejus in qua manet « dum facit custodiam.

« Guillelmus de Insula dimidium feo- « dum tenet apud Sanctum Dionisium « Ferman. Unde debet unum mensem de « custodia se solo infra castrum de Neau- « fle, et homines sui debent reparare unam « perticam, cum reparanda fuerit, et auxi- « liari ad mercenia et ad brenagium (?) « levandum, cum opus fuerit. »

Dans la liste des fiefs que Jean de Gisors tenait du roi Philippe-Auguste, od lit encore : « Et id quod habet apud Neal- « pham, et feodum Ade de Baquet, quod « est apud Tigervillam, que omnia mo- « vent de feodo de Nealpho, pro quibus

« debet custodiam apud Nealpham, se
« quarto milite per totum annum. »

La reine Blanche de Castille, suivant quelques historiens, posséda le domaine de Gisors. La reine Blanche d'Evreux, seconde femme de Philippe de Valois, le reçut également en douaire.

Le roi Philippe VI de Valois étant mort en 1350, le roi Jean, son fils, laissa les seigneuries de Gisors et Neaufle et tout le Vexin à ladite reine Blanche, douairière.

Dans les actes de maître Guillaume Le Bêchier, vicomte de Gisors et administrateur du domaine de ladite reine Blanche, en 1371 et années suivantes, sont compris entre autres choses les moulins de Neaufle et la pêche, et le droit de travers, où l'on remarque ces mots : « Do seul et « dépense de la ville de Gisors, néant, car « le roy nostre syre a retenu la ville et le « chastel. »

Entre les articles de la seigneurie de Neaufle, appartenant à ladite reine Blanche, on distinguait le revenu du Moulin Basselin, qui lui était échu par la confiscation faite sur Evrard, seigneur dudit Moulin Basselin, au mois de juin 1369.

A la date du 22 décembre 1392, ladite reine Blanche, en ses assises et prises du fief, reconnaissait que tous les vassaux de Neaufle sont en franc bourg.

Avant la mort de la reine Blanche, qui arriva le 5 octobre 1393, son petit-fils Charles le Sage, qui de duc de Normandie devint roi de France, détacha une partie de la seigneurie de Neaufle de la seigneurie et du domaine de Gisors, l'annexa en faveur de la maison de Tancarville à la terre et baronnie d'Estrépagni qui leur appartenait. Denyaud rapporte que ce fait résulte d'un aveu que le comte de Tancarville rendit au roi Charles V.

Neaufle vint ensuite en la maison d'Estouteville, Bourbon, Longueville et Rothelin.

Catherine de France, fille de Charles VI, roi de France, et femme d'Henri V, roi d'Angleterre, jouit longtemps en qualité d'apanage des châteaux et seigneuries de Gisors et de Neaufle ; ce qui se vérifiait par les titres du chauffage de l'Hôtel-Dieu de Gisors, à la date de 1527.

III.

La terre et seigneurie de Neaufle était en franc bourg aussi bien que Gisors.

Une partie des notes qui suivent ont été recueillies, sur des titres aujourd'hui perdus, par Denyaud, curé de Gisors, qui avait préparé une histoire de Gisors au commencement du XVIIe siècle.

Dans les registres de la chambre des comptes de Paris et de Rouen figurent plusieurs lettres de la reine Blanche d'Evreux, femme de Philippe de Valois, qui marquent qu'elle était dame de Gisors et de Neaufle, et que l'une et l'autre terre étaient en franc bourg et franc alleu.

Messire Jean de Melun, baron d'Estrépagni, et messire Guillaume, son frère, comte d'Harcourt et de Tancarville, firent hommage de leurs seigneuries de Neaufle et de Tangu dans les années 1352, 1361 et 1336.

L'an de grâce 1538, le 3 juin, on fit un inventaire des titres du domaine royal sis à Neaufle, qui fut inséré dans les registres de la vicomté de Gisors suivant les lettres-patentes du roi François Ier, du 25 février 1530, et par la lecture desdits titres se vérifie le franc bourg de Gisors et de Neaufle.

Neaufle passait pour la banlieue de Gisors : « C'est pourquoi les habitants de « Gisors appellent ceux de Neaufle leurs « cousins en commun, parce qu'ils ont « les mesmes droicts et privilèges que « ceux de Gisors, aux entrées des portes, « aux marchez, au partage de leurs héri-« tages, en l'hommage ancien de leurs « terres, en la franchise du franc alleu et « du franc bourg, au moins quant au « droict. »

Les fiefs du Moulin Basselin, de la Lance, de l'Estendart, de Franqueville, etc., sis à Neaufle, comme aussi les fiefs de l'Isle, de Cercelles, de Saint-Ouen, de Cantiers, situés à Gisors, étaient en franc bourg et franc alleu, et étaient exempts de toute sujétion et redevance, excepté la foi et l'hommage envers le roi.

Maître Antoine de Chaumont, sieur de Quitri et de Forêt, fit hommage à Mgr le duc de Ferrare, comte de Gisors, aux assises mercuriales dudit lieu devant maître Pierre Bertault, lieutenant civil et criminel audit siège royal de Gisors, pour ses terres de Quitri et de Forêt, le 25 août 1581, ainsi que son père avait fait à la chambre des comptes, pour ses dites terres mouvantes du roi, à cause de son fief de Neaufle, au mois de février 1517.

M. Pierre le Pelletier, écuyer, fut député du parlement de Rouen en qualité de lieutenant général, lequel, avec maître François Grandin, avocat, fit information sur les droits municipaux de la terre de Neaufle en toute son étendue, le 26 octobre 1526, par laquelle il reconnut que Neaufle était en franc bourg de temps immémorial, suivant le rapport de plusieurs habitants dudit lieu et des villages circonvoisins.

La communauté de Gisors plaida un jour contre lesdits habitants de Neaufle, ne voulant pas leur accorder le même droit de franchise et d'immunité; mais les habitants de Gisors perdirent leur cause, et ainsi les deux seigneuries furent déclarées être en franc bourg. C'est pourquoi tous les héritages qui étaient situés dans le franc bourg étaient exempts de payer cens et rentes, lots, ventes et treizièmes, devaient seulement donner par aveu, et une simple déclaration en cas de vente ou de mutation; ce qui se pratiquait du temps de la reine Blanche, comme tous les anciens aveu en font foi.

Aux assises tenues à Gisors le 10 février 1526 par maître Hector de Beaulieu, sieur du Mesnil-Guilbert, lieutenant royal, il fut ordonné en faveur du franc bourgage de Neaufle avec ses dépendances.

Maître Henri le Pelletier, écuyer, vicomte dudit Gisors, donna aussi une sentence sur ce sujet le 8 mai 1564.

Maître Julien le Bret, sieur du Mesnil-Guilbert, vicomte dudit Gisors et intendant de la maison de M. le duc de Longueville, fit encore trois enquêtes sur ce sujet: la première du 5 novembre; la deuxième du 18, et la troisième du 20 dudit mois 1632, où tous les témoins dirent d'une seule voix « que de tout temps im- « mémorial ils avoient vu et ouy dire à « leurs pères que tout le terroir de la pa- « roisse de Neaufle estoit en franc bourg, « et que c'estoit l'usage de Neaufle que les « filles partageoient également avec leurs « frères et qu'ils en avoient toujours usé « de la sorte comme d'héritages situés en « franc bourg. » Ce qui se justifie par une sentence de ladite vicomté du 21 septembre 1632.

Passons aux aveux. Le seigneur de Neaufle rendit aveu au comte de Tancarville le 31 janvier 1450. Signé Grandin, sénéchal. Cet aveu déclare que ledit territoire de Neaufle est en franc bourgage.

Les anciens aveux que les seigneurs de Neaufle ont donné vérifient tous le franc alleu et franc bourgage avec exemption de toutes redevances, hormis une simple déclaration.

Du temps du comte de Tancarville, seigneur de Neaufle, Jean-à-l'Avoine, tenant de lui un certain héritage, donna par aveu, le 5 juillet 1465, et Guillaume Labbé, conseiller en la cour lay, donna aussi aveu à Jean du Croq, écuyer, seigneur du Moulin-Basselin et des fiefs de la Lance et de Franqueville, qui montrent tous deux que leurs héritages sont en franc bourgage,

exempts de tous reliefs, ventes et treizièmes, amendes et droits seigneuriaux, « quand le cas y eschoit. » Lesdits aveux furent reçus sans contredit par lesdits seigneurs tenant leurs plaids à Neaufle.

Aymeri Nicolaï, premier président de la chambre des comptes de Paris, reçut l'aveu de M⁰⁰ Marguerite de Cantiers, veuve de Guillaume de Fours, chevalier, à laquelle appartenait le fief dudit Moulin Basselin, sis sur la rivière de la Lévrière. Ledit hommage fut fait le 12 mai 1529, en qualité de fief aux immunités de franc bourg.

Le dit Moulin Basselin relevait du roi et ne payait aucuns droits, ni cens, ni treizièmes, suivant une sentence contradictoire donnée au décret dudit fief l'an 1523, avec le sieur procureur du roi de Gisors.

Maître Denys Thomas, écuyer, conseiller au siège royal dudit Gisors, donna par aveu, devant le sénéchal de Neaufle et autres officiers de M⁰⁰ le duc de Longueville, pour quelques héritages qu'il avait audit lieu de Neaufle, et fut reçu aux immunités et franchises ci-dessus, l'an de grâce 1550, le 23 juin. Signé : Jean le Lanternier.

Marguerite Labbé, veuve de maître Denys Thomas, écuyer, présenta son aveu le 20 juin 1564, avec les clauses de franchise et de franc bourg, lequel fut reçu par le sieur Lefébure, sénéchal.

Anne de Basset, dame de Dangu, veuve de Pierre de Ferrières, donna aussi aveu à M⁰⁰ Renée de France, comtesse de Gisors, dont voici l'extrait en partie : « De « très illustre et très excellente princesse « M⁰⁰ Renée de France, comtesse de Gi- « sors, advoue tenir Anne de Basset, à « cause de son chasteau de Neaufle, par « un seul hommage de tout son fief et en « ses circonstances, etc. Par lequel fief « n'est deu aucun droict, mutation adve- « nant, ny treizième, estant assis en franc « bourg, faict le 19ᵉ de janvier 1551. Si- « gné : ANNE DE BASSET. »

Aux assises tenues à Gisors par-devant Jean de la Porte, lieutenant général au bailliage de Gisors, le 17 avril 1551, comparut par procureur : madame Anne de Basset, veuve de messire Pierre de Ferrières, baron de Dangu, qui avait succédé aux droits de Jean du Croq, seigneur du Moulin-Basselin, au décret passé l'an 1551. Le procureur du roi étant audit décret intervint et demanda les droits seigneuriaux, ventes et treizièmes, etc., et fit saisir ledit fief Basselin. Pour lors fut remonstré que de temps immémorial, les seigneurs du fief Basselin avaient joui de liberté et immunité, comme étant dans le francbourg de Neaufle, ce qui fut prouvé et approuvé par plusieurs enquêtes faites sur ce sujet, entre autres par l'information de maître Pierre Le Pelletier, écuyer, lieutenant général de Gisors, du 26 octobre 1526. Furent aussi veus plusieurs aveux et hommages des seigneurs de Neaufle rendus au roy. Après avoir pris l'avis de tous les officiers ou les conclusions des gens du roy, chacun opina pour et en faveur du francbourgage de Neaufle qui l'avait été de tout temps immémorial, et qu'il n'avait jamais paru du contraire. Ledit de la Porte, lieutenant général, prononça par l'avis uniforme du barreau, que maintenue était accordée de la saisie dudit fief, etc. Signé : Jean de la Porte, de la Fontaine, la Vache, Nodel, etc.

En la coutume de Normandie, où il est parlé de l'usage local de Gisors, au procès-verbal des commissaires députés pour la réformation d'icelle, ces mots doivent être remarqués : « Le 4e, 5e juin et jours « suivants 1586, par Pierre Berthault, « lieutenant de Gisors, a esté dit et re« monstré que les deux principaux fiefs « de Neaufle, scavoir : du Moulin Basse« lin et de la Lance, autrement de Fran« queville, relèvent du roy et du seigneur « duc de Ferrare, à cause de son comté « de Gisors ; lesdits vassaux de tout temps « et anchienneté sont exempts sans aucune « difficulté de tous droicts de venditions, « treiziemes et amendes ; mais ils sont « seulement tenus de bailler par déclara« tion le dénombrement des héritages qui « relèvent desdits fiefs, et de payer les « rentes hypothèques aux jours deubs. »

L'aumône perpétuelle que les comtes de Tancarville ont faite à l'Hôtel-Dieu d'Estrépagni n'a pas empêché que la seigneurie de Neaufle, sur laquelle on a affectée la susdite aumône, ne jouisse des mêmes privilèges qu'auparavant.

Dans le procès-verbal des commissaires députés pour la réformation de la coutume de Normandie dont il est parlé ci-dessus, on remarque ces mots : « Et par « le sieur Le Page, advocat du roy, a esté « dit que le fief de Neaufle appartenoit « anciennement au roy, et que depuis « il fut baillé en eschange par le roy au « comte de Tancarville, baron d'Estrépa« gny. Auparavant lequel eschange les « vassaux dudit fief estoient exempts de « payer les droicts de treizième, d'amende « et de relief, tout ainsy qu'estoient et « sont les vassaux des autres fiefs du Mou« lin Basselin et de la Lance, et par con« séquent les vassaux desdits fiefs n'ont « pas deu estre chargez depuis d'aucuns « droicts, parce que l'eschange ne peut « pas altérer, changer ou augmenter les « droictures féodales trouvées lors de « l'investiture. »

Dans le même procès-verbal, Philippe Herpin, laboureur, demeurant à Neaufle, remontra, au nom des habitants dudit Neaufle, que, par leurs chartes et privilèges anciens, ils étaient exempts de payer aucun droit de travers en passant par la ville de Gisors et autres lieux circonvoisins, ni les droits de minage de grains par eux vendus en la ville dudit Gisors ; sur quoi fut ordonné que lesdits habitants feraient apparoir de leurs titres en 1586, au mois de juin.

Après avoir établi par un grand nombre de preuves le franc bourgage de Neaufle, il ne nous reste plus qu'à donner quelques renseignements sur les fiefs de Neaufle. A cet effet nous publions les deux pièces suivantes : la première, de 1293, est le bail de certains fiefs et héritages de Neaufle fait par Guillaume Crespin, seigneur de Dangu et Neaufle, et connétable de Normandie ; la seconde est un aveu du fief du Moulin-Basselin rendu en 1453.

« A tous ceulx qui ces lettres verront ou « orront, Colart de Rasqueville, garde du « scel des obligations de la chastellerie de « Gisors pour le Roy nostre sire, salut. « Savoir faisons que, l'an de grace mil ccc « IIIIXX et dix-huit, le IIe jour de décem« bre, nous avons veu, tenu et leu mot à « mot unes lettres ou vidimus saines et en« tières de scel et d'escripture, desquelles « la teneur cy-après ensuit. A tous ceulx « qui ces lettres verront et orront, Jehan « Froissart, garde des sceaux des obliga« cions des chastelleries de Gisors et de « Neaufle pour madame la royne Blanche, « salut. Savoir faisons que, aujourdhuy, « IIe jour de mars l'an mil ccc IIIIXX et « douze, Jehan de La Mare, clerc commis « à passer lettres de baillie pour et ou « nom de Robert Leboucher, tabellion « juré es dictes chastelleries pour nostre « dicte dame, nous a relaté et tesmoingné « par son serement, auquel nous adjous« tons foy qu'il a veu, tenu, leu et diligem« ment regardé mot à mot unes lettres « ou vidimus saines et entières, scellées « du scel de la chastellerie de Vernon, « contenant la forme qui en suit : A tous « ceulx qui ces lettres verront, Nicolas de « la Prevosté, garde du scel de la pré« vosté de Vernon, salut. Savoir faisons « que Jehan Félit, clerc tabellion, juré de « la dicte ville de Vernon, auquel nous « adjoustons foy, nous a rapporté avoir « veu et leu de mot à mot unes lettres « saines et entières sanz nulle corrupcion,

« sellées du seel de la baillie de Gisors,
« avecques les seaulx de nobles et puis-
« sants hommes, messires Guillaume
« Crespin, chevalier, sire de Dangu et
« connestable de Normendie, et messire
« Pierre de Chambli, sire de Neaufle-le-
« Chastel, chevalier, chambellant du roy
« de France nostre sire, contenant esté
« formé : A tous ceulx qui ces lettres ver-
« ront, Drcue Pelerin, bailliz de Gisors et
« de Verneuil, salut. Sachent tuit que par-
« devant nous vint messire Guillaume
« Crespin, chevalier, sire de Dangu et
« connestable de Normendie, et recongnut
« qu'il avoit baillié en fié et héritage et
« par hommage, à messire Pierre de
« Chambli, sire de Neaufle-le-Chastel,
« chevalier et chambellant nostre sire le
« roy de France, et à ses hoirs, et à
« ceulx qui aront cause de lui perpetuele-
« ment, tout quinque ledit messire Guil-
« laume avoit oui povoit avoir ou dis-
« oisie, et en la ville de Neaufle et du
« Moulin-Benselin, et es parroisses de ces
« villes, c'est assavoir les yssues de la
« ville de Neaufle et du Moulin-Bencelin.
« Item, les cens des maisons et des cour-
« tilz de Neaufle et du Moulin-Bencelin,
« deuz à la Nativité Saint-Jehan-Baptiste.
« Item, les cens et champ[ar]s deuz à la
« Saint-Remi. Item, le moulin et la pes-
« cherie et les moutes seiches. Item, le
« four de la ville de Neaufle. Item, les
« champars des terres du dismage de
« Neaufle. Item, tous les prés du Beau-
« val où il a environ seize arpens. Item,
« les esplés de la basse justice de six vingz
« feux. Item, cinquante-deux chappons et
« demi de rente annuel deuz à Noel. Item,
« sept vins gelines deuz à Noel. Item, six
« cens oeufs deuz à Pasques. Item, la bare
« de Neaufle si comme elle se comporte,
« et toutes les amendes et aventures qui
« en pevent venir. Item, le travers et
« le troq du Moulin-Beucelin, et toutes
« les amendes et aventures qui en pevent
« venir. Item, le travers de Saint-Denis-
« de-Farmen, et toutes les amendes et
« aventures qui en pevent venir. Item, la
« pescherie de la rivière de Neaufle, si
« com la dicte rivière s'estend et se com-
« porte, en quelque manière que ce soit,
« depuis la ville de Saint-Elloy, jusques
« à la rivière d'Este. Item, quarante acres
« de terre gaignables seans au dessoulz
« du fossé, si com l'en va de Saint-Martin-
« de-Neaufle à Dangu. Item, quatorze
« acres de terre gaignable seant au-des-
« sus du fossé. Item, sept acres de terre
« gaignable seanz oultre le bez du chas-
« tean de Neaufle. Item, quatre acres de
« terre gaignable que l'on appelle le

« Champ, qui fu Pierre Le Tellier, par
« devers Bernoville. Item, une maison
« séant à Neaufle, entre la maison du
« prestre de Saint-Martin et la maison
« Jacques Le Tellier. Item, deux ostises
« séant entre les deux fossés du chastel
« de Neaufle; pour le pris de huit vingz
« huit livres trois soulz et trois maill[es]
« parisis de annuel rente à paier audit
« messire Guillaume Crespin et à ses
« hoirs, à tous jours mais chascun an,
« dudit messire Pierre et de ses hoirs, à
« trois termes, c'est assavoir à la Tous-
« saint en l'an de grace mil IIIᶜ IIIIˣˣ XLII
« cinquante-six livres douze deniers et
« maille parisis, à la Candeleur après en
« suivant cinquante-six livres douze de-
« niers et maille parisis; et à l'Ascension
« après ensuivant cinquante-six livres
« douze deniers et maille parisis; et bailla,
« ledit messire Guillaume audit messire
« Pierre et à ses hoirs perpetuellement et
« à ceulx qui aront cause de lui toutes les
« autres choses, quelle qu'elles soient et
« en quoy qu'elles soient, qui aux mains
« du dit messire Guillaume ou aux mains
« de ses hoirs poissent ou deussent venir,
« par quelque manière ou par quelque cas,
« ou dismage et es villes et es parroisses
« des dictes villes de Neaufle et du Mou-
« lin-Bencelin; exceptés les fossés, si
« comme ilz se comportent, qui sont entre
« Saint-Martin et Dangu, es quelz le dit
« messire Pierre ne peut ne doit deman-
« der ne avoir garans; exceptés les hayez,
« la chace et la garane dudit messire
« Guillaume, comme de tel droit com il a
« en cellui lieu; excepté le droit du patron-
« nage des esglises de Neaufle, c'est assa-
« voir de Saint-Martin et de Saint-Pierre;
« et deu droit des pasturages et des ba-
« nies, il est accordé que c'est sauf le
« droit des dis monseigneur Guillaume et
« monseigneur Pierre et de leurs hom-
« mes, excepté le vingne (?) si com elle se
« comporte, qui fu monseigneur Estienne
« Crespin. Et promit ledit monseigneur
« Guillaume Crespin, par son loyal serment
« à tenir fermement et loyaulment au dit
« messire Pierre de Chambli et à ses
« hoirs, et à ceulx qui aront cause de lui
« à perpetuité le bail dessus dit, et ga-
« rantir et deffendre contre tous... les
« dictes choses baillees et dessus devisees,
« sauvez les dictes choses exceptées du dit
« bail et retenues au dit monseigneur
« Guillaume et à ses hoirs, par la rente
« ou les rentes dessus dites; et quant ad
« ce le dit monseigneur Guillaume en
« obliga soy et ses hoirs, et tous ses biens
« meubles et héritages presens et à venir.
« Ledit messire Pierre de Chambli, sires

« de Neauffe, confessa et recongnut par devant nous qu'il avoit prins en fié et héritage et par hommage toutes les choses dessus dictes par les dictes rentes; lesquelles il promist à rendre audit messire Guillaume et à ses hoirs, aux trois dis termes chacun an desorenés. Et quant al ce obliga le dit monseigneur Pierres, soy et ses hoirs, et tous ses biens meubles et non meubles présens et à venir. Et promistrent les dictes parties l'un vers l'autre, que il feront l'un à l'autre des dictes couvenances lettres teles comme il vouldront et scellées de quelconquez seaulx qu'il vouldront et qu'il pourront avoir de raison. — En tesmoing des quelles choses, nous avons mis en ces lettres le séau de baillie de Gisors, avecques les seaulx des dis monseigneur Guillaume Crespin et monseigneur Pierres de Chantilli. Et est ledit monseigneur Pierre entré en la foy et en hommage dudit monseigneur Guillaume, et ledit monseigneur Guillaume l'a recu à hommage des choses dessus dictes. — Ce fu fait en l'an de grace mil ccc iiiixx et xiii, le jeudi après l'assumpcion Nostre-Dame en aoust. Et nous Nicolas, dessus dit, à la relation dudit juré, avons scellé ces lettres du seel de la dicte prevosté de Vernon. Ce fu fait l'an de grace mil ccc soixante et deux, le lundi vi jours de mars, ainsi signé. Collation faite à l'original. J. Felix. Et nous, Jehan dessus dit, avons fait mettre à ces présentes le seel des obligacions des dictes chastelleries, à la relation dudit commis l'an et le jour premiers diz, ainsi signé : J. de Lamare. Et nous, en tesmoing des choses dessus dictes, avons mis à cest present transcript le seel des obligacions de la dicte chastellerie, l'an et le jour tous premiers diz. »

Au dos : « Pour monseigneur le comte de Tancarville. » (Arch. de l'Emp., p. 307, fol. 217, n° 20.)

« Pierre Lamy, maistre es arts et licencié en décret,... avoue à tenir et à une seule foy et hommage du roi... ung fief appelé le Moulin-Basselin, qui est membre de hautbert, assis les Neauffle près de Gisors; — lequel il tient nuement du roy... à cause de son chastel dudit lieu de Neauffle, — et contient icelui fief ce qui s'en suit. C'est assavoir ung hostel ainsi comme il se comporte, les places où souloient estre les four et moulins banaulx, la pescherie et tout le pourpris, avecques ung petit boys contenant xi arpens et demy ou environ, qui ne doit ne tiers ne danger. Item, vi arpens de vignes ou environ près dudit boys, qui pareillement ne doibvent ne tiers ne dangier, et sont à présent en friche, halliers et buissons. Item, en la cousture dudit hostel xviii arpens de terre. Item, au bout d'iceulx xviii arpens, ii arpens. Item, v arpens auprès les communes de Neauffe, nommez Planville. Item, x autres arpens devers l'aunoy de Dangu. Item, xxxvi arpens de prey en une pièce. Item, justice moyenne et basse et xx livres tournois de menuz ceuz pertans loy, ventes, saisines et amendes, qui (ne) revienent à présent que à xx sols parisis ou environ. Item, xxx pièces de roullaille tant chappons que poulles, que on souloit paier au jour de Noel, qui à présent sont à non valoir. Item, la place où souloit estre le pressouer. Item, les fiefs mouvans dudit fief. C'est assavoir le fief Gaultier de Franconville, séant à Bernouville et à Neauffle. Item, le fief Mabieu la Guerte, qui fut depuis maistre Philippe de Clarry séant à Neauffle.... Le lundi xii° jour de novembre, l'an mil cccc cinquante et troys. » (Arch. de l'Emp., P. 307, N° 256. F° 18 r°.)

IV.

A Neauffe, il y eut longtemps deux paroisses : d'abord la paroisse de Saint-Pierre, située près des masures de l'ancien château où, soivant la tradition, demeurèrent les reines Blanche; ensuite la paroisse de Saint-Martin sur le chemin de Dangu. Dans cette dernière église, MM. de Rothelin, lorsqu'ils furent seigneurs de Neauffe, choisirent leur sépulture. La plus ancienne et la principale église de Neauffe était l'église de Saint-Martin. Le patronage appartenait au seigneur.

On lit dans le pouillé d'Eudes Rigaud : « Ecclesia Sancti Martini de Neauffle. Doe vicarie. Viginti quinque libre Turonensium. »

Les deux vicaires avaient été présentés « a domino Guillelmo Crespin » au prétendé et par celui-ci à l'archevêque. Eudes Rigaud nomma sur la présentation du prebendé et la sous-présentation de la dame de Dangu.

Les deux paroisses furent réunies en une seule, le dernier jour d'août 1601, par l'autorité de Charles de Bourbon, III° du nom, archevêque de Rouen.

« Charles, par la grâce de Dieu et du saint-siège apostolique archevesque de Rouen, primat de Normandie, etc. Nous

« a esté exposé et à nostre conseil tenu à
« Rouen, de la part de généreux et puis-
« sant seigneur François d'Orléans, che-
« valier, capitaine de cinquante hommes
« d'armes, marquis de Rothelin, baron
« de Varenquebec et seigneur temporel
« des deux paroisses de Saint-Pierre et de
« Saint-Martin de Neaufle, au doyenné de
« Gisors, de nostre diocèse de Rouen, ac-
« coustumées d'estre desservies par deux
« divers curez en divers lieux et demeures,
« que par l'injure des temps, la dot et le
« patrimoine des deux églises parochiales
« ayant esté diminué, il ne suffiroit plus à
« l'entretien des deux curez. Que le curé
« de Saint-Pierre, messire Philippe du
« Jardin, auroit volontairement remis son
« droict ès mains de l'un de nos grands
« vicaires, par procuration donnée à M° Ni-
« colas Le Prevost, et partant vacante
« aussy bien que la cure de Saint-Martin
« par le décès de M° Nicolas de Maricourt,
« dernier paisible possesseur de ladite
« cure. Aurions esté requis de faire union
« des deux titres et fruicts desdites églises,
« afin que celui qui seroit pourvu d'icelles
« soubs un mesme titre puisse en vivre
« commodément et exercer ses fonctions
« curiales. Veu la requeste dudit seigneur
« marquis, et inclinants à l'effet de son
« humble supplication, nous avons jugé
« à propos de donner un spécial mande-
« ment à nostre doyen de la chrestienté,
« M° Nicolas Lefebure, et à M° Nicolas Le
« Prévost, clerc et notaire apostolique,
« résidents à Rouen, de se transporter
« exprez à Neaufle et de faire enqueste
« sur ce qui nous auroit esté exposé. Ce
« que faict et accomply, et que l'exposé
« de la requeste ayant esté trouvé con-
« forme à la vérité, et que la dite union
« sera utile et profitable aux paroissiens
« des deux églises de Neaufle, chacune
« desdites paroisses ne valant pas plus de
« trois cent livres tournois de revenu,
« qui ne suffiroient pas pour la nourri-
« ture et entretien des deux curez selon
« leur condition, et n'auroient pas de
« quoy ayder les pauvres en leurs néces-
« sitez, y ayant plus de quatre cent com-
« muniants en l'estendue des deux pa-
« roisses et cinq hameaux qui en dépen-
« dent, et qu'un seul curé pourra satis-
« faire à l'administration des sacrements
« et divins offices. Qu'aussy auparavant
« ladite union le curé de Saint-Pierre
« après avoir dit sa basse messe venoit
« ayder à chanter la haulte messe et ves-
« pres en l'église et paroisse de Saint-
« Martin, et qu'on ne disoit la grande
« messe à Saint-Pierre que le jour du pa-
« tron et en un certain jour de Notre-
« Dame à cause d'une confreirie qui y es-
« toit établie, et que du surplus de l'an-
« née le curé de Saint-Martin faisoit tous
« les offices solennels, mesme bénissoit
« les rameaux à Pâques fleuries, et qu'en
« la procession du Saint-Sacrement ceux
« de Saint-Pierre assistoient avec leur curé
« à celle qui se faisoit en la paroisse de
« Saint-Martin; que lesdits curez des deux
« paroisses partageoient également les
« fruicts, le casuel et les offrandes, et se
« servoient d'une grange commune, et
« que par une mesme élection l'on nom-
« moit conjointement les mesmes mar-
« guilliers pour les deux paroisses, quoy
« qu'ils eussent deux églises; n'avoient
« aussy qu'un cimetierre commun. Veu
« l'information faicte par ledit Lefebure et
« ledit Le Prévost, en dabte du premier
« jour du présent mois d'aoust, et le con-
« sentement exprez que nous a donné par
« escrit le susdit seigneur François d'Or-
« léans, de nostre authorité ordinaire,
« après l'advis pris de nostre conseil, ouy
« nostre promoteur général de l'archeves-
« ché de Rouen, nous avons uny et unis-
« sons par ces présentes à l'église de Saint-
« Martin de Neaufle, annexons et incorpo-
« rons par ces présentes, ayant receu la
« présentation dudit seigneur marquis de
« Rothelin, l'église de Saint-Pierre pour en
« jouir par le curé, qui en sera par nous
« présentement et cy-après pourveu, de
« tous les fruicts et revenus desdites cures
« à la charge de bien deuement s'acquiter
« de la charge et régime desdites églises
« et paroissiens; à condition que tous les
« dimanches il fera dire une basse messe,
« et le jour de saint Pierre les deux vespres
« et la grande messe en ladite église de
« Saint-Pierre, qui sera désormais un se-
« cours de celle de Saint-Martin, et qu'il y
« aura un vicaire pour aider à accomplir
« les charges de ladite paroisse, qui sera
« approuvé par nous, à la charge que luy
« seront donnez bons gages par ledit curé
« de Saint-Martin, qui sera aussy tenu de
« payer les décimes au roy, les droicts de
« visite et procuration à l'archidiacre du
« lieu, et que nous en sera présenté pour
« curé personne qui soit idoine et capable
« de desservir ledit bénéfice. Nous avons
« aussy ordonné que cy-après, vacance ad-
« venant de ladite cure, ne nous sera pré-
« senté qu'un seul curé par ledit sieur
« marquis seigneur de Neaufle et par ses
« successeurs seigneurs dudit lieu, qui
« prendront de nous et de nos successeurs
« institution et provision, sauf en tout
« et partout nostre droict et celuy d'au-
« truy. Donné en nostre palais archiépis-
« copal de Rouen, sous le cachet de nostre

« petit sceau, duquel nous usons en pa-
« reilles occurrences, l'an de Nostre-Sei-
« gneur mil six cent et un, le vendredy
« dernier jour d'aoust. » (1601.)

Il y avait aussi un hôpital dans la paroisse de Neaufle, sous le titre de Saint-
Jacques et Saint-Christophe, dont la provision et présentation appartenait de plein
droit à l'archevêque de Rouen, comme on
le voit par plusieurs provisions des archevêques et de leurs grands vicaires. Nous
en rapporterons seulement une, donnée
par maître Pierre Acarie, vicaire général,
à maître Léger Pelé, prêtre, en date du
12 avril 1635 : « Capellaniam seu capellaniam
« perpetuam, et personalem residentiam
« non requirentem, sanctorum Jacobi et
« Christophori de Neaufle, intra limites
« ecclesiæ parochialis ejusdem loci, dio-
« cesis Rothomagensis, fundatam et des-
« serviri solitam cujus est, dum vacat,
« collatio, provisio, et omnimoda alia dis-
« positio ordinaria, pleno jure, ad illus-
« triss. Dominum archiepiscopum ratione
« sua archiepiscopalis dignitatis ab antiquo
« spectare et pertinere dignoscitur, libe-
« ram nunc et vacantem per puram, libe-
« ram et simplicem resignationem vene-
« rabilis et discreti viri Mag. Romani de
« la Rue presbyteri, insignis ecclesiæ
« Beatæ Mariæ Ebroicensis archidiaconi
« et canonici, prædictæ capellæ de Neaufle
« ultimi capellani et possessoris pacifici,
« hodie in manibus nostris factam, et per
« nos admissam ; tibi prædicto Leodega-
« rio Pelé, præsenti et acceptanti, etc. »

A la prise de possession, le marquis de
Rothelin fit opposition ; mais cette opposition
était mal fondée, puisque c'était un
nommé Huet de Réveillon dit de Neaufle,
chapelain de Jean, duc de Normandie, qui
avait fondé ledit hôpital.

Nous allons rapporter les lettres patentes de Philippe VI, roi de France,
confirmant cette donation :

« Philippe, par la grâce de Dieu roy de
« France, sçavoir faisons à tous présents
« et à venir, que, comme nostre amé che-
« valier, maistre Hué de Réveillon, dit de
« Neaufle, premier chappelain de nostre
« très-cher fils (Jean, duc de Normandie],
« nous eut supplié humblement que il eut
« devotion de fonder une maison Dieu ou
« hospital en la ville de Neaufle-lez-Gisors,
« à l'honneur de Dieu, sa benoiste mère
« et toute la sainte cour du Paradis, et ice-
« luy douer de trente livres tournois de
« rente acquis ou acquérir par luy ; c'est
« à sçavoir quinze livres tournois pour un
« chappelain qui chantera ou fera l'office
« divin audit hospital chaque jour, et le
« demeurant pour les pauvres recevoir et
« héberger en celuy hospital, et pour iceluy
« soustenir de réparations nécessaires,
« nous luy voulussions octroyer de nostre
« grâce, qu'il pust donner ladite rente
« pour les choses susdites, comme dit est,
« nous acceptans ladite supplication, que
« luy avons octroyée et octroyons par ces
« présentes lettres de nostre grâce spéciale
« et certaine science, à l'augmentation du
« divin service, afin que nous soyons par-
« ticipants du bien faict, messes et orai-
« sons qui seront faictes dorénavant au-
« dit hospital, etc... Et pour que ce soit
« chose ferme et stable à tousjours, nous
« avons faict mettre nostre scel à ces pré-
« sentes lettres, sauf, en aoltres choses,
« nostre droict, et en toutes celuy d'au-
« truy. Donné à Poissy, l'an de grâce 1331,
« au mois d'april. »

Jean, duc de Normandie, son fils, comte
de Poitou et du Maine, qui lui succéda,
aumôna audit hôpital de Neaufle son
chauffage dans le Buisson-de-Bleu,
en faveur et à la requête de messire Hue
de Neaufle, son chapelain et son aumônier, lequel avait édifié et fondé ledit hôpital ou maison-Dieu. Lesdites lettres patentes sont du mois de février 1345, à
Châtillon-sur-Indre.

Le *Coutumier des forêts de Normandie*,
fol. 5 v°, que nous avons également désigné sous le titre d'*Usages et coutumes des
forêts de Normandie*, relate en ces termes
les droits du prieur de l'hôpital de Neaufle dans le Buisson-de-Bleu, c'est-à-dire
dans la forêt de Gisors :

« Le prieur ou gouverneur de la maison
« et hospital de Neaufle a acoustumé pren-
« dre et avoir en boys de Bleu cent soubs
« de toys par livrée, pour privilège, pour
« arder illec, par lettres de noble recor-
« dacion Jehan, fils aisné du roy de France,
« duc de Normandie, comté d'Angou et du
« Meine, données au Mouchel-les-Pont-sur-
« Sainte-Messence, le vi° jour de mars, l'an
« mil iii° xlii, ainsy signées : par le duc,
« du commandement le roy, P. Barr... Et
« pour ce doit chanter chascune sepmaine
« une messe basse du Sainct-Esprit ou de
« Nostre-Dame durant la vie du donneur,
« et après son décès son anniversaire chas-
« cun an à toujours més ; et par lettres de
« Jehan, aisné fils et lieutenant du roy de
« France, duc de Normandie et de Guienne,
« comte de Poitou, d'Anjou et du Maine,
« données l'an mil iii° xlv, au moys de fé-
« vrier, il acorda que iceulx cent soubs de
« boys pour arder l'en peust convertir en
« édiffier sans rendre, et pour ce doit faire
« prières et oroisons. »

Dépendances : — les Bocquets ; — les

Bouillons ; — la Grande-Vallée ; — la Petite-Vallée ; — les Tuileries ; — Inval ; — Grainville, château.

Cf. Toussaint Duplessis, t. II, p. 663.
Voyages pittoresques et romantiques dans l'ancienne France, par Taylor et Nodier, t. II, pl. 206.

NEAUFLE-SUR-RISLE.

Arrond. d'Evreux — Cant. de Rugles.

Patr. S. Hilaire. — Prés. le seigneur.

Avant d'analyser les chartes qui concernent Neaufle-sur-Risle, il faut établir à quelle date et comment l'abbaye de Lire s'était établie dans cette commune. Le patronage de l'église fut confirmé à cette abbaye au XIIe siècle par Robert II, comte de Leicester, par Ernaud du Bois, le pape Célestin III en 1193, Garin, évêque d'Evreux, vers la même époque ; Robert et Luc, évêques d'Evreux, le pape Grégoire IX en 1234.

Guillaume, fils d'Osberne, donna à l'abbaye autant de terrain que peut labourer une charrue à Saint-Aiglan, avec la terre d'Hugues le Veneur en toute franchise. Il donna ensuite la foire de Saint-Aiglan avec toutes les coutumes, aussi franche qu'il la tenait.

Robert, comte de Leicester, déclare que la chapelle Saint-Aiglan, dans la forêt de Breteuil, appartient aux religieux de Lire. La charte suivante confirme ces notions. Le comte dit en donnant à Notre-Dame-du-Lesme la chapelle de Saint-Nicolas-du-Bosc, près Neaufle : « ... et preterea do « et concedo et maliterque confirmo ca-« pellam Sancti Nicolai de Bosco supra-« dicte ecclesie et fratribus de Deserto « omnino appropriatam... »

Le même Robert de Breteuil dit encore : « ... Concedo et presentibus litteris con-« firmo ut omnes alie capelle in foresta « Britolii, preter capellam de Sancto Agilo, « que singulariter propria est monachorum « de Lira, omnes quidem eandem habeant « potestatem... »

Évidemment il s'agit ici de la chapelle de Saint-Aiglan-sur-Neaufle dont Henri Ier, roi d'Angleterre, et le pape Grégoire IX confirmèrent la possession à l'abbaye.

En 1200, Geoffroi de la Bretesche étant tombé dans une grande misère et de grandes dettes « ... tam propter guerram « et propter mala tempora que diu dura-« verunt in patria nostra quam pro filia « mea maritanda... » ne trouva d'autre ressource que d'aller trouver les religieux de Lire et leur abandonner le quart des prés du fief de la Bretesche qui lui appartenait. Parmi les témoins, on trouve Robert « de Bosco Normanni, » Roger « de Soillant » et Michel « de Bontenz. »

La charte suivante concerne la Bretesche :

« Omnibus ad quos presens scriptum « pervenerit, Rogerus de Bernecort, salu-« tem. Sciatis quod..... [*sic*] uxor Guil-« lelmi de Garnevilla, post mortem viri sui, « vendidit monachis de Lira, pro octo li-« bris andegavensium, totam vavassoriam « de la Bretesch, que est de feodo ipsorum « monachorum, et quod ipsa et heredes « sui abjuraverunt ipsam terram et totum « jus quod in ipsa habebant, et obtulerunt « ipsam terram cum omnibus pertinentiis « suis in elemosinam Deo et Sancte Marie « de Lira, super magnum altare, coram « conventu. Et ego Rogerus postea illam « venditionem et oblationem concessi, et « totum jus quod in jamdicta vavasso-« ria dicebam me habere, in prescentia « conventus, abjuravi super altare Sancte « Marie, et prefatis monachis quietum « clamavi, pro amore Dei et pro salute « anime mee et pro animabus omnium « antecessorum et heredum meorum ; « ita quod nec ego nec heredes mei de « cetero aliquid clamabimus nec ullam « calumpniam faciemus de predicta vavas-« soria. Et ipsi, in testimonium hujus facti, « dederunt michi de caritate domus quin-« quaginta solidos andegavensium. Quod « factum ut perpetuam habeat stabilita-« tem, presenti scripto et sigillo meo con-« firmavi. His testibus : Roberto de Lira, « milite ; Ernaudo de Bello Manso, Rogero « de Infirmaria, Guillelmo Anglico, Ro-« berto de Chalet, Radulfo de Vereio et « multis aliis. » (*Sans date.*) [*Arch. de l'Eure. Fonds de Lire.*]

En 1206, Dreu de Fontenille confirma aux religieux de Lire quatre setiers de blé qu'ils avaient droit de prendre « ... in molendino meo de Ratier. »

En 1209, Girard d'Auvergni : « de Al-« vernaio, » du consentement de sa femme Aubrée et de son fils Richard, donna le quartier qu'il avait sur le moulin de Neaufle avec la moute du fief de la Chabotière, du fief Burse et du fief de Trusse-lin. Il donna en outre « feodum quod fuit Bomeri apud l'Alnecl ». Parmi les témoins on remarque Osberne de Bontens et Guillaume de Trinkelai.

Dans une charte du chapitre d'Evreux en faveur de Lire, 1210 : « ... Ecclesiam « de Neafle cum presentatione presbiteri, « duas partes decimarum bladi, et viginti « solidos in altari, et totam decimam bo-

« minum suorum de feodo suo de la Bike-
« ria... »

En 1211, Hobert de Brossei : « de Brois-
seio, » donna, du consentement de l'abbaye, à Girard d'Auvergni, le huitième du
moulin « de Neaufe », le quart des vavassories d'Ambenai, des Fretiz et du fief « de
Maris ». Ces biens furent ensuite donnés à
l'abbaye par Lejarde du Montier : « de Monasterio, » sa cousine, femme de Guimond
« de Faugeaus ».

En 1215, deux prés situés, l'un « ... inter curtilagia de Neaffle et pratum Oserii »
et l'autre « al Transieres ».

En 1218, Richard d'Auvergni donna à
Robin Manesier un pré « in riveria Risi-
lis, en droit [sic] la Chapotière ». Il est
fait mention, dans cet acte, du pré de Lo-
sier. Ledit Manesier aumôna ensuite ledit
pré à l'abbaye.

En 1218, Guillaume de Conches et Emeline de Vernai concédèrent aux religieux
de Lire tout le fief qu'ils tenaient d'eux
« apud Sanctum Germanum juxta Neaffle
« quod dicitur feodum Herefasti ».

En 1233, Guillaume du Moulin-Amet
vend aux religieux tout ce qu'il possédait :
« molendinum Hamet inter pontem de
« Ambenai et pontem de Neaufe. »

1235. « Sciant omnes presentes et futuri
« quod ego Girardus de Auvernio, miles,
« dedi et concessi in liberam et perpetuam
« elemosinam Deo et ecclesie Beate Marie
« de Lira et monachis ibidem Deo servien-
« tibus quicquid habebam et habere debe-
« bam in toto feodo quod Alexander de
« Valle tenebat de me, ita quod nichil re-
« tineo in dicto feodo, nec in dicto Alexan-
« dro, preter duos denarios de garda,
« quando contigerit, qui mihi solventur
« per manum dictorum monachorum. Et
« ego et heredes mei nullam a modo fa-
« ciemus justitiam in dicto feodo, nisi
« propter predictam gardam, quia volo
« quod dictus A. et heredes ejus teneant
« a modo dictum feodum de dictis mona-
« chis sicut de me tenere solebant, et fa-
« ciant pro dictis monachis quicquid ipsi
« pro me facere solebant et debebant. Et
« ut hec mea donatio et concessio firma
« sit et stabilis, presentem cartam sigilli
« mei munimine confirmavi. Actum anno
« gratie m° cc° xxx° quarto, mense au-
« gusti. » (Orig. Arch. de l'Eure. Fonds
de Lire.)

En 1239, Goubert « de Bicarria ».

En 1253, Jean Bardol « ... dominus de
Caorcheria, armiger, » et Nicole, sa
femme, fille et héritière de Colin « de
Caorcheria, » écuyer, confirmèrent l'aumône faite par ce dernier de quinze sous
de rente « in molendino de Ratier, » mais
en les échangeant contre quatorze sous et
demi et deux gélines à payer par Berthelot
de Trousselyn et un autre. Dans la côte
de cette pièce, « Caorcheria » est traduit
par Caorcherie.

En 1257, masure : « berbergamentum, »
située « in clauso de Platamara inter po-
« mum de Virgula et pirum de la Chene-
« viere. » — « Campus As Florez » près
de la fon[t]..

En 1260, Roger Bosmer vendit aux religieux de Lire, pour trente livres tournois,
la moitié de tout le farinage et la moitié du
cinquième boisseau de tout le blé du moulin « de Neaffle » avec la moitié de toute la
pêcherie, en se soumettant aux charges suivantes : « ... videlicet inveniendo medie-
« talem molarum martellorum, sept, mi-
« nuti merrenii et carpentarie molendi-
« ni... »

En 1260, les tenanciers d'une vavassorie
nommée « vavassoria de Estrepingfeio, in
« parochia Sancti Hylarii de Neaufle, inter
« vallem Legardis ex una parte et vallem
« de Somete ex altera, » s'engagèrent envers le couvent de Lire à une rente de
vingt sous, en remplacement d'un service
de cheval. Quoique nous placions cette
note à Neaufle-sur-Risle, on doit remarquer l'étrange coïncidence et probablement
l'erreur d'une vavassorie d'Estrépagni près
Neaufle-sur-Risle, tandis que dans le Vexin
le bourg d'Estrépagni est situé près de
Neaufle-Saint-Martin.

Même arrangement, en 1269, de la part
des tenanciers de la vavassorie « de
Colle ». La rente fut de trente sous. L'un
des tenanciers s'appelle Richard de Beaumont.

En 1277, triéges suivants : « Dumus
« Gerardi, campus de la Marniere, cam-
« pus de Maritagio, la Sennerie, campus
« des Chastelles, campus del Costil, Bos-
« cus Bourse. »

La même année, une vergée de terre
« apud Parvas Transieres sub haia de Am-
« benayo, » attenant au pré des religieux
« quod vocatur la Coelte de Transieres ».

La même année, vente par Alice, veuve
de Robert d'Aternon, écuyer, de tout ce
qu'elle possédait dans le moulin « de Neaf-
pha », sauf vingt-six acres de terre, dont
partie « in parochia Sancti Petri de Frac-
tieiis ».

En 1276 et 1278, hameau nommé Beaumont : « Bellus Mons, » près « de Clauso
Aleriol ».

1276. « Omnibus Christi fidelibus pre-
« sentes litteras inspecturis, Colinus de
« Valle, armiger et dominus ejusdem loci,
« salutem. Notum vobis facio, quod ego,
« pro salute Petronille matris mee et Guil-

« lelmi fratris mei et pro anniversario eo-
« rumdem post obitum eorum celebrando,
« et pro una lampada invenienda in eccle-
« sia Sancti Nicolai dicti de Bosco in fo-
« resta Britolii, dedi et concessi et hac
« presenti charta mea in perpetuum con-
« firmavi, in puram, perpetuam et omnino
« liberam elemosinam, religiosis viris prio-
« ri et fratribus Beate Marie de Deserto, in
« foresta presata, tres solidos Turonensium
« annui redditus, sitos super unam peciam
« terre que vocatur Campus Bernier, in
« parochia Sancti Hilarii de Nealfa, inter
« terram Garneiarum (sic), [peut-être
« Grancarium] dictarum de Dumo, ex una
« parte, et cheminum per quod itur de
« Domo ad forestam, ex altera... Datum
« anno Domini millesimo ducentesimo
« septuagesimo sexto, mense septembri,
« apud Sanctum Nicholaum de Bosco. »

En 1278, terres situées « juxta Rubeam
Marneriam ». Autres terres « ad Malum
Gason ».

1278. Le Buisson-Gire. La Pomerée.
« Via de Maugason que ducit ad forestam. » La Plateinare.

En 1279, « Boscus de Bursa. Pratum as
« Chaboz. Piecia que vocatur le Mesnage. »

En 1280, Guillaume Gautier vendit aux
religieux de Lire vingt-cinq sols tournois de rente « ... super quoddam her-
« bergamentum situm in parrochia Sancti
« Hylarii de Nealpha apud la Bretheche...
« in feodo eorumdem apud la Bretes-
« che... »

En 1281, « rivulus qui dicitur Merderon.
« Feodam dictum Au Berardeans. » Pièce
de terre située « apud la Pomeraie ».

1298. « Noverint universi presentes et
« futuri quod ego Johanna dicta Losmon-
« desse vendidi et concessi viris religiosis
« dominis meis... abbati et conventui
« Beate Marie de Lira, totam partem me-
« am prati quam cum eisdem religiosis et
« cum heredibus Roberti Loriol posside-
« bam et habebam, ubicunque protendatur
« et etiam quantumcunque, situm in par-
« rochia Sancti Hylarii de Nealpha, in pra-
« tis de Longa Petra, inter prata dictorum
« religiosorum undique ex lateribus et ca-
« pitibus, reddendo inde annuatim Mi-
« chaeli Biquarrel viginti solidos monete
« currentis terminis inferius annotatis, vi-
« delicet ad nativitatem Sancti Johannis
« Baptiste et ad natale Domini, equalibus
« portionibus, ab eisdem persolvendos.
« Preterea vendidi et concessi prefatis re-
« ligiosis unam peciam terre que vocatur
« le Homme a Losmondesse, cum landein
« eidem terre contiguo, sitam in parrochia
« memorata, inter prata sepedictorum reli-
« giosorum que vocantur prata de Clauso
« a Loriol, ex una parte, et terram que soit
« Robini Loriol, ex altera, aboutantem ad
« pratum de Silire, ex uno capite, et ad
« prata que fuerunt Guillelmi d'Abernon,
« ex alio, pro sexaginta octo solidis turo-
« nensium, de quibus michi integre pre
« manibus satisfecerunt in pecunia nume-
« rata, tenendum, habendum et possiden-
« dum sibi et eorum successoribus, libere
« pacifice et quiete absque vel reclama-
« tione mei, heredum vel successorum
« meorum de cetero facienda, cujuslibet
« jure salvo. Hanc autem venditionem et
« concessionem ego prenominata Johanna,
« heredes et successores mei, memoratis
« religiosis et eorum successoribus, tene-
« mur et tenebimur garantizare et defen-
« dere ad usus et consuetudines patrie
« contra omnes, vel alibi si necesse fuerit
« in nostra propria hereditate melius ap-
« parenti excambire. Et ut hoc firmum et
« stabile permaneat in futurum, ego pre-
« dicta Johanna presentem cartam sigilli
« mei robore confirmavi. Datum anno Do-
« mini m° cc° nonagesimo octavo, mense
« junio, teste parrochia supra dicta. » (Orig.
Arch. de l'Eure.)

« Carta Nicolai Milart, Alexandri et Hen-
« rici, fratrum, de undecim solidis quos
« vendiderunt pro quatuor libris et decem
« solidis percipiendis ad Natale Sancti Jo-
« hannis super feodum quod Ogerus de
« Trousselin et Robertus Martel tenent de
« eis apud Trousselin. »

« Carta Nicholai de la Chauvortiere de
« decem solidis quos dedit percipiendos
« ad Natale in molendino de Itatier. »

L'abbaye de Lire avait la seigneurie de
Neaufle.

Nous citerons encore en 1186 un bail
du manoir et du clos de Saint-Aiglan, en
la forêt de Breteuil, contenant environ
six acres, à la réserve de la chapelle et
des oblations qui y seront offertes. On
réserva les masures joignant lesdites chapelles, où étaient anciennement des maisons, lesquelles masures étaient destinées
aux religieux malades de la lèpre. La ferme
et la chapelle de Saint-Aiglan ne doivent
pas être confondues avec celles de Saint-
Lubin.

Robert II, comte de Leicester, avait,
dans une charte vidimée en 1320 par Philippe le Long, confirmé à l'abbaye de Lire
le fief de Neaufle, qui venait de la dot de
la comtesse Alix.

L'abbaye jouit de cette seigneurie jusqu'en 1577, où elle l'aliéna au profit de
messire Guillaume Baudot; elle ne se réserva que le patronage et quelques rentes.

Les religieux attaquèrent le sieur Claude
Baudot, fils de l'acquéreur, le 22 décembre

1653, pour être autorisés à rentrer dans ladite seigneurie et moulin en remboursant le prix de l'aliénation, frais et loyaux coûts du contrat. Ils triomphèrent par un arrêt du conseil rendu le 2 mai 1661.

La ferme de la Biguerrie fut acquise à l'abbaye en 1693. Les domaines fieffés et non fieffés de la seigneurie de Neaufle s'étendaient dans les paroisses de Neaufle, Juignette, la Selle, les Fretils, Rugles et Ambenai.

La seigneurie d'Ambenai s'étendait également sur le territoire de Neaufle.

L'abbaye avait le droit de pêche deux jours de la semaine dans la Risle, depuis la Neuve-Lire jusqu'au grand pont de Rugles.

Il y avait sur le territoire de Neaufle un fief du Val ou Auval et le fief de Saint-Lubin.

On trouvera aux Archives de l'Empire, p. 308, f° 89 (Evreux), un aveu du fief du Trousselin.

Suivent les droits du curé de Neaufle dans la forêt de Breteuil.

« Le curé de Neaufle a droit de prendre
« en la forest de Breteuil les coustumes et
« usages qui s'ensuivent. C'est assavoir :
« le bois vert en gesant et le sec en estant,
« en la forest coustumière, se il n'y a mes-
« rien, et si lui a mesrien, il paie pour
« chacune cartée de bois v soubz d'a-
« mende, et le bois vert et le sec par
« n sols tourn., à cartée comme les autres
« coustumiers ; pasturage à toutes ses
« bestes qui seront de sa disme et nourre-
« ture, excepté chievres et brebis, et ré-
« servé le moys de may, qui ne peuvent
« aller fors à la veuë des coups d'icelle
« forest, et se eulx y sont trouvés, eulx
« paient pour chascune beste aumaille,
« cheval et jument III deniers d'amende,
« et pour porc II deniers, pasnage à tous
« ses pors frans sans nombre qui seront
« de sa disme et nourreture, quand la
« paisson est vendue, iceulx pors aquis au
« devant de la Saint Jehan-Baptiste. Pour
« lesquelles franchises ledit curé est tenu
« de dire trois messes et prier Dieu chas-
« cun an pour le roy, nostre seigneur, et
« pour le sanc royal, et ad ce faire appele
« le sergent de la garde. » (Usages et coutumes des forêts de Normandie, f° 208 v°.)

Dépendances : — la Biguerrie ; — la Bretèche ; — le Brouillard ; — la Brunetière ; — le Buisson-Girard ; — la Chabotière ; — le Coq ; — le Cornet ; — les Hautes-Bruyères ; — la Mare-aux-Boues ; — la Marnière ; — la Paoxterie ; — Ratier ; — Saint-Aignan ; — Saint-Lubin ; — Saint-Nicolas ; — le Trousselin ; — la Vallée ; — les Vallées ; — le Merle.

NEUBOURG (LE).

Arrond. de Louviers. — Cant. du Neubourg.

Patr. S. Paul. — Prés. le seigneur.

I.

Au premier abord, il est assez étrange de vouloir concilier le nom de *Novus burgus* avec une origine très-reculée. On a cependant attribué à la domination romaine la fondation de ce lieu fortifié à l'extrême limite d'une vaste et fertile plaine, et d'une petite forêt. Cette création a pu être contemporaine de celle d'Evreux.

On a remarqué que l'on dit habituellement *le* Neubourg, tandis qu'on écrit Neuchâtel sans article. Dans tous les actes modernes, dans les arrêtés préfectoraux, dans les annuaires, dans les affiches municipales, *le* Neubourg est le nom consacré. Mais les chroniques et les chartes écrivaient simplement : Neufbourg, Neubourg, et même d'abord Noefborc et Neuburt. Plus près de nous, l'historien de la maison d'Harcourt, La Roque, ne parle du Neubourg qu'à peine une fois sur cinquante : ce n'est chez lui qu'une faute d'impression, et le P. Anselme y tombe moins encore dans l'*Histoire généalogique de la maison de France.*

Ceci constaté, et quoique nous ayons dans nos précédentes notices suivi l'usage général qui est de dire : le Neubourg, nous allons, ici même, écrire seulement Neubourg. Il faut se souvenir que nous n'avons pas la prétention de rétablir l'orthographe de tous les noms de lieux d'une manière définitive. Nous recueillons des notes dans lesquelles sont consignées leurs diverses formes suivant les âges et les documents. En consignant ces formes diverses, nous ne tombons dans aucune contradiction : nous fournissons un élément de critique.

II.

Divers objets de l'époque romaine et des médailles à douze effigies différentes, embrassant un espace de trois siècles, de l'an 37 à 337, et recueillies en quelques années sur le sol même de la ville suffisent, dit M. Thaurin, « pour démontrer
« que notre Neubourg moderne, s'il ne
« repose pas immédiatement sur les rui-
« nes d'un établissement antique, fut éle-
« vé, au moins, à une bien petite distance

« de l'un des lieux qu'habitèrent les Ro-
« mains. »

Le même antiquaire constate la découverte de navages anciens près de la garenne dé... hée du bois Fichet, et le séjour
du peuple franc sur le territoire où s'élève
aujourd'hui une ville.

Il faut aussi mentionner la tradition
très-vague de l'antique existence d'une
ville de *Rougemont* sur les bruyères de
Neubourg.

III.

Sous le règne du fils de Rollon, vers
935, une armée de rebelles, commandée
par Riouf, fut taillée en pièces. Quel fut
le lieu de cette victoire? Selon quelques
écrivains modernes, le *Champ-de-Bataille*
près Neubourg lui devra son nom; mais
tout porte à croire que l'action se passa
au *pré du combat*, aux portes de Rouen.

Parmi les duels célèbres, on a souvent
cité celui de Jacques du Plessis et de Thomas de l'Espinei, en 1047, pour l'honneur
d'Helvide, dame de Tancarville. La Roque
réfute péremptoirement l'opinion qui attribue à Thomas de l'Espinei, vainqueur
dans ce jugement de Dieu, le titre de seigneur de Neubourg dès 1044. (*Hist. gén.
de la maison d'Harcourt*, t. I, p. 175.)

C'est une date bien rapprochée de l'é-
poque authentique, 1050, où le *Burgus*,
d'origine romaine ou non, eut pour seigneur, pour premier seigneur sans doute,
un personnage historique, Roger de Beaumont, Roger à la Barbe : « Rogerius Bar-
batus, » qui a donné son nom à Beaumont-le-Roger. Descendant du prince danois Torf, fils d'Onfroi de Vieilles, « Hum-
froi de Veulles, » comme l'appellent les
vieilles chroniques, et de Duceline, sœur
de la duchesse Gonnor, mari d'Adeline
de Meullent, héritière du comté de ce nom,
Roger, voulut attacher son nom à une
fondation religieuse. On a de lui une
charte qui érigea à Beaumont une collégiale de la Sainte-Trinité, destinée à devenir un prieuré dépendant de l'abbaye
du Bec.

Par donations ratifiées en 1089, Roger
à la Barbe affecta divers revenus sur le
tonlieu de Neubourg.

« ... De theloneo Novi Burgi sex solidos
« ad luminare predicte ecclesie concedo.
« Concedo preter hec supradicte sancte
« Dei ecclesie duos molendinos, ad quos
« videlicet venit moltura de Novo Burgo
« et de Essartis et de Sancta Oportuna,
« preter decimam Sancti Pauli de Novo
« Burgo... »

Il donna plus tard deux maisons au
même lieu.

« Sub eodem tempore, Osbertus man-
« sionarius dedit predicte ecclesie [Sancte
« Trinitatis de Bellomonte]... et in Novo
« Burgo unam domum pro anima sua et
« uxoris sue. »

Vers 1092. Roger se retira du monde
pour finir ses jours dans l'abbaye de
Préaux, où il prit l'habit monastique.

1092-1115. Ce fut le second de ses deux
fils, Henri, déjà comte de Warwick, mari
de Marguerite du Perche ou de Mortagne,
comme le nomme Orderic Vital, qui, dans
sa part d'héritage en Normandie, reçut la
seigneurie de Neubourg. Ce fut un des
hommes les plus considérés de son temps.

Dans la charte de donation de l'église
du Châtel-la-Lune à la Sainte-Trinité de
Beaumont, « Henricus de Novoburgo »
est le dernier des témoins.

1115-1160. Il laissa huit enfants, dont
six fils. Robert, le troisième, eut en partage Neubourg, dont il prit le nom qu'il
illustra, et dont le château fort devint sa
résidence, bien plus qu'il n'avait été celle
de son père et de son aïeul. Robert de
Neubourg est compté, avec son frère aîné,
Rotrou, évêque d'Evreux en 1139, archevêque de Rouen en 1165, parmi les plus
grandes figures de l'histoire de notre duché. Il n'entre pas dans le cadre de ces
recherches locales d'écrire ici la vie d'un
personnage célèbre dont le rôle a été surtout de paix et de conciliation dans une
époque de guerres incessantes. Il faut
seulement constater les événements les
plus remarquables dont le récit détaillé
se trouve particulièrement dans Orderic
Vital.

Robert, dès 1117, s'était engagé avec
Amauri de Montfort et Eustache de Breteuil dans le parti soutenu par Louis le
Gros, qui voulait rendre la Normandie à
Guillaume Cliton, héritier légitime et malheureux de Robert Courteheuse. « ... Tunc
« etiam (1118)... Rodbertus de Novo Bur-
« go aliique plures contra Henricum re-
« gem rebellaverunt. » (Ord. Vital, XII,
t. IV, p. 315.)

Dans cette guerre civile, Neubourg fut
mis à feu et à sang. Rentré en grâce auprès d'Henri Ier, Robert, dégoûté des com-
bats, se mêla, avec une habile activité, à
toutes les affaires, à tous les traités, à
toutes les fondations pieuses. Sous son
administration, Neubourg ne tarda pas
à se relever de ses ruines.

Robert venait d'épouser Godchilde de
Tosni, fille de Raoul, seigneur de Con-
ches, qui tenait par le sang aux ducs de
Normandie. On le voit présent à tous les

actes importants de cette époque. Sa signature manque très-rarement aux chartes octroyées par le souverain, aux confirmations de privilèges.

Dans la charte de fondation du prieuré de Notre-Dame du Desme (1135), on voit figurer « ... comitissa R. (ou A.) de Varvic, mater Roberti de Novo Burgo, cum « duobus filiis suis, Rotrodo et Henrico... »

Robert est cité le premier dans la priorification de la Sainte-Trinité de Beaumont. 1142.

Ce fut dans le château de Neubourg qu'en 1135 une imposante assemblée de seigneurs normands, presque tous possesseurs, comme Robert, de domaines sur le sol anglais, reconnut pour héritier d'Henri Ier, au préjudice de Geoffroi Plantagenet, Etienne de Blois, déjà proclamé roi à Londres.

La guerre civile se ralluma aussitôt; mais, à force d'habileté, le seigneur de Neubourg en évita les calamités à ses vassaux, tandis qu'autour d'eux on ne voyait que dévastations. Il parvint même, en 1137, à conclure avec Geoffroi une trêve d'un an. Réconcilié cette année aussi, après de longues divisions, avec Galeran, comte de Meulan, son cousin germain, il l'assistait comme témoin, en 1138, dans un acte passé en Angleterre et, plus tard, dans un accord avec les religieuses de Préaux. Leur union était même devenue si étroite que, malgré sa circonspection, Robert garantissait à Galeran son secours et jusqu'à l'usage de son château pour sa défense.

Lorsque la force des événements et quelques fautes du roi Etienne eurent rallié, vers 1147, la plupart des seigneurs normands à la cause de Geoffroi, l'importance de Robert de Neubourg dans les affaires du duché ne fit que grandir avec celle de son frère Rotrou. C'est du château de Neubourg qu'à cette époque le célèbre évêque de Lisieux, Arnoul, partit pour la croisade.

Robert avait une prédilection signalée pour l'abbaye du Bec. Elle fut l'objet de ses constantes libéralités. Il contribua puissamment de ses richesses et même de sa direction à la reconstruction de la salle capitulaire de ce monastère, sur l'emplacement même où s'était élevée la chapelle du bienheureux Hellouin et où reposent ses reliques. Une chapelle somptueuse fut destinée à la sépulture des seigneurs de Neubourg et en conserva le nom.

Robert séjournait dans cette abbaye lorsqu'y vinrent, en 1150, l'impératrice Mathilde et le duc de Normandie, son fils. Il souscrivit à Londres, en 1154, une charte du roi Henri II en faveur de l'abbaye de Fécamp.

Plusieurs chartes de Robert au profit du Bec commencent par cette formule : « Avec le consentement de Marguerite, ma « mère, de Godechilde, ma femme, et de « mes fils, Henri et Raoul, je donne, pour « le salut de mon âme et des leurs... »

L'abbaye du Bec avait les dîmes de la forêt de Neubourg, un fief dans cette forêt et le droit d'y avoir un escuellier et un charbonnier.

Une grande marque de confiance royale et d'estime publique était réservée à Robert de Neubourg. Dans une entrevue entre les rois de France et d'Angleterre, ménagée par saint Thomas de Cantorbéri, Marguerite de France fut fiancée à Henri d'Angleterre, Henri au Court Mantel; l'un et l'autre en très-bas âge. On convint que les châteaux donnés en dot à la jeune princesse resteraient sous la garde des Templiers jusqu'à la consommation du mariage, et qu'elle-même serait élevée sous les yeux d'un chevalier normand. Cet honneur revint à Robert, et le château de Neubourg fut habité par la royale fiancée. Il est de tradition que Louis le Jeune, se rendant en pèlerinage au Mont-Saint-Michel, s'arrêta pour voir sa fille et reçut l'hospitalité de Robert.

Cette tutelle, commencée en 1158, dura deux ans à peine, tant le roi Henri II était impatient d'entrer en possession des forteresses dotales de sa bru. Lorsque le mariage enfin fut célébré furtivement, en 1160, le 5 novembre, dans la chapelle du château, le château avait changé de maître.

Sentant approcher sa fin, Robert de Neubourg, après avoir multiplié ses largesses aux pauvres, aux églises et aux monastères, avait renoncé à toutes ses grandeurs pour revêtir un simple froc de moine dans l'abbaye du Bec. Le grand maître d'hôtel, sénéchal et gouverneur de Normandie, avait prononcé ses vœux d'humilité en juillet; le 26 août, selon une chronique, le 30 du même mois, selon Robert du Mont, il rendait son âme à Dieu.

On a lu sur son tombeau, dans la chapelle qu'il avait fait construire pour sa famille, cette épitaphe conservée jusqu'en 1793 :

« Respicies ancestum praecisa ruga sepulchrum
« Hic jacet in tumulo Robertus de Novo Burgo
« Qui mare, qui orbem, qui totum continet orbem,
« Mene faciat vere paradisi regna videre. »

1160-1213. Ce fut l'aîné de ses fils,

Henri, qui recueillit en héritage la seigneurie de Neubourg; avec lui on voit apparaître le titre de baron.

Les trois frères d'Henri tinrent à conserver le nom qu'avait illustré leur père, et à le joindre à leurs titres particuliers.

Robert de Neubourg, doyen d'Evreux, puis de Rouen, archevêque en 1183.

Raoul de Neubourg fut sire de Livarot.

Richard de Neubourg, baron d'Ashebée.

Henri avait pour femme Marguerite de Hauteville, de l'illustre famille des conquérants normands de la Sicile. Fidèle aux traditions de son père, il fut moins encore que lui un seigneur guerroyant. Une seule fois son nom paraît parmi ceux des chefs d'une armée en campagne, et la bataille ne se livre pas.

Personnage conciliant, conseiller habile, courtisan assez assidu, il prend part à toutes les affaires importantes, à tous les grands jugements de l'échiquier, à la plupart des fondations pieuses. Peu de jours après le mariage royal célébré dans son château, il était avec Hotrou, son oncle, auprès d'Henri II à Montfort-sur-Risle.

En 1167, il attestait la charte de ce monarque accordant des privilèges signalés à la bourgeoisie de Rouen.

L'abbaye de Préaux, où reposait le chef de sa maison, celle du Bec, où devait s'ouvrir sa tombe auprès de celle de son père, furent plus particulièrement l'objet de ses munificences; mais diverses chartes ont consacré le souvenir de ses dons à d'autres établissements religieux : à Notre-Dame-de-Lire, à Notre-Dame-du-Lesme, à Notre-Dame-du-Désert, au chapitre d'Evreux, aux abbayes de Saint-Wandrille et du Vallasse, à celle d'Hymadon, en Angleterre.

« Universis sancte matris ecclesie fide-
« libus, tam presentibus quam futuris, H.
« de Novoburgo, salutem. Notum sit vo-
« bis omnibus quod ego, pro Dei amore et
« pro salute anime mee ac antecessorum
« meorum, dedi fratribus Sancte Marie de
« Deserto per singulos annos unam sum-
« mam salis ad Novum Burgum, feria
« quarta ante Pentecosten. Testibus illis :
« Guillelmo Rendel, Roberto capellano. »

« Ego H. de Castello Novo (1 omni-
« bus nostris amicis et clientibus præcipio
« et edico ne aliquid pedagii de proprio
« victu donent Hugonis de Deserto requi-
« rant vel samant. Enimvero si aliquis
« nostrorum videns has litteras sigillatas
« homines ejus in tota terra nostra in

(1) Ce n'est pas le seul exemple de cette transformation de Novus Burgus en Castellum novum.

« aliquo disturbaverit, viscera cordis mei
« aperuisse laeserit. Valete. »

1211. « Apud Beccom. Dominus Henri-
« cus de Novo Burgo dat Sancto Wandre-
« gesilo presentationem unius prebende
« in ecclesia Sancti Pauli de Novo Bur-
« go. »

Sauf une somme de sel donnée à Notre-Dame du Désert et une prébende à l'abbaye de Saint-Wandrille, on a pu remarquer qu'Henri se gardait soigneusement d'entamer son domaine de Neubourg; il avait seulement confirmé en leur entier, en 1170, les larges donations de Robert, son père, à l'abbaye du Bec : mais il donnait libéralement des biens situés à Pont-Audemer ou sur la terre anglaise :

Aux moines de Lire, par une charte conservée dans le *Monasticon anglicanum*, la dîme des gerbes, des agneaux, des fromages, des toisons, sur les domaines anglais de Bastendon et d'Essanstedt;

Au chapitre d'Evreux, 20 sols de rente à prendre sur un vassal à Saint-Nicolas de la Grosse-Londe;

A l'abbaye du Vallasse, une maison achetée à Pont-Audemer du clerc Théroude;

A l'abbaye du Bec, des rentes à prendre sur ses revenus et la prévôté de Pont-Audemer, des droits de moute sur six paroisses.

Henri de Neubourg assistait, le 16 mars 1178, à la solennelle dédicace d'une nouvelle église du Bec. Henri II y était présent avec Henri au Court-Mantel, toute sa cour et toute la prélature normande. Une charte déposée sur l'autel par le chapelain du roi dotait l'abbaye de 100 livres de rente à prendre sur les moulins de Robec, à Rouen. Après les personnes royales et épiques, trois seigneurs seulement furent appelés à attester cet acte. Henri de Neubourg en était un.

Un établissement religieux lui doit son origine, le prieuré de Notre-Dame du Rose, au lieu de Sainte-Marie-la-Forêt, donné aux chanoines réguliers de Saint-Lô de Bourg-Achard, avec droit de pisnage et de pâturage, sauf l'approbation de Marguerite d'Hauteville, sa femme, et de Robert, leur seul fils. A cet acte, avaient souscrit Roger de Graveron, Robert de Vitot, chapelain du baron, et plusieurs autres.

Henri de Neubourg, à force de prudence, sut maintenir son crédit sous trois règnes, malgré le caractère ombrageux du roi Henri, et longtemps une existence calme à ses vassaux les plus immédiats. Mais, au déclin de ses ans, cette dernière fortune l'abandonna.

En 1193, la Normandie fut envahie par une armée française. Dans cette expédition rapide, Philippe-Auguste s'empara de Neubourg.

« Li rois Philippe, dit la *Chronique de Saint-Denis*, qui moult fu dolenz et engoisseux de la honte et du domage que il ot receu, et desirant de soi vengier..., ses oz assembla et entra en Normandie à grant force, tot le païs gasta et destruisit jusques à Neuf Bore et jusques à Beaumont-le-Roger. Quant tout ce pais ot preé, il retorna en France et donna congié à ses gens et s'en returnà chascuns en son païs. »

Deux ans plus tard, par le célèbre traité du Goulet, du 22 mai 1200, le château de Neubourg devint presque une place frontière. Il y était dit que les limites entre les deux États seraient au milieu de la route, entre Evreux et Neubourg : « Tout ce qui sera en dehors de ces bornes, du côté de la France, appartiendra au seigneur Philippe; tout ce qui sera de l'autre côté, vers Neubourg, sera à nous. Il est à savoir que ni le seigneur roi de France, ni nous, ne pourrons construire fortifications sur la ligne tracée entre Neubourg et Evreux, ni même à Quittebeuf... »

Des commissaires des deux nations furent chargés de mesurer la distance entre les deux places fortifiées. Ils y procédèrent, selon l'usage scandinave, avec une corde longue de vingt toises, et une borne fut plantée à égale distance de 10,180 toises à la vallée Karlon, au point séparatif du fief de Bacquepuis et du fief de Bernienville.

Le nom d'Henri de Neubourg s'efface complètement à cette époque. La baronnie était occupée militairement au nom du roi Jean. La présence de ce monarque au château de Neubourg dans diverses circonstances et l'établissement permanent de ses troupes sont constatés par de nombreux documents ainsi que les noms des commandants militaires, Jean et Robert de Néville et Robert du Plessis.

Le 29 mai 1202, le roi Jean ordonnait aux barons de l'échiquier de Caen de rembourser à Richard de Villequier 75 livres augevines 10 sols 8 deniers payés pour la solde des chevaliers et des sergents partis pour Verneuil et Neubourg.

D'autres ordres concernaient les approvisionnements du château : « six pièces de vin, six muids de froment, un muid de pois et de fèves... »

Quelques-unes de ces pièces indiquent que les revenus du bourg étaient affermés et que la perception se faisait au profit du roi.

A la fin de l'année suivante, la Normandie redevint française. Rien n'indique qu'Henri de Neubourg ait marchandé sa soumission. Son nom se trouve dans un acte de l'année 1206, avec ceux de Richard d'Harcourt, de Jean et d'Osbern de Rouvrai.

Le baron de Neubourg compte parmi les chevaliers bannerets de Normandie devant au roi le service de dix chevaliers (*Feoda Normanniæ*). De lui relevaient vingt-trois fiefs de chevaliers, Neubourg entrant dans ce compte pour deux et demi (*Reg. Ph.-Aug.*) : « Nomina militum serventium banneretas tempore Philippi II regis : ... Dominus Novi Burgi. »

Henri de Neubourg devait finir sa carrière en vrai justicier. Le dernier acte auquel son nom se trouve mêlé est un arrêt rendu à Rouen par trente seigneurs dans le carême de 1211.

Il mourut peu après, laissant une mémoire honorée, et un seul fils, Robert II du nom et second baron de Neubourg, dont les deux sœurs avaient épousé : Marguerite, Yves de Grateniesnil, et Isabelle, dame de Pont-Saint-Pierre, Robert de Poissi.

Robert II fit de grandes largesses à plusieurs abbayes, notamment à Notre-Dame de Binedon en Angleterre. Dans les rôles de la chambre des comptes, en 1236, le sire de Neubourg était compris le second entre les laïques, comme admonesté et semons de se trouver trois semaines après la Pentecôte à Saint-Germain-en-Laye, pour le service du roi saint Louis.

Dans les rôles de la même année et de 1242, contenant les services dus au duc de Normandie par les seigneurs normands, il est porté pour deux chevaliers et demi comme tenant deux fiefs et demi assis en la terre de Neubourg, mouvant du roi.

Avant la réunion de la Normandie à la couronne, Robert II s'était allié à une puissante maison anglaise. Il avait épousé Marguerite de Glocester. Il n'en eut que trois filles : Marguerite, femme d'Amauri de Meulan ou Meullent (*Mellentum*), comme on écrivait alors; Jeanne, dame de Combon, mariée à Renaud, sire de Maulevrier, et Agnès, femme de Payen de Nebeudin.

A la mort de Robert, vers 1243, la baronnie fut partagée en deux demi-baronnies, dont le détail complet se trouvera plus tard dans un aveu rendu pour chacune d'elles.

Titulaire au droit de sa femme de la portion du démembrement dont faisait partie le château fort, Amauri, sorti de la même souche que son beau-père, était homme à jeter un nouvel éclat sur un domaine qui devait déjà à ses premiers seigneurs une grande importance.

En 1251, il était présent, avec l'évêque d'Évreux et plusieurs autres personnages, lorsque la reine Blanche reçut, comme régente, le serment de fidélité des bourgeois de Paris.

Entre les grands du royaume qui suivirent saint Louis était Messire Amauri de Meullent, suivi de quinze chevaliers à 4,000 livres d'appointement, avec bouche en cour :

« Cy sont les chevaliers qui devront « aller avec le roy outre-mer et les con« venences qui furent entre eux et le « roy.

« ... Messire Amaury de Meulenc, soy « quinziesme de chevaliers, quatre mille « livres tournois, et mangeront à son « hostel. »

En 1270, Marguerite de Neubourg, assistée de son mari, et ses sœurs et cohéritières, Jeanne et Agnès, transigèrent avec les prieur et couvent de Bourg-Achard pour un droit d'usage en la forêt de Neubourg.

Marguerite mourut le 19 août 1277, et eut son tombeau dans l'abbaye du Bec. Elle avait encore donné à l'abbaye, par acte de cette année, 40 sous de rente sur la seigneurie.

Amauri, comme principal bienfaiteur, était admis, en 1273, à l'honneur de poser, conjointement avec le prieur Guillaume, la troisième pierre de la seconde église de cette abbaye.

Il régne à cette époque, dans la suite des barons de Neubourg, une certaine confusion à laquelle n'a pas peu contribué l'*Histoire généalogique de la maison d'Harcourt*.

Vers 1277, Galeran de Meullent avait hérité de son père. Il avait épousé Anne de Bouville qui lui donna une nombreuse postérité.

A Galeran succéda un Amauri ; mais était-ce son fils ou son petit-fils ? Il y a lieu de croire, comme l'a soupçonné le P. Anselme, que les généalogistes ont confondu en un seul personnage un père et un fils du même nom. On a conservé les traces d'Amauri de Neubourg, qui guerroyait en Gascogne contre les Anglais, inscrit en 1296 sur les registres des trésoriers du Louvre comme recevant pour cinq chevaliers 1,200 livres tournois. C'était vraisemblablement le cinquième des six fils de Galeran, et ce doit être à un fils mineur de cet Amauri que se rapporte le document suivant, conservé par les *Olim*. (T. III, p. 271.)

En 1307, le roi ayant la garde « Almarici de Meullento, domicelli, » héritier de Jean d'Harcourt, une contestation étant soulevée devant le parlement de Paris par la maison d'Harcourt : « Dictum fuit et « pronónciatum, quod racione dicte gar« de manum nostram apponemus vide« licet in villa de Novo Burgo cum ejus « pertinenciis, excepto patronatu dicte « ecclesie, et exceptis tresdecim libris tam « in denariis, caponibus, quam gallinis « debitis, et exceptis quinque domibus, « apud Novum Burgum situatis, videlicet « domo que fuit uxoris Galteri de Bosco, « et domibus que fuerunt quondam d'On« din, et domo que fuit quondam Johan« nis de Caleto, et domo que fuit Johan« nis le Goiz, et domo que fuit Richardi « Cucufarii, et domo que fuit Male Bran« che, in vico qui nuncupatur vicus do« mini de Mau Levrier... Item manum « nostram, racione dicte gardie, appone« mus in Ianno ville Novi Burgi ; item in « feodis Sancti Amandi et Richardi Fi« chet... »

Cet Amauri III tient une place remarquable dans les annales du XIVᵉ siècle.

1337-1339. Amauri guerroyait sur les frontières de Flandre. En 1340, il était parti, assisté de deux chevaliers et de vingt écuyers, pour servir Philippe de Valois. Il fut la même année du voyage de Castel-Cambresis.

1347. Amauri est nommé avec Robert de Dreux commissaire pour lever l'aide accordé aux pays de France et de Dunois.

On le voit qualifié de monseigneur dans les guerres de Champagne et de Picardie et au sacre du roi. 1348-1350.

En 1349, il était capitaine pour le roi des provinces de Picardie et de Flandre, à la tête d'une compagnie de 53 chevaliers bannerets et bacheliers, et de 40 écuyers.

Le 11 août 1351, Amauri de Meullent, sire de Neubourg, chevalier banneret, donne quittance au trésorier des guerres « de deux cents livres tournois receues en « prest sur les gages de lui banneret, 4 « chevaliers bacheliers et vingt deux es« cuiers de sa compagnie, à desservir ès « guerres ès parties de Xaintonge, où le « roy l'envoyoit par devers monseigneur « le connestable de France. »

Froissart et la *Chronique de Flandre* parlent de ses services en 1353 et 1355. En cette dernière année, la fortune des armes lui devint contraire. Il fut fait prisonnier en Cotentin, où il commandait pour le roi cent hommes de cheval et trois cents archers. Mais deux ans plus tard il répara cet échec en contribuant par une heureuse négociation à réconcilier Charles, duc de Normandie, et Charles, roi de Navarre.

Par une charte du 7 janvier 1356, Amauri III concède au prieuré de Notre-Dame-du-Parc-d'Harcourt, desservi par des religieux de l'ordre de Saint-Augustin-du-Val-des-Ecoliers, « l'usage, la pasture et le pennage de leurs bestiaux en toute sa forest de Neubourg, avec 52 charretées de bois par chacun an, octroyant en outre ausdits religieux et à leurs successeurs douze acres de terre, à la charge que toutes les choses dessusdites seroient tenues du baron de Neubourg, de ses successeurs et de la baronnie de Neubourg. » Le prieuré devait en outre un certain nombre de messes à perpétuité pour les barons de Neubourg à des jours spécifiés, et « chacun an un chapel de roses blanches apporté le jour de la feste Saint-Jean-Baptiste, en l'hostel du baron, ou en tout autre lieu de la baronnie où il voudroit demeurer. »

Marié à Jeanne d'Harcourt, veuve de Philippe de Sulli, Amauri III mourut sans postérité.

Son héritage seigneurial revenait à Jean de Meulent, son oncle, d'abord évêque de Noyon (comté-pairie), puis de Paris; mais ce prélat renonça par cession notariée du 10 novembre 1362 à ses droits sur la terre de Neubourg avec les foires et marchés qui en dépendaient.

Jeanne de Meulent, sa sœur aînée, première femme de Guillaume d'Harcourt, baron de la Saussaye, a été dans l'*Histoire généalogique de la maison d'Harcourt* qualifiée dame de Neubourg; mais elle était morte bien avant ses frères. Elle fut représentée pour recueillir cet héritage par Jean d'Harcourt, qui mourut très-jeune après son unique sœur Aliz; et vers 1367, la demi-baronnie passait en ligne collatérale à Alice de Meulent, femme de Jean de la Ferté-Fresnel, qui ajouta à ses titres celui de baron de Neubourg.

Jean II de la Ferté-Fresnel, maréchal de Normandie, baron de Neubourg et de la Ferté-Fresnel, eut pour femme Béatrice de Rosni.

Jean III, baron de Neubourg, Gacé et la Ferté-Fresnel, prit pour femme Jeanne de Garencières, dame de Villarceaux. De son temps, en 1395, ceux des environs de Neubourg avaient procès en l'Echiquier contre le receveur du baron.

Jean III, du nom mourut sans postérité le 15 janvier 1412.

Après lui le titre de baron de Neubourg en partie passa, par cession préalable faite dès le 28 août 1401, sur la tête d'Yves de Vieux-Pont, son neveu, seigneur de Chaillone et de Villepreux, châtelain de Courville, ancien capitaine du château de Bayeux, marié à Blanche d'Harcourt le 28 août 1401.

Blanche devait avoir en dot trois mille francs d'or et une rente de cent écus par chacun an en bonne et suffisante assiette qui serait faite en Normandie, rente au sujet de laquelle ses descendants plaidaient encore en 1575, à la septième génération.

Yves siégeait à l'Echiquier, à Alençon, en 1406, parmi les chevaliers.

La Bibliothèque impériale possède, sous le n° 11961 du Fonds français, un compte rendu « à très-noble et puissant seigneur, « messire Yves de Vieix-Pont, de la reve- « nue du lieu du Neufbourg, par messire « Pierre Gomer, prestre, receveur, pour « un an commençant le 1er février l'an « 1412, ce jour compté, et finant à la dicte « feste l'an 1413, ce jour non compté. » M. Léopold Delisle en a donné de curieux extraits dans le *Recueil des travaux de la Société libre de l'Eure*, 3e série, t. Ier, 1850-1851.

Quelques années après ces redditions de comptes, les deux demi-baronnies furent violemment réunies sur une seule tête par confiscation anglaise. Le *Registre des dons* constate que, le 23 septembre 1418, « res- « pit étoit donné à noble et puissant « prince, messire le comte de Salisbéry « (Thomas d'Essex), jusques à Noël, de la « seigneurie et terre de Neufbourg, qui « fut à messire Yves de Vieux-Pont, et « de la terre de Cambon (Combon), qui « fut à messire Charles de Cocsmes. »

Laurent de Vieuxpont, chambellan du roi et fils d'Yves, épousa Marie de Husson et rendit aveu au roi le 2 juin 1457. En 1466, il avait pour seconde femme damoiselle Guillemette de Tournebu, dame d'Auvillars. A la monstre générale de la noblesse du 19 mars 1469, « Lorens, sires « de Vieuxpont, se présenta armé de briga- « dines honnestes, salade, harnois de « jambes, gantelets, vouge et barbe d'ar- « mes, accompagné de Jean de Vieuxpont, « son fils, en abillement de homme d'ar- « mes, et deulx archiers et ung paige, « montés de six chevaulx. »

Le registre manuel de l'Echiquier de Normandie pour 1484 constate la comparence du baron de Neubourg. Laurent avait soutenu devant cet échiquier de nombreux et interminables procès. Jean de Vieuxpont rendait aveu au roi le 10 septembre 1495 et le 13 septembre 1498. Il avait épousé le 15 janvier 1479 Françoise de Roncherolles.

1505. Laurent II de Vieuxpont rendit

aïeul en 1505, fut marié le 18 février 1517 à Jacqueline de Clérembault, et en secondes noces à Marie Le Muterel, qui figure comme veuve dans un acte de 1557.

1541. Louis de Vieuxpont, chevalier de l'ordre du roi, gentilhomme ordinaire de sa chambre, capitaine de 50 hommes d'armes de ses ordonnances, marié en premières noces à Harlouine de Champaigne, qui lui donna un seul fils, Jacques, tué en 1569 au siége de Sancerre. De sa seconde femme, Catherine Daubrai, dame de Richeville, fille du baron de Laigle, il eut sept enfants. Louis rendit aveu le 19 septembre 1547. Deux de ses fils du second lit furent tués : Hercule à la prise de Dourlens en 1595 ; Charles-Catherin en 1596, devant Dieppe.

1570. Alexandre de Vieuxpont, baron de Neubourg.

Il réunit par acquisition les deux demi-baronnies en une seule, dont il obtint, en 1619, l'érection en marquisat.

Après lui, Neubourg et ses dépendances tombèrent une seconde fois en succession paragère ; le marquis de Neubourg laissait trois filles. Dans leurs partages un tiers de la grande coutume de Neubourg fut attribué à chacune d'elles. Les enfants mineurs de Renée de Vieuxpont, femme de Jean-Baptiste de Créqui, obtinrent plus particulièrement une grande part des domaines de la demi-baronnie qui avait eu son manoir seigneurial à Combon, et une partie de la forêt de Neubourg, où s'éleva bientôt le château du Champ-de-Bataille. (Voir SAINTE-OPPORTUNE-DU-BOSC.)

Alexandre de Créqui, fils de Renée de Vieuxpont, mourut sans postérité en 1702, laissant pour héritier son neveu, Gabriel-René marquis de Maillée et comte de Cléri, fils de Renée de Créqui, née le 20 décembre 1623, au château de Neubourg. Gabriel-René mourut sans postérité, le 11 octobre 1721, à 78 ans, laissant une veuve de 28 ans, Claude-Lydie d'Harcourt.

1617. Ce fut à Louise de Vieuxpont, femme de Gui de Rieux, seigneur de Sourdéac, qu'échut, après Alexandre de Vieuxpont, le château de Neubourg, avec les marchés, justice, profits, ferme, revenus, les prés de la grande coutume, les maisons du bourg, les terres dépendant de la ferme du château, et en divers lieux des domaines considérables.

Gui de Sourdéac avait été premier écuyer de Marie de Médicis, exilé avec elle et déclaré coupable de lèse-majesté. Ses biens personnels avaient été confisqués par arrêts des 17 et 20 novembre 1631. Il mourut au château de Neubourg le 14 novembre 1640. Louise lui survécut jusqu'au 25 septembre 1616.

Leur second fils, Armand, d'abord connu dans le monde sous le titre de marquis de Neubourg, devint l'abbé de Rieux, et le domaine revint à son frère Alexandre qu'on voit qualifié dans quelques actes non plus marquis, mais baron de Neubourg.

Ce fils aîné de Louise de Vieuxpont tenait dans le château maternel un état de maison splendide et ruineux. Neubourg doit à ses fantaisies de grand seigneur une mention dans l'histoire des lettres par la première représentation de la Toison-d'Or du grand Corneille (1660).

Alexandre de Rieux, marquis de Sourdéac et d'Oisant (Ouessant), baron de Neubourg, mourut le 7 mai 1695.

René de Rieux, fils d'Alexandre, vendit un an avant sa mort les domaines de Neubourg à Anne-Marie-Joseph de Lorraine de Guise, après lequel ils passèrent par une nouvelle vente, en 1765, en la possession d'Anne-François d'Harcourt, marquis, puis duc de Beuvron, commissaire général de la cavalerie de France, lieutenant général pour le roi au gouvernement de Poitou et plus tard de Normandie, fils puîné du maréchal d'Harcourt.

La seconde demi-baronnie formée en 1243, à la mort de Robert II de Neubourg, était échue à sa plus jeune fille, Jeanne, mariée à Renaud de Maulévrier.

Jean, leur descendant, sire de Maulévrier et de Neubourg, seigneur de Combon, laissa un fils et trois filles mariées à Jacques de Montheron, à Louis de Clinchamp, et à Charles de Cuesmes. Renaud, fils de Jean, cité dans les registres de la chambre des comptes en 1383 et dans des aveux de 1372 et 1391, mourut sans postérité.

Marie de Maulévrier, l'aînée des sœurs de Renaud et fille de Béatrix de Craon, recueillit l'héritage de son frère et fit aussitôt un testament le 7 octobre 1391. Elle testa encore le 27 février 1406. Après elle, ses domaines restèrent en usufruit à Jacques de Montheron, maréchal de France, qui mourut en 1422, dest tué l'année précédente de la charge de maréchal.

Charles de Cuesmes, fils de la troisième sœur de Renaud, Marguerite de Maulévrier, réunit alors l'usufruit à la nue propriété de la demi-baronnie.

François de Cuesmes, son fils, obtint par lettres-patentes de Charles VII, des 12 août 1443 et 26 juin 1445, des délais pour bailler dénombrement de terres tenues du comté d'Evreux, fit hommage au roi, à Chinon, le 30 septembre 1448, et rendit aveu, comme baron de Neubourg et Combon, à Louis XI, en 1461. On a des actes de lui de 1471. Il est cité dans la montre de la noblesse de 1469 comme demeurant en Anjou.

Charles de Couesmes, baron de Luçai et de Neubourg, vicomte de Saint-Nazaire, eut pour première femme Jeanne d'Harcourt, qui mourut sans enfants, et pour seconde femme Gabrielle d'Harcourt, sœur de Jeanne.

La demi-baronnie de Neubourg et Combon resta dans cette branche pendant plus d'un siècle et demi, et fut réunie à l'autre demi-baronnie par achat d'Alexandre de Vieuxpont.

Les Couesmes comme les Maulévrier étaient des seigneurs angevins, à peine de passage en Normandie où ils ont laissé peu de traces. Le nom de leur principal domaine, Combon, est presque toujours défiguré par celui de Courbon dans l'Histoire généalogique de la maison d'Harcourt.

Les deux aveux suivants reconstituent pleinement la baronnie de Neubourg, divisée depuis 1243 en demi-baronnies :

« Je, Charles de Coysmes, à cause de
« Marguerite de Maulévrier, ma femme,
« tiens et advoue à tenir par foy et par
« hommaige, nuement et sans moyen, une
« porcion ou membre de baronnie, nom-
« mée la baronnie de Neufbourg, laquelle
« s'estent de la ville de Neufbourg ès par-
« roisses de Combon, de Sainte Opportune
« la Campaigne, et autres paroisses envi-
« ron de la dite ville de Neufbourg, de
« laquelle porcion ou membre de baron-
« nie sont tenuz plusieurs fiefz ou parties
« de fiefz à court et usaige, desquelz la
« declaration s'ensuit. Et premièrement
« le fief du Bosc-Fichet, dont le chief est
« assis en la parroisse du Neufbourg, en
« la valleur de trente livres tournois par
« an, à moy subject en trois sols tournois
« de vinaige chacun an, au terme de la
« Saint Martin d'iver. Et est tenu par un
« quart de fief à court et usaige. Item, le
« fief du Bouycart, assis en la parroisse
« de Combon, tenu par ung quart, en la
« valeur et revenu communs ans de vingt
« et quatre livres tournois et pour toutes
« choses, et est mon subject en deux solz
« tournois de cens et deux journées de
« charue. Item, le fieu le Roy, qui pieça
« fut à ung nommé mes-ire Jehan de
« Chandos, chevalier anglois d'Angleterre,
« et à present le tient monsigneur d'Ivry
« par don du Roy, nostre dit seigneur,
« icellui fieu tenu par ung quart de fief,
« et est en la valleur et revenue communs
« ans de vingt à vingt cinq livres tournois

« de rente ou environ, et est mon subject
« en trois solz tournois de cens et quatre
« journées de charue par an. Item, les
« religieux abbé et couvent de Préaulx
« tiennent ung manoir et terres labou-
« rables jusques au nombre de trente et six
« acres ou environ, tenu par aumosne,
« sans court et usaige, à la charge de une
« paire de botes feustrées ou dix sols
« tournois deuz à moy et à mon choys,
« chascun an à la feste de Toussains, et
« d'un cheval que je doy prendre et avoir
« à mon prouffit en la dicte ablaye, toutesfois qu'il y a nouvel abbé, et en choi-
« sit le dit abbé ung, le premier, et j'ay
« le second après à mon choys, avec
« prières et oraisons que doivent faire
« pour moy et pour mes prédécesseurs.
« Et en la dicte baronnie ou membre de
« baronnie, laquelle je tien pour demie
« baronie, et s'acquicte de plain relief par
« cinquante livres tournois, j'ay court et
« usaige en moyenne et basse justice, et
« telles droictures comme à tenement de
« baronnie appartient. Et à cause d'icelle
« j'ay la somme de seize livres de rente
« annuel premier prins sur la prevosté
« de Neufbourg et partie pour moitié sur
« le demourant ; c'est assavoir ès foires,
« marchez et constume du dit lieu, la pré-
« sentation d'une cure et d'une prébende
« de Saint Pol de Neufbourg, la présen-
« tation de la chapelle de la Maison Dieu
« de la dite ville de Neufbourg, toutesfois
« que les dix benefices sont vacans. Item,
« la donnaison des escolles de Neufbourg
« alternativement ; c'est assavoir, que le
« sire de la Ferté donne pour trois ans les
« dites escolles quant le cas luy eschiet,
« et moy pour trois ans semblablement ;
« et ainsi par continuacion l'un après
« l'autre. Item, semblablement le ban de
« vendre vin en la dicte ville de Neuf-
« bourg par alternative, et est levé à la
« tierce année, ainsi m'en appartient en
« six ans une année, qui peut bien valloir
« pour tout le temps de six ans six livres
« tournois. Item, à cause de la dite por-
« cion ou membre de baronnie, je prens
« chacun an sur la Queue du Tronc à la
« quinzaine de la Saint Michiel cinquante
« livres tournois de rente par an. Item,
« pour menuz domaines fieffez à divers
« termes, chacun an, vingt et six livres
« trois solz neuf deniers tournois. Item, la
« moitié des rentes du fieu commun, en
« valleur chacun an de soixante solz tour-
« nois ou environ. Item, les menus cens
« et rentes du Neufbourg, en valeur de cent
« solz tournois ou environ. Item, au terme
« Saint Michiel, sur les nobles fiefz tenus
« de moy cy desus nommez, pour une

« faisance appellée Chasnoys (?), soixante et
« huit solz tournois. Item, à cause des dits
« domaines fieffez, a une livre et ung
« quarteron de poyvre, trois boisseaux de
« froment, quatre vingts et neuf chappons
« et le sixième d'un chappon, trois gelines,
« III LXVIII œufz, deux moutons antenoys.
« Item, ungs esperons dorez chacun an et
« ungs esperons blancs, de deux ans en
« deux ans. Item, les champars de la dite
« terre de Combon, en valleur chacun an
« de cent livres tournois ou environ, et
« croissent ou diminuent, selon ce que l'en
« laboure plus en l'un temps que en
« l'autre. Item, demaines non fieffez :
« c'est assavoir, le manoir de Combon, le
« coulombier, clos et jardin avec les terres
« labourables, montans sept vingts et neuf
« acres de terre ou environ. Et peuvent
« bien valloir communes années de cent
« à six vingts livres tournois. Item, les
« resséantises de la dite terre, et peuvent
« bien valloir, chacun an, cinquante solz
« tournois et croissent ou diminuent.
« Item, une pièce de boys avec les pastu-
« raiges joingnans à icellui, lequel boys
« est à tiers et dangier, et contient vingt
« acres ou environ. Et à cause du dit
« membre du baronnie, je doy garde au
« conte de Beaumont quant le cas s'offre,
« et les aides feaulx et coustumiers, selon
« la general coustume de Normandie. Et
« est assavoir que mon dit fief est de nou-
« vel acreu et augmenté d'un fief nommé
« le fief des Jardins et d'un fief nommé
« le fief Brunée, lesquelz j'ay eu par
« retrait de bourse, à cause de seigneu-
« rie par avant tenuz de moy. Et sont en
« valleur de soixante livres tournois ou
« environ, et en doit avoir les fruits mes-
« sire Pierre de Tournebu, chevalier, et
« sa femme leurs vies durans. Et pour ce
« que suis venu de nouvel au dit tene-
« ment et terre de Combon et de Neuf-
« bourt, et que par ignorance je pourroye
« plus ou moins bailler leur la declara-
« tion de cest présent adveu, que la juste
« valleur, liberté et franchises ou charges
« des dictes [terres] de Combon et de
« Neufbourg, je faiz protestation qu'elle
« ne me face prejudice en aucune maniere,
« obéissant plus avant bailler et desclairer
« en temps et en lieu, se mestier est, tout
« ce qui vendroit à ma cognoissance, oultre
« le contenu de ces présentes. En tesmoing
« de ce, j'ay scellé cest present adveu ou
« dénombrement de mon propre seel. Ce
« fut fait le XIXe jour de décembre, l'an de
« grace mil cccc et ungs. »

Un autre aveu fut fourni par François
de Coucesmes, le 24 février 1418. (Arch.
de l'Emp., P. 308, pièce 158.)

« Du roy nostre seigneur, je, Yves de
« Viez Pont, chevalier, chambellan du roy
« nostre dit seigneur et de monseigneur
« le duc d'Orléans, seigneur de Nuefbourg,
« confesse et adveue à tenir nuement et
« ligement par foy et hommaige, et tant
« pour moy que pour mes hommes et
« soustenans, une demie baronnie appel-
« lée la terre ou baronnie de Nuefbourg,
« de la quelle le chastel et chief assiz au
« dit lieu de Nuefbourg, en la parroisse
« Saint Pol, et s'estant icelle baronnie ès
« bailliages de Beaumont le Roger, de
« Rouen et environ, et aussi en plusieurs
« villes et parroisses, comme au dit lieu
« de Nuefbourg, à Rouen, Beaumont,
« Beaumontel, Sainte Oportune du Bosc,
« Calleville, la Haie de Calleville, la Nuef-
« ville, Saint Nicolas du Bosc, Vitot, Espe-
« gart, la Puille, Saint Amant, Villiers, le
« Tronc, Escauville, Croville, Yville, Am-
« freville la Campagne, les Aurieux, Thi-
« bouville, Fumuechon, Bray, Combon,
« le Tremblay, Roge Perier, Escardenville,
« et ailleurs ou pais d'ilec environ. La
« quelle demie baronnie je tiens noble-
« ment, franchement, à court et usaige,
« reliefs, treiziemes, hommes, hommaiges
« et toute basse et moyenne justice, et
« avecques plusieurs noblesces, franchises
« et dignitez, tant de garenne deffenchue et
« gardée, comme de ma forest dudit lieu
« de Nuefbourg, de pasnage sur mes hom-
« mes coustumiers, subgiez et soubste-
« nans; en laquelle forest à l'usaige d'i-
« celle, j'ay plusieurs droiz, tant sur les
« gens des parroisses d'environ comme de
« la baronie que d'autres seigneuries et
« juridictions, c'est assavoir de la conté
« de Harcourt et d'ailleurs, et sur les
« passans par les dangiers d'icelle forest,
« et en laquelle j'ay verdier, forestiers,
« parquiers, plaiz et juridictions de forest
« et de forfaitures et frans juxeurs, selon
« l'usaige d'icelle forest, dont les issues,
« proufliz et revenues puent bien valoir
« une fois plus, l'autre foiz mains, selon
« l'esploit de la forest, pour ce qu'elle est
« toute acoustumé, fors aucun deffens,
« et les fosses carbonnieres. Et en icelle
« forest prennent la disme les religieux
« du Bec Helouin par la main de mon
« receveur. Item, en ma dite demie ba-
« ronnie a parc peuplé de bois à tiers et
« dangier, contenant IIIIc acres ou envi-
« ron. Item, et à cause de la dite demie
« baronnie me appartient les présenta-
« cions des maisons, églises et chappelles
« qui ensuivent; c'est assavoir de la priéré
« de la Maladerie dudit lieu de Nuefbourg,
« de la cure Sainte Oportune du Bosc,
« de la cure Saint Nicolas du Bosc, de la

« Haye de Calleville, de la cure de la
« Nuefville en la Forest, de la cure de
« Salles(?), de la chappelle du dit lieu du
« chastel de Nuefboure, des deux chap-
« pelles du manoir de Saint Avanboure,
« de la chapelle de Creuse Maré en la dite
« forest, de l'administracion de l'Ostel
« Dieu du dit lieu du Nuefboure. Item, à
« cause et par raison de ma dicte demie
« baronnie, j'ay la congnoissance de l'as-
« seurement, visitacion, correccion et
« punicion des dellinquens et defaillans
« sur le pain, vin et aultres denrées en la
« dite demie baronnie, et en tous les
« marchez et foires de toute la ville de
« Nuefboure, avecques la congnoissance de
« tous pois, mesures, aulnes; vuidemens
« et empeschemens de chemins et rues
« de la diete ville, en tous les fiefz et
« villes de Nuefboure, tant en ce qui me
« appartient, comme en ce qui est en la
« dite ville des fiefz de Combon, qui est
« en l'autre partie, qui [fut] parti pieça de
« la dite baronnie. Item, j'ay la congnois-
« sance par moy et mes officiers de tous
« les estauls de la dite ville et de les livrer
« et faire livrer et en congnoistre. Item,
« j'ay la congnoissance par moy et mes
« officiers des plaiz et juridiccion de la pre-
« vosté de Nuefboure, sans aucun moien
« ou adjoinct; combien que les revenues
« et prouffiz d'icelle se partent entre le
« sire de Combon et moy. Item, j'ay droit
« semblablement de tenir et faire tenir
« la juridiccion des plaiz du commun par
« mes officiers, sans autre attendre, et
« se le seneschal du dit sire de Combon
« y veult venir, il y puet comme regar-
« deur seulement, sans ce que à lui soit
« obey, ne que seul en absence de
« mon seneschal il y peust riens tenir, ne
« faire exploit, ne que à lui seul obey.
« Item, j'ay droit de mettre corretiers ju-
« rez et visiteurs sur tous les mestiers et
« marchandises et sur toutes les denrées
« de la dite ville de Nuefboure; et si ay
« ma prise pour moy et mes gens sur le
« poisson par juste prix; si que il ne peut
« estre vendu sans le congie de moy ou
« de mes gens et que je y aye fait ma
« prise. Item, tous les bouchers demou-
« rans à Nuefboure sont tenus de moy
« nourrir mes chiens en jouesse, tant
« qu'ilz soient prestz de mettre au deduit
« et chace. Item, les dits bouchers sont
« tenus à trouver char pour mes oiseaulx
« que je fais et que je feray nourrir en la
« dite baronnie. Item, j'ay droit de repa-
« racion, de motage, des motes et fossés
« du chastel de Nuefboure. Item, le ser-
« gent fieffé qui fait exploit en la dite
« terre de Nuefboure, tant en ce qui me
« appartient comme en ce qui appartient
« au seigneur de Combon, est en ma foy
« et hommaige seul et pour le tout. Item,
« au dit lieu de Nuefboure, a marché
« chascune sepmaine à jour de mercredi
« et une foire le premier jour de may.
« Item, au dit lieu de Nuefboure a trois
« foires par an, séans devant la malade-
« rie, dont les prouffiz sont à la dite ma-
« laderie, combien que la congnoissance
« de la justice m'en appartiengne et à
« mes officiers, et non à autres, dont la
« premiere siet le jour Saint Jean Bap-
« tiste, la seconde le jour de la Magde-
« laine, la tierce le jour Sainte Croix en
« septembre. Item, j'ay droit, à cause de
« la dernière demie baronnie, de puguir
« et faire pognir par mes gens et offi-
« ciers tous ceux qui en toute la bour-
« goisie de la terre de Nuefboure appellent
« les femmes putains, et de en prendre
« et lever neuf livres d'amende sur cha-
« cun, ou ilz sont mis en une eschielle
« par m jours de marché, se ilz ne veu-
« lent la somme paier. Item, j'ay droit
« alternatif, à cause de ma dite demie ba-
« ronnie, de donner les escolles du dit
« lieu de Nuefboure, et se donnent de
« trois ans en trois ans, dont je donne
« l'une foiz pour trois ans, et le seigneur
« de Combon l'autre, et ainsi l'un après
« l'autre, chacun une foiz, de trois ans
« en trois ans seulement. Item, à cause
« de ma dite demie baronnie, est tenu de
« moy par foy et hommaige un fief entier,
« nommé le fief de la Queue du Tronc,
« avecques ses appartenances, et se extent
« en la parroisse du Tronq et en autres
« parroisses d'illec environ que tient à
« présent le conte de Harecourt, lequel
« fief avecques autres terres furent pieça
« donnees en mariage à la mère messire
« Jehan de Hangest, par quoy le conte
« de Harecourt, et moy, et Bertran du
« Mesnil, escuier, et dame Marguerite la
« Galoise, sa femme, naguere tenant le
« dit fief, en sommes encores en procès,
« en l'assise de Pontautou, pour ce que
« le dit conte et moy en avons fait faire
« prises chacun de soy pour cause de
« hommaige et devoirs de fief. Item, un
« demi fief, nommé le fief de Vitot, no-
« blement et franchement tenu à court
« et usaige, que tient à présent Jehan de
« Britanges, escuier, est tenu de moy
« par hommaige, à cause de la dite demie
« baronnie, duquel demi fief Crépin du
« Bec et sa femme, à cause d'elle, seulent
« estre moyens entre le tenant et moy, et
« icellui demi fief estre tenu de eulx par
« hommaige, et en estre en mon hom-
« maige, et en sont en procès en ma

« court. Item semblablement, Robinet du
« Val Vaudrin, escuier, en tient un hui-
« tiesme de fief tenu noblement et fran-
« chement à court et usaige, assiz en la
« parroisse de la Puille, et messire Guil-
« laume Riglan, prestre, en tient un
« autre huitième de fief, des quelx deux
« huitiemes de fiefz le dit Crespin et sa
« dite femme dient semblablement qu'ilz
« en sont moiens et en estre en mon hom-
« maige; et sur ce en sont en procès en
« ma court. Item, Robert de la Heruppe
« en tient un quart de fief noblement
« et franchement tenu à court et usaige,
« dont le dit Crespin et sa dite femme
« dient semblablement estre moiens, et
« assiz en la parroisse de Nuefbourc et
« illec environ. Item, les hoirs de def-
« functe Marie de Claire en tiennent ung
« fief entier, appellé le fief des Autieulx,
« assiz en la parroisse des Autieulx, le-
« quel fief ilz tiennent en parage de
« monseigneur de Claire, lequel en est
« en mon hommaige. Item, les religieux,
« abbé et couvent de Saint Ouen de Rouen
« en tiennent ung fief entier, noblement
« et franchement tenu à court et usaige,
« nommé le fief d'Escauville, assiz en la
« parroisse d'Escauville et illec environ,
« ouquel j'ay droit de la moienne justice
« comme de mesures et telles choses ap-
« partenantes en la moyenne justice, et
« m'en doivent un palefroi ou sept livres
« pour relief touteffois qu'il y a nouvel
« abbé. Item, messire Guillaume Landry,
« chevalier, en tient par hommaige un
« fief entier appellé le fief de Saint Amant,
« noblement tenu à court et usaige, assiz
« au dit lieu de Saint Amant, Anfreville
« la Campaigne et environ; et en tiennent
« une porcion Loys de Tournebu et sa
« femme ou leurs hoirs, qu'ilz tiennent
« par parage du dit chevalier; et aussi
« Raoul du Pin en tient semblablement
« une porcion de fief appelée le Pin, et le
« dit chevalier est de tout le fief en mon
« hommaige. Item, un fief entier assiz à
« Cesseville et à Crestot en estoit tenu
« par foy et par hommaige, au temps que
« le tenoit messire Godefroy de Harcourt,
« et fut donné par le roy aux Célestins de
« Mante après la mort du dit messire
« Godefroy. Item, les hoirs de feu mes-
« sire Robert de Nuefbourc en tiennent
« un huitième de fief par hommaige au
« dit lieu de Nuefbourc. Item, Thomas
« de la Mare en tient une vavassaurie
« franchement, sans court ne usaige,
« appellé le Goldroy, dont il fait ix sous
« de relief, quant le cas s'offre. Item, le
« prieur et couvent de Beaumont le Ro-
« gier en tiennent les neufz moulins assiz

« sur la rivière de Rille, en la parroisse
« de Saint Pierre de Beaumontel, avec-
« ques toutes les moultes de mes hommes
« et les forfaitures, desquelles moultes
« arrestz, descors, visitacions de moutiers,
« molins, mesures, contrainte de répara-
« cions appartiennent à moy et à mes
« officiers seul et pour le tout. Et si doi-
« vent venir jurer les moutier en mes
« plaiz, et mes officiers peuent arrester
« les moultes quant il y a deffault. Et des
« procès qui sont entre les religieux ou
« leurs fermiers et les hommes de la ba-
« ronnie sur les arrestz faits pour forfai-
« tures ou autrement, je ne prens que
« trois solz d'amende sur chacun arrest.
« Et les dits religieux ont la forfaiture et
« en toutes les terres dessus dites tenues
« de moy, j'ay toute moienne justice par-
« tout, sans riens excepter. Et en icelle
« terre et demie baronnie ay plusieurs
« rentes en deniers, en grains, œufz,
« oyseaulx, moutons, poivre, amandes,
« chappeaulx de roses, gans, esperons,
« sayettes et autres diverses rentes paiez
« à plusieurs termes et festes de l'an, au-
« cunement non resseantises, reliefz et
« treiziemes, qui aucune fois eschient
« avec les demaines des terres, et de la
« quelle demie baronnie je suy tenu
« faire au roy nostre seigneur foy et
« hommaige, avecques telz reliefz et aides
« comme il appartient d'une demie ba-
« ronnie, selon raison et la coutume de
« Normandie. En tesmoing de ce, j'ay mis
« à ce présent aveu mon propre seel.
« Ce fut fait le samedi dizieme jour du
« mois de novembre, l'an mil ccc et trois.
« Et fais retenue de plus avant declarier
« et bailler s'il vient à ma congnoissance.
« Donné l'an et jour dessus diz. »

(Le même aveu, fourni en 1457, P.
308, pièce 170.)

Les aveux et dénombrements suivants
produisent diverses variantes :

En 1457, Laurent de Vieuxpont, arrivant au passage des garennes défendues,
ajoutait : « Les hommes de la Queue-du-
« Tronc et d'Amfreville, autant qu'il y a
« au fief de Guillaume de Bizard, en quoi,
« sommes à présent en procès en l'Echi-
« quier de Normandie, par doléance prise
« par les dits habitants. »

A la mention des droits de présentation
à l'une des cures et prébendes de Saint-
Paul de Neubourg, il était encore ajouté :
« Dont je suis à présent en procès en
« l'Echiquier de Normandie, en l'encontre
« du comte d'Harcourt. »

Le sergent fieffé de l'aveu de 1403 est
dans l'aveu de 1457 sergent fieffé *baron-
nal*.

Après l'item consacré aux écoles venait la mention suivante : « Au dit lieu de « Neubourg a droit de ban, lequel ap- « partient alternativement à moi et au « seigneur de Combon, l'un après l'autre, « chacun une fois, de trois ans en trois « ans seulement.... »

On a encore des aveux de François de Coaynes, 21 février 1448 ; Jean de Vieuxpont, 10 septembre 1494 et 13 septembre 1495 ; Laurent II de Vieuxpont, 10 novembre 1505 ; Loys de Vieuxpont, 9 décembre 1567, tous rendus en la chambre des comptes de Paris.

Les différences les plus essentielles consistent dans la transmission héréditaire des nombreux fiefs dépendant de la baronnie.

Celui de Framboisier était assis sur le territoire de Neubourg ; ce quart de fief, Franc-Boissié dans l'aveu du 11 juin 1457, est probablement celui que tenaient, en 1403, Robert de la Héruppe ; en 1491, François le Cornu, écuyer, et pour un huitième dans ce quart, le comte de Ferrières ; en 1517, sous le nom de Franc-Boesier, tenant Jean Roussel.

Dans l'aveu de 1491 apparait un huitième de fief, nommé le Fief-de-Livaroult, assis à Neubourg et tenu par les hoirs de Robert de Neubourg.

Il y avait encore à Neubourg un fief Huvey ou Hurel dont l'aveu se trouve aux Archives de l'Eure.

L'aveu de 1547 constate que la terre et baronnie de Neubourg comprenait 260 acres de terre, en partie sur la Neuville-du-Bosc, et mentionne une redevance de sagettes empennées de plumes de paon. La demi-baronnie, disait cet aveu, « peut bien valoir, année commune, deux « mille livres tournois de rente, sans rien « diminuer. »

Successivement seigneurie, baronnie, demi-baronnie et marquisat, Neubourg a toujours appartenu à des familles dont le blason figure dans tous les grands recueils héraldiques.

Les premiers seigneurs avaient, dit-on, pour armes : d'abord *échiqueté*, puis *bandé d'or et de gueules*, pour se différencier d'une branche aînée.

Les Meulan ou Meullent, branche aînée des d'Harcourt : *de sable à un lion la queue fourchée d'argent, brisé*; pour la branche de Neubourg : *d'un lambel de quatre pendants d'or, le casque exhaussé d'une tête de lion d'argent.*

Les d'Harcourt, celui du moins qui fut baron de Neubourg : *de gueules à une fasce d'or de deux pièces, brisé d'un lambel composé d'argent et d'azur de trois*

pendants. On leur donne pour devise : *Gesta verbis prævenient.*

La maison de la Ferté-Fresnel : *d'or à un aigle de gueules, becqué et membré d'azur.*

Celle de Vieuxpont : *d'argent à dix anelets de gueules, 3, 3, 3, 1*. Les puisnez, dit La Roque : brisaient, les uns, *d'un franc canton de gueules*; les autres, *d'un croissant de semblable couleur.*

Celle de Rieux : *d'azur à dix besans d'or, 3, 3, 3, et 1.*

Les princes de Lorraine : *d'or à la bande de gueules, chargée de trois alerions d'argent ; souvent coupé de huit pièces, quatre en chef : Hongrie, Sicile, Jérusalem, Aragon ; quatre en pointe : Anjou, Gueldres, Flandres et Bar.* Cet écusson est plusieurs fois figuré dans l'*Histoire généalogique de la maison de France*.

Les d'Harcourt-Beuvron : *écartelé, au 1er d'Harcourt, brisé d'un lambel de trois pendants d'argent ; au 2e, bandé d'azur et d'or, qui est de Ponthieu ; au 3e, d'or à la fleur de lys de gueules, qui est de Tilli ; au 4e, de gueules à trois fermails d'or*, qui est Graville.

Voici encore quelques blasons des familles qui, à deux reprises, ont possédé la seconde demi-baronnie :

Maulévrier : *d'or à un chef de gueules*, et selon l'écusson de la branche établie en Angleterre, les Maulévérer, baronnets : *de gueules à trois lévriers courant d'argent, colletés d'or, l'un sur l'autre.*

Montberon : *Écartelé : au 1 et 4 fascé d'or et d'azur ; au 2e et 3e de gueules.*

Couesmes (on a écrit aussi Cœsmes et Coysmes : *d'or au lion d'azur, armé et lampassé de gueules.*

Créqui : *d'or au créquier de gueules*, et pour devise : *Nul s'y frote.*

Mailloc : *de gueules à trois maillets d'argent, 2 et 1.*

IV.

A diverses époques la famille des seigneurs de Neubourg prit ce nom comme nom patronymique. Les trois fils du premier Robert en avaient donné l'exemple, suivi par les trois fils du second.

On voit en 1218 Isabelle Malet, femme d'Henri de Neubourg, baron de Livarot, fils de Robert de Neubourg.

Le P. Anselme mentionne, d'après le Nécrologe de Port-Royal, N. de Neubourg, veuve de Thibaud de Marli, de la maison de Montmorenci, morte le 12 novembre 1290.

En 1311, « dominus Robertus de Neuf-

« bourc, dominus de Lyvarrot, miles. » Toute la nombreuse lignée des barons de Livarot 'a soigneusement conservé ce nom.

Vers 1630, Marthe de Neufbourg, femme de N. d'Estourmel, baron de Surville.

Ce nom de Neubourg, porté haut par ses barons, reçut une illustration toute particulière du second des fils de Robert I, neveu de Rotrou, qui a tenu un rang dans les affaires religieuses et politiques du XII° siècle comme évêque d'Évreux, archevêque de Rouen et légat du Saint-Siège. Robert de Neubourg, chanoine d'Évreux en 1157, doyen du chapitre en 1158, suivit son oncle à Rouen en 1165 comme archidiacre, et fut placé cinq ans après à la tête de ce nouveau chapitre. Député à Rome pour justifier Henri II de l'assassinat de Thomas de Cantorbéri, son nom est attaché à la relation authentique de cette difficile mission.

Robert de Neubourg seconda activement l'importante administration de Rotrou. Il figure dans tous les actes : il prend part à tous les événements, il se multiplie, et à la mort de l'illustre prélat dont il avait justifié la confiance pendant plus de vingt ans, le chapitre l'élit archevêque à l'unanimité. Pendant la vacance du siége, le pape Lucius III avait eu avec lui une correspondance particulière. A la surprise générale, le roi d'Angleterre repoussa ce choix. Robert pouvait se prévaloir d'une élection canonique ; mais, plus jaloux de la paix pour tous que des honneurs pour lui-même, il n'opposa aucune résistance. Bien plus, il sollicita du souverain-pontife la ratification d'un nouveau choix dicté par le roi, et dans son humilité il continua, avec un zèle égal, les fonctions de doyen sous l'archevêque Gautier le Magnifique. Quatre ans après, à peine sexagénaire, il rendait son âme à Dieu le 16 septembre 1188.

Les noms de quelques habitants notables de Neubourg, en des temps éloignés, ont été recueillis.

Geoffroi Fichet, sénéchal de Neubourg au XII° siècle, parait avoir exercé une assez grande influence sur les affaires de la contrée. Il figure comme témoin dans plusieurs chartes importantes. Un arrière-fief, le Bois-Fichet, est resté longtemps dans sa famille, et ce nom est encore attaché à l'un des hameaux de la commune.

En 1193, Raoul de Neubourg était inscrit pour 10 livres parmi les souscripteurs d'un emprunt contracté par Henri de Grai.

L'inventaire de l'abbaye du Bec mentionne, en 1257, la donation par Richard Langlais d'une maison sise à Neubourg.

A la monstre de la noblesse du 17 mars 1469, à Beaumont-le-Roger, comparaissait Michel Hallibout, homme noble et sergent de Neubourg.

Robin Boislevesque et Colin Levavasseur, bourgeois de Neubourg, appelés comme tenant partie de fiefs nobles, se présentèrent, soutenant n'être pas assujettis au service de l'ost, n'étant pas nobles. Ils furent excusés.

Nous n'avons cité jusqu'ici que des noms sauvés de l'oubli par pur hasard. Il en est d'autres que les grandes biographies réclament.

Durand de Neubourg, abbé de Troarn, mérite une mention toute particulière. Sa valeur personnelle a augmenté la notoriété du nom qu'il a prise de son lieu de naissance. D'abord à Rouen élève d'une école claustrale, il s'est acquis une longue mémoire dans les lettres et dans les arts, comme poëte et musicien, écrivain liturgiste, controversiste actif et puissant, érudit en renom. Durand de Neubourg a laissé des œuvres qui doivent faire vivre son souvenir. Choisi en 1019 pour gouverner l'abbaye de Saint-Martin de Troarn à peine fondée, on trouve sa signature avec celles des plus hauts personnages au bas des chartes les plus importantes. Guillaume le Conquérant lui avait voué une estime souvent prouvée.

Dans la seconde moitié du XVIII° siècle et au commencement du XIX°, un jurisconsulte d'une grande autorité, Placide Férey, s'était fait une des premières places au barreau de Paris parmi les avocats consultants d'une époque féconde en difficiles questions de droit ancien. Il fut le fondateur de la Bibliothèque des avocats, et le premier membre de cet ordre nommé chevalier de la Légion d'honneur.

Né comme lui à Neubourg, mêlé quelques années aux affaires judiciaires, longtemps membre de nos assemblées délibérantes, Dupont de l'Eure, vice-président au champ de mai en 1815, garde des sceaux en 1830, président du gouvernement provisoire en 1848, a laissé un nom qui appartient à l'histoire.

V.

Neubourg était à la fois, avant la Révolution, l'un des trois archidiaconés du diocèse d'Évreux et l'un des deux doyennés de cet archidiaconé. L'autre était Louviers.

Le titre de doyen n'était pas lié à la cure de Neubourg. En 1719 notamment, il appartenait à M. Le Flamand, curé de Sainte-Opportune-du-Bosc.

Plusieurs archidiacres de Neubourg ont inscrit leurs noms dans les souvenirs religieux de la contrée.

En 1267, Jean de Secort ou de Secourt, archidiacre de Neubourg; en 1278, il signait l'acte de fondation du prieuré de Bosc-morel.

Juin 1310, maître Pierre Le Tonnelier, archidiacre de Neubourg, donne six livres de rente à l'archevêque Aimeri pour l'indemniser de l'amortissement d'une masure sise à Louviers, rue du Chemin-de-Rouen, destinée à fonder « illeuc bons enfants escoliers ».

1403, Robert d'Estouteville.

1423. L'Anglais Alain Kirketon est à la fois archidiacre et receveur du dixième.

Le chapitre d'Evreux avait reçu quelques donations des barons :

Il y eut en 1231 accord conclu entre ce chapitre et l'abbaye du Bec pour les dîmes des novales de la forêt de Neubourg qui étaient en dehors de toute paroisse.

Comme fondateurs et comme donateurs les premiers seigneurs et les premiers barons de Neubourg avaient été très-généreux envers les établissements religieux de la province, mais ce fut seulement à une époque très-moderne qu'une abbaye de femmes de l'ordre de Saint-Benoît s'éleva auprès de leur château, fondée par la veuve d'Alexandre de Vieuxpont.

Renée-Lucrèce de Tournemine, marquise de Coëtmeur, était veuve en premières noces de Jean de l'Isle, capitaine des gardes d'Henri III, fort renommé par un duel brillant avec le seigneur de Marolles, ligueur, le 2 août 1589, aux portes de Paris, en présence des deux armées.

Par lettres patentes de 1637, Louis XIII autorisa la fondation de l'abbaye de Saint-Jean de Neubourg, qui fut confirmée en 1639 par bulle d'Urbain VIII. L'évêque d'Evreux, François de Péricard, céda à la nouvelle abbaye l'église paroissiale de Sainte-Marie et Saint-Jean-Baptiste, dont il transporta les revenus et les paroissiens à l'église principale du bourg.

La première abbesse fut la troisième fille de la fondatrice Jeanne de Vieuxpont, religieuse dans l'abbaye du Trésor sous Philippe de Vieuxpont, sa parente, troisième abbesse de son nom dans la même maison.

Jeanne ne survécut que peu de mois à la bénédiction abbatiale qu'elle reçut le 17 octobre 1638.

1639. La seconde abbesse de Saint-Jean, Françoise de Créqui, avait été aussi religieuse du Trésor; belle-sœur de la fille aînée de la fondatrice, elle compta à la fois dans son couvent trois sœurs, ses nièces : Catherine-Séraphine, Charlotte et Marie de Créqui. En souvenir de cette abbesse, les armes de la maison de Créqui devinrent celle de l'abbaye.

1678. Catherine-Séraphine de Créqui, troisième abbesse.

1709. Charlotte Maignard de Bernières.

1712. Charlotte-Julie Le Normant, de la famille de l'évêque d'Evreux de ce nom, transférée à l'abbaye de Gercy, qui fut, après elle, réunie à l'abbaye d'Issi.

1757. Jeanne-Marie-Adélaïde de Marsenac.

1778-1791. N. d'Angosse.

Au moment de la suppression des abbayes, le revenu de Saint-Jean de Neubourg était évalué à 6,000 livres.

Les Archives de l'Eure contiennent les titres de propriétés de l'abbaye dans les paroisses de Barc, Beaumontel, Corneville, Epreville, Iville, Marbeuf, Pont-Authou, Quittebeuf, Sainte-Colombe, Vitot et Voiscreville. (1 reg. 2 liasses).

L'église de la ville n'a pas échappé à des embellissements de mauvais goût et à des additions faites sans art. Elle date de la transition du style gothique au style de la renaissance; mais il existait, dès la fin du XIe siècle, une paroisse de Saint-Paul. La façade actuelle a été reproduite dans les procès-verbaux de la Société d'archéologie (1857). L'église entière a été heureusement dégagée de petites constructions qui la déshonoraient.

Il a existé longtemps, et il s'est même renouvelé dans les premières années du XIXe siècle, une confrérie de Saint-Michel de Neubourg, dont chaque année plusieurs membres faisaient un pèlerinage au Mont Saint-Michel.

La charité de Saint-Paul de Neubourg, érigée dès 1444, a obtenu vers la fin du XVIIe siècle concession d'armoiries. Son blason, délivré par d'Hozier, est de gueules, avec le mot *Charitas* en lettres d'or sur autant de lignes que de syllabes.

Le nom de prieuré, ou plutôt selon l'usage local de *la Prieure*, conservé par un quartier de Neubourg où s'élève encore, au milieu d'un nouveau cimetière, une petite chapelle de construction moins moderne, s'applique à l'ancienne maladrerie de Sainte-Madeleine, réunie à l'hôpital par l'édit de 1693. La Maison-Dieu de Neubourg existait dès 1258.

Cet hôpital, parfaitement approprié à sa destination, n'offre rien de remarquable. Ses anciennes archives, bien conservées, peuvent être consultées avec fruit. Elles renferment un inventaire complet dressé en 1788.

M. l'abbé Lebeurier, dans l'*Almanach historique et liturgique de 1860*, a publié un très-curieux règlement de 1258, pour le *vêtement et la nourriture des pauvres de la Maison-Dieu*, extrait du chartrier du Champ-de-Bataille.

Les aveux rendus pour les deux demi-baronnies au commencement du XVe siècle constatent un assez singulière particularité en matière d'enseignement, un droit alternatif, de trois en trois ans, de *donner les escolles*, c'est à dire de disposer du choix du maître ou des maîtres d'école.

La fête patronale est le jour de Saint-Paul.

Brûlé en 1118 par Henri Ier, en 1198 par Jean sans Terre, par les ligueurs en 1592; rançonné dans les guerres des Anglais, pris, repris et mis à contribution par les partis de la Fronde, Neubourg a dû plus de mauvais jours que de protection à son château fort. C'était un ensemble de constructions de diverses époques dont il ne reste plus que des ruines de gros murs d'enceinte dominant des fossés aujourd'hui cultivés, et à l'intérieur une salle gothique dont la porte extérieure a été reproduite dans les procès-verbaux de la Société d'archéologie. Cette porte du XIIIe siècle, dont les archivoltes et les colonnettes sont encore en partie coloriées, est à la hauteur d'un premier étage.

La tradition locale veut que cette salle haute, salle d'armes d'abord, ait été transformée en chapelle pour le mariage de Marguerite de France et de chapelle en salle d'opéra pour les représentations de la *Toison-d'Or*.

La Ligue et la Fronde, qui ont tant agité la Normandie, n'ont pas épargné Neubourg. La plaine fut ravagée et le bourg brûlé en 1592 par les ligueurs d'Évreux.

Plus d'un demi-siècle plus tard, au moment de la guerre dite d'Harcourt, Neubourg était au premier rang pour recevoir une large part des malheurs de l'époque.

On trouve encore dans un petit nombre de collections de curiosités historiques un imprimé de quatre pages, pièce officielle, n° 2877 de la bibliographie des Mazarinades, datée de Saint-Germain-en-Laye, le 16 mars 1649, et intitulée : *La prise du château de Neufbourg, avec la retraite du duc de Longueville, à Rouen, après avoir perdu soixante des siens...* On y voit que le comte d'Harcourt, fortifié d'infanterie, de trois régiments de cavalerie et d'un attirail d'artillerie, prit résolution de s'avancer en lieu d'où il pût empêcher la jonction des troupes de la haute et basse Normandie, que faisait lever le duc de Longueville depuis le blocus de Paris, et partit avec toutes ses forces de la Haye-Malherbe le 9 mars 1649, pour venir au Troncq y chercher le moyen d'attaquer le duc. En chemin il résolut de faire sommer le château du Neubourg appartenant au marquis de Sourdéac, qui tenait pour Longueville et incommodait par ses courses toute la plaine des environs; mais le marquis s'était retiré dès la veille, ne laissant que 250 Anglais armés et résolus de garder le lieu. Le comte de Claire, maréchal de camp, à la tête de cinquante mousquetaires, vint les sommer de se rendre, les menaçant d'un rigoureux châtiment s'ils n'ouvraient les portes du bourg et du château; les habitants épouvantés de l'approche de l'armée demandèrent le temps d'avertir le duc qui n'était avec ses troupes qu'à trois lieues de là; mais Claire se saisissant des barrières, ils n'osèrent plus résister, et le comte d'Harcourt fit laisser dans le château les cinquante mousquetaires avec une compagnie de chevau-légers.

Il ne faut point se laisser prendre à la couleur locale d'un autre épisode de la Fronde, raconté dans les mémoires de M. L. C. D. R. (le comte de Rochefort), mémoires apocryphes dus à la seconde plume du pamphlétaire Sandraz de Courtils (p. 159-164). La rivalité qui existait entre les Créqui et les Sourdéac y est fort exagérée, et le marquis de Neubourg, devenu abbé de Rieux, singulièrement outragé.

VI.

La campagne de Neubourg est une division territoriale très-ancienne, sans existence civile à aucune époque et conservant les antiques limites d'une circonscription religieuse.

On a voulu faire dériver cette dénomination, primitivement écrite *campigne*, *champigne* et *champagne*, d'une assimilation avec la province de Champagne, non certes pour la conformité des productions du sol, mais pour la configuration du territoire. Toutes les communes de ce vaste plateau, qui ont une similitude de nom avec d'autres villages du département, s'en distinguent par l'addition de cette désignation : Amfreville-la-Campagne, Bérengeville, Bois-Normand, Criquebeuf, Daubeuf, Gauville, Saint-Cyr, Tournedos, Tourville-la-Campagne, et d'autres encore.

« La plaine ou campagne de Neubourg, en latin *campania Noviburgensis*, disait en 1704 Thomas Corneille dans son *Dictionnaire géographique et historique*, est un petit pays qui s'étend entre les rivières d'Eure et de Risle, et les contrées du Lieuvin et du Roumois, entre Louviers, Brosville, Beaumont-le-Roger, Harcourt, Brionne, le Bec, Bourgtheroulde, la Londe et Béthomas... »

Dans sa *Collection d'observations sur les maladies et constitutions épidémiques*, publiée en 1732, le savant médecin Le Pecq de la Cloture a écrit : « Les plaines du « Neufbourg, excellente terre franche où « l'on récolte des grains en quantité, « comprennent toute la vaste portion de « terrein qui se trouve entre les vallées « de la Risle et de l'Iton, jusqu'aux bois « qui garnissent les hauteurs d'Elbeuf. »

Le docte écrivain fait de ces populations rurales, telles qu'il les a connues en 1778, un tableau qui depuis plus d'un demi-siècle a cessé d'être ressemblant, et qui est devenu une véritable curiosité par son contraste avec les habitants actuels.

« Les habitants de la plaine, écrivait-il, « sont presque tous laboureurs et gens « occupés aux travaux de la campagne ; « on y trouve cependant un certain nom-« bre de tisserands et quelques fileurs de « coton, ces derniers plus multipliés entre « le Neufbourg et Elbeuf. Ils se nourris-« sent généralement, même les plus pau-« vres, de très-beau pain de froment, « mêlé cependant d'un peu de seigle, de « pois, fèves, haricots et légumes pota-« gers. Ils mangent peu de viande. Le « cidre plus ou moins affaibli fait leur « boisson. Chaque habitant est encore en « possession de la dangereuse habitude « d'enfouir des fumiers à sa porte et « d'en respirer la puanteur. Leurs mai-« sons en général sont trop basses, mal « aérées et trop humides, et surtout les « caves où travaillent les tisserands, où « l'air et la lumière ne pénètrent qu'avec « peine. C'est dans ces lieux souterrains « que les femmes, toutes livrées à la fila-« ture, se rassemblent par douzaines pour « faire la soirée en travaillant jusqu'à « minuit, ayant chacune leur pot ou « chauffe-pied, rempli de braise ou de « charbon.

« ... Dans leurs maladies, ils ont la « plus grande confiance aux maiges et « charlatans. »

Assis avantageusement sur la lisière d'une vaste et riche plaine, Neubourg était devenu de bonne heure, tout naturellement, sans rivalité des communes environnantes, le centre de relations commerciales importantes pour les produits du sol.

Presque toutes les fois que dans les anciennes chroniques revient le nom de Neubourg, c'est avec allusion aux richesses naturelles de la contrée.

1441. Après la prise d'Evreux, Robert de Flocque, dit Flocquet, « fines suos « studens semper propagare et ampliare, « paulo post castrum Novi Burgi acqui-« sivit, magna illa circumjacentia cam-« pestria, et agros opimos ditioni Fran-« corum per hoc restituens. » (Th. Basin, *Historiarum Caroli VII*, libr. 3, capit. XVII.)

Dès le XIe siècle, le *tonlieu* ou coutume était pour les seigneurs un revenu considérable. Des lettres patentes de 1671 ont constaté que les marchés de Neubourg existaient de temps immémorial.

L'origine des foires est aussi de date incertaine. Trois d'entre elles ont été accordées à la Maison-Dieu et à une maladerie. L'une d'elles, la foire de la Sainte-Croix, semble avoir existé en 1171.

Pendant plusieurs siècles, le commerce des bestiaux fit la richesse du pays.

Un arrêt du parlement de Paris, du 18 août 1644, pour assurer l'approvisionnement de la ville capitale, même le dimanche, défendait « de saisir les bes-« tiaux destinés et venans es marchez de « Poissy, Houdan, Saint-Denis, Bourg-« la-Reine, Bourget et *Neubourg* ».

En 1704, Thomas Corneille mentionnait dans son *Dictionnaire universel de Géographie* qu'il y avait tous les mardis un grand marché pour le gros bétail, qu'on y amenait du pays d'Auge et d'autres lieux. En 1726, le *Dictionnaire universel de la France* représentait ce bourg comme un des plus beaux marchés de France pour le bétail.

Le 19 octobre 1737, un arrêt du conseil avait confirmé les droits des trois familles qui s'étaient partagé les antiques droits. Cet arrêt et les lettres patentes du même jour portaient que les marchands de bestiaux et autres de la province de Normandie étaient obligés de conduire leurs bestiaux par le lieu de Neubourg et d'y tenir marché un jour de chaque semaine, sans pouvoir s'en dispenser sous quelque prétexte que ce fût, avec défenses de les détourner et conduire par autres lieux à six lieues à la ronde, à peine de confiscation des bestiaux contre les contrevenants, de 1,000 livres d'amende pour chacune contravention, et de tous dépens, dommages et intérêts.

Le commerce des grains, qui prime aujourd'hui tous les autres, n'était alors qu'au second rang. Thomas Corneille disait même, en 1701 : « que les bons « grains de la fertile plaine de Neubourg « se transportaient aux marchés d'Elbeuf, « de Brionne, d'Harcourt et de Beaumont-« le Roger, et cela, » disait-il, « d'après « *mémoires dressés sur les lieux*. »

Cependant la mesure de Neubourg servait de temps immémorial de terme de comparaison pour une vaste étendue de territoire, comme celle d'Arques, dans toutes les contestations sur les redevances en grains.

Le boisseau de Neubourg était de quatorze pots demion demiard.

Le chartrier du château du Champ-de-Bataille conserve les poids et mesures de l'ancienne seigneurie. Le pot, d'une contenance de deux litres trente-cinq centilitres, est en bronze et porte à son bord supérieur l'écusson des Vieuxpont.

En 1776, Claude de Saint-Simon, chevalier, grand'croix de l'ordre de Saint-Jean de Jérusalem, général des galères de la religion, commandeur de Saint-Etienne de Renneville, soutenait en parlement, contre ses vassaux d'Epreville, un procès qui durait depuis vingt-deux ans, et dont les mémoires imprimés ont conservé des détails d'un certain intérêt sur la mesure de Neubourg. Les actes cités dans cette longue procédure remontaient jusqu'à 1519.

Dans son livre sur la condition des classes agricoles en Normandie au moyen âge, M. Léopold Delisle constate en 1112 13 boisseaux au setier ; 6 mesures d'avoine au rais, le rais valant 0,46 de boisseau ; la mine, valant 6 boisseaux. (*Compte du Neubourg*, f° 52 r° et v°.)

En 1209, le muid de Neubourg valait 18 setiers d'Evreux.

1209 : « Decem et octo sextaria bladi « ad mensuram Ebroicensem vel unum « modium ad mensuram Noviburgi. » (*Second Cart. du ch. d'Evreux*, charte III, p. 36.)

Jusqu'à la Révolution, les officiers du bailliage et de la vicomté de Beaumont-le-Roger venaient alternativement, tous les mercredis, administrer la justice.

Il existait un bourgage dont les limites, aujourd'hui insaisissables, ne s'étendaient pas au delà du territoire habité.

En 1720, on comptait 353 feux.

La population, de 1,592 âmes en 1726, 2,131 en 1840, est aujourd'hui de 2,567. C'est une des rares communes de l'Eure qui continuent à s'accroître.

Les Archives de l'Eure ne renferment d'autres documents historiques concernant Neubourg que des pièces provenant de la chambre des comptes de Paris et les titres de propriété de l'abbaye.

Cette notice a été revue et augmentée par M. le marquis de Blosseville. Il s'est surtout aidé des longues et curieuses recherches de M. Ozanne, qui prépare une histoire complète de la ville de Neubourg.

Les lieux dits sont : — le Bocage ; — le Bois-Fichet ; — le Prieuré ; — Ressault ; — Collange ; — Framboisier ; — la Garenne-du-Bois-Fichet ; — la Hayedes-Mares ; — le Moulin-de-Pierre ; — Monts-Rotis.

Cf. *la Normandie illustrée*, t. Ier, p. 38.

Recueil de la Société libre de l'Eure, 3e série, t. Ier. Extrait d'un Compte de la seigneurie du Neubourg en 1113. — 3e série, t. IV, Antiquités découvertes à Neubourg. Article de M. Theurio.

La Prise du Neubourg, 1619. In-4° de 4 pages indiqué d'après le P. Le Long ; 21,825.

Annuaire normand, 1856, p. 333.

Congrès archéologique, 1857, t. IX, p. 200-229.

L'abbé Anne de Carême, Notes pour servir à l'histoire du Neubourg. — *Journal de Louviers*.

Le Percq de la Clôture, Collection d'observations sur les maladies et constitutions épidémiques, 1789, t. Ier, p. 125-138.

Almanach liturgique du diocèse d'Evreux, 1862. Notice sur l'hospice du Neubourg, par M. l'abbé Lebourier.

Cabinet historique, 1863, 1re partie, p. 202 à 207, sur la famille de Vieux-Pont, seigneurs de Neubourg.

NEUILLI.

Arrond. d'Evreux. — Cant. de Pacy.

Sur l'Eure.

Patr. S. Denis. — Prés. le seigneur.

Ce mot est d'origine gallo-romaine : *Nobiliacum, Noviliacum*, lieu noble.

Le plus ancien document que nous connaissions sur Neuilli est une charte de Robert de Neuilli en faveur de l'abbaye de Saint-Taurin (1208) :

« Universis sanctæ matris ecclesiæ filiis « ad quos præsens scriptum pervenerit, « Robertus de Nuille, salutem. Noveritis « quod ego Robertus, assensu amicorum « meorum et mera mea dispositione, dedi « et concessi Deo et ecclesiæ Beati Taurini « Ebroicensis et monachis ibidem Deo ser-« vientibus duodecim jugera terræ, apud « villam que dicitur Foresta, in loco quo « Alexander Bone Fame avunculus meus « ... eidem contulerat, pro salute animæ « suæ et antecessorum et successorum no-« strorum. Et ego vero præmonitus animæ « meæ periculum evitare donationem præ-« dicti Alexandri monachis prædictæ eccle-« siæ in perpetuam elemosinam sine aliqua

« exactione libere concessi et in manu
« domini Luce, Ebroicensis episcopi, resi-
« gnavi, et monachos investivi, et sigilli
« mei impressione confirmavi et garanti-
« zandam eis de omnibus hominibus con-
« cessi, vel alibi ad beneplacitum eorum
« excambium facere competenter. Actum
« est hoc apud Ebroicas, in curia domini
« episcopi, anno Domini millesimo ducen-
« tesimo octavo, mense aprili. Testibus his:
« Magistro Willelmo, archidiacono Ebroi-
« censi; magistro Willelmo de Kesigne,
« presbitero; Luca, clerico; Ricardo de
« Cruce; Philippo de Infirm.; Johanne
« Rain, et pluribus aliis. »

Dans les montres de 1469 figure : « Ro-
« bert de Dreux, escuier, seigneur de
« Nully. Il est du bailliage de Caulx. »

Il y avait sur le fief de Champagne une
chapelle de Sainte-Madelaine, à laquelle
présenta pour la première fois en 1669
Léonor de Maillant, chevalier, seigneur
dudit lieu.

On voit encore à Neuilli les restes
d'un ancien manoir fortifié qu'environnaient les eaux de l'Eure.

Dépendances : — la Folletière ; — la
Fontaine ; — Saint-Denis, chapelle.

NEUVE-GRANGE (LA).

Arrond. des Andelys. — Cant. d'Étrépagny

Patr. S. Pierre. — *Prés. l'abbé de Mortemer.*

Tout porte à croire que l'origine de
cette paroisse est une nouvelle grange
établie par l'abbaye de Mortemer.

Le 14 décembre 1468, Jean, abbé de
Mortemer, fieffa à Georges le Bret, de la
Neuve-Grange, un bois de 40 acres, situé
à la Neuve-Grange, pour une rente annuelle de 2 sous par acre et d'une poule
pour le tout. (*Archives de l'Eure, fonds
de Mortemer.*)

Dans l'inventaire des titres de la fabrique, on voit que Pierre Payot, curé de
cette paroisse, lui fit donation, le 29 février 1681, d'une demi-acre de terre, au
triège de Cailhouette, à condition que ses
successeurs pourraient jouir de cette terre
en fournissant le pain et le vin nécessaires
à la célébration des messes.

Dépendances : — le Clos ; — les Cor-
nets ; — Frileuse ; — la Grande-Cailbouet ;
— la Petite-Cailbouet ; — Saint Germain.

Cf. Toussaint Duplessis, t. II, p. 666.

NEUVE-LIRE (LA).

Arrond. d'Evreux. — Cant. de Rugles,
Sur la Risle.

Patr. S. Gilles. — *Prés. l'abbé de Lire.*

Nous rappelons ici que Guillaume Fitz-
Osberne, seigneur de Breteuil, fonda, vers
1046, à la Vieille-Lire, une abbaye sous
l'ordre de Saint-Benoît. La charte de fondation cite une partie de la ville, les moulins et l'église de la Neuve-Lire : « ... quar-
« tam partem Nove Lire et molendina
« ejusdem ville et molendinum taneret
« et totam aquam ab Nova Lira usque ad
« Calet... ecclesias de utraque Lira... et
« decimas septimanas Lire... »

Ceci prouve que la Neuve-Lire existait
au milieu du XIe siècle et avant la fondation de l'abbaye de Lire.

Suit une charte de Robert, comte de
Leicester, qui s'applique à la Neuve-Lire.
C'était à la Neuve-Lire, et non pas à la
Vieille-Lire, que se trouvait un château
fort.

« Robertus, comes Leyrecestrie... Scia-
« tis me... dedisse et concessisse Deo et ec-
« clesie Beate Marie de Lira et monachis
« ibidem Deo et Beate Marie servientibus,
« in liberam et perpetuam elemosinam,
« molendinum fulerez de Lira, cum tota
« molta tocius feodi mei, ex illa parte fo-
« reste in qua parte abbatia sita est et mo-
« lendinum, et quod textores [qui] mane-
« bunt in castellum meum de Lira et
« operationem ibidem facient et molitam
« faciendam ibunt ad jamdictum molen-
« dinum predictorum monachorum, et
« quod homines mei de castello meo de
« Lira non dabunt pro virga folenda plus
« quam duos denarios et obolum de mo-
« neta provincie. Testibus : Ernaldo de
« Bosco, Willelmo de Diva, Willelmo de
« Chirai, Willelmo de Wilotot, Willelmo
« de Bernecourt, Gilberto de Plesseit, Hu-
« gone de Alnou, Roberto capellano, Si-
« meone clerico... »

Voici une autre charte de Robert de
Leicester en faveur de Notre-Dame du
Désert, laquelle charte fait mention de la
Neuve-Lire :

« ... Confirmo quoque supradicte eccle-
« sie et fratribus de Deserto duas burga-
« sias quas habent de domo Roberti, patris
« mei, comitis Leicestrie, videlicet unam
« apud Gloz quam tenuit Bernardus Guer-
« non, et aliam apud Novam Liram quam
« tenuit Hubertus Bochart, literas et quie-
« tas, ita ut quicumque dictas borgensias

« de cetero possidebunt in omnibus qui-
« bus nobis capitalibus dominis tenehan-
« tur homagii nomine eisdem teneantur,
« et pasnagium decem porcorum cum
« dicta burgensia Lire... »

Comme nous venons de le dire, la Neuve-Lire avait un château fort, et c'est probablement à la construction de ce château que cette localité doit son origine.

En 1119, il était aux mains d'Eustache de Breteuil, qui le fortifia. (Ord. Vital, t. IV, p. 337.) Mais Henri Ier s'étant présenté sous les murs de Lire, Ernaud du Bois le livra au roi qui le donna à Raoul de Gaël. (Ord. Vital, t. IV, p. 371.)

En 1120, Orderic Vital nous apprend que ce château devait être rendu à Richard, fils du roi. (Ord. Vital, t. IV, p. 410.)

En 1110, Richer de l'Aigle était fait prisonnier à Lire. (Ord. Vital, t. V, p. 130.)

Le château de Lire ne paraît avoir joué un rôle que dans les guerres du XIIe siècle.

Les notes suivantes nous paraissent se rapporter à Chagni, dépendance de la Neuve-Lire.

Par une charte sans date, où figurent comme témoins la comtesse Pernelle et Guillaume de Sissi, Roger de Hulmo donna à l'abbaye de Lire toute sa terre « de Chahenie ».

Par une charte de 1262, Jean de Brai dit le Moine reçut des religieux « ... quod-
« dam herbergamentum apud Chaaigne, » situé près le pont de Chaaigne « juxta ledium ipsorum religiosorum ». On y parle du chemin tendant de la Neuve-Lire à Auvernai et du moulin à fouler.

Dans une liste de chartes en faveur de Lire, on trouve : « Carta Johannis de
« Brai, de viginti quinque solidis quos
« reddit in festo Sancti Remigii, cum rele-
« viis et auxiliis feodalibus, pro quodam
« herbergamento et duabus peciis terre
« apud Chaaigne, que ei tradidimus te-
« nenda hereditarie... »

Dans une donation à Notre-Dame du Lesme (1208) par Robert de la Chapelle, on lit : « ... Duas meas mansuras in Bordigni apud Liram. »

1222. « Pratum quod vocatur pratum Escurel ante molendinum As Ametz. »

1243. Guillaume Esmere prend en ferme pour dix livres tournois toute la couture de Belveier : « ... cum herbergamento in
« eadem sito, exceptis herbergamentis que
« sunt in vico dictorum monachorum, cum
« ouchis ad eadem pertinentibus... »

En 1243, Nicolas Croc, chapelain de l'église de Rugles, donna à Lire une demi-acre de pré « quod vocatur pratum de
« Transieres... quod est situm prope mo-
« lendinum de Ratier, » et toute la portion qu'il avait « in magno prato de Laube et in prato de Tronc... » et dans un autre pré, « subtus molendinum fratrum de Deserto apud Oseriós... »

1263 Abandon d'un bail à vie de la totalité de la couture de Beauvoir par dix livres tournois de fermage. Ce bail avait été fait en 1243, « ... exceptis herberga-
« mentis que sunt in nostro vico et ou-
« chis ad eadem pertinentibus... »

En 1270, Lambert « de Cernayo, burgensis de Nova Lira, » fieffa des religieux une demi-acre quatre perches « ... in
« parochia Sancti Egidii, in cultura dicto-
« rum religiosorum de Bellovidere... »
Trois autres de la même date relatives au même triège.

1275. « Vicus qui dicitur vicus ablatis. »

1278. « Vicus molendini abbatis. »

En 1295, Laurent du Chesnai vend au prieur du Lesme deux sous de rente
« ... pro quadam exclusa sita in riparia
« Rillar, juxta les Estaus de Molendino aux
« Hermites... »

1381. Rue des Coliers ou des Teliers, à la Neuve-Lire.

Dans les Montres de la noblesse d'Evreux en 1469, on lit : « Jehan Prevel,
« escuier, seigneur de Bémécourt et d'une
« portion de fief nommé le fief du Four-
« et-Ban, assis à la Neufve-Lire. Il est de-
« mourant au bailliage de Caux. »

« Jehan de Contes, seigneur du fief du
« Bois-Ernault, du fief de l'Escureul et
« du fief de Lucey, assis en la parroisse de
« la Neufve-Lire. Il est demourant ou pays
« de Piquardie, comme l'en dit. »

Nous allons publier ici l'état des droits des habitants de la Vieille et de la Neuve-Lire dans la forêt de Breteuil :

« Les habitans de la Vieille et Neuve-
« Lire ont en la forest de Breteuil le
« boiz vert en gesant et le sec en estant,
« sans paier amende en forest coustu-
« miere, et s'il y a merien il est leur par
« ainssy que le verdier y est tenu mettre
« l'emprinte de son martel, en lui paiant
« iiii deniers. Item, ilz ont le chesne et le
« fou escoupellé, de quelque graint qu'il
« soit, pour v solz d'amende, et se merien
« y a ilz paient de la chartée ii sols, sauf
« que s'il n'y a que ii chartées ilz ne sont
« tenuz paier que iii solz, et n'ont point
« les choses dessus dictes de suite quant
« aux coustumiers, puisque le boiz est en
« bourgoisie. Item, quant aucun d'eulx
« fait une maison neufve, il doibt avoir
« vii testes, l'une par le verdier, par lui
« paiant iiii deniers et iiii deniers aux
« sergents fieffés. Item, ilz ont pasturage

« pour toutes leurs bestes, excepté chien
« et chiesvre, par tout la forest coustu-
« mière, sans amende, se n'est quand le
« pasnage est vendu, ou quel temps ilz
« paient le pasnage deu et accoustumé.
« Item, ilz ont de troiz ans en troiz ans
« chacun une souche de fou ou de chesne
« pour la réparation de leurs maisons par
« livrée du chastellain, en paiant XII de-
« niers, c'est assavoir IIII deniers au ver-
« dier pour y mettre l'empreinte de son
« martel, IIII deniers aux sergents fieffés
« et IIII deniers... au verdier pour les
« mettre en escript. Item, ont en deffens
« le boiz vert et le sec en paiant double
« amende, et se ilz y sont trouvez, eulx
« perdent le ferement et n'y sorffont rien
« se ilz n'y sont trouvez de nuit. Item,
« ilz puent cueillir du glen sans batre
« les arbres, ou cas que la poisson n'est
« vendue; et quant vendue est, tous les
« gens d'un hostel y en pevent cueillir
« par paiant pour un (ou s *p*) jour v soulz
« d'amende; et laquelle poisson ne doibt
« estre vendue, se elle n'est vendue c. li-
« vres de premier denier; et pour ce chac-
« cun d'iceulx habitans doivent au roy
« chacun au troiz hués en temps de
« porchoisons, ainssi qu'ilz doivent avoir
« chacun. » (*Usages et coutumes des forêts
de Normandie*, fol. 219 r°.)

L'église est en grison; elle date du
XIII° siècle.

La Neuve-Lire est le lieu de naissance
de Nicolas de Lire, théologien renommé
du XIV° siècle, auteur de savants commen-
taires sur la Bible, mort en 1340.

Voyez l'article VIEILLE-LIRE.

Dépendances : — Chagni; — la Chapelle; — Normand; — la Chête; — la
Gentillière; — la Salle.

NEUVILLE-DES-VAUX (LA).

Arrond. d'Evreux. — Cant. de Pacy.

Patr. S. Nicolas. — Prés. le seigneur.

Il y a au moins quatre-vingt-dix Neuville, sans compter les Neuvillette et les
Neuvillers.

Le Registre de Philippe Auguste signale
Jean des Auticux à la Neuville-des-Vaux,
au commencement du XIII° siècle : « ...
« Dominus Johannes de Altaribus, apud
« Novam Villam de Vallibus, tenet hoc
« quod habet ibidem, per octo dies de
« custodia ad suum custum... »

Dépendance : — les Courtils.

NEUVILLE-DU-BOSC (LA).

Arrond. de Bernai. — Cant. de Brionne.

*Patr. Ste Catherine. — Prés. le seigneur
de Sainte-Vaubourg.*

En 1281, l'archevêque de Rouen, Guillaume de Flavacourt, ordonna que « ...
« In parrochia Beate Katherine de Nova-
« villa, de novo in dicta (Noviburgi)
« foresta fundata, dicti religiosi (Bec-
« censes) percipiant et percipere debeant
« de cetero duas partes decimarum, no-
« valium seu essartorum factorum et ad
« agriculturam redactorum infra metas
« parrochie antedicte... » Le curé devait
recueillir l'autre tiers. Dans les autres
parties de la forêt, hors des limites de
la paroisse, les religieux devaient avoir tout,
sauf quelques exceptions sur six acres de
terre environ, « situs versus parrochiam
de Trunco... » L'évêque Philippe se rendit sur les lieux le dimanche après l'Ascension, et détermina les limites en présence de l'abbé du Bec et de plusieurs
de ses religieux : « Videlicet quod in es-
« sartis jam factis et in agriculturam
« jam redactis in parte domini Guillelmi
« de Haricuria militis, ratione uxoris sue
« ipsum contingente, in quibus dicta ec-
« clesia sita est, et que se protendunt
« usque ad nemus Almarici de Mellento,
« armigeri, domini Noviburgi, in parte
« adjacentibus..... »

Il fut convenu que dans les limites de
sa paroisse le curé aurait la dîme entière
des fruits naturels ainsi que la dîme « lini,
« canabi, porcarum, cepe, allearum et
« similium ». Quant aux autres dîmes :
« videlicet, pisorum, fabarum, ordei,
« avene, veciarum et bladorum omnium, »
les religieux auront les deux tiers, et le
curé l'autre tiers.

En 1504, le curé abandonna à l'abbaye
du Bec la dîme d'un bois nommé les
Nonvaleurs.

Sur le territoire de la Neuville-du-Bosc
s'étendait le fief de Sainte-Vaubourg, qui
avait titre de baronnie; le seigneur présentait à la cure.

Dépendances : — le Bosc-Yves; — le
Bout-de-la-Ville; — le Bout-de-l'Orme; —
la Buhotière; — la Haute-Verdière; —
Canteloup; — Sainte-Vaubourg.

NEUVILLE-PRÈS-CLAVILLE.

Arrond. d'Évreux. — Cant. d'Évreux (sud).

Patr. S. Pierre. — *Prés. l'abbesse de Saint-Sauveur.*

Une bulle d'Eugène III (1152) confirme à l'abbaye de Saint-Sauveur d'Évreux la possession de l'église de Neuville :
« ... Ecclesiam de Novavilla cum decima et triginta acras in eadem villa... »
Neuville-près-Claville a été réunie à Claville en 1845.
Voyez CLAVILLE.

NEUVILLE-PRÈS-SAINT-ANDRÉ (LA).

Arrond. d'Évreux. — Cant. de Saint-André.

Patr. S. Martin. — *Prés. le baron d'Ivri.*

En 1206, R. de Sansères, fille de Guillaume de Fumeçon, donna à sa cousine, Havis de Fourneaux, religieuse de Saint-Sauveur d'Évreux, la dîme de sa dot; laquelle dîme était assise sur le fief « de Sanseriis » :

« Universis sancte matris ecclesie filiis
« ad quos presens scriptum pervenerit, R.
« de Sanseriis, filia Willelmi de Foumu-
« con, salutem in salutis actore. Cum non
« liceat et prohibitum sit quod laicus de-
« cimas in manu sua teneat, et cum deci-
« mam matrimonii mei, scilicet de feodo
« de Sanseriis, contra sancte ecclesie pro-
« hibitionem, in manu mea diu tenuissem,
« et inde periculum anime mee viderem
« imminere, ad dominum Lucam, Dei gra-
« tia episcopum Ebroicensem, accedens,
« predictas decimas in manu ejus resi-
« gnavi. Ipse vero postea, intuitu pietatis,
« ad petitionem meam et heredum me-
« orum, et consilio bonorum virorum,
« Havisse de Fornax, consanguinee mee,
« Sancti Salvatoris Ebroicensis moniali,
« supedictas decimas matrimonii mei, om-
« nibus diebus vite sue contulit in per-
« petuam elemosinam pacifice presiden-
« das, easque post decessum ejus vesti-
« ture monialium Sancti Salvatoris Ebroi-
« censis concessit in integrum reversuras.
« Quod ut ratum et inconcussum perma-
« neat, sigilli mei appositione confirmavi
« in perpetuum valiturum. Testibus hiis :
« R. decano, Waltero thesaurario, Gau-
« fredo Burgensi canonico Ebroicensi,
« Willelmo de Novavilla, Petro de Basti-
« gneio presbiteris; Willelmo de Siscio,
« Roberto de Mellevilla, Willelmo de Vil-
« laleto, Gaufrido de Mellevilla, Willelmo
« de Sanseriis, Petro de Mara, Ricardo de
« Gaudrevilla, et pluribus aliis. Actum
« apud Ebroicas, anno Domini millesimo
« ducentesimo sexto. »

Nous pensons que cette charte appartient à la Neuville près Saint-André. La rubrique porte : « De decima de Novilla « et de Grant Marcheis. » Les témoins portent les noms de localités voisines d'Évreux, et le fief de « Grant-Marcheis » s'étendait dans la paroisse de Mousseaux.

En 1295, le domaine de la Neuville dépendait « de homo noble mon seignor « Guillaume sire d'Ivry, chevalier ». Guillaume Le Suor de la Haye et Jehan reconnurent devoir solidairement à Olivier et Guillaume de la Follie frères une rente de trente sols tournois, qu'ils avaient gagnée sur ledit Le Suor par jugement. La même année, Guillaume Travers, du diocèse de Coutances, donna procuration à Jean de Périers, chapelain perpétuel dans l'église d'Évreux, et Guillaume de la Platane le jeune pour recevoir la succession de sa sœur consanguine Jeanne Travers, « in parrochia de Novilla Comitis, Ebroicensis dyocesis... » Une autre procuration semblable de la même année est donnée par les deux frères Olivier et Guillaume Travers, toujours pour recueillir ladite succession « in parrochia de Novilla Comitis », seulement à Jean de Piris. La même année, le mardi après le dimanche où l'on chante *Oculi*, Guillaume, d'Ivri, amortit « ... in parrochia Novaville Comitisse... »

L'aveu de la baronnie d'Ivri nous apprend qu'en 1456 on disait Neuville-le-Comte pour désigner Neuville-près-Saint-André, et Neuvillette-la-Comtesse pour désigner la Neuvillette. Le baron d'Ivri avait le patronage de la cure.

Vers le milieu de la journée qui précéda la bataille d'Ivri, un détachement de l'armée de la Ligue était venu en avant vers Neuville, pour y marquer des logements. Il se retira devant un corps de cent chevaux envoyé par Henri IV. Ce fut de Neuville que, dans l'après-midi, le roi, s'étant avancé avec ses troupes, découvrit l'armée de la Ligue.

NEUVILLE-SOUS-FARCEAUX (LA).

Arrond. des Andelys. — Cant. d'Étrépagni.

Patr. S. Martin. — *Prés. le seigneur, puis l'abbé de St-Vincent-les-Bois.*

Le patronage de la Neuville commença

par être en main laïque. Le seigneur qui fonda la nouvelle ville, « la Neuville » sous Farceaux, dédia l'église à saint Martin.

Voici le passage du pouillé d'Eudes Rigaud : « Ecclesia Sancti Martini de Nova-villa. Willelmus Crispini patronus. Habet decem parrochianos, valet triginta libras Turonensium. »

Eudes Rigaud nomma le curé de la Neuville sur la présentation de Guillaume Crespin, chevalier.

Le seigneur céda ensuite ce patronage à l'abbaye de Saint-Vincent-des-Bois (diocèse de Chartres).

Le 6 septembre 1657, dans le bail d'une pièce de terre appartenant à la fabrique, Hugues de la Fontaine, écuyer, s'intitule prieur et curé de Neuville-sous-Farceaux.

Cf. Toussaint Duplessis, t. II, p. 668.

NEUVILLE-SUR-AUTHOU.

Arrond. de Bernai. — Cant. de Brionne.

Patr. Notre-Dame. — *Prés.* l'abbé du Bec.

Passage d'une voie romaine de Brionne à Cormeilles.

Dans les *Grands Rôles de l'Echiquier de Normandie* (Stapleton, p. 102), on lit :

« Robertus de Monte Gommeri reddit
« compotum de XVII. libris et tredecim so-
« lidis et sex denariis de exitu terræ
« Hervei de Novavilla. »

Comme dans le Rôle les deux articles précédents concernent Brionne et Piencourt, il s'agit probablement ici de Neuville-sur-Authou.

En 1111, Robert de Ros donna à l'abbaye du Bec le patronage de l'église de Neuville avec la dime.

En 1203, Jean de Neuville, Jean Le Mercier et messire Berenger Le Mercier abandonnèrent toutes prétentions sur ce patronage.

En 1336, déclaration semblable en justice « par messire Amours de Bosechierville ».

En 1318, jugement semblable sur les prétentions de Simon Hallebout.

Geoffroi Trosselot confirma la donation faite par Guillaume Trosselot, son père, à l'abbaye du Bec de tout ce qu'il possédait à Neuville.

En 1260, il est fait mention dans un acte d'un jardin nommé le Jardin-Haquet ou Hoquet, et en 1322 de Robert de Bougeville.

Il devait y avoir dans cette commune ou aux environs un hameau de Cantelou. En 1322, Nicolas de Cantelou vendit une rente sur des terres sises à Cantelou, et déjà on trouve un Richard « de Chantelou » à Neuville en 1260.

En 1400, on disait : « Notre-Dame de Neufville. »

Dépendances : — Bougeville ; — la Cour-Neuville ; — la Davoulière ; — la Londière ; — le Mesnil ; — la Moissonnière ; — l'Érable.

NEUVILLETTE (LA).

Arrond. d'Evreux. — Cant. de Saint-André.

Patr. S. Blaise. — *Prés.* le seigneur d'Ivri.

Dans l'aveu de la baronnie d'Ivri que nous avons publié à l'article Ivri, nous voyons que « le fief de Moerte et Neuvillette » valait 4 livres de rente, et que le baron d'Ivri avait droit de présenter à la cure de « Neufvillette-la-Comtesse ».

1511. Le 4 septembre 1511, avec la permission de M. l'évêque d'Evreux, M. Toussaint Varin, évêque de Thessalonique, a fait la dédicace de l'église de Saint-Blaise de la Neuvillette, et consacré trois autels dans ladite église, et fait la bénédiction du cimetière de ladite église. (Pouillé d'Evreux.)

Cette commune paraît avoir eu, au XVIe siècle, des dépendances qui n'existent plus.

L'armée du duc de Mayenne marchant, la veille de la bataille d'Ivri, à la rencontre de l'armée d'Henri IV, avait été rangée en bataille en avant des villages de la Neuvillette et de la Haie. Une partie de la bataille eut lieu sur le territoire de cette commune.

Dépendances : — la Haie ; — la Bigotière.

NOARDS.

Arrond. de Pont-Audemer. — Cant. de St-Georges-du-Vièvre.

Patr. S. Georges, S. Germain-l'Auxerrois. *Prés.* le seigneur.

La bibliothèque du chapitre de Lisieux s'était accrue au XVIIIe siècle des livres de M. Dupont, curé de Noards, qui en avait fait présent au chapitre. En reconnaissance, on disait tous les ans pendant la grand'messe un *Pater* et un *Ave* pour lui le 23 mai, jour de sa mort.

L'église a conservé quelques traces d'architecture romane.

Dépendances : — le Quesnel ; — la Commune ; — l'Église ; — le Plessis ; — le Bard ; — la Vigne ; — la Vadelorge ; — le Croix-de-Fer ; — la Maillardière ; — le Bose-Giard.

Cf. Canel, *Essai sur l'arrondissement de Pont-Audemer*, t. II, p. 315.

NOE-DE-LA-BARRE (LA).

Arrond. de Bernai. — Cant. de Beaumesnil.

Patr. S. Jean. — *Prés. le seigneur.*

Nous renvoyons pour l'histoire de cette commune à l'article LA BARRE.

Cette paroisse a été réunie à la Barre en 1792.

NOE-POULAIN (LA).

Arrond. de Pont-Audemer. — Cant. de St-Georges-du-Vièvre.

Patr. S. Georges, S. Ouen. — *Prés. l'abbé du Bec.*

« Noœtum. » On appelle noë, dans le pays d'Ouche, un haut pré ; on donne encore ce nom à une gouttière entre deux toits.

D'après l'inventaire des titres de l'abbaye du Bec, cette commune portait primitivement le nom de Saint-Ouen-du-Bois-Toustain.

En 1134, à la prière de Boson, abbé du Bec, Jean, évêque de Lisieux, confirma aux religieux de cette maison la possession des églises de son évêché qu'ils avaient acquises précédemment. On trouve dans l'énumération : « Ecclesiam Sancti Audoeni de Bosco Turstini. » (*Chronicon Beccii illustratum et auctum*.)

En 1147, Arnoul, évêque de Lisieux, céda aux religieux du Bec, qui occupaient alors le prieuré de Saint-Philbert, les églises de Saint-Etienne-de-l'Allier, de Saint-Ouen-du-Bois-Turstin (aujourd'hui la Noë-Poulain), de Saint-Pierre-de-Vièvre (aujourd'hui Saint-Pierre-des-Ifs) et de Saint-Philibert-sur-Monfort. Voici cette pièce :

« Noverit universitas vestra.... nos,
« ad petitionem venerabilis viri Letardi
« Beccensis abbatis, cessisse et concessisse
« dilecto filio nostro Rainfredo, priori
« Sancti Philiberti, et monachis Beccensi-
« bus ibidem Deo servientibus, ecclesiam
« Sancti Stephani de Allier, ecclesiam
« Sancti Audoeni de Bosco Turstini, eccle-
« siam Sancti Petri de Vevra, ecclesiam
« Sancti Philiberti juxta Montem Fortem.
« ... Apud Novum Burgum, præsentibus
« Rotroco Ebroicensi episcopo, Roberto
« de Novo Burgo, Fulcone Levoviensi de-
« cano... » (1147.)

En 1253, il y eut discussion au sujet de la nomination à la cure de Saint-Ouen-du-Bois-Turstin entre l'abbé du Bec et Mathieu, seigneur de la Poterie. L'évêque Foulques donna raison au prieur de Saint-Philbert.

Vers 1350 : « Ecclesia de Noa, abbas de Becco patronus. » (Pouillés de Lisieux.)

13 mars 1521. « Item as paroisses de
« de Saint-Ouen de la Noë, la Poterie-
« Mathieu, Saint-Benoît-des-Ombres, etc.,
« et alleu environ. avons certaines rentes,
« terres et prez. » (Aveu du Bec.)

Les fiefs de la Noë-Poulain étaient :

1° *La Poterie.* — Mentionnons un fief et hameau de la Poterie existant à la Noë-Poulain, en 1253. C'est sans doute à cause de ce fief que les seigneurs de la Poterie-Mathieu prétendirent au patronage de la Noë-Poulain.

2° *Le Val-Tesson.* — C'était un fief relevant de l'abbaye du Bec comme il a été dit plus haut.

3° *Folleville.* — Ce fief a dû être possédé par une famille de Folleville des environs de Brionne, qui avait d'autres fiefs dans le pays. Ainsi, en 1615, Jean de Folleville, seigneur du Bois-David, de Saint-Jean-de-la-Lecqueraye et du Bose-Potier, était député par la noblesse aux Etats de la province.

4° *Le Genetai.* — Une branche de la famille Thirel ajoutait à son nom celui de ce fief.

5° *Mortemer.* — C'était une vavassorie relevant du fief de haubert de Tourville. On lit, en effet, dans les aveux de ce fief qu'il s'étendait sur la paroisse de la Noë et autres paroisses circonvoisines. Jean de Mortemer, un des seigneurs de la Noë en 1350, a dû laisser son nom à ce fief.

6° *Lilras ou Alleust.* — Ce n'était plus en dernier lieu que le nom d'un trait de dîme appartenant aux religieux du Bec.

7° *Les Tuileries.* — Vers 1662, Adrien Poullain prenait le titre de sieur des Tuileries. M. Canel dit de son côté qu'on montrait dans l'herbage des Tuileries les restes de l'ancien château des seigneurs de la Noë.

La Noë doit son surnom à une famille Poullain dont la Galissonnière a vérifié les titres.

Thomas Poullain épousa Marguerite de Nollent.

Adrien, leur fils, demeurant à la Noë, était archer de la garde du roi. Il obtint des lettres de noblesse, en 1599, du roi Henri IV. Le 3 octobre 1598, il avait épousé Avoie Fortin, fille de messire Jean Fortin, sieur d'Heudreville et de Mare-Hamel. Il eut trois fils : Jean Poullain, sieur de Grandchamp, établi à Saint-Silvestre-de-Cormeilles; Pierre Poullain, marié à Jeanne Jubert, dont il n'eut qu'une fille, et Nicolas Poullain, marié à Louise d'Asnières.

Adrien Poullain, d'abord sieur des Tuileries, fils de Nicolas, eut la Noë après la mort de Jean, son frère, et il en était seigneur en 1663.

Une porte latérale de l'église est dans le style roman.

Dépendances : — la Criblerie ; — la Carderie ; — la Biglerie ; — les Forts ; — la Pellecoterie ; — les Mares ; — l'Église ; — Folleville ; — le Allevast ; — la Haute-Voie ; — les Mierres ; — la Rue-Buisson ; — Val-Tesson.

Cf. Canel, *Essai sur l'arrondissement de Pont-Audemer*, t. II, p. 355.

NOGENT-LE-SEC.

Arrond. d'Évreux. — Cant. de Conches.

Patr. S. Hilaire. — Prés. l'abbesse de Chaise-Dieu.

Le mot barbare de « Novigentum » appartient visiblement à la période mérovingienne et signifie : nouvelle population, lieu nouvellement habité. Plus tard on a dit : « Nova Villa, » nouveau domaine.

Suivant la grande charte de Conches, Raoul de Nuisement donna à l'abbaye de Conches les dîmes des cultures de son seigneur, Gillebert de Toesny : « Iterum « sciendum est quod Radulphus de Nui- « sement, pro salute animæ suæ, dedit « Sancto Petro omnem decimam terræ suæ « de Nuisement, et terram cum hospite, « et decimam culturarum sui senioris in « villa quæ vocatur Nogent, annuente « Gilleberto domino suo, et Radulpho de « Tosteteio, cujus foesi erat... »

Les chartes de la Noë conservées aux archives de l'Eure, nous fournissent un assez grand nombre de détails sur Nogent et sur la famille Chevreuil. Nous allons analyser et noter ces chartes.

1171. « Willelmus Capreolus de Novi- « gento... dedi... quidquid in omnibus « possideam et quidquid juris habebam « in feodo de Coldreio et de la Broce « Acliz, juxta Boscum Mare, quidquid ibi « possident monachi de feodo uno et « feodo Gaufridi fratris (?) mei, totum mo- « nachis concessi et dedi in perpetuam « eleemosinam... Testibus : Willelmo de « Fraxinis ; Ricardo Rege, presbitero ; « Gaufrido de Vitalet et Willelmo, fratri- « bus et militibus ; Reinoldo Buschet ; « Huberto de Ikson Huon ; Rogerio de « Pontporcel ; Rainaldo, Stephano et Olo- « ne de Caitivel ; Rogerio des Buchons « Carpentarii, Actum anno gracie M° C° « LXX° IIII°. » La date de l'année a été ajoutée postérieurement avec une autre encre.

1175. Ratification de la donation précédente par « Willelmus junior Capreolus, « filius Willelmi Capreoli de Novigento. « Testibus : Rogerio de Mesnil Vicecomitis, « domino Galterio et Rogerio de Aureis « Vallibus, fratribus ; Symone de Aude « et Johanne filio ejus ; Willelmo Burnel ; « Gisleluo de Vernai et Guarino fratre « ejus ; Herberto Cementarii de Men- « chio (?) ; Godefrido Loquarreur ; Hum- « berto de Wallon [sic] Alba via vinitore ; « Johanne famulo abbatis ; Galterio Pistore « de Monfort ; Gilleberto abbate quadru- « gario ; Radulfo Sutore de Broxilla, et « pluribus aliis qui viderunt et interfue- « runt. [Actum anno gratie M° C° LXX « III°.] » Cette date a été ajoutée postérieurement et avec une encre plus noire.

1174. « Willelmus Junior Capreolus, « filius Willelmi Capreoli de Nogento, « monachis Sanctæ Mariæ Nogentensis om- « nia concessi et dedi quæcumque pater « meus apud Bellum Mare in feodo nos- « tro et dominio eisdem monachis tradi- « dit et dedit... Et hæc in fine sciendum « est quod Gillelbertus, frater meus, hoc « ipsum mecum propria voluntate con- « cessit. »

1190. « Gaufridus Capreolus de No- « gento concessi... terram illam, quam « Havis de Mesnileto, soror Rogeri Go- « lafre dedit... Testibus : Willelmo Ca- « preolo, milite ; Gisleberto, filio ejus ; Ri- « cardo des Arsiz, Galone, fratre ejus ; « Radulfo de Broxiis ; Radulfo de Mes- « nilleto ; Radulfo, fratre ejus... Actum « anno gratie M° C° XC°. »

1193. « Willelmus Capreolus de Nor- « gento abandonne toute prétention sur « le fief » de Coldreio et de la Broce Acliz juxta Bellum Mare ». Il donne aussi des dîmes et reçoit 20 livres et 50 sols, tout cela avec le consentement de son fils

Guillaume. Parmi les témoins, nous trouvons : Guillaume du Fresne ; Geoffroi et Guillaume de Villalet, frères et chevaliers ; Hubert du Buyon.

1204. « W. Capreolus de Nongento... « concessi... concedente Gisleberto filio « meo, dominium totius feodi Galerani de « Mesnilleto et Roberti et Rogeri, filiorum « ejus... Testibus : Rogero de Pontporcel, milite ; Amaurico de Vernaio ; Girelmo de Mesnilleto et pluribus aliis. « Actum anno m° cc° iiii°. »

1204. Gilbert Chevrel, fils de Guillaume Chevrel de Nongent, cède deux acres de terre données par Renaud et les frères « de Nongento, apud Hulmellos ».

1207. « Gillebertus Capreolus... confirmavi... vii. acras terre sitas in Valle « Radulfi de Archis, quas dederunt eis « assensu meo Girelmus, Radulfus Pelli« parius et Radulfus Besreille, qui eas te« nebant de feodo meo... Testibus hiis : « Willelmo Capreolo, milite ; Willelmo de « Malo Brolio ; Galtero Mengo ; Angoto et « pluribus aliis. Actum anno Verbi Domini m° cc° vii°. »

1207. « Gaufridus Capreolus de Nogent « concessi... totum campum de Troigneta « juxta boscum de Logis, quem Robertus « Balbus, filius Hugonis Balbi, eis dedit, « quem de me tenebat. »

1207. « Testibus : Ricardo, presbitero « de Aureis Vallibus ; Gilleberto Capreo« lo ; Vitale Clerico ; Hugone de Calceia ; « Roberto Hacron ; Girelmo de Maisnillet ; « Radulfo Pellipario ; Waltero Maingo et « aliis multis. »

1208. « Willelmus Capreolus de Nogent » donne une rente de ... sous. « Testibus : domino Ricardo, tunc presbitero « de Nogent ; Gaufrido Capreolo, milite ; « Willelmo de Porta ; Simone de Gravenchon. »

1208. « Gislebertus, filius Willelmi Ca« preoli, concessi... tres acras terre de « feodo meo sitas inter Vallem Radulfi de « Archis et Minerias juxta viam Drocen« sem, quas dederunt eis Reinoldus et Ro« bertus frater ejus de Nongento, liberas « ab omnibus excepta molta... Testibus : « Gaufrido Capreolo, milite ; Radulfo Ma« lo vicino ; Willelmo Rosello ; Ricardo « de Brociis ; Waltero Maingo et aliis « multis. »

« Amauricus de Vernaio, concessi... « quatuor acras terre de feodo meo quas « dedit eis Rogerius de Pisselu, inter « grangiam de Bella Mara et Boscum « Reille, juxta terras quas dicti monachi « acquisierunt, de assensu meo, ab An« drea de Nagelet et Ernando, fratre ejus, « et Angoto de Mesnillo. Testibus : Rogero « de Pisselu et Radulfo filio ejus ; Ger« mondo de Nongento ; Waltero Meingo ; « Germundo de Brociis ; Willelmo Ro« sello ; Radulfo Quentin ; Petro de Es« corche Chevre ; Rogero fratre ejus. » (Sans date.)

1210. « Gillebertus Capreolus de No« gent » confirme la donation « quam do« minus Willelmus Capreolus, pater meus, « fecit... de decima de feodo Rogeri de « Aureis Vallibus. Testibus : Ricardo pres« bitero de Nogent ; Willelmo de Fraxino, « milite ; Gaufrido Capreolo et aliis mul« tis. »

« Notum sit universis presentibus et « futuris quod ego Gillebertus Capreolus « de Nongento concessi et presenti carta « confirmavi monachis Sancte Marie de « Noa omnia quecumque habent et possi« dent de dono Willelmi Capreoli, patris « mei, et meo et omnium antecessorum « meorum et hominum nostrorum, tam in « terris quam in decimis et redditibus et « omnibus aliis rebus.... Actum anno « domini Incarnationis millesimo du« centesimo vigesimo, mense maio. »

1221. « Hugo Hure de Nongent dedi... « totam unam peciam terre sitam juxta « semitam que tendit versus la Mesnillet « inter terras eorumdem... Testibus : « Gondoin de Bona Villa ; Ricardo de « Provinz ; Girelmo de Monte... cum « multis aliis. »

1221. « Gillebertus Capreolus de Nongent » confirme la donation précédente. Mêmes date et témoins.

1227. « Ricardus sacerdos de Nongento, « filius et heres Gaufridi Chevrel, militis, « dedi... duas acras terre et dimidiam « sitas in Canda de Rollart ; totam vide« licet medietatem illius terre cujus me« dietatem alteram Johannis Chevrel, co« gnatus meus, eisdem elemosinavit. »

« Guillelmus Petit de Mesnillet dedi... « unam peciam terre que vocatur Cam« pus de Spina, sitam inter terram Guil« lermi, fratris mei, et terram Roberti Le « Droies... Actum anno domini milesi« mo ducentesimo trigesimo sexto. Testi« bus : domino Ricardo, presbitero de « Nogento, domino feodi, qui supradic« tum donum mecum concessit monachis « prenominatis, Stephano preclicti Ricar« di capellano, Guillelmo Bofai clerico, « Guimondo de Nogento, cum multis « aliis. »

1275. « Andreas, decanus Attrebatensis, « et Guillelmus de Mineriis, milites, locum « domini comitis Attrebatensis in remotis « partibus agentis in terra sua tenentes... « Noveritis quod nos, vice et auctoritate « dicti domini comitis, tradidimus et con-

« cessimus venerabili patri Dei providen-
« cia Bartholomeo abbati de Noa... sic-
« cum moltant de triginta jornatis terre
« arabilis in diversis peciis, videlicet cir-
« ca le Mecnislet e le grant Roillart e le
« petit Roillart... Datum anno Domini
« m° cc° lxx° quinto, die lune post festum
« beati Johannis ante Portam Latinam,
« apud Conchas. »

Le patronage de Nogent appartenait à
l'abbaye de Chaise-Dieu.

Voyez pour le fief Regnault les articles
Louviers et Le Mesnil-au-Vicomte.

Parmi les lieux dits de Nogent, nous
remarquons les Grands et les Petits-Gom-
berts : un Robert Gombert est témoin
dans une charte de la Noë.

Les Minières. — Dans les chartes de la
Noë, plusieurs personnages portent le
nom de Minières. Il est possible que certains tirent leur nom du hameau des Minières dépendant de Nogent; mais nous
croyons plutôt que la plupart des chartes
de la Noë s'appliquent à la paroisse des
Minières, canton de Damville.

Le Bois-Chevreuil. — Nous avons cité un
grand nombre d'actes concernant la famille Chevreuil ou Chevrel de Nogent.
Les sceaux de cette famille représentent
un chevreuil. Nous citerons même, en
1245, une charte de Richard Chevreuil,
prêtre de Nogent; en 1253, de Guillaume
dit Chevreuil du Bois-Chevreuil : « de
Bosco Chevereol; » en 1260, de Roger
« de Bosco Capreolo ».

Le Menillet. — Cité aussi plusieurs fois
dans les chartes analysées ci-dessus.

Pincheloup. — N'est-ce pas une dérivation de Pisseloup que nous trouvons également et fréquemment dans les chartes
du xiii° siècle? Il faut seulement remarquer qu'il y avait aussi un autre Pincheloup au Mesnil-Hardrai.

Les autres dépendances sont : — le
Tilleul-Gibon; — le Moulin-à-Vent; — la
Redoute.

NOJEON-LE-SEC.

Arrond. des Andelys. — Cant. d'Étrépagny.

Patr. S. Sigismond. — Prés. l'abbé de
Cormeilles.

L'abbaye de Cormeilles, près de Pont-
Audemer, avait reçu du roi Henri II le
domaine de Nogent-le-Sec avec le patronage de l'église :

« Nogeium Siccum juxta forestam no-
« stram de Leonibus cum patronatu eccle-
« sie, cum bosco, cum molendinis et
« hominibus et terris et omnibus perti-
« nentibus ad manerium antedictum... »

Le pouillé d'Eudes Rigaud nous montre qu'au xiii° siècle l'abbé de Cormeilles
présentait encore à la cure de Nojeon :

« Ecclesia de Noione Sicco. Triginta li-
« bras Turonensium; parrochianos sep-
« ties vigenti. Abbas Cormeliensis pre-
« sentavit.... » Le pouillé de Raoul
Roussel appelle Nojeon : « Novion le Sec. »

En avril 1312, Philippe le Bel donna à
Enguerrand de Marigni la haute justice
de Nojeon-le-Sec et dépendances. Il donna,
la même année, tout le droit qu'il possédait en 180 hostises situées à Nojeon-le-
Sec et autres lieux, pour augmenter le
fief que ledit de Marigni possédait à
Mainneville :

« Philippe, par la grâce de Dieu roys de
« France, faisons savoir à touz, tant pre-
« sens comme à venir, que nous à nostre
« amé et féal Enguerran, seigneur de
« Marreigni, nostre chevalier et chambel-
« lan, à ses hoirs et à ses successeurs,
« et à ceus qui auront cause de lui,
« pour le guerredon de l'aggréable ser-
« vice de lui, fait loiaument à nous, li
« donnons et otroions perpetuelment,
« de certaine science, par la teneur de ces
« présentes lettres; en acroissement du
« fié que li diz seigneur a aorès à Moen-
« neville, la haute justice que nous avons
« ou avoir poons en la ville de Noviou-
« le-Sec en ostises, estanz et à venir en
« la dite ville et ou terroir et apparte-
« nances d'icele ville, quiex qu'il soient. —
« Et que ce soit ferme chose et establie,
« nous avons fet metre nostre seel en ces
« présentes lettres, sauf en autres choses
« nostre droit et toutes autres l'autrui.
« Donné à l'abbaye de Septfons, ou moys
« d'avril, l'an de grace m.ccc.xii. » (Bibl.
imp. MS. Lat. 9785, fol. 73 r°.)

« Philippe, par la grâce de Dieu roys
« de France, faisons savoir à touz, tant
« presenz comme à venir, que nous la
« haute justice que nous avons en ix²⁰ os-
« tises qui sont en la ville de Novion-le-
« Sec, et tout le droit, seignorie, posses-
« sion et propriété qui nous afflert ès
« dites ostises, ès quelx nous avons la dite
« justice, ès quiex choses ensemble avec
« ix ostises à Cressanville, xiiii ostises à
« Gailharthos, IIII^{xx} XIII ostises à Grain-
« ville, xliii ostises à Escoyes, xxxvi ostises
« à Tillères, lxx ostises à Muchegros,
« lxvi ostises à Wareclive, xxxvi ostises
« au Mesnil sonz Wareclive, lviii ostises à
« Lizors, xi ostises à Touffreville, lxii
« ostises à Rosay, xlv ostises à Menés-

« queville, et avec le noble fié qui est
« tenu de nous sans moien en la devant
« dite ville d'Escoyes, et un autre fié qui
« est tenu de nous sans moyen en la de-
« vant dite ville de Yaurelive, avec les
« appartenances toutes des diz fiez, valent
« à nous par tout xxvi livres xix sols pa-
« risis d'annuel rente, si comme nous le
« savons clerement par l'information seur
« ce faite de nostre mandement, avons
« otroié et donnons perpétuellement, de
« certaine science, par la teneur de ces
« presentes lettres, à nostre amé et feal
« chevalier et chambellan Enguerran
« seigneur de Marreigni, à ses hoirs et à
« ses successeurs, et à ceus qui ont et
« auront cause de lui, pour le guerredon
« de son agreable service fait à nous
« loiaument, en acroissement de son fié
« que il a à Mecouenneville. Et que ce
« persevere ferme et estable, nous avons
« fait mettre nostre seel en ces presentes
« lettres, sauf en autres choses nostre
« droit et en toutes choses l'autrui. —
« Donné à l'abbaye de Sept-Fons, ou mois
« d'avril, l'an de grace m. ccc.xii. » (*Bibl.
imp., MS. Lat. 9785, fol. 75 v°.)

Suit la déclaration des droits d'usage
des habitants de Nojeon-le-Sec dans la
forêt de Lions :

« Les habitans de Nogon Le Sec ont es
« forêts de Lions le boiz sec en estant et
« le vert en gesant, hors taillis et deffes ;
« se il n'y a caable, pasturage à tou-
« tes bestes en toutes saisons, hors taillis
« et deffens, et le mois deffendu, que les
« pors n'y vont point, més les autres bes-
« tes y peuent aller à la veue des champs;
« le mort bois pour édifier, la pierre, le
« malle, le sablon, et autres menus droits
« acoustumés ; et sy peuent faucher en la
« lande de Crecef(?) après la Saint-Jehan,
« en paiant pour chacune faux une mine
« d'avaine. Et pour ce paient chacun qui
« a charette ini gerbes, cellui qui va à
« col iii gerbes, iiii liv. ii sols vi deniers
« de taille pour toute la ville à la Saint-
« Denis, et iiii livres ii sols vi deniers à
« la Chandeleur. — Item, chacun feu
« à charette doit i pain à Noel et un
« deulers tournois en moy, et chacun
« qui va à col ii den. tourn. — Item,
« chacune mesure pour plaine refactore
« xiii deniers, et pour demi vii deniers,
« et sy doivent un parisis de chacun porc
« quant il est pasnage, et ii deniers pa-
« risis de reconrs, et i denier à la Saint-
« Jehan, soit pasnage ou non ; et les au-
« tres menues frutes (?) acoustumées. »
(*Usages et coutumes des forêts de Normandie, fol. 19 v°.*)

Dépendances : — Frikeuse ; — la Grande
Tourelle ; — la Petite-Tourelle.

Cf. Toussaint Duplessis, t. II, p. 605.

NONANCOURT.

Arrond. d'Evreux. — Cant. de Nonancourt.
Sur l'Avre.

*Patr. S. Martin. — Ecc. l'évêque
d'Evreux.*

On écrit Nonancourt ou Nonnancourt,
plus ordinairement Nonancourt. Les anciennes chartes françaises portent Nonancourt, mais on trouve souvent dans
les latines : « Nonancuria. »

« Nonanticurtis, » dans Guillaume de
Jumièges.

« Nonancott, » charte d'Henri Ier, roi
d'Angleterre, donnée entre l'an 1100 et
l'an 1135, et charte d'Etienne, roi d'Angleterre, donnée entre l'année 1134 et
l'année 1154.

« Nonencort, Nonancors, » dans Orderic
Vital.

« Beata Magdalena de Nonancuria, »
charte de 1139.

« Nonancuria, » charte de Philippe-
Auguste, en 1206, et charte de Robert
de Courtenai, en 1223.

I.

L'origine et la fondation de Nonancourt
ne peuvent être déterminées avec certi-
tude. Le plus ancien titre où soit faite la
mention de Nonancourt est une charte
d'Henri Ier, roi d'Angleterre, donnée dans
les premières années du XIIe siècle et qui
érige à Nonancourt une foire à la fête de
la Madeleine. Nous trouvons cet acte
important dans le cartulaire du chapitre
d'Evreux :

« Henricus, rex Anglie, G., archiepi-
« scopo Rotbomagensi, et Johanni, Lexo-
« viensi episcopo, et comiti Stephano Mo-
« ritonii, et Roberto de Haia, et omni-
« bus baronibus et fidelibus suis Norman-
« nie, salutem. Sciatis quia volo ut una
« feria teneatur apud Nonancort in festo
« sancte Marie Magdalene per iii. dies,
« ii. ante festum et ipso die festi, et volo
« et firmiter precipio ut omnes venientes
« ad feriam et redeuntes habeant meam
« firmam pacem, et de omnibus exitibus
« illius ferie habeat Oinus, episcopus
« Ebroicensis, dimidiam partem, et ego
« aliam. Testibus : Rannulfo(?) cancellario,

« et Nigello de Albineio, apud Westmo-
« nasterium. » (*Cart. du chapitre d'É-
vreux, I, ch. 193, p. 81.)

« Stephanus, rex Anglie, H., archie-
« piscopo Rothomagensi, episcopis, abba-
« tibus, et comitibus et justiciariis, baro-
« nibus, et omnibus fidelibus suis tocius
« Normannie, salutem. Sciatis quod volo
« et concedo et confirmo quod una feria
« sit in castello meo de Nonancort omnibus
« annis per III. dies, scilicet per duos dies
« ante festum sancte Marie Magdalene, et
« ipso die festi, sicut rex Henricus avun-
« culus meus instituit, et de omnibus
« exitibus ipsius habeant Oinus, episcopus
« Ebroicensis, et ecclesia sua in sempiter-
« num unam medietatem, et ego alteram,
« et omnes ad eam ve[nientes] et inde
« redeuntes firmam pacem habeant. Tes-
« tibus : A., episcopo Carleolensi, et H. de
« Soilli, et G., comite de Mellento ; et R.,
« comite Legrecestrie, et Unfrido de Bohon. Apud Ebroicas. » (*Cart. du chapitre
d'Évreux*, I, ch. 12.)

A cette époque, Nonancourt était déjà
une localité et une place importante puisque ce même Henri I, en 1112, fortifia
cette place ainsi que celle d'Illiers pour
s'opposer aux efforts de Gervais I, seigneur de Châteauneuf-en-Thimerais, qui
dès 1073 avait reçu dans ses forteresses
les barons de Normandie chassés par
Guillaume le Conquérant. (Ord. Vital,
t. IV, p. 305).

Anciennement Nonancourt occupait au
haut de la colline le territoire qu'occupe
la paroisse actuelle de la Madeleine-de-
Nonancourt. Cette paroisse qui, avant la
nouvelle réorganisation du culte en 1802,
était une annexe de celle de Saint-Martin-de-Nonancourt, dans l'intérieur de la
ville, a été close de murailles dont on voit
encore quelques restiges. Les fossés qui
régnaient autour de ces murailles subsistent encore en partie. Il y avait à la Madeleine un presbytère où logeait le desservant qui avait le titre de vicaire perpétuel. Il n'y en avait point en la paroisse
de Saint-Martin ; le curé de temps imé-
morial se logeait à ses dépens, ce qui
porte à croire, et c'est la tradition constante, que la paroisse de la Madeleine
était au XIII° siècle la principale ou plutôt
l'unique paroisse.

Entre la ville de Nonancourt et la paroisse de la Madeleine s'élevait un château avec donjon, qui a été détruit dans
le temps des guerres avec l'Angleterre
sous le règne de Charles VII. La chapelle
de ce château, qui était sous l'invocation
de sainte Anne, subsistait encore au dernier siècle. Les fossés font préjuger que
ce château était très-fort et contenait plusieurs ouvrages de défense. On y voit
une place environnée de fossés que l'on
nomme la Barricade.

C'est à ce château, construit, nous
l'avons déjà dit, en 1112 par Henri I°,
que la ville actuelle de Nonancourt paraît
devoir son origine. Une partie de la population s'établit au bas de la colline et
descendit dans la vallée sur les bords de
l'Avre.

Cette agglomération forma bientôt une
nouvelle ville qui peu à peu devint aussi
considérable que la première. On y bâtit
une église. Tout ceci se passait au XIII° siècle, puisque nous voyons le roi Henri I°
dans la charte que nous avons transcrite
ci-dessus, donner à Ouen, évêque d'É-
vreux, toutes les églises de Nonancourt.

Louis VII, roi de France, en 1152, l'assiégea, mais sans y faire de dommage.

Richard Cœur de lion, en 1196, se fit
livrer cette place à prix d'argent, pendant
que Philippe-Auguste prenait Ivangu ;
mais Philippe la reprit, pendant que Jean
sans Terre lui enlevait Gamaches.

Plusieurs entrevues eurent lieu près de
Nonancourt, au gué de Saint-Remi :

En 1178, entre Louis VII et Henri II ;

En 1184 et en 1187, entre le même
Henri et Philippe-Auguste ;

En 1190, entre Philippe-Auguste et
Richard Cœur de lion, qui partirent pour
la croisade à la suite de l'entrevue.

La ville et le château furent entièrement brûlés et ruinés lors de la descente
des Anglais en Normandie sous Charles
VI. Tous les habitants avaient quitté la
ville, qui fut abandonnée pendant près
de vingt ans (de 1421 à 1440).

Les fortifications de Nonancourt furent
relevées vers 1500.

En 1590, le 10 février, Henri IV, revenant de Normandie et allant attaquer
Dreux, arriva à Nonancourt. On lui en
refusa l'entrée ; mais ayant vu un seigneur, messire de Mignonville, tué
à ses côtés, il fit établir une pièce de
canon dans une vigne, qui est encore
aujourd'hui appelée la Vigne du Canon.
Après cinquante-sept coups, la brèche fut
emportée d'assaut et la ville mise au pillage : quatre-vingt-treize habitants furent
tués.

Dans la même année (1590), après la
levée du siège de Dreux, Henri IV, cher-
chant l'occasion d'une bataille avec le
duc de Mayenne, porta le 11 mars son
avant-garde à Nonancourt. Il y arriva
lui-même le soir, et traça pendant la

nuit le plan de la bataille d'Ivri, qui fut livrée trois jours après.

La même année, le neuf novembre, le maréchal de Biron fit démolir une partie des murailles et des tours de la ville, et en fit briser les portes. En 1591, les habitants obtinrent la permission de les rétablir.

En 1715, le prétendant Jacques-Édouard, fils du roi Jacques II, traversait la France pour aller en Bretagne s'embarquer pour l'Écosse. On raconte que l'ambassadeur d'Angleterre Stairs envoya Douglas, colonel irlandais, s'embusquer à Nonancourt avec trois assassins. Le prétendant fut sauvé par la présence d'esprit de M⁰ L'Hopital, maîtresse de poste, qui le tint caché pendant plusieurs jours.

La ville de Nonancourt, avant 1789, était à peu près carrée et environnée de murailles faites en caillou et flanquées de tours dont quelques-unes subsistent encore. On y entrait par trois portes, l'une à l'orient, dite la porte de Dreux, une autre à l'occident dite la porte de Verneuil, et la troisième au midi, dite la porte de Saint-Lubin. On passait de cette dernière porte au moyen d'un pont de bois en la paroisse de Saint-Lubin-les-Joncherets, qui est de l'autre côté de la rivière. Cette paroisse paraît être un faubourg de Nonancourt, mais elle n'en dépend nullement.

II.

Le domaine ou seigneurie de Nonancourt fut d'abord cédé par Philippe-Auguste à la maison de Courteuau; il passa ensuite dans la maison de Navarre. Charles de Navarre, dit le Mauvais, en fut dépouillé en 1378, par Charles V, roi de France. Charles II, fils de Charles le Mauvais, obtint de Charles VI la jouissance de ce domaine; mais il la céda au susdit roi, par un traité en date du 9 juin 1404.

Ce domaine a été ensuite donné par Louis XI à Tanneguy du Châtel, pour le récompenser d'avoir avancé les sommes nécessaires pour les funérailles de Charles VII, dont personne ne s'occupait; puis retiré des mains de ses héritiers et réuni au domaine du roi.

En 1593, ce domaine a été donné, mais à titre d'engagement, à la maison de Longueville, qui en a joui jusqu'à la revente ou nouvel engagement qui en fut fait le 19 avril 1698, à M. Blin, secrétaire du roi, « maison, couronne de France et de ses finances ». Cet engagement depuis passa à dame Marguerite Gilbert, sa veuve, laquelle en fit donation à M. Gilbert, son neveu, président à la Cour des comptes de Paris, connu sous le nom du président de Saint-Lubin, qui le vendit à M. de Crémilles, lieutenant général des armées du roi, grand'croix de l'ordre royal et militaire de Saint-Louis. Ce domaine fut ensuite acquis par M. le marquis de Chastenoye, ancien gouverneur du Cap-Français et de l'île de Saint-Domingue, et lieutenant général du gouvernement des Iles-sous-le-Vent, par l'acquisition qu'il en avait faite de M. de Crémilles. M. de Crémilles vendit en même temps la terre de Saint-Lubin. Enfin M. Perrier devint possesseur de ce domaine par l'adjudication qui lui en fut faite sur les poursuites des créanciers de M. de Chastenoye, par sentence du Châtelet de Paris du 18 septembre 1790.

III.

Les habitants de Nonancourt, outre le droit de mairie et de justice, jouissaient de plusieurs autres droits et privilèges qui leur avaient été accordés par les rois et les seigneurs de Nonancourt, suivant les chartes et les titres que nous allons analyser.

Philippe-Auguste, par sa charte donnée à Anet en 1204, portant concession du droit de commune aux bourgeois de Nonancourt, leur accorda l'exemption de différents droits :

« In nomine sancte et individue Trini-
« tatis, amen. Philippus, Dei gratia Fran-
« corum rex. Noverint universi, presentes
« pariter et futuri, quod nos burgensibus
« nostris manentibus apud Nonancuriam
« concedimus communiam ad punctum et
« modum Vernolii, et omnes libertates et
« consuetudines ad nos pertinentes, qua-
« les habuerunt in Normannia, videlicet
« quitantiam de theloneo et passagio et
« pontagio, preterquam in comitatu Ebroi-
« censi et in Vulcassino Normannico et
« apud Paciacum et Vernonem et in terra
« que fuit Hugonis de Gornaco, in Picta-
« via quoque et in Andegavia, Britannia,
« Vuasconia et Cenomania, eisdem bur-
« gensibus nostris consuetudines et liber-
« tates ad nos pertinentes concedimus.
« Quod ut perpetuum robur obtineat, si-
« gilli nostri auctoritate et regii nominis
« caractere inferius annotato presentem
« paginam, salvo jure nostro, confirma-
« mus. Actum Aneti, anno ab incarna-
« tione Domini millesimo ducentesimo
« quarto, regni nostri anno vicesimo

« setto, astantibus in palatio nostro, quo-
« rum nomina supposita sunt et signa.
« Papifero nullo. Signum Guidonis buti-
« cularii. S. Mathei, camerarii. S. Dro-
« conis, constabularii. Data vacante can-
« cellaria per manum fratris Garini. »
(*Cart. de Nonancourt*, d'après l'original
aujourd'hui perdu.)

Robert de Courtenai, seigneur de Nonancourt, par une charte de 1223, confirma
les bourgeois de Nonancourt dans ce que
leurs prédécesseurs et eux-mêmes avaient
acquis en la franche bourgeoisie de Nonancourt.

Quelques années plus tard, les habitants de Coudres essayèrent de se faire
recevoir dans cette commune. Les religieux de Bourgueil, seigneurs de Coudres,
s'y opposèrent énergiquement et firent
rejeter la prétention de leurs hommes
par une charte du mois de février 1215.
(*Cart. norm.*, n° 1112.)

1223. « Noverint presentes et futuri
« quod ego Robertus de Curtiniaco, domi-
« nus Nonancurie], buticularius Francie,
« concessi meis burgensibus ejusdem ville
« quicquid ipsi acquisierunt et predeces-
« sores sui in meis liberis feodis et aliis
« rebus, tenendum libere, quiete et paci-
« fice de me et heredibus meis, sibi et
« heredibus suis per censualem redditum
« quem debent ad usus et consuetudines
« castelli, videlicet in recta burgesia, sicut
« ego inquisivi quod ipsi tenuerunt a tem-
« pore Henrici regis; tali conditione quod
« non poterunt de cetero aumentari in
« meis liberis feodis ad istas consuetudi-
« nes sine assensu meo et heredum meo-
« rum. Quod ut ratum et stabile per-
« maneat, presens scriptum, sigilli mei
« munimine confirmavi. Actum anno gra-
« cie millesimo ducentesimo vicesimo
« tercio. » (Or. et *Cart. de Nonancourt*,
n° 2.)

Le même Robert de Courtenai, par une
autre charte du mois de septembre 1230,
quitta et déchargea les bourgeois de Nonancourt du droit seigneurial de fouage.

1230. « Ego Robertus de Curtiniaco,
« dominus Nonencurie, notum facio uni-
« versis presentes litteras inspecturis quod
« ego quittavi foagium de me et heredi-
« bus meis burgensibus Nonencurie et
« omnibus hominibus burgesie ejusdem
« ville in eadem burgesia residentibus,
« tali modo quod ego nec heredes mei
« predictis hominibus et heredibus eorum-
« dem de cetero predictum foagium petere
« non possumus. Concessi etiam predic-
« tis burgensibus quod ipsi tenebunt de
« cetero de me et heredibus meis ad usus
« et consuetudines, sicuti usque nunc

« tenuerunt; salvo jure alieno. In cujus
« rei testimonium, presentes litteras sigilli
« mei munimine confirmavi. Actum anno
« Domini m° cc° xxx°, mense septembri. »
(Or. et *Cart. de Nonancourt*.)

Le maire et la communauté des habitants de Nonancourt, par une transaction
du mois d'août 1255, accordèrent aux
abbé, prieur, religieux et couvent de
l'Estrée le droit de vendre leurs vins en
ladite ville exempts de tous droits. Ceci
nous montre que la ville de Nonancourt
avait alors la disposition des droits sur
les vins.

Robert de Courtenai, évêque d'Orléans,
seigneur de Nonancourt, etc., à la requête
des habitants de Nonancourt, les déchargea, par une charte de décembre 1273,
de l'obligation de fournir gratuitement
des chevaux et des lits à lui et à ses gens,
et fixa l'indemnité qui leur serait payée
désormais. Par cette même charte, il leur
accorda la liberté de pendre des cloches
dans leur maison de ville :

« Universis presentes litteras inspectu-
« ris, Robertus, divina miseratione Au-
« relianensis episcopus, dominus Nonan-
« curie et Danville, salutem in Domino
« sempiternam. Querimoniam majoris et
« communitatis burgensium nostrorum
« de Nonancuria recepimus, continentem
« quod nos et gentes nostre, equos, cul-
« citras et alia utensilia eorumdem, que
« nobis et nostris pro tempore fuerunt
« necessaria, absque aliquo pretio a nobis
« vel gentibus nostris pro dictis equis, cul-
« citris et utensilibus imposito seu statuto
« usque ad hec tempora in castro nostro
« de Nonancuria cepimus, seu capi fect-
« mus, in eorumdem dispendium, preju-
« dicium et gravamen; unde nobis, ex
« parte ipsorum, fuit humiliter supplica-
« tum ut eorumdem ydempnitati super
« hoc providere misericorditer dignare-
« mur, ad instar illustris regis Francie,
« qui, in villa sua de Vernolio, equos, cul-
« citras et alia utensilia burgensium dicti
« loci sub certo pretio capi facere consue-
« vit. Nos igitur, eorum precibus incli-
« nati, volumus, concedimus et statui-
« mus ac etiam prohibemus ne de cetero
« equi, culcitre dictorum burgensium a
« nobis vel gentibus nostris, heredibus
« vel gentibus nostris, seu successoribus,
« absque certo pretio de cetero capiantur,
« sed in captione dictarum rerum pro
« eisdem reddatur pretium sic statutum,
« videlicet, pro quolibet equo duodecim
« denarii parisienses; pro culcitra et pul-
« vinari et duobus linteaminibus duo de-
« narii parisienses. Insuper volumus et
« benigniter concedimus ac eciam damus

« licentiam dictis burgensibus appen-
« dendi campanas suas, quandocumque
« voluerint, in platea domus communis
« de Nonancuria deputate. In cujus rei
« testimonium et memoriam, presentibus
« litteris sigillum episcopatus nostri, una
« cum sigillo baronie nostre de Nonan-
« curia, duximus appendendum. Datum
« anno Domini millesimo ducentesimo
« septuagesimo tertio, mense decembris,
« die martis post festum Beati Nicholai
« hyemalis. » (*Or. et Cart. de Nonancourt*,
« n° 6. Fragment de sceau brisé.)

Ajoutons en passant qu'il y avait anciennement dans le beffroi de l'ancien
hôtel de ville de Nonancourt une cloche
que l'on nommait le *Sault du maire*. Cette
cloche avertissait le maire lorsqu'il devait
se rendre à l'hôtel de ville.

L'abbé et le couvent de Saint-Taurin
d'Évreux, par une transaction datée de
1290, affranchirent les bourgeois et habitants de Nonancourt de tous droits et
coutumes à la foire de Saint-Laurent,
proche Marcilli-sur-Eure, au moyen
d'une redevance annuelle de 5 sous tournois, sans que, pour raison de cette redevance, les habitants de Nonancourt,
leurs maire et communauté fussent tenus
de faire hommage aux dits couvent et
abbé de Saint-Taurin et à leurs successeurs. Lesdites foires n'existent plus.

1290. « A touz ceus qui ces lettres ver-
« ront ou orront, le baillif de Maante et
« le baillif de Conches et de Nonnancort,
« et le mere de la communne de Nonan-
« cort, manans dedenz les portes de la-
« dite ville, salus en notre seignor. Sa-
« chent touz que, comme contenz fust
« meu entre nos mere et commune de-
« vant diz, d'une part, et homes religious
« et honeste l'abbé et le couvent de Saint
« Taurin d'Evreux, d'autre, sus que
« lesdiz religieux demandoient à avoir
« coustume de nos mere et des homes de
« ladite commune, mananz dedens les
« portes desusdites, qui achatoient ou
« vendoient en la foire ausdiz religieus
« de Saint Lorenz en la Campagne joste
« Marcilly, ausi comme des autres qui en
« ladite foire achatoient ou vendoient ;
« nos mesre et commune devant diz di-
« sanz le contraire, et proposant nos non
« pas être tenuz à paier ladite coustume,
« ne les homes de Nonnancort devant
« diz qui achateroient et vendroient en
« ladite foire, par bones resons que nous
« avion ; à la parfin, après leur plest eu
« entre nos et lesdit religieus, du conseil
« de bono gent et de sages, fu fet pes en-
« tre nos et lesdits religieus, en tele ma-
« niere, que nos mere et commune de-

« vant diz ou notre commandement pae-
« ron desoreenavant (et) seron tenuz à
« paier audiz religieus ou à lor comman-
« dement chascun an, en ladite foire de
« Saint Lorenz, dedenz houre de medi,
« cinc souz de tournois de rente anous, à
« peine de cinc souz de tournois à paier de
« noz et de noz successors ou de nostre
« commandement audiz religieus ou à lor
« successors ou à lor commandement,
« avec les cinc souz de rente principaus,
« se nos defallons de paier les devant
« diz cinc souz de rente en la maniere
« que il est devant dit ; et seron tenuz
« noz et noz successors à rendre et à
« restorer audiz religieus ou à lor com-
« mandement touz les cous et touz les de-
« mages que lesdiz religieux ou leur com-
« mandement feroient ou avoient desore
« en avant en porchaçant la rente et la
« peine devant dites ; et en sera le mes-
« sage ausdiz religieus creu par son leal
« voir dit. Et porront lesdiz religieus ou
« lor commandement en lor devant dite
« foire, après ladite houre de medi pas-
« sée, por ladite rente non pas paiee,
« si comme il est desus dit, et por la
« paine commise et por les cous et les
« demages desus diz, justicer les devant
« diz homes de Nonancort et prendre
« nans desdiz homes, à lor volenté, de
« touz ceus que lesdiz religieus ou leur
« commandement trouveront en ladite
« foire, tant à la cornee (?) que nos des-
« fandron des choses desus dites, ou
« d'une d'icelles, comme por les defauces
« que nos aurons faites d'enteriner les
« choses dessus dictes des ances passées.
« Et se mestier estoit, avec tout san (?),
« quand à remplir et fermement garder
« les choses dessus dites, nos obligons
« nos et noz successors à estre contrainz
« et justicey par le baillif sus qui justice
« nos seron, sanz debat et sanz contredit
« que nos i puission jamès mestre ne fere
« mestre par nos ne par autre, en tele
« maniere que por les cinc souz de rente
« desusdiz nos ne seron pas tenuz dès ore
« en avant à fere hommage audiz reli-
« gieus ou à lor successors ; et en tele
« maniere que por fere les choses dessus
« dites nos mere et touz les homes et les
« femes de ladite commune manans de-
« danz les portes de ladite ville de No-
« neancort dessus diz tant solement, et
« qui dès ore en avant i viendront, seront
« quites à touz jors mès de paier ladite
« coustume en la foire de Saint Lorenz
« dessus dite. Et que ce soit ferme et es-
« table, nos avon mis en ces lestres le
« seel de la commune de Nonancort, et
« nos devant diz le baillif de Maante et

« le bailif de Conches et de Nonancourt,
« que ce soit ferme et estable à tous ave-
« nir, avons mis, à la requeste des parties
« devant dites, les sceaus de la baillie de
« Mainte et de la baillie de Conches et
« de Nonancourt, sauf le droit nostre sei-
« gnor le roy et l'autrui. Ce fut fet l'an
« de grasce mil deus cens quatre vinz et
« dis, le samedi apres feste Saint Barna-
« bé l'apostre. » (*Cart. de Saint-Taurin.*)

Avant de passer outre nous allons citer une charte de 1237 constatant un accord entre Robert de Courtenai et le couvent de Saint-Taurin d'Evreux :

« Notum sit universis presentibus et
« futuris quod, cum contentio verteretur
« inter me Robertum de Cortiniaco, Fran-
« cie buticularium et dominum Nonan-
« curie, ex una parte, et abbatem et con-
« ventum Sancti Taurini Ebroicensis, ex
« altera, super auxiliis que ab hominibus
« suis de Ciconia, elemosina eorumdem,
« exigebam, ratione filii mei primogeniti
« facti militis, filie mee maritande, cor-
« poris redimendi et aliis que ad me di-
« cebam pertinere in predicta villa, sopita
« est in hunc modum ; videlicet quod
« ego omnia predicta quietavi et omnino
« remisi et omnia alia que ad manum
« meam et heredum meorum possent in
« posterum evenire, exceptis corveis be-
« dorum et plessirum usitatis, et exceptis
« regalibus consuetudinibus ad regem
« tantum modo pertinentibus ; ita tamen
« quod nec ego nec aliquis meorum he-
« redum in dicta elemosina aliquid de
« cetero poterimus reclamare, exceptis
« suprascriptis, nobis specialiter, ut supe-
« rius expressum est, reservatis. Hoc et
« feci de voluntate et assensu Petri de
« Cortiniaco, filii mei primogeniti, militis,
« qui una cum sigillo meo, ad perpetuam
« securitatem, sigillum suum presenti
« carte apposuit. Actum anno Domini
« millesimo ducentesimo tricesimo septi-
« mo, apud Conchas, mense julio. »

Cette charte fut confirmée en 1243 par son fils cadet, Robert de Courtenai, clerc, seigneur de Nonancourt.

Philippe, fils ainé du comte d'Artois, sire de Conches, de Nonancourt et de Mehun-sur-Yèvre, reconnut, par une charte donnée au mois de juillet 1293, que la rue du Bourgauthier de Nonancourt était de la commune du maire et bourgeoisie de Nonancourt, et que ces derniers en jouiraient dorénavant sans contredit de lui ni de ses hoirs.

Cette rue du Bourgauthier est le faubourg de Nonancourt, hors la porte de Dreux.

Pierre de Navarre, comte de Mortain, lieutenant de son très-redouté père et seigneur le roi de Navarre dans les terres qu'il avait au royaume de France, par une charte du 1er décembre 1377, manda au bailli d'Evreux ou à son lieutenant de faire bailler et delivrer les clefs des portes de la ville de Nonancourt au maire de ladite ville, « pour les garder au
« bien et au profit de son dit seigneur et
« des habitants de ladite ville, ou mieux
« que faire se pourroit, en faisant faire
« le serment audit maire de la garde des-
« dites clefs ainsi qu'il seroit à faire. »

Guillaume Le Maire, lieutenant général de noble homme Pierre de Hargeville, chevalier, bailli d'Evreux, de Beaumont-le-Roger et d'Orbec, sur l'exposé de Gilles Le Moctayer, maire, et des bourgeois de Nonancourt, « que de tout temps ils avoient
« accoutumé de sceller es faits de la juri-
« diction et autres choses touchant le fait
« de leur mairie, de sceaux notables de
« belle grandeur et de belle apparence,
« l'un plus grand, l'autre plus petit, que
« lesdits sceaux avoient été perdus, et que
« par l'inadvertance de feu sire Blaise
« Morel, lors maire, il en avoit été fait
« deux autres de plus petite essence et
« grandeur, » a, par une sentence du dernier jour de juillet 1393, donné congé et licence aux maire, pairs et bourgeois de Nonancourt, de faire faire « autres
« sceaux de tel tour et de telle grandeur
« comme il leur plairoit, et d'en user
« comme des autres, pourvu que la gra-
« vure en soit telle sans muer ou chan-
« ger que de grandeur, comme celle de
« ceux dont ils usoient alors et qu'ils se-
« raient cassés ou rompus. »

Jehan Tardif, vicomte d'Evreux et de Nonancourt, par sa sentence du 26 février 1405, déchargea les bourgeois et chefs d'hôtels résidants et demeurants es termes de la bourgeoisie de Nonancourt du payement du fouage et monnayage, et leur accorda mainlevée des saisies qui pourraient pour ce avoir été faites. Simon Letellier était alors maire de Nonancourt.

Charles VI, roi de France, par lettres patentes données à Paris le dernier jour de février 1410, ordonna, sur la plainte des maire, bourgeois et habitants de Nonancourt, du grand dommage que les connils (lapins) qui étaient en la garenne de Nonancourt faisaient au vignou de ladite ville, qui formait son principal revenu, que, « premièrement et avant toute œuvre, les gens et officiers dudit seigneur roi, audit lieu de Nonancourt, feraient faire dedans Noel lors prochain les plessis autour de la Guette (pavillon servant de rendez-vous de chasse), et autres lieux de ladite garenne où les connils soulaient être d'ancienneté, ès lieux où ils verraient être nécessité de plessier : que pour ce faire, payeraient lesdits habitants, pour cette fois, aux dits officiers la somme de quatre livres parisis, et qu'après les connils qui se trouveraient au vignon de ladite ville, et à l'environ jusqu'à un trait d'arbalète, seraient chassés et prins par les dits gens et officiers du roi et mis ès autres lieux de ladite garenne ou vendus au profit de Sa Majesté, dedans la Chandeleur en suivant, selon qu'il leur semblerait plus expédient et profitable pour le roi, et ce fait, les terriers qui étaient audit vignon et à l'environ jusqu'au dit trait de l'arbalète seraient rompus et dépecés, et s'il demeurait après ce aucuns connils audit vignon jusqu'au dit trait d'arbalète, ou s'il y en retournait aucuns au temps à venir, lesdits habitants les pourraient chasser ou prendre en la présence d'aucuns des gens et officiers du roi, et les connils qu'ils prendraient bailleraient auxdits officiers pour les vendre ou mettre ès autres lieux de ladite garenne au profit du roi; et néanmoins pourraient lesdits habitants, toutefois que bon leur semblerait, ladite Chandeleur passée et en l'absence des gens du roi, chasser lesdits connils et dépecer les terriers ès lieux dessus déclarés, pourvu que, si en ce faisant ils prenaient ou tuaient aucuns desdits connils, ils seraient tenus de les bailler morts ou vifs auxdits officiers du roi; et pour aider à défrayer lesdits gens et officiers qui cette première fois auraient chassé et prins lesdits connils, iceux habitants leur payeraient la somme de dix livres tournois pour cette fois seulement; et si seraient tenus lesdits habitants payer et payeraient chacun an, dorénavant, au terme de Saint-Rémy à la vicomté d'Évreux la somme de dix livres tournois de rente, tant comme ils jouiraient de ladite provision, laquelle rente ou ce qui en serait nécessité serait converti à faire et à soutenir chacun an lesdites plesses, afin que lesdits connils se tiennent plus volontiers, sans retourner ès dites vignes. »

Roger Boucher était maire de ladite ville, lors de l'obtention desdites lettres; Jean de Ferrières l'était lors de la vérification et entérinement.

« Charles VII, roi de France, par lettres patentes données à Caen le 16 juillet 1450, confirma les priviléges et libertés dont jouissaient les bourgeois de Nonancourt avant la descente des Anglais, qui avaient entièrement ruiné la ville, longtemps inhabitée depuis, mais qui se repeupla de la majeure partie des anciens habitants. A la demande de ces habitants, le roi ordonna qu'on déterminât par une enquête quels étaient les priviléges et libertés réclamés, et les accorda.

« Charles, par la grâce de Dieu roy
« de France, au bailli d'Évreux ou à son
« lieutenant, salut. L'umble supplication
« des bourgeois et habitants de la ville
« de Nonancourt en votre bailliage avons
« receue, contenant que, d'ancienneté, par
« noz prédécesseurs furent données et
« octroyées aux bourgeois et habitants de
« lad. ville, et à leurs successeurs tous
« droits, franchises, priviléges et libertez
« [que] de nous avoient les bourgeois et
« habitants de la ville de Verneuil, qui
« n'est distante que de quatre lieues ou
« environ d'icelle ville de Nonancourt,
« de squelz priviléges, franchises et liber-
« tez lesdiz supplians ont de tout temps
« jouy, et en joissoient paisiblement au
« temps de la descente des Anglois, noz
« anciens ennemis, en notre païs et du-
« ché de Normandie, et jusques à ce que
« à l'occasion des guerres, pource que la
« dicte ville est ville plate et non close,
« lesd. supplians, par la fortune de la
« guerre, n'ont peu résider en icelle, mais
« dès vingt ans à se sont absentez d'icelle
« et alez demourer en plusieurs et divers
« lieux, les ungs en notre obéissance, et
« les autres ailleurs où ilz ont peu trouver
« manière d'avoir leur vie, et est demou-
« rée icelle ville par long temps inhabitée;
« et jusques à naguaires que aucuns desd.
« supplians y sont retournez, les autres
« sont encore dispers en plusieurs lieux,
« où ilz sont encore demourés; lesquieux
« retourneroient volentiers en ladicte vil-
« le, mais ils doubtent que, obstant ce et
« durant ce que ladicte ville a esté ainsi
« inhabitée, ilz n'ont pas joy de leursd.
« priviléges, et aussi que, par la for-
« tune de la guerre, leurs chartres qu'ilz
« avoient de leursdiz priviléges, fran-
« chises et libertez ont esté perdues, l'en
« [fasse] difficulté de les en laisser jouir,
« et que l'en leur vueille mettre empês-
« chement en iceulx, laquelle chose seroit
« en leur grant prejudice et dommaige, et
« ou retardement de la repeupulation d'i-
« celle ville, si sur ce ne leur estoit pour-
« veu de notre généreux et convenable
« remède, si comme ilz dient, requerant
« humblement icelles. Pourquoy, nous, c's
« choses considérées, désirans la repeupu-
« lation de ladite ville, voulans noz subgiez
« retourner et jouir chacun en ses droiz,
« priviléges, franchises et libertez, vous
« mandons et, pource que la dicte ville est

« assise en votre dit bailliage, connoissons,
« se mestier [est], par ces présentes que,
« se, appelé notre procureur oudit bail-
« liage, il vous apparoist deuement que les-
« dits supplians, au temps de ladicte des-
« cente de nosd. ennemis en notre pais de
« Normandie, joissent et usassent et aient
« acoustumé d'ancienneté de joïr et user
« de telz privilèges, franchises et libertez
« comme la d. ville de Verneuil, vous iceulx
« supplians faittes, souffrez et laissiez joïr
« et user plainement et paisiblement de
« leursdits privilèges, droiz, franchises et
« libertez, tout et ainsi et par la fourme et
« en tant qu'il vous apperra qu'ilz en joïs-
« soient paisiblement au temps de ladicte
« descente de nosd. ennemis en notre dict
« pais, et qu'ilz avoient acoustumé de joïr
« d'ancienneté par avant icelle descente,
« sans leur mettre ou donner ne souffrir
« estre mis ou donné aucun destourbier
« ou empeschement au contraire, car ainsi
« nous plaist-il estre fait. Et aussi sup-
« plians l'avons octroié et octroyons de
« grâce especial par ces présentes, non
« obstant quelzconques lettres subreptices
« impétrées ou impétrer à ce contraires.
« Donné à Caen, le XVIII° jour de juillet,
« l'an de grace mil CCC cinquante, et de
« notre règne le XXVII°. »

« Par le roy, à la relation du conseil;
« Macher. »

(Or., sceau enlevé. *Cart. de Nonancourt*, n° 30.)

Charles VIII confirma, en mai 1484, les habitants de Nonancourt dans les droits, prérogatives, libertés, franchises dont ils jouissoient sous ses prédécesseurs.

Même confirmation par Louis XII, en février 1501; par François Ier, au mois d'octobre 1516; par Henri II, en mars 1547; par François II, le 30 avril 1560, et Henri III, le 13 mai 1575.

La chambre des comptes, par son arrêt du 19 avril 1580, déchargea les habitants de Nonancourt et leur procureur de compter en ladite chambre de leurs deniers patrimoniaux.

Henri IV, en son conseil tenu à Caen le 18 avril 1591, permit aux habitants de Nonancourt de rétablir leurs portes et murailles en la forme qu'elles ont été ci-devant, sans autres fortifications, ordonne une enquête sur les méfaits commis sur les habitants par des gens de guerre sans aveu et ordonne à tous capitaines et gens de guerre de payer les vivres et objets que lesdits habitants consentiraient à leur vendre;

« Henry, par la grâce de Dieu roy de
« France et de Navarre, à tous présents
« et advenir, Salut : Sçavoir faisons
« que nous, inclinans libéralement à la
« supplication et requeste qui faicte nous
« a été par nos chers et bien amez les ma-
« nans et habitants du lieu et ville de
« Nonancourt, bailliage d'Evreux, et dé-
« sirant, suivant le vouloir de nos prede-
« cesseurs roys, les bien et favorablement
« traicter, et entretenir en leurs privi-
« leges, franchises et libertez, à iceulx
« supplians, pour ces causes, et autres
« bonnes considérations à ce nous mou-
« vans, avons continué et confirmé, con-
« tinuons et confirmons, et de nouvel,
« en tant que besoing est ou seroit, donné
« et octroyé, donnons et octroyons de
« noz certaine science, plaine puissance
« et auctorité royal, par ces présentes,
« tous et chacuns les privilèges, droictz,
« coustumes, prérogatives, prééminences,
« libertez, usages et franchises à eulx cy
« devant octroyez par nosdits prédéces-
« seurs roys, et desquelz ils seront ap-
« paroir avant que de joyr de l'effet d'i-
« ceulx, pour en joyr et user par culx et
« leurs successeurs d'oresnavant plaine-
« ment, paisiblement et perpétuellement
« tant et si avant et par la mesme forme
« et manière qu'ilz et leurs prédécesseurs
« en ont par cydevant bien et deuement
« joy et usé, jouissent et usent encores de
« présent, et par mesme moyen leur avons
« suivant l'advis de notre très cher et très
« amé cousin le duc de Montpensier, gou-
« verneur et notre lieutenant général au
« gouvernement de Normandie, permis
« et permettons faire relastir et restablir
« les portes et murailles de ladite ville de
« Nonancourt, en la forme qu'elles ont
« esté cydevant et sans autres fortifi-
« cations. Si donnons en mandement à
« noz amez et feaulx les gens tenans nostre
« court de parlement à Rouen, bailly
« d'Evreux ou son lieutenant et autres noz
« justiciers et officiers qu'il appartiendra,
« que de noz présens, grâce, continua-
« tion, confirmation, don et octroy et
« permission ilz facent, souffrent et laissent
« joyr et user lesdits supplians et leurs
« successeurs plainement, paisiblement
« et perpétuellement, cessans et fai-
« sant cesser tous troubles et empesche-
« ments au contraire; car tel est notre
« plaisir. Et afin que ce soit chose ferme
« et stable à toujours, nous avons faict
« mettre notre scel à cesdites présentes,
« sauf en autres choses notre droict et
« l'autruy en toutes. Donné à Paris, ou
« moys de may, l'an de grace mil cinq
« cents quatre vingts quatorze, et de notre
« règne le cinquiesme. Par le roy. Signé
« Voccuray, et scellé de cire verte en lacs

« de soye rouge et verte, et sur la fin du
« mesme reçu y est escript : *Visa. Contendur.*
« Signé BONNET. »
(*Cart.*; n° 51.)

Henri IV confirma aussi les privilèges de Nonancourt par lettres patentes de mai 1594; Louis XIII, en mars 1611, et Louis XIV, en août 1643.

Lesdits habitants de Nonancourt ont obtenu du même roi Louis XIV, au mois de mai 1656, des lettres patentes d'amortissement de leurs biens, droits et possessions tant nobles que roturiers. Ils ont payé pour cet amortissement la somme de 4,742 livres.

Par arrêt du conseil d'Etat du 21 juillet 1671, Louis XIV confirma leurs privilèges, les déchargea de la recherche du franc alleu, franc bourgage et franche bourgeoisie en payant la somme de 3,000 livres.

Les habitants de Nonancourt, pour être confirmés en la jouissance des droits qu'ils percevaient aux foires et marchés, devaient payer en exécution de l'édit de février 1696 la somme de 330 livres, le 6 août 1698, plus 30 livres pour les 2 sous pour livre.

La taille arbitraire étant trop lourde pour les habitants de Nonancourt, Louis XV leur accorda l'établissement de la taille proportionnelle ainsi qu'il suit : pour 3 ans, le 8 juillet 1720; pour 6 ans, le 21 mai 1723; pour 6 ans, le 28 septembre 1729; pour 9 ans, le 22 février 1735; pour 20 ans, le 12 octobre 1745, et pour 20 ans, le 5 novembre 1765.

IV.

Entrons maintenant dans quelques détails sur l'élection du maire et des autres officiers municipaux de la ville de Nonancourt.

L'élection du maire de la ville se faisait chaque année, le jour de la Pentecôte, anciennement en l'assemblée générale des habitants, et le maire élu allait faire le serment de féauté entre les mains de Sa Majesté ou du chancelier, ou en la chambre des comptes.

On trouve aux archives de l'hôtel de ville de Nonancourt :

1° L'acte du serment prêté par Guillaume de Pardieu le 2 mars 1348, à Bréval, entre les mains de Jeanne, fille du roi de France, reine de Navarre, comtesse d'Evreux, de Mortain et de Longueville. Elle était fille unique du roi Louis X, dit le Hutin, et de Marguerite de Bourgogne; elle avait épousé Philippe, comte d'Evreux, fils de Louis de France, comte d'Evreux, qui était fils du roi Philippe III, dit le Hardi;

2° Les actes des serments prêtés par Jacques Martin, en la chambre des comptes, à Paris, le 3 septembre 1463, et entre les mains de M. le chancelier Guillaume Juvénal des Ursins, à Montargis, le 13 juin 1466;

3° L'acte du serment prêté par Nicolas Le Chéron, à Paris, entre les mains de M. le chancelier Guillaume de Rochefort, le 18 juin 1492, et en la chambre des comptes, le 12 juillet 1494.

Depuis l'édit de Crémieu, donné par François Ier le 19 juin 1536, l'élection des officiers municipaux a été faite à Nonancourt, comme ailleurs, devant le premier juge du bailliage d'Evreux.

La première élection, qui paraît avoir été faite devant le lieutenant particulier du bailli d'Evreux au siège royal de Nonancourt, est celle du sieur Nicolas Le Chéron, maire de Nonancourt, datée du jour de la Pentecôte 13 mai 1554.

Depuis cette première élection, tant que les officiers municipaux n'ont point été créés en titre d'office, ils ont été élus chaque année le jour de la Pentecôte, en l'hôtel de ville, devant le premier juge du bailliage royal de Nonancourt, par trois corps d'habitants.

Autrefois le prieur de l'Hôtel-Dieu se trouvait avec le premier juge pour recevoir les suffrages des habitants.

Le premier corps, composé de douze notables habitants nommés conseillers de ville, autrefois nommés pairs, lesquels, suivant un ancien usage, avaient chacun quatre voix.

Le second, composé de vingt-quatre autres habitants, dits les Vingt-Quatre, lesquels aussi suivant un ancien usage, avaient chacun deux voix.

Le troisième, composé de cinquante habitants, nommés la Cinquantaine, lesquels n'avaient que chacun une voix.

Ceux qui composaient le troisième corps se trouvaient sous les armes aux processions générales et à toutes les cérémonies publiques. Le plus ancien membre était de droit capitaine. On choisissait le lieutenant, l'enseigne et autres officiers. L'uniforme avait été adopté en 1777. Si un conseiller de ville venait à décéder, les autres étaient obligés, pour le remplacer, de choisir son successeur habitant dans le corps des Vingt-Quatre. Ceux-ci, pour remplir les places qui vaquaient dans leur corps, ne pouvaient prendre des sujets que dans la cinquantaine, laquelle pour remplir son corps choisissait parmi les autres habitants ceux qu'elle jugeait les plus dignes.

Les habitants qui n'étaient point dans l'un de ces trois corps n'avaient aucune voix dans les élections.

D'après cette coutume, qui subsistait de temps immémorial, nul bourgeois ne pouvait parvenir à être conseiller de ville sans avoir passé par la Cinquantaine et ensuite par le corps des Vingt-Quatre.

Par un usage également très-ancien, le maire et les deux échevins étaient toujours pris dans le corps des conseillers de ville.

Le procureur syndic ou d'office était choisi ou dans ce premier corps ou dans celui des Vingt-Quatre.

En différents temps, le roi, pour soulager les besoins de l'État, érigea les offices municipaux en titre d'office. Tel avait été l'objet en dernier lieu par édit du mois de novembre 1771. Le nombre des offices créés par cet édit pour la ville de Nonancourt consistait en un office de maire, un office de lieutenant de maire, deux offices d'échevins, deux offices d'assesseurs, un office de procureur du roi, un office de greffier secrétaire, un office de receveur et un office de contrôleur.

La finance de ces offices avait été fixée à la somme de 8,360 livres; mais un sieur Le Boue, greffier du bailliage de Nonancourt, ayant levé l'office de secrétaire-greffier garde des archives, moyennant la somme de 400 livres, les bourgeois de Nonancourt furent admis par arrêt du conseil du 7 juillet 1773 à rembourser ledit sieur Leboue de sa finance en principal et intérêts, et par le même arrêt les autres offices créés ont été unis à la communauté moyennant la somme de 4,200 livres, à laquelle somme Sa Majesté, voulant traiter favorablement les dits bourgeois de Nonancourt, avait modéré la finance des dits offices.

V.

Les juridictions qui s'exerçaient à Nonancourt étaient:

1° Un bailliage royal, démembré du grand bailliage d'Evreux;

2° Une maîtrise particulière des eaux et forêts;

3° La juridiction de l'hôtel de ville.

I. Le bailliage royal portait la dénomination de bailliage de Nonancourt et d'Ezi. La vicomté y avait été unie par l'édit du mois d'avril 1749. Ce bailliage était divisé en deux sièges, celui de Nonancourt et celui d'Ezi.

Le siége de Nonancourt tenait ses séances le mercredi, et le siége d'Ezi le lundi de chaque semaine.

Les juges étaient obligés autrefois de se transporter à Ezi; mais par lettres patentes du roi, données au mois de mars 1727 et enregistrées au parlement de Rouen le 26 août 1729, ils furent autorisés à tenir le siége d'Ezi à Nonancourt.

Les officiers de ce bailliage pour l'un et l'autre des dits siéges étaient: un lieutenant particulier du bailli d'Evreux, tant pour le civil que pour le criminel; un lieutenant général de police, un conseiller assesseur, commissaire examinateur; un avocat et procureur du roi; deux greffiers civils et criminels, l'un pour le siége de Nonancourt, l'autre pour le siége d'Ezi; trois procureurs qui postulaient en l'un et l'autre siége, un premier huissier audiencier et deux sergents nobles.

Dans le ressort de ce bailliage étaient les notariats royaux de Nonancourt, Illiers, Ivri et Ezi.

Les lieux et paroisses en première instance du siége de Nonancourt étaient:

1° Les parties des paroisses de Saint-Martin et de la Madeleine-de-Nonancourt qui n'étaient point en bourgeoisie;

2° La totalité des paroisses de Droisi et de Coudres;

3° La paroisse de la Sogne, à l'exception de la partie qui était en la mouvance du fief des Arches; cette partie dépendait de la haute justice de Saint-André-en-la-Marche;

4° Les parties de Marcilli-la-Campagne qui étaient en la mouvance des fiefs de Tranchevilliers, de Merbouton, du Moussel et de Coupigni; le surplus de Marcilli-la-Campagne était de la vicomté seigneuriale de Breteuil ou de la haute justice de Condé-sur-Iton;

5° La partie de la paroisse de Creton qui était en la mouvance du fief du Bois-Girou; le surplus de la paroisse de Creton était de la vicomté seigneuriale de Breteuil;

6° La partie de la paroisse d'Illiers qui était en la mouvance du fief du Perron;

7° La partie de la paroisse de la Madeleine-d'Heudreville (Mesnil-sur-l'Estrée) qui était en la mouvance du prieur de Saint-Martin-d'Heudreville et en celle du fief de la Brière;

8° La partie de la paroisse de Dampierre-sur-Avre qui était en la province de Normandie.

La seule juridiction de l'hôtel de ville de Nonancourt ressortissait par appel au siége royal de Nonancourt. Le siége royal d'Ezi, séant à Nonancourt, n'avait en première instance que la paroisse d'Ezi et une partie de celle de Croth.

II. La maîtrise particulière des eaux et forêts, sous le titre « de maîtrise particulière des eaux et forêts de Pacy, ès châtellenies de Pacy, Ezy et Nonancourt, » avait été érigée par l'édit du mois de mai 1679, après la suppression de la maîtrise royale d'Évreux, par suite de l'échange du comté d'Évreux fait par le roi avec M. le duc de Bouillon, contre sa principauté de Sédan, en 1651.

Cette maîtrise était exercée par un maître particulier, un lieutenant, un procureur du roi, un garde-marteau, un greffier, un receveur des amendes, un premier huissier audiencier, un garde général, un garde soucheteur, un garde-fleuve, et deux gardes traversiers.

Les juges de cette maîtrise tenaient leurs audiences alternativement le lundi de chaque semaine, à Pacy et à Nonancourt.

Il n'y avait point d'autre maîtrise royale dans l'étendue du bailliage d'Évreux.

III. La juridiction de l'hôtel de ville dont les appels ressortissaient au siège royal du bailliage de ladite ville, et qui par un privilége particulier connaissait de toutes les causes réelles, personnelles et mixtes mues entre les habitants de ladite ville et bourgeoisie de Nonancourt, pourvu qu'il n'y eût clameur de haro et qu'il ne s'agît point de crime, était administrée gratuitement par le maire de la ville, par les échevins et autres officiers municipaux.

Dès l'an 1277, le maire de Nonancourt et ses pairs exerçaient une juridiction, puisque par un acte donné en l'officialité d'Évreux, le samedi d'avant le dimanche *Oculi*, en ladite année (acte qui se trouve aux archives dudit hôtel de ville), les administrateurs de l'Hôtel-Dieu de Nonancourt cédaient au maire et à ses pairs un bâtiment pour y exercer la justice.

On trouve aux mêmes archives différents titres et actes confirmatifs de ce droit de juridiction :

1° Une sentence du bailli d'Évreux, du 21 janvier 1351, contradictoirement rendue entre le procureur du roi de Navarre (Charles II dit le Mauvais), qui était alors seigneur de Nonancourt, d'une part, et les maire et bourgeois de Nonancourt, d'autre part; par laquelle sentence main-levée est donnée au maire de Nonancourt de l'empêchement à lui mis en l'exercice de la justice.

Guillaume de Pardieu était alors maire de Nonancourt.

2° Des lettres patentes du roi Charles VII, données à Tours le 21 mars 1452, par lesquelles les bourgeois de Nonancourt furent confirmés dans leurs droits de justice, laquelle était déclarée tenue du roi à foi et hommage. Ces lettres patentes sont adressées au bailli d'Évreux ; pour faire jouir, après information faite par lui, les dits bourgeois de leur dite justice, de même qu'ils en jouissaient avant la descente des Anglais en Normandie, nonobstant le bref de nouvelle dessaisine (dépossession) contre eux levé par le procureur du roi au bailliage d'Évreux, la perte de leurs titres et le laps de temps qu'on aurait pu leur opposer ; dont Sa Majesté les a relevés par grâce spéciale.

3° L'enquête faite en conséquence desdites lettres patentes par le bailli d'Évreux le 9 octobre 1453 et autres jours, tant par titres que par témoins, appelé Jean Chevestre, procureur du roi audit bailliage d'Évreux. Par cette enquête il est pleinement prouvé que le maire de Nonancourt, avant la descente des Anglais, connaissait des causes civiles des bourgeois de ladite ville et autres, le cas offrant, et des matières réelles concernant les héritages situés en la mairie de ladite ville, pourvu qu'il n'y eût clameur de haro, et que le maire après son élection allait faire le serment de féauté entre les mains du roi ou du chancelier.

4° Des lettres patentes données à Tours par le roi Louis XI, le 3 décembre 1464, portant nouvelle confirmation de la justice de ladite mairie, déclarée tenue pareillement du roi à foi et à hommage. Ces secondes lettres patentes et celles du roi Charles VII ont été vérifiées suivant une sentence du bailli d'Évreux du 28 janvier suivant, par laquelle les maire et bourgeois de Nonancourt ont été maintenus dans leur mairie pour en jouir comme ils faisaient avant la descente des Anglais, nonobstant le contredit et empêchement le vicomte d'Évreux.

Jacques Martin était alors maire de Nonancourt.

5° Un arrêt de l'Échiquier de Normandie du 12 mars 1509, qui casse et annule un mandement décerné par Jean Louvel, lieutenant du bailli d'Évreux, qui faisait défense au maire de Nonancourt de connaître d'aucunes causes nobles et héréditaires.

Le sieur Jacques Fortin était alors maire de Nonancourt.

6° Un arrêt du parlement de Paris, du 22 mai 1533, qui accorde main-levée aux habitants de Nonancourt de la saisie en réunion au domaine du roi, faite à la requète du procureur général de la justice de la mairie de Nonancourt.

7° Une sentence rendue aux assises du bailliage de Nonancourt, le 5 février suivant, qui accorde pareille mainlevée sur les conclusions du procureur du roi.

Samson Fortin était alors maire de Nonancourt.

8° Un second arrêt du parlement de Paris, du 20 juillet 1566, entre le procureur général, demandeur en saisie et réunion au domaine du roi, de la justice et mairie de Nonancourt, exhibition et communication des titres justificatifs d'icelle : Jean Legrand, lieutenant du bailli d'Evreux au siège d'Ezi et de Nonancourt, reçu partie intervenante pour son intérêt, d'une part ; et les maire, échevins, bourgeois et habitants de Nonancourt, défendeurs en ladite matière de saisie et demandeurs en mainlevée, d'autre part. Par cet arrêt la cour a accordé auxdits habitants de Nonancourt mainlevée de leur justice pour en jouir conformément à l'arrêt du 23 mai 1533.

Nicolas Lecheron était alors maire de Nonancourt.

9° Un arrêt du parlement de Rouen, du 4 février 1665, contradictoirement rendu entre Claude Lecomte, maire de Nonancourt, les bourgeois de ladite ville, et M° Robert Lucas, leur procureur, d'une part, et M° Louis Le Rouyer, sieur de Boiscompteur, conseiller du roi, vicomte, enquêteur et commissaire examinateur de Nonancourt, d'autre part. Par cet arrêt, la cour a maintenu lesdits maire et habitants en leurs droits de juridiction, pour connaître de la police, de toutes les actions mobilières et personnelles, civilement intentées entre les habitants de la ville et mairie de Nonancourt, et de toutes les actions héréditaires et réelles pour héritages assis en l'étendue de ladite mairie.

Claude Lecomte était alors maire de Nonancourt.

10° Arrêt du conseil du 20 avril 1666, qui a débouté M° Louis Le Rouyer, vicomte de Nonancourt, de son pourvoi en cassation dudit arrêt du parlement de Rouen.

Claude Lecomte était encore maire de Nonancourt.

11° Un arrêt de la chambre des comptes de Rouen, du 28 juin 1672, qui accorde aux maire et habitants de Nonancourt mainlevée de la sergenterie de leur mairie et justice.

Robert Lucas était alors maire de Nonancourt.

12° Enfin, les officiers du bailliage de Nonancourt ayant prétendu que la justice de la mairie de Nonancourt était une justice royale, et que, comme telle, elle était réunie à leur bailliage, conformément à l'édit du mois d'avril 1749, ils se pourvurent vers le chancelier pour faire ordonner cette réunion. Ce premier magistrat ordonna que les parties seraient entendues ; elles le furent contradictoirement devant le subdélégué de l'intendant de Rouen à Evreux. L'intendant ayant envoyé au chancelier le procès-verbal, dressé par son subdélégué, des dires et raisons des parties, le chancelier a adressé à M. de la Bourdonnaye, intendant de Rouen, la décision qui suit :

« Du 3 avril 1750. Monsieur, la justice « qui est exercée par les maire et éche-« vins de la ville de Nonancourt, étant « municipale, n'est point du nombre de « celles qui se trouvent supprimées par « l'édit du mois d'avril 1749. Elle est « d'ailleurs établie sur des titres si au-« thentiques, et elle est exercée d'une « manière si peu onéreuse pour les sujets « du roi, que l'intention de Sa Majesté « est de la laisser subsister. Vous aurez « soin, s'il vous plaît, de faire savoir cette « décision tant aux officiers de la ville de « Nonancourt qu'à ceux du bailliage qui « avaient demandé la suppression de « cette justice, et vous engagerez les uns « les autres à entretenir entre eux une « union qui est si nécessaire pour le bien « de la justice et pour le service du pu-« blic. Signé : D'AGUESSEAU. »

Une copie collationnée de cette décision, signée de M. de la Bourdonnaye, intendant de Rouen, est aux archives de l'hôtel de ville de Nonancourt.

Le sieur Jean Beaufils, qui fut plus tard lieutenant général de police, conseiller, assesseur, commissaire examinateur, était alors maire de la ville de Nonancourt.

La police était exercée à Nonancourt par un lieutenant général de police en titre de création de 1699. Elle l'était auparavant par les maire et échevins.

Il y avait à Nonancourt, depuis 1758, un détachement de maréchaussée composé de trois cavaliers commandés par le plus ancien d'entre eux.

VI.

L'église paroissiale de Saint-Martin-de-Nonancourt et celle de Sainte-Madeleine, son annexe, étaient exemptes de visites archidiaconales.

Celle de Saint-Martin avait le titre de

fille aînée de l'église cathédrale d'Evreux et était la première paroisse du diocèse.

La cure de ces deux paroisses était exempte du droit de déport.

L'évêque d'Evreux était collateur de cette cure.

Henri 1er, roi d'Angleterre, a, par une charte non datée qui est au cartulaire de l'église cathédrale d'Evreux, donné pour le salut de son âme et de l'âme de ses père et mère et de la reine Mathilde, sa femme, à l'église d'Evreux et à Ouen, évêque dudit Evreux, et à ses successeurs toutes les églises de Nonancourt et toutes les dîmes des champs, des moulins, des fours et de tous les revenus de la même ville, avec une charruée de terre et deux masures dans le territoire de Nonancourt, libres et exemptes de toutes coutumes.

Les terres dont il est parlé en cette charte n'étaient plus en la main des évêques d'Evreux bien avant 1789. On présume que ce sont les fermes d'Hauteterre qui jouissaient de l'exemption de dîme et qui devaient une redevance annuelle à l'évêché d'Evreux.

En vertu de cette charte, les évêques d'Evreux jouissaient de la grosse dîme des paroisses de Saint-Martin et de la Madeleine-de-Nonancourt, dont le curé était à portion congrue.

C'était encore en vertu de cette même charte que le domaine de Nonancourt devait à l'évêché d'Evreux, pour tenir lieu de sa dîme sur les moulins de ladite ville, une redevance annuelle de 83 livres.

Les évêques d'Evreux, à cause de la grosse dîme des paroisses de Saint-Martin et de la Madeleine-de-Nonancourt, faisaient annuellement à l'Hôtel-Dieu dudit Nonancourt une rente de 200 bottes de paille de blé et autant envers l'œuvre et fabrique de l'église de la Madeleine.

Les chartes qui établissent les droits des évêques d'Evreux méritent d'être publiées.

« Henricus, rex Anglie, archiepiscopo
« Rothomagensi et episcopis et omnibus
« fidelibus Normannie, salutem. Sciatis
« quod ego dedi et concessi, pro anima pa-
« tris et matris et uxoris mee Matildis, et
« pro mee anime salute, ecclesie Ebroi-
« censi et Audino, episcopo Ebroicensi, et
« omnibus successoribus suis, omnes ec-
« clesias de Nonancort et omnes decimas
« agrorum et molendinorum et furnorum
« et omnium reddituum meorum ejusdem
« ville, et I. carrucatam terre, et II. man-
« suras in burgo liberas et quietas ab om-
« ni costuma, et similiter omnes ecclesias
« Vernolii, et omnes decimas molendino-
« rum et furnorum (et) pedagii ipsius Ver-

« nolii et Ermentariarum et omnium red-
« dituum et exituum in denariis, et II.
« mansuras in burgo liberas et quietas
« ab omni costuma, et decimam portus de
« Vernone qui est in dominio meo. Quare
« volo et precipio ut ecclesia Ebroicensis
« et Audinus episcopus et omnes ejus suc-
« cessores integre omnia hec in perpetuum
« possideant. Testibus : T., archiepiscopo
« Ebroiacensi, et R. de Sigillo, et N. nepos
« (sic) episcopi, et G. filio Pagani. Apud
« Toucam. » (Cart. du Chapitre d'Evreux,
I, n° 199, p. 81.)

« Gaufridus, dux Normaunie et comes
« Andegavensis, G. de Sablolio et Willel-
« mo Lovello atque prepositis et ballivis
« suis de Vernolio et de Nonancort, salu-
« tem et dilectionem. Mando atque vobis
« precipio quod episcopo Ebroicensi red-
« datis omnes decimas suas et de Verne-
« lio et de Nonancort, sicut eas unquam
« melius habuit in tempore Henrici regis,
« et sicut carta ejus garantizat, ita quod
« eas habeat prout tempus ierit ad volun-
« tatem suam, et de tempore transacto
« quicquid ei debetur absque dilatione
« reddatis. Insuper iterum vobis precipio
« ne quid inde amittat neque pro refactura
« molendinorum neque pro augmenta-
« tione redditus supradictarum villarum.
« De pace vero fracta, mando vobis, quod
« ei inde quicquid habere debuerit plena-
« rie reddi faciatis, scilicet IX. libras, sicut
« carta Henrici regis garantizat. Tibi ite-
« rum Willelmo Lovel precipio quod justi-
« ciam ei facias de Gilberto Munario. Teste :
« Thoma cancellario, apud Rothomagum. »
(Cart. du Chapitre, I, n° 205, p. 83.)

« Stephanus, rex Anglie, H. archiepisco-
« po Rothomagensi, episcopis, abbatibus,
« comitibus, baronibus, justiciariis et om-
« nibus fidelibus suis tocius Normannie,
« salutem. Sciatis quod, pro anima regis
« Henrici domini et avunculi mei, et pa-
« trum meorum et parentum, et pro sa-
« lute mea et uxoris et fratrum et filiorum
« meorum, concessi et confirmavi ecclesie
« Sancte Marie Ebroicensi, in perpetuam
« elemosinam, et Audino episcopo et om-
« nibus successoribus ejus donationem
« quam rex Henricus eis fecit, scilicet om-
« nes ecclesias de Nonancort et omnes de-
« cimas agrorum et molendinorum et fur-
« norum et omnium reddituum meorum
« ville, et unam carrucatam terre, et duas
« mansuras in burgo liberas et quietas
« ab omni consuetudine; et similiter om-
« nes ecclesias Vernolii et omnes decimas
« molendinorum et furnorum et pedagii
« ipsius Vernolii, et Ermentariarum et om-
« nium reddituum et exituum in denariis
« et aliis rebus, et duas mansuras in bur-

« so liberas et quietas ab omni consuetu-
« dine et redditu, et decimam portus de
« Vernone qui erat in dominio regis Hen-
« rici quando hoc concessit. Et ut ecclesia
« illa et Audinus episcopus et omnes sui
« post eum successores omnia predicta
« cum pertinentiis eorum integre incon-
« cusseque in sempiternum possideant,
« presentis sigilli mei hoc inpressione
« confirmo et subscriptorum attestatione
« corroboro. Testibus : Adel. episcopo
« Carloolensi, et G. comite de Mellento, et
« R. comite Legrecestrie, et H. de Soilli
« nepote R., et Umfrido de Buhon, et R.
« Avenello, apud Ebroicas. » (*Cart. du
Chapitre*, I, n° 21.)

« Innocentius, episcopus, servus servo-
« rum Dei, venerabili fratri Rotrodo,
« Ebroicensi episcopo, ejusque successori-
« bus canonice promovendis in perpe-
« tuum. Equitatis et justicie ratio per-
« suadet nos ecclesiis perpetuam rerum
« suarum firmitatem et vigoris inconcussi
« munimenta conferre. Non enim Christi
« convenit servos divino famulatui deditos
« perversis pravorum hominum molestiis
« agitari, et temerariis quorumlibet vexa-
« tionibus fatigari. Similiter et predia usi-
« bus celestium secretorum dedicata nullas
« potentum angarias non debent extra or-
« dinarium sustinere. Ea propter, dilecte
« in Domino frater Rotrode episcope, tuis
« justis postulationibus clementer annui-
« mus, et beate Dei genitricis semperque
« virginis Marie Ebroicensis ecclesiam, cui
« Deo auctore preesse dinosceris, sub beati
« Petri et nostra pretectione suscipimus
« et presentis scripti privilegio communi-
« mus, statuentes ut quascumque posses-
« siones quecumque bona eadem ecclesia
« in presentiarum juste et canonice possi-
« det aut in futurum concessione pontifi-
« cum, largitione regum vel principum,
« oblatione fidelium seu aliis justis modis
« Deo propitio poterit adipisci, firma tibi
« tuisque successoribus et illibata perma-
« neant. In quibus hec propriis duximus
« exprimenda vocabulis: ecclesias videlicet
« de Nonancort cum decimis reddituum
« totius ville, et unam mans[ur]am, eccle-
« sias de Vernolio cum decimis reddituum
« totius ville; annuam cimam de Ver-
« none, scilicet decem literas Rothomagen-
« ses; terram de Branfort que est in An-
« glia. Decernimus ergo ut nulli omnino
« hominum liceat eamdem ecclesiam te-
« mere perturbare, aut ejus bona vel pos-
« sessiones auferre vel ablatas retinere,
« minuere vel temerariis vexationibus fa-
« tigare, sed omnia integra conserventur
« eorum pro quorum sustentatione et gu-
« bernatione concessa sunt usibus omni-
« modis profutura. Si qua igitur in futu-
« rum ecclesiastica secularisve persona
« hanc nostre constitutionis paginam
« sciens contra eam temere venire tempt-
« taverit, secundo tertiove commonita, si
« non satisfactione congrua emendaverit,
« potestatis honorisque sui dignitate ca-
« reat, reamque se divino judicio existere
« de perpetrata iniquitate cognoscat, et a
« sacratissimo corpore ac sanguine Dei et
« Domini redemptoris nostri Jesu Christi
« aliena fiat, atque in extremo examine
« districte ultioni subjaceat. Cunctis au-
« tem eidem ecclesie justa servantibus sit
« pax Domini nostri Jesu Christi, quati-
« nus et hic fructum bone actionis perci-
« piant, et apud districtum judicem premia
« eterne pacis inveniant. Amen. Datum
« Laterani, per manum Gerardi, sancte
« Romane ecclesie presbiteri cardinalis et
« bibliothecarii, secundo nonas Januarii,
« indictione [v], anno dominice Incarna-
« tionis x° c° xl°, pontificatus vero domini
« Innocentii II pape, anno x°. » (*Cart.
du Chapitre*, I, n° 17.)

L'église de Nonancourt date du xvi° siècle. Elle a été bâtie, en 1511, aux frais
des habitants, dans le style de l'époque.
Les vitraux représentent la vie de Jésus-
Christ. Pierre de Maupeou, auteur de divers ouvrages de théologie, a été curé de
Nonancourt au xviii° siècle.

Nonancourt était le chef-lieu du doyenné du même nom, démembré du doyenné
de Verneuil en l'archidiaconé d'Ouche.

Les paroisses de ce doyenné étaient :
Acon, Boissi-sur-Damville, Breux, Champ-
Dominel, Chavigni, Corneuil, Coudres,
Coulonges, Courdemanche, Croton, Dam-
ville, Droisi, Grateuil, Saint-Georges-de-
Motel ou sur-Eure, Saint-Germain-sur-
Avre, Hellenvilliers, Illiers, Saint-Laurent-
des-Bois, Lignerolles, Louie, Marcilli-la-
Campagne, Marcilli-sur-Eure, Saint-Ma-
mert-en-Pommereuil, Saint-Martin-de-No-
nancourt, la Madeleine, son annexe, la
Madeleine-d'Heudreville ou le Mesnil-sur-
l'Estrée, les Minières, Moraïnville, Muzi,
Paulatte, Villés-sur-Damville.

Parmi les chapelles, nous distinguerons:
La chapelle Saint Roch, à l'Hôtel-Dieu,
abandonnée depuis 1793, détruite vers
1819;

La chapelle Notre-Dame-de-Pitié, dépendante de l'Hôtel-Dieu, située hors la
ville, sur le chemin de Saint-Germain-
sur-Avre, près la maladrerie de Saint-
Barthélemi, aux lépreux de laquelle Luc,
évêque d'Evreux, accorda un cimetière
en 1217. On se rendait en pèlerinage à
cette chapelle le jour du mardi-gras. Elle
fut détruite en 1822.

La chapelle Saint-Denis. La tradition attribue à tort la fondation de cette chapelle à Henri IV, qui aurait couru quelque danger à l'endroit où elle est construite. Cette chapelle existait au XVe siècle.

La chapelle Saint-Thibaud est entièrement ruinée. On a élevé à la place une image du saint, auquel une croyance populaire accorde le pouvoir de guérir les fièvres.

La chapelle Sainte-Anne, dans la cour du manoir de la mairie de Fontaine, restaurée en 1870.

La chapelle Sainte-Anne, près du donjon. On a découvert près de cette chapelle, en 1863, plusieurs sarcophages dans l'un desquels était une lame de fer.

Dans l'intérieur de Nonancourt avait été créé un Hôtel-Dieu pour les pauvres malades des paroisses de Saint-Martin et de la Madeleine-de-Nonancourt, et pour ceux de la paroisse d'Avrilli.

Les statuts portaient : « Art. 24. On n'en « recevra point [de malades] qui aient des « maux incurables... et ceux qui seront « reçus seront natifs de Nonancourt, de « la Madeleine et d'Avrilli. »

On ne connaît point l'époque de la fondation dudit Hôtel-Dieu; il subsistait avant l'an 1277, puisqu'en cette année les administrateurs de cette maison cédèrent au maire de Nonancourt et à ses pairs un bâtiment pour exercer leur justice, ainsi qu'on l'a vu ci-dessus. On peut tirer aussi argument d'une inscription gravée sur un reliquaire en forme de bras et en cuivre doré qui était dans la chapelle dudit Hôtel-Dieu. Le style et surtout les caractères de cette inscription marquent son antiquité. La voici : « Hic « est bracchium sanctæ Ægiptiæ perti- « nens Domui Dei de Nonancuria. »

Les maire, échevins, bourgeois et habitants de Nonancourt nommaient de temps immémorial au prieuré dudit Hôtel-Dieu, ainsi qu'à celui de la maladrerie ou léproserie de Saint-Barthélemi, qui était hors de l'enceinte de la ville, au lieu où était la chapelle de Notre-Dame-de-Pitié.

Ils avaient été confirmés dans ce patronage par arrêt du conseil d'État du 4 décembre 1693 ; mais Louis XIV, par un autre arrêt du conseil du 4 mai 1697, et lettres patentes du 30 juin suivant, enregistrées au parlement de Rouen le 3 juillet de la même année, ordonna que l'hospitalité serait rétablie pour les pauvres malades audit Hôtel-Dieu, y unit les biens et les revenus de la maladrerie de Saint-Barthélemi, ceux de la maladrerie d'Avrilli, et ceux du bureau des pauvres de Nonancourt, à condition que les pauvres malades de la Madeleine et d'Avrilli seraient admis audit Hôtel-Dieu. Depuis ce temps, on ne nomma plus de prieurs en titre, mais seulement un chapelain amovible pour acquitter les fondations et administrer les sacrements aux malades.

Les statuts et règlements de cet Hôtel-Dieu ont été dressés par les maire et échevins de Nonancourt, sous l'autorité et l'approbation de Mgr de Novion, évêque d'Évreux, le 25 août 1697.

Par acte passé devant Me Beaufils, notaire à Nonancourt, le 2 mai 1698, ledit Hôtel-Dieu fut mis en possession des biens et des revenus des maladreries de Saint-Barthélemi et d'Avrilli.

Le bureau d'administration était composé du maire de la ville, du lieutenant général de police, du curé de la paroisse de Saint-Martin, des échevins et du procureur du roi ou d'office de l'hôtel de ville de Nonancourt, sous le titre de directeurs, et de deux bourgeois nommés de trois ans en trois ans, sous le titre d'administrateurs. On nommait de trois ans en trois ans un bourgeois pour receveur, qui avait entrée au bureau sans y avoir voix délibérative. Il en faisait gratuitement les fonctions. La ville était sa caution.

Les malades, en 1698, étaient gouvernés par deux dames hospitalières de la maison de Mortagne.

En 1757, les sœurs de la Providence d'Évreux vinrent s'établir à Nonancourt.

VII.

Les hameaux ou dépendances de Saint-Martin-de-Nonancourt sont : les Brosses ; — les Petites-Brosses ; — les Aubiers ; — Bellevue ; — la Potinière ; — Bellegarde ; — le Moulin-Neuf ; — les Bourgautiers ; — les Châteaux ; — la Fontaine-au-Râble ; — le Four-à-Chaux ; — la Héronnerie ; — la Marinière ; — Moque-Dieu ; — le Pont-Saint-Rémi.

A l'orient de la ville : Moque-Dieu, où il y avait un moulin à foulon qu'a remplacé une fabrique de calicot. Brûlée le 9 avril 1863, elle a été rebâtie sur un nouveau modèle.

La Potinière, petite ferme dans la vallée.

Pont-Saint-Rémi (partie d'un hameau nommé le), à main droite en allant de Nonancourt à Saint-Rémi.

Le Four-à-Chaux, filature de laine.

Ces dépendances étaient en la bourgeoisie de Nonancourt.

Bellevue, petite ferme au haut de la côte.

Les Bourgautiers, en dehors et au nord de la ville.

A l'occident de la ville : les Aubiers, ferme, dans la prairie qui était aussi de la bourgeoisie de Nonancourt.

Bellegarde, moulin à blé, machine à déchirer la vieille laine, filature de laine. Bellegarde était une extension du fief de Tranchevilliers, dont le manoir seigneurial était assis en la paroisse de Marcilli-la-Campagne.

La Marinière.

La Fontaine-au-Râble.

La Héronnerie.

Au-dessus de la colline, vers le nord, les hameaux des Brosses et des Petites-Brosses, qui étaient en la mouvance de la seigneurie d'Islou, dont le manoir était assis en la paroisse de Dampierre-sur-Avre.

Les Châteaux, où était bâti le château.

Cette notice a été presque entièrement refaite, grâce aux communications importantes de M. le curé de la Madeleine-de-Nonancourt.

NORMANVILLE.

Arrond. d'Evreux. — Cant d'Evreux (nord).

Patr. S. Gaud. — Prés. l'abbesse de Préaux.

Nordmannivilla. L'étymologie n'est pas douteuse. C'est le domaine d'un personnage appelé Normant, ou peut-être d'un Normand, d'un homme du Nord.

Une charte de Robert Ier confirme à la cathédrale de Rouen : « ... decimam « etiam terre quondam Rogerii Pincerne « de Normanvilla.... »

Cependant une charte du pape Honorius en faveur de Saint-Taurin porte : « ... Rogerius Pincerna de Normanni-« villa dedit monachis Sancti Taurini de-« cimam terre sue ibidem factus mona-« chus.... »

D'autre part, Roger de Beaumont céda à l'abbaye de Saint-Léger de Préaux la dîme de Normanville et trois églises dans la même villa, sous l'invocation de saint Gaud, saint Germain et saint Leufroi : « Rogerius quoque loci dominus [Roge-« rius de Bellomonte] concessit Sancto « (Leodegario) decimam Normannivillæ et « tres ecclesias in eadem villa, scilicet « sancti Valdi, sancti Germani et sancti « Leufredi... » (*Neustria pia*.)

« Morinus du Pin dedit suam decimam « Normannivillæ et... Sancto Leodegario « consensu comitis Melletensis et comi-« tisse Elisabeth, pro redemptione anime « sue... »

« ... Geraldus de Normannivilla reddit « compotum de quinquaginta et quinque « marcis argenti pro medietate terre Nor-« manni, avunculi sui... » (*Pip. Roll.*, I, p. 86.)

Dans une charte de Richard Cœur de lion :

« Robertus de Bellomonte, pro amore « Dei et anime sue salute, dedit ecclesie « Sancti Taurini in perpetuum habendum « per annum unum modium frumenti et « alterum modium braisi et decimam mo-« lendinorum Normanvillæ, quem sequens « filius ejus Robertus hoc idem conces-« sit... »

Simon de Poissi était au service de Philippe-Auguste dès l'année 1202. Il était probablement chef d'une bande de soudoyés, car il recevait 30 sous parisis par jour : « Simon de Pissiaco, de xii diebus, « xxxi libras et dimidiam. (Brussel, *Usage des fiefs*, t. II, p. 168, c. 1.)

Dans la charte suivante, Louis VIII lui donna Normanville, la forteresse, une portion des bois, les trois moulins de Normanville, etc. :

« Ludovicus, etc. Notum, etc. Quod « nos dilecto et fideli nostro Symoni de « Pissiaco et heredibus suis de uxore sua « desponsata donamus Normanvillam et « forteritiam Normanville, ita quod for-« teritiam illam non poterit inforciare « idem Symon nec heredes sui sine as-« sensu et volu... nostra et heredum « nostrorum, et ... acras Bosci Morin, « et ... acras ... de Esmalfesart, « et viginti acras ... viginti acras « bosci Norman... ..., et cen-« tum viginti acras ... circa Nor-« manvillam, et tria molendina apud Nor-« manvillam, et sexdecim libras et decem « et septem solidos et octo denarios tero-« nenses censuales, et quinquaginta sex « solidos et tres denarios turonenses cen-« suales in vinea Guillelmi Burgonelli, et « aquam Normanville et prata que habe-« bamus apud Normanvillam, et anseres, « et ova, et dimidium medium vini, et « capones, et gallinas, et quinque sextaria « avene, que habebamus apud Norman-« villam, et justicias, et emendas, ad « usus et consuetudines Normannie. Bos-« cus autem qui est ultra aquam predic-« tam per deversus Ebroicas nobis rema-« net et heredibus nostris. Premissa vero, « que dicto Symone et heredibus suis de « uxore sua desponsata donamus, tenebit « idem Symon et heredes sui de uxore « sua desponsata de nobis et hereditas « nostris in feodum et hominagium li-

« gium ad usus et consuetudines Nor-
« mannie. Propter hoc autem quitavit no-
« bis, et heredibus nostris in perpetuum
« quicquid habebat in Biaufort in Valeya
« et ejus pertinenciis. Quod ut, etc. Actum
« Parisius, anno dominice Incarnacionis
« x° cc° xxv°. » *(Registre E de Philippe-
Auguste,* f° xi¹¹v v°.)

En 1239, Simon de Poissi, « de Pes-
scio, miles et dominus de Normanvilla, »
remit aux lépreux d'Évreux toute la moute
qu'ils devaient pour leurs terres de Saint-
Germain « juxta Normanvillam ».

1225. Vigne de Guillaume Bourgonnel,
à Normanville. *(Reg. E de Philippe-Auguste,* f° xj²²v v°.)

Ce Guillaume Bourgonnel est souvent
cité sur le rôle de 1202-1203.

Par une charte sans date de 1227, Richard, évêque d'Évreux, concéda, moyennant des conditions très-compliquées, à
Guillaume, abbé de Saint-Taurin : « ... Me-
« dietariam nostram de Valeme et de Pe-
« neta cum manerio nostro de Rogeta et
« precariis ejusdem ville... »

Je crois que ce dernier lieu est la Rochette et le précédent les Pénétraux, hameau situé sur Normanville et Saint-Germain-des-Angles. Cependant « Peneta » signifierait mieux Panette, à Évreux; car
Valeme est assurément le Valesme, ferme
de l'abbaye de Saint-Taurin, à Évreux.

Il y a dans le *Cartulaire normand*, p. 80,
n° 481, une curieuse enquête de l'année
1249 sur les droits du seigneur de Normanville.

En 1262, Pierre Potel vend des rentes
assises sur des vignes, à Normanville et à
Emalleville. *(Sec. Cart. du Chap. d'Evreux,*
n° 319, p. 213.)

On trouve aux Archives de l'Empire :
P. 307, f° 5 v°, un aveu du fief de Normanville en 1420 : « Je, Regnault, seigneur de Nantoulet et de Normanville... »
P. 308, fol. xv, un aveu de la sergenterie
du Bois-le-Roi sur Normanville : P. 303,
fol. xxi et xxxvii, aveu de Plainstreaulx.

« Du roy nostre sire, à cause de la
« conté d'Évreux, je, Jehan, s' de Landes
« et de Normanville, tienzs et adveue à
« tenir noblement et en fief, par foy et
« hommaige lige, à cause de ma très-
« chière et amée compaigne et espouse, Ysa-
« bel de Poissy, dame des dits lieux, le
« fief de Normanville, avec tous ses droiz,
« noblesses, seigneuries et appartenances
« quelzconques, ainsi qu'il se comporte et
« estend de toutes pars, tant es paroisses
« de Normanville, du Mesnil-Fugué, de
« Saint-Germain-des-Angles, de Tourne-
« ville, de Caër, de Emalleville, du Bou-
« lay-Morin, de Sasse, de Saint-Pierre-

« d'Evreux, comme ailleurs, dont le chief
« est assiz en la parroisse de Normanville;
« et ay, à la cause que dessus, prez, jar-
« dins, moulins, ban de moulins, ban-
« niers, moultes seiches et moulliées, vi-
« gnes, terres labourables et non labou-
« rables, cent acres on environ ; quatre-
« vingts acres de bois ou environ, à tiers
« et dangier au roy; et aussi ay droict de
« coustume ès bois le roy, qui sont au-
« dessus de Normanville, pour mes bestes
« et toute telle autre coustumes que les
« coustumiers y ont accoustume à prendre.
« — Et si ay en cens et revenus en de-
« niers environ iiii²² livres en grains,
« c'est assavoir : deux sextiers d'avoine
« ou environ; en oiseaulx, en chappons,
« poulles, lx pièces ou environ. — Et ay
« patronnaige d'église du Mesnil-Fuget,
« et mon astrier en l'ostel Jehan. L'Espi-
« cier à Evreux, qui siet entre l'ostel du
« Croissant et l'Escu de France, devant
« les grans halles aux bouchiers, court et
« usaige, reliefz, trezièmes, aides, soubz-
« aides, et généralement tout ce que a
« noble tenant en basse justice compecte
« et appartient, selon les hommes tenans
« et soubztenans, selon la coustume du
« païs de Normandie. — Et de moy est
« tenu, à cause du dit fief, le fief de
« Tourneville par un quart de lieu de hau-
« bert que tient Jehan de Guillon, avec
« court et usaige, noblesses et seigneu-
« ries, telles comme il appartient à noble
« fieu selon la coustume du dit païs de
« Normandie, laquelle terre de Norman-
« ville, avec ses dites noblesses, droiz,
« seigneuries, terres, bois, prez, rivières
« cens, rentes et autres choses dessus
« dites, avec leurs appartenances et appen-
« dences, je, à la cause dessus dite, tiengs
« et adveue du dit fief par un fief de hau-
« bert entier, et puent valloir en toutes
« choses deux cents livres tournois ou en-
« viron. — Et doit le dit fief au dit sei-
« gneur gardes, reliefz, aides, coustumes,
« telle comme il appartient à noble tenant
« en basse justice, selon la dite coustume.
« Et se plus est appartient au dit fief et
« autres choses dessus dites que declairé
« n'est cy-dessus, si l'adveue à tenir du
« dit seigneur, et faiz protestation de le
« mectre et employer en ce présent dé-
« nombrement sitost qu'il sera venu à ma
« congnoissance, et de ce dit dénombre-
« ment et déclaration, corriger ou di-
« minuer, se faire le doy, selon la cous-
« tume et usaige dudit païs. — En tes-
« moing de ce, j'ay scellé cest présent dé-
« nombrement de mon seel, le xxvii° jour
« de janvier, l'an mil cccc et trois » (*Arch.
de l'Emp.,* P. 308, f° 78 r°.)

La baronnie de Normanville, érigée par Louis XIV en marquisat, appartenait dans le xve siècle, avec celle de Landes, à Charles de Melun, qui, à l'époque où il fut décapité, faisait construire un château dont une partie seulement fut achevée.

Le comte d'Harcourt, après avoir vainement tenté d'entrer en 1649 dans Evreux, mit dans ce château une garnison pour le parti de la cour.

En 1592, les protestants avaient ouvert un prêche à Caer.

Le château actuel est une construction du dernier siècle.

L'église, qui a été dédiée en 1510, mérite à plusieurs égards d'être signalée.

« Le lundy feste Sainte-Catherine, 25 no-
« vembre 1510, révérend père en Dieu
« Mr Martin d'Orgis, évêque d'Hébron,
« vicaire général de Mgr Raoul du Fou,
« évêque d'Evreux, a fait la dédicace de
« l'église paroissiale de Normanville en
« l'honneur de Dieu et de saint Gaud,
« évêque d'Evreux, a consacré deux au-
« tels dans ladite église, et à renfermé
« dans le grand autel des reliques de saint
« Martin. » (Pouillé d'Evreux).

Une inscription en lettres gothiques du temps, au-dessous d'un bas-relief représentant plusieurs scènes, se voit encore dans l'église de Normanville :

« M. Jacques le Marchant, curé de
« S. Germain des Engles, et les paroissiens
« ont donné ceste table.......... en l'an
« mil v^c xxxi. »

« Le 6 juillet 1604, Nicolas Langlois
« prit à l'évesché une collation en sa fa-
« veur pour cette cure. Cette collation lui
« fut donnée sur une provision de Rome,
« datée de la dousième année du pontifi-
« cat de Clément VIII, et est la première
« où l'on donne le titre de cardinal à
« messire Jacques-David Duperron, éves-
« que d'Evreux. D'où il suit que le père
« Bessin s'est trompé dans le catalogue des
« évesques de ce diocèse qu'il a mis dans
« son volume des Conciles de Normandie,
« où il dit que ce prélat fut fait cardinal par
« Urbain VIII. Clément VIII lui donna le
« chapeau le 6 juin aux Quatre-Temps de
« la Pentecoste, et ce cardinal partit en
« octobre à Rome pour le remercier. »
(Pouillé de l'abbé Chemin, v° Normanville.)

Le droit de présenter à la cure de Normanville appartenait au seigneur par l'échange qu'il avait fait de son droit de présentation à la cure de Mesnil-Fuguet avec les dames, abbesse et couvent de Saint-Léger de Préaux. La cure valait 800 livres.

Une inscription porte qu'en 1598 furent fondées, par messire Simon Michellet, six messes, trois hantes et trois basses, moyennant donation de trois pièces de terre, dont l'une était située « aux vignes Godelineaulx », et l'autre « sous les Bouttes ».

Dans l'église, on remarque encore les quatre inscriptions suivantes :

Cy gist
Le cœur de haulte et puissante
Dame Anne – Etiennette Desheures
Dame du marquisat des Landes
Normanville, Menil-Fuguet, Caers
Et autres lieux, veuve de haut
Et puissant seigneur Jean - Paul
Bochart, chevalier, comte de
Champigny, capitaine de
Grenadiers au régiment des gardes
Françoises, maréchal des camps
Et armées du roy, major général
De ses armées en Boheme et
Baviere, chevalier de l'ordre
Royal et militaire de Saint-Louis.
Priez Dieu pour le
Repos de son âme.
Décédée à Paris, le 27 mars 1777, âgée de 74 ans.

Cy gist haut et puissant
Seigneur messire François le
Blanc du Rouil, chevalier,
Seigneur de la Croisette, mar-
quis des Landes, Normanville
Seigneur du Mont-de-l'If, Caer,
Menil-Fuguet, Menil-Doucerain
Querrenoct et autres lieux,
Décédé le 24 janvier 1736, âgé
De 50 ans, après avoir servi
Le roy pendant   en qualité
De capitaine de cavalerie,
Et avoir donné des marques
D'une vie très-chrétienne,
Très-exemplaire, s'étant rendu
Très-recommandable par sa
Pieté et charité envers les
Pauvres.
Priez Dieu pour le repos
De son âme.

Ci gist
Le cœur de haulte et puissante
Dame Adélaïde, Catherine, Réne
De Berulle, épouse de haut et
Puissant seigneur Alexandre
Conrad Bochart, marquis de
Champigny, seigneur de Normanville
Tourneville, Menil-Fuguet, Caers
Menil-Morin, Gravigny, et autres
Lieux, lieutenant des grenadiers
Au régiment des gardes françoises
Et colonel d'infanterie, âgée
De vingt-trois années neuf mois
Décédée en son hôtel, cloître
Notre-Dame, à Paris, le quatorzième
jour du mois de janvier de l'année
Mil sept cent soixante-treize.
Priez Dieu pour le repos de son âme.

Ci-gît
Le cœur de Mr Alexandre Conrad
Bochart, marquis de Champigny,
Lieutenant général
Des armées du roi,
Grand croix de l'ordre royal
Et militaire de St Louis;
Décédé à Paris, en son hôtel
Rue du Canivet,
Le quatorze février
Mil huit cent vingt deux.
Agé de quatre vingt huit ans
Et quatre mois
Comme le chevalier Bayard
Sans peur et sans reproche.
Priez Dieu pour le repos de son âme.

Caër a été réuni à Normanville en 1811.

Dépendances : — Caër ; — les Pénétraux ; — le Cotillier ; — les Hautes-Portes ; — le Robichon.

NOTRE-DAME-DE-FRESNES.

Arrond. de Pont-Audemer. — Cant. de Cormeilles.

Patr. Notre-Dame. — Prés. le seigneur.

Dans les *Grands Rôles de l'Échiquier de Normandie*, nous trouvons un Robert de Fresnes qui appartient peut-être à cette localité : « De Roberto de Fratinis quadra« ginta solidos (pro plegio Roberti Pan« tof). »

« Idem reddit compotum de quatuor« decim libris quatuordecim solidis, de « quadraginta duobus sextariis avene de « bernagio vicecomitatus de Sancta Maria « ecclesia. »

« Idem reddit compotum de triginta « libris siccorum arborum de bosco de « Sancta Maria ecclesia. »

Le curé était seul décimateur de la paroisse avant la Révolution. Il était nommé par M. de Bernières, seigneur de ce lieu.

Notre-Dame-de-Fresnes et Cauverville-en-Lieuvin ont été réunis en 1844 sous le nom de Fresne-Cauverville.

Dépendances : — la Pihaudière ; — Colleville ; — la Cour-Drieux ; — la Forge-Subtile ; — la Baronnerie ; — la Heuterie ; — Montfort.

Cf. Canel, *Essai sur l'hist. de l'arrond. de Pont-Audemer*, t. II, p. 398.

NOTRE-DAME-DE-L'ISLE.

Arrond. des Andelis. — Cant. des Andelis.

Sur la Seine et le ruisseau de Catenai.

Patr. Notre-Dame. — Prés. alternativement l'abbé de Bernai et la collégiale de Vernon.

Vis-à-vis de cette commune, de l'autre côté de la Seine, sur la croupe d'une montagne, sont les vestiges d'un camp qui domine le hameau du Goulet.

C'est dans l'Isle-aux-Bœufs, située en face du hameau du Goulet, que Richard Cœur de lion fit en 1198 construire la forteresse qui était appelée Botte-Avant ou Bout-Avant, parce qu'elle était sur l'extrême frontière des domaines du roi de France.

Philippe-Auguste la rasa en 1202, après un siège de trois semaines ; il n'en reste aucun vestige.

Le patronage était alternatif entre l'abbaye de Bernai et la collégiale de Vernon dès le xiii° siècle. Voici, dans le pouillé d'Eudes Rigaud, le passage relatif à Notre-Dame-de-l'Isle :

« Ecclesia Sancte Marie de Pressegnicis « insula. Abbas de Bernaio et capitulum « Vernonense patroni et vicissim presen« tant. Habet iiii^{xx} et vi. parrochianos. « Valet xvii. libras Turonensium. Et resi« duum recipiunt capitulum Vernonense « et prior de Presscio Superbo. »

Cette commune est appelée dans le pouillé de Raoul Roussel : « Pressegni l'Isle. »

La charte suivante nous paraît appartenir à cette commune. Elle se trouve dans le fonds de l'abbaye de Saint-Ouen, dans la liasse de Gasni :

1267. « Emmelina, relicta domini Ste« phani de Insula, militis. — Pechia vince « quam Guillelmus dictus Postel de me « tenet apud Vernonem, in quodam loco « qui vocatur Lata Caliga. »

Suit un aveu du fief de Pressagni :

« Pierre de Jucourt, dit Compaignon, « escuier de corps du roi, avoue à tenir « par foy et hommage lige ung fief de « plaines armes, assis à Pressigny-le-Val, « en la parroisse de Notre Dame de l'Isle, « ès bailliage et vicomté de Gisors, si « comme il s'estent et pourporte en chief « et en membre, avec ung manoir, cou« lombier et jardins, et toutes ses appar« tenances et appendances ; lequel fief « vault... xx livres parisis... auquel fief « il a les droits comme à fief de plaines « armes appartient, selon la coustume du « païs de Normandie.

« Scellé de son propre seel, le xv° jour « d'avril, l'an mil cccc et douze. » (*Arch. de l'Empire*, P. 307, n° 227, fol. 7 v°.)

Le fief de Pressagni-le-Val dépendait du marquisat de Clère-Panilleuse.

L'église de Notre-Dame a un portail roman. On remarque un charmant cordon de têtes de clou sur la porte principale. Le clocher central est carré.

Au hameau de Pressagni-le-Val il y avait une chapelle qui datait du xvi° siècle.

Dépendances : — Pressagni-le-Val ; — Sainte-Geneviève, chapelle.

Cf. Toussaint Duplessis, t. II, p. 609.

NOTRE-DAME-D'ÉPINE.

Arrond. de Bernai. — Cant. de Brionne.

Patr. Notre-Dame. — *Prés.* le seigneur.

Au XIV° siècle le patron était l'évêque d'Avranches. Toutes les propriétés de l'église d'Avranches, sur la rive gauche de la Risle, venaient de Jean d'Avranches, fils de Raoul, comte d'Ivri. On sait que ce prélat fut évêque d'Avranches avant de passer de ce siège à l'archevêché de Rouen.

Le fief de Notre-Dame-d'Epine relevait de la Poterie-Mathieu. Guillaume Le Carpentier en était seigneur en 1525, et dès cette époque il prétendait au patronage.

Le fief passa dans la famille des Le Sens, seigneurs puis marquis de Morsant.

Dépendances : — le Buccard ; — le Val ; — Epine.

Cf., aux Archives de l'Eure, le terrier de la Poterie-Mathieu.

NOTRE-DAME-DE-PRÉAUX.

Arrond. de Pont-Audemer. — Cant. de Pont-Audemer.

Sur la Corbie et les Fontaines-Barbotes.

Patr. Notre-Dame. — *Prés.* l'abbé de Préaux.

L'histoire de Notre-Dame-de-Préaux se confond avec l'histoire de l'abbaye de Saint-Pierre-de-Préaux située dans cette commune.

Le lieu nommé Préaux, et par quelques-uns le Vieux-Préaux, est situé à peu de distance de Pont-Audemer, au pied du coteau. Il y existait fort anciennement un monastère auquel Ansegise, abbé de Fontenelles, légua, du temps de Louis le Débonnaire, la somme de 15 sous. Un noble chevalier nommé Onfroi de Vieilles, fils de Toroude, du consentement de sa femme Aubérée, reconstruisit vers 1034, sur son propre fonds, cette abbaye entièrement détruite comme beaucoup d'autres par les ravages des Normands ; il lui fit de riches donations, plaça l'église sous l'invocation de saint Pierre et confia le nouveau monastère aux soins de Gradulfe, abbé de Fontenelles, son ami, qui y envoya plusieurs religieux avec l'abbé Auffroi. Roger de Beaumont, fils aîné d'Onfroi et comte de Meulan, acheva la fondation commencée par son père. Robert, son frère, grand sénéchal de Normandie, fut aussi bienfaiteur de l'abbaye. Robert, comte de Leicester et de Meulan, fils de Roger, et son frère Henri, comte de Warvick, donnèrent en Angleterre huit paroisses avec leur juridiction. Galeran, fils dudit Robert, comte de Meulan, et Robert, son fils, firent également plusieurs donations à ce monastère. Henri Ier, roi d'Angleterre et duc de Normandie, l'exempta de tous droits de tonlieu ou autres ; ce que fit également Henri II. Ces exemptions furent confirmées par Philippe-Auguste. Saint Louis, en 1257, lui accorda encore d'autres privilèges, et entre autres un droit de marché. Les évêques de Lisieux avaient abandonné à cette abbaye les dîmes de six églises situées dans leur diocèse. Les papes Alexandre III, Innocent III et Honorius III l'honorèrent de plusieurs privilèges. Autrefois, trente-six paroisses étaient soumises à l'abbaye de Préaux. Elles furent ensuite réduites à trente-deux, grâce aux usurpations faites par les rois d'Angleterre.

Voici la liste des abbés, telle que nous la trouvons dans le *Gallia christiana* :

Eimard ou Evrard fut le premier directeur de Préaux. Il mourut en décembre 1044, et fut enterré près du mur de l'église. Les auteurs du *Gallia christiana* disent qu'il est douteux qu'il ait eu le titre d'abbé ; cependant, nous trouvons dans le cartulaire de Préaux mention de l'abbé Evrard dans un acte remarquable où Préaux est qualifié de bourg :

« Regnante puero Willelmo. Roberti co-
« mitis filio, dederunt duo fratres Gisle-
« bertus et Turstinus Sancto Petro Pra-
« elli duodecim acras terre, pro anima cu-
« jusdam sororis sue, Benselina nomine,
« et hoc ablatis Evrardi tempore. Succe-
« dente vero tempore, dum abbas Auffri-
« dus eidem loco preesset, suprascriptus
« Gislebertus dum moreretur, addidit
« priori dono terram unius rustici Fulce-
« rius nomine, concedente fratre suo
« Turstino. Idem igitur Turstinus et ejus
« conjux Massiria nomine dederunt Sancto
« Petro Pratelli gratia societatis fratrum
« duodecim acras terre, addentes etiam
« medietatem sue dum morerentur sus-
« tancie, alteraque medietas monialibus
« Sancti Leodegarii. Preterea idem Turs-
« tinus augens superiora dedit Sancto Pe-
« tro terram unius rustici Algrimus no-
« mine, et in alio loco, gravi dum deti-
« neretur infirmitate, duodecim acra
« terre, et in eodem burgo Pratelli duas
« domos, videlicet duas mansuras con-
« suetudine burgi. Hec omnia in precinctu
« ecclesie Pratelli sita sunt. Verum qui
« hec diversis temporibus peracta sunt

« tandem idem Turstinus ad memoriam
« reducens omnia simul conscribi in hac
« carta fecit, et, annuente sua conjuge
« filiisque suis Sturmido et Rogerio, super
« altare posuit, abbate Willelmo cum conventu astante. Hujus rei testes sunt ex
« parte Turstini Ursus de Anscetivilla et
« Rogerius ejus filius, Gislebertus et privinnus ejus Gislebertus filius Aldemari,
« Gaufridus filius Godemanni, Willelmus
« Caligula, Haimo ; ex parte vero abbatis,
« Ricardus Siccantre maledoctus, Ricardus nepos abbatis, Hugo de Fossa, Robertus Bufus, Osmundus. Mortuo vero
« Sturmido filio ejus, dedit Sancto Petro
« terram unius rustici plenarii in Turvilla
« pro anima ejus et decimam Corbellimontis et tres homines... » (*Cart. de Préaux*, f° 103, 104.)

I. Ansfroid Ier, religieux de Fontenelles. Cet abbé accorda l'habit monastique à Onfroi, fondateur de l'abbaye ; il réclama en 1017, d'Eudes, évêque de Bayeux, les terres que ce dernier avait usurpées, reçut en 1050 l'hérésiarque Bérenger dans son monastère, et rétablit, en 1056, la paix entre l'abbé et le prieur d'Ouche. Par ses conseils, le duc de Normandie imposa en 1063, comme abbé aux religieux du même monastère d'Ouche, Osberne, prieur de Cormeilles ; et il mourut en 1078, quatre ans après Onfroi de Vieilles, fondateur de Préaux. Il fut enterré à l'entrée de l'église. L'épitaphe d'Ansfroi nous a été conservée par Orderic Vital.

II. Guillaume Ier, omis par Robert du Mont, était fort lié avec Roger de Beaumont et Robert, son frère ; il put, grâce à leurs libéralités, augmenter les revenus de l'abbaye. Guillaume mourut en 1096.

III. Geoffroi, élevé par saint Gilbert de Fontenelles, fut, au dire d'Orderic Vital, remarquable par son esprit religieux ; il fut comblé de biens par les grands du siècle et fit célébrer la dédicace de l'église de Préaux ; il mourut en 1101.

IV. Richard Ier dit de Fourneaux, lieu de sa naissance, ou de Bayeux, parce qu'il avait fait profession dans le monastère de Saint-Vigor de Bayeux. Cet abbé reçut en 1106, de Robert, fils d'Onfroi l'Echanson, une terre située à Epagnes ; il fut en correspondance avec Baudri, évêque de Dol, et avec Ives de Chartres. Il mourut en janvier 1131. Richard, dit Orderic Vital, était fort instruit ; il eut pour maîtres : Anselme du Bec, Gerbert de Fontenelles et Gontard de Jumiéges ; il a laissé plusieurs ouvrages et fut en correspondance avec les hommes les plus célèbres de son temps.

V. Richard II de Conteville, gouverna l'abbaye pendant quinze ans. Il mourut en 1146.

VI. Regnault, religieux de Fontenelles, mourut en 1152, après avoir exercé les fonctions abbatiales pendant six ans. Il fut enterré à Saint-Wandrille.

VII. Michel de Tourville, religieux du Bec, fut fait abbé en 1152. En 1153, il constitua à l'abbaye une rente annuelle de 10 sous, et mourut en 1168.

VIII. Henri Ier, religieux et hôtelier du Bec, était abbé en 1168. En 1179, il reçut du pape Alexandre III une confirmation des biens et des droits de son abbaye. Il augmenta considérablement la bibliothèque du monastère et mourut en 1182.

IX. Osbern ou Osbert obtint pour son monastère deux bulles de confirmation des papes Célestin III et Innocent III. (1182-1196.)

X. Guillaume II mourut vers 1205.

XI. Thomas fit rédiger le légendaire en 1208, reconstruisit le dortoir, et mourut en 1216.

XII. Adam, fait abbé dans le courant de cette même année, mourut le 13 juillet.

XIII. Bernard de Combon, religieux du Bec, conclut en 1226, avec Louis VIII, roi de France, un accord rapporté dans le *Neustria pia*. Il fit écrire le cartulaire de son abbaye, que M. le marquis de Blosseville a donné aux archives de l'Eure. Il revint d'Angleterre en 1227, et vivait encore en 1228.

XIV. Ansfroid II (peut être Onfroi) est mentionné en 1234 et en 1239.

XV. Barthélemi est mentionné dans un cartulaire en 1241 et 1248.

XVI. Ansfroid III est cité, en 1251, dans les chartes de Saint-Sauveur. Il mourut en 1266.

XVII. Guillaume III du Hamel, élu en 1266, est cité en 1272, 1280, 1281 et 1232. Il mourut, dit-on, en 1284.

XVIII. Robert Ier Houel est mentionné en 1297 et 1314.

XIX. Raoul Morel, cité en 1320, augmenta le mobilier de l'église.

XX. Robert II Lionel augmenta les bâtiments de l'abbaye. Il mourut après 1331.

XXI. Henri II mourut, à ce qu'on croit, en 1337.

XXII. Jean Ier de Carretot était abbé en

1339, quand Guillaume, évêque de Lisieux, procéda à la visite des reliques de l'abbaye. Il mourut en 1353.

XXIII. Gui, est mentionné en 1356. Pendant son abbatiat, le monastère fut presque entièrement ruiné. Suivant un extrait de chronique d'un moine de Préaux publié dans l'*Histoire de la maison d'Harcourt*, t. III, p. 20, le monastère, avec ses tours et ses murailles, fut entièrement détruit, tout le mobilier consumé par les flammes et les religieux dispersés. Chandelier, autre moine de Préaux, donne à cet événement la date de 1358.

XXIV. Guillaume IV Binet, cité en 1366 et 1376 et en 1385. Les religieux se construisirent une habitation près de l'église, qui avait été respectée.

XXV. Jean de Dormans, cardinal et évêque de Beauvais, nommé abbé après Guillaume; mourut en 1373.

XXVI. Vincent Le Lieur, religieux du Bec sous l'abbé Guillaume de Beuzeville, cité en 1390 et 1416, mourut en 1418. L'invasion des Anglais força les religieux à quitter l'abbaye, et l'abbé mourut dans l'abbaye de Saint-Ouen de Rouen.

XXVII. Guillaume V le Roi fit serment de fidélité à Henri V, roi d'Angleterre, en 1419. Ce serment valut aux religieux la restitution de leurs biens confisqués.

XXVIII. Roger Sorel prêta serment de fidélité au roi d'Angleterre l'année même où il mourut, 1420.

XXIX. Jean II Meret prêta serment de fidélité au roi d'Angleterre en 1431. Il fit réconcilier, en 1427, son église souillée par un crime, et est encore mentionné en 1430.

XXX. Etienne Bertault, docteur en droit civil et canon, obtint, en 1433, un délai pour prêter serment et fidélité au roi, parce qu'il étudiait encore le droit; il mourut en 1433.

XXXI. Jean III Halluin, 1446, mort en 1458.

XXXII. Jean IV Agasse prêta serment de fidélité au roi Charles VII en 1459, à Louis XI en 1461; il vivait encore en 1476.

XXXIII. Antoine Raguier, évêque de Lisieux, nommé abbé par le roi de France. En mourant, il conseilla aux religieux de faire l'élection canonique d'un abbé régulier. Leur choix tomba sur Richard Houel; mais cette élection n'eut point de suite.

XXXIV. Olivier de Pont-Briant, trésorier de la Sainte-Chapelle de Paris, reçut la commende de l'abbaye par ordre du roi; mais il abandonna toutes les fonctions abbatiales à Richard Houel, qu'il nomma son vicaire en 1498.

XXXV. Jean V Le Veneur, cardinal, évêque de Lisieux, avait la commende en 1506; il résigna en 1535.

XXXVI. Jacques d'Annebaut, cardinal, évêque de Lisieux, succéda à Jean, son parent, en 1535.

XXXVII. Guillaume VI de Vieuxpont, chanoine de Lisieux, 1551-1559.

XXXVIII. Charles Iᵉʳ de Lorraine, cardinal, 1566.

XXXIX. Guillaume VII de l'Aubespine, en 1572.

XL. Nicolas Jacoppin, abbé, de 1579 à 1591.

XLI. Guillaume VIII de l'Aubespine, fils de Guillaume VII, obtint la commende vers 1600.

XLII. Charles II de l'Aubespine, chancelier des ordres du roi, succéda à son frère en 1611, introduisit la réforme de la congrégation de Saint-Maur dans l'abbaye, le 1ᵉʳ octobre 1650; mourut en 1653.

XLIII. Jules, cardinal de Mazarin, 1656-1661.

XLIV. François-Marie, cardinal de Mancini, 1663-1668.

XLV. Melchior de Harod de Senevas, marquis de Saint-Romain, fut chargé de nombreuses ambassades, 1673-1691.

XLVI. Jean VI d'Estrées, 1691-1718.

XLVII. Thomas-Jean-François de Strickland de Sazerghe, Anglais, élevé à Paris au séminaire de Saint-Sulpice, ambassadeur à Rome, nommé abbé de Préaux en 1718, évêque de Namur en 1725, nommé cardinal par le roi de Pologne en 1731; il mourut en 1740. Henri-Constant de Lort de Serignan de Valras, évêque de Mâcon depuis 1732, nommé abbé commendataire de Préaux par le roi en 1743, résigna aussitôt, ayant été fait abbé de Saint-Mansuet de Toul.

XLVIII. N. de Saint-Aubin, comte de Lyon et vicaire général de l'archevêque de Lyon, obtint la commende en 1743.

XLIX. En 1790, l'abbé commendataire s'appelait d'Osmond.

Dans les derniers temps, il n'y avait à Préaux que huit religieux. Ils possédaient environ soixante-dix mille livres de rente.

Nous ne nous étendrons pas davantage sur l'abbaye de Préaux. Le cartulaire de Préaux et le fonds de Préaux, déposés aux Archives de l'Eure, mériteraient un travail spécial.

Nous nous bornerons à tirer d'une déclaration du temporel de l'abbaye de Saint-Pierre de Préaux, en 1692, la note suivante qui concerne notre commune :

« Une baronnie dont le chef est assis
« en la paroisse de Notre-Dame-de-Préaux,
« où est l'enclos de ladite abbaye, dans
« lequel sont compris l'église, les lieux
« réguliers, les jardins, l'étang, colom-
« bier à pied à présent démoly, et autres
« édifices, le tout environné de murailles
« et joignant le bois des Fontaines et le
« prey qui est au-dessous d'iceluy, le tout
« ensemblement revenant à la quantité de
« dix-huit acres, sçavoir : ledit bois con-
« tenant treize acres, ledit enclos quatre
« acres et demie, et ledit prey demie acre,
« lesquelles trois pièces réduittes à une
« seule se trouve bornée d'un costé le
« chemin qui passe entre ladite abbaye et
« l'église de Notre-Dame dudit Préaux,
« tendant dudit lieu à Saint-Siphorien,
« Martainville et autres lieux; d'autre
« costé celuy qui passe entre la masure
« de l'Aumône, les murailles de l'enclos
« de ladite abbaye et ledit étang pour
« aller aux masures des Gressents à Me-
« limont, au bois du Montbourdon et
« autres lieux, et le courant des eaux
« pluviales ou des ravines, appelé le
« Doult de la Bucaille, et celuy des Valet-
« tes; d'un bout vers Saint-Siphorien,
« lesdits religieux, pour héritages de leur
« ferme de la Gloquerie, le surnommé
« Danet, le sieur chapelain de Saint-An-
« dré et autres; et d'autre bout en pointe
« à la grande porte de ladite masure de
« l'Aumosne. »

Il faut ajouter : le bois de Montbourdon, le bois de la Lumière, une pièce de terre appelée les Places-de-Préaux, le lieu et masure de l'Aumosne, contenant deux acres, sur lesquelles sont situés divers corps de logis; le clos Bouillette, la ferme du Bosc-Auber; enfin le patronage de l'église paroissiale de Notre-Dame-de-Préaux.

En 1726, les religieux de Préaux remplacèrent par un édifice plus vaste la maison qu'ils avaient élevée à la hâte après la destruction de leur ancien monastère au xiv° siècle.

L'église, à laquelle un prétendu poëme du xiv° siècle en l'honneur de la maison d'Harcourt donne l'épithète de belle, est entièrement détruite. Elle était en forme de croix. La nef était séparée des bas côtés par des arcades en plein cintre. Ce monument fut plusieurs fois restauré. Il est fâcheux qu'on n'ait pas conservé les anciens tombeaux qui décoraient cette église.

En 1811, Notre-Dame-de-Préaux et Saint-Michel-de-Préaux ont été réunis sous le nom de Préaux.

Dépendances : — les Eprendres; — Mont-les-Mares; — Mont-Morel; — la Vallée, — la Vicomterie; — Saint-Laurent; — le Bosc-Haubert; — Malleville; — le Vert-Buisson; — la Boulangerie; — les Moines.

Cf. *Neustria pia*, p. 503.
Gallia christiana, t. XI, p. 834, et instrum., p. 129.
Canel, *Essai sur l'arrond. de Pont-Audemer*, t. Ier, p. 306.

NOTRE-DAME-DU-HAMEL.

Arrond. de Bernai. — Cant. de Broglie.
Sur la Charentonne.

Patr. Notre-Dame. — *Prés.* l'abbé de Saint-Evroult.

Le nom primitif de Notre-Dame-du-Hamel était *Pont-Echanfré* : « Pons Eschenfredi. » On a dit ensuite : Echanfré, puis le Hamel et Notre-Dame-du-Hamel, en adoptant le nom du hameau où est située l'église.

Le territoire de cette commune est traversé par la Charentonne. L'église est sur la rive gauche, mais l'emplacement du château est sur la rive droite. Cet emplacement n'a conservé que la moitié de son nom primitif. Il s'appelle aujourd'hui Echanfré, ainsi que le hameau voisin.

Orderic Vital nous apprend qu'en 1118 Raoul le Roux détenait le château du Pont-Echanfré et qu'il était le serviteur dévoué du roi Henri Ier d'Angleterre. Ce Raoul le Roux périt dans le célèbre naufrage de la *Blanche-Nef*.

En 1124, Hugues du Plessis surprend cette forteresse. Le Plessis était un p'ein fief de haubert relevant de Pont-Echanfré, et situé entre Anceins et Pont-Echanfré.

En 1138, cette place, occupée par Rotrou le Roux, neveu de Raoul le Roux, fut livrée aux flammes. Cependant elle ne fut pas totalement détruite, puisqu'elle fut prise par Rotrou, comte du Perche, en 1139.

A l'époque de la rédaction du *Registrum Philippi Augusti*, ce fief relevait de Breteuil et lui devait le service de quatre chevaliers de pleines armes et demi. Sa mouvance était fort étendue. On y voyait figurer la Haie-Saint-Silvestre, Socanne, Mélicourt, les moines de la Trappe pour un fief au Mesnil Rousset, Saint-Pierre-de-Sommaire, le Bois-Hibout et même Mailloc, au delà d'Orbec.

Nous extrayons du cartulaire de Saint-Evroult plusieurs chartes que nous croyons inédites et qui concernent Pont-Echanfré.

Dans un diplôme de Henri Ier, roi d'Angleterre, confirmant les possessions et exemptions de l'abbaye de Saint-Evroult, donné « anno quo comes Andegavensis mecum pacem fecit », au nombre des possessions énumérées et confirmées, on lit : « Omnes ecclesiæ de Ponte Erchen-
« fredi, cum omni decima et decima de
« teloneo et de molendinis ipsius ville. »

Guillaume de la Ferté-Fresnel confirme aux moines de Saint-Evroult le ténement que tenait Garin Golafre dans la gastine de Pont-Echanfré :

1208. « Willelmus de Feritate Fresnel,
« omnibus ad quos presens scriptum per-
« venerit salutem. Noverit universitas ves-
« tra me concessisse et hac presenti carta
« mea confirmasse abbati et monachis
« Sancti Ebrulfi, in perpetuam liberam
« et quietam elemosinam ab omni terreno
« servitio et consuetudine et auxilio vel
« tallia vel relevamento et garda, totum
« tenementum quod tenuit Garinus Go-
« lafre in gastina Pontis Archenfredi,
« sexaginta videlicet acras terre prope lo-
« cum qui dicitur Buscheium, juxta viam
« que de Vernuciis ducit ad Pontem Ar-
« chenfredi. Quod Hugo de Plesseix et
« Gillebertus, filius ejus, Deo et beato
« Ebrulfo donaverunt, sicut in carta Symo-
« nis de Grantvilier, quam vidi et audivi,
« continetur. Hanc donationem, quantum
« ad me et ad heredes meos pertinet, con-
« cedo et confirmo in perpetuum obser-
« vandam. Quod ut firmum et inconcussum
« permaneat, presentis scripti testimonio
« et sigilli mei munimine dignum duxi
« roborandum. Actum anno gratie M. CC.
« octavo. (Cart. de Saint-Evroult, n° 63.)

Guillaume Sarrasin, chevalier, rend aux moines de Saint-Evroult douze acres de terre qu'il avait à tort acquises dans la paroisse de Pont-Echanfré :

1210. « Willelmus Sarracenus, miles,
« omnibus ad quos presens scriptum per-
« venerit, salutem. Noverit universitas
« vestra me reddidisse abbati et conventui
« Sancti Ebrulfi quiete, de mea propria
« voluntate, XII. acras terre quas de ipsis
« injuste acquisieram in parrochia de
« Ponte Herchenfredi, in loco qui Bu-
« cheium dicitur, sine omni reclamatione
« mei vel heredum meorum, et hoc reco-
« gnovi in plena assisia domini regis, et
« propria carta mea confirmavi apud Ber-
« naium, die martis proxima ante Pen-
« tecosten, anno gratie M. CC. X., coram
« Caduleo, castellano de Gaillon, et aliis
« justiciariis domini regis. Dicti vero mo-

« nachi donaverunt mihi de bonis eccle-
« sie sue VI. libras turonensium, unde
« ego teneor ipsis illam terram contra
« omnem calumpniam garantizare. Et ne
« hujus rei veritas ignoretur, sigilli mei
« munimine roboravi. » (Cart. de Saint-Evroult, n° 101.)

Gui, desservant de l'église de Pont-Echanfré, reconnaît que son père, son aïeul et les autres seigneurs de Pont-Echanfré ont donné au monastère de Saint-Evroult la dîme de la prévôté de la dite ville.

1249. « Universis presentes litteras in-
« specturis, Guido, rector ecclesie de Ponte
« Herchenfredi, salutem in Domino. Nove-
« rit universitas vestra quod, cum litteras
« patris et avi mei aliorumque dominorum
« Pontis Herchenfredi inspexissem, in qui-
« bus continebatur quod decima preposi-
« ture dicte ville olim collata fuerat mo-
« nasterio Sancti Ebrulfi, tam ex dono et
« concessione predecessorum meorum et
« aliorum dominorum Pontis Herchen-
« fredi, perpendi quod jus habebant in
« dicta decima ex dono et concessione
« predictis, et quod dicta decima de jure
« pertinebat ad ipsos, et ideo ipsis pre-
« dictam decimam in pace restitui et
« omnino dimisi et quitavi, nullum jus in
« ipsa nec possessionem de cetero, nomine
« ecclesie mee nec alio jure vel nomine,
« reclamaturus ; set licebit ipsis de ipsa
« decima tanquam de sua propria suam
« omnino facere voluntatem, absque mei
« aliqua reclamatione vel successorum
« meorum in dicta decima de cetero
« facienda. In cujus rei testimonium, pre-
« sentibus litteris sigillum meum appo-
« nere dignum duxi. Datum anno Domini
« M. CC. XLIX. in vigilia Sancti Barnabe
« apostoli. » (Cart. de Saint-Evroult, t. I, n° 95.)

« Omnibus presentes litteras inspectu-
« ris, Guido, presbiter, dominus de Ples-
« seio, salutem in Domino. Noverit uni-
« versitas vestra quod cartam bone memo-
« rie Thome, patris mei, in hec verba
« inspexi. Thomas de Plesseiz, miles, om-
« nibus ad quos presens scriptum perve-
« nerit, salutem. Noverit universitas vestra
« me, pro salute animarum antecessorum
« meorum et mea, donasse, concessisse et
« presenti carta mea confirmasse abbati
« et monachis Sancti Ebrulfi quicquid
« habent in tota terra mea, in liberam et
« ab omni terreno servicio quietam ele-
« mosinam, ita quod nemini, preter Deum,
« servitium aliquod inde facere teneantur
« vel auxilium, seu etiam talliam vel rele-
« vamentum vel gardam, neque homines
« in terris ipsorum manentes, tam de donis

« antecessorum meorum et meis, quam
« etiam de donis fidelium hominum meo-
« rum, clericorum et laïcorum, in quibus
« hec necessarium duxi propriis expri-
« menda vocabulis : totam videlicet deci-
« mam omnium reddituum meorum tertie
« partis mee de Ponte Herchenfredi, om-
« nium videlicet censuum, molendinorum
« et prepositure et piscationum et plessei-
« cei et foreste, de venditione scilicet et
« pasnagio et herbagio, et de omnibus
« que inde poterunt provenire; et tertiam
« partem ecclesie ejusdem ville, cum om-
« nibus pertinentiis suis et capellis de
« Sancto Petro et de Sancto Nicholao, de
« Sancto Johanne cum omnibus pertinen-
« tiis earum, et duas partes decime de
« feodo Buoin et de feodo Bonteis, et to-
« tum tenementum quod Garinus Gola-
« fre tenuit in gastina Pontis Herchenfre-
« di, quod Hugo de Plesseio, avus meus,
« et Gillebertus, pater meus, dederunt
« Sancto Ebrulfo, sexaginta scilicet acras
« terre prope locum qui Buscheium dici-
« tur, juxta vivum que de Vernoeliis ducit
« ad Fontem Archenfredi, et unum gor-
« tum ad Isleandum in aqua de Gal
« prope Augerum; apud Musengeriam
« masnagium Ricardi de Musengeria, cum
« septem acris terre prope ipsam, et alibi
« in eodem feodo decem acras terre, cum
« toto masnagio Ingeriorum, et duas partes
« totius decime feodi de Musengeria, de
« dono Willelmi Belenge et Gontoldis,
« uxoris ejus; et Willelmi, filii sui,
« cum assensu et voluntate Roberti de
« Milicort, domini sui, qui inde habuit
« novem libras andegavensium de caritate
« monachorum, et sinc acras terre, de
« dono Galterii de Gauvilla, militis, quas
« tenet Galterus Coete; apud Mesnil Rosset
« unam acram terre; apud Hovillam ter-
« ciam partem totius decime de feodo epi-
« scopi. In omnibus hiis supradictis, que
« habent monachi Sancti Ebrulfi in feodo
« de Ponte Archenfredi, est pars tertia de
« mea garentizatione et de donis antecces-
« sorum meorum et meis, sicut habeo ter-
« ciam partem per totum feodum ejusdem
« ville, exceptis ex. acris terre quas tenuit
« Guarinus Golafre, in gastina Pontis Ar-
« chenfredi, quas Hugo, avus meus, et Gil-
« lebertus, pater meus, dederunt Sancto
« Ebrulfo, cum assensu et voluntate Sy-
« modis de Chantvilers, domini sui, qui
« inde habuit centum solidos andegaven-
« sium de bonis ecclesie Sancti Ebrulfi. In
« omnibus vero que habent in feodo de
« Tenisie habent quartam partem de mea
« garantisatione et de donis antecessorum
« meorum et meis, sicut habeo quartam
« in toto feodo ejusdem ville, que his

« propriis exprimenda duxi vocabulis... »
La fin de la pièce énumère des possessions qui sont étrangères au Pont-Échaufré. La pièce est sans date, mais elle doit appartenir à la fin du XII° siècle ou au commencement du XIII°.

Ici reprend le Vidimus : « Item, vidi
« aliam cartam patris mei in hec verba.
« Noverint omnes, tam presentes quam
« futuri, quod ego Thomas de Plesseio
« concedo, et confirmo Deo et Sancto
« Ebrulfo homines et terras et omnia que
« habent apud Hainellum in cimiterio de
« Ponte Erchenfredi, habenda et tenenda
« in perpetuam, liberam et quietam ele-
« mosinam ab omni terreno servicio et
« districtione et exactione mei vel heredum
« meorum, et grangiam eorum quam ibi
« habent ad reponendam decimam suam
« ad voluntatem et utilitatem suam, ita
« quod nec ego vel aliquis heredum meo-
« rum in predicta grangia sive homini-
« bus vel terris aliquam justiciam vel
« districtionem unquam facere poterimus.
« Ut hoc vero firmum sit et stabile, sigilli
« mei testimonio roboravi. Actum anno
« Domini m° cc° vicesimo sexto. Has autem
« donationes et concessiones patris mei
« supradictas approbo et concedo [et] sigilli
« mei munimine per presentem cartam
« confirmo, et contra omnes me garanti-
« saturum promitto. Licebit autem de ce-
« tero predictis abbati et monachis de
« predictis decimis... as superius expres-
« sis in cartis patris mei suam omnino
« facere voluntatem, absque ulla mei, et
« heredum meorum seu successorum
« meorum reclamatione de cetero facien-
« da. Concedo insuper eisdem abbati et
« monachis et hac presenti mea carta con-
« firmo quicquid elemosinatum est eis ab
« hominibus meis de feudis de Chevau-
« chelous et de Hareaus et de Honkfale,
« que de me tenent. Quod ut firmum et
« stabile permaneat, presentes litteras de
« dictis abbati et monachis sigilli mei mu-
« nimine roboratas. Actum anno Domini
« m. cc. xl. nono, mense junii. » (Cart.
de Saint-Evroull, n° 96.)

Gui, desservant de l'église de Pont-Échaufré, reconnut tenir à ferme de l'abbé et du couvent de Saint-Evroult deux parts de dîmes moyennant la livraison de cinq muids de blé.

1259. « Universis presentes litteras in-
« specturis, Guido, rector ecclesie de Ponte
« Herchenfredi, salutem in Domino. Nove-
« rit universitas vestra quod ego accepi
« et teneo ab abbate et conventui Sancti
« Ebrulfi duas partes decimarum parro-
« chie mee supradicte ad firmam, ad vitam
« meam, reddendo eisdem annuatim quin-

« que modios bladi ad suum granarium
« Sancti Ebrulfi, pro firma predicta, vide-
« licet unum modium frumenti, et resi-
« duum proportionaliter ordeum et adve-
« nam, ita quod ego vel aliquis successo-
« rum meorum, hoc pretextu vel alia de
« causa, alicui juris vel possessionis nec
« potestatis in dicta decima de cetero re-
« clamare ; sed post decessum meum lice-
« bit dictis abbati et monachis de dicta
« decima omnimodam suam facere volun-
« tatem, vel tenendo in manu sua, vel
« tradendo ad firmam cuicumque sibi et
« suo monasterio viderint expedire. In
« hujus rei testimonium, ego predictus
« Guido dictis abbati et conventui istas
« presentes litteras dedi sigilli mei muni-
« mine roboratus. Datum anno Domini
« m. cc. xl. ix., in vigilia Sancti Barnabe
« apostoli. » (Cart. de Saint-Evroult,
n° 113.)

Dans la charte suivante, janvier 1269, Nicolas du Bois-Hibout donne à l'abbaye de Saint-Evroult deux gerbes de son fief situé dans la paroisse de Notre-Dame-du-Hamel :

« Universis presentes litteras inspecturis,
« Nicholaus de Bosco Hubout, armiger,
« salutem in Domino. Noverit universitas
« vestra quod ego, pro salute anime mee
« et antecessorum meorum, dedi et con-
« cessi viris religiosis abbati et monachis
« Sancti Ebrulfi, in liberam et puram
« elemosinam, duas garbas totius feodi
« mei, ubicumque sit in parrochia Beate
« Marie de Hamello, quas ego in seculo
« laycali habebam jure hereditario, excep-
« tis duabus garbis de dominio meo quod
« modo teneo in manu mea. Insuper di-
« misi eisdem abbati et monachis et peni-
« tus quittavi quasdam botas quas in ab-
« batia dictorum abbatis et monachorum
« percipiebam et percipere consueveram
« annuatim.... Datum anno Domini m°
« cc° l° ix°, mense januario. »

Autre charte du même, ou d'un homonyme, dans le même sens, août 1287 :

« A tous ceux qui ces lettres verront et
« orront, Robert Malet, sire de Plennes,
« chevalier, saluz. Comme Nichole de
« Bois-Hubout, chevalier, en temps que il
« viveit, eust donné et otreié à hommes
« religieus l'abbé et le couvent de Saint-
« Evroul, en pure e franche e quite au-
« mosne, toutes les diesmes que il pour-
« seiet en fieu lai en son fieu demaine, en
« blez e en fruiz creissanz en la parroisse
« de Notre-Dame-du-Hamel, lequel fieu il
« teneit de nous, etc... L'an de grâce mil
« ccc cenz et treis, le lundi après la fête
« Saint-Pierre-aus-Liens. »

Voici sur cette commune un extrait des registres de la chambre des comptes de Rouen au xvii° siècle :

« Contribuables, 202.
« Saint-Evroult présente à la cure et a
« les deux tiers de la grosse dixme affer-
« més 600 livres. Le curé a l'autre tiers
« et les verdages, 800 livres. L'abbaye
« de Lire a un trait de dixme affermé
« 30 livres ; l'abbaye de la Trappe un
« autre traict, 100 livres.
« Le fief du Bois-Hibout, relevant de
« Saint-Evroult, et le fief du Hamel qui
« peuvent valoir 2,000 livres.
« Il est honoraire patron en partie.
« Jacques de Nicolles, escuier, sieur de
« Maupertuis, possède ledit fief relevant
« du Boucachard ; vault 900 livres.
« Le fief de la Godardière, possédé par
« Charles de Hedbou, escuier, relève de
« Saucanne, vault 300 livres.
« Le fief de la Danière, appartenant au
« sieur de Gauville-Pelerin, peut valoir
« 80 livres.
« Le fief de Lassier, possédé par Fran-
« çois Mallard, escuier, sieur des Mou-
« liers, vault 600 livres, relève de Mau-
« pertuis.
« Le fief de Vaux appartient à Cristofle
« d'Aureville, escuier, sieur du lieu ; vault
« 40 livres. »

Dépendances : — l'Acier ; — la Beuseli-
nière ; — le Bois-Guérin ; — le Bois-Hibout ;
— la Briardière ; — les Buissons ; — la
Chaponnière ; — le Clos-Menant ; — la
Davière ; — Échanfrai ; — la Françoisière ;
— Glatigni ; — la Godardière ; — la Ma-
rigotière ; — Maupertuis ; — la Mesangère ;
— le Minerai ; — les Préaux ; — Resli ; —
la Haie.

NOTRE-DAME-DU-VAUDREUIL.

Arrond. de Louviers. — Cant. de Pont-de-l'Arche.

Patr. Notre-Dame. — *Prés. l'abbé
de Fécamp jusqu'au* xv° *siècle, puis le roi.*

Le Vaudreuil, nom qui désigne les deux communes de Notre-Dame et Saint-Cyr-du-Vaudreuil, autrefois les deux paroisses de ce bourg, figure dans un grand nombre de documents depuis l'époque mérovingienne. On trouve les formes suivantes : « Rhotoialensis villa, Rethajalum, Rotalagum (Grégoire de Tours), Rodolium (charte de Richard II pour Fécamp), Vallis Rodolii (Orderic Vital), Vallis Redolii (Robert du Mont), Vallis Rothelii (1194), « Val du Ruel, de Ruil, de Roel, de Roil, de Roul, de Roiel, de Raël, de

Reuil, de Ruell, Vaudreuil, Vaudreuil, et enfin Vaudreuil.

Le Vaudreuil fut habité aux époques gauloises et romaines. Un cimetière gallo-romain, qu'on présume remonter, par l'examen des objets qu'il renferme, aux premières années de l'occupation romaine, a été découvert en 1858 à la Consolière, hameau de Notre-Dame (1); on a retrouvé également de nombreux vestiges de villas romaines aux hameaux de la Métairie et de Landemare et au centre même du Vaudreuil, paroisse de Saint-Cyr. Sur ce dernier point, on a signalé l'existence de pavages en mosaïques et de constructions considérables qui ont fait croire que là était le palais habité par Frédégonde. Cette reine s'y retira en 584 sur l'ordre de Gontran. Les hommes les plus considérables de la cour l'y suivirent pour assurer la tranquillité de son voyage, et la laissèrent en cet endroit avec Melanius, évêque exilé de Rouen, et plusieurs autres personnages. (Grégoire de Tours, *Histoire des Francs*, livre VII.) Le séjour de Frédégonde au Vaudreuil se prolongea jusque vers 593, et dut attirer une assez nombreuse population. Les sépultures franques que l'on trouve en si grande quantité aux lieux dits le Beau-Soleil et le Champ-de-l'Aître et à Saint-Pierre-du-Vauvray en sont la preuve.

Après la conquête normande, les ducs eurent une résidence au Vaudreuil. Ce fut dans le château qu'en 1039 Roger de Montgommery, vicomte d'Hyesmes, égorgea dans son lit, et à côté du jeune duc Guillaume endormi, son gouverneur Osbern de Crespon, grand sénéchal de Normandie.

Les archers du Vaudreuil jouèrent un rôle important à la bataille d'Hastings, ce qui est attesté par les vers suivants du *Roman de Rou*:

> Li archer del Val de Roil
> Ki estoient de grand orgoël,
> Ensemble, o cls cex de Bretoël,
> [...........]
> [...........]
> K'il avoient o cls portees

Le château du Vaudreuil fut l'objet d'importants travaux sous le règne de Henri I*er*, qui fit construire plusieurs forteresses sur les frontières de la Normandie. (Robert du Mont, appendice à Sigebert.)

En 1136, la forteresse du Vaudreuil était occupée par Robert de Leicester et ses gens, lorsqu'elle fut attaquée inopinément et prise par Roger de Tomi, seigneur d'Acquigni et de Conches; mais au bout de trois jours Galeran de Meulan, à la tête des bourgeois de Rouen, vint livrer l'assaut et reprendre la place.

En 1138, Richer, baron de l'Aigle, et Robert, comte de Leicester, qui étaient dans le Vaudreuil, firent leur paix avec Geoffroi d'Anjou, et convinrent qu'il aurait la libre entrée de cette place, traité qui fut bientôt rompu. Geoffroi investit le Vaudreuil en 1144, et la reddition de la forteresse eut lieu sans combat. Sous le règne de Richard Cœur de lion, le Vaudreuil fut pris par Philippe-Auguste, et repris plusieurs fois par le roi d'Angleterre. Ces alternatives de succès et de revers donnèrent naissance à des traités qui réglèrent la possession du Vaudreuil.

Un combat important eut lieu en juin 1195 au Vaudreuil, entre Richard et Philippe, qui fut battu et se retira avec ses troupes. La mort de Richard permit au roi des Français de se porter de nouveau en Normandie, et le Vaudreuil succomba définitivement en 1202.

On trouve dans le *Registre des visites pastorales d'Eudes Rigaud* un récit des difficultés qui s'élevèrent entre l'archevêque de Rouen et le bailli du Vaudreuil (1267), difficultés qui se terminèrent, après une lutte très-vive, à l'avantage de l'archevêque, sur l'avis du légat du pape.

Le château du Vaudreuil fut, sous le règne de Jean le Bon, enrichi de peintures murales et de statues peintes par Jean Coste et Girard d'Orléans, 1350. Les lettres du roi qui révèlent ces travaux sont fort curieuses et ont déjà été reproduites par la Bibliothèque de l'École des chartes, 3*e* série, t. III, p. 334; t. I*er*, 2*e* série; les *Archives de l'art français*, Documents, t. II, p. 331; t. III, p. 65. Citons le *Nouveau Vasari de Florence* (vie d'Antonello de Messine), qui en a parlé également, t. V, p. 69. Le point le plus important de ces lettres est la mention faite pour la première fois de l'emploi de l'huile dans la peinture. L'église de Notre-Dame possède encore une statue peinte que de graves et sérieuses présomptions ont fait attribuer à Jean Coste. Le séjour du dauphin Charles, fils de Jean le Bon, au Vaudreuil, en 1355 et 1356, eut lieu pendant les travaux de Jean Coste, et plusieurs lettres de lui relatives à ces peintures sont datées du Vaudreuil. Ce fut cette année-là que se tinrent au château les états de Normandie,

---

(1) M. l'abbé Cochet a publié sur le cimetière du Vaudreuil une notice avec gravures, dans le *Recueil des Sociétés savantes des départements*, juin 1861.

où l'on remarquait la présence, au milieu d'un grand nombre d'autres seigneurs, de Charles le Mauvais, roi de Navarre et comte d'Évreux, de Jean V, comte d'Harcourt, du chevalier Maubué de Mainemare, de l'écuyer Colinet Doublet et du baron de Claire.

Le château du Vaudreuil fut désemparé par ordre de Charles VII, et suivant lettres datées de Lusignan en 1441. Louis XI donna le domaine non fieffé de la châtellenie au chapitre et aux chanoines de Cléry en Soligne. En 1515, la châtellenie fut l'objet d'une nouvelle donation faite par François Ier à Jean de Braudech, capitaine de lansquenets, et en 1573 Charles IX échangea définitivement tout le domaine contre Noyon-sur-Andelle (Charleval), Bourgbaudouin et Gournay, que lui céda Philippe de Boulainvilliers, comte de Fauquembergue et de Courtenai. Charles de Rambures, héritier de sa mère Renée de Boulainvilliers, vendit la châtellenie en 1657 à Claude Girardin, ami de Fouquet, surintendant des finances.

Depuis cette époque, elle passa par héritage ou par vente successivement aux mains de Anne de Villers, épouse de Louis Girard de la Cour des Bois, conseiller du roi (1669); Nicolas-Louis de Bailleul, marquis de Château-Gonthier (1678); Louis-Rose de Coye (1703); Antoine Portail, premier président du parlement de Paris (1710); J.-L. Portail, fils du précédent (1736), et Louis, marquis de Conflans (1776). A la mort de ce dernier, en 1789, la terre du Vaudreuil resta à sa veuve Antoinette Portail.

On ne voit aujourd'hui d'autres traces des divers châteaux bâtis par Henri Ier, Richard Cœur de lion, Philippe de Boulainvilliers, Claude Girardin, sans parler d'importantes constructions faites à différentes époques, que quelques pavillons.

Un grand nombre de fiefs relevaient du château du Vaudreuil. On en trouve l'énumération au XIIIe siècle dans le *Registrum Philippi Augusti*. Ils varièrent beaucoup avec les temps, et, dans un état dressé en 1516, c'est à peine si l'on reconnaît deux ou trois fiefs mentionnés au Registre de Philippe-Auguste. La commune même de Notre-Dame-du-Vaudreuil dont nous traçons l'histoire renfermait la sergenterie du Vaudreuil, plein fief de haubert; le fief de Maigremont (pour partie), plein fief de haubert, et le fief de la Motte relevant par huitième de fief, et qui appartint en 1399, à « damoiselle Michelle »; 1484, Guillaume de Beauvais; 1511, Jacques le Pelletier, vicomte de l'Eau de Rouen; 1539, Raoul Bouchery; 1556,

Étienne Bouchery; 1583, Jehan Bouchery; 1595, Raoul l'Abbé, baron de Bellegarde; 1640, Jean-Baptiste l'Abbé; 1659, Martin, secrétaire du roi; 1691, Daniel Clinet, sieur de la Chastaigneraye; Louis de la Chastaigneraye; 1738, J.-L. Portail. Un certain nombre de terres et propriétés à Notre-Dame dépendaient aussi des fiefs de la Salle-du-Bois, Epréville, etc. C'était encore à Notre-Dame que se trouvait le siège de la haute, moyenne et basse justice de la châtellenie.

L'église de Notre-Dame fut donnée en 1006 par Richard II, duc de Normandie, à l'abbaye de Fécamp. L'architecture est romane et l'édifice présente un ensemble intérieur et extérieur remarquable. Les visiteurs admirent le grand retable doré à colonnes évidées, dont les dispositions et le dessin rappellent les meilleurs travaux d'Androuet du Cerceau.

Dépendances : — la Salle ou Landemare; — la Métairie; — le Torché et la Conninière, désignée vulgairement sous le nom de Coulinière; — la Motte ou l'Orangerie (château).

M. Paul Goujon, qui a publié dans le *Recueil des travaux de la Société de l'Eure*, un travail considérable sur la châtellenie du Vaudreuil, a bien voulu rédiger cet article.

Cf. Recueil des Trav. de la Société libre de l'Eure, 3e série, Histoire de la châtellenie du Vaudreuil, par M. Paul Goujon, t. VII.

Arch. de l'art français, t. II, p. 331. Peintures de Jean Coste au château de Vaudreuil, t. III, p. 85, et t. VI, p. 19.

Le Cabinet historique, t. III, p. 262.

Revue de la Normandie, t. IV, p. 301. Notice archéologique sur un cimetière découvert au Vaudreuil, par l'abbé Cochet.

Congrès archéologique, séances de Louviers, t. XX, p. 230, 342 et 336. Notes sur le Vaudreuil, par MM. d'Estaintot, Marcel et Bordeaux.

Bibliothèque de l'École des chartes, 3e série, t. III, p. 331.

Roussel, *les Trois Grâces de la Normandie,* 1813.

NOTRE-DAME-DU-VAL-SUR-MER.

Arrond. de Pont-Audemer. — Cant. de Beuzeville.

Patr. Notre-Dame. — Prés. l'abbé du Bec.

On trouve dans les *Grands rôles de l'Échiquier de Normandie* mention de Richard, fils de Raoul de Sainte-Mère-Église (Stapleton, M. R., p. 97), et Guillaume de Sainte-Mère-Église, « de Willelmo de Sancta Maria. » (M. R., p. 98).

Dans une donation sans date, mais probablement du commencement du XIII° siècle, de 90 sols de rente à prendre à Quillebeuf, par Guillaume de la Mare : « de Mara; » il est dit que cette rente a primitivement été donnée à son frère Robert « de Mara » par Robert « de Sancte Marie ecclesia ».

On trouve « Hugo de Sancta Maria », parmi les témoins de la charte du comte Robert de Meulan, à la Sainte-Trinité de Beaumont, des dîmes de tous ses revenus de Beaumont.

En 1203, Robert de Sainte-Mère-Église, chevalier, donne à l'abbaye du Bec le patronage, la dîme et autres redevances dudit lieu.

En 1291, l'abbaye du Bec fait retrait féodal sur Raoul Sansou du fief aux Sansoms, dans la paroisse de Sainte-Mère-Église.

En 1396, Jacques Le Grand, écuyer, vend à l'abbaye tout ce qu'il avait dans la paroisse de Notre-Dame-du-Val.

En 1430, Guillaume Le Grand, écuyer, fait hommage à l'abbaye pour un quart de fief nommé le Fief de Sainte-Mère-Église, situé à Notre-Dame-du-Val et aux environs.

En 1439, Guillaume Legrand, écuyer, vend à l'abbaye.... la paroisse de Notre-Dame-du-Val, avec toutes ses dépendances.

En 1447, il y eut arrangement entre l'abbaye et Guillaume et Jean Le Grand, écuyers, au sujet de sommes dues pour un quart de fief en cette paroisse nommé le fief du Val.

Nous empruntons à la notice de M. Canel les renseignements qui suivent sur les fiefs de Notre-Dame-du-Val :

Le fief du Val s'étendait sur Fatouville, Equainville, Ficquefleur, etc. Les vassaux devaient service de prévôté, regard de mariage, comparance aux plaids et gages-pièges, ban de moulin, etc. Au XVII° siècle, ce fief appartenait aux mêmes seigneurs que Formoville. En 1641, Laurent Restaut s'intitulait seigneur châtelain de Formoville et des fiefs du Bois, du Val et des Mares; en 1692, Louis Brinon prenait les mêmes titres. Dans le siècle suivant, le Val était dans les mains des Grosourdis de Saint-Pierre.

Près de la grande route actuelle de Rouen à Caen, on aperçoit un ancien colombier qui indique le chef-lieu du plein fief de haubert et sergenterie héréditale du Mesnil-Ferri; il relevait du roi à cause du comté de Montfort, et s'étendait sur Notre-Dame-du-Val, Saint-Pierre-du-Chastel, Beuzeville, Fatouville, Conteville, Berville, etc. Ce fief fut longtemps possédé par la famille de Gaillon.

En 1656, Guillaume de Gaillon, écuyer, tient et avoue tenir du roi par hommage lige, à cause de son comté de Montfort, le fief du Mesnil-Ferri, dont le chef est assis en la paroisse de Notre-Dame-du-Val et s'étend ès paroisses Notre-Dame-du-Castel, Cartaville, Boulleville, Beuzeville et ailleurs; il renouvela cet hommage en 1661. Vers le milieu du XVII° siècle, le Mesnil passa à l'abbaye de Grestain.

Les religieux de cette maison avaient d'autres droits sur la paroisse : ils percevaient une partie de la dîme et nommaient à la cure.

L'église de Notre-Dame-du-Val a été détruite en grande partie : il ne reste plus que le chœur. On y conserve l'ancien autel de l'abbaye de Grestain. Cette église n'était située qu'à quelques pas de celle de Saint-Pierre, destinée maintenant aux fidèles des deux communes.

La paroisse de Notre-Dame-du-Val-sur-Mer a été réunie à Saint-Pierre-du-Châtel en 1835 sous le nom de Saint-Pierre-du-Val.

Dépendances : — les Patins; — le Mesnil; — l'Église.

Canel, Essai sur l'arrond. de Pont-Audemer, t. II, p. 483.

NOYER-EN-OUCHE.

Arrond. de Bernay. — Cant. de Beaumesnil.

Patr. Notre-Dame. — Prés. l'abbé de Lire.

L'église de Noyer avait été donnée au XIII° siècle à l'abbaye de Lire, par Raoul de Groslai et Jean de Joe. — Cette donation est confirmée dans la charte suivante de Robert, comte de Meulan :

« Robertus, comes Mellenti, baronibus,
« justiciariis, prepositis et ministris et
« omnibus fidelibus suis, salutem. Sciatis
« me concessisse et in perpetuum confir-
« masse Deo et Sancte Marie de Lira, et
« monachis ibidem Deo servientibus, om-
« nes elemosinas quas habent in feodo
« meo, ut possideant et teneant eas hono-
« rifice, in pace et sine gravamine, tam
« in ecclesiis et terris, quam de decimis
« et aliis redditibus. Ex dono scilicet
« Galeranni patris mei, unum hospitem
« apud Pontem Audomari, cum domo que
« fuit Radulfi Parsamein, liberum et
« quietum ab omni consuetudine et per
« terram et per aquam; et per singulos
« annos duo millia de hareng in introitu

« Quadragesimæ, et quicquid prædicti mo-
« nachi emerunt apud Pontem Audomari,
« vel alibi in terra mea, ad victum suum,
« et fuerit eorum proprium, liberum erit
« ab omni consuetudine; ecclesiam de
« Barra cum præsentatione presbiteri et
« cum omnibus pertinentiis suis, et totam
« terram quam Rogerius de Barra dedit
« eis, sitam super valle de Gysaio, quas
« prædictus Lucas eisdem monachis lega-
« vit. Præterea concessi et hac carta mea
« confirmavi prædictis monachis vavaso-
« riam unam quam habent antiquitus
« apud prænominatam Barram, liberam et
« quietam ab omni tallia et servicio, de
« qua, sicut de aliis vavasoriis, debebam
« talliam habere, ita quod, cum talliam
« meam vel auxilium posuero apud Bar-
« ram, de illa vavasoria nichil capiam;
« ecclesiam de Bosco Renoldi, cum præsen-
« tatione presbiteri et cum omnibus per-
« tinentiis suis, quam Henricus de Bosco
« Renyldi dedit eis; ecclesiam de Nuccarios
« ex dono Radulfi de Grolay et Johannis
« de Jobe, decimam quoque molendini de
« Grolay, cum duabus acris terræ apud
« Nuccarium, et cum uno hospite libero
« et quieto, que idem Radulfus dedit præ-
« dictis monachis. Dono etiam et concedo
« et hac mea carta confirmo prædictis mo-
« nachis ut pecudes et animalia de domo
« sua quam habent apud Throcheyam,
« habeant communem pasturam in fo-
« resta mea de Bellomonte, liberam et
« quietam, et ut idem monachi ad emen-
« dandas terras suas libenter habeant
« marnam de quadam marneria quam
« fecerunt in prædicta foresta mea. Testi-
« bus : Willelmo de Hume, Pagano de
« Mustrul, Simone de Grolay, Hugone
« Walensi, Rogerio Walensi, Radulfo Wa-
« lensi, Radulpho Prueth serviente meo,
« Stephano clerico, et multis aliis. »
Voyez encore une charte du chapitre
d'Evreux, en faveur de Lire, de 1210 :
« .. Ecclesiam de Noerio cum præsen-
« tatione presbiteri, duas partes decimæ
« bladi et decem solidos in altari... »
A la même époque (1203-1220), Luc, évêque d'Evreux, déclare avoir vu les titres de l'abbaye de Lire; et parmi ces titres il signale ceux qui concernent Noyer.
« Universis sanctæ matris ecclesiæ filiis,
« Lucas, Dei gratia Ebroicensis episcopus,
« salutem in Domino. Ad universitatis
« vestræ notitiam volumus pervenire nos
« dilectorum filiorum nostrorum Drogonis
« de Fontevilla, de quatuor sextariis bladi
« in molendino suo de Ratier annuatim
« percipiendis, Mathei de Bosco Anserii de
« illa meditaria et de illo tenemento quod
« Christianus Chacep in de eodem Matheo
« tenebat; Radulfi de Berleneher, de do-
« natione Roberti fratris sui, scilicet de
« sex acris terræ quas Terricus Beivin de
« eo tenebat; Johannis de Joe, de quadam
« terra apud Nuccarium que appellatur
« Campus de Bocleto; Gerardi de Auver-
« nay, de uno quarterio molendini de
« Nealfe, et de feodo quod fuit Bomeril
« apud Launcel; Roberti de Fonte, de
« decem acris terræ juxta Perouderiam;
« Radulfi Le Gravereur et Willelmi fratris
« sui et Henrici nepotis eorum, de quatuor
« acris terræ apud Boscum Renoudi, et de
« tertia parte feodi Droardi et Gileberti
« fratrum, et de quodam berberguamento
« apud Barram et quædam terra que jacet
« juxta Crucem Roberti Dubrée, et aliis
« quibusdam donationibus, concessioni-
« bus et confirmationibus Deo et Beatæ
« Mariæ de Lyra, et monachis ibidem ser-
« vientibus, a prædictis fidelibus factis
« cartulas inspexisse, legisse et intel-
« lexisse... »

Dans les registres de la chambre des comptes de Normandie, au XVIIe siècle, on lit : « Sergenterie d'Ouche. Le Noyer. « Contribuables.

« L'abbé de Lire présente à la cure et « à la grosse dîme. La cure vaut « 400 livres.....

« Le fief de la Jonnière, membre de la « baronnie de Beaumesnil, vaut 500 liv.

« Le fief du Roy, contenant 60 acres de « terre, possédé par plusieurs particuliers.

« 100 acres de terre, 6, 8 et 10 livres « l'acre. »

En 1792 les paroisses du Châtelier-Saint-Pierre et de Châtel-la-Lune ont été réunies à Noyer.

Nous avons oublié de dire, à l'article CHATEL-LA-LUNE, que ce Châtel-la-Lune avait un manoir fortifié au bout de la forêt, et que son propriétaire, Robert de Meulan, y fonda en 1118 un prieuré sous le nom de Saint-Etienne-de-Grammont. Ce prieuré était situé à l'extrémité de la forêt de Beaumont, dans une portion de bois qui paraît dépendre de cette forêt, et son emplacement est très-bien marqué sur la carte de Cassini. On le trouve aussi sur le cadastre, et l'on voit qu'il y reste de grands bâtiments. Ce prieuré est désigné ordinairement sous les noms de Grammont-lès-Beaumont et de Grammont-lès-Châtel-la-Lune. Il avait une annexe sous le même nom à la Bellière (Orne). Les archives de l'Orne possèdent deux dossiers qui concernent le prieuré de la Bellière, et un aveu du prieuré de Grammont au roi.

Dépendances : — le Hameau-de-l'Eglise; — le Châtel-la-Luce; — le Châtellier-Saint-Pierre; — les Quatre-Houx; — le Bois-Chevreuil; — la Gaudinière; — la Noé; — le Hamel; — la Brunetière; — Milan; — la Richardière; — la Hermeraye; — le Long-du-Bois; — Fouesnard-de-la-Noë; — Grammont; — la Jouannière-Grammont.

NOYERS-EN-VEXIN.

Arrond. des Andelys. — Cant. de Gisors.

Patr. Notre-Dame. — Prés. le seigneur.

Le cartulaire de Marmoutier nous apprend qu'au xie siècle cette abbaye, qui dominait à Gisors et à Vesli, dominait aussi à Noyers :

« Noveriot... quod Radulfus et Roge-
« rius, frater ejus, dederunt in elemosinam
« monachis Majoris Monasterii cunctam
« decimam de Noiers. Rogerius autem ven-
« didit de sua parte unum vavassorem cum
« toto fevo ejus in Verriaço, Osbertum
« nomine, cognomento Peregrinum. Mor-
« tuo Rogero, Radulfus, ejus frater, . .
« dedit filiam suam Ragillam Roberto de
« Faiel in uxorem. Qui Robertus calump-
« niatus est quod dederat Radulfus et
« Rogerius frater ejus. De calumpnia ad
« hunc finem venit. Testes sunt : de lai-
« cis, Hernalfus de Villanis, Hugo frater
« ejus, Rainaldus Botet, Guillelmus dapi-
« fer, Robertus filius Alberici, Guillelmus
« de Quadrivio, Garnerius filius Geltru-
« dis, Herbertus Duras Denarius, Hugo
« Faber. Dominus Kadilo remissus ad obe-
« dientiam Vertiaei dedit predicto Radulfo
« de Noers triginta solidos denariorum
« Pontisarensium, ut in curia Roberti
« Normannorum comitis, apud Nielfam
« castrum, coram Guillelmo Crispino, il-
« lius terre viceeomite, quidquid dederat
« vel vendiderat monachis Majoris Monas-
« terii firmaret. Quod factum est. Testes
« sunt : Guillelmus Crispinus et duo filii
« ejus Willelmus et Simon, Radulfus de
« Cromanvilla, Radulfus filius ejus, Ber-
« nardus de Porco Mortuo, Hugo filius
« ejus, Inguerrannus de Calvicuria, Alte-
« redus de Camachiis, Milo de Verli,
« Gofredus de Riaha, Ascelinus Popilot,
« Guillelmus de Quadruvio, Godifridus
« filius Adelent, Petrus filius Osberti,
« Ascho filius Alverez, Garnerius filius
« Geltrudis, Goffridus de Sahtalos... »
(*Cart. Major. Monast.*, I, f° 100.)

Le patronage appartenait, au xiiie siècle, aux Crespin, seigneurs de Dangu. Le pouillé d'Eudes Rigaud nous l'apprend : « Ecclesia Beate Marie de Noiers. Patro-
« nus Guillelmus Crispiot. Habet viginti
« quinque parrochianos; valet triginta li-
« bras Turonensium. »

Nous trouvons dans un registre de l'an 1480, contenant l'état des propriétés des Chartreux de Paris à Noyers et à Vesli, les notions suivantes; ce livre appartient à M. Louis Passy :

« A Noyers-sur-Dangu ou Vecquessin
« le Normant, ès baillage et viconté de
« Gisors, ung noble fief, dont le corps
« principal fut audit Noyers, et qui s'ex-
« tend à Wely, Bertenonville-sur-Etta, le
« Tillel et Villers audit Vecquessin et
« lieux d'environ, auquel noble fief ap-
« partient ung manoir et hostel seigneu-
« rial, terres, boys, vignes, etc. Le pa-
« tronage de l'église du dit Noyers, toute
« justice et seigneurie, tant ou dit Noyers
« comme esdits lieux où s'estend ledit
« fief. »

Ledit fief avait été acquis par les Chartreux, le 28 janvier 1367, de Guillaume Crespin, seigneur de Mauny, et de damoiselle Jeanne de Caletot, sa femme; c'est assavoir, en ce qui concerne Noyers, du dit Guillaume Crespin à cause de sa terre et seigneurie de Lysors, et ce qui concerne Wely, le Tillel (les Thilliers), Villers, etc., aussi comme du dit Guillaume Crespin à cause de sa terre et seigneurie de Suzay, par contrat passé devant Pierre Lalemant et Pierre de Montigny, notaires au Châtelet de Paris. » Lesdits héritages furent amortis aux religieux par le comte de Tancarville et Jeanne Crespin, sa femme.

La seigneurie et fief noble de Noyers, demi-fief de haubert, fut tenue successivement, de 1367 à 1412, en foi et hommage des Chartreux, par Guillaume de Noyers, Jean Housse, orfèvre de Paris; Guillaume de Bigars, écuyer, héritier sous bénéfice d'inventaire de Guillaume de Noyers; Jacques de Bigars, fils de Guillaume de Bigars; puis de Louis de Bigars, frère de Jacques. Ce fief avait un manoir, colombier, granges, étables, etc.; le tout à Noyers.

A côté de ce manoir se trouvait « l'ostel
« et manoir seigneurial des dits religieux,
« assis au dit lieu de Noyers, au bout de
« bas de la dite ville de Noyers, conte-
« nant maison manable, sur laquelle a
« une croix assise en signe de admortisse-
« ment et franchise, estables, deux gran-
« ches, bergeries, chappelle, court, jardin,
« fossés à poësson et auptres aisances; le
« lieu auquel se comporte prison et sepz à

« mettre prisonniers ; le tout contenant
« deux acres de terre ou environ, tenant
« d'un costé à la rue qui va du dit Noyers
« à Estrépagny, appelée la Ruelle du Para-
« dis, d'autre costé aux dits religieux Char-
« treux... Du bout de devant à la grande
« rue qui va de la dite ville de Noyers à
« Gisors ou à Neaufle, ou quel bout est
« la principalle porte et entrée dudit ma-
« noir. »

L'église de Noyers occupait une demi-
acre de terre assise « au lieu dit la Haye
« du Saussay, près du dit boys de Saussay
« ou le Genetay du Saussay ».

La table des matières placée en tête
du registre des Chartreux de Paris contient des indications topographiques intéressantes sur Noyers au xv° siècle :

« En la grant rue qui descend du mous-
« tier pour aller à Neaufle ou à Gisors,
« par devant l'ostel seigneurial des dits
« religieux, du costé devers les Saulx ou
« Roissel de Paradis, à commencer joi-
« gnant de l'ostel seigneurial des diz reli-
« gieux, » on notait :

« La ruelle de Paradis, où commence
« le chemin d'Estrepagni ;
« La Cousture-Bigars, devant le Fro de
« la ville ou devant les Ormeteaux, en ti-
« rant à l'Aunoy ;
« En la dite grant rue qui descend du
« moustier pour aller à Neaufle ou à Gi-
« sors, par devant lostel des dits reli-
« gieux ; du côté de la Banye dudit Noyers,
« à commencer à la rue qui va dudit
« Noyers à Dangu, et dedans le Bois où
« à la Banye, qui est devant la rue de
« Paradis ;
« La rue qui va à Dangu ou à la Banye ;
« La rue qui monte à la fontaine ;
« La terre de Bigars, sur le vivier de la
« fontaine ;
« La ruelle qui descend à la fontaine ;
« La maison à Bigars ;
« Le cimetière et l'estre de la ville ;
« Devant l'estre de la ville ;
« Le presbytère du curé ;
« En la rue de la Fontaine, à commen-
« cer joignant l'ostel Bigars ;
« L'ostel de Bigars. »

Parmi les triages, nous remarquons en
1480, à la même époque : les Vignes ; le
Frief-au-Juif ; la Fosse-Maubert ; le Bois-
du-Long ; le Murger ; le Val-le-Moyne ; la
Possette ; la Haulte-Barne ; le Buysson-
Phelippot ; le Perron ; les Longues Rayes ;
le chemin de Bernouville vers Saussoy ; le
Genetoy-du-Saussoy ou les Essars ; la
Hayette-du-Saussoy ; le Passage ; la Croix-
Bouquet ou le Perier-Housse ; le chemin
des-Buissonnes, qui va de Wely à Dangu,
ou le Buysson-Chevrel ; les Riselies ou le
Ru-Asselin-sous-la-Fontaine-Saint-Martin ;
la Sablonnière, près le chemin de Vernon ;
les Delles ; les Closeaux ou le Jardin-au-
Sueur ; le Prael ou sous l'Aunoy-sur-
l'Aulnoy ; au Frief-de-la-Croix, vers les
Groues-de-la-Pierre-Aillout ; les Viguettes
ou le Clos-Callart, derrière le jardin et
vignes Loys de Bigars ; la Haye-Mallot ; le
Re ou le Chesne-aux-Loups ; l'Angle-aux-
Rabaux ; la Sente-au-Maistre, près le Bois-
du-Long.

Noyers a eu pour seigneur, au commencement du xvii° siècle, François Sublet,
qui fut sous Louis XIII surintendant des
finances et des bâtiments et seigneur de
Dangu. Cette terre passa ensuite au marquis Dauvet, au baron de Breteuil et à
M. de Barbé-Marbois, qui l'acheta à son
retour de Cayenne et y mourut en 1837.

M. de Barbé-Marbois laissa en mourant
à Noyers et au canton de Gisors des sommes considérables, qu'il consacra par testament à l'amélioration des écoles et à la
substitution des couvertures en ardoises
aux couvertures de chaume. M. Antoine
Passy, préfet de l'Eure, fut chargé de
l'exécution de ces legs.

Dépendances : — la Tuilerie ; — Nainville.

Cf. Archives de l'Empire, p. 37, fol. XII.

NUISEMENT (LE).

Arrond. d'Evreux. — Cant. de Damville.

Patr. S. Jean. — Prés. le chanoine prébendé d'Evreux.

Nuisement (*Nocimentum*) : obstacle, embarras. Ici, l'obstacle est un vallon sec et
abrupte qui barre brusquement le passage.
On dit encore autour de Bernai *nuisement*
dans ce sens.

Des vestiges de l'ancienne voie romaine
d'Evreux à Condé-sur-Iton ne sont pas
tout à fait effacés

Dans la charte de Henri I°¹ en faveur
de l'abbaye de Conches, nous lisons :
« ... Iterum sciendum est, quod Radul-
« phus de Noisement, pro salute anime
« sue, dedit Sancto Petro omnem decimam
« terre sue de Noisement, et terram cum
« hospite, et decimam culturarum sui se-
« nioris in villa que vocatur Nogent, an-
« nuente Gilleberto, domino suo, et Ra-
« dulpho de Tostenteio, cujus feudi erat... »

Hugues de Nuisement : « de Nocumento, » fils aîné du précédent, confirma cette
donation. Parmi les témoins on remarque : « ... Guillelmus sine Napa, major
communie... »

Nous trouvons dans les chartes de la Noë conservées à la Bibliothèque impériale quelques renseignements sur Nuisement.

1201. Roger de Maubuisson donne à Roger des Essarts 70 acres de terre « apud « Nocumentum et feodum quod fuit Serlo-« nis de Nocumento. »

En 1208, Robert de Maubuisson, fils de Guérin de Maubuisson, fait à la Noë plusieurs donations ; entre autres, la couture de Robert, excepté une acre déjà donnée à l'église de Saint-Jean-de-Nuisement : « ecclesie Sancti Johannis de Nocumento. » Parmi les témoins : Guillaume, alors prêtre de Nuisement, Oger, chapelain de Robert, Richard de Garencières, Jean de Gombert, Richard de Tournedos, Roger de Berville, etc.

En 1239, Roger de Nuisement : « de Nocumento, » fils d'Hugues de Nuisement, chevalier, aumône à l'abbaye de la Noë une rente annuelle de 10 sols que les moines lui devaient pour les terres situées « apud Kanapevillam ».

1208. Guillaume Le Neveu donne 4 acres de terre, du consentement de son seigneur, Jean de Gombert. Témoins : Guillaume Chevreuil, Guillaume de Gombert, etc.

1208. Geoffroi Voisin donne 3 acres de terre « apud Gombert, juxta terras de Noi-« sement, prope cheminum chaucie, per « assensum domini mei Johannis de Gom-« bert. »

1214. Roger de Berville, chevalier, cède à la Noë les terres que les religieux détiennent « apud le Gombert de feodo meo ».

En 1300, il y eut discussion entre Mathieu « de Magroliis ou Maeroliis », chanoine d'Evreux, et Jean des Essarts, écuyer, seigneur du lieu, concernant « jus patronatus ecclesie Sancti Johannis « de Nocumento et capelle de Malledumo « (Mallodumo, Malodumo). » Ce fut le chanoine qui l'emporta.

Le Nuisement a été réuni à Montbelon en 1813.

Dépendances : — la Croix ; — Maubuisson ; — les Minières.

O

OISSEL-LE-NOBLE.

Arrond. d'Evreux. — Cant. de Conches.

Patr. S. Pierre. — Prés. le chapitre d'Evreux.

Les chartes de l'abbaye de la Noë nous fourniront sur Oissel, au XIII° siècle, un assez grand nombre de renseignements.

Dans une charte de 1195, Robert de Bois-Gencelin donne aux religieux de la Noë cinq acres de terre situées « in terris meis de Oissel ».

1205. « Robertus Cape dedi... sex acras « erre, duas acras in monte Oiselli, et « quatuor ad Rutiz et ad haias Oiselli... « Testibus : Aclardo, tunc temporis pres-« bitero de Ferrariis; Radulfo de Porta... « Garino de Coldreio. »

1206. « Gaufridus de Oisello, concessi... « duas acras terre, quas Giroldus de Ois-« sello dedit eis in Angulis quando reli-« gionis habitum assumpsit in abbatia « Sancte Marie de Noa... Testibus : Ro-« gero de Aneto; Ogero de Glisoliis; Du-« rando de Sansever; Roberto Mobet, et « aliis multis. »

1207. « Robertus de Bosco Gencelini « dedi, assensu et benivolentia Azirie « matris mee, quandam terram, quam ha-« bebam apud Oissellum..... Testibus : « Ada de Ferrariis ; Herberto de Avrilleio; « Rogero, famulo meo; Stephano de Cai-« tivel; Nicolao de Cambraio; Teboldo de « Ponte, et aliis multis. Actum anno « gracie m° cc° vii°. »

1221. « Thomas de Grua et Agnes, uxor « mea, quitavimus... et confirmamus « quicquid juris habere clamabamus in « bosco de Ossello, et in quatuor pediis « terre... quarum una sita est juxta Che-« neiam, quam habent monachi de dono « Thece la Greslee; alia ... de dono Alte-« ree la Corbine, alia in eodem loco de « dono Renoldi Alliet, et altera versus Bel-« veer de dono Roberti Cementarii. »

1227. « Johannes Chevrol, filius et he-« res Gilleberti Chevrol, dedi....... duas « acras terre et dimidiam, sitas in Cauda

« de Boillart, juxta bajam Gilleberti mili-
« tis, domini de Essartis... Testibus : Ri-
« cardo, sacerdote de Nongento; Hugone
« Boufel; Roberto Heron; Roberto Drueis,
« cum multis aliis. »

1229. « Galterus de Leignier, concessi...
« totum tenementum quod habent de dono
« Galteri de Valet, qui ipsum tenemen-
« tum de me tenuit... Testibus : Matheo
« de Portis, milite; Ricardo de Crechis;
« Henrico Mabie; Roberto Mahiel; Petro
« de Ruquigne, cum multis aliis. »

1236. « Radulfus de Nois concessi...
« unam peciam terre, sitam inter terram
« Galteri de Leigner et terram Roberti le
« Ser, quam videlicet terram habuerunt de
« dono Ereinburgis de Capite Nemoris,
« avie mee... Testibus : Willelmo le Suef;
« Radulfo Meingo; Stephano Cementario;
« Symone le Franceis, et multis aliis. Actum
« anno gracie m° cc° tricesimo. »

1231. « Ego Rogerus Monachus de Fer-
« rariis concessi duos denarios... de
« dono Roberti Monachi, patris mei,...
« in terra mea de mara Boingin...; con-
« cessi quoque prefatis monachis moltam
« de duabus peciis terre de feodo Roberti
« Lebert, que site sunt apud Murgers et
« apud Campum Tebout, quam Johanna,
« uxor mea, eis elemosinavit. »

1212. « Ricardus de Bosco Gencelini,
« miles, elemosinavi pro salute anime
« Margarite, matris mee,... unam acram
« terre, sitam in valle de Oisello, versus
« Platam Maram, juxta terram Rogeri
« Danet, ex una parte... coram parro-
« chia de Bosco Gencelini... »

1215. « Radulfus de Osmonvilla con-
« si... quatuor acras terre, sitas in
« parrochia de Oissel, que sunt de feodo
« meo, quas Johannes Cape de Oissel,
« dictis monachis tradidit.... ad usum
« porte ejusdem domus, quarum videlicet
« quatuor acrarum una pecia sita est au
« Martinet, alia à la Fossete, alie vero
« due pecie as Rotiz... Testibus : Roberto
« tunc temporis sacerdote de Oissel; Ro-
« berto de Qualvilla; Guillelmo Tiel et
« dicto Johanne Cape, cum pluribus aliis. »

1217. « Guillelmus Tyoul de Oysello
« vendidi... tria jugera terre, site ad
« Angulos in parrochia de Oysello...;
« qui videlicet [monachi] proinde dede-
« runt michi pre manibus centum et quin-
« decim solidos turonensium. »

1253. « Radulfus de Siascio dedi.....
« duodecim denarios monete usualis...
« qui redditus..... super quadam pecia
« terre, que sita est in parrochia de Ois-
« sel, que dicitur la Fossete le Rei, inter
« terram Ivel de Britonaria... »

1259. « Sciant omnes presentes et futuri,
« cum contentio verteretur inter abbatem
« et conventum de Noa, et homines de
« parrochia de Oissel, ex altera, super
« pastura nemoris dictorum monachorum
« quod dicitur nemus de Lespeisse; tan-
« dem pacificatum fuit inter partes in
« hunc modum, quod, quando dicti mo-
« nachi volent vendere et scindere, quan-
« documque placebit eis, et viderint sibi
« expedire, et aliam medietatem relin-
« quere dictis hominibus et pasturam. Et
« quamdiu dicti homines habebunt me-
« dietatem dicti nemoris tantummodo ad
« pasturam, non solvent nisi medietatem
« avene quam debent de redditu dictis
« monachis pro dicta pastura, videlicet
« usum boissellum avene et unum tortel-
« lum de qualibet domo, sive habeant ani-
« malia sive non. Quando vero totum ne-
« mus devenerit ad etatem congruam ad
« pasturam, videlicet ad quintum folium,
« dicti homines habebunt per totum ne-
« mus pasturam suam, et tunc reddent
« integraliter totum redditum quem de-
« berent pro dicta pastura, videlicet suos
« boissellos avene et unum tortellum de
« qualibet domo, sive habeant animalia
« sive non; ita tamen quod dicti homines
« tenentur prius probare coram dictis
« monachis dictum nemus habere etatem
« debitam et congruam ad pasturam, vi-
« delicet quintum folium; hoc addito quod
« dicti homines in dicto nemore non po-
« terunt aliquando introducere ad pastu-
« ram oves vel agnos vel capras, nec dicti
« monachi similiter, nec in parte nec in
« toto. In cujus rei testimonium, ego
« Drocho de Roia, miles, dominus de
« Alneto, et ego Ricardus de Bosco Gen-
« celini, miles, ad quorum preces... facta
« fuit dicta compositio, ad petitionem
« partium presenti scedule sigilla nostra
« apposuimus. Actum anno gracie m° cc°
« quinquagesimo nono, mense januarii. »

1288. Accord entre Jean, abbé de Saint-
Pierre de Conches « de Castellione de Conchis », et Raoul, abbé de la Noë, sur la
dîme de douze acres de terre en six pièces :

La première, de trois acres;
La deuxième, de trois arpents (tria jugera), « sita est versus les Roitiz »;
La troisième, contenant trois arpents;
La quatrième, contenant trois arpents,
« sita est inter Fossatum Reinboud, ex
« una parte, et cheminum de Portis, ex
« altera »;
La cinquième, contenant cinq arpents;
La sixième, contenant deux acres, « versus les grez de Oysello. »

Dans la charte du roi Henri Ier en faveur de Conches, on voit que la dîme

d'Oissel avait été donnée à ce monastère par Simon de Ormes :

« Iterum sciendum est quod Simon de « Olmeto, tempore inclyti Anglorum regis « Henrici, dedit Sancto Petro decimam de « Oissel, per manum Audoeni, Ebroicen- « sis episcopi, annuente uxore sua filia « Rogeri de Ferrariis, et filio suo primo- « genito, quam videlicet decimam Ra- « dulphus et Garinus, fratres predicti « Rogerii, ejusdem ecclesiæ concesserant « et donum super altare posuerant tem- « pore Sulpitii abbatis, annuente Wil- « lelmo Darsello, cujus feesi erat apud « Achineium, coram Radulpho de Tos- « teneio, tempore ipso illo existente prae- « tore in Achineio. »

Le chapitre d'Évreux présentait à la cure.

Oissel-le-Noble a été réuni à Ferrières-Haut-Clocher en 1808.

ORGEVILLE.

Arrond. d'Évreux. — Cant. de Pacy.

Patr. S. Martin. — Prés. le seigneur.

Sur le territoire d'Orgeville, voie romaine au triage de la Mare-Diot, amas de tuiles antiques.

Nous n'avons rien à dire sur Orgeville, si ce n'est que cette petite paroisse a été réunie à Caillouet en 1845.

ORGEVILLE-EN-VEXIN.

Arrond. des Andelis. — Cant. de Fleuri-sur-Andelle.

Patr. la Vierge. — Prés. le prieur des Deux-Amants.

La charte de Richard II en faveur de Saint-Ouen confirme à cette abbaye : « Ot- « gerivillam dimidiam quam dedit To- « rolde. »

En 1207, Guillaume d'Orgeville donna au prieuré des Deux-Amants la redîme de sa terre de Cantelou. (Voyez l'article AMFREVILLE-SOUS-LES-MONTS.)

Dans le cartulaire de Saint-Amand, f° 37 r°, il est question d'une certaine Helvise d'Orgeville, qui probablement porte le nom de cette localité :

« Sciant omnes, tam presentes quam fu- « turi, quod ego Helvis de Ogiervilla, as- « sensu et voluntate Mathei de Pegnes, « domini mei, et filiarum mearum, ven- « didi, etc. »

Dans cet acte, un homme avec son tènement est vendu pour 20 sols.

Dans une charte de 1218, Héloïse de Orgeville, remariée à Mathieu « de Pesnel », abandonne aux moines de Saint-Ouen des rentes dotales sur le moulin « de Malo Alneto ».

La charte suivante nous paraît concerner Orgeville. Il s'agit d'une donation de Béatrix d'Orgeville à l'abbaye de Saint-Ouen.

« Sciant omnes quod ego Beatrix de « Ogerivilla, de assensu et voluntate Wil- « lelmi de Ogerivilla, mariti mei, con- « cessi et confirmavi et omnino dereliqui « abbati et conventui Sancti Audoeni « Rothomagensis omnem donationem et « elemosinam quam Aalicia de Camera, « soror mea, dictis religiosis in propriam « elemosinam dederat et concesserat et « omnino dereliquerat, videlicet totum te- « nementum quod dicta Aalicia de dictis « religiosis tenebat in ablatia Sancti Au- « doeni Rothomagensis et alibi apud Ro- « thomagum et apud Orgevillam, et in « omnibus aliis locis, videlicet in terris, « redditibus, edificiis, hominibus, nemo- « ribus. Predicta Beatrix, de assensu dicti « Willelmi, mariti mei, dedi et dereliqui « dictis religiosis totum tenementum quod « habebam apud Rothomagum et apud « Malum Alnetum in omnibus, in perpe- « tuum escambium, pro tenemento quod « dicta Aalicia, tenuit apud Ogerivillam « et apud Ymare. Quod tenementum dicti « religiosi [in] excambium michi dederunt « tenendum pro decem solidis annui red- « redditus. Anno Domini 1219, mense « aprilis. »

« Noverint universi... quod ego Bea- « tricia de Ogerivilla, vidua, vendidi ab- « bati et conventui Sancti Audoeni Rotho- « magensis, pro sexties viginti libris, octo « acras et dimidiam terre, in parrochia « Beate Marie de Ogerivilla, in sex pie- « chiis terre, quarum prima sita est ad « locum qui vocatur Campus de Piru, inter « terram Nicholai Boisnart et terram do- « mini Gaufridi de Mesnillo, militis...; « quinta inter terram dicti militis et ter- « ras dictorum religiosorum, presbyteri « de Ogerivilla et Petri de Ogerivilla, ex « altera. Anno Domini 1281, die domi- « nica qua cantatur Misericordia Do- « mini. »

Dans le pouillé d'Eudes Rigaud on lit : « Ecclesia Beate Marie de Ogerivilla. Prior « Duorum Amantium patronus ; habet « viginti et quinque parrochianos ; valet « quindecim libras turonensium. »

Les registres de l'archevêché de Rouen

donnent à ce lieu, en 1135, le nom de
« Hordea Villa. »

Suivant le pouillé de Rouen, de l'an 1738, et suivant une déclaration du 8 février 1683, les Jésuites du collège de Rouen présentaient à la cure à cause de la mense prioriale du monastère des Deux-Amants unie à ce collège.

La commune d'Orgeville a été réunie à Senneville en 1819. Une loi de 1851 ayant fractionné cette commune, Senneville a été réunie à Amfreville-sous-les-Monts et Orgeville à Fipou.

Cf. Toussaint Duplessis, t. II, p. 674.

ORMES.

Arrond. d'Evreux. — Cant. de Conches.

Patr. S. Germain. — Prés. le chapitre d'Evreux.

L'église cathédrale d'Evreux paraît avoir possédé l'église d'Ormes :

« Notum sit omnibus, tam presentibus
« quam futuris, quod ego Henricus de
« Aufai dedi et concessi Deo et ecclesie
« Ebroicensi ecclesiam de Olmis, cum
« jure patronatus, in perpetuam elemosi-
« nam ab eo (sic) possidendam, recogno-
« scens ex testimonio plurimorum jam
« dictam ecclesiam ab Ebroicensi ecclesia
« canonice quondam fuisse possessam.
« Testibus hiis : Willelmo de Portis; Si-
« mone de Crechis; Roberto Mansel; Ri-
« cardo Muever... Ricardo de Foleville,
« et pluribus aliis. Ut autem donatio mea
« rata et firma habeatur, eam impres-
« sione sigilli mei confirmavi. »

Dans la charte de confirmation par Luc, évêque d'Evreux, il est dit que cette église, autrefois possédée par la cathédrale d'Evreux, lui a été rendue par Henri d'Aufai, « ab Henrico de Aufai, domino ejusdem ville. » Par une autre charte du même évêque (1229), toutes les dîmes des céréales sont données au chapitre, excepté xvii setiers de blé à la mesure d'Evreux : « vel unum modium ad mensuram Noviburgi, » savoir : un tiers de froment, un tiers de méteil, un tiers d'avoine, « cum altalagio. »

En 1207, Guillaume II, abbé du Bec, cède au chapitre de l'église d'Evreux ce que le monastère possédait à Ormes :

« Nos itaque, [intuitu] pietatis et fra-
« ternitatis, ad augmentum commonie
« ecclesie Ebroicensis, dicto capitulo con-
« tulimus quicquid habuimus apud Olmos,
« tam in decimis quam in rebus aliis, et
« quicquid in ecclesia de Ajou, tam in jure
« patronatus quam in decimis et rebus aliis
« ad eamdem ecclesiam pertinentibus; ex
« speciali vero devotione quam ad dictam
« ecclesiam Ebroicensem et ipsa (?) habe-
« mus, concessimus ecclesie nostre Bec-
« censi et communionem omnium oratio-
« num et elemosinarum que fiunt vel fient
« in ea et in omnibus locis ad eam perti-
« nentibus, tam in vita quam in morte...
« Acta sunt hoc apud Ebroicas, anno
« gratie millesimo ducentesimo septimo,
« tertio novembris nonas. » (Voyez l'article Ajou.)

Suit une donation faite au monastère de Lire par Hugues de Ferrières et Isabelle, sa femme, de deux gerbes de dîme qu'ils possédaient à Ormes.

« Omnibus ad quos presens scriptum
« pervenerit, Hugo de Ferrariis et Isa-
« bella, uxor sua, salutem. Sciatis nos,
« communi assensu et voluntate, pro
« amore Dei et pro salute animarum nos-
« trarum et pro animabus omnium ante-
« cessorum nostrorum, in liberam et per-
« petuam elemosinam dedisse et presenti
« scripto confirmasse Deo et Sancte Marie
« de Lira et monachis ibidem Deo ser-
« vientibus, duas garbas decime quas
« tenebamus in quibusdam terris apud
« Olmos; videlicet, de hiis terris de curti-
« lagio Helervis, juxta domum Ricardi de
« Foleville, et de campo de Kalebu, et de
« campo de Motei, et de duabus acris
« terre ad maram de Maisnilo, et de tri-
« bus acris as Segleriz, et de dimidia acra
« ad cheminum de Bellomonte, et de di-
« midia acra as Herupes, et de tribus
« acris et dimidia in valle de Rainollier,
« et de tribus acris et dimidia as Perreis,
« et de septem acris as Rutis et a Bookei...
« Quod ut ratum sit et stabile perpetuo
« permaneat, presens scriptum sigilli nos-
« tri appositione roboravimus. Hiis testi-
« bus : Willelmo Chacepain, capellano;
« magistro Rogerio de Barra; Simone de
« Crechis; Ricardo de Foleville; Johanne
« et Petro, clericis; Willelmo Anglico,
« tunc preposito de Olmis ; Radulpho
« Francico; Rogerio Rose; Roberto de
« Camera; Roberto de Chalet; Waltero de
« Hynkelai, et aliis. »

En 1212, Guillaume, abbé de Lire, céda aux chanoines d'Evreux les dîmes de blé que le monastère de Lire avait à Ormes.

1212. « Universis sancte matris ecclesie
« filiis presens scriptum inspecturis, Wil-
« lelmus, humilis abbas Lyre, et ejusdem
« loci conventus. Noverit universitas ves-
« tra nos dedisse et in perpetuum pacifice
« possidendas concessisse..... canonicis
« Ebroicensibus omnes decimas bladi quas

« habemus in parrochia sua de Olmis, de
« feodo scilicet Ricardi de l'Olevile duas
« partes decime, et de feodo Hugonis de
« Ferrariis duas partes decime. Ut autem
« hec nostra donatio et concessio perpetue
« stabilitatis robur obtineat, tam pre-
« sentis scripti testimonio et sigillorum
« nostrorum patrocinio duximus confir-
« mandam. Actum anno gratie millesimo
« ducentesimo duodecimo. »

En 1263. « Rogerus de Brolio, de par-
« rochia de Hulmis, » donna à la Noë
« duos solidos turonensium annui red-
« ditus. »

Dans le grand cartulaire de Saint-Taurin, on trouve trois pièces relatives à cette
paroisse :

1283. Par la première, Taurin Sanson
et Jeanne, sa femme, de la paroisse de
Saint-Pierre d'Evreux, vendent au couvent
une rente assise sur des terres, en la paroisse de « Ourmes ».

Par acte de 1307, Pierre Ubert, de la
paroisse de Ourmes, reconnut devoir à
Saint-Taurin une rente de quatre sous
tournois sur une pièce de terre assise en
ladite paroisse de Ourmes.

En 1397, la seigneurie d'Ourmes appartenait à Pernelle de Beauvoir. Laurent de
Lancourt, écuyer, déclara en tenir une
pièce de neuf acres au droit de sa femme,
Béatrix de Graveron, située à « Beauveer-
sur-le-Val ».

Dans le rôle des taxes de l'arrière-ban
du bailliage d'Evreux, en 1562, nous
trouvons mentionné Jean le Cornu, fils
aîné de défunt Nicolas le Cornu, seigneur
d'Ormes.

Ormes était un demi-fief de haubert auquel appartenait le droit de patronage honoraire de la paroisse. Il était en propriété
aux barons de Graveron et relevait de la
seigneurie de Fourneaux, dont le marquis
du Hallay avait la possession au moment
de la Révolution.

Bois-Normand-la-Campagne et la Gouberge ont été réunis à Ormes en 1812.

ORVAUX.

Arrond. d'Evreux. — Cant. de Conches.

Patr. Notre-Dame. — Prés. le chapitre
d'Evreux.

Je suis porté à croire que tous nos Or-
ville, Aureville, Orval, Orvaux, Aurival,
viennent de : « Aurelii villa, Aurelii vallis. »

Dans la grande charte de l'abbaye de
Conches, Robert d'Orvaux donne au monastère la dîme du domaine d'Orvaux, du
consentement de Raoul de Tosni :

« Item, sciendum est quod Robertus
« de Aureis Vallibus, pro salute anime
« sue, dedit Sancto Petro decimam ejus-
« dem ville, annuente Radulpho de Toe-
« neio, cujus fefi erat. »

1203. Dans les chartes de la Noë, conservées à la Bibliothèque impériale, on
trouve quelques détails sur Orvaux. Nous
avons déjà publié une charte de 1203,
donnée par Mathieu d'Orvaux et sa femme
Avicie.

1203. Raoul, fils de Gilbert d'Orvaux,
donne une terre qu'il avait du mariage
d'Avicie, sa mère, à Tournedos.

Dans le rôle des taxes de l'arrière-ban
du bailliage d'Evreux, en 1562, sont cotés
à XI liv. « les hoirs Claude des Haulles,
seigneurs d'Orvaulx, » et à XIII liv. « maître Jehan le Conte, escuyer, seigneur d'Orvaulx ».

L'abbaye de Conches possédait encore
des biens à Orvaux au moment de la Révolution.

Boshion a été réuni à Orvaux en 1809.

OSMOI.

Arrond. d'Evreux. — Cant. de Saint-André.

Patr. S. Giles. — Prés. le seigneur.

Suivant notre usage, nous pensons qu'il
faut écrire : « Osmoi, » et non : « Osmoy. »
Il existe trois communes de ce nom dans
le Cher, Seine-et-Oise et Seine-Inférieure.
Le nom de cette commune est écrit
quelquefois : « Osmoy, Aunoy et Osmoy. »

Le château d'Osmoy, le fort, comme
le qualifient des lettres de Charles V, a été
démoli et rebâti en 1770. Il n'en reste
que les fondations et une large pierre ar-
moriée conservée dans la façade du bâtiment nouvellement rebâti.

Le droit de présentation à la cure avait
été contesté aux seigneurs d'Osmoi : il fut
authentiquement reconnu par lettres du
cardinal du Perron le 28 octobre 1602.

Une continuation de l'Armorial général
de d'Hozier a donné récemment une généalogie des Le Bœuf d'Osmoy. Cette généalogie a été publiée en 1845.

La paroisse d'Osmoi ne comptait en 1726
que 55 habitants. Osmoi a été réuni en
1805 à Champigni, qui, depuis une seconde annexion en 1845, est devenu Cham-
pigni-la-Futelaie.

Cf. *Armorial général* de d'Hozier, t. XI : Généalogie, p. 86 ; Pièces justificatives, p. 78.

P

PACEL.

Arrond. d'Evreux. — Cant. de Paci.

Patr. S. *Martin.* — *Prés. l'abbé de la Croix-Saint-Leufroi.*

L'abbaye de la Croix-Saint-Leufroi possédait un prieuré à Pacel; ce prieuré était sous l'invocation de saint Sulpice. A l'article de LA CROIX-SAINT-LEUFROI nous avons inséré par erreur, à la date de 1250, un passage du registre d'Eudes Rigaud qui concerne l'abbaye de Saint-Taurin et non l'abbaye de la Croix-Saint-Leufroi. Les prieurés dépendant de l'abbaye de la Croix-Saint-Leufroi étaient, non les prieurés de Saint-André et de Mottelles, mais les prieurés de Venables, Pacel, Sailly près Mantes, Tourni, Bezu et Guernezey.

Pacel a été réuni à Paci en 1791.

PACI.

Arrond. d'Evreux. — Cant. de Paci.
Sur l'Eure.

Patr. S. *Aubin.* — *Prés. l'abbé de Lire.*

La forme latine de Paci est : « Paceium. » La forme française a été tour à tour : Pacy et Passy.

I.

« Pacy est une petite ville ancienne, dit
« Le Brasseur, mais dont l'origine est
« obscure. Elle était considérable du temps
« des comtes d'Evreux de la maison de
« Normandie. »

En 1069, Guillaume, fils d'Osberne, succéda à son père dans les seigneuries de Breteuil et de Paci.

En 1099, Guillaume de Paci, archidiacre d'Evreux, devint évêque de Lisieux.

On sait comment la mort de Guillaume, comte d'Evreux, souleva entre Henri, roi d'Angleterre, et la maison de Montfort, soutenue par le roi de France, une guerre dont les environs d'Evreux et le Vexin furent le théâtre. A cette époque, Eustache de Breteuil possédait les châteaux de Lire, Glos, Paci et Pont-Saint-Pierre. Il prit part à la lutte contre Henri Ier, et se tint en 1118 retranché dans son château de Paci, qu'il fit agrandir et fortifier. Pendant le siége d'Evreux, en 1119, Amauri de Montfort y séjourna.

En 1135, Guillaume de Paci prit le parti de Roger de Tosni. On lit dans le petit cartulaire de Saint-Taurin, f° 117 : « Willelmus de Paceio, Matildis filius, pro
« sua et parentum suorum et dominorum
« absolutione, terram de Chesigne, que
« deserta et absque habitatore manebat,
« sicut quiete tenebat, sine alicujus contradictione
« prædicto loco tribuit, annuente domino suo Willelmo de Bretolio,
« et Hugo, filius Hubaldi de Paceio,
« terram quam in Picturivilla tenebat. »

A la mort de Guillaume de Paci (1152), la seigneurie de Paci fut donnée par le roi d'Angleterre à Robert, comte de Leicester et seigneur de Breteuil. Elle dépendait de l'honneur de Breteuil, dont il était héritier légitime, du chef de sa mère. Ce même Robert donna sur ses vignes de Paci, à l'église cathédrale d'Evreux, trois muids de vin et un setier de froment chacun an pour servir à la célébration des messes. (*Arch. de l'Eure*, second cartul. du chap. d'Evreux, p. 59, n° 98.) Ces mêmes vignes passèrent dans les mains du roi de France, qui, en 1227, y récoltait 200 muids et 21 setiers de vin. (*Arch. de l'Emp.*, J, 1031, n° 25.)

A la fin du XIIe siècle, vivait un Guillaume de Paci, qui fit une donation à la cathédrale d'Evreux :

« Guillelmus de Paceio, universis ho-
« minibus suis et amicis et fidelibus ec-
« clesie, tam presentibus quam futuris,
« salutem. Vobis omnibus certum et no-
« tum esse desidero quod, [pro] redemp-
« tione peccatorum meorum [et] salute ani-
« me mee, dedi matri mee ecclesie Sancte
« Marie de Ebroicis duos modios frumenti
« in molendinis meis de Paceio, singulis
« annis habendos in perpetuo ad commu-
« nionem canonicorum, ut matris Christi

« piis intercessionibus et sibi servientium
« cothidianis orationibus Christus, quem
« tociens miser offendi, mihi propiciaretur.
« Hoc autem ratum et de futuro sine inter-
« missione mansurum confirmavi auctori-
« tate sigilli mei et testimonio scripti et ami-
« corum et hominum meorum qui inter-
« fuerunt, scilicet Guillelmi, abbatis Lire;
« Guillelmi, decani Ebroicensis; Hugonis,
« cantoris; Hugonis, capellani; Bonardi,
« presbyteri; Martini, medici; Pagani de
« Bretein; Hugonis, filii ejus; Ricardi de
« Barra; Guillelmi Nigelli; Guillelmi de
« Albavia; Rogerii de Estelant; Rogerii de
« Vernone; Radulphi Coqui. »

Paci joua un rôle important dans la grande lutte de Philippe-Auguste et de Richard Cœur de lion. Cette place tomba au pouvoir du roi d'Angleterre en 1188, du roi de France en 1190. Robert, comte de Leicester, ayant été fait prisonnier, fut obligé en 1196 de le céder comme prix de sa rançon à Philippe-Auguste. Peu de temps après, il tenta deux attaques pour entrer dans la ville, mais ce fut sans succès.

Dans le traité entre Richard et Philippe-Auguste, conclu entre Gaillon et le Vaudreuil (1195 et 1196), Richard dit : « Pre-
« terea, quitationem illam quam comes
« Lecestrie, domino nostro Philippo, regi
« Francie, dedit de castello Paciaci, tam
« in feodo quam in dominio, cum castel-
« laria sua et pertinentiis ipsius, ratam
« habemus et firmam. Preterea quitamus
« regi ..... ncie, et heredibus suis, in per-
« petuum... jure hereditario, Novumner-
« catum, Vernonem, Gallionem, Pacia-
« cum, Ivriacum, Nonencortem, cum
« castellariis eorum. »

Dans le traité conclu entre Philippe-Auguste et les bourgeois de Rouen, le 1er juin 1205, on lit : « His omnibus com-
« pletis, sicut supradictum est et sicut
« inferius dicetur, et priusquam nos eidem
« regi reddiderimus civitatem Rothoma-
« gensem integre, cum omnibus forteri-
« ciis, ipse nobis creantit pedagiorum
« libertates et consuetudines, ad ipsum
« pertinentes, quales habuimus in Nor-
« mannia, et apud Paciacum, et in terra
« Hugonis de Gornaco, a Ponte Arche, ex
« parte Rothomagi, per aquam et per
« terram, et in Pictavia, Andegavia, Bri-
« tannia, Cenomania et in Wasconia. »

Les priviléges accordés aux bourgeois de Poitiers par Philippe-Auguste en 1222, et datés d'Anet, contiennent la mention suivante : « Concedimus eis quitantiam
« quantum ad nos pertinet, de propriis
« mercaturis suis per totam terram quam
« Henricus quondam rex Anglie tenuit,

« preterquam apud Paciacum, et preter-
« quam apud Pontem Arche, et superius
« versus Franciam. »

Philippe-Auguste résida fréquemment dans le château de Paci.

Il venait de le quitter en 1223, se rendant à Paris, lorsqu'il mourut à Mantes.

Saint Louis y résida aussi après son mariage et en diverses circonstances.

En 1260, saint Louis, avant fondé l'Hôtel-Dieu de Vernon, lui donna vingt boisseaux de blé à prendre sur les moulins de Paci chacun an, le jour de la Saint-Rémi.

En 1255, 1259, 1260 et 1262, l'archevêque de Rouen, Eudes Rigaud, traversa Paci; mais il y retourna une seconde fois en 1262 avec le roi saint Louis.

En 1286, Philippe le Bel se trouvait à Paci, et en 1293 il assigna 4 liv. sur la prévôté de Paci, au curé de Notre-Dame-de-la-Ronde.

En 1318, Philippe le Long, roi de France, donna à son oncle Louis, comte d'Evreux, en échange de la terre de Marigni que Louis le Hutin lui avait donnée, et que Philippe le Long lui retirait, les villes et châtellenies de Mantes, Bréval, Anet, Paci, etc. (Le Brasseur, Preuves, p. 42.) Cette échange fut confirmé en 1326 par le roi Charles le Bel à Philippe, comte d'Evreux. (Le Brasseur, Preuves, p. 46.)

En 1318, Jeanne de France, belle-fille de Philippe d'Evreux et femme de Charles le Mauvais, quitta la cour de France et vint résider dans son comté d'Evreux, à Paci.

Jeanne, reine de Navarre, data des actes de Paci le 16 mars 1347 et le 17 juillet 1362.

Charles, duc de Normandie, date un mandement de Paci, le 20 mai 1356.

En 1365, il y eut une conférence à Paci, entre Charles V et Charles le Mauvais.

Le 14 janvier 1379 (n. s.), Charles, fils aîné du roi de Navarre, relate que le 20 juin 1378 il était à Paci :

« Savoir faisons que, le xx⁰ jour de juing
« dernier passé, que nous estions à Pacy,
« quand mess. Ligier Jargecin, cheva-
« lier, qui estoit capitaine des chastel et
« ville de Pacy pour nostre dit seigneur et
« père, rendi, bailla et delivra ès mains
« de mons. le roy les diz chastel et ville
« de Pacy, nous promeismes en bonne foy
« et accordasmes au dit mess. Ligier faire
« paier trois cens cinquante frans d'une
« part, etc.

En 1379, procès entre les collecteurs des aides et Pierre Roussel, pour « les abatte-
« ments des chastiaux et ville de Paci (sic),
« du Hamel de Surci, de la paroisse de
« Mezières... » (Echiq., reg. 11, 223 v⁰.)

Charles II, roi de Navarre, comte d'Evreux, reçut le comté de Nemours en échange des comtés de Brie, Champagne, Evreux, Paci, etc. Le comté de Nemours fut érigé en duché-pairie le 9 juin 1404.

Tannegui du Châtel était seigneur de Paci, Ezi et Nonancourt, à la fin du xve siècle.

Le compte de la vicomté d'Evreux en 1543, dont nous donnons plus loin une analyse sommaire, nous apprend que le château de Paci, quoique ruiné, existait encore au xvie siècle. Dans ce château se trouvait une chapelle dédiée à saint Eustache, à la présentation du seigneur de Paci.

« Pacy, dit Le Brasseur, était autrefois
« environné de très-bonnes murailles et
« de fossés profonds, accompagné d'un
« château très-bastionné entouré aussi de
« fossés et assis hors de la ville. »

En 1598, le duc de Longueville devint seigneur engagiste.

II.

Nous trouvons dans les fragments du cartulaire du Bec, conservés aux archives de l'Eure, deux chartes qui constatent les libéralités de Guillaume de Breteuil envers cette abbaye. Il s'agit de rentes, de moulins et de droits dans la forêt de Paci :

« Willermus de Britolio dedit Sancte
« Marie Beccensis ecclesie singulis annis
« in capite quadragesime decem libras de-
« nariorum, eo quem diximus termino
« semper dandorum. Testes qui interfue-
« runt de hominibus suis hi sunt : Rober-
« tus de Loveris ...... lertus, filius Hugo-
« nis, filii Drogonis; Walterus, filius
« Hoel. De hominibus ecclesie : Robertus
« de Walicherivilla; Radulfus, piscator.
« Idem Willermus de Britolio, presente
« Roberto, comite Normanie, concessit
« monachis Becci omnem quietudinem
« per totam terram suam de teloneo, de
« pannagio et de omnibus aliis consuetu-
« dinibus, quocumque nomine vocentur.
« Teste Roberto, comite Mellenti, et Eus-
« tachio, comite Boloniensi. Postea Eus-
« tachius, filius ejus, cum uxore sua, in
« capitulo Becci concessit quietudinem
« predictam, et insuper omnes res quas
« Beccensis ecclesia habebat de patre suo,
« et omnibus antecessoribus suis. Pre-
« sentibus Willermo Alis; Ernaldo, filio
« Ernaldi; Gilleberto de Sarneriis; Wil-
« lermo, filio Rogari, comitis; Willermo
« de Meiri. Willermus Crispinus senior
« dedit sextam partem molendinorum suo-
« rum de Paceio, et dimidium silve ibi-
« dem ad se pertinentis, et centum solidos
« in Paceio ad luminare Beccensis eccle-
« sie. Hec omnia predicta ego Willermus,
« filius Eustachii, pro salute mea et pro
« salute animarum antecessorum meorum,
« concedo et sigillo meo confirmo, pre-
« sentibus biis testibus, etc. »

« Notum sit omnibus, tam presentibus
« quam futuris, quod ego Robertus, comes
« Leicestrie, et Robertus, filius meus,
« concessimus ecclesie Sancte Marie Becci
« et super altare ponentes in perpetuum
« firmavimus donationem quam Willer-
« mus de Bretolio dedit ecclesie eidem
« apud Paceium, scilicet x. libras redden-
« das singulis annis in capite Quadrage-
« sime. Testes, etc. »

III.

En fondant l'abbaye de Lire, vers 1050, Guillaume fils d'Osberne lui donna tout ce que tenait Guillaume, fils d'Amans, dans Paci : la dîme de Paci, des forêts, du poisson et du vin, et un peu plus tard l'église de Paci avec toutes ses appartenances.

Henri Ier, roi d'Angleterre, Robert II, comte de Leicester, Rotrou, évêque d'Evreux, Henri II, roi d'Angleterre, les papes Alexandre III et Célestin III confirmèrent successivement ces donations.

En 1207, Gautier et Guillaume Langlois de Paci, dans l'église de Saint-Aubin de Paci, en présence de toute la paroisse, vendent, moyennant 12 livres parisis, un clos de vigne situé hors les murs de Paci, au delà de l'eau qui va au moulin des Infirmes.

En 1209, Brette de Garennes, Robert, son fils, et Alix de Paci, sa mère, confirment la donation qu'avaient faite à l'abbaye de Lire leurs parents, et notamment messire Guillaume, archidiacre d'Evreux. Cette donation consistait en une terre à Paci, deux parts de la dîme du blé, du vin, du lin, du chanvre et d'une vigne.

En 1210, une charte de Luc, évêque d'Evreux, constate l'accord conclu entre l'abbé de Lire et Henri, curé de Paci, par lequel ledit curé reconnaît que les religieux ont droit de prendre une pension de 14 livres tous les ans sur ladite église. Il fut convenu que les dîmes du blé et du vin que possédait l'abbaye et dont le curé avait le tiers seraient recueillies et gardées jusqu'à ce que chacun eût pris sa part. Les parties déclarèrent que les dîmes entières, tant en blé qu'en vin, du Clos-Notre-Dame, augmentées de la vigne de Guillaume Gatelin, de Richer de la Barre, du champ du Sénéchal, de la vigne et champ de Baudouin, appartiennent aux religieux de Lire. Les droits de l'abbaye de Lire furent donc limités au patronage, aux deux tiers de la dîme du blé et du vin, et à 14 livres de rente à prendre sur l'église.

En 1233, Richard, évêque d'Évreux, et en 1234 le pape Grégoire IX confirmèrent tous les droits de l'abbaye sur l'église de Saint-Aubin de Paci.

En 1312, les bourgeois de Paci se joignirent à Marie, reine de France, pour demander à l'abbé de Lire de donner la sacristie de Lire à Jeannot, fils de Michel le sacristain. Ce qui eut lieu.

La charte suivante règle les droits du sacristain de l'église. En 1323, le curé de Paci et Jean, sacristain, clerc de l'église de Paci, réglèrent qu'outre le salaire donné audit clerc pour porter l'eau bénite dans toute la paroisse, pour sonner les cloches, il recevrait sur les grosses dîmes en grains, qui se partageaient entre l'abbaye de Lire et le curé, trois setiers à la mesure de Paci, trois mines de blé et trois mines d'orge, et sur les dîmes de vin deux muids de vin à la mesure de Paci; laquelle pension du sacristain devait être payée deux tiers par l'abbaye de Lire et un tiers par le curé, et, comme le curé recevait beaucoup d'offrandes et de cadeaux, il s'engagea à donner au sacristain un agneau, un cochon de lait, une toison, un pain à Noël, un pain à Pâques et un pain à l'Ascension. Enfin, le curé céda au sacristain toutes les offrandes faites pendant la visite des reliques conservées dans le trésor de l'église, et celles qu'on faisait à la chapelle de saint Laurent, dans le manoir des religieux de Lire à Paci.

En 1342, l'abbaye de Lire refusa de payer au curé la dîme des noix dans divers clos et prés de Paci : une sentence arbitrale de Robert, évêque d'Évreux, condamna l'abbaye.

En 1443, le curé de Paci saisit à son tour illégalement les dîmes des chenevières de Paci. En 1445, il fut obligé de reconnaître les droits de l'abbaye sur ces dîmes.

Nous avons vu que l'abbaye de Lire prenait sur la cure de Paci une rente de 14 livres; d'autre part, l'Hôtel-Dieu de Paci payait au curé 15 livres en raison de son bénéfice. En 1587, le curé transporta à l'abbaye de Lire la créance qu'il avait sur l'Hôtel-Dieu, et se déchargea de la dette qu'il était obligé de payer annuellement.

Au XVIIe siècle, la dîme n'était plus perçue en nature par le curé et l'abbaye : la dîme des grains, des vins et moulins de Paci s'était affermée moyennant 500 liv.

En qualité de gros décimateurs, les religieux de Lire étaient obligés de faire les grosses réparations. C'est ainsi qu'au commencement du XVIIIe siècle l'église de Paci (notamment le clocher et les piliers de la nef) fut réparée aux frais de l'abbaye.

Revenons encore sur nos pas, et notons divers actes qui constituèrent à diverses époques les droits et propriétés de l'abbaye de Lire à Paci.

Nous avons vu que Guillaume de Paci avait donné à l'abbaye toute la terre qu'il avait coutume de labourer avec sa charrue dans la paroisse de Paci. Robert II, comte de Leicester, confirma à l'abbaye de Lire la redîme du vin de son domaine, à Paci, la dîme du cens et les droits de coutume sur les bourgeois de la ville, un seul excepté. Aubert de l'Arche-Gautier de Paci, dit le Maire, donne à l'abbaye de Lire, avant de s'y faire moine, le tiers de tous ses héritages en terres et prés.

Mathieu le Jeune, de Paci, donne à l'abbaye la terre et la grange qui est derrière sa maison de Paci, maison qu'il tenait d'Herbert de Gadencourt.

Luc, évêque d'Évreux, confirma ces chartes au commencement du XIIIe siècle. En 1227, Garsias, châtelain de Paci, et Guillaume Gaucelin, procureur et économe de l'abbaye de Lire, transigent au sujet d'une certaine masure à Paci, située entre le manoir de l'abbaye et la maison de Nicolas le Héron. Cette transaction fut faite par les soins du bailli royal.

1235. Pierre de Broce, fils de Robert, chevalier, cède à l'abbaye le droit qu'il prétendait avoir sur un pré, à Paci.

1237. Nicolas de Grandchamp, curé de Saint-Aubin de Paci, donne à l'abbaye sa maison paternelle, située à Paci, près la porte Godeline, de sorte qu'après la mort de Robert d'Aviron, son seigneur et son ami, le prix de cette maison sera employé à célébrer son anniversaire. En 1251, Étienne Recusson, chevalier, donne et confirme à l'abbaye l'aumône de la maison paternelle de Nicolas de Grandchamp, sauf la rente de 12 sous qui lui est due. Dans la déclaration du temporel de l'abbaye de Lire à Paci, en 1521, il est dit que cette abbaye possède dans la paroisse de Paci 12 à 13 livres de rentes et un manoir en ruines.

Dans les déclarations de 1634 et de 1692 il est dit que l'abbaye possédait un fief et prévôté à Paci, qui a été usurpé. Les vassaux dudit fief avaient les mêmes droitures dans la forêt de Paci que les autres vassaux de l'abbaye dans la forêt de Breteuil.

Nous venons de voir tout ce qui avait rapport aux dîmes de blé, de grain et de vin. Voyons maintenant tout ce qui est relatif au droit de la dixième semaine.

Ce furent Guillaume et Roger, fils d'Eustache de Breteuil, seigneur de Paci, qui, à la prière d'Hildéric, abbé de Lire, concédèrent à cette abbaye toutes les dix semaines la dîme des moulins de Paci et la dîme de la coutume, dont ils faisaient recueillir les produits par leurs agents; et, pour que les religieux ne pussent être troublés dans cette concession, ils se chargèrent de prélever eux-mêmes les droits échus pendant la dixième semaine.

Henri I*er*, roi d'Angleterre, confirma à l'abbaye de Lire la dîme des rivières à Paci, et Henri II la dixième semaine.

Saint Louis, en 1269, confirmant également ces droits, ajouta qu'au cas où quelque chose casserait dans les moulins pendant la dixième semaine, le dommage serait réparé à ses frais. Il donna de plus la dîme du cens de Paci. Le droit de pêche pendant la dixième semaine était affermé en 1263 douze sous parisis. L'abbé se réservait de faire pêcher un jour seulement pour sa table.

En 1279, le bailli de Verneuil, par une charte ratifiée par le roi Philippe le Hardi reconnait que le droit de l'abbaye d'exercer pendant la dixième semaine la basse et haute justice de la même manière que la pratiquent les officiers du roi. On voit par une charte de 1319 que l'abbaye avait un sénéchal, qui rendait en effet la justice à Paci.

La dîme du cens de la seigneurie de Paci était estimée en 1313 à 10 sous.

Le bailli d'Evreux rendit une sentence le 8 janvier 1361 portant que les personnes arrêtées pendant la dixième semaine à Paci seraient gardées dans les prisons royales dudit lieu, aux frais des religieux, pour être délivrées par le geôlier au sénéchal lorsqu'il les demanderait.

Les commissaires députés par le roi de France Charles V pour régler les sièges et juridictions pour les abbé et religieux de Lire et leurs hommes, par une ordonnance confirmée par le roi Charles VI en 1381, déclarèrent que les appellations des jugements rendus en la cour de ladite abbaye pendant la dixième semaine, à Paci, ressortiraient au bailliage du Pont-de-l'Arche: ce qui fut ensuite changé, et le bailliage de Conches indiqué à la place du bailliage du Pont-de-l'Arche, comme plus voisin.

Dans les deux déclarations du temporel de l'abbaye (1684 et 1692), il est dit qu'anciennement le sénéchal de l'abbaye avait la juridiction royale chaque dixième semaine à Paci, avec le droit d'y poursuivre toutes les causes commencées par lui, tant au criminel qu'au civil : de plus, que la dixième semaine des moulins de Paci était perçue, sans que les religieux fussent obligés de contribuer aux réparations des moulins, réparations qui restaient à la charge du domaine : qu'enfin, l'abbaye jouissait de la dîme de travers par eau et par terre, de la dîme du carteronage, du tabellionage et de la pêche.

IV.

Le grand cartulaire de Saint-Taurin nous apprend qu'il y eut au XIII*e* siècle, à Paci et probablement sur les confins de Paci et de Saint-Aquilin de Paci, un prieuré de Saint-Antonin, dépendant de Saint-Taurin.

1219. Jean le Mesnier donne une rente annuelle de 2 sous parisis qu'il avait « in « masura quam tenet Tetricus de Ebroicis « apud Paciacum, ante portam Sancti « Antonini. » (*Arch. de l'Eure, Gr. Cart. de Saint-Taurin*, f° 213.)

1218. Jean « de Querulis » et Alice, sa femme, donnent à Saint-Taurin une certaine masure située dans la paroisse de Saint-Aquilin-de-Paci, devant la porte des moines : « dictam in parrochia Sancti « Aquilini de Paccio, ante portam dicto- « rum monachorum, inter masuram Ro- « berti Carnificis, ex una parte, et ma- « suram Johannis de la Chaucée, ex alte- « ra. » (*Gr. Cartul. de Saint-Taurin*, f° 213 v°.)

1269. Marie la Rausarde, du consentement de Robert Rausart, son fils, de la paroisse de Saint-Aubin-de-Paci, vend à l'abbaye de Saint-Taurin une pièce de pré qu'elle avait dans la paroisse de Saint-Aquilin-de-Paci, contiguë au chemin du roi, moyennant 9 livres tournois. (*Grand Cartul. de Saint-Taurin*, f° 213 r°.)

1218. Jean, dit Neel, donne à Saint-Taurin une rente de 20 sous à prendre sur un moulin situé à Paci : « In molen- « dino meo apud Puceyum, in parrochia « Sancti Aquilini, quod vocatur molen- « dinum de Norin. » (*Gr. Cart. de Saint-Taurin*, f° 214 r°.)

1232. Richard dit Rose et sa femme donnent à l'abbaye de Saint-Taurin « men- « suram sexdecim pedum in latitudine de « terra mea de Paceyo, que abutat in lon- « gitudine ad fossatum gardini dictorum « monachorum de Sancto Antonino, ex « una parte, et ad cheminum regium, « ex altera. » (*Gr. Cart. de Saint-Taurin*, f° 214 v°.)

Le prieuré de Saint-Antonin-de-Paci existait encore au xviie siècle.

V.

Paci avait un Hôtel-Dieu qui formait également un prieuré; on ignore la date de la fondation. Les bourgeois de Paci nommaient le prieur et présentaient aux titres des diverses chapelles de l'Hôtel-Dieu.

Plusieurs personnes pieuses avaient fondé dans l'Hôtel-Dieu de Paci des chapelles dont elles avaient assuré le service en constituant des rentes. Aussi, la chapelle de Saint-Potentien et de Saint-Savinien était à la présentation du prieur.

La question du patronage de la chapelle de la Sainte-Vierge donna lieu en 1482 à une contestation entre les bourgeois de Paci, d'une part, et le prieur de l'autre, soutenu par les religieux de Lire. Le lieutenant du bailli d'Evreux donna raison au prieur. En 1501, les religieux de Lire prétendirent, comme les bourgeois de Paci, avoir le droit de patronage; mais ils furent également évincés au profit du prieur.

La léproserie de Paci avait été fondée sous l'invocation de saint Léonard; elle était administrée par un prieur.

En 1232, le prieur de la léproserie de Paci permit à l'abbaye de Lire de faire construire un pressoir à Paci pour pressurer la vendange des vignes qu'elle avait audit lieu; et, pour dédommager ledit prieur du droit de pressurage, l'abbaye lui céda le droit de dîme qu'elle avait sur les vignes, qu'il possédait alors.

En 1281, une contestation s'éleva entre l'abbaye de Lire et la léproserie de Paci. Le prieur de la léproserie prétendait lever chaque année les droits de coutume les jours où se tenait la foire dans la léproserie, le lendemain de la Toussaint et les deux jours suivants, soit que ces foires arrivassent pendant les neuf semaines du roi, soit pendant la dixième semaine de l'abbaye. Il fut convenu que, dans le cas où la foire de la léproserie tomberait dans la semaine où l'abbaye perçoit les droits de coutume, la léproserie n'élèverait aucune réclamation. Elle reçut comme compensation 100 sous parisis que les religieux de Lire lui donnèrent pour acheter une rente de 10 sous. Les religieux accordèrent à la léproserie le droit de recevoir de chaque homme de Paci un article de tous les objets de consommation qui seraient vendus pendant la foire de la Toussaint.

La même année, l'abbaye de Lire et la léproserie de Paci réglèrent des points importants. Les frères de la léproserie accordèrent aux religieux de tenir et posséder en mainmorte, sans trouble, une certaine place qui était dans leur manoir de Paci, que lesdits frères prétendaient faire partie de leur aumône, moyennant une rente de 10 sous parisis. En revanche, les religieux déclarèrent que, si lesdits frères achetaient dans le fief de l'abbaye ou dans son aumône de Paci des vignes, des terres ou des rentes de la valeur de 10 sous de rente, il pourraient en jouir à perpétuité en mainmorte.

En 1588, une sentence du siège de Paci décida que si les jours pendant lesquels le prieur de la maladerie de Paci a droit de prendre le revenu des moulins et travers de Paci tombaient dans la dixième semaine de l'abbaye, le prieur les percevrait, et les religieux reprendraient les jours dans la semaine suivante.

La léproserie de Paci devait au curé de cette ville, en raison de son bénéfice, une rente de 14 livres.

La chapelle de la léproserie était dédiée à saint Léonard. Le droit de présentation paraît avoir été exercé alternativement par les bourgeois de Paci et le prieur de la maladerie. Aussi, nous voyons dans le pouillé des bénéfices simples du diocèse d'Evreux que, le 29 novembre 1482, Nicolas Lemaitre, prieur de la maladerie de Paci, présenta le sieur Jean Alain; que le 6 octobre 1500, « sur la présentation des « échevins, bourgeois de Paci, de Bou- « deville et de Menilles, » Jean Hébert fut nommé, et que, le 25 octobre de la même année, sur la présentation du prieur, la chapelle de la léproserie, vacante par la mort de Jean Hébert, fut conférée par Gabriel Auldret.

Vers 1725, un arrêt du conseil du roi ordonna la réunion de plusieurs maladeries « à l'hôpital de Passy ».

VI.

Le compte de la vicomté d'Evreux, en 1513, nous donne sur Paci quelques renseignements intéressants. Dans le chapitre des Domaines fieffés à Paci, fos 26 et suivants, notons :

« Une maison assise en la rue Villaine;

« Six étaux à bouchers;

« Du gort de l'eaue qui est au-dessus du « Pont-Hébert, par les hoirs de feu mes- « sire Roger du Mesnil, en son vivant che- « valier, pour tout l'an à ce tenu, XL sous « parisis;

« Des pescheurs de poisson, à Paci, « pour leur estal à poisson aux halles du-

« dit lieu de Paci, pour tout l'an, xxx sous
« parisis;
  « D'une grancbe, assise en vallée du
« chastel;
  « D'une petite place située en la basse
« court du chastel de Paci;
  « D'une maison assise audit lieu de
« Paci, en la rue qui mayne à Menilles;
  « D'une pièce de vigne, près le moulin
« à than de Paci. »
  Dans le chapitre des Domaines non
fieffés, f° 38, on lit que « la ferme de la
« prévosté et travers de la chastellenie de
« Paci, tant par eau que par terre, a
« été affermée moyennant la somme de
« 800 liv. par an; la ferme du ramage
« de la forêt de Merey affermée 131 liv.
« 5 sous tournois; le quarteronnage,
« 22 liv. 10 sous tournois; les thuile-
« ries, 15 liv. ; le mesurage des grains,
« 12 liv. 10 sols; les jardins du château,
« 10 liv. 8 sols 4 deniers; les garennes,
« 6 liv. 5 sols; la geolle et l'audience,
« 11 sols 8 deniers tournois...
  « De la ferme des petites maisons du
« château dudit Paci, néant; cy, pour ce
« qu'elles ont esté bruslées;
  « De la ferme des fossés et arrière-
« fossés du château de Paci, néant ny,
« pour ce qu'elle est comprinse avec la
« ferme de la basse cour du château de
« Paci. »
  Le tabellionage de Paci, f° XL, est affermé 47 liv. 18 sous 4 deniers tournois.
  Au f° XLIII, suit la mention des ventes
extraordinaires de bois faites en la forêt
de Paci, et au f° XLVII la mention des
amendes et exploits.
  Au chapitre des Fiefs et dépenses,
f° LIV, nous trouvons inscrits et prenant
part à la recette « maitre Anthoine le Char-
« pentier, prêtre, chapellain de la chap-
« pelle Saint-Eustache, fondée au château
« de Paci, et maistre Martin Gibault, tré-
« sorier de l'église parrochial de Saint-
« Aulbin du dit Paci... pour pain à chan-
« ter les messes en la dite église; »
  Le curé de l'église de Notre-Dame-de-
la-Ronde d'Evreux;
  Le doyen et chapitre de Notre-Dame de
Chartres, pour l'anniversaire de la reine
Marie;
  Le curé de Paci, pour la dime des
jardins;
  Le prieur de la maladerie de Paci;
  Le prieur du Val-lès-Breval;
  Le chapelain de la chapelle Saint-Tho-
mas d'Anet.
  Les officiers de Paci étaient le vicomte,
le verdier des bois et forêts en la châtelle-
nie de Paci, deux sergents pour le Bois-
Petit, deux pour la forêt de Mérei, deux

pour la forêt d'Hécourt, et le greffier de
la verderie.
  Le compte reconnaît que l'abbaye de
Lire avait la dime de la ferme des eaux,
du ramage de la forêt de Mérei, des thuil-
leries, du panage du Bois-Petit et de la
forêt de Mérei, des exploits de la verderie,
du tabellionage, de la vente des bois extraordinaires, des bois taillis, etc. On
trouvera encore quelques détails, f°° LXII,
LXVIII, LXXXI v°, et LXXXVIII, f°° LXXXXVI
à x, et sur la sergenterie de Paci, f°°
CXIII-CXV. (Arch. de l'Eure.)
  Dans le Coutumier des forêts de Normandie, on trouve f° CLXI v° les droits de
la maladerie de Paci dans la forêt de
Méré, et f° CLXVII r° les droits des habitants de Paci.
  En 1618, confirmation des droits de
chauffage, pâturage et pannage, en la
forêt de Merey, aux curés ou vicaires des
paroisses de Saint-Aquilin, la Boissière,
Merey, Gadencourt, Passy, Pacel, Fains,
Bosc-Roger, Bretagnolles, Boisset, Irreville, la Neuville-des-Vaux et Croisy, « chapelains de la messe ès conté de Pacy. »

VII.

  François-Alexandre d'Albret, seigneur
de Pons et Marennes, acheta dans cette
ville, en 1637, du sieur Dionis, lieutenant
particulier aux eaux et forêts de Paci, une
maison pour y établir une abbaye. Cette
abbaye eut pour première abbesse Marie-
Paule d'Albret, religieuse de Saint-Sauveur, sa sœur. Elle fut bénie par François
de Péricard, évêque d'Evreux, le 28 mars
1638. L'abbaye de Paci n'a pas subsisté
plus de cent ans, car elle fut supprimée
par un arrêt du conseil en 1739. Elle n'a
eu que trois abbesses :
  I. Marie-Paule d'Albret, fille de Henri,
comte de Miossans, et d'Anne de Gon-
drin, qui prit possession le 28 mars 1638
et gouverna l'abbaye pendant quarante-
cinq ans. Elle mourut le 31 janvier 1683,
âgée de soixante-neuf ans. On trouve son
épitaphe dans le pouillé des bénéfices
simples du diocèse d'Evreux.
  II. Agnès-Catherine de Grillet de Brissac, fille d'Albert de Grillet de Brissac et
de Catherine de Tardieu, succéda à la
précédente en 1683. Quinze ans après,
c'est-à-dire en 1698, elle passa à la tête de
l'abbaye d'Origni.
  III. Elisabeth du Regnier de Droué,
fille de Louis et de Marguerite Coutel,
devint abbesse en 1698; mais l'abbaye de
Paci ayant été supprimée par arrêt du
conseil du 4 mai 1739, ses revenus et les
religieuses qui l'habitaient furent trans-

férés à Saint-Nicolas de Verneuil. Ce fut là que mourut en 1710 cette dernière abbesse, à l'âge de quatre-vingt-huit ans.

Pacel a été réuni à Paci en 1791.

Dépendances : — la Chiotte ; — les Marchis ; — Pacel ; — Beauvais ; — la Maladerie ; — le Moulambourg ; — le Moulinet ; — la Mécanique.

Cf. *la Normandie illustrée*, t. I, p. 22.
Gallia christiana, t. XI, col. 661.

PANILLEUSE.

Arrond. des Andelis. — Cant. d'Ecos.

Patr. la Ste Vierge. — Prés. le chapitre de l'église cathédrale de Rouen.

Panilleuse est mentionnée dans une charte du duc Robert en faveur de la cathédrale de Rouen. Comme cette charte importante est inédite et a été citée plusieurs fois par extraits dans le cours de cet ouvrage, nous croyons devoir la reproduire tout entière :

« In nomine sancte et individue Trinitatis. Robertus, divina favente clemencia Normanorum dux, item Robertus, Rothomagensis sedis archiepiscopus, cunctis fidelibus, pacem et salutem omnem. Si nos petitionibus servorum Dei justis et rationabilibus exorabiles exhibemus, maxime super his in quibus sancte matris ecclesie status indiget nostre serenitatis auxilio relevari, confidimus, Deo auctore, regnum nostrum tranquilliori pace premuniri, et nos superventure beatitudinis premia adipisci. Proinde, ex consultu fidelium nostrorum et maxime Domini sacerdotum, recensitis cartulis et annalibus preceptis anteriorum nostrorum, placuit nobis res sancte ecclesie Rothomagensis, que caput et metropolis est regni nostri, eas in jure que a quibuscumque fidelibus collecte (1) atque roborate fuerant, nostro iterum privilegio innovando confirmare, ut, si quid occasione temporum aut incuria principum ex his male sublata aut imminuta fortasse reperiantur, nostre majestatis auctoritate ad predictam matrem ecclesiam juste revocentur. Hec sunt igitur que privilegii nostri jure firmamus, sub testimonio Christi et corporali presentia sanctorum confessorum Romani, Audoeni, Laudi, Candidi, quos nostri hujus testimonii adjutores esse deposcimus et ultores de

(1) Il faut peut être lire : *collate*.

his esse precamur, qui huic testamento contraire aut ex his aliquid ab usu fratrum inibi servientium subtrahere aut minuere temptaverint. In pago Belvacensi, Cramisicum, et partem de terra in villa que dicitur Mantatera. In Vilcassino francico, villam unam que Vi vocatur. In Vilcassino normannico, Nielsam et Helboucort et Macerias ; de Teilet autem partem illam quam tenuit Radulfus, et ecclesiam totam, scilicet ecclesiam d'Escoz. In eodem comitatu, villam que Paniliosa vocatur ; aliam iterum que Travalliacus dicitur ; sed et dimidiam villam que Baschivilla vocatur ; et in Marculsvilla tres capitales hospites et duos dimidarios ; in Hulvilla centum et quinque acras ; et in Culverti villa XII hospites cum ecclesia, et in Cornella partem illam quam Voilborgis et soror sua ad hunc locum... In eodem comitatu, Amfridivillam et Fredisvillam, quas Willelmus comes dedit triumphatis hostibus victor rediens, cum quibus Cleidas et Lundinarias, cum omnibus appenditiis suis, que sunt in pago Talou, et super Andellam quatuor partes de Dovilla, et partem unam de Betileto, cum molendino, preter unum alodium ; simili modo dimidium Ernoldi montis et Otelni montis, et dimidium Lutbou, et tertiam partem Petre vallis. In comitatu Talou. ecclesiam de Sancto Medardo, et terram quam in Sciberti villa tenuit Levinus super fluvium Diepe ; Sanctum Vedastum, cum appendiciis suis, et Sanctum Salvium, scilicet quam Iola dedit, et Branchemoter cum ecclesia ; Culverti villam, quam Rainardus dedit cum appenditiis suis ; de Dovrene citeriorem partem, cum Ansgerivilla, et ecclesiam que in ulteriori aque ripa sita est. In comitatu Calciaco, Brittam villam, quam Bernardus dedit, et partem de altera Bretevilla, et duas partes de Franchevilleta cum ecclesia ; duo quoque molendina juxta Murum, que dedit Ricardus comes secundus. In Oximensi comitatu, Niciacum, cum ecclesia et omnibus appendiciis suis ; in villa Dilliaco xxxiii. mansloth quos dedit... In prefato comitatu Talou, illam partem alodii quam Richeldis et Papia, filia ipsius, in Evremou, et presente Ricardo comite et II aucturizante (?), ad hanc ecclesiam donaverunt. In Parisiaco pago, super fluvium Maternam, villam unam nomine Carentun. Hujus testamenti testes extant Robertus archipresul, Robertus princeps, qui hanc cartam fieri jussit et confirmavit, qui et decimam dena-

« riorum suorum in vestimentis fratrum
« donavit; Willelmus, filius suus, qui et
« paternum donum donó s¹⁰ confirmavit,
« Gislebertus comes, Hugo episcopus. »
(Cart. de la cathéd. de Rouen, f° 33 v°,
charte XXI.)

On lit dans Toussaint-Duplessis, t. II,
p. 277 : « Le cartulaire de l'abbaye de
« Saint-Père de Chartres nous a conservé
« un titre daté du 29 septembre, la pre-
« mière année du règne de Louis le Fai-
« néant, c'est-à-dire de l'an 986, dans
« lequel il est fait mention d'une ancienne
« abbaye du Vexin en ces termes : « In
« pago Vilcasino, abbatia Beate semper
« Virginis Maria, quam illius loci incolæ
« Avangliam dicunt, in loco qui dicitur
« Altera villa. » C'est tout ce que j'ai pu
« découvrir de cet ancien monastère, dont
« apparemment il ne restait plus que l'é-
« glise en 986. Ce doit être Travailles, dont
« le nom a quelque rapport avec celui d'A-
« vanglia, ou peut-être Panilleuse. Une
« partie de ces revenus appartenait alors à
« l'abbaye de Saint-Père; mais la plus
« grande partie avait été donnée à l'église
« cathédrale de Rouen, qui en a formé
« vraisemblablement la prébende de Panil-
« leuse, dont le titulaire présente encore
« aujourd'hui à la cure de Travailles. »

Le pouillé d'Eudes Rigaud, f° 86 r°,
mentionne également que le patron est le
chanoine de Rouen, prébendé de Panilleuse : « Ecclesia Beate Marie de Paigni-
« loses. Ibi est quedam prebenda Rotho-
« magi. Et est patronus ejusdem prebende
« canonicus. Et habet octoginta parro-
« chianos. Et valet vicaria decem libras
« turonensium. Archiepiscopus O. Rigaud
« recepit Radulphum ad presentationem
« magistri Nicholai de Sangigny, canonici
« Rothomagensis. »

Vers le milieu du xi° siècle : « Quidam
« miles, Ogerus nomine, de villa que dici-
« tur Panillosa, quamdam vineam heredi-
« tatis sue in Longavilla, loco Altiz noncu-
« pato, devote largitus est Sancte Trinitati,
« pro concessa sibi societate... Vineam co-
« ram altari Sancte Trinitatis in presentia
« subscriptorum et virorum memoratis
« fratribus concessit et cartam manibus
« signo Crucis firmavit... (Chart. S. Trin.
Rothom., n° 15.)

En 1302, Guillaume de Surci, écuyer,
vendit à l'abbaye du Bec un bois situé à
« à Pennilleuse ».

En 1375, Jean de Mansigni, écuyer,
confirma une vente faite à l'abbaye du
Bec dans son fief « à Pennilleuse ».

En 1383, Gautier de la Gripière, écuyer,
vendit à l'abbaye du Bec toute la terre et
le bois qu'il possédait à Corville.

En 1404, ventes de plusieurs rentes et
terres, à Corville, par Jean du Buisson-
Fallue, écuyer.

Il y avait dans ce hameau un bois des
Couards-lès-Corville en 1507.

Les baronnies de Clère et de Panilleuse
avaient été unies dès l'an 1348. En 1419,
Jeanne de Clère, veuve de Philippe de Calleville, rendit aveu du fief de Panilleuse;
Marguerite de Calleville en 1426, et en
1483, Georges, baron de Clère, fit hommage du fief de Panilleuse, qui relevait
de Vernon; en 1539, Jean de Clère, fils
et héritier de Georges; en 1566, Jacques,
baron de Clère. (Sur les familles des seigneurs de Clère et de Panilleuse, conférez
La Roque, Hist. de la maison d'Harcourt,
t. I⁺, p. 245.)

On lit encore dans Toussaint-Duplessis,
t. II, p. 349 : « Charles, baron de Claire,
« n'ayant laissé que deux filles, Louise et
« Marie, elles portèrent à chacun la moitié
« de la baronnie, suivant les partages faits
« entre elles le 6 février 1639. Louise de
« Claire épousa Henri de Preteval; Marie
« de Claire épousa François Martel, sei-
« gneur de Fontaine. La moitié de la ba-
« ronnie qu'elle emporta relève depuis ce
« temps-là de l'autre moitié par parage;
« celle-ci, c'est-à-dire la moitié de l'aînée
« ou de Louise, femme de Henri de Pre-
« teval, fut érigée en marquisat sous le
« nom de marquisat de Claire et de Panil-
« leuse par lettres patentes du mois de mai
« 1651, en faveur de René de Preteval,
« pour ses hoirs mâles et femelles. »

A cette moitié appartient le droit de
présenter aux cures de Frichemenil, la
Houssaie-Bérenger, Ormenil-sur-Cailli et
Panilleuse. Les trois premières cures dépendent du canton de Clère (Seine-Inférieure).

En 1675, la terre de Bisi fut érigée en
marquisat en faveur d'André Jubert, fils
unique de Jacques Jubert, seigneur de
Bouville, Bisi, Argencei, etc., et de Catherine Potier de Novion, dame d'Auber-
villiers.

Dans les titres, André Jubert est qualifié de marquis de Bisi et de Clère-Panilleuse. Il épousa en 1664 Françoise-Nicole
Desmarets, sœur de Desmarets, ministre
de Louis XIV; il mourut à Bisi en 1720.
Son fils aîné prit le titre de marquis de
Bisi, et le second fils, Louis-Guillaume,
devint marquis de Clère-Panilleuse, baron
de Bingu, Vesli, Gisancourt, Aveni, Ar-
quenei. Louis-Guillaume épousa en 1697
Gabrielle Martin d'Auzielles. Il fut intendant d'Alençon et d'Orléans. En 1721,
son père, le marquis de Bisi, lui céda
tous ses droits. Il mourut en 1741 et fut

enterré à Dangu. Il laissa deux fils : l'aîné, André Jubert, fut baron de Dangu, et le second, Nicolas-Louis Jubert, marquis de Clère-Panilleuse, seigneur de Portmort.

En 1733, un arrêt du conseil avait ordonné que les justices de Panilleuse et de Mézières seraient désunies de celle de Bisi.

Le marquis de Panilleuse prétendait avoir le droit de présenter alternativement aux deux cures de Bus-Saint-Rémi et d'Ecos, et seul à la chapelle de Pressagni-le-Val, dans la paroisse de Notre-Dame-de-l'Isle.

Le château de Panilleuse a été complétement détruit.

Dépendances : — Corville.

Cf. Toussaint Duplessis, t. II, p. 277, 349, 675.

PANLATTE.

Arrond. d'Evreux. — Cant. de Nonancourt.

Patr. S. Pierre. — Prés. l'abbé du Bec.

On écrit Panlatte. On écrivait encore au dernier siècle : « Penlatte. » Nous croyons que ce nom est véritablement celtique.

Au XIIe siècle, Geoffroi Brunel, seigneur de Penlatte, donna la dîme de l'église et de la seigneurie à l'abbaye du Bec. Cette donation fut confirmée par Hugues de Châteauneuf, seigneur de Breux.

En 1246, Guilbert Brunel, chevalier, renonça à tout le droit qu'il avait sur le patronage du Plessis-Penlatte en faveur de l'abbaye du Bec.

En 1258, Geoffroi Brunel lui céda toutes ses prétentions sur les hommes et les granges de Panlatte.

Le fief de Panlatte mouvait originairement du fief de Varennes à cause du châtel de Breux.

Le mercredi 28 juin 1311, M. Toussaint Varin, évêque de Thessalonique, célébra la dédicace de Saint-Pierre de Panlatte et la bénédiction du cimetière de ladite église.

Les papiers et registres de la mairie ne remontent pas au delà de 1650. A la fin d'un registre de la municipalité, on a enregistré « le brûlement de tous les papiers « concernant l'abbaye du Bec et des pa- « piers ayant appartenu au citoyen de « Bernetz ».

Sur la cloche on lit :

« L'an de grâce mil cinq cent quarante-
« et non pas quatre, je fus faite pour
« Dieu servir et Saint-Pierre de Panlatte. »

Dépendances : — les Fossés ; — Mergeant.

PARVILLE.

Arrond. d'Evreux. — Cant. d'Evreux nord.

Patr. la Ste Trinité. — Prés. l'abbé de Saint-Taurin.

Passage de la voie romaine d'Evreux à Brionne.

Nous ne doutons pas que le nom de « Patervilla » ne soit une contraction de « Paternivilla ». On sait que saint Paterne, l'un des premiers évêques d'Avranches, est invoqué sous le nom de saint Paër dans un grand nombre d'églises de notre province.

Il n'y a pas d'autre commune de ce nom : Parvilliers se rapproche sensiblement de Parville.

Dans la charte de Richard Cœur de lion pour Saint Taurin, on lit : « ..... Et ibi prope villam que dicitur Patervillam... »

1236. Hugues de Mile et Alice concédèrent à l'abbaye un revenu de dix sous tournois assis sur des pièces de terre à Parville : « Juxta terram domini Rogeri « de Gauvilla, militis, quam scilicet ter- « ram tenet Walterus de Ferrariis. » (*Gr. Cart. de Saint-Taurin*, f° 83 r°.)

1244. Gilbert du Planchai : « de Plancato, » bourgeois de Louviers, cède toute la terre qu'il avait dans la ville et paroisse de Parville, « de feodo dictorum monachorum. » (*Id.*, f° 85 v°.)

1251. Guillaume « des Cheminees » vend une rente de vingt sous tournois « super « vineam meam sitam juxta nemus eorum- « dem de Paternivilla ». (*Id.*, f° 87 v°.)

1261. Thomas Roumi cède une rente aux religieux de Saint-Taurin. (*Id.*, f° 97.)

1266. Heudiarde, veuve de Chrétien de Veillettes, vend aux religieux de Saint-Taurin tout ce qu'elle a « ratione dotis seu dotalicii sui » dans la paroisse de Parville « de Paterviila ». (*Id.*, f° 87.)

Les chartes suivantes offrent peu d'intérêt : elles concernent des terres situées à Parville. Nous nous bornons à les indiquer :

1297. Geoffroi Terrel, clerc.

1298. Guillaume dit le Marié. (*Id.*, f° 99 v°.)

1299. Lucas Houel.

1300. Guillaume de Tournedos. (*Id.*, f° 100.)

1303. Guillaume le Marié. (F° 100.)

1304. Clément Halbout, écuyer, vicomte d'Evreux. (*Id.*, f° 100 v°.)

1305. Guillaume le Marié. (*Id.*, f° 101 r°.)

1305. Clément Halbout. (*Id.*, f° 101 r°.)

1305. Guillaume dit le Bencest. (*Id.*, f° 101 v°.)

1322. Le bailli d'Evreux décide que le vicomte d'Evreux « ne povait faire limiter « et bourner autre chemin que celi qui « par l'espace de quarante ans, sans in- « terruption et plus, y avoit esté ou non. » (*Id.*, f° 102 r°.)

1337. Vente à Parville. (*Id.*, f° 103 r°.)

En 1386, procès entre Raoul Vivien, prieur, et les religieux de Saint-Taurin, contre la paroisse de Parville, de laquelle ils réclamaient « dix liv. tournois pour un palefroy ou ronchin ». Cette affaire avait été plaidée en première instance « en la « vicomté des exempcions du roi notre « sire, à Evreux ».

L'abbaye de Saint-Taurin avait le patronage et la seigneurie de cette paroisse.

PERRIERS-LA-CAMPAGNE.

Arrond. de Bernai. — Cant. de Beaumont.

Patr. S. Mellin. — *Prés.* le seigneur de Thibouville.

Nous n'avons rien à dire sur cette petite localité.

En 1609, la vicomtesse d'Auchye accorda et concéda à Adam de Costard l'érection en titre de fief des terres, manoir, maisons et colombier, terres labourables et non labourables, bois et prairies appartenant audit Costard, « en la paroisse « de Periez, dépendant de la châtellenie « de la Rivière-de-Thibouville. »

Dépendances : — Feuquerolles; — les Récolets; — les Valasses.

PERRIERS-SUR-ANDELLE.

Arrond. des Andelis. — Cant. de Fleuri-sur-Andelle.

Patr. S. Etienne. — *Prés.* l'abbé de Saint Ouen.

On écrit : « Perriers et Périers, » mais on doit écrire : « Périers. »

Toussaint-Duplessis dit que ce lieu a tiré son nom de l'abondance de poiriers qui y étaient plantés. En Normandie, le peuple prononce *perier* au lieu de *poirier*, et l'on dit du *poré* au lieu de dire du *poiré*. Il est certain qu'il y a en France quatre Périers, sans compter le nôtre, et qu'ils sont tous situés en Normandie.

Le domaine de Périers fut donné aux religieux de Saint-Ouen par Guillaume, comte d'Arques, et son frère l'archevêque Mauger. La charte de donation est un des plus curieux documents originaux conservés aux archives de la Seine-Inférieure. Une copie s'en trouve dans l'ouvrage intitulé : *The record of the house of Gournay*, p. 43.

Voici cette pièce :

« Ad honorem Domini, etc. Ego Guil- « lelmus, Archensis comes, et frater meus, « Malgerius archiepiscopus, villam que di- « citur Periers, sitam super fluvium qui « dicitur Andela, cum appenditiis suis, « per voluntatem matris mee Payeie, an- « nuente Guillelmo, Normannorum co- « mite, Sancto Petro Sanctoque Audoeno « et monachis inibi Deo servientibus per- « henniter tradimus, pro animabus pa- « rentum nostrorum et nostris, Richardi « videlicet patris, et fratrum nostrorum, « junioris Ricardi necnon et Roberti co- « mitum, quatinus nostra illorumque me- « moria ibidem habeatur per seculorum « secula... Signum Willelmi, ducis ; si- « gnum Malgerii, archiepiscopi; signum « Rotberti, episcopi [Constancia civitas]; « signum Willelmi, comitis [Arcas]; si- « gnum Isemberti, abbatis Sancte Trini- « tatis. »

A la fin du XIIᵉ siècle, Hugues de Périers obtint de Richard, abbé de Saint-Ouen, et des autres seigneurs de ladite église de Périers, l'autorisation d'élever une chapelle en bois dans la cour de sa demeure à Périers (1174-1181) :

« Notum sit omnibus, tam futuris « quam presentibus, quod ego Hugo « de Piris, fide suadente, dominum « meum Ricardum, Beati Audoeni Rotho- « magensis venerabilem abbatem, cete- « rosque ejusdem ecclesie dominos meos « requisivi quatinus capellam ligneam in « curia mea, apud Piros, edificare michi « permitterent, in qua Dei servitium au- « dire et peccata mea deflere Domino per- « mittente valerem. Ipsi autem domini, « matris ecclesie detrimentum in poste- « rum metuentes, capellam quidem con- « struere et ut petieram solummodo vita « mea illam consistere et a sacerdote do- « minorum meorum, domini Rothomagen- « sis archiepiscopi nostri, consilio miseas « ibidem celebrare permiserunt. Ne igitur « permissio ista a successoribus meis in « posterum possit haberi, auctoritate si- « gillorum Beati videlicet Audoeni et no- « stri defendimus et sub anathemate in- « terdicimus. » (*Hist. de l'abbaye de Saint-Ouen*, par Pommeraye, p. 428.)

Dans la charte d'Emma en faveur de Saint-Amand (du temps de la jeunesse de Guillaume le Conquérant), on trouve :

« ... pari ratione dono duo molendina, unum apud villam que vocatur Pe-
« riers... »

En 1206, Bernard, abbé de Saint-Victor-en-Caux, Régnaud, prieur de Saint-Ouen, et Ascius, prieur de Noyon-sur-Andelle, concilièrent les moines de Saint-Ouen avec Alexandre, curé de Periers :

« Universis Christi fidelibus ad quos
« presens scriptum pervenerit, Bernardus,
« abbas S. Victoris de Caleto, Reginaldus,
« prior S. Audoeni, et Ascius, prior de
« Noion super Andelam, salutem in Do-
« mino. Ad universitatis vestre volumus
« noticiam pervenire quod, cum quedam
« controversa verteretur inter dominum
« abbatem et conventum S. Audoeni Ro-
« thomagensis, ex una parte, et Alexan-
« drum, presbyterum de Periers, ex alia,
« super quibusdam procurationibus, can-
« delis, duabus acris terre decimis feni
« et fructuum, oblationibus, pasnagio et
« suo ardere, quod cum predictis dictus
« Alexander ab abbate et conventu S. Au-
« doeni exigebat ratione vicarie ecclesie
« de Periers, post multam super hoc in
« curia domini archiepiscopi Rothoma-
« gensis litigationem hinc inde factam,
« tandem pars utraque assensu unanimi
« nos arbitros elegit et in nos tanquam
« in arbitros compromiserunt, prestita no-
« bis cautione quod arbitrio nostro starent
« abbas et monachi supra dicti, presby-
« ter etiam supra scriptus. Nos vero
« per notos et vicinos qui de hiis plenius
« noverunt ac hujus rei veritate plenius
« et diligentius inquirentes, inter prefatos
« abbatem et monachos S. Audoeni Ro-
« thomagi et prenominatum Alexandrum
« in hunc modum sumus arbitrati, vide-
« licet quod idem Alexander debet sin-
« gulis diebus procuracionem suam ha-
« bere et percipere in domo S. Audoeni
« apud Periers, et debet eodem pane, eo-
« dem cibo, eodem potu participare cum
« monacho qui eamdem domum de Piris
« custodiet, ita quod sedebit eidem mona-
« cho proximus ad mensam nisi altior et
« honoratior supervenerit. Si vero in ea-
« dem domo de Piris defuerit vinum de
« instauramento, monachus mittet pro uno
« galone vini et ex eo biberet ipse et vica-
« rius communiter. Si vero plus vini vel
« potus habere voluerint, monachus duos
« denarios, et vicarius unum mittet prop-
« ter vinum vel alium potum. Si autem
« vicarius minutus fuerit vel propter ali-
« quod negocium domi remanserit, ipse
« de domo monachi duos panes unum ti-
« lem qualem monachus comedit et alium
« minus album et unum ferculum coquine
« percipiet. De potu autem nichil habebit
« de consuetudine. De candelis arbitrati
« sumus quod monachus duas partes can-
« delarum et vicarius terciam partem
« habebit, ita quod ex sua tercia parte in
« ecclesia S. Stephani de Piris luminare
« inveniet, duabus partibus monacho li-
« bere remanentibus. De duabus acris
« terre protulimus arbitrium quod S. Au-
« doenus habeat decimam terre illius, nisi
« vicarius habeat scriptum sufficiens vel
« testes per quos eamdem decimam suam
« esse libere probare possit. De decimis
« feni et fructuum arbitrati sumus pre-
« dictum vicarium in possessione reina-
« nere debere, sicut predecessores sui En-
« gerrannus et Gislebertos inde saisiti
« fuerunt, ita quod si dominus abbas et
« conventus S. Audoeni in eisdem decimis
« aliquod jus suum reclamare voluerint,
« ipsum jus suum prosequantur ubi de-
« buerint vel potuerint. De oblationibus
« que manducari possunt, sicut sunt pa-
« nes, ova, casei, pulli galinarum et anse-
« rum, arbitrati sumus, quod hec omnia
« debent deferri ad domum S. Audoeni
« de Piris et ibi a monacho et vicario com-
« muniter manducari; similiter et agnos
« inter Nathale Domini et carniprivium
« arbitrati sumus ad domum S. Audoeni
« predictam debere deferri, et ibi a mo-
« nacho et vicario communiter mandu-
« cari. De pasnagio vero protulimus arbi-
« trium, quod si vicarius habeat duos
« porcos vel tres ad nomen(?) suum pro-
« prium, non debet pasnagium nec stobla-
« gium. De ardere presbyteri arbitrati
« sumus quod nichil de consuetudine ha-
« bere debet. Nos itaque super premissis
« rei veritatem a clericis et laicis sacratis
« diligentius inquisitam presente scripto
« annotare et sigillorum nostrorum di-
« gnum duximus patrocinio communire.
« Actum fuit hoc anno Dominice incar-
« nationis millesimo ducentesimo sexto,
« in curia domini archiepiscopi Rothoma-
« gensis, presente domino Radulfo filio
« Giroudi, tunc officiale. »

En 1206, Hugues le Portier vendit à Richard Comin, chevalier, ses manoirs de Périers.

A propos de cette charte, nous devons rappeler que le château royal de Lions avait quatre portes dont la garde était confiée à un pareil nombre de seigneurs particuliers pendant que le prince y faisait son séjour. Les propriétaires de quelques terres de la baronnie de Périers étaient obligés de faire le service d'une de ces portes, et de là, est venu sans doute le nom de « Portarius », que prend ledit Hugues en 1206, et que prennent également, et plus tard dans tous les titres, les anciens seigneurs de Marigni.

« Omnibus Christi fidelibus ad quos
« presens scriptum pervenerit, Engerran-
« nus, filius Hugonis Portarii primoge-
« nitus, salutem. Noveritis quod ego ins-
« pexi quasdam cartas dicti Hugonis, pa-
« tris mei, quarum prima talem habet
« tenorem. Notum sit omnibus tam pre-
« sentibus quam futuris quod, cum ego
« Hugo Portarius, assensu Mathillidis,
« uxoris mee, et heredum meorum, do-
« mos meas de Piris, cum porprisio et
« omnibus pertinentiis cum omni jure
« quod in eadem villa, et in pertinentiis
« suis habebam vel habere poteram, cum
« terra de Gastinis, cum terra de Cole-
« mont, sine assensu et voluntate abbatis
« et conventus S. Audoeni Rothomagen-
« sis, de quorum feodo predicte terre esse
« noscuntur, ipsis etiam non requisitis, Ri-
« cardo Comin, militi, pro ducentis libris
« et centum solidis turonensium, vendi-
« dissem, ego postea, de mandato domini
« regis, apud quem predicti abbas et mo-
« nachi conquesti fuerant, super hoc quod
« de eorum feodo sine eorum assensu
« factum fuerat, totum quod de prefato
« Ricardo nomine venditionis facte rece-
« peram, coram ballivis domini regis, et
« coram Enardo, tunc majore Rothomagi,
« reddidi, et ipse Ricardus predictas ter-
« ras et tenementa cum omnibus perti-
« nenciis suis integre mihi reddidit et re-
« signavit, et ego ipsum de homagio quod
« ipse inde mihi fecerat quietavi, et pre-
« fatas terras de Colemont et de Gastinis,
« et quicquid juris et hereditatis in pre-
« fata villa de Piris et Perrolio, et in
« pertinenciis earum habere poteram vel
« habebam, in hominibus, in redditibus
« et in omnibus aliis rebus, predictis ab-
« bati et monachis S. Audoeni pro du-
« centis et triginta libris turonensium
« vendidi et omnino dereliqui. Dederunt
« insuper uxori mee centum solidos pro
« hujus venditionis concessione, et Enger-
« ranno, filio meo primogenito, similiter
« centum solidos, et ego Hugo tactis sacro-
« sanctis evangeliis juravi quod in prefatis
« terris et tenementis et aliis rebus preno-
« minatis nichil de cetero reclamabo nec
« aliquis per me. Et si quis vellet eis super
« premissis calumpniam movere, ego et
« heredes mei eis predicta defendere et
« contra omnes gentes garantizare debe-
« mus. Ut autem hoc ratum et inconcus-
« sum futuris temporibus permaneat, ego
« Hugo Portarius presens scriptum si-
« gilli mei patrocinio confirmavi. Actum
« fuit hoc in curia domini regis, coram
« Willermo Pullo, tunc castellano Ro-
« thomagi, anno Dominice incarnationis
« millesimo ducentesimo sexto. Secunda
« autem carta hujusmodi habet formam.
« Omnibus sancte matris ecclesie filiis, ad
« quos presens scriptum pervenerit, ego
« Hugo Portarius, salutem. Noverit uni-
« versitas vestra me totum tenementum
« quod ego et antecessores mei de abbati-
« bus Sancti Audoeni Rothomagensis,
« apud Greinvillam et apud Craissanvil-
« lam, per longa tempora, ad firmam
« tenueramus, et quicquid in eis villis, in
« terris et hospitisio, in bosco et quibus-
« libet redditibus et pertinentiis, de feodo
« S. Audoeni esse dignoscitur, pro salute
« anime mee et antecessorum meorum,
« ecclesie S. Audoeni, cum omni integri-
« tate, reddidisse et totum jus quod ibi-
« dem habebam quietum et imperpetuum
« dimisisse, ita videlicet quod ego tactis
« sacrosanctis evangeliis juravi quod in
« tenemento illo, aut in ejus appendiciis,
« nichil ulterius reclamabo, sed contra
« omnes gentes, si quis forte adversus di-
« ctam ecclesiam super hoc questionem
« aliquam aut calumpniam suscitaret, pro
« posse meo garantizabo. Pro hac autem
« abjuratione et redditione facienda, Gau-
« fridus, tunc temporis abbas S. Audoeni,
« et conventus mihi sexaginta libras an-
« degavensium dederunt, et ne hoc de
« cetero valeat in irritum revocari, sed
« firmum et stabile futuris temporibus
« habeatur, idipsum presentis scripti testi-
« monio confirmavi et sigilli mei patro-
« cinio roboravi. Tercie autem carte series
« talis est : Sciant omnes, presentes et fu-
« turi, quod ego Hugo Portarius con-
« cessi et pepigi abbati S. Audoeni Ro-
« thomagi et conventui illius loci quod, si
« aliquod instrumentum, sive cartam, sive
« aliquam confirmationem haberem de
« illa terra de Greinvilla et de Crassan-
« villa, quod eis redderem et nullam re-
« clamationem de illa terra facerem per
« instrumentum quod inde habere po-
« tuissem. Et sic juravi tenendum pro
« me et heredibus meis predicto abbati
« et conventui Sancti Audoeni, et hoc
« sigillo meo confirmavi. Ego igitur dic-
« tus Engerrannus, filius dicti Hugonis
« Portarii primogenitus, in legitima etate
« per gratiam Dei constitutus et uxoratus,
« et a dicti Hugonis, patris mei, custodia
« semotus, dictas cartas predicti Hugonis
« patris mei, et omnia que superius an-
« notantur, ne juramentum predicti Hu-
« gonis, patris mei, aliquatenus futuris
« temporibus, quod absit, violetur, dictis
« abbati et conventui S. Audoeni Rotho-
« magensis liberaliter et sponte concedo,
« et eis premissa perpetualiter in pace pos-
« sidenda hac presenti mea carta con-

« firmo, ita videlicet quod ego sepedictus
« Engerrannus in predictis nichil omnino
« potero aliquo modo habere nec recla-
« mare, nec heredes mei poterunt aliquid
« habere aliquatenus nec reclamare. Sed
« ego Engerranus et heredes mei tene-
« mur predicta omnia predictis abbati et
« conventui imperpetuum defendere et
« contra omnes dominos garantizare. Ut
« autem hec omnia firma imperpetuum et
« inconcussa permaneant, ego jamdictus
« Engerranus, tactis sacrosanctis evange-
« liis, sponte et sine aliqua coactione ju-
« ravi predicta omnia prefatis abbati et
« conventui me imperpetuum fideliter et
« sine fraude servaturum. Et insuper ego
« presens scriptum sigilli mei appositione
« roboravi. Pro hac vero concessione et
« confirmatione dederunt mihi dominus
« Rogerus, tunc abbas S. Audoeni, et
« ejusdem loci conventus quadraginta et
« octo libras turonensium. Actum anno
« Dominice incarnationis millesimo du-
« centesimo vicesimo octavo, mense ja-
« nuario. »

« Lucas de Lymisiaco, miles, » donna
en 1280, à Saint-Amand, un moulin qu'il
possédait « in parochia de Piris, super rip-
« pariam Andele, et situm ejusdem, cum
« omnibus et singulis ejusdem molendini,
« exceptis lanneriis, quos solum michi
« retinui, situm in loco qui dicitur Pra-
« tellum de Valletainter, inter villam de
« Piris, et molendinum dictarum monia-
« lium. »

« Johannes de Pratellis, miles, » confirma cette donation en 1282.

1282, novembre. « Coppie de la gaagne
« des arbres de Lyons :

« Altercacione habita inter nos, ex una
« parte, et abbatem et conventum Sancti
« Audoeni Rothomagensis, ex altera, su-
« per eo quod dicti religiosi dicebant ar-
« bores existentes in terris suis juxta fo-
« restam de Leonibus, que terre sunt de
« feodo eorumdem religiosorum de Pi-
« ris, esse suas, et castellanus noster de
« Leonibus et illi qui sunt ibi pro parte
« nostra dicebant eas ad nos pertinere,
« pro eo quod erant juxta forestam nos-
« tram, et super jure cause predicte fuis-
« set diligenter inquisitum, dicta inquisi-
« sitione nobis asportata et diligenter in-
« specta, reperimus quod dicte arbores
« ad dictos religiosos pertinent, et eis-
« dem jussimus predictas arbores deli-
« berari. Actum Parisius, in parlamento
« Omnium Sanctorum, anno octogesimo
« secundo. » (Cart. des baronnies de Saint-
Ouen, f° 296 v°. — PERIERS, E. 39.)

Cette pièce est exactement la copie du
41° arrêt de la session du parlement de la
Saint-Martin 1282, inséré dans les *Olim*,
t. II, p. 216 et 217. Seulement, dans les
Olim, on lit : « repertum est, » au lieu
de : « reperimus, » et l'arrêt se termine
ainsi : « ... pertinent, et fuit preceptum
« dictas arbores sibi liberari. »

A l'échiquier de 1285, Hue de Periers,
écuyer, fut condamné pour avoir manqué
de faire en l'ost de Sauveterre le service
d'ost qu'il devait à l'abbaye de Saint-Ouen
à raison de la terre qu'il tenait de cette
maison :

« A touz ceus qui ces lettres verront, le
« baillif de Rouen, salut. Comme l'abbé
« et le couvent de Saint-Ouen de Roem
« deissent contre Hue de Periers, escuier,
« que eus l'avoient semons que il venist,
« à un jour qui passa, en armes et en che-
« vaus à Saint-Oen de Roem souffisam-
« ment, pour aler et pour fere le servise
« en l'ost de Sauveterre, du fyé et de la
« terre que il tient de eus par servise
« d'ost, lequel fyé et laquele terre a esté
« souffisamment veue, si comme il a esté
« conneu des parties, et duquel ost les diz
« abbé et couvent avoient esté semons
« par le commandement le roy, le dit es-
« cuier vint au jour bien et souffisaument
« en armes et en chevaus. Après, com-
« mandé li fu des diz abbé et couvent que
« il allast eu dit ost, pour le service fere
« que il lour devoit, au besoing le roy et
« à son commandement, du fyé que il tient
« de eus, qui veu a esté souffisaument, si
« comme il est desus dit. Deffailli s'estoit
« le dit escuier de fere le dit service, si
« que par son deffaut les diz abbé et
« couvent firent faire ledit service à lor
« deniers, por quoi, se ce en lor estoit con-
« neu, il vouleient que il lor amendast la
« deffaute et rendist avenantment cen que
« eus i avoient mis par son deffaut; se il
« lor estoit née, eus l'offreient à prover
« si avant comme eus devroient. Et le dit
« escuier deist que il connoissoit bien que
« semons avoit esté des diz abbé et cou-
« vent de venir en armes et en chevaus
« por le dit servise fere; venuz estoit sou-
« fisaument en armes et en chevaus; et
« bien connoissoit que commandé li
« avoient que il alast avant en servise de
« l'ost à Sauveterre, et disoit que tout n'i
« fust-il pas alé, si n'en vouleit il fere
« amende, ne rendre chose que l'abbé et
« le couvent i eussent mis du lour ; quar,
« quant il se fu souffisaument offert en
« chevaus et en armes, il lor requist que
« ses chevaus fussent prisiez, et que eus
« li baillassent certain conduit qui ses
« despens li feist des deniers à l'abbé et
« au couvent, et il estoit prest au dit ser-
« vice fere, et offroit le cors et les chevaus.

« Et por cen que eus ne li voudrent ses
« chevaus fere prisier, ne baillier qui ses
« despens li feist, il n'ala pas avant. Pour
« quoi le dit escuier disoit que les diz
« abbé et couvent ne li ponient, ne ne
« devoient demander amende, ne n'estoit
« tenu à rien rendre lour de chose que
« eus i eussent mis por lui, por deffaute
« que eus li meissent sus. Les resons oyes
« d'une partie et d'autre, en jugement se
« mistrent. Et, selon les resons des de-
« vant dites parties, il fu jugié en l'eschi-
« quier de Pasques et pronunchié par ju-
« gement enteringnement por les devant
« diz abbé et couvent contre le dit escuier,
« et que le devant dit escuier et ses hoirs
« feront dès ore en avant à lour propres
« despens le devant dit servise à l'abbé et
« au couvent desus diz et à lors suces-
« sours. Et amenda le dit escuier le juge-
« ment attendu. En tesmoing de laquele
« chose, nous avon mis à ces lettres, par
« le commendement de hommes hono-
« rable les mestres du devant dit eschi-
« quier, le seel de la baillie de Roen,
« sauf le droit le roy et l'autrui. Ce fu
« fet en l'an de grace mil deus cens quatre
« vinz et cinc, en l'eschiquier desus dit. »
(Arch. de la S.-Inf., F. de S.-Ouen.)

Dans le pouillé d'Eudes Rigaud, on lit :
« Eccles'a de Piris. Abbas Sancti Audoeni
« patronus. Valet xxv. libras ; cc. parro-
« chianos, minus ii. De altalagio percipit
« abbas circa decem libras. »

Il est souvent fait mention de Périers
dans le registre des visites pastorales
d'Eudes Rigaud. En 1258, 1249 et 1261,
il constate qu'à Périers il n'y avait aucun
moine. En 1259, 1262, 1263 et 1265, le
fermier de l'abbaye de Saint-Ouen de
Rouen hébergea l'archevêque.

A Périers-sur-Andelle, au xiiie siècle,
on annonçait à l'orée de la paroisse, au
commencement du mois d'août, que tous
les habitants eussent à se rendre à « la
sciée » des blés de l'abbé de Saint-Ouen ;
puis on sonnait d'un cor chaque matin, et
quiconque ne répondait pas à cet appel
était passible d'une amende ; mais cette
prestation n'était pas purement gratuite :
les scieurs prenaient la neuvième gerbe
pour eux. (Livre des jurés de Saint-Ouen,
f° 15 v°.)

En janvier 1313, il est fait mention
du : « tenementum de la Valete, in par-
« rochia de Piris super Andelam et tene-
« mentum de Fraxinosa. »

Sentence de Regnaut Aupair, sous-sé-
néchal de Périers, le 24 novembre 1399 :
« Les religieux de Saint-Ouen déclarés
« en bonne saisine et possession d'avoir à
« prendre trois corvées l'an, ès saisons
« accoutumées, sur tous les hommes et
« habitants d'icelle terre de Périers qui
« avoient beste ou bestes cavelines, ainsi
« bien sur celluy ou ceulx qui n'en avoient
« que une, comme celles ou ceulx qui en
« avoient plus d'une. »

Lettre de Charles VI : « Nous plaist et
« voulons iceulx religieux de S. Ouen être
« quites et paisibles du service de la garde
« du château de Lions (17 octobre 1410). »
On rappelle que « ou temps ancien a été
« voix commune que les dits religieux
« étoient tenus faire, pour raison de leurs
« ténemens, certain service par quarante
« jours en la garde de la porte du chastel
« de Lions, de laquelle chose eux firent
« leur devoir, quand nous fusmes en
« Flandres et que nous feismes savoir pu-
« bliquement que tous ceulx que nous
« devoient service si alassent acquittés ».

En octobre 1496, par ordonnance datée
d'Amboise, Charles VIII établit à Périers
deux foires, le 8 septembre et le 8 décembre, et un marché le lundi :

« Charles, par la grâce de Dieu, roy de
« France, de Sicile et de Jhérusalem...
« Savoir faisons, à tous présents et à venir,
« nous avoir receue l'humble supplica-
« tion de notre amé et féal conseiller An-
« thoine, abbé de S. Ouen de Rouen,
« contenant que, à cause de sa dicte
« abbaye, il est seigneur de Périers, as-
« sis ou bailliage et vicomté de Rouen, au-
« quel il a droit de baronnie, et y a beau
« et grand villaige où conversent et de-
« meurent plusieurs gens, et davantage
« est icelui villaige scitué en lieu assez
« propre pour la marchandise, et y pour-
« roient les marchans, au bien de la
« chose publique, converser avec ses sub-
« jects si au dit lieu il y avoit quelques
« foires l'an et marché par chacune sep-
« maine, nous requerant très-humble-
« ment que, pour le bien et la décoration
« de sa dicte baronnie et seigneurie, et
« pour les prouffict et utilité du peuple
« et de la chose publique, notre plaisir
« soit luy impartir sur ce notre grâce et
« libéralité, par quoy nous, ces choses
« considérées, inclinant très-voulentiers à
« la supplication et requête de notre dit
« conseiller, pour consideration des grans
« services que luy et les siens nous ont
« fait, font et continent chacun jour en
« grant soing, cure et diligence en l'ex-
« pédicion des grans affaires de notre
« royaume, avons, audit lieu et baronnie
« de Périers, crées, ordonnées et esta-
« blies, créons, ordonnons et establissons
« de grâce espécial, plaine puissance et
« autorité royal, par ces présentes, deux

« foires en l'an, l'une au huitième jour
« de septembre, et l'autre au huitiesme
« jour de décembre, et ung marché par
« chacune sepmaine, au jour de lundi. Et
« voulons que ausdits jours les dictes
« foires et marché soient doresnavant per-
« pétuellement et à toujours tenues au
« dit lieu de Périers, et que tous mar-
« chans et autres gens qui les fréquente-
« ront y puissent vendre, débiter, achap-
« ter et échanger toutes denrées et mar-
« chandises licites et honnestes, en payant
« les droits qui pour ce en pourront estre
« deux, et qu'ils joyssent de tels et sem-
« blables privilèges, franchises et liber-
« tez qu'ilz ont accoustumé, jouyr et user
« ès autres foires et marchez dudit pays.
« Si donnons en mandement au bailly de
« Rouen, etc.... Donné à Amboise, au
« mois d'octobre, l'an de grâce mil cccc
« quatre vings et seize. »

Il est probable que, nonobstant ces lettres, ces foires ne furent point établies à Périers. En janvier 1553, « le cardinal de
« Bourbon, archevêque de Rouen, abbé
« commendataire de Saint-Ouen de Rouen,
« baron de Périers, chambre abbatiale de
« la dite abbaye, fit entendre au roy
« que la dite baronnie, village et pa-
« roisse, était située et assise en lieu fer-
« tille en blé, bestial et autres choses,
« pour subvenir et s'acomoder avec ses
« voisins, construit et édifié d'un bon
« nombre de maisons et d'habitans bien
« aisés, avec suffisante faculté de traffi-
« quer non-seulement entre eulx, mais
« entre aultres leurs voisins ; il demanda
« l'établissement de cinq foires en l'an,
« par chascun jour des cinq festes so-
« lennelles de Notre-Dame, et un mar-
« ché au lundi de chaque semaine, ce
« qui lui fut accordé par lettres patentes
« données à Paris au mois de janvier 1553
« (v. s.). »

« Nous soussignez, presbtre, curé de
« la paroisse de Périers-sur-Andelle, pro-
« priétaires, trésoriers et habitans de la
« dite paroisse, confessons et reconnois-
« sons que la partie du cœur de l'église
« de la dite paroisse, contenant l'espace
« comprise depuis la première arcade jus-
« qu'à la seconde du clocher, a été faite
« par augmentation pour l'embellissement
« et pour la décoration de la dite église,
« et que MM. les religieux de l'abbaye
« royalle de Saint-Ouen de Rouen, sei-
« gneurs et patrons de la dite paroisse,
« ne sont obligés à l'entretien et répara-
« tion de la dite augmentation, mais
« seulement de la première partie du dit
« cœur qui s'étend jusqu'à la première
« arcade du dit clocher, ainsy qu'ils ont
« fait jusqu'à présent. Fait au dit lieu de
« Périers, le 19e mars 1691.
          « J. Lesocamy (?), curé.
« La marque de Louis Smox, etc. »

« Messire Ozias du Fay, chevalier, sieur
« de Heugueville (1), Vireville et du Mes-
« nil-Paviot, gentilhomme ordinaire de la
« chambre du roi, obtint des religieux de
« Saint-Ouen, seuls seigneurs de la ba-
« ronnie de Périers et seuls patrons de
« l'église de Périers, la permission de
« faire construire à ses frais une chapelle
« à côté du chœur de la dite église pour
« sa séance (août 1637). Il ne pourra pré-
« tendre aucune porte ni entrée en la dite
« chapelle par le dehors, ains seulement
« par le dedans de la croisée de la dite
« église, vis-à-vis l'autel de la dite cha-
« pelle. La cloison de l'arcade et ouver-
« ture d'entre le chanceau et la dite cha-
« pelle sera grillée de fer ou de bois, avec
« une bonne porte pour séparation. Il ne
« se pourra célébrer aucune messe en la
« dite chapelle durant la grand'messe du
« chœur. »

Le Mesnil-Paviot était un fief de Périers. Dans le fonds de l'archevêché de Rouen (Arch. de la Seine-Inf.) se trouvent : 1° un procès-verbal de l'état de la chapelle de Sainte-Honorine, à Périers, 1779 ; et 2° les « statuts et règlemens de la confrérie et
« charité que M. Adrien du Courbillon,
« presbtre, curé de Saint-Etienne de Pé-
« riers désire établir sous le titre du très-
« saint Sacrement de l'autel et l'invocation
« des bienheureux saint Etienne, saint Lau-
« rent et saint Sébastien, martyrs (1663). »

On a déjà vu que l'abbé de Saint-Ouen présentait à la cure de Périers dès le xiiie siècle. Suivant un aveu du 22 avril 1678, il avait ce droit à cause de la baronnie de Périers, qui lui appartenait. A cette baronnie était annexée une haute justice.

Suivant le pouillé de Rouen de l'an 1738, il y avait une chapelle au hameau du Fayel, à la présentation de l'abbaye de Saint-Ouen. Mais, suivant les titres de ce monastère, elle était à la présentation du curé. Le chapelain devait y dire la messe et y faire le prône les fêtes et dimanches. Il devait avoir 150 fr. de pension, les deux tiers à la charge du curé, et les religieux de Saint-Ouen chacun pour moitié, conformément à un arrêt du parlement du 18 avril 1679.

Toussaint-Duplessis rapporte qu'il y avait encore dans l'étendue de la paroisse de Périers-sur-Andelle une chapelle dite

(1) Henry, fils de Jean du Fay, sieur du Tailis et du Boscedard, bailli et capitaine de Rouen.

de Sainte-Honorine, dont Henri II confirma la possession en 1151 aux religieux de Saint-Laurent. Ses revenus étaient alors confondus avec les autres biens de ces religieux. Le B. Jovinien y vivait en reclus sur la fin du XIIᵉ siècle. En 1668 et en 1685, elle dépendait du prieuré de Saint-Laurent. Néanmoins, suivant un aveu du 27 juillet 1605, c'était un fief; le sieur Jean-Jacques Romé, président en la chambre des comptes de Rouen, l'ayant acquis des religieux, l'avait fait réunir en 1581 à celui de la Fontaine-Beaunai, érigé par lettres patentes du roi Henri III au mois de mars 1578. Suivant un autre aveu de 1680, ce fief portait le nom de la Fontaine-Romé.

Périers était le chef-lieu d'un doyenné du diocèse de Rouen.

Dans les mémoriaux de la chambre des comptes de Rouen, nous trouvons en 1725 mention de l'érection d'un hôpital à Périers. Il est douteux qu'il s'agisse de notre Périers.

Dépendances : — le Bois-Maigre ; — le Bout-de-la-Ville ; — Brosquebeuf ; — les Châteaux ; — le Mesnil-Paviot ; — le Val-au-Bourg ; — la Vallette ; — Corbu ; — Moulineaux ; — Trianel ; — la Nation ; — le Bel-Event.

Cf. Toussaint Duplessis, t. II, p. 223 et 683.

PERRUEL.

Arrond. des Andelis. — Cant. de Fleury-sur-Andelle. Sur l'Andelle.

Patr. Ste Geneviève. — Prés. l'abbé de Saint-Ouen.

Il faut faire dériver le nom de Perruel plutôt de *Petrolium*, lieu abondant en pierres, que de *pyrale*, lieu abondant en poiriers.

Nous le trouvons sous cette forme dans une charte du cartulaire de Préaux touchant l'abbaye de l'Isle-Dieu :

« Notum sit omnibus sancte matris ec« clesie fidelibus quod ego Osbernus dic« tus abbas Pratelli, assensu capituli nostri « et consilio bonorum virorum, concessi « quietanciam decimarum quinque acra« rum terre, apud trencheiam Petrolii, « tam frugum quam pecorum, ecclesie « Sancte Marie de Insula Dei, que ibidem « sita est, et canonicis in eadem ecclesia « Deo servientibus, pro XII. solidis cur« rentis monete in pensione, reddendis « ad festum sancti Michaelis, de quibus « abbas VIII. habere debet, presbiter autem « ecclesie Wascolii IV., ita quod si ad or« dinem monachorum ire voluerint, ad « aliam ecclesiam nisi ad domum Pratelli « eos ire non liceat. Et si alias terras infra « fines parrochie excoluerint, decimas red« dent, de pecudibus autem decimas non « dabunt. De V. vero predictis acris terre « due erant abbatis, pro quibus dominus « Gislebertus de Wascholio duas alias « acras terre abbati, juxta viam que docit « Wascholium, excambiavit. Item ego pre« dictus Osbernus, per licentiam domini « archiepiscopi, concessi terram ad sepul« turam canonicorum et aliorum qui ibi « sepeliri voluerint, salvo jure ecclesie « parrochialis. Et ut ista concessio firma « in eternum permaneat, sigilli nostri « munimine confirmavimus. His testibus : « Willelmo, abbate Mortuimaris, Gisle« berto de Wascolio, Willelmo de Pistaco, « et multis aliis. » (*Cart. Prat.*, fᵒ XII rᵒ.)

Dans le cartulaire de Préaux, fᵒ XII vᵒ, nous trouvons une charte par laquelle Raoul, abbé de l'Isle-Dieu, accorde à Guillaume, abbé de Préaux : « campum del « Gres et campum Avesnelle secus semi« tam del Maisnil, et campum juxta Haiam « Maillart, et unam acram, et unam per« ticam de campo del Marleiz » pour deux acres de terre de labour, « de campo An« guli Maillart, » et trois vergées, trois perches de pré « ejusdem Anguli Maillart ». On y trouve encore mentionnés : « sep« tem virgatas prati juxta fontem de Was« cholio, » et une aunaie « ... adjacente « predicto Angulo Maillart... » L'acte est de 1201. Ces pièces de terre doivent être sur Perruel ou sur Vascœuil.

Dans une charte en faveur de Saint-Amand (1216), on trouve parmi les témoins : « Petrus de Perrol. »

Dans une charte de 1219, en faveur de Saint-Ouen, on trouve parmi les témoins : « Petrus Le Lievre de Perruel. »

De même, en 1233 : « Littera Petri de « Perrolio, militis, de quibusdam aquis « et piscariis apud Perrolium. »

En 1258, « Petronilla de Herou, » avec le consentement de Robert de Penneville, son mari, vendit pour six livres tournois une pièce de terre à Fresnes, et son mari donna en contrepièce trois acres de terre « in parrochia de Perrolio » situées « apud Genesteium Laurentii, et qu'il tenait « de « domino Petro de Perriolio, milite. »

En 1286, « Michel de Perrolio » cède à l'abbaye de Saint-Ouen de Rouen le droit de patronage de l'église de Sainte-Geneviève de Perruel. Charte de Pierre « de Perrolio, miles, son père, sur le même sujet, à la même date.

« A touz ceus que ces lettres verront,

« le vicomte de Rouen, salez. Sachiés que
« pardevant nous fu présent Michiel de
« Perreuil, escuier, de la paroisse de Per-
« reuil, qui de sa bonne volonté recognut
« que il devoit à hommes religieulz l'abbé
« et le couvent de Saint-Ouain de Rouen,
« service d'un chevalier toutes heures et
« toutes fois que notre sire le roy de
« France en semondra les dis religieux
« de fere le service par la reson du fieu de
« Perreuil, que ledit escuier tient des dis
« religieulz et comme il soit issi que les
« dis religieulz, soient semons, ajournez et
« amonestés quant ou tans de maintenant
« à aler à Poitiers pour ledit service fere
« et pour le besoing du reaume, et ledit
« escuier ne soit pas poissant quant à ore
« deffere ledit service si hastivement
« comme il est commandé du prinche, an-
« chiés conviegne et par la deffaute audit
« escuier que les dis religieulz fachent le
« service comme l'en le doit, d'ost et de
« guerre, de lour cous et à lour despens,
« si comme ledit escuier le recognut par
« devant nous, nous feson assavoir à touz
« que pardevant nous fu present ledit
« escuier, et recognut de sa bonne volonté
« que il devoit et estoit tenu à rendre et à
« restorer as dis religieulz touz les cons,
« les missions, les depens et les damages
« que il feront et aront en faisant ledit
« servise et par la cause du servise, et
« voult et otria que le porteur de ces let-
« tres en fust creu par son serement sans
« autre prove, et quant à chen tenir et
« emplir il en obliga soy et ses hoirs à
« touz ses biens mobles et non mobles,
« presens et avenir, et especialement il en
« obliga le devant dit fieu de Perreuil, à
« prendre, à vendre, et à despendre pour
« les dites missions et damagez rendre et
« restorer, si comme dessus est dit, et
« pour ledit service faire tel comme il le
« doit, et son cors à tenir en prison, se il
« venoit contre ces choses, en tout ou en
« partie. En tesmoing de cheu, nous avons
« mis à ces titres le seel de la vicontée
« de Rouen, sauf le droit le Roy et l'autri.
« Che fu fait l'an de grace mil cc. iiii*x et
« seze, le lundi devant la Saint-Barnabé,
« apostre. »

En 1299, Michel de Perruel vendit à l'abbaye de Saint-Ouen le fief de Perruel. Ce fief dépendit désormais de la baronnie de Périers, suivant un aveu du 22 avril 1678; c'était en vertu de ce fief que l'abbaye présentait à la cure.

On lit dans le pouillé d'Eudes Rigaud:
« Petrolium: P... de Petrolio patro-
« nus, valet duodecim libras; xlv. parro-
« chianos. »

Le curé actuel avait été présenté par l'abbé de Saint-Ouen, Roger, qui avait la garde noble du collateur alors enfant.

Le patron était évidemment Pierre de Perruel, qualifié du titre de chevalier en 1233.

Dans une charte de Philippe, roi de France (1298): « Michael de Perrolio, armiger. »

Autre charte du même roi, du 20 novembre 1298. Donation à Guillaume « de Rivo », clerc, de 38 livres parisis « apud Perrolium ».

1299. Michel de Perruel, escuier.

1325. Charte de Regnaud, abbé de l'Isle-Dieu, au sujet d'une redevance de 16 sols attachée à une pièce de terre « in « parrochia de Perrolio », vendue par Pierre « de Perrolio », armiger.

Sur le territoire de Perruel s'élevait jadis l'abbaye de l'Isle-Dieu. Voici l'origine de cette abbaye:

Du temps du roi Henri II, vivait dans une cellule située près d'une chapelle dédiée à sainte Honorine, sur les confins de la paroisse de Périers-sur-Andelle, un chanoine régulier de Saint-Laurent, Hugues de Saint-Jovinien. Touché de la vie ascétique que menait ce chanoine, Gautier dit Maloiseau: « Mala Avis, » quitta le prieuré du Val-aux-Grais: « Vallis Ægrorum », qu'il avait fondé, et embrassa le genre de vie d'Hugues de Saint-Jovinien. Cet exemple trouva bientôt quelques imitateurs, et Regnaud de Pavilli, chevalier, parvint à réunir ces anachorètes en une seule congrégation. Il leur donna, vers 1190, la dîme de ses revenus de Pont-Audemer et des domaines qu'il avait en Angleterre. La nouvelle abbaye avait été placée dans une île de l'Andelle, qui prit le nom de l'Isle-Dieu. Henri II, roi d'Angleterre, et Gautier, archevêque de Rouen, approuvèrent tous deux cette donation vers 1187. Les religieux de l'ordre de Prémontré qui entrèrent dans la nouvelle abbaye furent tirés de l'abbaye de Silli. Gautier, archevêque de Rouen, en 1207, et Eudes Rigaud, en 1265, dédièrent et consacrèrent l'église de l'abbaye. L'abbaye de l'Isle-Dieu fut mère de l'abbaye de Bellosanne. Hugues, archevêque de Cantorbéri, et Gilbert de Vascœuil doivent être comptés parmi les principaux bienfaiteurs. Toussaint Duplessis ajoute:
« Gilbert était châtelain de Beauvais. Ses
« successeurs paraissent avoir pris comme
« lui l'abbaye de l'Isle-Dieu en affection.
« Plusieurs d'entre eux y ont eu leur
« sépulture. On y voit encore celle d'une
« Aliénor, châtelaine de Beauvais; celle
« de Guillaume, châtelain de Beauvais,
« mort le 3 juin 1296; celle d'un autre

« Guillaume, aussi châtelain de Beauvais,
« mort le 25 janvier 1330, et de Jeanne
« d'Etouteville, sa femme, morte le 28 fé-
« vrier de la même année. »

L'abbaye de l'Isle-Dieu avait le patronage des cures de Saint-Denis-le-Thibout,
de Grainville-sur-Ry, de Martainville et
du Tronquai. Le monastère était placé
sous l'invocation de la sainte Vierge. Dans
les derniers temps, l'abbé était à la nomination du roi.

Aujourd'hui les anciens bâtiments de
l'abbaye de l'Isle-Dieu abritent une filature de coton.

Voici la liste des abbés de l'Isle-Dieu,
telle que nous la trouvons dans le *Gallia
christiana* :

I. Robert I Thalhun ou Thon, abbé de
Falaise.
II. Geoffroi, souscrivit à la charte de
fondation de l'abbaye de Bellosane (1199).
III. Raoul, en 1203.
IV. Robert II (1214-1221).
V. Robert III de Lions (1246).
VI. Jean I (1262-1264).
VII. Pierre I (1273-1279)
VIII. Guillaume I de Lions (1302).
IX. Robert IV de Lions (1308).
X. Regnaud I (1325-1326).
XI. Guillaume II du Mesnil-Amis (1359).
XII. Jean II de Lisques (1365).
XIII. Arnould Gueroult.
XIV. Regnauld II Gueroult de la He-
maudière (1370).
XV. Pierre II Morieult, mort en 1400.
XVI. Jean III, mort en 1410.
XVII. Philippe le Ver, mort en 1420.
XVIII. Pierre III le Mâchecrier, mort
en 1442.
XIX. Laurent du Quesne, élu en 1442,
était encore abbé en 1463 et 1467.
XX. Richard le Saonnier, 1475-1484.
XXI. Robert V Mehoult, 1485-1500; mort
en 1512.
XXII. Guillaume III le Roi, 1500-1501.
XXIII. Pierre IV Savari, 1501-1514.
XXIV. Jean IV Carrouge, 1515-1525.
XXV. Etienne Besnier, élu en 1525.
XXVI. Virgile de Limoges, résigna en
1532.
XXVII. Jean Regnard, 1533-1558.
L'abbaye était vacante en 1560.
XXVIII. François Eyme, abbé commen-
dataire en 1560 et 1563.
XXIX. Gaspard Gorin, mentionné à la
date de 1577.
XXX. N. Savart, mort en 1618.
XXXI. Charles de Martinville, abbé ré-
gulier en 1624.
XXXII. Louis I, de Martinville.
XXXIII. Louis II, de Romé, mort en
1675.

L'abbaye vaquait en 1676.
XXXIV. Antoine Ricouard d'Hérouville.
L'abbaye vaquait en 1684.
XXXV. Charles ou Louis de Cuse de
Préfontaine, en 1716 et 1717.
XXXVI. Pierre de la Rue, en 1722.

Dans le nécrologe de l'Isle-Dieu figu-
raient les noms de plusieurs abbés régu-
liers que les auteurs du *Gallia christiana*
n'ont pu placer à leur date :
Guillaume de Perruel.
Regnaud Briant.
Gillert.
Guillaume d'Ozouville.

Les archives de l'Eure contiennent
beaucoup de pièces relatives à l'abbaye
de l'Isle-Dieu : « Chartes et titres des
« propriétés situées sur les paroisses de
« Alertron, Auffay, le Boulai, la Cha-
« pelle-Saint-Ouen, Cressenville, Croisy,
« Darnetal, la Feuillye, Grainville, la
« Haye-en-Lyons, les Hognes, Lorleau,
« Morville, Peruel, Rouen, Rouville,
« Saint-Aignan-sur-Ry, Saint-Denis-le-
« Thibout, Tronquay, Vascœuil et Angle-
« terre. — Professions, registre des inhu-
« mations et pièces de procédure du
« XI° siècle à 1765. » (1 reg., 9 liasses,
2 plans.)

Dépendances : — les Cildes ; — l'Isle-
Dieu ; — le Mesnil-Perruel.

Cf. Toussaint Duplessis, t. II, p. 643.
Gallia christiana, t. XI, p. 346, et Instrum., p. 27,
n° XV.
Neustria pia, p. 881.
Revue historique des cinq départements de la Nor-
mandie, 1836. Notice sur l'Abbaye de l'Isle-Dieu.

PETITEVILLE.

Arrond. d'Evreux. — Cant. de Verneuil.

Petiteville a été réuni en 1803 à Gournai-le-Guérin.
Voyez GOURNAI-LE-GUÉRIN.

PIENCOURT.

Arrond. de Bernai. — Cant. de Thiberville.

*Patr. S. Saturnin. — Prés. le chapitre de
Lisieux.*

L'étymologie de Piencourt est fort douteuse. Sainte Pience souffrit le martyr
vers le milieu du III° siècle pour avoir
accueilli chez elle saint Nicaise et ses
compagnons. Ce nom semble faire partie
de Piencourt, dont l'origine peut remonter à une époque reculée. Nous avions

pensé d'abord que les beaux esprits de la chancellerie de l'évêque de Lisieux, ne sachant comment interpréter et décomposer le nom de Piencourt, avaient eu l'idée d'en faire « Pes in Curia »; mais nous avons reconnu depuis que cette forme était beaucoup plus ancienne.

Dans une charte de décembre 1143, accordée au prieuré de Beaumont par Galeran de Meulan, on trouve parmi les témoins : « Willelmus de Pede in Curte et « Galterius frater ejus. »

« Willelmus de Pede in Curte. » Charte sans date de Robert de Meulan. (*Cart. de Beaumont*, fol. VIII v°.)

En 1218, Heudebourge, veuve de Robert le Boulenger « de Piencchiis ou Picenchiis », céda au couvent de l'Estrée, par-devant le doyen de Verneuil, toutes ses prétentions « ... in quodam arpento « vineæ sito in Valle Herrei... » que son mari avait vendu à ce couvent. Nous ne citons cette charte que pour rapprocher la forme « Pes in Curia » et « Pienchiæ ».

Dans les *Grands rôles de l'Échiquier de Normandie*, on trouve mentionnés plusieurs fois Robert et Guillaume de Piencourt.

« Robertus de Piencourt debet viginti « solidos pro duello vadiato super defen-« sum versus Johannem Burnel. » (Stapleton, *M. R.*, p. 102.)

« De Willelmo de Piencourt, XIX. soli-« dos pro plegio Roberti Pantol. » (*M. R.*, p. 329.)

« Willelmus de Piencourt, centum soli-« dos pro dissaisina. » (*M. R.*, p. 85.)

« De Willelmo de Piencourt, centum « solidos. » (*M. R.*, p. 87.)

Avant 1181, Guillaume de Piencourt et son fils Guillaume résignèrent entre les mains de Rotrou les droits d'avouerie et de présentation de l'église de Bouquetot. Quant aux droits de patronage, ils furent cédés au prieuré de Bourg-Achard par Robert de Piencourt, petit-fils de Guillaume Ier de Piencourt, sur le conseil de son seigneur et ami Guillaume Malesmains.

En 1211, Robert de Piencourt figure dans une charte relative à Marolles.

Jourdain, évêque de Lisieux, atteste que Guillaume de Piencourt, chevalier, a donné au chapitre de Lisieux l'église de Saint-Saturnin de Piencourt.

« Universis Christi fidelibus ad quos « presens scriptum pervenerit, Jordanus, « divina permissione Lexoviensis episco-« pus, salutem in authore salutis. Noverit « universitas vestra quod nos, ad preces « dilectorum nostrorum Willermi, decani, « et capituli nostri Lexoviensis, ecclesias « de Piencour, de Bervilla et de Corthona « La Meurdrac, ad eorum communiam « spectantes, a synodo et circulis et omni-« bus episcopalibus exactionibus in per-« petuum liberas constituimus esse et « immunes, et hanc constitutionem no-« stram presentis scripti et sigilli nostri « munimine confirmamus. »

Dans la liste des cures à la nomination du chapitre de Lisieux, à la suite de l'obituaire, on trouve : « portiones I. et II. de « Pedencuria. »

« M. Hamon Baudry de Piencourt « (maison qui s'est fondue dans celle de « la Roche-Aymon en Auvergne) fonda « un prieuré de Bénédictines aux Ande-« lys et en fit tous les frais. Madame Ma-« rie Baudry de Piencourt, sa sœur, en « avait été nommée prieure à Rome dès « le 18 juin de la même année (1635)... »

« M. Claude Baudry de Piencourt, abbé « de la Croix-Saint-Leufroy, fit la béné-« diction du monastère. Le titre de prieure « n'est pas sorti de la famille du fonda-« teur. Il a été possédé de suite par deux « dames de Piencourt, et par trois dames « de la Roche-Aymon. »

Quant à Claude Baudry de Piencourt, neveu de Claude de Mailloc de Sacquenville, abbé de la Croix-Saint-Leufroi, il lui succéda en cette qualité vers 1613 et mourut en 1669; à son tour il fut remplacé par son neveu François-Placide Baudry de Piencourt, qui céda cette fonction en devenant évêque de Mende, en 1677.

Dépendances : — les Bas-Buissons ; — la Bizetière ; — le Bosc-Duval ; — la Champardière ; — le Chesne ; — la Fardouillère ; — la Farinière ; — la Grande-Aubinière ; — la Hayère ; — la Héroudière ; — Lampérière ; — la Petite-Aubinière ; — le Rotard ; — la Tironnerie ; — la Vallerie ; — le Mont-Perreux.

PIERRE-RONDE.

Arrond. de Bernay. — Cant. de Beaumesnil.

Patr. S. Cyr et Ste Juliette.—Prés. le baron de Beaumesnil.

Ce nom semblerait indiquer une ancienne pierre consacrée ou au moins remarquable par sa forme et ses dimensions.

Dans les registres de la Cour des comptes, au XVIIe siècle, on lit :

« Pierronde. Contribuables, 36.

« Le sieur baron de Beaumesnil est sei-« gneur et patron.

« La cure vault 300 livres.

« 210 acres de terre, moitié bois et
« brierres, et le labour à 4 et 6 fr. l'acre
« de fermage. »
La commune de Pierre-Ronde a été
réunie à Baumesnil en 1845.

Dépendances : — le Bois-Bardou ; — le
Chesnal ; — la Coutrie ; — la Cour-Boite ;
— La Cour-Vigneron ; — le Grand-Clos ;
— La Maragère ; — les Mistinières ; — les
Monts ; — les Rencontres ; — le Tertre ;
— le Rocrai.

PINTERVILLE.

Arrond. de Louviers. — Cant. de Louviers.
Sur l'Eure.

*Patr. la Trinité. — Prés. l'abbé de
Saint-Taurin.*

On remarque au pied de la côte qui
longe la route d'Evreux, sur la rive gauche de l'Eure, des fragments de canaux
en terre cuite qu'on croit romains; leur
direction est parallèle à celle de la route
et de la rivière, et ils ont du sud-ouest au
nord-est une inclinaison évaluée à plus
d'un millimètre par mètre; on pense qu'ils
servaient à conduire des eaux tirées de la
fontaine de Becdale.

L'étymologie de Pinterville : « Pintardi
villa, » nous paraît avoir une origine franque.

965. Richard Ier, duc de Normandie,
détacha de son domaine privé les églises
et les dîmes d'Elbeuf, Caudebec, Louviers
et Pinterville, et les donna à l'abbaye de
Saint-Taurin d'Evreux, qu'il faisait alors
rebâtir. Les religieux de cette maison obtinrent, en même temps, les pêcheries
attachées à chacun des moulins de Louviers, avec quarante sous de rente sur
ces mêmes moulins, et, dans la forêt de
Louviers, le droit d'usage et de pâturage.

En 1206, Guillaume de Saint-Taurin,
desservant de l'église de Pinterville. « Die
« sabbati ante festum beati Vincentii,
« anno Domini millesimo ducentesimo
« sexto, in manerio et aula manerii abba-
« tis Sancti Taurini Ebroicensis, apud Lo-
« cumveris, fecit Johannes de Martreio
« homagium domino Richardo, Dei gratia
« abbati Sancti Taurini, modo quo con-
« suetudo est fieri homagium, presenti-
« bus ad hoc magistro Gaufrido Avitie,
« tunc ballivo Const(?), Guillelmo dicto
« de Sancto Taurino, rectore ecclesie de
« Pintervilla... »

1223. Vers cette époque, une contestation s'était élevée entre Thibaud d'Amiens,
archevêque de Rouen, et Renaud Tatin,
seigneur de Pinterville et possesseur d'un
fief à Louviers. Renaud Tatin avait été
successivement arbalétrier de Richard
Cœur de lion et de Philippe-Auguste (ce
prince lui donna Pinterville en 1204 (*Cart.
Norm.*, n° 1074), et lui permit en 1217
d'assigner en dot à ses filles le tiers de la
terre qu'il lui avait donnée au Vaudreuil.

En 1223, la cour du roi fit demander
à l'archevêque des explications sur son
différend avec Tatin. Ce dernier avait des
vassaux à Louviers qui relevaient de son
fief de Pinterville que le roi lui avait donné.
L'archevêque prétendait avoir un droit de
haute justice sur ces vassaux en qualité
de seigneur de Louviers. Il paraît que
cette prétention fut écartée ; car, dans la
suite, le fief Tatin releva toujours du roi.
On sait que ce fief donna son nom à une
des rues de Louviers.

« Articuli quidam, de quibus archiepis-
« copus Rothomagensis debet regi res-
« pondere ad dominicam sibi super hoc
« assignatam a rege :
« Item, archiepiscopus debet respondere
« domino regi de querela Tatini, qui te-
« net hospites apud Lovieres de rege de
« feodo Pintarville, super quos archiepi-
« copus vult habere magnam justiciam.
« Dominus rex offert archiepiscopo quod
« faciet eum habere recognitionem patrie,
« utrum per cartam, quam archiepisco-
« pus inde habeat, vel per usus et con-
« suetudines hactenus observatas, debeat
« habere magnam justiciam super hospi-
« tes Tatini et Tatinum. Habebit talemque
« consuetudinem observabit que observa-
« tur de hospitibus quos milites habent
« in alia terra de escambio Deppe. »
(*Reg. E de Philippe-Auguste*, f° xvi^{us} viii
v°, col. 2.)

En 1227, c'est la dernière fois qu'il est
question de Tatin. Il ne laissa que des
filles, de sorte que le domaine de Pinterville revint à la couronne.

1233. Richard de Belleme, évêque
d'Evreux, à la demande d'Alain, curé de
Pinterville, fixe à soixante sous le traitement que doit percevoir Etienne du Mesnil-Jourdain, curé honoraire de la paroisse.

1248. Le 27 août, l'archevêque Eudes
Rigaud visita pour la première fois son
manoir de Louviers. La même année,
saint Louis, ayant égard aux bons services
de Jean d'Aubergenville, évêque d'Evreux,
donna à son neveu Guillaume d'Aubergenville, qui se mariait avec Lucie Pou-
tin, le manoir de Pinterville avec la moitié des revenus, et lui afferma l'autre

moitié pour 16 livres tournois. (*Arch. de la Seine-Inf. — Cart. de l'Archevêché*, f° 367 r°.)

1249. Le lundi premier mars, l'archevêque Eudes Rigaud, arrive à son manoir seigneurial de Louviers.

Dès le lendemain 2 mars, Guillaume du Bois, chevalier, seigneur du fief de la Salle-du-Bois, Rabelle, seigneur de Villette, et Guillaume des Angles, au nom et comme fondé de pouvoirs de Guillaume d'Aubergenville, seigneur de Pinterville, se présentent devant le prélat, lui demandant la reconnaissance des droits possédés par eux, à cause de leurs fiefs, dans sa forêt de Louviers.

Le seigneur de Pinterville réussit dans toutes ses réclamations; il avait le bois nécessaire pour la construction ou la réparation de son manoir et de son pont avec son hêtre et sa bûche de Noël.

1253. Saint Louis, dans une charte datée de Sydon, déclare que les héritiers de Guillaume d'Aubergenville sont tenus de lui payer annuellement seize livres tournois pour la maison de Pinterville qu'ils tiennent de son don particulier. Il leur remet cette somme; il ne se réserve qu'une rente annuelle de cent sous tournois.

En octobre 1259, le prélat, se rendant à Evreux pour sacrer l'évêque Raoul Grosparmi, en présence du roi saint Louis, vint passer la nuit à Pinterville, chez Pierre de Meulan, échanson du prince.

1260. Le mardi de Pâques, Eudes Rigaud passe à Louviers sans s'y arrêter et passe la nuit au château de Pinterville dont il méditait l'acquisition.

1260-1261, avril. « Ludovicus, Dei
« gratia, Francorum rex, notum facimus
« universis, tam presentibus quam futu-
« ris, quod nos litteras Petri de Meulento,
« servientis nostri, et Ligardis, ejus uxo-
« ris, vidimus in hec verba :
« Universis presentes litteras inspec-
« turis, Petrus de Meulento, scancius
« domini regis Francie, et Ligardis, ejus
« uxor, salutem in Domino. Notum faci-
« mus universis, presentibus et futuris,
« quod nos vendidimus et concessimus,
« pro tribus millibus et ducentis libris
« turonensium, nobis solutis in pecunia
« numerata, reverendo patri O., Dei gra-
« tia Rothomagensi archiepiscopo, quic-
« quid habebamus vel habere poteramus
« in villa de Pintarvilla vel in locis
« circum adjacentibus, tam ad villam,
« quam ad campos, sive in terra, sive in
« juribus, homagiis, redditibus vel aliis
« rebus quibuscumque, de eschanchia
« que michi prefate Ligardi obvenerat,

« ex successione magistri Odonis, quon-
« dam thesaurarii Baiocensis, fratris mei,
« que similiter eidem Odoni obvenerat
« ex concessione Guillelmi, nepotis sui,
« filii quondam Guillelmi de Aubergein-
« villa, fratris dicti Odonis, cui Guillelmo
« dominus rex Francie dictam villam, cum
« aliis supradictis pertinentibus ad ean-
« dem, dederat et concesserat, sibi et he-
« redibus suis jure hereditario possidendi,
« prout in litteris ejusdem domini regis ple-
« nius continetur; quicquid etiam fuit, a
« tempore donacionis predicte, a prefatis
« personis vel aliqua earum in dicta villa
« vel in his circum adjacentibus quocum-
« que modo acquisitum cedit vendicioni
« supradicte. Nos autem predicti Petrus
« et Ligardis, coram reverendo patre R.,
« Dei gratia Ebroicensi episcopo, perso-
« naliter constituti, predicta omnia reco-
« gnovimus, cartamque sub ejus sigillo
« fieri fecimus super vendicione et con-
« cessione predictis. Promisimus etiam
« coram eo, spontanei, non coacti, pre-
« sentibus reverendo patre G., Dei gra-
« tia Autissiodorensi episcopo, magistris
« Johanne de Flainvilla, Ricardo de Salo-
« ne nisvilla, canonicis Rothomagensibus,
« fratribus priore Beate Marie Magdalene
« Rothomagi, Galtero de Mineriis, de or-
« dine Minorum, dominis Willelmo came-
« rario de Tancarvilla, Johanne de Mille-
« villa, Johanne de Monte Poignant,
« Petro des Ys, militibus, et multis aliis,
« per juramenta nostra, quod contra ven-
« dicionem istam, per nos vel per alios,
« quacumque ratione, non veniemus in
« futurum, sed predicta omnia et singula
« firmiter observabimus, et dicto archie-
« piscopo eisque, qui ab eo causam ha-
« buerint, dictam vendicionem, ad usus
« et consuetudines patrie, garantizabi-
« mus contra omnes. Si vero contingeret
« quod ego predicta Ligardis (quod absit),
« post mortem mariti mei, istam vendi-
« cionem revocarem de facto, contra ju-
« ramentum meum temere veniendo, vo-
« luimus et volumus, ego videlicet et
« dictus Petrus, maritus meus, et promi-
« simus, sub vinculo prestiti juramenti,
« et specialiter mulier supradicta, coram
« dicto patre episcopo Ebroicensi, quod
« ego, ante rei vendite restitucionem,
« aut, me moriente, heredes nostri pre-
« cium dicte vendicionis, una cum esti-
« matione meliorationum in dicta heredi-
« tate appositarum, dicto archiepiscopo
« vel ab eo causam habentibus restitue-
« mus, fructibus medio tempore perceptis
« in soluto minime computandis, nos et
« nostra presentia et futura, necnon et
« heredes nostros, quoad hac specialiter

« obligantes, renunciantes eciam per
« juramenta nostra excepcioni non nume-
« rate vel non solute pecunie, doli mali,
« consuetudini Normannie, et omni sta-
« tuto omnibusque aliis excepcionibus, per
« quas posset hujusmodi vendicio infir-
« mari. Insuper, sub debito prestiti jura-
« menti, supposuimus nos et nostra ju-
« risdicioni dicti reverendi patris Ebroi-
« censis episcopi, ut possit nos compellere,
« per se vel per alium, censura ecclesias-
« tica ad omnia et singula supradicta fi-
« deliter observanda, ubicumque manea-
« mus vel consistamus. In cujus rei testi-
« monium et munimen, ac ad majorem
« certitudinem, sigilla nostra presentibus
« litteris, duximus apponenda. Actum Pa-
« risius, anno Domini m° cc° sexagesimo,
« mense februario.
« Nos autem vendicionem et concessio-
« nem predictas, prout superius sunt
« expresse, ad peticionem supranomina-
« torum Petri de Meulento et ejus uxoris,
« volumus, concedimus et auctoritate
« regia confirmamus, ac res supradictas
« venditas jam dicto archiepiscopo et ejus
« successoribus archiepiscopis Rothoma-
« gensibus in manu mortua in perpetuum
« tenendas concedimus, salvo jure in
« omnibus alieno, donantes et concedentes
« eidem archiepiscopo et ejus successo-
« ribus archiepiscopis Rothomagensibus,
« in manerio ville predicte de Pintarvilla,
« gardino totaque proprisia ejusdem ma-
« nerii, placitum spate, ac omnimodam
« aliam justiciam ad nos spectantem in
« dicta villa de Pintarvilla et aliis perti-
« nentiis ejusdem ville extra manerium,
« gardinum et proprisiam predicta, om-
« nimodam justiciam, quam ibidem habe-
« bamus tempore vendicionis hujusmodi,
« nobis et successoribus nostris Francie
« regibus retinentes. Quod ut ratum et
« stabile permaneat in futurum, presen-
« tes litteras sigilli nostri fecimus impres-
« sione muniri. Actum Parisius, anno Do-
« mini millesimo cc° sexagesimo, mense
« aprilis. » (Cartul. de Philippe d'Alençon, f° cclxvii et cclxviii. — Reg. xxx
du Trésor des chartes, n° lxi, f° mmx
xiii r°. — La Roque, Histoire de la maison d'Harcourt, t. III, p. 103.)

1261. Pierre de Meulan et Ligarde d'Aubergenville, sa femme, vendent à l'archevêque de Rouen, au prix de 3,200 livres,
le manoir et domaine de Pinterville.
C'était au mois de février; le 17 mars
l'archevêque vint y recevoir l'hommage
de ses vassaux.

1261, juin. « Universis presentes litte-
« ras inspecturis, Odo, permissione divina
« Rothomagensis ecclesie minister indi-
« gnus, salutem eternam in Domino Jhesu
« Christo. Noveritis quod, cum nos excel-
« lentissimo domino nostro Ludovico, Dei
« gratia Francorum regi illustri, teneve-
« mur in quadraginta quinque libras tu-
« ronensium annui redditus, ratione
« stagni de Martinvilla juxta Rothomagum
« quondam sui, de quibus quadraginta
« quinque libris nos ab eodem domino
« rege emeramus a Petro de Mellento, ser-
« viente ejusdem domini regis, et ejus
« uxore, cumque idem dominus rex ha-
« beret totam altam justiciam in villa
« predicta de Pintarvilla et ejus pertinen-
« tiis, nos, considerata et pensata evidenti
« utilitate ecclesie nostre Rothomagensis,
« pro dictis quadraginta libris ratione
« stanni, et pro dictis centum solidis ra-
« cione ville nostre de Pintarvilla, quos
« debebamus eidem domino regi, ut su-
« pradictum est, necnon et pro alta justi-
« cia quam habebat in villa predicta de
« Pintarvilla et ejus pertinentiis, predicta
« idem dominus rex nobis quittavit in
« perpetuum et concessit, a nobis et suc-
« cessoribus nostris Rothomagensibus ar-
« chiepiscopis litere, quiete et pacifice
« possidenda, reddendo eidem domino
« regi de redditu dictarum quadraginta
« librarum, ratione stanni, quinque so-
« lidos turonensium a nobis et dictis suc-
« cessoribus nostris duobus scacariis
« Rothomagi annuatim. Damus et conce-
« dimus in perpetuum eidem domino regi
« et ejus successoribus, de voluntate et
« assensu capituli ecclesie Rothomagensis,
« ex causa permutationis, manerium nos-
« trum dictum de Sancto Matheo juxta
« Rothomagum situm, cum prato, gar-
« dino et omnibus pertinentiis suis, sicut
« ipsum tenebamus et possidebamus, ab
« eodem domino rege vel successoribus
« suis seu illis qui ab ipsis causam ha-
« buerint, libere et quiete, in perpetuum
« possidendum, volentes et concedentes,
« de assensu capituli predicti, quod idem
« dominus rex seu successores sui reli-
« giosas personas collocare et instituere
« possint ibidem, si sue placuerit volun-
« tati. In cujus rei testimonium, presen-
« tes litteras sigilli nostri munimine fe-
« cimus roborari. Datum anno Domini
« m° cc° sexagesimo primo, mense junii »
(Reg. xxx du Trésor des chartes, n° m°
lxviii, f° mmx xvii r°. — Cartul. des Emmurées, f° 212 r°, ms., n° 45 bis des

Arch. de la Seine-Inférieure. — Cf. Farin, *Hist. de Rouen*, 1738, éd. in-4°, 1re partie, p. 44.)

En septembre 1261, le prélat fait livrer à un gentilhomme trois muids de vin de ses caves de Louviers. (Cf. une autre charte de 1261, *Cartul. normand*, n° 670.)

Eudes Rigaud visite le prieuré des Deux-Amants et ses manoirs de Pinterville et de Gaillon, avant de partir pour l'Afrique avec saint Louis.

1270. Charte de Richard de Louviers, où se trouve mentionné Jean de Carville, citoyen de Rouen.

1305. A Pinterville se réunit cette année, dans le manoir des archevêques, le concile provincial de la Normandie. Cette réunion, tenue le mardi après la fête de sainte Agathe, se composait de quatre évêques, savoir :

Guillaume de Flavacourt, archevêque de Rouen;

Geoffroi Boucher, évêque d'Avranches;
Mathieu des Essarts, évêque d'Evreux;
Philippe le Boulanger, évêque de Séez.

Il ne s'est conservé qu'un seul des décrets promulgués par les Pères de ce concile. (*Gallia christ.*, t. XI, Instrum. p. 173.)

1305. Par lettres datées de Gaillon, le samedi après la Conception, l'archevêque Guillaume de Flavacourt fonda le collège du Saint-Esprit ou de Flavacourt, composé de six chapelains qui devaient acquitter tous les jours une messe du Saint-Esprit.

Le 10 mars 1328, Guillaume, archevêque de Rouen, écrit au chapitre d'Evreux pour lui demander la permission de confirmer et de donner les saints ordres dans la chapelle du château de Pinterville qui lui appartenait. Le siège d'Evreux était alors vacant.

Les archevêques de Rouen avaient à Pinterville une haute justice, qui fut transférée plus tard à Louviers.

En 1567, Charles de Bourbon, archevêque de Rouen, possédait encore la seigneurie et la haute justice de Pinterville.

1578. Gabriel le Page, sieur de Montagu et seigneur de Pinterville.

1607. Robert le Page, fils de Gabriel.
1644. Gabriel, fils de Robert.
1666. Louise le Page, religieuse.

1693. Suzanne le Page apporte Pinterville dans la maison de Boisguilbert.

1711. Pierre le Pesant de Boisguilbert. La famille de Boisguilbert possède encore le château de Pinterville, qui a été construit au XVIIIe siècle.

Ce château a été habité par Bernardin de Saint-Pierre.

Dépendances : — le Hamelet; — le Bois-Rond, ou la Petite-Ferme; — la Folie.

PISEUX.

Arrond. d'Evreux. — Cant. de Verneuil.

Patr. S. Denis. — Prés. l'abbé de Jumièges.

Nous pensons que Piseux est le lieu nommé « Puteoli » dans la charte de Henri II en faveur de Jumièges (1174) : « ... et dono Giroldi ecclesiam de Puteolis, cum tertia parte decimarum...; » car, dans la liste des bénéfices à la nomination de Jumièges, on trouve l'église de Saint-Denis de Piscux : « ... de Puteolis « ex dono Geroldi, de consensu Guil- « lelmi Conquestoris... »

Puiseux, près Dreux, est nommé « Puseolum et Puseoli » par Orderic Vital.

En 1207, Gautier de Gournai (le Guérin) donna à l'abbaye de Jumièges l'église de Saint-Denis de Piseux. « ... Concedo « etiam et confirmo jamdicte ecclesie « Gemmeticensi ecclesiam Sancti Dionisii « de Puiseis, cujus presentationem ad me « pertinere aliquando putaveram, sed me- « liori consilio, modo eam resigno et reddo « et tertiam partem decimarum ejusdem « ecclesie, quam donaverunt antecessores « mei, cum omnibus rebus ad eamdem « ecclesiam pertinentibus, et quicquid po- « terunt monachi auxilio Dei et nostro in « feodo nostro recte acquirere. Hec omnia « concessi et sigilli mei impressione fir- « mavi in perpetuam et puram et literam « et quietam elemosinam, salvo tamen « quod pater meus in jamdicto beneficio « unoquoque anno retinuit viginti solidos « currentis monete, quamdiu ipse vel « heres ejus vellet eos habere, persolven- « dos in festo Sancti Remigii ; et si illo « die reddi non poterunt, ad terminum « advenientem post reddentur... » (Voyez le commencement et la fin de cette charte à l'article GOURNAY-LE-GUÉRIN.)

1212. « Notum sit omnibus presentibus « et futuris quod ego Anfredus Raingnart, « assensu et consensione Guillermi, Ger- « vasii et Radulfi, filiorum meorum, et « Roberti Boufei, militis, nepotis mei, dedi « in perpetuam elemosinam et concessi et « presenti carta confirmavi abbati et mo- « nachis Gemmeticensibus tertiam partem « garbarum de decimis ⋅|⋅ Puiseus, et « quicquid in ecclesia de Puiseus recla- « mabam, scilicet medietatem patronatus. « Ego autem et filii mei supradicti jura- « vimus super sacrosanctum evangelium

« hanc meam elemosinam contra omnes
« garantire et nichil de cetero reclamare.
« In hujus rei testimonium, ego Guillel-
« mus, ejusdem Amfredi primogenitus, et
« ego Robertus Boufei sigillorum nostro-
« rum munimina scripto presenti duxi-
« mus apponendi. Actum apud Geme-
« ticum, anno gratie millesimo ducente-
« simo duodecimo, kalendis augusti.
« Testibus : Hugone de Sancto Albino,
« Hermesio de Puiseus, presbyteris; Wil-
« lelmo de Leuga. »

Le même jour et devant les mêmes témoins, Robert Boufei confirma la donation de son oncle et y ajouta tous les
droits qu'il pouvait avoir lui-même sur
cette église.

Au mois de septembre, Luc, évêque
d'Evreux, sanctionna cette donation.

En 1319, Jean « de Muscio » donna à
l'abbaye de l'Estrée une rente de 10 sols
de monnaie courante, à prendre sur les
redevances que lui faisait « Garinus, ma-
« jor de Puseus ».

Longuelune, Charmelles et Grosbois ont
été réunies à Piseux en 1843.

Dépendances : — les Landes; — la
Conarderie; — la Motte; — les Fermes.

PITHIENVILLE.

Arrond. d'Evreux. — Cant. d'Evreux (nord).

Patr. Notre-Dame. — *Prés.* le chapitre
d'Evreux.

En 1392, Etienne Le Picart, de la paroisse de « Pinteville », vendit à messire
Jean de Vère, chanoine d'Evreux, toutes
ses propriétés. (Voyez Cierray.)

Pithienville a été réuni à Bernienville
en 1844.

Dépendances : — le Bosc; — la Mère-
Odue.

PITRES.

Arrond. de Louviers. — Cant. de Pont-de-l'Arche.
Sur la Seine et l'Andelle.

Patr. Notre-Dame. — *Prés.* le chapitre
de Notre-Dame de la Ronde.

Pitres a une origine fort ancienne. Il
est certain que cette localité était habitée
par les Romains. Il fallait qu'elle eût,
dès cette époque, une véritable importance pour qu'elle fixât l'attention des
rois francs. Tous les auteurs paraissent

d'accord sur ce point que notre Pitres est
le Pitres des Capitulaires.

Je crois qu'il est question de ce lieu,
vers 751, dans un diplôme de Pépin en
faveur de l'abbaye de Saint-Denis :
« ... similiter in pago Tellao loca cogno-
« minantes Pistus, Macerias, Verno... »
(*Diplom. Charta.*, t. II, p. 419.)

Dans un diplôme de Charlemagne, sous
la date de 775, une localité est désignée
précisément de la même manière.

Charles le Chauve résida fréquemment
dans le château de Pitres, qui s'eleva probablement au milieu de la villa mérovingienne. Il y tint plusieurs assemblées
dans lesquelles il prit des mesures pour
arrêter la marche des Normands qui en-
vahissaient le pays, ou régler les affaires
de l'Etat. C'est à l'invasion des Normands
que Pitres dut une célébrité momentanée.
Lorsque le danger se fut évanoui et que
les rives de la Seine ne furent plus le
théâtre d'une lutte incessante, la villa de
Pitres fut abandonnée.

Une première assemblée eut lieu à Pitres en 862. Ce fut dans cette diète où ce
concile que Charles le Chauve, qui voulait se défendre contre les invasions des
Normands qui menaçaient ses frontières
et s'opposer au pillage des pirates, obtint
les subsides nécessaires pour établir des
travaux de fortification et de défense afin
d'intercepter le passage de la Seine en
avant des vallées de Pitres et du Vaudreuil. Ce fut à l'endroit où existe aujour-
d'hui le Pont-de-l'Arche qu'il fit construire une forteresse composée d'un pont
crénelé et d'une tour à chacune de ses
extrémités.

« Carolus horum pater... omnes primo-
« res regni sui ad locum qui Pistis dicitur,
« ubi ex una parte Andella et ex altera Au-
« dura Sequanam influunt, circa junii ka-
« lendas cum multis operariis et carris
« convenire facit, et in Sequana munitio-
« nes construens, ascendendi vel descen-
« dendi navibus propter Normannos adi-
« tum intercludit.

« Ipse ad Pistis, quo placitum simul et
« synodum ante condixerat, redit, et in-
« ter operandum de sanctæ ecclesiæ ac
« regni negotiis cum fidelibus suis tra-
« ctat. » (Ann. Bertin., ad ann. 862; Rec.
des Hist. de France, t. VII, p. 78 et 79.)

Un autre concile se tint à Pitres en 864.
Il est connu sous le nom d'Edit de Pitres.
On s'y occupa de l'organisation du système monétaire. On y instruisit aussi le
procès de Pépin II, roi d'Aquitaine, qu'on
déclara déchu de ses Etats.

864. « Carolus, kalendas junii, in loco
« qui Pistis dicitur, generale placitum

« habet, in quo annua dona, sed censum
« de Britannia a Salomone Britannorum
« duce sibi directum more prædecessorum
« suorum, quinquaginta scilicet libras
« argenti recipit: et firmitates in Sequana,
« ne Normanni per eumdem fluvium
« possint ascendere, ibidem fieri jubet.
« Capitula etiam ad triginta et septem
« consilio fidelium suorum, more præde-
« cessorum ac progenitorum suorum re-
« gum constituit, et ut legalia per omne
« regnum suum observari præcepit. Pip-
« pinus apostata a Normannorum colle-
« gio ab Aquitanis ingenio capitur et in
« eodem placito præsentatur et a regni
« primoribus ut patriæ et christianitatis
« proditor et denium generaliter ab om-
« nibus ad mortem dijudicatur, et in Silva-
« nectis arctissima custodia relegatur.
« Bernardus Bernardi quondam tyranni
« carne et moribus filius, licentia regis
« accepta, de eodem placito quasi ad ho-
« nores suos perrecturus, super noctem
« armata manu regreditur, et in silva se
« occulens, ut quidam dicebant, regem,
« qui patrem suum Francorum judicio
« cecidi jusserat, et ut quidam dicebant,
« Rotbertum et Ranulfum regis fideles
« malitiis occidere, locum et horam ex-
« spectat. Quod regi innotuit, et mittens
« qui cum caperent et ad præsentiam il-
« lius adducerent, fuga sibi consuluit.
« Unde judicio fidelium suorum honores,
« quos ei dederat, rex recepit et Rotber-
« to, fideli suo, donavit. » (Ann. Bertin.,
ad ann. 864; *Rec. des Hist. de France*,
t. VII, p. 87.)

L'édit de Pistres est du VII° jour des kalendes de juillet 864. Il faut corriger
d'après cette date celle qui est donnée
par les annales de Saint-Bertin. [Kal.
junii.] (*Rec. des Hist. de France*, t. VII,
p. 654.)

« Egfridus qui transactis temporibus
« cum Stephano, filium et aquivocum
« regis ab obedientia paterna subtraxerat,
« a Rotberto capitur et regi in eodem
« placito præsentatur. Cui rex, depreca-
« tione ipsius Rodberti ceterorumque
« suorum fidelium, quod in eum comini-
« serat perdonavit: et sacramento firma-
« tum, ac sua gratia muneratum, inlæsum
« abire permisit. Carolus a loco, qui Pis-
« tis dicitur, revertens, intrat Compen-
« dium circa kalendas julii... » (Ann.
Bertin., ad ann. 864; *Rec. des Hist. de
France*, t. VII, p. 88.)

865. « Carolus autem perveniens usque
« ad locum qui dicitur Pistis, ubi immo-
« rabantur Normanni, fidelium suorum
« consilio, pontes super Isaram et Matro-
« nam refici curat... Ipsi autem Nort-
« manni, quoniam adhuc citra Sequanam
« custodes non venerant, ex se circiter
« ducentos Parisius mittunt : ubi quod
« quæsierant vinum non invenientes, at
« suos qui eos miserant, sine indemni-
« tate sui reveniunt : indeque amplius
« quam quingenti ultra Sequanam usque
« ad Carnotum prædatum ire disponen-
« tes, a custodibus ripæ ipsius fluminis
« impetuntur : et quibusdam suorum
« amissis, quibusdam etiam vulneratis,
« ad naves regrediuntur. » (Ann. Bertin.,
ad ann. 865; *Rec. des Hist. de France*,
t. VII, p. 91.)

« Carolus hostiliter ad locum qui dici-
« tur Pistis, cum operariis et carris ad
« perficienda opera, ne iterum Normanni
« sursum ascendere valeant, pergit.

« Anno DCCCLV., indictione tertia, ipso
« die XV. kalendas augusti, maxima classis
« Danorum fluvium Sequanæ occupat,
« duce idem Sydroc, et usque Pistis cas-
« trum, quod olim Petre mantalum vo-
« cabatur venire contendunt. » (Fragm.
Chron. Fontan., *Rec. des Hist. de France*,
t. VII, p. 43.)

866. « Sicque idem rex ad Pistas medio
« mense augusto veniens, annua dona
« sua ibidem accepit et castellum mensu-
« rans, peditaturas singulis ex suo regno
« dedit. Hincmarus autem, Remorum ar-
« chiepiscopus, Hincmarum, episcopum
« Laudunensem, secum ducens, apud Pis-
« tas cum aliis episcopis scriptis et verbis
« regem adiit ..... sed et eodem pla-
« cito rex markiones, Bernardum scilicet
« Tholosæ, et iterum Bernardum Gothiæ,
« itemque Bernardum alium suscepit.
« Missum etiam Salomonis Britonum du-
« cis ibi obviam habuit. » (Ann. Bertin.,
ad ann. 868; *Rec. des Hist. de France*,
t. VII, p. 101.)

Pitres était à cette époque un point militaire de la plus haute importance, et
l'on conçoit que Charles le Chauve y revint souvent pour surveiller et combattre
les invasions incessantes des Normands:
Aussi, en 869, Pitres eut l'honneur de
voir un grand nombre d'évêques, à la tête
desquels figurait Hincmar, archevêque
de Reims, se réunir dans le château de
Pitres. Cette assemblée rédigea plusieurs
capitulaires. (*Rec. des Hist. de France*,
t. III, p. 266 et 675.)

873. « Sicque ejectis ab Andegavis ci-
« vitate Normannis acceptisque obsidi-
« bus, Carolus mense octobris per Cino-
« mannis civitatem et Ebroïcense oppi-
« dum ac secus castellum novum apud
« Pistas Ambianis, kalendis novembris,
« pervenit. » (Ann. Bertin., ad ann. 873;
Rec. des Hist. de France, t. VII, p. 117.)

« ... [hanc insulam Bekinnacam] un-
« dam marina tempore Malinæ ac Lidonis
« ter per revolutionem diei ac noctis undi-
« que ambiendo invisere non negligit ;
« que tanto sui vigoris impetu agitatur,
« ut ultra hanc insulam LX. millibus et am-
« plius per lympham Sequanæ retrorsum
« incedens, usque ad locum qui dicitur
« Pistis accedit, cum a mari usque ad
« hanc insulam lymphaticum iter triginta
« fere millibus estimetur... » (Vita
Sancti Condedi).

L'abbaye de Lire possédait dans la vallée de Pitres la dîme et la redîme.

« Notum sit omnibus fidelibus, quod
« ego, Guillelmus, Guillelmi comitis filius,
« concessi Sancte Marie Lire, monachis-
« que ibi Deo servientibus eandem deci-
« mam et redecimam, quas tenco in do-
« minio in omni valle Pistris, propter
« mutationem terre quam Sancta Maria
« habuit Bermercourt, tempore Ernaldi
« abbatis. Testibus : Guillelmo Azimo,
« Guillelmo, dapifero ; Ernaldo filio Pope-
« linæ, Richardo filio Ansfredi, Guillelmo
« filio Gualchelini, Bermundo homine
« suo, Fulcone de Silva Normanni, Jo-
« hanne filio Fulberti, Guarino de Calette,
« Roberto de Marineris et Guillelmo
« ejusdem villæ. »

Charte de Richard II, en faveur de
Saint-Ouen : « Et prato in valle Pistes... »

Dans un des Grands Rôles de l'Echiquier
de Normandie : « Roger de Pitres. »

Guillaume Vipert épousa Isabelle de Pitres, fille de Robin de Pitres, écuyer, seigneur du lieu.

Dès le XIIIe siècle le patronage de l'église
de Pitres appartenait au chapitre de
Notre-Dame de la Ronde, à Rouen. Le
pouillé d'Eudes Rigaud le constate :
« Pystres. Johannes de Nemosio, canoni-
« cus Sancte Marie Rotunde patronus.
« Valet triginta libras ; VIIIᵒ parrochiani. »

Dans un arrêt de l'échiquier de la
Saint-Michel 1376, on en rapporte un
autre de l'échiquier de 1317, par lequel
l'archevêque de Rouen, qui prétendait
avoir la collation pleine de cette cure,
fut condamné.

Suivant un aveu du 26 septembre 1670,
le chapitre de Notre-Dame de la Ronde,
à Rouen, avait droit d'y présenter.

Pitres faisait partie du doyenné de Périers. D'après les registres de l'archevêché
de Rouen de l'an 1458, il y avait à Pitres une chapelle de Notre-Dame et Saint-
Nicolas. Le seigneur du fief de la Poterie
y présenta en 1694, et, selon le pouillé
de 1738, le patronage lui appartenait. Sur
les registres de l'archevêché de Rouen
de l'an 1502, on distingue deux chapelles

en titre dans l'église de Pitres, à l'autel
de Saint-Nicolas.

Sur l'église de Pitres, voyez le Congrès
archéologique, t. XX, et un article de
M. Renault, dans le Bulletin monumental,
t. XXVIII.

Une partie du territoire de Pitres, au
nord de l'église, se nomme les Sables;
on y trouve la rue de la Geôle, la rue de
l'Abbé, c'est-à-dire de l'Abbaye ; un hameau s'appelle le Pont-de-Pitres.

Dépendances : — les Essarts; — la
Vallée-Galantine; — l'Ile-Sainte-Hélène;
— le Port-de-Pitres.

Cf. Toussaint Duplessis, t. II, p. 646.
Congrès archéologique, t. XX, p. 336-339.
Bulletin monumental, t. XXVIII, p. 219.
L. Brossée, Journal de Louviers, décembre 1852,
Notice historique sur Pitres.
Revue de Rouen, 1836, 2ᵉ semestre, p. 263 ; et
1837, 1ᵉʳ semestre, p. 100 ; 1837, 2ᵉ semestre, p. 21.
Mémoires de la Société des Antiq. de Normandie,
1861 : Une seconde visite à Pitres, par M. l'abbé
Cochet.

PLACES (LES).

Arrond. de Bernai. — Cant. de Thiberville.

Patr. Notre-Dame. — Prés. l'abbé
de Cormeilles.

Dans cette commune il existe plusieurs
de ces carrefours carrés qu'on appelle des
focs dans le Roumois et la campagne du
Neubourg.

Dans une liste de chartes de l'abbaye
de Tiron on trouve : « Carta Johannis
« Lovel, de viginti solidis quos debet per-
« cipiendos in festo Sancti Remigii super
« feodum des Maulrez in parrochia de
« Plakeis. »

Dans les Grands Rôles de l'Echiquier de
Normandie figure un Robert des Places :
« De Roberto de Plakeis, viginti solidos
[pro plegio Roberti Pantof]. »

Dépendances : — la Bruyère-des-Places ;
— les Mares ; — la Mauduitière ; — Vaux.

PLAINVILLE.

Arrond. de Bernai. — Cant. de Bernai.

Patr. S. Saturnin. — Prés. l'abbé de Lire.

Dans une liste de chartes de l'abbaye
de Lire on trouve : « Carta Gauquelini
« de Vileriis, de quinque solidis quos de-
« dit percipiendos ad Natale Beate Marie

« super quatuor acris terre apud Pele-
« ville. »

Le fief de Plainville fut donné en 1223 aux religieux de Lire par Guillaume de Wittenvale.

« ... Per totum feodum nostrum in villis de Peleavilla et de Capellis... »

Dans les minutes du notariat de Bernai, de 1400 à 1402, Plainville est constamment appelé Pelleville et Tourmenil (le Tort-Mesnil).

Hommage fut fait du fief de Plainville par Jean Bosc-Henri en 1577 et en 1678.

Le fief de Bois-Henri relevait de la vicomté de Montreuil-Bernai.

Le château actuel de Plainville a été bâti en 1754. Il a remplacé l'ancien qui était placé plus près de la route.

Dépendances : — le Bosc-Ricard ; — la Béberdière ; — Plainvillette ; — Tourmesnil ; — le Val-Auger ; — le Vast ; — Amécourt ; — le Lieu-de-Bas ; — la Vavassorerie ; — la Bancerie.

PLANCHES (LES).

Arrond. de Louviers. — Cant. de Louviers.
Au confluent de l'Eure et de l'Iton.

Patr. Notre-Dame. — Prés. le seigneur.

On trouve dans Orderic Vital un lieu, situé dans le Maine, nommé les Planches : « Ad Planchias Godefredi. » (Vers 1098.) De même dans le cartulaire de Saint-Père de Chartres un lieu portant le même nom : « Locellum Sancte Marie Plancarum, » qui doit être dans le pays chartrain, ou plutôt dans l'arrondissement d'Argentan. L'une des chartes porte la souscription de Guillaume avant la conquête, et de Guillaume Fitz-Osberne. Le donateur ajoute : « Unum farinarium ad piscandum. t. in Risto... » Le donateur s'appelle Guidmund.

En 1231, l'une des chartes de la Noé constate une donation faite à ce monastère par Ada, dame « de Planchis ».

En 1233, Wimond « de Planchis » vendit à l'abbaye de Jumiéges une pièce de terre « apud Hanesies, juxta terram domini Hugonis de Villers. » Il s'agit probablement d'Hennesis, dans l'arrondissement des Andelis.

Au commencement du XIIIe siècle, on voit figurer dans le cartulaire des lépreux d'Évreux « Aalicia de Planchis ».

On trouve dans le cartulaire de Saint-Taurin deux chartes de « Raoul de Plan- cheio, » bourgeois de Louviers, sous la date de 1249.

Dans une autre charte du grand cartulaire de Saint-Taurin, f° 93 v°, on voit figurer : « Gillebertus de Plancato, bur- « gensis de Locoveris (1244). »

Voyez d'ailleurs, à l'article Louviers, l'analyse des chartes tirées des Cartulaires de Saint-Taurin.

La seigneurie des Planches paraît être entrée au XIVe siècle dans la maison d'Harcourt. Voyez Amauri de Meullent, seigneur des Planches. — (La Roque, Hist. de la maison d'Harcourt, t. Ier, p. 133; t. II, p. 177.)

Le Dictionnaire des rieux, rédigé par Brussel, mentionne les Planches-sur-Andely mouvant de Gisors, dont hommage fut fait le 18 avril 1412 par Gui, seigneur de Laval, baron d'Acquigny, et un autre hommage en janvier 1431, par Anne, comtesse de Laval ; mais il ne faut pas confondre ce hameau des Andelis avec les Planches, canton de Louviers.

PLANQUAI (LE).

Arrond. de Bernai. — Cant. de Thiberville.

Patr. S. Ouen. — Prés. l'abbé de Bernai.

Le Planquai est un lieu où il y a beaucoup de petits cours ou flaques d'eau à traverser sur des planches.

Dans la langue scandinave, planke a précisément le sens de planche pour passer l'eau.

Dépendances : — l'Aunai ; — la Bancerie ; — la Bonnardière ; — la Fosserie ; — la Gazoterie ; — Mont-au-Parc ; — le Maurei ; — la Mercerie ; — le Vallot ; — la Vieillerie ; — la Ville-Neuve.

PLASNES.

Arrond. de Bernai. — Cant. de Bernai.

Patr. S. Sulpice. — Prés. l'évêque, le seigneur.

Le nom de Planes ou Plasnes est assez commun. D'après Orderic Vital, « Sanctus Remigius de Planis » était l'une des forteresses que Robert de Bellesme possédait dans le Perche en 1093.

On trouve dans la Vie de saint Vérole, prêtre, écrite au XIe siècle (dom Bouquet, t. III, p. 468), un lieu nommé « Platanus », Plaines-sur-Seine. Ce saint était contemporain de Contran qui figure dans le récit.

Saint-Martin-aux-Plaines, dans le pays de Caux, est nommé « Sanctus Martinus de Planis » dans une charte de Jumièges.

Orderic Vital parle de Roger de Plasnes, à qui Rotrou, comte de Mortagne, remit en 1139 le commandement du château d'Echaufré.

Mathieu Paris cite un Roger de Plasnes à l'année 1191 : « Rogerum de Plasnes, virum nobilem, peremerunt. »

L'abbé de Saint-Taurin cède à Henri de Plasnes une terre dans le Cotentin :

« Universis sancte matris ecclesie filiis, « ad quos presens scriptum pervenerit, Jo- « hannes, humilis abbas Beati Taurini « Ebroicensis, et totus ejusdem loci con- « ventus, salutem in vero salutari. Nove- « rit universitas vestra quod nos, com- « muni assensu capituli nostri, dedimus « Henrico de Planis, familiari et fideli « clerico nostro, terram nostram que vo- « catur Espertenloseco, apud Piros, in pago « Constantino, tenendam de nobis libere, « quiete et pacifice, per viginti solidos « monete currentis, annuatim reddendos « in festo Sancti Remigii, sibi, et suis « pueris, Nicolao et Guillermo, et Mabirie « et Juliane, per totum vite sue curricu- « lum, ita tamen quod si alter eorum de- « ficit, reliqui possidebunt pacifice usque « ad consummationem vite. Et post obi- « tum illorum predictorum, tenementum « illud ad nos integre et sine impedi- « mento et calumnia ad nos revertetur. « Pro hac autem conventione, dedit pre- « dictus Henricus nobis sexaginta libras « turonensium. Et ut hec conventio rata et « firma permaneat ex utraque parte, si- « gilla nostra apposuimus. Omnia hec « facta sunt in capitulo nostro, anno Do- « mini millesimo ducentesimo septimo. »

Parmi les chevaliers portant bannière au temps de Philippe-Auguste figure Guillaume de Plasnes... « Guillelmus de Plasnes. »

Il y avait en 1207 un « Robertus de Platano, » prêtre, lequel est employé comme témoin dans un arbitrage entre le couvent de l'Isle-Dieu et celui de Préaux. (*Cart. de Préaux*, f° XIII r°.)

Guillaume de Plasnes figure aux assises de Carentan en 1232.

Roger de Plasnes faisait partie de l'Echiquier en 1231, à Rouen, ainsi que de celui de 1251, à Caen.

On trouve dans le cartulaire de l'abbaye du Bec plusieurs actes relatifs à Plasnes, et entre autres une donation de terre par Sylvestre « de Bretenis ».

En 1255, Silvestre « de Bretenis » donna à l'abbaye du Bec six acres de terre à Plasnes.

En 1302, l'abbé de Saint-Taurin fieffa à Pierre « de Platano », clerc et habitant d'Evreux, pour sa vie durant, des biens situés à Mulières, près Périers : « juxta « manerium dictum de Foliata et terram « dictam la Quoquerre... » (*Cart. de Saint-Taurin*, p. 129.)

En 1492, cette abbaye renonça à ses droits sur l'église moyennant 60 sols de rente.

« M⁰ Jean d'Auricher, chevalier, sire « d'Auricher et de Plasnes, 1445. Il por- « tait d'or à deux quintefeuilles, et au lam- « bel d'azur un léopard de sable.

« Le sire de Planes, de gueules à trois « fermoirs d'or, qui est Graville. » (Du-moulin, *Trophées des Normands*.)

L'aveu du fief de Plasnes est une pièce importante :

« Du roy nostre sire, à cause de son « chastel de Beaumont-le-Roger, je, Pier- « res de Bressé, chevalier, comte de Mau- « levrier, tieng et advoue à tenir, à cause « de dame Jehanne de Crespin, ma femme, « par une seule foy et hommaige lige, ung « fief entier de plaines armes, nommé le « fief de Plasnes, à court et usaige, avec « ses appartenances et appendences, dont « le chief est assiz en la vicomté d'Orbec « et en la parroisse du dit lieu de Plasnes; « et s'estent en ycelle parroisse et es par- « roisses de Boesnay, Rotes, Valleilles, « Courtpine, Bernay, Courcelles, Saint- « Ligier-le-Bourdel, et en plusieurs autres « villes et parroisses. Ou quel fief j'ay court « et usaige, congnoissance de mes hom- « mes en basse justice, reliefz, treziesmes « et aides, forfaitures et choses gayves « et aides coustumières toutesfoiz que le « cas s'offre, en la manière que les autres « nobles tenans ont accoustumé d'avoir et « que à fief de hault appartient ; et en « ycellui fief avoit anciennement chastel « et chastellenie cloz de fossez à eaue..., « et toutesfoiz que le cas s'offre, puis pren- « dre guet de mes hommes ou les puis « contraindre à faire guet en ycellui, « lequel est à present demoly. — Et en « icellui lieu, où estoit le dit chastel, qui « est assiz ou hamel du Moustier du dit « lieu de Plasnes en la forest, appellé le « Parc de Plasnes, a à present manoir, « maisons et autres edifices cloz à eaue et « fossez anciens, comme dit est, avec les « jardins, hayes, clotures, anains (?), plains, « arbres dessus estans, au dit manoir ap- « partenans. — Auquel manoir et pour- « pris, où souloit seoir le dit chastel, « comprins plusieurs clos anciennement

« labourables et à present en acroissance
« de bois, peut bien contenir le tout en-
« semble de quinze à seize acres ou envi-
« ron, qui peut valloir communs ans, eu
« regard à l'assiete du dit manoir, dix
« livres de rente par an. — Item, j'ay ou
« dit fief ung manoir, coulombier et edifi-
« ces, viviers et estangs, nommé le manoir
« de la Boulaye, des appartenances du dit
« fief de Plasnes, jardins et arbres dessus
« croissans, ainsi que le tout se comporte,
« contenant quatre acres ou environ, qui
« pevent valoir communs ans, comprins
« la revenue du coulombier, dix livres de
« rente par an. Et à cause et par raison
« d'icellui fief entier de Plasnes appartient
« à moy, au droict de ma dicte femme, la
« donnacien et presentacion de l'église du
« dit lieu de Plasnes, où il y a deux pre-
« sentacions de deux curés, toutesfoiz qu'iz
« vacquent, l'une nommée la grant por-
« cion, que tient à present maistre Jehan
« de Launoy, maistre en ars, qui peut va-
« loir quarante livres de rente. — Item, à
« cause du dit fief m'appartient la don-
« noison et provision du maistre des es-
« colles estans en la dicte parroisse de
« Plasnes, toutesfoiz que le cas s'offre. —
« Item, à cause du dit fief de Plasnes
« m'appartient la donnoison et presenta-
« tion à ung benefice à simple tonsure,
« nommé l'ermitaige du dit lieu de Plasnes,
« que tient à present maistre Jehan Ti-
« phaine, docteur en medecine. — Lequel,
« tant en manoir, rentes, terres labour-
« bles, droictures, pevent valoir soixante
« livres de revenue par an portés venans
« au dit héritaige. — Item, au dit fief de
« Plasnes, tant à cause dudit manoir et
« chastel que du fief et manoir de La
« Boullaye, le quel fief fut pieça remis en
« la dicte seignourie, et qui anciennement
« en auroit esté distraicte par partaiges,
« appartient à icellui manoir et ou dit
« chastel de Plasnes le nombre de douze
« vingts acres de terres labourables, assi-
« zes en plusieurs coustures et pièces en
« la dicte parroisse de Plasnes, qui pevent
« valoir chacun au franchement en main
« chacune acre xviii sols tournois de rente.
« — Item, au dit fief appartient le nom-
« bre de cent acres de mortes terres non
« labourables, en bruyères, qui sont apli-
« quées à pasturaiges et en gasts, estans
« tant ès lisières que dedens la forest du
« dit lieu de Plasnes, èsquelles bruyères
« et pasturaiges je puis mectre et allouer
« par mes officiers toutes bestes, soient du
« dit fief de Plasnes ou autres en pasturai-
« ges, par payant adcensement, par chacun
« an, soit en argent, avoine, poulaille ou
« autres choses, le quel adcensement, qui

« est voulentaire, se faict communément
« pour chascune beste deux boisseaulx
« d'avoine, qui pevent valoir communs
« ans six vingts boisseaulx d'avoine de
« rente. — Item, j'ay en la dicte forest
« deux maisons et fours à cuire tyeulle,
« qui vallent communs ans vingts milliers
« de tyeulle par an, pour la quelle tyeulle
« faire je puis prendre ou faire prendre
« de la terre par toute la dicte forest.
« — Et est la dicte forest assize en la dicte
« parroisse de Plasnes et illec environ, qui
« est à tiers et dangier du roy nostre
« sire, reservé la part et deffens du dit
« lieu de Plasnes planté de boys, — le
« quel boys je puis vendre et en faire à
« mon plaisir, sans en paier aucuns tiers
« et dangier ne disme. — Et en la quelle
« forest dudit lieu de Plasnes mes hommes,
« [qui] sont tenans et receans, sont coustu-
« miers à y prendre et avoir du bois pour
« leur usaige à edifier, chauffer et autres
« leurs necessitez, selon leurs chartres, par
« me paiant les amendes, droiz et autres
« choses selon ce qu'il est acoustumé. —
« Et s'ils prennent autre chose que leur
« acoustumé, l'amende, pugnicion et cor-
« rection m'en appartient, soit en forfaic-
« ture ou amende et congnoissance ès plaiz
« du dit lieu de Plasnes. — Pour la garde
« des quels bois, et affin de apporter et
« donner congnoissance, cueillir et assem-
« bler ou faire les dits devoirs, forsaictu-
« res et amendes d'iceulx bois, j'ay droit
« et coustume de commectre et instituer
« verdier et deux forestiers, les quelz
« deux forestiers sont esleuz et baillez par
« les hommes de la dicte seigneurie cha-
« cun an, et sont subgiectz les dits fores-
« tiers, oultre ce que dit est, de cueillir
« et assembler sur les receans de la dicte
« seigneurie certain nombre d'avoines, blé
« en gerbe, gelines et œufz, qui sont com-
« prins ou nombre des rentes dessus de-
« clairées; et se par la faulte ou malle
« garde des dits forestiers, les dits bois
« sont dommaigé durant le temps qu'ilz
« ont esté ou dit office, iceulx forestiers
« sont subjectz de rendre et restituer le
« dit dommaige, à ma voulenté, sans autre
« taxation ou estimacion. — Item, ay
« droit chacun an de prendre sur mes
« hommes au dit lieu de Plasnes pasnaige
« en la dicte forest des porcs qui y en-
« trent en pesson, le quel pasnaige et ce
« que j'en doy prendre pour chacun porc
« est estimé par trois vavasseurs du dit
« lieu de Plasnes, avec autres mes officiers
« qui à ce faire sont subgiectz et le rap-
« porter aux plez. — Et en la quelle fo-
« rest je puis faire ventes ou marchez
« toutesfoiz qu'il me plaist. — Le quel

« bois se couppe de trente ans en trente
« ans, et peut valoir chacune acre de Loys
« vendu pour ma part vingt solz de rente
« par an. — Item, au dit fief appartient
« ung moulin à eaue avecques le sault
« d'icellui, la rivière, eaue et pescherie
« séant en la rivière de..., en la par-
« roisse de Courcelles, avecques les moul-
« tes vertes et seiches, festaiges de mou-
« lin, qui est pour chacune masure trois
« boisseaulz de froment par an. Le quel
« moulin, comprins les dictes moultes,
« avecques les festaiges, peut estre baillé
« à ferme par an, toutes charges paiées,
« à trente livres de rente. — Item, la
« pescherie et tente de plusieurs esven-
« telles (?) qui y appartiennent peut bien
« valoir chacun an soixante solz. — Et
« le quel moulin, au regart tant comme
« montent les chaussées et terraiges pour
« tenir les eaues, les hommes de la dicte
« terre sont tenus à maintenir et repparer
« à leurs despens, reservé une perche
« auprès des saies (ou faues). Et auprès
« du dit moulin a environ trois acres de
« bois, ou quel les hommes de la dicte
« seigneurie peuvent prendre du bois pour
« faire les prinses du dit esclusaige et
« pour leur chauffaige, eulz estans au dit
« moulin, et ainsi est usé sans qu'il en
« remengne aucune deniers ne proufit.
« — Item, au dit fief appartient en rentes
« en deniers trois cens livres tournois. —
« Item, en avoine, au terme Saint-Michiel,
« six cens boisseaux, à l'estimacion de six
« deniers tournois pour boissel, vallent
« douze livres dix solz. — Item, au dit
« terme trente et deux boisseaulx de fro-
« ment, à l'estimacion de douz solz pour
« boissel communs ans, valent soixante et
« quatre solz tourn. Item, au terme de
« Noel six cens chappons, avecques les
« deniers de ternaige, à l'estimacion de
« dix-huit deniers pour chappon, vallent
« quarante et cinq livres tourn. — Item,
« au dit terme cent gelines, à l'estimacion
« de douze den. tourn. pour geline, valent
« cent solz. — Item, au terme de Chan-
« deleur, deux livres de poivre de rente, à
« l'estimacion de sept solz six deniers
« tourn. pour livre, vallent quinze solz. —
« Item, au terme de Pasques, le nombre
« de cinq mille deux cens quarante et
« quatre oeufz, au pris de nu sols pour
« cent, vallent dix livres neuf solz neuf
« den. tourn. Item, à la dicte seigneurie
« et fief de Plasnes a d'ancienneté grant
« nombre de masures, dont à present y a
« pou de recentées, dont du nombre d'i-
« celles, ne qui les tenoit anciennement,
« l'en ne sauroit bailler declaracion, obs-
« tant ce que les registres, lettres et ter-
« riers d'icellui fief ont été perdues, à
« l'occasion des guerres et divisions qui
« ont esté ou pays. — Et les quelles ma-
« sures, en tant qu'il en auroit à congnois-
« sance qui ne seroient point recentées,
« doivent pour non recentissement une
« mine d'avoine, et pour la quelle ilz sont
« quictes, pourveu que quinze jours du
« precedent du terme saint Jehan-Baptiste
« ilz viennent devers le receveur culx faire
« enregistrer, et se ilz ne le font, soient
« tenuz de paier en lieu de la dicte mine
« d'avoine ung sextier d'avoine, et quant
« ilz sont recentées, ilz sont quictes de la
« dicte mine et sextier d'avoine dessusdit,
« et si croissent et appetissent, parquoy
« l'en n'y sauroit moetre ne asseoir la val-
« leur dont ilz pourroient estre. — Item,
« tous les dits receans ou dit fief qui ont
« bestes chevalines doivent au seigneur
« du dit fief de Plasne, trois fois l'an,
« corvées, c'est assavoir ès trois saisons
« de labour de l'an, chascun d'eulx une
« corvée à aider à labourer les terres du
« domaine du dit seigneur, et sont appel-
« lées corvées ou prieres; et pour le pre-
« sent, il peut bien avoir cent corvées à
« deux solz tourn. — Item, et à cause et
« par raison de mon dit fief de Plasnes,
« moy et mes dits heritiers sommes francs,
« quictes et exempts de toutes coustumes,
« terraiges, pasnaiges, travers, à Bernay,
« de toutes denrées, marchandises et au-
« tres choses quelzconques, tant en ven-
« dant, achetant, traversant que autre-
« ment. — Item, et à cause et par raison
« de mon dit fief de Plasnes, sont tenuz
« de moy par hommaige les fiefs qui en
« suivent. — Et premièrement, les hoirs
« Guillaume Flambart en tiennent les fiefs
« de Courcelles, par foy et hommaige, par
« ung tiers de fief, — et le quel tiers fut
« piéça party en trois parties, dont Jehan
« de Ruppierres en tient ung tiers, et
« Audon de Saint-Ouen l'autre tierce
« partie. — Item, les dix hoirs tiennent
« du dit fief de Plasnes le fief de Saint-
« Ligier-le-Bordel, assiz en la parroisse
« dudit Saint-Ligier. — Item, en la par-
« roisse de Francheville (?) et ès parties
« d'environ, en la viconté de Breteuil, ung
« demy fief à court et usaige, tenu par
« hommaige de la dicte terre de Plasnes.
« — Item, les hoirs de deffunct sire
« Regnault Malerbe, ung fief entier en
« Boessin, près Gasse, tenu par foy et
« hommaige de la dicte terre. — Item,
« Guillaume le Petit, ung fief ou tene-
« ment, qui fut Thomas de Chaumont,
« assiz en la parroisse de Plasnes, ou ha-
« mel de Grouchet, tenu par ung unziesme
« de fief, dont il doit reliefz, xm^{es} et autres

« coustumes quant le cas s'offre. — Item, « les hoirs Guy de La Villecte, au droit de « leur mère, tiennent du dit fief de Plas- « nes ung fief nommé le fief du Couldray « par ung fief entier. — Item, Guillaume « de Courcy, escuier, tient du dit fief de « Plasnes le fief, terre et seigneurie du « Bourg-Achart, avecques toutes ses ap- « partenances et appendences, par ung « tiers de fief de haubert, et dont il doit le « tiers de quarante jours de garde au « chastel de Beaumont-le-Rogier, avec « hommaige, reliefz, xiii^{es} et aides cous- « tumiers quant ilz escheent, et le cas « s'offre, au droit des quelz tiers de fief « de Bourg-Achart il a franche foire et « autres droictures; et par partaiges faiz « pieça de la succession de deffunct mes- « sire Jehan Mallet, jadiz seigneur du dit « lieu de Plasnes, lui appartient la presen- « tation de personnaige à simple tonsure « en l'eglise du dit lieu de Plasnes. Le « quel fief de Bourg-Achart s'estent au « dit lieu de Bourg-Achart, Berthouville? « Plasnes et en plusieurs autres lieux. — « Du quel tiers de fief du Bourg-Achart « sont tenuz par hommaige les fiefz qui « ensuivent : Et premierement, ung noble « fief entier, nommé le fief des Chavisroy, « dont le chief siet en la parroisse de « Nostre-Dame-du-Hamel, ès dites vicon- « tez d'Orbec et de Bretueil, et le souloit « tenir messire Loys de Longny, cheva- « lier. — Item, ung fief noble entier, « nommé le fief de Melicourt, qui fut à « Jehan de Melicourt, et est assiz en la « dicte viconté d'Orbec, en la parroisse de « Melicourt et de Saint-Denis-d'Augeron, « et illec environ. — Item, ung quart de « fief, nommé le Bois-Giboult, dont le « chief siet en la dicte viconté d'Orbec et « de Bretheuil, en la parroisse de Nostre- « Dame-du-Hamel. — Item, ung viie de « fief, nommé le Mesnil-Rousset, que sou- « loit tenir Taupin de Gouderes, et est « assiz en la viconté de Bretheuil. — Item, « le fief ou tenement de la Damere et « Moisengiere, qui fut Philippe du Bois « Biboult, assiz en la viconté de Bretheuil, « et est sans court et usaige. — Item, le « fief et tenement de Maupertuiz et Laver, « sans court et usaige, que souloit tenir « par vne de fief Robin de Bienfaicte, « et est assiz en la dicte viconté de Bre- « theuil. — Item, ung demy fief noble, « que souloit tenir Jehan du Mesle, dont « le chief siet en la parroisse Nostre-Dame- « du-Hamel, en la dicte viconté de Bre- « theuil. — Item, ung demy fief noble, « nommé le fief du Bust, assiz en la par- « roisse de Glos, en la viconté de Pontau- « tou. — Item, ung demy fief noble, « nommé le fief du Quesnoy, que tient « messire Guillaume de Quesnoy, cheva- « lier, et siet en la dicte parroisse du « Bourg-Achart, en la viconté de Pon- « tautou, et ès parties d'environ. — Item, « une franche vavassourerie, nommé la « Vavassourie du Val, assise en la dicte « parroisse du Bourg-Achart et viconté de « Pontautou. — Et des quelz fiefs et té- « nemens cy-dessus declarés me sont deulz « hommaiges et reliefz, xiii^{es}, aides et « gardes toutesfoiz qu'ilz escheent, en tant « qu'il en y a de tenus nuement du dit « fief de Plasnes. — Et à cause et par « raison du dit fief de Plasnes, je suis « tenu faire au roy nostre dit seigneur foy « et hommaige lige au droit de sa chas- « tellenie de Beaumont-le-Rogier, et avec « ce en appartient au roy nostre dit sei- « gneur reliefz, xiii^{es} et gardes, quant ilz « escheent, et autres droiz seigneuriaulx, « selon la coustume du pays de Norman- « die, et en suis tenu faire pour une foiz « quarante jours de garde au chastel du « dit lieu de Beaumont-le-Rogier, en temps « de guerre, pour charges et choses quelz- « conques, et d'icelle garde me doivent « ou sont tenuz supporter les tenans des- « sus dits en leur portion, toutesfoiz que « le cas s'offre. — Et reserve et proteste « que, ou cas que, par inadvertance, ou « autrement, il auroit aucune chose obliée « à mettre en la declaration de ce present « adveu, — etc.

« En tesmoing de ce, j'ay signé ces pre- « sentes de mon seing manuel, et seellées « de mon seel, le viiie jour d'avril, l'an « de grace mil cccc cinquante et six « après Pasques. — Ainsi signé : DE « BAEZÉ. » — (Arch. de l'Emp., P. 308, f° 35 r°, col. 219.)

La cure était divisée en deux portions, à la nomination du seigneur et de l'évêque. Celui-ci nommait aussi au personnat et à l'ermitage.

Dépendances : — la Blanche-Porte; — le Bocage; — la Boulie; — le Bord-des-Haies-de-Boisnel; — le Chemin-Chaussé; — les Champrets; — la Commère; — le Genetai; — Grachet; — Longrais; — le Marais; — le Marché-Neuf; — les Messertues; — la Mitatrie; — la Racinière; — la Vallée; — la Vastine; — Trompe-Souri; — le Petit-Château; — les Tuileries.

PLESSIS-GROHAN (LE).

Arrond. d'Evreux. — Cant. d'Evreux (sud).

Patr. S. Pierre. — Prés. le chapitre d'Evreux.

« Il n'est pas besoin de s'étendre à
« marquer d'où vient le nom de Plessis,
« qui est commun à tant de lieux, à cause
« que ces lieux dans l'origine étaient des
« clos cultivés, fermés de branches d'ar-
« bres pliées en forme de claies, de
« crainte que les bêtes fauves n'y cau-
« sassent de dégât. On y a bâti des mai-
« sons par la suite, et ces lieux ont porté
« le nom des maîtres du territoire. »
(Lebeuf, *Diocèse de Paris*, t. XII, p. 2.)

Huet, à propos du mot Plessis, dit : « Le
« Plessis vient de « Plessiacum ». On ap-
« pelait ainsi les lieux fermés de pieux et
« de rameaux entrelacés : « ... a palis et
« ramis implexis... » Tels étaient autre-
« fois presque tous les parcs des grandes
« maisons. »

En effet, dans la charte de fondation
de Notre-Dame du Lesme, on trouve
comme premier don de Robert de Breteuil : « ... Plessiam que est circa clau-
« sum suum liberam et quietam, ad ipsum
« roborandum et custodiendum... »

Dans la grande charte de Richard Cœur
de lion en faveur de Saint-Taurin : « De-
« dit etiam ipse Robertus eas decimas que
« de suo feodo erant, scilicet de Avrille et
« de Gorhan et de Raschoeres... »

La bulle d'Honorius en faveur de Saint-
Taurin répète : « ... de Avrileio, de Gua-
« rel, de Plesseit, de Gorhan, et de Ba-
« choeres decimas... »

Guillaume de la Chapelle déclare qu'il
a reçu et qu'il tient de l'abbé Saint-Taurin
trois vavassories, dont l'une était située à
Grohan :

« Sciant pariter presentes et futuri,
« quod ego Willelmus de Capella, miles,
« assensu et voluntate amicorum meo-
« rum, videlicet Willelmi de Vistenval,
« generi mei et aliorum, recepi ab abbate
« Johanne Sancti Taurini Ebroicensis,
« et ejusdem loci conventu tres vavasso-
« rias quas antiquitus de eis tenebam,
« scilicet apud Olmium vavassoriam quam
« tenuit Radulfus; apud Molas, vavasso-
« riam quam tenuit Vitalis Vasal; apud
« Gruhan, vavassoriam quam tenuerunt
« Vitales, pro viginti solidis monete cur-
« rentis reddendis annuatim ad festum
« Omnium Sanctorum pro omni servitio.
« Ita tamen quod, nisi ad predictum ter-
« minum satisfacerem competenter, pre-
« dictus abbas et conventus justitiam
« suam facerent super predictum tene-
« mentum. Et ad majorem confirmatio-
« nem, sigilli mei appositione presens
« scriptum confirmavi. Actum est hoc
« apud Ebroicas, anno Verbi incarnati
« millesimo ducentesimo undecimo. Tes-
« tibus his : Willelmo de Vistenval, mi-
« lite; Nicholao de Mesnillo, milite; Gil-
« leberto de Mesnillo, milite; Waltero de
« Wistenval; Willelmo de Boseto, et aliis
« pluribus. »

En 1265, « Galterius Bosce, de parochia de Plessiaco, » fit remise aux religieux
de Saint-Taurin, moyennant 8 sous tournois, d'une redevance annuelle : « libe-
« rationem, videlicet unum sextarium vini
« et tres panes de aula ad III. festa an-
« nualia. » (*Cart. de Saint-Taurin*, p. 121.)
On y remarque cette rubrique : « Angu-
lus de Carrel. »

« Universis matris ecclesie filiis, tam cle-
« ricis quam laicis, Simon, comes Ebroi-
« censis, salutem et dilectionem. Notum
« sit vobis quod ego donavi et in preben-
« dam concessi, pro anime mee et pre-
« cessorum meorum et amicorum redem-
« ptione, in perpetuum possidendum Deo
« et ecclesie Beate Marie de Ebroicis, ec-
« clesiam Beati Petri de Plesseiz, cum om-
« nibus pertinentiis suis, et quatuor libras
« in decimatione meorum molendinorum
« de Ponte Perrin, currentis monete, que
« communiter capientur Ebroicis annua-
« tim, canonico possidenti prenominatam
« prebendam reddendas. »

(Voyez la suite de cette charte à l'article AVRILLI.)

Parmi les témoins de la charte de donation d'Avrilli et de la Sogne par Robert
Louvet, on trouve « Galterius et Rune-
rius », ou peut-être « Runjerius de Wer-
rel ». (Voyez AVRILLI.)

On disait aussi : « Le Plessis jouxte
Avrilly. »

Barthélemi du Plessis, écuyer, vendit
au chapitre d'Evreux, par un acte sans
date, mais qui doit être d'une époque
assez avancée du XIIIe siècle, 113 sols,
11 chapons et 6 poules de rente qu'il possédait « in parrochia de Plessiaco ». Sont
cités dans cet acte : « campus de Berbion,
« via que ducit apud Danvillam, cultura
« de Foillet, Christian de Malonido, terra
« Guiardorum,... inter caudam de Apri-
« leio, ex parte una, et terras de Campo
« Dominelli, ex altera, boscus qui vocatur
« la Chaenete et terre des Arvolus, de
« Mara, de Saucouset, campo de Pira
« Hautenove. »

En 1283, « Petrus de Dumo, armiger, »

et Agnès, sa femme, vendirent au chapitre d'Evreux pour 192 livres tournois tout ce qu'ils possédaient « in parrochia « de Plessiaco Gorhen juxta Aprileium... « et usum quem habebamus... in molen- « dinis domini regis Francie, sitis apud « Avenas in riparia de Ytone..... » Une pièce de terre est située « apud Langlee Mare ». Une autre est contiguë à la terre de « Petrus des Ervolus ».

Mathieu, évêque d'Evreux, parle en 1308 des essarts nouvellement pratiqués aux environs de la chapelle ou ermitage du Gaud-Sainte-Croix, du côté de Garel, en dehors des limites des anciennes paroisses :

« Cum in foresta Ebroicensi, circa ca-
« pellam seu heremitagia de Gaudo Sancte
« Crucis, versus Garellum, et in pluribus
« aliis locis dicte foreste sint facta de
« novo novalia sive essarta et ad cultu-
« ram redacta, quorum decime ad dispo-
« sitionem nostram spectant de jure, cum
« infra metas seu terminos alicujus par-
« rochie non existant, etc. » (See. Curt. d'Evreux, p. 180, n° 271.)

Dans les chartes de l'abbaye de la Noë, conservées à la Bibliothèque impériale, il est souvent fait mention du Plessis, de Grohan et de Garel, qui forment aujourd'hui la commune du Plessis-Grohan. Nous allons passer en revue les principaux actes relatifs à ce territoire, en suivant l'ordre chronologique.

Vers 1190, Herbert Quentin de Gorhan donne à l'abbaye de la Noë « unum mes-
« nagium cum una domo inter forestam
« et domum suam de Gorhan in Plesseio
« suo. »

1194. Herbert Quentin de Gorhan donna « mansionem unam a Fosseio mansionis « sua usque ad forestam. (N° 16.)

Vers 1200, Herbert Quentin donne cinq acres de terre « apud Gorhan in angulo de Campo Dolent ». (N° 29.)

1201. Herbert Quentin de Gorham cède la terre que lui avait donnée Asce du Plessis : « Asceius du Pleisseiz. » (N° 48.)

1201. Asce du Plessis donne une acre et demie de terre « juxta suam que tendit « a monasterio de Plesseio, versus parcum « o : Aprileio ». (N° 49.)

1208. Le même donne sa masure du Plessis. (N° 65.)

1216. Gilon du Plessis, fils et héritier de Bernard du Plessis, confirme une rente de 60 sous sur les cens de Portes, donnés par son père pour sa sépulture dans l'abbaye de la Noë. (N° 91.)

1216. Guillaume, prêtre, fils de Simon (de) Gorhan, cède tout ce qu'il avait « de « dominico et feodo Herberti Quentin apud « Gorhan. » (N° 91.)

1217. Gauquelin d'Avrilli donne une pièce de terre « sitam in parrochia de Plesseio, juxta cheminum Ebroicensem ». (N° 95 et 96.)

1217. Roger, seigneur de Gorhan, cède deux acres de terre, « apud Gorhan sitas, « Herberto de Aprileio datas. » (N° 97.)

1221. Eustachie confirme la donation, faite par sa mère, de deux acres de terre dans la paroisse du Plessis : « Sigillum Eustachie de Plesseio. » Son fils Raoul confirme. (N°° 108 et 109.)

1223. Jean de la Motte « de Mota » donne « clausum medietarii, in parrochia « de Plesseio, situm juxta forestam Ebroi-
« censem. »

1231. Jean du Plessis, fils de Gilon, chevalier, du Plessis, cède les biens qu'avait donnés Robert de Neuville. (N° 172.)

1234. Roger, seigneur de Gorhan. (N° 177.)

1235. Garin de Sissé, chevalier, cède « herbergamentum quod eis dederat Wil-
« lelmus de Mota, apud Garel situm. » (N° 181.)

1235. Guillaume de la Motte, fils de Simon de la Motte, donne 20 sous de rente sur « Guillaume de Garrel ». Dans cette charte, on lit : « De quadam vavas-
« soria apud Garrel... herbergamentum « situm apud Garrel, juxta herberganemen-
« tum Engenoldi de Moncean, militis... « cum II. acris terre... et alia ad Sau-
« censet... » (N° 185.)

1238. Alice de Tourville, veuve de Jean du Plessis, chevalier, donne 5 sous de rente sur le moulin de l'évêque d'Evreux, situé « apud Ruper. (N° 187.)

1239. Simon de la Motte donne une rente de 13 sols « in tribus acris terre sitis apud Saucenset et apud Garrel ». (N° 192.)

1269. Gilbert de Garrel, clerc, doit une rente annuelle de 7 sous tournois. (N° 230.)

1321. Jehan Bernart prend à rente, des religieux de Notre-Dame-de-la-Noë, deux acres de terre sises en la paroisse du Plessis. (N° 258.)

Le chanoine prétendu du Plessis-Grohan présentait à la cure.

Sur une verrière on lit ces mots : « Vi-
« trina hec est et dono spectabilis ac ge-
« nerosi viri magistri Petri de Rainquier, « presbyteri, canonici Ebroicensis ac pre-
« bendati hujus loci de Plesseio Grohan, « et patroni ejusdem ecclesie, 1532. » (Ecu de gueules au lion d'or.)

« Le commun et habitants des hameaulx « du Plessis-Gruchan ont droit de prendre « en la forest d'Evreux le bois sec en ce-

« tant et en gesant, et le vert en gesant
« en la forest coustumière, hors taille
« et defens, s'il n'y a caable, et aufi
« puent prendre en la dicte forest le
« saulx, le marsaulx, la noire espine, le
« genièvre, espine, le pin, la couldre, le
« genest, la pierre, la terre, la mousse et
« tout aultre bois de tel essence, sans en
« paier aucune amende. Item, doivent
« avoir en icelle forest le boul, le meri-
« sier, l'érable, le fresne et le hous, qui
« ne peut porter treu de tarrière, chacun
« d'iceulx arbres pour troiz sols d'amende
« se il y sont trouvés; et en oultre doi-
« vent avoir en la dicte forest tous et telz
« autres droiz, usagez, franchises et cous-
« tumes, comme les autres coustumiers
« d'icelle forest y ont et doivent avoir par
« coustume, hors l'angle de Garrel, pas-
« turage et herbage à toutes leurs bestes,
« exepté chièvres, en tous les temps de
« l'an, reservé les lieux et mois deffen-
« dus; et leurs bestes chevalines puent
« aller en la dicte forest coustumière en
« tous les temps de l'an; et se les dictes
« bestes estoient trouvez en essart, ilz
« doivent pour chacune beste deux soulx,
« et le pasteu troiz solz, se ilz y estoient
« trouvez à garde faicte; et ainsi se ilz
« estoient trouvez en ventes faictes en
« haultes forest hors essars, ils paieroient
« pour chacune beste douze deniers, et le
« pasteu troiz solz se ilz y estoient trou-
« vés, reservé les bestes chevalines. Pour
« lesquellez franchisez, usagez et cous-
« tumez dessus desclarées, les diz habitans
« sont tenus paier chacun an, au roy
« nostre dit sire, c'est assavoir, chacun
« fen deulx boisseaux d'avoine se ilz ont
« bestez chevalinez ou moiz d'avril, et se
« ilz n'ont bestez chevalinez ou dit mois,
« ilz ne paient rien d'icelle avainne. Item,
« doivent avoir chacun une gerbe de blé
« ou quatre deniers ou mois de septembre,
« à Noel un cappon, un denier et un pain
« de la vallue de un denier; et se ilz n'ont
« point de gelinez, ilz sont quittez pour
« paier quatre deniers à Pasques, deux
« oefs et une maille, et pour l'erbage pour
« chacun poie une maille tournois, reservé
« que ceulx du hamel des Avolus (les Er-
« volus?) ne paient rien pour l'erbage. »
(*Usages et coutumes des forêts de Normandie*, f° 188 r°.)

En 1624, les terres et seigneurie du
Plessis-Grohan et de Garrel, ci-devant
unies et conjointes, et appartenant à Olivier de Hallegret, sieur de Caresgrets,
gentilhomme ordinaire de la chambre du
roi, furent érigées en fief noble.

Dépendances : — les Brûlins; — la
Couette; — les Ervolus; — Garel; —
Grohan; — les Mureaux; — le Plessis; —
le Rondel.

PLESSIS-HÉBERT (LE).

Arrond. d'Evreux. — Cant. de Pacy.

Patr. S. Etienne. — *Prés.* le seigneur.

Dans la grande charte de Richard Cœur
de lion pour Saint-Taurin, Herbert de
Croisi donna au monastère la dime du
village du Plessis-Hébert. « Herbertus de
« Croise dedit decimam de villa que di-
« citur Le Plaiseis Herbert : inde postea
« monachus effectus est. »

En 1263, « Petrus, prepositus de Plesseio
Herberti, » fit remise d'une redevance
annuelle au couvent de Saint-Taurin,
moyennant sept sols tournois. (*Cart. de
S. Taurin*, fol. 119.)

En mai 1459, Jean de Montenai rendit
aveu du fief du Plessis-Hébert, mouvant
de Gisors à cause de la seigneurie de
Garancières.

Bosc-Roger-sur-Eure et Neuville-des-
Vaux ont été réunis en 1843 au Plessis-
Hébert.

PLESSIS-MAHIET (LE).

Arrond. de Bernai. — Cant. de Beaumont.

Patr. S. André. — *Prés.* l'abbé du Bec.

Roger de Conches donna à l'abbaye du
Bec l'usage de sa maison du Plessis-Ma-
hiet et le bois pour brûler dans la forêt
de Conches :

« Certum sit et firmum omnibus filiis
« sancte ecclesie quod ego Rogerius de
« Conchis imperpetuum concedo Deo et
« ecclesie Sancte Marie Becci, ut si res
« hominum de Plesseio Mahiel pro ali-
« quo forisfacto vel cujuslibet rei causa
« capte fuerint, de proprio dominio mo-
« nachorum Becci nihil omnino accipia-
« tur. Et volo et in perpetuum concedo,
« pro salute anime mee et antecessorum
« et heredum meorum, ut monachi ha-
« beant imperpetuum ad proprium usa-
« gium domus sue de Plesseio Mahiel
« libere et quiete boscum ad ardendum
« de foresta mea. Testibus : Roberto de
« Novoburgo, Petro de Maule, Radulfo
« de Bosco Rogerii, Hamerico de No-
« cento. »

En 1143, Rotrou, évêque d'Evreux,
confirma le don fait par Richard « de Ru-

milleio », aux moines du Bec, de tout ce qu'il possédait « in villa et parrochia de « Plasseto Mahiel ».

Parmi les témoins de deux chartes de Robert, comte de Meulan, en faveur de la léproserie de Saint-Nicolas d'Évreux, on trouve Roger Mahiel.

Le Plessis-Mahiel ou Mahiet a été réuni à Saint-Léger-le-Gautier vers 1792, et ces deux communes à Sainte-Opportune-la-Campagne en 1816, sous le nom du Plessis-Sainte-Opportune.

Dépendances : — les Anges; — les Argiliers; — le Chesnai; — la Huanière; — Saint-Léger-le-Gautier.

PLESSIS-SAINTE-OPPORTUNE.

Cette commune a été formée en 1816. Conférez : LE PLESSIS-MAHIEL, SAINT-LÉGER-LE-GAUTIER et SAINTE-OPPORTUNE-LA-CAMPAGNE.

POILEI.

Arrond. d'Évreux. — Cant. de Verneuil.

Patr. Notre-Dame. — *Prés. en litige entre le seigneur et l'abbé de Saint-Lomer.*

On écrivait : *Poiley, Poislai* et *Poilai*. Poilei a été réuni à Verneuil, en 1792.

PONT-AUDEMER.

Arrond. de Pont-Audemer. — Cant. de Pont-Audemer.
Sur la Risle, la Tourville, le Doult-Vitran.

Patr. S. Ouen, la Vierge, S. Aignan. Prés. l'abbaye de Préaux.

Une histoire de Pont-Audemer ne pouvait entrer dans le cadre que s'était tracé M. Le Prevost. Les remarquables travaux de M. Canel l'eussent d'ailleurs rendue inutile. Cet article se composera d'une très-courte notice, à laquelle M. Canel a bien voulu apporter sa part de collaboration, d'un certain nombre de pièces et de notes, enfin, d'un petit mémoire de M. Le Prevost sur la prise de Pont-Audemer par le duc de Mayenne en 1592.

I.

Un nom d'homme entre dans la composition de celui de Pont-Audemer (*Pons Audomari, Pons Aldemari,* comme portent les anciens titres), et ce nom appartient évidemment à la période franque de notre histoire nationale.

La petite ville du moyen âge n'aurait-elle pas été d'abord *Breviodurum*, la bourgade gallo-romaine de l'Itinéraire d'Antonin, ainsi que l'indiquent les anciens géographes, et après eux Fr. Rever ? Cette question a été résolue négativement ci-dessus, t. I*er*, p. 20. Quoi qu'il en soit, dans le territoire du Pont-Audemer actuel, on a retrouvé à diverses reprises des vestiges et des débris qui remontent à la même époque.

Plus tard, au VIII*e* siècle, la bourgade antique des bords de la Risle était appelée Deux-Ponts. Elle paraît avoir été ainsi nommée, d'après la chronique de Fontenelle, dans un acte de 715, par lequel Dagobert II confirme une donation de Childebert III à cette abbaye. En effet, le chemin actuel de Vatteville à Pont-Audemer y est appelé : « via publica quæ dicitur ad Duos Pontes. »

Le nom de Pont-Audemer, pour la première fois, s'offre authentiquement à nos recherches, en 1027, dans une charte de Richard II, duc de Normandie, en faveur de l'abbaye de Fécamp. (Voyez *Neustria pia*.)

Après l'établissement des hommes du Nord, Pont-Audemer devint le domaine d'une famille qui joua un rôle important dans l'histoire de Normandie. Le premier personnage que l'on connaisse se nommait Torf ; il eut pour successeur son fils aîné Touroude, père d'Onfroi, surnommé de Vieilles.

C'est à partir de ce dernier que cette famille s'impose à l'histoire ; mais, comme il en a été parlé assez longuement à l'article BEAUMONT-LE-ROGER, nous ne reviendrons sur son compte qu'en ce qui concerne les actes se rattachant à l'histoire de Pont-Audemer.

Un des plus importants est la fondation de l'abbaye de Saint-Pierre de Préaux par Onfroi de Vieilles en 1033. Les concessions d'Onfroi et de ses successeurs furent le point de départ des droits conservés sur notre ville par les religieux de Préaux jusqu'à l'époque de la Révolution :

« Igitur Hunfridus de Vetulis, tanquam
« hujusce cœnobii primarius fundator, in
« honorem sancti Petri apostoli construen-
« dum curavit, multasque possessiones
« de bonis sibi a Deo collatis contulit, vi-
« delicet quiquid habebat in ea villa
« Pratellis, in Tourvilla, Ponte Audo-
« mari, Bosco Osberni, Merlinimonte,
« Cellis, Campguiaco, Sancto Martino
« Veteri, etc. » (*Neustria pia*, p. 505.)

Dans la concession de tout ce qu'il avait à Pont-Audemer, Onfroi comprenait ses droits sur les églises du lieu. L'abandon de ces droits fut bientôt l'occasion d'une contestation pour la conclusion de laquelle on invoqua le duel judiciaire. (Voir *Gallia christiana*, t. XI, instr., col. 200.)

Plus tard, Roger de Beaumont et Robert, fils d'Onfroi, ajoutèrent à cette première concession la dime de la ville, c'est-à-dire la dime du cens, tribut analogue à l'impôt foncier actuel, celle des droits sur les denrées et marchandises, celle des moulins, en un mot la dime de tout ce qui pouvait être dimé.

A ces donations il faut encore ajouter celle de la dime des écorces, des moulins à tan et des moulins à foulon de Pont-Audemer, faite en 1135 par Galeran de Meulan.

Il paraît que les habitants ne se faisaient pas faute d'éluder le payement des diverses dimes indiquées ci-dessus. Pour remédier à ces fraudes, le même Galeran de Meulan établit, par une charte sans date, que les religieux jouiraient de tous ses droits sur terre et sur mer chaque dixième semaine, et qu'elle serait exactement semblable aux neuf autres. Quant aux objets qui n'étaient point du ressort de la prévôté, comme les étaux, les fenêtres, les fours, la sèche mouture, les moulins, les foins, le cens, il leur accorda la dime du tiers, et, pour les deux autres parties, 30 sous à prendre sur Saint-Léger de Préaux (autre abbaye voisine fondée par les mêmes seigneurs), et 36 sols sur Henri du Neubourg. Il leur confirmait aussi intégralement la dime des saumons, ainsi que celles de la vicomté et de la foire de la Pentecôte, dont ils jouissaient déjà. Enfin, il leur donnait d'abord 30 sols, puis 10 livres sur les étaux de Pont-Audemer, à compléter au besoin sur les revenus de la prévôté, trois jours de pêche à Pont-Audemer et ce qu'il pouvait prétendre sur la pêche de la Mare... (*Cartul. de Préaux.*)

Robert II de Meulan, fils de Galeran, ratifia et augmenta ces donations. Ainsi, il est constaté par le même cartulaire qu'à son tour il donna à Saint-Pierre de Préaux tous les moulins à tan et à foulon (*tancreix et folereix*) de Pont-Audemer, avec le pouvoir exclusif d'en créer de nouveaux, ainsi que la dime des cygnes qu'il prendrait ou ferait prendre, chaque dixième semaine de la pêche de la Risle, à condition d'en jouir par eux-mêmes, sans affermer ni vendre; une maison précédemment occupée par Pierre le Vilain, entre le moustier de Saint-Ouen et le pont de la Risle. Robert remplaça aussi la dime du cens, des étaux et des fours, à Pont-Audemer, par une rente de 75 sols angevins, et il renonça à la taille des vassaux de l'abbaye.

D'autres abbayes obtinrent des mêmes seigneurs, dans la même ville, diverses concessions :

Roger de Beaumont donna à celle du Bec, sur le tonlieu de la ville, différents droits en coutumes, passages et moutures, ainsi que pour la nourriture, l'habillement et la chaussure des moines (1093).

Galeran donna à l'abbaye du Valasse une exemption de coutumes, un habitant libre de toute charge et 6,000 harengs (1150); au prieuré de Gournai, 3,000 harengs et une maison également franche.

Robert, fils de Galeran, confirma plus tard ces concessions. Sa charte pour l'abbaye du Valasse porte : « Notum sit me
« concessisse et confirmasse Deo et eccle-
« sie de Voto unam domum apud Pontem
« Audomari, » et il ajoutait que celui qui l'habiterait serait franc à perpétuité « ab
« omni tallia et servicio et consuetudine
« et moutura et etiam sicca moutura (1). »
(*Arch. de la Seine-Inf.*)

Le même Robert donna encore, en 1197, aux religieux de l'abbaye de Bon-Port un hôte à Pont-Audemer, libre et franc de toute coutume : « Hospitem unum cum
« proprio masnagio suo, in Ponte Audo-
« mari, ante stalla, quietum ab omni con-
« suetudine, et liberum, videlicet pasnagio
« et omni modalione, molta molendino-
« rum et sicca molta et tavernagio, et de
« omnibus aliis consuetudinibus in omni
« terra mea, tam per terram quam per
« aquam, ita libere sicut aliquis liberius
« tenet in villa illa, videlicet Radulfum de
« Kilebuf, in perpetuum prefate ecclesie
« serviturum et de omnibus responsurum,
« ut tam ipse quam heredes sui prefata
« gaudeant libertate... » (*Cart. de Bon-Port*, p. 13.)

Enfin, nous retrouvons Galeran et Robert, l'un comme fondateur de la léproserie de Saint-Gilles, en 1135, à l'extrémité du faubourg Saint-Germain, alors appelé Bougrue (*in vico Bulgerue*); et l'autre comme donateur de l'hôpital de Pont-Audemer, fondé par la communauté

(1° En 1236, une contestation existait entre l'abbaye et les habitants de Pont-Audemer, au sujet du vin vendu dans la maison de l'abbaye. Saint Louis la termina : « Notum facimus, etc., quod [...] ces-
« serunt [...] dicte [...], quod [...]
« plus quam XL dolii vini teneatur moulatura ad
« men-uram Moelani per annum... » (Cartul.
norm., n° 119.))

des habitants. Nous reviendrons plus loin sur ces deux établissements.

C'est pendant la période normande que Pont-Audemer a pris quelque développement. A l'époque de la fondation de Saint-Pierre de Préaux, cette ville avait déjà trois paroisses, ainsi qu'on en peut juger par le style des églises Saint-Ouen, Saint-Germain et Saint-Aignan ; mais on ne peut douter, d'après les caractères bien marqués de son architecture, que l'église de Notre-Dame du Pré ne remonte pas beaucoup plus haut que le milieu du XIIe siècle. C'est aussi de cette dernière époque que date l'établissement de l'enceinte fortifiée de la ville. Auparavant, elle n'avait pour toute défense que sa forteresse, assise sur le promontoire du Long-Val, et, vraisemblablement, la *forte-maison*, destinée à protéger le pont principal et le passage de la Risle.

Jusqu'au commencement de ce même siècle, Pont-Audemer ne paraît avoir subi aucun désastre ; mais, en 1122, la révolte de Galeran de Meulan contre Henri Ier devait lui être funeste. De Montfort, le roi d'Angleterre s'y porta avec son armée, brûla d'abord la ville, qui était très-grande et très-riche, dit Orderic Vital, et attaqua vivement le château « pour que ses ennemis ne trouvassent point de mal à faire », puis dévasta et incendia tout, à plus de vingt milles à la ronde. La forteresse tint pendant sept semaines. Quand elle eut capitulé, les assiégeants la brûlèrent à son tour, après avoir enlevé les objets précieux que les bourgeois avaient cachés dans les souterrains. Ce ne fut pas tout encore, s'il faut en croire Siméon de Durham. Comme ils relevaient les ruines de leurs habitations avec le secours du roi Henri, touché de leurs malheurs, ils auraient été incendiés une seconde fois par leur seigneur, le comte Galeran.

Il y a quelque apparence que ce fut Henri Ier qui, resté en possession de Pont-Audemer jusqu'à sa mort (1135), restaura la forteresse et entoura la ville de remparts.

Remis alors en jouissance de ce même domaine, Galeran prit une part active aux événements qui suivirent. Le seul où la ville de Pont-Audemer se trouva intéressée fut l'attaque qu'il dirigea contre le château de Montfort-sur-Risle, en 1153, dans le but de l'enlever à son neveu Robert de Montfort, qui, par trahison, l'avait contraint de le remettre entre ses mains. Galeran et ses vassaux, vigoureusement reçus, furent obligés de prendre la fuite.

En 1160, Henri II, sous prétexte de se prémunir contre le roi de France, mit en sa main toutes les forteresses de Galeran et y logea des garnisons sous le commandement de ses favoris les plus dévoués. Mais cette occupation ne devait pas être définitive, et Galeran fut bientôt remis en possession.

En 1173, Robert, fils aîné de Galeran, étant passé à la cour de France à l'occasion de la révolte du prince Henri contre son père Henri II, vit à son tour celui-ci faire saisir ses places fortes de Normandie; mais une prompte soumission les remit bientôt en son pouvoir.

Bientôt, au reste, il en fut dépouillé à cause de ses alliances avec le roi de France par Richard Cœur de lion, son suzerain anglo-normand. En effet, vers 1191, ses forteresses, avec tous ses autres biens, furent confisquées, et, à partir de 1193 jusqu'à l'avènement de Jean sans Terre, tout fut réuni au domaine ducal. Après avoir restitué ces domaines à Robert de Meulan, le nouveau roi les saisit à son tour, et les revenus en furent portés, en 1203, au rôle de l'échiquier de la province. La même année, le 28 mai, Robert cédait à Jean « toute sa terre de Norman- « die pour 5,000 marcs d'argent, à la condition de la retenir sa vie durant. » (Stapleton, *Rotuli Norm.*, t. II, p. cc).

L'année suivante, avant la soumission de Rouen, Pont-Audemer se rendait à Philippe-Auguste et quelques jours après, ce monarque confisquait le domaine de Robert de Meulan : « Sciatis quod honos « de Monteforti... est de dominio nostro, « et similiter terra comitis Melloti. » (*Histoire de la maison d'Harcourt*, t. IV, 2175.)

Au moment de la soumission de Pont-Audemer, Philippe-Auguste avait fait rédiger un acte ainsi conçu :

« In nomine sanctæ et individuæ Trini- « tatis, amen. Philippus, Dei gratia Fran- « corum rex. Noverint universi, præsen- « tes pariter et futuri, quod nos burgen- « sibus nostris de Ponte Audomari con- « cessimus communiam, salvo jure nostro « et salvo jure ecclesiarum nostrarum, « intendam ad consuetudines quas ipsi « tenuerunt, quæ continentur in registro « nostro. Quod ut perpetuum robur obti- « neat, sigilli nostri auctoritate et regii « nominis caractere inferius annotato pre- « sentem paginam confirmamus. Actum « in castris ante Rothomagum, anno ab « incarnatione Domini millesimo ducen- « tesimo quarto, astantibus in palatio « nostro quorum nomina supposita sunt « et signa. Dapifero nullo. Signum Gui- « donis buticularii. Signum Matæi came- « rarii. Signum Droconis constabularii. »

Pendant le reste du XIIIe siècle, il n'est plus guère fait mention de Pont-Audemer qu'à l'occasion des voyages du roi saint Louis (16 mars 1255, mars 1256, juillet 1269) et de réunions de conciles, notamment sous l'épiscopat d'Eudes Rigaud.

Dans la première moitié du XIVe siècle, les états de la province y furent plusieurs fois assemblés (1337, 1347, 1350).

Le 22 février 1353, le roi Jean concéda à Charles le Mauvais, roi de Navarre, des domaines étendus en Normandie, au nombre desquels « le chastel, ville, vicomté « et appartenances du Pont-Audemer, « avecques touz droiz, nobleices, fiez, « arrière-fiez et autres choses quiesconc- « ques, telz comme le roy les y tenoit, « excepté la forest de Brotonne et ses « appartenances, lesquelles demourroient « au roy, par tele manière que M. de « Navarre y auroit tout usage pour édi- « fier, toutes fois qu'il seroit besoin pour « le chastel et pour ardoir, tant comme « il seroit, et aussi demourroient au roy, « en ladite vicomté, six fiez tels comme « il l'y plairoit. »

Cette concession fut l'occasion d'une longue lutte en Normandie, pendant laquelle Pont-Audemer fut, à diverses reprises, envahi et ravagé par les troupes des deux parties. Du Guesclin ruina la forteresse, qui ne fut jamais rétablie.

Pris par les Anglais avant la fin de l'année 1417, repris par les Français le 8 août 1449, Pont-Audemer obtint de Charles VII, le 5 septembre de la même année, les lettres-patentes que voici :

« Charles, par la grâce de Dieu roi de « France, etc. Receue avons l'humble sup- « plication des bourgeois et habitans de « la ville de Pont-Audemer, contenant que « par longue espace de temps ils ont esté « en la main et subjection de nos ennemys « les Angloys, et jusques à naguères, que « ladite ville par notre cher et féal cousin « le comte de Dunois et autres nos gens « de guerre, par puissance et d'assault, « este prinse sur eulx et réduicte en nostre « obeissance, et que, à l'occasion de la « dite prinse et de certain feu bouté et « mys en aucunes parties d'icelle ville, « pendant ledit assault, lesdits supplians « ont perdu tout leur vaillant, et partie de « leurs maisons ont esté arses et brullées, « et avec ce ont esté prins prisonniers, « ransonnés et mis à finances qu'il leur « a convenu paier, par quoy sont demeu- « rez comme du tout destruiz, et ladite « ville tellement diminuée qu'elle est en « voye, se provision n'y est mise, de pro- « chainement tourner à ruine ; humble- « ment requérans que, pour leur aider à

« eulx remectre sur et esviter qu'ils n'aient « cause de habandonner icelle ville, et « que, par ce moyen, elle demeure inha- « bitée, nous plaise les exempter et affran- « chir, pour tel temps que bon nous sem- « blera, des tailles qui, par cy après, « pourront estre mises sur et par nous en « nostre royaulme, et sur ce leur impartir « nostre grace. Pour quoy, nous, ces « choses considérées..., avons octroyé et « octroyons que desdites tailles..... ils « soient francs, quictes et exemps..., « jusques à six ans prochainement ve- « nans. Sy vous mandons... »

Avril 1550. Henri II, en échange des droits de Madeleine d'Annebaut sur le marquisat de Saluces, en Italie, aban- donna à cette dame la forêt de Montfort et la vicomté de Pont-Audemer, avec tous les offices qui en dépendaient. Par suite de cet arrangement, la ville rentrait, à certains égards, sous la dépendance de seigneurs particuliers, qui y jouirent, dès lors, de quelques droits royaux : ainsi de nommer le capitaine du lieu, le con- trôleur des deniers communs, etc. En somme, elle restait dans sa condition de ville royale, et rien n'était changé à sa constitution intérieure.

La malheureuse époque des guerres de religion causa de nombreux désastres à Pont-Audemer. Au mois de mai 1562, la ville tomba au pouvoir des protestants ; le 16 juillet, elle fut reprise par le duc d'Aumale, dont les soldats emportèrent jusqu'à « la huchérie, les coffres, les ser- rures, tourois et gons des portes, ne laissant que les parois à toutes les mai- sons. » (Arch. de la ville.)

1589. Au commencement de mai, Pont- Audemer se range au parti de la Ligue ; en juin, replacée sous l'autorité royale, la ville paye une rançon de douze cent cinquante écus, pour « esviter le pillage ; » le 21 novembre, le duc d'Aumale le re- prend pour la Ligue, lui impose une taxe de 4,150 écus et fait emprisonner les prin- cipaux officiers et bourgeois pour en hâ- ter le payement.

Le 21 janvier 1590, la ville, assiégée, se rend à Henri IV. — En 1592 (juillet), son gouverneur la livre par trahison au duc de Mayenne, qui massacre une partie des habitants et ruine le reste. Enfin en avril 1594, elle reconnaît volontairement Henri IV pour roi de France, et cette fois elle obtient quelques légères concessions ; mais on lui laisse le gouverneur qui l'avait trahie.

C'est après ces funestes épreuves que Pont-Audemer cesse de jouer un rôle dans l'histoire militaire de la France. En 1619, il est vrai, pendant les troubles de la Fronde, cette ville fut encore attaquée deux fois: d'abord, en février, par les troupes royales commandées par le comte d'Harcourt, auquel elle ne fit aucune résistance; ensuite, le 2 mars, par un faible parti de Frondeurs, qui se retirèrent en toute hâte; mais, quoique ces expéditions aient été l'occasion de deux *Extraordinaires de la gazette*, elles sont loin d'avoir assez d'importance pour qu'il convienne de s'en occuper plus longtemps.

Dès l'an 1571, époque de la mort de Madeleine d'Annebaut, le gouvernement avait essayé de faire considérer comme un simple engagement du domaine de la vicomté l'échange dont il a été parlé à la date de 1530. Ces tentatives se renouvelèrent plus tard, et l'abbé Terray finit par déclarer le retour de la vicomté au domaine; mais ce fut pour la céder bientôt après, par acte du 18 septembre 1773, à Clément de Basville, avocat général à la cour des aides de Paris, en échange de sa terre de Montgommeri. Cet échange était très-désavantageux à l'État; l'échangiste, égaré dans la prétention de faire du domaine cédé un fief supérieur, provoqua contre lui l'opposition de toute la noblesse de la contrée et de la bourgeoisie de Pont-Audemer, menacées l'une d'une suzeraineté sans antécédents, l'autre d'un retour non moins illégitime au régime féodal. De là une vive émotion dans le pays et un chaos de procédures acharnées.

Pour ce qui concerne Pont-Audemer, — en attendant l'annulation de l'échange qui fut prononcée en 1784, — un arrêt du conseil, du 14 juillet 1778, reconnut la légitimité de son opposition: il décida « que les habitants de cette ville étaient maintenus dans le droit de tenir en franc bourgage leurs maisons et dépendances, assises en la dite ville, et que le sieur de Basville ne pourrait exiger des dits habitants, lors des mutations de leurs maisons et dépendances, aucuns droits seigneuriaux autres que ceux qui peuvent être admis par la coutume pour ces sortes de tenures, sans préjudice des droits particuliers qui pourraient être établis par titres valables. »

II.

Lorsque le comte Galeran eut fondé la léproserie de Saint-Gilles, en 1135, il adressa aux habitants de Pont-Audemer la charte suivante:

« Galeranus, comes Mellenti, probis « hominibus Pontis Audomari, salutem. « Si infirmis fratribus nostris S. Egidii tra-« dideritis et teneri feceritis quod eis coram « me pepigistis, videlicet tevragium corio-« rum et de unaquaque domo ville vestre « in die dominica ex decioribus denarium « et de mediocribus obolum et ex medio-« cribus panem, secundum quod dominus « domus facere poterit, volo et mihi placet « ut prior S. Egidii et fratres infirmi infir-« mos vestros meo tantum et vestro con-« silio recipiant; sin autem, prohibeo illis « ne aliquem recipiant nisi quantum mea « elemosina poterit valere ad victum illo-« rum qui fuerint in domo infirmi. » (Cart. de Saint-Gilles, fol. 15.)

Cette pièce suffirait pour indiquer l'existence d'une commune à Pont-Audemer en 1135. L'existence de cette commune est confirmée par une autre pièce du cartulaire de Saint-Gilles, mentionnant un accord arrêté, vers le même temps, « in assisa apud Montem-Fortem et in communia apud Pontem Audomari. »

Nous avons vu Philippe-Auguste confirmer cette institution; peu de temps après, le même roi la développa en décidant qu'elle serait régie par les mêmes statuts que celle de Rouen.

Sur cette même commune, le Recueil des Ordonnances des rois de France (I, 294) nous fournit le document suivant:

« Quædam consuetudo diu obtenta fue-« rat apud Pontem Audomarum, quod « quando aliquid ibi venditator, in oc-« culto faciebant partes litteras et instru-« menta sua super hujusmodi venditioni-« bus, in fraudem heredum qui debent « retrahere. Dominus rex, ad instantiam « majoris et burgensium dicti loci, ad « amovendam fraudem hujusmodi, voluit « quod in talibus contractibus venirent « partes coram majore ejusdem loci, et ibi-« dem in aperto instrumenta sua confice-« rent. Anno 1263. »

Vers le milieu du xive siècle, la commune de Pont-Audemer continue de se maintenir; car on retrouve, pour cette époque, le nom d'un maire du lieu, mort bourgeois de Rouen en 1387.

En 1459, toute l'autorité de l'ancien maire, magistrat de la bourgeoisie, paraît être passée aux mains des officiers de la royauté. Les archives municipales indiquent qu'à cette époque la ville était gouvernée par le lieutenant particulier du bailli de Rouen, par le vicomte et par le capitaine ou son lieutenant. Le premier est chef de l'administration proprement dite, le second a le maniement des finances, et le troisième préside aux affaires militaires. Ils sont soumis au contrôle du bailli de Rouen et doivent prendre l'avis des bourgeois et habitants.

En 1455, lorsque Charles VII accorda à la ville un nouvel affranchissement de taille, il lui imposa l'obligation d'employer, chaque année, 400 livres à la réparation des fortifications. Ce fut par une aide sur les différentes denrées vendues dans la ville et les faubourgs qu'on se décida à se procurer cette somme, et les habitants choisirent quatre d'entre eux pour ordonner, avec le vicomte et le lieutenant du bailli, le payement des travaux ordonnés par le capitaine. Ces *quatre commis au gouvernement des deniers des aides* ne tardèrent pas, par la seule force des choses, à étendre leurs attributions, et avant la fin du xv⁰ siècle ils en étaient venus à se qualifier échevins.

Jusqu'au temps des mesures fiscales qui ne laissèrent plus rien de stable dans le gouvernement des villes, ce furent, à Pont-Audemer, les échevins qui continuèrent d'administrer la communauté, avec le concours d'un conseil de ville élu et sous le contrôle du bailli de Rouen ou de son lieutenant.

III.

Les donations faites par les anciens seigneurs de Pont-Audemer à diverses abbayes donnent dans cette ville une origine reculée à la fabrication des étoffes et à la préparation des cuirs. Dans le même temps, la pêche maritime y était aussi fort active, et, par de nombreux articles des Rôles de l'Echiquier, on voit que le vin y était l'objet d'un commerce considérable.

D'autres faits constatent l'importance de Pont-Audemer sous le rapport industriel et commercial. Ainsi, à l'époque de la conquête de l'Angleterre, Roger de Beaumont fournit 60 navires au duc Guillaume. N'était-ce pas surtout grâce au port de Pont-Audemer qu'il avait pu réunir ce contingent?

Dans un arrêt du parlement de Paris (1260), relatif au port de Caumont-sur-Seine, on voit figurer Pont-Audemer comme ville maritime. (*Olim*, I, 125.)

Aux dates de 1224, 1265 et 1285, l'importance des halles de cette ville est constatée par des actes et des arrêts qui se trouvent dans le *Cartulaire normand*, p. 47 et 271, et dans les *Olim*, p. 632.

Le « compte de François de Lospital... « à cause de la grande armée de la mer, « l'an 1340, la quelle fut desconfite de- « vant l'Escluse le 24 juin, » nous apprend que le port de Pont-Audemer fournit cinq navires à cette flotte, contingent égal à celui de Cherbourg, et inférieur de deux navires à celui de Rouen.

A la fin du xv⁰ siècle, la tannerie et la draperie prospéraient à Pont-Audemer. En 1481, le compte des recettes de la ville indique que le produit de l'aide de la tannerie, déduction faite des frais et du bénéfice de l'adjudicataire, était de 61 livres, à raison de 3 deniers sur chaque cuir de bœuf ou de vache tanné, vendu en gros ou en détail, et celui de l'aide de la draperie, dans les mêmes conditions, de 456 livres, à raison de 6 et 3 deniers par aune.

On peut apprécier la décroissance progressive du commerce de Pont-Audemer avant la Révolution par la diminution des produits de la ferme du poids et de l'aunage. Dans la seconde moitié du xvii⁰ siècle, ces produits furent, terme moyen, d'environ 350 livres par an; nous les trouvons réduits en 1711 à 280 livres; en 1722, à 120 livres; en 1751, à 150 livres... C'était l'exagération de l'impôt qui avait amené cet état de choses.

IV.

Pont-Audemer a possédé un certain nombre d'établissements religieux :

1° La chapelle de l'Ermitage, vers le bas de la côte de la Pierre, dépendance de l'abbaye de Corneville;

2° La chapelle de l'ancienne forteresse; en 1121, le roi d'Angleterre en gratifia momentanément Guillaume du Désert;

3° Le prieuré de la Madeleine, fondation du xi⁰ siècle;

4° Le prieuré de Saint-Gilles, dont l'emplacement est compris aujourd'hui dans le territoire de Saint-Germain-Village.

Voici la traduction de la charte de fondation :

« Moi Galeran, comte de Meulan,
« pour les âmes de mon père et de mes
« ancêtres, ainsi que pour la rédemption
« et le salut de la mienne, j'accorde et
« donne à perpétuité aux frères infirmes
« de Beaulieu de Saint-Gilles, à Pont-
« Audemer, pour y servir le Dieu vivant
« et véritable, selon la forme et l'institut
« de Beaulieu de Chartres, savoir : sur
« ma prévôté de Pont-Audemer, xxv li-
« vres par an, de telle manière qu'ils
« touchent chaque mois L sols. — Item,
« pour leur habillement, vii marcs d'ar-
« gent sur mes revenus d'Angleterre, et
« ce au terme de Saint-Michel. — Item,
« xi charretées de bois par an, apportées
« à mes frais jusqu'à Pont-Audemer. —
« Item, de mon aulnaie au-dessous de
« Pont-Audemer (*de alneto meo*), x acres

« pour jardins et pâturages. — Item, « 11 acres de mes prairies, auprès de la « fosse de Vieilles (*juxta fossam Vetularum*). — Item, une charruée de terre, « près de leurs maisons, au-dessus du « Bois des Hérons (*desuper boscum Ardearum*). — Item, la dîme entière de « tout le vin apporté dans mes celliers, « de ma vigne de Beaumont de ma vigne « de Sahus et de mon clos de la Croix-« Saint-Leufroy. — Item, deux parties de « la dîme de tout le vin qui me viendra « de France, soit par terre, soit par eau. « — Item, à Pont-Audemer, pour leur « service, deux bourgeois libres de toute « coutume. — Item, la moitié de toute la « dîme des approvisionnements de ma « maison, tant en Normandie qu'en Angleterre. — Item, la dîme entière de ma « haie du Lendin. — Item, trois mille « harengs, à Pont-Audemer. — Item, la « moitié du nouveau moulin du pont...
« M. C. XXXV. »

Ce ne furent pas les seules donations de Galeran au prieuré de Saint-Gilles, qui en reçut encore de divers autres personnages, notamment de Robert, fils de Galeran. Nous allons donner le texte même de ces donations.

« *Donationes factæ infirmis fratribus de Bello Loco Sancti Egidii, apud Pontem Audomari, anno ab incarnatione Domini millesimo centesimo trigesimo quinto.*

« *Ego Galeranus, comes de Mellent, pro anima patris mei et antecessorum meorum, necnon etiam pro redemptione et salute animæ meæ, concedo et in perpetuum constituo infirmis fratribus de Bello Loco Sancti Egidii, apud Pontem Audomari, ad serviendum ibidem Deo vivo et vero in ordine et religione, ad formam et institucionem Belli Loci de Carnoto, hec subscripta. In primis itaque constituo eis in prepositura mea de Ponte Audomari, triginta libras per annum, ita ut singulis mensibus habeant quinquaginta solidos. Do etiam eis ad vestes septem marcas argenti de redditibus meis de Anglia, et hoc ad terminum Sancti Michaelis. Do etiam eis quadraginta carratas lignorum adductas eis usque ad Pontem Audomari. Do etiam eis de alneto meo subtus Pontem Audomari decem acras ad hortos et pascua. Do etiam eis duas acras pratorum meorum. Do etiam eis unam carrucatam terre desuper Boscum Ardearum prope domos ipsorum fratrum. De toto vino de quod venit ad cellaria mea de vinea mea de Bello Monte et de vinea mea de Sahus et de clauso meo de Cruce plenariam decimam. De toto etiam vino meo quod veniet mihi de Francia, sive in bacco, sive in navibus, sive etiam per terram, constituo eis et concedo duas partes decime. Concedo etiam eis in Ponte Audomari duos burgenses ad servicium eorum quietos ab omni consuetudine. Do etiam eis medietatem tocius decime corregiarum domus mee, sive domi, sive extra. Do etiam eis plenariam decimam de haia mea de Lendino et omnium que de eadem exibunt. Do etiam eis tres millenarios allech ad Pontem Audomari. Do etiam eis medietatem novi molendini de Ponte. Concedo eis duas quadrigatas ad ligna eorum adducenda de Brotonna quietos a consuetudine. Has omnes donationes Galeranus, comes de Mellent, posuit super altare Sancti Egidii, coram omni populo, presente dompno Giraldo de Bello Loco, donationes etiam baronum et amicorum suorum. Galeranus, comes de Mellent, dedit Deo et Sancto Egidio, apud Pontem Audomari, et infirmis fratribus, unam carrucatam terre de Brionnia, pro anima sua et antecessorum suorum, presente dompno Radulfo Cantel, monacho de Tyrun. Galeranus, comes de Mellent, omnibus prepositis suis et vice comitibus et ministris et fidelibus annuentibus, concedit Deo et Sancto Egidio et leprosis de Ponte Audomari quendam hospitem, videlicet Rogerum, filium Bernardi de Brionnia, solum et quietum ad facienda negotia eorum. Donat etiam in perpetuam elemosinam unam mansionem domus de Prato, apud Montfort, solam et quietam ab omni consuetudine apud Montem Fortem, et precipit ut honorifice et in pace illam teneant. Donat etiam in perpetuam elemosinam ecclesiam de Sturministria, cum decimis et terris et omnibus rebus eidem ecclesie pertinentibus, ecclesie Sancti Egidii de Ponte Audomari et sacerdotibus et fratribus infirmis ibidem servientibus ad eorum vestitum.*

« *Hec subscripta testantur quas terras infirmi de Sancto Egidio emerunt de marcis argenti quas Simon Hibernensis et Robertus de Ponte hec eis diviserunt. Pro triginta marcis argenti emerunt unam terram de Bosco Gorel de Normanno, armigero Galerani, comitis de Mellent, ejusdem comitis consilio atque concessu. Robertus de Formovilla dedit Deo et Sancto Egidio et fratribus infirmis terram sub Bosco Ardearum, pro salute animæ sue et antecessorum suorum, unde etiam in recognicione habuit septem libras et quatuor solidos*

« Carnotensium, Galerano, comite de
« Mellente, concedente et teste. Radulfus
« Croc vendidit infirmis fratribus de San-
« cto Egidio de Ponte Audomari quam-
« dam terram juxta pratum eorum pro
« duodecim solidis cartensium (sic). Pro
« multura hujus terre habuit Radulfus Es-
« flane duodecim denarios cartensium (sic),
« quia eam quietam concessit. Willermus
« de Vanescrot et Hugo Harene dederunt
« Deo et Sancto Egidio et infirmis fratri-
« bus, pro salute animarum suarum et
« antecessorum suorum, filiis et fratri-
« bus suis concedentibus terram suam
« collateralem domui infirmorum ex parte
« orientis, unde habuerunt in recogni-
« cione tres marcas argenti et dimidiam et
« viginti octavo sterlingos, Ricardus Ha-
« rene duodecim denarios, Radulfus vero
« frater ejus duodecim denarios, Hugo de
« Bailluel, filius Willermi de Vanescrot,
« habuit... denarios, Galleranus vero fra-
« ter ejus duodecim denarios. Hec terre
« supradicte emuntur ex pecunia Symonis
« Hiberniensis. Ricardus Broc et frater
« ejus, et Robertus, presbyter, filius Fe-
« roul, vendiderunt hereditatem suam,
« scilicet terram de Sancto Sansone, quam
« dirationaverunt per duellum contra Ra-
« dulfum de Sancto Sansone, infirmis fra-
« tribus de Sancto Egidio, pro vizinti et
« sex libris carnotensium, ad valens vi-
« ginti marcarum. Iste conventiones facte
« fuerunt ante Galeranum, comitem de
« Mellent, coram quo viri predicti fece-
« runt securitatem per fiduciam, et ipse
« Radulfus de Sancto Sansone posse suum
« per fiduciam adhibere pepigit. Beatrix,
« filia Anschetilli Pincerne, uxor Galteri
« Bigot, vendidit infirmis fratribus terram
« suam de clauso sub fonte eorum pro
« septem marchis argenti. Radulfus Bir-
« late habuit duas marchas argenti, pro
« concessione terre quam in wagio posue-
« rat per vendicionem. Hec ex argento
« Roberti de Pontchot. Thomas de Bello-
« monte et filius ejus dederunt Deo et
« Sancto Egidio et infirmis fratribus de
« Ponte Audomari terram suam de Col-
« dreit, et in Spania viginti acras, et
« pascua animalibus et ovibus eorum
« qui te pro animatus suis et antecesso-
« rum suorum, et propter hoc quod ipsi
« fratres infirmi eis totam Spaniam quam
« Galeranus, comes de Mellent, eis desse-
« rat reddiderunt. Radulfus Flane Issy et
« Sancto Egidio et fratribus infirmis, pro
« anima sua et antecessorum suorum, con-
« cessit terram de Coldreit in bosco et
« plano et pratis, quam Thomas de Bello
« Monte de eo tenebat, et insuper de suo
« dominio quamdam bunam cum fossa juxta

« pratum et quietam clamat suam, mou-
« turam et servicium.
« Radulfus Parvus dedit Deo et Sancto
« Egidio et infirmis fratribus, pro salute
« anime sue et antecessorum suorum,
« unam mansionem terre in Buconico,
« concessione filiorum filiarumque sua-
« rum. Radulfus, filius Gilberti, pro salute
« anime sue et antecessorum suorum, de-
« dit Deo et Sancto Egidio et infirmis fra-
« tribus unam mansionem terre in Buco
« nico. Willermus de Tieboldivilla conces-
« sit terram de Fonte Deo et Sancto Egidio
« et infirmis fratribus, pro anima sua et
« antecessorum suorum, in elemosinam.
« Paganus de Sancta Maria dedit Deo et
« Sancto Egidio in dedicatione, nomine
« dotis, unam acram terre. Geroldus Puella
« donavit Deo et Sancto Egidio et infirmis
« fratribus suis domum suam cum terra
« infra et extra eidem domui conpetente,
« et insuper semetipsum, et unam acram
« et duas dimidias continuas de clauso
« et duas acras terre quam Radulfus
« Hosel et Willermus Bonus Homo tenent
« hereditario jure, unde unus eorum red-
« dit quinque solidos de romesins alter
« vero duos ex his terris et domo reddit
« Alveredus de Breitot sex solidos car-
« tensium per annum. Item, burgenses
« de Ponte Audomari dederunt Deo et
« Sancto Egidio et infirmis fratribus tie-
« dictatem leveragii coriorum suorum in
« perpetuam elemosinam, et ut eos et pe-
« cuniam eorum pius Dominus a periculis
« maris deliberet. Item fratres de Sancto
« Egidio desvagiaverunt domum et hortos
« Engerranni, peticione ejus, de Radulfo
« Besillart pro L. solidis, eo quod ipse
« Engerrannus et uxor ejus dederunt Deo
« et Sancto Egidio et fratribus in perpe-
« tuam elemosinam hoc quod habuerunt
« supra L. solidos, et fratres loci devere-
« runt. Deinde tenuerunt elemosinam de
« Sancto Egidio predictam, reddendo fra-
« tribus per annum quinque solidos. Ga-
« leranus, comes de Mellent, concedit Deo
« et Sancto Egidio ad luminare ecclesie
« decimam molini tam rez, apud Bulge-
« rum. Rogerus de Huntone dedit Deo et
« Sancto Egidio et infirmis in perpetuam
« elemosinam domum suam ad Pontem
« Audomari, quietam ab omni consuetu-
« dine, sicut eam habuerat domus Roberti,
« comitis. Eandem vero quietationem con-
« cessit Galeranus, comes Mellenti, fra-
« tribus ejusdem loci. » (Bibl. de Rouen,
V. 200. Cart. de Saint-Gilles. f° 7 r°.)

Nous venons de rappeler que Galeran, comte de Meulan, assura aux lépreux de Saint-Gilles de Pont-Audemer la dîme de sa vigne de Sahurs et de son clos de la

Croix, dime qui leur fut, quelques années plus tard, confirmée, avec les autres biens de la maladerie, par le roi Henri II : « et de vinea sua de Sahus, et de clauso suo de Cruce plenariam decimam. » (*Curt. de Saint-Gilles*, f° 7 v°. — *Trésor des Chartes*, reg. LXII, n° 416.)

Henri, roi d'Angleterre, confirme dans une autre charte les donations de Galeran : « Sicut videlicet G. comes de Mellent, cui manerium illud dederam, me requisivit. Hoc autem feci, pro anima avunculi mei regis Henrici, qui locum illud fundari et edificari persuasit. » (Fol. 22 r°.)

Galeran de Meulan avait donné aux lépreux de Saint-Gilles de Pont-Audemer la dime du produit de sa vigne de Beaumont. Déjà, au siècle précédent, Roger de Beaumont avait aumôné à l'église de la Trinité la dime de la vigne comprise entre le château et l'église, et des vignes qui faisaient partie du domaine de ses fils. En 1258, saint Louis afferma au prieur dudit lieu des vignes, situées auprès du château. Les vignes sises sous le château, d'après un acte de 1311, étaient encore, au commencement du XV° siècle, tenues du roi par les religieux de la Trinité.

Henri, roi d'Angleterre, donna au prieuré de Saint-Gilles « decimam totius redditus castellarie castelli de Sancte Marie ecclesia que est de dominio ipsius castellarie ». (*Cartul. de Saint-Gilles*, f° 13 r°.)

Le roi Jean le déchargea « de omni consuetudine ad nos spectante de vinis suis dominicis per totam terram nostram ». (*Id.*, f° 13 r°.)

Galeran de Meulan confirme le don que fait Robert d'une maison « in mercatorio et duas areas retro appendentes domui de patrimonio suo. » (*Id.*, f° 13 v°.)

Robert, comte de Meulan, donne « boscum ardearum, quod est supra domum Sancti Egidii (*Id.*, f° 14 r°), » et « unum medium frumenti in molendinis Pontis Audomari, in perpetuam elemosinam... Preter hec, dedi albeton duo milia, et pater meus tria, et ita sunt quinque milia, et Radulfus de Grolaio duos solidos monete Normanie in perpetuum ad Noier. » (*Id.*, f° 14 r°.)

Pierre, fils de Thomas, donne « unam acram prati juxta marescos illorum, et unam acram terre apud Blacarville, in feodo Roberti de Tibouvilla. » (*Id.*, f° 14 v°.)

Raoul du Val donne « 11. acras terre et virgam ad Martinivillam in campania. » (*Id.*, f° 14 v°.)

Raoul de Rouen donne « masuram que est el marcheil, quam Willelmus de

Valle tenebat, et quatuor solidos in terra de baaillie, juxta posterulam quam emit a Roberto de Morelaigne, et unam masuram in vico Judeorum. » (*Id.*, f° 14 v°.)

Entre un grand nombre de donations confirmées par Robert, comte de Meulan, nous remarquons : « unam masuram terre, ad portam Corneville... unam masuram terre, de sub castello, quam dedit eis Alveredus de Pourchoi, pro Rogero filio suo, leproso... unam masuram terre, infra murum Sancte Marie de Prato... viam liberam et quietam de latitudine XII. pedum, descendentem a via regia usque ad hortum eorum. » (*Id.*, f° 15 v°.)

Robert de Formoville, « senescalcus, » ajoute à la donation de Galeran « in bosco Ardearum ». (*Id.*, f° 15 v°.) Ce bois était placé au-dessus de la léproserie. (*Id.*, f° 16 v°.)

« G., comes Mellenti, omnibus suis burgensibus de Ponte Audomari, salutem. Mando vobis et prohibeo ut nec aspere nec turpiter loquamini fratribus infirmis de Ponte Audomari, nec aliter habeatis vos erga illos quam erga Beccenses monachos vel Pratellenses in suo capitulo. » (*Cartulaire de Saint-Gilles*, fol. 17 r°.)

« Henricus, rex Anglie, archiepiscopo Rothomagensi, episcopis, abbatibus, comitibus, justiciis, vicecomitibus, baronibus et omnibus fidelibus suis totius Normannie, salutem. Sciatis me dedisse et concessisse, prece comitis Galerani Mellenti, pro redemptione anime mee et antecessorum meorum, Deo et ecclesie Sancti Egidii de Ponte Audomari, et infirmis et fratribus in ea Deo regulariter servientibus, singulis annis feriam unam trium dierum apud Pontem Audomari, que incipiat in vigilia Sancti Egidii et duret die festo et in crastino festi. Quare volo et precipio quod omnes qui illuc venerint et ibi morati fuerint et inde redierint, habeant bene et plene meam firmam pacem in eundo et redeundo et morando, dando suas rectas consuetudines, ne super hoc ab aliquo disturbentur vel injurientur super decem libras forisfacti. » (*Cart. de Saint-Gilles*, fol. 17 v°.)

« De dono Willelmi, Coqui apud Pontem Audomari. » (*Id.*, f° 30 r°.)

Robert de Sainte-Mère-Église donna aux lépreux de Pont-Audemer liberté de défouir de la tourbe : « turfam quietam ad fodiendum. » (*Cartulaire de Saint-Gilles*, f° 27 r°.)

En 1209, les hommes de Pont-Audemer se prétendaient injustement dépouillés d'un droit de pâture par les lépreux de Saint-Gilles. On leur demanda s'ils payeraient une rente à ces derniers dans le cas où leurs bestiaux n'iraient pas pâturer. Sur leur réponse négative, la cour décida que, puisqu'ils reconnaissaient n'en faire ni rente ni hommage, ils ne devaient pas jouir du droit de pâture.

En 1700, un arrêt du conseil d'État déclara que le tiers des biens de cette léproserie serait adjugé à l'hôpital de Pont-Audemer, et que les deux autres tiers demeureraient le domaine de la maison, ou plutôt des prieurs, qui devaient en avoir successivement la jouissance jusqu'à l'époque de la Révolution.

5° Hôpital de Saint-Jean. Il n'existe aux archives de l'hospice qu'une copie, vidimée au xiv° siècle, de sa charte de fondation, charte qui remonte à la seconde moitié du xii°. Nous y puisons les renseignements suivants :

Les habitants de la ville de Pont-Audemer avaient fondé cette maison sous l'invocation de saint Jean. Le principal avantage qu'ils lui assurèrent fut la concession du denier à Dieu à prélever sur le commerce en général. Ce droit consistait, pour les frères de l'hôpital, à prendre de tout marchand un denier sur chaque vente de v sols et au-dessus faite dans la ville. Ils lui accordèrent aussi la faculté exclusive, à titre d'aumône, de nourrir un porc dans chacune des quatre paroisses, et le droit d'exiger, dans les moulins du territoire dépendant de la ville, un dixain de farine de toutes les moutes. Robert de Meulan ratifiait ces diverses concessions du consentement des fondateurs. Il ajoutait aussi ses donations particulières, savoir : la sèche moute dans la ville, le droit de prendre dans la forêt de Brotonne le bois nécessaire aux besoins de la maison, et le droit de passage pour les porcs dans la même forêt. Il agissait ainsi, disait-il, pour le salut de son âme, et pour que les frères hospitaliers le reçussent, lui et ses successeurs, frères de leur maison et participants de leurs bonnes œuvres et de leurs prières.

Dans l'origine, cet établissement était destiné à loger les pauvres pèlerins qui se rendaient en terre sainte. Plus tard, ses revenus, successivement augmentés, restèrent affectés à secourir les indigents et les malades de la ville.

Dans le cartulaire de Saint-Gilles, f° 30 r°, on fait mention de cet hôpital au xiii° siècle : « in quadam domo quæ est
« juxta hospitale Sancti Johannis de
« Ponte Audomari. »

6° Les Templiers. C'est une fondation de Robert II de Meulan (seconde moitié du xii° siècle), comme l'indique l'abbé de la Rue (*Essais sur Caen*, II, 414); on manque de renseignements sur cette institution ;

7° Le couvent des Carmes, fondé au commencement du xiv° siècle, dans le faubourg Saint-Aignan, et transféré en 1593 dans l'intérieur de la ville;

8° Le couvent des Cordeliers. En 1471, Louis XI en autorise la construction *aux forsbourgs* de la ville. Peu de temps après, il ordonne la destruction des travaux commencés parce qu'ils peuvent être nuisibles à la défense ; enfin, par lettres patentes du mois de janvier 1473, il *amortit* dans la ville un terrain attenant aux remparts, où leur maison fut définitivement fondée;

9° Le couvent des Carmélites. Sa fondation date de l'année 1611;

10° Le couvent des Ursulines. L'évêque de Lisieux approuva son établissement en décembre 1671.

V.

Nous avons dit que les églises de Pont-Audemer, au nombre de quatre, avaient été données à l'abbaye de Saint-Pierre-de-Préaux. Celle de Saint-Aignan a été détruite ; celle de Notre-Dame-du-Pré ne possède plus que la nef, devenue propriété particulière; celle de Saint-Germain est maintenant comprise dans le territoire de la commune de Saint-Germain-Village. Quant à l'église de Saint-Ouen, nous lui devons quelques mots.

On ne retrouve de traces de son architecture du xi° siècle que dans le chœur. La nef, restée incomplète, appartient à la fin du xv° siècle et au commencement du suivant. D'après les archives municipales, Michel Gohier était en 1478 « maître de l'œuvre » de cette église. En 1503, nous trouvons la mention de Guillaume Morin et Thomas Théroulde, « maistres
« et ouvriers de la machonnerie de l'é-
« glise et ville de Caudebec, » appelés à Pont-Audemer « pour le fait tant de l'édi-
« fication de l'église de Saint-Ouen que
« des fortifications et fontaines de la
« ville. »

Les vitraux de Saint-Ouen doivent être classés parmi les plus beaux qui existent en Normandie.

VI.

Les limites de la bourgeoisie de Pont-Audemer s'étendaient jadis au delà de celles de la commune actuelle, où nous n'avons plus à mentionner que les écarts ci-après :

Le Pont-Marchand; en 1517, le Pont des Marchands, et, d'après un titre très-ancien, « Pons Marganus. »

Le Pré-Baron, où l'on a remarqué des vestiges de constructions antiques.

La Gagnerie, près du Doult-Vitran et la route d'Honfleur.

La Mare-Broc et les Granges, sur le chemin de la Ruelle.

La Ruelle, sur la rive gauche de la Risle.

La Madeleine, sur l'autre rive.

La Croix-du-Pin (la Croix-de-l'Orme en 1517), sur la route de Quilleboeuf.

Les Baquets, du nom de l'ancienne auberge des Trois-Baquets, sur la route de Rouen.

VII.

Voici le petit mémoire de M. Le Prevost, sur la prise de Pont-Audemer, que nous avons annoncé en commençant cet article :

M. Canel rapporte en peu de mots (p. 132-133 de l'*Histoire de Pont-Audemer*) la prise de cette ville, en 1592, par le duc de Mayenne et l'amiral de Villars, grâce à la perfidie d'Bacqueville de Vierpont, qui commandait la place pour Henri IV. Un passage bien connu de la *Satire Ménippée* a attaché au front de ce traître le stygmate d'une éternelle et bien juste ignominie; mais les détails de l'événement sont restés jusqu'à ce jour trop peu connus pour satisfaire aux besoins des annales locales, peut-être même de l'histoire proprement dite, qui doit, autant que possible, appuyer de récits circonstanciés les jugements qu'elle porte sur les bons et sur les méchants. Un heureux hasard nous met à portée de contribuer à remplir cette lacune, aussi bien que quelques autres de la campagne de 1592 (1), au moyen d'un document qui nous paraît avoir échappé jusqu'à présent aux recherches des bibliographes français. C'est une relation en vers espagnols de l'expédition du duc de Mayenne contre Pont-Audemer et Quilleboeuf, dont l'auteur, Antonio Emmanuel, attaché à l'armée du duc de Parme, annonce avoir été témoin oculaire de tous les faits qu'il raconte. Nous n'avons sous les yeux que la première partie, portant ce titre :

Primera parte de la batalla de los Es-
pagnoles de Francia en Normandia, dirigida á don *Alonso Ydiaques*, maestre de campo de infanteria spanola por Sa Maestad y governador de la cavaleria de los estados de Flande, etc. Con licentia, en Amberes, en casa de Giraldo Woisschatio, 1622; très-petit in-8° de 215 pages, dont la dernière est occupée par l'approbation de Guillaume Péricard, vicaire général de l'archevêché de Rouen, sous la date du 19 octobre 1593, et celle de Cornélius de Witte, archidiacre d'Anvers, sous la date du 10 octobre 1622. L'auteur annonce dans l'épître dédicatoire que, tandis qu'il publie la première partie, la seconde est sous presse, ce qui nous fait supposer que des recherches ultérieures la feront pareillement retrouver quelque jour (1). Quant à la troisième, qui n'était point encore achevée, il est moins certain qu'elle ait jamais été publiée.

Son intention principale a été, dit-il, d'offrir un récit exact des événements; du reste, il reconnaît avec raison le peu d'art qu'il a apporté dans sa rédaction. Aussi n'a-t-il la prétention que d'avoir fourni à la poésie « un chant tout nu sur lequel « de meilleurs musiciens pourront com- « poser des mélodies plus savantes. » Après des sonnets à la louange de l'auteur et de son héros, inévitable cortège de toutes les compositions en vers de cette époque, on trouve enfin le poëme, ou pour mieux dire le journal en vers. Ces vers sont groupés par octaves, suivant la forme épique italienne, et divisés en neuf chants.

Antonio Emmanuel commence par rappeler que le duc de Parme vint faire le siège de Rouen le 22 avril 1592; que, le 26 du même mois, il s'empara de Caudebec; que, le 11 mai (2), il passa la Seine et se dirigea vers Paris, et ensuite sur Château-Thierry, pays d'abondance, où l'armée se dédommagea de ses privations antérieures.

De là il nous ramène brusquement à Rouen pour assister aux processions faites par plus de deux mille dames, les pieds nus sur le pavé, ainsi que par de nombreuses confréries, afin d'obtenir du ciel la guérison du duc de Mayenne. A peine celui-ci est-il en effet rétabli qu'il désire rentrer en campagne pour ramener sous le pouvoir de la Ligue le territoire environnant. Dépourvu des troupes néces-

---

(1) Les détails de cette campagne sont si imparfaitement connus, au moins pour ce qui concerne notre pays, que de Thou et, à son exemple, la plupart de nos autres historiens, placent la prise de Pont-Audemer après l'entrée de sur Quilleboeuf.

(1) Il paraît, d'après les dernières vers de la première partie, que la seconde était consacrée au siège de Rouen, au fait et aux événements qui rapport à celui-ci.

(2) Suivant de Thou, le passage de la Seine n'eut eu lieu que le 22 mai.

saires, il en confère avec l'amiral de Villars, gouverneur de Rouen : le résultat de cet entretien est de demander du secours au duc de Parme. L'amiral lui écrit à cet effet, et un détachement composé d'Espagnols, d'Allemands et de Wallons est dirigé à marches forcées du camp du général espagnol sur Rouen. La partie espagnole de ce détachement fut fournie par le régiment de don Alonzo Ydiaquez, à qui l'ouvrage est dédié, ainsi que le commandant en chef Simon Auturez, dont l'auteur fait un magnifique éloge, d'autant plus désintéressé, dit-il, qu'il n'a jamais servi sous ses ordres. Nous passons sous silence de longs détails sur la composition de ce petit corps auxiliaire, qui, après s'être renforcé des trainards et des convalescents laissés en arrière par le duc de Parme et d'autres soldats espagnols venus de Bretagne, parait avoir atteint tout au plus le chiffre de 500 hommes. A peine furent-ils arrivés que le duc de Mayenne, y joignant les troupes d'infanterie et de cavalerie de la garnison de Rouen dont l'amiral de Villars pouvait disposer, se mit en campagne pour aller surprendre Pont-Audemer, mais en se gardant bien de laisser derrière lui sans l'avoir soumise la Mésangère (1), alors château fort, appartenant au parti contraire, défendu par une nombreuse garnison d'infanterie et de cavalerie. Les propositions de capitulation ayant été repoussées avec dédain par les assiégeants, la « malheureuse » Mésangère fut investie le 3 juillet et ses bastions battus en brèche par deux gros canons. L'auteur décrit, avec le langage hyperbolique familier à ses compatriotes, les ravages exercés par cette terrible artillerie, qui détruisit plus en une heure qu'on aurait pu construire en un an. Il remarque au surplus, fort judicieusement, que la rapidité de ces destructions tenait à ce que le mur qu'elle battait était construit en maçonnerie et non défendu par un terre-plein. Les assiégés, découragés, se retirent dans une tour d'où ils cherchent à capituler. Pendant qu'ils y délibèrent sur les moyens de fléchir la colère du vainqueur, les assaillants, ayant reconnu la profondeur du fossé, « dont les eaux croupissantes étaient couvertes de conferves, » trouvent moyen de le franchir, s'introduire dans le château et de baisser les pont-levis ; la garnison, ainsi surprise, est obligée de se rendre à discrétion, et le château reste occupé par un détachement français de l'armée du duc de Mayenne : puis on se dirige immédiatement vers le but principal de l'expédition. « A sept lieues plus loin, vers le couchant, est une place très-forte, et dont l'occupation intéresse essentiellement la sûreté de Rouen. Le Béarnais y tient une garnison imposante. C'est surtout l'abondance de ses eaux qui constitue sa force en opposant de grandes difficultés à ce qu'elle soit prise d'assaut : car, du reste, elle est dominée au nord par une colline d'où il est facile de la foudroyer. Malgré cet inconvénient, la profondeur de son fossé, et les marais dont elle est entourée, la défendent de telle manière que ce serait une folie de chercher à la prendre de vive force, en même temps qu'un grand malheur de ne pas s'en emparer. » On devine facilement que c'est de Pont-Audemer qu'il est question. « Ce n'est pas tant le nombre de ses habitants, tout à fait disproportionnés avec ceux de Rouen, qui la rend redoutable, mais sa position, qui la met à portée d'intercepter les communications (1) avec la Flandre et l'Espagne, de telle manière qu'aucun marchand ne puisse passer, sans prendre passeport ou sauf-conduit de cette population hostile, qui renchérit ainsi tous les approvisionnements de la métropole. Il n'y a pas longtemps que les habitants de ce Pont-Audemer étaient très-chrétiens ; mais depuis cette époque ils sont tombés dans le luthéranisme par leur faute en laissant pénétrer chez eux les prédicateurs de l'hérésie ». Ici vient un éloge pompeux du gouverneur (2), Hacqueville de Vieux-Pont, digne de haute renommée, qui aime et chérit tous ses vassaux d'une tendresse intérieure et paternelle, et ne songe qu'aux moyens de les faire échapper à la damnation éternelle où les conduit la secte luthérienne (3). Cependant, comme il pourrait y avoir du danger dans la manifestation de ces charitables intentions, il les dissimule soigneusement ; mais le duc et l'amiral, qui les connaissent, lui écrivent en secret une longue lettre dans laquelle ils lui représentent combien il est honteux pour lui, qui descend de si bons catholiques, de servir un luthérien ; quelle

(1) La Mésangère.

(1) Il est visible que c'est des communications maritimes qu'il s'agit ici ; mais l'occupation de Quilbeuf par les royalistes leur était bien autrement funeste que celle de Pont-Audemer.

(2) On dirait capitaine de la ville ; cependant Du Pless[...] donne exactement à ce[...] le titre de gouverneur. Il était frère de Vieux-Pont de S[...]berg, qui deshonora si lâchement sa noblesse à l'avènement d'Henri IV.

(3) L'auteur désigne constamment sous ce nom les protestants français, qui n'étaient pas luthériens, mais calvinistes.

grave responsabilité il encourt devant Dieu si quelque âme est perdue par sa faute; ils terminent en l'engageant « à ne craindre aucun dommage en renonçant à un roi étranger (Henri IV!) pour un roi légitime, parce que tout ce qu'il lui demandera sera accordé par le monarque futur » (qui n'est jamais clairement désigné. En revanche, des promesses encore plus positives et parfaitement circonstanciées, entre autres celle de son maintien dans le commandement de Pont-Audemer, terminent le message.

Hacqueville, dans sa réponse, exprime, selon l'usage habituel en pareil cas, une vertueuse indignation de ce qu'on ait osé le croire capable de vendre pour de l'argent la ville qui lui a été confiée, conduite flétrie et à juste titre du nom de trahison. S'il livre Pont-Audemer à la Ligue, ce sera uniquement par suite de considérations religieuses et sous deux conditions, savoir : d'abord qu'on en expulsera tous les hérétiques, puis que les choses se passeront pacifiquement, sans faire de brèches à la muraille ni attenter à l'honneur des femmes. Moyennant ces réserves, à coup sûr bien légères, il consent à épargner toute escalade en livrant une porte à jour et heure marqués; lui-même la gardera, de telle manière que les ligueurs puissent y entrer en nombre et prendre la ville sans perdre un seul homme. La lettre renfermant ces loyales offres, et mille autres choses que l'auteur nous épargne, se termine par beaucoup de protestations de dévouement et la déclaration que Hacqueville n'est pas moins impatient de livrer la place que le duc et Villars de la recevoir.

Tout cela s'était passé avant la prise de la Mésangère et à l'époque de la convalescence de Mayenne, mais si secrètement que Villars seul était dans la confidence; de sorte que, quand l'artillerie se mit en campagne, les uns crurent qu'il s'agissait d'une entreprise sur la Giraffonière (1); d'autres pensèrent qu'on se rendait à Caudebec ou à Quillebeuf, ou seulement à la Mésangère, sans que personne songeât qu'on pût marcher sur Pont-Audemer.

Après s'être emparé de la Mésangère le 3 juillet, comme nous l'avons vu ci-dessus, Mayenne rétrograda de trois lieues du côté de Rouen pour mieux cacher son jeu, et s'arrêta probablement vers la Bouille; de là il se mit en marche vers Pont-Audemer au point du jour, mais par des chemins détournés et en laissant sur la gauche la haute colline qui domine la ville; puis, à la nuit, il changea tout à coup de direction et vint s'établir entre la rivière et la montagne. Là, quand il fut entouré de tous ses soldats, il leur dit d'un ton joyeux de se préparer pour une expédition, parce qu'au lieu de repos il allait procurer avant minuit un riche butin à tous ceux qui le suivraient. Cette annonce leur fit oublier leurs fatigues; mais il s'éleva une difficulté : les Espagnols, qui par hasard se trouvaient ce jour-là à l'arrière-garde et qui n'étaient pas les moins pillards de la bande, prétendirent que leur nation devait avoir en pareil cas constamment le pas sur les autres, et les ligueurs furent obligés de se soumettre à cette humiliante réclamation, que l'auteur avoue être contraire à tous les usages militaires. Ce fut par conséquent Simon Antunez qui se trouva chargé d'organiser l'avant-garde; il y plaça cinquante Français d'élite destinés à entrer en pourparler avec la garnison et lui donner le change, en représentant toute la troupe comme des soldats de Henri IV apportant à la garnison de Quillebeuf, puis cinquante lances espagnoles; tous les Wallons et les Allemands formaient l'arrière-garde. Ce fut à un certain M. de Lalande qu'on confia la mission de reconnaître la porte qu'Hacqueville devait livrer et de s'y présenter comme ami. Il appelle à haute voix la sentinelle et lui recommande d'aller vite éveiller le gouverneur pour lui annoncer que Mayenne est dans les environs, mettant tout à feu et à sang; quant à lui, il est venu avec quatre ou cinq camarades pour lui donner cet avis, au risque d'être pris ou tué. Il engage la sentinelle à se hâter, à cause de la brièveté des nuits dans cette saison et de l'impossibilité de regagner Quillebeuf s'il attend le jour. Comme Hacqueville était tout préparé, il ne fut difficile ni à réveiller ni à persuader de la réalité du message, et s'empressa de venir ouvrir la porte; mais, avant que personne entre, il est empoigné par Lalande, qui s'empare de lui et le tire en dehors, afin qu'il servît de gage dans le cas où la trahison aurait été doublée. On voit par là quelle confiance inspirait, même à ses complices, cet homme animé d'un zèle si désintéressé pour le salut de ses administrés. Alors les cuirassiers prirent possession de la petite tour qui surmontait la porte et la mirent, ainsi que la muraille, en état de défense; puis ils s'avancèrent par la porte en criant : « Vive Espagne! » Toute l'armée les suit et prend possession de chaque poste. Les habitants,

(1) Nous ignorons quel lieu on a voulu désigner par ce nom.

éveillés en sursaut, cherchent encore à se sauver en traversant les fossés ou en grimpant sur les toits. La ville est mise au pillage; les uns cherchent des prisonniers, les autres l'argent et les effets précieux. Le nom de la sainte Vierge était le cri de guerre, et ceux qui ne le savaient pas aimèrent mieux pour la plupart chercher à franchir les fossés, au risque de se noyer, que de rester exposés aux coups des vainqueurs. Cependant, l'auteur a soin de nous assurer qu'il n'y eut personne de tué, mais à peine quelques blessés..... au moins parmi ceux qui ne se défendirent pas. Après qu'on eut bien fouillé toutes les maisons et rançonné les habitants, le duc fit sonner un ban pour ordonner de rendre tout le butin moyennant une taxe modérée, dont les pauvres furent même dispensés. On ne nous dit point jusqu'à quel degré ces bienveillantes mesures furent exécutées; nous pensons qu'il eût encore mieux valu ne pas permettre, et surtout ne pas ordonner le pillage. Les Espagnols s'arrêtèrent peu dans la place, qui reçut une garnison d'infanterie française, et repartirent dès le lendemain pour Quillebeuf (1), qu'ils croyaient emporter avec la même facilité que Pont-Audemer. Mais il n'y avait point de traître pour leur ouvrir les portes; les murs, en terre et fascines, étaient hérissés de huit couleuvrines « renforcées » et de quatorze canons, tandis que les assiégeants n'en avaient que trois; enfin, une garnison de mille hommes vaillants et dévoués, la fleur de la noblesse française, était abondamment approvisionnée de toutes les armes, de tous les projectiles propres à la défense d'une place. Nous ne suivrons pas l'auteur dans le prolixe journal qu'il nous donne de ce siège; nous nous contenterons de remarquer un nouvel exemple de la confiance réciproque de tous les gens de bien qui composaient la sainte Ligue. Nous avons

(1) « Villars, appréhendant que les royalistes, « après avoir été les maîtres absolus de Quillebeuf, « qu'on se hâtait d'achever, n'ôtassent assez la liberté de la navigation par le moyen de cette « place, qui réside dans les murs de la ville de Rouen ne « fût réduite une seconde fois à l'extrémité, la campagne étant si avant dans les eaux ou les marais, même « en temps de paix, qu'il y avait peu de chemins pour « pour assurer Quillebeuf, avec quelques pièces « de canon. L'IIe spirituel de Rouen s'était chargé de cette « .... de Rouen et d'obliger Tropet « .... de Villars, « prince étranger et son voisin, et de Quillebeuf, « si on ne pas leur faire les haïssent au « s'exposer dans les avenues, les offres pendant « deux assauts avec beaucoup de vigueur, quelque « .... » (de Thou, l. cm.)

vu ci-dessus le « loyal » d'Hacqueville empoigné comme otage, en cas de double trahison, au moment où il livrait Pont-Audemer « par des motifs purement religieux, » comme il avait eu grand soin de le proclamer d'avance. Ici, c'est le duc de Mayenne lui-même qui est véhémentement soupçonné de n'avoir conduit sa petite armée devant Quillebeuf que dans une intention perfide et pour gagner du temps pendant un inutile simulacre de siège. Cependant, l'auteur rend une éclatante justice à la valeur qu'il déploya constamment, ainsi que Villars, et qui nous paraît donner un démenti formel à ces accusations.

A la nouvelle de la prochaine arrivée d'un corps de 3,000 hommes de cavalerie et 4,000 d'infanterie envoyés par « le prince de Béarn » au secours de la vaillante garnison de Quillebeuf, le duc de Mayenne, après un dernier assaut, inutile comme les autres, prend le parti de retourner à Pont-Audemer, avec d'autant plus d'empressement que les habitants, peu reconnaissants du bien que leur avait fait d'Hacqueville en les ramenant dans le giron de la sainte Ligue, s'étaient mis en tête de se débarrasser quelque beau matin de leurs catholiques hôtes en les égorgeant. Il désarme les bourgeois et leur fait un beau sermon pour les engager à mieux prendre leur bonheur en patience; il laisse ensuite d'Hacqueville « seigneur (lien du pays auquel il a donné une si grande preuve d'amour (de la tierra que el tanto amo), mais en établissant au-dessus de lui, pour gouverneur, ce M. de Lalande qui lui avait témoigné tant de confiance lorsqu'il livra la ville, et que nous apprenons être originaire de Quillebeuf. Il veut dédommager d'Hacqueville de cette position humiliante par de fortes sommes d'or et d'argent; mais, suivant l'auteur, celui-ci reste inébranlable dans ses refus 2.

Mayenne, qui avait bien d'autres affaires en tête, quitte ensuite Pont-Audemer pour retourner à Rouen (3), après

(1) Capitaine.

(2) De Thou assure, au contraire, que ce fut par de l'argent que d'Hacqueville se laissa séduire, et la suite de la chose par la suite ne justifie à cette assertion.

(3) L'auteur s'étend sur la joie des dames et des demoiselles qui s'empressent d'offrir leurs soins au duc à son retour à Rouen. Les autres historiens de la Ligue et les protestants lui ficeront ce point d'une manière plus explicite. Il paraît toutefois Mayenne comme trop avancé pour les soins du gouvernement et l'amour paternel qu'il porte à la malheureuse France pour avoir tenu grand compte de leurs attentions. Si le fait était vrai, la nature de la maladie qui eut ses

avoir toutefois déterminé les logements qu'occuperait la garnison. On donna les meilleurs quartiers à cinq compagnies de cavalerie, qu'on tint à ne pas disséminer, mais à laisser toujours à portée de leur drapeau et de leurs écuries. M. de Contenent est chargé de les commander. On place ailleurs l'infanterie française, soigneusement séparée des étrangers. C'est le bon mestre-de-camp, M. de Lalande, qui veillera à leur entretien et qui aura grand soin d'entretenir leur bonne volonté à force de caresses et d'argent. Enfin, c'est au commandant espagnol, celui de tous en qui le duc a encore le plus de confiance, qu'est remise la garde des deux portes, car il paraît qu'il n'y en avait pas alors davantage. Les logements de ses troupes s'étendent sur toute la ligne de passage de l'une à l'autre entrée. Il est probable d'après cela que la cavalerie française occupait les rues situées au nord, et l'infanterie les rues au midi de cette ligne. Pour achever de nous donner une idée de l'anarchie organisée qui régnait dans la garnison, l'auteur a grand soin de nous apprendre que, malgré la présence du gouverneur Lalande et du capitaine d'Hacqueville, le commandant espagnol ne relevait que de l'amiral de Villars.

A l'en croire, il existait alors autour de Pont-Audemer, dans un rayon de deux à trois lieues, mille châteaux forts, entourés de bons terre-pleins, qui ne pouvaient être pris qu'avec du canon, et dont chacun était peuplé de mille voleurs, charmés de pouvoir colorer leurs brigandages de prétextes politiques. Il n'y avait point de petit gentilhomme possesseur d'une simple maison qui n'eût établi chez lui un de ces repaires, d'où ils guerroyaient avec leurs parents et leurs amis quand ils ne pouvaient plus s'attaquer à d'autres (1). Il nous peint ainsi les pères, les fils et les frères s'entr'égorgeant; les gentilshommes rasant les villages dans le rayon de leurs forteresses improvisées pour en assurer les abords, entourés de soldats qu'ils ne pouvaient payer, attendu qu'ils dépensaient tous leurs revenus en armes, en festins et en chevaux, et accablant de taxes arbitraires les pauvres vassaux, réduits à abandonner leurs chaumières et à se réfugier dans les bois, nus et mourants de faim, pour échapper à une oppression si affreuse.

L'un de ces châteaux, qu'il appelle « Douille », était fort incommode à la garnison de Pont-Audemer aussi bien qu'à celle de Honfleur, commandée par Grillon (1), attendu que ses habitants interceptaient leurs communications et ravageaient toutes les compagnies voisines. Grillon et Autunez (le commandant espagnol) s'entendirent pour aller l'assiéger de concert le 15 août. La marche de Grillon fut ralentie par le transport de deux gros canons qu'il amenait pour battre en brèche, de sorte que, malgré un fossé de dimension égale au fossé de la Mésengère, les soldats d'Autunez eurent le temps d'investir le château et d'y mettre le feu avant l'arrivée de leurs alliés, qui s'en retournèrent bien chagrins de n'avoir pu prendre leur part du butin.

De Pont-Audemer, une partie du corps espagnol vint passer quelques jours à Rouen pour concourir à la prise d'un château situé à six lieues de cette ville, et que l'auteur désigne sous le nom de Bléville. Sauf la distance, qui est moins considérable, on pourrait croire qu'il s'agit ici de Blainville, et le petit nombre de détails topographiques épars dans le récit sont d'accord avec cette hypothèse. Quoi qu'il en soit, le château fut pris, et Villars fit pendre le commandant, qui était Gascon, et auquel il paraît avoir porté une haine particulière. On fit grâce de la vie à tous ceux des soldats qui se rendirent. Un autre château, situé sur la route du précédent, ouvrit ses portes sans coup férir. Nous supposons que ce peut être Préaux.

Les Espagnols retournèrent immédiatement à Pont-Audemer; là, un jour de fête, pendant la messe, on vint avertir qu'un détachement de cavalerie, appartenant à la garnison royaliste de Pont-l'Évêque, avait fait une incursion dans le pays et s'en retournait gorgé de butin. Quoiqu'ils eussent au moins trois heures d'avance, Autunez et Contenent organisent promptement une expédition pour aller à leur poursuite ; on bat le tambour, on sonne la trompette : l'infanterie même monte à cheval. On trouve enfin les pillards dans un chemin creux, au moment où ils allaient rentrer à Pont-l'Évêque ; on les culbute, et l'on revient chargé de leur butin.

C'est ici que l'auteur quitte brusquement ses héros en se proposant de reprendre le récit de leurs aventures, et d'y joindre la relation du siège de Rouen dans la seconde partie de son ouvrage.

VIII.

Suivent un certain nombre de notes et documents sur Pont-Audemer.

Dans la charte de Richard II pour Fécamp :

« ... Item super fluvium qui dicitur « Risla apud Pontem Haldemari piscato- « riam unam... »

Dans la charte de Renaud de Pavilli, pour l'abbaye de l'Isle-Dieu, vers 1190 :

« Praeterea dedi cis decimam redi- « tuum meorum de Ponte Aldemer... »

Dans la charte de l'archevêque Rotrou pour l'abbaye du Valasse, 1169 :

« ... Alienum quoque sex millia apud « Pontem Audomari, a Galeranno comite « Mellenti et Roberto filio ejus nobis data, « et in prima septimana quadragesimæ « reddenda... »

Dans Orderic Vital, à l'année 1135 :

« Rollertus vero de Sigillo cum aliis « quibusdam clericis et Rollertus de Ver, « ac Johannes Algaso aliique milites de « Anglia et subditos ac ministri regis con- « globati sunt et per Pontem Aldemari « atque Bonam villam foretrum regis Ca- « domum perduxerunt... »

Dans Orderic Vital, à l'année 1137 :

« Rex autem [Stephanus] cum sua « agmina sine bello fugatus est, nimis « iratus est, et desertores usque ad Pon- « tem Aldemari festinanter persecutus est. « Ibi Hugonem de Gornaco et Guillelmum « juvenem de Guarenna aliosque turgidos « adolescentes detinuit et terroribus ac « blandimentis pro posse suo sedavit. »

On lit dans la grande charte de Préaux :

« ... Eodem Willelmo regnante, dede- « runt Rogerius et Robertus, prædicti « Hunfridi filii, Sancto Petro Prat-Ren-i « decimam Aldimeri Pontis, videlicet de « telonei, de censu, de molendinis et « ecclesiis ad eumdem locum pertinen- « tes... »

« ... Eodem anno, dedit Rogerius, fra- « ter ejus, eidem loco partem honoris cu- « jusdam avunculi sui, nomine Turchitilli, « quæ sibi hereditario jure pervenerat, si- « tam juxta prædictum pontem. Pro qua « retinuit argentea vascula ex nigello et « auro mire composita, quæ eidem loco « jam dictus Robertus contulerat... »

Dans la grande charte de Préaux :

Discussion avec « Hugo clericus » au sujet des églises de Pont-Audemer, et transaction.

Dans le chartrier du Bec, il y avait une charte par laquelle le comte de Meulan accordait à l'abbaye du Bec la permission de vendre du pain à Pont-Audemer, entre le pont de Risle et la porte de Corneville.

Dans les *Grands rôles de l'Échiquier de Normandie* :

« Ipsi Willelmo [de Mara] in solta red- « ditus sui de Ponte Audemari, scilicet de « molino quem rex habuerat, debet xviii. « solidos vin. denarios, de quibus reddit « compotum inferius. » (Stapleton, *M. R.*, p. 209.)

« Winundus Lievegot, Willelmus Rai- « vel, et Willelmus Le Cortéis reddunt « compotum de x. de emprunctis facto « in villa Pontis Audomari per Robertum « abbatem Cadomi et Ricardum Silvani. » (*Idem*, p. 209.)

En 1267, Jeanne, fille de Jean de Walemont et de Ros, du consentement de Geoffroi de Poissi, écuyer, donna au convent de Saint-Ouen de Rouen 20 sols tournois de rente « quos habebam apud « Pontem Audomari... in masura... « quam Nicholaus dictus Rex cepit... a « Guillelmo de Ros, avunculo meo, quæ « masura est in vico Sauniere.

Dans le cartulaire de Préaux, fol. 175 v°, on voit qu'en 1330, aux assises de Pont-Audemer, le convent de Préaux fut confirmé dans son droit de toucher les revenus de chaque dixième semaine, appelée la Male-Semaine, contre le prévôt de Pont-Audemer, qui leur contestait tout ou partie de ce droit.

Dans le cartulaire de Préaux, fol. 163 r°, on constate que, en 1329, il y eut discussion entre le prévôt de Pont-Audemer et le convent de Préaux, au sujet des étaux que ce convent possédait en la halle de Pont-Audemer, et qui consistaient en 6 postées et demie qui montaient 13 étaux. Le prévôt voulait qu'on ne pût les louer qu'après que toutes celles du roi étaient louées. Il fut débouté.

Voici un extrait de différentes chartes de l'abbaye de Savigni, d'après les titres originaux déposés aux Archives de l'Empire et d'après le cartulaire, conservé aux archives du département de la Manche :

« ... Isabel, filia comitis Mellenti... Cum Galarandus, pater meus, comes Melenti, Ganfrido de Meduana me daret in uxorem, dedit pro me in maritagio domino G. de Meduana, concedentibus filiis suis Roberto et Amaurico et Rogero, de redditu suo qui est in villa Pontis Audomari, ix. lib. Andeg., ita ut supradictus G. de Meduana in predicta villa famulum suum haberet, qui singulis ebdomadis totius anni de ipso redditu qui primitus veniret, feria scilicet secunda, xxv. sol. Andeg. acciperet, ita quod si in ipsa ebdomada ipsi denarii non possent persolvi ex integro, persolverentur in ebdomada sequenti. Postea ego Isabel, de ipso redditu, concedentibus filiis meis, Juhello scilicet filio domini Ganfridi de Meduana, et Mauricio et Petro, filiis domini Ganfridi de Meduana, et Mauricio et Petro, filiis domini mei Mauricii de Creone, dedi Deo et monachis Savigneii... x. libras Andeg., ita scilicet ut in mense proximo et precedente Natale Domini centum solidos percipiant monachi, alios centum solidos mense proximo et precedente pascha Domini similiter percepturi... Hanc [elemosinam] ... concessi in capitulo Savigneii, coram omni conventu, Juhellus dominus de Meduana, filius meus, qui etiam cum super altare cum regula sancti Benedicti posuit... Sigilli domini mei Mauricii de Creone munimine feci roborari. »

« II, Dei gracia rex Anglie, et dux Normannie et Aquitanie, et comes Andegavie... Sciatis me, ad petitionem Isabellis filie Goaeranni comitis de Mellent, concessisse et presenti carta mea confirmasse Deo et ecclesie S. Trinitatis de Savigneio... x. libratas redditus Andeg. quas prefata Ysabellis... eis dedit et concessit annuatim apud Pontem Aldemari... Testibus, Waltero de Constantiis; Willelmo, Abrincensi archidiacono; Mauricio de Creone; Stephano de Turonis, senescallo Andegavie; Willelmo de Humetis, constabulario; Folquio Painel. Apud Gorham. »

« Robertus, comes Mellenti, universis suis hominibus, et vicecomitibus, et baillivis, salutem. Noveritis fideles universi quod ego Robertus, comes Mellenti, ad petitionem Isabellis, sororis mee, concedo et presenti mea carta confirmo Deo et ecclesie Sancte Trinitatis de Savigneio... x. libras Andegav. quas prefata Ysabel... eis dedit apud Pontem Audomari... Testibus istis : Mauricio de Creone; Raudulfo de Filgeriis; Pagano de Chaorces; Juhello filio Gaufridi de Meduana; Radulfo de Porta, fratre meo; Guillelmo de Marmorein; Peregrino et Johanne et Hugone, capellanis comitis; Radulfo de Bellomonte; Filio Baudoini, clerico meo; Rogerio, Rainguido, Ricardo, monachis; Luca et pluribus aliis. »

« ... Rotrodus, Dei gracia Rothomagensis archiepiscopus... Isabel, filia Galerani comitis Mellenti, uxor Mauricii de Creon, pro salute sua et prioris mariti sui Gaufridi de Meduana, et secundi mariti sui Mauricii de Creon, et Juhelli filii sui..., dedit monachis de Savigneio in perpetuam elemosinam x. libras Andegavensium... apud Pontem Audomari in maritagio suo... Preterea notificamus vobis quod Guillelmus de Mandevilla, comes Essexi, dedit Deo et Sancte Marie de Savigneio, et monachis ibidem Deo servientibus, pratum Humelli de Sancto Georgio, quod monachi predicti fossa incluserunt, et dimidiam acram terre in masura sua, ubi manent... Sigilli nostri munimine roboravimus. »

« ... Isabel de Meduana... Galeranus, pater meus, cum dominus Gaufridus de Meduana me duxit uxorem, dedit in maritagio michi masuram Rogerii Berreke... apud Pontem Audomari, et ix. libras Andegavensium annui redditus in prepositura Pontis Audomari... Ego autem..., concedentibus omnibus filiis meis, Juhello de Meduana, Mauricio, Petro, et Amauricio de Creone, de omni predicto matrimonio vel maritagio Christiana heredem feci... Igitur, pro salute... dominorum meorum Gaufridi de Meduana et Mauricii de Creone..., abbatie, ubi sepulturam habebo, donavi x. libras Andegavensium, unde duo monachi presbiteri victus necessaria habeant; x. libras ad usus pauperum de porta quam de proprio construxi; c. solidos ad pitanciam conventui, in die quando cor domini mei Mauricii de Creone allatum est et sepultum in domo Savigneii; c. solidos ad emendam ceram ad missas; x. libras unde habeat generalem pitanciam omnis conventus in festo sancti Georgii, et unus presbiter monachus habeat necessaria victus; sanctimonialibus de Moretonio c. solidos ad emendos lineos pannos, et vi. libras ex donatione Juhelli de Meduana; monachis de Campania vi. libras, quas habere solebant apud Villanam, ex dono Juhelli de Meduana; monachis de Veteravilla, xl. solidos, ex dono Juhelli de Meduana;

« monachis de Busseria xx. solidos, ex
« dono Juhelli de Meduana .. Sigilli mei
« munimine roboravi. »

« ... Isabel de Meduana,..., ad precem
« Juhelli de Meduana, filii mei, dedi mo-
« nachis de Savigneio, in perpetuam ele-
« mosinam in præpositura Pontis Audoma-
« ri x. libras Andegavensium unde totus
« conventus habeat pitanciam, etc. Sancti-
« monialibus Moretonii vi. libras...: mo-
« nachis Veteris ville xl. sol.; monachis
« de Buxeria xx. solidos; etc... Testibus
« illis : Guillelmo de Erkencio ; Gaufrido
« monacho ; Guillelmo de Bosleio ; Gerva-
« sio de Coreeisirs ; Gaufrido Bernehart,
« et multis aliis. »

« ... Juhellus de Meduana... Sciatis
« me dedisse... monachis de Savigneio
« in elemosina perpetua... in præpositura
« Pontis Audomari x. libras Andegaven-
« sium annui redditus, unde totus con-
« ventus habeat pitantiam, etc. Conces-
« serunt fratres mei Mauricius de Creone,
« Petrus et Amaurieus... Sigilli mei mu-
« nimine roboravi. Testibus : Guillelmo
« de Erkencio ; Gaufrido monacho ; Guil-
« lelmo de Bosleio ; Gervasio de Core-
« sirs ; Guillelmo de Cloleio ; Andrea
« Rufo ; Gaufrido Bernehart ; Gaufrido
« Malenfant clerico, et aliis. »

« Omnibus sancte ecclesie filiis presen-
« tibus et futuris, Isabel de Meduana,
« Guakranni comitis filia, æternam in Do-
« mino salutem. Noverint universi quod
« ego in monasterio Savigneii eligens se-
« peliri, et monachorum, qui ibidem sunt,
« apud Dominum meritis et precibus adju-
« vari, de lx. libris Andegavensium annui
« redditus quas dederat michi pater meus
« in præpositura Pontis Audomari, cum
« duceret me uxorem dominus Gaufridus
« de Meduana, dedi in elemosinam perpe-
« tuam omnino liberam et quietam eis-
« dem monachis xxx. libras Andegaven-
« sium annui redditus, quas ita distinxi :
« x. videlicet libras unde duo monachi
« presbiteri necessaria habeant ; x. libras
« ad usus pauperum de porta abbacie Sa-
« vigneii ; c. solidos ad pitanciam mon-
« achorum conventui, pro animabus domini
« Gaufridi de Meduana et domini Mauricii
« de Creon faciendam annuatim die pene
« et vino et piscibus... ; c. solidos quos
« excambiavi pro c. solidis quos dederat
« eisdem monachis predictus Mauricius a b
« candelas ardendas ad missas: dedi et
« c. solidos Andegavensium sanctimonia-
« libus de Moret nuo, ad emendos pannos
« lineos, sibi necessarios. De cetero xxv. li-
« bras que supersunt concessi domino
« Juhello de Meduana, filio meo, ad fa-
« ciendas elemosinas suas, quas ita assi-

« gnavit : monachis Savigneii x. libras
« Andegavensium ; monachis de Campa-
« nia vi. libras Andegavensium ; mona-
« chis de Veteri villa xl. solidos Andega-
« vensium ; monachis de Buxeria xx. soli-
« dos Andegavensium ; sanctimonialibus
« de Moretonio vi. libras Andegavensium.
« Hec omnia recipiet dominus abbas Savi-
« gneii, et partibus, sicut prenominatum
« est, annuatim distribuet. Ad hoc enim
« dedi monachis Savigneii burgensem
« meum de Ponte Audomari, scilicet Ri-
« cardum Secte, et heredem ejus, qui
« redditum prenominatum singulis eblo-
« madibus recipiat. Hec omnia conces-
« serunt omnes filii mei... Que ut perpe-
« tuam obtineant firmitatem, litteris anno-
« tari et sigilli mei feci munimine robo-
« rari. »

« Universis tam presentibus quam futu-
« ris, ad quos presens scriptum pervene-
« rit, Robertus, comes Mellenti, salutem.
« Noverit universitas vestra quod ego...
« confirmavi donationem quam fecit pre-
« dicta Isabel ecclesie Sancte Trinitatis,
« Sancteque Marie de Savigneio, etc...
« (Comme plus haut.) Ut autem hec mea
« concessio et confirmacio perpetuam ob-
« tineat firmitatem, carta presenti volui
« annotari, et sigilli mei munimine robo-
« rari, servato tenore carte sororis mee,
« quam predicti monachi inde habent.
« Testibus his : Nicholao de Cornevil-
« la (1), tunc tempore capellano meo ;
« Roberto de Tresgoz ; Henrico de Ponte
« Audomari ; Gervasio de Core(ce)sirs ; et
« Hamelino fratre ejus, et pluribus aliis.
« Actum anno Verbi incarnati m. cc. ii.
« Datum apud Rothomagum, iv. idus ju-
« nii. »

« Universis Christi fidelibus, ad quos
« presens scriptum pervenerit, Walterus,
« Dei gracia Rothomagensis archiepisco-
« pus, salutem. Noverit universitas vestra
« nos vidisse et diligenter inspexisse car-
« tas Isabelle de Meduana, et Roberti, co-
« mitis de Mellenti, fratris ejus, quarum
« tenor verbo ad verbum subsequitur
« in hec verba. » (Suit la copie des deux
chartes précédentes.)

« Nos autem utilitati monasterii de Sa-
« vigneio et monachorum ibidem Deo ser-
« vientium, etc ; prescriptas cartas pre-
« senti scripto, et sigilli mei munimine
« roboravimus et confirmavimus. Testi-
« bus : magistro Roberto Rollon, magistro
« Johanne Cornubiensi, Willelmo de
« Bruer, Roberto de Sancto Nicolao, ca-
« nonicis Rothomagensibus ; magistro

(1) Le vidimus de l'archevêque porte : « Nicholao
capellano de Coreevilla. »

« Radulfo de Constanciis, Johanne Bri-
« tone, et pluribus aliis. Datum per ma-
« num magistri Symonis, cancellarii Ro-
« thomagensis, Rothomagi, anno Incar-
« nationis Domini m. cc. secundo, secundo
« idus Junii. »

« Juhellus, Meduane dominus... Sciatis
« me concessisse et hac carta mea confir-
« masse monachis de Savigneio donum
« quod fecit eis mater mea in prepositura
« Pontis Audomari, etc... Que ut perpe-
« tuam obtineant firmitatem, litteris anno-
« tari feci, et sigilli mei munimine robo-
« rari. »

« Johannes, Dei gracia rex Anglie, do-
« minus Hybernie, etc... Sciatis nos con-
« cessisse, et hac carta nostra confir-
« masse... donacionem quam Isabel de
« Meduana eis fecit de LX. libris Andega-
« vensium annui redditus in prepositura
« Pontis Audomari, etc. Testibus : Willel-
« mo, comite Arundelli ; Roberto, comite
« Melleti ; Johanne de Pratellis ; Petro de
« Pratellis ; Rog. de Tosneio ; Girardo
« de Fornivalle ; Rob. de Tresgos ; Petro
« de Stokes ; Willelmo de Stagno. Datum
« per manum Symonis, archidiaconi Wel-
« lensis, apud Kaylli, xı. die junii, anno
« regni nostri IV°. »

« ... Frater Radulphus, dictus abbas
« et totus conventus de Campania... Con-
« tulimus et concessimus abbati et mona-
« chis de Savigneio LX. solidos cenoman-
« nensium annui redditus quas habeba-
« mus apud Pontem Audomari.. In com-
« mutacione horum LX. solidorum contu-
« lerunt et concesserunt nobis torcular
« suum de Lombecl apud Silliacum... ex
« dono Hugonis de Silliaco... Actum est
« hoc Verbi incarnati anno m. cc. v. »

« ... Frater Mauricius dictus abbas et
« conventus Veteris ville... Noverit uni-
« versitas vestra venerabilem patrem do-
« minum Willelmum abbatem et conven-
« tum Savigneii integre... nobis satis-
« fecisse de XL. solidis Andegavensium quos
« domina Ysabel de Meduana, etc...
« Scripto presenti annotari et sigilli nostri
« munimine voluimus roborari. »

« Robertus, Dei gracia comes Melleuti,
« omnibus sancte matris ecclesie filiis,
« salutem. Noverint universi, tam presen-
« tes quam futuri, quod ego, pro Dei
« amore et salute mea et omnium ante-
« cessorum et heredum meorum, conce-
« dente Galerano filio meo, dedi in perpe-
« tuam elemosinam omnino liberam et
« quietam Deo et monachis de Savigneio
« LX. solidos Andegavensium in molendi-
« nis meis de Ponte Audomari, quos sin-
« gulis annis prima septimana quadrage-
« sime recipient a firmario meo qui mo-

« lendinum ipsum tenuerit, et de illis
« denariis habebit omnis conventus mo-
« nachorum et fratrum Savigneii genera-
« lem pitantiam de vino et piscibus se-
« cunda dominica quadragesime. Ut au-
« tem hec mea elemosina rata semper
« maneat et inconcussa, eam sigilli mei
« munimine roboravi. Testibus his :
« Guillelmo de Breteil ; Roberto de Bre-
« teil ; Rogero de Pratellis ; Roberto de
« Joio ; Galerano de Waterilla ; Ricardo
« de Warelira ; Guillelmo de Potot ; Pa-
« gano de Mester ; Roberto capellano, et
« Radulfo elemosinario. »

« ... Ricardus, Dei gracia Bajocensis...
« episcopus... noverit universitas vestra
« nos vidisse, etc. » (Suit une copie de la
charte précédente.)

« ... Rogerus, filius comitis Mellenti...,
« notum fieri volo me..., pro salute fra-
« tris mei Amaurici..., dedisse... mona-
« chis de Savigneio... XL. solidos Andega-
« vensium annui redditus in vicecomitatu
« Ebroicensi, quos bailivi vel firmarii mei
« qui redditus meos de predicto viceromi-
« tatu recipiunt, eisdem monachis singu-
« lis annis in Pascha Domini solvent apud
« Ebroicas... sigilli mei munimine robo-
« ravi. Testibus his : Mauricio de Creon ;
« Isabel, ejus uxore ; Juhello de Meduana ;
« Radulfo des Biguaz ; Nicholao de Con-
« da ; Roberto, Radulfo, Hugone, mona-
« chis... Anno m. cc. L. IV., mense maio. »

Sur la nomination du prieur de Saint-
Gilles de Pont-Audemer, en 1303. (Olim,
t. III, p. 122.)

1315. Sur les droits d'usage des Frères
de l'Hôtel-Dieu de Pont-Audemer en la
forêt de Brotonne. (Arch. de l'Emp., S.
5197, n° 3.)

Juillet 1314. Amortissement pour la
maison des Carmes fondée à Pont-Audemer, près de l'église Saint-Aignan. (Très.
des chartes, reg. 56, n° 528.)

Deux bulles pour l'hôpital de Saint-Jean
de Pont-Audemer. (Arch. de l'Emp., S.
5197, nos 4 et 5.)

Lettres de rémission dans lesquelles il
est question de Pont-Audemer :

Pour Dronet Ballan, mai 1377, Trésor
des chartes, reg. 110.

Pour Geoffroi, sergent d'armes du roi,
avril 1383, ib., reg. 122, n° 235.

Pour Pierre Morin, décembre 1383, ib.,
reg. 125, n° 56.

Pour Guillaume le Menant, dit le Mou-
tardier, novembre 1385, ib., reg. 127,
n° 241.

Pour Lyon Varnier, 1452, ib., reg. 181,
n° 225.

Pour Roulin le Monnier, mai 1474, ib.,
reg. 195, n° 1010.

Pour Charles d'Esneval, août 1486, ib., reg. 218, n° 97.

Pour Pierre et Jean Coespel, juillet 1486, ib., reg. 218, n° 103.

Dans le recueil des Ordonnances, il est fait mention plusieurs fois de Pont-Audemer.

Conférez : t. I, 635; t. II, 400. États de 1350.

Ordonn., t. XII, 203. Grenier à sel de Pont-Audemer, 1401.

Ordonn., t. XVIII, 693. Louis XI donne des revenus aux habitants pour réparer les rues, etc.

Ordonn., t. IX, 11. Cession à Charles VI des droits du roi de Navarre sur Pont-Audemer.

Aveu du fief de Bouquelon, en 1407 : « ... Quand icelui nostre seigneur [le roi] vient au chastel dudit Pont-Audemer, le dit escuier [Guillaume de Mellemont] le doit mener depuis la porte du Pont-Audemer jusques audit chastel, et doit icelui escuier estre son chambellan la première nuyt. » (Arch. de l'Empire, P. 305, n° 199.)

Porte de Corneville, au château de Pont-Audemer, en 1389, ib., P. 307, n° 86.

La porte du donjon du chastel dudit Pont-Audemer, appelé la porte de Normandie, en 1456, ib., P. 305, n° 251.

Les archives de l'Eure possèdent sur le couvent des Cordeliers : Titres divers, de 1400 à 1789, 5 reg., 5 liasses;

Sur le couvent des Pénitents : Titres divers de 1450 à 1770;

Sur le couvent des Ursulines : Titres divers de 1598 à 1763;

Sur le couvent des Carmélites : Titres divers, de 1635 à 1781.

IV.

Dépendances : — la Galette-Chaude; — le Pont-Marchand; — la Ruelle; — les Caudenets; — le Chardon-Blanc; — le Châtel; — la Gagnerie; — le Houzey; — la Mare-Broc; — le Mont-Carmel; — la Blanchisserie; — le Bois-de-Carmes; — la Cordonnière; — la Côte-de-la-Lorie; — la Côte-de-la-Pierre; — la Côte-du-Longval; — le Doult-Vitran; — le Grand-Étang; — la Manufacture; — la Pointe-de-Martinville; — le Vert-Galant; — la Brasserie; — le Moulin-des-Champs; — la Madeleine (chapelle).

Cf. *Le procès du sieur de Pont-Audemer avec les Normands, l'an 1599, par M. le duc d'Aumale. Paris, 1569, in-8°.*

Le siège mis devant Pont-Audemer par l'ordre de M. le duc de Longueville, 1649, in-4°.

Histoire communale de l'arrond. de Pont-Audemer, par Aug. Guilmeth, Rouen, 1832, in-8°. — Il n'en a été publié que les quatre-vingt-six pages consacrées au chef-lieu.

Essai historique, archéologique et statistique sur l'arrondissement de Pont-Audemer, par A. Canel, Rouen, 1833-4. 2 vol. in-8° avec atlas.

Notice sur les vitraux de Saint-Ouen de Pont-Audemer, par Mme Philippe-Lemaître. Rouen, 1853. in-8°.

Mémoires de la Société des antiquaires de Normandie, 2e série, t. II, p. 131 à 189 : Canel, *Indication de quelques documents historiques, conservés dans les archives de Pont-Audemer*.

La Normandie illustrée, t. Ier, p. 55.

Arist. Guilbert, *les Villes de France*, t. V, p. 545.

PONT-AUTOU.

Arrond. de Pont-Audemer. — Cant. de Montfort.

Sur la Risle.

Patr. S. Louis. — Prés. l'abbé du Bec.

I.

Pour l'étymologie du nom de cette commune, nous renvoyons aux communes d'Authou et d'Autou.

Une tradition très-répandue signale Pont-Autou comme une ancienne ville, et lui donne pour faubourgs Bonneville, Thierville et Autou. Sous la côte de Fresneuse, un triège continue de s'appeler le Bout-de-la-Ville.

La première partie de ce recueil a donné quelques détails sur les antiquités romaines trouvées à Pont-Autou et sur les voies également romaines qui s'y croisent. Depuis, vers 1862, une nouvelle découverte d'objets antiques a été faite sur les terrains en pente du Bout-de-la-Ville. Parmi les plus curieux, nous devons signaler un poids.

L'importance de Pont-Autou s'est perpétuée jusque dans le moyen-âge. C'est là, rapporte Orderic Vital, qu'en 1122, après la levée du siège de la Tour de Vatteville, le roi Henri Ier cantonna Henri de la Pommeraie avec des troupes, en attendant une occasion favorable pour combattre Galeran de Meulan et ses alliés, révoltés contre l'autorité royale.

Plus tard encore, on retrouve Pont-Autou désigné comme siège d'une vicomté. Cette vicomté existait en 1350; elle se trouva morcelée et reconstituée sur de nouvelles bases à la suite des importantes concessions de domaine faites en 1354 par le roi Jean à Charles le Mauvais, roi de Navarre et comte d'Evreux. Dans la suite, la vicomté de Pont-Autou cessa d'avoir des officiers particuliers; elle se confondit alors avec celle de Pont-Audemer, et cette justice fut nommée désormais « la vicomté de Pont-Authou et Pont-Audemer ».

Pont-Autou avait aussi un bailliage. Au mois de décembre 1711, Louis XV s'étant fait rendre compte de l'état « où « se trouvaient les bailliages du Pont-« Audemer et du Pont-Authou, aussi bien « que les vicomtés qui en étaient ressor-« tissantes, et ayant appris que, d'un « côté, la juridiction de ces deux bail-« liages était exercée au Pont-Audemer « dans le même siège et par les mêmes « officiers; que, de l'autre côté, la justice « était administrée par le plus grand « nombre des officiers des bailliages, soit « dans la vicomté de Pont-Audemer, soit « dans celles de Montfort, Pont-Authou « et Bourg-Achard, réunit d'abord les « deux bailliages pour ne former à l'ave-« nir qu'un seul et même corps... Et or-« donna aussi la réunion au bailliage de « Pont-Audemer des quatre vicomtés qui « en dépendaient... »

II.

M. l'abbé Canesme a bien voulu nous communiquer des notes fort intéressantes sur plusieurs fiefs de Pont-Autou.

Le premier est la Poterie, plein fief de haubert, dont la mouvance était en litige entre le roi, en sa qualité de comte de Montfort, et les seigneurs de la Poterie-Mathieu.

Vers 1069, « regnante Willelmo Roberti « marcionis filio, Osbernus de Magnivilla « dedit Sancto Petro Pratelli terram duo-« rum virorum, unum in Potaria super « Rillam, ubi fiunt testa vasa, alterum in « Magnivilla ».

Ce texte regarde notre fief de la Poterie, où se fabriquaient des vases de terre cuite au milieu du xi° siècle.

Vers 1250, « carta Petri de Poteria, de « qualdam particula memoriæ qui dicitur Roca, « quam scoluit Ricardo Bourdon, sitam « in parochia de Ponte Autou ».

Pierre de la Poterie eut pour successeur Jean de la Poterie.

1297. Jean de la Poterie, chevalier, vend à l'abbaye du Bec 10 liv. de rente en deux parties, que cette maison lui devait sur le moulin de Touvoie et le bois de la Roche.

1300. Robert de Mortemer confirme cet acte.

1443. Constantin de Barville était seigneur de la Poterie. Sa sœur Jacqueline parait l'avoir porté en dot à son mari, Gabriel de Pommereuil.

1522. Gabriel de Pommereuil était seigneur de la Poterie à cause de la demoiselle sa femme.

1570. Bimon Allorge était seigneur de la Poterie.

1617. Jean Allorge, seigneur de la Poterie.

1634. Nicolas Allorge transfère la chapelle Saint-Jacques et Saint-Christophe du Gruchet à son manoir de la Poterie.

Nicolas Allorge, son fils, mort maréchal de camp et gouverneur de Toul, portait encore le titre de seigneur de la Poterie-Pont-Autou.

1712. ... Legrix, écuyer, lieutenant particulier au bailliage de Pont-Autou-Pont-Audemer, était seigneur de la Poterie.

1723. Un Legrix de la Poterie était lieutenant général au bailliage et maire de Pont-Audemer.

1771. Messire Jean-Jacques Léonard Legrix, écuyer, seigneur honoraire de la paroisse de Pont-Autou, conseiller du roi, lieutenant général civil et criminel aux bailliage et vicomté dudit Pont-Authou et Pont-Audemer.

Par un empiétement assez ordinaire nous remarquons que les seigneurs de la Poterie prétendaient à la seigneurie de Pont-Autou.

1788. M. Morin de la Rivière était seigneur de la Poterie.

Le second fief s'appelait le Gruchet.

Vers 1024, « et decimas ejus villæ « quæ dicitur Cruciacus. » C'est ainsi que s'exprime une charte du duc Richard II en faveur de l'abbaye de Jumièges. Dans la suite, cette abbaye avant vendu ou cédé son établissement de Pont-Autou à l'abbaye du Bec, la ville du Gruchet, située sur une côte voisine de Pont-Autou, se trouva délaissée, et il n'y resta plus qu'une chapelle.

1203. Guillaume du Mallot, seigneur d'un fief voisin du Gruchet, obtint du roi Jean, alors à Montfort, la création d'une foire fixée au 25 juillet, jour de la fête de saint Jacques et saint Christophe, patrons de la chapelle de Gruchet.

1550. Noble homme Gilles Allorge, seigneur du Gruchet, est cité dans un accord daté du 10 mai entre Nicolas Vipart, seigneur de la Fortière, et Hector de Thunery, seigneur de la Cambe.

1590. Bimon Allorge, sieur du Gruchet, de la Poterie et de Pont-Autou, était mort laissant pour veuve Euphrase le Maréchal.

1617. Jean Allorge, écuyer, sieur du

Gruchet et de Pont-Autou, passe un bail. Il avait épousé Marguerite Campion ; de cette union naquit Nicolas Allorge et Marguerite Allorge, mariée à Nicolas de la Bouque, sieur des Gastines, à Illeville.

1632. Nicolas Allorge fieffe à Michel Dupin une pièce de terre avec jardin et place devant, le tout situé à Thierville, près la mare du Quesne.

1634. Nicolas Allorge, écuyer, sieur du Gruchet, de la Poterie et du Bos-Buisson, à Thierville, dote de 18 liv. de rente la chapelle bâtie dans l'enclos de son manoir de la Poterie en l'honneur de Dieu, de la sainte Vierge, de saint Jacques et de saint Christophe. Cette chapelle était auparavant dans le fief du Gruchet.

1647. Nicolas vivait encore et achetait un immeuble.

1648, 14 août. N. dame Françoise de Havart, femme de M⁏ du Gruchet, est marraine, à Thierville, avec messire Vincent Bandel, prêtre, écuyer, curé de Thierville, à l'enfant de Richard Bunel et de Jeanne Lecomte, qui fut nommé Nicolas. Cette dame donna à Nicolas Allorge un fils et deux filles :

1° Nicolas Allorge, seigneur du Gruchet, de la Poterie, de Pont-Autou et de Bosbuisson, maréchal des camps et armées du roi, gouverneur des ville et pays de Toul, et mort sans postérité : ses sœurs partagèrent sa succession ;

2° Françoise épousa Adrien le Mercier, écuyer, sieur de la Vallée d'Ecaquelon, et lui porta en dot le Bosbuisson ;

3° Catherine épousa le frère du mari de sa sœur, Charles le Mercier, écuyer, sieur du Buc, de Bolane, de Tourville, etc.

De ce mariage :

Antoine le Mercier, écuyer, sieur de Gruchet, gentilhomme ordinaire du duc de Longueville, marié le 26 octobre 1659 avec Marie Heurtault, fille de Jean Heurtault, écuyer, sieur de Sainte-Geneviève, conseiller et procureur du roi au bureau général des traites foraines en Normandie.

Heurtault : d'azur, à trois têtes d'aigles d'or.

Le Gruchet passa au neveu de la femme d'Antoine le Mercier, Jean-Charles Heurtault, écuyer, seigneur du Gruchet et autres lieux, baptisé le 5 juillet 1665. Le 15 mai 1689, il obtint des provisions pour l'office de conseiller du roi au parlement de Normandie et commissaire aux requêtes du palais. Il épousa, par articles sous seings privés du 23 février 1702, demoiselle Marguerite Lernault, fille et seule héritière de Jean Lernault, écuyer, conseiller du roi, auditeur en la chambre des comptes de Normandie, et de dame Marie Cavelier. Sa mort arriva le 6 mars 1726, et de son mariage sont nés un fils et trois filles. (D'Hozier.)

Ce fils, nommé Jean-Charles Heurtault, écuyer, seigneur de Laminerville et autres lieux, épousa, par contrat du 23 juillet 1729, demoiselle Marie-Catherine Grossin de Saint-Thurien, fille de Louis Grossin, seigneur de Saint-Thurien, conseiller du roi en ses conseils, président en la cour des comptes, aides et finances de Normandie, et de dame Catherine de Formont.

Le fief de Gruchet, situé vers Thierville, dans le lieu nommé la Poterie-Gruchet, était une dépendance du fief de Pont-Autou. Jadis il y avait là une chapelle, et c'est auprès de son ancien emplacement que se tient la foire du 25 juillet.

Le troisième fief était la Bourserie.

Ce fief paraît devoir son nom à une famille Boursier sur laquelle nous avons recueilli quelques renseignements.

1497. L'abbaye du Bec donne en fief à Robert le Boursier une demi acre de terre sise à Pont-Autou, au-dessous de la douve du fossé qui entoure les murs du parc, pour 7 sous 6 deniers et une géline de rente.

1512. Robert le Boursier prend à fief de la même abbaye trois vergées de terre labourable, joute les trous du manoir de Quinquenpot à Pont-Autou.

1521. Thomas le Boursier reçoit en fief de l'abbaye du Bec une demi-acre de terre, près Caumont, moyennant une rente de 10 sous.

1585, 7 janvier. N. H. Pierre Allorge, sieur de la Bourserie, achète la maison de Jean du Vivier, sise au Bec-Hellouin, à lui vendue par Thomas du Vivier, fils de Jean.

1587. Le même M⁏ de la Bourserie donne au fief à Blaise Fleury, les maisons et jardin achetés à du Vivier.

Françoise Allorge, héritière en partie de cette maison, épouse Charles de Baudot d'Ambenay, écuyer, seigneur de Fumichon, d'où :

Charles de Baudot d'Ambenay, écuyer, seigneur de Fumichon, qui épousa Madeleine Campion de Mont-Pezuant.

De ce mariage est né le 21 août 1744 Madeleine-Charles-Jacques de Baudot de Fumichon, marié plus tard à Henri le Bœuf, chevalier, seigneur et patron d'Osmoy, Cocherel, la Toilerie, Fumichon, le Frane, la Bourserie, etc.

Mᵐᵉ d'Osmoy, née Baudot de Fumichon, est morte le 31 janvier 1796.

Henri le Bœuf, chevalier, seigneur d'Osmoy, mort en 1812. Son fils, Charles-Henri d'Osmoy, a vendu la Bourserie à M. Pierre Quesney.

Mme veuve Pain, née Quesney, la possède aujourd'hui.

Enfin le quatrième nommé Manneville, ou le Moulin-à-Papier, était une vavassorie noble relevant de Salerne, chef-lieu d'une baronnie des religieux de Préaux.

Vers 1060, Osbern de Manneville, qui donnait au XIe siècle un hôte à la Poterie près Pont-Autou, et un autre à Manneville, était de Manneville près Pont-Autou. On verra par la suite que cette vavassorie relevait en partie de la baronnie de Salerne, propriété des religieux de Préaux.

1070. Les deux frères Guillaume et Anastase de Manneville, « de Magneville, » qui présentèrent avec d'autres le fils de Guillaume, vicomte de Montfort, nommé Turold, pour être religieux à Préaux, étaient aussi de cette localité. Sous les derniers rois anglo-normands, Manneville était un plein fief de chevalier; il était possédé par un Raoul de Manneville, qu'il ne faut pas confondre avec les Raoul qui ont laissé leur nom aux autres Manneville.

1257. Roger Doré de Manneville s'oblige envers l'abbaye de Préaux pour un prêt de 100 sous, à une rente de deux setiers d'avoine, mesure de Brionne, apportés et mesurés au manoir de Salerne. Cette rente était hypothéquée sur son manoir de Manneville, situé sur le chemin du Bec, en la paroisse de Pont-Autou. (Cartul. de Préaux.)

1260. Roger Doré vend à Guillaume de Saane 5 deniers de rente à prendre sur une rente de 6 deniers qu'on lui devait à la Saint-Michel, moyennant 4 sous tournois. (Cartul. du Bec.)

1266. Roger Doré de Pont-Autou, déclare avoir vendu à Guillaume de Saane, du Bec, moyennant 4 livres tournois, une pièce de terre à Pont-Autou, sise « in capite Longue Haye a chemino quod « tendit ad mare usque ad cheminum « quod in capite Longue Haie. » (Mars 1266.)

1316. Robert Moisy devait à l'abbaye du Bec 8 sous de rente, à cause de sa masure et maison du hamel de Manneville.

1333. Robert Hacquet vend à l'abbaye du Bec 4 sous de rente sur une masure de Robert Doré.

1334. Jean Bournel et Roger Bournel, son fils, vendent une rente qu'ils avaient sur une masure appartenant à Robert Doré.

1403. Jean Doré vend à l'abbaye du Bec le douaire de la veuve Richard Doré, assis sur un pré à Pont-Autou.

1478. Accord entre le sieur de Courcy, seigneur de Bourg-Achard, et les nommés Sadet. Ils lui abandonnent un moulin à Manneville, dit le Petit-Moulin, à la condition de faire 44 sous de rente au Bec.

1512. Jean Calf consent à une hypothèque au profit de l'abbaye du Bec sur une pièce ou masure, plantée et édifiée, sise au hamel de Manneville.

1524. « Et en icelle paroisse (du Pont-« Autou), au hameau de Manneville, « avons deux assiettes et places de mou-« lin à blé, et l'autre d'un moulin à pa-« pier, tous assis aux près des Fontaines... « à droiture de donner metoy audit pa-« pier, tenu à foi et hommage de nous, à « cause de notre fief de Fontainecourt. »

Une famille Olivier obtint la seigneurie de Manneville dans le XVIe siècle.

En 1520, Michel Olivier, prêtre, se rendit caution de la personne de Pierre Olivier envers Puquet dit le Caron.

A la même époque (1524), Gui de Richebourg était papetier au hamel de Manneville.

1612. Jacob Olivier, seigneur de Manneville, est maintenu, par sentence du bailli de Rouen, en la possession d'un banc dans l'église de Pont-Autou. Auprès de ce banc étaient les tombeaux de sa famille.

1617. Pierre Olivier, bourgeois de Rouen, sieur de Manneville, donne la vitre proche de l'autel.

1652. Dom Anselme Boisseau, procureur des reliques du Bec, fait saisir Charles Dalançon, fermier de Pierre Olivier, pour avoir payement de plusieurs rentes foncières.

1665. Pierre donne au trésor de Pont-Autou une rente de 12 livres tournois pour payer le pain et le vin des messes, à la condition qu'on chantera le Libera et le De profundis aux quatre grandes fêtes de l'année, sur les tombeaux de sa famille.

1695. Honorable homme Jean Quentin, garde de Son Altesse Royale, époux de Marie Langlois, veuve de Pierre Olivier et tutrice de Pierre Olivier, son fils. L'aveu indique que le fief relève de la baronnie de Salerne.

Antoine Choppin, avocat, bailli du Bec, était sénéchal de la seigneurie.

Pierre Olivier, devenu majeur, vend son fief à Pierre Godefroi.

Il est possédé par son fils Nicolas Godefroi, receveur général à Bourges, époux de Marie Grossart.

1769. Louis Godefroi, leur fils, directeur des Fermes, demeurant à Paris, rue des Gravilliers, était seigneur de Manneville.

Le 13 juin 1769, en vertu de sa procuration, Jean d'Ivri, conseiller du roi, receveur des tailles à Pont-Audemer, vend le fief à Philippe-Pierre-Jacques Dubosc, marchand à Saint-Cyr-de-Salerne, moyennant 600 liv. et les droits seigneuriaux.

Le moulin à papier était en mauvais état et en chômage depuis plusieurs années. A côté du moulin se trouvait un petit manoir et environ dix acres de prairies. Voici quelles étaient les rentes seigneuriales :

16 liv. de rente et une rame de papier au pot envers l'abbaye du Bec ;

10 sous aux religieux d'icelle ;

1 liv. par an envers la baronnie de Salerne ;

20 sous envers la même baronnie ;

12 liv. envers le trésor de Pont-Autou.

1776. Philippe-Pierre-Jacques Dubosc, sieur de Manneville, reconnaît par acte notarié la rente de 12 liv. donnée au trésor de Pont-Autou, en 1665, par Pierre Olivier, et est substitué à tous les droits de ce bienfaiteur de l'église.

La famille Dubosc possède encore le moulin à papier, aujourd'hui moulin à blé.

Pont-Autou n'était plus que le siège d'une simple seigneurie, possédée successivement par MM. de Pommereul au XVIe siècle, par MM. Alorge de Malissorne au XVIIe, par MM. Baudot d'Aulbenai, Le Bœuf d'Osmoi et de la Rivière au XVIIIe.

L'abbaye du Bec avait à Pont-Autou le fief de Caumont, le patronage de la paroisse, et en général les droits que Guillaume le Conquérant avait d'abord concédés aux religieux de Jumiéges. La rivière de Risle lui appartenait entre Autou et Pont-Autou.

III.

Nous allons indiquer plusieurs textes où il est fait mention de Pont-Autou :

1025. Toustain Goz (Torstingus ou Stortingus), un des vicomtes attachés à la personne du duc Richard, possédait alors le domaine de Pont-Autou. Il en donna une portion à l'abbaye de Jumiéges : « Dedit ad Pontem Altou duas partes, ex « his quæ ibi possidebat, id est de ecclesiis, de terris, de pratis, et molendinum unum, et insulas duas cum integritate. » (Charte de Richard II.) Il était stipulé en outre que le domaine concédé ne pourrait être vendu ou transmis par échange, si ce n'est à des serviteurs de Dieu. Le duc, de son côté, abandonnait à l'abbaye toutes les coutumes qui lui appartenaient sur le même domaine.

1079. Guillaume le Conquérant confirme cette possession de Jumiéges : « In « Normannia, dit-il, partem Pontis Hal- « tou sicut Risla dividit, cum ecclesia « et molendino, ita ut homines ejusdem « villæ quieti sint ab omni consuetudine « in leuca Brionæ. » (Neustria pia.)

Une autre charte du même prince porte : « Concedo ergo in usus monachorum te- « lonium de Ponte Haltou, de suis scilicet « hominibus, ubicumque in tota Brionensi « leuca illud exercuerint. Reddo quoque « duo molendina in eadem villa quæ ausu « nefario injuste sibi vindicaverat Helgo- « dus, clericus, Herluini filius. »

1131. Convention entre l'abbaye du Bec et celle de Jumiéges au sujet d'un moulin que les religieux désiraient faire. L'abbé de Jumiéges donnait son assentiment, sauf réserve du droit de réclamer la possession du moulin en payant 20 sols sterling aux religieux du Bec. De leur côté, les religieux du Bec s'engageaient envers ceux de Jumiéges à une rente de 10 sols sterlings, qui devait cesser en cas de révocation de la concession.

1174. « ... Et in Normannia partem « Pontis Altou, sicut Risla dividit cum « ecclesia et molendino et homines ejus- « dem villæ quieti sunt ab omni consue- « tudine in leuca Brionæ... » (Charte de Henri II.)

Il existe une transaction entre les moines de Jumiéges et ceux du Bec : « De ever- « sione cujusdam insulæ quæ erat in me- « dio Risle, apud Pontem Altou. » Il fut convenu que le Bec payerait à Jumiéges une rente de 2 sols rouennais pour cette île : « Omni querela et calumpnia molen- « dini eorum de cetero derelicta et operis « ad molendinum pertinentis. »

L'abbé Roger de Jumiéges (probablement Roger Ier, 1169-1178) accorda aux chanoines « de Burgo Achardi sedem unam apud Pontem Altou » pour y construire un moulin. Parmi les témoins, on remarque : « Marcus de Mara, Willelmus « de Choisneio, Hugo Ferrant, Willelmus « Estore, Fulco de Castello. »

« Rogerius de Ponte de Autou xx libras « v. solidos pro Willelmo Le Kareter, de « pleçio uxoris Ricardi, filii Durandi. » (M. R. Sc. Normann., 1203, p. 556.)

1181. Une bulle du pape Alexandre III en faveur des religieux du prieuré de Bourg-Achard, et datée du 15 avril, indique l'existence d'un petit port à Pont-Autou : « Nous confirmons, dit le pontife, ce que vous tenez à Pont-Autou des moines de Jumièges, avec la moitié de leurs hommes et votre passage dans leur port... » — « Quod istpud Pont-n Autou, quod tenetis de monachis [...]ticensibus, cum molta suorum hominum de Ponte Auto et passagio vestro ad portum suum. »

En 1251, Eudes Rigaud consacre l'église de Pont-Autou : « III. id. januarii, apud Pontem Auto, et dedicavimus ecclesiam ejusdem villæ. »

Dans le pouillé, nous lisons : « Pons Autoni ; abbas de Becco, patronus ; valet triginta libras parrochiani, [...] »

Les notes suivantes donnent des renseignements sur la topographie de la commune de Pont-Autou au moyen âge.

1240. Donation d'une rente sur le moulin de Touvois par Jeanne de Fresneuse.

1236. Donation par Amauri d'Harcourt d'une rente sur le moulin de Quinquenpel.

1252. Bois à Longuehaye.

1283. Robert d'Harcourt, confirme la donation faite par Guillaume d'Harcourt à l'abbaye des Moulins de Caumont.

Confirmation de la donation faite par Robert d'Harcourt de six cents anguilles dans le gord de Caumont.

1283. Triage de la Planque dans la prairie.

1285. Fief de Glatigni.

1297. Jean de la Poterie, chevalier, vend à l'abbaye une rente sur les divers objets compris dans la confirmation de 1300.

1300. Robert de Mortemer confirme l'acquisition faite de Jean de la Poterie par l'abbaye du Bec du moulin de Touvoye et du bois de la Roche.

1316. Pierre des Bones (Bones?), écuyer, propriétaire de la moitié du Moulin aux Magnants.

1381. Pièces des Hussières, près le vivier Colin.

1397. Echange entre Ricard Le Febvre, écuyer, seigneur de Caumont, et Guillaume Sieugaud. Il y est parlé du fief de ce dernier et de celui de Guillaume Regnault du Feuqueray.

1405. Vente à l'abbaye par Richard Lefebvre du fief de Caumont.

1613, 1614. Autres actes de lui.

1615. Henri de Valvendrin, fief de Caumont.

1436. Guillaume Regnauld, écuyer, seigneur du Bose Regnauld.

1458. Manoir de Quinquenpot, relevant du fief de Caumont.

1453. Richard Lefebvre, écuyer, seigneur de Caumont.

1481. Martin Valket, écuyer.

1488. Le sieur de Coutri ou Cousi, seigneur de Besachart.

1501. Chemin allant du Maillou au moulin des Mangeants ou Magnants jusqu'à la Bacaille.

1507. Moulin d'Appeville, fié de Patot.

1513. Pièce au hameau de Caumont, nommée le Clausau-Prevost.

1512. Famille nommée Calf; pièce de la Coudraie.

1559. Bail du revenu de la chapelle de Hurlement ou Hurlevent. Bail du Moulin des Planchettes pour les années 1492 et..... Baux de la Becheterie de la Fosse-Viart.

Le comte d'Harcourt prétendait avoir un droit de travers sur les habitants du Bec passant par Pont-Autou.

Dépendances : — la Belle-Croix ; — la Bourgogne ; — les Champs ; — la Croix-Cornet ; — Grachet ; — la Hectonville ou Vieux-du-Gord ; — le Moulin-à-Papier ou Manneville ; — les Vieux ; — Caumont ; la Poterie ; — Maison-de-la-Côte.

Cf. Ch. d., Essai sur l'arrondissement de Pont-Audemer, t. II, p. 318.

Toussaint Duplessis, t. II, p. 692.

Bulletin monumental, 1859, p. 656.

PONT-DE-L'ARCHE.

Arrond. de Louviers. — Cant. de Pont-de-l'Arche

Potr. S. Vigor. — Prés. l'abbé de Jumièges.

Ce nom, qui a reçu toutes les consécrations de l'histoire, n'en est pas moins un contre-sens, dans le latin des cartulaires et des chroniques comme dans le français du moyen âge et dans celui du temps présent. Voilà huit siècles au moins que l'on écrit : « Pons Arcuæ, Pons Arcus, Pons Archiæ, Pons Archæ, Pons Arche ou Archie, Pons Archas ou Arcuatus, » sans que rien indique laquelle des vingt-deux arches d'un pont historique aurait eu le privilège d'imposer son nom à la ville elle.

Ce n'est pas qu'il n'y ait eu des tentatives isolées de redressement. On lit quelquefois, « Pons de Arcis, Pons Archarum, » Pont-des-Arches, et aussi Pont-des-Archers ou des Archiers. Un historien anglais, cité par Adrien de Valois, a dit le Pont-de-l'Arche-Guéroise (guerrière).

Le véritable nom est dans un diplôme

d'Henri II. « Pons arcis meæ, » pont de ma citadelle, disait-il dans un acte en faveur de l'abbaye de Jumiéges (vers 1160). L'Arche-Giséroise en est presque la traduction.

Selon Piganiol de la Force, Pont-de-l'Arche était la capitale des Aulerques proprement dits. Malgré l'autorité de M. Rever, qui place aux Damps la station romaine d'Uggate, sur la route de Rotomagus à Mediolanum, nous persistons à penser avec d'Anville que le Pont-de-l'Arche en est le point le plus probable. Toutefois, comme nous l'avons dit dans notre *Notice historique et archéologique sur le département de l'Eure*, nous ne sommes pas éloigné, malgré la terminaison du nom de la commune qui s'étend sur la rive droite de la Seine, en face de Pont-de-l'Arche, de retrouver dans ce nom moderne d'Igoville quelque analogie avec le mot Uggate.

M. l'abbé Cochet place *Uggate* à Caudebec-les-Elbeuf, où existent tant de vestiges antiques (*Normandie souterraine*, 2ᵉ édit., p. 455). Dans ses *Sépultures*, volume faisant suite à l'ouvrage précité, M. l'abbé Cochet passe en revue, p. 95 et suivantes, les opinions diverses sur la position d'Uggate ou Uggade.

On a souvent répété qu'entre le village des Damps et le point où s'est élevé l'abbaye de Bonport il a existé un établissement romain.

« Statio navium apud Rotans quæ Ar-
« chas dicitur. » (Guillaume de Jumiéges,
l. II, cap. 10.) « Archas quæ Aslans dici-
« tur. » (Dudon de Saint Quentin.)

« Rotomagum adit Aslans, id est Archas appellant.
(Rotomagum de Roto)

Le *Mercure* revendique très-chaleureusement en l'honneur de Pont-de-l'Arche l'avantage d'avoir été l'ancienne ville de *Pistes*, où Charles le Chauve bâtit un palais et fit tenir un concile en 861, des assemblées de grands personnages en 862-864, et un autre concile en 869.

André Duchesne estime que Pont-de-l'Arche est le lieu que les anciens annalistes appellent « Pistas et castellum novum apud Pistas ».

Le P. Hardouin, dans une note du *Recueil des Conciles*, pense que les conciles de Pistes ont été tenus à Pont-de-l'Arche; mais Valois, Mabillon, Bessin, Le Brasseur opinent pour Pitres et ils ont raison.

L'histoire certaine de ce lieu, qui tient une grande place dans les annales normandes, commence au règne de Charles le Chauve, 862. « Pius et inclytus rex Ca-
« rolus aliquot annos adversus Danos at-
« que Northmannos variis eventibus dimi-
« cans, pontem miræ firmitatis adversus
« impetum eorum super fluvium Sequa-
« nam fieri constituit, positis in utrisque
« capitibus castellis artificiosissime funda-
« tis, in quibus ad custodiam regni præsi-
« dia disposuit. » (*De re diplomatica*.)

Il est parlé dans un fragment d'histoire de France et dans le *Libellus de moderatis regibus Francorum* presque dans les mêmes termes d'un pont qui avait été construit par Charles le Chauve. (*Hist. de France*, VIII, p. 302 et 318).

« ... Sæpedictus etiam Karolus rex Fran-
« corum pontem miræ firmitatis adversus
« impetus Danorum, quos Normannos
« vocamus, super fluvium Sequanam fieri
« fecit, positis in utrisque capitibus cas-
« tellis artificiose fundatis, in quibus præ-
« sidia collocavit... »

Cet épisode de l'histoire de France, autant au moins que de l'histoire locale, n'a échappé à aucun annaliste important. Il est résumé en ces termes par notre savant ami M. Bonnin : (*Lettres au Courrier de l'Eure*, 17 juillet et 4 nov. 1856.)

« Les Normands avaient déjà envahi et
« dévasté la vallée de la Seine, lorsque
« Ch. le Chauve convoqua les grands de
« l'Empire à son palais de Pitres, où, après
« avoir obtenu les subsides nécessaires, il
« fit venir et assembler un nombre im-
« mense de matériaux, de chars d'ou-
« vriers, pour y construire une fortification
« et un barrage assez forts pour entraver
« la navigation des barques normandes et
« pour défendre contre leurs invasions les
« riches cultures et les palais impériaux
« de Pitres et du Vaudreuil. L'endroit
« choisi était celui où la marée cesse de
« faire sentir son mouvement. Le pont
« fut établi sur un enrochement assez
« élevé pour qu'il en résultât une chute
« d'un mètre environ, obstacle presque
« insurmontable pour des barques légè-
« res. Des châteaux étaient placés aux
« extrémités pour défendre la navigation
« des deux bras. Enfin, une longue et
« étroite chaussée, percée de près de trente
« petits ponts fermait au nord le reste
« de la vallée. Tel est le système employé
« par les ingénieurs byzantins de Charles.

« Le pont construit par l'archevêque
« Hincmar et ses ingénieurs était crénelé
« comme jadis celui de Rouen. Des deux
« châteaux forts, le premier forme encore
« l'enceinte de la ville de Pont-de-l'Arche;
« l'autre, connu sous le nom de château
« de Lymaie, a été détruit lors de la con-
« struction de l'Écluse (1812).

« Trois années (de 862 à 865) parais-
« sent avoir été employées à la construc-

« tion du pont, qui malheureusement ne
« produisit pas le résultat qu'on en atten-
« dait. Les Normands, portant à bras
« leurs barques légères, passèrent à côté
« du fort..... »

Devenus maîtres de la Neustrie, ils s'en
servirent dans leurs guerres intestines et
dans leurs guerres avec la France. Le nom
de Pont-de-l'Arche revient sans cesse dans
les annales de plusieurs siècles.

Quelques extraits des chartes et des
chroniques constateront ce fait :

« Ipsi loco concedo... Pontem Archas
« et ecclesiam et theloneum, cum mole-
« dinis tribus et piscariis omnium sub
« ipso ponte molendinorum, et duas acras
« prati, et unum molendinum ad eccle-
« siam villæ quæ dicitur Bans, cum tri-
« bus hospitiis... » (Charte de Richard II
en faveur de Jumièges, vers 1020.)

« ..... Decimas quoque saginarum et
« volantium retium a Ponte Archas usque
« ad pontem civitatis, et a ponte civitatis
« usque ad locum qui dicitur Stindrap,
« quidquid ex ipsis saginis et retibus per-
« tinet ad nostram consuetudinem, et de-
« cimas et fossatis nostris... » (Ibid.)

« ..... Et piscatorem unum cum terra
« apud Pont des Arches.... » (Charte de
Hugues de Gournai, pour le prieuré de
Sigi, vers 1054, Gallia Christ., t. XI,
Instrum., p. 13.)

« ..... Et unum villanum et Pont des
Arches. » (Variante de cette charte.)

La charte de confirmation par Guillaume le Conquérant est la copie littérale
de la précédente (1079).

« ... De dono Matildis, imperatricis,
« matris meæ..., et apud Pontem Arche
« quatuor libras de piscatoriis.....»
(Carta Henrici II pro monasterio de Becco.)

« ... Ex dono autem secundi Ricardi,
« Pontem Archæ cum ecclesia et omnibus
« villæ appenditiis, et ecclesiam de Bans
« cum tribus hospitiis... » (Charte de
Henri II, 1174, sur la forêt de Bord.) —
Voyez les *Magni Rotuli*, p. 93.

Sur les porcheries de la forêt de Bord,
voyez les *Magni Rotuli*, p. 98 et 99.

Vers 1180, Henri II, dans une charte
de concessions très-larges envers Notre-
Dame-du-Pré, comprenait, parmi les biens
qu'il avait donnés avec sa mère : « Qua-
« tuor libras apud Pontem Arche de pisca-
« toribus, quas annuatim reddere solebant
« pro libertate piscationis suæ... »

1193. Richard Cœur de lion fait construire l'arche ogivale du pont voisine de
la ville. Mr Elric et Mr Guillaume Tyrrel
reçoivent à ce sujet des allocations. (*Mag.
Rot.*)

Suivant l'histoire manuscrite de Jumièges, Richard Cœur de lion échange
Pont-de-l'Arche pour Conteville, et Jean
s'en empara de nouveau.

1199. « Richard Cœur de Lyon et les
« religieux de Jumièges avoient fait un
« eschange de Conteville et du Pont-de-
« l'Arche. Jean reprit cestuy-là, et rendit
« cestuy-cy au couvent. » (Gabr. Dumoulin, I, 14.) Voyez plus haut, t. I, p. 533,
quelques détails sur l'échange de Conteville et de Pont-de-l'Arche.

1203, 13 juillet. Jean sans Terre donne
une sauvegarde à l'abbaye de Bonport.

1203. Par lettres patentes, datées de
Bonport le 30 juillet, Jean sans Terre
annonce aux hommes de Fécamp qu'il leur
octroie une commune, et qu'ils aient à se
pourvoir d'armes pour sa défense.

Une charte de Jean sans Terre en faveur
de l'abbaye de Foucarmont, sous la date
du 31 mai 1203, est donnée « apud Pontem Arche ». C'est la même année que ne
pouvant défendre le château de Pont-de-
l'Arche, Jean voulut le faire démanteler.

1216. « Ph. Augustus concordiam iniit,
« apud Pontem Arcæ, inter abbates S Au-
« doeni et Boni Portus. » (*Neustria pia.*)

L'Histoire généalogique de la maison
d'Harcourt cite une charte de Philippe-
Auguste donnée à Pont-de-l'Arche en
juillet 1216.

1217. Philippe-Auguste donne à Tercer
Champion, un de ses sergents, différents biens assis à Pont-de-l'Arche, et
entre autres une redevance de 200 pim-
perneaux.

Juillet 1219. Isabelle, comtesse de Pem-
broke, date de Pont-de-l'Arche une convention avec le roi pour la restitution des
biens de ses fils Guillaume et Richard, et
obtient un sauf-conduit pour qu'ils viennent en reprendre possession. (Teulet,
Layettes du Trésor des Chartes.)

1223, 4 janvier. Séjour de Louis VIII à
Pont-de-l'Arche.

1245. Saint Louis étant au Vaudreuil
donne une sauvegarde à l'abbaye de Bonport.

1250. « .... Inter cheminum domini
« regis quod tendit a Welleboto versus
« Pontem Arche.... » (*Gr. Cart. de Saint-
Taurin*, p. 931.)

Je pense que c'est le même chemin qui
dans une charte suivante est appelé : « che-
« minum Perratum. »

Le *Regestrum visitationum* d'Eudes Rigaud constate 54 visites de l'archevêque
à la ville de Pont-de-l'Arche et 31 à l'abbaye de Bonport, entre 1248 et 1269.
En 1254, il y vient « ad tractandum de
pace cum domino de Ibreio ». En 1269,
deux jours « cum rege »; plus tard, dans

la même année, « ibi invenimus dominum regem. »

1259. Saint Louis fut le mois de septembre à Pont-de-l'Arche.

En 1261, le xii des calendes de janvier, « auditis quod dominus rex infirmabatur « apud Pontem Arche, visitavimus eum, » dit Eudes Rigaud, « et peroctavimus « apud Bonum Portum. »

Deux fois l'archevêque fait des ordinations à Pont-de-l'Arche dans le château, « in capella domini regis, » et deux fois il y assiste à des ordinations faites par l'évêque d'Évreux.

Dans une ordination, il admet comme sous-diacre Eudes de Pont-de-l'Arche, « precibus regis. »

Dans une de ses visites, il bénit la maladerie de Bon-Air.

1237. « Unum sextarium bladi valoris « xii. denariorum minus quam cheisium « de mercato de Ponte Arche. » (Carta Alberto de la Merchiere, A. E., Bonport.)

Nous trouvons des maîtres d'école à Pont-de-l'Arche en 1281 : « Magistro « Guillelmo, rectore scolarum Pontis Ar- « che tunc temporis. » (A. E., Bonport.)

1296. Tous les ponts de la Seine croulant, renversés par l'inondation, le pont de l'Arche reste seul debout.

1302. Pierre Saymel, bailli de Rouen, fait transporter, onze jours avant l'Ascension, des prisons de Rouen dans celles de Pont-de-l'Arche, un prévenu de meurtre qu'il veut soustraire au privilège de la forte. Le chapitre de Rouen exige et obtient la réintégration du prisonnier.

1304. Subvention des nobles levée par Jean de Chambli, en la vicomté de Pont-de-l'Arche.

1306. Vente aux religieux de Saint-Ouen, par Jean de Préaut, d'une arche du pont de Pont-de-l'Arche, devers le chastel, et de toute la pêcherie de ladite arche.

Avril 1309. Le roi confirme une vente consentie par Laurent Thiart, vicomte de Pont-de-l'Arche, à Jean le Moine, cardinal de Rome, au nom de ses écoliers de Paris. (Trésor des Chartes, reg. 45, n° 96.)

1310. « Concilium apud Pontem Arcus « ad Sequanam. In illo, Templarii milites « ad ignes damnati sunt. Nihil superest. » Ainsi parle dom Bessin dans sa Synopsis chronologica des conciles de la Normandie.

Charte de Philippe le Bel pour l'Hôtel-Dieu de Pont-de-l'Arche, en mars 1310 (n. s.). (Trésor des Chartes, reg. 45, n° 30.)

1316, 13 mars. Ordonnance de Philippe le Long « chargeant le bailli de Rouen « d'establir aux cous du roy, ès ville du « Pont-de-l'Arche, un capitaine bon et « souffisant qui face serment de maintenir

« et garder loyaument icelle ville, païs et « peuple ».

Cette ordonnance, commune à plusieurs baillies, renferme des détails précieux sur la limite des pouvoirs civil et militaire et sur l'organisation des forces. Il en résulte qu'à cette époque le château de Pont-de-l'Arche devint un arsenal important où « espécialement pour que les me- « nues gens ne engageassent ni ou vendis- « sent leurs armeures pour leurs mesnies « vivre, toutes ces armeures étoient en- « semble mises en lieu sehur et conve- « nable. » (Ordonn. des rois de France, t. I, p. 635.)

Avril 1344. Lettres de Charles IV pour Thomas du Bos-Guillaume, sergent fieffé du plaid de l'épée du Pont-de-l'Arche. (Trésor des Chartes, reg. 63, n° 13.)

En 1340, on voit citer à Pont-de-l'Arche la porte Sainte-Marie et la porte de Louviers, un lieu nommé la Fessandière, la rue de la Geole et la rue Saint-Jehan.

Pont-de-l'Arche, où était le dernier pont sur la Seine, pouvait grandement incommoder Rouen et empêcher le trafic entre cette ville et Paris. Cette place servit, dans tous les sièges de Rouen, de dépôt d'approvisionnements militaires. Elle était regardée par tous les hommes de guerre comme la clef de la haute Normandie.

1346. Édouard brûla Pont-de-l'Arche, remplissant tout le pays d'effroi et de misères.

« Les Anglais ardèrent tout le païs d'environ de Pont-de-l'Arche. » (Froissart.)

1346. « Anglici cum rege suo (Edouard III), « in principio mensis augusti, versus « Franciam recedentes, ante Pontem Ar- « chio venerunt, et suburbia et ligna que- « erant in littore maris cremaverunt, et « simili modo apud Vernonem fecerunt. » (Continuator de Guillaume de Nangis.)

Des lettres royaux du roi Jean, du 13 avril 1350, constatent que Jean, comte d'Harcourt, son cher et féal cousin, lui devait 220 livres 8 sols 11 deniers tournois, payables au vicomte de Pont-de-l'Arche, pour la ferme qui avait appartenu à Pierre de Préaux, chevalier.

1350. Le roi Jean fait échange avec Jean d'Harcourt de quelques rentes et droits assignées sur la vicomté de Pont-de-l'Arche.

1352. Charles le Mauvais assiste à Bonport à un conseil tenu par le roi Jean.

1356. « Se partit le roy Jehan de Rouen « (après l'arrestation de Charles le Mau- « vais), et ala au Pont-de-l'Arche. Et là « vint à lui le prevost des marchands de « Paris à cinq cens hommes d'armes. » (Chron. des quatre premiers Valois.)

1357. Séjour du duc de Normandie à Pont-de-l'Arche.

1359. Le roi Jean, captif à Londres, consent à céder, entre autres places fortes, à Édouard III, celle de Pont-de-l'Arche.

1360. Après la paix de Brétigny, Édouard fait passer la Seine à ses troupes à Pont-de-l'Arche, d'où il les renvoie en Angleterre.

Mars 1364. Rémission pour Jean de Condé, geôlier au Pont-de-l'Arche. (*Trés. des Chartes*, reg. 101, n° 11.)

1364. Quand le captal de Buch sortit d'Évreux la veille de la journée de Cocherel, mal averti des mouvements de du Guesclin, il se dirigea vers Pont-de-l'Arche pour s'opposer au passage de la Seine. (Froissart, t. Ier, ch. CCXVI, p. 248, édit. de 1559.)

1364. Après la journée de Cocherel, « monseigneur Jehan Jouel, capitaine « des Angloys, fut mené au Pont-de-« l'Arche, et monseigneur Pierres de Sa-« quainville aussi; tous deux y sont morts : Jehan « Jouel mourut des plaies qu'il eust en la « bataille. » (*Chronique des quatre premiers Valois.*) — « C'estoit, selon Froissart, le plus grand et le plus appert des « chevaliers de l'armée du captal], et qui « avoit la plus grande route de gens « d'armes et d'archers. »

1364. Le *Roman* (chronique en vers) de *Bertrand du Guesclin* rapporte les diverses circonstances du passage de du Guesclin; Secousse les résume ainsi :

« Du Guesclin étant arrivé à la ville du « Pont-de-l'Arche, les troupes s'y repo-« sèrent et firent referrer leurs chevaux. « Elles y achetèrent aussi des haches, des « dagues et des épées que des marchands « y avaient apportées, et elles payèrent « comptant.

« Du Guesclin fit au Pont-de-l'Arche la « revue de son armée, où se voyaient beau-« coup de bourgeois de Rouen : elle se « trouva de 1,110 *combattans*.

« Mes enfants, disait du Guesclin, ayez « la volonté d'acquérir la gloire des saints « cieux qui sont la récompense de ceux « qui exposent leur vie pour le service de « leur roi et de leur patrie; et si parmi « vous il y en a quelques-uns qui se sen-« tent en péché mortel, je les prie d'aller « à confesse; car j'ai appris de plusieurs « clercs que N. S. dit dans l'Écriture que « pour un pêcheur il en meurt plus de « cent. Cette pieuse exhortation fit son « effet, et plusieurs allèrent se confesser « aux Cordeliers qui sont auprès du Pont-« de-l'Arche. »

Sur le soir de la journée de Cocherel (16 mai 1364), lisons-nous dans la même histoire, l'armée française victorieuse arriva à Pont-de-l'Arche : ils mangèrent de fruits, et même les plus rudes. (*Hist. de Charles le Mauvais*, t. II, p. 37.)

1358. « Le roy de France qui estoit en-« fant, avec lui le duc de Bourgogne, son « oncle et son conseil, se partirent du « bois de Vincennes et vindrent au Pont-« de-l'Arche, à quatre lieues de Rouen, « où ils furent une partie du quaresme. « Et là furent devers des bourgeois de « Rouen devers le roy..... Après ce, se « parti le roy du Pont-de-l'Arche, et avec « lui son oncle et moult de nobles hom-« mes, avec lui son conseil pour venir « à Rouen..... » (*Chronique des quatre premiers Valois.*)

1383. « Charles, etc. Savoir faisons à touz « présens et avenir, de la partie de Pierre « Melot, demeurant au Pont-de-l'Arche, « nous avoir esté humblement supplié que, « comme la veille de la Saint Pierre d'esté « derrenierement passée, environ heure « de l. huitiesme, il, qui avoit soupé à « la Boullinière, en l'ostel de Brunel de « Gencourt, chevalier, se feust parti d'i-« cellui hostel et se feust fait passer par « deux des varlets du dit chevalier jusques « à l'eschelle du pont de la dicte ville, et « pour ce que le chastel estoit fermé et « que bonnement ne povoit entrer en la « dicte ville, il fust pris à monter contre-« mont l'eschelle du pont dessus dit, au-« quel montant, aucunes personnes qui « faisoient le guet s'efforcèrent de le vou-« loir trébucher en la rivière de Seine, « mais ne le porent faire pour ce que la « dicte eschelle estoit moult bien estachée, « et lors se partirent et s'en alerent parmi « la dicte ville criant moult fort alarme, « combien que le dit suppliant parlast « moult fort à eulx, en disant qu'il estoit « amis et que nul mal ne vouloit, fors « entrer seulement en celle ville comme « les autres, pour lequel cry plusieurs « personnes de la dicte ville se assem-« blerent et demandèrent que c'estoit et « pourquoy ils crioient ainsi, lesquels res-« pondirent que c'estoient les Anglois qui « montoient contremont la dicte eschelle, « pour lequel fait combien que le dit sup-« pliant soit homme de bonne vie, renom-« mée et honneste conversacion, et que il « a plusieurs autres accoustumé de mon-« ter par icelle eschelle, nostre amé et féal « maistre Jehan Pastourel, qui pour lors « estoit de par nous ou dit païs, fist in-« continent icellui ajourner à trois briefs « jours à comparoir par devant lui ou ses « députez, sur peinne de banissement, « et a esté grandement procédé contre lui, « et encores est pour cause de ce en procès

« par devant nostre bailli de Rouen, la-
« quelle chose lui est moult préjudiciable
« et en voie de lui tourner à grant dom-
« mage, se par nous ne lui est sur ce
« pourveu, qu'il nous plaise sur celui es-
« tendre nostre grâce, et nous inclinans à
« sa supplicacion, aiant regart et consi-
« deracion à ce que dit est, à icellui Pierre
« ledit fait ou cas dessus dit de nostre
« auctorité et puissance royal avons quic-
« tié, etc...

« Donné en nostre ville de Paris, ou
« moys de mars, l'an de grâce mil cccc
« unze et trois, et le quart de nostre
« règne. Scellée soubs nostre seel, ordené
« en l'absence du grant.

« Es requestes de l'ostel, H. Blanchet.
Chrestien. » (*Trésor des Chartes*, reg. 121,
n° 171.)

Les *Archives de la Normandie*, de
M. Louis Dubois, relatent un titre découvert par M. Floquet à la Bibliothèque impériale, titre constatant que le 13 juillet
1408, en exécution d'une sentence prononcée par le bailli de Rouen, « ès assises
« du Pont-de-l'Arche, un père avoit esté
« pendu... pour avoir mauldit et tué un
« petit enffant. »

1417. Après le meurtre de Raoul de
Gaucourt, bailli de Rouen, « le daulphin
« partant de Paris, atout deux mille com-
« batans, ala au Pont-de-l'Arche, duquel
« lieu il envoya l'arcevesque, Louis de
« Harcourt, pour exhorter les bourgeois
« de Rouen à obéir au dit daulphin. »
(Monstrelet.)

1418. « En ce temps estoit le roy d'En-
« gleterre tenant le siège devant le Pont-
« de-l'Arche, que tenoient les Armignas,
« et en estoit le seigneur de Graville cap-
« pitaine, lequel ne le tint pas longue-
« ment, mais le rendy par traictié aux
« Engloix et s'en party sauluement. »
(*Chron. anonyme du règne de Charles VI*.)
Ce siège dura trois semaines. On en
trouve un récit fort animé dans Monstrelet, ch. ccxxviii.

On lit dans les *Mémoires de Pierre de
Fenin* : « Le roy Henry vint devant le
« Pont-de-l'Arche, par delà l'eau de Saine,
« et estoit dedens le seigneur de Graville
« et foison de ses gens. Lors on fist de
« grans assemblées tant de gens d'armes
« du pays, pour résister contre le roy
« Henry, affin qu'il ne passast au Pont-
« de-l'Arche ; mais nonobstant il passa, et
« après se rendit le Pont au roy Henry,
« qui fut grand descomfort à tout le pays,
« car c'estoit une des clez de l'eau de
« Saine. »

L'*Histoire généalogique de la maison
d'Harcourt* rapporte avec de longs détails,

t. Ier, p. 615, une étrange panique des
communes françaises conduites en grandes
forces au secours de la place.

Le 5 juillet 1418, le duc de Clarence
donnait à son très-cher et bien amé Richard Merlawe, maire de Londres, des
nouvelles du siège de Pont-de-l'Arche. Le
21 juillet, Henri V donnait avis de la prise
de cette place à la commune de Londres.
Ces deux lettres et la minute d'une réponse au duc de Clarence sont conservées
aux archives de la mairie de Londres.
(Delpit, *Collect. gén. des documents français qui se trouvent en Angleterre*.)

1418, au mois de novembre. « Envoie
« le roy de France ses ambaxeurs au
« Pont-de-l'Arche pour traictier avecque les
« ambaxeurs du roy d'Engleterre, illec
« envoyez sur forme de traictier et trouver
« les moyens par quoy le siège de Rouen
« fust laissié et que bonne paix fust faicte
« entre les deux roys... Et alla le cardi-
« nal des Ursins, avecq les dis ambaxeurs
« du roy de France, pour moyenner et
« aidier à faire la dicte paix... Et de par
« le roy d'Engleterre y furent envoiés le
« conte de Warwich, le chancelier d'En-
« gleterre... Et dura ceste ambaxade
« environ xv jours. Il s'en partirent
« sans rien faire. » (*Chron. anon. du temps
de Charles VI*.) Le chapitre CC de Monstrelet développe ce fait.

Les *Rôles Normands* conservent le souvenir
de deux actes de Henri V d'Angleterre :

1419. « De salva gardia pro priore et
conventu de Ponpont. »

1420. « De temporalibus restitutis monasterio Beate Marie de Ponpont. »

Dans un dénombrement de troupes à
répartir dans les places de guerre du
temps de Charles VI, on lit : « Point de
« l'Arge et l'eisle de Elleheuff, II lances
« equestres, VII lances pedestres et XI ar-
« chiers. »

L'*Inventaire* publié par M. Teulet constate diverses monstres et revues « prinses
et reveues à Pont-de-l'Arche ».

1422, 31 octobre. Quatre lances à cheval, sept à pied et 30 archers de la retenue de Jehan Beauchamp, capitaine de
Pont-de-l'Arche, passés en revue par
Et. Hatfeld et Nicolas Basset, écuyers,
commissaires du roi d'Angleterre.

1424. Capitaine Jean de Berrichamp,
écuyer, quatre hommes d'armes à cheval,
lui compris ; six à pied et trente archers.

1425. Le même, qualifié chevalier ;
force réduite de moitié ; réduction maintenue en 1429.

1430, février. Robert Holland amène
de basse Normandie à Pont-de-l'Arche six
lances et 31 archers pour y être de crue,

pour la sauvegarde du roi, sous le sieur de Willughby, capitaine dudit lieu.

1431. La garnison de Pont-de-l'Arche est renforcée, puis employée au siège de Louviers.

1440. « Les ennemis estant, puis aucun « temps en ça, venus en puissance occuper « Louviers, le roy d'Angleterre manda au « Pont-de-l'Arche, pour le derrain jour de « novembre, plusieurs notables personnes « tant d'Église comme nobles et bour- « geois, accordé à chacun 20 livres tour- « nois pour frais de voyage. » (Teulet, Inventaire.)

1440, 15 mai. Quinze lances à cheval, quinze à pied, quatre-vingt-huit archers, sous noble homme Adam Hilton, lieute- nant dudit lieu.

1440. L'Inventaire de Teulet contient, p. 461, un curieux dénombrement d'ha- billements de guerre achetés pour l'ap- provisionnement des places et forteresses du Pont de Saine de Rouen et du chastel de Pont-de-l'Arche. La livre de poudre à couleuvrine coûtait 10 sols tournois; une grosse arbaleste de boys, six salus d'or valant 29 s. 3 d. pièce; un millier de fers de demies douzaines 12 liv. 10 s., etc.

1440, 10 mai. Revue à Pont-de-l'Arche par Jehan Lindelay, écuyer, lieutenant de Pont-de-l'Arche, d'un détachement... « qui « sont des gens des champs, naguères « vivans sans gaiges sur le pais, et ne « sont d'aucuns garnisons ou retenues or- « dinaires... »

1441. Quatre lances à cheval et dix ar- chers de la garnison, lesquels partirent le même jour 29 août pour rejoindre Tal- bot devant Pontoise.

1441, 13 avril. Un détachement de la garnison de Falaise envoyé pour être à l'encontre des ennemis et adversaires à Louviers et à Conches.

Reprenons à l'année 1424 le fil des événements :

1424. La garnison de Pont-de-l'Arche va à son tour au siège de Gaillon.

1425. « Après ce que monseigneur le « regent ot prins la possession de la ville « de Verneul..... il s'en retourna ou « pays de Northmandie atout ses prison- « niers, tant qu'il vint au Pont-de-l'Arche, « onquel lieu le bastard d'Allenchon, « moult fort navré, devint grandement « agravé par la douleur de ses playes, « rendy l'ame à celluy qui prestée luy « avoit, de laquele advenu le duc d'Al- « lenchon fut moult desplaisant en cœur, « car parfaitement l'amoit. »

Ce récit des Anchiennes Cronicques d'Engleterre s'applique à Pierre, bâtard d'Alençon, seigneur de Gallardon. (Voyez Hist. généal. de la maison de Froux, 1, 273.)

En septembre 1431, les états de la haute Normandie furent tenus à Pont-de-l'Arche. Le 21 août 1437, en octobre 1438 et le 22 octobre 1439, ils s'y assemblèrent en- core. Cette quatrième convocation offre l'exception, bien rare sous la domination anglaise, d'une résistance de ces simu- lacres de représentation provinciale. Les députés, tout désignés qu'ils étaient par l'administration étrangère, obtinrent une réduction de dix mille livres tournois sur l'aide demandée pour les gages échus des garnisons.

1435. Pendant que la forteresse était occupée par les Anglais, le pont devint très-ruyneulx.

Aux états de Rouen, en décembre 1437, Brunet de Longchamp, chevalier, seigneur d'Armenonville, comparut pour la no- blesse de la vicomté de Pont-de-l'Arche, les lettres du roi lui tenant lieu de man- dat. Quand il s'agit de lui allouer une in- demnité (55 s. par jour), Henri VI déclara « qu'il n'y avait en la vicomté de Pont- « de-l'Arche aucuns nobles sur quoi le dit « chevalier pût bonnement recouvrer la « dicte somme. » En conséquence, la taxe fut imposée sur tous les habitants de la vicomté.

En 1439, les commissaires du roi, char- gés par lettres patentes du 5 octobre de communiquer aux états tenus à Pont-de- l'Arche les demandes du gouvernement anglais, étaient Pasquier de Vaulx, évêque de Meaux, depuis évêque d'Evreux, Jean de Saenne, chevalier, et Eustache Lom- bart.

1440. Adam Hilton ou Hixton, écuyer, était lieutenant au Pont-de-l'Arche de très- révérend père en Dieu Mgr l'arcevesque de Rouen, chancelier de France, ayant le gouvernement d'icelui lieu.

Le 30 novembre 1440, Henri VI réunit à Pont-de-l'Arche « plusieurs notables per- « sonnes, tant d'église comme nobles et « bourgeois de son obéissance, pour ré- « sister aux entreprinses des ennemiz « qui puis aucun temps en ça estoient « venus à puissance occuper la ville de « Louviers. »

1441. Jean de Louraille fut député de Pont-de-l'Arche aux états de Rouen. L'an- née suivante, cette ville était représentée par maistre Jehan de la Mare. En février 1446, par Eliot Blantout et Denis Brumen, et en juillet de la même année par Jean de Courville.

Blantout et Brumen recevaient pour frais de déplacement chacun 20 sous par jour.

Pour les états ouverts à Rouen le 20 avril 1447, Pont-de-l'Arche n'avait élu ses députés que le 18. Caen, malgré son importance, n'en avait qu'un, tandis que Pont-de-l'Arche était représenté par deux bourgeois : Pierre Morelet et Jean Boisse, qualifiés de procureurs généraux et messagers spéciaux. De cet exemple et de quelques autres, M. de Beaurepaire conclut avec raison que les voix ne se comptaient pas isolément, mais vraisemblablement par corps représentés. Dans cette élection, quinze bourgeois avaient pris part à la nomination des députés, « tant « pour eux que eulx faisans fors des au- « tres bourgois et habitans d'icelle ville. »

Le 10 juillet 1442, ordonnance d'Henri VI datée de Pont-de-l'Arche.

Le 30 septembre 1442, l'aide exigée de la vicomté de Pont-de-l'Arche fut adjugée à 673 l. 19 s. tournois, dont 505 l. 19 s. pour la ville chef-lieu, et 168 seulement pour les paroisses rurales. Ce bail à ferme reposait sur l'octroi au roi de 2 s. pour livre sur toutes les marchandises.

En novembre 1443, les états furent une fois encore convoqués à Pont-de-l'Arche.

Le 13 mai 1449, Pont-de-l'Arche rentre au pouvoir des Français, et ainsi se termine la guerre de cent ans.

Le XXXVII° chapitre de la *Chronique* de Mathieu d'Escouchy raconte avec beaucoup de détails *comment la ville et le chastel du Pont-de-l'Arche furent prins par les Francois*. L'anecdote de la ruse de guerre exécutée avec succès par un marchand de Louviers a eu de nombreuses narrations. Le récit du chroniqueur picard se distingue par beaucoup de verve ; il se termine ainsi :

« Si se logièrent tous ensemble et par « bonne ordonnance, tant dedans le chas- « tel comme en la ville, et firent très- « joyeuse chière pour la bonne fortune « qui leur estoit advenue ; et bien se de- « voient faire, car en toutes les parties « et marches de Normandie n'y avoit point « de place plus propice à estre conquestée « pour le roy de France que le dit Pont- « de-l'Arche, tan' pour le passage de la « rivière de Seine, comme aussi pour te- « nir en subjection la cité de Rouen... »

L'évêque de Lisieux, Th. Basin, a donné, liv. IV, ch. XIV, un récit très-curieux des faits et gestes du duc de Somerset à la nouvelle de cette surprise, première étincelle d'un incendie dans lequel sombra en peu de mois la puissance des Anglais sur le continent.

L'*Assertio Normanniæ* de Robert Blondel, qu'a publiée M. Stevenson, complète ce tableau (liv. I°', ch. VIII) par un récit animé des émotions de la duchesse de Somerset.

1449, 4 juillet. Conférence de Bonport entre les commissaires de Charles VII et les envoyés du duc de Somerset.

1449, octobre. « Quant toutes les com- « pagnies furent venues et assemblées, le « roy se partit de Louviers et vint au « Pont-de-l'Arche, où il fit passer la plus « grant partie de ses gens d'armes et « avecq ce envoya ses officiers d'armes « devers ceulx de la ville et cité de Rouen, « pour eulx sommer qu'ilz se rendissent à « lui. »

Ces allées et venues et les escarmouches multipliées pendant un séjour royal sont très-bien racontées dans la *Chronique* de Math. d'Escouchy, t. 1°', ch. XXXVII.

1463. Des lettres d'abolition de Louis XI sont datées de Pont-de-l'Arche, en janvier. (Sauval, *Hist. de Paris*, t. III, p. 383.)

1465. Charles, frère de Louis XI, venant de recevoir la Normandie pour apanage, est retenu par les artifices des Bretons, « per dies multos apud Pontem Arche. » Au moment où, parvenu à l'abbaye de Sainte-Catherine, le prince allait faire son entrée à Rouen, « indubitanter creditum « est, quod nisi ea die (10 décembre) ur- « bem introisset, Britones, advenente « nocte, eum ad Pontem Arche, et inde « ad regem abduxissent... »

Le comte Jean d'Harcourt, à la tête de cent lances, déjoue le projet en se présentant comme pour faire honneur aux ducs de Normandie et de Bretagne : « Ea qui- « dem nocte qua ingressus est dominus « Carolus, Normannie dux, suam urbem « Rothomagum, retrogrado vestigio, dux « Britonum, cum suis ad Pontem Arche « repedavit... » (Th. Basin, *Hist. Lud.*, XI, l. II, ch. 10 et 11.)

Le duc de Normandie, entouré d'embuches et de trahisons, « ad Pontem Ar- « che, locum tutum, arcem firmissimam, « se recepit... » (*Ibid.*, ch. 13.)

1466. « Le roy se partit de Louviers et « vint mettre le siège devant la ville de « Pont-des-Archiers... » (« Satis aspero « tempore et importuno, » dit Th. Basin.) « Et le lundi sixiesme jour du mois de « janvier fut crié en la ville de Paris que « tous marchans accoustumez de porter « vivres en ost, portassent vivres en l'ost « du roy, qui estoit devant la ville du « Pont-des-Archiers, et aussi que tous « prisonniers feussent tous prestz à partir « le landemain pour aler audit lieu, dont « sire Denis Gibert, l'un des quatre es- « chevins de la dicte ville, à conduicte « d'iceulx ordonné. » (Jean de Troyes, *Chronique scandaleuse*.)

1165. « Le 8 janvier, Louis Sorbier, dit le Petit-Bailli, qui avait fort contribué à la prise de Rouen et à l'élévation du duc de Normandie en livrant Pontoise, fut pris avec trois autres hommes d'armes par les gens de Louis XI. Condamnés à être décapités, ils rachetèrent leur vie en livrant la ville du « Pont de l'Arche. »

Trois jours après, le château fut rendu... « Optimus Normannorum dux mandaverat... nutitibus ut, quam optimis præstitionibus possent, facerent deditionem. » (Th. Basin.)

« Voyant le duc de Normandie qu'il
« ne povoit résister et que le roy avoit
« prins le Pont-de-l'Arche et aultres places
« sur luy, se délibéra prendre la fuyte et
« se tirer en Flandres. » (Commynes,
l. Iᵉʳ, ch. XV.)

1166. « Le lundy tiers jour de fevrier,
« ung nommé Grouvain Manuel (Manuel?),
« qui estoit lieutenant général du bailli
« de Rouen, fut prins en la dicte ville et
« mené prisonnier au Pont-de-l'Arche,
« et là, par le prevost des mareschaulx,
« dessus le pont du dit lieu fut dréciée ung
« eschauffault, dessus lequel le dit Grouvain fut décapité pour aucuns cas de
« crimes à luy imposez. Et dessus le dit
« pont fut sa teste mise au bout d'une
« lance et son corps jetté en la rivière de
« Seine. » (Chronique scandaleuse.)

« Le roy avoit mis une très-excessive et
« cruelle taille pour entretenir vingt mil
« hommes de pied toujours prests, et
« deux mil cinq cens pionniers, et s'appelloient ces gens icy les gens du champ,
« et ordonna avec eulx quinze cens hommes d'armes de son ordonnance pour
« descendre à pied quant il en seroit besoing, et si fist faire grant nombre de
« charriots pour les clorre, et des tentes
« et pavillons, et prenoit cecy sur l'ost du
« duc de Bourgongne, et coustoit ce
« champ quinze cens mille francz l'an.
« Quant il fut prest, il l'alla veoir mettre
« auprès de Pont-de-l'Arche, en Normandie. En une belle vallée qui y est, estoient les six mil Suisses... que les Messieurs des ligues avoyent consenti bailler
« continuellement en son service..., et ce
« nombre jamais que ceste fois ne le veit. »
(Commynes, l. VI, ch. III et VI.)

Au sujet de ce camp, Louis XI écrivait avec force protestations au grand chambellan d'Angleterre, son bon cousin : « Ne
« suys bougé du Plessis du Parc jusques
« au XXVIᵉ jour du moys de may, et m'envoys veoir mon champ auprès du Pont-
« l'Arche que je n'ay encores veit, et ay
« mandé monsieur Desquerdes (des Cordes] et les Picquars pour y estre à la fin
« de ce moys. »

« En l'année 1481, le roy voult et ordonna que certain camp de toys qu'il
« avoit fait faire pour tenir les champs
« contre ses ennemis feust dreçié et mis en
« estat en une grant plaine près le Pont-
« de-l'Arche pour illec le veoir, et dedans
« iceluy certaine quantité de gens de
« guerre armez, avec halebardiers et picquiers que nouvellement avoit mis sus,
« dont il avoit donné la conduite des dits
« gens de guerre à messire Philippe de
« Crevecœur, chevalier, seigneur des
« Querdes, et à maistre Guillaume Picquart, bailli de Rouen, dedans lequel
« camp il voult que les dits gens de guerre
« feussent par l'espace d'un mois pour
« sçavoir comment ils se conduiroient dedens, et pour sçavoir quels vivres il conviendroit avoir à ceulx qui seroient dedens le dit camp durant le temps qu'ils
« y seroient. Et pour aler au dit camp que
« le roy avoit ordonné estre prest dedens
« le quinziesme jour de juing, le roy s'appuya près de Paris et fist la feste de la
« Penthecouste à Notre Dame de Chartres,
« et d'illec s'en alla au dit Pont-de-l'Arche,
« et de là audit camp, qui fut choisi et
« assis entre ledit Pont-de-l'Arche et le
« Pont-Saint-Pierre, partie duquel camp
« tel qu'il povoit contenir fut fossoyé au
« long de ce qu'en fut dressié, et dedans
« fut tendu des tentes et pavillons, et aussi
« tout fut mis de l'artillerie et de ce qui
« y estoit requis. Et par la dite portion
« ainsi dressée, qui fut fort agréable au
« roy, fait jugement quel avitaillement il
« fauldroit avoir pour fournir tout iceluy
« camp, quant il seroit du tout emply de
« ce que le roy avoit intention de y mettre
« et bouter. Et après ces choses et que le
« roy l'eut bien veu et visité, s'en vint à
« bien content, et s'en partit pour s'en
« retourner audit lieu de Chartres. » (Chronique scandaleuse.)

1485. Du 9 au 11 avril, séjour de Charles VIII à Pont-de-l'Arche. De là sont datées des lettres patentes de congé général octroyé par le roi à ses sujets ayant cause et procès à l'Echiquier, d'appointer sans amende.

1510. Séjour de François Iᵉʳ. Des injonctions au parlement de Rouen sont datées de Diepport.

1516. Les états de Normandie siègent à Pont-de-l'Arche.

1517. Le parlement envoie aux prisons de Pont-de-l'Arche deux paroissiens de Quevilly, « celles de Saint-Gervais estant chargées de prisonniers. » Le but de cette mesure était de les soustraire au privilège de la *fierté*. Le chapitre de Rouen réclama sans succès.

1562. Les lieutenants du gouverneur de Normandie s'emparent de Pont-de-l'Arche pour bloquer Rouen.

1562. Les protestants venus de Rouen, au nombre de 1,500, pour porter leurs dévastations à Pont-de-l'Arche, sont repoussés avec perte de 40 soldats tués ou blessés à l'assaut.

1582. Réparations importantes au château.

1583. « Maistre Nicolas le Blanc, sieur « de la Saussaye, advocat au Pont-de-« l'Arche, représente la justice de la dicte « vicomté aux estats du païs de Normandie, « à Rouen. » Les états s'ajournèrent au 10 mai suivant pour procéder à la réformation de la coutume. A cette date comparurent : « Maistre Jean Fournière, ad-« vocat au Pont-de-l'Arche, tant en son « nom que comme procureur de maistre « Nicolas le Blanc; Jean Hais, lieutenant « du vicomte; Guillaume Hais et Pierre « Morelet, advocat audict lieu. »

1587. Le président au parlement, Brétel de Gremonville, assisté d'un conseiller, Claude Sedile, sieur de Monceaux, et d'un avocat du roi, Thomas, sieur de Verdun, se transporte en la ville de Pont-de-l'Arche, où, le 5 janvier, en présence et du consentement des gens des trois états à ce convoqués, il réduit en un article l'usage local d'icelle, et abroge la coutume locale qui s'observait, contenant que : « tout ce que femme ou fille des villages « de la vicomté apporte en mariage à un « homme des champs est tenu et est ré-« puté pour le dot et tient le costé et « ligne de la femme, si autrement il n'est « convenu réservé le trousseau; mais ce « que la femme ou fille des champs ma-« riée à homme des villes, et la femme « ou fille des villes et gros bourgs apporte « au mary appartient au mary, s'il n'y « est autrement peureüen et convenu du « contraire. »

1589. Les *Mémoires de la Ligue*, t. IV, p. 83, racontent avec de grands détails comment du Rollet vint à Pont-Saint-Pierre assurer Henri IV de la soumission de Pont-de-l'Arche.

1591. Biron, après la prise de Louviers, où il trouva une prodigieuse quantité de grains qu'il fit soigneusement conserver, s'avisa de faire divers magasins de grains, partie à Evreux, partie à Pont-Audemer, et encore plus à Pont-de-l'Arche. (Davila, *Hist. des guerres civiles de France.*)

1591. Valdory, dans son *Discours du siège de Rouen*, rapporte qu'une expédition de barques et petits bateaux, dirigée vers Pont-de-l'Arche par les ligueurs, revint le 22 janvier, à port de salut, avec son « butin de vaches, moutons, conihoult, « sidre, bois, bled et prisonniers. »

Le 20 mars, les troupes royales reçurent de Pont-de-l'Arche, leur place de ravitaillement, trois grands bateaux, « cha-« cun du port de huict cents muids, cou-« verts et ramparez de gazon, avec quel-« ques pièces d'artillerie, accompagnez de « quelques barques armées et esquipées « en guerre... »

Il existe encore un devis dressé en 1591 pour la réparation des mines faites au pont pendant le dernier siège.

1592. Henri IV, établissant son quartier général à Louviers, place une partie de ses troupes autour de Pont-de-l'Arche, où tous ses officiers, dispersés avec leurs détachements dans les quartiers de la haute Normandie, sont prévenus de se tenir prêts à se concentrer au premier ordre.

C'est là que le roi voulait faire passer la Seine à son armée pour aller arrêter l'armée du duc de Parme. C'était aussi l'avis de Sully; mais la grande majorité du conseil de guerre s'y opposa.

Une lettre d'Henri IV à Pierre d'Harcourt, baron de Beuvron, garde de l'oriflamme de France, lettre du 29 avril 1592, au moment de la levée du siège de Rouen faute de cavalerie, établit que c'était par Pont-de-l'Arche et Pont-Saint-Pierre que l'armée royale, campée dans un poste avantageux, attendait avec une fort bonne infanterie la noblesse française pour donner bataille. Le 21 avril, le roi était à Pont-de-l'Arche.

Un des fous d'Henri IV, Chicot, mourut et fut inhumé à Pont-de-l'Arche. Le pauvre Chicot eut une fin héroïque, blessé à la tête par le comte de Chaligny, un des principaux ligueurs, qu'il fit prisonnier dans une escarmouche.

A la levée du siège de Rouen, tandis que l'armée royale se rangeait par files, on retira les canons le plus promptement possible, et on les envoya devant avec les bagages à Pont-de-l'Arche.

1591. Sully raconte dans ses *Economies royales*, ch. XLVI, qu'à son passage à Pont-de-l'Arche, le gouverneur du Rollet, voulant faire échouer sa négociation avec Villars, mit dans la suite de son train un capitaine le Pré, dont les menées faillirent tout compromettre.

1591. Décharge et remise à Jacques Bachelier, receveur des tailles à Pont-de-l'Arche, de 8,000 écus des deniers de sa recette, et don de six cents écus pour la perte de ses meilleurs meubles, le tout volé sur le chemin de Louviers, où il les envoyait après la surprise de Pont-de-l'Arche.

1598. Les états de Normandie supplient le roi de faire démolir le château de Pont-de-l'Arche. Cette supplique n'est pas accueillie.

1616. Le maréchal d'Ancre achète le gouvernement de Pont-de-l'Arche et augmente le système de défense de cette place.

1619. Le roi fait don du chauffage des corps de garde et garnison de Pont-de-l'Arche, à prendre dans la forêt de Bord.

1636-1641. Plusieurs lettres du cardinal de Richelieu à M. de Saint-Georges, « commandant pour le service du roy dans la ville et chasteau du Pont-de-l'Arche, » prouvent l'importance qu'avait ce gouvernement.

« De Chaliot, ce 5e aoust 1636. »

« Monsieur de Saint-Georges, je vous
« fais ce mot pour vous dire que vous
« teniez vostre garnison en bon estat et
« faciez faire exacte garde par les habi-
« tans du Pont-de-l'Arche. N'en partez
« plus du tout, et ayez un soin particu-
« lier de ce passage. Cependant, assurez-
« vous que je suis le meilleur de vos
« amis.

« Le card. DE RICHELIEU. »

« De Ruel, ce 26e aoust 1636. »

« Monsieur de Saint-Georges, ayant eu
« avis que le sieur de Saucourt, qui com-
« mandoit dans Corbie et qui a si lasche-
« ment rendu ceste place aux ennemis du
« roy, se retire du costé de Normandie,
« pour de là essayer de passer en Angle-
« terre et éviter, s'il peut par ce moyen,
« le juste châtiment que mérite sa per-
« fidie et si lascheté, je vous fais ce mot
« pour vous dire que vous preniés soi-
« gneusement garde à ceux qui passeront
« au Pont-de-l'Arche, afin que sy le dit
« sieur de Saucourt s'y présentoit, vous
« ne manquiés pas de l'arrester et le gar-
« der seurement [jusqu']à ce que s[ous]
« ayez autre ordre de Sa Majesté. Cepen-
« dant, assurez-vous que je suis le meil-
« leur de vos amis. »

« Le card. DE RICHELIEU. »

« De Paris, ce 31e décembre 1636. »

« Monsieur de Saint-Georges, je vous
« fais ce mot pour vous dire qu'incontin-
« nant que vous l'aurez receu, vous ne
« manquiés pas de retourner au Pont-de-
« l'Arche pour y exécuter les ordres du
« roy que vous y trouverez.

« Le card. DE RICHELIEU.

« Aussy tost que vous serez arrivé au
« Pont-de-l'Arche, vous m'en donnerez
« avis. »

« De Paris, ce 31e décembre 1636. »

« Monsieur de Saint-Georges, du Gué
« s'en retournant au Havre, je luy ai
« donné charge de passer par le Pont-de-
« l'Arche et de vous dire de ma part quel-
« ques choses concernant le service du
« roy. Vous prendrez entière créance en
« luy, et aurez ensuite un soin très-par-
« ticulier que ce qu'il vous fera enten-
« dre soit exécuté suivant la volonté de Sa
« Majesté, que vous apprendrez plus par-
« ticulièrement [par] la lettre qu'elle vous
« escrit sur ce sujet, et que vous [rece-
« vrez par] la voye de M. de Noyers. Je
« me promets en reste... de vostre...
« vostre zèle au bien des affaires......

« Le card. DE RICHELIEU. »

« D'Amiens, ce 1er sept. 1640. »

« Monsieur de Saint-Georges, je trouve
« un peu estrange que vous ne m'ayez pas
« adverty qu'on veult establir un couvent
« de religieuses dans une maison qui est
« si proche du Pont-de-l'Arche qu'il est
« impossible sans que le chasteau et for-
« teresse en reçoivent du préjudice. Man-
« dez-moy par [...] ce que c'est, et cepen-
« dant empeschez qu'on ne face aucun
« establissement en la dite maison, lequel
« je ne puis en aucune façon consentir, si
« la chose est comme on me l'a représen-
« tée. J'attendray donc vostre res-
« ponse sur ce sujet, et vous assureray
« cependant que je suis le meilleur de
« vos amis. »

« Le card. DE RICHELIEU. »

« De Péronne, ce 9e juillet 1641. »

« Monsieur de Saint-Georges, je vous
« fais cette lettre pour vous dire que je
« désire, s'il y a moyen, que vous me fa-
« ciez lever aux environs du Pont-de-
« l'Arche une compagnie d'infanterie pour
« joindre à quatre autres nouvelles que
« je mande à Fortescuyère de me faire
« lever aux environs du Havre, et me les
« envoier en Picardie. Je vous envoie le
« cappitaine et le lieutenant pour com-
« mander la dite compagnie. Pour l'en-
« seigne, vous le choisirez dans vostre gar-
« nison. Pour donner plus de moyen au
« dit cappitaine de faire promptement sa
« dicte compagnie et la rendre bonne, je
« suis d'accord de luy donner six escus
« pour homme et les armes. Je feray en-
« voier au premier jour l'argent nécessaire
« à cette fin. Mais en attendant, four-
« nissez-en afin d'avancer cette levée le
« plus tost qu'il se pourra. Quand elle

« sera faicte, on envoiera la route pour
« toutes les cinq, afin de venir aux lieux
« où on les destine de servir.
            « Le card. DE RICHELIEU. »

C'est de Pont-de-l'Arche que, pendant la Fronde, le comte d'Harcourt, devant Rouen, demeuré court, comme le disait le *Courrier burlesque*, bloquit étroitement cette ville, et s'assurait de Louviers, de Vernon et de Château-Gaillard. Rouen, resserré entre Pont-de-l'Arche et le Havre, avait beaucoup à souffrir.

> Harcourt, qui vint au Pont-de-l'Arche,
> Mauld sur la clef de Rouen,
> Sans avoir entré dans Rouen.
>   (*Courrier de la Fronde*)

1649. La reine envoya le comte d'Harcourt à Rouen. La ville et le parlement refusèrent de le reconnaître en qualité de gouverneur de Normandie, et il se retira à Pont-de-l'Arche en attendant les ordres de la cour.

Lors des conférences de Saint-Germain, le prince de Condé exigea que Pont-de-l'Arche fût remis au duc de Longueville comme place de considération, c'est-à-dire de sûreté, commandant la navigation entre Paris et Rouen. Le duc mit aussitôt la place en état de soutenir un siège.

1649. Le duc de Longueville alla voir le roi après qu'on l'eut assuré du gouvernement de Pont-de-l'Arche, outre ceux de Dieppe et de Caen, qu'il avait déjà. (*Mémoires d'Henri de Campion.*)

Ce fut une dernière lueur dans l'histoire militaire de Pont-de-l'Arche. Peu après, le comte d'Harcourt était nommé gouverneur de Normandie, et Louis XIV, le 6 février 1650, faisait son entrée solennelle à Rouen.

Les registres du corps de ville ont conservé une délibération du 6 février qui peut servir à faire comprendre ce qu'était devenu l'esprit du siècle au sujet des places fortes de l'intérieur.

« En l'assemblée des vingt-quatre du conseil de la ville de Rouen, les députés des marchands étant venus en l'hôtel commun pour exposer les moyens dont on se pourroit servir pour obtenir du roi la démolition du château de Pont-de-l'Arche, le sieur Brémontier, prieur des consuls, portant parole, dit que le procureur général du parlement leur avait fait connaître que Leurs Majestés étaient dans la disposition d'accorder la démolition; qu'il était important de profiter de l'occasion qui se présentait si favorablement, moyennant une somme raisonnable pour dédommager ceux auxquels cette place avait été donnée pour récompense; que tous les marchands savaient la conséquence de cette situation, que 60 ou 70,000 livres ne seraient pas considérables à l'égard de la liberté que le commerce en recevrait; qu'il fallait s'adresser au cardinal Mazarin. »

Deux moyens étaient proposés : une contribution sur tout le commerce intéressé, ou une imposition spéciale, soit d'un quart, soit d'un tiers sur les voitures chargées de marchandises.

On mit en avant que Paris, ayant le même intérêt, devait être provoqué, par la délibération de la maison de ville de Rouen, à concourir par démarches et par argent au but commun pour le bien public et avantage du commerce.

Après un long délibéré, il fut convenu qu'on se retirerait par devers le roi et les seigneurs de son conseil pour obtenir la démolition, et l'on délégua à cet effet Pierre Roque, chevalier, seigneur de Varengeville, lieutenant général du bailliage; MM. de Guénonville et Hébert, premier et second conseillers échevins, et deux membres du corps des marchands, MM. Brémontier et Fermanel, « auxquels a été « donné tout pouvoir de traiter des « moiens jusqu'à la somme qu'il seroit de « besoin pour parvenir à la dicte démo- « lition. »

Les registres du corps de ville restent muets sur la suite donnée à ce pouvoir; mais le château de Pont-de-l'Arche ne fut point rayé de la liste des places fortes, et conserva même des gouverneurs, sans trop devenir une de ces tours de pierres où l'on a si largement et si abusivement puisé sous Louis XIV et sous Louis XV.

1652, 2 août. Les prévôts et échevins de Paris adressent à cent cinquante villes de toutes les parties de la France un manifeste contre le cardinal Mazarin. Les échevins de Pont-de-l'Arche sont compris dans cette liste des corps municipaux les plus importants.

1698, 16 novembre. « Il est ordonné « au sieur Dupoy, lieutenant de la pré- « vosté de l'hostel et grande prévosté de « France, de se transporter au chas- « teau de la Boullaye et d'y arrester les « nommez Durant et Bontemps, valets-de- « chambre; Halliaville, officier; Renault, « mareschal ferrant, et......... faulcon- « nier du sieur duc de la Force. « Il sera conduire au chasteau de Pont- « de-l'Arche, pour y estre détenus jus- « qu'à nouvel ordre, les cinq domestiques « qu'il a ordre d'arrester....... » (*Corresp. administr. sous le règne de Louis XIV*, t. IV, p. 479; lettre du comte de Pontchartrain.)

Il s'agissait de la conversion fort douteuse du duc de la Force, gardé à vue au château de la Boulaye. Dupoy avait ordre de notifier à la duchesse, protestante opiniâtre, que, si elle contrevenait à des ordres exprès de ne pas communiquer sans témoins avec son mari, il serait chargé de la conduire à Pont-de-l'Arche.

La Boulaye était une baronnie importante située à Auteuil. Jacques Nompar de Caumont, duc de la Force, réunissait ce titre à beaucoup d'autres, et mourut le 19 avril 1699 au château de la Boulaye.

Durand, valet de chambre et chirurgien du duc de la Force, avait été remplacé d'office par un chirurgien catholique.

II.

Il ne serait pas sans intérêt de réunir la liste complète des personnages qui ont occupé à divers titres une position importante dans l'administration civile comme dans le commandement militaire du Pont-de-l'Arche. Nous avons recueilli plusieurs noms dans nos recherches :

« Willelmus de Ponte Archarum » était chambrier du roi Jean.

1211. « Johannes, clericus Pontis Archæ ».

Pierre de Mauléon, châtelain de Pont-de-l'Arche en 1237 et 1238.

1256. Barthélemi Fergant, vicomte.

1260. Guillaume des Gades-Renicourt, chevalier, vicomte et chevetain de Pont-de-l'Arche.

1309. Laurent Thiart, vicomte.

1327-1344. Jehan du Bosc, de la maison de Pirou, vicomte de Pont-de-l'Arche. En 1344, il siégeait à l'échiquier de l'Ascension.

1344. Monseigneur Pierre de Poissi, chevalier, capitaine des nobles de la vicomté de Pont-de-l'Arche.

1347. Richard du Mesnil, écuyer, châtelain du châtel de Pont-de-l'Arche.

1351. Simon de Baigneux; peu après, Richard de Bitot, vicomtes.

1360, 30 septembre. Colart Mardargent, chevalier, maréchal de Normandie, et Jehan de la Heruppe, écuyer, capitaines de la ville de Pont-de-l'Arche.

1362. Jehan de Giencourt, chevalier, châtelain du châtel de Pont-de-l'Arche.

1363. Colart d'Estouteville, seigneur d'Auzebosc et de Lanserville, capitaine de Pont-de-l'Arche.

1369. Jehan de Jaucourt, dit Brunet, chevalier, capitaine du châtel de Pont-de-l'Arche.

Le 18 janvier 1369 (n. s.) on lui assigna un traitement annuel de 400 l. t.

Vers 1390, Jehan de Gué, vicomte.

1400. Jehan de Saint-Ouen, seigneur de Tordouet, vicomte.

1408. Jehan Monnet, vicomte.

Pierre, dit Moradas, sieur de Rouville, capitaine de Pont-de-l'Arche, tué à Azincourt.

1417. Jehan de Graville, chevalier, seigneur de Montagu, conseiller et chambellan du roy, et capitaine du châtel de Pont-de-l'Arche.

1422. Jehan Beauchamp, capitaine.

1423-1429. Guillaume du Fay, vicomte.

1424. Jean Falstaff, grand maître d'hôtel du régent d'Angleterre, est nommé « gouverneur et superviseur de toutes les « villes, chasteaux et païs subgets au roy, « és bailliages de Rouen de la rivière « de Seine, du côté de la ville de Pont-« de-l'Arche, Caen, Alençon... »

1429, juillet. Raoul le Sage, l'homme important après Bedford, fait l'inspection de la forteresse de Pont-de-l'Arche. La garnison est renforcée.

1429. Pierre de Poissi, écuyer, chef de menstre.

1430. Le sire de Willughby, capitaine.

1435. Bérard de Montferrand, chevalier, capitaine.

1435. Jean de Rouvray, châtelain (?) de Pont-de-l'Arche.

1440, 23 juillet. « Makin Hilton, es- « cuier, mareschal de la garnison de Pont- « de-l'Arche ».

1442, 5 janvier. (n. s.) Le même, « ayant « la charge de la garde et cappitainerie « du Pont-de-l'Arche soulz mons. le car- « dinal de Luxembourg, chancelier de « France ».

1447. Jean Lancelin, vicomte.

1463. Pierre Bachelet, vicomte.

1476. Julien du Gué, vicomte.

1476. L'amiral Louis Malet est capitaine de Pont-de-l'Arche. (P. Anselme, VII, 863.)

1480. « Loys de Graville, seigneur de « Montagu, de Sées et Bernay, conseiller « et chambellan du roy, et cappitaine de « Pont-de-l'Arche. »

Vers 1485, Péronne de Jaucourt apporte en mariage à Guy de Matignon, seigneur de Torigny, la seigneurie de Pont-de-l'Arche et un grand nombre d'autres. C'est évidemment de ce personnage que provint le nom de Matignon donné à l'un des moulins du Pont.

1491. Jehan Challenge, vicomte.

1500. Messire Louis de Graville, chevalier, seigneur de .... et Bernai, et capitaine de Pont-de-l'Arche, amiral de France.

1510. « ... Puissant messire Robert de « Pommereul, en son vivant chevalier,

« s' du lieu de Myserey et d'Ireville; pre-
« mier escuyer d'escurye du roy, capi-
« taine des villes et chasteau du Pont-de-
« l'Arche, grant maistre enquesteur et
« réformateur des eaus et forestz en Nor-
« mandie et Pycardie, lequel décéda le
« xviii° jour de may m. v° xliii. »

1562. Les capitaines Guion et Maze défendent Pont-de-l'Arche contre les protestants venus de Rouen.

1591-1609. Le Sergeant, vicomte.

1616. Concini (le maréchal d'Anere),
gouverneur.

Sous Louis XIII, le connétable de Luynes
était gouverneur de Pont-de-l'Arche.
(P. Anselme, VI, 231.)

1639. Jean de Lonlay, seigneur de Saint-
Georges, capitaine des gardes du cardinal
de Richelieu, gouverneur.

1649. Le sieur de Beaumont, gouverneur.

1650. Gouverneur: le baron de Cham-
lot, mestre de camp de cavalerie, et capitaine lieutenant des gendarmes du duc
de Longueville.

1666. « Charles de Tesson, escuier
« sieur de Belkengaust, fils de Louis de
« Tesson, escuier, commandant pour le
« roy en la ville et chasteau de Pont-de-
« l'Arche. »

1671. Druel, commandant de Pont-de-
l'Arche.

III.

Un Guillaume de Pont-de-l'Arche avait
été gardien du trésor de Westminster au
moment de la mort de Guillaume le Conquérant.

Pont-de-l'Arche a vu naître un pontife
qui en a illustré le nom, Guillaume de
Pont-de-l'Arche, évêque de Lisieux, personnage mêlé aux grandes affaires, qui
revint mourir au lieu de sa naissance. On
lisait au milieu du chœur de Bonport
cette inscription tumulaire :

« ..... Sub hacce tomba, olim laminis
« æneis insculpta, reconditus est Guillel-
« mus de Ponte Arcæ, Lexoviensis præsul,
« ille qui, pontificali dignitate abdicata,
« in hanc abbatiam secessit, ubi senio con-
« fectus obiit. An. mcccxxxvIII. »

Pierre Martin, moine de Bonport, se
distingua dans les concours des palinods,
et le Tombeau d'Elisabeth de Bigards, abbesse de Fontaine-Guérard, par Philippe
Cavalier, autre religieux de Bonport, est
devenu d'une rareté bibliographique.

Eustache-Hyacinthe Langlois, artiste
hors ligne, antiquaire faisant autorité,
véritable imagier du moyen âge, dépaysé
au xix° siècle dans l'école sceptique de

David, a toujours tenu à joindre à son
nom celui de sa terre natale. Langlois de
Pont-de-l'Arche était né dans cette ville
le 3 août 1777; il est mort à Rouen le
29 septembre 1837.

N'oublions pas que l'auteur d'une des
plus gracieuses compositions du xiii° siècle, le trouvère Gerbert de Montreuil,
commence son roman de *Gérard de Nevers*,
nommé aussi le *Roman de la Violette*, par
la description d'une cour plénière tenue
à Pont-de-l'Arche par un roi Louis.

IV.

La position de Pont-de-l'Arche, importante sous le rapport stratégique, n'a
pas été moins appréciée de longue date
au point de vue fiscal; c'était sous ce
double rapport la clef de la Seine.

Pont-de-l'Arche, qui est le point extrême de la marée montante, était aussi,
pour les droits à percevoir par la vicomté
de l'eau de Rouen, une ligne de démar-
cation.

Il y avait une grande différence de
droits, selon que les vins provenaient de
crus situés au-dessus ou au-dessous de
Pont-de-l'Arche.

« Est à entendre, dit le commentateur
« du *Coustumier général des anciens droits*
« *deubz au roy* (édit. de 1613), que le vin
« du cru de Vernon s'entend pour ce qui
« croit au-dessus du Pont-de-l'Arche et
« jusques au pont de Vernon et es envi-
« rons. »

Les citoyens et bourgeois de Rouen, ne
faisant pas commerce de vin, étaient
quittes de toute mueson et coustume pour
les vins crus au-dessous de Pont-de-
l'Arche. La mueson était un droit local
prélevé en nature.

Pour les vins crus au-dessus, le droit
était dû depuis qu'ils étaient « passez en
« tarrage, et, ajoute le *Coustumier*, ils
« demeurent outre le *catarrage* jusques à
« la *basse fenelle*, auprès des murs de
« Bonport... »

L'île et le hameau de Catherage, voisins
de l'abbaye, font partie des territoires de
Criquebeuf et de Martot. On dit aujour-
d'hui : *Quatre-Ages*.

Les habitants de Bonport étaient dispensés de payer aucun droit à la vicomté
de l'eau.

Les vignobles des environs de Pont-de-
l'Arche ont eu longtemps une certaine
notoriété.

En 1225, Louis VIII autorisait les religieux de Bonport à faire venir chaque année cent tonneaux de vin francs de péage
et droits de coutume.

« Dans le compte des vins du roi pour 1227, Pont-de-l'Arche, dit M. Léopold Delisle, figure pour 88 muids 41 setiers et demi. Une vigne, située dans cette paroisse, est citée dans un titre de 1247.

En 1260, on parle de la vigne Estourmi, sise à Pont-de-l'Arche.

1261. « Decime bladorum, vinorum, guesdie, lini, feni et canabi. » (A. I., S. 6567, n° 3.)

1261. « Vinea abbatis de Fiscanno, antiqua vinea Vincentii de Olli, vinea heredum Johannis Commin, vinea Petri Tabernarii. » (Ib., n° 2.)

En 1269, mention de la vigne de Jean Morel. (Cartul. de Fécamp, f° iiij×× ij r°.)

Un arrêt du parlement de la Toussaint 1283, statuant sur des privilèges de libre circulation réclamés par l'abbaye de Royaumont, prononce : « Quod dictum privilegium monachos non liberat quin, pro rata ipsis contingente, teneantur contribuere in cayo Andeliaci et in falsa ostensa Pontis Arche. » (Olim, t. II, p. 285.)

Il se percevait à Pont-de-l'Arche un droit de péage de 10 d. par muid sur les vins qui passaient sous le pont, droit dont Philippe-Auguste, en 1217, avait exempté d'avance les religieux de Jumièges s'il venait jamais à être créé. Un droit existait aussi sur les chevaux, bestiaux et charrettes traversant le pont.

M. Léopold Delisle cite une ordonnance de 1315 d'où il résulte que le roi percevait 10 deniers par tonneau de cidre qui remontait la Seine jusqu'à Pont-de-l'Arche. C'était le quart du droit acquitté par le vin français. (Ord., t. 1, p. 593.)

1315, juillet. Des lettres de Louis le Hutin, contenant des tarifs très-détaillés, confirment un accord de la ville de Paris et de plusieurs marchands députés touchant les marchandises voiturées par « yaue, de là où Saine chiee en la mer, jusques au Pont-de-l'Arche, tant en montant comme en avalant. » (Ordonn. des rois de France, t. 1er, p. 599.)

1462. Dans le royaume entier, il y avait une multitude d'exemptions de droits sur le transport des vins, Louis XI venant en Normandie : « Vectigal novum imposuit « super vinis, que per flumen Sequane, « sub ponte opidi Pontis Arche, descenderent Rothomagum, et ad partes inferiores, et illud quidem non parvum; « sed medium scutum auri pro qualibet « canda vini levari jussit. Quod injustum « et irrationabile nimis, valdeque durum « et inhumanum erat..... quo cum gravati nimium et deterriti negotiatores, « flumina et navigationis commoditate de-

« relictis, curribus vina advehere potius « eligerent, et per terram ad unam duasve « leucas, transitum invenissent, ad tres « primum circumquaque, deinde ad septem usque leucas per terras suum no« vum vectigal prerogavit... » (Th. Basin, l. 1er, ch. xlii.)

En 1413, les griefs n'étaient pas moins vifs. Les états de la province accusaient même les soldats de mettre un véritable impôt sur les vins par leurs exactions sur les bateaux qui passaient par-dessous le pont.

Au commencement du xve siècle, le maître des pont et pertuis de Pont-de-l'Arche était institué par les magistrats de l'hôtel de ville de Paris. Un arrêt du conseil (21 août 1742) ordonna que ce maître se ferait recevoir devant la vicomté de l'eau de Rouen, et apporterait devant ce magistrat toute contestation relative au montage du pont.

1472, 23 octobre. Louis XI rétablit, au profit des manants et habitants des vicomtés de Pont-de-l'Arche et d'Harcourt, le grenier et chambre à sel créés et établis au Pont-de-l'Arche par Charles VII, et par le même roi « aboly et abactu », de sorte que la population était obligée de se fournir à Louviers.

Un aveu de Claude de Lorraine au roi, pour la baronnie d'Elbeuf, 6 août 1512, contient cette mention : « Nous appartient « la rivière de Saine depuis l'ombre du « Pont-de-l'Arche, à l'heure du soleil de « midy, jusqu'au gravier au-dessous d'O« rival... »

Adam de la Basoge, haut justicier de Heuqueville, avait droit de pêche depuis le Blanc-Sauls jusqu'au talus du pont de Pont-de-l'Arche, par moitié avec l'abbaye de Bonport et divers autres ayants droit.

En 1581, le seigneur de Port-Pinché, hameau de Porte-Joie, déclarait dans un aveu « posséder quatre arches soubz le « pont, avec gords et droit de pécherie à « tous poissons, avec rets, filets et autres « engins, sans qu'en iceux aucune per« sonne y puist fere pesche, synon son « monnier. »

Le droit de bac de Pont-de-l'Arche à Lormais, appartenait aux religieux de Bonport.

Les droits de la vicomté de l'eau de Rouen ayant été aliénés en 1713 et acquis à titre d'engagement par le prince de Condé et ses frères et sœurs, la maison de Condé entretint à Pont-de-l'Arche, jusqu'à la Révolution, un agent chargé de la conservation de ses droits dans cette ville.

M. Léopold Delisle établit qu'au xve siècle, d'après les comptes conservés, il devait se préparer à Pont-de-l'Arche de notables quantités d'huile de noix.

V.

A dater de la Fronde, Pont-de-l'Arche cessa d'avoir une existence historique pour ne plus vivre que d'une existence locale assez animée encore.

Voici comment l'appréciait Th. Corneille, en 1708, dans son *Dictionnaire géographique* : « Vicomté, bailliage, élec-
« tion, grenier à sel, maîtrise des eaux
« et forêts, et un bon château de l'autre
« côté de son pont de pierre ; c'est le plus
« beau, le plus long et le mieux bâti qui
« soit sur la Seine. Cette ville, bâtie par
« Charles le Chauve, a de bons fossés et
« des murailles flanquées de tours.

« Il y a gouverneur, lieutenant de po-
« lice, un maire, deux échevins et une
« maison de ville. C'est une place très-
« importante par sa situation. Son château,
« bâti dans une petite île, est de figure
« quarrée, bien entretenu et bien logeable,
« flanqué de quatre tours ; au dedans, il
« y en a une fort haute qui sert de don-
« jon. Ce château est séparé de la prairie
« par deux petits ponts. »

Le docteur anglais Coltee-Ducarel, qui a publié en 1767 un volume d'*Anglo-Norman Antiquities* étudiées en Normandie et imprimées avec luxe, le dépeint ainsi : « In a small island, on that side
« which is opposite to the bridge, is a
« square building, strengthened by a
« tower at each angle ; and within it,
« another very high tower, now used as
« a dungeon. »

La chapelle du château de Pont-de-l'Arche était sous l'invocation de saint Louis et dépendait de la paroisse d'Igoville. Placée d'abord sous le patronage de l'abbé de Jumièges, elle avait passé sous celui du chapitre de Notre-Dame de Cléri ; probablement par un acte de Louis XI, qui avait d'ailleurs assigné à ce chapitre favori quelques revenus sur plusieurs villes de Normandie, et notamment sur Pont-de-l'Arche.

« La manufacture de Pont-de-l'Arche,
« où il se fabrique des draps très-fins,
« façon d'Angleterre, est très-estimée, »
« écrivait Piganiol de la Force en 1722 ;
« mais elle n'est composée que de six ou
« sept métiers. Les filages sont conduits
« par des fileurs et des fileuses de Hol-
« lande. »

« Cette ville appartient au roy, » disait en 1726 le *Dictionnaire universel de la France*, « il y a une manufacture de draps très-fins, façon d'Angleterre. »

« Ainsi se passa une grande partie des XVIIe et XVIIIe siècles.

Dans les dernières années de Louis XV, le gouvernement de Pont-de-l'Arche figure encore sur l'*État militaire de France*. Le marquis de Pons-Saint-Maurice, lieutenant général et chevalier du Saint-Esprit, est gouverneur ; M. Routier, lieutenant de roi. Après l'avénement de Louis XVI, l'*État militaire* ne mentionne plus que le baron de Larchier de Courcelles, lieutenant des maréchaux de France.

Les archives de l'Eure possèdent des documents constatant que, vers cette époque, la plupart des terrains qui dépendaient de la forteresse avaient été abandonnés à l'existence civile. Une promenade publique en couvrait une grande partie. Un spéculateur sollicitait la concession du reste, et la ville, soutenue par le dernier gouverneur, réclamait le maintien du statu quo nécessaire pour le dépôt des immondices. *Sic transit gloria!*

Mais, en 1787, un dernier regain d'importance allait renaître pour les bailliages. Pont-de-l'Arche était une des quatre vicomtés du bailliage de Rouen ; une des quatorze élections et l'un des douze greniers à sel, dits de vente volontaire de la généralité de Rouen ; une des sept maîtrises des eaux et forêts du département de Rouen. Il était le siège d'un des quatorze bureaux de la haute Normandie pour la levée des aides. Il y avait aussi prévôté.

En 1772, un édit avait réuni la vicomté au bailliage. La collection des Archives de l'Empire possède d'anciens sceaux de cette vicomté.

On voit dans les procès-verbaux des séances de l'assemblée provinciale de la généralité de Rouen que, dans la réunion du mois d'août 1787, le département de Pont-de-l'Arche et Andelis avait pour députés des villes et campagnes représentant le tiers état de l'élection, M. Le Camus, lieutenant de maire à Louviers, et M. Levé, écuyer, ancien échevin de la ville de Paris, tous les deux nommés par le roi. Dans les choix qui appartenaient à cette assemblée pour se compléter, les suffrages devaient se porter pour le même département sur deux membres des ordres du clergé et de la noblesse, le marquis de Conflans et l'abbé Fresney, chanoine d'Evreux, furent élus.

A l'assemblée provinciale appartenait aussi le droit d'élire au scrutin la moitié des membres qui devaient composer chaque assemblée de département. Ces assemblées, qui allaient entrer en fonctions le 21 septembre 1787, étaient au nombre de dix dans le ressort de l'assemblée provinciale de Rouen. Dix membres étaient à élire pour la septième assemblée, celle d'Andeli et de Pont-de-l'Arche, cinq par conséquent pour cette dernière élection. Elle fut représentée par l'abbé de Montigni, curé de Quatremares; M. de Chalange, d'Aubevoie; MM. Dubucq, échevin à Louviers; Joseph Grandin, propriétaire à Elbeuf, et Duval de Martot, propriétaire à Vraiville.

Le procès-verbal de l'assemblée de l'ordre de la noblesse du bailliage de Rouen, du 15 avril 1789, a conservé les noms des membres de cet ordre qui représentèrent le vicomté de Pont-de-l'Arche. Ils étaient relativement en très-petit nombre : seize présents, dix représentés par procuration.

« Nous avons sous les yeux le cahier des doléances du tiers état du bailliage de Pont-de-l'Arche présenté à cette époque. Ce document en 102 articles, un peu minutieux peut-être, est remarquable par sa sagesse et sa modération.

Mais l'ère nouvelle ne devait apporter à Pont-de-l'Arche qu'une prompte décadence, tandis que deux des dix sergenteries de son ressort, Elbeuf et Louviers, allaient devenir des villes importantes.

Millin, dans le IV° volume de ses Antiquités nationales, a constaté quel était de son temps l'état de l'antique forteresse : « A l'un des bouts du pont est un fort qui y fait une île par le moyen d'un très-large fossé où l'eau de la rivière passe, « ce qui le rendait impénétrable du côté « de la campagne. Il reste aussi quelque « trace du fort qui était à l'autre bout, « du côté de la ville. »

« Sur une ancienne maison élevée au-dessus des fondations d'une vieille tour qui défendait à droite du côté du pont, l'entrée de la ville, où lisait encore il y a peu d'années : Rex Quindenum, urbs lavat, omnibus angustum vadum. Cette maison, aujourd'hui démolie, rappelait par son tout l'antique massif de pierre.

Mais l'heure arrivait où toutes les anciennes juridictions de Pont-de-l'Arche allaient se fondre en une simple justice de paix, et son existence militaire en un modeste gîte d'étape. Il lui restait ses armoiries, qu'on allait bientôt supprimer.

M. Canel, dans son Armorial des villes et corporations de Normandie, formule ainsi le blason de Pont-de-l'Arche :

De gueules, au pont de neuf arches élevées, d'argent; mouvant d'une rivière de si nople, et supportant au milieu une tour d'argent, et à chaque côté de la tour une croix d'or.

Millin en a donné cette variante :

De gueules, à un pont de quatre arches d'argent, chargé d'une croix à tige d'or sur le milieu, et de deux tours d'argent ouvertes aux deux extrémités; au chef d'azur chargé de trois fleurs de lis d'or; et le Bulletin de l'Académie ébroïcienne : De sable, au pont d'argent à trois arches, maçonné de même, au chef d'azur, chargé de trois fleurs de lis d'or.

VI.

Il restait à Pont-de-l'Arche son vieux pont, solide monument des âges lointains et contemporain neuf fois séculaire de ses bons et de ses mauvais jours.

Sans doute il portait les traces de plusieurs restaurations; mais M. Bonnin, qui a jeté tant de jour sur l'architecture militaire des anciens temps, a parfaitement établi son identité, contre l'opinion qui voulait l'attribuer soit au XII° siècle, à cause d'une arche ogivale ajoutée par Richard Cœur de Lion vers 1195, soit seulement à la Renaissance, parce qu'une partie des parapets en portait le caractère, dû à une réparation partielle qui n'intéressait que le parement ou l'appareil extérieur et le tablier de la chaussée, vers 1435, pendant l'occupation anglaise. L'invention du canon fit aussi supprimer une bordure crénelée et la fit remplacer par un parapet continu.

Les plus grandes vicissitudes de ce doyen des ponts français furent causées par l'art moderne de la guerre. En 1591, un lieutenant d'Henri IV, en 1815, un lieutenant de Napoléon voulurent le faire sauter.

Il était destiné à une fin moins héroïque. Le corps des ponts et chaussées le considérait plutôt comme un reste gênant que comme un monument respectable.

Dès 1712, un procès-verbal constatait que la grande arche, joignant le château, par laquelle passaient les bateaux s'était ouverte; plusieurs pierres en étaient détachées. La plupart des arches étaient embarrassées de gords et de pêcheries, dont la suppression était instamment demandée dans l'intérêt public.

En 1742 seulement, une grande écluse a été ouverte pour le passage des bateaux dans le bras de la Seine qui servait de fossé au château.

Le pont, tel qu'il existait en 1819, est figuré dans dans l'Eure historique et monumentale de MM. Batissier et Sainte-Marie Méril, ouvrage inachevé d'où a été extrait un album.

Le voisinage de travaux neufs a porté un coup fatal, et le 13 juillet 1856 s'est consommé au milieu d'un lugubre fracas l'écroulement du vieux pont de Charles le Chauve.

C'est dans les deux lettres de M. Bonnin citées plus haut qu'il faut lire le récit animé et bien inspiré de cette catastrophe.

VII.

L'église de Pont-de-l'Arche, érigée sous l'invocation de saint Vigor, évêque de Bayeux, a été construite au XVᵉ siècle près des remparts de la ville, sur un mamelon élevé, d'où elle domine la vallée en offrant elle-même un point de vue très-pittoresque. Elle remplace une église du XIᵉ siècle. Entreprise sur de trop vastes proportions, l'église est restée un monument inachevé. Les parties entièrement terminées ont une incontestable valeur. Une longue façade latérale est admirablement fouillée et ciselée.

Les pendentifs des voûtes de la sous-aile de droite sont fort remarqués. La cuve des fonts baptismaux, faite d'une seule pierre, est attribuée au ciseau de Jean Goujon.

La plupart des vitraux sont très-estimés. On s'arrête surtout devant les verrières du midi, « où l'on voit, dit M. Raymond « Bordeaux, un curé de Pont-de-l'Arche, « pendant une famine, au commencement « du XVIᵉ siècle, distribuer à ses parois- « siens des grains qui sont déchargés et « mesurés sous ses yeux. »

Un curieux vitrail, qui par son dessin et ses couleurs porte le caractère du XVIᵉ siècle et qui doit avoir été un don de la corporation des bateliers, représente le travail de ces hommes qui devaient à la fabrique de Saint-Vigor un droit lorsqu'ils voulaient le dimanche passer sous le pont en tirant les bateaux qui s'en allaient montant.

A leur mérite intrinsèque, ces vitraux joignent celui de reproduire fidèlement d'anciens costumes.

Le Recueil des Monuments inédits de Willemin et d'André Pottier renferme un dessin d'Hyacinthe Langlois, qui reproduit la corniche extérieure et la porte de la sacristie de Saint-Vigor, œuvre gracieuse que ce savant artiste attribue au commencement du XVᵉ siècle. Un banc de confrérie de la même époque et dessiné par Willemin, dans la même église, est surtout remarquable par cinq panneaux de fenestrages non évidés. La planche 245 de ce recueil, destiné à l'histoire des arts, représente le couronnement d'un pilier dodécagone, et une clef de voûte en forme de lampadaire qu'entourent gracieusement, en enlaçant leurs mains, quatre figures ailées. Le pilier a la date certaine de 1518. Le cul de lampe, admirablement ciselé et cité comme modèle de goût pur et de style sans mélange, paraît postérieur de quelques années.

La planche 267 des Monuments de Willemin reproduit quatre de ces personnages et le texte de M. André Pottier décrit avec soin la scène tout entière du passage de la maîtresse arche.

Un vitrail de la chapelle de Saint-Nicolas (pl. 216) a le double mérite de constater le costume des bourgeois de la haute Normandie en 1621 et de représenter les ancêtres d'Hyacinthe Langlois, qui descendait d'un capitaine anglais établi à Pont-de-l'Arche au temps de Charles IX.

L'orgue et le maître-autel sont des dons d'Henri IV. Cet immense rétable à colonnes torses est, selon M. Raymond Bordeaux, l'un des plus beaux que l'on voie en France.

Le tableau du maître-autel, signé en 1662 par un peintre nommé Letourneur, est mentionné avec éloge par M. de Chennevières dans le tome Iᵉʳ de ses curieuses *Recherches sur les peintres provinciaux de l'ancienne France*.

Il y avait à Pont-de-l'Arche un couvent dont les bâtiments renferment aujourd'hui un hospice : c'est avoir maintenu le principe de la fondation. Des lettres patentes de 1701 accordaient l'établissement d'un hospice en la ville de Pont-de-l'Arche aux supérieur et religieux du tiers ordre de Saint-François de l'estroite observance de la province de Saint-Yves, en France. Il existait aussi un prieuré de Bernardines, fondé sous le nom de Saint-Antoine, le 6 décembre 1634, par Antoine de Montenai, baron de Garencières, et Marguerite Dugué, sa femme. Il n'en reste guère d'autres traces que le nom très-vulgaire de *Rue sans-Toile* conservé à une ruelle en mémoire de l'usage exclusif de la laine par les religieuses. C'est à cette fondation qu'a trait la lettre de Richelieu du 1ᵉʳ septembre 1640, citée plus haut.

M. Léopold Delisle a constaté l'existence, en 1259, d'une léproserie à Pont-de-l'Arche, omise dans la table indicative des léproseries normandes.

VIII.

C'est au territoire de *Mareslans*, sur le bord d'un bras de la Seine, isolé du cours principal par une longue île portant le nom de Bonport, que s'est élevée, à la fin du xiiᵉ siècle, l'abbaye royale qui a pris le nom de cette île, si toutefois elle ne le lui a pas donné. Une vaste enceinte de murs isolait le monastère de toute communication extérieure.

L'abbaye de Bonport n'était, selon Thomas Corneille, éloignée de Pont-de-l'Arche que d'une mousquetade.

Notre-Dame de Bonport eut pour fondateur Richard Cœur de lion, en 1189, à la suite, dit-on, d'un accident de chasse où il faillit se noyer. L'histoire de cette fondation est presque légendaire; elle a été souvent reproduite. C'est à tort que le *Neustria pia* cite Philippe-Auguste comme fondateur. Il confirma seulement la fondation en 1201.

Cette abbaye, de l'ordre de Citeaux, mise par Innocent IV sous la protection de Saint-Pierre, était fille de l'abbaye de Notre-Dame-du-Val, dans le diocèse de Paris.

En 1722, elle était, selon l'*Etat de la France*, estimée valoir 20,000 livres de rentes à partager entre l'abbé et les moines. Dans les derniers almanachs royaux, l'estimation n'était plus que de 18,000 livres. Elle était taxée en chambre apostolique à 1,000 florins d'or. Le revenu réel constaté en 1781 était de 22,326 liv. 18 s. 4 d.

Le *Gallia christiana* et le *Neustria pia* ont donné avec quelques variantes la liste des abbés :

I. 1190. Clément.
II. 1218. Gérard ou Giroud, qui traita avec l'abbé de Saint-Denis. Il vivait en 1226.
III. Pierre Iᵉʳ.
IV. Pierre II.
V. Germond.
VI. Robert Iᵉʳ, en 1247.
VII. Blaise.
VIII. Robert II.
IX. 1263. Nicolas Iᵉʳ : « Rothomagi benedictus ab Odone, archiepiscopo, 3 decemb., sede Ebroicensi vacante. »
X. 1276. Richard.
XI. Jean Iᵉʳ.
XII. 1321. Guillaume Iᵉʳ.
XIII. 1325. Simon de Louviers.
XIV. Nicolas II.
XV. 1351. Jean II de Saint-Melaine.
XVI. Philippe. (*Gallia christiana*.) — Jean II. (*Neustria pia*.)
XVII. 1383. Guichard. — Richard II. — Guichard « de Lingonis », de Langres, ancien moine de Clairvaux, reçut du roi Charles VI, en 1397, 500 livres d'or, « ad ædificandum claustrum, monasterio bellis attrito. » Il fut inhumé près du maître-autel, sous une tombe de marbre, avec épitaphe.

XVIII. 1413. Pierre III Barbitii, docteur en théologie, très-bien traité par le roi d'Angleterre.
XIX. 1423-1449. Jean III Hamon. — Jean IV, selon le *Neustria pia*. — Le *Gallia christiana* soupçonne la succession de deux abbés Jean dans cet espace de temps.
XX. 1459. Guillaume II Lenfant, nommé « G. de Altifago » par le *Neustria pia*, Rouennais, évêque de Chrysopolis : « Ablatiam instauravit, et ante crucifixum sepultus est cum epitaphio. » — Le
XXI. 1483. Jean-Philippe de Criquetot, selon le *Gallia christiana*, Jean de Criquebeuf, « de Criqueboto, » selon le *Neustria pia*, docteur en théologie, vicaire général de l'abbé de Citeaux.
XXII. 1520. Jean Sanguin; Jean IV, selon le *Gallia christiana*; Jean VI de Boisguillaume, d'après le *Neustria pia*, ancien moine de Bonport, passé comme abbé à Mortemer. Inhumé dans le chapitre.
XXIII. 1536. Noël Mauduit, dernier abbé régulier.

Ici commencent les abbés commendataires nommés en vertu du concordat de Léon X :

XXIV. Le cardinal Jacques d'Annebaut, évêque de Lisieux.
XXV. 1558. Henri Iᵉʳ de Clermont, ou peut-être un jeune fils de Diane de Poitiers. Le *Gallia christiana* hésite à se prononcer.
XXVI. 1580. François de Bouliers, évêque de Fréjus.
XXVII. 1590. Leblanc du Rollet, ancien gouverneur de Louviers et de Pont-de-l'Arche, est compté au nombre des abbés de Bonport pour avoir joui des revenus de l'abbaye : « Aliquandiu locum occupavit tempore bellorum civilium. » C'était le temps où Sully, tout zélé protestant qu'il était, ne dédaignait pas la commende de plusieurs abbayes, et où Villars, en négociant sa soumission, en demandait six des plus importantes, dont celle de Bonport.

Les registres mémoriaux de la chambre des comptes constatent un don à du Rollet, en 1593, de 10,000 écus à prendre sur les biens des rebelles.

XXVIII. Le célèbre poëte Philippe Desportes, poëte profane et poëte chrétien, dont la biographie est dans tous les recueils.

La date de son installation n'est relatée ni par le *Gallia christiana* ni dans le *Neustria pia*. Il est extrêmement vraisemblable qu'il a précédé et suivi le capitaine du Rollet.

Un arrêt de 1613 permit à cet abbé et

aux religieux de poursuivre leurs débiteurs en vertu de leurs papiers-journaux.

XXIX. 1606. Henri de Bourbon, nommé d'abord Gaston, fils naturel d'Henri IV, évêque de Metz, duc de Verneuil en 1652, ambassadeur en Angleterre et gouverneur du Languedoc; sécularisé et marié en 1668, il se démit de tous ses bénéfices.

XXX. 1669. Jean Casimir, roi de Pologne, pourvu en même temps de la commende de Saint-Taurin. Au lieu de ce monarque, le *Neustria pia* inscrit comme 30ᵉ abbé Louis Chasteigner.

XXXI. 1673. Henri III de Bourbon, comte de Clermont, âgé de trois ans.

XXXII. Louis-Henri de Bourbon, comte de la Marche, âgé de deux ans.

Ces deux petits-fils du grand Condé, morts en bas âge, ont laissé trace de leur passage par des travaux importants entrepris au temps de leur commende. Les armes du jeune comte de Clermont se rencontraient souvent, selon Millin, sur les murs de l'abbaye.

XXXIII. 1677. Emmanuel-Théodose de la Tour d'Auvergne, âgé de neuf ans, fils du duc de Bouillon. A l'âge de vingt-quatre ans, à la mort d'un frère aîné, il fut sécularisé et se maria.

XXXIV. 1691. Louis Colbert, garde du cabinet des médailles et de la bibliothèque du roi. Dès l'année suivante il renonça à la carrière ecclésiastique.

XXXV. 1693. Melchior, abbé, vingt ans plus tard cardinal de Polignac. Exilé dans son abbaye en 1693, ce diplomate éminent y composa son poème latin si estimé : *l'Anti-Lucrèce*.

XXXVI. 1715. Gilbert Blaise de Chalonnes, vicaire général de Langres, député à l'assemblée générale du clergé.

En 1779, l'abbaye était en économat.

XXXVIIᵉ et dernier abbé, 1780. François de Bonal, évêque de Clermont.

Le nombre des religieux était devenu très-faible : en 1718, ils n'étaient que quatre. En 1781, la communauté se composait de sept membres, et des bâtiments avaient été supprimés pour diminuer les frais d'entretien.

La charte de fondation n'a pas été conservée ; mais une charte de confirmation presque contemporaine, donnée par Richard Cœur de lion à Château-Gaillard, le 28 février 1198, constate suffisamment les origines. M. de Duranville pense que la trace de cette longue tradition devait se trouver dans un manuscrit mentionné par Lebrasseur dans son *Histoire du comté d'Evreux*.

En 1781, il existait plusieurs cartulaires qui ont disparu, et dont il n'est plus guère permis d'espérer la découverte ; mais il s'est rencontré, par une rare bonne fortune, un jeune savant qui, avec une patience de Bénédictin, a pris à tâche de reconstituer d'après les dépôts publics et privés un recueil de titres de l'abbaye.

En 1862, M. J. Andrieux a publié, sous le titre de : *Cartulaire de l'abbaye royale de Notre-Dame-de-Bonport*, un beau volume in-4º de 431 pages, renfermant 374 chartes, avec un atlas in-folio de 45 planches, imprimé à Evreux et tiré à 100 exemplaires seulement.

Les Archives de l'Empire, la Bibliothèque impériale, les Archives de l'Eure et de la Seine-Inférieure ont surtout contribué à cette remarquable reconstitution, qui peut servir de modèle et qu'on ne saurait trop imiter.

L'ordre chronologique des titres retrouvés et une table très-bien faite des noms de lieux et de personnes rendent facile l'étude de ces précieux documents.

La Roque, dans son *Histoire généalogique de la maison d'Harcourt*, mentionne diverses chartes dont le texte complet n'a pas été retrouvé, et notamment :

1208. Charte de Nicolas de Montaigu et d'Isabelle, sa femme.

1244 et 1277. Deux donations de la famille de Grousset (Grouchet).

1244, octobre. Charte de Mathieu de Trie, confirmée en 1251 par Mathilde, comtesse de Boulogne, et en 1277 par Jean de Trie, comte de Dammartin.

1371, 1ᵉʳ décembre. Accord avec Louis de Tournebu touchant le patronage de Notre-Dame-de-la-Londe.

1388, 1ᵉʳ novembre. Don par Pierre de la Heuse, chevalier, de 40 sols de rente foncière.

1513, 10 mai. Jeanne de Poissi, femme de Regnier de Rouville, dit Marroquin, donne deux acres de pré pour chanter chacun an une messe aux cinq fêtes de la Vierge.

Construite avec un grand luxe d'architecture vers la fin du XIIᵉ siècle, et avec le cachet caractéristique des monuments élevés par Richard Cœur de lion, cette abbaye, *du don du roi d'Angleterre*, avait traversé les siècles sans ruines comme sans reconstructions malhabiles.

Millin, qui la visitait presqu'à la veille des démolitions sauvages, a laissé dans ses *Antiquités nationales* le souvenir de l'église abbatiale aujourd'hui détruite :
« L'église, fort ancienne et reconstruite
« vers 1387, est soutenue de chaque côté
« par des contre-forts ; on y entre par trois
« portes ; les deux latérales qui donnent
« sur les bas-côtés avaient été bouchées

« dans les derniers temps. Celle du milieu
« est entre deux contre-forts; toutes trois
« sont ogives. Au-dessus de la porte du
« milieu est une fort belle rose en verres
« de couleur. L'église est intérieurement
« fort belle, hardie et bien bâtie; elle est
« en croix latine, avec de grands bas-
« côtés. La nef était autrefois pavée de
« grandes pierres tumulaires, qui ont été
« remplacées par des carreaux de brique.
« Il n'y a plus de tombes que dans la
« partie du croisillon, à droite du chœur.
« C'est là que sont inhumées plusieurs
« personnes de la famille de Rouville et
« d'autres bienfaiteurs du monastère. Le
« chœur de cette église est beau; le grand
« autel, revêtu de marbre, est d'une belle
« ordonnance... »

« L'église, écrivait dom Beaunier en
« 1726, fut dédiée sous le nom de Notre-
« Dame de Bonport, le 4 mars, jour au-
« quel on célèbre sa dédicace.

« Il y a, ajoutait-il, beaucoup d'argente-
« rie pour le service de l'autel, et la sacris-
« tie est ornée d'une menuiserie qu'on
« estime et dont la serrure est très-propre. »

Le mur d'enceinte était d'une grande solidité et d'une construction telle que, sur certains points, il présentait une apparence militaire par des contre-forts et des tourelles qui semblaient élevées pour la défense.

Quand l'heure des dévastations fut arrivée, Bonport se vit moins saccagée que la plupart de nos vieilles abbayes normandes et moins rapidement livrée aux démolisseurs, sauf l'église, qui disparut bientôt comme le bâtiment des hôtes. A cette époque, où les monuments historiques semblaient devenus des mines de pierres de construction ouvertes à tout venant, les ruines des fortifications de Pont-de-l'Arche, dont l'exploitation était plus facile encore et fort abondante, durent contribuer dans une certaine mesure à préserver Bonport des premières fureurs. Ses dépouilles furent même d'abord l'objet d'un certain respect.

M. André Pottier, conservateur de la bibliothèque de Rouen, à qui est dû le texte si savant et si intéressant à la fois des *Monuments français inédits* de Willemin, décrit avec complaisance une charmante petite rosace d'une délicatesse exquise, qui ornait le pignon d'un tabernacle peint sur l'une des verrières de Bonport (pl. 117), rosace exactement calquée sur le dessin de la rose qui surmonte le portail des Libraires à la cathédrale de Rouen (xiv° siècle).

Il décrit aussi (pl. 106), d'après un vitrail du xiii° siècle de la même abbaye, des figures d'anges tenant des instruments de musique, et (pl. 163) un fragment de vitrail, plus curieux par un effet de mosaïque transparent que par l'authenticité de costumes fort singuliers.

« Cette église, dit M. André Pottier,
« cette église, que le vandalisme révolu-
« tionnaire a horriblement dépouillée et
« maltraitée, présente encore à l'observa-
« teur des particularités de construction
« assez curieuses : ainsi, à l'exemple de
« quelques églises de l'époque de transi-
« tion du commencement du xvi° siècle,
« presque tous les piliers sont de forme
« différente. Il y en a de ronds, de carrés,
« de polygones, de disposés en croix, en
« gerbe, etc. Violation préméditée des
« règles éternelles de la symétrie... »

M. Bonnin a découvert et M. Andrieux a reproduit textuellement un acte fort honorable d'une commune très-voisine, de Criquebeuf-sur-Seine, dont la municipalité, se rappelant sans doute que la paroisse avait existé depuis 1145 sous le patronage de Bonport, réclamait le 22 février 1792 la translation dans son église ou son cimetière des cercueils de différents personnages enfermés dans un caveau de Bonport.

« Pour et au moins, est-il dit dans cette
« requête, rendre aux derniers restes de
« ces illustres personnages un devoir que
« nous croyons être dû à tous les hommes.
« Ce mot *illustre*, ajoutait prudemment
« le corps municipal, ne nous échappe
« que parce que nous nous rappelons que
« nous l'avons vu gravé sur des tableaux
« et sur des tombes de pierre placées dans
« différents lieux de ladite église, certaine-
« ment pour conserver la mémoire de ces
« dépôts... Nous réclamons l'autorité du
« Directoire et à ce qu'il plaise nous indi-
« quer les moyens et spécialement la loi
« concernant les monuments pour que
« ces dépôts sacrés soient rapportés dans
« l'église de notre communauté, ensemble
« les mausolées existant dans le chœur de
« ladite église, au bas duquel est encore
« une inscription latine concernant le dé-
« pôt du cœur de Richard Cœur de lion,
« un de nos anciens ducs de Normandie. »

Cette requête se terminait par le rappel d'une promesse de douze stalles de l'église abbatiale : elle ne fut pas suivie d'effet. La dispersion ne tarda pas à commencer; cette dispersion a eu au moins pour conséquence de sauver quelques précieux débris.

L'église paroissiale de Louviers a recueilli le grand autel revêtu de marbre.

Saint-Vigor de Pont-de-l'Arche possède les quarante-six stalles des moines, décorées de douze magnifiques lions ; le grand chapier de la sacristie, et, sur l'un des piliers de la nef, à gauche, la partie principale du bas-relief d'une *porte de la Vierge*, qui était à Bonport pieusement visitée par de nombreux pèlerins.

Saint-Melain du Bosc s'est orné d'un des petits autels latéraux.

D'autres paroisses encore ont sauvé quelques dépouilles.

Le monument funéraire de Philippe Desportes, le *Tibulle français*, arraché à la destruction par Alexandre Lenoir et quelque temps abandonné dans les cours du palais des Beaux-Arts, a aujourd'hui les honneurs du Louvre, et les *Annales archéologiques* constatent la conservation, dans la salle de Jean Goujon, de neuf objets d'art provenant de Bonport.

Le musée départemental d'antiquités de la Seine-Inférieure a la pierre tombale d'Agnès de Saint-Amand (XIIIe siècle), et la collection éparse qui sera peut-être un jour le musée de l'Eure, deux dalles tumulaires, dont la tombe de Raoul Moquien. Cette tombe, pendant près d'un demi-siècle, a rempli le vide d'un affouillement à la base de la vingtième pile du pont de Charles le Chauve.

Sur le bord des routes voisines de Pont-de-l'Arche, on remarque trop souvent à l'entrée des fermes de superbes chapiteaux de la fin du XIIe siècle, posés comme couronnement sur des piliers de portes charretières.

La bibliothèque de Louviers s'est enrichie de tout ce que Colbert n'avait pas enlevé à la bibliothèque de Bonport.

Les ruines de Bonport ont un aspect imposant, et là, depuis près d'un demi-siècle, l'esprit de conservation s'est heureusement associé au droit de propriété.

« Que de belles choses il reste encore à Bonport ! » s'écrie M. Raymond Bordeaux dans un procès-verbal d'archéologie. M. Andrieux, dans une remarquable introduction, développe ainsi ce jugement :

« Le rez-de-chaussée de la partie des
« bâtiments affectés à l'abbatiale, voûté
« et soutenu au milieu par d'élégants pi-
« liers, formait autrefois une vaste salle
« dont on peut encore reconnaître la dis-
« tribution primitive, bien qu'elle ait été
« coupée par des refends nombreux et
« serve maintenant à une exploitation ru-
« rale. Au premier étage, on peut voir
« encore le grand corridor servant de pro-
« menoir, les vastes chambres des loge-
« ments, et, à l'extrémité méridionale, la
« bibliothèque, encore garnie de superbes
« boiseries de chêne.

« Au nord, et communiquant directe-
« ment avec le cloître aujourd'hui com-
« plétement détruit, se trouve la partie
« la plus intéressante et la plus pitto-
« resque de l'abbaye : c'est le magnifique
« réfectoire du XIIIe siècle, percé des deux
« côtés par trois fenêtres ogivales à dou-
« bles lancettes, tandis que le fond a une
« large ouverture formée de quatre lan-
« cettes surmontées de trois trèfles. Cette
« grande pièce a maintenant ses fenêtres
« de gauche et une de celles de droite ob-
« struées par une grossière maçonnerie,
« tandis que la fenêtre du fond dérobe sa
« vétusté sous la parure sans cesse re-
« nouvelée d'un lierre gigantesque ; un
« petit escalier, construit en dehors, con-
« duisait à la tribune de lecture, placée
« dans la seconde travée.

« À gauche, donnant sur le cloître,
« sont les cuisines, dans lesquelles on
« remarque une vaste cheminée complé-
« tement isolée, rappelant par sa forme
« et par sa dimension celles que Jean
« sans Terre ordonnait de construire dans
« ses châteaux pour y faire rôtir un bœuf
« entier... »

Si l'on veut un contraste à ces souvenirs, il suffit de lire sept pages plus loin l'humble exposé du dernier prieur, dom Peronnier, racontant le 22 mars 1791 les embarras de son administration, la détresse du monastère et les exigences des forts détachements de troupes envoyés sous prétexte de sûreté des religieux.

Dans une note de son introduction, p. VIII, M. Andrieux donne le catalogue complet des vues, profils et plans qui concernent Bonport.

Willemin, dans ses *Monuments inédits*, a fait revivre quelques-uns des plus précieux vitraux de l'abbaye.

Elle avait ses armoiries mi-parties de France et d'Angleterre, les lis et les léopards. Au premier : *d'azur semé de fleurs de lis d'or* ; au deuxième, *de gueules, à trois léopards d'or l'un sur l'autre*.

Trois lions d'or passant sur un fond de gueules, dit Millin.

La couronne de l'écu est fleurdelisée.

Au point de vue de son histoire locale, mieux partagé dans sa décadence que tant d'autres villes dans leurs prospérités, Pont-de-l'Arche a inspiré deux ouvrages qui répondent à l'importance du sujet. Le remarquable cartulaire de M. Andrieux est apprécié plus haut. L'*Essai historique et archéologique* de M. de Duranville est une histoire que beaucoup d'autres villes pourraient envier.

Il existe aux archives de l'Eure des titres et documents concernant les murs de Pont-de-l'Arche, le bureau intermédiaire de cette ville, son église paroissiale, son couvent de Pénitents, les propriétés qu'y possédaient les abbayes du Bec et de Fontaine-Guérard, ainsi que des pièces de dépenses provenant de la chambre des comptes de Paris; un petit cartulaire de Bonport du xv⁰ siècle, six registres, neuf liasses et six plans relatifs à l'administration de cette abbaye, de 1217 à 1789.

Pont-de-l'Arche est figuré par un profil et son gouvernement par une carte particulière, dans les *Plans et profils des principales villes de Normandie*, publiés vers 1634 par l'ingénieur et géographe du roi, Nicolas Tassin. La moitié des noms de paroisses sont altérés dans cette carte.

Cf. *Neustria pia*, p. 891-902.
Gallia christiana, t. XI, p. 667-671.
La Normandie illustrée, t. I, 2⁰ partie, p. 36-39.
Millin, *Antiquités nationales*, t. IV, Bonport, ch. 1L, p. 10, 2 pl.; Pont-de-l'Arche, ch. XLIII, 7 pl.
Willemin et A. Pottier, *Monuments français inédits*.
Alexandre Le Noir, *Musée des Monuments français*, t. IV.
Histoire de l'Académie royale des Inscriptions, t. XVIII, p. 268-270, Dissertation sur le nom et la situation de la ville de Pont-de-l'Arche, t. XIX, p. 633-670, article de l'abbé Belley.
Mercure, 1736, mai, p. 981-989, Lettre sur un point d'histoire et de géographie de la province de Normandie.
F. Rever, *Recherches sur le véritable emplacement de la station romaine Uggada, entre Evreux et Rouen, et sur l'antiquité de Pont-de-l'Arche*, in-8°, 1826.
Le Prévost, Note sur le même sujet, in-12 de 16 p., 1827.
La Réduction au service de Dumesnilliers (lisez: Dumville) et de Pont-de-l'Arche. Paris, 1850. In-4°.
Annuaire normand, 1857, p. 811.
Bulletin monumental, t. XVIII, p. 265-267, 1 pl.; t. XXI, p. 113; t. XLIV, p. 43-47, 8 pl.
R. Bordeaux, *Verneuil, Neubourg, Pont-de-l'Arche*, 1857, p. 65-78.
Bonnin, *Chute du Pont-de-l'Arche*, 1856, 4 pages; le Pont-de-l'Arche, lettre au Courrier de l'Eure, 1856, 11 pages.
Le Brasseur, *Histoire civile et ecclésiastique du Comté d'Evreux*. — Actes et preuves p. 133-134.
E. de Duranville, *Essai historique et archéologique sur la ville de Pont-de-l'Arche et sur l'abbaye de Notre-Dame de Bonport*, 1856; Bulletin de la Société d'émulation de Rouen, *Notice sur l'abbaye royale de Bonport*, 16 pages, 1845.
J. Andrieux, *Cartulaire de l'abbaye royale de Notre-Dame de Bonport*, 1862.
M. Langlois, *Recueil de quelques vues de sites et monuments de France, spécialement de Normandie*, 1re livraison, 1817; — Essai sur les Danses des Morts, en tête du volume, le Sarrasin de Bonport, légende fantastique.
Hébert des Roquettes, *Journal de Louviers*, l'Abbaye de Bonport.
Briault, *Journal de Louviers*, 1853, Testament du poëte Philippe Desportes, abbé de Bonport.
Chassant, *Bulletin du Bouquiniste*, 3⁰ année, p. 373. Testament de Desportes, abbé de Bonport.

PONT-SAINT-PIERRE.

Arrond. des Andelis. — Cant. de Fleuri-sur-Andelle.

Patr. S. Nicolas, S. Pierre.
Près. l'abbé de Lire, l'abbé du Bec.

I.

On a disserté sur l'origine de Pont-Saint-Pierre, et quelques savants, M. Walckenaer entre autres, ont pensé que « Ritumagus » n'est pas Radepont, comme l'avait avancé d'Anville, mais Pont-Saint-Pierre et Romilli. Nous pensons qu'il pouvait exister une voie antique conduisant de Rotomagus à Lutèce par le Pont-Saint-Pierre, Heuqueville, les Andelis, Gasni, la Roche-Guyon et Meulan; mais nous ne faisons figurer ce tracé par le Pont-Saint-Pierre qu'avec des réserves, parce qu'on n'a trouvé jusqu'à présent à Pont-Saint-Pierre aucune trace d'un établissement romain. Il nous paraît plus probable de fixer à l'époque mérovingienne l'origine de cette localité. Le pont du Pont-Saint-Pierre indique l'occasion et la date du bourg. Plus tard, à l'époque normande, cette localité parut offrir quelques avantages pour la défense de la vallée de l'Andelle. Au xi⁰ siècle un château fort s'élevait à Pont-Saint-Pierre. On sait même qu'en 1119, Eustache de Breteuil l'agrandit, et que peu de temps après Henri I⁰⁰ d'Angleterre le brûla. En 1136, le château de Pont-Saint-Pierre était relevé, puisque Thibaud de Blois, guerroyant contre le sire de Conches, l'assiégea; la même année, le comte de Leicester s'en empara. Les fortifications d'Eustache de Breteuil étaient selon toute apparence celles dont il reste des vestiges vers l'extrémité en saillie de la colline rapide qui s'élève au-dessus du bourg actuel. Ce sont des monticules de terre vulgairement désignés sous le nom de Vieux-Fort, et dont l'un, isolé par un retranchement profond, est appelé le Catelier; l'autre, qui pouvait être le refuge de la population, la Motte-du-Bourg. C'est sans doute du temps de Philippe-Auguste que fut construit un château dont on peut voir une tour en ruines, au milieu des prairies, en face de Douville. Le roi d'Angleterre, au xv⁰ siècle, donna à Talbot cette résidence, qui était désignée sous le nom de Longempré. En 1449, les comtes d'Eu et de Saint-Pol se logèrent au Pont-Saint-Pierre pendant trois jours, expulsèrent du château de Talbot les Anglais qui l'occupaient, puis ils y mirent le feu et le dévastèrent.

Le château actuel, orné de plusieurs tourelles, situé entre ces anciennes ruines et le bourg, doit avoir été construit après cet événement. Ce fut à Pont-Saint-Pierre qu'en 1589 Henri IV reçut la reddition de Pont-de-l'Arche.

II.

Pont-Saint-Pierre, « Pons Sancti Petri super Andelam, » faisait partie des domaines de Guillaume le Conquérant.

Son fils Robert Courte Heuse détacha la forteresse de Pont-Saint-Pierre du domaine ducal, et en fit don à Eustache de Breteuil.

Henri Ier, roi d'Angleterre et duc de Normandie, reprit Pont-Saint-Pierre sur Eustache de Breteuil, en détruisit les fortifications et la donna, avec la vallée de Pitres, à Raoul de Tosni, IIIe du nom, dit de Conches, mort vers 1126.

Roger, fils de ce dernier, s'étant révolté contre son suzerain, les troupes du roi, commandées par Thibaud, comte de Blois et de Champagne, attaquèrent le château de Pont-Saint-Pierre, « lequel ils prindrent vers l'an 1139, » dit l'historien de la maison d'Harcourt.

La terre de Pont-Saint-Pierre fut mise en interdit en 1136, lorsque les troupes du roi d'Angleterre firent prisonnier Roger de Tosni.

Godechilde de Tosni, fille de Raoul, porta la terre de Pont-Saint-Pierre dans la maison de Neubourg par son mariage avec Robert dit de Neubourg, fils de Henri, comte de Warwick.

Sa petite-fille, Isabeau de Neubourg, fille de Henri, baron de Neubourg, grand sénéchal de Normandie, fut partagée de la seigneurie de Pont-Saint-Pierre et de celle de Longbouel, qu'elle porta en dot à Robert de Poissi.

Leur fils, Robert de Poissi, épousa Luce, fille unique et héritière de Brice le Chambellan, châtelain de Radepont.

Leur fils, Robert de Poissi, chevalier, épousa l'une des deux filles de Hue de Talbot et de Marie de Meulan, qui eut en partage les terres et châtellenies de Noyon-sur-Andelle, de Heuqueville, de Bellefosse en Caux et plusieurs autres grandes terres et seigneuries, comme les seigneuries et châtellenies de Malvoisine, de Bosc-Héroult, de Bochi, de Nesle, de Beaubec, de Vicot-Manoir, de Sorel, d'Acquigni et autres fiefs, tant en France qu'en Normandie. — Malheureusement nous ne pouvons pas garantir l'exactitude de tous ces détails.

En 1204, lors de la conquête de Normandie, Philippe-Auguste concéda la terre de Pont-Saint-Pierre à Aubert de Hangest, seigneur de Genlis et de Neuville-le-Roi, d'une maison originaire de Picardie.

La charte de concession à Aubert de Hangest est imprimée dans le XVe volume des *Mémoires de la Société des Antiquaires de Normandie*, p. 159, 1re col., et corrigée dans le Cartulaire normand de M. Léopold Delisle, même collection.

La baronnie de Pont-Saint-Pierre, première baronnie de Normandie, resta pendant deux cents ans dans la maison de Hangest.

Voici la suite chronologique des barons de cette maison :

I. Aubert de Hangest, seigneur de Genlis, premier baron de Pont-Saint-Pierre; Elisabeth de Châtillon, fille de Gaucher, seigneur de Châtillon, et d'Elisabeth, comtesse de Saint-Paul.

II. Aubert II de Hangest, seigneur de Genlis et baron de Pont-Saint-Pierre; Marie de Roye, fille de Raoul de Roye, sieur de la Ferté.

III. Aubert III de Hangest, seigneur de Genlis, baron de Pont-Saint-Pierre; Isabelle de Tancarville, fille de Guillaume, seigneur de Tancarville, chambellan de Normandie.

IV. Aubert IV de Hangest, seigneur de Genlis, baron de Pont-Saint-Pierre, dit le Grand, reçut, après la mort d'Enguerrand de Marigny, les terres de Heuqueville, de Fontaines et de Freteville; il était mort en 1329. Agnès de Bruyère.

V. Aubert V de Hangest, seigneur de Genlis, baron de Pont-Saint-Pierre, mourut le jour de la Saint-Michel 1338, sans laisser d'enfants de Jeanne de Joinville, dame de Rimaucourt, fille d'Ansel de Joinville et de Laure de Sarrebruke, sa première femme.

VI. Aubert VI de Hangest, seigneur de la Taule et de Heuqueville, fils de Mathieu de Hangest, seigneur de la Taule et de Heuqueville, troisième fils d'Aubert IV, devint baron de Pont-Saint-Pierre après la mort de son oncle Aubert V. Il fut chambellan du roi Jean et tué à la bataille de Poitiers. Il laissa trois enfants d'Alix de Harcourt, fille de Jean, comte de Harcourt et d'Isabeau de Parthenay.

VII. Aubert VII de Hangest, chevalier, baron de Heuqueville et de Pont-Saint-Pierre, chambellan du roi, né à Saint-Pont-Saint-Pierre en 1351, mort sans enfants avant 1399. Pendant sa minorité, le château de Pont-Saint-Pierre fut détruit, ainsi que le prouvent les lettres de

Charles V au bailli de Rouen, dont l'original existe aux archives de la Seine-Inférieure, et que nous publions plus loin.

VIII. Jean de Hangest, chevalier, conseiller et chambellan du roi, capitaine du Crotoy en 1386, baron de Heuqueville et de Pont-Saint-Pierre après la mort d'Aubert, son frère, envoyé en 1401 en Angleterre pour ramener en France la veuve du roi Richard, pourvu de la charge de grand maître des arbalestriers de France le 7 décembre 1403, mort sans enfants en 1407.

IX. Isabelle de Hangest, mariée le 16 mai 1367 à Jean de Roncherolles, succéda à ses frères dans les baronnies de Heuqueville et de Pont-Saint-Pierre, obtint le 21 août 1407 délai d'un an pour faire l'aveu et dénombrement de ses terres.

Ses biens furent confisqués par le roi d'Angleterre, et furent donnés à Henri de Noon par Henri V, à Mantes, le 1er juillet 1419 :

« Rex omnibus, etc... quod dilectus
« aruiger noster Henricus de Noon, nobis
« impendit... terram... de Pont-Saint-
« Pierre, cum omnibus juribus et perti-
« nenciis suis infra ducatum nostrum
« Normanniæ, quæ fuerunt Isabellæ de
« Hangest. »

La baronnie de Pont-Saint-Pierre fut rendue depuis à Isabelle de Hangest; elle est restée jusqu'en 1763 dans la maison de Roncherolles, l'une des plus illustres maisons normandes, et qui porta dans ses titres le titre de grand bouteillier de Normandie, prérogative attachée au fief de Roncherolles en Vexin, et le titre de conseiller né au parlement de Normandie.

Nous reprenons la suite chronologique des barons de Pont-Saint-Pierre de la maison de Roncherolles :

I. Jean de Roncherolles, baron de Pont-Saint-Pierre par son mariage avec Isabelle de Hangest.

II. Guillaume de Roncherolles, chevalier, seigneur dudit lieu, baron de Pont-Saint-Pierre, seigneur d'Auverville, la Roquette, Douville, Pitres, Romilli, etc., chambellan du roi, tué à la bataille d'Azincourt, marié le 26 novembre 1387 à Marguerite de Léon, dame de Heuqueville, fille de Jean de Léon et de Jeanne de Varennes.

III. Louis de Roncherolles, seigneur et baron de Pont-Saint-Pierre et de Heuqueville, chambellan du roi Charles VI, marié à Isabeau de Houville, fille de Pierre de Houville dit Moradas.

IV. Pierre de Roncherolles, chevalier, baron de Pont-Saint-Pierre et de Heuqueville, chambellan des rois Charles VII et Louis XI, marié le 16 janvier à Margue-

rite de Chatillon, dame de Manneville, Longchamp, Marigni, Dampierre, le Plessis, la Ferté en Ponthieu, patronne de Notre-Dame-d'Escouis, fille de Jean de Chatillon, capitaine d'Epernai, et de Blanche de Gamaches.

V. Louis de Roncherolles, baron de Saint-Pierre, etc., chevalier de l'ordre du Roi, conseiller en ses conseils, son chambellan, gouverneur de Péronne, Roye et Mondidier, marié le 7 mars 1503 à Françoise de Halwin, fille de Louis de Halwin, seigneur de Piennes, et d'Isabeau de Ghistelles.

VI. Philippe de Roncherolles, seigneur dudit lieu, baron de Pont-Saint-Pierre, etc., chevalier de l'ordre du Roi, capitaine des villes et châteaux de Caen et de Pontoise, acquit le 25 juin 1548 la demi-baronnie de Pont-Saint-Pierre, qui en était restée désunie depuis la cession de Philippe-Auguste, de Charles de Luxembourg, seigneur de Martigues et de Claude de Foix, son épouse, et obtint du roi Charles IX, en 1567, des lettres de réunion de ces deux demi-baronnies (pièce n° 3). Il avait épousé le 23 mai 1527 Jeanne de Guizancourt, fille de Nicolas de Guizancourt, seigneur du lieu et de Bouchevilliers, et de Catherine de Téligni.

VII. Pierre de Roncherolles, seigneur et baron de Pont-Saint-Pierre, chevalier de l'ordre du Roi, capitaine de 50 hommes d'armes de Sa Majesté, sénéchal de Ponthieu, député de la noblesse pour le bailliage de Rouen aux états de Normandie en 1576, 1583 et 1603, député aux états généraux en 1614 (1), marié à Charlotte de Moui, fille d'Antoine de Moui.

VIII. Pierre de Roncherolles, baron de Pont-Saint-Pierre, marié à Marie de Nicolaï.

IX. Charles de Roncherolles, baron de Pont-Saint-Pierre, seigneur de Crèvecœur, Rouville, Saint-Martin-de-la-Roque, Touffreville, Écouis, etc., maistre de camp d'infanterie, marié le 5 janvier 1636 à Françoise de Lameth, fille de N. de Lameth, seigneur de Bussi, et de Jeanne de Duras.

X. Claude de Roncherolles, baron de Pont-Saint-Pierre, marié à Catherine Le Veneur.

XI. Michel de Roncherolles, chevalier, marquis de Pont-Saint-Pierre, premier baron de Normandie, né en 1669, marié en 1702 à Anne-Dorothée Erard Legris.

(1) La harangue prononcée en la salle de Petit-Bourbon le 27 octobre 1614, à l'ouverture des états généraux tenus à Paris, par Pierre de Roncherolles, sénéchal de Ponthieu, a été imprimée à Paris, 1615, in-4°.

XII. Michel-Charles-Dorothée de Roncherolles, marquis de Pont-Saint-Pierre, premier baron de Normandie, lieutenant général des armées du roi, marié en 1718 à Charlotte-Marguerite de Rouilli de la Chesnelaye, dont il n'eut pas d'enfants.

XIII. Claude-Edouard-Sibille de Roncherolles, marquis de Roncherolles, comte de Pont-Saint-Pierre, lieutenant général des armées du roi, marié en 1752 à Marie-Louise Amelot.

Le 13 mars 1760, très-haut et très-puissant seigneur monseigneur Michel-Charles-Dorothée de Roncherolles, marquis de Pont-Saint-Pierre, premier baron de Normandie, conseiller d'honneur né au parlement de Rouen, lieutenant général des armées du roi, chevalier de l'ordre royal et militaire de Saint-Louis, en présence et du consentement de son frère très-haut et très puissant seigneur monseigneur Claude-Edouard-Sibille de Roncherolles, marquis de Roncherolles, comte de Pont-Saint-Pierre, lieutenant général des armées du roi, etc., vend la terre et baronnie de Pont-Saint-Pierre à très-haut et très-puissant seigneur monseigneur Anne-Pierre de Montesquiou, marquis de Montesquiou, baron de Montesquiou, premier baron d'Armagnac, seigneur de Dozon, Maupertuis, Meisbau, Valentès et autres lieux, chanoine honoraire de l'église cathédrale d'Auch, à cause de sa baronnie de Montesquiou, colonel du régiment royal des Vaisseaux et gentilhomme de monseigneur le dauphin, se réservant à lui et à son frère, durant leur vie, le titre de marquis de Pont-Saint-Pierre, et à toujours à leurs maisons celui de conseiller d'honneur né au parlement de Rouen.

M. le marquis de Montesquiou, par contrat du 21 septembre 1765, revendit aux mêmes conditions la terre et baronnie de Pont-Saint-Pierre à haut et puissant seigneur messire Antoine-Pierre-Thomas-Louis Caillot de Coqueromont, chevalier, seigneur et patron d'Epréville-sur-Ry, Coqueromont, le Hazard, et aussi seigneur et patron de Trouville, Aliquerville, la Haye et autres lieux, conseiller du roi en ses conseils, président en sa cour des comptes, aides et finances de Normandie.

Le petit-fils du président de Coqueromont, M. le baron Jean-Amédée d'Houdemare, père du propriétaire actuel de Pont-Saint-Pierre, en hérita au commencement de ce siècle.

Le droit de séance en la cour du parlement de Rouen, que MM. de Roncherolles s'étaient réservé, en vendant la terre de Pont-Saint-Pierre, leur appartenant « de toute ancyenneté », dit l'aveu de 1600, est mentionné dans les registres secrets du parlement, chaque fois que l'un d'eux se présentait aux audiences, où « sa place « est au-dessus de M. le doyen, l'espée au « costé, panache au chapeau et en court « manteau; mais nous n'avons pu en retrouver l'origine.

Le baron de Pont-Saint-Pierre nommait aux douze prébendes de la collégiale d'Eslouis, y compris le doyenné et la cure, à cause des deux fiefs, qui furent plus tard unis à la couronne.

Tosni porte : *d'or, à une rose de gueules;* d'autres disent : *d'argent, à trois hures de sable;* d'autres encore : *d'argent, au dextrochère avec gonfanon de gueules tenant un rameau de sinople.*

La maison du Neubourg : *d'argent, à trois bandes d'azur.*

Poissy : *d'or, au chef d'azur.*

Hangest : *d'argent, à la croix de gueules, chargée de cinq coquilles d'or.*

Roncherolles : *d'argent, à deux fasces de gueules.*

Montesquiou : *parti au 1 de gueules plein et au 2 d'or, à 2 tourteaux de gueules mis en pal.*

Caillot de Coqueromont : *écartelé, au 1 et 4, d'azur, à deux épées en sautoir d'argent, la pointe en haut, cantonnées en chef d'une merlette, en fasce de deux étoiles, et en pointe d'un croissant, le tout d'argent; au 2 et 3, d'azur, à trois têtes de cailles rangées en fasce.*

Houdemare : *d'azur, au chevron d'argent, accompagné en chef de deux merlettes d'or, et en pointe d'une molette d'éperon de même.*

III.

Après avoir établi la généalogie des seigneurs du Pont-Saint-Pierre, nous allons réunir plusieurs pièces d'une véritable importance pour l'histoire de cette localité.

Sur la fin du xie siècle ou au commencement du xiie, un certain Hugues avait demandé à être enterré sous le larmier de l'église qu'il avait fondée à Pont-Saint-Pierre en l'honneur de saint Nicolas. Au retour d'un pèlerinage de Rome, il mourut dans le lieu « qui ob nomen magni « loci qui ibi defluit lacus Losona voci- « tatur ». Sa femme « Teolla » se désespérait en voyant que le corps de son mari ne pourrait reposer à la place qu'il avait choisie. Aussitôt saint Nicolas fit sortir son serviteur du tombeau, et lui obtint la grâce de venir terminer ses jours en Normandie :

« la provintia Neustrie, que post a Nor-
« mannis annominata est Normannia, est
« villa Pons Sancti Petri nominata, sita
« in pago Rothomagensi, super amnem
« Andelle. In hac villa fuit vir quidam,
« Hugo nomine, admodum religiosus et
« inter suos non ignobilis, quamvis non
« multum locuples. Erat vero in ipsa villa
« a parte occidentis parrochialis ecclesia
« permodica, de lignis constructa, in
« honore beati Nicholai, ad quam multi
« veniebant orationis gratia. Ille autem
« vir ad illam sepissime veniebat, Deo et
« sancto Nicholao deferens munus devote
« orationis atque bone voluntatis. Ex qua
« re mens ejus magis magisque in amore
« sancti cepit succendi, tantum ut insi-
« deret animo ejus illam ecclesiam suis
« sumptibus in melius construere. Cujus
« desiderio superna majestas dedit ut im-
« pleretur. Nam quod devota mente cogi-
« tavit, fide bona incepit et virili animo
« adimplevit, non tam copia rerum, quam
« bone voluntatis desiderio et adjutorio fi-
« delium et piorum hominum. Adjutorium
« quoque gloriosi confessoris non defuit
« devote ejus voluntati atque operationi;
« sed in omnibus presto ei extitit, ita ut
« modico sumptu magnam et decentem
« construeret ecclesiam, que nunc usque
« superest. Qua edificata et bene prepa-
« parata decentique honore consecrata,
« vir ille, cujus sumptibus incepta fuerat,
« quadam die vocans presbiteros ejus-
« dem ecclesie ac vicinos parrochianos,
« ante hostium quod in latere ejusdem
« ecclesie est, sic eos alloquitur supplici
« voce : « Domine pater, cui animarum
« nostrarum cura commissa est, et vos
« domini vicini et comparrochiani, Dei
« vestroque auxilio, interventu beatissimi
« et gloriosi confessoris Christi Nicholai,
« adimpletum est desiderium meum in
« hoc opere multo melius et decentius
« quam ego ipse sperare poteram, sicut vos
« ipsi cernitis. Nunc ergo rogo et depre-
« cor ut quod restat et desiderio meo,
« vestro concessu et promissionibus con-
« firmetis, ut ante hostium istud in hoc
« stillicidio concedatis michi sepulturam,
« et, quando vite exitus fuerit, nullo ali-
« quo loco corpus meum sepeliri sinatis,
« nisi in hoc quem elegi locum. » Illi
« vero audientes tam supplicem et devo-
« tam ejus petitionem, benigna et firma
« promissione concesserunt hoc quod pe-
« tebat, et ita cum pace quisque in sua
« repedavit. » (Ms. n° 19 de la bibliothèque d'Alençon, f° 1 v°.)

1206. « Notum, etc., quod nos dilecto
« et fideli nostro Radulfo de Bolonia da-
« mus et concedimus in feodum et homi-

« nagium ligium quicquid Margarita de
« Tosniaco habebat apud Pontem Sancti
« Petri et apud Romaliacum et apud Pis-
« tras, et quidquid ipsa habebat in foresta
« de Lonebosl. Concedimus etiam eidem
« Plesseium Nicolai cum pertinenciis et
« feoda que ad supradicta pertinent, salva
« fidelitate nostra, tenenda de nobis ad
« usus et consuetudines Normannie. Ipse
« autem exinde nobis reddet tale servi-
« cium quale feoda illa apportant. Quod
« ut firmum sit, etc. Actum apud Pontem
« Arche, anno Domini m° cc° sexto, regni
« nostri vicesimo septimo. » (Cart. B de
Philippe-Auguste, f° 48 v°.)

Nous plaçons ici une estimation des re-
ceveurs du roi à Pont-Saint-Pierre, relevée
en 1281 par le bailli de Verneuil :

1281, 26 octobre. « Omnibus hec vi-
« suris, Henricus dictus Louvel, ballivus
« Vernolii, et magister Ricardus de Fay,
« clericus ballivi Rothomagensis, salu-
« tem. Noveritis nos, de mandato domini
« regis, de valore terrarum domini regis
« et exituum earumdem, tam in reddi-
« tibus quam in aliis, apud Pontem
« Sancti Petri et apud Basquevillam, sine
« valore forestarum et pertinentium ad
« easdem forestas, per prepositos loco-
« rum, firmarios, et per plures alios de
« visneto fide dignos et juratos, diligenter
« ac fideliter inquisisse, prout inferius
« continetur. § Partes valoris Pontis San-
« cti Petri : § Costuma denariorum et
« oboli, cum costuma hale, quadrigarum,
« et cum costuma septimane mercenario-
« rum, lanarum, piscium et ruscarum,
« valet per annum quadraginta libras.
« § Havagium sexdecim libras. § Aqua-
« gium octo libras. § Stalla tanatorum,
« septem libras. § Hala drapariorum, vi-
« ginti quinque solidos. § Masura Ou-
« dardi de Pistris, cum duabus pechiis
« terre, quadraginta solidos. §. Campi-
« pars, prepositura, palagium, corveie et
« fenestragium de Pistris, centum soli-
« dos. § Prepositura de Romillie quinde-
« cim solidos. § Item, apud Pontem Sancti
« Petri, una acra prati valet viginti soli-
« dos. § Burgagium et census Pontis Sancti
« Petri et molendinum ad Secures centum
« solidos. § Item Petrus dictus Miles, pro
« quodam servitio equi, debet septemde-
« cim solidos. § Acelina La Torte, pro
« tribus masuris, quadraginta solidos.
« § La hart au poisson, quadraginta soli-
« dos. § Masure et census de Novavilla,
« solutis elemosinis, viginti tres libras et
« octo solidos. § Costuma de Novavilla,
« viginti solidos. § Octo correie vel circa
« apud Novamvillam, viginti septem
« solidos. § Item molte sicce ibidem,

« viginti solidos. § Vende et relevcia ibi-
« dem, viginti solidos. § Census de Pis-
« tris, solutis elemosinis, decem libras
« quatuordecim solidos et quinque dena-
« rios. § Renoudus Goscelin, pro aquaeia
« Serane, quadraginta solidos. § Philippus
« de Pormor, pro quadam masura, decem
« solidos. § Montes supra Pontem Sancti
« Petri, duos solidos et sex denarios.
« § Guillelmus de Roncerolles, pro quadam
« masura, quinque solidos. § Hec omnia
« supradicta debent decimam et redeci-
« mam abbati de Lira. § Summa tocius
« valoris predictorum per annum : sex vi-
« ginti duodecim libre tres solidi undecim
« denarii. Cadunt pro decima tresdecim
« libre quatuor solidi quatuor denarii et
« obolus. Item cadunt pro redecima un-
« decim libre septemdecim solidi un-
« decim denarii et obolus. Restant cen-
« tum et septem libre novemdecim dena-
« rii. § Item unum molendinum apud
« Romillie, solutis expensis et missis, cum
« molta sica, valet per annum duodecim
« libras. § Item unum molendinum apud
« Pontem Sancti Petri, solutis expensis et
« missis, cum molta sica, valet per an-
« num sexaginta decem et octo libras.
« § Summa tocius valoris Pontis Sancti
« Petri, solutis decima et redecima, no-
« vem viginti septemdecim libre, novem-
« decim denarii. »

Le reste de cette enquête a été publié
à l'article BACQUEVILLE.

« Charles, par la grâce de Dieu roy de
« France, au bailli de Rouen ou à son
« lieutenant, salut. Nous avons entendu
« par la grief.... et féal chevalier Aubert
« de Rangest, que, comme environ a dix
« ans, que aucunes commotions estoient
« au pays, et lui estant en nostre garde
« avecques.... et possessions pour raison
« de son sous aage, dont il yssi environ
« a vi ans, une siene maison ou forte-
« resse que il avoit prez et de le Pont-
« Saint-Pierre... bailliage lui ait esté fait
« arrasée, abattue et destruite, sans cause
« raisonnable, par les gens et habitans
« des villes du pays d'environ, en quoy
« il a esté.... en la somme de vint mil
« frans d'or ou environ, comme ce puet
« et pourra notoirement estre sceu et con-
« gneu, laquelle chose est au tresgrant
« préjudice et domage de nous et dudit
« complaignant, considéré ce que, selon
« la coustume du pays, nous lui som-
« mes tenus de rendre et délivrer ses
« héritages et possessions estans en nos-
« tre dicte garde, quant il est et vient
« en son aage, en l'estat que ilz estoient
« au temps que il fut prins ou mis en
« nostre dite garde ou baille; si comme
« il dit, en nous suppliant humblement lui
« estre par nous sur ce pourveu de re-
« mède convenable. Pourquoy nous, qui
« ne voulons ledit chevalier estre ainsi
« endomagié ne déshérité sans cause, et
« par especial par le temps qu'il estoit en
« nostre dite garde, te mandons que sur
« les choses et excès dessus dictz tu te
« enfourmes bien et diligemment, et se
« par lad. information il te appert ladite
« maison ou forteresse avoir ainsi esté
« abatue et destruite comme dit est, fayre
« adjourner par devant toy, à Rouen, les
« coulpables qui par ladite informacion te
« appert avoir abatu et destruit ladite
« maison ou forteresse, en quelle chastel-
« lenie les coulpables de ces choses ou la
« greigneur partie sont demourans, pour
« respondre à nostre procureur audit bail-
« liage et audit comparant sur les choses
« dessus dites et leurs circonstances et
« dépendances, et à tout ce que en oultre
« leur vouldront demander, et contre eulx
« requerre ou proposer civilement, en fai-
« sant aux parties, en cas de débat ou
« opposition, bon et brief accomplisse-
« ment de justice, car ainsi le voulons
« nous estre feit, et audit comparant
« l'avons otroyé et otroyons de grâce es-
« pecial, se mestier est, non obstant let-
« tres supreptices à ce contraire. Donné à
« Paris, le vii° jour de may, l'an de grâce
« mil ccc soixante dix et sept, et de nostre
« règne le xiii°. — Par le conseil estant
« à Paris : Dzuv. » (Arch. de la Seine-Inf.)

(Pièce originale.)

La pièce suivante, dans laquelle ont été
employés des documents d'une authenticité fort contestable, provient du cabinet
de d'Hozier :

« Extraict d'une partie de la généalogie
« de la maison de Roncherolles establie
« en Vexin-Normant, et de la descente de
« ceulx qui ont jouy de lad. terre de Ron-
« cherolles depuis l'an 985, comme les
« tiltres de lad. maison ayant esté brulez,
« il est justifflé par les actes et enquestes
« faites par le lieutenant général de Gi-
« zors par le commandement du roy, en
« l'an mil quatre cens seize. »

« Egregius vir Petrus de Roncherolles,
« miles, est enterré à l'abbaye des Deux-
« Amants, et sur sa tombe y est gravé :
« Egregius vir Petrus de Roncherolles, mi-
« les, inter quem et nos certæ confedera-
« tiones certis ex causis habitæ sunt, ut in
« cartulis continetur, obiit die decima ter-
« tia augusti 980.

« Il se trouve sur l'ancien cartulier
« desdits Deux-Amants Beatrix de Ron-

« cherolles, qui a fait cette fondation sui-
« vante : In cujus animadversarium ha-
« buimus unam acram terræ apud Ante-
« frevillam in Campis. Obiit le xxx may,
« et a esté fondé l'an mil trente un.

« Rogerius de Roncherolles vivoit en l'an
« 1070, et en l'an 1120 il fonda audit
« monastère des Deux-Amants, et ce sont
« les termes de la fondation : Dedit mo-
« lendinorum suorum decimam, laquelle
« est scellée en cire verte du sceau de la-
« dite maison avec ceste inscription : Si-
« gillum Rogerii de Roncherolles, militis.
« Il est mort le 30 septembre de la même
« année, et sa tombe est dans le même
« monastère, à costé du grand autel.

« Thibault de Roncherolles, fils de
« Roger, vivoit en l'an 1126 et est mort
« en l'an 1110, comme il paroist sur sa
« tombe, qui est dans la chapelle, à main
« droite dudit monastère.

« Pierre, chevalier, fils de Thibault,
« vivoit en l'an 1170 et est mort en
« l'an 1175.

« Ancel de Roncherolles, chevalier, fils
« de Pierre, vivoit en l'an 1180, comme il
« se trouve dans les chartres de Saint-Ger-
« main-des-Prez.

« Roger, sire de Roncherolles, fils de
« Ancel, vivoit en l'an 1206. Il aumosna
« au monastère des Deux-Amants la pré-
« sentation du patronage de Menelans-
« ville, ladite donation portant la date
« de l'an 1206, en laquelle est pendant le
« sceau dudit seigneur en cire verte; en
« un côté sont les vestiges de la peinture
« de ses armes, et de l'autre est empreint
« un homme armé, et autour dudit sceau
« est écrit : Sigillum Rogerii de Ronche-
« rolles. Il aumosna et fonda la chapelle
« de Saint-Taurin, près le chasteau de
« Roncherolles, et en donna la présenta-
« tion au prieur de l'abbaye des Deux-
« Amants en l'an 1206, ainsi qu'il appa-
« roist par cet acte : Seiant omnes qui
« viderunt presentem paginam quod ego
« Rogerius, miles, de Roncherolles, pru-
« dentiorum bonorum virorum acquies-
« cens consilio, ductus prenitentia, de
« propriis bonis meis hanc elemosynam
« statui pro salute animæ meæ, pro
« salute et remedio animarum parentum
« et antecessorum meorum, in perpetuum
« permansuram... dedi Roberto, clerico,
« in præsentia domini archiepiscopi, per
« manum prioris de Monte Duorum Aman-
« tium et omnibus sacerdotibus qui dicto
« Roberto succedent eisem temporis.....
« Scriptum est pridie idus martii, anno
« Verbi incarnationis millesimo ducen-
« tesimo sexto. Cum sigillo....... »

« Guillaume, sire de Roncherolles, che-
« valier, fils de Roger, a confirmé les do-
« nations faites au monastère des Deux-
« Amants par ses prédécesseurs, avec ap-
« probation de M. l'archevesque de Rouen,
« portant date du troisième des kalendes
« de mars de l'an 1220, scellé d'un grand
« sceau de cire verte, et il a aumosné au
« prieuré de Notre-Dame-du-Saussay, en
« la mesme année 1220, ainsy qu'il est dit :
« Notum sit diebus, tam futuris quam
« presentibus, quod ego Guillelmus de
« Roncherolles, miles, dedi et concessi
« assensu et voluntate Theofaniæ, uxoris
« meæ, et heredum meorum, pro amore
« Dei et pro animabus Rogerii, patris
« mei et matris meæ, et antecessorum
« meorum, quatuor solidos turonenses
« reddendos ad festum Sancti Rhemigii,
« in puram et perpetuam eleemosynam...
« Ut hoc esset firmum stabile, presens
« scriptum sigilli mei roborati. Actum est
« hoc anno Verbi incarnati 1220. Testi-
« bus : Roberto, presbytero de Querpie-
« villa, et multis aliis; avec le sceau des
« armes, auquel est inscript : Guillelmus
« de Roncherolles.

« Godefredus de Roncherolles, cheva-
« lier, fils de Guillaume et père d'autre
« Guillaume, est enterré audit monastère
« des Deux-Amants, en la chapelle à costé
« du grand autel, où sa tombe est cou-
« verte d'une grande pierre, sur laquelle
« est escript : Cy gist Godefroid de Ron-
« cherolles, chevalier, qui trespassa au
« mois de febvrier, l'an de grâce 1259, et a
« aumosné en la chapelle de Saint-Laurens,
« l'an de grâce 1250, ainsy qu'il soit par
« l'acte présent : Noverint universi, tam
« presentes quam futuri, quod ego Gode-
« fredus de Roncherolles, miles, dedi et
« concessi hac presente cartha, pro salute
« animæ meæ et animarum antecessorum
« et successorum meorum, Deo et ca-
« pellæ Sancti Laurentii de Roncherolles
« et capellano Deo servienti, quatuor acras
« et dimidiam terræ et cetera. Presentem
« cartam, sigilli mei confirmatam, dedi
« anno millesimo ducentesimo quinqua-
« gesimo primo, mense maii. Testibus
« domino Guillelmo Thumæ, decano,
« pluribusque aliis. Cum sigillo inscripto
« Guillelmo de Roncherolles.

« Guillelmus de Roncherolles, cheva-
« lier, fils de Godefroid, seigneur de Ma-
« licorne, Ouville, Andé, Auverville-la-
« Roquette, espousa Mahaud de Chelles,
« dont issurent deux enfants, Jean et
« Godefroid. Ledict Guillaume, chevalier,
« fut tué en la guerre, et est enterré à
« l'abbaye des Deux-Amants, à côté du
« maistre-autel, et sur sa tombe est es-

« cript : *Cy gist messire Guillaume de
« Roncherolles, chevalier, qui trespassa au
« mois de septembre, en l'an de gr. 1318.* »

Ici commence la généalogie des Roncherolles, barons de Pont-Saint-Pierre.

« Jean de Roncherolles, chevalier, fils
« de Guillaume, épousa Isabeau d'Angest,
« sœur de Jean d'Angest, grand arba-
« lestrier de France, laquelle Isabeau fut
« héritière de son frère et dame des ba-
« ronnies du Pont-Saint-Pierre et d'Heu-
« queville. Ledit Jean avoit un frère
« nommé Godefroid, auquel il donna pour
« partage les terres de Malicorne en
« France, etc., et 7 liv. de rente à Romilli.

« Guillaume, sire de Roncherolles, che-
« valier, fils de Jean, seigneur dudit lieu,
« baron d'Heuqueville et du Pont-Saint-
« Pierre, Auzeville-la-Roquette, Dou-
« ville, Pitres, Romilli, etc., chambellan
« du roy, espousa Marguerite de Léon,
« dame de Heuqueville. Ils eurent quatre
« enfants masles : Gaudefroid, Roger,
« Hector et Louis ; les trois premiers fu-
« rent tués à la deffaicte du Château-
« Gaillard, près d'Andeli, contre les An-
« glois, en 1418, et ledit chevalier fut tué
« à la bataille d'Azincourt, en 1415.

« Loys, sire de Roncherolles, cheva-
« lier, fils de Guillaume et de Marguerite
« de Léon, seigneur et baron de Pont-
« Saint-Pierre, Heuqueville, Radepont et
« autres lieux, espousa Isabeau de Bou-
« ville, fille du grand veneur. Ledit Loys
« de Roncherolles fut retiré avec sa mère
« au château de Gaillon, à cause de la
« guerre et de sa minorité. Il a esté cham-
« bellan du roy Charles VI, qui en 14..
« l'envoya en Angleterre avec messire
« Pierre Blanchet, maistre des requestes,
« pour ramener M°° Ysabeau de France,
« promise au roy Richard, ce qui leur fut
« pour lors refusé. Lesdits ambassadeurs
« furent empoisonnés, dont ledit Blanchet
« mourut, et ledit seigneur de Ronche-
« rolles revint en France fort malade.

Voici les lettres de réunion des deux demi-baronnies du Pont-Saint-Pierre :

« Charles, par la grâce de Dieu roy de
« France, à tous présens et advenir, sa-
« lut. Philippes de Roncherolles, gentil-
« homme ordinaire de nostre chambre,
« baron du Pont-Saint-Pierre, nous a
« faict remonstrer que antiennement la-
« dicte baronnie de Pont-Saint-Pierre
« estoit une plaine et entière baronnie
« possédée par ses prédécesseurs, tenue
« et mouvant de nous à cause de nostre
« chasteau, bailliage et chastellenie de
« Rouen, à une seule foy et hommaige,
« et depuis, estant ladite baronnie es-
« chue à filles, elle auroit esté partagée
« et la moitié demeurée à ses prédé-
« cesseurs, l'autre moitié à aultres, la-
« quelle par succession de temps seroit ad-
« venue à la maison de Foix, et en l'an mil
« v° xcvii ledit exposant l'auroit acquise
« du feu sieur de Martigues et de Claude
« de Foix, son espouse, dont il a depuis
« jouy ; tellement que toute ladite ba-
« ronnie est par ce moyen retournée en sa
« première nature de plaine et entière
« baronnie. Néanmoins, parce qu'elle a
« esté possédée en la forme susdite par
« diverses mains, et que les prédécesseurs
« de l'exposant et les aultres qui avoient
« et tenoient l'aultre moitié ont faict foy
« et hommaige de ladite baronnie sépare-
« ment, chacun pour moitié et coltié, il
« craint que pour l'advenir on vueille
« prétendre ladite baronnie n'estre ré-
« duicte ne remise en son premier estat,
« ains estre tenue séparément, et l'expo-
« sant et ses successeurs, par conséquent,
« en devoir faire les foy et hommaige
« pour chacune desdites moietiés, nous
« suppliant et requérant très-humblement
« lui pourveoir sur ce ; sçavoir faisons
« que nous, inclinans libéralement à la
« supplication et requeste dudit exposant,
« de l'advis de notre conseil, avons joinct,
« réuni, incorporé et restably, joignons,
« réunissons, incorporons et rétablissons
« ladite baronnie du Pont-Saint-Pierre et
« fiefs qui en dependent en tel estat
« qu'elle estoit auparavant ledit partaige,
« pour en jouyr par luy et ses successeurs
« ainsi et en la mesme forme et matière
« que faisoient ses prédécesseurs aupara-
« vant ladite partaige, tenue et mouvant
« de n us à une seule foy et hommaige,
« par une entière et plaine baronnie, à
« cause de nostre dit chasteau, bailliage
« et châtellenie de Rouen, aux antiens
« droicts et debvoirs pour ce deubz et ac-
« coutumez ; se donnons en mandement
« par ces présentes, à nos amez et feaulx
« les gens de nostre court de parlement,
« gens de nos comptes à Paris, bailly de
« Rouen ou son lieutenant, et chacun
« d'eulx, si comme il lui appartiendra que
« nostre présente réunyon ilz facent en-
« registrer et registrer de nostre dite
« court et chambre, et ledit exposant et
« ses successeurs jouyr et user plaine-
« ment et paisiblement, cessans et faisans
« cesser tous troubles et empeschements
« au contraire, car tel est nostre plaisir.
« Nonobstant comme dessus et quelcon-
« ques edicts, ordonnances, restrictions,
« mandemens, défences et lettres à ce
« contraires ; et, afin que ce soit chose
« ferme et stable à tousjours, nous avons
« faict mettre nostre scel à ces dites pré-

« seples, sauf en autres choses nostre
« droict et l'aultruy en toutes. Donné à
« Saint-Germain-en-Laye, au mois de
« juillet, l'an de grâce mil cinq cens
« soixante-sept, et de nostre règne le sep-
« tième.

   « Sur le repli :
« Par le roy, M⁰ Robert Huauler, sei-
« gneur de Beleslast, maistre des re-
« questes ordinaire de l'hostel présent.

                « BOXARD. »

« Scellé de lacs de soye verte et rouge
« du grand sceau de cire. »

(Arch. de la Seine-Inférieure.)
(Pièce originale.)

L'aveu de la baronnie du Pont-Saint-Pierre contient des détails fort intéressants :

« Du roy nostre souverain seigneur,
« nous, Pierre de Roncherolles, seigneur
« et baron du Pont-Saint-Pierre, cheva-
« lier de l'ordre du roy, gouverneur et
« sénéchal de Ponthieu, capitaine de cin-
« quante hommes d'armes des ordon-
« nances de Sa Majesté, tenons et ad-
« vouons à tenir par foy et hommage, à
« cause de sa duché de Normandie et
« château de Rouen, la baronnye, terre
« et seigneurie du Pont-Saint-Pierre,
« assise au bailliage de Rouen, comme
« ladite baronnye s'estend en chef et en
« membres, à laquelle avons et nous
« apartient droict de haulte justice, basse
« et moienne de tous les hommes osta-
« gers et resseans des fiefs tenus mou-
« vans et dépendans d'icelle, laquelle
« baronnye s'estend au bourg de Sainct-
« Nicollas-de-Pont-Saint-Pierre, Saint-
« Pierre dudit Pont-Saint-Pierre et ès vil-
« lages et parroisses de Rommilly, Pistres,
« la Neufville-Chant-d'Oysel, hameaulx
« dépendans d'icelle parroisse, et ès par-
« ties d'environ. Et avons en icelle bailly
« vicontal, lieutenans, advocat et procu-
« reur fiscal, deux sergeans et ung tabel-
« lion, qui passe tous contrats qu'il est
« besoing soubs l'estendue de ladite haulte
« justice, ausquelles offices, vacations ad-
« venans, nous donnons les provisions et
« y commettons personnes capables pour
« la distribution de la justice, les appel-
« lations dudit bailly en causes cyviles
« resortissans devant le bailly dudit Rouen
« ou son lieutenant, et pour causes cri-
« minelles en la court de parlement.

« Le manoir seigneurial de laquelle ba-
« ronnye est assis en la parroisse dudit
« Saint-Pierre, lequel est ung château de
« pierre à pont-levys, couvert d'ardoise,
« vulgairement appelé le château de Lo-
« gempré, clos et environé de fosses

« plains d'eaue, clousx de jardins et plants,
« et par devant lequel château passe la
« rivière d'Andelle, qui nous appartient
« en totalité, dépendante de notre dite
« baronnye depuis le village de Douville
« jusques à la rivière de Sayne, et a au
« dict château basse court close [de] fos-
« seyes, bastie de plusieurs édifices,
« grange, pressoir, collombier à pied,
« près duquel est ung parcq clos de murs
« de pierre, partye en haulte fustaie et
« autre partie en terre labourable, qui
« contient huict acres ou environ, et
« proche l'esglise de ladite paroisse Saint-
« Pierre avons une petite troque de haulte
« fustaie, dans laquelle se remarque l'an-
« cyenne demeure de nos prédécesseurs,
« seigneurs et barons dudit Pont-Saint-
« Pierre ; les fossez d'un château à fondz
« de cuve, avec les fondements des basty-
« mens qui paroissent encores ; le tout,
« toutefois, demeure en ruyne des guerres
« antiennes. A cause desquelz chasteaulx
« et demeures avons droict de guet en
« nostre dit chasteau de Logempré, que
« doibvent et sont tenus faire en temps
« d'hostillité tous les hommes ostagers et
« resseans, tant sur les fiefs tenus et
« mouvans de ladite baronnye que aultres,
« toutes et quantes fois qu'ils en sont ad-
« vertys de nostre part ou de nos officiers,
« suyvant les roolles qu'ils en dressent.

« Et sy, à cause de ladite baronnie et
« comme aisné de nostre maison, avons
« droict de séance en la cour de parle-
« ment, à Rouen, comme estant conseil-
« ler né en icelle, duquel droict nous
« avons toujours jouy et nos prédéces-
« seurs, barons dudit Pont-Saint-Pierre,
« tant du temps de l'eschequier de Nor-
« mandie que de toute anceynneté et jus-
« ques à présent, au veu de tous les offi-
« ciers de Sa Majesté, sans aucun con-
« tredit.

« Item, et en ce qui est de notre do-
« maine fieffé, nous avons deux moulins
« faisans de bled farine, assis dessus
« nostre dite rivière d'Andelle, près le
« pont dudit bourg du Pont-Saint-Pierre,
« bastys de pierre de taille, ausquels sont
« bannyers et subjetz de venir mouldre
« leurs grains tous les subjetz et tenans
« de nostre dite baronnye, et resséans
« sur icelle, comme de tout temps et an-
« cyenneté ils ont accoustumé de ce faire,
« à paine, aux contrevenans qui seront
« trouvez venyr mouldre d'ailleurs, de
« forfaicture de leurs farynes et bestes, sy
« aucuns en ont portant icelles, et d'a-
« mende au cas apartenant.

« Item, nous avons en la parroisse de
« la Neufville-Chant-d'Oysel ung moulin

« à faire de bled farine, qu'avons fait
« construire pour aide et soulagement de
« nos subjets, auxquels avons permis
« d'aller mouldre leurs grains pour la
« distance qu'il y a de leur parroisse à
« nos moullins à eaue du Pont-Saint-
« Pierre, où ils sont banniers, et la ri-
« gueur du temps de l'hyver, et ce sans
« desroger au droit de bannalité à nous
« deu allant ailleurs, estre aux mesmes
« paynes cy-dessus déclarez.

« Mesmes avons droict de vertes moultes
« sur toutes les levez escroissans sur les
« héritages tenus et mouvans de nostre
« dite baronnye, toutes fois et quantes
« que lesdits levez sont emportez de des-
« sus le champ et engrangez hors le dis-
« trict d'icelle, lequel droict de vertes
« moultes se paie par les propriétaires
« ou fermiers desdits héritages sur-le-
« champ, à la raison de saize gerbes,
« l'une, avant que d'enlever ou emporter
« aucune chose desdits levez, sur paine
« aux contrevenans qui seront trouvez
« avoir emporté et engrangé lesdites levez
« ou partie d'icelles hors ladite baronnye,
« sans avoir paié au préalable ledit droict
« de vertes moultes, de forfaicture du total
« d'icelles levez et d'amende arbitraire,
« suivant les droictz et tiltres anciens de
« ladite baronnye, confirmez par sen-
« tences donnez en pareil cas.

« Réservé sur quelque portion du dom-
« maine fieffé d'icelle baronnye qui s'ex-
« tend esdites parroisses de Romilly et
« de la Neufville, appelé vulgairement la
« Franche-Assiette-de-Heuqueville, dont
« les religieux, abbé et couvent de l'ab-
« baye de Lire ont le droict de bannalité
« tant en moulte seiche que mouillée,
« par vertu de l'accord qui faict en a esté
« par nos prédécesseurs, seigneurs et ba-
« rons dudit Pont-Saint-Pierre, avec les-
« dits religieux, de la dixme et redixme
« par eux prétendue sur la forest de ladite
« baronnye, tous lesquels héritages sub-
« jectz à bannalité envers la dite abbaye
« sont abournez et spécifiez dans ledit
« accord, qui est un fief noble, où y a
« justice et juridiction basse, reliefs, trai-
« siesmes, revenu de grains, oyseaux,
« moullins, avec la droicture à iceux ap-
« partenans et forfaictures, iceluy fief
« tenu de nous en pure et franche au-
« mosne, franchement et quietement, à
« court et usage, ainsy qu'il appartient
« tenyr en basse justice pour le regard
« des causes qui les toucheront pour les
« tenans dudit fief seullement, et quant
« aux causes et différends que auroient
« ou pourroient avoir lesdits tenans les
« ungs contre les autres, ensemble s'il y

« a appel des causes qui toucheront aus-
« dits religieux avec lesdits tenans jugez
« par leur sénéchal; le tout doibt resortir
« par devant le bailly de nostre dite ba-
« ronnaye et haulte justice dudit Pont-
« Saint-Pierre.

« Sur laquelle ryvière d'Andelle à nous
« appartenant, depuis ledit lieu de Dou-
« ville jusques à ladite rivière de Sayne,
« y a plusieurs autres moullins, tant à
« bled que à fouller draps, fieffez et bail-
« lés par nos prédécesseurs à plusieurs et
« diverses personnes tenans et relevans
« de nostre dite baronnye, tant pour
« rente en argent, linys (?) que autres
« servitudes, et sy avons dedans ladite ry-
« vière d'Andelle plusieurs gords et pes-
« cheries.

« Plus, nous avons droict de tout temps
« et ancienneté, lorsque les marchans
« veulent faire flotter leur boys sur la-
« dite ryvière jusques à la rivière de Sayne
« pour le faire porter à Paris ou à Rouen,
« premier que de jetter leur dit boys à
« l'eaue, de venir demander nostre per-
« mission, ou pour nostre absence à nos
« officiers, et de paier les droicts qui
« pour ce en sont deubz, selon la quan-
« tité du boys qu'ils font flotter sur ladite
« rivière; que sy les marchantz qui font
« flotter et passer leur dit bois passent de
« nuict ou après soleil couché, ils sont
« tenus paier autant que pour le jour, en-
« core qu'ils n'eussent flotté que une
« heure après soleil couché, et oultre ce
« que dessus sont lesdits marchans sub-
« jets de paier les droicts des moullins
« estans sur ladite ryvière et de satis-
« faire à tout ce qui se trouvera de dom-
« mages faictz de leur flo de boys, tant
« ausdits moullins, gords, pescheries,
« chaussez, prayes, que terres labou-
« rables proches et contigës de nostre
« dite ryvière.

« Pour tirer lequel boys flotté et iceluy
« mettre sur terre, nous avons droict de
« faire arrester et pallez pour faire tirer
« lesdits boys pour empescher qu'il n'es-
« chappe au canal de la Sayne, avec
« droict de pellage ennostre dicte rivière,
« qui est quant il vient ung grand bateau
« de la rivière de Sayne pour y charger
« boys, iceluy grand bateau et tous les
« autres petits qui viennent pour aider à
« le charger doibvent pour chacun bateau
« cinq deniers pour mettre ung pieu et le
« ficher sur terre ou dans l'eaue pour
« arrester leurs dits bateaux, doquel
« droict le grand bateau les acquitte par
« la convention qu'ils font avec les fer-
« miers de nostre dite ryvière, à laquelle
« ils ne peuvent entrer avec leurs dits

« bateaulx sans avoir demandé le congé
« pour ce faire, à peine d'amende.

« Davantage, nous avons droict de bre-
« menoage qui est que, quant il arrive
« des vins qui se deschargent sur le bord
« de nostre dite rivière ou dans le district
« ou dépendances de nostre dite baron-
« nye, les fermiers de nostre dite rivière
« sont tenus de le charger, parce qu'ils
« ont pour chacune pièce quinze deniers,
« ainsy qu'ont acoustumé faire les bre-
« mens du pays.

« Les droits de laquelle rivière sont afer-
« mez de troys ans en troys ans ou autre
« temps,... au plus offrant et dernier
« enchérisseur, ainsy que de tout temps
« et ancyenneté il est acoustumé, réservé
« le droict de permission de flotter que
« nous retenons entre nos mains.

« Comme aussy nous appartient la moi-
« tié de la forest de Longbouel, suivant
« les bournes, réparations et anciennes
« devises qui sont entre la part du roy et
« nostre dite moictié, ainsy qu'elle puist
« contenir ou ce faict chacun en ventes
« ordynaires.

« A laquelle moictié de forêt nous avons
« verdier et sergeans qui a justice pour la
« conservation des droits d'icelle et des
« garennes de nostre dite baronnye et ri-
« vière d'Andelle, ainsy qu'il est porté
« par les ordonnances royaulx, l'appel
« sortant de ladite verderie par devant
« nostre bailly dudit Pont-Saint-Pierre et
« de là à la court, et avons droit de for-
« faictures, amendes et toutes autres
« droictures y appartenant, suivant les-
« dites ordonnances.

« Item, à cause de nostre dite baron-
« nye, avons droict de marché pour toutes
« denrées et marchandises généralement
« quelsconques, sans rien excepter, qui
« se tient chaque sepmaine, le jour de
« samedy, aux halles de nostre bourg
« dudit Pont-Saint-Pierre.

« Et sy avons droict de faire tenyr deux
« foires par an audit bourg du Pont-
« Saint-Pierre, la première, le jour Saint-
« Nicollas, neufiesme de may, et la se-
« conde, ledit jour Saint-Nicollas, sixiesme
« de décembre enssuivant, ausquels mar-
« chez et foires avons droict de toute an-
« cienneté de faire prendre tribut sur
« toutes denrées, marchandises, pied four-
« ché pour les bestiaulx et autres choses
« mises en ventes, comme il est cog-
« nu par les uz et coustumes ancien-
« nes, avec droict de coustume pour
« toutes sorte de grains qui estallent en
« ladite halle, dont celuy qui est comis
« à recepvoir le droict de havage prend
« [de] chaque mynne de grain plain ung

« petit bassin de cuyvre qui tient peu plus
« d'une mynette, gaugé et marqué par
« celuy qui est préposé pour avoir esgard
« sur le poix et mesures de nostre dite ba-
« ronnye, et pour le droict de mesurer ledit
« grain de paier pour chaque boisseau, de
« tout temps et ancienneté, quatre deniers
« tournois, lequel droict est et esté tous-
« jours baillé à ferme avec les autres fer-
« mes de nostre dommayne non fieffé.

« Item, avons droict de poix pour toutes
« sortes de marchandises, mesme droict de
« gauge, mesure particullière, tant pour
« héritages, grains, que pour le vin et
« autres boissons, par tous les villages et
« dépendances de nostre dit baronnye.

« Droict aussy de commettre ung voyer
« pour avoir l'œil et regard sur les rues et
« chemyns à ce qu'il, n'y soit rien entre-
« pris, avons les faire tenyr en leur lar-
« geur, et entretenir bien et deument pour
« la commodité du publicq, ainsy que de
« tout temps il est acoustumé, à paine
« d'amende, comme aussy de mettre ung
« mesureur pour mesurer les terres et
« boys de nostre dite baronnye à la me-
« sure d'icelle, un gaugeur pour le faict
« des mesures des grains et du vin, et
« ung poiseur pour poiser les marchan-
« dizes, mesmes de mettre pris ou faire
« mettre pris, tant aux vins que autres
« boissons qui sont vendus en détail sur
« l'estendue d'icelle.

« Item, avons en nostre dite baronnye,
« en dommayne non fieffé, vingt-cinq
« acres de prey ou environ, assis tant
« audit Saint-Pierre et Saint-Nicollas-
« du Pont-Saint-Pierre que Roumilly,
« et en terres labourables, tant aux vil-
« lages susdits que au village de la Neuf-
« ville-Chant-d'Oysel, soixante et dix acres
« ou environ, et avec ce avons, oultre
« tout ce que dessus, rentes en deniers,
« grains, œufs, oiseaulx, poulles, chap-
« pons, vertes moultes et seiches, cham-
« partz, curvées, tant de bras que che-
« vaulx et de charues, par chacun an,
« aux saisons des foingz et fasson des
« grains, et en cas que nos vassaulx
« soient négligens d'y satisfaire sur l'ad-
« vertissement qui leur en est donné, ils
« en paient amende et oultre condampnez
« esdites corvez, suivant les estymations
« qui en sont faictes par devant nostre
« bailly dudit Pont-Saint-Pierre.

« Et sy nous est deu reliefs, trai-
« ziesmes, amendes, forfaictures, au-
« baynes, confiscations et généralement
« toutes et telles droictures que à baron-
« nye et haulte justice appartient selon
« raison et la coustume du pays; et de
« laquelle baronnye sont tenus et mou-

« vans les fiefs nobles qui ensuivent ;
« c'est assavoir : ung fief de haubert en-
« tier nommé et appelé le fief de Ron-
« cherolles, assis au bailliage de Gisors,
« en la chastellenye d'Andely, apparte-
« nant à présent aux enfans mynieurs
« d'ans de feu messire Robert de Ron-
« cherolles, vivant chevallier, seigneur
« dudit lieu, nostre frère, lequel fief
« s'estend tant audit Roncherolles que au
« gr... Roncherolles, la Requette et ès
« parroisses de Rommilly, Caverville, que
« ès environs, et auquel y a manoir sei-
« gneurial, grange, maisons, estables,
« pressoir, collombier à pied, parcq de
« haulte fustaie, domaynae fieffé et non
« fieffé, bois, prez, vignes, hommes,
« hommages, rentes en deniers, grains,
« œufs et oyseaulx, garenne, boys et
« tout ce que à ung plain fief de haubert
« appartient.
« Item, souloit tenyr de nostre dit ba-
« ronnye un quart de fief noble aparte-
« nant à Jehan de Beauvois, escuier, ap-
« pellé le fief des Mynières, assis tant
« à Rommilly, Pistres, que ès parties d'en-
« viron, lequel fief icelluy de Beauvois a
« puis quelque temps vendu à feu Pierre
« Le Roy, escuier, seigneur de Touffre-
« ville, y demeurant, et du depuis par
« nous retiré par poissance de fief, et
« icelluy, en toutes circonstances et dé-
« pendances, réuny et incorporé au corps
« principal et domaine de nostre dite
« baronnye, ainsy qu'il est accoustumé
« et permys par la coustume du pays.
« Item, est tenu et mouvant d'icelle
« nostre baronnye un huictiesme de fief
« appelé le fief de Hangest, appartenant
« ancyennement au seigneur de Bordasne,
« et à présent à noble homme Loys le
« Prieur, escuier, qui s'estend tant à
« Tourville-la-Rivière que ès parties d'en-
« viron, et le chefmois dudit fief assis
« audit lieu de Tourville.
« Item, une vavassorie noble à court
« et usage en basse justice, qui de pré-
« sent appartient à noble homme mes-
« sire Robert Buquet, conseiller en la
« court de parlement, à Rouen. Le dom-
« mayne non fieffé d'icelle contenant cent
« acres de terres labourables, dont nous est
« deu chacun an, par ledit sieur Buquet,
« à cause de nostre dite baronnye, ung
« bezant d'or, et se relève l'acre par douze
« deniers quant le cas eschet, et en cas
« de vente doibt reliefz et traiziesmes ; la-
« dite vavassorie dépendante de nostre dite
« baronnye et haulte justice du Pont-Saint-
« Pierre. (Vavassorie du Chant-d'Oisel.)
« Item, tient aussy à nostre dite ba-
« ronnye ung quart de fief de haubert,

« appelé le fief de Gamaches, assis à
« Sainneville, appartenant aux religieux,
« prieur et convent des Deux-Amants.
« Plus, nous avouons tenir du roy,
« nostre dit souverain seigneur, ung plain
« fief de haubert, appelé le fief de la
« Neufville, qui s'estend tant audit vil-
« lage, partie d'environ, que aux villages
« de Saint-Pierre, bourg dudit Pont-Saint-
« Pierre et Rommilly, duquel le chefmois
« est assis audit lieu de la Neufville, n'y
« aiant à présent sur icelluy maisons n'y
« édifices pour avoir esté du tout ruynez
« par l'antiquité du temps et guerres
« passez, lequel chefmois est assis au bout
« de la rue appelée le Fro aux Moynes,
« consistant icelluy fief, tant en dom-
« mayne fieffé que non fieffé, rentes en
« deniers, grains, œufs, oiseaulx, poulles,
« chappons, champarts, droict de ventes
« moultes et seiches, reliefz, traiziesmes,
« amendes, forfaictures, aubeynes, con-
« fiscations, et généralement toutes et
« telles droictures que à plain fief de hau-
« bert appartient, auquel fief j'ai droict
« de haulte justice basse et moienne de
« tous les hommes ostagers et resseans
« d'icelluy, dont les appellations, tant du
« civil que cryminel, vont directement à
« ladite court de parlement de Rouen,
« droict de colombier à pied, terres la-
« bourables et prez, duquel fief nous
« devons foy et hommage, reliefz, trai-
« ziesmes et autres redevances de fief
« quand ils eschéent.
« Laquelle baronnye du Pont-Saint-
« Pierre et ledit fief de la Neufville, nous
« sont venus succeder et escheuz, assavoir,
« ladite baronnye à droict successif, par
« le décez et trespas de feu messire Phi-
« lippes de Roncherolles, vivant cheval-
« lier de l'Ordre et baron de Heuqueville,
« nostre père, et ledit fief par acquisition
« qu'en avons faicte de messieurs du cha-
« pitre de Rouen.
« A la réservation faicte, que, sy nous
« avions obmys à employer en ce présent
« dénombrement quelques-ungs de nos
« droicts et privilèges, à les y mettre et
« employer une autre fois comme de pré-
« sent quant il sera venu à nostre con-
« gnoissance, et pour tesmoignage et vé-
« rité de quoy nous avons signé ce que
« dessus, et faict mettre le cachet de noz
« armes, audit château de Longpaey, ce
« cinquiesme jour de juillet mil six cent.
(Pièce originale tirée des Archives de la
Seine-Inférieure, communiquée par M. de
Merval.)

Mentionnons les lettres patentes du mois de mars 1577, par lesquelles le roi Henri III reconnaît que l'aîné de la mai-

son de Roncherolles, au droit de la baronnie du Pont-Saint-Pierre, « est de tout
« tems immémorial en possession d'avoir
« lieu et séance ès audiences publiques
« de la cour de parlement de Rouen,
« d'autant qu'auparavant l'érection dudit
« parlement et du tems que l'échiquier
« établi audit pays fut continuel, ledit
« baron avait accoutumé d'assister au
« tems et jours que se tenoit iceluy échi-
« quier, ayant voix délibérative comme
« conseiller né d'iceluy », dit et déclare
« que le sieur du Pont-Saint-Pierre, aîné
« de sa famille, et ses successeurs pre-
« miers nez ayent à perpétuité toutes fois
« et quantes qu'ils iront en ladite cour
« de parlement, non-seulement la séance
« ordinaire en icelle, ains aussi voix et
« opinion délibérative comme ont les con-
« seillers nez aux cours de parlement du
« royaume. »

Lettres confirmatives du même privilége, du 20 mars 1633.

Autres lettres du mois de février 1673, dans lesquelles sont insérées tout au long celles données par les rois Henri III et Louis XIII, enregistrées en la cour du parlement les chambres assemblées, le 17 avril 1692.

IV.

Le bourg de Pont-Saint-Pierre comptait deux paroisses. La paroisse de Saint-Pierre est assurément la plus ancienne. Elle a donné son nom au pont qui traverse l'Andelle et au bourg qui s'est groupé autour du pont. Comme l'Andelle servait de limite au grand archidiaconé du diocèse de Rouen et à l'archidiaconé du Vexin normand, en même temps que de limite aux deux bailliages de Rouen et de Gisors, la paroisse de Saint-Nicolas se trouvait dans le Vexin et le bailliage de Gisors, et la paroisse de Saint-Pierre dans le pays et le bailliage de Rouen.

Guillaume, fils d'Osberne, fondateur de l'abbaye de Lire, dans une charte confirmée par Henri Ier, roi d'Angleterre, duc de Normandie, avait donné l'église du bourg de Pont-Saint-Pierre c'est-à-dire l'église de Saint-Nicolas à ladite abbaye.

Le même fondateur, par une autre charte confirmée par Henri II, roi d'Angleterre, constate que les églises de Pont-Saint-Pierre, savoir : Saint-Nicolas, Saint-Georges et Saint-Crespin, avec leurs dépendances, faisaient partie de la dot de la comtesse Alix. Les deux dernières églises sont à Romilli.

Roger de Tosni, que l'on croit parent de la comtesse Alix, femme du fondateur, confirma à l'abbaye le don d'Alexandre, fils de Thibaud, en la vallée du Pont-Pont-Saint-Pierre, c'est-à-dire de Saint-Nicolas, avec la terre pour laquelle un particulier faisait six deniers de rente.

Robert, comte de Leicester, déclara qu'il avait donné à l'abbaye l'église de Saint-Nicolas-du-Pont-Saint-Pierre avec ses dépendances.

Robert II, comte de Leicester, par charte vidimée et confirmée par Philippe V, roi de France, en 1320, confirma encore lesdites églises du Pont-Saint-Pierre, savoir : Saint-Nicolas, Saint-Georges et Saint-Crespin, avec le droit de patronage et toutes leurs dépendances.

1145. Hugues, archevêque de Rouen, confirma l'église de Saint-Nicolas-du-Pont-Saint-Pierre, avec ses dîmes et ses appartenances.

De même, en 1148, le pape Eugène III.
En 1172, Alexandre III.
En 1193, Célestin III.
En 1231, Grégoire IX.

1255. Dans le bail à ferme passé par l'abbaye à Robert Sauvalle, prêtre de Romilli, sont compris tous les revenus appartenant à l'abbaye dans la paroisse de Pont-Saint-Pierre, à la réserve de la présentation au bénéfice. Par ce bail, le preneur est chargé de payer au prêtre de Saint-Nicolas-du-Pont-Saint-Pierre 7 liv. 10 sols.

L'abbaye de Lire avait le droit de patronage de la cure de Saint-Nicolas-du-Pont-Saint-Pierre, avec les mouvance et rentes seigneuriales de quelques héritages tenus du fief de Saint-Crespin de Romilli. Les dîmes qu'elle percevait dans ladite paroisse de Saint-Nicolas furent abandonnées par l'abbé au curé avant un accord de 1679 qui déchargeait l'abbé du payement de la portion congrue. (*Arch. de l'Eure*, inventaire de l'abbaye de Lire, t. Ier, p. 221.)

Dans le pouillé d'Eudes Rigaud, on lit : « Ecclesia Sancti Petri de Ponte, abbas de Lira patronus; valet xx. libras. »

Citons quelques actes touchant les propriétés et droits de l'abbaye de Lire à Pont-Saint-Pierre:

1319. Mandement de Philippe le Long à ses gens tenants l'échiquier de Rouen, pour obliger le bailli de ladite ville à réparer le tort qu'il avait fait à l'abbaye en ne contraignant pas Aubert de Hangest à lui payer la dîme et redîme de sa terre du Pont-Saint-Pierre, en conséquence des ordres du roi.

1336. Compromis passé entre l'abbaye et Hervieu de Léon, chevalier et seigneur du Pont-Saint-Pierre, par lequel ils nommaient le seigneur de la Londe pour juger leur différend concernant la dîme et redîme prétendue par l'abbaye sur la terre du Pont-Saint-Pierre.

1688 et 1693. Dans les déclarations du temporel de l'abbaye, il est dit qu'anciennement le sénéchal de l'abbaye avait la juridiction royale chaque dixième semaine au Pont-Saint-Pierre, avec le droit d'y poursuivre jusqu'à fin de procès, tant criminel que civil, toutes les causes qu'il avait commencées dans la dixième semaine.

1700 et 1701. Mémoire fut dressé pour monseigneur le prince de Soubise, abbé de Lire, contre M. le marquis du Pont-Saint-Pierre, qui avait entrepris de faire peindre une litre ou ceinture funèbre au dehors de l'église Saint-Georges de Romilli, après la mort de M. le marquis du Pont-Saint-Pierre, son père, en 1700 : ce que ledit seigneur abbé, en sa qualité de prieur de Saint-Crépin de Romilli et de patron de ladite église, prétendit être en droit d'empêcher.

V.

Comme nous l'avons déjà dit, Pont-Saint-Pierre se divisait en deux paroisses.

En 1111, Hugues d'Amiens, archevêque de Rouen, confirma à l'abbaye du Bec l'église de Saint-Pierre du Pont-Saint-Pierre. Suivant les pouillés, ce monastère présentait à la cure, et, d'après un aveu du 13 mars 1581, il avait ce droit à cause d'un fief qu'il possédait à Romilli. L'inventaire des titres de l'abbaye du Bec contient la mention de plusieurs transactions concernant Pont-Saint-Pierre :

1271. Sentence de l'official de Rouen, par laquelle le curé de Pont-Saint-Pierre est condamné envers l'abbé du Bec au payement d'une rente annuelle.

1283. Vente faite à l'abbaye du Bec par Renault le Brasseur d'une rente sur une masure sise à Pont-Saint-Pierre, qui fut à Thomas de Planterose.

1331. Sentence par laquelle l'abbaye du Bec est maintenue en possession et propriété de cour et usage dans les paroisses de Romilli et Pont-Saint-Pierre.

1605. Permission accordée par l'abbaye du Bec à Guillaume Maignard, conseiller du roi en l'échiquier de Normandie, de bâtir et construire un colombier sur une pièce de terre sise en la paroisse de Saint-Nicolas-du-Pont-Saint-Pierre, contenant quatorze acres plantées, et l'édifice, nommé le Manoir, les maisons qu'il tient par

fief de ladite abbaye, à cause de son fief de Romilli.

1112. Fieffe faite par l'abbaye du Bec à Pierre Lefebure de deux pièces de terre de son domaine non fieffé, sis au Pont-Saint-Pierre.

1116. Jugement par lequel l'abbaye du Bec a obtenu condamnation de 4 liv. 5 s. de rente sur plusieurs héritages déclarés sur la paroisse de Saint-Nicolas-du-Pont-Pierre, qui furent à Jean de Rouen et autres.

Il y avait à Pont-Saint-Pierre une maladerie ancienne, dont les biens furent réunis en 1696 aux biens de l'hôpital royal du Petit-Andeli.

Dépendances : — Callaville ; — Fontaine-Guérard (filature) ; — le Cardonai ; — Racqueville ; — Beau-Repère ; — la Vigne.

tt. Toussaint Duplessis, t. II, p. 693.
Rec. de Rouen, septembre 1847.

PORTE-JOIE.

Arrond. de Louviers. — Cant. de Pont-de-l'Arche.

Patr. Ste Cécile, Ste Colombe. — Prés. l'abbé de Fécamp.

Porte-Joie, « Portus Gaudii, » village s'étendant sur le bord de la Seine, avait un port qui servait autrefois de communication entre le Vexin et la vallée du Vaudreuil.

« Flumine Sequanio, portus qui Gaudii Portus
« Nomen habet, transfert in Velgica rura messes
« Et qui Rodomum festinant pergere vannum. »

Ce que Philippe le Breton exprime ainsi dans sa *Philippide* est confirmé avec des détails intéressants par les *Grands Rôles de l'Échiquier de Normandie*. On lit dans le compte de Henri de Pont-Audemer, en 1198 : « Roberto, filio Aelardi, ad ope-
« rationes pontis Portus Gaudii, centum
« libras per idem breve. » Un article identique se trouve également dans les comptes de Nicolas de Villiers, Gislebert le Changeur et Gislebert Belot, en 1198 ; « In
« liberatione tribus servientibus, qui cus-
« todiebant bacum apud Portum Gaudii,
« LXI. solidos, per breve regis. — In libe-
« ratione sex servientium balistariorum,
« qui custodiebant domum regis de Portu
« Gaudii, centum et octo solidos, per idem
« breve. — Pro bachis regis de Portu Gau-
« dii reparandis, LXXII. solidos VIII. dena-
« rios, per breve regis. — Pro byetescha
« et ponte torneiz faciendis super pontem

« de Portu Gaudii, xxvi. libras, per idem
« breve. — In liberationibus eorum, qui
« custodiebant et ducebant quatuor bacos
« apud Portum Gaudii, priusquam pons
« factus esset, lxvi. libras xiii. solidos iv.
« denarios per idem breve. » — A l'époque
où Richard Cœur de lion faisait construire
un pont à Porte-Joie, il ordonnait d'édifier
dans la grande île de Porte-Joie une tour
avec de fortes murailles :

« Insula Sumen fit geminô discrimiuat alveo,
« Flumiuis in medio terra communis utrique.
« Rex Richardus iN erixam cum acquit us acceu
« Ædificat, contra jurata fœdera pacis.
« Cumque Philippus cum superbe la prebenderet,
« Exultabat ea cavea fallaciter a su,
« Dum facit ut lateat injuria juris in umbra,
« Seque capidiosa deceptio pallict arte. »

En 1269, Raoul Recusson donna à l'abbaye du Bec un tènement à Porte-Joie et
un pré dans la prairie de Vauvrai. Dans
une charte de Charles le Bel, de 1327, en
faveur de Bonport, on lit : « Item, de
« sex solidis redditus ex venditione here-
« dum Philippi de Valle, percipiendis super
« uno guardo in parochia Portus Gaudii
« in feodo prædicto. » Voyez le Cartulaire de Bonport, où il est, à différentes
reprises, question de Porte-Joie à propos
d'intérêts particuliers.

Un certain nombre de fiefs de la sergenterie du Vaudreuil et de Vauvrai, en
la châtellenie du Vaudreuil, s'étendaient
sur Porte-Joie ; mais le fief de Portpinché
est le seul qui y eût son chef-mois. Ce fief,
rangé jusqu'en 1573 dans la sergenterie
du Vaudreuil, fut, à partir de cette
époque, mis au nombre des tenures nobles
de la sergenterie de Vauvrai.

En 1390, Guillaume le Chambellent,
écuyer, était seigneur de Portpinché. Son
fils, Jean commit sur Jean de la Mare
un guet-apens dont les détails sont atroces,
et il fut condamné à être pendu par arrêt
de la cour de l'Echiquier. La sentence
reçut son exécution à Rouen, et voici ce
qu'en dit une chronique manuscrite de
la Bibliothèque impériale : « En 1391 fut
« pendu au haut gibet de Rouen un es-
« cuyer de noble lignée nommé Port-
« pinché. » La chronique remarque même
« qu'il estrena le gibet ». Les sieurs de
Jeucourt succédèrent à Guillaume le
Chambellent.

Décembre 1403. Guillaume de Jeucourt,
dit Sauvaige, seigneur d'Espreville.

Avril 1416. Pierre de Jeucourt, dit
Compagnon, écuyer.

Novembre 1419. Pierre de Jeucourt,
chevalier.

1457. Pierre de Jeucourt.

1590. Jean de Jeucourt.

1610. Claude de Roncherolles, veuve
de Jean de Jeucourt.

Claude de Roncherolles, épousa en se-
condes noces René d'Epinay, comte de
Rozendal, et eut pour héritier son fils
Pierre d'Epinay, vicomte de Buffon.

Vers 1660, le fief de Portpinché fut
acheté par la famille Druel. Aux Druel
paraît avoir succédé le sieur Lecornu de
Bizacret.

L'église de Porte-Joie est un édifice du
xvie siècle, ne présentant aucun intérêt
architectural. Cependant Porte-Joie a eu
deux églises successivement ; la première,
dédiée à Sainte-Cécile, fut donnée en 1006
par Richard à l'abbaye de Fécamp : « ...In
« villa Rologivilla... ecclesiam Sancte Ce-
« ciliæ. » Cette donation fut confirmée par
Richard II, qui ajouta deux hôtises dans
une charte postérieure : « Ecclesiam, de
« villa quæ dicitur Portus Gaudii et hos-
« pitia duo. »

L'église actuelle est dédiée à sainte
Colombe.

Dépendances : — le Beau-Soleil ; —
Port-Pinché.

PORTES.

Arrond. d'Evreux. — Cant. de Conches.

Patr. Notre-Dame. — Prés. le seigneur.

Il existe en France sept lieux qui portent ce nom, et on en trouve un huitième,
« villa quæ dicitur Portæ », mentionné
dans la vie de saint Gervin, abbé de
Saint-Riquier.

Vers 1200, Roger de Portes donne à la
Noë tous les arbres qu'il avait à Villers-
sur-le-Roule.

1203. Roger de Portes, fils d'Avicie,
donne une vigne « quam apud Illeias habebat », et le clos environnant, à condition que le vin en sera bu par les moines
à son anniversaire.

1231. Robert Mahiel, de Portes, fils et
héritier de Pierre Mahiel, de Portes, cède
à la Noë 18 setiers de blé à la mesure de
Conches, « in moltis meis de Portis, »
savoir : 3 du don de Richard « de Planchis », 7 vendus par les chanoines d'Arde-
nne, et 8 du don d'Ada des Planches.

1231. Mathieu de Portes, chevalier, fait
savoir que Gilebert de Garambouville,
chevalier, a donné une pièce de terre située « ante Telioldum ».

« Ego Bernardus de Broquinné, scu-
« tifer... Cum contentio mota esset inter
« me, ex una parte, et monachos de Noa,
« ex altera, super eo videlicet quod ego

« majora relevela et majora auxilia capi-
« talia ab ipsis petebam de quodam tene-
« mento quod tenebant de me in parro-
« chia de Portis... dicta contencio sopita
« est in hunc modum... Concedo ut dicti
« monachi liberi sint et quieti de tribus
« auxiliis capitalibus in Normannia con-
« stitutis et de omnibus relevaiis..., red-
« dendo michi et heredibus meis pro quo-
« libet auxilio et pro qualitet relevio,
« cum evenerit, de qualitet acra predicti
« tenementi sex denarios monetæ curren-
« tis, et de masura duos solidos et dimi-
« dium tantummodo..., salvis tamen aliis
« auxiliis quæ debentur de jamdicto tene-
« mento dominis capitalibus. Monachi de-
« derunt michi quinquaginta solidos turo-
« nensium. Testibus hiis : domino Matheo
« de Pomeruel ; domino Guillelmo, filio
« ejus, militibus ; Ricardo de Crechis ;
« Rogerio de Petroier. Actum anno Do-
« mini 1217. »

A la charte est appendu un sceau sur lequel est gravée cette légende :

« † Sigillum Bernardi de Broqini. »

Le sceau représente une fleur à 6 lobes.

1233. Richard de Portes, « dominus feodi ».

1251. Gervais de Portes, fils de Hugues de Portes, chevalier, « de parrochia San-
« cti Amandi de Ferrariis, versus boscum
« heredum defuncti Roberti de Portis,
« militis. »

Il y a dans cette commune un hameau de Beauvais. C'est peut-être à ce hameau qu'appartenait « Mathildis de Bellovisu,
« vidua Rogeri de Bellovisu, Jacobus de
« Bellovisu », leur fils et héritier, et « Ri-
« cardus de Bellovisu, armiger, » qui assignèrent plusieurs donations à l'abbaye de Saint-Taurin, dans la commune de la Sôgne.

Il existait à Portes, au commencement du XIIe siècle, une forteresse qui appartenait aux seigneurs de Conches. Elle fut démolie en 1200, suivant le traité passé cette année entre Philippe-Auguste et Jean sans Terre. La motte, entourée d'un double fossé, se voit encore dans un parc contigu à l'église.

Voyez l'aveu du fief de Portes aux *Archives de l'Empire*, P. 308, f° 29, vicomté de Conches.

Dépendances : — Beauvais ; — les Buissons ; — Crèches; — les Flimaus ou Maison-du-Bois ; — Fourreaux ; — le Grand-Breuil ; — le Petit-Breuil.

PORT-MORT.

Arrond. des Andelys. — Cant. des Andelys. Sur la Seine.

Patr. S. Pierre, S. Martin. — *Prés.* l'archevêque et le seigneur.

On avait interprété ce nom au moyen âge de différentes manières : « Porcus Mortuus, Portus Mortuus », ce qui ne présentait pas un sens bien satisfaisant ; mais une charte mérovingienne nous fournit probablement l'origine du nom de Port-mort sous la forme de « Port Maurus ».

Nous lisons en effet, dans la charte de Vandemir : « Donamus... ad monasterio
« Port Mauro, ubi vir venerabilis Amal-
« carius abba præesse videtur, locello co-
« gnomenante Atticio in pago Macera-
« cius. » (*Diplomata carta*, p. 478.)

Il y a dans cette commune un menhir sur le bord septentrional de la route des Andelys à Vernon, près d'une auberge portant pour enseigne : *A la fraîcheur du beau Rosier fleuri*. Ce monument a dix pieds de haut et cinq à six pieds à sa base. Le *Gallia christiana* rapporte, d'après le *Martyrologium gallicanum*, que le corps de saint Ethlin, diacre et martyr, fut apporté d'Irlande, et que c'est peut-être à Port-Mort que se rapporte la donation de Vandemir, datée de la dix-septième année de Thierri III. (*Annal. Bened.*, I, 593, et Maléll., *Dipl. un.*, 478).

On trouve un Richard de Port-Mort employé comme témoin par l'archevêque de Rouen dans une charte de Philippe Ier.

Le cartulaire de la Trinité-du-Mont contient mention d'un Richard de Port-Mort au commencement du XIIe siècle (de 1075 à 1115) : « Notum sit omnibus quod
« ipso die quo Ricardus de Porco Mortuo
« effectus est monachus in Monte Sanctæ
« Trinitatis, videlicet dominica tertia Ad-
« ventus Domini, ipse et uxor ejus Adelis
« concessit abbati Walterio et monachis
« ejus, videlicet omnes illas consuetudi-
« nes, quas de rebus Sanctæ Trinitatis
« apud Bysel habebat; concessit quoque
« illas quietas, quas sibi terra Eutoldi,
« patris Ysemberti, monachi, reddebat.
« Dedit etiam in perpetuum finem in
« Roeillie x. acras terræ, et i. domum,
« cum horto qui fuit Rogerii. »

Dans la seconde moitié du XIIe siècle, les moines de Mortemer acquirent beaucoup de vignes dans la vallée de Port-Mort. En 1168, Rotrou, archevêque de

Rouen, leur céda 13 arpents de terre sur le coteau pour y planter une vigne. Les vignes de Port-Mort sont fréquemment citées dans les titres de Beaubec. Hugues de Mauquenchi donna à cette abbaye les vignes de Warnette et de Gorle. En 1248, Philippe Tabari lui assigna une rente d'un baril de vin sur sa vigne d'Aillenbert. Guillaume de Mauquenchi donna à l'abbaye de Bonport un muid de vin par an sur son clos de Port-Mort. Les archevêques de Rouen conservèrent une portion des vignes de cette vallée. (*Cartul. de Mortemer*, p. 100, 103. — *The record of the house of Gournay*, p. 99. — Comptes de Frêpes.)

Vers 1180, à Port-Mort, une vergée de vigne fut vendue 33 sous. (*Cartul. B. M. de Mortuomari*, p. 102.)

Vers 1180, une portion de l'église de Port-Mort fut donnée par André et Thomas, prêtres, et tous les paroissiens, aux religieux de Mortemer, qui, pour reconnaître leur générosité, leur aumônèrent 20 sous destinés à la réparation de leur église : « Partem ecclesie dederunt An-
« dreas et Thomas, sacerdotes, et om-
« nes parrochiani ejusdem ecclesie domui
« Sancte Marie Mortuimaris, et de cari-
« tate acceperunt xx. solidos ad repara-
« tionem ecclesie. » (*Chartul. de Mortuomari*, p. 100.)

L'abbaye du Bec percevait à Port-Mort des dîmes dont l'origine n'est pas connue. Elle y possédait aussi quelques biens. En 1176, Robert de Ruilli lui donna un muid et demi de vin et 12 deniers de rente sur son clos des Monts.

Dans les *Grands Rôles de l'Échiquier de Normandie*, on lit : « ..... Militibus de « Port-Mort, xvii. solidos pro duobus « millerum harengibus de feo... »

Le village de Château-Neuf tire son nom d'une forteresse que Philippe-Auguste avait fait ériger en 1199. Elle occupait, entre deux petits vallons, un rocher taillé à pic du côté de la Seine, et de vastes fossés la défendaient au nord.

En 1236, Guillaume de Mauquenci vendit à Thibaud, archevêque de Rouen, tout le fief qu'il tenait à Port-Mort. Ce fief et terre de Port-Mort furent destinés à la mense archiépiscopale.

1318. Le couvent des Cordeliers de Vernon, au diocèse d'Évreux, fut fondé par saint Louis l'an 1218, et augmenté par Mathieu de Crèvecœur, par Jean de Port-Mort et par Jean de Surci.

Le pouillé d'Eudes Rigaud contient la mention suivante :

« Ecclesia Sancti Petri de Porco Mortuo.
« Una pars de patronatu archiepiscopi.
« Altera pars Eustacii de Ruilli. Habet
« ce. parrochianos; et valet quælibet pars
« viginti libras Turonensium. »

Il y eut, dans la suite, une présentation par « dominus Herveus de Leopi-
bus. »

Dans le cartulaire des Vaux-de-Cernai publié par MM. Merlet et Moutier, nous trouvons les renseignements suivants :

1260. Jean Chevalier et Emmeline, sa femme, de la paroisse de Pormor, donnent et cèdent à l'abbaye des Vaux-de-Cernai tous leurs biens immobiliers et mobiliers, situés « in parrochiis de Pormor, de Tylliaco et alibi. »

En l'année 1310, les religieux de l'abbaye de Notre-Dame de Mortemer en Lions cédèrent au roi Philippe le Bel leur grange appelée la Marette avec toutes ses appartenances et leur maison de Montperreux. En échange, le roi leur céda le port de la Garenne-de-Pormort avec quelques menues rentes domaniales et droits de champarts dus sur des héritages sis audit Port-Mort et paroisses circonvoisines, lesquels droits furent érigés en fief, ayant droit de basse justice, rente de saisine sur lesdits héritages.

Suivant l'évaluation qui fut faite par le bailli de Gisors ou son lieutenant, à Vernon, le jour de sainte Catherine l'an 1310, en vertu des lettres adressées par le roi, les biens cédés auxdits religieux furent estimés 66 livres 16 sous 3 deniers tournois, dans laquelle estimation lesdits droits de bac et passage entraient pour 10 livres tournois par an ; et les biens cédés par lesdits religieux au roi n'ayant été estimés que la somme de 50 livres 16 sous parisis, revenant à 63 livres 10 sous tournois, demeurait une rente de 66 sous 3 deniers tournois, que lesdits religieux étaient obligés de payer chacun an au roi, au terme de l'échiquier de Pasques.

Cette rente fut toujours payée depuis et s'acquittait encore, au xviii° siècle, au domaine d'Andeli, cédé par Louis XV à M. le comte d'Eu, en échange de la principauté de Dombes.

Ce droit fut acquis à titre de bail à rente de l'abbaye de Mortemer, par M. le comte de Bouville, seigneur de Port-Mort, en même temps que ledit fief du Château-Neuf, le 21 mai 1756, à la charge de payer ladite rente de 3 livres 6 sous 3 deniers au domaine d'Andeli.

M. Delisle : *Études sur la condition des classes agricoles*, p. 168-169, a cité le compte des vendanges de Port-Mort, en 1405.

« Mise faicte pour les vendanges de « Port-Mort ;

« A Pierre Fouquaut et Jehan le Cous-
« turier, de Pormor, pour avoir gardé le
« pressoir le temps de vendenges, iv fr.
« iv sous, comme il appert par quictance,
« pour ce, LXVIII sous ;
« Item, pour deux plateaux de fust et
« deux piques, II sous, pour ce II sous ;
« Item, pour une lanterne à porter can-
« delle, xx deniers ;
« Item, pour IV livres de oint et VI liv.
« de candelle, pour chacune livre x den.,
« valent VIII sous IV deniers ;
« Item, pour IV esguilles tout pour es-
« carir, II sous ;
« Item, pour les despens du recepveur
« qui y a esté par plusieurs jours et don-
« noit du pain et de la cuisine à ceulx
« qui gardoient le pressoir, et pour boiz
« à chauffer de nuit, XVII sous VIII de-
« niers ;
« Item, pour I mestel à mettre soubz le
« fillet du pressouoir, à recepvoir le vin
« qui vient du pressouair, pour ce : III sous.
« Le revenue duquel prainseur valu
« pour ceste présente année VII queues, et
« si y a une queue de vin de rente, et
« montent VIII queues, qui furent envoiez
« à Gaillon. » (*Compte de Friues*, 1401-
1403.)
« Le commun et habitans de Pormort
« ont accoustumé prendre, en la forest
« d'Andely, le bois sec en estant et en ge-
« sant, et le vert en gesant, s'il n'y a
« esalée, livrée de loys pour escarrie,
« c'est assavoir IV posts, II trefs, II seuls,
« II pannes, II fillières, IV soubz chevrons,
« II ponchons, I feste, II couples de che-
« vrons ; le mort boys hors taille et def-
« fens, pasturage pour leurs vaches et
« pors en forest coustumiere hors tailles
« et deffens, réservé le moys defendu où
« il n'y va nuls pors ; item, en ladicte
« ville a XVIII masures ou environ qui ont
« livrée de charetils en III ans, ramille
« pour leurs hus, et autres menus droiz
« acoustumés, et pour ce sont tenus faire
« au roy, par chacun an, c'est assavoir :
« argent pour leur livrée de l'esquatis-
« seure, plusieurs gerles de blé, gelines,
« pain, œuf, vin et autres menus devoirs
« acoustumés. » (*Usages et coutumes des
forêts de Normandie*, fol° 36.)

Henri Jubert, seigneur de Port-Mort, la
Grippière, Bréouart, Douens, fils puîné de
Guillaume Jubert, lieutenant du grand
bailli de Gisors, était conseiller en la cour
des aides de Normandie, en 1510.

De son mariage avec Perrette de Quievremont, il eut Guillaume, seigneur de
Port-Mort.

Guillaume épousa N. de Montmorel, et
il eut de ce mariage un fils Charles.

Charles s'allia, en premières noces, à
N. de Molent, et en deuxième noces à
Anne de la Ferté.

Son fils Charles, II° du nom, seigneur
de Port-Mort, épousa Marie Le Comte.

Son troisième fils, Jacques Jubert,
chevalier de Saint-Louis, mourut sans
postérité, et fut inhumé à Port-Mort,
en 1738.

La famille Jubert de Bouville vendit à
M. de Montlambert le château de Port-
Mort, qui appartient à M. le comte de
Graville, héritier des Montlambert.

Nous avons vu, dans le pouillé d'Eudes
Rigaud, que l'église de Port-Mort était,
au XIII° siècle, divisée en deux parties.
Quelques anciens mémoires de l'abbaye
de Mortemer confirment le fait et portent
qu'il y a deux églises à Port-Mort : Saint-
Pierre et Saint-Martin, que celle-ci, qui
est située au Château-Neuf, est une annexe de l'autre et qu'elle dépend de cette
abbaye, qu'enfin il y a aussi deux curés :
l'un de la grande, l'autre de la petite portion, qui desservent alternativement et
par semaines. Suivant le pouillé de Rouen
de l'an 1648, le patronage de la première
de ces deux portions est alternatif entre
l'archevêque de Rouen et le seigneur du
lieu, et celui de la seconde appartient au
seigneur de la Motte. Selon le pouillé de
l'an 1704, le seigneur du lieu présente
aux deux portions. Selon le pouillé de
1738, le patronage de la première est
alternatif entre l'archevêque et le seigneur du lieu, et celui-ci présente à la seconde.

Sur le territoire de Port-Mort, on distinguait encore deux chapelles : la chapelle de Saint-Nicolas du Château-Gaillard, transférée plus tard dans l'église de
Saint-Sauveur d'Andeli, et la chapelle de
Saint-Laurent, Saint-Léger et Sainte-Marguerite au manoir du Mesnil-Hébert. Cette
dernière chapelle a été fondée par Pierre
Garin, notaire et secrétaire du roi, seigneur du Mesnil-Hébert, à la présentation
des seigneurs du Mesnil-Hébert. L'archevêque de Rouen en approuva la fondation
le 5 juillet 1536. Ces derniers détails sont
empruntés à Toussaint Duplessis.

Les Chartreux de Gaillon possédaient
le fief noble de la Motte, sur la paroisse
de Port-Mort ainsi que la Rocque de Port-
Mort.

Il ne faut pas oublier de mentionner,
parmi les fiefs de Port-Mort, le fief du
Mesnil-Hébert.

Il y avait à Port-Mort un triège de
Bourgoult. Ce nom provenait de ce que la
commanderie de Bourgoult y possédait
des biens.

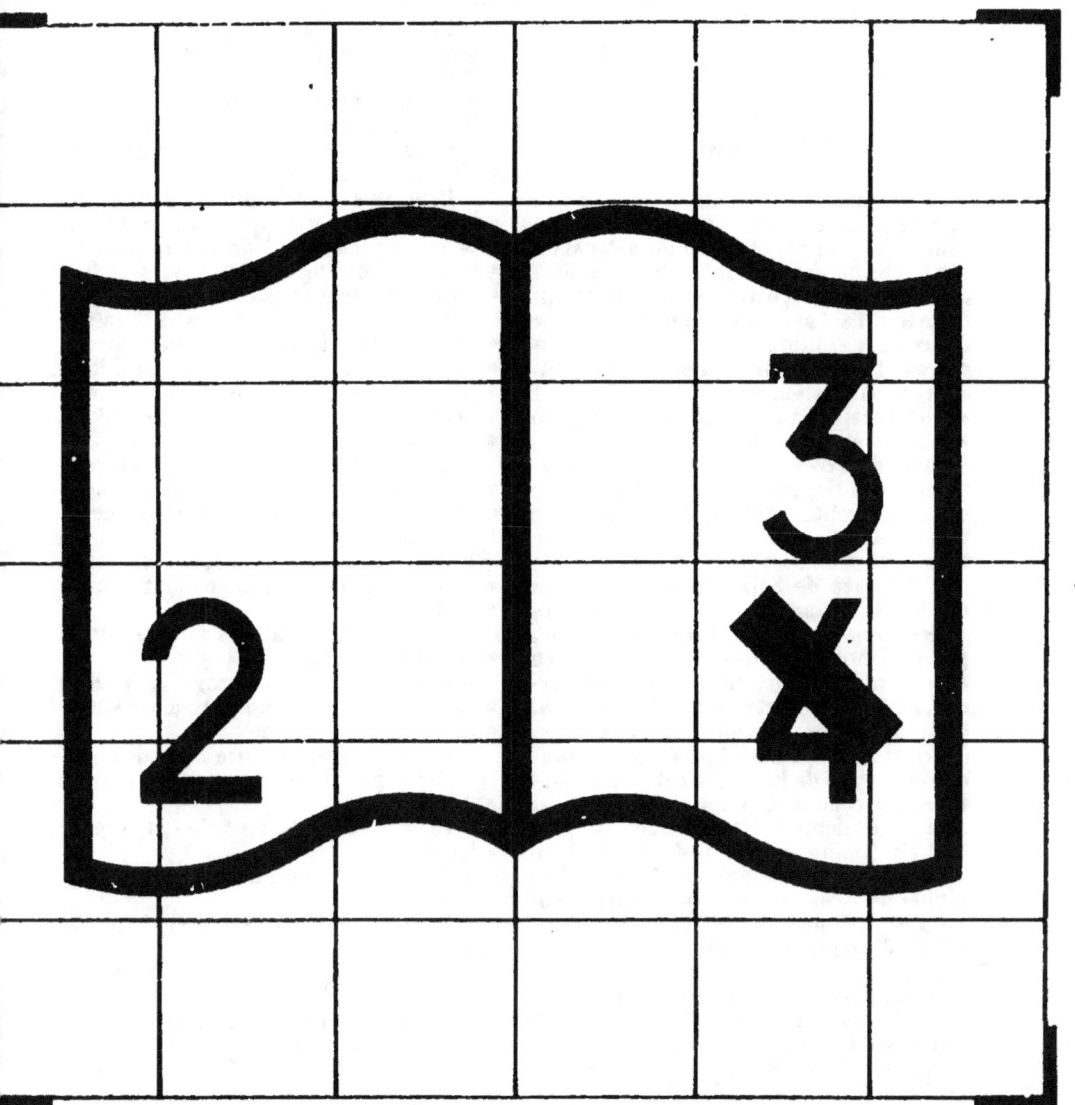

Dépendances : — Bourgoult ; — Château-Neuf ; — la Falaise ; — Miroie ; — la Roque ; — le Mesnil ; — le Thuit.

Cf. Toussaint Duplessis, t. II, p. 702.

POSES.

Arrond. de Louviers. — Cant. de Pont-de-l'Arche.

Patr. S. Quentin. — Prés. l'abbé de Fécamp, puis l'abbé de Saint-Ouen.

Poses, village placé sur le bord de la Seine en face de Pîtres, paraît être la localité désignée sous le nom de « Pausas » par la chronique de Fontenelle, qui nous apprend qu'une partie de ce village fut donnée à l'abbaye de ce nom en 700 par un certain Lutbrand. « Anno vi. ejus « regni [Childeberti], quidam bonho Lut- « brandus portionem aliquam de villa « quæ vocatur Pausas Iurgitos est, in pago « Ebroicino. » A l'époque carlovingienne, le nom de Poses reparaît dans les documents historiques, et l'on présume que c'est la localité (Paosas) que Charles le Chauve donna en 876 à l'abbaye de Rouen, au moins en partie. Il est probable que l'abbaye de Saint-Ouen, lors de la conquête normande, perdit cette propriété, puisque Richard Cœur de Lion, par charte du 17 juillet 1193, échangea Poses contre Limaie, près le Pont-de-l'Arche, l'étang de Martainville, près Rouen, et la dîme des moulins de cette ville. (V. cette charte, dans l'Histoire de l'abbaye de Saint-Ouen de Rouen, par dom Pommeraye.) Le compte de Geoffroi le Changeur indique également cet échange, en portant en diminution sur la ferme du Vaudreuil 36 liv. pour l'année 1198. « Pro « villa de Pois, quam abbatia Sancti Au- « docni de Rothomago habet pro escam- « bio ville de Limai de escambio Pontis Arche « et pro perta sua de Martainvilla, extra « Rothomagum, per vivarium ibi factum, « 36 lib. que erant in bac firma. » (Grands Rôles de l'Echiquier de Normandie.)

Le livre des jurés de Saint-Ouen, dressé en 1291, donne à cette date l'état des propriétés que l'abbaye avait à Poses, par suite de l'échange dont on vient de parler.

« Item, il (les religieux) prenent en la « paroisse de Poses le campart de plu- « sieurs pièces de terre.

« Item, il prenent en la paroisse de « Poses du franc fieu de Saint-Ouen, qui « ne doit pas de campart, les ii pars des « dixmes du franc fieu dessus dit.

« Il prenent en la dite paroisse de Poses « environ xxx mesures d'aveine de rente « par an deues sur plusieurs masages et « terres à campart.....

« Item, ils ont à Poses xxiiii lib. xvii s. « ii d. de rente ; et sont deues à la S. M., « à la Chandeleur, à Pasques et à la S. « Jehan-Baptiste.

« Item, viii sols viii capons et demi et « une gueline de rente au terme de « Noël.

« Item, demi acre de pref en une ille en « la paroisse de Poses, baillée à louage « pour xx s. t. par an, de la tenue Colin « Normant.....

« Item, ils ont en la dite ville de Poses « les ventes des terres qui vendues y sont, « et ne doyvent point de relief, pour ce « que ce fut escange fait au roy, et le fieu « du roy ne relieve point..... »

« Poses. Les jurez de Poses. Premiere- « ment : Jehan Durant, Vaultier Esveil- « lart, Mahieu Dehors, Jeh. Leblond, « Guill. Le Fèvre, Rob. Syglart, Estienne « Verart, Guill. Martin, Jeh. Esveillart, « Estienne Vigot et Rich. de Poses.

« Qui dient que Monsr prent les ii pars « de la diesme par tout son fieu franc, « mes en vilain il ne prent riens ne ès « vilaines masures le roy.

« Demeignes anciens. Premierement la « Couture du Mesnil, contenante xiii acres « de terre.

« De rechief ès coutures de Poses, trois « vergies de terre.

« Premierement le masage as Veillies « contient cinq verg. de terre assis jouste « le masage as Corbeaux.

« Item, ès Essars, quatre acres de terre.

« Item, ès Hautes Aoumées, iii acres « de terre.

« Item, à la Hacte au Valon, i acre de « terre.

« Item, à la Fosse Pitouse, v vergies de « terre.

« Item, ès sablons, verg. et demie de « terre.

« Item, ès sablons, en ii champs, vi ver- « gies de terre.

« Item, ès sablons d'outre Saint-Quen- « tin, ii acres de terre.

« Item, au bout deu Tient Thycult, ès « champs, vi verg. de terre.

« Item, ès Tronques, iii vergies.

« Item, ès Tronques, en ii champs, « ii acres.

« Item, au Lonc-Acre, iii verg. de terre.

« Item, ès Noes, demi acre de terre de « l'escheance Poulain.

« Item, ès Noes, en ii champs, vi verg. « de terre.

« Item, à la Noe-Virelin, iii verg. de « terre.

« Item, ès Granés champ, ni acres de
« terre de l'escheance Hue la Loe.»

« Item, devant l'us Nicholé la Prevoste,
« demi acre et demie verg. e de terre de
« l'escheance Poulain et Hue.

« Item, à la Voie Traversaine, verg. et
« demie de terre de l'escheance au Valois.

« Item, au Champ Quetel, 1 acre de terre.

« Item, ès Moucheaux, acre et demi de
« terre.

« Item, as Chans Fereson, ni acres de
« terre.

« Item, à la vigne Pierre le May, 1 acre
« de l'escheance as Veilles.

« Item, au Trief Doudel, 1 verg. de l'es-
« cheance Tardif.

« Item, devant l'us Huet du Val, demi
« acre en masage.

« Item, le masage au Valois de devant
« l'us Rouselin, contenant verg. et demie.

« Item, ès rueles Thomas Picquet, verg.
« et demie.

« Item, en masage Estienne du Port,
« ni quart. de terre.

« Item, ès Fortues, ni quartiers de
« terre.

« Item, ès Coutures, une verg. de l'es-
« cheance Jehan Emperiere.

« Contient v acres et demi de terre, et
« rent vi d. de cens à la Saint Michel, et
« si doit heberger... et acarier en aoust
« à ses despens toute la franque diesme de
« tout le franc fieu Saint Oyen dou diesme
« de Poses, et pour ce il doit avoir tout
« l'estrain et toute la vancure à la dite
« diesme;... et cheseun jor que il acharie
« en aoust la dite diesmes il doit avoir une
« garbe por son cheval.

« Jacques Routier en tient une granche
« ... et vi verg. de sablons par hommage,
« et fait et rent la route et le servise desus
« ditz.

« Jehan Leblont en tient 1 verg. en
« mas. ... Jehan Malingres, et il en tien-
« nent 1 verg. de terre.

« Les hoirs Estienne le Petit en tiennent
« 1 quartier en mas. et demi acre de terre.

« Estienne du Port en tient ni verg.

« Joh. Louelh en tient 1 quartier en
« mas. et demi acre de terre.

« Les hoirs Rousselin en tiennent 1 verg.

« Ric. de Gaillon en tient ni verg. de
« terre.

« Estienne Masyre en tient demie verg.
« en masage.

« Contient environ xxxvi acres, et rent
« ix s. de rente à la Saint-Michel por
« rachat de service de cheval malle, et
« relieve cheseun ainsné por cheseune
« por soy.

« Jehan Cauveth en tient 1 verg. en
« masage et ni verg. de terre à la Capele,

« et ni verg. ès Hulettes, et verg. et demie
« en la Valle, et vii acres et demi ès Sa-
« blons, dont il rent les xx s. desus ditz.

« Estienne Vigot en tient ni acres, dont
« il rent iiii s. et demi en rabatant des
« dix xx s.

« Alexandre du Manoir en tient demi
« acre de terre.

« Mathieu de la Haye en tient ni acres.

« Durant Fillcul, bourgeis de Rouen, en
« tient verg. et demie, et les hoirs Adan
« le Harengier en tiennent verg. et demie,
« au Boisson du Tresor.

« Martine de l'Abbaye en tient une
« ainsnée, 1 verg. en mas. et x verg. de
« terre, et rent xx s. des lx s. desus dix,
« et relieve par v s. le masage et iii d. de
« l'acre de terre.

« Estienne Priour et Jehan Priour en
« tiennent iii quart. en mas. et iii verg. de
« terre.

« Maître Vassal en tient 1 verg. de
« terre.

« Estienne Moart en tient 1 verg. en
« mas. et v verg. de terre.

« Guill. Bonet en tient demie verg. en
« masage.

« Aalis la Corbele en tient verg. et
« demie en mas. et iii verg. et demie de
« terre.

« Les héritiers Guillaome Cauvet en
« tiennent iii quart. en masage.

« Denis Varengier en tient ix verg. et
« demie de terre.

« Guill. Machien en tient par sa femme
« 1 acre.

« Le prestre de Poses en tient une
« verg. et demie en masage.

« Gyeffroy Legrieu en tient par homage
« v verg. de terre au camp de Lessart, et
« rent xx s. des lx desus dix, et relieve
« par v s. le masage, xii d. l'acre.

« Estienne Malet en tient vers le Bois
« 1 verg. et demie.

« Durant le Conte en tient 1 verg.
« Nich. Massy en tient demi acre. Guil-
« laert le Bouchier en tient verg. et
« demie, à la vallée au Prestre.

« Vezci les masures de Poses, qui ren-
« dent xii deniers à Pasques, pour estre
« de coustume frans de vendre et d'ache-
« ter ès marchiés de Louviers et au Val
« de Ruel et ès quatre foires de Montoire,
« et pour estre frans par demie coustume
« de vendre et d'acheter en marchi du
« Pont-Saint-Pierre, et de ceu les doit
« monseignor franchir par la dite rente et
« delivrer...»

Les religieux de Saint-Ouen avaient
aussi à Poses la coutume de tout ce qui y
était vendu, ainsi que les mesures de
grain, un boisseau à blé et un autre à

avoine, que les hommes du fief devraient faire et trouver à leurs dépens.

L'abbaye de Bon-Port, près Pont-de-l'Arche, avait également d'importantes propriétés à Poses. Richard Cœur de Lion lui avait donné en 1190, le moulin de Poses, avec ses appartenances et dépendances, et elle y fit successivement diverses acquisitions constatées par les chartes du cartulaire de Bonport.

La plupart des fiefs de la sergenterie de Léri et de Vaudreuil, en la châtellenie du Vaudreuil, s'étendaient sur Poses. Un seul fief avait son chef noté au Mesnil de Poses; c'était le fief du Pavillon. Il appartenait à l'évêque de Lisieux. En 1766, Jacques-Marie de Caritat de Condorcet, conseiller du roi, évêque et comte de Lisieux, doyen de Saint-Cande-le-Vieil de Rouen, prenait en cette qualité le titre de seigneur des fief, terre et seigneurie du Pavillon.

Henri le Dain, avocat à la cour, bailli d'Igoville, était à cette époque sénéchal de ce fief.

L'église de Poses est construite en partie dans le style ogival. Le reste de l'édifice est une réunion de matériaux sans caractère. Cette construction a succédé évidemment à une plus ancienne, puisque, par une charte de 1006, en faveur de l'abbaye de Fécamp, Richard lui donna l'église de Poses : « in valle Hologirilla ecclesiam Sancti Quintini... » Cette donation fut confirmée par une autre charte de Richard II, où on lit : « ecclesiam, quæ est in villa quæ dicitur Pausas, et terram quam tenuit Rogerius cum integritate... » Que l'abbaye de Fécamp ait cédé cette propriété ou qu'elle en ait été dépouillée, l'église de Poses n'en passa pas moins aux mains de l'abbé de Saint-Ouen avant 1198.

Dépendances : — le Mesnil-de-Poses; — la Vigne; — le Moulin-à-Vent.

POTERIE-MATHIEU (LA).

Arrond. de Pont-Audemer. — Cant. de St-Georges-du-Vièvre.

Sur la Vièvre.

Patr. S. Georges. — Prés. le seigneur.

On a jadis exploité, à la Poterie, un dépôt d'argile plastique qui n'est plus utilisé depuis longtemps. C'est vraisemblablement à cette circonstance que cette localité a emprunté son nom.

Mathieu Ier de la Poterie était présent à l'érection de la collégiale de Beaumont-le-Roger en prieuré, de la dépendance de l'abbaye du Bec, en 1142. C'est lui probablement qui donnait à cette même abbaye, en 1179, un vavasseur à Emalleville, vingt jours après que son frère nommé Richard y eût été enterré.

Il donna encore 2 acres de pré avec un bois à cette maison religieuse, pour le repos de l'âme de sa mère nommée Burgondie et confirma les donations de Florus, son frère, qui s'était fait religieux au Bec. (Voir l'article EMALLEVILLE.)

A la même époque, on trouve son nom au bas de deux chartes de Robert, comte de Meulan, fils de Galeran.

Il fut condamné à une amende, en 1180, pour fausse clameur, et on le trouve, en 1198, au nombre des cautions de l'évêque de Lisieux. A cette date, les fiefs de la Poterie et de la Lecqueraye, réunis ensemble, payaient 10 livres par an au Trésor, comme fiefs du haubert.

« Matheus de Poteria reddit compotum de XL. libris pro falsa clamore. » (Stapleton, M. R., p. 88.)

« Matheus de Poteria reddit compotum « de 2 marc. et dimidia pro plegio epis- « copi Lexoviensis. In thesauro 19 s. et « debet 1 marc. 10 sol. sterlingorum. » (Rôles de 1198.)

Mathieu II de la Poterie confirme, en 1201, les donations faites par son père à l'abbaye du Bec. L'année suivante, le roi Jean, étant à Montfort-sur-Risle, lui fit rendre son fils qui était prisonnier, et peu après lui donna une terre confisquée sur un autre seigneur.

« Rex, etc... Simoni de Bovilla. Man- « damus vobis quod sine dilacione faciatis « habere dilecto et fideli nostro Matheo « de Poteria filium suum...

« Teste me ipso, apud Montem Fortem, « 23° die julii...

« Rex, etc... Willelmo de Pratellis. « Mandamus vobis quod habere faciatis « Matheo de Poteria terram quæ fuit Ri- « cardi de..., quia illam eidem Matheo « dedimus, nisi eam alii antea dederimus. « Teste Petro de Stokes, apud Montem « Fortem, 23 die... »

Lors de la conquête de la Normandie par les Français, Mathieu de la Poterie conserva son fief et ceux qu'il possédait à Lieurey et à Giverville.

Il est cité le premier comme devant le service d'un chevalier dans l'honneur de Montfort.

« Matheus de Poteria 1. militem. »

En 1215, Mathieu de la Poterie confirme les donations faites par ses prédécesseurs au Bec, savoir : 60 acres de terre à Lieurei ; la dîme de 2 moulins à Appeville et 2 vassaux avec leurs tenements à Fouvrent.

Mathieu III de la Poterie est cité dans un jugement rendu à l'Échiquier de Pâques, 1255. Il est dit, dans cet arrêt, que la dot d'Isabelle, fille de Robert Louvel, sera délivrée nonobstant l'engagement pris par le père envers Mathieu de la Poterie.

« Preceptum est quod maritagium Isabellis, filiæ Roberti Louvel, deliberetur, non obstante pactione quam fecit frater suus domino Matheo de Poteria. » (*Jugements de l'Échiquier*, par M. Léop. Delisle, n° 571.)

En 1255, Jeanne du Teil, veuve de Mathieu de la Poterie, donne à cette même abbaye 18 sols de rente à prendre sur Robert le Hardi, à cause d'un tenement à Appeville.

Mathieu de la Poterie IV° du nom, propriétaire d'un fief à Giverville (voir cet article), en fit hommage aux religieuses de Sainte-Catherine de Rouen. Dans le cours de l'année 1255, ce fief s'appelait aussi la Poterie. Lorsqu'il vend, en 1278, à l'abbaye du Bec le champ de la Londe, situé à Appeville, Mathieu, encore simple écuyer en 1255, prend le titre de chevalier et se qualifie seulement sous le nom de seigneur de la Lecqueraye. C'est qu'il n'était plus dès lors seigneur de la Poterie, devenue la propriété des Martel.

Cette famille Martel, originaire du pays de Caux, avait déjà des propriétés sur la Risle, en 1226. A cette date, Thomas et Etienne Martel, frères, abandonnèrent aux religieuses de Préaux la moitié des moulins du Pré, situés à Corneville. (*Archives de l'Eure*.)

Françoise Martel fut, vers ce temps, abbesse de Préaux.

En 1293, Richard et Guillaume Martel renoncèrent à toute prétention sur le patronage de Giverville, à la demande des religieux de Sainte-Catherine. On a dit plus haut qu'un petit fief relevant de la Poterie existait à Giverville. C'est sans doute comme seigneurs du fief principal que les frères Martel donnèrent leur renonciation.

En effet, lors de la rédaction du pouillé de Lisieux, vers 1350, les seigneurs et patrons de la Poterie-Mathieu sont Guillaume Martel et Jean de Mortemer.

Vers la fin de ce même siècle, Jean Martel était seigneur de la Poterie-Mathieu et de la Tillaye à Lieurel. Il avait, dit l'historien de la maison d'Harcourt, trois filles du nom de Jeanne, dont la première épousa Jean Pouchin, la seconde Pierre des Barres, la troisième Jean du Mesnil.

C'est une Jeanne Martel, fille aussi d'un Jean Martel, qui, buvant M. Canel, a porté la Poterie dans la maison de Livet, par son mariage avec Richard de Livet, seigneur de Bourneville. Ce dernier est connu pour avoir tué en duel un seigneur de l'Epinai. Enfermé dans les prisons de l'évêque de Paris parce que le duel n'avait pas été autorisé par la cour, il obtint sa grâce le 26 août 1389.

Georges de Livet, seigneur de la Poterie et de Bourneville, fut prisonnier des Anglais : sa femme et Richard de Malortie payèrent sa rançon. Il épousa Marguerite de la Brière, héritière de Condé-sur-Risle et la Tillaye.

Richard de Livet, II° du nom, fut seigneur de la Poterie, Condé, Bourneville, etc. Il se trouvait, le 3 septembre 1481, au mariage d'Etienne Vipart avec Guillemette de Barville. Peu de temps après, il épousa la sœur de cette dernière, nommée Gillette de Barville. Il eut, pour sa part de la succession de Constantin de Barville, son beau-frère, les terres de Frênes et d'Asnières. (Voir l'art. BARVILLE.)

Jean de Livet rendit aveu, en 1518, de la Poterie-Mathieu avec tous ses arrière-fiefs. (Voyez cet aveu, Arch. imp., P. 279, 2; cote cviii.)

Richard de Livet, III° du nom, était seigneur de la Poterie-Mathieu lorsqu'il épousa Marguerite de Bailleul, seigneur de Bailleul-la-Vallée et de Clères. Dans la suite, Richard hérita des trois quarts du fief de Bailleul.

Gilles de Livet fut ensuite seigneur de la Poterie, de Bailleul et de Clères. En 1534, il cédait à Hector et Guillaume, ses deux fils, les fiefs de Bailleul. Bientôt après, il les reprit en leur abandonnant la Poterie-Mathieu.

Bailleul et Clères furent décrétés en 1607, et achetés par Jean Ygou, seigneur de Bosc-Normand; mais la Poterie resta à la branche de Livet-Barville, qui la possède encore aujourd'hui. Du fief de haubert de la Poterie-Mathieu relevait le quart de haubert de la Lecqueraye, qui avait sous sa dépendance les fiefs de Bosc-Potier et de Bosc-Louvet.

Les seigneurs de la Poterie-Mathieu contestaient aux châtelains de Montfort la mouvance d'un autre fief de la Poterie, situé à Pont-Autou.

Le Ramier était un fief qui s'étendait sur Lieurel. En 1169, Pierre le Doyen, était seigneur.

Les archives de l'Eure possèdent le terrier de la Poterie-Mathieu.

« Ce précieux manuscrit commence par ces mots :

« Vechi la terre monsieur Jehan Martel, « chevalier, seigneur de la Poterie-Ma-« hieu, fait en l'an de grâsce mil ccc lxxii, « le jeudi après la saint Mahieu.

« Premièrement, le fieu de la Poterie-« Mahieu, tenu par foy et par hommaige « de monseigneur le roy de Navarre, et « par xv libvres de relief, quand il eschiet, « et xl jours de service aux chastian de « Montfort en temps des guerres du duc « de Normandie, quand il eschieut ou les « autres seigneurs, et s'estent le dit fieu « en x paroisses, c'est assavoir : en la « Poterie-Mahieu, en Saint-Georges-de-« Vièvre, en Saint-Estienne-de-Lalier, « en Saint-Pierre-des-Yfs, en Saint-Phil-« bert-sur-Risle, au Pont-Authou, à « Malleville-sur-le-Bec, à Notre-Dame-« d'Espines, à Giverville, à Saint-Georges-« du-Mesnil.

« Premièrement, la parroisse de la « Poterie-Mahieu, la donnoison du pa-« tronnage de l'église de Saint-Pierre de « la Poterie, la mote entour son enclos, « la cort et... qui est devant, entre le « chymetière et les aumosnes, les ii gar-« dines qui sont entre le chymetière d'un « costé, et d'autre au vivier, et d'un « bout aus motes et au neuf gardin. Le « neuf gardin qui est entre les aumosnes « de la Poterie d'un costé, et d'autre « un boys appelé le Boys de la Forest... »

M. l'abbé Caresme a fourni pour cet article de précieuses notes.

Dépendances : — les Belles-Epines ; — la Biglerie ; — la Gardinerie ; — la Griserie ; — la Haute-Vole ; — les Heuttes ; — le Moulin ; — la Morinerie ; — les Pelcats ; — le Ramier ; — Rouland ; — la Ruine ; — les Tilleuls ; — la Croix ; — la Houssaye ; — le Mont-Chalon ; — la Penerie.

Cf. Canel, *Essai sur l'arrondissement de Pont-Audemer*, t. II, p. 332.

Toussaint Duplessis, t. II, p. 761.

PRÉAUX (LES).

Voyez les articles NOTRE-DAME-DE-PRÉAUX et SAINT-MICHEL-DE-PRÉAUX.

Ces deux communes ont été réunies en 1811.

PRESSAGNY-L'ORGUEILLEUX.

Arrond. des Andelys. — Cant. d'Écos.
Sur la Seine.

Patr. S. Martin. — Prés. l'abbé de Bernai.

La charte suivante donne à Pressagni une origine mérovingienne. Il n'est pas douteux que la charte de Wandemir ne mentionne notre Pressagni : « villa « vestra cui vocabulum est Prisciniacus, « quæ est in pago Vilgasino super alveum « Sigona... Actum Prisiniaco, villa pu-« blica... » (*Charte de Wandemir et d'Ercomberte*, 719.)

Dans la charte de Charles le Chauve en faveur de Saint-Ouen de Rouen, on trouve parmi les biens de cette abbaye le domaine de Pressagni : « Prisciniacus.... » (876.)

On a pensé que ce lieu était surnommé l'*Orgueilleux* pour le distinguer de Notre-Dame-de-l'Isle, autrefois appelée Pressagni-l'Isle.

Cependant, nous avons déjà émis à l'article BAILLEUL une autre conjecture. Nous avons dit que le Goulet n'était pas autre chose que le « Portus Orgul, » cité dans une charte de Drogon, contemporain du duc Richard II. D'*Orgul* on aura fait *Orguletum*, puis, négligé la première syllabe *Guletum*. C'est de ce lieu que sera venu le surnom de *Pressagni-l'Orgueilleux*, situé précisément en face du Goulet.

Vers 1180, Richard de Vernon concéda à Saint-Wandrille la terre et les vignes données par Durand « de Prisigni ». (*Cart. de Saint-Wandr.*, p. 175.)

En 1208, Richard, chevalier, fils de Simon de Saint-Gilles, donne à l'abbaye de Saint-Taurin les deux tiers de la dîme des fruits de son clos de Pressagni :

« Notum sit universis fidelibus, tam « presentibus quam futuris, quod ego Ri-« cardus, miles, Simonis filius de San-« cto Egidio, concessi et confirmavi Deo « et Sancto Taurino Ebroicensi et mona-« chis ibidem Deo servientibus, duas par-« tes decime omnium fructuum clausi mei « de Priscigneyo, tam in vino quam in « aliis fructibus, quia bene novi quod « antecessores mei jamdudum concesse-« rant decimas prefatas predictis mona-« chis, ut quiete et pacifice annuatim ha-« beant et a cultore qui hereditario jur-« clausum debet possidere absque omni « molestia et contradictione recipiant. « Predictus vero cultor debet nunciare « monachis sive eorum servientibus apud

« Longamvillam tempor» fructuum ut
« pro decimis prefatis veniant cum præ-
« parate fuerint, et eis tradere debet. Ut
« autem hoc ratum et inconcussum reser-
« vetur usque in æternum, presens scrip-
« tum impressione sigilli mei roborari.
« Actum est hoc apud Ebroas, anno incar-
« nati Verbi millesimo ducentesimo oc-
« tavo. Teste universitate capituli Sancti
« Taurini, primi Ebroicensis episcopi, et
« aliis pluribus : magistro Willelmo, ca-
« pellano usque de Kisincio; Johanne de Beron;
« Petro de Buelot; Luca, clerico; Thoma
« de Longavilla; Radulfo Cinericio; Tho-
« ma, filio ejusdem R., militis. » (*Petit
Cart. de Saint-Taurin*, p. 68.)

Le pouillé d'Eudes Rigaud contient la
mention suivante : « Ecclesia Sancti Mar-
« tini de Presseio Superbo, Abbas de Ber-
« neio patronus. Habet LXVI. parrochia-
« nos; valet XV. libras Turonensium. »

En 1270 et 1285, vignes à Pressagni-
l'Orgueilleux. (*Ordonn.*, t. XIV, p. 356.
— A. S. I., *Beaubec*.)

« Pierre de Jeucourt, dit Compaignon,
« a acoustumé prendre ès dictes forests, à
« cause de deux manoirs, l'un assis à
« Pressegnigy-l'Orgueilleux, et l'autre à
« Pressegny-le-Val, boys pour édifier
« et pour ardoir par livrée du verdier,
« franc pasnage et pasturage pour ses bes-
« tes, hors tailles et deffens, reservé le
« mois deffendu quant ès pors, et pour
« ce, est tenu faire au roy, pour chacun
« des dis manoirs, XII deniers par an, au
« terme de Noël. (*Usages et Coutumes des
forêts de Normandie*, fº 27 rº.)

« Le curé de Pressagni-l'Orgueilleux
« prent en la forest de Vernon, à cause
« de son bénéfice, son ardoir par careste
« et par livrée du verdier, et de rente au
« roy nostre seigneur XII deniers, au
« terme de Noël. (*H.*, fº 27 vº.)

« Les habitans et hameneaux (sic) de
« Pressegnis, nommé les Petis-Franz,
« ont coustume, en la forest de Vernon
« et d'Andeli, les coustumes qui ensui-
« vent, c'est assavoir : le vert en gesant,
« le sec en estant, hors caable; un bois
« par escarie, par livrée du verdier ou de
« son lieutenant; mort bois hors tailles et
« deffens, et du vif, par l'amende sans
« forfaiture; pasturage à toutes leurz
« bestez, hors la chieuvre, franc de pas-
« nage et de recours de pasnage; et de
« ce sont tenus paier au roy nostre sire,
« chacun an, III deniers parisis pour chas-
« cune masure, au terme de Noël, et faire
« les huez chasque fois que le roy chasse
« ou fait chassier. » (*H.*, fº 31.)

En juillet 1454, aveu « du fief de Pres-
« saigni-l'Orgueilleux, Pressaigni-le-Val

« et Pressaigni-l'Isle », par Adam de la
Roe et Guillaume de Boisgerard. En 1403,
Pierre de Villaines et de Tourni; en 1419,
Jean de Chartres; en 1555, Jacques le
Coq, à cause de Jeanne de Chintrai, sa
femme.

Toussaint Duplessis dit que ce lieu est
nommé seulement Préssi dans le pouillé
d'Eudes Rigaud, et que le prieuré, devenu bénéfice simple, était, ainsi que la
cure, à la nomination de l'abbaye de Bernai. (T. II, p. 706.)

Il dit aussi, même tome, p. 251, que le
prieuré de la Madeleine, dépendant de
l'abbaye de Tiron, a été fondé par saint
Adjutor, et que l'église actuelle de ce
prieuré, rebâtie après les guerres du
XIVᵉ siècle, fut dédiée le 22 juillet 1466.

L'église, à clocher central, a un portail
et une nef insignifiants. Point de croisée;
bas-côté à gauche, terminé en 1637, d'a-
près une inscription à la clef d'une voûte.
On y voit sur une vitre un *écusson de
gueules à la croix de vair*. A une clef :
*d'azur, aux deux palmes d'argent adossées,
accompagnées d'un croissant en chef
et de 5 croisettes en orle, le tout d'argent*.
Enfin, sur une autre clef, *trois croissants*.
La base du clocher est à ogives.

La maison d'habitation contiguë au
prieuré de la Madeleine a été habitée par
Casimir Delavigne.

Dépendance : — la Madeleine.

Sur le prieuré de la Madeleine, consultez la *Vie et
l'Office de saint Adjutor* par Jean Theroude, ornés
de trois planches gravées par Louis de Merval, pré-
cédés d'une introduction par R. Bordeaux. (Publication de la Société des Bibliophiles normands.)

PREY.

Arrond. d'Evreux. — Cant. de Saint-André.

Patr. Notre-Dame. — Prés. le seigneur.

1207. Dans une charte en faveur de
Saint-Taurin, on trouve parmi les témoins : « domino Georgio de Perei, milite. »

1225. « Ego, Galterus de Pereio, mi-
« les... Georgius pater meus, miles. »
(Fragment du *Cart. de la Noë*, ch. XXXV.)

1229. « Universis Christi fidelibus præ-
« sens scriptum inspecturis, Ricardus, Dei
« gratia Ebroicensis episcopus, salutem in
« Domino. Quoniam ex injuncto nobis offi-
« cio subditorum nostrorum et precipue
« religiosorum tenemur utilitatibus provi-
« dere, nos elemosinam illam quam Le-
« gardis et sorores suæ dederunt monachis
« de Noa, videlicet decimam totius feodi

« illius quod dicta Legardis et sorores suo
« tenebant apud Pereium, approbantes et
« ratam et gratam habentes, eam auctori-
« tate pontificali prenominatis monachis
« in perpetuum possidendam confirma-
« mus, et in nostre confirmationis testi-
« monium et robur perpetuum, presenti
« pagine sigillum nostrum fecimus appo-
« ni. Actum anno Domini, x°, c°, xxix°
« mense martio. » (Orig., Arch. de l'Eure.)

 « Sciant presentes et futuri quod ego
« Georgius Neel et Eustachia, uxor mea, et
« filii mei concessimus et dedimus Deo et
« Beato Taurino et fratribus ibidem Deo
« servientibus duos modios annone in
« perpetuam elemosynam, scilicet in deci-
« ma nostra que erat in dominio nostro
« apud Perei, pro redemptione animarum
« nostrarum et filiorum nostrorum et pa-
« trum nostrorum et predecessorum nos-
« trorum, ea scilicet conditione quod unus
« predictorum monachorum quem ego
« eligero, vel heres meus post decessum
« meum, celebrabit singulis diebus in per-
« petuum unam missam pro animabus
« predictorum benefactorum et omnium
« fidelium defunctorum ad altare Beate
« Marie quod est in ecclesia Sancti Tau-
« rini. Preterea confirmamus et ratam ha-
« bemus donationem decime de feodo
« nostro apud Misere, quam fecit Rober-
« tus Neel, predecessor noster, ecclesie
« Sancti Taurini. Testibus : magistro Ri-
« cardo sacerdote et canonico Beate Marie,
« et Roberto Mansel clerico suo, et Ro-
« berto Neel, et Radulfo Harenc, et Hu-
« berto preposito de Aprileio, et Roberto
« de Sabloiel, et Ricardo de Garenceres,
« et pluribus aliis. » (Cart. de Saint-Taurin, fol. 136.)

1261. « Johannes, dominus de Perreyo,
miles, » était obligé de rendre au chapitre
d'Evreux trois setiers de blé, « in granchia sua de Perejo, » à raison d'un certain moulin que ses ancêtres avaient possédé à Evreux.

25 septembre 1401. « Noble homme
« Johan de Maillot, escuier, seigneur du
« lieu, a vendu à Johan Allaire la tonture
« et levée d'une tasse de bois contenant
« xvii acres, séant en la parroisse de Perey,
« en lieu dit Lessée Rog., entre monsieur
« de Garenchières, d'une part, et le fié du
« Parc d'autre. »

Voyez les aveux publiés aux articles
BAUDEMONT et GARENCIÈRES.

Dans les Usages et coutumes des forêts
de Normandie, on lit, fol. 160 v° : « Ro-
« bert de Marcouville, escuier, en la fo-
« rest de Méré, deppendantes de celle de
« Pacy, à cause du franc fieu, assis en la
« parroisse des Prés. » Conférez les Droits

des habitants de Prey dans la forêt de Méré,
fol. 163 v°.)

Le dimanche 25 du mois de juin 1814,
M. Toussaint Varin, évêque de Thessalonique, avec la permission de MM. les vicaires généraux de M. Ambroise Le Veneur, évêque d'Evreux, a fait la dédicace
de l'église de Notre-Dame de Prei, a consacré six autels dans ladite église et fait la
bénédiction du cimetière. (Pouillé d'E-
vreux.)

Dépendances : — Ignolles ; — la Bri-
quetelle ; — l'Empire.

PROVEMONT.

Arrond. des Andelys. — Cant. d'Etrépagny.
Sur le Bordé.

Patr. S. Sulpice ou S. Martin. — Prés.
le seigneur.

L'origine du nom de Provemont est
fort obscure.

Dans le pouillé d'Eudes Rigaud, on lit :
« Ecclesia Sancti Sulpicii de Presbiteri-
« monte. Johannes de Clara, miles, patro-
« nus. Habet L. parrochianos. Valet xxx.
« libras Parisiensium. » Ainsi Provemont,
doit signifier « Presbiteri Mons » ; la Colline du Prêtre. Dans le pouillé de Raoul
Roussel : « Probatus Mons. » Ce qui ne
signifie rien.

Le fief de Provemont était un plein fief
de haubert relevant du marquisat de
Clères et avait droit de présenter à la cure.

Toussaint Duplessis place sur le territoire de Provemont la chapelle de Notre-
Dame-de-Consolation ; elle aurait été fondée, le 6 avril 1667, par Madeleine de
Lycée, veuve du sieur de la Calprenède.
Suivant un aveu de 1678, le fief de Vatimesnil avait droit de présentation.

Au moment de la Révolution, le monastère de Saint-Léger-de-Préaux était propriétaire à Provemont.

Dépendance : — Fissancourt.

Cf. Toussaint Duplessis, t. II, p. 706.

PUCHAY.

Arrond. des Andelys. — Cant. d'Etrépagny.

Patr. la Ste Vierge et S. Julien. — Prés.
l'abbé de Saint-Amand.

Ce nom peut venir du verbe puiser,
dont la forme populaire est en Normandie

pucher. Ce n'est pas seulement dans les puits, mais encore dans les mares que l'on puche de l'eau, et il n'est point de mares qui ne soit pourvu de son puchot. Le puchoi est le lieu destiné à cette opération ou au lavage du linge. Puchoi peut donc être un lieu pourvu de puits, un lieu où l'on puise de l'eau.

Les droits de l'abbaye de Saint-Amand, à Puchai remontent à l'époque de Guillaume le Conquérant :

« Guillelmus de Clivilla Sancto Amando « dedit quartam partem de Pucei, pro filia « sua Mathilde. Robertus autem, frater « ejus, alteram quartam partem cum ec- « clesia ipsius villæ, et quæ pertinent ad « ecclesiam. Harum donationum confir- « mationem fecit Willelmus comes et dux « Normannorum. Signum ejus. † »

Il est certain qu'à la fin du XIIe siècle l'abbaye de Saint-Amand possédait l'église de Puchai.

Dans la charte de Robert, comte de Leicester, relative au patronage de Rugles, on trouve « Robertus de Puseaio » parmi les témoins. Est-ce de notre Puchal qu'il s'agit ? — Cela est fort douteux.

1215. Acte de vente de 2 acres de terre à Pochai par Simon « de Puchelo. »

1221. « Notum sit universis presentibus « ac futuris quod ego Lambertos filius « Garneri dedi et concessi Deo et ecclesie « Sancti Amandi Rothomagensis... dimi- « diam acram terre apud Puchium... in- « ter corveias domini Ingeranni de Sau- « ceio, ex una parte, et viam qua gentes « pergunt ad Boscum... Actum anno Do- « mini millesimo ducentesimo vigesimo « primo. »

1224. « Sciant omnes presentes et futuri « quod ego Baudri, filius Engelardi, con- « cessi et omnino relatavi abbatisse et « conventui Sancti Amandi Rothomagen- « sis relevationes et auxilia et tallias do- « mini regis que ego reclamabam super « ipsam abbatissam de terra sua de Pu- « cheio, quam predicta abbatissa et monia- « les tenent de feodo meo in eadem villa de « Pucheio, pro octo solidis Turonensium. « Actum anno gratie millesimo ducente- « simo vigesimo quarto. »

1225. « Sciant omnes presentes et futuri « quod ego Guillebertus filius Vuimont et « ego Petrus filius Renoudi relavavimus « et quietum clamavimus in puram et « perpetuam elemosinam ecclesie Sancti « Amandi et monialibus ibidem Deo ser- « vientibus... totum illud jus quod nos « clamabamus et habere poteramus in « dicta abbatia et in manerio suo de Pu- « cheio propter terram de La Coale... « Actum anno gratie millesimo ducentesi- « mo vigesimo quinto, mense junii, in « crastino Sancti Johannis Baptiste. »

On lit dans le pouillé d'Eudes Rigaud : « Ecclesia de Pucheio. Valet xii libras « Turonensium : Parrochianos 2. Rober- « tus, qui nunc est presbyter, presentatus « fuit ab abbatissa Sancti Amandi Rotho- « magensis, et receptus a domino R. »

Suivant un aveu du 18 juin 1671, le monastère de Saint-Amand avait un fief à Puchai avec le patronage de la cure, et les pouillés sont conformes à cet aveu. Cependant, selon un autre aveu du 21 janvier 1620, le fief de Puchai formait le quart de la baronnie de Caillé et avait droit de présenter à la cure de Puchai, alternativement avec l'abbaye de Saint-Amand. Enfin, suivant un dernier aveu du 15 février 1718, les religieuses de Saint-Louis de Poissy ont le patronage alternatif parce qu'elles possèdent ce quart de baronnie.

Sur le territoire de Puchai, il y avait, au hameau de Goupillières, une chapelle dédiée à saint Martin. Elle était, suivant le pouillé de Rouen de l'an 1738, à la présentation du seigneur de Puchai.

La pièce suivante ne laisse pas que d'avoir une certaine importance pour l'histoire de Puchai :

« A tous ceus qui ces lettres verront, « Jehan de Hengueville, guarde du séel « de la chastelerie de Lyons, salut. Comme « Pierres d'Aubegny, de Puchoy, fust tenu « et obligié à Thoumas Hérout, vicomte « de Gysors, en une grant somme d'ar- « gent, pour cause d'un marchié de bois « de caable des bois le roy en la forest de « Lyons, avesques autres personnes obli- « giés avesques ledit Pierres, et par lettre « de baillie fete sur ceu, et l'on ne peust « pas trouver à present des biens mobi- « liers au dit Pierres, de quoy satisfacion « peust estre faite au dit vicomte en tout « ne en partie, sachent tous que par de- « vant nous fust present Jehan Walemin, « sergiant de Lyons, qui recongnut et « tesmoingna que, pour ce que il n'avoit « pas trové des biens moebles dessus dits, « il avoit fet priser des héritages dudit « Pierres par bonnes gens dignes de foy « dont les nons ensuivent, c'est assavoir : « Lorens l'Aubert, Tiery le Bouchier, « Guillot le Caronnet, Jehan Ybert, Lecar « Poncier, Jehannot Ybert, Jehan de Fre- « nelles, Symon de la Mare, Henry le Pin, « Ytasse de Basqueville, Guillaume l'Au- « bert, Pierres de Basqueville et Gautier « Assilles; les quiex prisièrent par leurs « serements, en la présence dudit Jehan « Walemin, une maisure et le guardin « avesques les édifices, si comme il se

« pourportent, assis en la parroisse de Pu-
« choy, à quarante sous tournois de rente
« chascun an touz frans, le quel manoir
« et guardin doivent six boissaux et de-
« my d'aveyne au roy, et quatre guarbes
« et une gueline de farnage deus au roy
« nostre sire as termes acoustumés ; et
« est tenu de l'abbesse de Préaux par dix
« deniers et maaille de rente. Item, une
« acre de terre qui joint d'un costé audit
« manoir, et de l'autre costé à Lorens
« l'Aubert, à vint et deus sous tournois
« de rente frans, la quele terre ledit ma-
« noir et le guardin aquitent chascun an
« par la rente dessus nommée. Item, une
« vergiée de terre tendant d'un costé à
« Laurens l'Aubert, prisiée à chinc sous
« tournois de rente frans, tenue de l'ab-
« besse de Préaus par le campart. Item,
« demye acre de terre, tendant d'un costé
« à Symon de Manssegny, escuyer, prisié
« noef sous tournois par an frans, tenue
« du dit sieur Symon de Manssegny par
« un capon chascun an à Noel. Item, une
« acre de terre, tenant d'un costé à l'ab-
« besse et au couvent de Saint-Amand de
« Rouans, et de l'autre costé à Guillaume
« d'Aubigny, prisiée quatorze sous tour-
« nois de rente chascun an frans, tenue de
« la dite abbesse et couvent par le cam-
« part et par deus sous six deniers de
« rente pour toutes autres choses. Item,
« demye acre et douze perques de terre
« tenant d'un costé à Robert le Marchiant
« et d'autre à Guillaume Langlois, prisiée
« chinc sous tournois de rente frans cha-
« scun an, tenue de Symon de Manssegny,
« escuyer, à campart et par un boissel
« d'aveyne de rente au dit Symon à la
« Saint-Michiel. Item, serante perques de
« terre, tenans d'un costé au dit Symon
« de Manssegny, et d'autre à Guillaume le
« Caronnet, prisiée chinc sous tournois de
« rente frans par an, tenue de l'abbesse
« et du couvent de Préaus par le campart
« tant seulement. Somme du prit dessus
« dit cent sous tournois de rente par an
« frans et quites. Les queles personnes
« dessus dites jurerent sur saintes Evan-
« giles que il avoient prisié les choses
« dessus dites bien et loyalement, et que
« pour tant les prendroient se il en avoient
« le povair, et par tant les dérenterent se le
« cas s'y offrist, le dit Pierres d'Aubigny
« présent, qui n'y mist nul débat, lequel
« pris ainsy fet doit tourner en demain-
« gue devers le roy nostre sire à touz
« jours mès perpetuelement, en desti-
« chant ledit viconte de la value de la
« somme du prit dessus dit, et en tenant
« lieu au dit Pierres d'Aubigny en aba-
« tant et en appetichant de sa debte, sans

« ceu que le dit viconte ne renonche de
« riens as autres personnes obligiez pour
« ce avesques; le dit Pierres, que il ne
« puisse fere esploiter sus eus, tant des
« moebles comme des héritages, tant que
« plaine satisfacion soit fete de toute la
« dete, enterrignement ; sans nul débat
« que il puissent metre. En tesmoing de
« ceu, nous avons mis aus letres le seel de
« la chastelerie de Lyons, sauf autruy
« droit. Donné l'an de grasce mil trois
« cent vingt sept, le lundy après Pasques
« fleuries. » (Arch. de l'Emp., Trésor des
Chartes, J. 217. N° 9.)

Le Dictionnaire des anciens aveux de
Normandie de Brussel (Arch. de l'Emp.,
P. 25) contient les mentions suivantes :

« Puchez ou Puchés mouvant de Lyons,
« bailliage de Gisors. Souffrance d'hom-
« mage, le 25 janvier 1582, à Pierre Les-
« champs dit d'Esneval, prêtre, héritier
« de Robert Leschamps, son frère. —
« Hommage, le 29 juin 1554, par Pierre
« Leschamps, dit d'Esneval, prêtre. —
« Autre, en novembre 1576, par Henri de
« Boullart, écuyer.

« Puchay, seigneurie en la châtellenie
« de Lyons, dépendant du temporel, de
« l'abbaye de Saint-Léger de Préaux. Ser-
« ment de fidélité, le 22 mars 1498, pour
« ce fief par l'abbesse.

« Puchay, seigneurie en la forêt de
« Lyons. Dénombrement d'icelle donné,
« en juillet 1509, par l'abbesse de Saint-
« Léger de Préaux. »

Les religieuses de Poissi possédaient, au
XVIII° siècle, la seigneurie, avec droit de
haute justice.

Dans le fonds des Dominicaines de
Poissi, qui se trouve aux Archives de
Seine-et-Oise, se trouve un cartulaire de
Puchai en papier, fait au XVIII° siècle. Ce
cartulaire fournit sur Puchai des rensei-
gnements assez curieux :

Page 1. — Décembre 1311. Philippe le
Bel, roi de France, cède à Alain de Mansegni : « de Mansegniaco, » chevalier,
toutes les rentes qu'il avait au lieu de Puchai, et reçoit en contre-échange la seigneurie et la justice du fief d'Ecouis,
qu'Enguerrand de Marigni tenait dudit
Alain de Mansegni.

P. 2. — 1293, à la saint Denis. Alain
de Mansegni, seigneur du Thil, remet à
Jean et à Guillaume Pirelai un service
qu'ils lui devaient à cause de plusieurs
pièces de terre, pour 5 sols 6 deniers de
rente.

1577, 29 avril. Les commissaires du
conseil adjugent à François de Fumechon,
sieur de Gargenville, 30 acres et demie de

terre, sises à Puchai, et appartenant aux dames de Saint-Amand de Rouen.

P. 3. — 1602, 24 mai. Le seigneur de Puchai paie au roi 45 écus 20 sols, pour la jouissance de 26 acres de terre au triège de la Chesnaie.

1613, 7 mai. — Quittance de 224 livres payées par le sieur du Plessis, mari de la dame de Fumechon, pour la confirmation des biens achetés à Puchai et provenant de Saint-Amand de Rouen.

P. 5. — 1653, 13 octobre. Vente du fief et seigneurie de Puchai, en partie par Claude du Bosc, sieur du Finai, et par Adrien du Bosc, sieur de Coqueréaumont, à François de Remond, seigneur et baron de Puchai, ledit fief provenant de François du Houx, sieur du Plessis, et de la dame de Fumechon.

P. 7. — 1655, 15 février. Samuel Hareville vend à François de Remond la troisième partie de la terre de Puchai.

P. 9. — 1657, 7 mars. — François de Remond vend aux dames de Poissi la terre de Puchai et le fief de Saint-Léger pour 90,000 livres tournois.

P. 17. — 1657, 10 mai. Les dames de Poissi paient à Saint-Amand de Rouen la somme de 3,000 livres pour le treizième et droits d'indemnités à elle dus.

P. 21. — Le fief de Saint-Léger, sis à Puchai, appartenait aux religieuses de Préaux.

Le 17 août 1585, elles le donnent à cens et à rente à Jean Maximilien de Limoge, sieur de Noyon, pour 26 écus deux tiers de rente (réduits à 80 livres).

1586, 10 avril. Le sieur de Noyon déclare que cette acquisition est pour le sieur de Brégentville.

P. 28 à 91. — Le cartulaire contient des extraits, des aveux et des actes de foi et hommage rendus par les seigneurs de Puchai.

Le seigneur avait droit :

1° D. justice basse et moyenne, de relief, de treizième.

2° Droit de présenter, alternativement avec l'abbaye de Saint-Amand de Rouen, à la cure et l'église de Puchai. A la p. 189, par une sentence des requêtes du Palais, à Rouen, 4 février 1585, l'abbesse de Saint-Amand est seule maintenue dans ce droit;

3° Droit de pourvoir à l'école de Puchai;

4° Droit de prendre, dans la forêt de Lions, tous les bois nécessaires pour les bâtiments et son chauffage, avec le droit de pasnage et de pâturage.

5° Droit de chasse dans la forêt, à cor et à cri, avec la faculté d'y prendre quatre cerfs et autant de sangliers par chacun an.

P. 31-33. — Trente-quatre fiefs mouvants de la seigneurie (suivent les noms). (Aveu du 2 avril 1535 rendu au roi par Robert de Mauvil, sieur de Puchai.)

P. 33. — Puchai relevait de la vicomté de Gisors.

P. 80. — Aveu par les dames de Poissi au marquis du Thil des terres qu'elles possèdent dans sa censive (7 juin 1697).

P. 81. — Déclaration à l'abbaye de Saint-Amand de Rouen des terres que les dames de Poissi possèdent dans leur censive.

P. 103. — Domaines acquis du roi, à Puchai, par les dames de Poissi (1657, 17 août); acquisition de 263 arpents de bois détachés de la forêt de Lions.

P. 271. — Le 5 novembre 1663, le lieutenant général de Lions condamne à 20 livres d'amende envers le roi et 50 livres de dommages et intérêts Guillaume Rousselet dit d'Orléans et Nicolas du Perche, son domestique, qui, un dimanche et au moment de célébrer la grande messe, avaient arraché avec violence, du chœur de l'église de Puchai, le banc appartenant aux dames de Poissi, baronnes dudit lieu.

P. 178. — Procès entre les dames de Poissi et M™ de Bussi, veuve du sieur de Remond, au sujet de l'acquisition de Puchai.

P. 209. — Procès entre les dames de Poissi et le marquis du Thil qui prétendait avoir droit de chasse dans les bois de Puchai.

Dépendances : — les Basses-Landes; — les Borlins; — les Brissets; — les Chambrais; — la Chesnaie; — Goupillière; — les Hautes-Landes; — les Monis; — le Petit-Coudrai; — les Ricouards; — Amfreville; — les Arpents; — le Clos; — Saint-Mathurin (chapelle).

Cf. Toussaint-Duplessis, t. II, p. 707.

PULLAY.

Arrond. d'Evreux. — Cant. de Verneuil.

Patr. S. Gervais et S. Protais — Prés. l'abbé de Saint-Père.

On trouve dans du Cange une citation de plusieurs passages de chartes et entre autres d'une charte de Henri II en faveur de Betnai, ainsi conçue : « Et in aliis mo-« lendinis et Pulliis, et unam Pullam quæ « vocatur Waysters. »

Une charte du pape Honorius II, vers 1127, mentionne l'église de Pullai :

« ... In episcopatu Ebroicensi ecclesiam « de Bello Loco, ecclesiam Sancti Christo« fori, ecclesiam de Camziaco, ecclesiam « de Illeiis, ecclesiam Sancti Georgii, ec« clesiam de Purlaico... »

« Ernaldus de Bosco... et clamat regi « quietam terram suam de Peilli, quæ est « infra castellariam de Vernolio. » (*Pape-Roll.*, I; p. 38.)

Dans une charte de Rotrou, évêque d'Evreux, en faveur de Saint-Père de Chartres, on trouve parmi les témoins « Robertus de Prulaio ».

« Noverint omnes presentes et futuri « quod Radulfus Foardus, ad monacha« tum veniens, nobis monachis scilicet « S. Petri Carnotensis, dedit ecclesiam de « Prulliaco et decimas ejusdem ecclesie, « simulque terram unius aratri. Istud do« num Galterius, ejusdem Radulfi filius, « concessit et donum suo donum patris con« firmavit: et ut nos tanto firmius quanto « justius res ipsas possideremus, in manu « domini Audoeni, Ebroicensis episcopi, « guerpivit, qui etiam inde nos revestivit. « Junior autem frater ejusdem Galterii, « Richardus clericus, non tamen de matri« monio natus, qui tunc temporis aberat, « elemosinam istam quando venit calum« pniatus est. Ipsa autem calumpnia tan« dem post multa placita sic terminata est. « Decretum est enim ut in capitulum no« strum veniret. Et venit et de injusta « calumpnia sicut erat justum, in manu « domni Udonis abbatis jus fecit, et donum « quod fecerant pater suus et frater ipse « etiam concessit. Tunc placuit capitulo « pro misericordia eumdem clericum de « omnium rerum medietate que ad ipsam « ecclesiam pertinerent, quoad ipse vive« ret, revestire. Ipse vero clericus quic« quid acquireret medietatem in vita sua « et post decessum suum quicquid adqui« sisset, tam in rebus ad ecclesiam perti« nentibus, quam in aliis suis rebus et « possessionibus, omnia nos concessit ha« bere. Si autem quandoque ad monacha« tum venire voluerit, recipiemus cum. « Hujus partionis testes sunt domnus Au« doenus, Ebroicensis episcopus, ante cu« jus presentiam hec acta sunt, Radulfus « archidiaconus de Warlenvilla, Herber« tus de Escublaio, magister Radulphus « scolaris et canonicus, Ernaudus de Mar« neriis canonicus, Radulfus Cantelzem« nicus, Hanerus de Bajocis frater episcopi, « Radulfus de Guarenbouvilla, Fulco de « Porta, Gauterius de Alleio presbyter, « Conanus monachus, Richardus Foardus

« cum quo hec pactio, Garinus de Sum« mera... »

Je pense que ce « Prulliacum » est notre Pullai.

1303. « Guillaume Courteheuse, baillif « de Gisors... Comme contens fut entre « l'abé et le couvent de Saint-Père de « Chartres, d'une part, et Mme Agnès, « dame de Chesnebrun, déguerpie mon« seigneur Jehan de la Roche, de l'autre, « sus le droit du patronnage de l'église de « Saint-Gervèse de Pullay, ou diocèse de « Evreux, l'an 1303..., la dite dame re« connoist que le droit au dit patronnage « apartient aux dits religieux. »

En 1486, l'abbaye du Bec fieffa ses droits sur certains héritages et tenements nommés la Franchoisière, situés en la paroisse de Pullai, près Verneuil.

Le fief de la Roche avait été acheté, en 1733, par M. Desperrois qui acquit une charge de secrétaire du roi en 1727. Le même acheta en même temps le fief du Sapin. Le Bois-Guillot était un huitième de fief qui avait appartenu à l'abbaye de Lire, qui l'aliéna à M. Jean de Laval, seigneur de Tortigni. Charles de Laval, seigneur de la Traigne, le possédait en 1670. Il passa à M. Deyors de Fribois.

Il y avait une extension du fief de Goornai-le-Guérin, appartenant à la maison de Laval. Une partie de cette paroisse était dans la livrée et bourgoisie de Verneuil et jouissait des mêmes priviléges.

Dépendances : — Ballivienne ; — les Bouleaux ; — la Chabotière ; — Chalvigni ; — la Fauvellière ; — la Maison-Bricoult ; — la Patinière ; — la Roche ; — la Françaisière ; — Lambergerie ; — la Pannetière.

PUTHERATE (LA).

Arrond. de Bernai. — Cant. de Beaumont.

Patr. S. Aubin. — Prés. l'abbé de Conches.

Nous aimons bien mieux tirer ce nom de quelque dérivé de *puteus*, comme l'adjectif *puteanus*, que de le tirer du mot grossier de *putain*, quoique ce mot fut très-familier même aux personnages les plus distingués du moyen âge. Ainsi Henri Ier ne se faisait aucune difficulté de donner à un retranchement le nom de *Mala Puterum* pour exhaler son ressentiment contre une grande dame (Hadvise, comtesse d'Aumale), avec laquelle il était en guerre, en 1119. On peut juger, par là, de la délicatesse du langage et des mœurs de cette époque.

« ... Et in loco qui Vetus Rothoma-
« gus dicitur, castrum condere cœpit quod
« Mala Putenam, id est devincens mere-
« tricem, pro despectu Iladvissæ comitis-
« sæ nuncupavit... »

Dans la Charte de Henri II pour l'abbaye de Conches, on lit :

« Iterum sciendum est quod Gillebertus
« de Clara dedit Sancto Petro ecclesiam
« et decimam et terram Rogerii capellani
« in villa quæ Putencia dicitur, annuente
« Radulpho de Tostoneio cujus feosi erat. »

Dans les *Grands rôles de l'Échiquier de
Normandie* : « Henricus de la Puteneie
x. solidos pro falso clamore. » (Staplet.,
M. R. Sc. N., p. 315)

1217. « Notum sit omnibus ad quos
« presens scriptum pervenerit, quod ego
« Goulertus, filius Martini pretoris de Pu-
« teneio, tradidi fratribus Templi commo-
« rantibus apud Sanctum Stephanum duas
« acras terre juxta campum Chanceverie,
« quando accepi fratrum Templi societatem
« et ordinem, pro decem libris Turonen-
« sium quas predicti fratres dederunt ad
« emendum mihi vestituram, tali condi-
« tione aposita quod predicti fratres prae-
« nominati terram tenebant... Actum
« est anno Domini millesimo ducentesimo
« decimo septimo, apud Sanctum Stepha-
« num. »

1217. Autre charte du même. Il est fait
mention de diverses pièces de terre :
« spine de Croderel... des Pesteles... apud
« Caddidam Marmeriam. »

1236. « Notum sit tam presentibus
« quam futuris, quod ego Galterus de Gom-
« pillieres, assensu et bona voluntate mea
« et heredum meorum, vendidi et conces-
« si... fratribus militie Templi apud
« Sanctum Stephanum commorantibus
« medietatem cujusdam atusgii... sitam
« in parochia de la Put'naie... Actum
« est hoc anno gratie millesimo ducente-
« simo trigesimo quarto, mense novem-
« bri. »

1234. « Notum sit omnibus tam presen-
« tibus quam futuris, quod ego Symon
« Wantere vendidi et concessi... duas
« acras terre quas de ipsis teneham, duabus
« perticis minus, sitas in parochia de
« la Putenaie. Anno 1234, mense februa-
« rii. »

1244. — « Notum sit universis presen-
« tibus et futuris quod ego Radulfus dic-
« tus Marchaim de Putania, teneor et de-
« beo aquitare, liberare et desservire erga
« comitem de Arteis et erga tenentes cas-
« tellariam ejus de Conchis totum tene-
« mentum quod Galterus de Gompilleres

« vendidit et concessit preceptori et fra-
« tribus apud Sanctum Stephanum in
« Campania commorantibus, quod dictum
« tenementum habebat in parochia de Pu-
« tania, videlicet de vinagio, de repara-
« tione haiarum ; de tribus auxiliis in
« Normannia consuetis, quando ea conti-
« gerit evenire..., de toto tenemento meo
« quod de dictis fratribus apud Putaniam
« teneo, ubicumque sit, tam ad villam
« quam ad campos... Actum anno Do-
« mini millesimo ducentesimo octogesimo
« quarto, mense maii. »

La Puthenaie formait un fief dans la vicomté de Conches.

Robert Rout, écuyer, rendit aveu en
juillet 1102.

En septembre 1161, Jean Loutel.

En 1383, Jacqueline de Baucherville
rendit hommage.

En 1499, Jeanne de Fleurigni, veuve
d'Antoine de Châteauneuf.

La Puthenaie, Bongi et Homilli près
Bongi ont été réunis, en 1816, sous le nom
de Homilli-la-Puthenaie.

Dépendances : — les Carriers ; — les
Jardins ; — les Maricux ; — le Marquisat ;
— les Perr is ; — le Manoir.

PYLE (LA).

Arrond. de Louviers. — Cant. d'Amfreville.

Patr. S. Léonard. — Prés. le seigneur.

L'origine et la signification de ce nom
de lieu sont fort incertaines. Serait-ce
l'*Apuliacum villa* de la *Chronique de Fontenelle*, qui figure encore parmi les localités indéterminées ? Un hameau de Fontaine-la-Soret a nom la Pile ou la Pie,
étymologie l rt vulgaire, et son diminutif la Pilette désigne dans le département un hameau et deux fermes. Deux
hameaux du Sap (Orne) s'appellent aujourd'hui la grande et la petite Pile : *Pul-
leta juxta Sa um*, d'une charte d'Henri II.
Il y avait en Anjou une seigneurie de la
Pile. Le *Monasticon anglicanum* rapporte
une charte d'Adam de la Roche, fondateur de *Pilla prioratus in Cumbria*, où
l'on voit figurer : « in Pulla subjacente libertatem faciendi unam piscariam. »

Une charte de 1295 mentionne *Puilla*.

Dans les aveux des barons de Neubourg
et dans les plus anciens titres en langue
nationale, on lit : « la Puille » ; dans les
Olim (1307) : « la Puyllie ».

On a voulu faire dériver la Puille de
Puella, dans son sens de diminutif, à

cause de la minime étendue de territoire. Il ne s'est rencontré personne encore pour remonter jusqu'à Pylos, la ville antique de la Messénie, capitale des États du vieux Nestor, roi de Pyle, comme l'appellent les plus anciens traducteurs d'Homère, ou plus près de nous, soit au diocèse grec de Pylie, soit au bourg bourgeois de l'Ilis. Selon M. Ch. Lenormant, sa vraie signification serait une borne milliaire.

Rien de plus moderne que l'orthographe officielle et contemporaine : la Pyle. Au XVIIIe siècle, c'était la paroisse « de la Pille » qui recevait ses registres d'état civil du vicomte enquesteur et commissaire examinateur de Beaumont-le-Roger.

Indépendamment du fief de la Queue-du-Troncq, dont une partie s'étendait sur le territoire de la Pyle, cette commune comprenait encore dans la mouvance des barons de Neubourg :

1° Un huitième de fief tenu en 1403 par Guillaume Riglan, et disputé par Crespin du Buc et sa femme ;

En 1457, les hoirs Pierre Dumoyer représentaient messire Guillaume Riglan, prêtre ;

1494. Henri Makortye, à cause de sa femme.

2° Un huitième de fief, à court et usage, sur lequel le baron avait 25 sols de rente à prendre chaque année à la Saint-Michel ; tenu en 1403 par Robinet du Val-Vaudrin, et disputé par Crespin du Buc ;

1457. Robin le Prevost, écuyer ;

1494. Jean de Gouberville, à cause de la demoiselle sa femme, fille de Robert le Prevost. C'était plus particulièrement le fief de la Pille ; à lui était attaché le droit de patronage et nomination à la cure de la paroisse. Contrairement aux usages des fiefs les plus voisins, il n'avait pas le droit d'échange et contre-échange ; il relevait de la seigneurie de Sainte-Vanbourg.

L'aveu de 1498 mentionne Jehan Roussel comme représentant les tenants des deux fiefs.

Celui de 1505 donne au premier fief le nom de fief Riglen, et les mentionne l'un et l'autre comme passés aux mains de Nicolas le Cordier. En 1517, même mention.

Dans les premières années du XVIe siècle, la seigneurie de la Pyle est passée des barons du Neubourg aux seigneurs du Tronq.

1515. Le nom de Gilles le Cordier figure ns un aveu. Une inscription presque entièrement effacée indique la tombe où il « dans le chœur de l'église, à gauche, près des stalles. Il y est qualifié honorable homme et écuyer, fils de noble homme Nicolas le Cordier et de damoiselle Marie Xoullet. Le nom de Xoulbet se lit encore, mais très-difficilement, sur deux autres pierres tumulaires. Ne serait-ce pas plutôt Houllée ?

1548. Nicolas le Cordier, écuyer, vicomte d'Évreux.

1594. C'était chez le seigneur de la Pille, son ami, que séjournait Sully pendant ses négociations à Rouen avec Villars pour la reddition de cette ville. (*Économies royales*, ch. 46.)

1599. Charles le Cordier, seigneur de la Pille et du Troncq, procureur général puis président de la chambre des comptes, exécuteur testamentaire du capitaine François de Civille, mort, enterré et ressuscité, dont la curieuse relation vient d'être réimprimée par la Société des Bibliophiles normands. Dans ce testament de 1609, Charles le Cordier est qualifié : « M. de la Pille. »

1626. Autre Nicolas le Cordier, fils puîné de Charles. La branche aînée eut la terre, et prit le nom du Troncq.

1660. Louis le Cordier, chevalier, capitaine au régiment des gardes de Sa Majesté.

1667. Georges le Cordier, chevalier, marquis de Varaville, seigneur de la Pille. Il ne vivait plus en 1669.

1674. Renée de Péricard, veuve de Georges le Cordier, rendait, au nom de ses nobles enfants soubz âgés, avec au seigneur d'Amfreville-la-Champaigne pour une aînesse sise au hameau d'Inglemare. Renée était veuve en premières noces de Charles d'Acbé, comte de Serquigni, et sœur unique de François de Péricard, évêque d'Angoulême, dont on a plusieurs actes passés devant les notaires d'Amfreville. Elle habitait, comme douairière, le manoir seigneurial de la Pille, où elle mourut en 1705, après avoir recueilli l'héritage de son frère. Dans ce manoir avait été célébré en 1682 le mariage de Marie-Renée le Cordier, sa fille, avec André Guenet, écuyer, seigneur de la Factière et de Saint-Just, conseiller du roi, lieutenant général civil et criminel en la vicomté d'Orbec.

1683. Nicolas le Cordier, chevalier, seigneur de la Pille, marquis de Varaville, capitaine de carabiniers dans le régiment de Nassau, mort en 1705, peu de mois après sa mère.

1705. Anne le Cordier, veuve de Nicolas, ayant la garde noble de ses enfants mineurs. On la voit figurer en la même qualité avec les titres de marquise et baronne de Varaville dans un aveu de 1713. François le Cordier de Bigars, marquis de la Londe, était tuteur actionnaire des mineurs, et Nicolas-Alexandre le Cordier, marquis du Troncq, leur parent consulaire.

A la fin de cette grande noble, ce fut Louis le Cordier de Varaville qui devint seigneur de Saint-Léonard de la Pille, domaine qu'il aliéna par des ventes successives au profit de son parent le marquis du Troncq. Une de ces ventes cédait, en 1723, 68 acres de terre et une masure au prix de 20,500 livres.

En 1710, Nicolas-Alexandre le Cordier ajoutait à ses nombreux titres celui de seigneur de la Pille. Il mourut en 1752, à soixante-dix ans, lieutenant général des armées du roi, sans laisser postérité de son mariage avec Françoise-Angélique du Roullier.

Le droit de retrait lignager fut alors exercé par messire Jacques-André Guenet de Saint-Just, chevalier, seigneur de la Factiere et d'Aubricot, patron de la paroisse des Jonquerets, conseiller en la grande chambre du parlement de Normandie, petit-fils de Georges le Cordier. Dans une procuration de 1755, il est qualifié doyen de nos seigneurs du parlement.

En 1772, aveu rendu par son fils unique messire Jean-Jacques-Pierre Guenet de Saint-Just, conseiller honoraire au parlement, qui, l'année suivante, vendit la terre de la Pille.

1773. Le dernier seigneur de Saint-Léonard de la Pille appartenait à l'ordre du clergé. C'était M. l'abbé Poulain, d'une famille honorable d'Elbeuf dont le nom est conservé aujourd'hui encore par une rue de cette ville.

Le manoir seigneurial était au hameau d'Inglemare; une partie de ses dépendances s'étendait sur le territoire d'Amfreville-la-Campagne.

L'église est petite, remarquable par sa solidité et son bon entretien; elle paraît peu ancienne; elle a conservé plusieurs dalles sépulcrales, notamment celles de M. de Guenet, doyen du parlement, et de deux ecclésiastiques morts à peu de mois de distance, en 1755, après avoir administré ensemble la paroisse pendant près d'un demi-siècle. Nicolas Juest, curé pendant cinquante-quatre ans, fut inhumé devant l'autel de saint Jean; l'abbé Boulay, faisant fonctions de vicaire depuis quarante-deux ans, repose dans la nef devant l'autel de la Vierge.

Cette église, placée sous l'invocation de saint Léonard est le but d'un pèlerinage beaucoup plus fréquenté autrefois. On vient demander des évangiles pour faire marcher les enfants infirmes ou retardés,
pour *délier* leurs membres. La prononciation vulgaire est *saint Liénard*.

A l'époque de la Terreur, et quelque temps encore après, plusieurs prêtres non assermentés avaient trouvé un asile secret chez un habitant de cette commune, J.-B. Loiseleur. On y venait de fort loin entendre la messe avant l'aurore.

Le fils unique de J.-B. Loiseleur avait montré de bonne heure une aptitude réelle aux sciences, à la mécanique particulièrement. Un esprit aventureux le conduisit dans l'Amérique du Sud, et il mourut vers 1836, à Rio-de-Janeiro. Il avait, fort jeune encore, publié un *Traité de l'éducation des abeilles*.

A la même famille appartenait, par alliance, un homme qui, après avoir quelque temps habité la Pyle, représenta le département. Nicolas-Jean-Baptiste Pavie, né au Bec-Hellouin en 1757, était un avocat distingué, d'une mémoire prodigieuse, dont le souvenir ne s'est point perdu autour de son ancienne résidence. Élu député de l'Eure au conseil des Cinq-Cents il encourut le soupçon de manœuvres actives dans le sens de la Royauté, et se vit compromis par ses relations avec Pichegru, dont plusieurs lettres furent saisies chez lui; mais, prévenu à temps, il parvint à se réfugier en Allemagne pendant qu'il était condamné à mort par contumace, avec confiscation de ses biens.

Atteint ainsi par la loi de proscription du 19 fructidor an V, le député *fructidorisé*, comme on disait alors, publia à l'étranger, dans l'intérêt de la maison d'Orléans, un mémoire qui fit quelque bruit. Rentré en France, il se voua entièrement au barreau. Ses consultations étaient estimées à Rouen. Il est mort en 1832.

Pavie est cité en termes très-honorables dans les *Mémoires* de M. le comte Mollien.

Une autre physionomie encore vivante à la Pyle, mais dont les traits commencent à s'altérer par des versions inexactes, c'est celle de l'abbé Chanu, chapelain titulaire en l'église métropolitaine de Rouen, souvent porteur de procurations de M. de Guenet de Saint-Just, le doyen du parlement, et, par ce mandat, s'entremettant avec une activité sans pareille dans toutes les affaires de la contrée. De là une renommée qui a dépassé le vol du chapon et qui est parvenue à la notoriété de la *Bibliothèque bleue*.

Un livret populaire de douze pages, répandu avec profusion par le colportage et rarissime aujourd'hui, porte ce titre : *Entrée de M. l'abbé Chanu dans le paradis, avec des événements irréguliers lors-*

qu'il y est entré et parvenu après son trépas.

Cette facétie a naturellement perdu beaucoup de son prix, si loin des petits événements et des petits intérêts auxquels elle fait allusion. M. de Guenet de Saint-Just est mentionné accidentellement sous le pseudonyme très-transparent de M. de Saint-Jude dans ce pamphlet, qui ne porte aucune atteinte à sa mémoire.

Il a été trouvé à la Pyle, à diverses époques, quelques médailles romaines, et, en 1815, plusieurs pièces de monnaie d'argent des règnes d'Henri V et d'Henri VI.

Quelques petits fossés que l'on distinguait encore, il y a peu d'années, sur les bruyères et dans les parties boisées de cette commune de 160 hectares, semblaient indiquer de très-anciennes dispositions stratégiques. On y a rencontré des débris d'armes oxydés et une mare aux trois quarts comblée est désignée *Marreguerre* dans les plus vieux titres.

Les armes des Le Cordier de la Pille étaient : *d'azur à trois griffons d'or, à la bande d'argent chargée de cinq losanges du même, brochante sur le tout.*

Guenet de Saint-Just : *d'azur, au chevron d'argent, accompagné de 3 dauphins de même.*

Dépendance : — la Mare-de-la-Pyle.

FIN DU TOME SECOND.

TABLE

COMMUNES CONTENUES DANS LE VOLUME

	Pages		Pages		Pages
Dame-Marie	1	Ferrière-sur-Risle	101	Giverni	180
Damneville	2	Fouguerolles	104	Giverville	182
Dampmesnils (les)	2	Fidelaire (le)	105	Glisolles	183
Damps (les)	2	Fiquefleur	105	Glos-sur-Risle	185
Damville	3	Flancourt	107	Goderge (la)	187
Danzu	4	Fleuri-la-Forêt	109	Goulafrière (la)	188
Dardez	11	Fleuri-sur-Andelle	110	Goupillières	188
Dauteuf-la-Campagne	11	Flipou	111	Gournai-le-Guérin	190
Dauteuf-près-Vatteville	13	Flumesnil	112	Gournets	191
Dornins	14	Folleville	113	Gouttières	191
Douleauville	15	Fontaine-Bellenger	113	Gouville	193
Douville	16	Fontaine-Heudebourg	114	Grainville	195
Droisi	16	Fontaine-l'Abbé	114	Grand-Camp	195
Druecourt	17	Fontaine-la-Louvet	114	Grandchain	197
Duranville	18	Fontaine-la-Soret	115	Grandvilliers	197
Ecaquelon	19	Fontaine-sous-Jouy	118	Grateuil	199
Ecardenville-la-Camp.	20	Foctenai	119	Gravenon	200
Ecardenville-sur-Eure	21	Fontenelles	120	Gravigni	205
Ecauville	21	Forêt-du-Parc (la)	120	Grenieuseville	206
Ecos	22	Forêt-la-Folie	122	Grestain	205
Ecouis	25	Fortmville	123	Grosbois	206
Ecquetot	38	Fouerainville	124	Goslei	206
Emalleville	40	Foulbec	124	Grosseuvre	209
Emanville	41	Fouqueville	125	Grostheil (le)	210
Epaignes	42	Fourges	127	Guenouville	211
Epégard	45	Fourmetot	130	Guermanville	215
Épiéds	46	Fours	131	Guerni	217
Epinal	46	Francheville	131	Gueroulde (la)	217
Épreville	47	Franqueville	134	Guichainville	219
Épreville-en-Lieuvin	48	Fresne-sur-Risle	135	Guiseniers	221
Épreville-en-Roumois	48	Fresne (le)	136	Guitri	221
Equainville	50	Fresnes-l'Archevêque	137	Hacqueville	228
Essarts-en-Ouche (les)	51	Fresney	139	Haie-Aubrée (la)	229
Essarts (les)	51	Frétils (les)	139	Haie-de-Calleville (la)	229
Estrépagni	55	Futelaie (la)	141	Haie-de-Routot (la)	230
Etréville	62	Gadencourt	143	Haie-du-Theil (la)	230
Eturqueraye	64	Gaillardbois	143	Haie-le-Comte (la)	233
Evreux	65	Gailloo	144	Haie-Malherbe	235
Ezy	74	Gamiches	155	Haie-Saint-Sylvestre (la)	236
Falus	75	Garencières	157	Harcourt	237
Farceaux	75	Garennes	161	Hardencourt	239
Fatouville	75	Gasni	163	Harengère (la)	240
Fauville	76	Gauciel	168	Haricourt	243
Farérolles-la-Campagne	76	Gaudreville-la-Rivière	169	Harquenci	243
Farérolles-les-Mares	78	Gauville-la-Campagne	169	Hauville-en-Roumois	243
Favril (le)	78	Gauville-près-Verneuil	171	Hébécourt	245
Fayel (le)	79	Gisai-la-Coudre	174	Hecmanville	246
Ferrières-Haut-Clocher	79	Gisancourt	175	Hécourt	246
Ferrières-Saint-Hilaire	81	Gisors	175	Hectomare	248

	Pages		Pages		Pages
Hellenvilliers	248	Manleville	369	Neuville-sur-Authou	471
Henneris	249	Mandres	370	Neuvillette (la)	471
Herponcey	251	Manneville-la-Raoult	370	Nourds	471
Hecqueville	251	Manneville-sur-Risle	371	Noé-de-la-Barre	472
Heubécourt	253	Manoir (le)	371	Noé-Poulain (la)	472
Heudebouville	253	Manthelon	374	Nogent-le-Sec	473
Heudicourt	255	Marais-Vernier (le)	375	Nojeon-le-Sec	475
Heudreville-en-Lieuvin	256	Marbeuf	377	Nonancourt	476
Heudreville-sur-Eure	256	Marcilli-la-Campagne	380	Normanville	491
Heunière (la)	257	Marcilli-sur-Eure	383	Notre-Dame-de-Fresnes	494
Heuqueville	258	Marcouville-en-Roumois	387	Notre-Dame-de-l'Isle	494
Heurgeville	259	Marcouville-en-Vexin	387	Notre-Dame-d'Epine	495
Hogues (les)	259	Marnières	388	Notre-Dame-de-Préaux	495
Hondouville	259	Martagny	388	Notre-Dame-du-Hamel	498
Honguemare	260	Martainville-du-Cormier	389	Notre-Dame-du-Vaudreuil	501
Houetteville	261	Martainville-en-Lieuvin	390	N.-D.-du-Val-sur-Mer	503
Houlbec-Cocherel	263	Martot	391	Noyer-en-Ouche	504
Houlbec-près-le-Gros-theil	269	Mélicourt	392	Noyers-en-Vexin	506
Houssaie (la)	270	Melleville	393	Nuisement (le)	507
Houville	271	Ménesqueville	394	Ossel-le-Noble	508
Heunière (la)	272	Menilles	394	Orgeville	510
Huest	273	Menneval	397	Orgeville-en-Vexin	510
Iceville	275	Merei	399	Ormes	511
Illeville-sur-Montfort	275	Merei	399	Orvaux	512
Illiers-l'Evêque	277	Mesnil-Fuguet (le)	401	Osmoi	512
Incarville	281	Mesnil-Hardrai (le)	401	Pacel	513
Infreville	282	Mesnil-Jourdain (le)	401	Paci	513
Irreville	283	Mesnil-Péan (le)	402	Panilleuse	520
Iville	284	Mesnil-Rousset (le)	403	Panlatte	522
Ivri-la-Bataille	287	Mesnil-sous-Vienne	403	Parville	522
Jonquerets (les)	295	Mesnil-sur-l'Estrée	404	Perriers-la-Campagne	523
Jouveaux	296	Mesnil-Verclive	406	Perriers-sur-Andelle	523
Jouy-sur-Eure	295	Mesnil-Vicomte	408	Perruel	529
Julguettes	299	Mézières	409	Petiteville	531
Jumelles	300	Minières (les)	410	Piencourt	531
Lande	301	Miserei	412	Pierre-Ronde	532
Landepereuse	301	Moisville	413	Pinterville	533
Launai	301	Molincourt	413	Piseux	536
Leulin (le)	302	Montaure	413	Pithienville	537
Léri	303	Montfret	416	Pitres	537
Letteguives	308	Mont-Pinchon	421	Places (les)	539
L'Habit (le)	309	Montreuil-l'Argillé	421	Plainville	539
L'Hosmes	309	Morainville-sur-Damville	422	Planches (les)	540
Lieurey	310	Morainville-près-Lieurel	422	Placquay (le)	540
Lignerolles	311	Morgni	423	Plasnes	543
Lilletot	311	Morsan	425	Plessis-Grohan (le)	545
Lilly	313	Morsent	425	Plessis-Hébert (le)	547
Limbeuf	314	Mouettes	426	Plessis-Mahiet (le)	547
Lisors	315	Mouflaines	436	Plessis-Sainte-Opportune	548
Lire	321	Mousseaux-près-St-André	437	Puley	548
Livet-en-Ouche	321	Mousseaux-sur-Damville	437	Pont-Audemer	549
Livet-sur-Authou	321	Mubls	428	Pont-Authou	567
Londe (la)	323	Mussegros	429	Pont-de-l'Arche	573
Lonchamps	323	Muri	429	Pont-Saint-Pierre	594
Long-Essard	330	Nagel	435	Porte-Joie	607
Longuelune	330	Nassandres	436	Portes	608
Lorel	331	Neaufle-Saint-Martin	437	Port-Mort	609
Lorleau	332	Neaufle-sur-Risle	448	Poses	613
Louie	333	Neubourg (le)	451	Poterie-Mathieu (la)	618
Louversei	334	Neuilli	466	Préaux (les)	620
Louviers	335	Neuve-Grange (la)	467	Pressagny-l'Orgueilleux	620
Lyons-la-Forêt	355	Neuve-Lire (la)	467	Prey	621
Madeleine-de-Nonanc. (la)	358	Neuville-des-Vaux (la)	469	Provemont	663
Maloneville	361	Neuville-du-Bosc (la)	469	Purbay	663
Malleville-sur-le-Bec	366	Neuville-près-Claville	470	Pullay	625
Malouf	368	Neuville-près-St-André (la)	470	Puthenaye (la)	626
Mancelles	369	Neuville-sous-Farceaux (la)	470	Pyle (la)	627

www.ingramcontent.com/pod-product-compliance
Lightning Source LLC
Chambersburg PA
CBHW071153230426
43668CB00009B/944